HANDBUCH DER GESCHICHTE LATEINAMERIKAS

Herausgegeben von
Walther L. Bernecker, Raymond Th. Buve,
John R. Fisher, Horst Pietschmann,
Hans Werner Tobler

Band 2

Klett-Cotta

Band 1

Mittel-, Südamerika und die Karibik bis 1760

Band 2

Lateinamerika von 1760 bis 1900

Band 3

Lateinamerika im 20. Jahrhundert

Band 2

Lateinamerika von 1760 bis 1900

Unter Mitarbeit von

Walther L. Bernecker
Raymond Th. Buve
Simon Collier
John R. Fisher
Brian R. Hamnett
Hans-Joachim König
Jan Lechner
Manuel Lucena Salmoral
Ascensión Martínez Riaza
Rory Miller
Alfredo Moreno Cebrián
Jeffrey D. Needell
Gert J. Oostindie
Peer Schmidt
Eddy Stols
Hans Vogel

herausgegeben von

Raymond Th. Buve / John R. Fisher

Redaktion

Jochen Meißner, Florian Meister, Jan Suter

Verlag Klett-Cotta

Printed in Germany
Gesetzt aus der Sabon von kcs kochcomputersatz GmbH, Hildesheim
Auf säure- und holzfreiem Werkdruckpapier
Gedruckt von Gutmann & Co, Heilbronn
In Fadenheftung gebunden von Lachenmaier, Reutlingen.
Einbandstoff: Garant-Leinen

Die Deutsche Bibliothek – CIP-Einheitsaufnahme
Handbuch der Geschichte Lateinamerikas / hrsg. von Walther L. Bernecker ... –
Stuttgart: Klett-Cotta
NE: Bernecker, Walther L. [Hrsg.]

Bd. 2. Lateinamerika von 1760 bis 1900 / Unter Mitarb. von
Walther L. Bernecker ... hrsg. von Raymond Th. Buve; John R.Fisher. – 1992
ISBN 3-608-91496-X
NE: Buve, Raymond Th. [Hrsg.]

Inhalt

Vorwort

Aus dem Englischen übersetzt von Jan Suter

Der vorliegende Band 2 des *Handbuchs der Geschichte Lateinamerikas* schlägt eine Brücke zwischen dem weitgehend thematisch aufgebauten Band 1, der die Entdeckungen und die frühe Kolonialzeit behandelt, und dem Band 3 über das 20. Jh., das durch länderspezifische Analysen besser zu erfassen ist als durch eine breit angelegte, zusammenfassende Darstellung.

Diese Zwischenstellung widerspiegelt sich auch in der von den Herausgebern vorgenommenen Kapiteleinteilung des Bandes: Mit Ausnahme von Zentralamerika und Chile, die gegenüber den Vizekönigreichen Neu-Spanien und Peru, denen sie zugeordnet waren, immer eine gewisse Unabhängigkeit bewahren konnten, wurden die kolonialen Gebiete, die später zu unabhängigen Staaten wurden, hauptsächlich entsprechend der politischen und administrativen Gliederung der späten Kolonialzeit zusammengefaßt:

Brasilien
Neu-Spanien – Mexiko
Guatemala – Zentralamerika
Neu-Granada – Großkolumbien
Peru / Hochperu – Bolivien
Chile
Río de la Plata – Argentinien / Uruguay / Paraguay

Den Abschluß bildet ein Kapitel über die – nur zum Teil iberisch geprägte – Karibik und die Guayanas. Diese Aufteilung wurde im wesentlichen auch für die zweite Hälfte des in diesem Band berücksichtigten Zeitraums beibehalten.

Eine Absicht der Herausgeber war es, den Beitrag europäischer Lateinamerika-Historiker für den vorliegenden Band nutzbar zu machen; dieses Ziel wurde zwar nicht vollständig, aber doch weitgehend erreicht. So stammt ein Beitrag in diesem Band von einem Belgier (Eddy Stols), vier Autoren sind Briten (Simon Collier, John R. Fisher, Brian R. Hamnett und Rory Miller); drei Beiträge stammen aus Deutschland (Hans-Joachim König, Peer Schmidt und Walther L. Bernecker), vier aus den Niederlanden (Raymond Th. Buve, Jan Lechner, Gert J. Oostindie und Hans Vogel) und drei aus Spanien (Manuel Lucena Salmoral, Ascensión Martínez Riaza und Alfredo Moreno Cebrián). Ein Autor schließlich ist US-Amerikaner (Jeffrey D. Needell).

Bei der Auswahl der Autoren haben wir uns im weiteren bemüht, Historiker der älteren und der jüngeren Generation in ausgewogenem Verhältnis zu berücksichtigen. Dies gelang vor allem deshalb, weil ein bedeutender Teil der Autoren ihre wissenschaftliche Laufbahn in den 70er und 80er Jahren begann, als in Europa ein starkes Interesse an Lateinamerika aufkam. Leitlinie bei der Auswahl der Mitarbeiter für diesen Band waren aber nicht in erster Linie Staatsangehörigkeit oder Alter; vielmehr bemühten wir uns um Fachleute, die sich nicht nur durch eine lange Beschäftigung mit lateinamerikanischer Geschichte, sondern ebenso durch eine ausgedehnte und anhaltende Forschungstätigkeit in Lateinamerika selber auszeichnen. Die Tatsache, daß die Autoren des vorliegenden Bandes diese Kriterien erfüllen, legt Zeugnis ab von der Qualität der europäischen Historiographie zu Lateinamerika während des vergangenen Vierteljahrhunderts.

Eine Vielzahl von Einzelpersonen und Institutionen war uns bei dem aufwendigen Unterfangen behilflich, den Band für die Publikation vorzubereiten, d.h. bei der Durchsicht der Manuskripte, der Erarbeitung von Bibliographie, Übersichtskarten und Register sowie beim Korrekturlesen. Es ist unmöglich, sie hier alle zu nennen, doch gebührt besonderer Dank der Sekretärin des *Institute for Latin American Studies,* Liverpool, Mrs. Sandie Murphy, den Mitarbeitern der Abteilung für Lateinamerikastudien der Universität Leiden, dem Lektorat des Verlags Klett-Cotta, Herrn Thomas Bertram und Frau Renate Warttmann, den redaktionellen Mitarbeitern Joachim Krüger (kartographische Gestaltung), Stuttgart, Silke Hensel (Register), Hamburg, Jochen Meißner, Hamburg, Florian Meister, Bern, und Jan Suter, Zürich, und schließlich unseren deutschen und schweizerischen Mitherausgebern, Walther L. Bernecker, Horst Pietschmann und Hans Werner Tobler, die die undankbare und beschwerliche Arbeit übernahmen, sämtliche Übersetzungen ins Deutsche zu überprüfen. Selbstverständlich liegt unabhängig davon die Gesamtverantwortung für den Band 2 bei den Bandherausgebern.

Leiden / Liverpool
Juni 1992

Raymond Th. Buve / John R. Fisher

I. Einleitung

Raymond Th. Buve / John R. Fisher

Grundlinien der Geschichte Lateinamerikas 1760–1900

Aus dem Englischen übersetzt von Jan Suter

A. Periodisierung und Forschungsstand

In Band 1 des vorliegenden Handbuchs werden die Gründe für die traditionelle Vorliebe der Kolonialhistoriker für das 16. Jh. und ihr erst in jüngerer Zeit erwachtes Interesse für das 17. Jh. erläutert. Demgegenüber war das wissenschaftliche Interesse für das späte 18. Jh., das den Beginn der im vorliegenden Band dargestellten Epoche markiert, schon immer stark ausgeprägt. In den intellektuellen Kreisen des zeitgenössischen Europa wurde der Drang nach Informationen über die Geschichte, die natürlichen Ressourcen, die Gesellschaften und Völker Lateinamerikas durch die von den Bourbonenkönigen vollzogene Öffnung der Region auch für nicht-spanische wissenschaftlich interessierte Reisende geweckt. Werke wie jenes von Charles Marie de la CONDAMINE, *Relation abrégée d'un voyage fait dans l'interieur de l'Amérique meridionale* [1745], waren zwar weniger einflußreich als die bahnbrechenden Arbeiten Alexander von Humboldts über Venezuela, Kuba und Mexiko, die im frühen 19. Jh. entstanden; sie führten den Denkern der Aufklärung jedoch die Notwendigkeit vor Augen, die außereuropäischen Völker und Gesellschaften in ihr Weltbild zu integrieren. Ein niederländischer Priester am preußischen Hof, Cornelius de PAUW, nahm in seinen *Recherches philosophiques sur les Américains* [1766, 1769] ein Stereotyp des 19. Jh. vorweg, als er behauptete, die Kreolen seien den Europäern körperlich und geistig unterlegen. Die entschiedene Zurückweisung dieser Behauptung durch Francisco Clavijero, einen exilierten mexikanischen Jesuiten, dessen Werk *Storia antica del Messico* 1780 in Italien erschien, erregte in Kreisen europäischer Intellektueller beträchtliche Aufmerksamkeit und wurde u. a. in mehreren Nummern des *Deutschen Merkur* diskutiert. Zur selben Zeit erschien in Spanien eine Reihe bedeutender wissenschaftlicher Werke; dort wurden die Intellektuellen in ihrer natürlichen Neugier auf alles Amerikanische durch die Überzeugung der Regierung bestärkt, daß die Verbreitung wissenschaftlicher Informationen über Lateinamerika der wirtschaftlichen Entwicklung des Reiches förderlich sei.

Im ersten Jahrzehnt des 19. Jh. wurde durch die internationalen Wirren im Gefolge der Französischen Revolution und der Napoleonischen Kriege die Bindung Lateinamerikas an Spanien und Portugal brüchig. Es folgten die Unabhängigkeitsrevolutionen, die zwischen 1810 und 1825 Brasilien und ganz Hispanoamerika mit Ausnahme von Kuba und Puerto Rico vom europäischen Kolonialismus befreiten. Die neuen Möglichkeiten, die dieser Prozeß nicht-spanischen Kaufleuten und Investoren bot – oder zu bieten schien –, förderten die Veröffentlichung einer Flut von Reiseliteratur; viele dieser Werke verrieten jedoch mehr über die soziale und rassische Voreingenommenheit ihrer Autoren als über die tatsächlichen Verhältnisse in Lateinamerika.

Im selben Zeitraum wurde eine kleinere Anzahl wichtiger historischer Arbeiten veröffentlicht. Hier sticht vor allem Robert Southeys *History of Brazil* (1810–1829) hervor, ein dreibändiges Werk von über 2300 Seiten. Southey war, wie die meisten englischen Beobachter jener Zeit, ein erbitterter Gegner des Katholizismus, trotz seiner Bewunderung für die Anstrengungen der Jesuiten zur Verteidigung der brasilianischen Indianer. Er teilte diese Voreingenommenheit mit William Hickling Prescott, dem aus Neuengland stammenden Historiker des 19. Jh., dessen berühmte Darstellungen der Eroberung Mexikos und Perus (veröffentlicht 1843 bzw. 1846) die Grausamkeit und Gier der spanischen Kolonisten besonders betonten. Diese Geschichtswerke erschienen nicht zufällig zu dem Zeitpunkt, als sich die USA auf ihr „manifest destiny“ beriefen, um ihre Expansion in jene weiten Gebiete zu rechtfertigen, die Mexiko von Spanien geerbt, aber nicht wirklich hatte verwalten und verteidigen können.

Die Periode der Unabhängigkeitsbewegungen mit ihren Nachwehen stellte nicht nur für die Historiographie Lateinamerikas, sondern auch innerhalb der historischen Entwicklung der Region selbst einen Wendepunkt dar. Gleichzeitig muß aber betont werden, daß der Übergang von der Kolonialherrschaft zur Unabhängigkeit die inneren Strukturen dieser Gebiete kaum beeinflußte. So wurden beispielsweise die Lebens- und Arbeitsbedingungen der Sklaven auf den kubanischen Zuckerplantagen und den brasilianischen Kaffeepflanzungen gleichermaßen durch die Ausweitung der kapitalistischen Landwirtschaft in den beiden Gebieten bestimmt; die Tatsache, daß Kuba weiterhin Kolonie und Brasilien unabhängig war, spielte dabei kaum eine Rolle. Ebenso änderten sich die Lebensbedingungen der Landbevölkerung in Mexiko und Peru nach Erlangen der Unabhängigkeit erst, als in der zweiten Hälfte des 19. Jh. im Zuge der Verwirklichung liberaler Ideen die Zurückdrängung des gemeinschaftlichen Bodenbesitzes sowie der Bau von Eisenbahnen und Häfen die Ausbreitung der kapitalistischen Landwirtschaft bis in entlegene Gebiete förderten, die vordem nur oberflächlich in das koloniale politische System eingebunden gewesen waren. Im Zuge dieser Prozesse erfolgte eine erneute Verschiebung der „Grenze“ in den Süden Chiles, ins nördliche Mexiko, nach Patagonien und ins Amazonasbecken. Damit wurde die territoriale Expansion vollendet, die von Spanien und Portugal im 16. Jh. begonnen worden war, aber bis in die 1820er Jahre nicht hatte abgeschlossen werden können. Ins 19. Jh. fällt auch die Konsolidierung der sowohl territorialen als auch wirtschaftlichen französisch-britischen Vorherrschaft in der Karibik; in den letzten beiden Jahrzehnten des Jahrhunderts wurde jedoch die Stellung Frankreichs und Großbritanniens in dieser Region – und, weniger ausgeprägt, auch in Südamerika – durch die zunehmende Bedeutung Deutschlands als Handels- und Wirtschaftsmacht sowie die unaufhaltsame wirtschaftliche und strategische Expansion der USA bedroht.

Auf internationaler Ebene kennzeichneten Widersprüchlichkeiten die Periode nach 1825. Die großen europäischen Kriege des 18. Jh. – der Spanische Erbfolgekrieg, der Siebenjährige Krieg und die Napoleonischen Kriege – hatten alle auch eine „amerikanische“ Dimension und waren zum Teil durch territoriale und wirtschaftliche Rivalitäten der europäischen Mächte in Amerika verursacht worden. In der Periode nach der Unabhängigkeit nahm hingegen die internationale Bedeutung Lateinamerikas ab, da die europäischen Mächte (mit Ausnahme Spaniens vor dem Tode Ferdinands VII.) die 1823 formulierte Monroe-Doktrin respektierten und bereit waren, auf neuerliche Kolonisierungen in Amerika zu verzichten. Darüber hinaus ermöglichten die fehlende innere Einheit der neuen Staaten wie auch ihre zwischenstaatlichen Gegensätze zunächst den europäischen Staaten und schließlich den USA, ihre wirtschaftliche und strategische Vorherrschaft in der Region aufzubauen. Dabei lehnten die Führer vieler unabhängiger Staaten vor 1860 die Beeinträchtigung der nationalen Souveränität durch die rasche Ausbreitung des nicht-spanischen ökonomischen Imperialismus nicht etwa ab; vielmehr bedauerten sie, daß der Prozeß der Einbindung ihrer Staaten in die Weltwirtschaft zu langsam voranschritt und die Verfügbarkeit von europäischem Kapital, europäischer Technologie und europäischen Einwanderern ungenügend war, woran sich bis in die 1880er Jahre nichts änderte.

Wie im damaligen Europa war auch in Lateinamerika die Haltung der Historiker gegenüber der Vergangenheit ihrer Heimatländer stark durch ihren eigenen sozialen und familiären Hintergrund sowie ihre Stellung innerhalb der zeitgenössischen Diskussion über die künftige Organisation der eigenen Gesellschaft geprägt. Sowenig wie anderswo gab es in Lateinamerika zu jener Zeit so etwas wie eine „objektive" Geschichtsschreibung. Die lateinamerikanischen Historiker der späten Kolonialzeit und des 19. Jh. waren praktisch alle männlichen Geschlechts und entstammten Elite-Familien. Zum Teil wenig begütert, gehörten die meisten von ihnen Familien europäischer Herkunft an. Sie waren vertraut mit anderen europäischen Sprachen und europäischem Ideengut; viele von ihnen hatten Europa bereist. In ihrer Heimat hatten sie wichtige Positionen als Richter, Parlamentsabgeordnete oder Minister inne, einige stiegen sogar ins Präsidentenamt auf. Der konservative Mexikaner Lucas Alamán und der Liberale Lorenzo Montúfar aus Guatemala waren Außenminister, der Argentinier Domingo Faustino Sarmiento wurde sogar Präsident; Francisco I. Marcondes Homem de Melo übte mindestens ein Dutzend verschiedene Funktionen in der Verwaltung des kaiserlichen Brasilien aus. Viele dieser Historiker verkörperten ein gemeinsames iberoamerikanisches geistiges Erbe. Der berühmteste unter ihnen ist zweifellos der Venezolaner Andrés Bello, der die meiste Zeit seines Lebens in Chile verbrachte; ebenso wirkte Sarmiento sowohl in Santigao de Chile als auch in Buenos Aires.

Ihr aktives Engagement innerhalb der zeitgenössischen Elitenpolitik widerspiegelt sich in den historischen Arbeiten dieser Gelehrten, die oft drängende Probleme ihrer Zeit, wie die politische, wirtschaftliche und gesellschaftliche Organisation ihrer Länder nach der Unabhängigkeit, behandelten. Auch die Historiker wurden in die inneren Machtkämpfe während und nach der Unabhängigkeit verwickelt; die Waffen, mit denen sie die eine oder andere der sich bekämpfenden Gruppierungen unterstützten, waren Ideen und Ideologien. Diese Ideen wurden einerseits durch ihre Erfahrungen während der Aufstände und Revolten zwischen 1808 und 1824 beeinflußt, andererseits durch europäisch geprägte ideologische Strömungen, deren gemeinsames Merkmal die zentrale Bedeutung des Fortschrittsbegriffs war.

Die Eliten jener Länder, in denen die nicht spanischsprechende Unterschicht die Bevölkerungsmehrheit stellte, lebten mehr und mehr in der Furcht vor Volksaufständen. Sie versuchten, die stabile koloniale Gesellschaftsstruktur zu bewahren, in der jede gesellschaftliche Gruppe ihren vorgegebenen Platz hatte, der Schutz vor sozialen Katastrophen bot. Die Eliten neigten außerdem dazu, die Kirche als die einzige Institution zu betrachten, die übriggeblieben war, um politische Autorität zu legitimieren und soziale Kontrolle auszuüben. Diese Haltung verstärkte den Drang nach Fortschritt, geriet aber gleichzeitig damit in Konflikt. Die zeitgenössische Historiographie ist ein deutlicher Spiegel dieses Dilemmas.

Für Historiker wie Alamán oder Sarmiento, die der Aufklärung verpflichtet waren, beinhaltete diese Position eine Vorliebe für die europäische Zivilisation und die Ablehnung ländlicher Barbarei, wie sie durch Indianer oder Gauchos verkörpert wurde. Alamán trauerte zwar der Stabilität der spätkolonialen katholischen Monarchie nach, doch war er im Bereich der Wirtschaft und der Technik ebenso fortschrittsgläubig wie seine liberalen Widersacher. Diese folgten Darwin und Spencer in deren Überzeugung vom Fortschritt gesellschaftlicher Entwicklung durch Wissenschaft, Industrialisierung und Eisenbahnbau. Liberale und Konservative sahen im erbärmlichen Zustand der ländlichen Massen und ihrer Unwissenheit gleichermaßen das Haupthindernis für eine gesellschaftliche Entwicklung nach europäischem Vorbild. Diese Angst der lateinamerikanischen Eliten vor den ländlichen Massen war nichts anderes als das Gegenstück zu der in jener Zeit in Europa herrschenden Furcht vor den Unterschichten der schnell wachsenden Industriestädte. Historiker wie Francisco Adolfo de Varnhagen, Autor der *Historia geral do Brasil* (1854–1857) und Lucas Alamán, Verfasser der *Historia de Méjico* (1849–1852), machten aus ihrer Verachtung für die Massen keinen Hehl. Hierin liegt eine wichtige Erklärung für die Beliebtheit positivistischer Lehren bei den lateinamerikanischen Eliten und Historikern, besonders in der Zeit nach 1870. Auguste Comtes Vorstellungen über gesellschaftliche Planung und die Legitimierung autoritärer Herrschaft dienten – wann immer nötig – den politischen und ökonomischen Interessen dieser Eliten. Der Positivismus erlebte in Lateinamerika seinen eigentlichen Aufschwung und wurde in Ländern wie Brasilien, Chile, Guatemala und Mexiko mit beinahe religiösem Eifer propagiert. Er diente als Legitimation für die Unterwerfung ländlicher *caudillos* und die zwangsweise „Zivilisierung" (oder Auslöschung) indianischer Gruppen. Nicht zuletzt richteten Historiker wie Sarmiento, Barros Arana oder Vicuña McKenna ihr Augenmerk stark auf den Bereich der Erziehung.

Fortschritt wurde zum wichtigsten Kriterium für die nachträgliche Wertung und Analyse der kolonialen Gesellschaft. Bis in die 1870er Jahre waren jedoch die liberalen Gruppen innerhalb der Eliten nur zeitweise und niemals vollständig im Besitz der politischen Macht. Dies zeigen z.B. die häufig rasch aufeinander folgenden Publikationen „offizieller" Geschichtswerke, welche die Vergangenheit immer wieder neu beurteilten. So wurden in Guatemala die Bestände des zweiten Bandes des *Bosquejo histórico de las revoluciones de Centro-América* (1837) aus der Feder des Liberalen Alejandro Marure unmittelbar nach der Machtübernahme der Konservativen vernichtet; an seine Stelle traten die *Memorias para la historia de la revolución de Centro-América* (1832), die der konservative Historker Manuel Montúfar y Coronado im Exil geschrieben hatte. Nach 1870 dominierte die von positivistischem Gedankengut geprägte liberale Geschichtsschreibung in praktisch allen Ländern der Region. Da sich diese Richtung bei der Beurteilung gesellschaftlicher Entwicklung hauptsächlich an westlichen Kriterien orientierte, erhielt sie die Unterstützung nordamerikanischer Historiker. Daraus resultierte schließlich eine gemeinsame Anstrengung von Europäern, Nordamerikanern und liberalen Lateinamerikanern, Spanien und die spanische Herrschaft in Lateinamerika abzuqualifizieren. Diese Tendenz zeigt sich außer in den oben genannten Arbeiten von William Hickling Prescott über die Eroberung von

Mexiko und Peru in den Werken folgender Historiker: Hubert H. Bancroft: *History of Central America* (1887); Lorenzo Montúfar: *Reseña histórica de Centro-América* (1878–1888); Vicente Riva Palacio u. a.: *México a través de los siglos* (1887–1888).

Zuweilen rief die vorbehaltlose Orientierung am europäischen Vorbild auch Widerspruch hervor, doch solche von der allgemeinen Tendenz abweichenden Meinungen blieben die Ausnahme. Schon 1816 kritisierte allerdings der Mexikaner José Joaquín Fernández de Lizardi in seinem Schelmenroman *El Periquillo Sarniento* das selbstbewußte und überhebliche Europa; auf ähnliche Weise stellte der Argentinier Juan Bautista Alberdi in seiner Kritik an Sarmientos Werk *Vida de Juan Facundo Quiroga o civilización y barbarie* (1845) die Berechtigung der dort aufgestellten Dichotomie von städtischer Zivilisation und ländlicher Barbarei in Frage. Es war schließlich José Martí, der gegen Ende des Jahrhunderts am überzeugendsten die Forderung nach einer Anpassung des Konzepts von Fortschritt an die lokalen Bedürfnisse, Bedingungen und Ressourcen stellte.

Bis zum Ende des Zweiten Weltkriegs konzentrierte sich das Interesse der lateinamerikanischen Historiographie vornehmlich auf die politische und Militärgeschichte und dabei häufig auf die Rolle „großer Männer". Die Wirtschaftsgeschichte verdankte ihre Bedeutung zumindest teilweise der positivistischen Vorliebe für Statistik. Wie in Europa erwachte das Interesse an Sozialgeschichte erst spät; hierin liegt einer der Gründe für das Fortbestehen unbegründeter Stereotype der lateinamerikanischen Gesellschaft. Erst in den 1950er Jahren verbesserten sich die Möglichkeiten für lateinamerikanische Historiker, ihre Ausbildung an europäischen Universitäten zu vervollkommnen; in der Folge bildete sich eine neue Generation von Forschern heran, deren Ziel es war, bestehende Vorurteile und Annahmen über die Entwicklung Lateinamerikas im 19. Jh. zu überprüfen. Anstatt die von europäischen Vorurteilen bekräftigten Vorstellungen der Elite zu übernehmen, begann diese neue Forschergeneration, in ihren eigenen Ländern und in Europa die Archivbestände zu bearbeiten, die ihr einen Einblick in die tatsächliche Funktionsweise ihrer Gesellschaften, ihrer Wirtschaften und ihrer politischen Systeme ermöglichten. Dieser Umschwung in der Forschung wurde durch die Anstrengungen einer neuen Generation europäischer und nordamerikanischer Historiker verstärkt, die gewillt und in der Lage waren, die im 19. Jh. von Staatsmännern und Historikern in Lateinamerika, Europa und den USA aufgestellten Vorurteile in Frage zu stellen.

So wie gegenwärtig das negative Bild Lateinamerikas im frühen 19. Jh. revidiert wird, so wird nun auch die bislang vorherrschende Charakterisierung des 18. Jh. als einer Periode politischer Stabilität und wirtschaftlichen Aufschwungs hinterfragt. Auch in diesem Forschungsbereich hat es lange gedauert, bis sich die Historiker vom Mythos des Fortschritts und Wohlstands lösten, der natürlich vor allem dazu gedient hatte, den Kontrast zur Zeit unmittelbar nach der Unabhängigkeit zu betonen. In älteren Werken ist die Zeit nach 1760 als Periode wirtschaftlichen Aufschwungs dargestellt worden, der durch die Einführung kolonialer Reformen von seiten Spaniens und Portugals ermöglicht worden sei. Diese Reformprogramme, so die bisher vorherrschende Meinung, hätten – wenn auch unbeabsichtigt – den kolonialen Gebieten erst die Reife und das Selbstvertrauen gegeben, die sie für den Übergang zur Unabhängigkeit im frühen 19. Jh. benötigten. Wie Fishers Beitrag in Kapitel II dieses Bandes deutlich macht, neigt die neuere Forschung jedoch dazu, diese Interpretation in Frage zu stellen. Die Historiker erkennen nun immer deutlicher die relative Schwäche der Kolonialregierungen im 18. Jh. und die weite Verbreitung gewaltsamer Auseinandersetzungen auf lokaler Ebene, die von echten Unabhängigkeitsbewegungen oder breiten Massenaufständen unterschieden werden müssen. Ebenso wird auf die verhältnismäßig harmonischen Beziehungen zwischen Kreolen und Europaspaniern und auf die Anpassungsfähigkeit informeller ökonomischer Verhältnisse in den Kolonien verwiesen. In diesem Zusammenhang muß die Unabhängigkeit vieler Staaten nicht als Resultat nationalistischer Bestrebungen, sondern als Folge der Schwäche des kolonialen Staates gesehen werden. Zunächst wurde die Unabhängigkeit von vielen Bewohnern der Neuen Welt abgelehnt. In Neu-Spanien und Brasilien wurde sie schließlich von den Eliten mit großer Zurückhaltung akzeptiert, um den Fortbestand der etablierten Gesellschaftsordnung zu gewährleisten. Diese Haltung lag eher in ihrer Furcht vor politischer Instabilität in den Mutterländern begründet als in echter Unzufriedenheit mit den bestehenden Strukturen innerhalb der Kolonien. Die zentrale Schlußfolgerung, die sich aus einer Neubeurteilung sowohl der bourbonischen Reformen, als auch des negativen Bildes der frühen nachkolonialen Epoche ergibt, ist die, daß die Unabhängigkeit eher unter dem Gesichtspunkt politischer, ökonomischer und sozialer Kontinuität als unter dem eines abrupten Wandels gewertet werden muß, ungeachtet der Tatsache, daß in den 1820er Jahren die lokalen Eliten ihr politisches Schicksal selbst bestimmten.

B. Gliederung des Bandes

Es erschien sinnvoll, als Beginn für die in den Beiträgen des vorliegenden Bandes dargestellte Epoche das Jahr 1760 zu wählen: Die Erlangung der spanischen Königswürde durch Karl III. im Jahr 1759, der nur kurze Zeit später die Demütigung Spaniens im Siebenjährigen Krieg folgte, beschleunigte das Tempo der Reichsreform, die in Madrid seit Philipp V. (1700–1746) ein Diskussionsthema bildete. Die Verwirklichung dieses Reformprogramms geschah jedoch langsamer, weniger planvoll und wurde mit größerer Skepsis in Angriff genommen, als viele Historiker bisher geglaubt haben. Darüber hinaus hatte die Verwirklichung des Projekts bereits an Schwung verloren, bevor Spanien in den 1790er Jahren in die internationalen Konflikte hineingezogen wurde, die schließlich zwischen 1808 und 1814 den Zusammenbruch der Monarchie bewirkten und zum Beginn der Unabhängigkeitsrevolutionen überleiteten. Auch Portugal versuchte in den 1750er und 1760er Jahren, die Ressourcen Brasiliens einer nationalen Regeneration nutzbar zu machen. Wie Spanien verlor auch dieses Land seine bedeutendste überseeische Besitzung als Folge von Napoleons Invasion der Iberischen Halbinsel.

Das Ende des im vorliegenden Band berücksichtigten Zeitraums, das Jahr 1900, läßt sich weniger präzise fassen als der Ausgangspunkt von 1760. Aus diesem Grunde wurde der Endpunkt der untersuchten Periode je nach Land und Region flexibel gehandhabt, wobei die anschließenden Kapitel von Band 3 des Handbuchs entsprechend angepaßt wurden. So endet die Untersuchung des unabhängigen Chile und Perus im vorliegenden Band (Kap. V, 5) aus praktischen Erwägungen mit dem Jahr 1920. In Peru stellt nämlich der Beginn des *oncenio* von Augusto B. Leguía im Jahr 1919 einen ebenso bedeutenden Einschnitt dar wie in Chile die Wahl Arturo Alessandris im Jahr

1920. In beiden Fällen markieren diese Prozesse des Umbruchs das Ende der politischen Vorherrschaft der landbesitzenden Oligarchie und stellen so eine bedeutsamere Epochengrenze dar als das „runde" Datum 1900. Andererseits erwies es sich im Falle Boliviens nicht als sinnvoll, die Untersuchung innerhalb des vorliegenden Bandes bis zur politischen Krise des Jahres 1930 zu führen, als die Oligarchie Daniel Salamanca im Präsidentenamt installierte, da dies zu einer zu ausgeprägten chronologischen Unausgewogenheit geführt hätte. Die Autoren der entsprechenden Kapitel in Band 3, Alan Angell (Chile), Lewis Taylor (Peru) und León E. Bieber (Bolivien), beginnen ihre Darstellung deshalb mit den Jahren 1920, 1919 und 1900. Ähnliche Angleichungen wurden in den Fällen Argentiniens, Paraguays und Uruguays vorgenommen (Bd. 2, Kap. V, 6): Die Darstellung Argentiniens erstreckt sich bis zum Jahr 1910, dem Zeitpunkt, als das hundertjährige Jubiläum der Beseitigung der spanischen Kolonialherrschaft dem Lande die Gelegenheit bot, vom Höhepunkt seines exportinduzierten Wirtschaftswachstums auf das Erreichte zurückzublicken. Die Ereignisse in Paraguay werden bis zum Jahr 1904 untersucht, dem Zeitpunkt der Absetzung des Präsidenten Bernardino Caballero, die zugleich das Ende der langen Herrschaft der *colorados* bedeutete, die 1880 begonnen hatte. Das Kapitel über Uruguay wird mit dem Jahr 1903 abgeschlossen, das mit der Wahl von José Batlle y Ordóñez den Beginn einer langen Periode politischer Reformen markiert, die durch die hohen, im Außenhandel erwirtschafteten Gewinne finanziert wurden. Im Falle einiger Länder wurde eine sich überschneidende Darstellung einer klaren Trennung vorgezogen: So endet beispielsweise das Kapitel über Mexiko nach der Unabhängigkeit mit dem Jahr 1900, wobei einige Bemerkungen zum letzten Jahrzehnt der porfiristischen Herrschaft eingeschlossen wurden; eine vertiefte Analyse der Ursachen der Mexikanischen Revolution wird hingegen im entsprechenden Kapitel von Band 3 vorgenommen werden.

Im weiteren haben wir uns für eine Aufteilung der im vorliegenden Band untersuchten langen, in sich uneinheitlichen Periode 1760–1900 entschieden, wobei hier die Jahre nach 1830 als zeitliche Grenze gewählt wurden, obwohl gewisse strukturelle Merkmale der Kolonialperiode durchaus bis zu dieser Zeit fortbestanden. Diese Teilung läßt sich vor allem damit begründen, daß die Erringung und Konsolidierung der nationalen Unabhängigkeit im zweiten und dritten Jahrzehnt des 19. Jh. in der ganzen Region – mit Ausnahme des karibischen Raums – eine unvermeidliche, gewissermaßen „natürliche" Trennlinie bildet; im weiteren ließ die Entstehung neuer Staaten mit gegenüber der Kolonialzeit veränderten territorialen Grenzen eine solche Unterteilung auch aus praktischen Gründen als ratsam erscheinen. Ein weiterer bedeutsamer Gesichtspunkt war, daß die über die Periode arbeitenden Historiker zwar ein gemeinsames Interesse am frühen 19. Jh. zeigen, daß die meisten Spezialisten aber keine ausreichende Archivforschung über das mittlere und späte 19. Jh. betrieben haben und umgekehrt. Die chronologische Aufteilung entlang der Trennlinie um das Jahr 1830 und die Heranziehung mehrerer Autoren erbrachte forschungsorientierte Beiträge für beide Zeitabschnitte des vorliegenden Bandes. Auch hier wurde wiederum die chronologische Aufteilung flexibel gehandhabt, etwa für die Kapitel über Zentralamerika: Aufgrund der Loslösung Zentralamerikas von Mexiko nach Agustín de Iturbides kurzlebiger Monarchie wurde vereinbart, daß der Zeitpunkt der Erringung der Unabhängigkeit (1821) für die Aufteilung der entsprechenden Kapitel (III, 3 und V, 3) maßgebend sein sollte. Ebenso erschien der Zeitpunkt der Loslösung Mexikos von Spanien 1821 als geeignet für die gegenseitige Abgrenzung der Kapitel über das spätkoloniale (III, 2) und das unabhängige Mexiko (V, 2). Das Kapitel über das Vizekönigreich Río de la Plata (III, 7) führt hingegen die Analyse der spätkolonialen Zeit und der Unabhängigkeitsperiode bis zur Mitte des Jahrhunderts weiter; dies deshalb, weil die Neuformierung der Argentinischen Föderation in den 1850er Jahren eine einschneidendere Abkehr von den Verhältnissen der Kolonialzeit und der frühen Unabhängigkeitsperiode markiert als beispielsweise der Abfall von Hochperu/Bolivien oder die Abtrennung der Banda Oriental/Uruguays von den Vereinigten Provinzen von La Plata zwischen 1825 und 1828, oder auch als der Aufstieg von Juan Manuel de Rosas zum Gouverneur von Buenos Aires 1835. Da das folgende Kapitel über Argentinien, Uruguay und Paraguay (V, 6) vom selben Autor verfaßt wurde, stellte sich hier das Problem von Überschneidungen bzw. Wiederholungen nicht.

Innerhalb der genannten chronologischen Zweiteilung in die Zeiträume 1760–1830 und 1830–1900 ist der Text des vorliegenden Bandes in eine Anzahl von Regional- bzw. Länderkapiteln gegliedert. Während sich in einigen Fällen diese Gliederung von selbst aufdrängte (z.B. im Falle Brasiliens), wurde die Zusammenfassung mehrerer Einzelstaaten in einem Kapitel bis zu einem gewissen Grade von der Notwendigkeit diktiert, aus Platzgründen einige Republiken der Unabhängigkeitsperiode mit vergleichbarer historischer Erfahrung zusammen zu behandeln. Für den ersten Teil der in diesem Band untersuchten Periode sind die Kriterien dieser Gliederung durch die kolonialen Verwaltungsgrenzen vorgegeben; wie erwähnt gibt es ein eigenes Kapitel zum portugiesischen Vizekönigreich Brasilien. Für die spanischen Vizekönigreiche erwies sich die Aufteilung als problematischer, zum Teil durch die Änderung der kolonialen Grenzziehung in der Periode 1760–1830. So wird das Vizekönigreich Neu-Spanien, das formal auch das Generalkapitanat Guatemala mit einschloß, in zwei separaten Kapiteln behandelt: einem längeren über Mexiko (III, 2) und einem kürzeren über Zentralamerika (III, 3). Das Generalkapitanat Chile, das sich dem Einfluß des Vizekönigreichs Peru in der späten Kolonialzeit faktisch entzog, wird gesondert behandelt (in Kap. III, 6), ebenso wie die Karibik (einschließlich der Guayanas, in Kap. III, 8). Venezuela wird mit dem Vizekönigreich Neu-Granada (dem späteren Kolumbien und Ecuador) in Kapitel III, 4 zusammengefaßt, in erster Linie wegen der gemeinsamen Erfahrung des Kampfes gegen Spanien im zweiten Jahrzehnt des 19. Jh. unter Simón Bolívar und ihres formalen Zusammenschlusses zu Großkolumbien zwischen 1821 und 1830. Hochperu (das spätere Bolivien) wurde 1776 aus dem Vizekönigreich Peru herausgelöst und dem Vizekönigreich Río de la Plata zugeteilt, das von Buenos Aires aus verwaltet wurde. Trotzdem blieben die wirtschaftlichen Verbindungen zum Vizekönigreich Peru bestimmend (dessen Vizekönig im übrigen 1810 versuchte, Hochperu wiederzugewinnen); aus diesem Grunde werden Peru und Hochperu in einem einzigen Kapitel (III, 5) behandelt, auch wenn im Kapitel über das neue Vizekönigreich auf Hochperu Bezug genommen wird.

Die Kapiteleinteilung für den Zeitraum nach 1830 folgt weitgehend derjenigen der ersten Hälfte des Bandes, d.h. die einzelnen Kapitel behandeln Brasilien (V, 1), Mexiko (V, 2), Zentralamerika (V, 3), Ecuador, Kolumbien und Venezuela (V, 4), Argentinien, Uruguay, Paraguay (V, 6) und die Karibik (V, 7). Tatsächlich besteht der einzige Unterschied darin, daß Chile in dieser späteren Periode mit Peru und Bolivien zusammengefaßt wird (V, 5), dies vor allem wegen der gegenseitigen Verflechtung auf dem

Gebiet der Grenzstreitigkeiten und der internationalen Beziehungen. Jedem der beiden Hauptteile 1760–1830 und 1830–1900 ist ein Einleitungskapitel vorangestellt, das sowohl einen Überblick über die Kulturgeschichte Lateinamerikas gibt (II, 5; IV, 5), aber auch die allgemeinen Linien der politischen und Sozialgeschichte sowie der Bevölkerungsentwicklung für die ganze Region nachzeichnet (II, 1–4; IV, 1–4). Die Gliederung der Bibliographie folgt der Kapiteleinteilung; um Wiederholungen von allgemeinen Übersichtswerken zu vermeiden, wurden diese allerdings den spezifischen Länder- und Regionaldarstellungen vorangestellt. Im Text verweisen Kurzzitiernachweise (Verfasser und Erscheinungsjahr in eckigen Klammern) auf die Bibliographie.

II. Lateinamerika in der spätkolonialen Phase und der Periode früher Staatenbildung (1760–1830)

Lateinamerika im späten 18. Jahrhundert

John R. Fisher

1. Iberische Kolonialpolitik seit 1760

Aus dem Englischen übersetzt von Suzanne Annette Gangloff

A. Historiographischer Kontext

Die Erforschung und Interpretation der Kolonialpolitik der iberischen Länder seit etwa 1760 stellt einen der Schwerpunkte der mit der Geschichte Lateinamerikas im 18. Jh. befaßten Historiographie dar. Im Mittelpunkt steht dabei die Frage nach dem Charakter der in Spanien insbesondere unter Karl III. (1759–1788), in Portugal durch den Marquês de Pombal eingeleiteten Reformwerke in Hispano- bzw. Lusoamerika. Während die einen den visionären Veränderungswillen, die Konsequenz, Dynamik und die positiven Wirkungen der Reformen und ihrer Protagonisten bewundern, sprechen andere von einem von den zeitgenössischen Akteuren selbst begründeten Mythos, der von den Historikern des 19. und 20. Jh. noch ausgeschmückt worden sei. In Wirklichkeit hätten diese Maßnahmen vor allem den kurzfristigen Eigeninteressen der Mutterländer gedient und als Gegenreaktion die Entwicklung eines kolonialen Eigenbewußtseins der Amerikaner gefördert, das schließlich in ihre staatliche Unabhängigkeit mündete. Diese Kontroverse soll den roten Faden für die einleitende Analyse Lateinamerikas zwischen 1760 und 1830 abgeben. Ausgangspunkt wird eine kurze Betrachtung der spanischen und der portugiesischen Zielsetzungen im Hinblick auf Lateinamerika im 18. Jh. sein. Wir werden dann zu einer ausführlichen Diskussion über die Verwirklichung der jeweiligen Reformprogramme in Hispanoamerika und in Brasilien im dritten Viertel des 18. Jh. übergehen, um diesen Abschnitt des Kapitels II mit einer Betrachtung der amerikanischen Reaktionen auf die Reformprogramme abzuschließen. Diese gesamte Erörterung der iberischen Kolonialpolitik wird notwendigerweise eine gewisse Erklärung der wirtschaftlichen und administrativen Veränderungen sowie ihrer Auswirkungen auf die koloniale Gesellschaft einschließen müssen; auf diese Probleme wird in den Abschnitten 2–4 dieses Kapitels im einzelnen eingegangen.

B. Der iberische Hintergrund

Im 16. Jh. hatte Spanien im Konzert der europäischen Mächte eine beherrschende Stellung eingenommen. Daran schloß sich jedoch eine lange Phase des allgemeinen Niedergangs an, die mit dem Spanischen Erbfolgekrieg (1700–1713/14) ihren Tiefpunkt erreichte. Im 18. Jh. war es das Hauptanliegen der neuen, die Habsburger ablösenden Dynastie der spanischen Bourbonen, sowohl das Mutterland als auch die amerikanischen Besitzungen aus der Krise herauszuführen und ihnen erneut Weltgeltung zu verschaffen. Dieses Ziel war schon von einer ganzen Reihe von Essayisten der späten Habsburgerzeit, den sogenannten *arbitristas*, diskutiert worden. Seit 1713/14, dem Ende des Spanischen Erbfolgekrieges, beschränkte sich diese Debatte jedoch nicht mehr auf diesen kleinen Kreis isolierter Autoren, sondern stand im Mittelpunkt der Diskussion bei Hofe. Amerika stellte, so schien es, die einzige schwache Hoffnung auf Erholung für ein innerlich und äußerlich durch den Krieg zerstörtes Spanien dar. Die Wirtschaft lag am Boden, die meisten der ehemaligen europäischen Besitzungen außerhalb der Iberischen Halbinsel waren verloren, und darüber hinaus mußte das einträgliche Monopol im Sklavenhandel mit den Kolonien *(asiento de negros)* in aller Form an den Rivalen England abgetreten werden.

Innerhalb Amerikas war man mit ähnlich gravierenden Problemen konfrontiert: Die im 17. Jh. an den Küsten und auf den Inseln erlittenen territorialen Verluste begünstigten eine erhebliche Ausweitung des Schmuggelhandels. Dieser trug ebenso wie das hohe Maß an Mißwirtschaft und Ineffektivität in den großen Vizekönigreichen Neu-Spanien und Peru dazu bei, daß jedes Projekt zur Förderung des für die Finanzierung einer verbesserten Reichsverteidigung unerläßlichen wirtschaftlichen Wachstums – und damit auch eines erhöhten Steueraufkommens – von vornherein zum Scheitern verurteilt war. Aus Peru etwa, dem traditionellen Zentrum spanischer Macht in Südamerika, berichteten Jorge Juan und Antonio de Ulloa in ihrem auf der Forschungsreise mit La Condamine nach Quito entstandenen, 1748 veröffentlichten Werk *Noticias secretas de América,* daß alle mit Amtsbefugnissen ausgestatteten Gruppen oder Einzelpersonen königliche Befehle, die sie für unangemessen hielten, in dem Bewußtsein einfach ignorierten, kaum von einer Strafe eingeholt werden zu können, da die Mühlen der Administration allzu langsam mahlten.

In den Augen von Kritikern wie Juan und Ulloa fand der größte Amtsmißbrauch zweifellos auf Provinzebene statt, wo die Korruption und die Mißwirtschaft der *corregidores* nahezu sprichwörtlich geworden waren. Diese Provinzbeamten waren bis zu einem gewissen Grade Opfer der Umstände, denn die ihnen zustehenden Gehälter waren so niedrig, daß sie anderweitig aufgebessert werden mußten. Dabei spielte vor allem der *repartimiento*-Handel, der Zwangsverkauf von Waren an die Indianer, eine wichtige Rolle. Er wurde zwar erst 1756 offiziell legalisiert, war aber schon lange vorher in ganz Mexiko und Peru toleriert worden. Die Neuordnung Mitte des 18. Jh. zielte eher darauf ab, die steuerlichen Details zu regulieren, als die Eingeborenengemeinden vor einem Mißbrauch zu schützen. Zur Rechtfertigung des *repartimiento* wurde behauptet, mit Hilfe dieser Maßnahme könne man die Indianer mit lebensnotwendigen Dingen wie Eisen, Tuch und Maultieren versorgen, ohne die ihre wirtschaftliche Ordnung weitgehend zusammenbrechen würde. Dem steht entgegen, daß im Rahmen des *repartimiento*-Handels zuweilen völlig unbrauchbare Waren geliefert wurden. Solche Mißstände sind in den 60er Jahren des 18. Jh. von José de Gálvez während seiner *visita general* (Generalinspektion) aus Neu-Spanien berichtet und in den späten 1770er Jahren erneut aus Peru von Gálvez' ehemaligem Untergebenen José Antonio de Areche gemeldet worden. Seine unheilverkündenden Warnungen vor der Unzufriedenheit der Eingeborenen verhallten ungehört, bis sie sich im Jahr 1780 mit dem Ausbruch des Aufstandes des Túpac Amaru bewahrheiten sollten. Für die spanische Krone war die Mißwirtschaft in den Provinzverwaltungen ein dreifaches Problem: Erstens schadete sie dem Ansehen des Königs, der für den „Schutz" der Indianer verantwortlich war; zweitens stellte sie eine Bedrohung dar, da die häufigen Lokalunruhen und der Protest gegen die Mißwirtschaft die Sicherheit gefährdeten (während des Túpac-Amaru-Aufstands in Peru fürchtete man sogar, daß die Engländer versuchen würden, sich mit den rebellierenden Indianern zu verbünden); und drittens führte die mangelhafte Steuerverwaltung besonders auf lokaler Ebene dazu, daß rechtmäßig der Krone zustehende Einkünfte (darunter auch die Tributzahlungen der Indianer) in die Taschen der *corregidores* flossen.

Diese und andere Probleme innerhalb Amerikas wurden vor allem in der Regierungszeit Karls III. (1759–1788) angegangen, der zunächst *visitadores,* d.h. mit weitreichenden Vollmachten ausgestattete Generalinspektoren, nach Amerika entsandte, die die Verwaltungspraxis überprüfen, straffen und jeden Hinweis auf Amtsmißbrauch und Korruption verfolgen sollten. Auf Anraten seiner auf Reorganisation bedachten Minister ordnete Karl III. dann zahlreiche strukturelle Reformen an, die darauf abzielten, der Autorität der Krone Geltung zu verschaffen. Diese Maßnahmen waren Fortsetzung und Höhepunkt eines langen Neugestaltungsprozesses, eingeleitet von den ersten Bourbonen auf dem Thron Spaniens, Philipp V. und Ferdinand VI., die die spanische Kolonialpolitik entschlossen in die neue Richtung lenkten und die Voruntersuchungen für eine Reihe wichtiger innenpolitischer Veränderungen leiteten. Es blieb aber Karl III. überlassen, daraus eine konsequente Staatsstrategie zu entwickeln und diese umzusetzen. Das schloß auch die Übertragung einer Reihe auf der Iberischen Halbinsel bereits erfolgreich durchgeführter Reformmaßnahmen auf Amerika ein.

Eine wichtige vorbereitende Maßnahme für die Einführung spezifischer Reformen in Spanien und in Amerika war eine Umgestaltung des Verwaltungsapparats in Madrid, wo die unter den Habsburgern übliche Administration durch Ratsbehörden zu Stagnation und Leistungsunfähigkeit geführt hatte. Die Bourbonen richteten nach französischem Muster Fachministerien ein, in der Hoffnung, daß die Übertragung von Verantwortung auf Einzelpersonen mehr Effizienz zeitigen würde. 1714 hatte Philipp V. vier Ministerien geschaffen, darunter ein Marine- und Indien-Ministerium, das die administrativen Aufgaben des Indienrats übernahm. Aber die alten Ratsbehörden existierten weiterhin neben den neuen Ministerien, bis Karl III. 1763 seinen spezialisierten Ministern den Vorrang einräumte. Außerdem ging aus den formlosen Zusammenkünften der Minister, die die Arbeit ihrer jeweiligen Ressorts zu koordinieren suchten, ein Rumpfkabinett hervor, die *Junta de Estado.* Bei ihrer Einführung 1787 war Graf Floridablanca, von 1777 bis 1792 Erster Minister, federführend. Die Minister Karls III. wurden aufgrund ihrer Eignung ernannt, nicht etwa, wie in der Habsburgerzeit, aufgrund ihrer Zugehörigkeit zu den Granden (führende Adelsgeschlechter Spaniens): So war José Moñino, der bereits erwähnte Conde de Floridablanca, der Sohn eines niederen Kirchenbeamten aus Murcia; Pedro de Lerena, in den 1780er Jahren Finanzminister, war der Sohn eines Gastwirts und begann sein Arbeitsleben als Lehrling eines Hufschmieds; und José de Gálvez, der große Indien-Minister der Jahre von 1776 bis 1787, stammte aus einer einfachen Familie bei Málaga.

Die Lage Portugals war weniger ernst, weil es im Grunde nicht so sehr ein Feind, als vielmehr ein langjähriger Verbündeter Englands war. Darüber hinaus war dieses Bündnis 1703 durch den Methuen-Vertrag gefestigt worden, durch den Portugal sich einverstanden erklärte, englisches Wolltuch zollfrei einzuführen; dafür wurden ihm Vorzugszölle für den Export portugiesischer Weine nach England eingeräumt. Englische Kaufleute hatten bereits seit 1656 das Recht genossen, innerhalb portugiesischer Konvois Schiffe nach Brasilien zu entsenden, mit der Auflage, daß diese auf der Hin- und Rückfahrt portugiesische Häfen anlaufen mußten; der Vertrag von 1703 hatte

Brasilien (und, über Brasilien hinaus, Hispanoamerika) für englische Textilien geöffnet, die zum Teil mit den brasilianischen Produkten Zucker, Baumwolle und Häuten sowie mit Öl und Wein aus Portugal bezahlt wurden, vor allem aber mit brasilianischem Gold, dessen Produktion zwischen 1700 und 1720 auf das Fünffache gestiegen war. Obgleich Portugal durch den Export brasilianischen Goldes und brasilianischer Diamanten vom Mutterland nach England sein Zahlungsbilanzdefizit kurzfristig auszugleichen vermochte, wirkte sich dies auf die Industrialisierung und auf die landwirtschaftliche Diversifizierung nachteilig aus und ermöglichte englischen Kaufleuten mit ihren Waren eine weitreichende Kontrolle über den Außenhandel sowohl Portugals als auch Brasiliens.

In der langen Regierungszeit Joãos V. (1706–1750) war kaum offene Kritik an diesem Abhängigkeitsverhältnis laut geworden. Aber die Thronbesteigung von José I. und seine Ernennung von Sebastião José de Carvalho y Melo (1770 wurde ihm der Titel Marquês de Pombal verliehen) zum Ersten Minister brachte einen aufgeklärten Reformer an die Macht, ebenso entschlossen wie die Minister Karls III., die Monarchie zu stärken, die Reichsverwaltung zu zentralisieren und die Kontrolle Portugals über seine eigenen Reichsangelegenheiten entgegen den beherrschenden Interessen Englands wiederherzustellen.

C. Die bourbonischen Reformen in Hispanoamerika

In den Augen spanischer Politiker war die Wiederherstellung des Reiches in der zweiten Hälfte des 18. Jh. nach wie vor dringend erforderlich, ungeachtet der im Rahmen des Regenerationsprozesses unter Philipp V. und Ferdinand VI. bereits erzielten Fortschritte. Wirtschaftlich und finanziell war die sich eher stetig als dramatisch vollziehende innere Erholung bestimmten Reformen zu verdanken, wie der Abschaffung der Binnenzölle im Jahr 1717, der Einführung der Handelsfreiheit für Getreide im Jahr 1756, der Festsetzung einer einheitlichen Währung, der Förderung landwirtschaftlicher Siedlungen mit Hilfe von Regierungsgeldern, dem Bau eines das ganze Königreich durchziehenden Straßennetzes und ähnlichen Neuerungen. Den Versuchen der Krone, sich an den innenpolitischen Maßnahmen des französischen Ministers Jean Baptiste Colbert zu orientieren und durch die Einrichtung königlicher Manufakturen eine Importverdrängung zu bewirken, war jedoch nur ein begrenzter Erfolg beschieden, vor allem weil Betriebe wie die Wollwarenfabrik in Guadalajara, die Glaswaren- und Spiegelfabrik in San Ildefonso und die von Karl III. zur Herstellung von Tapisserien, Schwertern, Papier, Töpferwaren und anderen Produkten gegründeten Manufakturen unter bürokratischer Mißwirtschaft und allzu hohen Binnentransportkosten litten. Etwas erfolgreicher waren die Privatbetriebe in den Grenzprovinzen (von wo aus die Märkte im In- und Ausland leichter erreichbar waren), etwa die Eisengießereien in Vizcaya, welche Eisenwaren, Feuerwaffen, Schwerter und Anker herstellten, die Baumwollfabriken in Katalonien und die Seidenfabriken in Valencia. Die bourbonischen Reformer erblickten in Amerika den Schlüssel zu einer industriellen Weiterentwicklung: Erstens konnte es die Fabriken mit den von diesen benötigten Rohmaterialien beliefern und zweitens stellte es, mit zunehmender Lockerung der Handelsbeschränkungen, einen wachsenden Absatzmarkt für die von den Manufakturen erzeugten Fertigprodukte dar.

Philipp V., Ferdinand VI. und deren Minister neigten dazu, die Handelsstruktur vorsichtig zu reformieren, anstatt sie von Grund auf neu zu gestalten. Dies taten sie, ohne die eindringlichen Mahnungen merkantilistischer Autoren wie José del Campillo und Gerónimo de Uztáriz zu beachten, daß nur eine gründliche Neuorganisation des staatlichen Handelssystems das Potential der Kolonien als Lieferanten von Rohmaterial für das Mutterland und als Verbraucher spanischer Fertigwaren freisetzen könne. Die unter Geleitschutz segelnden Flotten waren 1740 für Südamerika zwar abgeschafft worden, wurden jedoch für die Versorgung des Vizekönigreichs Neu-Spanien mit Waren noch bis 1776 eingesetzt. Die schwere Niederlage Spaniens im Siebenjährigen Krieg (1756–1763) bestätigte erneut die Notwendigkeit des Reformprozesses, der daraufhin beschleunigt fortgesetzt wurde. Gleichwohl vermochten sich konservative Kaufleute in Mexiko, Veracruz und Cádiz 1764 miteinander zu verbünden und die Ausdehnung radikaler Reformen auf Neu-Spanien erfolgreich zu verhindern; diese Reformen waren von einer Sachverständigenkommission vorgeschlagen worden, die Karl III. eingesetzt hatte, damit sie die Handelsfrage im Lichte etwa des beachtlichen Anwachsens der Exporte Kubas während der Besetzung Havannas durch die Engländer im Jahr 1762 untersuchte. Im Oktober 1765 wurde der erste wichtige Schritt in Richtung einer staatlichen Handelsreform zwar unternommen, der freie Handel aber nur auf den spanischen Inseln der Karibik eingeführt; das System der Registerschiffe für Südamerika blieb unangetastet und das der unter Geleitschutz segelnden Flotten für Neu-Spanien wurde wiederhergestellt. 1765 lief die erste Flotte seit 1760 nach Neu-Spanien mit 8000 Tonnen Waren an Bord aus; auf sie folgten in Abständen von vier Jahren die letzten drei Flotten – 1768, 1772 und 1776.

Wie in Abschnitt 2 dieses Kapitels noch genauer dargelegt werden wird, läßt sich der Zeitraum zwischen 1765 und 1778 entweder als eine Phase der Konsolidierung bezeichnen, in der die Krone das neue Handelssystem behutsam auf weitere Territorien ausdehnte, oder, überzeugender, als eine Phase des Zauderns, in der der Prozeß einer notwendigen Handelsreform durch administrativen Konservatismus und Partikularinteressen, etwa der Monopolhändler, behindert wurde. Welche Interpretation man auch vorzieht – die tatsächliche Ausdehnung des Freihandels nach 1765 steht außer Frage: 1768 wurde die Handelsfreiheit in dem neuerworbenen Territorium Louisiana eingeführt (das Spanien 1763 als Ausgleich für den Verlust Floridas an Großbritannien von Frankreich erhielt), eine Geste von eher symbolischer als praktischer Bedeutung angesichts des wirtschaftlich unterentwickelten Zustands dieser Region; 1770 wurde sie auf die Provinzen Yucatan und Campeche ausgedehnt, in der – sich bestätigenden – Hoffnung, den Export von Farbhölzern nach Spanien zu stimulieren, was 1774 durch die zusätzliche Abschaffung der Einfuhrzölle für Farbhölzer in den Häfen der Iberischen Halbinsel noch erleichtert wurde. Schließlich wurden diese und andere Konzessionen am 12. Oktober 1778 im *Reglamento de comercio libre* zusammengefaßt – in dem eindeutigen Bestreben, dadurch die Kombination von Freiheit und Schutz zu schaffen, die die Erschließung noch unbesiedelter Gebiete fördern und den Schmuggelhandel eliminieren würde. Außerdem versprach man sich von der Zunahme des Handels steigende Steuereinnahmen sowie die Eröffnung neuer Absatzmärkte und Rohstoffquellen.

Es muß betont werden, daß das Freihandelssystem, wie es 1778 von der spanischen Krone festgeschrieben wurde, den Handelsgesetzen der anderen führenden Seemächte im 18. Jh. entsprach; der Zweck war jeweils, Schiffahrt und Produktion der eigenen Nation auf Kosten ausländischer Interessen zu schützen. Analog war auch die „Freiheit", die das *Reglamento* den – ob in Amerika oder im Mutterland beheimateten – spanischen Produzenten bot, streng begrenzt. Die geographischen Grenzen waren durch den Atlantik vorgegeben. 13 spanischen Häfen wurde das Recht, unmittelbar mit Amerika Handel zu treiben, 1778 entweder bestätigt oder erstmals verliehen; in den 1780er Jahren eingehende Gesuche weiterer Häfen (darunter Bilbao) um Gewährung dieses Privilegs wurden von der *Junta de Estado* abgelehnt. Auf Venezuela und Neu-Spanien wurde der Freihandel zudem erst 1789 voll ausgedehnt. Ohne ausdrückliche königliche Genehmigung war der Handelsverkehr zwischen amerikanischen und nicht-spanischen Häfen nach wie vor untersagt. Darüber hinaus vermochte sich der neue Gedanke, daß – europäische wie amerikanische – Spanier freie Handelsbeziehungen miteinander unterhalten könnten, kaum gegen die Ansicht durchzusetzen, daß sie weiterhin vor fremder Konkurrenz geschützt werden sollten. Die Ausfuhr einer großen Anzahl ausländischer Waren von Spanien nach Amerika, darunter diverse Bekleidungsartikel, Möbel, Weine, Spirituosen und Öl, war strikt verboten. Ausländische Waren, die exportiert werden durften, wurden in der Regel, zusätzlich zu den für ihre Einfuhr nach Spanien erhobenen Zöllen, mit höheren Exportzöllen belegt als gleichwertige spanische Produkte. Trotz dieser Einschränkungen war das allgemeine Ziel des Gesetzes von 1778, innerhalb eines protektionistischen Rahmens sowohl das Gefühl der Handelsfreiheit zu vermitteln als auch, aufgrund der – strategischen – Abschaffung der Zölle für viele spanische Industrieprodukte und amerikanische Landwirtschaftserzeugnisse, in der gesamten spanischen Welt neue Möglichkeiten für ein wirtschaftliches und kommerzielles Wachstum zu schaffen.

Neben der wirtschaftlichen Bedeutung der Handelsreform spielten strategische Überlegungen im Reformwerk eine große Rolle. Im Jahr 1717 war ein großes Gebiet vom Vizekönigreich Peru abgetrennt und als Vizekönigreich Neu-Granada (die heutigen Republiken Kolumbien, Ecuador und Venezuela umfassend) mit Regierungssitz in Santa Fé de Bogotá eingerichtet worden. Diese Abtrennung war zunächst als temporäre Maßnahme gedacht, wurde aber 1739 auf Dauer verfügt. Ein Grund für die Umbildung war der Wunsch, eine Quelle militärischer Macht in größerer Nähe der Karibik zu installieren, um das Reich gegen eventuelle Angriffe der Engländer besser verteidigen zu können. Zur weiteren Erleichterung der Verteidigung wurden die Provinzen Venezuela, Kuba und Guatemala etwas später zu Generalkapitanaten gemacht. Aus Furcht vor Übergriffen der Engländer und vor einer russischen Infiltration Neu-Spaniens vom Pazifik her suchte man die nördlichen Verteidigungslinien auch dieses Vizekönigreichs zu verstärken. Während seiner *visita general* in den 1760er Jahren widmete José de Gálvez den dünnbevölkerten nördlichen Gebieten des Vizekönigreichs, in denen die Indianerstämme sich noch nicht unterworfen hatten, besondere Aufmerksamkeit. Seine Empfehlungen führten 1776 zur Bildung einer neuen Einheit, der sogenannten *Provincias Internas* Neu-Spaniens, die Coahuila, Texas, Neu-Mexiko, Nueva Vizcaya, Sinaloa, Sonora und Kalifornien mit Baja California umfaßten und einem *comandante general* unterstellt wurden, der vom Vizekönig praktisch unabhängig und dem König unmittelbar verantwortlich war.

Weiter im Süden schien die Gefahr einer Intervention durch Ausländer noch drohender. Die La-Plata-Region war stets ein entlegener Teil des Vizekönigreichs Peru gewesen; die Krone wurde sich zunehmend sowohl des wirtschaftlichen Potentials dieses Gebiets als auch der strategischen Risiken bewußt, die sie einging, wenn sie es vor einer portugiesischen Infiltration nicht angemessen schützte. Im Jahr 1776, als die Aufmerksamkeit und die Ressourcen Großbritanniens auf sein Engagement in Nordamerika konzentriert waren, unternahm Spanien, als Reaktion auf zunehmende Einfälle in spanisches Gebiet, eine größere militärische Expedition zu Wasser und zu Lande gegen die portugiesischen Forts in der Banda Oriental (dem heutigen Uruguay). Der Kommandeur dieser Expedition wurde zum politischen Oberhaupt des – für alle praktischen Zwecke lediglich vorübergehend eingerichteten – neuen Vizekönigreichs Río de la Plata ernannt. Die scheinbare zeitliche Begrenzung dieser Einrichtung stellte jedoch lediglich eine Rückversicherung für den Fall ihres Mißlingens dar, und 1777 wurde das neue Vizekönigreich definitiv institutionalisiert; es umfaßte nicht nur die heutigen Staaten Argentinien, Paraguay und Uruguay, sondern auch das reiche Bergbaugebiet des peruanischen Hochlands (das heutige Bolivien). Río de la Plata wurde bald zum ersten festländischen Versuchsterrain für eine Reorganisation und Verbesserung der Provinzverwaltung. Die zu diesem Zweck ergriffene Maßnahme, die Einführung eines Systems der Verwaltung durch Intendanten, zielte darauf ab, die Effizienz und die Zuverlässigkeit der Provinzverwaltung zu gewährleisten, gleichzeitig der Autorität der Krone mehr Geltung zu verschaffen und dadurch die paternalistisch-autoritäre Regierungsgewalt zu straffen.

Das Intendantensystem war in Spanien Anfang des 18. Jh. von den bourbonischen Monarchen in dem Bemühen eingeführt worden, die Wirksamkeit der absolutistischen Regierung zu erhöhen. Der Intendant war ein der zentralen Autorität der Krone unmittelbar verantwortlicher Beamter, ausgestattet mit angemessenen Machtbefugnissen, um die Leistungs- und Funktionsfähigkeit der Lokalverwaltung sicherzustellen. Die Ausdehnung dieses Systems auf das Reich war erstmals in den 1740er Jahren empfohlen worden, aber wie in anderen Bereichen reagierte die Krone auch in diesem Fall recht bedächtig und erst nach sorgfältiger Durchführung eines Programms der Inspektionen und der vorsichtigen Experimente. Die Eroberung Havannas durch die Engländer 1762 gab auch hier den Anstoß zu einiger Beschleunigung. Nach Wiederherstellung der spanischen Autorität auf der Insel erklärte der *visitador* Alejandro O'Reilly aufgrund seiner Reise, daß unbedingt ein Mittel gegen die Korruption und Leistungsunfähigkeit der Verwaltung gefunden werden müsse. Daraufhin ernannte Karl III. im Jahr 1764 den ersten Intendanten für Kuba. Trotz des Widerstands alteingesessener Interessengruppen schien das System zu funktionieren. Infolgedessen bestand eine der Aufgaben, die José de Gálvez für seine 1767 anzutretende *visita* Neu-Spaniens übertragen wurden, darin, die Möglichkeiten für die Einführung des Intendantensystems in diesem Vizekönigreich zu untersuchen; mit einiger Genugtuung unterbreitete er 1768 einen Entwurf zur Einsetzung von elf Intendanten. Es erhob sich jedoch Widerstand gegen diesen Plan, zum einen von konservativen Elementen in Spanien selbst, zum anderen aber auch vom Vizekönig von Neu-Spanien, der mit Mißfallen der Einsetzung neuer Beamten entgegensah, die seine Autorität beschneiden könnten. Tatsächlich bekam Gálvez Gelegenheit, die Zweckdienlichkeit seines Plans zunächst zwar nicht in Neu-Spanien, dafür aber im Süden zu beweisen, wo die Einrichtung des Vizekönigreichs Río de la Plata den Weg für eine grundlegende Neugestaltung ebnete. 1778 betraute er ein Komitee mit der Vorbereitung eines umfassenden Intendanten-

Erlasses, der nach seiner Fertigstellung 1782 mit dem Befehl der Ausführung umgehend nach Buenos Aires abging. Das Vizekönigreich wurde in neun *intendencias* eingeteilt, deren wichtigste die *superintendencia* Buenos Aires war, und mit der Ernennung der neuen Beamten wurde 1783 begonnen. Inzwischen hatten José Antonio Areches *visita* von Peru und insbesondere die Schwierigkeiten, auf die er bei seiner Neuorganisation des dortigen Schatzamts gestoßen war, die Kritik an der mangelnden Leistungsfähigkeit des alten Verwaltungssystems bestätigt. Gleichzeitig lenkte der Aufstand Túpac Amarus die Aufmerksamkeit auf die sozialen Mißstände einer Verwaltung durch *corregidores,* und nach Unterdrückung der Rebellion wurde der für Buenos Aires verfügte Intendanten-Erlaß unverzüglich den Erfordernissen in Peru angepaßt. Der *visitador* Jorge de Escobedo erteilte 1784 sechs Provinzintendanten Perus ihre Anweisungen und übernahm als Superintendant persönlich die Intendanz der siebten Provinz, Lima. Im Jahr 1786 wurde ein auf den neuesten Stand gebrachter Erlaß zur Durchführung in Neu-Spanien genehmigt, und damit war im Jahr 1790 das neue System auf die meisten Teile des Reiches ausgedehnt worden.

Neben diesen Programmen einer Gesamtreform der Verwaltung ergriff Karl III. spezifische Maßnahmen, die sowohl der Befestigung der Verteidigungsanlagen gegen das Eindringen von Ausländern als auch der Verbesserung der militärischen Organisation und der Erhöhung der Kriegsstärke dienen sollten. Auch dieses Programm wurde unmittelbar nach Wiederherstellung der spanischen Autorität über Kuba 1763 und nach O'Reillys *visita* der Insel in Angriff genommen. Strategisch wichtige Hafenanlagen wie Havanna, Cartagena und Callao wurden neu befestigt. Noch entscheidender war der Beschluß, die relativ kleinen Verbände regulärer Truppen in den Vizekönigreichen durch permanente Milizen zu ergänzen. In Neu-Spanien hatten die Milizregimenter eine Stärke von etwa 20 000 Mann, in Peru von bis zu 40 000 Mann; die meisten von ihnen wurden von Kreolen befehligt – ortsansässigen Grundbesitzern, Bergwerksbesitzern und Kaufleuten –, deren auf Zeit verliehene Offizierspatente sie aufgrund des *fuero militar* der ordentlichen Gerichtsbarkeit entzogen, und zwar nicht nur hinsichtlich militärischer, sondern auch hinsichtlich ziviler Delikte. (Der Klerus hingegen mußte feststellen, daß das *fuero ecclesiástico* zunehmend eingeschränkt wurde; die Überlegungen der Krone gingen offenbar dahin, daß das Militär für den Staat nützlicher sei als der Klerus.) Trotz gewisser Unzulänglichkeiten, was Organisation und Ausrüstung anbelangte, bewiesen die Milizen ihre Durchschlagskraft im ausgehenden 18. Jh. sowohl bei inneren Unruhen als auch bei Angriffen von außen – insbesondere bei der Invasion Río de la Platas durch die Engländer im Jahr 1806. Unter diesen Umständen bestand natürlich die Gefahr, daß eine allzu offensichtliche Abhängigkeit von kreolischen Militärstreitkräften Anlaß zu nachteiligen Vergleichen zwischen kreolischer Stärke und (europa-)spanischer Schwäche geben könnte.

Wie alle anderen Reformen – die Handelsreform, die territoriale Neuorganisation, die Einführung der Intendanten – wurde auch die Reform des Militärwesens in Hispanoamerika pragmatisch und vorsichtig, vielleicht sogar übervorsichtig angegangen. Das generelle Verfahren bestand darin, eine Reform in einem Verwaltungsbezirk auszuprobieren und sie im Falle ihres Erfolgs allmählich auf andere Bezirke auszudehnen. Die Folge davon war in erster Linie, daß das Reformprogramm nach Gálvez' Tod im Jahr 1787 unvollendet blieb: So hatte man z. B. bereits Pläne für die Einrichtung von Intendanzen in Neu-Granada ausgearbeitet, die jedoch nie durchgeführt wurden, da ängstliche Minister in Madrid Karl IV. (1788–1808) rieten, angesichts der wachsenden Opposition sowohl in Spanien als auch in Amerika den Reformprozess zu verlangsamen. Noch vor der Thronbesteigung des neuen Königs, aber bereits nach Gálvez' Tod, war das Indien-Ministerium im Juli 1787 in zwei getrennte Staatssekretariate, eines für Justiz- und Kirchenangelegenheiten und eines für Kriegswesen und Finanzen, aufgeteilt worden, und der erste Amtsinhaber des letzeren, Antonio Valdés, machte sich sogleich daran, die mächtigen Superintendanten aus Lima, Mexiko und Buenos Aires zurückzurufen und deren Machtbefugnisse wieder auf die Vizekönige zu übertragen. Das war ein Sieg der konservativen Bürokraten. Die Mehrzahl der Reformen Karls III. blieb jedoch in Kraft.

D. Portugal und Brasilien im 18. Jahrhundert

Die Maßnahmen Karls III. in Spanien und in Amerika waren Teile eines Gesamtprojekts der Reform und Reorganisation des Reiches, das darauf abzielte, die Kroneinkünfte zu mehren und mit Hilfe rationeller Mittel die Ausbeutung der Ressourcen zu intensivieren (insofern fügte sich dieses Projekt in den das 18. Jh. charakterisierenden, ganz Europa erfassenden Modernisierungsprozeß ein, der häufig als „aufgeklärter Despotismus" oder „aufgeklärter Absolutismus" bezeichnet wird). Einem ähnlichen Programm wurde Brasilien während der Amtszeit Pombals unterworfen, der ebenso wie Karl III. eine Reichspolitik der Stärkung der königlichen Autorität und der Mehrung der Kroneinkünfte verfolgte. Die zukunftsorientierteste seiner Reformen war der 1762 gefaßte Beschluß, den Regierungssitz des Vizekönigs von der alten Hauptstadt São Salvador de Bahia nach Rio de Janeiro zu verlegen und damit die innerhalb der Kolonie inzwischen erfolgte Verlagerung des wirtschaftlichen Schwerpunkts auch auf der politischen Ebene nachzuvollziehen.

Das portugiesische Verwaltungssystem ist stets weniger konsequent organisiert gewesen als das spanische; um so Beachtlicheres hat Pombal für eine Vereinheitlichung Brasiliens und eine Konsolidierung der königlichen Macht geleistet. Die Krone suchte in zunehmendem Maße Personen zu Kapitänen bzw. Gouverneuren zu ernennen, die sich vor allem den Interessen des Mutterlands – und nicht allein der brasilianischen Elite der Grundbesitzer, aus der die Mehrzahl dieser Amtsinhaber bislang hervorgegangen war – verpflichtet fühlten. Weitere wichtige Verwaltungsreformen unter Pombal waren die Einrichtung eines Hohen Gerichtshofs in Rio de Janeiro (1751) mit ähnlichen Funktionen wie sie die Gerichtsbehörde in Bahia erfüllte (welche nach wie vor die Rechtsprechung in Nordbrasilien ausübte), die Kodifizierung des brasilianischen Rechts in den Jahren 1754 bis 1757 sowie die Schaffung von Provinzgerichtshöfen im Jahr 1765. Die nordöstlichen Regionen Pará und Maranhâo, die einen halbautonomen Status genossen hatten, ehe Pombal an die Macht kam, wurden ebenfalls der vollen Kontrolle des Vizekönigs unterstellt.

Auch Pombal verfolgte eine Politik der Handelsreform, deren Kernstück die Abschaffung der unter Geleitschutz segelnden Flotten zwischen Lissabon und Brasilien im Jahr 1765 bildete. Die Konvois wurden zwar 1797 als kriegsbedingte Notlösung vorübergehend wiedereingeführt, aber grundsätzlich dienten nach 1765 Marinepatrouillen zum Schutz der Schiffahrt. Das fortdauernde Bündnis mit Großbritannien wirkte sich in dieser Beziehung offensichtlich hilfreich aus. Dennoch unternahm

Pombal angestrengte Bemühungen, um die wirtschaftliche und kommerzielle Abhängigkeit Portugals wie Brasiliens von Großbritannien zu reduzieren, indem er zwei neue Monopol-Handelsgesellschaften – die 1755 eingerichtete *Companhia Geral do Grão Pará e Maranhâo* und die 1759 gegründete *Companhia de Pernambuco e Paraíba* – ins Leben rief, in der Absicht, die wirtschaftliche Entwicklung im Norden des Vizekönigreichs anzukurbeln. Besonders die erste dieser beiden Kompanien war überaus erfolgreich und vermochte ein weites Gebiet im Nordosten zu einem Hauptproduzenten von Reis und Baumwolle für den portugiesischen und den internationalen Markt zu machen. Ein wichtiger Faktor war die wachsende Nachfrage nach brasilianischer Baumwolle in Großbritannien, da die Industrialisierung und Technisierung den Bedarf rasch ansteigen ließ, und dieser von den traditionellen Lieferanten nicht mehr gedeckt werden konnte, was nach 1770 zu einer erheblichen Steigerung der Baumwollproduktion in Brasilien führte. In den 1780er Jahren wurde nicht mehr Gold, sondern Baumwolle in großen Mengen nach Großbritannien exportiert, und Ende des 18. Jh. hatte die – infolge der Wirren auf St. Domingue – wiederauflebende Produktion von Zucker sowie die von Baumwolle den nördlichen Städten Bahia und Pernambuco ihre ehemalige Bedeutung nahezu wiedergegeben und einen allgemeinen wirtschaftlichen Aufschwung der Region Maranhâo bewirkt. Desgleichen war eine Zunahme der Tabakproduktion zu verzeichnen, während sich die Ausbreitung der Viehzucht in dem steigenden Export von Häuten niederschlug. Trotz der Rezession im Bergbau und trotz der restriktiven Maßnahmen des Mutterlandes in bezug auf Industrie und Handel innerhalb der Kolonie begann sich in Brasilien Anfang des 19. Jh. eine Zeit wirtschaftlicher Blüte abzuzeichnen. Seine Bevölkerung hatte sich im Laufe des 18. Jh. verzehnfacht und war mit 4 Mio. im Jahre 1800 so zahlreich wie die Portugals.

E. Widerstand und Revolten in der späten Kolonialepoche

Der Zusammenbruch des iberischen Kolonialismus auf dem lateinamerikanischen Festland im zweiten und dritten Jahrzehnt des 19. Jh. hat die Historiker zu einer beharrlichen Suche nach Anzeichen für einen Widerstand der Kolonien gegen die neue Überseepolitik der Mutterländer veranlaßt. In Brasilien führten die Reformen Pombals zweifellos zu einer Straffung der staatlichen Kontrolle durch ein Portugal, das ohne seine Kolonien noch nicht einmal als zweitrangige Macht hätte überleben können: Portugal war auf die Ressourcen Brasiliens dringend angewiesen und trachtete somit danach, sie zu entwickeln und zu kontrollieren. Pombal fiel 1777 in Ungnade. Aber auch nach seinem Abgang von der politischen Bühne strebten portugiesische Politiker das Ziel an, Brasilien zu einer großen, reichen, starken und straff verwalteten Kolonie zu machen. Im Vordergrund stand dabei allerdings das Interesse, dies ausschließlich zum Wohle des Mutterlandes zu erreichen. Hier sind vor allem Martinho de Mello e Castro, Staatssekretär der Marine und der Überseeischen Territorien (1770–1795), und dessen Nachfolger im Übersee-Ministerium Rodrigo de Souza Coutinho (1796–1801) zu nennen. Brasilien-Experten unter den Historikern weisen gewöhnlich darauf hin, daß – ungeachtet gewisser Anzeichen für eine generell antiportugiesische Stimmung im ausgehenden 18. Jh. – die Mehrheit der Brasilianer (natürlich mit Ausnahme der Sklaven, d.h. eines Drittels der Bevölkerung) mit den durch das Wachstum des Vizekönigreichs bedingten materiellen Vorteilen hinreichend zufrieden war, um die mit diesem Wachstum einhergehende Intensivierung des portugiesischen Imperialismus klaglos hinzunehmen. Nach dieser traditionellen Interpretation der brasilianischen Geschichte war die Unabhängigkeitserklärung des Landes – als einer Sklaven haltenden Monarchie – im Jahr 1822 weder auf eine tiefsitzende Unzufriedenheit mit der portugiesischen Herrschaft noch auf den Wunsch zurückzuführen, die sozioökonomischen Grundlagen der Kolonialgesellschaft in Frage zu stellen. Sie war vielmehr die unvorhergesehene Folge der Flucht der königlichen Familie und des portugiesischen Hofes im Jahr 1807 nach Brasilien sowie der ungeschickten Versuche seitens der Regierung des Mutterlands nach 1820, Brasilien wieder in das Abhängigkeitsverhältnis hineinzumanövrieren, in dem es sich vor der Etablierung der portugiesischen Monarchie in Rio de Janeiro im Jahr 1808 befunden hatte. Als eine liberale Regierung in Lissabon 1820 João VI. zur Rückkehr nach Portugal aufforderte und sich nach seiner Abreise aus Brasilien anschickte, den im voraufgegangenen Jahrzehnt in Rio de Janeiro installierten Apparat der Zentralregierung zu demontieren sowie die vor 1808 in Kraft gewesenen Handelsrestriktionen wiedereinzuführen, stieß sie damit – so die Argumentation weiter – nicht nur die gebürtigen Brasilianer, sondern auch die zahlreichen Portugiesen vor den Kopf, die es seit 1808 in Rio de Janeiro zu Wohlstand gebracht hatten. Beide Gruppen – konservative Brasilianer und progressive Portugiesen – entschieden sich für einen Bruch mit Portugal und vermochten ihr Ziel praktisch auf unblutigem Wege zu erreichen, aufgrund der Unterstützung ihrer Sache durch den Prinzregenten Pedro, Thronerben der Dynastie Bragança, der im Jahr 1822 die Unabhängigkeit Brasiliens vom Mutterland erklärte und 1823 zu seinem ersten Kaiser gekrönt wurde.

Diese traditionelle Interpretation der harmonischen und friedlichen Verselbständigung Brasiliens läßt sich aus zwei Gründen in Zweifel ziehen. Der erste setzt eine Berücksichtigung der Militärrevolte von 1817 in Pernambuco voraus, die auch auf die benachbarten Distrikte Alagoas, Paraíba und Rio Grande do Norte übergriff; sie dauerte zwar noch nicht einmal ganz drei Monate, lieferte aber den Beweis für die Feindseligkeit der Region gegenüber Rio de Janeiro und für das Vorhandensein liberalistischer Tendenzen. Der zweite Grund betrifft die Frage, welche Bedeutung den beiden Verschwörungen gegen die portugiesische Herrschaft in Brasilien beizumessen ist, die im ausgehenden 18. Jh. aufgedeckt wurden – die erste 1788/89 in Minas Gerais und die zweite 1798 in Bahia.

Die *inconfidencia mineira* war die bei weitem ernsteste der im Brasilien des ausgehenden 18. Jh. entdeckten anti-portugiesischen Bewegungen, obgleich die Tatsache, daß sie ohne nennenswerte Gewaltanwendung (außer der Exekution ihres allgemein unter dem Namen „Tiradentes" bekannten Anführers) unterdrückt werden konnte, für die relative Beschaulichkeit des politischen Lebens in dem Vizekönigreich jener Zeit spricht. Sie begann als Protest gegen Vorgänge, die man als ebenso überspitzte wie unerbittliche Anläufe zur Eintreibung von Steuerrückständen empfand, und genoß die – zumindest stillschweigende – Unterstützung einiger der einflußreichsten Einwohner des Kapitanats Minas Gerais. Sie konnte jedoch keine Sympathisanten in den Nachbarkapitanaten gewinnen, wo die Umstellung von einer zu Beginn des 18. Jh. noch vorwiegend auf den Bergbau konzentrierten Ökonomie auf eine Land- und Weidewirtschaft inzwischen dafür gesorgt hatte, daß die von der Krone zu jener Zeit verfügte Steuererhöhung durchaus in Einklang zu bringen war mit dem wachsenden Wohlstand – und daher auch mit dem politischen Stillhalten – der brasilianischen Aristokratie. Obschon einige wenige Liberale durchaus bereit gewesen wären, mehr Autonomie für Brasilien zu fordern, war doch die Mehrheit der Grundbesitzer absolut nicht bereit, ihren Wohlstand für die hypothetischen Vorteile einer größeren politischen und administrativen Freiheit aufs Spiel zu setzen.

Die Verschwörung in Bahia im Jahr 1798 bestätigte diese Einstellung, denn sie war eine von Handwerkern und Soldaten angeführte radikale Bewegung von Städtern und forderte einen Aufstand der Schwarzen heraus. Sie verlangte Freiheit, Gleichheit und Brüderlichkeit, das Ende der Sklaverei und der Rassendiskriminierung, Handelsfreiheit, Demokratie, eine republikanische Staatsform und politische Unabhängigkeit von Portugal. Sie vermochte zwar eine beachtliche Anhängerschaft unter der – vorwiegend von Schwarzen abstammenden – Bevölkerung der Stadt Salvador für sich zu gewinnen, aber die Sklaven haltenden Plantagenbesitzer des Kapitanats Bahia hatten nicht die Absicht, die Grundlagen der etablierten Gesellschaft in Frage zu stellen, schon gar nicht während des Zucker-Booms in den 90er Jahren des 18. Jh. Über die Rädelsführer der Verschwörung wurden, mit voller Unterstützung der ortsansässigen Oligarchie, schwere Strafen verhängt. Nichtsdestoweniger begannen führende Köpfe dieser Oligarchie, Männer wie José Joaquim da Cunha de Azeredo Coutinho (1742–1821), der reformfreudige Bischof von Pernambuco, an der Wende des Jahrhunderts die Rechtmäßigkeit sowohl der von den Kolonialbehörden verfügten hohen Steuersätze als auch der Handelsbeschränkungen anzuzweifeln. Insbesondere die Rolle Lissabons als Zwischenlagerplatz bremste in einer Zeit expandierender internationaler Märkte das wirtschaftliche Wachstum Brasiliens. Die Ankunft der königlichen Familie in Bahia im Januar 1808 und die unmittelbar darauf erfolgende Öffnung der brasilianischen Häfen für den direkten Handel mit allen befreundeten Nationen löste, zumindest einstweilen, dieses zweite Problem. Aber die Steuersätze wurden im darauffolgenden Jahrzehnt weiter erhöht und die Steuereintreibung verschärft. Die Folge war zunehmende Unzufriedenheit – zumindest in manchen Regionen – mit der Politik Rio de Janeiros. Dennoch ist festzuhalten, daß die Unabhängigkeitserklärung Brasiliens diesen Umständen nur insofern zuzuschreiben ist, als die Reformen Pombals einen latenten und letztlich unversöhnlichen Interessenkonflikt auf wirtschaftlichem Gebiet zwischen Portugal und Brasilien auslösten. Diese Zuspitzung mußte unausweichlich dazu führen, daß die Brasilianer früher oder später auf die Lockerung der wirtschaftlichen Fesseln bis hin zur politischen Ablösung vom Mutterland drängten. Die politischen Verschwörungen im Brasilien des 18. Jh. wirkten in diesem Zusammenhang jedoch eher kontraproduktiv. Die staatliche Trennung war vielmehr die Folge der Unnachgiebigkeit der Portugiesen in Europa gegenüber Brasilien nach der Niederlage Napoleons. Dennoch verschleierte die relativ friedliche Art und Weise des Übergangs zur Unabhängigkeit im Jahr 1822 tiefgreifende regionale – und, in geringerem Maße, soziale – Spannungen, die in den 1830er Jahren, nach der erzwungenen Abdankung Pedros I. im Jahr 1831, erneut virulent werden sollten.

In Hispanoamerika zeigten die Einfälle der Engländer in Río de la Plata 1806 und 1807 ganz deutlich, daß die Kolonisten nicht die geringste Lust hatten, die spanische gegen eine britische Oberhoheit einzutauschen, und es muß bezweifelt werden, ob selbst eine Invasion mit dem erklärten Angebot der Emanzipation mehr Erfolg gehabt hätte. Am anderen Ende des Kontinents schlugen die von Francisco de Miranda an der Küste Venezuelas 1806 unternommenen Umsturzversuche auf der ganzen Linie fehl: Obgleich es ihm gelang, die Stadt Coro einzunehmen, denunzierten ihn die ortsansässigen Zuckerplantagenbesitzer als Volksaufwiegler und Verräter und halfen den Kronbehörden, ihn in die britischen Kolonien zu verjagen. Ein Grund für seine Niederlage war zweifellos die Tatsache, daß Coro nur ein Jahrzehnt zuvor von einem Sklavenaufstand erschüttert worden war. In ähnlicher Weise hatten die kreolischen Grundbesitzer in La Guaira mit den königlichen Behörden bei der Unterdrückung der von Manuel Gual und José María España 1797 organisierten Verschwörung radikaler Elemente zugunsten einer unabhängigen Republik Venezuela zusammengearbeitet.

Diese venezolanischen Verschwörungen vermochten ebensowenig wie eine Anzahl ähnlicher Bewegungen andernorts die spanische Regierung wirklich herauszufordern. Die späteren Unabhängigkeitsbestrebungen im zweiten Jahrzehnt des 19. Jh. waren daher im wesentlichen eine Folge der Invasion Spaniens und der Absetzung der bourbonischen Monarchie durch Napoleon. Die Unabhängigkeitskriege waren weitgehend Bürgerkriege zwischen Kreolen, die die Unabhängigkeit anstrebten, und anderen Kreolen, die die enge Bindung an Spanien aufrechterhalten wollten. Die Führer der kreolischen Gesellschaft, hin- und hergerissen zwischen den Extremen inkompetenter und unbeliebter *peninsulares* (Europaspanier) auf der einen und unruhiger, gesellschaftlichen Umsturz verheißender Massen auf der anderen Seite, beschlossen, die ihnen von den bourbonischen Reformern entrissene innenpolitische Kontrolle wieder an sich zu bringen, um ihr Leben und ihren Besitz zu schützen. Dieser absolute Vorrang des lokalen und des Eigeninteresses geht auch als das eindeutig ausschlaggebende Element aus einer Untersuchung der Verschwörungen und Revolten im ausgehenden 18. Jh. hervor, einschließlich der Rebellion von 1765 in Quito, des Túpac-Amaru-Aufstands 1780 in Peru und des Aufstands der *comuneros* 1781 in Neu-Granada; diese werden in den den einzelnen Regionen gewidmeten Abschnitten des Kapitels III noch ausführlicher erörtert werden.

In Brasilien war die Reaktion gegen den portugiesischen Liberalismus 1820/21 insofern entscheidend, als sie eine den Absolutismus befürwortende Minderheit aus Brasilianern und Portugiesen ermutigte, sich für die Unabhängigkeit auszusprechen, um das etablierte soziale und politische Gefüge zu bewahren. Ebenso überzeugte das Wiederaufleben des spanischen Liberalismus in Neu-Spanien 1820/21 einige reaktionäre Kreolen (darunter Augustín de Iturbide, der kurze Zeit als Kaiser Augustin I. regierte), die das voraufgegangene Jahrzehnt hindurch gegen Aufstände gekämpft hatten, daß ein unabhängiges Mexiko ihre Kirche, ihren Besitz und ihre privilegierte gesellschaftliche Stellung besser schützen konnte als die unzuverlässigen *Cortes* in Madrid. Andererseits übte der spanische Liberalismus in den Jahren nach 1810 auf die gesamte Entwicklung der politischen Vorstellungen und Praktiken im Mexiko und im übrigen Hispanoamerika der Post-Emanzipationsepoche einen großen Einfluß aus. Es besteht kein Zweifel daran, daß in ganz Hispanoamerika – mit Ausnahme von Río de la Plata, wo die Mai-Revolution des Jahres 1810 die Autorität Spaniens definitiv brach – die 1809 ergangene Aufforderung, amerikanische Abgeordnete zunächst zur *Junta Central*, dann zu den 1810 in Cádiz zusammentretenden außerordentlichen *Cortes* und schließlich, nach Verkündung der Verfassung von 1812, zu den ordentlichen *Cortes* zu entsenden, eine nachhaltige Wirkung sowohl auf die Einstellung der Kreolen zu

Spanien als auch auf die politischen Vorstellungen hatte, die sie in den ersten Jahrzehnten ihrer Unabhängigkeit zu verwirklichen suchten. Die Anhänger des Absolutismus sahen die traditionellen Werte und die traditionelle Autorität durch die Öffnung zum Liberalismus unterminiert; die Verfechter revolutionärer Ideen betrachteten die Verfassung als Quantité négligeable. Viele – vielleicht sogar die meisten – Kreolen begrüßten die Konstitution, zumindest zu Anfang, als eine Gelegenheit zur Festschreibung einer bedeutenden Veränderung innerhalb des bestehenden Staatsgefüges. Ihre Erwartungen wurden 1814 zunichte gemacht, als Ferdinand VII., auf den Thron zurückgekehrt, die Verfassung widerrief, damit allen Hoffnungen auf eine grundlegende Reform im Rahmen eines spanisch kontrollierten Staatsgebildes ein Ende setzte und die Anhänger gemäßigter Reformen zwang, zwischen den Extremen Absolutismus und Revolution zu wählen. Auf längere Sicht hatten jedoch die Ideen und Ideale der Liberalen von Cádiz einen fruchtbaren Boden gefunden; in den 1820er Jahren ging diese Saat in den neuen Verfassungen vieler Teile Amerikas auf und durchdrang das liberale Gedankengut bis in die zweite Hälfte des 19. Jh. hinein.

2. Wirtschaft und Demographie

A. Einleitung

Die Reformen der Bourbonen in Hispanoamerika sowie diejenigen Pombals und seiner Nachfolger in Brasilien bilden ein komplexes Geflecht administrativer, fiskalischer, rechtlicher und militärischer Veränderungen. In Hispanoamerika war die Verbesserung des Verteidigungswesens, insbesondere nach 1763, wohl das vornehmste Ziel. Die Erhöhung der Steuereinnahmen war ein wesentliches Mittel zur Finanzierung dieser Maßnahmen. Selbst in Neu-Spanien, dessen Sicherheit nicht als besonders problematisch betrachtet wurde (natürlich mit Ausnahme seiner nördlichen Grenzen), war dieser Zusammenhang gegeben, denn Steuerüberschüsse aus diesem führenden Vizekönigreich dienten zur Finanzierung der Verteidigung Kubas, Floridas und anderer gefährdeter Außenposten. Zusätzliche Einkünfte ließen sich sowohl durch eine erhöhte Effizienz der Steuereintreibung als auch durch die Förderung wirtschaftlichen Wachtums erzielen – durch die Liberalisierung des Handels, die Modernisierung der Bergbauindustrie und die Ankurbelung der Agrarproduktion, die über zwei Jahrhunderte lang von der Zentralregierung und von lokalen Interessengruppen vernachlässigt worden war. Der einzige Bereich wirtschaftlicher Aktivität, der nicht als förderungswürdig erachtet wurde, war das industrielle Wachstum; denn ebenso wie den anderen europäischen Kolonialmächten des 18. Jh. schwebte Spanien und Portugal das Ideal vor, ihre überseeischen Besitzungen zu Rohstoffquellen für das Mutterland und zu geschlossenen Absatzmärkten für die von europäischen Herstellern erzeugten Fertigwaren sowie von in Amerika nicht erhältlichen Agrarprodukten zu machen. In diesem Abschnitt gilt unsere Aufmerksamkeit zunächst den Resultaten der Bemühungen sowohl Spaniens als auch Portugals, diese Ziele durch Handelsliberalisierung in der späten Kolonialepoche zu erreichen; sodann wenden wir uns den Maßnahmen zu, die im Hinblick auf die Bergbauindustrie in Peru, Neu-Spanien und in Brasilien ergriffen wurden, sowie deren Ergebnissen; schließlich beschäftigen wir uns mit der Wirkung, die die Wirtschafts- und Handelspolitik der beiden Mutterländer auf die landwirtschaftliche und industrielle Entwicklung ihrer amerikanischen Territorien hatte. Ein immer wiederkehrendes Thema wird eine Beurteilung des Ausmaßes sein, in dem wirtschaftliche Mißstände, insbesondere in Hispanoamerika, zu dem sich Anfang des 19. Jh. bemerkbar machenden Wunsch nach politischer Emanzipation beigetragen haben. Ehe wir diese Themen behandeln, wollen wir einen kurzen Blick auf die demographischen Entwicklungen werfen, die die Expansion der Binnenmärkte sowie den Arbeitsmarkt entscheidend beeinflußten und daher auch große Bedeutung für die Entstehung eines wirtschaftlichen Wachstums als Grundlage höherer Steueraufkommen hatten.

B. Demographie

Angaben über die Bevölkerungsdichte zu Beginn des 18. Jh. können bestenfalls annähernde Schätzungen sein; die gesamte damalige Einwohnerzahl Hispanoamerikas betrug vermutlich nicht mehr als 10 Mio., davon dürften 700 000 (7 %) *españoles*,

500 000 (5 %) Schwarze und die übrigen Indianer und Mischlinge gewesen sein. Die Schätzungen für Brasilien sind zwangsläufig noch ungenauer, weil man über den Umfang der Indianerbevölkerung im unerforschten Innern – Anfang des 19. Jh. wurde sie auf etwa 500 000 geschätzt – überhaupt nichts wußte. In der Regel wird die Gesamtbevölkerung Brasiliens im Jahr 1700 mit etwa 1 Mio. angesetzt, davon 200 000 Einwohner (20 %) portugiesischer Abstammung, 100 000 (10 %) Schwarze, 100 000 (10 %) Mischlinge und 600 000 (60 %) Indianer. In beiden Reichen ging die Zahl der Eingeborenen im Laufe des 18. Jh. leicht zurück, wenn auch sehr viel langsamer als in der Zeit davor: In Brasilien ergab die Volkszählung von 1798, bei einer Gesamteinwohnerzahl von 3,25 Mio., 252 000 (7,8 %) „befriedete" Indianer, 1 010 000 (31 %) Weiße, 1 361 000 (42 %) Negersklaven und 19,2 Prozent freie Schwarze und Mulatten. Für Hispanoamerika, wo die Krone im ausgehenden 18. Jh. zielstrebig festzustellen suchte, für wieviele Untertanen sie verantwortlich war, werden die von Alexander von Humboldt in seinem *Ensayo político* wiedergegebenen Zahlen in der Regel für zutreffend gehalten: Er gab die Gesamtbevölkerung Hispanoamerikas im Jahr 1800 mit 16,9 Mio. an, davon 3,3 Mio. (19 %) *españoles* (Spanier europäischer und amerikanischer Herkunft), 7,5 Mio. (45 %) Indianer, 5,3 Mio. (32 %) *mestizos* und 776 000 (4 %) Schwarze.

Die Demographie des 18. Jh. weist somit vier Hauptmerkmale auf: Erstens die hohe Zuwachsrate der gesamten iberoamerikanischen Bevölkerung – mindestens 69 Prozent (von 10 auf 16,9 Mio.) in Hispanoamerika und 225 Prozent (von 1 Mio. auf 3,25 Mio.) in Brasilien; zweitens die relative Stabilisierung der Eingeborenenbevölkerungszahl; drittens die beträchtliche Zunahme der weißen (oder halbweißen) Bevölkerung in beiden Reichen; und viertens den zahlenmäßig enormen Anstieg der schwarzen Bevölkerung, vor allem in Brasilien, als Folge der Intensivierung des transatlantischen Sklavenhandels.

Für Hispanoamerika liegen auch die Ergebnisse einiger recht zuverlässiger Volkszählungen in einzelnen Territorien vor. Ende des 18. Jh. wurde in dem am dichtesten besiedelten Vizekönigreich Neu-Spanien die Gesamtbevölkerung auf 5,8 Mio. geschätzt, davon wurden 41 Prozent als Indianer, 39 Prozent als *mestizos* und 19 Prozent als *españoles* bezeichnet; Schwarze machten weniger als 1 Prozent aus, obwohl sie in Gebieten mit Plantagenwirtschaft örtlich ins Gewicht fielen. Im Vizekönigreich Peru gab es anteilmäßig weniger *mestizos* als in Neu-Spanien, vor allem aufgrund der größeren räumlichen Distanz zwischen Weißen, die an der Küste, und Indianern, die im Hochland lebten. Dennoch zeigt eine 1795 vorgenommene Volkszählung, daß von den geschätzten insgesamt 1 115 000 Einwohnern 244 000 (22 %) *mestizos* waren; die größte rassische Gruppe stellten mit 649 000 Köpfen (58 %) die Indianer; die *españoles* mit 140 000 (13 %) bildeten eine deutliche Minderheit ebenso wie die Schwarzen mit 81 000 (7 %). Bis zu einem gewissen Grad entsprachen diese Einteilungen nicht so sehr dem Versuch, die Zusammensetzung der Gesellschaft nach streng rassischen Gesichtspunkten aufzuzeigen, vielmehr dienten sie der gesellschaftlichen und sogar der steuerlichen Klassifizierung: Ein „Indianer" beispielsweise war tributpflichtig, brauchte aber den Kirchen-Zehnten nicht zu zahlen; ein *mestizo* hingegen war von der Eintragung in das Tributregister befreit, mußte aber statt dessen andere Steuern entrichten. Die rassische Zuordnung einer Person erfolgte daher häufig aufgrund ihrer steuerlichen Einstufung, die im willkürlichen Ermessen der Lokalbeamten lag. Dennoch läßt sich eine Kolonialgesellschaft, die einen so hohen Anteil an *mestizos* hervorbrachte und in der außerdem (nach 300 Jahren Kolonisation) noch immer Millionen von Indianern lebten, nicht ausschließlich in Begriffen der Ausbeutung von Eingeborenenvölkern durch Europäer definieren. Sie entstand durch ein Zusammenwirken von religiösen, sozialen und wirtschaftlichen Faktoren, die bis zu einem gewissen Grad die Härten der Berührung zwischen den Menschen der Alten und der Neuen Welt milderten.

C. Der transatlantische Handel

Es ist schwierig, den Wert des Handels zwischen Spanien und Hispanoamerika vor 1778 annähernd genau zu bestimmen, vor allem weil die vorhandenen Quellen über die einzelnen Ladungen nicht in Wertbegriffen, sondern in den unterschiedlichsten, verwirrendsten und widersprüchlichsten Bemessungen – in Gewicht, in Mengen, in der Anzahl der Artikel – Auskunft geben. Erst 1778 bekamen die Zollbeamten detaillierte *aranceles* in die Hand, die sowohl den offiziellen Wert der Waren als auch die für sie zu entrichtenden Zölle auswiesen. Dennoch steht fest, daß in den 30 Jahren vom Ende des englisch-spanischen Krieges 1748 bis zur Einführung der Handelsfreiheit 1778 ein allgemeiner Handelsaufschwung stattfand. Die Untersuchungen von Antonio García-Baquero [1976] haben z. B. gezeigt, daß der Tonnage-Index, der zu Beginn des 18. Jh. noch bei 100 lag, zwischen 1748 und 1778 von 160 auf nahezu 300 stieg. Die größte Expansion erfolgte nach der Veröffentlichung des berühmten *Reglamento de comercio libre* am 12. Oktober 1778 bzw., genauer gesagt, nach 1782, als der Unabhängigkeitskrieg der Vereinigten Staaten, in dem Spanien und England auf gegnerischen Seiten kämpften, sich seinem Ende näherte. Im Zeitraum von 1782 bis 1796 war der durchschnittliche Jahreswert des Gesamtexports – unter Zugrundelegung konstanter Preise – viermal höher als im Jahr 1778. Im Rahmen dieses Gesamtexports stieg der Anteil registrierter spanischer Produkte von 38 Prozent im Jahr 1778 auf durchschnittlich 52 Prozent in den Jahren 1782 bis 1796; damit erfüllte sich bis zu einem gewissen Grade die Hoffnung der Handelsreformer, daß eine größere Freiheit im Handelsverkehr mit Amerika die Produktion in Spanien ankurbeln und die Abhängigkeit seiner Kaufleute von ausländischen Lieferanten verringern würde. Alles weist jedoch darauf hin, daß die Erzeuger landwirtschaftlicher Produkte lebhafter als die industriellen Hersteller auf die erweiterten Möglichkeiten reagierten, die sich ihnen infolge der Einführung der Handelsfreiheit 1778 auf dem amerikanischen Markt boten. Die Handelsreform verfehlte aber ihr vorrangiges Ziel, dem Gewerbe im Mutterland neue Impulse zu geben; statt dessen führte sie zu einer Konsolidierung des traditionellen Modells, d. h. Spanien belieferte den amerikanischen Markt mit spanischen Weinen, Spirituosen und Agrarprodukten, deckte jedoch dessen Bedarf an Fertigwaren weiterhin hauptsächlich durch die Wiederausfuhr ausländischer Produkte, ungeachtet eines gewissen industriellen Wachstums zu jener Zeit. Der größte Handelshafen mit 76 Prozent des Gesamtexports in den Jahren 1782 bis 1796 war Cádiz; von hier aus wurden nach wie vor das Gros der ausländischen Fertigwaren, die Produkte der traditionellen Gewerbe Kastiliens sowie die Weine und Agrarerzeugnisse Andalusiens nach Amerika verschifft. Eine Untersuchung der Bestimmungsorte der von Cádiz aus nach Amerika verschifften Ausfuhrgüter bestätigt, daß Neu-Spanien der wichtigste Markt im Reich war, denn 35 Prozent der Güter gingen nach Veracruz. Die Bestimmungsorte an der pazifischen Küste, insbesondere Callao (Peru), nahmen mit 22 Prozent den zweiten Platz ein, gefolgt von Río de la Plata und Venezuela mit 11 bzw. 10 Prozent. Diese Untersuchungsergebnisse über die Exporttätigkeit legen nahe, daß, wenngleich sich infolge der Handelsfreiheit das wirtschaftliche und kommerzielle Potential in bislang vernachlässigten Gebieten zu entwickeln vermochte, dies nicht so sehr aufgrund einer durch den Freihandel verursachten Unterminierung der kommerziellen Aktivitäten der Königreiche Peru und Neu-Spanien, als vielmehr im Rahmen einer generellen Expansion geschah. Die Reaktion Hispanoamerikas auf die Einführung der Handelsfreiheit, wie sie sich in den Jahren 1782 bis 1796 im Gesamtexport des Reiches nach Spanien niederschlug, zeigt dies noch deutlicher.

Der Anstieg des spanischen Gesamtexports nach Hispanoamerika um das Vierfache ist zwar eindrucksvoll, nimmt sich aber gegenüber dem von Großbritannien erzielten wirtschaftlichen Wachstum eher bescheiden aus. Dies gilt aber nicht für die Gesamtausfuhr Hispanoamerikas nach Spanien. In den Jahren von 1782 bis 1796 lag der durchschnittliche Wert dieses Gesamtexports über dem Zehnfachen dessen, was er 1778 betragen hatte. Überwältigende 84 Prozent der Exportgüter wurden in Cádiz für den Weitervertrieb in ganz Spanien und im übrigen Europa gelöscht. Eine Untersuchung der nach Cádiz und Barcelona eingeführten Waren bestätigt den Erfolg des freien Handels für die Ausbeutung zuvor vernachlässigter natürlicher Ressourcen, denn die von Spanien eingeführten Produkte Tabak, Kakao, Zucker, Koschenille, Indigo, Häute und andere landwirtschaftliche Erzeugnisse umfaßten 44 Prozent des Gesamtimports. Sie wurden indessen nach wie vor von der Förderung der amerikanischen Gruben übertroffen, die die verbleibenden 56 Prozent ausmachte. Ungefähr ein Viertel der Edelmetallimporte bestand aus nach Spanien übermittelten Kroneinkünften; in den späteren Jahren, als die Krone große Anstrengungen unternahm, um ihre Einnahmen aus den überseeischen Besitzungen zu erhöhen, machten sie sogar den überwiegenden Teil dieser Importe aus. Das Vizekönigreich Neu-Spanien als wichtigster Silberproduzent Amerikas lieferte nicht weniger als 36 Prozent aller von Spanien aus den überseeischen Besitzungen importierten Produkte. Die größeren Inseln der Karibik, darunter vor allem Kuba, nahmen mit 23 Prozent den zweiten Platz ein, gefolgt von Peru mit 14 Prozent, Río de la Plata mit 12 Prozent und Venezuela mit 10 Prozent. Neu-Spanien und Peru, die traditionellen Hauptstützen des Kolonialreiches, und weniger bedeutende Gebiete wie Quito und die Binnenprovinzen von Río de la Plata mußten ihren neuen Wohlstand nach 1778 mit einem gewissen Rückgang ihrer einheimischen Industrien bezahlen, wenngleich sich die allgemeine wirtschaftliche Expansion im letzten Viertel des 18. Jh. auch auf den industriellen Sektor vorteilhaft auswirkte. Folgenreich war der Umstand, daß gerade der Erfolg der Handelsfreiheit eine große Zahl von Europaspaniern zur Auswanderung nach Amerika bewog; kraft ihrer Energie und ihrer privilegierten Position – sowohl in der Bürokratie als auch im Handel – vermochten sie sich auf Kosten kreolischer Produzenten zu bereichern und einheimische Kaufleute zu verdrängen.

Der Ausbruch des Kriegszustands zwischen Spanien und Großbritannien im Jahr 1796 – er sollte, nur von einer kurzen Atempause unterbrochen, bis 1808 andauern – kennzeichnet den Beginn einer neuen Ära des Handelsverkehrs, für die nach wie vor keine detaillierten Zahlen vorhanden sind, in deren Verlauf jedoch immer mehr

Hispanoamerikaner zu der Erkenntnis gelangten, daß die vor 1797 bestehende, durchaus konkrete Aussicht auf anhaltendes Wachstum inzwischen zu einer Fata Morgana geworden war und sich innerhalb des spanisch-imperialistischen Staatsgefüges nicht mehr verwirklichen lassen würde. Mit zunehmender Lockerung der kommerziellen Fesseln zwischen Spanien und Hispanoamerika – 1797 mußte die Krone den Kolonien das Recht einräumen, mit den Schiffen neutraler Nationen Handel zu treiben – festigten sich auch die Handelsbeziehungen zwischen Hispanoamerika und den Vereinigten Staaten und sogar auch jene (meist inoffiziellen) zwischen Hispanoamerika und Großbritannien. Die im April 1797 von den Engländern über Cádiz verhängte Blockade wirkte sich für Hispanoamerika beinah ebenso verheerend aus wie für Spanien: Mit der Lahmlegung dieses Handelsknotenpunkts sank der Wert der aus Cádiz nach Veracruz, dem wichtigsten amerikanischen Hafen, gelangenden Gesamteinfuhr Hispanoamerikas von 6,5 Mio. Pesos im Jahr 1796 auf bloße 520 000 Pesos im Jahr 1797 (also um 92 Prozent innerhalb eines Jahres), und der Export nach Spanien fiel von 7,3 Mio. auf 238 000 Pesos (also um 97 %). Andere amerikanische Hafenstädte waren in ähnlicher Weise betroffen, wobei sich das Problem besonders in solchen Häfen verschärfte, die in erster Linie verderbliche Agrarprodukte verschifften. Die amerikanischen Verbraucher hatten vor allem unter den emporschnellenden Preisen für die wenigen europäischen Güter zu leiden, die überhaupt noch hereinkamen. Angesichts der Tatsache, daß die Lokalbeamten, wie etwa in Havanna geschehen, Gewaltmaßnahmen nicht nur angedroht, sondern auch angewendet hatten, um die Erlaubnis des Handels mit neutralen Schiffen zu erzwingen, verfügte die Krone am 18. November 1797 mit einigem Widerstreben, daß der transatlantische Handelsverkehr zwischen Amerika und Spanien auf den Schiffen befreundeter Nationen stattfinden sollte. Die daran geknüpfte Bedingung, daß z. B. die Schiffe der Vereinigten Staaten das Silber aus Veracruz und den Zucker aus Havanna in spanischen und nicht etwa direkt in nordamerikanischen Häfen zu löschen hätten, war nicht durchsetzbar. Die hispanoamerikanischen Produzenten und die in hispanoamerikanischen Häfen ansässigen spanischen Kaufleute kümmerten sich nicht um den Bestimmungsort ihrer Exporte oder die Herkunft ihrer Importe, solange sich der Handel von dem 1797 erlebten Einbruch schrittweise wieder erholte. In Veracruz beispielsweise stieg im Zeitraum 1798/99 der Gesamtimport von 1,8 auf 5,5 Mio. Pesos, und der Gesamtexport erhöhte sich in der gleichen Zeit von 2,2 auf 6,3 Mio. Pesos.

Die Hispanoamerikaner waren zwar recht zufrieden mit der Lösung des neutralen Handels, aber die spanische Krone mußte bald feststellen, daß sie einen verhängnisvollen Fehler begangen hatte: Erstens, weil sich die Nordamerikaner über die Bedingung hinwegsetzten, die Kolonialwaren zu spanischen Häfen zu bringen; zweitens, weil die *consulados* von Cádiz und Barcelona Druck auf die Krone ausübten, damit sie dieses Zugeständnis wieder rückgängig mache; und drittens, weil von dem Vorrecht des „neutralen" Handels in der Praxis nicht zuletzt auch englische Kaufleute profitierten, die, sich als Nordamerikaner ausgebend, von ihren karibischen Stützpunkten aus – Jamaika, Nassau und dem kürzlich erworbenen Trinidad – oder als Walfänger getarnt im Südatlantik und im Pazifik mit Hispanoamerika Handel trieben. Die Aufhebung der Konzession des neutralen Handels am 20. April 1799 richtete jedoch noch größeren Schaden an, denn sie bewies eindeutig, daß Spanien nicht nur die kommerzielle, sondern auch die effektive politische Kontrolle über seine amerikanischen

Besitzungen verloren hatte: Seine Vertreter in Buenos Aires, Veracruz, Havanna, Cartagena und anderen Häfen nahmen die gegen neutrale Schiffe verhängte Sperre einfach nicht zur Kenntnis und behaupteten – mit einigem Recht –, solange die Wiederaufnahme eines normalen Handelsverkehrs mit Cádiz nicht möglich sei, müßten sie ihre Häfen für Neutrale unbedingt offenhalten im Hinblick auf die Bevorratung bzw. die Versorgung mit Nachschub z.B. für Militär und Marine. Trotz des im Jahr 1800 erneut ausgesprochenen Verbots des neutralen Handels sah sich die Krone 1801 aufgrund der kommerziellen und steuerlichen Notlage gezwungen, Kuba und Venezuela von diesem Verbot auszunehmen sowie Kaufleuten unterschiedlicher Nationalität – Deutschen, Nordamerikanern, Spaniern – Sonderlizenzen zu verkaufen, die es ihnen ermöglichten, von neutralen Häfen aus Expeditionen nach Hispanoamerika zu unternehmen. Die Krone tat dies ungeachtet eindeutiger Beweise dafür, daß z.B. in Hamburg verladene und für Hispanoamerika bestimmte Güter in Wirklichkeit englischer Provenienz waren, und daß die im Austausch für diese Güter zurückgebrachten hispanoamerikanischen Produkte häufig in englischen Häfen landeten.

Neben den Hispanoamerikanern selbst, die in einer Zeit kriegsbedingter kommerzieller Beschränkungen gleichwohl ein hohes Maß an wirtschaftlicher Unabhängigkeit von Spanien zu erringen vermochten, waren die unmittelbaren Hauptnutznießer des neutralen Handels in den Jahren 1797 bis 1801 nordamerikanische Kaufleute. Vor 1797 waren sie, hauptsächlich dank einer ihnen erteilten Sondererlaubnis für den Handel mit Kuba, vom Handel mit Hispanoamerika nicht völlig ausgeschlossen gewesen, aber nunmehr erhöhte sich ihre Teilnahme an diesem Handelsverkehr drastisch: Im Zeitraum von 1797 bis 1801 stieg der Export der Vereinigten Staaten nach Hispanoamerika von 1,4 auf 8,4 Mio. Pesos, also um 600 Prozent, und der Import erhöhte sich von 1,7 auf 12,8 Mio. Pesos, also um 750 Prozent. Nach Unterzeichnung des Friedens von Amiens, der die Geißel der Feindschaft der britischen Marine vom Atlantik entfernte, unternahm Spanien in den Jahren 1802 bis 1804 verzweifelte Anstrengungen, um seine Position zurückzugewinnen. Aber die formelle Wiederaufnahme der Kampfhandlungen mit Beginn des dritten Koalitionskrieges gegen Napoleon und die anschließende Zerstörung der französisch-spanischen Flotte in der Schlacht von Trafalgar (21. Oktober 1805) verschafften den siegreichen Engländern vollends die Kontrolle über den Atlantik. Die Einfuhr amerikanischer Güter nach Cádiz versiegte fast ganz, und der Export von Cádiz nach Amerika erreichte im Jahr 1805 nur 15 Prozent des Niveaus von 1804. Die Versorgung des hispanoamerikanischen Marktes durch das Mutterland war somit fast völlig unterbunden und die Krone 1805 daher erneut gezwungen, den neutralen Handel zuzulassen, dieses Mal sogar ohne die förmliche Bedingung, daß die Güter in Spanien abzuliefern seien. Das – vorauszusehende – Ergebnis läßt sich durch zwei Beispiele veranschaulichen: Im Jahr 1807 verlud Veracruz nahezu seinen gesamten Export (95 %, davon über 80 % Silber) auf neutrale Schiffe und erhielt über 60 Prozent seines Imports auf dem gleichen Wege; in demselben Jahr wickelte das fast völlig von Spanien abgeschnittene Havanna seinen gesamten Handel mit neutralen Schiffen sowie mit anderen – sowohl spanischen als auch fremden – Kolonien ab. Die Tatsache, daß Spanien sich hinreichend flexibel zeigte, um den Kubanern und anderen ein kommerzielles Überleben auch ohne das Mutterland zu ermöglichen, weist darauf hin, daß das Bedürfnis nach wirtschaftlicher Emanzipation in der Praxis weniger dringend war, als es hätte sein können, wäre ein unnachgiebigerer Standpunkt eingenommen worden. Das offenkundige Unvermögen Spaniens zu Beginn des 19. Jh., die wirtschaftliche Integrität seines staatlichen Handelssystems aufrechtzuerhalten, beweist indessen die Anfälligkeit selbst des rationellsten Programms kommerzieller und wirtschaftlicher Reformen für Komplikationen aufgrund internationaler Verwicklungen.

In Brasilien hingegen wirkte sich die internationale Krise des ersten Jahrzehnts des 19. Jh. nicht so sehr schwächend, als vielmehr konsolidierend auf die im 18. Jh. erfolgte wirtschaftliche Expansion aus. Das Ergebnis der (bereits erörterten) innenpolitischen Maßnahmen Pombals, unterstützt durch einen wachsenden Bedarf an Rohstoffen – vor allem Baumwolle – in Großbritannien sowie durch den Zusammenbruch St. Domingues als Zuckerproduzenten, war ein enormer Aufschwung des brasilianischen Agrarsektors im letzten Viertel des 18. Jh., insbesondere in den in relativer Nähe der Häfen gelegenen Küstengebieten: Der Export von Zucker, Baumwolle, Reis und Tabak erreichte Rekordhöhen, und die Ausfuhr von Weizen, Kakao, Kaffee und Häuten stieg ebenfalls beträchtlich. Detaillierte Statistiken über den Außenhandel Portugals und über die Kroneinkünfte in den etwa 30 Jahren vor 1808 sind nur spärlich vorhanden, aber Schätzungen zufolge hat sich Portugals gesamter Außenhandel im Zeitraum von 1789 bis 1806 vervierfacht, wobei sich der Anteil der brasilianischen Produkte an diesem Handel in der gleichen Zeit von 53 auf 63 Prozent erhöhte. Die Folge davon war, daß sich die gesamte Handelsbilanz Portugals mit seinem Haupthandelspartner England, die bis 1791 stets zum Vorteil Englands ausgefallen war, nunmehr deutlich zugunsten Portugals verschob, was auch weiterhin der Fall war, bis die Öffnung der brasilianischen Häfen für den direkten Handel mit England im Jahr 1808 den Produzenten und den Verbraucher in unmittelbaren Kontakt miteinander brachte und den Zwischenhändler ausschaltete. In den Jahren 1791 bis 1810 lieferte Brasilien 36 Prozent der von Portugal nach Großbritannien verschifften Güter; brasilianische Produkte – insbesondere Kakao, Kaffee, Baumwolle, Indigo und Zucker – spielten auch eine wichtige Rolle bei der Erzielung einer für Portugal günstigen Bilanz seines Handels mit Frankreich zu Beginn des 19. Jh. Beunruhigend war jedoch, daß um 1800 ein noch größerer Anteil der von Portugal nach Brasilien beförderten Fertigprodukte nicht-portugiesischer Provenienz war; außerdem hatte auf dem gesamten brasilianischen Markt für über Lissabon und Oporto verschiffte Güter der englische Schmuggel so stark eingeschlagen, daß Portugal Ende des 18. Jh. eine für das Mutterland ungünstige Zahlungsbilanz mit seiner überseeischen Hauptbesitzung ausweisen mußte. Ebenso wie die Kubaner hatten es die Brasilianer 1808 bereits zu einer weitestgehenden wirtschaftlichen und kommerziellen Unabhängigkeit vom Mutterland gebracht.

D. Der Bergbau

In Brasilien ging der Anteil der Grubenförderung am internationalen Handel, an der kolonialen Wirtschaft und an den Kroneinkünften, der in der ersten Hälfte des 18. Jh. sehr beträchtlich gewesen war, stetig zurück, bis er im ersten Jahrzehnt des 19. Jh. auf ein unbedeutendes Niveau herabgesunken war. Im Jahr 1796 etwa hatte Gold 17 Prozent des Gesamtexports nach Portugal ausgemacht, aber 1808 spielte es als Exportprodukt praktisch keine Rolle mehr. In Hispanoamerika lag in den letzten beiden Jahrzehnten des 18. Jh. der durchschnittliche Wert der jährlichen Edelmetallexporte nach

Spanien zwar über 20 Mio. Pesos, doch nahm auch hier der Anteil der Edelmetalle, in diesem Fall vor allen Dingen Silber, ab, da der Agrarsektor erheblich expandierte, und ein wachsender Anteil der amerikanischen Exporte auf landwirtschaftliche Produkte entfiel. Die damalige enorme Produktionssteigerung einer Vielfalt von Agrarerzeugnissen und Grundstoffen – darunter Zucker, Häute, Farbhölzer, Kakao, Cascarilla-Rinde, Tabak und Indigo – bedeutete, daß der Anteil der Edelmetalle am Export nach Spanien, der vor 1778 bei 76 Prozent des Gesamtexports gelegen hatte, in der spätkolonialen Epoche auf 56 Prozent zurückging. Diese Zahlen belegen allerdings auch, daß die Edelmetalle nach wie vor der bei weitem wichtigste Einzelartikel im Rahmen des amerikanischen Exports nach Spanien blieben. Die Krone, als unmittelbare Empfängerin von 11,5 Prozent der registrierten Produktion in Form von Steuern, war daran interessiert, daß die Montanindustrie, die die Edelmetalle zutage förderte, weiterhin expandierte. Der Hauptproduzent von Silber war Neu-Spanien mit einer Steigerung des Ausstoßes von durchschnittlich 11,9 Mio. Pesos jährlich in den 60er Jahren, auf 17,2 Mio. Pesos in den 70er Jahren, auf 19,4 Mio. Pesos in den 80er Jahren und schließlich auf 23,1 Mio. Pesos in den 90er Jahren des 18. Jh.; dieses Niveau konnte im ersten Jahrzehnt des 19. Jh. (mit 22,7 Mio. Pesos jährlich) gehalten werden, bis der Beginn der Rebellion im Jahr 1810 eine einschneidende Verschlechterung auf 9,4 Mio. Pesos in den Jahren 1810 bis 1814 und auf noch geringere Beträge in der Zeit danach zur Folge hatte. Im Spitzenjahr 1804 erreichte die Produktion in Neu-Spanien 27 Mio. Pesos (zwei Drittel der amerikanischen Gesamtproduktion). Zu dieser Zeit erzeugte allein das mexikanische Bergbauzentrum Guanajuato ebensoviel Silber wie die Vizekönigreiche Peru und Río de la Plata zusammen.

Der Produktionszuwachs in Peru ist ein besonders interessanter Fall. In der Verwaltungsreform von 1776 war die wichtigste Bergbauzone des Vizekönigreiches, nämlich Hochperu (Bolivien), dem neu eingerichteten Vizekönigreich Río de la Plata zugeschlagen worden. Dadurch hatte Peru so bedeutende Grubengebiete wie Potosí, Oruro, Carangas und Chucuito, und damit rund 63 Prozent seiner Bergbauförderung, an die neue Verwaltungseinheit verloren. Die dort gewonnenen Edelmetalle flossen nun nicht länger über Lima und den Pazifik, sondern über Buenos Aires und den Atlantik ab. Zusammen mit der Aufhebung des Handelsmonopols für den peruanischen Pazifikhafen Callao im Jahr 1778 bedeutete dies einen schweren Schlag für die peruanische Wirtschaft und insbesondere für die peruanische Kaufmannschaft. Die Bergbauproduktion Perus fiel daraufhin zunächst steil auf 2,1 Mio. Pesos im Jahr 1777 ab. Kurz darauf stieg sie jedoch wieder erheblich an. Vor allem die Minen von Cerro de Pasco und die gerade erst entdeckten Vorkommen von Hualgayoc trugen zu einem erneuten, stetigen Wachstum bei. Im Zeitraum von 1800 bis 1811 verdoppelte sich der Wert der durchschnittlichen jährlichen Fördermenge auf 4,4 Mio. Pesos, bis als Folge der lokalen Produktionsprobleme in Cerro de Pasco und der Unterbrechung der normalen Wirtschaftstätigkeit aufgrund von Rebellionen und internationalen Problemen ein neuerlicher Rückgang einsetzte. Die Jahre von 1778 bis 1811 können daher als eine Periode allgemeiner Prosperität für die peruanische Bergwerksindustrie angesehen werden. Potosí seinerseits konnte die Förderung bei 3–4 Mio. Pesos jährlich stabilisieren, war aber nicht in der Lage, sie nennenswert zu erhöhen. In der gesamten Region ging die Produktion in den 20er Jahren des 19. Jh. infolge auftretender Schwierigkeiten bei der Versorgung mit Quecksilber, Arbeitskräften und Kapital stark zurück.

In den 70er und 80er Jahren des 18. Jh. versuchte die Krone in ganz Hispanoamerika die Entwicklung des Bergbaus mit Hilfe einer Reihe von institutionellen, rechtlichen und technischen Neuerungen zu fördern, u. a. auch durch die Entsendung europäischer Spezialistenteams, die Unterricht in den neuesten Feinungsverfahren geben sollten. Inwieweit sich institutionelle Veränderungen und andere von der Krone ergriffene Maßnahmen auf den Anstieg der Silberproduktion in den Vizekönigreichen Neu-Spanien und Peru der spätkolonialen Epoche positiv auswirkten, läßt sich unmöglich beurteilen. In Peru gibt es eindeutige Beweise dafür, daß der 1796 gefaßte Entschluß des Bergbautribunals, die Garantie für die Finanzierung eines Wasserstollens in Cerro de Pasco zu übernehmen, entscheidend dazu beigetragen hat, daß dieses Bergwerkszentrum seine hohe Förderung aufrechtzuerhalten vermochte. Die ortsansässigen Bergwerksbetreiber hatten dieses Projekt 1794 zunächst auf eigene Kosten in Angriff genommen, um eine Anzahl unter Wasser stehender Stollen zu entwässern, aber mit steigenden Kosten hatten sich die Arbeiten verzögert. Da Cerro de Pasco, das über die Hälfte der gesamten Fördermenge des Vizekönigreichs produzierte, sich zu jener Zeit als das wichtigste Bergbauzentrum Perus erwiesen hatte, erklärte sich das Tribunal bereit, den geschätzten Jahresaufwand für den Stollen in Höhe von 20 000 Pesos aus seinen Kapitalüberschüssen zu decken.

In Neu-Spanien wurden noch ehrgeizigere Projekte durch private Kapitalinvestitionen finanziert. So mußte der Conde de Regla eine Wartezeit von rund 20 Jahren in Kauf nehmen, bis sich der Bau eines großen Entwässerungsstollens in der Zeche Veta Vizcaína in Real del Monte bezahlt machte. In die Zeche Valenciana bei Guanajuato, wo in den 90er Jahren des 18. Jh. über 3000 Arbeiter beschäftigt waren, wurden sogar über 1 Mio. Pesos investiert. Hierin lag der entscheidende Unterschied zwischen Peru und Neu-Spanien: In Peru war eine vorsichtige und kritisch abwägende Kaufmannschaft sich zwar der kommerziellen Vorteile einer Entwicklung des Bergbaus durchaus bewußt, aber vorwiegend an kurzfristigen Investitionen in kleinerem Umfang interessiert. In Neu-Spanien gab es dagegen im ausgehenden 18. Jh. eine ganze Reihe zukunftsorientierter Handelskapitalisten, die nicht nur eine große Risikobereitschaft mitbrachten, sondern auch über das notwendige Kapital und das entsprechende Know-how verfügten. Vor dem Hintergrund der wachsenden Bevölkerungszahlen und der sich als immer dynamischer erweisenden neuspanischen Binnenwirtschaft bewegten sie sich in einem wirtschaftlich äußerst günstigen Klima. Die Aufhebung des Monopolhandels in Neu-Spanien schuf für die Wohlhabendsten unter ihnen jedoch eine neue Situation. Zwar belebte sie den Handel insgesamt, gleichzeitig wurden jedoch die Gewinnmöglichkeiten in diesem Bereich für die früheren Monopolhändler, also die Mitglieder des *consulado* von Mexiko, durch die verschärfte Konkurrenz erheblich geschmälert. Für die Kapitalkräftigen wurde deswegen die Investition in den durch steuerliche, rechtliche und administrative Vergünstigungen besonders profitablen Bergbausektor immer interessanter. Ein großer Teil des früheren Handelskapitals wanderte nun in den Montanbereich ab und ermöglichte damit Investitionen in die mexikanischen Silberminen, welche diejenigen in die peruanischen Minen bei weitem in den Schatten stellten. Sowohl in Mexiko als auch in Peru hatten jedoch die nach den verheerenden Auswirkungen der Revolutionszeit von nicht-spanischen Kapitalisten in den 20er und 30er Jahren des 19. Jh. unternommenen Versuche, der Bergbauindustrie wieder auf die Beine zu helfen, nur geringen

Erfolg. Mangelndes Kapital und die völlige Umstrukturierung des Arbeitsmarktes als Folge der sozialen Erschütterungen waren die wesentlichen Gründe hierfür.

E. Die Landwirtschaft

Der unbestrittene Nutznießer sowohl des endogenen Wachstums als auch – in einem geringeren Maße – der gezielten Bestrebungen des Mutterlandes, die Expansion im spätkolonialen Lateinamerika zu fördern, war der Agrarsektor. Wie wir gesehen haben, fand in Brasilien eine echte landwirtschaftliche Renaissance statt, vorwiegend als Reaktion auf die in Europa, besonders in England und Frankreich, ständig wachsende Nachfrage nach Rohstoffen und Nahrungsmitteln, die die bisherigen überseeischen Produzenten nicht mehr in ausreichenden Mengen liefern konnten. Die Expansion wirkte sich auch auf die traditionellen Exportgüter Zucker und Tabak aus; der Zuckeranbau lebte nicht nur in Pernambuco und Bahia wieder auf, sondern erstreckte sich auch auf die Kapitanate Rio de Janeiro und São Paulo. Versuche, Tabak im Kapitanat Rio de Janeiro zu erzeugen, schlugen fehl, aber Kaffee, Indigo und Häute wurden dort in ansehnlichen Mengen produziert. Weiter im Norden hatte die Maranhão-Kompanie großen Erfolg mit dem Anbau von Baumwolle, Reis und Kakao für den Export, und die Weizenproduktion wurde in den 70er Jahren des 18. Jh. in Rio Grande do Sul eingeführt. Anders als die übrigen Feldfrüchte wurde Weizen jedoch vorwiegend für den einheimischen Verbrauch produziert.

Hispanoamerika war in noch größerem Umfang als Brasilien in der Lage, nahezu jede der damaligen europäischen Welt bekannte Art von Gemüsen, Arzneimitteln, Gewürzen und leicht verkäuflichen Anbauprodukten zu produzieren. Nicht alle diese Produkte gelangten in großen Mengen in den internationalen Handel, teils weil hier und da andere oder billigere Versorgungsquellen vorhanden waren, teils auch weil mancherorts Unzugänglichkeit und allzu hohe Transportkosten für geringe Nachfrage sorgten. Die auf dem internationalen Markt gehandelten Hauptgüter des spätkolonialen Hispanoamerika waren – Edelmetalle ausgenommen – in der Reihenfolge ihrer Bedeutung: Tabak, Kakao, Zucker, Indigo, Koschenille, Häute, Cascarilla-Rinde, Farbhölzer und Baumwolle, gefolgt von einer allgemeinen Kategorie von Konsumgütern, darunter *vicuña*-Wolle, Kaffee, Tee, Weizen, Gerste, und tierischen Produkten wie Pelzen, Hufen und Talg. Die Lockerung der Handelsbeschränkungen hatte an diesem Aufschwung wesentlichen Anteil. Neu-Spanien genoß im 18. Jh. den Ruf, der wichtigste Edelmetallproduzent sowie die fruchtbarste und produktivste Agrarregion Hispanoamerikas zu sein. Nahezu jedes von Veracruz nach Spanien segelnde Schiff hatte Häute, Koschenille, Gewürze und Farbhölzer an Bord, wobei die letzteren der wichtigste Artikel im Handel zwischen Campeche und Spanien waren. Der beachtliche und anhaltende Aufschwung des Bergbaus unterstützte nicht zuletzt auch den Inlandsverbrauch der von der expandierenden Agrarwirtschaft des Vizekönigreiches erzeugten Produkte, einschließlich solcher, die auch auf dem Exportsektor in Führung lagen.

Der Export der spanischen Inseln in der Karibik stellte im ausgehenden 18. Jh. 23 Prozent des Gesamtimports Spaniens dar, wurde aber noch übertroffen von dem Havannas, des vermutlich betriebsamsten Hafens im damaligen Hispanoamerika. Die statistischen Informationen über das wirtschaftliche Wachstum Kubas im ausgehenden 18. Jh. sind geradezu überwältigend: In der Zeit von 1759 bis 1789 verdreifachte sich die Zahl der Zuckerraffinerien von 89 auf 277, und die durchschnittliche Jahresproduktion jeder Raffinerie stieg von 165 auf über 400 Tonnen. Die Sklavenbevölkerung auf der Insel erhöhte sich von 86 000 im Jahr 1792 – als die Krone die 1789 erteilte einstweilige Erlaubnis der unbegrenzten Versorgung der Insel mit Negersklaven durch ausländische Schiffe in eine permanente Genehmigung umwandelte – auf 286 000 im Jahr 1827. Die Zahl der Weißen nahm ebenfalls stark zu, teils infolge eines Zustroms französischer Siedler aus St. Domingue in den 1790er Jahren, teils infolge einer neuen Einwanderungswelle aus dem Mutterland, von der auch Neu-Spanien und andere Territorien auf dem Festland betroffen waren. Bestimmte Anzeichen sprechen dafür, daß die Kreolen Neu-Spaniens die Beherrschung des wirtschaftlichen Sektors durch die ehrgeizigen, nüchtern kalkulierenden Einwanderer aus Nordspanien mit einigem Unmut betrachteten. Für Kuba hingegen liegen keine Beweise vor, daß die Neuankömmlinge als Parasiten angesehen worden wären, zum einen, weil die wirtschaftliche Wachstumsrate zu jener Zeit ausreichend war, um sowohl die Alteingesessenen als auch die Zugewanderten zufriedenzustellen, zum anderen wegen der außerordentlichen politischen Großzügigkeit der Krone gegenüber der Insel. Wenngleich in den frühen 1790er Jahren einige – reichlich fruchtlose – Versuche unternommen wurden, durch Einschränkung des zunehmenden interkolonialen Handelsverkehrs zwischen Havanna und Veracruz die Interessen der Kaufmannschaft von Cádiz zu schützen, ging doch der generelle Trend der von der Krone verfolgten Politik dahin, den Kubanern alle von ihnen gewünschten kommerziellen Privilegien zu gewähren, einschließlich des (1793 verliehenen) Rechts der nahezu völligen Handelsfreiheit mit den Vereinigten Staaten. Die Krone knüpfte an diese letzte Maßnahme vor allen Dingen die Hoffnung, daß die Zuckerplantagenbesitzer im Gegenzug einen wesentlichen Teil der Verteidigungslasten für die Karibik tragen würden. Diese Rechnung ging schließlich auch auf. Mehr noch als Neu-Spanien war Kuba eine Besitzung, deren dynamisches Wachstumspotential durch die neue Politik der Krone zwischen 1760 und 1830 freigesetzt wurde. Zuckeranbau, -gewinnung und -export waren die Grundlagen der Inselwirtschaft. Die hier erwirtschafteten Steuern reichten sowohl zur Finanzierung der Verteidigungsmaßnahmen auf der Insel als auch zur zusätzlichen Aufbesserung der spanischen Kroneinkünfte. Zugleich zog Kuba Importe aus Kantabrien und Katalonien an und trug damit zum wirtschaftlichen Wachstum auch in diesen Regionen bei.

Dagegen waren die spanischen Festlandsterritorien nördlich des Golfs von Mexiko, das neu erworbene Louisiana und das gerade zurückgewonnene Florida, im ausgehenden 18. Jh. wirtschaftlich rückständige Gebiete, unfähig, auf die Anreize der Freihandelsgesetze und andere staatliche Förderungsmaßnahmen positiv zu reagieren.

Venezuela hingegen erlebte einen anhaltenden Exportboom, vor allem in den 90er Jahren des 18. Jh., nachdem die Handelsrestriktionen gegen das Land aufgehoben worden waren. In den Jahren von 1782 bis 1796 stellte Spaniens Einfuhr aus Venezuela wertmäßig 9,6 Prozent seines Gesamtimports aus Hispanoamerika dar. Das Generalkapitanat lag somit nach Neu-Spanien und Kuba erst an dritter Stelle, aber gemessen am Gesamtimport Spaniens aus der Umgebung der Karibik in Höhe von 76 Prozent war sein Anteil dennoch beachtlich. Ohne eine traditionelle Fabrikationsindustrie, die es hätte schützen müssen, war Venezuela auch immun gegen die schädlichen Auswirkungen seiner engeren Einbeziehung in das staatliche Wirtschaftssystem. Die Dankbarkeit seiner kreolischen Großgrundbesitzer für die neuen Möglichkeiten, die sich für die Produktion und den Export landwirtschaftlicher Erzeugnisse eröffneten, wurde indessen durch ihre Verärgerung über das nach wie vor ausschließlich spanischen Kaufleuten vorbehaltene und von diesen ausgeübte Handelsmonopol gedämpft.

Ebenso wie Venezuela erfreute sich Río de la Plata in der spätkolonialen Epoche einer eindrucksvollen, bislang noch nicht erlebten Konjunktur. Seiner Weidewirtschaft kam in erster Linie die Öffnung der Häfen Montevideo und Buenos Aires für den direkten Handel mit Spanien zugute; in den Jahren von 1778 bis 1796 stieg der Export von Häuten von 150 000 auf 875 000. Andere Tier- und Landwirtschaftsprodukte trugen dazu bei, daß Agrarerzeugnisse ein Fünftel bis ein Drittel des gesamten Exports ausmachten; die Ausfuhr von Pökelfleisch nach Kuba zur Versorgung der dortigen Sklavenbevölkerung erhöhte sich in dieser Zeit ebenfalls beträchtlich. Der Hauptexportartikel war jedoch Silber aus Potosí; der Export der Produktion wurde nach 1778 immer weniger über das nördlich gelegene Lima, als vielmehr über Buenos Aires im Süden abgewickelt.

Das vielversprechende kommerzielle Wachstum lockte Firmen aus Cádiz in die größeren Häfen Hispanoamerikas. Auch Bergbauzentren wie Potosí und Binnenhandelszentren erlebten im ausgehenden 18. Jh. einen Zustrom spanischer Einwanderer, die hofften, im Handel ihr Glück machen zu können. Die Wagemutigeren unter ihnen erkannten, daß gerade infolge der zunehmenden wirtschaftlichen Konkurrenz die höchsten Gewinnspannen im Handel bereits erreicht waren, und zogen es daher vor, sich statt dessen unmittelbar der Bergbauindustrie zuzuwenden. Sie nutzten die Bereitwilligkeit der kreolischen *azogueros* (*azogue,* span.; Quecksilber, verwendet zur Gewinnung von Gold und Silber aus Erzen im Amalgamationsverfahren) aus, den Neuankömmlingen sowohl ihre Töchter mit erklecklicher Mitgift zur Ehe als auch ihre Betriebe in Pacht zu geben. Ihre Miteinwanderer, die in Buenos Aires blieben – wie etwa die Gründer der Dynastien Anchorena und Martinez de Hoz –, erwarben ihre Vermögen zunächst im Handel und später durch die Expanion der *estancias*.

Nicht alle Gebiete Hispanoamerikas waren imstande, an dem landwirtschaftlichen Boom der spätkolonialen Epoche teilzunehmen. Das Rumpf-Vizekönigreich Peru beispielsweise, das bereits durch die Expansion des Handels zwischen Spanien und Río de la Plata benachteiligt war, wurde (ebenso wie Teile Zentralamerikas) als Agrarproduzent obendrein durch seine Lage behindert. Bis zum Anbruch des Dampfschiffzeitalters, der Erschließung des amerikanischen Westens und dem Durchstich des Panamakanals im ausgehenden 19. bzw. frühen 20. Jh. war es von den Märkten Europas und der Ostküste der Vereinigten Staaten zu weit entfernt und lag gewissermaßen auf der falschen Seite Südamerikas. So wurde etwa der von den *haciendas* an der Nordküste produzierte Zucker nur für den Binnenmarkt angebaut, da er im ausgehenden 18. Jh. seine Absatzmärkte selbst in Chile und Río de la Plata an den billigeren brasilianischen Zucker verloren hatte; das gleiche traf für Baumwolle, Tabak und andere leichtverkäufliche Anbauprodukte zu. Neben der Wiederausfuhr von Kakao aus Guayaquil war daher der Anteil der landwirtschaftlichen Erzeugnisse und der Grundstoffe am internationalen Handel auf solche Konsumgüter beschränkt, die andere Regionen des Reiches nicht zu erzeugen vermochten, im wesentlichen Cascarilla-Rinde und *vicuña*-Wolle. Silber blieb somit der beherrschende Außenhandelsartikel Perus bis zum Einsetzen des Guano-Booms im Jahr 1840.

F. Die Industrie

Das Unvermögen der spanischen Krone im 17. und frühen 18. Jh., Amerika mit angemessenen Mengen von Fertigwaren (ob spanischer oder ausländischer Provenienz) zu versorgen, hatte, trotz wiederholter Verbote, die spontane Entstehung und Entwicklung von Industrien – in der Regel auf technologisch niedrigem Niveau – in jenen Teilen des Kolonialreiches ermöglicht, die für Schmuggler nur schwer zugänglich waren. So hatte sich etwa in der gesamten Andenregion, wo qualitativ hochwertige Wolle in Hülle und Fülle vorhanden war, im Laufe des 17. Jh. eine Textilindustrie entwickelt. Sie belieferte nicht nur den anspruchsvollen städtischen Markt, sondern befriedigte auch die große Nachfrage nach Grobgewebe seitens der einfachen Bevölkerung, die sich Importware nicht leisten konnte. Im Innern Mexikos und in den Binnenprovinzen Río de la Platas war die Textilproduktion ebenso weit verbreitet wie die Herstellung von Metall- und Töpferwaren, Möbeln und anderen erschwinglichen Gebrauchsartikeln. Es wurde oft vermutet, daß der Preis, den die Einwohner der Kolonie für die Konjunktur in der Landwirtschaft und die Lockerung der Handelsrestriktionen in der späten Kolonialzeit bezahlen mußten, nicht nur in dem unwillkommenen Zustrom habgieriger Einwanderer, sondern auch in der Zerstörung einer kolonialen Industrie bestanden habe, die mit den billigen, aber qualitativ dennoch guten europäischen Erzeugnissen nicht konkurrieren konnte. Die über die Vizekönigreiche Neu-Spanien und Peru verfügbaren Quellen bestätigen diese Vermutung nicht unbedingt, zumindest nicht für die Zeit vor der Zulassung des neutralen Handels im Jahr 1797. Selbst danach boten die Schwierigkeiten des Transports von den Häfen zu entlegenen Gebieten im Landesinnern und die damit verbundenen hohen Kosten den einheimischen Handwerkern einen ausreichenden Schutz vor den importierten Konkurrenzwaren. Es trifft zu, daß die Zahl der Wollwarenfabriken in Puebla, Cuzco und Coyoacán im Laufe des 18. Jh. stark zurückging, aber bis zu einem gewissen Grade wurde dieser Trend kompensiert – und vielleicht sogar hervorgerufen – durch das Wachstum der Wollwarenindustrie in anderen Gebieten Neu-Spaniens. Die Wollwarenindustrie in Querétaro z.B. entfaltete sich im ausgehenden 18. und frühen 19. Jh., aber – und das ist eine wichtige Einschränkung – nicht auf die eindrucksvolle und spektakuläre Art und Weise, die man gemeinhin mit der späten Bourbonenzeit assoziiert. Andere – allgemeingültige – Faktoren, die für die Beurteilung der Lage der Wollwarenindustrie berücksichtigt werden müssen, sind eine Verlagerung des Verbrauchergeschmacks von Wollwaren auf Baumwollsachen (davon profitierte Puebla in Neu-Spanien) sowie der Rückgang der traditionellen *obrajes*, Überbleibsel aus der Zeit des Arbeitskräfte-*repartimiento*, angesichts der Konkurrenz kleinerer, leistungsfähigerer Betriebe, die sich ihr Personal auf dem freien Arbeitsmarkt beschafften.

Die Zerstörung der kolonialen Industrie als einer möglichen Konkurrentin der europaspanischen Fabriken war die ganze Kolonialzeit hindurch, und besonders nach 1778, ein offenkundiges Ziel der Politik der Krone. Trotzdem überlebten die *obrajes* in Quito bis zum Ende der Kolonialzeit ebenso wie die kleineren Betriebe in Cundinamarca, Boyacá, Pasto und Socorro, die gröberes Gewebe herstellten. Diese Textilindustrien hatten sich im 17. Jh. als Reaktion auf das chronische Versagen des habsburgischen Handelssystems entwickelt. Die Lockerung der Handelsbeschränkungen wirkte sich zwar negativ auf sie aus, aber nicht immer war ihr Rückgang allein auf diese Ursache zurückzuführen. Im Falle Quitos beispielsweise zeigt sich, daß die Verringerung der industriellen Produktion bereits lange vor der Lockerung der Handelsbeschränkungen begonnen hatte. Dort hatte der wachsende europäische Bedarf an Kakao ebenso wie die staatliche Förderung der Bergbauindustrie dazu geführt, daß die kapitalkräftige Kaufmannschaft Quitos und anderer neugranadinischer Städte ihre Investitionen aus dem krisenbedrohten Gewerbezweig abzog, um sich verstärkt in der Landwirtschaft und dem Bergbau zu engagieren.

Weiter südlich in Peru belebten die leichtere Verfügbarkeit importierter Waren und deren niedrigere Preise in den 80er Jahren des 18. Jh. die Handelstätigkeit. Die Zahl der Einzelhandelsgeschäfte in Lima nahm etwa um ein Drittel zu. Auch die Nahrungsmittelproduktion für die finanziell zunehmend besser gestellte Mittel- und Unterschicht der Städte stieg an. Die traditionelle Textilindustrie befand sich zwar auch hier infolge der Einführung des Freihandels in einer Krise, dafür expandierten aber andere Produktionssparten.

Hier wie andernorts war die Atempause zwischen der „Freihandels"-Ära der spätkolonialen Epoche und der echten Handelsfreiheit der Post-Emanzipations-Ära eine Zeit gegensätzlicher Tendenzen: Einerseits entwickelte sich die hispanoamerikanische Industrie zunächst beschleunigt als Reaktion auf den 1797 plötzlich nachlassenden Warennachschub aus den spanischen Häfen. Andererseits hatte sie aber dann unter der über den Schmuggelhandel und über neutrale Kanäle erfolgenden vermehrten Belieferung mit europäischen Waren zu leiden. Es ist jedoch hervorzuheben, daß die hispanoamerikanische Industrie in der spätkolonialen Epoche von der durch den freien Handel hervorgerufenen wirtschaftlichen und kommerziellen Expansion im großen und ganzen mehr profitierte, als sie durch den Zufluß europäischer Waren verlor. Der Export von landwirtschaftlichen Produkten und von Edelmetallen vervielfachte sich in dieser Zeit – sowohl zum Vorteil der Krone als auch der kreolischen Produzenten. Die einzigen Nachteile dieses Prozesses für die Hispanoamerikaner waren erstens, daß das Tempo der Expansion durch den anhaltenden Ausschluß der Nicht-Spanier vom internationalen Handel gedrosselt wurde, und zweitens, daß die unternehmungsfreudigen spanischen Kaufleute, die im Zusammenhang mit dem wirtschaftlichen Wachstum nach Amerika auswanderten, privilegierter und daher im Geschäftsleben erfolgreicher waren als ihre hispanoamerikanischen Kollegen. Die Tatsache, daß jene die kreolischen Kaufleute als regionale Vertreter importierter wie einheimischer Waren sowohl aus den Häfen Hispanoamerikas als auch aus den Städten im Landesinnern verdrängten, trug entscheidend zum Entstehen einer tiefen Feindseligkeit zwischen amerikanischen und europäischen Spaniern bei. Die Austragung der weiter reichenden Differenzen zwischen jenen Hispanoamerikanern, die eine Protektion der einheimischen Produktion befürworteten, und jenen, die die Tür für ausländische Waren geöffnet wissen wollten, wurde aufgeschoben, bis sie in den 20er und 30er Jahren des 19. Jh. zu einer der Hauptursachen für die politische Zerbrechlichkeit vieler der zwischen 1810 und 1825 neugegründeten Staaten wurde.

3. Regierung, Verwaltung und Verteidigung

A. Administrative Veränderungen im Lateinamerika des 18. Jahrhunderts

Die administrative Reorganisation Hispanoamerikas wurde sehr konzentriert in der Regierungzeit Karls III. durchgeführt, der, unterstützt von einem Team außerordentlich fähiger Minister, in den 60er Jahren des 18. Jh. zahlreiche der zuvor in Spanien eingeführten strukturellen Reformen auf die Kolonialgebiete auszudehnen begann. Der Erfolg des Intendantensystems, mit dessen Hilfe es gelungen war, das jährliche Steueraufkommen in Spanien in Höhe von 18 Mio. Pesos in den 1750er Jahren auf durchschnittlich 36 Mio. Pesos in den 1780er Jahren zu verdoppeln, bestärkte die Regierung in ihrer Ansicht, daß durch eine Reform der Verwaltungsstrukturen Hispanoamerikas, kombiniert mit wirtschaftlichen Maßnahmen, die vom Staat für die Neuordnung des Heeres und der Marine benötigten Steuereinkünfte zu erzielen sein müßten.

In Spanien hatten die Intendanten den militärischen Oberbefehl in ihrer Provinz und waren für die Beaufsichtigung der Steuereintreibung, die Beförderung öffentlicher Arbeiten *(policía)* und generell für das Wirtschaftsleben verantwortlich. In Hispanoamerika nahmen sie darüber hinaus wichtige richterliche Funktionen wahr und übten das Vize-Patronat aus, das ihnen als Stellvertretern der Krone die Entscheidung über die Besetzung geistlicher Stellen sicherte. Die Vorgänger der Intendanten hatten sich mit sehr geringen Besoldungen, ergänzt durch Gebühren und Provisionen, begnügen müssen, was Bestechung und Betrug geradezu herausforderte; die Intendanten hingegen waren hinreichend besoldete Beamte, von der Krone ernannt und nur ihr verantwortlich, und somit Sachwalter der Zentralisierung der Autorität auf Kosten alteingesessener lokaler Interessengruppen. Praktisch alle Intendanten, die sich in den 70er und 80er Jahren des 18. Jh. für dieses Amt nach Amerika verpflichten ließen, waren *peninsulares* – oft mit militärischer Erfahrung im Heer oder in der Marine. Auf diese Weise hoffte die Krone, die gewissermaßen außerplanmäßige Delegation politischer Autorität an ortsansässige Eliten von Grundbesitzern, Rechtsanwälten, Kaufleuten und Geistlichen, die vor 1760 in vielen Teilen des Reiches stattgefunden hatte, rückgängig machen zu können. Die Beherrschung des amerikanischen Verwaltungsapparats durch Kreolen war Mitte des 18. Jh. in den *audiencia*-Gerichten besonders spürbar geworden, in denen ein Zusammenwirken von Ämterverkauf und administrativer Indolenz dazu geführt hatte, daß die meisten *oidores* Kreolen waren; darüber hinaus hatte man es vielen dieser Beamten ermöglicht, ihren Dienst an den Gerichtshöfen ihrer Heimatterritorien zu versehen, was es der Krone praktisch unmöglich machte, den Standpunkt zu vertreten, daß jene in Ausübung ihres Amtes unparteiisch Recht sprächen und die Interessen der Krone wahrnähmen. Der Prozeß, diese Entwicklung rückgängig zu machen, wurde 1750 eingeleitet, als mit der Ernennung von Julián de Arriaga, eines ehemaligen Gouverneurs von Caracas, zum Staatssekretär des Marine- und Indien-Ministeriums die Innenpolitik Hispanoamerikas in die Hände eines erfahrenen Pragmatikers gelegt wurde. Da sich aber nur wenige Vakanzen ergaben, gestaltete sich dieser Umkehrungsprozeß recht langwierig. In den Jahren von 1751 bis 1777 vermochten die Kreolen von den 102 vakant werdenden Stellen nur zwölf zu besetzen, und wenngleich die gezielte, pro-europaspanische Innenpolitik unter Karl IV. etwas erlahmte, gingen im Zeitraum von 1778 bis 1808 lediglich 30 Prozent der freiwerdenden Posten an Kreolen. Als im Jahr 1810 kreolische Sprecher aus vielen Teilen Amerikas nach und nach in Cádiz eintrafen und vom Regentschaftsrat und von den *Cortes* eine gleichberechtigte Berücksichtigung bei der Besetzung der öffentlichen Ämter verlangten, forderten sie also kein neues Recht, sondern die Wiederherstellung der alten Situation, wie sie vor den bourbonischen Reformen bestanden hatte.

Im ausgehenden 18. Jh. wurde eine Reihe neuer *audiencias* eingerichtet – in Buenos Aires und Caracas (1783) sowie in Cuzco (1787). Im Laufe des 18. Jh. machte die Krone sich auch daran, die gesamte administrative Gliederung neu zu gestalten, in deren Rahmen die Rechtsprechung ausgeübt wurde, und schuf die Vizekönigreiche Neu-Granada (1739) und Río de la Plata (1776). 1776 wurden auch die *Provincias Internas* Neu-Spaniens zu einer separaten Einheit zusammengefaßt und der normalen Gerichtsbarkeit des Vizekönigs in Mexiko entzogen. In Südamerika wurden die Provinzen Venezuela (1777) und Chile (1778) zu Generalkapitanaten erhoben, was sie in vielen Fragen der Entscheidungsautonomie den Vizekönigreichen gleichstellte. Im Rahmen dieser rationalisierten und vereinheitlichten Gliederung war die bedeutendste administrative Veränderung in Hispanoamerika zweifellos die Reform der Provinzverwaltung im Zusammenhang mit der Einführung des Intendantensystems. Nach seiner Erprobung in Kuba (1764) und seiner Ausdehnung auf Louisiana und Sonora wurde es in dreien der vier Vizekönigreiche, nämlich in Río de la Plata (1782), Peru (1784) und Neu-Spanien (1786) eingeführt und 1776 auf Venezuela, 1784 auf die Philippinen und 1786 auf Chile ausgedehnt. Dieser Reformprozeß kam mit Gálvez' Tod 1787 zum Stillstand, und die geplante Ausdehnung des Systems auf das einzige noch verbleibende Vizekönigreich, Neu-Granada, wurde unterlassen.

In Brasilien wurde im 18. Jh. ebenfalls über einen längeren Zeitraum hinweg ein Programm administrativer Veränderungen mit dem Ziel durchgeführt, die Leistungsfähigkeit des Verwaltungsapparats zu verbessern. Dieser Vorgang erreichte seinen Höhepunkt während der Amtszeit Pombals, als dem Ministerium für Marine und Überseeische Territorien – das portugiesische Pendant zu Spaniens Indien-Ministerium – die unmittelbare Verantwortung für die Ernennung der Kolonialbeamten übertragen wurde. Die effektive Kontrolle Brasiliens durch die Krone wurde über das Ministerium und die von ihm ernannten und ihm unterstehenden Generalkapitäne aufrechterhalten. Die Folge davon war, daß die Machtbefugnisse des – seit 1763 nicht mehr in Bahia, sondern in Rio de Janeiro residierenden – Vizekönigs nunmehr weitgehend auf sein eigenes Kapitanat beschränkt blieben. Seit 1767 stand in der Hauptstadt jedes Kapitanats der Gouverneur der Krone einer *junta de fazenda* vor, der die Aufsicht über die Einziehung der Kroneinkünfte oblag, und die dem königlichen Schatzamt *(erario regio)* in Lissabon unmittelbar verantwortlich war. Das Schatzamt, 1761 mit Pombal als Vorsitzendem eingerichtet, übte die Gesamtkontrolle über die Finanzen sowohl des Kolonialreiches als auch des Mutterlandes aus. Der Versuch, brasilianische Grundbesitzer und Geschäftsleute – viele von ihnen hatten zuvor als Steuereinzieher *(contratadores)* fungiert – von der Steuereintreibung auszuschließen, wurde weniger gründlich verfolgt, als dies in Hispanoamerika der Fall war, weil die der portugiesischen Krone zur Verfügung stehenden, begrenzten administrativen Ressourcen es erforderlich machten, untergeordnete Verwaltungsposten mit Brasilianern zu besetzen. Nichtsdestoweniger hatte Pombal, Gálvez' Maßnahmen in Hispanoamerika vorwegnehmend, 1770 bereits viel dazu beigetragen, die Verwaltungsorganisation in Brasilien nachhaltig zu verbessern.

B. Die Steigerung der Kroneinnahmen

Der Erfolg des gesamten Programms der bourbonischen Staatsreform in Hispanoamerika hing vor allem von ihrer Finanzierbarkeit durch wachsende Kroneinkünfte ab. Eine wesentliche Voraussetzung dafür war jedoch die dringend notwendige Reorganisation des veralteten, leistungsunfähig gewordenen Systems der Finanzverwaltung. Die mit der Finanzverwaltung beauftragten Beamten waren die Intendanten in den Provinzen und die Superintendanten in den Hauptstädten der Vizekönigreiche. Der Intendanten-Erlaß sah vor, daß in jeder Intendanz die Einrichtung eines Hauptunterschatzamts erfolgen sollte, das dem vizeköniglichen Generalschatzamt in der Haupstadt unterstand. Außerdem sollte eine separate Behörde für die Einziehung der Verkaufs- und Handelssteuern sowie für die Einnahmen aus den staatlichen Tabak-, Pulver-, Spielkarten- und Urkundenpapier-Monopolen zuständig sein.

Die Verbesserung der Geldeingänge im Schatzamt Neu-Spaniens war besonders auffallend. Mit der Einführung des – später in das Intendantensystem integrierten – neuen Schatzamtsapparats nach Gálvez' *visita* stiegen die Einnahmen zwischen 1765 und den frühen 1780er Jahren von 6 auf 20 Mio. Pesos, also um mehr als das Dreifache. Etwa die Hälfte dieser Einkünfte Neu-Spaniens bestand aus dreierlei Abgaben – in absteigender Reihenfolge ihrer Bedeutung: den Steuern aus der Silberproduktion, den Einnahmen aus dem Tabakmonopol und den Indianertributen. Der Rest kam aus einer stattlichen Reihe zusätzlicher Steuern auf Produktion und Handel. Die Kosten für die Verwaltung dieser komplexen Fiskalstruktur verschlangen etwa 30 Prozent der Einkünfte, und weitere 20 Prozent wurden für allgemeine Verwaltungs- und Verteidigungskosten innerhalb des Vizekönigreichs benötigt. Somit blieben etwa 10 Mio. Pesos jährlich für das Verteidigungswesen in der Karibik, auf den Philippinen und in Nordamerika sowie für die Übersendung nach Madrid übrig. Ende des 18. Jh. war das viel kleinere und weniger dicht bevölkerte Vizekönigreich Peru weit hinter Neu-Spanien zurückgefallen: Sein Steueraufkommen betrug etwa 5 Mio. Pesos jährlich, davon waren 25 Prozent Abgaben aus dem Bergbau und 20 Prozent Indianertribute (letztere brachten in Peru relativ mehr ein als in Neu-Spanien, weil in Peru mehr Indianer – und weniger *mestizos* – lebten als in Neu-Spanien mit seiner fortgeschrittenen rassischen Vermischung). Die Einnahmen im Vizekönigreich Río de la Plata beliefen sich auf durchschnittlich 3,5 Mio. Pesos jährlich und bestanden vorwiegend aus Zolleinnahmen, Grubensteuern und Tributen. Bezeichnend ist, daß das einzige Vizekönigreich, das der Verwaltung durch Intendanten entschlüpft war, nämlich Neu-Granada, erheblich weniger einbrachte als seine mannigfaltige, blühende spätkoloniale Wirtschaft hätte erwarten lassen. Hier bezifferten sich die durchschnittlichen jährlichen Gesamteinnahmen auf 4,7 Mio. Pesos, die sich vorwiegend aus Zöllen (1,3 Mio.) und Einnahmen aus dem Tabakmonopol (1 Mio.) zusammensetzten; trotz der großen Indianerbevölkerung betrugen die Tributzahlungen Neu-Granadas weniger als 200 000 Pesos jährlich.

Die Erhöhung der Einnahmen ist auf zwei miteinander verquickte Faktoren zurückzuführen: Auf das wirtschaftliche Wachstum und auf die Verbesserung der Steuerverwaltung. Mit Hilfe des Intendantensystems konnten nun Steuern eingetrieben werden, die unter dem herkömmlichen Lokalverwaltungssystem vor der Reform hinterzogen worden oder in anderen Taschen gelandet waren. In den 80er Jahren des 18. Jh. war die Krone in der glücklichen Lage, mit einem stetigen Zufluß amerikanischen Silbers in die Truhen des Mutterlands rechnen zu können. Er machte zwar nur 15 Prozent der Gesamteinkünfte aus, stellte aber den Reinertrag nach Abzug der lokalen Verteidigungskosten dar. Die Gefahr bestand – wie zwei Jahrhunderte zuvor – darin, daß dieses Geld weitgehend aus Verkaufssteuern und Zöllen kam, also ganz allgemein aus der Wirtschaftstätigkeit in Amerika, die von der Aufrechterhaltung des transatlantischen Handels abhing. Jede Unterbrechung der Handelsbeziehungen zwischen Spanien und Amerika aufgrund gesamteuropäischer Kriege – wie sie sich von 1796 an ereignen sollten – mußte nicht nur eine Einkommensverringerung und eine Erhöhung der Verteidigungskosten verursachen, sondern auch eine tiefe Enttäuschung in einem Reich hervorrufen, das sich im letzten Viertel des 18. Jh. mit einer straffen Steuerpolitik abgefunden hatte, aber nur auf der Grundlage der stillschweigenden Übereinkunft, daß seine finanziellen Opfer mit einem anhaltenden wirtschaftlichen Wachstum belohnt würden.

Portugal war einerseits anfälliger als Spanien, weil es noch mehr als sein Nachbar auf die Zolleinkünfte aus dem Handel mit seiner Kolonie – Brasilien – angewiesen war, andererseits aber auch besser abgesichert, weil seine Schiffahrt den Schutz der britischen Marine genoß. Der Rückgang der Gold- und Diamantenproduktion Brasiliens nach 1750 führte im letzten Viertel des 18. Jh. zu einer Verschlechterung des Steueraufkommens aus dem Bergbau um 50 Prozent. Dies geschah zu einer Zeit, als die Kosten für die Verteidigung der Südgrenze Brasiliens rasch stiegen, und die Inlandsausgaben in Portugal ebenfalls, als Folge des Erdbebens von 1755, das Lissabon zerstörte, emporschnellten. Aber die von Pombal ergriffenen Maßnahmen zur Förderung der wirtschaftlichen Tätigkeit anderer Sektoren und zur Verringerung der steuerlichen Mißwirtschaft erwiesen sich dennoch als wirksam. Im Jahr 1751 wurden die Steuern für Zucker und Tabak gesenkt sowie Produktion und Export dieser wie anderer Haupthandelsgüter in den folgenden 20 Jahren durch die Gründung der großen Handelsmonopolgesellschaften im Norden und Nordosten unterstützt. Pombals Nachfolger Mello e Castro versuchte in den 1780er Jahren, den Schmuggel und das Überhandnehmen kleiner, nicht konzessionierter Tuchwerkstätten zu unterbinden – ein sicheres Zeichen dafür, daß ältere Maßnahmen nicht zum Erfolg geführt hatten. Genaue Zahlen über die Steuererträge sind so gut wie unauffindbar, aber zahlreiche Anzeichen allgemeiner Art sprechen dafür, daß Pombals Traum, die Ressourcen Brasiliens zu nutzen, um Portugals Abhängigkeit von Großbritannien zu verringern und das Defizit seines Außenhandels mit Großbritannien zu reduzieren, sich in der zweiten Hälfte des 18. Jh. verwirklichen ließ. Anfang des 19. Jh. war Brasilien die bei weitem produktivste Besitzung Portugals; es lieferte, in Wertbegriffen ausgedrückt, 83 Prozent der von Portugal aus seinen Kolonien importierten Güter und erhielt einen ähnlich hohen Anteil der Ausfuhr Portugals in seine Kolonien. Vor diesem Hintergrund läßt sich die enorme Bedeutung der von Dom João 1808 erlassenen *Carta Regia* begreifen, die es Brasilien ermöglichte, im Handel mit der übrigen Welt das Mutterland zu umgehen.

C. Die Justizverwaltung

Die Reform der Justizverwaltung Hispanoamerikas im 18. Jh. verfolgte vor allem drei Ziele: Erstens sollte eine faire und wirksame Rechtspflege auf *audiencia*-Ebene eingerichtet werden; zweitens sollte gegen die alten Sondergerichtsbarkeiten *(fueros)*, insbesondere der Geistlichkeit, die Priorität der allgemeinen staatlichen Rechtsordnung durchgesetzt werden; drittens schließlich ging es darum, die Gültigkeit der Rechtsordnung auch auf lokaler Ebene sicherzustellen und den Amtsmißbrauch einzuschränken. Die Einrichtung neuer *audiencias* in Caracas, Buenos Aires und Cuzco in den 80er Jahren des 18. Jh. trug dazu bei, die an der Spitze des Systems vor 1750 durch zügellosen Ämterverkauf entstandene Beförderungsblockierung aufzulösen, und die Versetzung einer Reihe höherer Richter aus hispanoamerikanischen Gerichtshöfen an den Indienrat vermittelte diesem einen besseren Einblick in die Art und Weise, wie die Korruption innerhalb der Justizverwaltung in der Vergangenheit funktioniert hatte. Eine weitere wichtige Reform bestand in dem Beschluß, einen *regente* zum Vorsitzenden jeder *audiencia* zu ernennen und dadurch diese Ratsgremien jeweils mit einem Element exekutiver Verantwortlichkeit zu versehen, insbesondere in Städten, die nicht Hauptstädte eines Vizekönigreichs waren. Die Entscheidung, diese Männer gezielt aus den Reihen europaspanischer Juristen auszuwählen, führte zweifellos zur Schaffung einer leistungsfähigeren, von der Kolonialgesellschaft relativ unabhängigen Justizbürokratie. Der Preis dieser Reform war die Entfremdung der Kreolen, die ihre Aussichten auf hohe Ämter in dem Maße schwinden sahen, in dem sich ihre fachlichen Voraussetzungen dafür erhöhten.

In der späten Kolonialzeit nahmen allerdings auch die Auseinandersetzungen zwischen Intendanten, als Richter erster Instanz, und den *audiencias*, ausgestattet mit der Befugnis, über die gegen die Entscheidungen der Intendanten eingelegten Berufungen zu befinden, zu. Oft ging es dabei nicht so sehr um Sach- als um Protokollfragen, aber diese Kontroversen waren ein Faktor, der der Krone einen gewissen Verlust an moralischer Autorität eintrug, insbesondere am Vorabend der Unabhängigkeitskriege. Der gesamte Veränderungsprozeß in der Verwaltung Hispanoamerikas, insbesondere die Einrichtung der Intendanzen, führte zu Konflikten zwischen den neuen Behörden und den alten – *audiencias*, Vizekönigen, *cabildos* –, deren frühere Machtbefugnisse mit der Ankunft der neuen Beamten beschnitten wurden. Es gibt eine Unzahl von Fallbeispielen für Streitigkeiten über Privilegien, über das Zeremoniell und über die Rechtsprechung zwischen den Intendanten und den älteren Institutionen. Unter Karl III. und Gálvez hatten die Intendanten die eindeutige Unterstützung der Zentralregierung, aber die Thronbesteigung Karls IV. brachte eine konservative Reaktion zugunsten der alten Behörden, zunehmende Korruption und einen allgemeinen Verfall der Reichsregierung an der Wurzel ihrer Macht mit sich. Das ging z.B. so weit, daß die Krone für die Summe von 100 000 Pesos dem *cabildo* von Lima eine weitgehende Kontrolle über die Angelegenheiten der Stadt einräumte. Derartige Vorfälle – die nachhaltig an den Ämterverkauf zu Beginn des 18. Jh. erinnerten – taten nicht nur dem Respekt gegenüber der Zentralregierung Abbruch, sondern lieferten auch geradezu ein Schulbeispiel dafür, wie weit Kontroversen zwischen einzelnen Körperschaften aufgrund der offensichtlichen Unfähigkeit der Zentralregierung, die Dinge energisch unter Kontrolle zu halten, ausufern konnten. So spitzten sich im Jahr 1809 in Hochperu die ständigen

Reibereien zwischen der *audiencia* von Chuquisaca (Sucre) und den vier Intendanten der Region derart zu, daß es zu einem öffentlichen Autoritätsstreit kam, in dessen Verlauf die *audiencia* den Vorsitz führenden Intendanten Río de la Platas gefangensetzte.

Zur generell verfolgten Politik, die kirchlichen Angelegenheiten einer schärferen Kontrolle durch den Staat zu unterwerfen, die kommende Kämpfe der Post-Emanzipationsepoche in gewisser Weise vorwegnahm, gehörte das Prinzip, die Sondergerichtsbarkeit des Klerus auszuhöhlen. Dies suchte man durch verschiedene Methoden zu erreichen, u.a. durch die Abschaffung der Tradition, die gerichtliche Bestätigung von Kirchenbesitz an kirchliche Gerichtshöfe zu überstellen, sowie dadurch, daß man den *audiencias* gestattete, die gegen die Entscheidung der Kirchengerichtshöfe bei ihnen eingelegten Berufungen anzuhören. Auf einer breiteren Front hatten die Intendanten im ganzen Reich Schwierigkeiten, die Machtbefugnisse des Vize-Patronats auf Provinzebene auszuüben. Oftmals wurden sie von Bischöfen daran gehindert, die es bislang nicht gewohnt gewesen waren, Einschränkungen ihrer Autorität durch Kronbürokraten hinnehmen zu müssen. Eine wesentliche Voraussetzung für die Bestrebungen des Staates im ersten Jahrzehnt des 19. Jh., sich sowohl in Spanien als auch in Amerika Zugang zu dem enormen Reichtum der Kirche (aus Rechtsansprüchen, Grundbesitz, Hypotheken und Kapitalzuwachs) zu verschaffen, war, den Klerus der Rechtsprechung durch die weltlichen Gerichtshöfe zu unterwerfen. Diese von den bourbonischen Reformern eingeleitete Politik der Krone stieß in einigen Regionen Hispanoamerikas auf erheblichen Widerstand seitens des Volkes. Insbesondere in Neu-Spanien gibt es eindeutige Beweise für den Groll und die Erbitterung der niederen Geistlichkeit über den Angriff auf ihre *fueros* sowie für die Bereitwilligkeit der Landbevölkerung des Vizekönigreichs, dieses Vorgehen als eine Offensive gegen die Religion an sich zu interpretieren. Zahlreiche aufständische Offiziere und Guerillaführer im Neu-Spanien der Jahre 1810 bis 1821 – allen voran natürlich Miguel Hidalgo und José María Morelos – kamen aus den Reihen dieser dem Staat entfremdeten Geistlichkeit. Die Krone ihrerseits zögerte nicht, sie vor Militärtribunale zu stellen und als Rebellen zu Hunderten hinrichten zu lassen.

Sowohl die Bischöfe als auch die Intendanten waren in den 80er Jahren des 18. Jh. bemüht, das Niveau der Justizverwaltung in den ländlichen Gemeinden zu heben, in denen der *cura* (Priester) häufig den einzigen bedeutenden Vertreter der Autorität Spaniens darstellte. Auf dieser Ebene bestand die Schwierigkeit für die Krone darin, daß die Repräsentanten der weltlichen Autorität, die *corregidores* in den größeren Städten und Dörfern sowie deren Vertreter und Untergebene in den kleineren Siedlungen, notwendigerweise aus den Provinzeliten hervorgingen. Sie hatten deshalb oft ein unmittelbares persönliches und finanzielles Interesse daran, an der Mißwirtschaft zu verdienen anstatt sie zu beseitigen. Ein Hauptgegenstand der derzeitigen wissenschaftlichen Forschungen über die spätkoloniale Landbevölkerung ist die Frage, ob die damals offensichtlich wachsende Unzufriedenheit auf eine zunehmende Ausbeutung sowohl durch den Staat als auch durch Einzelpersonen – z.B. strengere Besteuerung der von Indianern hergestellten Produktion – oder lediglich auf einen zunehmenden Druck auf lokale Ressourcen infolge des Bevölkerungszuwachses zurückzuführen ist. Beide Faktoren waren vermutlich ausschlaggebend für die Tatsache, daß sich in ganz Hispanoamerika Ausbrüche sozialer Gewalttätigkeit in Form von Rebellionen von Indianergemeinden im Laufe des 18. Jh. tatsächlich verstärkten.

Einigen Berichterstattern zufolge wurden sie von den in den Hauptstädten der Vizekönigreiche sitzenden Kolonialbehörden sogar zugelassen, da sie möglicherweise das einzig wirksame Mittel darstellten, der im übrigen ungehemmten gesellschaftlichen und politischen Macht der Lokalmagnaten Grenzen zu setzen. Aber auch in der späten Kolonialepoche zeigte sich die spanische Regierung unfähig, das Problem der Bereitstellung einer redlichen, leistungsfähigen und fortschrittlichen Verwaltung auf lokaler Ebene in den Griff zu bekommen. Dieses Versagen verhinderte eine Verbesserung sowohl der Rechtspflege als auch der Behandlung der Indianer. Die Folge davon war, daß in Neu-Spanien wie in Peru die Unzufriedenheit der Landbevölkerung mit den Mißständen in der Rechtsprechung und mit der Verschlechterung der sozioökonomischen Bedingungen eine Hauptursache für die mit dem Ziel der Unabhängigkeit angezettelten Verschwörungen und Revolutionen darstellte, die im zweiten Jahrzehnt des 19. Jh. ausbrachen. Die Tatsache, daß diese sich eigentlich zugunsten einer Stärkung der Autorität Spaniens auswirkten – weil es den konservativen Kreolen widerstrebte, Aufstände zu unterstützen, die nicht nur das spanische Reich, sondern auch die bestehende Gesellschaftsordnung gefährdeten –, war ein schwacher Trost für eine Krone, die 50 Jahre zuvor alles darangesetzt hatte, die Justizverwaltung in ihren entfernten amerikanischen Besitzungen von Grund auf zu reformieren.

In den 20er Jahren des 19. Jh. war das Niveau der Lokalverwaltung in Peru und Neu-Spanien kaum besser als das, welches im ausgehenden 18. Jh. den Protest weiter Kreise der Bevölkerung hervorgerufen hatte. Die Aufgabe, für eine rechtschaffene, fortschrittliche und leistungsfähige Verwaltung auf lokaler Ebene zu sorgen, hatte die Krone nicht zu lösen vermocht. Schuld daran trug in hohem Maße die Krone selbst aufgrund ihrer Unfähigkeit, der Tatsache ins Auge zu sehen, daß die Lokalbeamten, sofern ihnen eine angemessene, legale Bezahlung vorenthalten wurde, sich dieses Geld auf unrechtmäßige Weise verschaffen würden. Schuld daran trugen aber auch manche Intendanten, die entweder in Ausübung ihres eigenen Amtes korrupt waren oder die Korruption bei ihren *subdelegados* duldeten. Aber die Intendanten, die derartige Aktivitäten ihrer Bevollmächtigten zu unterbinden suchten, indem sie Übeltäter aus dem Amt entfernten, sahen sich in ihrer Handlungsfreiheit zunehmend durch die Vizekönige eingeengt, die vielmehr darauf aus waren, ihre Begünstigten zu protegieren, als darauf, die Bemühungen der Intendanten um eine Verbesserung der Verwaltung zu unterstützen. In vielen Fällen arteten Versuche letzterer, unredliche Bevollmächtigte zu bestrafen, in Machtkämpfe zwischen Intendant und Vizekönig oder Intendant und *audiencia* aus. Dennoch – und dies muß abschließend hervorgehoben werden – war der Schutz der ländlichen Massen in Hispanoamerika durch den Staat und die Eindämmung des Mißbrauchs der indianischen und schwarzen Bevölkerung in Brasilien im ausgehenden 18. Jh. zumeist stärker und wirkungsvoller als nach der Unabhängigkeit.

D. Staatsmacht und Militärwesen

Nach 300 Jahren Kolonialherrschaft arbeiteten die Behörden der Zentralregierung zufriedenstellend, und ihre Tätigkeit in den größeren und kleineren Städten Lateinamerikas machte sich durchaus positiv bemerkbar. In weiterer Entfernung dieser Ballungszentren – auf den *haciendas* Zentralmexikos, auf den Zuckerplantagen Nordbrasiliens, in den entlegenen Dörfern der Anden und in den weiten, menschenleeren

Räumen zwischen den Siedlungen in den Grenzgebieten – lag die politische Herrschaft in den Händen ortsansässiger Grundbesitzer, Priester und Milizoffiziere. Wo der Kolonialstaat sich offen einmischte, neigte er dazu, ortsansässige Kreolen zu Steuereinziehern, *subdelegados*, Kommissaren und sogar zu *caciques* zu ernennen. Selbst in den größeren Provinzsiedlungen, die in den 80er Jahren des 18. Jh. Hauptstädte von Intendanzen wurden, sahen sich europaspanische Beamte – aus gesellschaftlichen, politischen und selbst aus wirtschaftlichen Gründen – stark unter Druck gesetzt, in engere Beziehungen zu den örtlichen Eliten zu treten. Die zutage tretende Schwäche des Zentralstaats in ländlichen Gegenden, seine Unfähigkeit, unzulässige Gewalt (etwa der *hacendados* gegen ihre *peones*) zu unterbinden, und die Tatsache, daß es ihm nicht gelang, die Unterstützung des Volkes zu gewinnen und zu mobilisieren, es sei denn durch Begünstigung oder Zwang, waren allerdings allesamt Charakteristika, die sich in Brasilien und in ganz Hispanoamerika nach erfolgtem Rückzug der kolonialen Präsenz im frühen 19. Jh. noch verstärkten.

In Hispanoamerika waren das Wachstum und die Expansion der territorialen Präsenz Spaniens besonders eindrucksvoll. Am Ende des Siebenjährigen Krieges hatte Spanien zwar Florida verloren, dafür aber New Orleans und Louisiana gewonnen, und 1783 erhielt es Florida zurück. Damit war seine politische und strategische Präsenz am Golf von Mexiko gesichert. Innerhalb des Reiches hatten Bestrebungen Erfolg, durch territoriale Neuorganisation die Verteidigung zu verbessern, während sich gleichzeitig an den Grenzen der besiedelten Provinzen eine neuerliche Expansion vollzog. In dieser Zeit drang Spanien nach Patagonien und in den Süden Chiles vor, wo die Araukaner der Kolonisierung lange Zeit Widerstand geleistet hatten. Ebenso ebneten Missionare den Weg für die Entstehung blühender, geordneter Gemeinwesen in den weiten, entlang der Ostseite der Anden gelegenen Dschungelgebieten zwischen Peru und Brasilien. Im Norden fand eine noch eindrucksvollere Ausdehnung der spanischen Hoheitsgewalt auf bislang nicht unterworfene Territorien statt. Nach einem zerstörerischen Indianeraufstand Ende des 17. Jh. wurde Neu-Mexiko im 18. Jh. allmählich wieder besiedelt, und die Jesuiten stießen erfolgreich zunächst nach Baja, dann nach Alta California vor. Obgleich die Vertreibung der Jesuiten 1767 zu einem Verfall der Missionen führte, wurde die Aufgabe der Besiedlung von Viehzüchtern und Goldsuchern, wiederum unter militärischem Schutz, fortgesetzt. Die Einrichtung der *Provincias Internas* durch Karl III. gab diesem Werk einen enormen Auftrieb.

Gleichzeitig mit dieser Erweiterung der Grenzen wurde der Versuch unternommen, das Verteidigungswesen zu verbessern. Bis zur zweiten Hälfte des 18. Jh. gab es in Amerika kein stehendes Heer, mit Ausnahme der persönlichen Garden der Vizekönige und einiger kleiner Garnisonen in Schlüsselstellungen wie Havanna und Cartagena. In Notfällen, etwa bei Indianeraufständen oder Piratenüberfällen, mußten in aller Eile Lokaltruppen ausgehoben werden, und bei länger anhaltenden Notlagen war die Entsendung von Truppen aus Europa erforderlich. Die Eroberung und Besetzung Havannas durch die Engländer während des Siebenjährigen Krieges demonstrierte die Notwendigkeit der Reorganisation des Militärwesens. Unmittelbar nach Beendigung des Krieges wurde sie von Karl III. in Angriff genommen. In Chile und im Norden Neu-Spaniens sowie in den Zentren der Vizekönigreiche wurden reguläre Streitkräfte aufgebaut, die teils aus einheimischen Dienstverpflichteten, teils aus europäischen Kontingenten bestanden. In Neu-Spanien beispielsweise lag die militärische Normstärke bei etwa 6000 Mann, während sie in Peru auf ein Regiment von 1500 Mann begrenzt war. Neu-Granada, gefährdeter als Peru für Angriffe von außen, nahm mit 3000 Soldaten einen mittleren Platz ein. Die Truppen waren in Cartagena und Panama sowie mit kleineren Abteilungen in Santa Fé de Bogotá und Quito stationiert. Da es offenkundig unmöglich war, in jedem Vizekönigreich eine große reguläre Streitmacht zu unterhalten, richtete die Krone zur Ergänzung der zahlenmäßig relativ kleinen regulären Kontingente stehende Milizen ein, die in Bataillonen auf alle Provinzen verteilt wurden. Die Vizekönige klagten wiederholt über die schlechte Qualität von Organisation und Ausbildung der Milizen sowie über deren unzulängliche Ausrüstung, waren aber in Krisenzeiten gezwungen, sich auf sie zu verlassen. Die Milizen rekrutierten sich weitgehend aus Kreolen und *mestizos*, wobei die ersteren die Offiziersposten innehatten. Es gab keinen Mangel an Bewerbern für Patente, da diese Stellen mit hohem Sozialprestige verbunden waren, und ihre Inhaber als Mitglieder des regulären Militärs einer Sondergerichtsbarkeit *(fuero militar)* unterstanden.

In Neu-Spanien finden sich eindeutige Beweise dafür, daß diese Ausdehnung der Immunität von der weltlichen Gerichtsbarkeit auf Grundbesitzer und andere, die die Zugehörigkeit zum Militär geltend machen konnten, die Autorität der zivilen Rechtsprechung schwächte und dazu beitrug, daß das Militär sich gewissermaßen zu einer Prätorianerkohorte entwickelte, die zu einem festen Bestandteil des Staatsapparats wurde. In Peru scheint dies weniger der Fall gewesen zu sein. Was Neu-Granada anbelangt, so muß man hier unterscheiden zwischen Orten wie Santa Fé de Bogotá, wo die Kolonialbürokratie ein Gegengewicht zum Militär bildete, und den entlegeneren Städten Quito und Guayaquil, wo sich der Militarismus im späten 18. Jh. tief verwurzelte und nach der Unabhängigkeit florierte. Trotz organisatorischer Unzulänglichkeiten konnten die Milizen z.B. beim Angriff der Engländer 1806/07 auf Buenos Aires ihre militärische Schlagkraft unter Beweis stellen. Letztlich entschieden die Kreolen (unter deren unmittelbarem Einfluß die Milizen standen) aufgrund der jeweiligen lokalen Erfordernisse und Verhältnisse darüber, ob die Milizen die Autorität der Krone zu unterstützen hätten – wie 1811 in Neu-Spanien und 1814 in Peru –, oder ob sie sich ihr entgegenstellen sollten – wie 1810 in Caracas und Buenos Aires, nicht aber in Valencia und Montevideo.

Die Auswirkungen der in Amerika in der zweiten Hälfte des 18. Jh. durchgeführten Verwaltungsreformen auf die ländliche bzw. die indianische Bevölkerung in entlegenen Gebieten waren relativ gering. Deutlich negativ waren sie dagegen in Gegenden dynamischen wirtschaftlichen Wachstums, wo die *caciques* aufhörten, als Beschützer ihrer *pueblos* zu handeln, und statt dessen mit anderen land- und arbeitskräftehungrigen örtlichen Interessengruppen zusammenarbeiteten. Die Minderheit der Weißen europäischer Abstammung, die Kreolen, die 18 Prozent der Gesamtbevölkerung Hispanoamerikas ausmachten, profitierten zweifellos von der Handelsreform und dem wirtschaftlichen Wachstum. Das paradoxe Ergebnis war jedoch, daß gerade dieser Erfolg auf lange Sicht zu einer Schwächung der kolonialen Bindungen führte und in den Kreolen einen immer stärkeren Wunsch nach Selbstbestimmung aufkommen ließ. In dieser Zeit wuchs die kreolische *conciencia de si* (Selbstbewußtsein) Hand in Hand mit dem zunehmenden Wohlstand, während sich die Kluft zwischen Kreolen und Europaspaniern ständig vertiefte. Die Reformen der Bourbonen entsprangen einem aufgeklärten Zeitgeist. Sie gingen den Bürokraten und Beamten, deren Privilegien sie beschnitten, vielfach zu weit, gingen aber nicht weit genug für die Grundbesitzer und Kaufleute, die ihre wachsende wirtschaftliche Macht zunehmend mit politischer Macht gepaart sehen wollten. Obgleich die Verwaltungsreformen eine bessere Verwaltung in Aussicht stellten, vermochten sie die Kreolen nicht zufriedenzustellen, weil sie ihnen einen Platz darin verweigerten. Es gab kreolische Intendanten ebenso wie es hier und da kreolische Vizekönige und kreolische Erzbischöfe gegeben hatte, aber sie waren die Ausnahmen von der Regel. Die Mehrzahl der Intendanten waren Europaspanier, und von den Kreolen wurde erwartet, daß sie sich mit niedereren Posten, wie dem des *subdelegado,* begnügten. Als die Zentralregierung der Gefahr endlich gewahr wurde und gezielt kreolische Intendanten zu ernennen begann, wie von 1810 an in Teilen des Reiches der Fall, war die Situation nicht mehr zu retten, und es wurde klar, daß die Kreolen sich nun nicht mehr mit einer Beteiligung an der Regierung zufriedengeben würden. Jetzt wollten sie den Spieß umdrehen und ihrerseits die Spanier aus der Verwaltung Hispanoamerikas verbannen. Das wahre Vermächtnis der Bourbonen in Hispanoamerika und Pombals in Brasilien bestand darin, daß, während sie durch ihre Reformen die Amerikaner davon überzeugten, als Gegenleistung für materiellen Fortschritt die Intensivierung des Absolutismus hinnehmen zu müssen, sie sie gleichzeitig darauf vorbereiteten, ihre Zukunft selbst in die Hand zu nehmen. Dies hatte in dem Augenblick Konsequenzen, als Spanien und Portugal ab 1807 infolge der Entwicklungen in Europa die effektive Kontrolle über die amerikanischen Angelegenheiten zusehends entglitt.

4. Die Gesellschaft

A. Bevölkerungsstruktur

Bevor wir darangehen, die unterschiedlichen rassischen, sozialen und berufsständischen Gruppen der Gesellschaft Lateinamerikas in der späten Kolonialepoche zu analysieren, sollten wir zwei grundsätzliche Faktoren hinsichtlich der Größe und der Zusammensetzung der Gesamtbevölkerung berücksichtigen, die uns zu einem besseren Verständnis der gesellschaftlichen Gliederung verhelfen werden: Erstens war das 18. Jh. in den meisten Teilen Lateinamerikas eine Zeit anhaltenden Bevölkerungswachstums. Desungeachtet zählte Anfang des 19. Jh. die erfaßte Gesamtbevölkerung nicht mehr als etwa 20 Mio. (ungefähr doppelt so viel wie im Jahr 1700), war also noch immer relativ klein und auch recht ungleichmäßig verteilt. Der Druck auf die Ressourcen z.B. in Zentralmexiko war groß, aber relativ gering in entlegeneren Regionen wie Río de la Plata. Zweitens erfolgte die rassische Zuordnung der verschiedenen Elemente innerhalb dieser Gesamtbevölkerung nicht so sehr nach strengen ethnischen Gesichtspunkten, als vielmehr nach gesellschaftlichen Verhaltensweisen und steuerlichen Kategorien.

a Die Schwarzen

Ehe wir uns im einzelnen mit den Beziehungen zwischen Weißen und Indianern – und der als Folge dieser Beziehungen entstandenen *mestizo*-Bevölkerung – beschäftigen, wollen wir die Rolle der untersten sozialen Schicht innerhalb der Gesellschaft, die der Negersklaven, untersuchen. Die Negersklaverei war natürlich nicht ausschließlich ein Phänomen des 18. Jh.. Aber sie war eine Institution, die sich in der späten Kolonialepoche, hauptsächlich aufgrund der enormen Expansion des transatlantischen Sklavenhandels, stark ausdehnte. Ende des 18. Jh. lebten die weitaus meisten Schwarzen Lateinamerikas, nämlich 72 Prozent, in Brasilien, wo sie 61 Prozent der Gesamtbevölkerung ausmachten – ein Anteil, der sich bis 1817 auf 68 Prozent erhöhte, als von den insgesamt 3 817 900 Einwohnern Brasiliens 2 515 000 Schwarze waren. Dieser Anstieg zwischen 1798 und 1817 war primär eine Folge des Zuwachses an Sklaven um 350 000, obgleich sich im gleichen Zeitraum auch die Zahl der freien Schwarzen von 406 000 auf 585 500 erhöhte. Zu diesem Zeitpunkt, nur fünf Jahre bevor das Königreich Brasilien sich von Portugal lossagte, stellten seine Sklaven über 50 Prozent der Gesamtbevölkerung, während die freien Schwarzen etwa ein Drittel der freien Brasilianer ausmachten. Subtrahiert man von der Zahl der freien Einwohner noch die schätzungsweise 252 000 Indianer, so stellt man fest, daß die weißen Bewohner Brasiliens nur etwas über 1 Mio. zählten (wobei zu den „Weißen" auch viele Personen gemischtrassiger Abstammung gerechnet wurden). Gegen Ende der 1820er Jahre, nach 300 Jahren portugiesischer Herrschaft, wurden die Weißen zahlenmäßig von den Sklaven im Verhältnis 2:1 und von Sklaven, freien Schwarzen, Mulatten, *mestizos* und Indianern zusammen im Verhältnis 3:1 übertroffen. In dieser Zeit war die Sklavenbevölkerung Brasiliens größer als die der USA, und zwar sowohl hinsichtlich ihrer Gesamtzahl (2 Mio. in Brasilien, 1,5 Mio. in den Vereinigten Staaten) als auch – in noch stärkerem

Maße – hinsichtlich ihres Anteils an der Gesamtbevölkerung. Während Brasiliens 2 Mio. Sklaven 50 Prozent der Gesamtbevölkerung ausmachten, standen den 1,5 Mio. Sklaven in den Vereinigten Staaten 8,1 Mio. freie Einwohner gegenüber, von denen nur 234 000, d.h. 2,9 Prozent, freie Schwarze waren. Mit Fortschreiten des 19. Jh. übertraf indessen die Zahl der Sklaven in den Vereinigten Staaten bald die der Sklaven in Brasilien und erreichte 1860 etwa 4 Mio. Im Vergleich dazu lebten in Brasilien im Jahr 1850 – als der Handel mit afrikanischen Sklaven schließlich abgeschafft wurde – 2,5 Mio. und 1860 nur noch 1,7 Mio. Sklaven. Ebenso wie Kuba war Brasilien für die Aufrechterhaltung einer mehr oder weniger konstanten Sklavenbevölkerung stark auf den Import immer neuer Negersklaven angewiesen. Ob der Bedarf eine Folge hoher Sterblichkeitsraten und niedriger Geburtenziffern war oder aber in Wechselbeziehung zur Häufigkeit der Freilassungen stand, ist unter Experten noch umstritten.

Als ein Territorium, dessen Sklavenbevölkerung bis in die 20er Jahre des 19. Jh. hinein sowohl zahlenmäßig als auch hinsichtlich ihres Anteils an der Gesamtbevölkerung größer war als die der Vereinigten Staaten, und als das letzte Land in der westlichen Hemisphäre, das die Sklaverei abschaffte – diese Institution bestand dort noch bis 1888 –, ist Brasilien für die vergleichende Sklavereiforschung von großer Bedeutung. Was Freilassung und Einbürgerung anbelangt, kommt Brasilien ebenso wie viele Teile Hispanoamerikas bei einem Vergleich mit den nicht-iberischen Regionen Amerikas zweifellos gut weg: Wie wir gesehen haben, lag gegen Ende des 18. Jh. die Zahl der freien Schwarzen bei etwa 406 000. Sie machten 20 Prozent der gesamten schwarzen Bevölkerung aus.

Andererseits gibt es für das Brasilien des ausgehenden 18 Jh. zahlreiche Hinweise auf rassischen Mißbrauch, Unduldsamkeit, Armut, Erniedrigung und sadistische sexuelle Beziehungen, insbesondere in den nördlichen Zuckerrohr-Anbaugebieten, wo das *latifundio*, mit seinem patriarchalischen Eigentümer an der Spitze, eine in sich geschlossene sozioökonomische Einheit zu bilden pflegte. Nur selten reichte der Arm der staatlichen Gewalt in diesen Bereich hinein, der zumeist von der Landaristokratie beherrscht wurde. Innerhalb dieses geschlossenen sozialen und politischen Mikrokosmos wuchs die Mischlingsbevölkerung infolge der Beschäftigung weiblicher Sklaven als Hauspersonal und aufgrund der notorischen sexuellen Anziehungskraft, die die *mulattas* auf die luso-brasilianischen Männer ausübten. Die *mulatto*-Bevölkerung als solche war von einer Vielzahl sozialer Einschränkungen betroffen: So war z.B. die Zugehörigkeit zu bestimmten religiösen Bruderschaften ausschließlich Weißen vorbehalten. Desungeachtet sollten die zahlreichen Kritiker der These, die brasilianische Sklavenhaltung sei toleranter als die angelsächsische gewesen, und die den Gegenbeweis antreten wollen, ihre Beispiele für Intoleranz, Gewalt und Mißhandlung nicht im 18. Jh. – und schon gar nicht in noch früheren Epochen – suchen, sondern in der Post-Emanzipationsepoche. Um 1850 war infolge der raschen Expansion der Kaffeeproduktion in den Provinzen Rio de Janeiro und São Paulo ein Plantagensystem entstanden, das sich durch strenge Disziplin, brutale Bestrafung, lange Arbeitszeiten, mangelnde Hygiene und Ernährung, das Auseinanderreißen von Familien, sexuelle Unausgewogenheit und hohe Sterblichkeit auszeichnete. Ein Jahrhundert zuvor hatte hingegen das Zusammenwirken der gesellschaftlichen Gepflogenheiten, der Intervention der Geistlichkeit und der elastischen sexuellen Moral ein wesentlich toleranteres Sklavenhaltungssystem als das des 19. Jh. hervorgebracht.

Ähnliches läßt sich Anfang des 19. Jh. für Kuba, das bedeutendste Sklavenhalter-Territorium Hispanoamerikas, feststellen (Tab. 1).

Tab. 1: Die Bevölkerung Kubas 1774–1817

Jahr	Españoles (%)	Sklaven (%)	Freie Schwarze (%)	Insgesamt
1774	96 340 (56)	44 333 (26)	30 847 (18)	171 520
1791	153 599 (56)	64 590 (24)	54 154 (20)	272 300
1817	290 021 (46)	225 268 (36)	115 691 (18)	630 980

Quelle: Zusammenstellung des Verfassers.

Die 1774 durchgeführte Volkszählung, die früheste einigermaßen zuverlässige Quelle zur Bevölkerungsstruktur Kubas, zeigt, daß die weißen Einwohner der Insel 56 Prozent der Gesamtbevölkerung stellten; der Rest setzte sich aus Sklaven und freien Schwarzen (einschließlich Mulatten) in einem Zahlenverhältnis von 3:2 zusammen. Die danach einsetzende Bevölkerungsexplosion ist auf unterschiedliche Faktoren zurückzuführen: Die Zahl der Weißen nahm beträchtlich zu, weil Kuba in den 90er Jahren des 18. Jh. zu einem Sammelbecken für die Flüchtlinge eines großen Sklavenaufstands im benachbarten St. Domingue wurde, und weil Anfang des 19. Jh. viele Europaspanier vom hispanoamerikanischen Festland vor den dort wütenden Unabhängigkeitskriegen auf die Insel flohen.

Die schwarze Bevölkerung wuchs noch rascher: Im Jahr 1817 stellten Sklaven 36 Prozent und freie Farbige weitere 18 Prozent der Gesamtbevölkerung, was einerseits auf die natürliche Fortpflanzung, andererseits vor allem auf den anhaltenden Import großer Sklavenkontingente aus Afrika im letzten Jahrzehnt des 18. und in den ersten Jahren des 19. Jh. zurückzuführen ist. Beide Entwicklungen wurden von einem ökonomischen Faktor bestimmt: Während dieses Zeitraums expandierte die Zuckerproduktion auf der Insel massiv, und zwar sowohl als Reaktion auf den wachsenden Bedarf in Europa und den Vereinigten Staaten als auch infolge des Ausfalls von Konkurrenzproduzenten, vor allem St. Domingues. Diese Expansion schuf neue Möglichkeiten für Weiße als Pflanzer, Kaufleute und Beamte und zog eine starke Nachfrage nach Arbeitskräften für die Landwirtschaft nach sich, die von den Sklavenhändlern befriedigt wurde. In den 25 Jahren nach Beendigung des Siebenjährigen Krieges 1763 wurden schätzungsweise 31 000 Sklaven auf die Insel gebracht, da die Krone nunmehr Kubas bislang weitgehend ungenutztes Agrarpotential energisch auszubeuten suchte, und zwischen 1790 und der nächsten Zählung im Jahr 1817 wurden weitere 184 000 Schwarze importiert. Anfang des 19. Jh. war daher diese relativ kleine, aber fruchtbare Insel zum bedeutendsten Sklavenhalter der spanischen Welt, nach Brasilien zum zweitwichtigsten in Lateinamerika und zum drittgrößten in ganz Amerika, geworden. Ebenso wie Brasilien ist Kuba somit ein für die vergleichende Sklavereiforschung auf dem amerikanischen Kontinent besonders interessantes Gebiet.

Die Wissenschaftler kommen generell zu dem Schluß, daß sich auf Kuba wie in Brasilien die Sklaverei als Institution sowohl im Laufe der Zeit als auch als Reaktion auf die Intensivierung des Kapitalismus entwickelte und wandelte, und daß dies ganz besonders im 19. Jh. der Fall war. Hinsichtlich des 18. Jh. erscheint die Ansicht, daß die Einstellung der europäischen Spanier bzw. Portugiesen zur Sklaverei und zu den Schwarzen ganz allgemein toleranter gewesen sei als die der anderen weißen Völker auf dem amerikanischen Kontinent, durch die Mehrzahl der vorhandenen Informationen gerechtfertigt. Aus der 1774 durchgeführten Zählung geht hervor, daß damals 41 Prozent der farbigen Bevölkerung Kubas frei waren. 1791 war die Zahl der freien Schwarzen sowohl absolut – um 23 000 – als auch anteilmäßig auf 46 Prozent gestiegen, ungeachtet des wirtschaftlichen Wachstums der Insel. Als 1817 die nächste Zählung vorgenommen wurde, hatte sich die Zahl der freien Schwarzen um weitere 62 000 auf 115 691 erhöht, obwohl der Prozentsatz infolge des noch größeren Zuwachses der Sklavenbevölkerung auf 34 Prozent gefallen war. Danach blieb auf Kuba das Verhältnis von freien Schwarzen zu Sklaven – etwa 1:2 – bis zur zweiten Hälfte des 19. Jh. relativ konstant.

Es gibt zahlreiche Beweise dafür, daß auf Kuba ebenso wie in anderen Sklavenhalter-Territorien Hispanoamerikas die Kirche nicht nur die Freilassung von Sklaven, sondern auch deren Heiraten und Kindstaufen sowie die Einhaltung anderer religiöser Bräuche befürwortete, um dadurch einen gewissen Druck auf die Sklavenhalter auszuüben, Familien nicht auseinanderzureißen. Darüber hinaus bot die hispanoamerikanische Kolonialgesellschaft den Sklaven auf den Zuckerrohrplantagen zwar ein äußertst hartes Leben, andererseits wurde jedoch die Mehrzahl der Sklaven, selbst im Kuba des frühen 19. Jh., als Hauspersonal, in kleineren landwirtschaftlichen und städtischen Produktionsbetrieben sowie in einer Vielzahl handwerklicher Berufe beschäftigt. Auch die meisten größeren Städte Hispanoamerikas, insbesondere die Hafenstädte, beherbergten eine große Zahl schwarzer Einwohner, sowohl Sklaven als auch freie Schwarze, die häufig die stärkste Bevölkerungsgruppe der Stadt bildeten. In diesen Städten wie andernorts zeigten vor allem die freien Schwarzen eine beträchtliche soziale Mobilität. In Einzelfällen übten sie auch auf einer mittleren Ebene die unterschiedlichsten Berufe aus, wie den des Milizbeamten, Notars, Rechtsanwalts oder Arztes. Diese gesellschaftliche Flexibilität war eher auf eine wirtschaftliche Unterentwicklung denn auf die spanische Gesetzgebung oder auf eine Vermittlung durch die Geistlichkeit zurückzuführen, wenngleich diese Faktoren durchaus eine Rolle spielten. Mit der sich beschleunigenden landwirtschaftlichen Expansion verschlechterten sich die Lebensbedingungen für die Sklaven: Die Mehrzahl der nach 1800 von Kuba importierten Sklaven wurde unverzüglich auf die Plantagen geschickt, wo die Sterblichkeit hoch, die natürliche Fortpflanzung gering und die Möglichkeiten, sich emporzuarbeiten, äußerst begrenzt waren. Die gleichen generellen Feststellungen treffen auf die Sklaverei in anderen Teilen Hispanoamerikas zu. In Peru beispielsweise, wo 1795 die insgesamt 40 000 Sklaven 3,7 Prozent der Gesamtbevölkerung darstellten, genossen die 18 000 in Lima lebenden Sklaven (28 % der Einwohnerzahl der Stadt) in den meisten Fällen vermutlich ebensoviel Freiheit wie die insgesamt 41 000 freien Schwarzen dieses Vizekönigreichs. Für die weiteren 12 000 auf den *haciendas* an der Küste, südlich von Lima, beschäftigten Sklaven hingegen war das Leben gnadenlos hart und eintönig. Aber selbst in diesen Gegenden lag der Anteil der freien Farbigen relativ hoch: In der Provinz Lima, die Stadt ausgenommen, waren von 19 515 Schwarzen 7633 frei (ein Verhältnis von 2,5:1), und in der nördlichen Provinz Trujillo, wo die Zuckerproduktion im ausgehenden 18. Jh. zurückging, waren die 13 757 freien Schwarzen gegenüber den 4725 Sklaven (ein Verhältnis von 3:1) in der Überzahl.

b Die Indianer

Die Gebiete Lateinamerikas, in denen die Negersklaverei im 18. Jh. eine relativ hohe Bedeutung erreicht hatte, waren in erster Linie die Regionen, in denen die Eingeborenenbevölkerung schon in der frühen Kolonialzeit nahezu ausstarb. Als im 18. Jh. der Bedarf Europas an Zucker und anderen Anbauprodukten wuchs, hatten die Grundbesitzer praktisch keine andere Wahl, als sich, unterstützt von ihren Behörden im jeweiligen Vizekönigreich und im Mutterland, mit Arbeitskräften aus Afrika zu versorgen. In manchen Fällen war man auch noch immer in der Lage, an den Grenzen des Reiches lebende „unbefriedete“ Indianer zu versklaven – die Yaquis und Apachen im nördlichen Mexiko, die Araukaner im südlichen Chile, die verstreuten Stämme im Amazonasgebiet –, indem man sich auf den Standpunkt stellte, daß deren unvernünftiger Widerstand gegen das friedliche Eindringen der Spanier in ihre Gebiete eine harte Behandlung sowohl aus strategischen als auch aus wirtschaftlichen Gründen rechtfertige. Aber im 18. Jh. waren die Millionen Indianer, die in den Hochtälern Mexikos, Zentralamerikas, Neu-Granadas und Perus überlebt hatten, nicht mehr in Gefahr, ihre persönliche Freiheit zu verlieren. Davon abgesehen bleibt es eine Tatsache, daß die Spanier in all diesen Regionen gewissermaßen wirtschaftliche Parasiten waren, die für die Erhaltung ihrer hierarchisch nach sozialen Schichten gegliederten, ungerechten Gesellschaftsordnung von der Ausbeutung der Eingeborenenarbeitskraft durch eine Vielzahl von an Zwangsarbeit grenzenden Institutionen abhingen.

In der späten Kolonialzeit sah sich in ganz Hispanoamerika die weitgehend autochthone Landbevölkerung sowohl von den Vertretern der Krone – die u.a. für eine Mehrung des Tributaufkommens zu sorgen hatten – als auch von Grundbesitzern, Bergwerksbesitzern und Kaufleuten, die bestrebt waren, die Indianer in die Marktwirtschaft zu integrieren, um sie auf diese Weise als Arbeitskräfte zu gewinnen, zunehmend unter Druck gesetzt. In Neu-Spanien etwa waren die in den Bergwerken beschäftigten Arbeitskräfte zwar nominell frei, aber die staatlichen Behörden sanktionierten den Einsatz von *recogedores,* um „Vagabunden“ zwangsweise zur Arbeit heranzuziehen. Das Resultat solcher Praktiken war die in ganz Hispanoamerika auf lokaler Ebene vorherrschende Gewalttätigkeit, die sich in Krawallen, Aufsässigkeit, Beamtenmord, Trunkenheit und anderen Formen offenen oder nahezu offenen Widerstands äußerte. Die indianischen *caciques,* die manchmal gewählten, manchmal erblichen Ortsvorsteher der Indianergemeinden, befanden sich in einer zwiespältigen Situation. Einerseits waren sie selbst oft Großgrundbesitzer und unterhielten als solche enge Beziehungen zu Lokalbeamten und ortsansässigen Kaufleuten und fungierten außerdem als Regierungsvertreter, zuständig für den Einzug von Tributzahlungen und für die Rekrutierung von Arbeitskräften. Andererseits oblag ihnen der Schutz und die Vertretung ihres Volkes gegenüber denjenigen Mitgliedern der nicht-indianischen Gesellschaft, die der autochthonen Bevölkerung unrechtmäßige Forderungen aufzuzwingen suchten. So war Túpac Amaru, Urheber eines großen Eingeborenenaufstands 1780/81 in Peru, ein prominenter Grundbesitzer und Kaufmann in Tinta, der mit dem Bischof von Cuzco sowie mit führenden kreolischen Familien befreundet war. Einige dieser Familien schürten aus persönlichen und regional-politischen Gründen die Unzufriedenheit unter den Eingeborenen. Als es zum Aufstand kam, spalteten sich die übrigen *curacas* der Region (ebenso wie die indianischen *caciques* Mexikos in den Jahren

1810–1817) in zwei Lager: Die einen unterstützten die Rebellen und wurden später bestraft, während die anderen als Milizoffiziere im Namen der spanischen Krone gegen Túpac Amaru zu den Waffen griffen. Der bekannteste Vertreter der letzeren war Mateo García Pumacahua, der für seine Treue gegenüber der Krone durch die Beförderung zum Brigadegeneral belohnt wurde. Die Tatsache, daß er sich im August 1814 mit kreolischen Dissidenten zu einer offenen Rebellion gegen die Behörden des Vizekönigreichs verbündete, hat einige Historiker zu der Schlußfolgerung veranlaßt, daß Túpac Amaru sein ursprüngliches Ziel – die Peruaner aller Rassen und Klassen in der Forderung nach sozialer Gerechtigkeit und politischer Veränderung zu vereinen – hätte verwirklichen können, wenn die Kreolen im übrigen Peru 1780 ihre tiefe Furcht vor der Indianerbevölkerung des Vizekönigreichs überwunden hätten. Dem ist entgegenzuhalten, daß die Kreolen zwar gewillt waren, mit *mestizos* und Indianern gemeinsame Sache zu machen, wenn es um spezifische Proteste gegen die Politik der Krone ging – wie z. B. 1765 in Quito oder 1781 beim Aufstand der *comuneros* in Neu-Granada –, aber es lag keineswegs in ihrem Interesse, Indianeraufstände zu unterstützen, die die gesellschaftliche Überlegenheit der Weißen gefährdeten. Das erklärt auch, weshalb die Mehrzahl der weißen Bevölkerung Mexikos 1811 gegen die mestizischen und indianischen *peones* und Grubenarbeiter kämpfte, die den Hidalgo-Aufstand unterstützten. In ganz Hispanoamerika waren die Kreolen bereit, Indianer, *mestizos* und Schwarze für ihre eigennützigen Bestrebungen zu benutzen, die wirtschaftliche und politische Macht an sich zu reißen und ihrem wachsenden Nationalbewußtsein Ausdruck zu verleihen. Aber wo immer und wann immer sich die Gefahr eines gesellschaftlichen Umsturzes abzeichnete, machten die Kreolen eine Kehrtwendung und zogen gemeinsam mit den Europaspaniern für die Aufrechterhaltung der etablierten Gesellschaftsordnung zu Felde.

c Mestizos und Mischlinge

Alexander von Humboldt zufolge hatte gegen Ende des 18. Jh. die *mestizo*-Bevölkerung Hispanoamerikas 5,3 Mio. (32% der Gesamtbevölkerung) erreicht. Damit übertraf sie die Zahl der *españoles* um 2 Mio. und wurde ihrerseits nur von den 7,5 Mio. Indianern übertroffen. Es kann nicht oft genug betont werden, daß bei diesen und anderen rassischen Einteilungen die Grenzen sehr fließend waren, und daß die Zuordnung oft aufgrund des gesellschaftlichen und/oder wirtschaftlichen Status und nicht nach streng rassischen Richtlinien erfolgte. Wären eindeutige Normen rassischer Reinheit zugrunde gelegt worden, hätte für die *mestizo*-Bevölkerung Hispanoamerikas zweifellos eine noch höhere Zahl eingesetzt werden müssen, denn viele *españoles*, ausgenommen Abkömmlinge erst kürzlich aus dem Mutterland Eingewanderter, hatten indianisches (oder auch afrikanisches) Blut in den Adern; ebenso waren die Grenzen zwischen *mestizos* und Indianern stark verwischt.

In beiden iberischen Reichen neigte die Bevölkerung gemischtrassiger Abstammung im 18. Jh. ganz besonders dazu, sich an politischen Unruhen zu beteiligen. In Hispanoamerika ist das sowohl auf den sozialen Druck zurückzuführen – auf die Tatsache, daß *mestizos* meist untergeordnete Posten innehatten – als auch auf die Konzentration dieser Menschen in den Ballungszentren, wo die rebellierenden Unterschichten sich fast immer aus Individuen zusammensetzten, die weder *españoles* noch Indianer waren, sondern Abkömmlinge beider Rassen. In Brasilien ebenso wie in Hispanoamerika waren die *pardos* und *mulattos* besonders benachteiligt, vor allem weil ihr Äußeres viel mehr auffiel als das der Mischlinge halb- indianischen Blutes, und auch weil die augenfällige Abstammung von Schwarzen unmittelbar „Sklaverei" suggerierte. Besonders im Norden Brasiliens bildeten diejenigen, die weder Sklaven noch Herren waren – die Vaganten und Vagabunden, die umherstreifenden halb-kriminellen Banden, freigelassene Schwarze und *mulattos,* entlaufene Sklaven, Mischlinge aller Kategorien, „arme Weiße" und Kleinpächter am Rande der großen Landgüter –, ein Element der Instabilität innerhalb der Gesellschaft, weil ihnen nur wenige Chancen zum sozialen Aufstieg offenstanden. Die Latifundien waren relativ autark und boten Außenseitern kaum Arbeitsplätze. In den Städten und auf dem Land wurden Sklaven in den unterschiedlichsten Branchen und Gewerben eingesetzt. Infolgedessen galt die mit den Händen verrichtete Arbeit als verachtenswert und erniedrigend, und nur wenige Tätigkeiten wurden eines freien Mannes für würdig erachtet. Die freien Berufe, Medizin und Recht und bis zu einem gewissen Grade auch eine kirchliche Karriere waren in der Regel den Söhnen der Reichen vorbehalten, die sich eine Reise nach Europa leisten konnten, um sich dort die nötige Bildung anzueignen. Somit blieben noch das Handwerk, der Militär- oder Verwaltungsdienst und einige wenige leitende Posten in der Landwirtschaft für diejenigen, die sich eigenen Grundbesitz nicht leisten konnten. Aber im allgemeinen war das Stellenangebot sehr begrenzt. Zwischen der kleinen Minderheit der Herren und der großen Mehrheit der Sklaven klaffte daher eine breite Lücke, die zunehmend von einer wachsenden Zahl unangepaßter Individuen ausgefüllt wurde, die die Massenbasis der republikanischen Verschwörungen und Rebellionen bildete, die 1798 und 1807 in Bahia ausbrachen. Als Bevölkerungsgruppe waren die *mestizos* und Mischlinge das einzige nicht-weiße rassische Element, das von der Unabhängigkeit profitierte, und zwar in erster Linie aufgrund der Möglichkeiten, die der Militärdienst für gesellschaftlichen Aufstieg bot.

d Die Weißen

In Brasilien stellte die Trennung des Vizekönigreichs vom Mutterland für die überwiegende Mehrheit der 1 Mio. zählenden Weißen, die Ende des 18. Jh. 31 Prozent der Gesamtbevölkerung ausmachten, kein großes Problem dar. Die rasche Expansion der Wirtschaft im ausgehenden 18. Jh. bot ihnen hinreichend Raum für ein Leben in Wohlstand, und die gelegentlichen Anzeichen für die unter der farbigen Mehrheit herrschende Unzufriedenheit – wie sie sich 1798 in Bahia bemerkbar machten – erinnerten sie an die Gefahr, die politische Agitation für die Gesellschaft bedeutete. Das soll nicht etwa heißen, daß die brasilianische Oligarchie über die im Mutterland geborene Minderheit, die viele der höheren Staatsämter monopolisierte und den transatlantischen Handel beherrschte, nicht zu klagen gehabt hätte. Tatsächlich riefen die Schwierigkeiten, auf die die Brasilianer stießen, wenn sie Zugang zum Wirtschaftsleben finden wollten, ihren besonderen Unmut hervor. Diese Schwierigkeiten rührten nicht etwa von irgendwelchen gesetzlichen Schranken oder von irgendeinem Vorurteil her, wonach der Handel keine angemessene Beschäftigung sei, sondern waren einfach dem Umstand zuzuschreiben, daß die von den Portugiesen kontrollierten Faktoreien ihr Handelsmonopol eifersüchtig hüteten und an der Gewohnheit festhielten, nicht nur die gehobenen Positionen, sondern auch die untergeordneten Posten etwa eines Ladengehilfen oder Kassierers mit neuangekommenen Immigranten anstatt mit Brasilianern zu besetzen. Der Marquis von Lavradio erklärte diese Bevorzugung mit der Angst der Portugiesen vor der Möglichkeit, auch nur ein Quentchen der Kontrolle über den transatlantischen Handel an Brasilianer zu verlieren. Das mußte unweigerlich eine Animosität gegen die Portugiesen unter der instabilen gesellschaftlichen Zwischenschicht sowie ein gewisses Ressentiment bei den Grundbesitzern darüber hervorrufen, daß vom Export ihrer Ernten die portugiesischen Kaufleute in einer parasitären Art und Weise profitierten. Aber diese beiden Ursachen zur Klage und damit jeder Wunsch, dieser durch revolutionäre Aktivitäten Ausdruck zu verleihen, wurden hinweggefegt von der Entwicklung der Jahre 1807/08, die zur Öffnung der Häfen Brasiliens für den Handel mit allen Nationen und zur Erhebung Rio de Janeiros zur De-facto-Hauptstadt der gesamten portugiesischen Welt führte.

Die brasilianische Oligarchie der Zuckerrohrpflanzer, Fabrikbesitzer, Viehzüchter, Richter, Bergwerksbesitzer und Verwaltungsbeamten – die 1822 mit den zahlreichen Portugiesen gemeinsame Sache machen sollte, die es vorzogen, mit dem Prinzregenten Pedro in Brasilien zu bleiben, anstatt in ein im Niedergang befindliches Mutterland zurückzukehren – war Ende des 18. Jh. nicht sehr glücklich über manche Aspekte des portugiesischen Merkantilismus und über die hohe Besteuerung. Aber sie pflegte nach wie vor enge Beziehungen zum Mutterland und verhielt sich im großen und ganzen politisch friedlich. Viele dieser Beziehungen waren familiärer Natur, denn obgleich einige brasilianische Familien, insbesondere in Bahia und Pernambuco, ihre Abstammung bis zu den *capitãoes* des 16. Jh. zurückverfolgen konnten, war doch eine große Zahl dieser Oligarchen Brasilianer der ersten Generation. Außerdem verband sie mit ihren portugiesischen Kollegen und Nachbarn ein gemeinsames kulturelles und gesellschaftliches Erbe, vor allem aufgrund der Gepflogenheit der brasilianischen Grundbesitzer, ihre Söhne zur Ausbildung nach Portugal, insbesondere an die Universität von Coimbra zu schicken, da Brasilien in der Kolonialzeit keine eigene Universität besaß.

Die Hispanoamerikaner hingegen hatten im ersten Jahrzehnt des 19. Jh. bereits ein eigenes Identitätsbewußtsein entwickelt und empfanden sich als von den Europaspaniern völlig verschieden. Ihr Unmut über deren Anwesenheit hatte sich im Laufe der voraufgegangenen 50 Jahre infolge der ständig wachsenden Zahl spanischer Immigranten sowie der gezielten Politik der Krone, den Europaspaniern erneut ein Alleinrecht auf hohe Ämter einzuräumen, verstärkt. Es ist kaum möglich, die Zahl der im Jahr 1800 tatsächlich in Amerika lebenden *peninsulares* exakt zu bestimmen, weil bei den meisten Zählungen zwischen *criollos* und *peninsulares* nicht unterschieden wurde und beide lediglich als *españoles* geführt wurden. Die Gesamtzahl der *peninsulares* dürfte jedoch aller Wahrscheinlichkeit nach 40 000 nicht überschritten und somit nur 1,2 Prozent der weißen Bevölkerung ausgemacht haben. Selbst in Neu-Spanien, wo die spätkoloniale Immigration aus Spanien besonders stark war, zählten im Jahr 1800 die oft abfällig als *gachupines* bezeichneten *peninsulares* lediglich etwa 14 000, das waren 0,2 Prozent der Gesamtbevölkerung. Sie wurden zahlenmäßig von den Kreolen im Verhältnis 99:1 übertroffen. Überdies waren sich die Kreolen der Tatsache schmerzlich bewußt, daß die kürzlich Eingewanderten sich aufgrund ihrer rassischen Reinheit den Amerikanern überlegen fühlten und auf die *criollos* mit ihrer dunkleren Haut als rassisch Minderwertige herabsahen.

Für die Elite der kreolischen Bevölkerung, die Großgrund- und die Bergwerksbesitzer, wäre der Wohlstand vielleicht ein hinreichender Ausgleich für den begrenzten Zugang zu höheren Ämtern gewesen. Aber die Mehrheit – die durch hohe Hypotheken verschuldeten Kleingrundbesitzer, die Rechtsanwälte, die Sprengelgeistlichen, die kleinen Geschäftsleute, die Textilhersteller und ähnliche Gruppen –, die argwöhnisch nach den *mestizos* mit ihren Aufstiegsmöglichkeiten schielte und sich von den arroganten *gachupines* herablassend behandelt fühlte, hatte keine Hemmungen, die von den *peninsulares* ausgeübten innenpolitischen und kommerziellen Alleinrechte zur Zielscheibe ihres Grolls und zum Ziel ihrer Wünsche zu machen. Es muß betont werden, daß dieses Ressentiment nicht überall spürbar war, denn in vielen Teilen des Reiches heirateten erfolgreiche iberische Einwanderer, die im Handel, im Finanzwesen und im Bergbau ihr Glück gemacht hatten, in alteingesessene kreolische Familien ein, ohne ihre gefühlsmäßigen Bindungen an Spanien zu verlieren oder ihre dortigen finanziellen Interessen zu vernachlässigen. Darüber hinaus pflegte sich die spanische Gesellschaft in Amerika während der Unabhängigkeitskriege nach einem jeweils regionalen Identitätsbewußtsein innerhalb der Vizekönigreiche auszurichten und nicht einfach im Sinne von *criollos* gegen *peninsulares:* Die Manöver der – kreolischen wie europäischen – Bewohner der Banda Oriental sind dafür ein gutes Beispiel. Ihr vornehmstes Ziel war es, sich die Unabhängigkeit nicht so sehr von Madrid, als vielmehr von Buenos Aires zu sichern – ein Ziel, das die Einwohner Paraguays übrigens teilten. Darüber hinaus war der soziale und rassische Konservatismus fast überall hinreichend mächtig, um politische und wirtschaftliche Ressentiments aufzuheben: Er bewirkte z. B., daß die Kreolen Neu-Spaniens und Perus den *peninsulares* fest zur Seite standen, bis sie sich davon überzeugt hatten, daß Spanien seine Reichsstrukturen nicht wiederherzustellen vermochte, und daß eine rein politische Unabhängigkeit – d. h. eine Unabhängigkeit, die außer einer Übertragung der Macht von *peninsulares* auf *criollos* keinesfalls eine nennenswerte gesellschaftliche Veränderung mit sich brächte – erreichbar war. Nichtsdestoweniger bleibt die Tatsache bestehen, daß in ganz Hispanoamerika die – teils durch den Erfolg der bourbonischen Innenpolitik, teils durch das 1796 einsetzende Mißgeschick Spaniens hervorgerufene – wirtschaftliche Unzufriedenheit weit verbreitet war. In einigen Teilen des Reiches, die in der späten Kolonialepoche aufgrund der Handelsliberalisierung einen Aufschwung erlebt hatten – wie Venezuela und Río de la Plata –, fühlten sich Produzenten und Kaufleute an der Erlangung noch größeren Wohlstands durch die von Spanien auferlegten Restriktionen gehindert, während in Gegenden mit geringerer wirtschaftlicher Wachstumsrate – in Teilen Perus und Hochperus etwa – die Schuld an der wirtschaftlichen Stagnation Spanien zugeschrieben wurde.

Die Ursachen der Unabhängigkeitsbewegungen in Hispanoamerika waren der Groll und die ehrgeizigen Bestrebungen der Kreolen – der Groll darüber, von der Regierung bzw. Verwaltung ihres eigenen Landes ausgeschlossen zu sein, und das Bestreben, die Spanier aus der Regierung Amerikas zu verbannen. Es wäre eine allzu große Vereinfachung, zu behaupten, die Kreolen seien von der Verwaltung völlig ausgeschlossen gewesen – sie hatten zahlreiche untergeordnete Posten inne –, aber die höheren Ämter in Kirche und Staat wurden, besonders im letzten Viertel des 18. und im ersten Jahrzehnt des 19. Jh., von den im Mutterland geborenen Spaniern nahezu völlig mit Beschlag belegt. Die Feindseligkeit aufgrund dieser Diskriminierung wuchs in der späten Kolonialepoche, als die Vergabe niederer Ämter an Kreolen diesen vor allem Appetit auf Höheres machte. Nach und nach verlangten sie keine Beteiligung an der Verwaltung mehr, sondern bestanden auf einem Ämtermonopol für Kreolen in ihrem jeweils eigenen Distrikt unter völligem Ausschluß der Spanier. Das war eine logische Forderung, die sich jedoch im Rahmen des spanischen Staatsgefüges nicht erfüllen ließ. Die iberischen Beamten innerhalb des Reiches widersetzten sich diesen Zielsetzungen der Kreolen, und es gibt Anzeichen dafür, daß es während der letzten Jahre der Kolonialepoche in Teilen des Reiches, vor allem in Mexiko und Río de la Plata, zu einer „spanischen Reaktion" kam: Die etablierten Regierungsbeamten machten entschlossene Anstrengungen, die Ansprüche der Kreolen nicht nur abzuwehren, sondern ihnen auch das wieder streitig zu machen, was sie sich bereits erobert hatten. So wurde etwa in Buenos Aires die Revolution von 1810 durch den Sturz des pro-kreolischen Vizekönigs Santiago de Liniers durch eine von *peninsulares* angezettelte Verschwörung beschleunigt, und ein ähnlicher Coup im September 1808 in Mexiko führte zur Absetzung des dortigen Vizekönigs José de Iturrigaray. Die kreolischen Führer in Buenos Aires und Mexiko-Stadt beobachteten, wie die *peninsulares* in den Jahren 1808/09 revolutionäre Präzendenzfälle schufen durch die Absetzung von Vizekönigen, von denen sie den Eindruck hatten, daß sie mit den kreolischen Interessen allzusehr sympathisierten. Unterdessen warteten die Kreolen auf eine passende Gelegenheit, ihrem Selbstbewußtsein Ausdruck zu verleihen, wohl wissend, daß sich ihre wirtschaftlichen und politischen Ziele im Rahmen einer fortdauernden Herrschaft Spaniens nicht erfüllen ließen. Die Gelegenheit bot sich mit der Invasion Spaniens durch Napoleon und wurde in denjenigen Regionen Hispanoamerikas – Venezuela, Río de la Plata, Teilen Neu-Granadas – begeistert wahrgenommen, in denen die Kreolen auf ihre Fähigkeit vertrauten, die Massen der Indianer, Schwarzen und *mestizos* in Schach zu halten. In Neu-Spanien und Peru hingegen, wo die Kreolen sich vor Mischlingsaufständen und Klassenkampf fürchteten, war die Haltung der Weißen gegenüber revolutionären Aktivitäten eher ambivalent, besonders in den Jahren 1810 bis 1814, als die Liberalen von Cádiz und die von ihnen ausgearbeitete Verfassung von 1812 sowohl Reformen versprachen als auch den farbigen Mischlingen das Bürgerrecht zu verleihen drohten. Die Restauration Ferdinands VII. ab 1814 verringerte weitgehend die gesellschaftlichen und politischen Möglichkeiten, unter denen die Kreolen ihre Wahl treffen mußten.

B. Schlußbetrachtung

Bei jedem Versuch, eine Gesellschaft nach rassischen Gesichtspunkten zu klassifizieren, wird es unweigerlich immer wieder Ausnahmen geben. Dennoch lassen sich innerhalb hinreichend weit gefaßter Grenzen rassische Zuordnungen machen. In Hispanoamerika bestand die oberste Schicht der Gesellschaft aus einer Minderheit von *españoles*. Innerhalb dieser Gruppe ist zu unterscheiden zwischen den in Spanien geborenen *peninsulares*, die die meisten der hohen Staats- und Kirchenämter innehatten, und den sehr viel zahlreicheren, in Amerika von Eltern europäischer Abstammung geborenen *criollos*, die Indianer und Negersklaven beschäftigende Großgrundbesitzer, Fabrikbesitzer und kleine Geschäftsleute waren und die niederen Verwaltungsbeamten stellten. In ähnlicher Weise kontrollierten in Brasilien die im Mutterland geborenen Portugiesen bis 1808 den transatlantischen Handel und stellten die Beamten der

Zentralregierung, während die sehr viel umfangreichere Gruppe der weißen Brasilianer, die eine größere politische und gesellschaftliche Freiheit genossen als ihre hispanoamerikanischen Nachbarn, die ländliche Gesellschaft und die expandierende Binnenwirtschaft beherrschte. Zwischen den Kreolen am oberen und den Indianern und Sklaven am unteren Ende der sozialen Leiter befand sich die große Mehrheit der *mestizos* in Hispanoamerika und der hellerhäutigen *mulattos* in Brasilien, die sich über viele Schattierungen des gesellschaftlichen Spektrums erstreckte. Während die Indianer vorwiegend in Dörfern lebten, waren die *mestizos* in der Regel Städter. Sie befanden sich in einer günstigeren Lage als die *pardos* oder freien Neger, weil sie sich der Gesellschaft der Weißen besser anzugleichen vermochten. Alle Gruppen innerhalb dieser komplexen sozialen Struktur, mit Ausnahme der kleinen Minderheit der *peninsulares,* hatten gesellschaftliche Ressentiments, die in von *mestizos* getragenen städtischen Krawallen, Sklavenaufständen in Venezuela und Brasilien sowie in der Aufsässigkeit der Indianer zum Ausdruck kamen und sich gelegentlich in Massenerhebungen entluden. In all diesen Fällen verbündeten sich Kreolen und *peninsulares,* um die, ihre gesellschaftliche und wirtschaftliche Überlegenheit gefährdenden Revolten zu unterdrücken. Die iberoamerikanischen Reiche kollabierten, als amerikanische Spanier und brasilianische Portugiesen nicht länger von Madrid und Lissabon aus regiert werden wollten und die Zeit für gekommen hielten, ihre gesellschaftliche Überlegenheit in politische Macht umzusetzen. Im Verlauf dieser Machtübernahme gewannen sie eine noch größere Kontrolle über die ihnen gesellschaftlich Unterlegenen, als sie sie zuvor schon gehabt hatten. In ganz Lateinamerika war die Gesellschaft im Jahr 1830 noch unausgewogener, als sie es im Jahr 1760 gewesen war.

Jan Lechner

5. Kultur und Literatur

Aus dem Spanischen übersetzt von Brunhild und Rolf Seeler

„Kultur" im Kontext menschlicher Ausdrucksformen als einen klar zu umreißenden Bereich darzustellen kann verfehlt und widersprüchlich sein. Ebensowenig wie die politischen Entwicklungen in Amerika sich unter überall gleichen Bedingungen vollzogen, konnte dieses gewaltige Territorium mit seinen so verschiedenartigen ethnischen und kulturellen Wurzeln, mit einem derart differenzierten wirtschaftlichen und sozialen Unterbau über eine Zeitspanne von 70 Jahren eine monolithische Kultur hervorbringen. Ebenso unangebracht scheint es, für den Zeitraum von 1760 bis 1830 von „der" Kultur Amerikas zu sprechen. Angemessener wäre es, sich auf „die Kulturen" dieses Großraums einzustellen.

Und noch ein anderes Problem stellt sich hier: Unter dem Begriff „Amerika" faßt man unwillkürlich den gesamten Kontinent zusammen, obwohl über weiten Bereichen dieses Amerikas noch immer ein Schleier des Geheimnisses liegt. Was wissen wir, soziokulturell gesehen, von den geistigen Beziehungen und ihren Wechselwirkungen zwischen Indios, Schwarzen, Mestizen, Mulatten usw., von ihren Sitten und Gebräuchen, ihrem Gemeinschaftsempfinden, ihrer Schreib- und Lesefähigkeit und ihrer Eingliederung in die Kolonialgesellschaft in den verschiedenen Regionen Amerikas in jener Zeit? Von den damals dominierenden Kulturen ist uns relativ viel bekannt – dennoch wissen wir nichts über den Alphabetisierungsgrad, die Unterrichtsprogramme für Grund- und Oberschulen, über die benutzten „Lehrbücher", und so sind unsere Kenntnisse bezüglich der dominierten Kulturen, die den größeren Teil jener Welt ausmachten, im ganzen doch recht lückenhaft.

Die folgenden kulturgeschichtlichen Betrachtungen zeichnen daher notgedrungen nur ein partielles Bild. Von wenigen Ausnahmen abgesehen, tauchen etwa in der zeitgenössischen Literatur dieser Epoche Indios, Schwarze, Mestizen oder Mulatten allenfalls als Randfiguren auf. Unser Hauptaugenmerk wird also der kleinen Minderheit gelten, von der und für die die Schriftlichkeit vor allem gepflegt wurde. Obwohl sich einige Literaturhistoriker (u. a. Furlong und Martínez) große Verdienste um die Forschung in einigen Ländern erworben haben, leben noch viele Regionen als weiße Flecke auf der geistesgeschichtlichen Landkarte Amerikas fort. Das gleiche läßt sich im Hinblick auf die unbekannten Schätze in Privatbibliotheken – ein ohnehin kompliziertes Terrain – sagen, denn solche sind nicht nur über den ganzen amerikanischen Kontinent verstreut, sie hatten im Laufe der Jahrhunderte auch immer wieder die Folgen von Naturkatastrophen, von politisch motivierten Konfiskationen, Notverkäufen und damit weiterer Dispersion zu erleiden, ganz abgesehen von den Verkäufen an Ausländer, was für die betreffenden Länder einen erheblichen Verlust an Dokumentationssubstanz bedeutet. Die literarische Produktion weist in den einzelnen Regionen des Territoriums zwischen 1760 und 1830 eine unterschiedliche Dichte auf, und auch hier existieren aufgrund der besonderen soziokulturellen Bedingungen bestimmter Betrachtungsräume ausgedehnte weiße Flecken.

Von der Schriftkultur zu reden bedeutet, seine Aufmerksamkeit zunächst dem Buchdruck zuzuwenden. Die erste Druckerpresse in der Neuen Welt wurde in Mexiko im Jahr 1535 eingerichtet (wenngleich manche Chronisten dieses Ereignis in das Jahr 1532 verlegen); der früheste, noch erhaltene gedruckte Text jedenfalls stammt aus dem Jahr 1539, als die zweite Druckerwerkstatt am gleichen Ort ihre Arbeit aufnahm. Es folgten die Druckereien von Lima (1581), Puebla (1640), Guatemala (1660), Paraguay (1700), Havanna (1701), Oaxaca (1730), Bogotá (1738), Ambato in Ecuador (1754) und Quito (1760). Mit Beginn des 18. Jh. stieg die Anzahl der Druckerpressen überproportional. Vor allem wurden sie auch in solchen Gebieten aufgestellt, die nie zuvor von den Früchten dieser Erfindung profitiert hatten. Im Jahr 1764 gelangte eine Presse nach Valencia (Venezuela), 1765 eine nach Córdoba (Argentinien), 1769 eine weitere nach Cartagena (wo sie bis 1776 in Betrieb war und dann 1809 wieder in Gang gesetzt wurde); Bogotá erhielt eine (zweite) Presse 1777; in Santiago und in Buenos Aires wurden 1780 Pressen aufgestellt. Danach wurden nacheinander in Santo Domingo (1782), Guadalajara und Veracruz (1794), Santiago de Cuba (1796), Montevideo (1807), Caracas, Puerto Rico (1808) und Guayaquil (1810) Druckereien installiert. Insgesamt arbeiteten zwischen 1760 und 1830 23 Druckereibetriebe in Hispanoamerika, wobei Mexiko eine quantitativ herausragende Stellung einnahm. (Man schätzt, daß dort zwischen 1739 und 1821 etwa 11 000 Schriften aller Art gedruckt wurden.) In Lima wurden im 17. Jh. fast ausschließlich Lehrbücher für die Grundschulen gedruckt, während das in Mexiko im 16. Jh. herausgebrachte Schrifttum noch fast ausschließlich im Dienste der Missionsarbeit gestanden hatte. Im 18. Jh. sorgte das aufkommende Zeitungswesen für einen besonderen Schub an Druckerzeugnissen. Folgt man jüngeren Zahlen, dann erschienen in Mexiko im 16. Jh. 179, im 17. Jh. 1228 und im 18. Jh. 3481 Buch- bzw. Zeitschriftentitel. Im *Reino* Guatemala wurden während der ganzen Kolonialepoche 2691 Bücher publiziert. Keinesfalls herrschten religiöse Texte vor (in Guatemala wurde im gesamten Zeitraum von 1620 bis 1821 keine einzige Bibel gedruckt). Auch der fortlaufende Druck von Verordnungen, Dekreten und anderen Schriften für die Kolonialverwaltung machte mit 13 Prozent in Guatemala nicht das Gros der Druckerzeugnisse aus. Der größte Auftraggeber war vielmehr die Universität, deren Dissertationen (in Latein), Diplomarbeiten, Grammatiken und Wörterbücher für indianische Sprachen sowie andere gelehrte Texte nicht weniger als die Hälfte der Publikationen Guatemalas ausmachten. Ein relativ geringer Anteil entfiel auf „praktische" Druckerzeugnisse wie medizinische, juristische, mathematische Werke oder auch Almanache (in Guatemala erschien der erste Almanach 1715) und Kalender. Ausgesprochen selten waren bis zum Beginn des 19. Jh. literarische Texte. So enthielt die Bibliothek eines aufgeklärten Oberrichters in Lima aus dem 18. Jh. etwas Erbauungsliteratur, ein paar juristische und historische Abhandlungen, Verwaltungsverordnungen, ein Artilleriehandbuch und eine Didaktik der lateinischen Sprache. Mit der Gründung der *Sociedades Económicas de Amigos del País,* einer den patriotischen Gesellschaften in Deutschland vergleichbaren Bewegung zur Zeit der Aufklärung, wuchs auch der Anteil der ökonomischen Fachliteratur. Vor allem aber waren es die Zeitungen, die im 18. Jh. das Verlagsgewerbe belebten.

Die meisten Werke europäischer Autoren, ob aus Spanien oder anderen europäischen Ländern, wurden weiterhin importiert; bei dem geringen Bedarf des kolonialen Büchermarktes war dies in jedem Fall billiger, als niedrige Auflagen im Land selbst zu drucken. Die Anzahl der in dieser Epoche gedruckten literarischen Texte ist daher nicht groß. Die bedeutendsten von ihnen gehen auf die Jesuiten Landívar und Clavijero zurück und erschienen in Italien. In Amerika publiziert wurden in dieser Zeit die Werke von Concolorcorvo (Lima 1775/76), Francisco Eugenio de Santa Cruz y Espejo (Quito 1779), von José Joaquín de Olmedo (Valparaiso 1808), der wegbereitende Schelmenroman *El Periquillo Sarniento* des Mexikaners José Joaquín Fernández de Lizardi (Mexiko 1816), die Gedichte von Mariano Melgar (Ayacucho 1827) und von Fray Manuel de Navarrete (Mexiko 1823). Über die Auflagenhöhe ist nur wenig bekannt. In Guatemala z. B. bewegte sie sich normalerweise zwischen 200 und 500 Exemplaren; die *Regula* des heiligen Franziskus brachte es auf 3000 Kopien. Vom *Elogio del Virrey Jáuregui* (Lobrede des Vizekönigs Jáuregui) wurden in Lima 600 Exemplare gedruckt. Die höchste registrierte Auflage erzielte ein in Mexiko in 16 000 Exemplaren herausgebrachtes religiöses Werk. Von Pedro Rodríguez de Campomanes' *Discurso sobre el fomento de la industria popular* (Betrachtungen über die Förderung volkstümlicher Gewerbe, 1774) wurden in Spanien 30 000, von seinem *Discurso sobre la educación popular de los artesanos* (Betrachtungen zur gemeinverständlichen Unterweisung im Handwerk, 1775) 4000 Bände gedruckt.

Im 16. Jh. waren die Bibliotheken vorwiegend Eigentum von Klöstern und privaten Lehranstalten, Universitäten und Äbten. Eine der frühen bedeutenden Büchersammlungen besaß der erste Bischof von Mexiko, Fray Juan de Zumárraga (1528–1548), und das im Jahr 1536 am gleichen Ort ins Leben gerufene Internat Santa Cruz de Tlatelolco. Den besten Ruf freilich genoß die im Jahr 1646 von Bischof Juan de Palafox y Mendoza in Puebla angelegte Bibliothek, die 12 536 Werke in 19 Sprachen umfaßte und bis zum 18. Jh. auf 25 000 Titel anwuchs. Eine bedeutende Schenkung erhielt die Kathedrale von Mexiko um 1788, ohne daß uns der genaue Umfang bekannt wäre; im Jahr 1842 belief sich ihr Gesamtbestand auf 12 295 Bände. Auch die königlich-bischöfliche Universität von Mexiko verfügte seit 1762 über eine umfassende Bibliothek. Wichtige Dokumentationsstätten waren die Büchersammlungen der Jesuiten: Im Jahr 1767 besaß das Colegio Máximo des heiligen Ignatius in Buenos Aires über 3000, das jesuitische Colegio Máximo und Noviziat von Córdoba über 5000 Werke. Kaum weniger reichhaltig waren die Bibliotheken der Jesuiten in Quito. Viele Neuzugänge verzeichnete die Universitätsbibliothek von Lima durch die Initiative ihres damaligen Rektors Pedro de Peralta Barnuevo, der sich Verdienste um die Verbreitung der Ideen von Newton, Condillac und Malebranche in der peruanischen Intelligenz erwarb. In Venezuela konzentrierten sich die Literaturbestände auf das Franziskanerkloster von Trujillo, das Priesterseminar dieses Ordens sowie die Klöster des heiligen Franziskus und der Barmherzigen Brüder in Caracas und auf das Colegio de Jesús in Mérida. Da es sich um Ordensbibliotheken handelte, dominierte Literatur zu Theologie und Kirchengeschichte, bürgerlichem und kanonischem Recht. Daneben fanden sich klassische griechische und lateinische Texte (in der Originalfassung oder als Übersetzung), in geringerem Umfang mathematische und medizinische Traktate, klassische spanische Schriften (Belletristik oder Geschichte), einige Grammatiken und Wörterbücher von Indianersprachen und kleinere, gemischte Bestände an Almanachen, Wirtschafts- und Militärhandbüchern usw. Die erste Bibliotheksordnung für eine „öffentliche" Bücherei – die von Córdoba – geht auf das Jahr 1757 zurück; sie bestimmte u. a., daß die Bücher einmal pro Woche abzustauben seien, und der Boden zweimal in der Woche gefegt werden müsse. Durch ihre geographische und soziale Einbindung in die lokalen Verhältnisse besaßen auch die Jesuitenreduktionen von Paraguay, in denen übrigens auch gedruckt wurde, beachtliche Büchersammlungen. Die Bibliotheksbestände der 26 Reduktionen beliefen sich auf insgesamt 13 184 Bände, deren Inhalt gewiß vorwiegend religiöser Natur war, wenn es auch nicht an humanistischem Schrifttum und an Wörterbüchern zur Entschlüsselung der Eingeborenensprachen fehlte. In Buenos Aires richtete man bereits Ende des 16. Jh. die ersten Bibliotheken ein, und es gab schon Anfang des 17. Jh. Buchhändler und neuentstandene Privatsammlungen; dort trafen seit 1711 regelmäßig aus Frankreich, Italien und Deutschland importierte – oft von neu ankommenden Ordensbrüdern mitgebrachte – Werke ein. „Durch ihren Hafen war die Stadt am Río de la Plata bereits gegen Ende des 18. und zu Beginn des 19. Jh. zu einem besonderen Markt für den Verkauf von Büchern geworden, der sich durch außergewöhnliche buchhändlerische Aktivitäten auszeichnete" [FURLONG 1944].

Die Ergebnisse neuerer Studien zeigen, daß im Spanien des 16. und 17. Jh. Privatbibliotheken noch wenig zahlreich waren. Die Bibliothek des Sammlers Lorenzo Ramírez del Prado umfaßte im Jahr 1658 allerdings allein 8981 Werke, eine für die damalige Zeit imponierende Menge; der Conde-Duque de Olivares hatte bis zum Jahr 1653 2700 Bücher und 1400 Handschriften zusammengetragen. Der erste amerikanische Schriftsteller spanischer Sprache, Garcilaso de la Vega, nachgeborener Sohn aus einer feudalen andalusischen Familie und wegen seiner Mutter, einer Inkaprinzessin, „der Inka" genannt, besaß bereits einige Jahrzehnte früher, im Jahr 1616, 188 literarische Werke. Der übliche Bestand einer mehr oder weniger bedeutenden Privatbibliothek belief sich zum Ende des Jahrhunderts und auch später im Zeitalter der Aufklärung auf einige hundert Titel. Die für Hispanoamerika vorliegenden Angaben bewegen sich jedenfalls in dieser Größenordnung. Dabei war jedoch die Anzahl der tatsächlichen Leser sicher deutlich höher als die Zahl der Sammler selbst; so wurden Bücher verliehen, und literarische Zirkel veranstalteten erste Lesungen. Im 17. Jh. enthielt die Privatbibliothek des Architekten der Stadt Mexiko, Melchior Pérez de Soto, 1502 Bände. Auch die Nonne Juana Inés de la Cruz muß über einen ansehnlichen Literaturbestand verfügt haben. Der Auditor Miguel Feijó de Sosa in Lima besaß im 18. Jh. eine Bibliothek von 495 Büchern. Im *Reino* Guatemala beschränkte sich der Durchschnittsbestand der Indiopfarreien auf drei bis sieben religiöse Werke.

Eine recht konkrete Vorstellung von den Beständen der wichtigsten Bibliotheken vermitteln für den argentinischen Raum die Forschungen FURLONGS [1944]. So zählen die spanischen Klassiker Fray Luis de Granada, Antonio de Guevara, Góngora, Lope de Vega, Quevedo und Calderón zu den meistvertretenen Autoren, wobei man noch Mateo Alemáns *Guzmán de Alfarache* und, wenn auch in geringerem Maße, *La vida de Lazarillo de Tormes* einschließen kann. Zum Kernbestand der Bibliotheken gehörten hier auch die Historiographen der „Indias" (Acosta, Alcedo, Herrera, Solórzano und Torquemada). Unter den „modernen" Schriftstellern fand man häufig auch Feijóo mit seinen *Cartas eruditas y curiosas* (Gelehrte und interessante Briefe) und dem *Teatro crítico universal* (Kritisches Welttheater). Diese Werke fanden sich auch in den Bibliotheken Brasiliens. Ebenso wie die *Historia crítica de España* (1783–1805) von Juan Francisco Masdeu und der *Tratado de la regalía de amortización* (Abhandlung über die steuerliche Behandlung von Vermögen der Toten Hand, 1765) von Campomanes.

Das *Dictionnaire historique et critique* von Pierre Bayle (Rotterdam 1697) gehörte zum Bestand zweier Privatbibliotheken: Die eine besaß der Bischof von Buenos Aires zu Beginn des 18. Jh., die andere ein vornehmer Bürger aus derselben Stadt gegen Ende des 18. Jh. Um die gleiche Zeit stand bereits Diderots *Encyclopédie* in den Regalen eines *caballero* in Montevideo. Die erwähnte bischöfliche Bibliothek von Buenos Aires besaß übrigens um die Wende zum 19. Jh. auch einen Rousseau-Band, die Werke von Montesquieu (die ebenfalls in der Bibliothek von Montevideo vorhanden waren), von Voltaire (in Montevideo mit 40 Bänden vertreten) und weitere Schriften von Buffon. Voltaires gesamtes Werk gehörte am Ende des 18. Jh. gleichfalls zum Bestand einer Privatbibliothek in Buenos Aires. Auch Condillac wurde damals gelegentlich gesammelt. Die Literaturzitate in dem Roman *El Periquillo Sarniento* vermitteln eine, wenn auch nur ungefähre Vorstellung von den Werken, die einem gebildeten Menschen in der Stadt Mexiko damals zugänglich waren. Zu diesem Repertoire gehörten 21 Klassiker der Antike (einige davon mit verschiedenen Werken vertreten), zwölf bedeutende spanische Literaten (allerdings, abgesehen von dem noblen Italiener Boturini, kein Historiograph der „Indias"), neun französische Schriftsteller (darunter sechs mittelmäßige und drei – Pascal, Descartes und Buffon – bedeutende). Erasmus, Boerhaave und dessen Schüler Van Swieten, außerdem Petrus van Musschenbroek und Newton, waren ebenfalls unter den Autoren zu finden. Die literarischen Bestände Venezuelas unterschieden sich nicht wesentlich von denen Argentiniens. Dort standen in den Bibliotheken Werke über die spanische Geschichte (Mariana, P. Enrique Flórez, Sandoval), die Geschichte der „Indias" (Bernal Díaz; Ovalle; die *Comentarios Reales; La Florida del Inca;* Veitia Linage; Gil González Dávila; Herrera, Acosta und, neben weiteren Chronisten, der sehr populäre Solís); spanische Klassiker (Cervantes, der anonyme Autor des *Estebanillo González,* Liñan y Verdugo, Quevedo, Góngora, Calderón, Tirso de Molina u. a., vor allem aber auch Juana Inés de la Cruz) wurden gepflegt, aber auch andere Schriftsteller wie Feijóo, Montesquieu, Fleury, Fénelon, Voltaire und Malebranche wurden nicht vernachlässigt. Das wegen seiner „antikolonialistischen" Tendenz am meisten geächtete Buch scheint damals die *Histoire philosophique et politique des établissements et du commerce des Européens dans les deux Indes* (Amsterdam 1770) von Guillaume Raynal und Diderot gewesen zu sein. Bis 1830 erlebte es 38 Auflagen und wurde von dem Spanier Pedro F. Luján Suárez de Córdoba, Herzog von Almodóvar del Rio, unter dem Pseudonym Eduardo Malo de Luque zwischen 1784 und 1790 ins Spanische übersetzt; allerdings handelte es sich dabei – wegen der eigenmächtigen Auslassungen und Ergänzungen des Übersetzers – eher um eine Neubearbeitung des Originals.

Druckgenehmigungen erteilten die Vizekönige und die Präsidenten der *audiencias,* doch die Kontrolle über den geistigen Inhalt aller Druckerzeugnisse oblag der Inquisition, die sich in der Neuen Welt zunächst in Lima (1569), dann in Mexiko (1570) und in Cartagena (1610) etablierte. Das Heilige Offizium praktizierte jedoch in den „Indias" bei weitem nicht mit der Härte wie in Spanien selbst; es hatte darüber zu wachen, daß keine Bücher in Umlauf kamen, deren Inhalte den Lehren der Kirche widersprachen, dem Aberglauben Vorschub leisteten oder die katholische Moral verletzende Obszönitäten enthielten. Ohne Drucklizenz oder genaue Angabe von Autor, Verleger, Erscheinungsort und -datum durfte kein Schriftstück erscheinen, insbesondere keines, das einen Angriff auf die Ehre von Privatpersonen, zivilen oder kirchlichen Institutionen bedeutet hätte. Dennoch waren die von den Ketzergerichten in den Buchhandlungen Spaniens regelmäßig durchgeführten Überprüfungen weitgehend wirkungslos. Eine Kontrolle der dort zum Verkauf angebotenen Bücher erfolgte gewöhnlich nur oberflächlich oder unterblieb vielfach auch ganz. Das gleiche galt für Amerika, etwa wenn in Lima die im Hafen von Callao ankommenden Schiffe inspiziert werden sollten. Was die Lektüre von verbotenen Büchern betraf, ergriff die Inquisition keine sonderlich strengen Maßnahmen; für solche Vergehen wurden zwischen 1700 und 1820 nicht einmal Haftstrafen verhängt, vielmehr ahndete man sie in Form von kirchlichen Bußen. Während der vizeköniglichen Regierungszeit des zweiten Grafen von Revillagigedo (1789–1794) las man sogar am Hof die *Gazette de Leyde,* nicht anders, als sie zuvor schon in den Pariser Salons gelesen wurde. Dagegen verfolgte die Inquisition ernsthaft die Veröffentlichung bestimmter Texte, wie in Lima 1801 und 1802. Im Jahr 1819 machte sie sich sogar daran, eine Übersetzung von Molières *Tartuffe* zu zensieren. Auffällig ist die Verschärfung der Kontrollmaßnahmen durch die Ketzergerichte mit dem fortschreitenden 18. Jh. bis hin zu den 80er Jahren. Doch waren es verständlicherweise die Zivilbehörden, die die kirchliche Instanz dazu drängten, sämtliches vom Standpunkt des Ancien régime aus subversive Schrifttum strikteren Kontrollen zu unterziehen. In Lima verweigerte das Inquisitionsgericht seit 1750 praktisch in keinem Fall die Erteilung von Lizenzen zur Lektüre von indizierten Büchern durch Laien oder Geistliche. Im ganzen haben, übrigens auch im Umgang mit dem Freimaurertum, die in Amerika tätigen Inquisitionsbehörden keine wirklich konsequenten Aktivitäten entfaltet. Aus der Perspektive der Macht und unter dem Aspekt des Freimaurertums galten solche Bücher als gefährlich, die Themen der Aufklärung zum Gegenstand hatten.

Dabei umfaßte die Aufklärung in Amerika einen anderen Zeitraum als in Spanien. In der Neuen Welt gehört die Literatur der Aufklärung in die Periode von 1780 bis 1834 (in dieser Zeit erschien das erste der Romantik zuzurechnende amerikanische Werk). Das erste Datum orientiert sich nicht nur an den aufkommenden politisch-gesellschaftlichen Erschütterungen, sondern verweist auch auf das Erscheinen entsprechender Texte (von Landívar und Clavijero), die für die Verbreitung neuer Ideen sorgten. Der europäische Rationalismus in seiner reinsten Form manifestierte sich in der französischen Literatur des 17. Jh.: im *Discours de la méthode* (Leiden 1637) von Descartes und im *Dictionnaire historique et critique* (Rotterdam 1695–1697) von Pierre Bayle. Auch in der Poesie – Boileaus *Art poétique* von 1674 – zeigte sich die neue Geistesrichtung. In der spanischen Welt aber war es Ignacio de Luzán, der den Glauben an die Vernunft in seine *Poética* (1737) einbrachte und damit die Periode der normativen Dichtkunst beendete. Bereits im 17. Jh. hatte man in Frankreich und in den Nationen, denen seine Kultur zum Vorbild diente, das Gefühlsleben als „facultas inferior" eingestuft, während die Vernunft der „sphère supérieure" angehörte. Daher verwundert es nicht, daß in diesem Kontext Aristoteles' *Poetik* vorherrschte, und die ästhetische Dominante von dem unmittelbar aus ihr abgeleiteten „verosímil", dem Wahrscheinlichen, Glaubhaften bestimmt wurde, das die Franzosen „le vraisemblable" nannten. Bedeutsam ist in diesem Zusammenhang – im Vergleich zum Englischen oder Deutschen – der durch die enge Sprachverwandtschaft gegebene Einfluß der französischen Aufklärung auf die spanische Geisteswelt. Darüber hinaus spielte Spanien nicht nur als Sendbote seiner eigenen aufgeklärten Literaten eine wichtige

Rolle, sondern auch als Vermittler einer neuen Weltsicht, deren Thesen in Form von Druckerzeugnissen auf Schiffen über den Atlantik befördert wurden. Eine Schlüsselfigur war Feijóo, der „vortreffliche Benediktiner", wie Don Enrique Lohman Villena ihn nannte. Seine Werke, die in vielen Bibliotheken vertreten waren, erfreuten sich in Amerika einer treuen Leserschaft.

Während Condorcet die geistige Vorhut der Aufklärung „Philosophen" nannte, Menschen, die sich durch Vernunft, Toleranz und Humanität auszeichneten, und unter dem Banner der Aufklärung generell die Aversion gegen jede Form der Diskriminierung (gegenüber dem einfachen Bauern, der Frau, dem Juden) verbreitet wurde, kamen in der amerikanischen Form der Emanzipaton diese Toleranz und die Befreiung der benachteiligten Gesellschaftsschichten nicht zum Durchbruch. Die gleiche Abneigung gegenüber den letzten Konsequenzen der Französischen Revolution, die aufgeklärte Spanier im Mutterland hegten, bestimmte die Haltung in Hispanoamerika: Die Vorstellung von einer Herrschaft der Volksmassen, die Angst vor dem Terror bremsten entschieden die Neigung, sich uneingeschränkt den Idealen der Französischen Revolution zu verschreiben. Mit Recht bezeichnete CÉSPEDES DEL CASTILLO [1983, 404] die Aufklärung in Amerika als eine „gemäßigte, eklektische und, bis 1808, durchaus konservative Bewegung".

Auch John Lockes Werke *Essay concerning human understanding* (1690) und *Two treatises of government,* ebenfalls 1690 erschienen, blieben nicht ohne Einfluß. Wie David Humes *An Enquiry concerning human understanding,* 1748 geschrieben und 1758 unter diesem Titel herausgegeben, bekämpfte auch Locke die Auffassung einer den Königen von Gott verliehenen absoluten Macht und plädierte für eine auf dem Prinzip des Gesellschaftsvertrages beruhende Monarchie. Humes erkenntnistheoretischer Empirismus, der sich gegen alle metaphysischen Interpretationen sträubt, und sein Skeptizismus im Bereich der Religion hatten nicht weniger Einfluß auf die Denkweise der Aufklärung als die Entdeckungen Newtons auf dem Felde der Physik. (Seine *Philosophiae naturalis principia mathematica* von 1687 wurden im Jahr 1729 ins Englische übersetzt.) Auch andere Autoren verfaßten entsprechende Schlüsselwerke. In seinem *Traité des sensations* (1755) leitet Condillac alle Erkenntnisse und menschlichen Fähigkeiten von den Sinnen oder, genauer gesagt, von den Wahrnehmungen ab. Voltaire gar demontierte in seinem *Dictionnaire philosophique* von 1764 zahlreiche bis dahin verbreitete religiöse und politische Vorstellungen. Gleichzeitig wandte sich Montesquieus Studie *De l'esprit des lois* (1748) gegen die absolutistischen Regierungspraktiken des Ancien régime und enthielt sogar einen ersten Entwurf zu einer Theorie der Staatsformen in Abhängigkeit von klimatischen Einflüssen, Erkenntnisse, auf die sich später andere Autoren stützten.

Mit seinem *Discours sur l'origine et les fondements de l'inégalité parmi les hommes* (1754), dem Werk *Du contrat social ou principes du droit politique* (1762) und seiner auf dem Gebiet der Erziehung berühmt gewordenen Abhandlung *Émile ou de l'éducation* (1762) übte Rousseau großen Einfluß auf seine Zeitgenossen aus. Gleichwohl vermochte sein Glaube an die angeborene Rechtschaffenheit des Menschen bei den Anführern der Befreiungsbewegung kein blindes Vertrauen in die Gutartigkeit und Vernunft einer großen Volksmasse zu erzeugen. Die Mehrheit der Verantwortlichen fühlte sich von den Greueln im Gefolge der Französische Revolution abgestoßen und neigte monarchistischen Lösungen zu. Der *Discours sur l'origine et les fondements de l'inégalité parmi les hommes* wurde im Jahr 1803 ins Spanische übersetzt und, zur Verbreitung des Werkes in Iberoamerika, in Charleston, South Carolina, in Druck gegeben. Doch ungeachtet des politischen Beispiels der USA und der geistigen Ausstrahlung, die von ihrer Gründungsurkunde, Jeffersons *Declaration of Independence,* ausging, und trotz des von dem Venezolaner Manuel García de Seña in seinem durch die nordamerikanischen Geschehnisse inspirierten Plädoyer *La independencia de la Costa Firme justificada por Thomas Paine 30 años ha* (1811) verbreiteten Gedankenguts blieben skeptische Haltungen und monarchistische Tendenzen an der Tagesordnung. Sooft auch die Schriften aufgeklärter Hispanoamerikaner die Ideen Benjamin Franklins und Thomas Jeffersons beschworen, auf die politische Erziehung in Iberoamerika übten sie offenbar wenig Einfluß aus.

Das Vertrauen in die Macht der Vernunft erzeugte indessen einen deutlichen Optimismus hinsichtlich der Fähigkeit des Menschen, seine Welt im politischen wie auch im gesellschaftlichen und wirtschaftlichen Bereich in harmonischer Weise zu ordnen. Später sollte sich allerdings zeigen, wie sehr einige Führer der Unabhängigkeitsbewegung, allen voran Bolívar selbst, den Möglichkeiten der Gründung einer „neuen Gesellschaft" mißtrauten, und wie in der zweiten Hälfte des 19. Jh. eine Reihe politischer Vordenker im Positivismus ein Allheilmittel gegen die in ihren Ländern immer noch herrschenden Übelstände gefunden zu haben glaubten. Der Liberalismus, der vor allem in der ersten Hälfte des 19. Jh. die Entwicklung bestimmte, war durch die Beseitigung aller Hemmnisse gekennzeichnet, die unter dem Absolutismus des Ancien régime der freien Entfaltung der Persönlichkeit, im materiellen wie im geistigen Sinne, im Wege gestanden hatten. Dazu gehörte die Überwindung des religiösen und philosophischen Dogmatismus und aller Beschränkungen im Wirtschaftsleben. Im Jahr der nordamerikanischen Unabhängigkeitserklärung veröffentlichte Adam Smith seinen *Inquiry into the nature and causes of the wealth of nations* (1776), die grundlegende Abhandlung über den wirtschaftlichen Liberalismus. In seinem Werk trat der englische Nationalökonom nicht nur für ein Höchstmaß an wirtschaftlicher Freiheit ein, er wandte sich auch, indem er die Produktivkräfte als Quelle des Reichtums hervorhob, gegen die vormals angewandten Rezepturen des Merkantilismus und der Physiokraten.

Den literarischen Höhepunkt der Epoche der Aufklärung bildet zweifellos die *Encyclopédie ou Dictionnaire raisonné des arts et des métiers* von Diderot und d'Alembert; die Texte wurden zwischen 1751 und 1766, die Bildtafeln zwischen 1766 und 1772 veröffentlicht. Schon im Jahr 1751 befanden sich nicht nur der erste Band (oder die ersten Bände) der *Encyclopédie* und Montesquieus *De l'esprit des lois* im Besitz des aufgeklärten Valencianers Gregorio Mayans y Siscar, sondern auch Texte des Naturrechtstheoretikers Pufendorf. In einem 1784 oder 1785 gehaltenen Vortrag empfahl Gaspar Melchor de Jovellanos die Lektüre der Werke von Condillac, Mirabeau und des zu seiner Zeit sehr bekannten und vielgelesenen Physikers und Chemikers Henri Victor Regnault. Wahrscheinlich war Jovellanos' Einfluß auch im literarischen Zirkel von Olavide in Sevilla zu spüren, zu dem von 1773 bis 1775 José Baquíjano y Carrillo, Dozent an der Universität von San Marcos, gehörte, später interimistischer Finanzinspektor der *audiencia* von Lima, dann *oidor* und Regierungsberater. In den Bibliotheksinventaren häufig vertreten ist der Name des politischen Denkers Gaetano Filangieri. Von ihm stammt das zwischen 1780 und 1791 in acht Bänden erschienene Werk

Scienza della legislazione, in dem er versuchte, die Gesetzgebung in eine normative Wissenschaft zu verwandeln und den Strafvollzug zu reformieren; gleichzeitig bekämpfte er überkommene Feudalvorstellungen und setzte sich für ein von den Rousseauschen Idealen getragenes öffentliches Schulwesen ein.

Die genaue Kenntnis der indizierten Bücher ist der gewissenhaften Amtsführung des Heiligen Offiziums zu verdanken. Denunziationen erfolgten nicht nur über Dritte, häufig stellten sich Delinquenten auch selbst; die aufklärerischen Gedanken zugeneigten Leser wußten immerhin um die relativ milden Strafen, die sie zu erwarten hatten. Allerdings machte nicht die Aufklärung die Amerikaner zu Revolutionären, denn das hieße Ursachen und Wirkungen vertauschen, weil die Leser solcher Bücher den sezessionistischen Keim bereits in sich trugen [LYNCH 1986]. LÓPEZ [1988, 404] vertritt die Auffassung, daß die Verbreitung aufklärerischer Ideen durch das Buch mehr mit der „kapitalistischen und industriellen Entwicklung in Europa als mit einem gezielten ideologischen Kampf" zusammenhing. Außerdem kamen, so López, viele der mutmaßlich in Frankreich gedruckten Werke französischer Autoren aus den Druckerpressen Deutschlands, Hollands, Italiens, aus Genf oder Lyon, von wo aus sie über Spanien nach Amerika exportiert wurden. So entstand etwa von den sechs Auflagen, die die *Encyclopédie* erlebte, nur die erste in Frankreich selbst.

Ebenfalls im 18. Jh. erschienen die ersten gedruckten Zeitschriften. Der Inhalt dieser wöchentlich oder vierzehntägig erscheinenden und oft nur kurzlebigen Gazetten war sehr unterschiedlich: Kommentare zu lokalen Ereignissen in Spanien, insbesondere zu allem, was am Hof geschah; Literarisches; schöngeistige Betrachtungen; Wirtschaftsmeldungen; Berichte über weltliche und kirchliche Veranstaltungen. Folgende Blätter erschienen seit Beginn des 18. Jh.: *Diarios y Memorias de los sucesos principales y noticias más sobresalientes en esta ciudad de Lima, Corte del Peru* (1700–1711); *Gaceta de México* (1722 und 1728–1742); *Gaceta de Goathemala* (1729–1731 und 1797–1816); *Gaceta de La Habana* (1764); *Asuntos varios sobre ciencias y artes* (1772–1773) als Nachfolgeblatt des zuvor verbotenen *Diario literario de México* (1768) von Alzate, und ebenfalls in Mexiko der *Mercurio volante* (1768) und die *Gaceta de México* (1784–1809); *Mercurio Peruano* in Lima (1791–1794); *Diario de México* (1805–1817); *Gaceta de Buenos Aires* (1810–1821); *Correo general de Europa* (1763) in Venezuela und *Correo general de España* (1770–1771), beides Gründungen des Aragonesen Francisco Nipho, der in Venezuela über 20 Zeitungen ins Leben rief. Allein zwischen 1810 und 1820 wurden in Buenos Aires 21 Zeitungen herausgegeben. Die *Gaceta de Buenos Aires* hatte eine Lebensdauer von elf Jahren, *El Censor* existierte dreieinhalb Jahre, *El redactor de la Asamblea* zwei Jahre; die anderen konnten sich nur ein Jahr oder noch kürzer behaupten. Die angesehenste Zeitschrift war zweifellos *El pensador mexicano* (1812–1814), die Lizardi herausgab. In diesen Gazetten oder angehenden Zeitungen erschienen auch, als Erst- oder als Nachdrucke, wissenschaftliche Beiträge aus Europa oder den Vereinigten Staaten.

In mehr als einem Fall wurden solche Publikationen von den nationalen Aufklärergesellschaften, den *Sociedades Económicas de Amigos del País*, gefördert oder sogar herausgegeben. Diese Verbindungen waren in Spanien seit 1765 gegründet worden, zwischen 1786 und 1789 verloren sie an Bedeutung; in Hispanoamerika konstituierten sie sich seit 1781 und bestanden bis zum Jahr 1819. *Sociedades Económicas de Amigos del País* existierten in Guatemala, in Havanna, Santiago de Cuba, Quito, Lima und Mompós in Kolumbien. Andere folgten zu Beginn des 19. Jh. in Bogotá, Puerto Rico und Chiapas, während sich gleichzeitig in Caracas (1810) und Buenos Aires (1812) entsprechende politische Gruppierungen bildeten. Die *Sociedades* von Santiago, Bogotá und Mompós gelangten kaum über das Gründungsstadium hinaus. In Quito hielt sich die Vereinigung ein Jahr, in Lima höchstens vier Jahre, in Buenos Aires nur von 1800 bis 1802. Am längsten überdauerten sie in Guatemala (1794–1800) und Havanna (1794–1823). Sie förderten oder übernahmen selbst die Leitung periodischer Veröffentlichungen (in Lima beispielsweise als Herausgeber des *Mercurio peruano*) und verliehen Preise für Verbesserungsvorschläge aller Art. Ihre Bemühungen galten in erster Linie materiellen Verbesserungen, richteten sich aber auch auf das Bildungswesen: So unterhielt die Gesellschaft von Havanna im Jahr 1794 eine 15 000 Bände umfassende öffentliche Bibliothek und unterstützte eine Anzahl von Schulen finanziell. Was die Mitglieder der *Sociedades Económicas*, die zeitgenössischen Ideen durchweg aufgeschlossen gegenüberstanden, vor allem fördern wollten, waren die sogenannten „nutzbringenden Wissenschaften". Ziel der „Patriotischen und literarischen und wirtschaftlichen Gesellschaft vom Río de la Plata" in Buenos Aires – ins Leben gerufen von dem spanischen Oberst und Schriftsteller Francisco Antonio Cabello y Mesa, der sich schon in Lima an der Gründung der „Gesellschaft der Landesfreunde" beteiligt hatte – war „die Aufklärung dieses Landes auf allen Gebieten der Wissenschaft und der Literatur, wobei besonderer Wert auf die Förderung der Kenntnisse bezüglich natürlicher Sachverhalte und praktischer Nutzanwendungen" gelegt werden sollte [Corona Baratech 1951, 32].

Die Entwicklung des spanischen Freimaurertums begann mit der Gründung der Madrider Loge durch den Herzog de Wharton im Jahr 1728. Bald darauf vom Heiligen Stuhl erlassene Bullen – „In Eminenti" (1738) durch Papst Clemens XII. und „Providas" (1751) durch Benedikt XIV. – verboten die Mitgliedschaft in Freimaurervereinigungen bei Strafe der Exkommunikation. Gleichwohl vereinten die Logen schon im 18. Jh. Männer, die gleichermaßen an Gott glaubten wie auch natürliche Moralgrundsätze respektierten. Es gab sogar Logen von Weltgeistlichen und Ordenspriestern einschließlich Bischöfen, Äbten, Theologen und Kirchenrechtlern, ja, in den meisten europäischen Zirkeln waren Kleriker vertreten. Bis zur Napoleonischen Invasion hielt man in Spanien die Freimaurer, trotz der päpstlichen Bullen und des königlichen Erlasses Ferdinands VI. von 1751, nicht für Leute, die den zivilen oder den kirchlichen Frieden störten. Was den zivilen und kirchlichen Behörden Mißtrauen einflößte, war lediglich die strikte Geheimhaltung, die die Freimaurer hinsichtlich ihrer „Sendung" bewahrten, außerdem die Tatsache, daß es sich um eine von der Regierung nicht genehmigte Organisation handelte, wodurch die Logen automatisch zu illegalen Vereinigungen wurden. Zusätzlich stärkte der Umstand, daß sich im Kreise der Logen Männer der verschiedensten Glaubensrichtungen begegneten, den Verdacht, hier müßten subversive Umtriebe im Gange sein. Die etablierten Autoritäten hatten in der Regel nicht die geringste Vorstellung vom Denken und von den Zielen der Freimaurer. Einer der ersten Berichte über freimaurerische Aktivitäten in der Neuen Welt stammt aus dem Jahr 1763: Auf Kuba gründeten Angehörige des irischen Truppenkontingents, das an der Belagerung von Havanna teilgenommen hatte, eine aus Militärs bestehende Loge. Nach einer anderen Meldung wurde im gleichen Jahr auch eine Loge in Nicaragua eingerichtet. Aber erst mit den Unabhängigkeitskriegen betrat die Freimaurerei die gesellschaftliche und politische Bühne. Nacheinander wurden Logen in Venezuela (1809), in Buenos Aires – die von San Martín selbst ins Leben gerufene Lautaro-Loge (1812) –, in Chile (1817), Kolumbien (1827), Peru (1830) und, nach Erlangung der Unabhängigkeit, in Mexiko, in Uruguay (1855), anschließend in San José de Costa Rica (1870), Puerto Rico (1871), Paraguay (1889), Panama (1907) und Bolivien (1916) gegründet.

In den Archiven der Inquisitionsbehörden sind die Freimaurersekten nur spärlich dokumentiert. In den wenigen Fällen, in denen es zu Denunziationen gekommen war – in Lima zwischen 1755 und 1756 und noch einmal zwischen 1773 und 1777, in Mexiko zwischen 1760 und 1768 –, ging es im Rahmen der Prozesse nicht in erster Linie um freimaurerische Aktivitäten, sondern um andere Anklagepunkte, denen die Gerichte mehr Bedeutung beimaßen. In Mexiko wurden von 1785 bis 1794 drei Ausländer (ein Venezianer und zwei Franzosen) wegen ihrer Logentätigkeit angezeigt. Der einzige bedeutende Schriftsteller jener Zeit, der als Freimaurer hervortrat, war Fernández de Lizardi. Ein anderer berühmter Autor Mexikos, Fray Servando Teresa de Mier, Zeitgenosse Lizardis, wurde in einem im Jahr 1817 angestrengten Prozeß von der Inquisition zu einer Gefängnisstrafe verurteilt. In der Stadt Mexiko scheint es zu Beginn des 19. Jh. eine Loge gegeben zu haben, und um 1810 erlebte die Loge der *Caballeros racionales* von Jalapa eine Blütezeit. Während seiner kurzen Regierungsperiode (vom 3. 8. bis zum 27. 9. 1821) unternahm der letzte von Spanien eingesetzte Verwaltungschef der Kolonie Neu-Spanien, Don Juan O'Donojú, einige Anstrengungen, um das Freimaurertum auf eine solide Basis zu stellen; bald darauf, im Jahr 1822, verschafften die zurückkehrenden Abgeordneten der *Cortes* von Cádiz der Institution neue Impulse.

Waren die Zusammenkünfte der Logenmitglieder bis 1825 nach dem schottischen Ritus erfolgt, so gelang es von da an einer Reihe von Logen, sich mit Hilfe des Botschafters der Vereinigten Staaten in Mexiko, Joel R. Poinsett, nach den Regeln der New Yorker Bünde zu organisieren. Dies war der Beginn der Aufhebung der bisher innerhalb des mexikanischen Freimaurertums gärenden Spannungen in den institutionellen Gegensatz zwischen den Logen der *yorquinos* und der *escoceses*. Während erstere für eine zentralistische politische Ordnung eintraten, förderten letztere eine Konföderation von unabhängigen Einzelstaaten nach dem Vorbild der USA. In der folgenden Zeit vertiefte sich die Spaltung zwischen den Konservativen, die dem schottischen Ritus anhingen, und den *yorquinos*, die als fortschrittlicher galten, immer mehr. Nach heftigen politischen Zusammenstößen und einigen aus den Feindseligkeiten herrührenden Verbrechen entschloß sich der mexikanische Senat 1828 zu einem Verbot aller Geheimbünde. Die Folge dieser Maßnahme war, daß die „Schotten" eine Vereinigung der *novenarios* und die *yorquinos* einen Verband der *guadalupanos* gründeten, um unter dem Deckmantel religiöser Aktivitäten ihre Kontakte weiter pflegen zu können. Für die *guadalupanos* wurde die Jungfrau von Guadalupe in der Folge zu einem wahren Symbol des Mexikanertums, ein seltsames Gemisch aus politischen Interessen – denn in Wirklichkeit ging es um die Macht in der neuen Republik – und religiös eingestimmter nationaler Folklore.

Die wissenschaftliche Forschung des 18. Jh. profitierte von einer Reihe erfolgreicher Expeditionen, die die Kenntnisse über den Subkontinent erweiterten und vertieften. Eine Forschungsreise, an der neben anderen ausgewählten Experten die Franzosen La

Condamine und Antoine-Laurent Jussieu (1748–1836) teilnahmen, galt der exakten Bodenvermessung in der für diesen Zweck als besonders geeignet erachteten Region von Ecuador. Da es sich um ein Hoheitsgebiet der spanischen Krone handelte, ließ Philipp V. die Expedition durch die beiden spanischen Marineoffiziere Jorge Juan y Santacilia (1713–1773) und Antonio de Ulloa (1716–1795), beides ausgezeichnete Mathematiker, begleiten. Die Expedition dauerte von 1735 bis 1746, und ihre wissenschaftlichen Ergebnisse hielten die beiden spanischen Fachleute in der *Disertación histórica y geográfica sobre el meridiano de demarcación entre los dominios de España y Portugal* (Madrid 1749) und in den *Noticias secretas de América. Entretenimiento físico-histórico sobre la América Meridional y Septentrional Oriental* (Madrid 1772) fest. Diese zweite Niederschrift bietet einen kompletten Überblick über die naturwissenschaftlichen, geographischen, meteorologischen und anthropologischen Verhältnisse des im Titel erfaßten Territoriums. Obwohl die Indios in diesem Bericht in keinem günstigen Licht erscheinen, erregte diese Studie das Interesse des Auslands, und noch bevor das Jahrhundert zu Ende ging, lagen eine französische und eine deutsche Übersetzung des Textes vor, während in Spanien 1792 bereits die zweite Auflage in Druck ging. Die *Noticias secretas de América,* die die Verwaltung „der Königreiche von Peru, der Provinzen von Quito und der Küsten von Neu-Granada und Chile" beschrieben, und deren scharfe Kritik an der Regierungspraxis in diesen Territorien an die Krone adressiert war, gerieten in die Hände der Briten und wurden im Jahr 1826 in London veröffentlicht. Die Publikation sorgte unter den Nationen, die daran interessiert waren, den Spaniern ihre Vorherrschaft streitig zu machen, für Aufsehen; einen ähnlichen Effekt hatten schon die *Brevissima* (Kurzer Bericht über die Zerstörung Indiens) von Las Casas erzielt.

Gleichwohl hatte, wie Alexander von Humboldt (1769–1859) bestätigte, noch keine europäische Regierung derart gewaltige Geldsummen in die wissenschaftliche Erforschung des amerikanischen Kontinents investiert wie die spanische. Ferdinand VI. lud Linné ein, die amerikanische Flora zu studieren, doch dieser schickte seinen Schüler Loeffling. Der spanische Herrscher subventionierte auch eine französische Expedition, die den genauen Verlauf des Äquators bestimmen sollte. An ihr nahmen erneut La Condamine und Jussieu sowie die spanischen Marineoffiziere Antonio de Ulloa und Jorge Juan teil. Im Jahr 1754 übernahm der König die Schirmherrschaft über eine von Cádiz aus gestartete Expedition, die das Gebiet von Cumaná erforschen sollte. Während der Regierungszeit Karls III. führte Hipólito Ruiz eine Expedition an, die zwischen 1777 und 1787 die chilenische Flora untersuchte. Ihre Ergebnisse wurden in dem vierbändigen Werk *Flora Peruviana et Chilensis* (1794–1804) festgehalten. Materielle Unterstützung durch Karl III. erfuhr auch eine von Celestino Mutis angeführte botanische Forschergruppe. Mutis, der im Jahr 1760 als Leibarzt des Vizekönigs Messía de la Cerda nach Santa Fé de Bogotá gekommen und durch seine astronomischen Untersuchungen in Neu-Granada bekannt geworden war, hatte seit 1762 auch einen Lehrstuhl für Mathematik inne. Seine neue Umgebung nahm ihn so gefangen, daß Mutis, der schon damals von „unserem Amerika" sprach, sein Leben der Aufgabe widmete, das Niveau der wissenschaftlichen Forschung in seiner Wahlheimat anzuheben. Er entsandte einige seiner Schüler nach Europa, wo diese, ebenso wie die wegen ihrer Verwicklung in „revolutionäre" Tätigkeiten zwangsweise in die Alte Welt expedierten Gelehrten, unter den Einfluß der neuen geistigen Strömungen gerieten. Als 1817, neun Jahre nach Mutis' Tod, Morillo die Ausbeute jener botanischen Forschungsreise nach Spanien verschickte, kamen dort 149 Kisten an, die elf Schriftbände, 6848 Illustrationen sowie ein Herbarium mit 20 000 Pflanzen enthielten.

Auch unter König Karl IV. wurden die verschiedensten Forschungsreisen auf Kosten der Krone unternommen: 1788 eine von Martín Sesé geleitete botanische Expedition nach Neu-Spanien; ab 1789 eine Weltumsegelung unter dem Kommando von Alejandro Malaspina, die hydrographischen und navigatorischen Messungen diente; eine auf die Untersuchung von Mineralien, Muscheln und Felsformationen am Río de la Plata, in Chile und Peru gerichtete Forschungsreise; sowie eine Expedition, die 1797 die karibischen Gewässer auslotete. Es handelte sich ausnahmslos um bedeutende, zum Teil bahnbrechende Erkundungen, deren mitunter weitreichende wissenschaftliche Ergebnisse der Außenwelt am Vorabend der Unabhängigkeit ein Bild des neuen Kontinents Amerika vermittelten. Aber auch in den durchforschten Ländern selbst, wo man mit Stolz die Aufmerksamkeit registrierte, mit der die Gelehrten anderer Nationen nun nach Amerika blickten, begannen sich intellektuelle Kreise der Bedeutung ihres Kontinents, aber auch ihrer eigenen Möglichkeiten, diese Forschung nun selber fortzusetzen, bewußt zu werden.

Für Europa wie für Amerika von herausragender Bedeutung waren die Reisen Alexander von Humboldts durch den südamerikanischen Kontinent. Der vielseitig interessierte Wissenschaftler schiffte sich am 16. Juli 1799 in Cumaná, Venezuela, aus und segelte fast fünf Jahre später, am 7. März 1804, von Veracruz aus über Kuba nach Philadelphia zurück. Humboldts Veröffentlichungen bescherten Europa eine Fülle von Kenntnissen über Amerika; Amerikas gebildeten Kreisen verhalf er über die mit ihnen geknüpften Kontakte zu einem regeren Gedankenaustausch untereinander. Auf seinen Reisen, bei denen er 40 wissenschaftliche Meßinstrumente mit sich führte, begleitete ihn der französische Botaniker Aimé Bonpland (1773–1858), einer der besten Pflanzenkundler seiner Zeit, erfolgreichster Schüler Jussieus und Lehrstuhlinhaber für Botanik in Paris; er war der älteste von drei Brüdern, allesamt Botaniker. Sein Bruder Joseph hatte La Condamine auf dessen Peru-Reise (1735–1743) begleitet. Auf der Suche nach Chinarinde blieb er bis 1771 auf dem amerikanischen Kontinent. Aimé Bonpland, ehemals Chirurg der französischen Marine, brachte eine Kollektion von 6000 bis dahin unbekannten Pflanzen zusammen, die heute im *Musée d'Histoire Naturelle* in Paris aufbewahrt werden. Humboldt legte auf den Flüssen Venezuelas – Apure, Orinoco, Río Negro und Casiquiave – etwa 2500 km und auf dem Río Magdalena in Kolumbien, den er von Barranquilla bis Honda befuhr, über 1000 km zurück. Dann setzte er seine Reise nach Lima fort, schiffte sich in Callao nach Guayaquil ein und segelte von dort nach Acapulco weiter, um Mexiko kreuz und quer zu durchstreifen. Von Mexiko-Stadt aus erkundete er das Land nach allen Himmelsrichtungen: im Norden über Guanajuato hinaus bis nach San Juan de la Chica; dann bis zum Vulkan Jorullo südlich von Pátzcuaro; nach Pachuca und schließlich, zum Abschluß seines einjährigen Mexikoaufenthaltes (22. 3. 1803 bis 7. 3. 1804), von der Hauptstadt bis Veracruz.

Humboldt hatte bei seinem Spanienbesuch von Karl IV. als erster ausländischer Forscher die unbeschränkte Erlaubnis erhalten, das gesamte Gebiet der überseeischen Besitzungen frei zu bereisen. Ergebnis dieser Reisen ist das aus 30 Bänden mit 1300 Illustrationen bestehende Werk *Voyage aux régions équinoxiales du Nouveau Continent*. Die erste Auflage erschien zwischen 1807 und 1851 in Paris. Humboldt lebte von 1805 bis 1827 in der französischen Hauptstadt, wo er u. a. auch mit Gay-Lussac zusammenarbeitete. Mit Ausnahme der in Latein abgefaßten Botanik-Bände schrieb er sein Werk in französischer Sprache nieder. 1811 erschien als Band 25 und 26 der *Voyage* Humboldts berühmter *Essai politique sur la Nouvelle Espagne.* Humboldt und Bonpland hatten im Jahr 1801 auch Mutis besucht. Sie interessierten sich nicht nur für orographische Daten (wie die Querverbindungen im Flußsystem des Orinoco), für astronomische, demographische und ökonomische Informationen, sondern auch für Architektur und bildende Kunst, für Anthropologie und Landschaftsbeschreibungen.

Zeugnisse dieser universalen Neugier sind die mehrbändigen *Vues des Cordillères et monuments des peuples de l'Amérique,* veröffentlicht zwischen 1810 und 1813. Das Werk enthält 69 Kupferstiche, darunter 42 Motive aus Mexiko. Das Neuartige an diesem Teil des Gesamtwerks ist die Aufmerksamkeit, die Humboldt den Bilderschriften, ihren ausführlichen Reproduktionen und dem erläuternden Material widmet. So gibt er Handschriften wieder, die heute folgende Namen tragen: Vaticanus A und B, Borgianus, Vindobonensis, Tellerianus Remensis, Codex Mendoza und Codex von Dresden. Bei der Einführung in die *Vues des Cordillères* fällt auf, daß Humboldt in den Monumenten unerläßliche Elemente „zur philosophischen Erfassung des Menschen" sah. Gleichzeitig wies er darauf hin, daß nach den Beschreibungen und Untersuchungen der ersten Chronisten und Historiographen über die „Indias", d. h. seit dem 17. Jh., das Interesse für Amerika nachgelassen hätte, und daß, insbesondere als Echo auf die Veröffentlichung von Clavijeros Werk, ungeachtet der wiederholten Bestätigung durch Augenzeugen, viele der berichteten Dinge in Zweifel gezogen würden. Es fehlte auch nicht an namhaften Schriftstellern, die sich bemühten, die Inferiorität der Neuen Welt aus den verschiedensten Blickwinkeln darzustellen. Humboldt merkte dazu in der Einführung zu den Bänden 2 und 3 ironisch an: „Ein Philosoph glaubt es sich offenbar schuldig zu sein, alles, was die Missionare schon beobachtet und beschrieben hatten, zu negieren", eine unverblümte Kritik an den Ideen von Buffon und De Pauw. Immerhin scheint sich seit dem Ende des 17. Jh. die Einstellung gegenüber den außereuropäischen Kulturen geändert zu haben, denn, so Humboldt: „Meine Erkundungen treten in einer Epoche in Erscheinung, in der man es nicht mehr für unter seiner Würde hält, seine Aufmerksamkeit Stilrichtungen zuzuwenden, die von dem, was uns die Griechen als unnachahmliche Beispiele hinterlassen haben, weit entfernt sind" (Band 3). Andere Gelehrte hätten viel Material sichergestellt und zusammengetragen, ohne jedoch zu einer generellen Aussage über das eigentliche Kulturempfinden des betreffenden Volkes gekommen zu sein: „eine sterile Methode, die Geschichte der Völker zu studieren wie nach Fachbereichen der Naturwissenschaften" (Band 5). Humboldt spricht nicht von „dem" Indio , sondern betont die große Verschiedenartigkeit der Rasse und macht auf „plusieurs centaines de langues" aufmerksam, die teilweise Sprachfamilien bilden können. Er bezieht sich dabei auf über 20 in Mexiko angetroffene Idiome, für die zu seiner Zeit 14 verschiedene Grammatiken und Wörterbücher existierten (er selbst besaß Wörterbücher und Grammatiken für sieben Eingeborenensprachen). Für das Aztekische existierten damals elf gedruckte Grammatiken.

In seinem *Essai politique* untersucht Humboldt die geographische Unterteilung des Territoriums, dessen Besiedlung und die Arten vorkommender Krankheiten: Er studiert Indios, Weiße, Schwarze und Mischlinge, interessiert sich für den Gemüseanbau und die für Gewerbe und Handel nützlichen Pflanzen, analysiert den Bergbau, die

Manufakturen, den Warenaustausch, die Einnahmequellen. Er geht auf die gemeinsamen körperlichen Merkmale der Indianer Kanadas, Floridas, Perus und Brasiliens ein, und er bemerkt auch, daß innerhalb der amerikanischen Rasse Völker existieren, deren einzelne Gruppen sich wesentlich voneinander unterscheiden können, „in der gleichen Weise, wie die zahlreichen Unterarten der indogermanischen Rasse untereinander differieren". Ohne Buffon namentlich zu erwähnen, weist Humboldt die Ansicht „gewisser berühmter Naturforscher" zurück, nicht vorhandener Bartwuchs bei Eingeborenen sei eine untrügliche Degenerationserscheinung und ein Zeichen für eine gewisse physische Schwäche. Man betrachte – so Humboldt – nur einmal die Neger im Kongo und in der Karibik, „zwei außerordentlich robuste und häufig durch einen kolossalen Körperbau gekennzeichnete Rassen", um die Unhaltbarkeit jener Theorie zu erkennen. Ausgehend von der Erkenntnis, daß die Indios lange Zeit von ihren eigenen Gebietern ausgebeutet wurden – „ein ziviler und militärischer Despotismus" –, gelangte er zu dem Schluß, die Eingeborenen tarnten ihren Widerstand auf listige Weise, indem sie sich einen Anschein von Apathie und Einfalt gäben. Bei den Indios Neu-Spaniens entdeckte er wieder die gleiche Liebe zu Blumen, dieselbe Feinfühligkeit und Eleganz, mit der sie ihre in kleinen Körben dargebotenen Früchte arrangierten, wie sie schon Cortés aufgefallen waren. Humboldt staunt über diese Kunstfertigkeit, diesen „Sinn für das Schöne ... bei einem Volk, dessen blutdürstige Religion und dessen häufige Menschenopfer doch eigentlich alles, was mit seelischen Empfindungen und zärtlichen Neigungen zu tun haben könnte, ausgelöscht haben müßten". Außerdem konstatiert er, daß die alten Glaubensvorstellungen mit der Christianisierung im Grunde genommen keineswegs verschwunden seien, und daß die Indios Neu-Spaniens nur ihre früheren religiösen Zeremonien durch andere ersetzt hätten: „Nicht ein Dogma ist dem anderen gefolgt, sondern eine Zeremonie der anderen." Über das kulturelle Niveau Neu-Spaniens urteilt Humboldt: „Die Hauptstadt und verschiedene andere Städte verfügen über wissenschaftliche Institutionen, die sich mit denen Europas vergleichen lassen." Über die Bevölkerung teilt Humboldt mit, daß seinerzeit „in der Stadt Mexiko von je 100 Einwohnern 49 Kreolen, zwei in Europa Geborene, 24 Indios und 25 Personen Mischlinge waren". Ein aufschlußreicher Hinweis gilt den großen Städten Havanna, Lima, Santa Fé de Bogotá, Quito, Popayán und Caracas (auf die der Autor zuvor hingewiesen hat), und aus denen er die kubanische Metropole hervorhebt: Havanna gleiche in seinen Gepflogenheiten, seiner Eleganz, seinem Luxus und dem Niveau der bürgerlichen Gesellschaft am meisten den Städten Europas. Entgegen dem äußeren Anschein und trotz aller Anstrengungen, die die „Patriotische Gesellschaft" der Insel unternehme, gediehen jedoch die Wissenschaften nur wenig „in einem Land, wo die Pflanzungen und der Preis der kolonialen Erzeugnisse die Aufmerksamkeit der Bewohner voll in Anspruch nehmen". In Neu-Spanien seien, so Humboldt, dennoch die Grundlagen der neuen Chemie, „die in den spanischen Kolonien fälschlicherweise als neue Philosophie bezeichnet wird, mehr verbreitet als in vielen Teilen des Mutterlandes". Er fügt hinzu, die Mathematikvorlesungen der Universität seien von mäßigerer Qualität als die der Bergbauschule. Nur eine einzige wirkliche Verstimmung trübte die lange Reise Humboldts, der sich durch ein stets zuvorkommendes Wesen auszeichnete und viele Freunde fand: Aus Dankbarkeit gegenüber einer Familie in Quito, die ihm ihre Gastfreundschaft erwiesen und ihn mit Aufmerksamkeiten überhäuft hatte, beschloß er, deren Sohn, Carlos Montúfar, als Reisebegleiter mitzunehmen – anstelle des ihm anempfohlenen brillanten Schülers von Celestino Mutis, Francisco José de Caldas, den der deutsche Gelehrte selbst einen „Wunderknaben auf dem Gebiet der Astronomie" genannt hatte.

Ein großer Amerikaner war der aus Caracas stammende Andrés Bello (1781–1865), der Humboldt bei dessen Ankunft in Venezuela kennengelernt hatte. Bello begleitete den Forscher bei seinen Erkundungen rings um die Hauptstadt. Einige Jahre später, als die Unabhängigkeitsbewegung einsetzte, wurde er von der Junta von Caracas beauftragt, diplomatische Unterstützung und wirtschaftliche Hilfe bei der britischen Regierung zu erwirken, und er begab sich nach London, wo er 19 Jahre blieb. Bello, ein Mann von solider humanistischer Bildung, nahm nach dem Ende des Verfassungstrienniums, und nachdem Ferdinand VII. im Oktober 1823 die Ergebnisse der seit 1820 geleisteten konstitutionellen Regierungsarbeit für null und nichtig erklärt hatte, in der britischen Hauptstadt Verbindung mit den spanischen Liberalen auf, die, wie andere in Frankreich, in London Asyl gefunden hatten. Dort lernte Bello auch die Schriften (in englischer Übersetzung) von Madame de Staël und der Brüder Schlegel kennen, ebenso Byrons Dichtung und Walter Scotts Romane. Werke Scotts und Chateaubriands waren von dem Spanier José Joaquín de Mora in seine Muttersprache übertragen worden; im Geistesleben Chiles nach 1828 spielte dieser Mann eine bedeutende Rolle. Bello hatte engen Kontakt zu Jeremy Bentham, mit dessen „Utilitarismus" er unmittelbar in Berührung kam, als er die Manuskripte des Philosophen für den Druck vorbereitete. Die Verbindung zu Miranda und der Zugang zu dessen ausgezeichneter Bibliothek dienten Bello als Anreiz, im Selbststudium Griechisch zu lernen. Nach der Rückkehr Mirandas nach Venezuela im Jahr 1811 logierte Bello bis Ende 1812 oder Anfang 1813 in dessen Londoner Haus. Er lernte dort auch den bevollmächtigten Minister Perus, José Joaquín de Olmedo, kennen, einen überzeugten Vertreter der Unabhängigkeitsbewegung. Zwei Exilzeitschriften gründete der Venezolaner Bello später in London: *Biblioteca Americana,* von der im Jahr 1823 zwei Nummern, und *Repertorio Americano,* von dem 1826 und 1827 vier Nummern erschienen. In beiden Zeitschriften erschienen Beiträge des Herausgebers, die als wegweisend für die neue Literatur Hispanoamerikas gelten können. Besonders in der Zeitspanne von 1824 bis 1828 war London ein Zentrum des spanischen und hispanoamerikanischen Geisteslebens. Obwohl Bellos Zeitschriften politisch einen ausgesprochen antispanischen Ton anschlugen, erfreute sich der Venezolaner ausgezeichneter Beziehungen zu den expatriierten Spaniern. Solange er lebte, blieb Andrés Bello ein eifriger Leser und Kommentator der spanischen Klassiker, deren Lektüre er den Hispanoamerikanern stets nahelegte. Im Jahr 1829 nach Südamerika zurückgekehrt, stellte er seine Fähigkeiten und Erfahrungen bis zu seinem Tod 1865 in den Dienst Chiles, wo sich seine Gedanken zur sozialpolitischen Entwicklung des Kontinents u. a. in einem chilenischen Verfassungsentwurf, in Aktivitäten und Schriften im Bildungsbereich sowie einer maßvollen Propagierung der ihm von seinen europäischen Jahren her vertrauten Ideen der Romantiker niederschlugen.

Alexander von Humboldt und Andrés Bello waren weitsichtige Gelehrte; der erste ein typischer Vertreter der Aufklärung, der zweite ein Denker auf dem Wege vom Rationalismus zur Romantik. Zu den Ideologen jener Zeit zählt Antonio Nariño (1765–1823), ein gebildeter Kolumbianer, in dessen Haus in Bogotá sich seit 1789 ein kleiner Kreis von aufgeschlossenen, den Erkenntnissen der Aufklärung und den

Idealen der Französischen Revolution ergebenen Menschen traf. Nariño ging u.a. wegen einer Übersetzung der französischen *Déclaration des droits de l'homme* in die Geschichte Hispanoamerikas ein. Nach der heimlichen Verbreitung des auf Nariños eigener Presse gedruckten Textes wurde er nach Spanien ausgewiesen, von wo aus er nach Frankreich und dann nach London floh. Dort lernte er Miranda kennen, kehrte 1796 nach Amerika zurück, geriet aber bei seinen Landsleuten zunächst in Vergessenheit. Über die damalige Verbreitung seiner Übersetzung ist nichts bekannt.

Eine andere bedeutsame Schrift aus dem Umkreis der Ideologen war die *Carta dirigida a los españoles americanos, hermanos y compatriotas*, herausgegeben von dem des Landes verwiesenen Jesuiten Juan Pablo Viscardo y Guzmán, der im Jahr 1748 in der Nähe von Arequipa, Peru, geboren wurde und 1798 in London starb. Der Text wurde zwei Jahre nach seiner Ankunft in London auf Französisch niedergeschrieben, blieb jedoch, weil Pitt die Genehmigung zur Publikation verweigerte, bis zum Tode des Verfassers unveröffentlicht. Erst danach geriet das Papier des Peruaners in die Hände der englischen Regierung (die ihm ein Pension gezahlt hatte) und wurde an Miranda weitergeleitet. Dieser ließ den Urtext, jedoch mit dem falschen Druckvermerk „Philadelphia", im Jahr 1799 in London veröffentlichen; 1801 folgte eine spanische Ausgabe, deren Wortlaut Manuel GIMÉNEZ FERNÁNDEZ in seinem Buch *Las doctrinas populistas de la Independencia de Hispanoamerica* [1947] wiedergibt. Der Sinn dieses berühmt gewordenen Pamphlets ist ambivalent. Obwohl schon im ersten Absatz und dann auch im folgenden Text das Wort „Vaterland" auftaucht und ausdrücklich darauf hingewiesen wird, daß „die Neue Welt unser Vaterland ist", soll dieses Vaterland den Kreolen gehören, denn die insgesamt nur an zwei Stellen erwähnten Indios („die unglückseligen Indios und Mestizen" und „die armen Indios, unsere Brüder und Landsleute") kommen weder in den vorausgegangenen noch den nachfolgenden Ausführungen vor. Der Verfasser erklärt: „Niemals werden wir uns zu barbarischen Instrumenten der Tyrannei machen lassen, und ehe wir uns mit auch nur einem Tropfen Blut unserer unschuldigen Brüder beflecken, vergießen wir lieber unser eigenes in Verteidigung unserer Rechte und gemeinsamen Interessen." Die „unschuldigen Brüder" aber sind die „amerikanischen Spanier", denen die Regierung Waffen in die Hand zu geben und die sie in die Nationalarmee aufzunehmen beschloß. Die erwähnten Rechte werden aus dem Anfangstext ersichtlich, wo von „kaufen" und „verkaufen" die Rede ist, der Verfasser also für die Prinzipien des Freihandels eintritt. Daß den Kreolen der Zugang zu Regierungsposten verwehrt war, hielt der Peruaner für ein eher kleines Übel, für das es sogar einen Ausgleich gab: „Die Verwaltung unserer wirtschaftlichen Interessen hätte uns über andere Nachteile hinwegkommen lassen, was für Spanien letztlich vorteilhaft gewesen wäre", führt Viscardo aus. Wenn er von der „Raubgier" der Spanier spricht, von „jenem blutdürstigen Monstrum", das der Vizekönig Francisco de Toledo darstellte, wenn er auf den Despotismus der Spanier hinweist und auf die Dekadenz, in die Spanien seiner Meinung nach verfiel, und wenn er sagt: „Laßt uns noch einmal und von neuem Amerika für alle unsere Brüder, die Bewohner unseres Erdballs, entdecken" – so fehlt bei diesen Äußerungen dennoch jede Idee oder eine auch nur angedeutete Vorstellung bezüglich der möglichen oder gewollten Rolle derjenigen, die wie niemand sonst in dieser neuen Gesellschaft die Unterdrückung zu spüren bekommen hatten, und das waren nicht die europäischen Spanier und nicht die Kreolen. Nebenbei entrüstet sich der Verfasser über die Jesuitenvertreibung, aber nicht, weil diese auf pädagogischem Gebiet einen geistigen Aderlaß für den amerikanischen Kontinent bedeutete, sondern weil die Societas Jesu eine der Stützen der Religionsverbreitung darstellte. Viscardos Brief mag dem Unabhängigkeitsgedanken förderlich gewesen sein; vom Geiste der Aufklärung war er nicht inspiriert. Sein idealistischer Anspruch erlag einem ökonomischen Pragmatismus, der allein von den Interessen der Kreolen bestimmt war. Das schmälert den Wert dieses Dokuments als ideologischer Wegbereiter auf allen Gebieten des politischen und gesellschaftlichen Lebens. Was den Freihandel betrifft, so wurde das Thema im Jahr 1809 von dem Bonarenser Mariano Moreno (1778–1811), Mitglied der *Academia Carolina de La Plata* und Absolvent der La-Plata-Universität (Charcas), sowie dem Honduraner José Cecilio del Valle (1760–1830), einem ehemaligen Studenten der San-Carlos-Universität in Guatemala, aufgegriffen.

Dem mexikanischen Ordensbruder Servando Teresa de Mier (1765–1827) trug seine revolutionäre Denkweise mehrere Deportationen und Kerkerstrafen ein, doch ließen die Schreckensbilder der Französischen Revolution bei ihm wie bei der Mehrheit der aufgeklärten Köpfe Spaniens eine tiefe Abneigung gegen eine Volksherrschaft aufkommen, zumal er selbst Sproß einer Notablenfamilie war. Er propagierte nicht die Lösung aller Bindungen zum spanischen Mutterland, sondern trat für wirtschaftliche Unabhängigkeit und Verwaltungsautonomie im Rahmen der spanischen Monarchie ein. Zur Abstützung seiner Ideen orientierte er sich an den Richtlinien der Gesetzgebung für die „Indias“, was nicht ohne Auswirkungen auf die politische Denkweise Simón Bolívars blieb. Seine Vorstellungen von der Mission des „ersten Evangelisten Mexikos“, des heiligen Thomas, dessen Erscheinung ihn in der Eingeborenentradition zum legendären Quetzalcóatl hatte werden lassen, waren nicht „modern“. Unter den zahlreichen Manuskripten autobiographischer und politischer Art, die Fray Servando hinterließ, ragt vor allem die *Historia de la revolución de la Nueva España* heraus, die im Jahr 1813 in London gedruckt wurde, und deren zweite Auflage 1922 in Mexiko erschien. Er übersetzte auch Chateaubriands *Atala* noch im Jahr der Erstveröffentlichung (1802). Im Gegensatz zu Viscardo setzte sich Mier für die Belange der Indios, der Schwarzen und der Mestizen ein.

Die meisten Zeugnisse seines politischen Denkens hat jedoch Simón Bolívar (1783–1830) hinterlassen, von dem mehr als 3000 Briefe und 200 Reden der verschiedensten Art (politische Einführungsreden vor neugegründeten Versammlungen, Proklamationen, Truppenansprachen) erhalten sind. Auffällig ist die Sorgfalt, mit der die unter den unterschiedlichsten Bedingungen niedergeschriebenen oder diktierten Texte formuliert wurden, ebenso wie ihre literarische Qualität, ohne daß die von konkreten Situationen diktierten Grundgedanken in hochtönenden Reden untergingen. Im Laufe der Jahre verdichteten sich Bolívars Vorstellungen in vier Dokumenten, die als Meilensteine seiner politischen Gesinnung gelten können: in der *Contestación de un americano meridional a un caballero de esta isla*, also der berühmten *Carta de Jamaica* vom 6. September 1815; im *Discurso pronunciado ante el Congreso de Angostura* vom 15. Februar 1819; im *Discurso al Congreso Constituyente de Bolivia* vom 25. Mai 1826; und im *Mensaje al Congreso Constituyente de la República de Colombia* vom 20. Januar 1830.

Bolívars Grundüberzeugungen lassen sich folgendermaßen zusammenfassen: Bewunderung für das politische Beispiel Englands und der Vereinigten Staaten; Haß auf die Spanier; eine ausgesprochene Neigung zu einer Konföderation von Nationalstaaten und eine ebenso große Abneigung gegenüber einer von diesen Staaten gebildeten Bundesregierung; Beharren auf einer kreativen „imitatio", ohne sklavische Nachahmung anderer Beispiele; ein gewisser Pragmatismus, dem er mehrmals Ausdruck verlieh: „Laßt uns nicht etwas machen, was wir (noch) nicht beherrschen." Immer wieder drückte er sein Mißtrauen gegenüber einer (von den Massen gebildeten) Volksregierung aus, so auch in der *Carta de Jamaica:* „Ich fürchte, daß wir weit davon entfernt sind, uns mit ausschließlich aus dem Volk hervorgegangenen Regierungssystemen einen Gefallen zu erweisen, vielmehr wären sie unser Ruin." Im gleichen Brief ging er auf ein anderes Thema ein: „Die amerikanischen Staaten bedürfen der Pflege durch paternalistische Regierungen, die ihre von Despotismus und Krieg zugefügten Schmerzen lindern und ihre Wunden heilen." Klar zum Ausdruck kommt der Pragmatismus Bolívars an einer anderen Stelle des Dokuments: „Ich bin gegen ein aus direkten Volksvertretern und Repräsentanten gebildetes Föderativsystem, einfach weil es zuviel Perfektion erfordert und wesentlich höhere Fähigkeiten und politisches Talent verlangt, als wir sie besitzen; aus dem gleichen Grunde lehne ich die, Aristokratie und Demokratie einschließende, gemischte Monarchie ab, wie sie England so viel Glück und Glanz bescherte. Da es uns nicht gelingen kann, eine zwischen Republik und Monarchie liegende vollendete, ausgereifte Regierungsform zu finden, müssen wir verhindern, in demagogische Anarchie oder monokratische Tyrannei zu verfallen. Lassen Sie uns einen Mittelweg zwischen Extremen finden ..." Zum Zeitpunkt dieser Niederschrift stand ihm eine Grundfrage vor Augen: „Eine Vereinigung mag in irgendeiner glücklichen Epoche unserer Wiedergeburt Wirklichkeit werden." In der Rede von Angostura umriß Bolívar ohne romantische Verbrämungen oder Idealisierung der präkolumbischen Vergangenheit klar und deutlich das Selbstverständnis der Amerikaner: „Wir sind keine Europäer, noch sind wir Indios, sondern eine in der Mitte zwischen Eingeborenen und Spaniern rangierende Spezies."

In diesem und in anderen Texten schimmert etwas vom Geist Montesquieus und Rousseaus durch. Bei aller Bewunderung für die Vereinigten Staaten glaubte der Venezolaner, man müsse dem geschichtlichen Entwurf des *Esprit des lois* und nicht den politischen Ideen des Kolosses im Norden folgen, weil „die Vereinigten Staaten wegen ihrer außergewöhnlichen Prosperität ein allzu verführerisches Beispiel abgäben". Aber auch das britische Modell hielt er nicht in allen Teilen für nachahmenswert. Der Gedankenwelt des Neoklassizismus verpflichtet, finden sich in den Texten Bolívars häufig Verweise auf Institutionen der Griechen und Römer. Allerdings war das klassische Altertum im politischen und historischen Bewußtsein Amerikas vom 16. bis weit ins 20. Jh. hinein stets gegenwärtig. Nachdem die Volksvertretung in Form des Zweikammersystems beschlossene Sache war, rang Bolívar zäh darum, die Mitglieder des Senats nicht wählen zu lassen, sondern auf Lebenszeit zu bestimmen und ihren Anspruch auf die Nachkommen zu übertragen. Diesen künftigen Nachfolgern sollte „die bevorzugte Aufmerksamkeit der Regierung gelten, welche die zukünftigen Gesetzgeber und Säulen des Vaterlandes in einer speziell für sie geschaffenen Hochschule heranzubilden hätte". Noch einmal verlieh er seiner Skepsis gegenüber den Massen Ausdruck, als er sagte: „Man kann nicht alles den Launen und Zufällen der Wahlen überlassen; das Volk täuscht sich leichter als ein ausgebildetes politisches Talent ... Ein hereditärer Senat, ich wiederhole es, wird das Fundament für die gesetzgebende Gewalt sein und infolgedessen auch die Grundlage der gesamten Regierung." Freiheit ja, aber eine genau umschriebene Freiheit, denn „die nicht definierte Freiheit, die absolute Demokratie sind die Klippen, an denen alle republikanischen Hoffnungen zerschellt sind".

Die von den Vorreitern der Aufklärung erträumte Verbindung von wissenschaftlichem Fortschritt und Ethik hätte nicht besser zum Ausdruck kommen können als in dem folgenden Satz: „Diese Wissenschaft [die Kunst des Regierens im Sinne der von Bolívar formulierten Vorstellungen] erlernt man im Laufe der Praxis und durch ihr Studium. Der Fortschritt durch die Aufklärung ist es, der den Weg der fortschreitenden Praxis verbreitert, und die Rechtschaffenheit der Gedanken ist es, die die fortschreitende Aufklärung in breitere Bahnen lenkt." Vordringliche Aufgabe einer jeden Regierung sollte ganz offensichtlich die Volkserziehung sein. Bolívar drängte auf die Annahme eines zentralistischen Systems, um die nach seiner Meinung entsetzlichen Fehler der föderativen Lenkung zu vermeiden. In der Rede von Angostura setzte Bolívar sich glühend für die „Freiheit der Sklaven" ein. Sieben Jahre später, in seiner „Ansprache an die Verfassunggebende Versammlung von Bolivien", ist von einem Senat, dessen Sitze vererbbar wären, keine Rede mehr, vielmehr präsentierte Bolívar zum erstenmal seine Idee eines Präsidenten auf Lebenszeit und eines Vizepräsidenten mit erblichem Nachfolger, um – dem Beispiel Haitis unter Präsident Pétion, der „demokratischsten Republik der Welt", folgend – die Kräfte in der Regierung auszubalancieren. In welchem Ausmaß der politische Realismus Bolívars mit seiner idealistischen Überzeugung Hand in Hand ging, beweist das Bild, das er vom Vizepräsidenten zeichnete, der von „absolut lauterem Charakter" sein sollte, denn andernfalls müsse er zum „erbittertsten Feind des Präsidenten" werden, zumal ihm, falle jener aus, „die Staatsführung als höchste Belohnung der Nation" winke. Es folgt eine Passage über die Unerträglichkeit der Sklaverei in einem republikanischen Rechtsstaat. Bezüglich der Religionsausübung forderte Bolívar, eine politische Verfassung dürfe keine Glaubensregeln vorschreiben. „Wie könnte ein Staat das Gewissen seiner Untergebenen lenken, wie belohnen oder strafen, wenn die Gerichte doch im Himmel sind und Gott der oberste Richter ist?" Nichtsdestoweniger ließ er vier Jahre später (1830) die an den Kongreß von Kolumbien gerichtete „Botschaft" mit folgenden Worten ausklingen: „Erlaubt mir, daß ich euch bei diesem letzten feierlichen Akt nahelege, unseren heiligen Glauben zu hüten, überreiche Quelle himmlischer Segnungen." Mit fortschreitender Zeit immer deutlicher wurde die Desillusionierung Bolívars hinsichtlich der Aussicht, die von ihm zur staatlichen Lenkung der neuen Länder Amerikas vorgeschlagenen Schritte verwirklicht zu sehen. Am Ende verlor er die Hoffnung und den Glauben an seinen amerikanischen Kontinent.

An Klarheit und Weitsicht im politischen Denken Bolívar ebenbürtig war in der zweiten Hälfte des 19. Jh. der Kubaner José Martí, der ebenfalls einen Entwurf zur politischen Zukunft Amerikas ausarbeitete. Von „unserem Amerika" sprach auch der Jesuitenpater Francisco Javier Clavijero (geboren 1731 in Veracruz, gestorben 1783 in Bologna). Vor der Vertreibung seines Ordens brachte er die philosophischen Erkenntnisse von Descartes und Leibniz nach Mexiko, wo man an einigen Hochschulen immer noch dem aristotelischen Weltbild nacheiferte. In seinen Vorlesungen diskutierte er die Werke Bacons, Newtons und Franklins. Im Oktober 1767 verließ er, nur mit seinem Brevier und einem Packen Leibwäsche versehen, seine Heimat und ließ sich in Bologna nieder. Hier widmete er sich in den reich ausgestatteten Bibliotheken der Stadt seinen Studien und nahm mit seinem Landsmann Servando Teresa de Mier Verbindung auf. Im Jahr 1780 erschienen in Cesena die ersten drei Bände von Clavijeros *Storia antica del Messico;* 1781 erschien der vierte Band, der neun als „Dissertationen" bezeichnete Texte zur Erläuterung des Buches enthielt. Auf Bitten seiner italienischen Freunde hatte Clavijero selbst die Übersetzung des in Spanisch geschriebenen Urtextes in die Landessprache übernommen. In dieser Geschichte des alten Mexiko entwirft Clavijero ein Bild der historischen Entwicklung von den frühesten Anfängen bis zur Eroberung von Mexiko-Tenochtitlán durch Cortés. Sosehr sich der Autor in großen Teilen seines Werkes auch auf die Dokumentation von Juan de Torquemadas (*Monarquía indiana,* 1615) stützt, so enthält der Text doch eine außergewöhnliche Menge an zusätzlichen Informationen (nicht zuletzt ein Zeichen für die Ergiebigkeit der Bibliotheken von Bologna) und ist vor allem deshalb interessant, weil sich in ihm die Einstellung eines aufgeklärten Klerikers zu Amerika widerspiegelt. Wie Clavijero schreibt, lag ihm nichts daran, etwas zum Lobe seiner Heimat zu Papier zu bringen, denn „die leidenschaftliche Verherrlichung des eigenen Landes erinnert mehr an das Gezänk von Knaben als an eine Diskussion unter Männern" (zit. nach Mariano Cuevas' Ausgabe der *Historia Antigua de Mexico,* Porrúa, Mexiko, 1974, 423). Vielmehr ging es ihm darum, die Unhaltbarkeit bestimmter, von einigen Europäern (De Pauw, Buffon) über Amerika verbreiteter Vorstellungen aufzuzeigen. In seiner detaillierten Beschreibung der präkolumbischen Kulturen, die er facettenreich kommentiert, hält er sich eng an alle auch nur erreichbaren Urtexte. Alles erregt seine Bewunderung, aber er geht auch auf die Zwiste und Bruderkriege, auf den Fanatismus und die Grausamkeit einiger religiöser Praktiken der Indios ein, auf die Ausbeutung des Gemeinwesens und ganzer Völker durch die mexikanischen Herrscher wie auch darauf, daß unter den Mexikanern der präkolumbischen Zeit das Kriegshandwerk die höchste Achtung genoß. Clavijero kritisiert das Verhalten der Konquistadoren, doch auch hier weiß er zu nuancieren: „Aber! Welcher durch die Schule der Welt gegangene Eroberer hätte je Heldenhaftigkeit besessen, ohne nicht auch erhebliche Fehler zu begehen?" (ebd., 297). Und so preist er auch die Haltung der Katholischen Könige, wie sie sich letzten Endes in der „Indiengesetzgebung" niederschlug. In seinen Ausführungen zu den mexikanischen Bilderschriften weist der Autor darauf hin, daß die disproportioniert wiedergegebenen menschlichen Figuren nicht etwa auf zeichnerisches Unvermögen der indianischen Schriftkundigen, sondern auf die Schnelligkeit ihrer Darstellung zurückzuführen sind. „Eine glücklichere Hand als beim Malen hatten die Mexikaner bei der Bildhauerei ...", ergänzt Clavijero und erklärt bewundernd ihre einzelnen Bearbeitungstechniken. „Ihre Idole waren häßlich und deformiert; jedoch nicht aus Mangel an Kunstverständnis, sondern weil sie, wie wir schon sagten, so ihrer religiösen Auffassung entsprachen" (ebd., 250–252). Unabhängig von ihrem heidnischen Gehalt beklagt Clavijero die Zerstörung sehr vieler Statuen durch die ersten Missionare und durch den ersten Bischof von Mexiko, Zumárraga, wie hoch deren zivilisatorisches Werk auch immer einzuschätzen sei.

Die *Historia* ist der umfassendste Versuch zur Aufarbeitung einer bewundernswürdigen Vergangenheit, für die der Autor alle verfügbaren Quellen befragte und sich im Zweifel an die der Wahrscheinlichkeit am nächsten kommende Version hielt. Einem historischen Text weniger angemessen sind die häufigen Einschübe von Reden, die

Clavijero Indios wie Spanier halten läßt. Sein Standpunkt als Jesuit in religiösen Fragen kann nicht erstaunen; doch entfernt er sich im letzten Teil seines Werkes (Bd. 10, Kap. 33) recht weit von den Inhalten der Aufklärung, wenn er schreibt: „Die Mexikaner wurden, zusammen mit allen anderen Nationen, die zu ihrem Ruin beitrugen, ungeachtet der christlichen und vorsorglichen Gesetze der Katholischen Könige, im Elend, in Unterdrückung und Verachtung zurückgelassen nicht nur von den Spaniern, sondern auch noch von den gemeinsten afrikanischen Sklaven und ihren infamen Nachkommen, womithin Gott, in Form der Misere, in die das Land geriet, Grausamkeit, Unrecht und Irrglauben seiner Anführer rächte: ein beklagenswertes Beispiel für das Funktionieren der göttlichen Gerechtigkeit und die Vergänglichkeit irdischer Reiche" (ebd., 418). Aus diesem Satz spricht einerseits das Mitgefühl des Verfassers mit den Indios – ihrem Zustand von Elend, Unterdrückung und Verachtung –, andererseits die für einen aufgeklärten Menschen erstaunliche Verbitterung gegenüber der afrikanischen Rasse sowie die selbstverständliche Hinnahme einer – von Generation zu Generation begangener Sünden wegen – auf die Nachkommen niedergehenden göttlichen Strafe. In der ersten „Dissertation" über den Ursprung der amerikanischen Bevölkerung, insbesondere der mexikanischen, fällt die seltsame Vermischung von wissenschaftlich genauen Angaben und der Heiligen Schrift entnommenen Argumenten auf, wobei der Autor die jeweils glaubhaftesten Daten und Meinungen miteinander vergleicht. In der fünften „Dissertation" („Die körperliche und sittliche Verfassung der Mexikaner") wendet sich Clavijero entrüstet und argumentationsstark gegen die von dem holländischen Naturforscher Cornelius de Pauw in seinen *Recherches philosophiques sur les Américains ou mémoires intéressantes pour servir à l'histoire de l'espèce humaine* (Bd. 1 Berlin 1766, Bd. 2 Berlin 1769) vorgebrachten Thesen über die Inferiorität der Amerikaner. Dieser Teil des Werkes enthält fünf der insgesamt neun literarischen Hinweise auf Las Casas. Clavijeros Werk ist dem Bemühen zu verdanken, die Legitimation der kreolischen Gesellschaft aufzuzeigen und an ihre gloriose präkolumbische Vergangenheit anzuknüpfen, sowie dem Bedürfnis, die unbegründete Kritik einiger Europäer, die den neuen Kontinent nie mit eigenen Augen sahen, am amerikanischen Menschen zurückzuweisen.

Zu einer anderen Kategorie gehören die Studien des Aragonesen Félix de Azara (1746–1821). Sie sind das Ergebnis purer geistiger Neugier. Nach einem humanistischen Studium schlug Azara die militärische Laufbahn ein und wurde nach Amerika entsandt, wo er bei der Bestimmung der Territorialgrenzen zwischen spanischen und portugiesischen Interessengebieten eine entscheidende Rolle spielte. Als Oberstleutnant und Fregattenkapitän gelangte er im Jahr 1781 in die La-Plata-Region und blieb dort bis zum Jahr 1801. Während dieses Aufenthalts, der sich wegen der schwierigen Zusammenarbeit mit den Portugiesen so lange hinzog, widmete sich Azara ausgiebig dem Studium der Bevölkerung Paraguays und der landestypischen Fauna. Neben anderen Schriften hinterließ er die *Apuntamientos para la historia natural de los quadrúpedos del Paraguay y del Río de la Plata* (1801 in Paris auf Französisch und ein Jahr später in erster Auflage in Madrid auf Spanisch erschienen); außerdem die *Apuntamientos para la historia natural de los pájaros del Paraguay y del Río de la Plata* (Madrid 1805) und die *Viajes por la América meridional* (1809 ins Französische übersetzt, 1846 als spanische Erstausgabe in Montevideo erschienen). Das Werk des Autodidakten Azara fand in Frankreich, u. a. bei dem Zoologen Georges Cuvier, ein nachhaltiges Echo. Auch Darwin zitiert den spanischen Forscher in seinem Reisetagebuch und in seinem großangelegten Werk *On the origin of species* (1859). Seinerseits zitiert auch Azara Cuvier, den Naturgeschichtler Buffon und Maria Sibylla Merian, die berühmte Malerin und Kupferstecherin exotischer Pflanzen und Insekten. Azaras Beschreibungen zahlreicher indianischer „Nationen" fußen sowohl auf eigenen Erfahrungen als auch auf der Konsultation aller Texte und Manuskripte, deren er habhaft werden konnte. In vielen Passagen seiner *Viajes,* in denen er Vergleiche zwischen Indios und Europäern hinsichtlich ihrer körperlichen und seelischen Verfassung anstellt, schneiden die Eingeborenen besser ab. Dort, wo Azara zu negativen Urteilen kommt, geht es um Bräuche, die der Autor „barbarisch" nennt, so bei einigen Stämmen das Aussetzen von Säuglingen durch die Frauen, oder Gewohnheiten, die sich aus hygienischen Mängeln ergeben. „Man darf von der ganz natürlichen Annahme ausgehen, daß diejenigen, die die Indios einfach für Tiere hielten, diese und jene miteinander verglichen und dabei durchaus auch, sei es in körperlicher oder in seelischer Hinsicht, Ähnlichkeiten feststellten" (*Viajes por la América meridional,* Madrid 1969, 248–249). Es folgt eine lange Aufzählung der ausgezeichneten Eigenschaften aller möglichen Tiere. Auch den Mestizen widmet sich der Autor (Kap. XIV) und entdeckt an ihnen verschiedene Vorteile, die sie gegenüber den Europäern auszeichnen: „Mir will scheinen, daß sie gegenüber den Spaniern Europas eine Überlegenheit besitzen, die in ihrem Wuchs, der Eleganz ihrer Körperformen und selbst in der Helligkeit ihrer Haut zum Ausdruck kommt" (ebd., 275). Er fügt eine Bemerkung hinzu, die man bei den Apologeten der kreolischen Gesellschaft und bei anderen europäischen Chronisten vergeblich suchen wird: „Diese Feststellungen ließen bei mir die Vermutung aufkommen, daß die Rassenvermischung nicht nur ihnen zugute kommt, sondern daß die Vereinigung mit der amerikanischen Rasse auch für die europäische vorteilhaft ist, jedenfalls für das männliche Geschlecht und für dieses mehr als das weibliche" (ebd.). Als Anhänger der Aufklärung betrachtete Azara die jesuitischen Reduktionen mit kritischen Augen. Die dort zusammengefaßten Indios hätten in diesen Siedlungen mehr Schutz vor den portugiesischen Sklavenfängern als ihr religiöses Heil gesucht.

Von den 27 bis zum Jahr 1760 in Hispanoamerika gegründeten Universitäten stellten acht ihre Aktivitäten mit der Vertreibung der Jesuiten ein (Santiago de Paz in Santo Domingo; San Gregorio Magno in Quito; Cuzco; Mérida in Yucatán; Buenos Aires; Popayán; Panama und Concepción in Chile). Zwei hatte man aufgelöst (Nuestra Señora del Rosario und San Miguel, beide in Santiago de Chile). Zwei weitere sollten nach 1760 ihre Pforten schließen (San Fulgencio in Quito und San Nicolás in Santa Fé de Bogotá). Auf diese Weise blieben 14 über den ganzen Kontinent verteilte Universitäten übrig (darunter eine in Lima, eine in Mexiko-Stadt, zwei in Bogotá und je eine in Córdoba, Charcas, Guatemala, Quito, Havanna, Caracas und Santiago de Chile). Bis zum Jahr 1830 wurden weitere vier Universitäten eingeweiht: die von Asunción (Paraguay), Guadalajara (Mexiko), Mérida (Venezuela) und León (Nicaragua); die Universität Santo Tomás in Quito wurde im Jahr 1776 öffentliche Hochschule. Die Hilfe, die man von bewährten und angesehenen Universitäten zur Gründung neuer Hochschulen erbat, erfolgte gewöhnlich gezielt und aufgrund praktischer Erwägungen. So unterstützte die Universität von Mexiko-Stadt beispielsweise die geplante Errichtung einer Universität in Havanna, nicht jedoch die Gründung der Universität von Guadalajara; wegen der Nähe zur Hauptstadt fürchtete man, die eigenen Studenten würden dorthin abwandern.

Tatsächlich folgten in den „Indias" einige Universitäten dem Modell anderer, relativ nahegelegener, schon älterer akademischer Bildungsstätten. So orientierte sich die San-Felipe-Universität von Santiago de Chile an San Marcos in Lima und die San-Carlos-Universität von Guatemala an der mexikanischen Hochschule gleichen Namens. Während des gesamten Kolonialzeitalters jedoch war die spanische Universität von Salamanca, was Verwaltungsorganisation und Lehrplan betraf, das Musterbeispiel schlechthin. Die von Campomanes konzipierte Hochschulreform des Jahres 1771 änderte nichts Grundsätzliches an den Lehrinhalten, brachte aber wichtige Veränderungen hinsichtlich der Verwaltung und Leitung der Institutionen wie auch bezüglich des Studienplans und der Studiendauer. Konkret verfügt wurden: die Streichung einer Reihe von Festen und Feiertagen; die regelmäßige Teilnahme der Dozenten an den Sitzungen des akademischen Senats; die zeitliche Begrenzung der Berufung auf die einzelnen Lehrstühle sowie des Rektorats; schließlich auch eine Beschränkung des Umfangs der kostspieligen *paseos,* jener aufwendigen Umzüge und Feierlichkeiten, die die Neubesetzung eines Lehrstuhls oder die Graduation der Studenten begleiteten. Im übrigen zielte die Reform darauf ab, mit einer auf den wesentlichen Lehrstoff konzentrierten und nicht mehr ausnahmslos die ganze Disziplin ausschöpfenden Lehrmethode die Studienzeit zu verkürzen. Andererseits sollte das Studium der Rechtswissenschaften in Zukunft mehr Zeit als bisher in Anspruch nehmen: Anstatt sich tieferes Wissen über isolierte Fachbereiche anzueignen, konnten die Studenten von nun an umfassendere Allgemeinbildung erwerben. Für das Medizinstudium – Mexiko besaß seit 1768 eine entsprechende Fakultät – wurden die Arbeiten von Boerhaave und seiner Schüler van Swieten und von Haller verbindlich. In der Moralphilosophie galten die Schriften des Aristoteles weiterhin als maßgeblich. Für das Mathematikstudium wurde ein neuer Lehrstuhl eingerichtet, der die Fächer Arithmetik, Algebra und Geometrie umfaßte. In der Musikwissenschaft sollte in Zukunft die Theorie ein stärkeres Gewicht gegenüber der Praxis erhalten. Bei den Anhängern der Aufklärung bestand ein besonders starkes Interesse und Engagement für das Mathematikstudium, ohne daß die Bedeutung der Theologie dadurch gemindert worden wäre. Nach der Durchführung der Reformen gab es an der San-Marcos-Universität drei Lehrstühle für Philosophie, fünf für Theologie, fünf für (Zivil- und Kirchen-) Recht, drei für Medizin und einen für Mathematik. Außerdem wurde die Einrichtung einer Bibliothek und eines „Kabinetts für physikalische Instrumente und Apparate" – eines Laboratoriums also – vorbereitet. Es sieht jedenfalls so aus, als habe die Hochschulreform des Vizekönigs Amat (1761–1776) zu einer größeren wissenschaftlichen Ausbeute in Form von Spezialstudien und Dissertationen geführt und dem Medizin- und Mathematikstudium bemerkenswerte Fortschritte gebracht. In Mexiko gab es Ende des 18. Jh. folgende Lehrstühle: fünf für Theologie, fünf für Kirchenrecht, zwei für Zivilrecht, vier für Medizin, zwei für Eingeborenensprachen (Náhuatl und Otomí) sowie je einen für Mathematik, Rhetorik und Kunstwissenschaft. Sichtbarer Beweis für das Interesse, das die Krone den Wissenschaften in Mexiko entgegenbrachte, war die Gründung des königlichen Bergbauseminars im Jahr 1792 (Lehrfächer: Mathematik, Französisch, Technisches Zeichnen, Chemie, Physik und Mineralogie); die Laborkurse begannen im Jahr 1800. Das Projekt zur Gründung dieser Hochschule datiert von 1774. Die Bauarbeiten zur Errichtung des heutigen *Palacio de Minería* zogen sich von 1797 bis 1813, dem Einweihungsjahr, hin. Bereits 1778 war in Mexiko-Stadt die „Akademie der Schönen Künste von San Carlos" ins Leben gerufen worden.

Die Vertreibung der Jesuiten führte in einigen Fällen zur Umwandlung der bis dahin von ihnen geleiteten Universitäten in öffentliche, d. h. staatliche Hochschulen, wie es mit der Universität von Santo Tomás in Quito geschah; in anderen Fällen (wie bei der thomistischen Universität von Santa Fé de Bogotá) mißlangen solche Umstellungsversuche oder führten zu einem totalen Bruch mit allem, was an die Organisation der Jesuiten erinnerte (wie in Córdoba, Argentinien). An der Universität von Santa Fé de Bogotá wurden die ersten Titel für höhere akademische Grade an Mulatten verliehen. In Córdoba ging den 1809 genehmigten und dem Dekan Funes übertragenen Reformvorhaben die Gründung einer juristischen Fakultät mit zwei Lehrstühlen für Zivil- und Kirchenrecht voraus. Beim Studium der Theologie und Philosophie führte Funes keine eigentlich „modernen" Neuerungen ein. In den 70er Jahren des 18. Jh. verfügte die in La Plata (heute Sucre) gelegene Universität der *audiencia* von Charcas über folgende Professuren: je zwei für Kirchen- und Zivilrecht, vier für Theologie, zwei für Kunstwissenschaft, zwei für Grammatik und eine für Medizin. An Guatemalas San-Carlos-Universität, wo der Philosophiedozent Antonio Liendo de Goicoechea im Jahr 1782 einen Reformplan mit Vorrang der Naturwissenschaften präsentierte, besaßen die Fächer Zivilrecht und Medizin das größte Gewicht. In der Medizin fand diese Gewichtung 1782 mit der Veröffentlichung eines Buches über Heilverfahren bei Krebserkrankungen (von José Flores) ihren sichtbaren Ausdruck. Noch im Jahr der Erstveröffentlichung erschien der Titel in Mexiko und Spanien (Madrid). Zwei Jahre später wurden italienische und französische Ausgaben in Übersetzungen publiziert. Ebenfalls an der San-Carlos-Universität in Guatemala wurde, noch vor der Unabhängigkeit, ein Lehrstuhl für Wirtschaftswissenschaften eingerichtet. Die Hochschule machte sich auch durch lebhafte Diskussionen der Newtonschen Lehren einen Namen. Goicoechea und die philanthropische *Sociedad Económica* hatten auch einen erheblichen Anteil an der Einrichtung des Naturkundemuseums und des Botanischen Gartens (1796). Ein königlicher Erlaß von 1772 untermauerte die von der Krone generell verfolgte Absicht, die Hörsäle auch den Indios zu öffnen und ihnen sogar den kostenlosen Erwerb akademischer Grade zu ermöglichen. Auch an der San-Felipe-Universität von Santiago de Chile, die sich nach dem Modell der San-Carlos-Universität von Lima organisiert hatte, und deren Gebäude im Jahr 1767 eingeweiht worden war, wurden Lehrstühle für Medizin und Mathematik eingerichtet.

Zusammenfassend läßt sich sagen, daß die hispanoamerikanischen Universitäten zu einem großen Teil zu geistigen Zentren wurden, an denen sich das juristische und naturwissenschaftliche Denken formte und die die Befreiungsbewegung beeinflußten. Gleichwohl waren es die Jesuiten, die schon um die Mitte des 18. Jh. bei ihren Vorlesungen in Mexiko als erste die Lehren Gassendis und Descartes' vorgetragen und die neue europäische Physik vermittelt hatten. Das alte Lehrgebäude der scholastischen Philosophie allerdings ließen sie unangetastet, und das galt für viele Bildungsstätten auch noch nach der Reform von 1771. Die in der Regierungszeit Karls III. unternommene spanische Hochschulreform führte die Erkenntnisse Newtons und Galileis, Algebra und Experimentalphysik als neue Fächer in den Lehrplan ein.

Die Streuung der Fachrichtungen, die eine Analyse von 2000 an der San-Carlos-Universität von Guatemala zwischen 1660 und 1821 erworbenen akademischen Graden belegt, spiegelt recht genau die Situation an den anderen hispanoamerikanischen

Hochschulen dieser Epoche. Die meisten Studienabschlüsse gab es im Fach Philosophie; mit einigem Abstand folgten Theologie, Zivil- und Kirchenrecht, danach Medizin und Pharmazie.

Die Vertreibung der Jesuiten (etwa 2600 Ordensgeistliche) bedeutete für das gesamte Unterrichts- und Bildungswesen einen harten Schlag, und zwar nicht nur, weil die meisten der von ihnen geführten Gymnasien und Universitäten ihre Pforten schlossen, sondern auch, weil ihr Eklektizismus der Verbreitung aufklärerischer Ideen dienlich gewesen war. Der Widerstand gegen die Jesuiten erwuchs vor allem aus der Gefahr, die man dieser Macht im Staate beimaß; allein 500 000 Guaraní waren in ihren Reduktionen zusammengezogen. Hinzu kam, daß die Mönche die Auffassung „Alle Macht kommt vom Volke" verbreiteten, womit sie eine schon Anfang des 17. Jh. von ihrem Ordensbruder Francisco Suárez (*De legibus,* 1612) aufgestellte These vertraten. Die Opposition, die sich im Zuge der Aufklärung auch gegen andere Ordensgemeinschaften zu richten begann, entsprang dem Vorurteil, die Ordensgeistlichen verharrten noch in einer mittelalterlichen Gedankenwelt. Ein bemerkenswerter Vertreter des aufgeklärten Klerus war der Erzbischof von La Plata (Charcas), Fray José Antonio de San Alberto (1785–1804). An den Grundschulen und höheren Lehranstalten förderte er den Unterricht für Mädchen (Mädchenoberschulen); er ermunterte alle Schüler, ein Handwerk zu erlernen und empfahl Landausflüge, um sich mit der Natur vertraut zu machen; nach seinem Wunsch sollte der Unterricht attraktiver sein und den Schülern wirklich Freude machen (so wie es Rousseau in seinem *Émile* vorgezeichnet hatte). Aus der 1776 in La Plata gegründeten *Academia Carolina,* die sich später in ein Zentrum für kritische Studien zur Indiengesetzgebung verwandelte, gingen zahlreiche Führer der Befreiungsbewegung hervor. Innerhalb der großen Masse der Gläubigen gab es also einen aufgeklärten und einen konservativen Flügel. Letzterer verurteilte beispielsweise den Aufstand des Túpac Amaru, billigte die Exkommunikation des Anführers und sah in allen aufgeklärten Versuchen zur Modernisierung der Gesellschaft Angriffe auf deren Fundamente. Über die Fortdauer alter Glaubensvorstellungen und religiöser Praktiken aus präkolumbischer Zeit gibt es keine gesicherten Informationen. Dank der Studien von Lafaye [1974] ist immerhin bekannt, in welchem Maße der in Mexiko verwurzelte Kult der *Virgen Morena,* der „schwarzen Madonna" von Guadelupe, eine aus zwei religiösen Welten hervorgegangene Symbiose verkörperte, und warum dieses Symbol so viele Kreolen anzog, so daß es zum Kristallisationspunkt einer eigenen ethnischen Identität werden konnte, die so ganz anders war als die gesellschaftliche Substanz des Mutterlandes. Nicht anders als in Europa waren die Chronisten dieser Zeit bis zur Mitte des 19. Jh. Staatsmänner, Richter, Professoren, Angehörige des Klerus, mit Allgemeinbildung oder auch geistig vortrefflich geschult, die im Rahmen der Gesellschaft ihre Aufgabe erfüllten und in jeder freien Stunde die Ereignisse niederschrieben. Die Stellung dieser Schriftsteller war ambivalent: einerseits Persönlichkeiten der gesellschaftlichen Elite, die gewissermaßen eine Führungsfunktion einnahmen und häufig mit diplomatischen Aufgaben betraut wurden; auf der anderen Seite Menschen, die als Opfer politischer Umstürze ihre Heimat verlassen mußten.

In den großen Städten äußerte sich das kulturelle Leben auch in der Gründung von Theatern. Obwohl es schon seit Ende des 16. Jh. bekannte Bühnen in Mexiko und Lima gab, war es speziell die Zeit von 1753 bis 1802, in der die großen Theater von Mexiko (1753), Puebla (1761), Havanna (1776), Buenos Aires (1783), Caracas

(1784), Bogotá und Montevideo (1793), Guatemala (1794), La Paz (1796) und Santiago de Chile (1802) entstanden. Allerdings hatten die Bühnenstücke kein besonders hohes Niveau, denn bis weit ins 20. Jh. hinein wurden immer nur wenige und meist recht mittelmäßige Dramen inszeniert. Mehr als alles andere waren diese Theater Schauplatz gesellschaftlichen Lebens, Vergnügungsstätten eines neu entstandenen Bürgertums.

In der Literatur dominierte bis in die zweite Hälfte des 20. Jh. hinein die Poesie; erst danach eroberte sich der Roman mit zahlreichen Meisterwerken den ersten Platz. Die Zeit zwischen 1780 und 1834 gehört literaturgeschichtlich dem Neoklassizismus an. Merkmal dieser Epoche ist der Drang, die Ergebnisse jüngster wissenschaftlicher Forschung zum Gegenstand der Dichtung zu machen, so z. B. bei dem guatemaltekischen Dichter Simón Bergaño. Mit Vorliebe dachte man über freie lyrische Formen der Poesie nach, über ungebundene, schwingende Rhythmen, die die Botschaft des Dichters vermitteln sollten. Mitmenschliche Empfindungen und eine vage Religiosität suchten ihre Bezüge in der klassischen Antike. Das Ende dieser Epoche markieren kurze literarische Ausflüge ins eigene Land Amerika: in seine Flora und Fauna, in die Geographie, aber auch die Hinwendung zu der einen oder anderen legendären Figur aus präkolumbischer Zeit. So ließ der argentinische Dichter Manuel José de Lavardén in seiner *Invocación al Paraná* an der Seite von Mars und Jupiter, von Karl IV. und seiner Gemahlin Marie-Luise „einen schimmernden Wagen aus Perlmutt / gezogen von Kaimanen“ erscheinen, „argentinische Nymphen“, die mit einem Schildpattkamm auf gläsernen Leiern spielen und „wildes Kamelottgras“, dessen Blüten wie Teppiche auf den Wassern des großen Flusses schwimmen. Der Kubaner Manuel Zequeira y Arango (1760–1846) besang den Zauber der Ananasfrucht, und ein anderer kubanischer Poet, Manuel Justo de Rubalcava (1769–1805), erhob „Die Früchte Kubas“ zum Gegenstand einer lyrisch-deskriptiven Komposition. Der Ecuadorianer José Joaquín de Olmedo (1780–1847) gedachte in feierlichen Gedichten der Siege von Junín und Miñarica und der Gestalt Bolívars. Die Texte sind stark patriotisch, aber ihre Form ließ die ganze griechisch-lateinische Verstradition wieder aufleben.

Entscheidend für die neue Literatur Hispanoamerikas waren jedoch die *Alocución a la Poesía* und die *Silva a la agricultura de la zona tórrida* von Andrés Bello. Diese beiden Oden erschienen 1823 und 1826 in zwei vom Verfasser selbst in London herausgegebenen Zeitschriften. In seiner *Alocución* rief Bello die amerikanischen Literaten auf: „Göttliche Dichtung ... es ist an der Zeit, daß du das gezierte Europa hinter dir läßt / das deine natürliche Einfachheit verschmäht / so richte deinen Flug dahin / wo die Welt des Kolumbus dir ihre große Bühne öffnet.“ Die *Silva,* eine Art Weiterführung dieser „Ansprache“, verherrlicht das Landleben und prangert die „verpestete“ Atmosphäre der Stadt an – eine verspätete Rückbesinnung auf die Lehren Rousseaus. Der Eindringlichkeit dieser das ganze Gedicht durchziehenden Mahnung an die Jugend haftet – in den Anfängen jenes zeitgenössischen Amerika – etwas Anachronistisches an, wodurch der geistige Rang des Textes ein wenig geschmälert wird.

Auf ganz andere Weise eindringlich ist die erste realistische Naturbeschreibung Amerikas in Versform, die *Rusticatio mexicana* des vertriebenen Jesuiten Rafael Landívar (Modena 1781, 2. berichtigte und erweiterte Auflage Bologna 1782). Dieser Komposition war ein anderes deskriptives Gedicht, die *Grandeza mexicana* (1604) von Bernardo de Balbuena, vorausgegangen, doch ist der Schauplatz hier die Stadt Mexiko selbst: die Flora ist rein europäisch; nicht eine einzige typische Blume oder

Pflanze Mexikos wird in dem Gedicht erwähnt. Die Eigenart des Gedichts von Landívar liegt darin, daß es in vollendeten lateinischen Hexametern geschrieben ist. Der Poet besingt nicht nur die besonderen landschaftlichen Reize des Landes, sondern er macht auch bestimmte Arbeiten, wie bei der Zuckerrohrernte oder der Edelmetallgewinnung, sowie die Spiele und Vergnügungen der Eingeborenen zum Gegenstand seiner Darstellungen. Auch Neger und Indios treten in seinen Texten als Protagonisten auf, doch löst ihr Erscheinen keine Befreiungswünsche aus.

In seinen *Diálogos patrióticos* läßt der aus Montevideo stammende Dichter Bartolomé Hidalgo (1788–1822) volkstümliche Figuren in umgangssprachlich formulierten, metrischen (achtsilbigen) Versen über aktuelle politische Fragen diskutieren. Als friedliche Landschaft, aber auch als von Wirbelstürmen, Überschwemmungen oder politischen Verfolgungen heimgesuchtes Gebiet schildert der Kubaner José Maria Heredia y Heredia (1803–1839) seine Heimat.

Die Entstehung des Romans ist in Hispanoamerika mit dem Erscheinen von *El Periquillo Sarniento* des Mexikaners José Joaquín Fernández de Lizardi (1776–1827) im Jahr 1816 verbunden. Das Buch schildert die „glücklichen und unglücklichen Erlebnisse" eines jungen Mannes, dessen Charakterschwäche ihn ins Gefängnis bringt und ihn anschließend alle Spielarten des Ganoventums durchleben läßt. Im Gegensatz zu den Helden des Schelmenromans im spanischen „goldenen" Zeitalter lernt Periquillo allerdings auch die süßen Seiten des Lebens kennen. Der Roman hat vermutlich autobiographische Züge und war als Lehrstück für die Söhne des Verfassers gedacht. Er enthält, abgesehen von zahlreichen (ziemlich schwerfälligen) moralischen Sentenzen, Elemente, die an die Rousseauschen Wertvorstellungen anknüpfen (obwohl der Naturphilosoph unter zahlreichen in dem Buch zitierten klassischen und zeitgenössischen Autoren keine Erwähnung findet). Die in diesem Schelmenroman geübte Kritik am Bettlertum und der Hinweis auf mögliche Abhilfen sind ein typisches Thema der Aufklärung. Auch die Inkompetenz der lokalen Behörden nimmt Lizardi aufs Korn. An mehr als einer Stelle ist vom „Königreich" die Rede, und zwar stets respektvoll und im positiven Sinne (wie auch in Bellos Gedichten), was die politische Haltung des Autors beleuchtet: Der Wunsch nach Autonomie für Mexiko, jedoch ohne das Primat der Krone in Frage zu stellen. Auch Lizardi war von tiefem Mißtrauen gegenüber einer auf der Macht des Volkes beruhenden Republik erfüllt. Über alle Seiten des Buches hinweg läßt er Gott als Wegweiser des Menschen erscheinen. Ein anderer Wesenszug des Romans ist die mit den Emanzipationsideen der Aufklärung nicht ganz vereinbare leichte Geringschätzung der Frauen. Demgegenüber erscheinen Indios, Mestizen und Mulatten als sympathische Romanfiguren. Die Belesenheit, die Lizardi in seinem Werk ein wenig eitel zur Schau stellt, erweist sich nicht immer als zweckdienlich, sondern vermittelt stellenweise den Eindruck einer nicht ganz kohärenten Datensammlung. Die „fatale Epoche", mit der der Autor die Romanhandlung 1813 ausklingen läßt – eine „Epoche des Schreckens, der Frevel, des Blutvergießens, der Verwüstung!" –, trägt deutlich die Züge des Bildes, das ihn selbst in dieser Übergangsperiode zur Unabhängigkeit verfolgte: „blutige Zusammenstöße innerhalb ein und desselben Landes" – schlimmer als alle Kriege und „das größte Übel, in das eine Nation oder ein Königreich hineingeraten kann", und das, obwohl er selbst gegen die Abhängigkeit seines Landes von Spanien in der eigenen Zeitschrift *El Pensador Mexicano* (1812–1814) schrieb.

Der Spanier Alonso Carrió de la Vandera (1715–1783) hat uns mit seinem *Lazarillo de ciegos caminantes* (Lima 1775/76) eine interessante Schilderung seiner zwischen November 1771 und Juni 1772 von Buenos Aires nach Lima unternommenen Reise hinterlassen. Häufig unter dem Pseudonym Concolorcorvo vermittelt uns der Autor eine anschauliche Vorstellung von den durchkreuzten Landstrichen. Wege und Brücken, Landschaften und Ortschaften, Maultiermärkte, Preise für Gebrauchsgüter und Lebensmittel, Sitten und Gebräuche der Bewohner (Indios und Mestizen kommen dabei weniger gut weg) – all diese Elemente machen den Reiz dieses amerikanischen Baedekers des 18. Jh. aus.

III. Von Kolonien zu Nationen (1760–1830)

Eddy Stols

1. Brasilien

Aus dem Flämischen übersetzt von Monica Barendrecht und Thomas Charpey

A. Einleitung

Brasilien erreichte in dem hier behandelten Zeitraum seine kontinentalen Ausmaße, wodurch es den Status eines unabhängigen Imperiums und Hispanoamerika gegenüber eine eigene Identität entwickeln konnte. Innerhalb eines Territoriums, das mehr als die Hälfte Südamerikas einnahm, behielten Vereinigungs- und Integrationstendenzen die Oberhand gegenüber zentrifugalen Tendenzen, die in anderen Teilen Lateinamerikas auftraten. Der Staat ergriff entschlossen die Initiative zu einer Verwaltungsreform, welche die Grundlage für eine weitere Zentralisierung bildete. Zentrifugalkräfte wie der Jesuitenorden wurden ausgeschaltet und die Kirche insgesamt in die neue Ordnung eingebunden. Brasilien war nun nicht länger Ziel fremder Eroberungsversuche, wie sie noch zu Anfang des 18. Jh. im Programm der europäischen Großmächte standen und später im Rahmen der Kanonenbootpolitik regelmäßig spanisch-amerikanische Länder treffen sollte. Neben einer weitgehenden Diversifizierung des Exportsektors begann sich auch die Perspektive eines großen Binnenmarktes abzuzeichnen. Entsprechend stellte die Sklaverei nicht mehr nur eine Folge der externen Nachfrage nach brasilianischen Produkten dar, sondern war ebenso eng mit dem internen Produktionssystem verflochten. Aufgrund dieser stärkeren Binnenorientierung erschloß sich nunmehr ein unermeßlich großes Gebiet dem Pioniergeist der Bevölkerung des Landes.

Diese imperiale Entfaltung ist parallel zu der der Vereinigten Staaten zu sehen und mit dieser auch frühzeitig verglichen worden. Sie ist um so überraschender, als Portugal eher eine Tradition der Küsteneroberung mit befestigten Faktoreien verfolgt hatte und nur über eine relativ kleine Armee verfügte. Für diese Expansion in das brasilianische Hinterland bedurfte es jedoch nur in geringem Maße militärischer Mittel. Die scheinbare territoriale Kohärenz war aber größtenteils eine kartographische Fiktion. Dahinter versteckte sich ein Siedlungsarchipel, wo sich Ballungszentren abwechselten, mit nicht oder sehr dünn besiedelten Gebieten, zwischen denen der Verkehr, trotz der vielen Wasserwege und des verhältnismäßig flachen Reliefs, nur sehr begrenzt möglich war.

Parallel zu dieser ersten Phase der Verwurzelung auf dem südamerikanischen Kontinent behielt Brasilien seine Atlantikorientierung. Die Küstenschiffahrt zwischen einer Reihe von größeren und kleineren Häfen intensivierte sich und erweiterte sich nach Süden zum Rio de la Plata hin und nordwärts bis über die Amazonasmündung hinaus. Durch Portugal wurde Brasilien ebenso in die westliche Wirtschaft integriert wie die Antillen durch die übrigen europäischen Seemärkte. Zur gleichen Zeit wurde Brasilien ein immer wichtigerer Teil des portugiesischen Weltreiches, das im Gegensatz zu den französischen oder niederländischen Kolonialreichen seine afrikanischen und asiatischen Faktoreien nicht durch die britische koloniale Expansion verlor. Die französischen und britischen wissenschaftlichen Weltexpeditionen, wie Bougainville 1763 und La Pérouse 1785, und auch viele Handelsschiffe und militärische Geschwader auf der Reise nach oder von Ostindien – rechtmäßig nur diejenigen der portugiesischen monopolistischen *Carreira da India,* doch sporadisch, vor allem nach 1808, auch andere europäische Flaggen, wie die holländische Ostindienkompanie – legten in brasilianischen Häfen an. Von dort aus konnte man in kürzerer Zeit die atlantischen Inseln und die afrikanischen und europäischen Küsten erreichen als von den eigenen, meist weiter im Westen gelegenen Gebieten. Der Sklavenhandel mit Afrika erreichte einen Höhepunkt. Auch für den normalen Güterverkehr schien Angola fast eine Subkolonie Brasiliens zu werden. Der Personenverkehr zwischen den verschiedenen Reichsgebieten der Braganças nahm ebenfalls zu, und während Brasilianer öfter nach Portugal oder Afrika zogen, kamen im Gegenzug Portugiesen mit nordafrikanischer oder asiatischer Erfahrung und sogar Chinesen nach Brasilien. Das Land verfügte nicht nur über größere natürliche Reichtümer, sondern auch über eine fast ebensogroße Bevölkerung wie Portugal. Das war bei keiner anderen amerikanischen Kolonie im Vergleich zum Mutterland der Fall. Um so interessanter ist die Frage, warum sich Brasilien nach der Übersiedelung des portugiesischen Königs und seines Hofes 1808 nach Rio de Janeiro nicht dauerhaft als Zentrum des portugiesischen Weltreiches behauptete. Auf diese Weise wären die Beziehungen zwischen der Alten und der Neuen Welt in ganz andere Bahnen gelenkt worden. Die Historiographie hat bis jetzt noch keine befriedigende Antwort gefunden. Wahrscheinlich muß die Erklärung dafür im Mißverhältnis zwischen den politischen und verwaltungstechnischen Ambitionen und der sozioökonomischen Realität gesucht werden.

A. Die Aufteilung eines Kontinents

In der brasilianischen Geschichtsschreibung wird die *marcha para o oeste* (der Marsch nach Westen) der Dynamik der *bandeirantes* – hauptsächlich aus dem ärmeren São Paulo – zugeschrieben, die, von ihrem Streben nach Edelmetallen und indianischen Sklaven getrieben, nicht vor monatelangen Bootsreisen in westliche und nordwestliche Richtung zurückschreckten. Die koloniale Initiative der portugiesischen Krone droht bei einer solchen Betrachtung des Sachverhalts aus dem Blick zu geraten. Doch für die zweite Hälfte des 18. Jh. ist dies sicher nicht mehr haltbar, denn da begann der portugiesische Staat selber eine wichtige Rolle bei der territorialen Expansion zu spielen, ohne daß dadurch die *paulistas* ausgeschaltet wurden. Zu Recht hat David M. Davidson die große Bedeutung der Staatsinitiative betont, die ihr Augenmerk vor allem auf den Norden und das Amazonasbecken richtete und auch im Süden eine Ausbreitung anstrebte.

In gewisser Weise führte sie die Expansion in einer Zangenbewegung, die zuvor hauptsächlich über die Mitte verlief. In der Folge mußte das eroberte Gebiet für die Erhebung der königlichen Steuern auf die Gold- und Diamantengewinnung gesichert werden. Zugleich konnte bei zurückgehenden Fördermengen der Bergwerke in Minas Gerais, Goiás und Mato Grosso die stärkere Präsenz des Staates die Suche nach neuen Erzvorkommen begünstigen und vor allem einem eventuellen Zurückströmen der

Brasilien gegen Ende des 18. Jahrhunderts

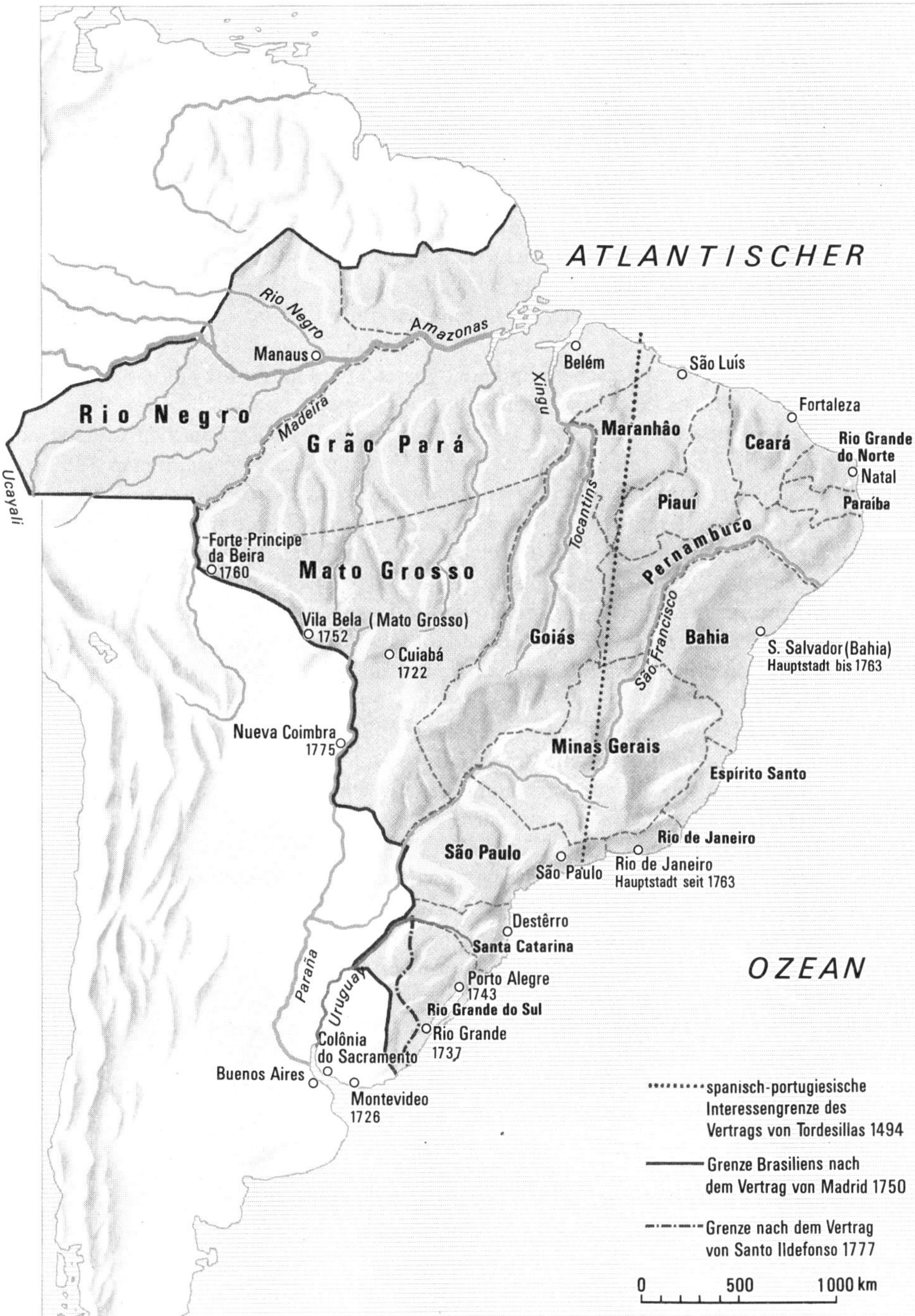

Goldsucher Richtung Küste entgegenwirken. Auch darf man diese von der Obrigkeit vorangetriebene Expansion nicht losgelöst sehen von dem Kampf um das europäische Gleichgewicht und von der politischen und militärischen Konfrontation auf der Iberischen Halbinsel selber.

a Verträge und Expeditionen

Die Gebietserweiterung kam zustande durch ein beinahe fieberhaftes Zusammenspiel von diplomatischen Beratungen, Gebietserkundungen und wissenschaftlichen Expeditionen, Aufteilung und Änderung der Verwaltungsgebiete, Festungsbauten, Städtegründungen und der Zufuhr von Kolonisten. Zweihundertfünfzig Jahre nach den Bullen Alexanders VI. (1493) und dem Vertrag von Tordesillas (1494) war die Trennungslinie zwischen spanischem und portugiesischem Landbesitz völlig überholt. Um weitere Zusammenstöße zu vermeiden, bedurfte es eines neuen globalen Vertrages. Die Gelegenheit dazu bot sich im Gefolge der portugiesisch-spanischen Annäherung, die möglich wurde durch die dynastischen Verwandtschaftsbeziehungen – eine Folge der Ehe des spanischen Erbprinzen Fernando mit der portugiesischen Infantin Maria Bárbara 1729, deren Bruder José 1727 die spanische Infantin Mariana Viktoria zur Gemahlin erhalten hatte. Obwohl eine engere Interessengemeinschaft durch die portugiesischen Bande mit England und die spanischen mit Frankreich noch verhindert wurde, unterstellte man Regierungskreisen in Lissabon und Madrid die Absicht, sie suchten durch eine neue Aufteilung des südamerikanischen Kontinents zugleich die Franzosen und Holländer aus den Guayanas und die Engländer aus dem La-Plata-Gebiet herauszudrängen.

Am 13. Januar 1750 wurde schließlich in Madrid ein Grenzvertrag geschlossen, der alles in allem für Portugal und seine brasilianische Kolonie sehr günstig ausfiel. Länger als zwei Jahre hatten sich die Verhandlungen zwischen dem spanischen Staatsminister José Carvajal y Lancaster und dem Botschafter Tomás da Silva Teles hingeschleppt. Letzterer verhandelte im Namen des portugiesischen Staatssekretärs Marco Antônio de Azevedo Coutinho, doch de facto wurde die Verteidigung der portugiesischen Interessen von Alexandre de Gusmão geführt, Mitglied des *Conselho Ultramarino* und der Regierung und später selber Staatssekretär. Als geborener Brasilianer aus Santos verfügte er über viele Informationen und Karten. Er war jedoch mehr an der portugiesischen Präsenz in Rio Grande do Sul als an den Ufern der La-Plata-Mündung interessiert. Um den Hof zu größerer Nachgiebigkeit für die portugiesischen Vorschläge zu bewegen, wurde Königin Maria Bárbara um Hilfe ersucht. Auch der englische Botschafter in Madrid, Benjamin Keen, könnte dabei eine Rolle gespielt haben.

Nach den Vertragsbestimmungen nahm Portugal Abstand von seinen Ansprüchen auf die Philippinen und auf das nördliche Ufer der La-Plata-Mündung und übergab die *Colônia do Sacramento* in spanische Hände. Im Tausch dafür bekam es ein „Sieben Dörfer" genanntes Gebiet auf dem linken Ufer des Rio Uruguay, und dazu nach dem *uti-possidetis*-Prinzip die Anerkennung seiner Präsenz in Mato Grosso und Amazonien. Mit dem Besitz der „Sieben Dörfer" wurde eine natürliche Grenze erreicht und zugleich eine Begrenzung der nahegelegenen Weidegründe, auf welchen die Brasilianer bereits mit der Haltung von großen Wildviehherden begonnen hatten. Die Indianer dieser Sieben Dörfer, die tatsächlich die Jesuitenreduktionen von San Borja, San

Nicolas, San Luis Gonzaga, San Miguel Arcangel, San Lorenzo Mártir, San Juan Bautista und San Angel Custodio ausmachten, mußten auf spanisches Gebiet jenseits des Stromes verlegt werden.

Auf beiden Seiten wurden zwei Kommissionen, jeweils für den Norden und den Süden, mit der Grenzfestlegung betraut. Unter der Führung des Generalkapitäns von Grão Pará und Maranhão, Francisco Xavier de Mendonça Furtado, dem Bruder des Marquis von Pombal, gingen drei Unterausschüsse (bestehend aus Technikern, die zum Teil in Italien und Deutschland angeworben wurden) an die Arbeit, um die Grenze auf der Wasserscheide zwischen dem Orinoco- und dem Amazonasbecken festzulegen, von wo aus sie in südliche Richtung weitergezogen wurde zu den Flüssen Japurá, Juruá, Madeira, Mamoré, Guaporé bis zum Jaurú. Auf spanischer Seite wurde der Ausschuß von José de Iturriaga angeführt. Es kam nie zu einer Begegnung der beiden Kommissionen, doch die brasilianische mit dem italienischen Naturforscher und Architekten Antônio José Landi sammelte wertvolle Daten. Für den südlichen Teil legte die portugiesische Kommission unter der Leitung von Gomes Freire de Andrada, Generalkapitän von Rio de Janeiro, eine Grenze fest von Castilhos Grande am Atlantik bis zum Ibicuî-Fluß und dann weiter am Uruguay, Iguaçu, Paraná, Iguareî und Paraguay entlang bis zum Jaurú. Dort stand der spanische Widerpart unter der Führung des Marquis Val de Lîrios, mit dem man zusammenarbeitete.

Der Madrider Vertrag wurde jedoch durch eine Verzögerung der Arbeiten und ernste Meinungsverschiedenheiten auf Regierungsebene nicht vollständig ausgeführt. Schließlich wurde am 12. Februar 1761 ein neuer Vertrag in El Pardo abgeschlossen, in dem der Gebietstausch rückgängig gemacht wurde. Das vorläufige Mißlingen der neuen Aufteilung stand mit den Regierungswechseln auf beiden Seiten im Zusammenhang. Mit dem Tod von João V. am 31. Juli 1750 kam unter seinem Nachfolger José auch ein neuer Staatssekretär an die Macht, Sebastião José de Carvalho e Melo, der Marquis von Pombal, der sich mit der Räumung der *Colônia do Sacramento* nicht abfinden konnte. Der neue König Karl III. von Spanien hatte noch als König von Neapel den Madrider Vertrag nicht anerkannt und zog seine Landvermesserausschüsse zurück.

Nicht weniger entscheidend war der Widerstand der Indianer in den Jesuitenreduktionen selbst. Die Patres versuchten die Ausweisung aus den „Sieben Dörfern" zu verhindern, obwohl die Krone Pater Altamirano als Gesandten schickte, um zu Gehorsamkeit und Befolgung der königlichen Befehle zu mahnen. Die Guaraní-Indianer akzeptierten keine Umsiedelung, hörten nicht mehr auf ihre Jesuitenpatres und erschwerten die Arbeiten der Grenzkommissionen. Anfang 1754 brach ein regelrechter Aufstand aus, der sogenannte guaranitische Krieg, der von dem legendären Sepé Tiaraju angeführt wurde. Dieser fiel einige Tage bevor seine Anhänger am 10. Februar 1756 in Caiboaté eine schwere Niederlage gegen die spanisch-portugiesischen Truppen erlitten. Auch im Norden gab es Schwierigkeiten mit den Indianern in den Jesuitenmissionen, weil dort den Grenzkommissionen nicht genügend Ruderer zur Verfügung gestellt wurden. Beide Vorfälle sollten von Pombal als Vorwand für seine Aktion zur Ausweisung der Jesuiten verwendet werden.

Trotz der Annullierung des für sie günstigen Madrider Vertrages konsolidierten die Portugiesen ihre vorgeschobenen Positionen. Nach der Gründung des Kapitanats Mato Grosso e Cuiabá 1748 und der Stadt Villa Bela da Santissima Trindade 1752, auch

Mato Grosso genannt, dehnten sie ihre Befehlsgewalt im mittleren Westen über das Tal des Guaporé aus. Auf dem rechten Ufer besetzten sie Jesuitenmissionen, wie Santa Rosa el Viejo 1760, und errichteten dort ihre eigene Befestigungsanlage Nossa Senhora da Conceição. Um Handel und Schmuggel zu treiben, drangen sie tief nach Mojos und Chiquitos ein, zur wachsenden Beunruhigung des spanischen Gouverneurs von Santa Cruz de la Sierra, der sie 1766–1767 zu vertreiben suchte. Die Portugiesen verstärkten jedoch ihre Positionen durch den Bau von Festungen und die Gründung von Städten, wie Forte de Coimbra 1775, Forte do Príncipe da Beira 1776, Villa Maria do Paraguay oder São Luiz de Cáceres 1778, Albuquerque oder Corumbá und Casalvasco 1783.

Im Norden wurde das 1755 gegründete Kapitanat São José do Rio Javari oder São José do Rio Negro, das spätere Amazonas, mit seiner Hauptstadt Barcelos die Basis für die weitere Expansion. So konnte Kapitän Felipe Sturm die Spanier, die aus Venezuela südwärts zum Rio Branco und seinen Nebenflüssen vordrangen, zurückdrängen und somit das heutige Roraima als portugiesisches Gebiet sichern. Um eine neue Festung in São Joaquim wurden mehrere Indianerdörfer gegründet.

Die Gründung des Kapitanats Rio Grande de São Pedro 1760 mit der Hauptstadt Rio Grande konnte auf ähnliche Weise die portugiesische Präsenz im Süden festigen. Forschungsexpeditionen wie die von Antonio da Costa Pimentel 1770 und von Afonso Botelho de S. Payo e Sousa von 1769 bis 1775 sorgten z. B. mit den *campos de Guarapuava* für eine bessere Kartierung des Gebietes. Befestigungsanlagen wurden in Rio Pardo und Santo Amaro errichtet, während Kolonisten von den Azoren, die *casais d'El Rey,* seit 1752 ins Land gebracht wurden, um die Kolonisation voranzutreiben.

Der Siebenjährige Krieg, in dem Spanien Portugal gegenüberstand, bot dem Gouverneur von Buenos Aires, Pedro de Cevallos, die Gelegenheit, eine Gegenoffensive zu starten. 1762 nahm er die *Colônia do Sacramento* (das heutige Uruguay) ein und besetzte Rio Grande und einen Küstenstreifen. In dem Pariser Frieden 1762 mußte Spanien die *Colônia* an Portugal zurückgeben, doch die spanischen Truppen blieben in Rio Grande. Cevallos griff erneut an, bemächtigte sich am 22. Februar 1777 der Insel Santa Catarina und erneut der *Colônia do Sacramento.*

Dessenungeachtet hatten Verhandlungen zwischen dem spanischen Sekretär des Außenministeriums, zuerst der Marquis Grimaldi, danach Graf von Floridablanca, und dem portugiesischen Botschafter Francisco Inocêncio de Sousa Coutinho begonnen. Sie fanden ihren Abschluß in der Unterzeichnung des Vertrages von San Ildefonso am 1. Oktober 1777, dem der Freundschaftsvertrag von El Pardo am 24. März 1778 folgte. Im Zusammenhang mit dem Regierungswechsel und der Thronbesteigung durch Maria I., deren Mutter die Schwester Karls III. war, waren die neuen Bestimmungen ungünstiger für Portugal, das sowohl *Colônia* als auch die „Sieben Dörfer" verlor und die Südgrenze von Castilhos Grande nach Xuî und vom Ibicuî zum Peperî-Guaçu verschoben sah. Aber sie bestätigten, wie der Madrider Vertrag, das *uti-possidetis*-Prinzip und erkannten die portugiesische Präsenz in Rio Grande do Sul an und, unter der Voraussetzung einiger Grenzänderungen, in Amazonien. Wieder mußten Landvermesser die richtige Grenzlinie bestimmen, und vier portugiesische Kommissionen wurden zusammengestellt, jeweils für den Süden, für Mato Grosso, für den Japurá und für das Rio-Negro-Becken.

Nun konnte Portugal 1780 seine eigenen fähigen Techniker, meist Militäringenieure, ins Gelände schicken, die den spanischen Kontrahenten gegenüber ihre Positionen mit großer Entschlossenheit verteidigten. So wurde entgegen der Abmachung Tabatinga auf den Solimães nicht den Spaniern übergeben; mit der Erforschung der Flüsse, wie dem Javari und dem Tacutu, wurde der portugiesische Zugriff auf die entlegeneren westlichen und nördlichen Winkel von Amazonien geschützt. Präsenz und Wissen gereichten hier Portugal zum Vorteil. 1783 wurde der Botaniker Alexandre Rodrigues Ferreira nachgesandt, um auf einer wissenschaftlichen Erkundungsreise die natürlichen Reichtümer des Gebietes zu inventarisieren. Er stammte aus Salvador da Bahia und hatte in Coimbra studiert. Ferreira erforschte fast zehn Jahre lang nacheinander die Becken des Rio Negro und des Rio Branco, des Madeira und den Oberlauf des Paraguay. Das ansehnliche Material, das er nach Lissabon mitbrachte, konnte den Vergleich mit den größten wissenschaftlichen Expeditionen bestehen. Es fiel später bei der französischen Invasion 1808 dem Naturforscher Etienne Geoffroy de Saint-Hilaire in die Hände und diente deshalb hauptsächlich der französischen wissenschaftlichen Forschung.

An den Grenzen folgten dann zwei relativ ruhige Jahrzehnte. Vor allem in Rio Grande do Sul konnten die Portugiesen ihre Kolonisation weiterführen. Als Napoleon und seine spanischen Verbündeten 1801 in dem kurzen Krieg „das laranjas" in Portugal einfielen, nutzten Brasilianer die Gelegenheit, im August desselben Jahres die Sieben Dörfer einzunehmen. Die eigensinnige Eroberung der bereits sehr entvölkerten Missionsstationen, ausgeführt auf Initiative typischer Gauchos wie José Borges do Canto und Manuel dos Santos Pedroso, wird von Historikern wie Arthur FERREIRA FILHO [1965] als eine frühe Manifestation nationalen oder regionalen Bewußtseins angesehen. Die „Sieben Dörfer" blieben künftig definitiv ein Teil des brasilianischen Kernlandes.

Eine Rückgabe konnte jedenfalls im neuen Vertrag von Badajoz noch nicht festgelegt werden, der von Portugal und Spanien schon am 6. Juni unterschrieben worden war; am 9. Oktober 1801 folgte eine Übereinkunft mit Frankreich. Diese sah einen Verzicht auf portugiesisches Gebiet im Norden Brasiliens zugunsten Frankreichs vor, durch Verschiebung der Grenze vom Oiapoc zum Araguari-Fluß. Der französische Einfall in Portugal wurde dann von João VI. zum Anlaß genommen, den Vertrag von Badajoz zu kündigen und im November 1808 ganz Französisch-Guayana von einem britisch-portugiesischen Geschwader erobern zu lassen. Nach der schnellen Kapitulation des französischen Gouverneurs Victor Hugues wurde die Kolonie nicht Brasilien einverleibt, sondern separat von dem in Minas Gerais geborenen João Severiano Maciel da Costa verwaltet, der den brasilianischen Kapitanaten allerhand Pflanzen und Kräuter und vor allem die Zuckerrohrsorte *caiena* zukommen ließ. Auf dem Wiener Kongreß 1815 mußte Portugal Guayana bis zum Oiapoc dann wieder abtreten. 1817 wurde das Gebiet auch tatsächlich geräumt. Auf diese Weise blieb Brasilien von der Karibik abgeschnitten und damit gleichzeitig von den Konflikten um diese Region verschont.

b Expansionismus am La Plata

Ein neuerlicher Versuch, nun im südlichen Grenzgebiet, aus der Napoleonischen Herrschaft über die Iberische Halbinsel Kapital zu schlagen, erbrachte letztendlich ebensowenig eine bleibende Gebietsvergrößerung. Diese neuen expansionistischen Bestrebungen waren vor allem dem neuen Staatssekretär des Kriegs- und Außenministeriums,

Dom Rodrigo de Sousa Coutinho, Conde de Linhares, zuzuschreiben, der am La Plata die portugiesischen Belange vertrat. Bereits im März 1808, als die spanischen Machthaber unter dem französischen Druck wie gelähmt schienen, ließ João VI. durch seinen Gesandten, Marschall Joaquim Xavier Curado, den Völkern des La-Plata-Gebietes seinen Schutz anbieten, doch wurde dies dort hochmütig abgelehnt. Als Karl IV. am 5. Mai 1808 zugunsten von Napoleons Bruder zurücktreten mußte, versuchte seine Tochter Carlota Joaquina, die ehrgeizige und intrigante Gattin Joãos VI., ihre Rechte an den amerikanischen Besitzungen der Bourbonen geltend zu machen. Sie wurde dazu von dem Grafen Floridablanca ermutigt. In einem Manifest vom 19. August 1808 drängte sie sich als Regentin im Vizekönigreich La Plata auf. Weder vor Ort noch bei ihrem Gatten, weder bei dem spanischen noch dem englischen Gesandten in Rio de Janeiro fand sie dafür jedoch Unterstützung.

Als endlich, ausgehend von Buenos Aires, der Unabhängigkeitskampf ausgebrochen war, wurde die Versuchung zur Einmischung größer. Die Portugiesen boten dem Gouverneur von Paraguay, Bernardo Velasco, ihre Hilfe an. Dieser konnte jedoch aus eigener Kraft General Belgrano zurückschlagen. Die Führer des unabhängig gewordenen Paraguay wiesen weitere portugiesische Einmischungen ab. Dagegen bat der Vizekönig von Buenos Aires Francisco Xavier Elîo um Hilfe, der in Montevideo im Mai 1811 von Aufständischen unter der Leitung von José Artigas umzingelt wurde. Obwohl Portugals englischer Verbündeter mit diesen sympathisierte und auch der spanische Gesandte in Rio de Janeiro, Marquis de Casa Irujo, gegen eine portugiesische Intervention war, beschloß João VI. nun Truppen zu entsenden, angeführt von Diego de Sousa, Generalkapitän von Rio Grande do Sul. Aber bevor dieser Montevideo befreien konnte, wurde schon am 20. Oktober 1811 ein Waffenstillstand zwischen Elîo und den Aufständischen geschlossen. Der portugiesische Gesandte in Buenos Aires, João Rademaker, schloß sich diesem am 26. Mai 1812 an, so daß die Truppen von de Sousa sich zurückziehen mußten.

Die portugiesische Ernüchterung auf dem Wiener Kongreß, wo auf Guayana verzichtet werden mußte, die Beunruhigung durch die zunehmenden Zusammenstöße zwischen Artigas und der föderalen Obrigkeit in Buenos Aires, sein neuer Rang als König nach dem Tode Marias I. im März 1816 und die Ankunft gut ausgerüsteter Truppen aus Portugal veranlaßten João VI., einen neuen Versuch zur Annexion von Uruguay, der Banda Oriental, unter dem Vorwand zu unternehmen, auf diese Weise seinem Schwager Fernando VII. zu helfen, dessen Regierungsgewalt in Amerika wiederherzustellen. Angeführt von Generalleutnant Carlos Frederico Lecor, Barão da Laguna, brachten die Portugiesen am 19. November 1816 in India Muerta den Anhängern Artigas unter Frutuoso Rivera eine Niederlage bei. Währenddessen vertrieb Oberstleutnant José de Abreu den Guarani Andresito Artigas, einen Stiefsohn des uruguayischen *caudillo*, aus Misiones. Am 20. Januar 1817 besetzte Lecor Montevideo. Auf dem flachen Land konnte Artigas zwar noch einige Jahre einen Guerillakrieg führen, doch schließlich mußte er nach seiner Niederlage in Taquarembó am 22. Januar 1820 nach Paraguay ausweichen. Frutuoso Rivera hingegen akzeptierte die portugiesische Herrschaft.

Die Portugiesen gestalteten diese *Provincia Cisplatina* wie ein portugiesisches Kapitanat und verwalteten das Gebiet, nach dem Urteil brasilianischer Historiker, einfühlsam und mit Respekt für die örtlichen Einrichtungen und Honoratioren. So stimmte der *cabildo* (Stadtrat) von Montevideo einer neuen Grenzfestlegung mit Rio Grande do Sul zu, welche historische Bedeutung erlangen sollte. Als João VI. bei seiner Rückkehr nach Portugal dieser Provinz die Wahl ließ zwischen Eingliederung in sein Reich, Unabhängigkeit oder Anschluß an einen anderen Staat, konnte Lecor genügend Honoratioren des *cabildo* und anderer Verwaltungsorgane zusammenbringen, die sich bereit erklärten, am 16. Juli 1821 der ersten Alternative zuzustimmen – unter der Voraussetzung, daß Sprache, Bräuche und Gesetze ihres Gebietes respektiert würden.

Schon bald wurde diese Entscheidung für eine Aufnahme in das portugiesisch-brasilianische Reich überschattet von der Unabhängigkeitserklärung durch den Kronprinzen Pedro und seine Proklamation zum Kaiser. Lecor, die Anhänger von Frutuoso Rivera und einige *cabildos* von kleineren Städten ergriffen für den brasilianischen Kaiser Partei, während Alvaro da Costa, der die königlichen Freiwilligen anführte, und auch der *cabildo* von Montevideo dem portugiesischen König treu blieben. Lecor wurde gezwungen, Montevideo zu räumen, und der dortige *cabildo* verkündete am 20. Oktober 1823 die Ungültigkeit der Entscheidung zur Eingliederung von 1821. Nachdem Lecor und Rivera erneut die Eroberung von Montevideo gelungen war, wurde die Eingliederung ins brasilianische Kaiserreich weiter betrieben. Dies wurde jedoch von den Machthabern in Buenos Aires angefochten, die auch Bolívar um Unterstützung gegen das brasilianische Vorgehen ersuchten. Am 25. August wurde dessen Ungültigkeit eingeklagt. Pedro I. reagierte am 10. Dezember 1825 mit einer Kriegserklärung. Die Kriegshandlungen, Hafenblockaden und Piraterien erbrachten für beide Seiten keine entscheidenden Durchbrüche. Darum schickten die *Provincias Unidas de la Plata* Unterhändler nach Rio de Janeiro. Schließlich konnte dort durch die Vermittlung des britischen Gesandten am 27. August 1828 ein Friedensvertrag unterschrieben werden, in dem die *Provincia Cisplatina* als unabhängiger Staat anerkannt wurde. Hiermit verlor Brasilien definitiv die Chance, seine Südgrenze zur Río-de-la-Platamündung zu verlegen. Seine südwestlichen Gebiete in Mato Grosso konnte Brasilien von nun an erst nach langer Fahrt über ausländische Flüsse erreichen.

B. Die Kolonie unter Pombal

Keine amerikanische Kolonie war über so lange Zeit der durchgreifenden und direkten Gewalt eines aufgeklärten Despoten unterworfen wie Brasilien unter dem Marquis von Pombal. Dieser, Sebastião José de Carvalho e Melo (1699–1782), wurde bei der Inthronisation Königs José I. im August 1750 schon bald einer der einflußreichsten Minister im Außen- und Kriegssekretariat, wo er die Nachfolge seines Verwandten Marco Antônio de Azevedo Coutinho antrat. Nachdem er sich im Mai 1756 des wichtigsten Geschäftsbereichs, des königlichen Sekretariats, bemächtigt hatte, konnte er, mit dem Titel eines Conde de Oeiras seit 1759 und eines Marquês do Pombal seit 1770, nahezu diktatorische Macht bis zu seinem Sturz 1777 ausüben. Er gehörte zwar nur dem niederen Landadel an, doch er verdankte diesen Posten seinen Jurastudien an der Universität von Coimbra, einer ersten vorteilhaften Ehe mit der Hochadligen Teresa de Noronha und vor allem seiner langen Auslandserfahrung als diplomatischer Gesandter. Acht Jahre verblieb er in London, wo er den Erfolg der wirtschaftlichen Expansion vor Augen hatte und das Geheimnis der britischen Überlegenheit über sein

Vaterland ergründen konnte. Anschließend war er noch fünf Jahre in Wien, wo er eine zweite Ehe mit der Gräfin Daun einging. Somit wurde er offensichtlich von der portugiesischen Königinmutter – auch eine Österreicherin – und sicherlich ebenso von Verwandten und einflußreichen Personen wie Luis da Cunha und anderen *estrangeirados* (Freunden des Auslandes) bevorzugt, die Portugal von seiner Rückständigkeit befreien und nach ausländischem Beispiel modernisieren wollten.

Es steht fest, daß seine Regierungsführung im portugiesischen Reich kaum weniger Schrecken verursachte als das Erdbeben von Lissabon am 8. November 1755. Seine harten Methoden und seine Unerbittlichkeit waren in der portugiesischen Geschichte ohne Beispiel. Neu war vor allem seine politische Praxis, weniger hingegen seine politischen und wirtschaftlichen Vorstellungen. Diese lagen auf der Linie des Merkantilismus seiner Vorgänger wie Kardinal da Mota, Alexandre Gusmão und Luis da Cunha, die sich für die Gründung von Handelskompanien und Manufakturen einsetzten und gegen den Luxus, die vielen Klöster und sogar gegen die Inquisition, die die wirtschaftliche Dynamik der Juden vom Reich fernhielt, Partei ergriffen. Die Kontinuität wurde von seinen ersten politischen und wirtschaftlichen Maßnahmen nicht unterbrochen, welche nebenbei auch noch von der Hochkonjunktur profitierten. In bezug auf koloniale Ansichten aber war Pombal noch weit vom aufgeklärten Gedankengut eines Abbé Raynal und anderen entfernt. Er teilte ohne weiteres die übliche Auffassung, daß die Kolonien zum Wohlstand des Mutterlandes beitragen sollten. Er war nie selber in Brasilien gewesen, wurde aber von seinem Bruder Francisco Xavier de Mendonça Furtado wohl informiert, der das Land von 1736 bis 1737 besucht hatte und dort seit 1751 als Generalkapitän von Grão Pará und Maranhão tätig war.

a Pombals Bevölkerungspolitik

Es war zweifellos Pombals größtes Anliegen, daß die brasilianischen Reichtümer nicht weiter nach Großbritannien abflossen, sondern verstärkt seinem eigenen Land zugute kommen sollten. Dies wollte er durch die Einführung neuer politischer Einrichtungen und Wirtschaftsstrukturen bewerkstelligen, die jedoch nur funktionieren konnten, wenn Brasilien eine größere Bevölkerungsdichte erreichte und damit militärisch besser gegen die Spanier und mögliche englische oder französische Angriffe verteidigt würde.

Wie bei vielen seiner Zeitgenossen spielte in der politischen Konzeption Pombals die Frage der Bevölkerungsentwicklung eine große Rolle. Er drängte die brasilianischen Gouverneure in seinen Instruktionen zu Neugründungen von Städten und ließ vor allem in den 1770er Jahren Einwohnerlisten aufstellen. Sie sind noch heute eine wichtige Quelle der historischen Demographie. Aufbauend auf einigen Zahlen von 1776 kann die Bevölkerung von Brasilien auf 1,5 Mio. Einwohner geschätzt werden, das war annähernd so viel wie die des portugiesischen Mutterlandes [ALDEN 1963]. Berücksichtigt man die nicht gezählten Jugendlichen und Indianer, scheint die Zahl von 1 900 000 Einwohnern des Zeitgenossen Corrêa da Serra und sogar die des heutigen Demographen Giorgio Mortara von 2 500 000 realistischer [BALHANA 1986, 31]. Offenbar hat es keinen außergewöhnlichen Zuwachs zwischen 1750 und 1770 gegeben.

Wenn man bedenkt, daß der weitaus größte Teil der Bevölkerung weiterhin in den älteren Kapitanaten und städtischen Zentren entlang der Küste und in der Minengegend von Minas Gerais lebte, drängt sich die Frage auf, wie die vielen neuen Dörfer und Städte bevölkert werden konnten. Allein schon der Generalkapitän von São Paulo, der Morgado de Mateus, gründete zwischen 1765 und 1775 etwa 20 neue Ortschaften in seinem Gebiet [BELLOTTO 1979, 199–200]. Manche von ihnen, wie Campinas, Piracicaba, São José dos Campos, Castro und Lages wurden mit der Zeit wichtige Städte, doch andere blieben lediglich größere Weiler. Rio Pardo, Pôrto dos Casais oder Pôrto do Viamão, später Pôrto Alegre genannt, und andere Städte in Rio Grande do Sul stammen ebenfalls aus dieser Periode. Auch in Amazonien und Mato Grosso wurden neue Städte gegründet, die wie Bragança, Obidos, Oeiras, Ourém und Viana nach portugiesischen Städten benannt wurden. Die meisten aber erfuhren sogar die kurze Blütezeit nicht, die dem 1751–52 gegründeten Vila Bela da Santissima Trindade alias Mato Grosso zuteil wurde. Diese erste Hauptstadt von Mato Grosso verzeichnete eine Zunahme ihrer Einwohnerzahl von 500 (1755) auf 7000 (1782), doch kurz darauf verlor sie den größten Teil davon wieder [LAPA 1973, 55].

Die neuen Bewohner konnten nur in beschränkter Zahl aus Portugal kommen, weil dort bereits seit 1720 ein Auswanderungsverbot bestand. Sicher gab es illegale Auswanderung, doch in Ermangelung genauer Zahlen darf man annehmen, daß die Anzahl der Emigranten in der zweiten Hälfte des 18. Jh. eher abnahm. Pombal brauchte die Arbeitskräfte im eigenen Land dringend für die vielen Wirtschaftsinitiativen, die dort angefangen oder neu belebt wurden. Nur die atlantischen Inseln, Madeira und die Azoren, schienen noch über einen Bevölkerungsüberschuß zu verfügen. So wurde noch einige Zeit die organisierte Emigration der *casais açorianos,* der Ehepaare von den Azoren, fortgeführt. Zwischen 1749 und 1756 sollen vier Transporte schätzungsweise 5000–6000 Immigranten nach Santa Catarina und Rio Grande do Sul gebracht haben [CABRAL 1970, 63]. Auch in Pará und an anderen Stellen des Grenzgebietes tauchten unter den ersten Bewohnern solche *casais* auf, wenn auch in geringer Zahl. Auch behielten die Autoritäten auf den atlantischen Inseln lieber ihren Menschenreichtum zu Hause und stellten ab 1758 für neue Emigranten Pässe aus. Als die Portugiesen 1769 Mazagão aufgeben mußten, ihre letzte Niederlassung an der marokkanischen Küste, wurden die Einwohner über Lissabon nach Brasilien gebracht, um dort die neue Stadt Vila Nova de Mazagão, am Zusammenfluß von Mutuacá und Amazonas, zu bevölkern.

Die Verschleppung afrikanischer Sklaven nach Brasilien wurde damals offenbar nicht als Teil einer Bevölkerungspolitik aufgefaßt, aber es konnte den Zeitgenossen nicht entgehen, daß diese in der Praxis immer mehr dazu beitrug. Das Einfuhrverbot für Sklaven in Portugal selber und die erwartete Abschaffung der Sklaverei dort förderten den Sklavenhandel mit Brasilien. Dieser umfaßte nach den klassischen Berechnungen von Maurîcio Goulart und Philip Curtin jährlich durchschnittlich ungefähr 16 000 neue Einwohner [CURTIN 1969]. Diese Zahl wird heute als zu niedrig angesehen. Für das ganze Jahrhundert werden 2 Mio. Sklaven, also ein jährlicher Durchschnitt von 20 000, vorgeschlagen [CONRAD 1986, 30–31]. In dieselbe Richtung deutet die zunehmende Diversifizierung der Herkunfts- und Bestimmungsorte der portgiesischen Sklaventransporte. Ungefähr ein Drittel kam aus Westafrika, jetzt nicht mehr nur von der Mina-Küste, sondern auch aus Benin oder von den Inseln São Tomé und Príncipe. Die übrigen zwei Drittel kamen aus Angola, vor allem aus Luanda, doch auch Benguela wurde zu einem bedeutenden Verladehafen. Die Hauptbestimmungsorte blieben noch die Plantagen entlang der Küste und die Minengegend, obwohl nun auch der Norden und der Süden mehr Sklaven aufnahmen. Die zwei großen Pombal-Kompanien verschifften nach Pará und Maranhão 28 177 Sklaven zwischen 1756 und 1778, und nach Pernambuco und Paraîba 49 344 Sklaven zwischen 1761 und 1785 [Carreira 1969, 89–91, 288]. Sklaven wurden über den Madeira und den Guaporé bis nach Mato Grosso geschafft und dort relativ billig angeboten. Weil sie unterwegs als Ruderer bei den Kaufmannsexpeditionen arbeiten mußten, unterschieden sich die Preise kaum von denen an der Küste. In Rio Grande do Sul wurden die Sklaven schon mit der Rinderaufsicht und der Schlachtung und Verarbeitung zu Trockenfleisch betraut. Die Mortalität unter den Sklaven war sehr hoch, und das Geschlechterverhältnis war nicht ausgewogen; doch es gibt Hinweise darauf, daß zumindest auf Plantagen mit frommen Besitzern die Mehrheit der Sklaven im Familienverband mit Kindern lebte. In Minas Gerais näherte sich die Zahl der freien Schwarzen bereits der der Sklaven an, und die Möglichkeit, sich freizukaufen, förderte sicherlich den Bevölkerungszuwachs [Klein 1978; 1986].

Pombal war offenbar davon überzeugt, daß es für Brasilien am besten war, wenn man es seiner eigenen Bevölkerungsdynamik überließ. Diese sollte nur gefördert und in richtige Bahnen gelenkt werden. Diejenigen, die zu abgelegen und verstreut wohnten, mußten sich in Dörfern von mindestens 50 Häusern zusammentun. Landstreicher konnten aufgrund des königlichen Dekretes vom 22. Juni 1766 festgehalten und militärischen Einheiten eingegliedert werden. *Quilombolas* oder geflüchtete Sklaven wurden von Gouverneur Conde de Bobadela aus Goiás deportiert und bei öffentlichen Bauvorhaben in Rio de Janeiro eingesetzt. Fraglich ist, ob solche Zwangsmaßnahmen nachhaltige Ergebnisse brachten. Landstreicher und freigelassene Sklaven, die 1773 zur neugegründeten Stadt Paraibuna in São Paulo gebracht wurden, zogen von dort schon nach kurzer Zeit wieder weg.

Im Zeichen der Aufklärung erfuhren auch die religiösen Traditionen und Institutionen erhebliche Veränderungen. Die Noviziate wurden von 1764 bis 1778 geschlossen. Die diskriminierende Unterscheidung zwischen Alt- und Neu-Christen wurde 1768 zum erstenmal, am 25. Mai 1773 endgültig aufgehoben. Gleichzeitig wurde die Inquisition 1769 zu einem königlichen Tribunal umgeformt, mit einem Laien als General-Inquisitor, nämlich Paulo de Carvalho, dem Bruder Pombals. Der jüdische Glaube wurde nicht mehr so stark verfolgt. Eine der letzten Verhaftungen fand 1761 statt, als unter João V. die meisten Beschuldigten aus Brasilien nach Lissabon transportiert wurden. Die einzige bekannte Visitation eines Inquisitors in diesem Zeitraum, in Pará von 1763 bis 1769, hatte es vor allem auf magische Praktiken und Immoralität abgesehen [Lapa o. J.].

In diesem Sinne traten auch die kirchlichen Visitationen und *devassas* (Untersuchungsverfahren) in Mariana und anderen Bistümern gegen Ehebruch und Bigamie auf. Gleichzeitig wurden einige Hindernisse für uneheliche Kinder, wie die Zulassung zum Priesteramt, weniger streng gehandhabt, und die Legitimierung unehelicher Kinder wurde vereinfacht. Es ist eine offene Frage, welche Bedeutung dieser Maßnahme zukommt. Entgegen einer weitverbreiteten Auffassung über die Bedeutung der patriarchalischen Großfamilie zeigt eine Mikrostudie [Ramos 1975] nämlich, daß in Ouro Preto die Kleinfamilie mit einem einzigen, in der Regel unverheirateten Familienoberhaupt den Regelfall darstellte. Vieles weist darauf hin, daß dieser Befund auch für andere Regionen gelten kann. Wir wissen nicht, ob dieses Familienmodell eine hohe

Geburtenrate begünstigte und damit Anteil an zunehmender Verwahrlosung und hoher Kindersterblichkeit hatte. Sowohl die großen sozialen Gegensätze als auch die sich wandelnden wirtschaftlichen Möglichkeiten, verbunden mit häufiger Migration, waren der Stabilität und Fertilität eines Paares nicht förderlich. Es war in einer solchen Gesellschaft recht schwierig, die kirchlichen Ehevorschriften einzuhalten; viele lebten deshalb auf Dauer im Konkubinat. Laut Gesetz vom 26. September 1769 waren uneheliche Gemeinschaften nicht mehr gerichtlich zu belangen.

Andererseits war das Geschlechterverhältnis innerhalb jeder sozialen und ethnischen Gruppe ziemlich unausgewogen. Deshalb verbot Pombal den brasilianischen Honoratioren, ihre Töchter weiterhin nach Portugal in Klöster zu schicken. Möglicherweise konnten dadurch seine höheren Offiziere und Beamten in Brasilien leichter eine standesgemäße Frau finden. Armeeangehörige niedrigeren Ranges und andere Immigranten sollten sich eine Frau unter der einheimischen Bevölkerung suchen. Die *paulistas* und andere *bandeirantes* hatten dies schon lange zur Tradition gemacht durch ihre Jagd auf Indianer, begleitet von Frauenraub und Sklaverei. Dabei hatten ihnen nur die Jesuiten Widerstand entgegengesetzt.

Nun versuchte Pombal mittels einer Reihe von Dekreten diese interethnischen Heiraten gesellschaftsfähig zu machen und die *Tape* oder Indianer in seine Bevölkerungspolitik einzubeziehen. Am 4. April 1755 wurden Ehen von Portugiesen mit Indianern legitimiert und abfällige Benennungen für ihre Nachkommen (z. B. *caboclo*) für ungesetzlich erklärt. Es war nur konsequent, daß nun die Indianer von Grão Pará und Maranhão am 6. Juni 1755 ihre Freiheit zurückerhielten, richtiger: es wurde diesbezüglich eine Wiederbestätigung früherer Gesetze vorgenommen. Noch bedeutender war das darauffolgende Dekret vom 7. Juni, das die weltliche Macht der geistlichen Ordensgemeinschaften über die Indianer beendete, welche diese in *aldeias* und *aldeamentos* zusammengefaßt hatten. Diese Isolation hinderte sie daran – so die Meinung der aufgeklärten Herrscher –, ihre Vitalität als Bevölkerungsgruppe zu entfalten, und entzog sie auch der Steuererhebung und der Militärrekrutierung. Fortan konnten sie wie die anderen Brasilianer in *vilas* oder Dörfern leben. Pombals Bruder, Furtado de Mendonça, der die Dekrete ausführen mußte, war allerdings der Meinung, daß die Indianer in der Übergangsphase eine spezielle Verwaltung nötig hätten. Diese erlangte am 3. Mai 1757 Gesetzeskraft als *Directório de Indios*. Als Gegenleistung für Unterricht und Ausbildung in Landwirtschaft und Handel durften die „Direktoren" die Indianer für öffentliche Arbeiten anfordern und ein Sechstel ihrer Produktion einstreichen. Diese Maßnahmen wurden am 8. Mai 1758 auf ganz Brasilien ausgedehnt und blieben bis 1798 rechtskräftig. Sie gaben Gelegenheit zu häufigem Mißbrauch und förderten nicht im geringsten den Zuwachs der indianischen Bevölkerung, sondern nur eine größere Rassenmischung.

b Aufbau des Staates

Obwohl auch die Karmeliter, Kapuziner und Mercedarier in ihrer weltlichen Macht über die Missionsdörfer beschnitten wurden, trafen die Maßnahmen die Jesuiten am härtesten und waren offensichtlich nicht nur von der Bevölkerungspolitik, sondern ebenso von einer Jesuitenfeindschaft inspiriert. Lange vor Pombal wurden die Jesuiten bereits des Schmuggels und verborgener Reichtümer verdächtigt und sogar politischer

Ambitionen für einen eigenen Staat in einem Gebiet zwischen den portugiesischen und spanischen Kolonien. Ihre Sabotage der Demarkationskommission in Amazonien, ihr Widerstand gegen die neu gegründete Handelskompanie für Pará und Maranhão, ihre Rolle im Aufstand der Indianer in den „Sieben Dörfern", die unglücklichen Äußerungen Pater Malagridas über das Erdbeben von Lissabon (der es als „göttliche Strafe" bezeichnete) und ihre vermeintliche Beteiligung am Anschlag auf König José (3. September 1758) ließen Unbeliebtheit in Haß umschlagen. Am 19. Januar 1759 wurden Haftbefehle gegen sie erlassen und ihre Güter in Brasilien beschlagnahmt. Am 3. September 1759 wurde der Orden in allen Gebieten des portugiesischen Königreichs aufgehoben. Ende 1759 und im Laufe des Jahres 1760 wurden – oft mit Gewalt – etwa 600 Patres aus Brasilien deportiert. Mit ihnen gingen zweifellos viel Wissen, Engagement und Erfahrung verloren.

Mit der Vertreibung der Jesuiten wollte Pombal nicht, wie oft behauptet, sich ihrer Reichtümer bemächtigen, sondern es ging ihm vor allem darum, die Hegemonie des Staates über die kirchlichen Institutionen zu stärken [FALCON 1982, 378]. Angesichts der zahlenmäßigen und finanziellen Schwäche der anderen Orden und der frommen Unterwürfigkeit der Bischöfe schienen nur die Jesuiten in der Lage, dieser Entwicklung entgegenzuwirken. Pombal hat sich in jeder Hinsicht dafür eingesetzt, dem Staat in Brasilien ein schärferes Profil und mehr Zusammenhalt zu geben, und zwar sowohl durch territoriale Integration als auch durch eine Reihe von verwaltungstechnischen Reformen. So wurde der *Estado do Maranhão* durch Inkorporation der drei Kapitanate Pará, Maranhão und Piauî und der sechs kleinen Privat-Kapitanate Cabo do Norte, Ilha de Joanes oder Marajó, Xingú, Cametá, Caeté und Cumá ab 1751 umgebildet zum *Estado de Grão Pará e Maranhão.* Seine Hauptstadt Belém wurde durch großartige Bauwerke aufgewertet und diente als Ausgangspunkt für das von 1753 bis 1755 gegründete Kapitanat São José do Rio Negro. Zwischen 1772 und 1774 wurde dieser *Estado,* der sich mehr nach Lissabon als nach der brasilianischen Hauptstadt orientierte, dann völlig in den *Estado do Brasil* integriert.

Inzwischen hatten auch die übrigen Kapitanate ihren Erbcharakter verloren und wurden von den *donatários* losgekauft. Pernambuco nahm Itamaracá auf; Itaparica, Paraguaçu, Ilhéus und Porto Seguro wurden Bahia einverleibt, Campos dos Goitacazes wurde von Rio de Janeiro und Itanhaém schließlich (1791) von São Paulo aufgenommen. Einige Kapitanate blieben noch eine Weile anderen untergeordnet; so gehörte São Paulo bis 1765 und São Pedro do Rio Grande sogar noch länger zu Rio de Janeiro. 1763 wurde dann die Hauptstadt von Salvador nach Rio de Janeiro verlegt. Diese Entscheidung beruhte auf strategischen Erwägungen, trug aber auch der wachsenden wirtschaftlichen Bedeutung von Minas Gerais und der südlichen Provinzen Rechnung. Außerdem war dort zu jener Zeit die Verwaltung in den Händen des sehr erfahrenen und aufgeklärten Generalkapitäns Gomes Freire de Andrade, Conde de Bobadela, der jedoch bald starb. Die neue Hauptstadt wurde zugleich Sitz des Vizekönigs.

Dank der Festungen und Bauwerke des Vizekönigs Conde da Cunha (1763–1767) und seiner Nachfolger, von denen die meisten, wie der Marquês do Lavradio (1769–1779), der Conde de Figueiró (1779–1790) und der Conde de Rezende (1790–1801), eine überdurchschnittlich lange Periode regieren konnten, begann Rio de Janeiro den Charakter einer Metropole anzunehmen. Der letzte Vizekönig, Dom Marcos de Noronha e Brito, Conde dos Arcos, sollte von 1806 bis 1808 an der Macht bleiben.

Ein Vizekönig konnte nicht die völlige Oberherrschaft über die anderen Kapitanate ausüben. In der Regel korrespondierten der *Conselho Ultramarino* in Lissabon und vor allem der mit den kolonialen Angelegenheiten befaßte Regierungsbeamte weiterhin direkt mit den verschiedenen Kapitanaten und erteilten ihre Anweisungen ohne Vermittlung dieser Zwischenebene. Dies gilt insbesondere für die Zeit von 1762 bis 1770, in der der Bruder Pombals, Mendonça Furtado, diese Funktion innehatte. Sein Nachfolger war der einflußreiche Martinho de Melo e Castro. Die meisten dieser Generalkapitäne und Vizekönige, die oft, wie der Conde de Bobadela oder der Conde de Azambuja (Vizekönig 1767–1769), schon vorher in einem anderen Kapitanat Erfahrungen gesammelt hatten, schienen das Vertrauen Pombals zu genießen. Sie galten als pflichtbewußt, verfolgten sehr engagiert ihre Aufgaben und identifizierten sich durch ihren langen Aufenthalt meistens mit den Interessen der Kolonie. Bei Meinungsverschiedenheiten gab es einigen Spielraum für eine Anpassung der Befehle an die örtliche Situation, wie dies z. B. der Morgado de Mateus, Dom Luís Antônio de Souza Botelho Mourão, während seiner Verwaltung des Kapitanats São Paulo zwischen 1765 und 1775 praktizierte [Bellotto 1979].

Die Spitze dieses Verwaltungsgremiums bestand nahezu ausschließlich aus Militärs portugiesischer Herkunft, die mit militärischer Zucht nach preußischer Art für Ordnung zu sorgen versuchten. Zugleich standen sie den zivilen Institutionen vor und sicherten ihr Funktionieren. Als Generalkapitän von Bahia ließ der Marquês do Lavradio (1768–1769) jeden Morgen die Straßen kehren; er verbot niedergeschlagene Hüte und Kapuzenmäntel und ließ zweifelhafte Elemente aus der Stadt entfernen. Ebenso autoritär trat er gegen korrupte Beamte und bei der Konsolidierung des Finanzhaushaltes auf. Viele Militärs waren im Sinne der Reformen ausgebildet worden, die der Graf von Schaumburg-Lippe-Bückeburg, Conde Lippe, als Führer einer britischen Mission in Portugal ab 1762 durchgeführt hatte und die u. a. größeren Nachdruck auf Disziplin und auf den Umgang mit modernerer Artillerie gelegt hatten.

Nach diesem neuen Reglement wurden unter der Aufsicht von Oberstleutnant João Henrique Böhm in jedem Kapitanat die bestehenden *tropas de linha*, *tropas pagas* oder auch *tropas regulares* – d. h. die professionellen Streitkräfte, bestehend aus Infanterie-, Kavallerie- und Artillerieregimentern – vervollständigt und ergänzt von *tropas auxiliares*, später auch *milícias* genannt, d. h. von Hilfstruppen, die größtenteils aus Mulatten und schwarzen Sklaven gebildet wurden. Die Marine-Arsenale und die Festungen wurden verbessert oder neu gebaut, und Militärhospitale wurden eröffnet. Außerdem begann man mit der Aufstellung von *companhias de ordenança*, Kompanien auf der Grundlage von Listen der wehrtüchtigen und wehrpflichtigen Einwohner, die im Notfall eingesetzt werden konnten. Die Rekrutierungen wurden keineswegs mit Begeisterung aufgenommen und konnten nur mit einem immer größeren Einsatz von Gewalt durchgesetzt werden. Desertionen wurden immer häufiger. Diese Militarisierung wurde jedoch in Brasilien als eine Fortführung der eigenen Tradition der beispielhaften Selbstverteidigung dargestellt, die man schon früher gegen die Holländer, die Franzosen und die Jesuiten entwickelt hatte [Novais 1979, 137–141].

Sicherlich förderte Pombal nicht die Selbstverwaltung innerhalb des *Senado da Câmara* – so der Titel des Stadtrats in Rio de Janeiro seit 1757 – und den anderen *câmaras municipais* (Stadträte). Im Gegenteil, er schränkte sie ein, indem er die Bürgermeister einsetzte, sogenannte *juizes de fora*. Die *juntas gerais* oder erweiterten Räte hatten weniger Bedeutung. 1770 entzog Pombal dem *Senado* sogar die Regierungsbefugnis während der Abwesenheit des Vizekönigs oder des Generalkapitäns. Allerdings ließ er die brasilianischen Untertanen als Beamte innerhalb der absolutistischen Regierung eine größere Rolle spielen, so wie er auch in Portugal die Bildung eines neuen, treuen Adels auf Kosten des Ansehens des alten Adels förderte. In Brasilien geborene *homines novi,* meist mit Jurastudium in Coimbra, bekamen mehr Chancen, bis hin zum Lissabonner Hof, aber natürlich vor allem in der Kolonie selber durch die Erweiterung bestehender und die Gründung neuer Verwaltungsorgane.

Ein Beispiel dafür war die neue *relação,* ein Berufungsgericht, die neben der bestehenden in Salvador 1751 in Rio de Janeiro installiert wurde. Dieses Gericht, bestehend aus einem Kanzler und einem Dutzend *desembargadores* (Richtern) – zu denen der *ouvidor-geral do cível* und der *ouvidor-geral do crime* gehörten –, sollte die Prozesse der südlichen Kapitanate aus der Nähe schneller abwickeln und außerdem die Staatsgewalt während der Abwesenheit des Vizekönigs ausüben. Berufungsfälle wurden an die *Casa da Suplicação* in Lissabon verwiesen. Bei der *relação* sowohl in Salvador als auch in Lissabon gab es eine *mesa de desembargo do paço* (Gerichtskammer), bestehend aus dem Generalkapitän, dem Kanzler und dem ältesten *desembargador,* welche in bestimmten Fällen schneller urteilen konnte. Auch die 1765 gegründeten *juntas de justiça,* begrenzte Gerichtskommissionen auf der Verwaltungsebene der Kapitanate, versuchten Prozeßanhäufungen durch verkürzte Verfahren zu vermeiden. Dank einer besseren Besoldung verfügten diese Beamte über ein eigenes Einkommen und konnten dadurch eine größere Unabhängigkeit an den Tag legen sowie an Prestige gewinnen. Zur Rationalisierung ihrer Justizverwaltung wurde 1769 ein *Lei da Boa Razão* proklamiert. Dieses brach zwar nicht mit der Rechtstradition, trug aber doch deutlich Züge der Aufklärung. Damit verfügten die Provinzen zwar noch nicht über ein völlig neues Gesetzbuch, fanden aber mehr Raum für eigene Interpretationen und eine Festigung ihrer Autorität. Alles in allem begann sich, einschließlich der befreienden Maßnahmen für die Indianer und die Neu-Christen und, in Portugal, für die Sklaven, doch eine neue Rechtsordnung abzuzeichnen.

Nicht weniger tiefgreifend waren die Steuerreformen. An die Stelle der *Casa dos Contos* (Rechnungshof), wo lediglich die Einnahmen registriert worden waren, trat 1761 ein *Erário Régio,* eine königliche Staatskasse. Dort wurden nicht nur die Einnahmen und Ausgaben zentralisiert, sondern auch die Steuereintreibung vereinfacht und anhand neuer Buchhaltungsmethoden direkter von gestrengen, gutbezahlten Beamten kontrolliert. Dementsprechend wurde in den 1760er Jahren in jedem Kapitanat eine *junta da fazenda* (Finanzrat) gegründet, die regional alle finanziellen Transaktionen des Staates durchführte. Auf diese Weise versuchte Pombal nicht nur die Einnahmen für den Wiederaufbau Lissabons nach dem Erdbeben 1755 zu vergrößern, sondern auch generell mehr Gewinn aus den brasilianischen Reichtümern zu einem Zeitpunkt zu ziehen, da sie Portugal durch Schmuggel und zurückgehende Produktion zu entgleiten drohten.

c Die Wirtschaftspolitik

Für Pombal war die Modernisierung des Staates nicht denkbar ohne eine neue Handels- und Gewerbepolitik, in der die Kolonialwirtschaft eine Schlüsselrolle spielen sollte. Seine Wirtschaftsmaßnahmen, noch stark von merkantilistischen Vorstellungen durchdrungen, antizipierten eher die Krise der kolonialen Produktion, als pragmatisch darauf zu reagieren. Deshalb sollte ihre Tragweite über seine Regierungszeit hinausreichen und bei nachfolgenden Generationen die Auffassung fortbestehen lassen, daß eine massive Staatsintervention die wirtschaftliche Privatinitiative der Untertanen fördern müsse. Radikaler Liberalismus war in Portugal nicht möglich, weil das Land zurückgeblieben war und zunächst mobilisiert werden mußte. Pombal hatte die Entwicklung des eigenen agrarischen, kommerziellen und industriellen Potentials vor Augen, das nicht weiter durch Schmuggel und britische Kaufleute unterminiert werden durfte. Letztere waren in den Ruf geraten, die brasilianischen Reichtümer in zu großem Umfang, sowohl über Dritte als auch direkt, zur Ankurbelung der britischen Wirtschaft abzuzweigen. Sie waren nicht daran interessiert, die Produktion von Zucker und Tabak zu fördern, weil ihnen dafür eigene Kolonien zur Verfügung standen. Ebenso wie Pombal den Beamten mehr Chancen einräumte, wollte er auch das Entstehen einer neuen Schicht portugiesischer Unternehmer unterstützen, die nicht mehr nur auf Kommission und Kredit, sondern mit eigenen Mitteln Handel treiben konnten. Ihr Startkapital konnten sie aus dem Vertragshandel mit Tabak und aus den Gütern des Kirchenzehnten ziehen. Der Handel wurde übrigens 1770 als ein edler Beruf anerkannt, und Händler konnten jetzt auch in *morgados* (Majoraten) Kapital für den Bestand ihres Handelshauses festlegen. Die kleineren Kaufleute, die oft unlautere Mittel einsetzten und dadurch die Preisbildung und das Kreditsystem zu sehr störten, wurden an den Rand gedrängt. Unter ihnen waren viele Brasilianer.

Zur Steigerung des brasilianischen Exports wurden schon 1751 die Zolltarife angepaßt und in den Häfen von São Luis, Recife, Salvador und Rio de Janeiro *mesas da inspeção do açúar e do tabaco* (Kontrollposten zur Überwachung der Qualität, des Gewichts und der Preise von Zucker und Tabak) eingerichtet. Viel weitreichender noch war die Gründung der *Junta do Comercio* am 30. September 1755. Dieses neue Spitzenorgan hatte einem Handelsministerium vergleichbare Befugnisse und kontrollierte fortan die Abfahrt der Flotten, die private Ladung von Passagieren und Besatzungen und die Frachtpreise. Es regulierte die Einfuhr der Rohstoffe und der Fertigprodukte und förderte den Bau oder Ankauf neuer Schiffe sowie die Gründung neuer Gewerbebetriebe. Es erließ auch Verbotsmaßnahmen, wie am 6. Dezember 1755 gegen die *comissários volantes* oder Kommissionäre, die auf den Flotten mitreisten und als Agenten für die eingesessenen Firmen fungierten. Zugleich schaltete es aber durch die Abschaffung der *Mesa do Bem Comun dos Mercadores,* einer Art Handelskammer in Lissabon, auch die Kaufleute aus, die traditionell ein Handelsmonopol hatten, jetzt jedoch die neuen Initiativen nicht zu unterstützen wagten und die neuen Handelskompanien kritisierten.

Pombal gründete eine ganze Reihe von Kompanien nach dem leicht veralteten Vorbild der britischen und holländischen Gesellschaften, um die verschiedenen Sektoren des portugiesischen Handels neu zu beleben. So entstanden Kompanien für den Handel mit Ostindien und mit Moçambique, für den Fischfang an der Algarve und die Weinproduktion von Alto Douro; das koloniale Handelsmonopol für den Norden und den Nordosten Brasiliens wurde der *Companhia Geral do Grão Pará e Maranhão,* beziehungsweise der *Companhia de Pernambuco e Paraîba* zuerkannt.

Die erstere konnte am 6. Juni 1755 ihre Geschäfte mit einem Kapital aufnehmen, das fast ausschließlich Aktionäre aus dem portugiesischen Mutterland aufbrachten, und zwar vor allem Tabakhändler wie die Familie Cruz. Die größten Aktionäre konnten acht Deputierte für den Verwaltungssitz in Lissabon wählen, der von einem Direktor, einem Sektretär und drei Räten geführt wurde. Die Kompanie verfügte auch über Büros oder Vertretungen in Brasilien, in Belém und an den Flüssen Rio Negro, Madeira und Guaporé, weiter in Porto, auf Madeira und Cabo Verde und an den Küsten Westafrikas und Angolas. Ihr Monopol wurde für 20 Jahre eingerichtet, dauerte aber de facto bis 1778.

Sie hat in dieser Zeit ein ausgedehntes Gebiet vom Orinoco bis nach Mato Grosso – das bis dahin nicht viel mehr als eine Subsistenzwirtschaft unter Aufsicht der Jesuiten kannte – für den Handel geöffnet, der auf Europa ausgerichtet war und Ausläufer zu den afrikanischen Faktoreien und sogar nach Quito und Potosí hatte. Durch Kreditgewährung u. a. für den Sklavenerwerb, von denen mehr als 25 000 aus Afrika antransportiert wurden, förderte sie vor allem die Kakaoernte und die Produktion von Kaffee, Gewürznelken, Reis und gegerbten und ungegerbten Häuten. Durch ihre Initiative wurde Baumwolle zum erstenmal ein wichtiges Exportprodukt. Gleichzeitig schuf sie auch einen Markt für europäische Produkte, wenn möglich portugiesische aus den neuen Betrieben einiger Aktionäre. Obwohl der schnelle Aufschwung der ersten Jahre sich nicht fortsetzen ließ, die Aktien in andere Hände übergingen und sich Protest gegen die zu hohen Preise für schlechte Qualität regte, war diese Kompanie doch eine der erfolgreichsten Unternehmungen Pombals, die eine wichtige Rolle bei der Integration Amazonisch-Brasiliens ins portugiesische Reich spielte. Für die Route nach Belém konnte sie eine Flotte von 33 Schiffen für durchschnittlich sechs Reisen pro Jahr bereitstellen, und für die Route nach São Luis wurde sogar ein jährlicher Schnitt von neun Reisen für eine Flotte von 52 Einheiten erreicht [Dias 1971].

Etwas weniger erfolgreich war die *Companhia de Pernambuco e Paraîba*, die 1759 eingerichtet wurde und ebenfalls nur einen kleinen Teil der Aktien, nämlich 10 Prozent, in Pernambuco selber ausgab. Sie machte gute Gewinne mit Sklavenimporten zur Wiederbelebung der Zuckermühlen, doch die niedrigeren Zuckerpreise nach dem Siebenjährigen Krieg minderten die Amortisation der Investitionen der Pflanzer, und das Monopol auf den Häuteexport stieß auf Widerstand bei den Händlern und Handwerkern. Trotz allem konnte sie etwa 30 Schiffe einsetzen, und die verstärkte Hafenaktivität begünstigte die städtische Entwicklung Recifes.

Obwohl kurzzeitig Überlegungen in diese Richtung angestellt wurden, gab es keine ähnlichen Kompaniegründungen für Salvador da Bahia, Rio de Janeiro und andere südliche Häfen. Im Gegenteil: Ab September 1765 wurde dort das Flottensystem abgeschafft und der freie Handel gefördert. Nur für die Einfuhr von Portwein, der übrigens bloß in geringen Mengen in Brasilien verbraucht wurde, galt ab dem 6. August 1776 ein Monopol für die *Companhia Geral da Agricultura das Vinhas do Alto Douro*. Die direkte Fahrt von Viana nach Brasilien wurde freigegeben, während von dort aus zur afrikanischen Mina-Küste und seit dem 7. Mai 1761 auch nach Angola und Moçambique gefahren werden konnte. Diese antimonopolistische Politik zeigte sich auch in der Aufhebung des Tabakmonopols in Rio de Janeiro, das durch einfache Steuern ersetzt wurde.

Vor allem Salvador da Bahia und das umliegende Recôncavo nutzten diese Freiheit, um den Export von Zucker nach Portugal und von Tabak hauptsächlich zur westafrikanischen Küste im Tausch gegen Sklaven zu vergrößern. Man experimentierte dabei mit Virginiatabak und neuartigen Anbaumethoden. In Rio de Janeiro soll dagegen die Hafenaktivität früher in eine Krise geraten sein [Lobo 1978, 35–40]. Ihr Umfang muß aber insbesondere für die Fahrt Rio–Lissabon relativiert werden, die nach einem kurzzeitigen Einbruch zwischen 1759 und 1764 eine dauerhafte Aufwärtsentwicklung zeigte, während auch die Fahrt nach Angola, der Schmuggel zum La-Plata-Gebiet und der Walfischfang den Hafenverkehr stabil hielten [Santos 1980]. Jährlich wurden Hunderte von Walen gefangen und in verschiedenen *armações* oder Walstationen an den Küsten Bahias, Rio de Janeiros und Santa Catarinas für die Produktion von Walrat, Tran und Fischbein verarbeitet. 1765 wurde der *Companhia da Pescaria das Baleias* (Walfangkompanie) ein Monopol für den Küstenstreifen von Rio de Janeiro bis Santa Catarina zuerkannt, das bis zu seiner Aufhebung 1789 sowohl für den Staat als auch für die Teilhaber, wie Inácio Pedro Quintela, große Gewinne einbrachte [Ellis 1967].

Wegen der höheren Preise während des Siebenjährigen Krieges (1756–1763) wurde mehr Zuckerrohr in der Umgebung von Rio de Janeiro, Campos und auch São Paulo angepflanzt. Unter der Aufsicht des Holländers João Hopman, Inspektor für neue Anbaumethoden und Produkte, wurden Zuchtversuche mit Guaxima (eine Hanfart), Koschenille, Seidenraupen, Indigo und Getreide unternommen und mit der Käse- und Butterproduktion experimentiert. Wegen der Zunahme der Reispflanzungen entstand 1756 in Rio de Janeiro eine Reismühle. In Ipanema (São Paulo) errichtete der Morgado de Mateus 1765 eine industrielle Eisenschmiede. Diese Initiativen und andere, wie die Gründung von Gerbereien, Seilereien, einer Segeltuchfabrik in Bahia sowie einer Fabrik für Militäruniformen in Belém, scheinen darauf hinzuweisen, daß Pombal in seine Industrialisierungspolitik auch die brasilianische Kolonie einbeziehen wollte. Diese sollte dadurch zur Wehrhaftigkeit des portugiesischen Reiches beitragen. Gleichzeitig kam es darauf an, den brasilianischen Export wieder zu beleben, der zwischen 1760 und 1777 durch den erheblichen Rückgang der Goldförderung auf die Hälfte absank.

Von 1755 an war die Produktion der Goldminen in Minas Gerais, Goiás und Mato Grosso dramatisch zurückgegangen. Hatte die Jahresdurchschnittsförderung in der Zeit von 1735 bis 1754 noch 14 713 kg betragen, fiel sie von 1755 bis 1759 auf 12 616 kg, von 1760 bis 1764 auf 10 499 kg, von 1765 bis 1769 auf 9759 kg und von 1770 bis 1774 auf 8779 kg, um bis zum letzten Jahrzehnt des 18. Jh. noch einmal um die Hälfte auf etwa 4000 kg abzusinken [Pinto 1979, 114]. Über die Goldbergwerke von Bahia gibt es wenig Daten, doch nichts weist darauf hin, daß die Konjunktur dort besser verlief. Dieser Einbruch in der brasilianischen Goldförderung war größtenteils den recht rudimentären Fördertechniken und der Erschöpfung mancher Minen, wie in Cuiabá in Mato Grosso oder in Jacobina in Bahia, zu verdanken. Andererseits fand ein umfangreicher Goldschmuggel entweder direkt mit englischen oder anderen ausländischen Schiffen vor der brasilianischen Küste oder indirekt durch Transaktionen mit Silber von Potosí durch das La-Plata-Gebiet oder im Grenzgebiet von Mato Grosso mit dem spanischen Mojos und Chiquitos statt. Die Kontrollen und die Änderungen im Steuersystem vermochten dagegen wenig auszurichten.

Im Kapitanat Minas Gerais wurden durch den Einsatz einer größeren Anzahl von Sklaven dagegen mehr Diamanten gefördert, als nach dem Vertrag mit dem Staat vorgesehen war. Der Schmuggel mit der überzähligen Menge verursachte eine erhebliche Preissenkung auf dem europäischen Markt. Deshalb ließ der Staat den Vertragspartner

Felisberto Caldeira Brant festnehmen und kontrollierte ab 1753 das Bergwerksgebiet um Serro Frio schärfer. Für die Verteilung auf dem europäischen Markt wurden ebenfalls monopolistische Verträge abgeschlossen, zuerst mit einer britischen Firma, dann für mehr als ein Vierteljahrhundert, bis 1787, mit dem Holländer Daniel Gildemeester. Der Verkauf schnellte auf etwa 60 000 Karat im Jahr in die Höhe. Der Anstieg der Förderung dauerte bis ungefähr 1770 [CALÓGERAS 1938, 307–323]. Inzwischen gelang es dem neuen *contratador* (Aufkäufer) João Fernandes de Oliveira, große Reichtümer anzuhäufen, womit er u. a. die Launen seiner legendären Geliebten, Xica da Silva, befriedigte und sogar einen *morgado* einrichtete. Dies mißfiel Pombal, der ihn nach Portugal zurückrief und seinen Vertrag nicht mehr verlängerte.

Mit der *Real Extração* (königliche Förderung) übernahm die Staatskasse nun ab 1772 selber die Verantwortung für den Abbau. In einem genau umrissenen Gebiet, dem *Distrito Diamantino,* konnten zwei königliche Beamte, der *intendante* und der *fiscal,* anhand eines strengen Reglements, des berüchtigten *Livro da Capa Verde,* eine fast unbegrenzte Macht ausüben; es bleibt jedoch offen, ob damit der Schmuggel merklich abnahm. Die offiziellen Zahlen für den Abbau und den Verkauf blieben relativ hoch. Die Preise für Diamanten fielen weiter; dadurch fanden diese aber ihren Weg zu einer breiteren Käuferschicht.

C. Die spätkoloniale Entwicklung

Beim Tod König Josés am 23. Februar 1777 und der Thronbesteigung seiner Tochter Maria I. wurde es dem alten und kranken Pombal klar, daß er die königliche Gunst verloren hatte. Anfang März bat er um seine Entlassung. Während seiner Amtszeit Inhaftierte wurden freigelassen und seine Gegner und Opfer rehabilitiert. Noch bevor der Prozeß zur Überprüfung seiner Amtspraxis beendet war, starb der Marquis am 8. Mai 1782. In seiner Funktion als erster Minister war er durch Tomas Xavier de Lima, Visconde de Vila Nova de Cerveira, ersetzt worden, doch Martinho de Melo e Castro blieb auf dem wichtigen Posten der *Secretaria de Estado da Marinha e Domínios Ultramarionos* (Marine- und Überseeministerium), wozu die brasilianischen Angelegenheiten gehörten. Andere Mitarbeiter oder Geistesverwandte Pombals stiegen ebenfalls in Regierungsverantwortung auf. So auch Dom Rodrigo de Sousa Coutinho, der 1796 für die brasilianische Kolonie zuständig wurde und in seiner Pombalinischen Auffassung von der Einheit des Reiches Brasilien einen hohen Stellenwert zusprach. Auch die Vizekönige Conde de Figueiró, Conde de Rezende und Dom Fernando José de Portugal setzten den eingeschlagenen politischen Weg fort. Im Geiste der Aufklärung setzten sie eine Stadterneuerungspolitik in Rio de Janeiro durch. Hierzu gehörten auch eine Reihe von sanitären Maßnahmen zur Verbesserung der Hygiene und der Volksgesundheit, wie z. B. die Durchführung einer Pockenschutzimpfung. Weitere aufklärerisch wirkende Persönlichkeiten waren Kolonialbeamte wie die Gouverneure von Bahia, der Conde da Ponte, João de Saldanha da Gama (1805–1810), und der Conde dos Arcos, Marcos de Noronha e Brito (1810–1818), oder der Gouverneur von São Paulo, Bernardo José de Lorena. Der Terminus *Viradeira* (Wende), mit dem in der Historiographie der Fall Pombals und die Gegenbewegung unter Maria I. beschrieben werden, sollte also mit einiger Zurückhaltung benutzt werden.

a Wirtschaft

Für Brasilien spricht man vielleicht besser von einer zweiten Generation aufgeklärter Politiker, deren politische Zielsetzung sich immer weniger von dem Streben nach wirtschaftlicher Autarkie des Reiches leiten ließ und statt dessen zunehmend auf die Integration in den Welthandel ausgerichtet war. So wollte Sousa Coutinho die brasilianische Agrarproduktion durch Steuersenkungen und Verbesserungen im Flußverkehr und Postdienst für das Hinterland fördern, während er andererseits direkte Steuern in den Städten einführte. Bischof José Joaquim da Cunha de Azeredo Coutinho plädierte für die Gründung von Bergwerksschulen, um die Metallproduktion wiederzubeleben, während er gleichzeitig die Wichtigkeit der Landwirtschaft hervorhob (*Discurso sobre o estado actual das minas do Brazil,* Lissabon 1804).

Liberalisierende Maßnahmen wechselten sich ab mit Handelsbeschränkungen und Protektionismus. Der autoritäre Charakter dieser Politik wird von Fernando Novais als unvermeidlich für ein so rückständiges Land wie Portugal bezeichnet. So wurden die *Companhia Geral do Grão Pará e Maranhão* 1778 und die *Companhia de Pernambuco e Paraíba* 1779 aufgehoben. Das Monopol für den Walfang verfiel 1798 und das für Salz 1801. Den vorläufigen Höhepunkt stellte das Dekret dar, das am 1. April 1808 die Häfen von Brasilien für fremde Schiffe öffnete.

Gleichzeitig widerrief João VI. ein Dekret vom 5. Januar 1785, nach dem in Brasilien keine Manufakturen zugelassen waren – einige Webereien ausgenommen, die Textilien geringer Qualität für Sklavenkleidung oder Verpackungszwecke produzierten. Dieses Verbot, das vielleicht im nachhinein mehr Unwillen erregte als zum Zeitpunkt des Erlasses, beabsichtigte nicht nur, den brasilianischen Markt portugiesischen Manufakturen, welche weiterhin staatliche Unterstützung bekamen, oder dem portugiesischen Handel mit ausländischen Produkten vorzubehalten. Vor allem sollten genügend Arbeitskräfte für die Landwirtschaft und den Bergbau zur Verfügung stehen. Die Frage stellt sich, ob dieses Dekret notwendig war, und ob ohne ein solches in einem so riesigen Land, mit geringen Transportmöglichkeiten und einer kleinen Bevölkerung mit beschränkter Kaufkraft, damals schon wesentlich mehr Manufakturen gegründet worden wären. Die Zahl der Webereien, die von der Maßnahme getroffen wurden, war jedenfalls klein [Novais 1979, 281–284].

Der Widerruf reichte deshalb auch nicht aus, Manufakturgründungen zu fördern. Zu diesem Zweck wurde deshalb am 28. April 1809 ein Dekret zur Steuerbefreiung von Rohstoffimporten für industrielle Verarbeitung erlassen. Obwohl nun einige Betriebe gegründet wurden, u.a. für Glas in Salvador, für Schießpulver in verschiedenen Orten und für Waffen in Rio de Janeiro, konnte das nicht direkt zu großen Erfolgen führen, um so weniger, als kurz darauf, im 1810 geschlossenen Freundschaftsvertrag mit Großbritannien, ein Vorzugstarif für englische Produkte eingeführt wurde. Dieser betrug jetzt nur 15 Prozent des Wertes gegenüber 16 Prozent für Produkte aus dem portugiesischen Mutterland und 24 Prozent für solche aus den übrigen Ländern.

Der widersprüchliche Charakter all dieser Maßnahmen ist nicht verwunderlich, denn sie wurden eher von politischen Motiven bestimmt und erwiesen sich in der wirtschaftlichen Realität als nicht besonders zweckmäßig. So konnte der Handel mit Portugal sich nach 1810 trotz der Vorteile für die englischen Produkte ganz gut behaupten. Ein großer Teil des augenscheinlich neuen Handels mit Großbritannien bestand aus Transaktionen, die früher auch schon durch Schmuggel stattfanden, aber nicht in der offiziellen Handelsbilanz erschienen. De facto wurde die offizielle Politik wesentlich von der guten Weltkonjunktur bestimmt, die bis ca. 1815 hohe Preise für landwirtschaftliche Produkte sicherte. Die brasilianische Kolonie profitierte durch ihre günstige Lage an den Handelsrouten, ihre Möglichkeit, die Zahl der Arbeitskräfte zu vergrößern, und ihr breit gefächertes Rohstoffangebot sehr stark von diesem Trend.

Das Ende der kolonialen Monopole wirkte sich vor allem an der brasilianischen Küste aus. Salvador da Bahia bekam mehr Handelskontakte mit Goa und Macau, Angola und vor allem mit der westafrikanischen Küste, wo der Güteraustausch mit den Engländern, Holländern und Franzosen die Form eines Dreieckhandels annahm. Zwischen 1788 und 1801 legten im angolanischen Hafen Luanda 364 Schiffe aus Rio de Janeiro an, außerdem 88 aus Salvador und 70 aus Pernambuco. Eine andere Quelle gibt für den Zeitraum von 1795 bis 1811 375 Schiffe aus Rio de Janeiro an [Santos 1973, 22–23]. Schiffe aus Brasilien legten auch in Benguela an, und von Moçambique aus wurden ab 1795 Schiffe für Fahrten zu brasilianischen Häfen eingesetzt. Diese Südatlantikfahrt nahm zum Teil eine Dreiecksform an, da zuweilen Buenos Aires oder andere La-Plata-Häfen mit einbezogen wurden. Die wachsenden Ambitionen und der Elan der brasilianischen Schiffahrt zeigte sich auch im Entstehen mehrerer *companhias de seguro* (Versicherungsgesellschaften) in Salvador, wo man Policen für den Handelsverkehr mit Goa, Buenos Aires und sogar Havanna [Tavares 1988] abschloß.

Unter dem Vorwand einer Notsituation tauchten mehr und mehr englische Schiffe in den brasilianischen Häfen auf, während der Jahre von 1791 bis 1800 lag der Durchschnitt in Rio de Janeiro bei 15 Schiffen [Santos 1973; 1980]. Unter nordamerikanischer Flagge liefen zwischen 1792 und 1805 schon 83 Schiffe Rio de Janeiro an, zum Teil im Zusammenhang mit dem Walfang [Chandler 1946, 599–617]. Dazu kamen dann noch französische und holländische Schiffe [Novais 1979, 179]. Mit der Öffnung der Häfen nahm die Zahl der fremden Schiffe rasch zu, von 90 im Jahr 1808 über 217 im Jahre 1815 auf 354 im Jahr 1820.

Während dieser Zeit von fast 50 Jahren verdoppelte sich die Bevölkerung Brasiliens nahezu. Wo Dauril Alden für etwa 1800 eine Berechnung von 2 061 657 vorlegt, berichtet Giorgio Mortara von einem Zuwachs von 2 841 000 (1780) auf 4 717 000 (1820) Einwohner [Alden 1984, II; Balhana 1986, 31]. Zeitgenossen, wie Rodrigo de Sousa Coutinho und Alexander von Humboldt, schätzten 1808 bzw. 1820 die Einwohnerzahl auf 4 Mio. Dieser generelle demographische Wachstumstrend galt aber nicht für alle ethnischen Gruppen in gleicher Weise. Soweit überhaupt Zahlen über die indianische Bevölkerung vorliegen, weisen diese nicht auf einen Bevölkerungszuwachs hin. Bei vielen Stämmen stieg sogar die Mortalität im Zusammenhang mit dem Vordringen der Entdeckungs- und Kolonisationsgrenze. Expeditionen, die zur Erkundung des Binnenlandes unternommen wurden, hatten hieran ebenso Anteil wie die gewaltsame Unterwerfung und wirtschaftliche Ausbeutung der Eingeborenenbevölkerung. Die Weißen, die rund ein Drittel der Gesamtbevölkerung stellten, zeichneten sich dagegen durch einen starken Bevölkerungszuwachs aus, der sich zudem vor allem aus endogenen Quellen speiste. Obgleich die Immigration nach Brasilien kein Massenphänomen war und bei den Ursachen des demographischen Wachstums als eher sekundär angesehen werden muß, spielte auch sie eine gewisse Rolle. So hatte etwa die Übersiedlung der ca. 15 000 Personen, die mit der Verlegung des portugiesischen Hofes nach Brasilien kamen, einen nicht unerheblichen demographischen Einfluß. Auch andere Fremde, oft Flüchtlinge und Verbannte, aber ebenso auch Händler und Pflanzer kamen in dieser Zeit ins Land, zumal ihnen 1810 per Dekret die Möglichkeit des Bodenerwerbs eingeräumt wurde. Der Staat unterstützte zum Teil die Initiativen nicht-portugiesischer Immigranten, wie zum Beispiel die Gründung der aus etwa 1600 Personen bestehenden Schweizer Kolonie Nova Friburgo im Jahre 1819 zeigt [NICOULIN 1973]. Die freien Schwarzen und Mulatten machten ebenfalls fast ein Drittel der Gesamtbevölkerung aus. Hier war die Eigendynamik noch ausgeprägter als bei den Weißen. So hatte eine 50jährige Frau in Paraná im Durchschnitt 7,36 Kinder.

Die Zahlen der Alleinerziehenden und der unehelichen Kinder lagen sehr hoch. In vielen Familien kamen noch sogenannte *agregados,* also nicht-verwandte Mitbewohner, hinzu. Außerdem verfügte mindestens die Hälfte aller Haushalte über einen oder mehrere Sklaven. Dies gilt sowohl für die städtischen Zentren als auch für die Landwirtschaft im Inland, die nicht direkt auf den Export ausgerichtet war. Kleinstädte wie Jacaréi und Santana do Parnaîba in São Paulo, wo nur 14 bis 30 Prozent der Haushalte Sklaven hielten, waren die Ausnahme [LUNA 1988, 24–25; METCALF 1986, 479]. Sogar die Viehzucht in dem recht isolierten Piauî wurde damals schon mit Hilfe von Sklaven betrieben. In Rio de Janeiro und São Paulo arbeiteten auch viele Zuckerplantagen mit zehn oder weniger Sklaven, wie es auch in dem *Recôncavo Bahiano* der Fall war [COSTA/LUNA 1983, 211–221].

Der Ankauf von Sklaven wurde in dieser Zeit erheblich kostspieliger. In Salvador verdreifachten sich die Preise zwischen 1780 und 1820 sogar [QUEIROS MATTOSO 1986, 79]. Die Ursache war nicht etwa eine Verringerung des Angebots, sondern die große Nachfrage. Die letzten Jahrzehnte des kolonialen Zeitalters weisen Rekordzahlen beim Sklavenimport aus, die auf 20 000 pro Jahr geschätzt werden können. Allein schon für Rio de Janeiro waren es 10 000, noch einmal so viele dürfen für Salvador, Recife, São Luis do Maranhão und Belém angenommen werden. Rio de Janeiro war jetzt der weitaus größte Importhafen mit 162 225 Sklaven zwischen 1795 und 1811, die fast ausschließlich aus Angola stammten [KLEIN 1978, 55]. Bemerkenswert ist die aufkommende Versorgung aus Moçambique mit 15 055 Sklaven, die zwischen 1814 und 1820 aus Quelimane zur Hälfte nach Rio de Janeiro, zur Hälfte nach Salvador und Recife verschifft wurden [CAPELA 1988, 204]. So machte die brasilianische Sklavenpopulation ein Drittel der Bevölkerung aus und war 1800 mit ungefähr 1 Mio. die größte ganz Amerikas [KLEIN 1978, 81].

Das brasilianische Sklavensystem entfaltete in dieser Zeit seine spezifischen Merkmale: den Einsatz der Sklaven in allen Sektoren der Wirtschaft und Gesellschaft und einer, soweit möglich, noch größeren Differenzierung nach ethnischer Zugehörigkeit und Herkunft, Lebenserwartung und Lebensbedingungen. Sogar die Sklavenschiffe, die nach Afrika fuhren, waren zum Teil mit Sklaven-Matrosen bemannt, und es gab auch Sklaven, die selber Sklaven besaßen. Wenn auch die Mortalität während der „middle passage" bis auf 9,3 Prozent gesunken war [KLEIN 1978, 69], so blieb die Lebenserwartung der meisten Plantagenarbeiter in Brasilien doch niedrig. Das ungleiche Geschlechterverhältnis, die hohe Zahl von Fehlgeburten, aber auch die schweren Arbeitsbedingungen und die unglücklichen Lebensverhältnisse der Sklaven hatten sowohl niedrige Geburten- als auch hohe Sterblichkeitsraten zur Folge. Allenfalls auf den Klostergütern könnte es zur Entwicklung eines gewissen Familienlebens unter den

Sklaven gekommen sein. All dies zwang dazu, immer neue Sklaven zu importieren [GRAHAM 1976, 382–402]. Familienbildung bei Sklaven wurde außerdem durch die weit verbreitete Praxis verhindert, weiblichen Sklavenbabies die Freiheit zu geben. Diese waren wahrscheinlich oft von ihren Herren gezeugt worden und wurden in dessen Familie aufgenommen [KLEIN 1969]. Dieses Phänomen hilft bei der Erklärung der Frage, warum die Bevölkerungsgruppe der freien Mulatten und Schwarzen in dieser Zeit einen solch starken Zuwachs zu verzeichnen hatte. Ihre rechtliche Freiheit erlöste sie allerdings nicht von wirtschaftlichen Zwängen. Man kann annehmen, daß diese Gruppe der „weder Freien noch Sklaven" das brasilianische Arbeitskräftepotential erheblich vergrößerte.

Die wachsende Zahl der Sklaven und Halbfreien und ihre Präsenz im ganzen Land hingen natürlich auch mit dem Ende der Krise und dem wirtschaftlichen Aufschwung in der brasilianischen Kolonie zusammen. Die ersten Anzeichen wurden schon in den 1780er Jahren deutlich. Doch vor allem zwischen 1796 und 1807 wies die portugiesische Außenhandelsbilanz einen ansehnlichen Überschuß auf. Großbritannien mußte jetzt sogar Gold zurückliefern, um seine Ankäufe zu bezahlen. Die portugiesische Ausfuhr bestand zu 60,6 Prozent aus brasilianischen Produkten [NOVAIS 1979, 380–385]. Ab 1808 stehen keine vollständigen Handelsbilanzen mehr zur Verfügung, doch es gibt genügend Hinweise darauf, daß die Hochkonjunktur in Brasilien, abgesehen von einem kurzen Einbruch zwischen 1808 und 1811, bis zum Anfang der 1820er Jahre fortdauerte. Portugal selbst erlebte eine schwere Krise durch den französischen Einmarsch von 1808, erholte sich jedoch ab 1815.

Klassische Autoren wie Roberto Simonsen, Caio Prado jr. und Celso Furtado stellten das Ende des kolonialen Zeitalters als eine Periode der Krise und Stagnation dar und gestanden nur Maranhão ein außergewöhnliches Wachstum zu. Andere sprechen von einer falschen Euphorie. Dagegen hat Dauril Alden zu Recht auf die, wie er es nannte, „landwirtschaftliche Renaissance" hingewiesen [ALDEN 1984, II]. Der brasilianische Export überstieg tatsächlich zwischen 1796 und 1808 jährlich 3 Mio. Pfund Sterling, bei einem Import von mehr als 2,5 Mio. Damit blieb der Export noch unter den 4,8 Mio. von 1750, als der Goldexport seinen Höhepunkt erreichte. In seiner Analyse der brasilianischen Handelsbilanz bewies José Jobson de Arruda jedoch, daß diese tatsächliche Wiederbelebung mit einer bemerkenswerten regionalen Streuung und Diversifizierung der Produkte, der Produktionszentren und Exporthäfen und auch der ausländischen Abnehmer zusammenhing [ARRUDA 1980].

Diese Dynamik war immer weniger mit dem kolonialen Status vereinbar. Neben dem zunächst fast exklusiven britischen Handelspartner wurden neue wichtige Absatzmärkte in Frankreich, Holland, vor allem auch in Hamburg und Italien und sogar in Rußland, Nordamerika und Kuba gewonnen. Gleichzeitig blieben die traditionellen kommerziellen Transaktionen mit den portugiesischen Besitzungen in Afrika und Asien und mit dem La-Plata-Gebiet bedeutsam. Mit etwas mehr als einem Drittel des Ex- und Importhandels belegte Rio de Janeiro eine dominierende, wenn auch nicht unangefochtene Position.

Diese Überlegenheit verdankte die Stadt sowohl der Tatsache, Sitz des königlichen Hofes zu sein und dem damit verbundenen hohen Verbrauch von Luxusgütern, als auch dem Transit aus und nach Minas Gerais, Goiás, Mato Grosso, São Paulo und den südlichen Provinzen. Einem Almanach zufolge zählte man im Jahr 1794 schon

126 Händler, 158 Geschäfte und 600 Schiffe für Küsten- und Hochseefahrt. Mit mehr als einem Fünftel plazierten sich Salvador da Bahia und Recife an zweiter und dritter Stelle, wobei Recife eine größere Dynamik und mehr Wachstumspotential zeigte. Auf etwas bescheidenerem Niveau folgten São Luis do Maranhão, das u.a. 1808 mit Rekordergebnissen aufwarten konnte und in der Regel größere Überschüsse erzielte, und außerdem Belém do Pará. Schließlich begannen Ceará und Paraîba sich durch eigene Ein- und Ausfuhr von der Vermittlung Pernambucos zu emanzipieren, während im Süden Santos, Paranaguá und Rio Grande ihre maritime Ein- und Ausfuhr mit Hilfe eines besonderen Zolltarifs zu forcieren begannen.

Neu war auch die größere Differenzierung der Handelswaren. Etwa 13 Produkte und Halbprodukte machten schon zwischen 1796 und 1811 82,5 Prozent der Ausfuhr aus. An erster Stelle rangierte mit 36 Prozent immer noch Zucker mit seinen Nebenprodukten wie Sirup und Branntwein. Baumwolle folgte mit 24,4 Prozent, und verschiedene Arten von Häuten und Leder folgten mit 9,8 Prozent. Wichtig waren ebenfalls Reis mit 4 Prozent, Tabak mit 3,8 Prozent, Kakao mit 2,7 Prozent und auch schon Kaffee mit 1,8 Prozent. Dann gab es noch eine ganze Reihe von Produkten aus neuen Anbauformen, wie Indigo und Koschenille und *drogas do sertão,* Gewürze asiatischen Ursprungs oder solche, die lokal gesammelt worden waren. Es kamen insgesamt 125 Produkte auf den Exportlisten vor, gegenüber nur 35 in der ersten Hälfte des 18. Jh. Außerdem konnte z.B. der Sammelbegriff „Holz“ für 56 verschiedene Baum- und Verarbeitungsarten stehen. Dagegen blieben die Importe relativ stabil; sie bestanden hauptsächlich aus Olivenöl, Salz, Wein, Stockfisch, Textilien und Metallwaren. Freilich kann dies auch bedeuten, daß der Schmuggel möglicherweise sehr umfangreich blieb.

Diversifizierung und wirtschaftlicher Strukturwandel zeigen sich nicht nur in der brasilianischen Gesamtentwicklung, sondern werden vor allem in einzelnen Regionen sichtbar. In Rio Grande do Sul, das erst jetzt wirtschaftliche Bedeutung erlangte, hatte der Bergbau als Hauptabnehmer von Lasttieren erheblich an Bedeutung für die Viehzucht verloren. Durch die Krise in der Goldproduktion war die Nachfrage zurückgegangen. Nun verlegte man sich mehr und mehr auf die Weidewirtschaft zur Fleischproduktion. Schon bald konnten jährlich bis zu 400 000 Rinder geschlachtet werden, denn aufgrund der Sklavenwirtschaft wurden die *estâncias* dort merklich größer als im Nordosten. Einen wichtigen Impuls gab die Senkung des Salzpreises nach der Abschaffung des Monopols 1801. Das Fleisch wurde in den *charqueadas* oder Schlachthöfen entlang des Rio Pelotas zu *charque* oder *carne seca,* Dörrfleisch, verarbeitet, nach einem Rezept aus Ceará, wo die Produktion übrigens stark unter den Trockenperioden von 1778 und 1790 gelitten hatte. Da auch die Fleischversorgung aus den La-Plata-Provinzen durch die Unabhängigkeitskriege in Schwierigkeiten geriet, hatte das Trockenfleisch aus Rio Grande do Sul immer bessere Marktchancen auf den brasilianischen und sogar kubanischen Zuckerplantagen, die eine Phase erneuten Aufschwungs erlebten. Die Häute und andere Abfallprodukte, wie Fett und Horn, waren ebenfalls für den Export bestimmt und lieferten etwa die Hälfte der Erträge. Man experimentierte außerdem mit Indigo, Koschenille, Lein und Hanf. Doch der Getreideanbau war am erfolgreichsten. Weizen wurde nach Rio de Janeiro für den Eigenverbrauch geliefert, aber auch nach Portugal, das auf diese Weise seine eigenen Ankäufe im Ausland verringern konnte.

Im Norden erlebte der Export von Pará eher eine Phase der Stagnation, nachdem es in der Zeit der *Companhia* steil aufwärts gegangen war. Das lag unter anderem an den Schwierigkeiten bei der Sklaveneinfuhr in diese Region. Der Kakaoanbau brauchte denn auch einige Zeit, um sich auf die große Nachfrage nach diesem Modeprodukt einzurichten, so daß die Versorgung aus Venezuela bestehen blieb. Pará kultivierte weiterhin eine breite Palette anderer Agrarprodukte, wie Reis, Baumwolle, Gewürznelken und Kaffee, selbst Gummi wurde schon für das Überziehen und Abdichten von Schuhwerk und Taschen verwendet. Im Ausland stieg die Nachfrage nach diesen handwerklichen Produkten und sollte später sogar, wenn auch nur für kurze Zeit, ein sehr großes Ausmaß erreichen.

Maranhão bekam genügend Sklaven und spezialisierte sich, neben etwas Reisanbau, noch mehr auf die risikoreiche Baumwollmonokultur. Baumwolle war auch im *sertão,* dem Inland von Paraîba, sehr erfolgreich, sowie in Pernambuco und Bahia, wo es eine willkommene Alternative zur Viehzucht wurde, die zu sehr unter der anhaltenden Trockenheit zu leiden hatte. Obwohl unregelmäßige Niederschläge sich auch auf die Baumwollproduktion nachteilig auswirkten, war die große Nachfrage aus England entscheidend, das etwa ein Drittel seines Bedarfs in Brasilien deckte. Erst um 1830 entstand eine ernstzunehmende Konkurrenz in Nordamerika. Die brasilianischen Produzenten blieben mit ihren technischen Neuerungen beim Entkernen der Baumwolle im Rückstand, ebenso wie mit der Verwaltung ihrer Sklaven. Sie richteten sich nun mit beschränkteren Mitteln auf die steigende interne Nachfrage aus.

Eine ähnliche Struktur von konzentriertem Exportanbau und verstreuter Kultur für den Eigenverbrauch zeichnete sich auch im Tabak- und Reisanbau ab. Der Tabak behauptete sich gut im wichtigsten Produktionszentrum um Cachoeira im Recôncavo Bahiano, wo große und kleine Produzenten nach einer Schätzung des Zeitgenossen Amorim Castro 1788 eine durchschnittliche Produktion von 30 000 bis 35 000 Rollen erreichten. Dieses Ergebnis verdankten sie dem Einsatz von Sklavenarbeitern, doch auch der – für die Kolonie sehr unüblichen – Verwendung von Pflug und Dünger. Tabakanbau wurde nämlich mit Viehzucht gekoppelt, die Häute für die Verpackung lieferte [LAPA 1973, 141–229]. Der Export zur westafrikanischen Küste geriet jedoch ab 1815 in Schwierigkeiten, als ein englisch-portugiesischer Vertrag den Sklavenhandel nördlich des Äquators verbot. Tabak blieb auch für den internen Verbrauch sehr wichtig und kam in fast allen Provinzen vor, auch im Süden. In São Paulo war er sogar das viertwichtigste Produkt.

Reis war damals ein recht neues Produkt für die Kolonie. Nachdem der Versuch mit einer Reismühle in Rio de Janeiro 1756 mißlungen war, wurden während der 1770er Jahre in den wasserreichen Zonen von Pará, Maranhão und nördlich von Rio de Janeiro neue Pflanzungen mit dem Carolina-Reiskorn angelegt. Produktion und Ausfuhr waren anfänglich unregelmäßig, doch sie verdoppelten sich zwischen 1797 und 1806 und erlaubten Portugal, die Einfuhr aus anderen Ländern zu beenden. Inzwischen fand der Reis auch Eingang in die Eßgewohnheiten der Brasilianer.

Einige der neuen Kulturen gediehen nicht sehr gut. Die Qualität des brasilianischen Indigo ließ zu wünschen übrig und verbesserte sich erst nach neuerlichen Experimenten von D. Vandelli im *Real Jardim Botânico,* dem königlichen botanischen Garten in Rio. Die Produktion nahm in der Umgebung von Cabo Frio nördlich von Rio de Janeiro zu, und 1807 wurde ein Spitzenjahr für den Export. Bald aber verlor der brasilianische

Indigo an Konkurrenzfähigkeit gegenüber den Produkten der britischen Plantagen in Asien. Die portugiesischen Manufakturen verarbeiteten es jedoch weiterhin. Die Produktion von *guaxima* und anderen Fasern blieb gering; sie wurden hauptsächlich an Ort und Stelle verarbeitet, so in der kleinen Seilerei des Niederländers João Hopman. Der Tee – für chinesische Pflanzer ins Land gebracht, die aus dem früheren Jesuitengebiet ein Klein-China zu machten suchten – traf wohl den Geschmack der britischen Besucherin Maria Graham, spielte aber quantitativ nie eine Rolle.

Der Grund dafür mag in der frühen Präferenz für Kaffee zu finden sein, der nach den ersten Experimenten mit aus Französisch-Guayana importierten Samen ab 1723 von Pará bis in den Süden vordrang und in den 1760er Jahren in Bahia und vor allem in der direkten Umgebung von Rio de Janeiro angebaut wurde. 1807 betrug der brasilianische Kaffee-Export etwa 1,6 Mio. kg; die wichtigsten Abnehmer waren Italien, Hamburg und Frankreich. Der Erfolg des Kaffees schien nicht mehr aufzuhalten, und die Plantagen dehnten sich über das Tal des Paraíba aus, zu Anfang noch in Kombination mit Zuckerrohr, doch schon bald als Hauptkultur. Der Export aus Rio de Janeiro stieg von ungefähr 4,7 Mio. kg (1817) auf fast 30 Mio. kg (1830) [STEIN 1957, 53]. Der große Kaffee-Boom konnte jetzt nicht mehr lange auf sich warten lassen.

Inzwischen rangierte der Zucker aber immer noch an erster Stelle und entwickelte sich in der ganzen Kolonie auffallend dynamisch. Er profitierte von dem Mangel und den nachfolgenden Preissteigerungen auf dem Weltmarkt infolge der amerikanisch-englischen Konflikte, des Aufstandes auf dem französischen Saint-Domingue und der andauernden Kriegswirren in der Karibik. Auch danach setzte sich der neue Aufschwung bis etwa 1830/1840 fort. Es ist noch nicht geklärt, ob die vorhandene Produktionskapazität allgemein und schnell durch das Anpflanzen neuer, robusterer Zuckerrohrsorten, wie der *cana caiena,* oder durch technische Verbesserungen wie den Gebrauch von *bagaço* oder Abfall als Heizmaterial für die Öfen oder etwa durch den Einsatz von Ochsen und Pflügen gesteigert werden konnte. Es gibt nur wenige Hinweise, daß die aufgeklärten Landwirtschaftsmethoden und die in diesem Geiste geschriebenen Handbücher bei den vielen kleinen Pflanzern weite Verbreitung gefunden hätten. Auch die Dampfmaschine – die ersten tauchten bereits zwischen 1815 und 1822 auf – konnten die Mahltechniken und die Konzentration der *engenhos,* der Zuckermühlen, noch nicht wesentlich beeinflussen.

Daß Brasilien in der Zeit von 1790 bis 1807 seinen Zuckerexport verdoppelte und auf dem Weltmarkt einen wichtigen dritten Rang einnahm, verdankte es offenbar hauptsächlich der Erweiterung der Anbaugebiete, der Zahl der Mühlen und der Sklavenarbeiter. Dieser Aufschwung ließ sich in den klassischen Zuckerkapitanaten deutlich feststellen, zuerst in Pernambuco-Paraíba unter dem Einfluß der *Companhia Geral* und wenig später in Bahia-Sergipe. Neu war, daß Gebiete, die bisher nur Zucker für den lokalen Bedarf anbauten, nun auch für den Export zu produzieren begannen. Dies geschah vor allem in den Regionen um Campos de Goitacazes und um Parati, d.h. nördlich und südlich von Rio de Janeiro; schon bald erreichten sie mit einem Export von 9000 Kisten 1808 fast die Hälfte der Ausfuhr Bahias. Die Entwicklung São Paulos ging, wenn auch langsamer, in die gleiche Richtung, und die Vergrößerung der Plantagen ebnete gleichzeitig den Weg für den aufkommenden Kaffee.

Die Frage drängt sich auf, warum die brasilianische Zuckerproduktion ihre Expansion eher nach traditionellem Muster organisierte, als daß sie Innovationen einführte wie ihre Konkurrenten auf den britischen Antillen und auf Kuba – um so mehr, als das Land auf anderen Gebieten nicht im mindesten rückständig war. Der Hinweis auf eine „Zuckermentalität“, bei der alles aus Bequemlichkeit beim alten belassen wurde, weil es auf diese Weise eben auch ging, bietet keine befriedigende Erklärung. Man kann sicher auch an die größeren Unterschiede bei den exportorientierten Anbauformen denken und den damit zusammenhängenden Mangel an Sklaven. Technische Innovationen ersetzten die Sklavenarbeit nicht, sondern erforderten spezialisiertere und offenbar teurere Arbeitskräfte.

Andererseits entwickelte sich in dieser Phase im Inland Brasiliens und entlang der Küsten, die unter der Herrschaft der Jesuiten gestanden hatten, eine viel umfangreichere binnenorientierte Wirtschaft, als dies in den typischen Plantagen-Gebieten der Fall war. Soweit möglich, integrierte diese binnenorientierte Wirtschaft die bestehenden, fast autarken oder autonomen Zentren wirtschaftlicher Aktivität der pazifizierten indianischen Gemeinschaften, der religiösen Missionen und der *quilombos* geflüchteter Sklaven und ihrer Nachkommen. Letztere gab es relativ häufig, manchmal in geringer Entfernung von kolonialen Zentren und größeren Plantagen. Diese Wirtschaft variierte, abhängig von den Jahren und Jahreszeiten, von ausschließlicher Existenzsicherung über Vorratshaltung bis hin zu regelmäßiger Lieferung in die Städte und Plantagen. Sie wurde durch die wenigen neuen Straßen und Brücken, vor allem aber durch die vielen kleinen Schiffer entlang der Küste und in den Buchten sowie die *tropeiros* oder Mauleseltreiber in bergigen Gebieten mit der Exportwirtschaft verbunden. Letztgenannte mußten durch den Untergang der Goldbergwerke neue Frachten und Routen finden. Außerdem spielten im brasilianischen Kontext, viel mehr als im karibischen, die sozialen – oft verwandtschaftlichen – Beziehungen zwischen den Pflanzern, den Viehzüchtern und Lebensmittelproduzenten aus dem unmittelbaren Inland eine Rolle. Diese interne Wirtschaft übte außerdem eine große Anziehungskraft auf geflüchtete und befreite Sklaven, Vogelfreie und Sozialbanditen aus, die schon lange zur gesellschaftlichen Wirklichkeit gehörten.

Daß eine solche interne Wirtschaft eine Eigendynamik entwickeln und auch im kleinen Maßstab viele Sklaven beschäftigen konnte, ist aus Studien über Minas Gerais im 19. Jh. bekannt [MARTINS FILHO/MARTINS 1983, 537–568]. Für die Zeit der Jahrhundertwende gibt es keine ähnlichen regionalen Studien, doch in Reiseberichten finden sich viele Andeutungen in dieselbe Richtung. Der Niedergang der Goldproduktion hat offensichtlich nicht zur Entvölkerung, sondern sehr bald zur Begründung neuer Wirtschaftsformen sowie zur Ausbreitung dieses Existenzmodells durch Migration in unbewohnte Regionen von Minas Gerais und Goiás geführt. Dort verlief die Substitution spontan aufgrund der bereits erworbenen Fähigkeiten, doch wurde sie auch von aufgeklärten Initiativen gefördert. So stellte sich heraus, daß die Bergleute schon in den besseren Zeiten der Goldproduktion über Eisenwerkzeuge verfügten, die vor Ort angefertigt wurden. Von Eschwege hatte 1803 in Lissabon sogar Messer gesehen, die aus Goiás eingeführt worden waren [MAGALHAES 1986]. Es war offensichtlich nicht schwierig, diese Fähigkeit zur Eisenbearbeitung weiterzuentwickeln, wie es etwa zwischen 1810 und 1820 der Intendant Manuel Ferreira da Camara in Gaspar Soares mit dem Bau einer Eisenhütte versuchte, die mit verschiedenen hydraulischen Mechanismen versehen war. Von Eschwege bildete für die *forjas do Prata* (Schmieden des La Plata) zwischen Congonhas und São João d'El Rey sogar eine Gesellschaft mit zehn

Aktionären. Diese beiden Versuche, eine richtige Eisenindustrie aufzubauen, waren vorerst nicht erfolgreich, doch der französische Reisende Saint-Hilaire hatte kurz darauf schon einen guten Eindruck von den vielen katalanischen Öfen und Schmieden in der Nähe von Itabira. Durch Regierungsaufträge konnte Manuel Fernandes Nunes dort sogar eine Waffenschmiede gründen [SAINT-HILAIRE 1830, 122–128]. Ähnliche Initiativen entstanden für Webereien und Brennereien, vor allem aber für die Landwirtschaft, wodurch Minas Gerais bereits die Hauptstadt mit Schweineschmalz, Molkereiprodukten und *doces* (Süßigkeiten) beliefern konnte. Diese letzten Produkte, hergestellt aus Milch oder verschiedenen Obstsorten mit viel Zucker, waren eine typische Alternative für den Fall einer Wirtschaftskrise und wurden vor allem von Frauen verkauft. Sie sollten sich dauerhaft in der sich etablierenden brasilianischen Eßkultur behaupten.

Diese Art von Binnenwirtschaft mit Ansätzen zur Proto-Industrialisierung kam nicht nur in Gebieten zustande, die früher einen blühenden Export gekannt hatten. Auch in den marginaleren Gebieten war dies der Fall. So sollte Rio Grande do Sul bei seiner Integration in den großen Export nie eine wirkliche Monokultur entwickeln, wie es beim Plantagen-System der Fall sein konnte, sondern immer seine interne Vielseitigkeit bewahren. Dies galt auch für São Paulo vor seinem Kaffee-Boom. Dort wurde ab 1811 erneut versucht, die schon bestehende Eisenhütte in Ipanema betriebsfertig zu machen, zuerst mit schwedischen Technikern wie Hedberg, danach mit deutschen unter der Leitung von Varnhagen. Der Betrieb sollte jetzt Eisen für eine in São Paulo mit deutschen Arbeitskräften gegründete Waffenfabrik liefern, doch Saint-Hilaire zufolge hatten diese durch einen zu guten Lohn und Trunksucht in zehn Jahren nicht mehr als 600 Gewehre fabriziert [SAINT-HILAIRE 1830, 133]. Erfolgreicher verlief die Produktion schwerer Baumwollstoffe in Sorocaba und Itapetininga, die im Süden Absatz fanden.

Die Probleme der Staatsinitiativen lassen die Vermutung zu, daß diese interne Wirtschaft am besten auf der Basis einer freien Unternehmerschaft funktionierte, auch wenn diese ihre Eigenarten hatte. Saint-Hilaire stellte zum Beispiel in São Paulo fest, daß die Handwerker, als Folge des billigen Lebens und ihrer geringen Ansprüche, nur Schuhe herstellten, wenn sie dazu Lust verspürten, so daß man am besten bei mehreren eine Bestellung aufgab, um schließlich ein Paar geliefert zu bekommen. Diesen spezifisch brasilianischen Arbeitsrhythmus, der gänzlich verschieden war von dem auf den Antillen geforderten und von den europäischen Besuchern zu Unrecht als Faulheit bezeichnet wurde, fand Wied-Neuwied auf seiner Reise von 1815 bis 1817 fast überall an der Küste, von Rio de Janeiro bis nach Salvador da Bahia, wieder. Abwechselnd traf er auf mehr oder weniger prosperierende Niederlassungen und Plantagen, die Maniokmehl, Mais, Reis, Bananen und gesalzenen Fisch für die nähergelegenen Kleinstädte oder für Salvador produzierten. Man gerbte Straußenhäute und verarbeitete sie zu Beinleder und Taschen, stellte aus den Federn Fächer her und verarbeitete die Eier zu Schüsseln. Etwas weniger kurios waren die ausgezeichneten Seile, die aus den Fasern der Piaçobapalme gefertigt und nach einem örtlichen Verfahren geölt wurden und in Salvador einen guten Absatz fanden. Die Palmnüsse fädelte man zu Rosenkränzen auf. Anderenorts höhlte man Baumstämme zu Einbäumen aus oder schnitt sie zu Brettern. Hier und da war auch schon ein Ausländer dabei, die Zuckermühlen zu modernisieren. In der Nähe von Salvador fand er effiziente Ziegeleien. All diese

Aktivitäten hielten, wie auch in anderen Gegenden Brasiliens, möglicherweise Arbeitskräfte von den größeren Plantagen fern und trugen wenig zu einem Aufschwung der Geldwirtschaft und einer Verbesserung der Handelsbilanz bei. Deren Zahlen werden jedoch in vielen Studien zu ausschließlich als die einzige Grundlage zur Evaluation der brasilianischen Wirtschaft herangezogen. Die soziale Dimension dieser Binnenwirtschaft wird dabei übersehen.

Dies ist meistens auch der Fall bei der städtischen Wirtschaft, die ebenfalls expandierte und mit den Plantagen um Arbeitskräfte rivalisierte. Thomas Lindley war 1804 von der Geschäftigkeit und dem Wohlstand Salvadors überrascht, und sogar die kleinere Stadt Cachoeira in derselben *Recôncavo Bahiano* machte 1817 einen positiven Eindruck auf Wied-Neuwied. Rio de Janeiro verdoppelte in einigen Jahrzehnten seine Einwohnerzahl, und laut Pizarro hatten die Stadt selbst und die umliegenden Weiler an der Bucht 1808 schon 154 977 Einwohner. Das Panorama, das Thomas Ender 1817 zeichnete, zeigt bereits eine ausgewachsene Stadt. Auch Belém, São Luis, Recife und andere Hafenstädte befanden sich in voller Entwicklung, und im Inland behaupteten sich die meisten Bergwerksstädtchen, von einigen Ausnahmen abgesehen, doch ganz gut. Trotz des Niedergangs der Goldproduktion bot Ouro Preto laut John Luccock 1817 einen positiven Anblick, mit ausgezeichnet gebauten Häusern, guten Straßen, Springbrunnen und Brücken.

b Kulturelles Leben

Die Städte funktionierten jetzt nicht mehr ausschließlich als Schaltstellen der Export- und Importwirtschaft und als Wahrer der öffentlichen Ordnung, sondern wurden mehr und mehr Arbeits- und Wohnorte. Die Märkte und Läden blieben im Vergleich zu Europa oder Mexiko noch unterentwickelt, doch es gab sehr viele Hausierer und Straßenverkäufer. Vor allem die Handwerksbetriebe florierten wie nie zuvor. Es gab relativ viele Zimmerleute, Schreiner und Bildhauer, Gerber, Schuster und Sattler, bis hin zu Glockengießern und Orgelbauern. Ein Verbot der Goldschmiedezunft hatte 1766 in Rio de Janeiro zur Schließung von 142 Werkstätten geführt, aber im Jahr 1790 waren schon wieder 375 eröffnet. Ihre Produkte waren nicht mehr nur für die Kirchendekoration im Lande bestimmt, sondern wurden schon nach Buenos Aires oder Angola ausgeführt. Auch gab es viele Ziegelbrennereien und Sägewerke. Dort wurde vor allem für den Schiffbau und für den Bausektor gearbeitet, die in Brasilien viel mehr als die Textil- oder Metallherstellung zur Proto-Industrialisierung beitrugen.

Die Schiffswerften in Salvador hatten schon öfter größere Schiffe für die Ostindienfahrt geliefert und steigerten nun ihre Produktion auf acht Schiffe zwischen 1787 und 1822 [Lapa 1968]. Neben dieser königlichen Initiative waren in Itapagipe auch Privatwerften entstanden, und allein 1810 liefen 13 Handelsschiffe vom Stapel [Morton 1978]. Es gab auch Werften in Rio de Janeiro, in Alagoas, in Olinda und in Belém. Allein hier wurden zwischen 1794 und 1800 etwa 20 verschiedenartige Schiffe gebaut [van der Straten Ponthoz 1854, 205–206].

Das Baufieber, das mit den Verwaltungsreformen und den militärischen Verstärkungen begonnen hatte, setzte sich nachdrücklich fort bei der Verbesserung der Infrastruktur mit neuen Kaimauern, Plätzen, Springbrunnen, Brücken und einigen Straßen, beim Bau von geräumigeren öffentlichen Gebäuden wie Gouverneurspalästen, Hospitälern und Gefängnissen und auch bei den ersten Verschönerungswerken wie den öffentlichen Promenaden. Einige Geschäftsleute konnten sich bereits Paläste bauen lassen, wie Elias Antônio Lopes mit seinem Landsitz, der später als Palácio de São Cristovão vom Kaiser genutzt werden sollte. Das Land verfügte jetzt auch über einige Baumeister, die oft ihre Ausbildung in den *aulas militares de engenharia* (militärische Ingenieurschulen), den Vorläufern der Polytechnischen Schule, erhalten hatten oder Erfahrungen aus Europa mitbrachten. Einer von ihnen war Antonio Guiseppe Landi, der nach seiner Teilnahme an der Grenzkommission in Belém eine Ziegelbrennerei gründete und dort den Gouverneurspalast und mehrere Kirchen baute [MELO JR. 1967]. Ein Teil des Baumaterials, vor allem Steine, wurde als Ballast auf Leerfahrten von Porto oder Lissabon mitgebracht. Seine Baupläne mit Rokoko- und vor allem neoklassizistischen Stilelementen zeugten von italienischer oder zentraleuropäischer Inspiration, die auch bei anderen Baumeistern in Rio de Janeiro oder Recife anzutreffen war. Sogar im noch wenig entwickelten São Paulo förderte der Militäringenieur João da Costa Ferreira die Bauaktivitäten als ein Element der Modernisierung, unter anderem mit dem Bau der ersten gepflasterten Straße zwischen Santos und der Stadt São Paulo.

Nach der Vertreibung der Jesuiten und der Schwächung der anderen Orden vergaben nun vor allem die religiösen Bruderschaften Aufträge für den Bau neuer Kirchen. Dies war unter anderem der Fall in den Bergwerksstädten von Minas Gerais und Goiás, wo trotz der Krise in der Goldförderung noch überraschend viel gebaut oder wiederaufgebaut wurde. Mit den Werken des Bildhauer-Baumeisters Antônio Francisco Lisboa – alias „Aleijadinho" oder „der Krüppel" – wie den zwei São-Francisco-de-Assis-Kirchen in Ouro Preto und São João d'El Rey sowie seiner Prophetenreihe und seinen Passionskapellen in Congonhas do Campo, oder auch mit den Malereien von Manuel da Costa Athaide, erreichte der sogenannte *barroco mineiro* (der Barock der Bergbauzentren) erst jetzt seine Blüte, die sogar noch bis in die ersten Jahrzehnte des 19. Jh. andauerte. Wahrscheinlich spricht man besser von Rokoko und Manierismus oder auch Neoklassizismus, weil Grundrisse und Stilelemente hier an italienische oder österreichische Modelle angelehnt waren. Dies zeigt zugleich auch, wie sehr die europäische Aufklärung auch auf bautechnischem Gebiet schon bis ins Inland der Kolonie vorgedrungen war, dort Gefallen fand und fachmännisch von einheimischen, vor Ort ausgebildeten Künstlern umgesetzt wurde [BAZIN 1963].

Letztere benutzten zylindrische und elliptische Stilformen und gebrauchten örtliche Materialien wie Seifenstein, *taipa* oder gestampfte Erde sowie natürliche Farbstoffe, wie sie sonst in Europa oder in den brasilianischen großen Küstenstädten selten oder nie vorkamen [SMITH 1973]. Sie integrierten ihre Meisterwerke in eine allumfassende Kunst, die auch vor dem normalen Hausbau und den täglichen Gebrauchsgegenständen nicht haltmachte und ganze Gemeinden beherrschte. In diesem Zusammenhang sollte man nicht nur Augen für die Meisterwerke haben, sondern ebensosehr für die bescheideneren Komplexe in Kleinstädten wie Diamantina, Serro, Paracatu, Minas Novas, Meia Ponte oder Pirenópolis und Goiás Velho. Dieser Baustil setzte sich übrigens auch in Küstenstädten wie Parati, São Cristovão und Marechal Deodoro durch. Er zeugte von einer Kreativität und Originalität, die sich später zu einem nationalen Kunststil entwickelte und die brasilianische Architektur des 20. Jh. beeinflußte.

Von wirtschaftlichen Gewinn- oder Verlustaspekten und Stildiskussionen abgesehen, kann man sagen, daß diese Bauaktivität auf eine spontane Art und Weise eine

Kulisse herstellte, vor der Heimatgefühle und Patriotismus sich entwickeln konnten. Auch die Musik hat diesbezüglich offenbar eine sehr große Rolle gespielt. Aus Reiseberichten wissen wir, daß in dieser Kolonie ungewöhnlich viel musiziert wurde. Dies bestätigen die vielen Partituren und Rechnungen für Instrumentalensembles, die von Francisco Curt Lange gefunden wurden, und woraus er eine Liste von mehr als 150 Berufsmusikern zusammenstellte [APPLEBY 1983]. Nach europäischem Beispiel waren 1760 und 1789 in Salvador und in Recife 1772 schon ständige Opern eingerichtet worden; für letztere schrieb der örtliche Kapellmeister Luis Alvares Pinto eine musikalische Komödie. Als die königliche Hofkapelle 1808 nach Rio de Janeiro verlegt worden war, kamen für sie Komponisten aus Portugal oder Österreich, wie Marcos Portugal 1811 oder Sigismund Neukomm 1816; der in Rio de Janeiro geborene Mulatte Padre José Maurîcio Nunes Garcia war von Haydn beeinflußt. Der europäische Einfluß vermischte sich mit lokalen Elementen in den Werken zweier Kapellmeister in Minas Gerais, José Joaquim Emérico Lobo de Mesquita und Francisco Gomes da Rocha. Die originellsten Beiträge waren brasilianische Lieder wie die *modinha* und das mehr von afrikanischen Rhythmen beeinflußte *lundum*. In den erfolgreichen Texten von Sapateiro Silva, der eigentlich Joaquim José da Silva hieß, klang die Volksstimme Rio de Janeiros durch, während der Dichter Domingos Caldas Barbosa mit seinen *modinhas* voller *ternura brasileira* (brasilianischer Zärtlichkeit) schon die Salons in Lissabon begeistern konnte.

Paradoxerweise konnte ein brasilianisches Identitätsempfinden am besten in Portugal selber entstehen und gedeihen. Viele junge Brasilianer wurden zu ihrer Ausbildung – mangels ausreichender Unterrichtseinrichtungen und einer Universität in der Kolonie – und auch zum Beginn einer Karriere im Verwaltungsapparat oder in der Kirche dorthin geschickt. Die Distanz und die ersten Frustrationen bildeten selbstverständlich einen fruchtbaren Boden für die Idealisierung der eigenen Vergangenheit und für den Glauben an eine großartige Zukunft. Die Entdeckung des brasilianischen Vaterlandes fand auch literarisch ihren Niederschlag. Der vorherrschende Stil war eher neoklassizistisch als romantsich, z.B. in *O Uraguai* (1769) von José Basîlio da Gama, der den Kampf gegen die Jesuiten um das Missions-Gebiet verherrlichte, und im epischen Gedicht *Caramuru* (1781) von José de Santa Rita Durão, der die Entdeckung des Landes und seine Fruchtbarkeit glorifizierte. In den Versen von Manuel Inácio da Silva Alvarenga wurde ebenfalls das Bewußtsein eines intellektuellen Vaterlandes gefördert. Die *lîngua geral* (Volkssprache) mußte jetzt endgültig dem Portugiesischen weichen, das nun die Landessprache wurde. In Pernambuco untermauerte der *nativismo* (literarischer Regionalismus) den Stolz über die Vertreibung des holländischen Feindes 1654, so in *Desagravos do Brasil e glórias de Pernambuco* des Benediktiners Domingos do Loreto Couto, dessen Werk jedoch erst 1902 veröffentlicht werden konnte.

Der Widerhall dieser Gefühle, die noch wenig oder gar nichts mit Nationalismus zu tun hatten, blieb vorläufig gering wegen zu wenigen oder gar fehlender Bildungseinrichtungen, nicht vorhandenen literarischen und wissenschaftlichen Lebens und fehlender Presse. Nach der Vertreibung der Jesuiten und der Schließung ihrer Kollegien wurden zwar sofort *diretores de estudos* (Studiendirektoren) eingeführt, doch dauerte es bis 1772, bevor mit der Anstellung von 44 *professores régios*, königlichen Lehrern für Latein, Griechisch, Grammatik und Rhetorik, der Grundstein für einen staatlichen Unterricht gelegt wurde. Für die Finanzierung wurde eine *subsîdio literário*

(Bildungssteuer) erhoben. Daneben gab es weiterhin verschiedene Seminare in den Bistümern oder bei anderen Orden, wie den Franziskanern und den Karmelitern. Im Kontext der brasilianischen Beziehung zwischen Kirche und Staat boten Priesterausbildung und Priesteramt die besten Chancen für eine intellektuelle Beschäftigung mit großer Autonomie, ohne dadurch auf die Gründung einer eigenen Familie verzichten zu müssen. Nach dem Beispiel der 1772 von Pombal reformierten Universität von Coimbra nahmen zwei Seminare eine größere Anzahl von Wissenschaften in ihr Programm auf. Diese Seminare erhielten damit einen prä-universitären Charakter. So machten es die Franziskaner in Rio de Janeiro bereits 1776, während das einflußreiche *Seminário da Graça* in Olinda ab 1798, angeregt von dem aufgeklärten, doch auch noch traditionellen Bischof José Joaquim da Cunha de Azeredo Coutinho, seine Türen sogar für Laien öffnete.

Dessenungeachtet brachte das Fehlen einer eigenen Universität in der Kolonie selber viele junge Brasilianer dazu, an der Universität von Coimbra zu studieren. Dort waren zwischen 1772 und 1785 etwa 300 Studenten immatrikuliert. Für das ganze 18. Jh. wird eine Zahl von 1752 brasilianischen Hochschulabsolventen angenommen. Einige gingen sogar an die Universitäten von Edinburgh oder auch Montpellier; hier nahm José Joaquim Maia Kontakt mit Thomas Jefferson auf. Andere reisten nach Deutschland, Großbritannien oder in die Vereinigten Staaten, und ein Mulatte aus Bahia, Caetano Lopes de Moura, trat sogar in die Armee Napoleons ein. Auf diese Weise kamen die brasilianischen Intellektuellen stärker mit dem Geschehen in Europa in Berührung, wobei solch ein Auslandsaufenthalt sie einerseits vor Provinzialismus bewahrte, andererseits aber ihre elitäre Geltungssucht förderte.

Die gesammelten Ideen und Erfahrungen wurden in Akademien und anderen Einrichtungen der Realität des Vaterlandes ausgesetzt, denen meist kein langes Leben vergönnt war. Hielt die *Academia dos Selectos* in Rio de Janeiro 1752 nur eine einzige Versammlung ab, so widmete sich 1759 die *Academia Brasileira dos Renascidos* in Salvador bereits einige Monate lang erfolgreich einer – noch überwiegend hochgelehrsamen – Historiographie. Mehr naturissenschaftlich und pragmatisch richtete sich die *Academia Científica* in Rio de Janeiro aus, die 1771 auf Anregung des Vizekönigs Marquês do Lavradio hauptsächlich Mediziner und Botaniker versammelte. Ihre Untersuchungsergebnisse wurden schon bald nach Lissabon übermittelt, als dort 1779 eine *Academia Real das Ciências* gegründet wurde, die tatsächlich wichtige *memórias* oder Berichte von Brasilianern akzeptierte und sogar publizierte. Zwischen 1786 und 1794 kultivierte eine *Sociedade Literária* in Rio de Janeiro, unter der Aufsicht des Vizekönigs Conde de Rezende, mit wechselndem Erfolg die Landesliteratur, wenn auch mit einem politischen Einschlag. Weiterhin entstanden mehrere kleinere Gesellschaften, manchmal den Freimaurerlogen nachempfunden. So wurde in Pernambuco ein *Areópago de Itambé* um den Naturalisten Manuel Arruda da Câmara, Autor einer *Dissertação sobre as plantas do Brasil* (1810), gebildet. In diesen Kreisen und vor allem auch in den botanischen Gärten, die in verschiedenen Orten – u.a. Belém 1796 und Rio de Janeiro 1810 – angelegt wurden, war die Beschreibung der eigenen Flora eine wichtige Aufgabe. Hier wollte Brasilien den Anschluß an die beeindruckenden Leistungen in Europa und Spanisch-Amerika finden. Wie die Arbeit Alexandre Rodrigues Ferreiras von den Franzosen vereinnahmt wurde, kam auch die *Flora fluminense* von Frei José Mariano da Conceição Veloso und seinen Mitarbeitern kaum zu ihrem

Recht. Dasselbe galt auch für die mineralogischen Untersuchungen von José Vieira Couto zu den Bodenschätzen von Minas Gerais, die bald in den Hintergrund gedrängt wurden durch *Pluto Brasiliensis* von W. L. von Eschwege.

Ein großes Hindernis für die Nutzung der eigenen intellektuellen Produktion war das Fehlen einer Druckerpresse in Brasilien. Unter dem Vorwand, daß nur in Portugal die Erlaubnis für Druckarbeiten zu erhalten war, wurde 1747 eine der ersten Pressen – von Antônio Isidoro da Fonseca – außer Betrieb gesetzt. Erst am 13. Mai 1808, nach der Übersiedelung des Hofes, nahm eine *Impressão Régio* (königliche Druckerei) die Arbeit auf. Dort wurden z. B. die *Gazeta do Rio de Janeiro* oder – auf Kosten des Autors – die ökonomischen Traktate von José da Silva Lisboa gedruckt. Gleichzeitig ließ Hipólito José da Costa von Juni 1808 bis Dezember 1823 seine Zeitung *Correio Brasiliense* in London drucken. 1811 folgte Manuel Antônio da Silva Serra in Salvador mit seiner *Idade d'Ouro,* und nach einem ersten Versuch 1817 konnte ab 1821 in Recife *A Aurora Pernambucana* erscheinen. Um die gleiche Zeit wurden auch schon Pressen in Belém, São Luis do Maranhão und Ouro Preto aufgestellt.

Der späte Start der Presse in Brasilien bedeutete jedoch nicht, daß es vorher keine Bücher gab – im Gegenteil, hierdurch wurden vielleicht mehr und bessere Bücher aus Europa eingeführt. Der König selber brachte seine kostbare Bibliothek nach Rio de Janeiro und machte sie öffentlich zugänglich; kurz darauf wurde 1811 in Salvador, auf Anregung eines Zuckerpflanzers, die *Biblioteca Pública* eröffnet. Die Bibliotheken der Jesuiten waren größtenteils konfisziert worden oder verlorengegangen, aber die Franziskaner und Benediktiner besaßen immer noch viele Werke, auch nichtorthodoxer Autoren. Kanonikus Luis Vieira da Silva in Ouro Preto besaß eine ansehnliche und relativ moderne Bibliothek, und die Bücher von Montesquieu, Locke, Beccaria, Voltaire, Diderot und Raynal waren in anderen Inventaren vertreten.

D. Erfolge und Rückschläge im Unabhängigkeitsprozeß

Günstige wirtschaftliche Perspektiven und wachsendes Selbstbewußtsein brachten Brasilien dazu, als eine der ersten südamerikanischen Kolonien dem Beispiel der Vereinigten Staaten zu folgen und sich einen Weg in die Unabhängigkeit zu bahnen. Zahlreiche Spannungen und Vorfälle als Folge von finanziellen oder militärischen Auflagen, von Versorgungsschwierigkeiten und steigenden Sklavenpreisen konnten zu Ausbrüchen öffentlichen Unmuts führen. Diese wurden allerdings vorläufig durch rechtzeitiges und entschlossenes Eingreifen der portugiesischen Machthaber eingedämmt, die im übrigen wegen der gravierenden sozialen Unterschiede und der weiten geographischen Streuung der Unruheherde im Vorteil waren. Auch einige aufeinanderfolgende Ereignisse im Ausland zeigten Wirkung. So bewirkte der Aufstand der Schwarzen und Mulatten auf Saint-Domingue für die größte Sklavengesellschaft der westlichen Welt sicherlich eine starke Abschreckung. Auf die französische Invasion reagierten die Branganças sehr geschickt, indem sie als einzige europäische Monarchie mit ihrem Hof nach Amerika übersiedelten. Auf eher ungewöhnliche Weise unterstützt durch Großbritannien, konnten sie dort ihre Angelegenheiten in Ordnung bringen und beim Umbau vom Kolonialstatus zu einer neuen politischen Struktur die Initiative behalten. Die tatsächliche Unabhängigkeitserklärung Brasiliens nahm dann ihren Ausgang von einer liberalen Revolution in Porto. Sie war eher eine interne dynastische Neuordnung und institutionelle Reform als ein wirklicher Bruch. So ist es nicht verwunderlich, daß die brasilianische Geschichtsschreibung diesbezüglich weniger gerne, und weniger überschwenglich als die spanisch-amerikanische, in patriotisches Pathos verfiel und die Unabhängigkeit mehr und mehr zur Seite schob als Formel für ein oberflächliches Ereignis, welches wenig oder gar nichts in Frage stellte oder veränderte.

a Die Verschwörungen

Die Häufung mehrerer in kurzen Abständen aufeinanderfolgender Verschwörungen weist auf die Zunahme der Unabhängigkeitsbestrebungen hin. Hinter der *Inconfidência Mineira,* wörtlich: Untreue oder Verrat der Einwohner von Minas Gerais, die am 15. März 1789 in Vila Rica (Ouro Preto) ihren Anfang nahm, steckte sicherlich mehr als nur Eigeninteresse und opportunistische Berechnung einiger Prominenter. In weiten Bereichen des Kapitanates Minas Gerais herrschte damals eine wirtschaftliche Flaute infolge der Goldabbaukrise, des tiefgreifenden Strukturwandels in der Landwirtschaft und der Demontage in der Heimindustrie. Das arrogante und eigenwillige Auftreten des Gouverneurs Luis da Cunha Meneses (1783–1788) war nicht geeignet, diese Probleme einer Lösung näher zu bringen. Ein direkter Anlaß zu großer Unzufriedenheit resultierte aus dem Auftrag von Minister Martinho de Melo e Castro an den neuen Gouverneur Luis Antônio Furtado de Mendonça, Visconde de Barbacena, die bestehenden Außenstände in den Abgaben für die Goldproduktion der Periode 1774/85, nämlich 384 *arrobas* Gold, einzufordern. Die drohende Durchführung dieser Maßnahme brachte zahlreiche Personen mit den verschiedensten beruflichen Hintergründen zusammen, wovon die meisten allerdings zur Oberschicht gehörten.

Eine neuere Analyse der *devassa,* der gerichtlichen Untersuchung, von MAXWELL [1973] unterscheidet drei Typen oder Gruppen. Zur ersten Kategorie der Verschwörer gehörten zwei Militärs: Francisco de Paula Freire de Andrade, Oberstleutnant des *Regimento de Dragões,* ein wichtiger Mann in der regionalen Militärführung; und *alferes* (Fähnrich) Joaquim José da Silva Xavier, ein Offizier im niederen Dienstrang, der sich nebenbei Geld als Zahnzieher verdiente – daher sein Beiname „Tiradentes" – und den Typ des sozialen Aufsteigers verkörperte. Der Besitz einiger Sklaven für die Minenarbeit reichte schon nicht mehr als Chance zu schnellem Reichtum. Die Geistlichkeit war repräsentiert durch den reichen Pastor von Vila Rica, Carlos Correia de Toledo e Melo, und durch José da Silva Oliveira Rolim, den Sohn eines mit Verbannung bestraften Diamanteneinnehmers. Soziales Ansehen genossen auch der Dichter und Minenherr Inácio José de Alvarenga Peixoto sowie Dr. José Alvares Maciel, der Sohn des örtlichen *capitão-mor* (regionaler militärischer Oberbefehlshaber), der sein Studium im Coimbra soeben beendet hatte. Sie alle waren gebürtige Brasilianer. Ihr Verwandten- und Bekanntenkreis erstreckte sich von Vila Rica bis nach Diamantina, São João d'El Rey, Taubate in São Paulo und Rio de Janeiro.

Als intellektuelle Mentoren schon etwas mehr in Hintergrund agierten der reiche Anwalt und Dichter Cláudio Manuel da Costa, der ehemalige und nicht unbescholtene Richter Tomás Antônio Gonzaga (der mit seiner präromantischen Dichtung *Marília de Dirceu* sehr bekannt werden sollte; ihm werden auch die satirischen *Cartas Chilenas* zugeschrieben) ebenso wie der Kanonikus Luis Vieira da Silva, in dessen

Bibliothek in Mariana die wichtigsten Werke der französischen Aufklärung, wie Raynal und Mably, aber auch die Verfassung der Vereinigten Staaten zu finden waren. Schließlich spielten auch die Geschäftsleute João Rodrigues de Macedo, Domingos de Abreu Vieira und Joaquim Silvério dos Reis eine Rolle, die bei einer strengeren Finanzpolitik der Krone nur verlieren konnten.

Trotz ihrer persönlichen, oftmals dunklen Motive schienen sie doch fähig, ein politisches Projekt zu formulieren, das eine unabhängige Republik mit Verfassung, Parlamenten auf nationaler und regionaler Ebene, jährlichen Wahlen und der Hauptstadt São João d'El Rey vorsah. Es umfaßte auch einen Erlaß der Schulden an Portugal ebenso wie die Aufhebung des Diamantenmonopols und die Handelsfreiheit sowie Schutzmaßnahmen für die Gründung von Manufakturen; des weiteren waren vorgesehen: der Ersatz der Armee durch eine Bürgerwehr, die Gründung einer Universität in Vila Rica und sogar Prämien für kinderreiche Mütter. Die Steuern sollten für das Erziehungs-, Gesundheits- und Sozialwesen verwendet werden. Selbst eine Fahne mit der Inschrift „Libertas quae sera tamen" wurde entworfen. Problematisch schien allerdings die Zukunft der Sklaven zu sein; nur für die im Lande Geborenen war die Befreiung vorgesehen.

War ihre Haltung auch noch in diesem Punkt recht konservativ, so scheint es doch nicht ausgeschlossen, daß der Gang der Dinge und die Suche nach Unterstützung bei der Basis radikalere Maßnahmen hätten zeitigen können. Sie bekamen aber nicht die Gelegenheit, ihren am 10. Dezember 1788 ziemlich genau ausgearbeiteten Plan in die Tat umzusetzen. Unmittelbar bevor der Aufstand ausbrechen sollte, beschloß der Gouverneur im Februar 1789 eine befristete Aussetzung der *derrama* (Steuerumlage), obwohl er erst am 15. März durch den Verrat von Joaquim Silvério dos Reis über die Verschwörung informiert wurde. Nach den ersten Verhaftungen ließ der Vizekönig eine tiefgreifende *devassa* durchführen, die alle Mitwisser ans Tageslicht brachte. Wenn auch die Revolution in Frankreich keinen Einfluß auf die Verschwörung selbst gehabt haben konnte, so bestimmte sie doch die sehr strengen Strafen. Sechs Verbannungen und nicht weniger als elf Todesurteile wurden ausgesprochen. Allerdings wurde nur ein einziges vollstreckt: Tiradentes in der Rolle des passenden Sündenbocks wurde am 21. April 1792 in Rio de Janeiro gehängt, enthauptet und gevierteilt. Die anderen Todesurteile wurden durch einen Gnadenakt von Maria I. in Verbannungen nach Afrika umgewandelt. Cláudio Manuel da Costa wählte im Gefängnis den Freitod.

Über eine eventuelle Reaktion der Bevölkerung auf all diese Begebenheiten ist wenig oder nichts bekannt, aber die Obrigkeit wurde nun wachsam wie nie zuvor. In Rio de Janeiro fiel ein Verdacht auf die *Sociedade Literária*, die 1794 um den Dichter und Professor Inácio da Silva Alvarenga wieder aufgelebt war, und schon im Oktober desselben Jahres wurde sie vom Vizekönig, Conde de Rezende, aufgelöst. Da die Versammlungen dennoch weitergingen, wurden im Dezember etwa ein Dutzend Menschen verhaftet, unter ihnen Alvarenga sowie einige Intellektuelle und Handwerksleute. Die Untersuchung schleppte sich bis in den Februar des Jahres 1797 hin, als die Angeklagten wegen Mangels an Beweisen freigelassen wurden. Diese vermeintliche *Conjuração do Rio de Janeiro* (Verschwörung von Rio) war durchaus ein Hinweis darauf, daß aufgeklärtes und antikoloniales Gedankengut im Umlauf war, und man machte sich auch allmählich Gedanken über eventuelle Rückwirkungen hiervon auf den Sklavenaufstand auf Saint-Domingue.

Ähnliches gab es auch in Salvador da Bahia, wo am 14. Juli 1797 die französisch inspirierte Gesellschaft *Cavaleiros da Luz* (Ritter des Lichtes) gegründet wurde und sich eine politische Gesprächsgruppe um Prominente wie Pater Francisco Agostinho Gomes, Eigentümer einer reich ausgestatteten, über zeitgenössische Titel verfügenden Bibliothek, und Publizisten wie José da Silva Lisboa, Francisco Muniz Barreto und Cipriano Barata de Almeida bildete. Gouverneur Dom Fernando José de Portugal schöpfte keinen Argwohn, solange dies ein geschlossener Kreis blieb. Gefährlich wurde es erst, als die revolutionären Auffassungen bis in die unteren Bevölkerungsklassen dieser Großstadt durchzusickern begannen, die zu beinahe drei Vierteln aus Farbigen und Schwarzen bestand, starke soziale Ungleichkeiten aufwies und oftmals Probleme mit der Lebensmittelversorgung hatte. Ab dem 12. August 1798 wurden hier und dort handschriftliche Pamphlete gefunden, die zu Freiheit, Gleichheit und Brüderlichkeit aufriefen und Handelsfreiheit, das Ende der Diskriminierung, höheren Sold für die Soldaten und die Todesstrafe für antirevolutionäre Geistliche forderten. Die Verfasser dieses stark französisch gefärbten revolutionären Manifestes gaben vor, zahlreiche Anhänger zu haben. Die Untersuchung dessen, was eine *Revolução dos Alfaiates,* eine Schneider-Revolution hätte werden sollen, führte zur Verhaftung von nicht weniger als 49 Personen – hauptsächlich unbemittelte, junge Farbige, Schneider, Schuhmacher, Soldaten und auch drei Sklaven. Vier der sechs Todesurteile gegen die Anführer, unter ihnen João de Deus und Lucas Dantas, wurden am 8. November 1799 am Galgen vollstreckt. Die drei arrestierten Intellektuellen wurden freigesprochen.

Diese tragische Episode wird von brasilianischen Historikern wie Emîlia Viotti da Costa [1987, 17–38] als Bruchstelle angesehen, die deutlich werden ließ, wie schwach der Rückhalt der brasilianischen liberalen und revolutionären Elite tatsächlich war. Sie kam nicht über eine Opposition gegen den Kolonialstatus hinaus und war für das absolutistische System kein ernstzunehmender Gegner. Sie dachte zu regionalistisch, ließ die Privilegien der Kirche unangetastet, wagte nicht die Mobilisierung der Massen und bot keine Lösungsmöglichkeit für das Problem der Sklaverei.

Hinter diesem harten Urteil, das von der späteren Haltung der dominierenden Elite mitbestimmt wurde, steckt wohl eine zu große Erwartung. Die regionale Vielfalt war damals ganz gewiß eine schwer überbrückbare geographische Realität. Das Land konnte wohl niemals ein revolutionäres Zentrum nach französischem Vorbild werden. Viele Revolutionäre waren selbst Geistliche, die das Volksgewissen aufrüttelten, sich oftmals am weitesten vorwagten und dabei die Mittel und das Prestige ihrer Institution nutzen konnten. Im übrigen hatte sich die kirchliche Macht in Brasilien nie so gewalttätig und haßerfüllt gezeigt wie in anderen katholischen Gebieten, und die Jesuiten und andere Orden waren durch die aufgeklärte portugiesische Politik bereits schwer angeschlagen. Insofern es eine Volksmasse überhaupt gab, konnte sie, wenn nicht in der Predigt, mangels eines Schul- beziehungsweise Pressewesens nicht mobilisiert werden; außerdem hatte sie eine eigene Kultur entwickelt, die aufgeklärte Tugenden und Pflichten nicht schätzte. In der Blütezeit der Plantagenwirtschaft ruhte das gesamte Produktionssystem mehr denn je auf dem Einsatz von Sklaven – jährlich wurden noch über 10 000 eingeführt –, und der Besitz einiger Sklaven war unerläßlich für die Existenzsicherung auch in unteren Schichten. Die Möglichkeit eines Sklavenaufstandes schien um so wahrscheinlicher, als sich seit 1789 in Bahia regelmäßig kleinere Ausschreitungen und Fluchtbewegungen ereigneten und ab 1807 der Zyklus größerer Rebellionen in Gang kam [Schwartz 1985, 479]. Wenn auch Bischof José Joaquim da Cunha de Azeredo Coutinho noch im Jahr 1808 eine Rechtfertigung des Sklavenhandels publizierte, so wurde die Sklaverei selbst schon in den Werken von José da Silva Lisboa, Luis Vilhena dos Santos, Antônio Rodrigues Veloso de Oliveira und José Bonifácio de Andrada in Frage gestellt.

Auch darf man nicht aus den Augen verlieren, daß der portugiesische Staatsapparat – unter der kundigen Führung von Dom Rodrigo de Sousa Coutinho, Conde de Linhares – die Unruhen der atlantischen Revolution nahezu unversehrt überstanden hatte, eine seltene Vitalität und Schlagkraft aufwies und allem Anschein nach aus den Geschehnissen anderswo gelernt hatte. Eine jede revolutionäre Bestrebung konnte im Keim erstickt werden; sie bekam keine Chance, das wohlbekannte Phänomen der Radikalisierung zu entwickeln, und auch das dynamische Element des Krieges fehlte.

Mißerfolge und harte Repressionen dämpften nicht im mindesten das liberale Denken, das in den Veröffentlichungen von José da Silva Lisboa – so in dessen *Princîpios de Economia Polîtica* (1804) – oder von João Rodrigues de Brito ein hohes Niveau erreichte, aber sich nun doch mehr heimlich fortsetzte. Eine solche geheime Gesellschaft war in einem Provinzstädtchen im Nordosten der mysteriöse *Areópago de Itambé*, gegründet 1798 durch den ehemaligen Karmeliter und Botaniker Manuel da Arruda Câmara. Er wurde übrigens bald wieder aufgelöst, und zwar im Zusammenhang mit einer *conjuração* (Verschwörung) der Familien Cavalcanti und Albuquerque, die im Jahre 1801 in Recife entdeckt wurde und in Pernambuco eine Republik unter der Schirmherrschaft Napoleons begründen wollte. Die Zahl der Freimaurerlogen scheint unterdessen dennoch stark zugenommen zu haben, obwohl eine aussagefähige Studie hierzu immer noch fehlt. Ein Versuch des portugiesischen *Grande Oriente* (Großer Orient, Freimauerloge) im Jahre 1804, die brasilianischen Logen zu vereinnahmen, wurde abgewehrt. Wenig ist auch über den Widerstand bekannt, der sich mehr intern und lokal in den *câmaras municipais* (Stadträten), in den Heereseinheiten und in den Bistümern und Klostergemeinschaften entwickelte. Anscheinend gerieten dort die Hierarchien unter Druck. Eine neue Generation von Mitgliedern kündigte den Versuch an, die portugiesische Vormundschaft abzuschütteln.

In Recife hörte Gouverneur Gaetano Pinto zwar von einschlägigen Plänen und Zusammenkünften, kümmerte sich aber anfangs wenig darum. Anfang März 1817 wollte er auf die Anzeige eines portugiesischen Händlers hin dann doch einige Verhaftungen vornehmen und stieß nun auf den Widerstand von Angehörigen des Militärs. Es zwang den Gouverneur zur Abdankung, und am 7. März bildete es mit Vertretern der Pflanzer, der Händler, des Klerus und des Magistrates einen patriotischen *Governo Provisório* (provisorische Regierung), unterstützt von einem *Conselho de Estado* (Staatsrat). Eine *Lei Orgânica* (Grundgesetz) versprach Gleichheit, Religions- und Pressefreiheit bis zum Abschluß einer verfassunggebenden Versammlung, wenn auch mit einigen Restriktionen, und stellte eine aristokratische Republik in Aussicht. Der Mehrheit von konservativen Pflanzern standen allerdings auch radikalere Führer gegenüber – wie der Kaufmann Domingos José Martins und der Mulatte Pedro Pedroso –, die den Arbeitseinsatz der Sklaven bekämpften und die Abschaffung der Sklaverei anstrebten. Die Revolutionäre versuchten in den Nachbarregionen eine Anhängerschaft zu mobilisieren, aber das gelang nur kurzzeitig in Paraîba und Ceará. Ihr Abgesandter Pater Roma wurde in Bahia verhaftet und erschossen. Gesandtschaften nach Argentinien, Großbritannien und den Vereinigten Staaten erbrachten keine Resultate. Die portugiesische Krone setzte von Bahia und Rio de Janeiro aus ein Heer und eine Flotte in Marsch, um Recife abzuschneiden und zu belagern. Zum erstenmal während der brasilianischen Unabhängigkeitsbestrebungen wurde nun tatsächlich gekämpft, aber der Widerstand war, so der französische Augenzeuge Louis-François de Tollenare *(Notes dominicales)*, infolge Geld- und Waffenmangels, zu geringer Unterstützung durch die Bevölkerung und Uneinigkeit über einen Sklaveneinsatz zu schwach. Am 20. Mai war die Stadt wieder unter portugiesischer Kontrolle. Der militärische „Diktator" Domingos Teotônio Jorge flüchtete für eine Weile mit Gefolgsleuten ins Landesinnere; der gemäßigtere Pater João Ribeiro nahm sich das Leben. In Recife und Bahia wurde an insgesamt acht Personen das Todesurteil vollstreckt, viele andere wurden eingesperrt. Bald darauf, am 30. März 1818, verbot der König alle Freimaurerlogen. Auf diese Weise wurden neue Märtyrer geschaffen. Einige Überlebende sollten später wiederum Aufstände anführen, so beispielsweise Gervásio Pires und Bruder Caneca, der mutmaßliche Verfasser des Grundgesetzes.

Der Pernambuco-Aufstand hatte seine Wurzeln nicht nur im allgemeinen Unabhängigkeitsstreben des Landes, sondern auch im Nativismus dieser Provinz, die mit ihrem eigenen Sieg über die holländischen Besatzer 1654 einen Kult trieb. Dieser Partikularismus wurde neuerlich angefacht durch das zunehmende Übergewicht von Rio de Janeiro, das auf ganzer Linie von der Übersiedelung des Königs von Portugal und der Öffnung der Häfen profitierte und zugleich den Handel von Pernambuco erschwerte. Der Gegensatz zwischen Kolonie und Mutterland entwickelte sich nun zu einem Konflikt zwischen Eingeborenen und *marinheiros* (Seefahrern), wie die Neuportugiesen in Brasilien genannt wurden. Diese Unterscheidung setzte sich vor allem in den mittleren Gesellschaftsschichten durch; in den „besseren" Familien, die durch Verwandtschaft, Studium oder Dienst mit beiden Teilen des Reiches vertraut blieben, kam dieser Gegensatz nicht so stark zum Tragen.

b Das Vereinigte Königreich Portugal-Brasilien

Am 29. November 1807 verließ eine Flotte von 36 Schiffen, beladen mit Silberwaren, Kunstwerken, Büchern und der Hälfte des portugiesischen Barvermögens, den Tajo mit Kurs auf Brasilien. An Bord waren Königin Maria I., ihr Sohn, der Prinzregent João VI., die gesamte königliche Familie mit Hofstaat, die Spitzen der ältesten Aristokratie, die hohen Beamten und viele weitere Prominente aus Klerus und Handel, alles in allem etwa 15 000 Personen. Sie flüchteten vor den heranziehenden Franzosen – bei denen es sich allerdings nur um eine kleine und schlecht ausgerüstete Truppe unter Junot handelte –, die in Übereinstimmung mit ihren spanischen Verbündeten Portugal zwingen sollten, nach langem Hin und Her die Seite Napoleons zu wählen und mit der Kontinentalsperre die Häfen für Großbritannien zu schließen. Der massenhafte Auszug kann als Panikreaktion interpretiert werden, auch als Zugeständnis an die Briten, die möglicherweise im Gegenzug Brasilien besetzt hätten; aber er lag auch auf einer Linie mit früheren strategischen Überlegungen. Dom Rodrigo de Sousa Coutinho, der anglophile und einflußreichste Minister, hatte diese Option in Absprache mit dem englischen Gesandten Lord Strangford entwickelt. Schon am 2. Oktober hatte João VI. einen Beschluß unterzeichnet, welcher vorsah, im äußersten Fall seinen Erben Dom Pedro nach Brasilien zu schicken.

Die Überfahrt war schwer, die Flotte wurde auseinandergetrieben, und das Schiff des Prinzregenten ankerte erst am 22. Januar 1808 vor Bahia, ehe es am 7. März Rio de Janeiro erreichte. Inzwischen (am 28. Januar) hatte João VI. ein Dekret erlassen, welches besagte, daß in Zukunft alle brasilianischen Häfen für die Schiffe befreundeter Nationen geöffnet würden. Diese Maßnahme, die faktisch nur einen bestehenden Zustand legitimierte, wurde ihm von José da Silva Lisboa vorgeschlagen, dem späteren Visconde de Cairu, der ein Anhänger des ökonomischen Liberalismus nach dem Vorbild von Adam Smith war und auf einen Lehrstuhl der Ökonomie berufen werden sollte. Bald wurde deutlich, daß der Prinzregent – früher bekannt für seine Apathie und seinen Hang zu religiösen Feierlichkeiten – die politische Initiative in Brasilien ergriff. Im Gegensatz zu seiner Gattin Dona Carlota Joaquina, die ihre Ansprüche und Intrigen auf das La-Plata-Gebiet konzentrierte, zeigte João VI. sich sehr mitfühlend mit seinem Land. Er wurde weiterhin standhaft von Sousa Coutinho bis zu dessen Tod 1812 und danach durch Minister wie Dom Fernando José de Portugal, Marquês de Aguiar, und Antônio Araújo de Azevedo, Conde da Barca, die mit den brasilianischen Verhältnissen vertraut waren, unterstützt. An der Spitze der Kapitanate konnte er auf mehrere aufgeschlossene Gouverneure wie beispielsweise Dom Marcos de Noronha e Brito, Conde dos Arcos in Bahia (1810–1818), zählen.

Während das eigentliche Hofleben in Rio de Janeiro anfangs nur einen bescheidenen Rahmen hatte, installierte João VI. fast auf der Stelle alle Einrichtungen, die die Aufgaben seines portugiesischen Herrschaftsapparates übernehmen konnten, wie den *Conselho de Estado,* den *Conselho Supremo Militar e de Justiça* oder die *Mesa da Consciência e Ordens* (zentrale Regierungsbehörden); dadurch wurde in Brasilien eine größere Zentralisierung erreicht, als dies unter den Vizekönigen der Fall gewesen war. So wich die *relação* in Rio de Janeiro dem *Desembargo do Paço* und der *Casa da Suplicação* (oberste Gerichtsbehörden der Krone), die nun für das ganze Land die höchste Gerichtsbarkeit und die Berufungsinstanzen waren. Zwischenglieder verschwanden, als die Kapitanate Espírito Santo und Piauí von Bahia 1810 beziehungsweise von Maranhão 1811 aufgelöst wurden; andererseits wurden noch 1817 in Alagoas und 1820 in Sergipe zwei neue Kapitanate gegründet. Zur effektiveren Verwaltung wurden überall im Landesinneren neue administrative und richterliche Institutionen geschaffen. Die Kontrolle der Armee wurde mit der Gründung von Bildungsanstalten wie der *Academia da Marinha* (Marineakademie) und der *Escola da Artilharia e Fortificações* (Militärakademie für Artillerie und Befestigungswesen), von Zentralkrankenhäusern und eines *Arquivo Militar* (Militärarchiv), welches die kartographische Sammlung des Landes enthielt, verstärkt.

Mit der Einrichtung der *Impressão Régia,* der königlichen Druckerei, der *Biblioteca Nacional,* der *Escola de Cirurgia* in Bahia und Rio de Janeiro – Kernelemente der späteren medizinischen Fakultäten –, eines *Jardim Botânico* und eines *Museu Nacional* erhielt das Land eine kulturelle Infrastruktur, die allerdings im Anfangsstadium nur über karge Mittel verfügte. 1816 konnte eine künstlerische Mission aus Frankreich gewonnen werden; besonders der Architekt Grandjean de Montigny brachte einen neuen Baustil, und der Graveur Jean-Baptiste Debret zeichnete die gesamte brasilianische Gesellschaft in voller Lebensgröße. So entwickelte sich seit 1820 in der *Academia de Belas Artes* eine Kunsterziehung.

Auf der Suche nach neuen Einnahmequellen führte der *Conselho da Fazanda* (Oberster Finanzrat) höhere Zölle, neue Hebesätze, Erbschafts- und auch die ersten Verbrauchsteuern ein. 1808 wurde der *Banco do Brasil* als Privateinrichtung gegründet, eine Depot- und Handelsbank, die durch die Ausgabe von Papiergeld immer mehr die Regierungskasse zu füllen und so besonders ab 1814 Inflationsprobleme zu bewältigen hatte. Die Aufhebung des Manufaktur-Verbotes am 1. April 1808 zeigte kaum Auswirkungen und ließ die Importe nicht zurückgehen. Wenig später, am 19. Februar 1810, wurde mit Großbritannien ein Handelsvertrag abgeschlossen, der die Einfuhrzölle auf britische Waren auf 15 Prozent des Wertes beschränkte, gegenüber 16 Prozent auf portugiesische und 24 Prozent auf andere ausländische Güter. Hieran gekoppelt war ein Freundschaftsvertrag, der den Briten das Recht auf Holzvorratshaltung und weitgehende Handelsfreiheit in Brasilien und allen anderen portugiesischen Gebieten zusicherte. Auch hatten sie ihre eigenen Richter und durften ihre Religion ausüben; so entstand in Rio die älteste protestantische Kirche Lateinamerikas. Die Inquisition spielte keine Rolle mehr. Außerdem wurde der Sklavenhandel auf portugiesische Gebiete an der afrikanischen Küste beschränkt.

Damit schien die Unterordnung Brasiliens unter eine neue Kolonialmacht besiegelt und die Chance auf eine autonome Wirtschaftsentwicklung vertan. Es war wohl zu dieser Zeit angesichts der britischen Seeherrschaft und der Schwierigkeiten, andere Absatzmärkte zu erreichen oder einen eigenen industriellen Markt zu entwickeln, keine andere Politik möglich. Allerdings blieb Brasilien außerhalb der Konfliktzone und konnte seine Exportwirtschaft ankurbeln und diversifizieren.

Auf dem Wiener Kongreß erreichten die portugiesischen Diplomaten nicht viel. Obwohl der Freundschaftsvertrag mit England nun auslief, mußten sie sich in neuen Vereinbarungen 1815 und 1817 dem britischen Verbot des Sklavenhandels nördlich des Äquators fügen. Die neue Friedenssituation schuf aber einen erweiterten internationalen Handlungsspielraum für João VI. Dieser wollte vorläufig nicht nach Portugal – das der englische Schirmherr Beresford interimistisch verwaltete – zurückkehren, obwohl die Briten und auch Metternich sehr darauf drängten. Vielmehr beendete der Prinzregent auf den Rat des frankophilen Conde da Barca und Talleyrands hin formell den Kolonialstatus Brasiliens und rief am 16. Dezember 1815 das *Reino Unido* (Vereinigte Königreich), zusammen mit Portugal, aus. Auch waren schon diplomatische Vertreter mehrerer Länder nach Rio de Janeiro geschickt worden, beispielsweise Thomas Sumter jr. für die Vereinigten Staaten 1810, während dort José Correia da Serra seit 1816 die Interessen von João VI. wahrnahm. Als Generalkonsul des russischen Zaren Alexander I. trat in Rio de Janeiro seit 1813 der deutsche Baron von Langsdorff auf, der später, 1825, eine große wissenschaftliche Expedition durch das Landesinnere Brasiliens unternahm. João VI. wartete nach dem Tod seiner Mutter im März 1816 noch bis zum 6. Februar 1818 mit seiner Proklamation zum König. Inzwischen hatten Verhandlungen in Wien eine prestigeträchtige Braut der Habsburger für Erbprinz Dom Pedro eingebracht: Leopoldina, Tochter Franz' I. und Schwägerin Napoleons.

Die Prinzessin traf im November 1817 ein, begleitet von Gelehrten und Künstlern, die wie Pohl, Spix, von Martius und Thomas Ender ein beachtliches Œuvre über Brasilien hervorbringen sollten. Das Land rief nun in der gesamten westlichen Welt wachsendes Interesse hervor. Die Zeit der vagen Impressionen war vorüber. Robert Southey veröffentlichte schon 1810 den ersten Teil seiner *History of Brazil.* Erkenntnisse über das Landesinnere und den Nordosten, aber auch ausgedehnte Erfahrungen in der Hauptstadt begegnen in den Publikationen von Thomas Lindley (1805), John Mawe (1812), Henry Koster (1817) und John Luccock (1820). Systematische Beobachtung des Küstenstreifens zwischen Rio und Bahia sprach aus dem Reisebericht (1815–1817) des Prinzen von Wied-Neuwied, der ab 1820 eine weite Verbreitung fand. Deutscherseits sind noch die Reisen und entsprechenden Berichte von Freyreiss (1814), Sellow (1814–1831), von Leithold (1820) und von Rango (1821) zu erwähnen. Der Franzose Ferdinand Denis entpuppte sich in *Le Brésil* (1822) als ein begeisterter Propagandist für das Land; Auguste de Saint-Hilaire begann 1816 eine sechsjährige, äußerst genaue und auch kritische Erkundung der zentralen und südlichen Provinzen und publizierte hierüber acht Bände (1830–1848). Die erwartungsvolle Haltung des Landes wurde von dem politischen Orakel Abbé de Pradt treffend formuliert. Er sah Portugal nun als Kolonie Brasiliens an und prophezeite letzterem eine Zukunft, vergleichbar dem Aufstieg der Vereinigten Staaten.

Diesbezüglich herrschte in Brasilien selbst keine solche Zuversicht. Die Ankunft Joãos VI. war zwar freudig begrüßt worden, aber nun bekam man auch die Nachteile zu spüren. Das Land wurde mit britischen Waren überschwemmt, die eigenen Produkte ließen sich immer schlechter absetzen. Während der brasilianische Export ab 1820 mit sinkenden Weltmarktpreisen für Zucker und Baumwolle zu rechnen hatte, wurde die Position der traditionellen Handlungsreisenden durch die Niederlassungen vieler britischer und anderer ausländischer Kaufleute geschwächt. Zusammen mit einer großen Zahl neuer portugiesischer Zuwanderer trugen sie erheblich zum Wachstum von Rio de Janeiro bei. Die Einwohnerzahl verdoppelte sich in kurzer Zeit, und der Wohnungsmangel war enorm. Hieran hatte jedoch die weiße Bevölkerung verhältnismäßig geringen Anteil. Während die Sklavenpopulation nämlich früher eher einem Drittel der Bevölkerung entsprochen hatte, ging sie nun immer stärker auf die 50-Prozent-Marke zu. Der große Zustrom und die schlechte Behandlung sorgten für Unruhe in der brasilianischen Sklavenhaltergesellschaft. Als diese Unruhe in den Sklavenaufständen von 1814 und 1816 in Bahia zum offenen Ausbruch kam, herrschte Uneinigkeit zwischen Pflanzern und Gouverneur über die angemessenen Gegenmaßnahmen.

Ein anderer Konfliktherd zwischen Portugiesen und Brasilianern war der schlechte Zustand des portugiesischen bürokratischen Apparates, dessen Trägheit und antiquierte Arbeitsweise durch die Hauptstadtverlegung nach Brasilien den dortigen Bewohnern deutlicher vor Augen stand als früher. Zudem führte die Vergabe von öffentlichen Ämtern, Adelstiteln oder militärischen Orden bei den im Lande Geborenen zu dem Eindruck einer Benachteiligung gegenüber den Portugiesen. Zwist ergab sich zwischen den beiden Gruppen auch beim Grundbesitz, weil Schenkungen und Grenzziehungen die tatsächlichen Besitzverhältnisse nicht genügend berücksichtigten und 1822 die Zuerkennung von *sesmarias* (Landzuweisungen zur Kolonisierung) enden ließen. In den Pioniergebieten wurde darüber hinaus seit 1808 faktisch ein Krieg gegen die Coroados- und Botocudos-Indianer geführt. Eine vorbildliche Befriedung wie diejenige von Guido Marlière im Nordosten von Minas Gerais war eher die Ausnahme.

Kritik an diesen Zuständen konnte sich nur ungenügend in den herkömmlichen Institutionen äußern. Auch stand die brasilianische Presse immer noch offiziell unter Zensur, wenn auch mit der Öffnung der Häfen reformfreudige oder auch revolutionäre Literatur nun stärker ins Land strömte. In Rio de Janeiro gab es sogar einige Buchhandlungen. Besonders einflußreich wurde der *Correio Brasiliense* – seit Juni 1808 von Hipolito José da Costa in London herausgegeben –, der sich durch hohe Aktualität auszeichnete und die Lage in Brasilien unter allen Gesichtspunkten zu analysieren suchte. Aber auch kritische Anmerkungen zu Themen wie der Sklaverei oder der notwendigen Verbesserung der Infrastruktur machten sich in den neuen Zeitungen breit, die wie die *Idade do Ouro* im Lande selbst erschienen und den Grundstein für einen radikalen und kämpferischen Journalismus legten. Dieser mußte sich mit seinen oppositionellen Tendenzen vorläufig zurückhalten, wollte er nicht wie der Pernambuco-Aufstand 1817 gnadenlos unterdrückt werden.

c Die Unabhängigkeit und das Erste Kaiserreich

Neuer revolutionärer Elan stellte sich erst als Folge eines Militäraufstandes in Porto am 24. August 1820 ein. Ausgehend von dieser Stadt, die wegen der Öffnung der brasilianischen Häfen schon einiges von ihrer Bedeutung als Handelsplatz eingebüßt hatte, breitete die Bewegung sich aus. Sie stellte ausgesprochen liberale Forderungen nach einer Einberufung der *Cortes* und einer konstitutionellen Monarchie; aber die neue *Junta Provisória* fand ebenfalls Anhänger unter den Konservativen, die die alten Vorrechte Portugals gegenüber der früheren Kolonie wiederherstellen wollten. Nichtsdestoweniger war es vor allem der liberale Geist dieser Verfassungsbewegung, der in Brasilien ankam und Betroffenheit in Armee und Volk hervorrief, zuerst in Belém am 1. Januar 1821, dann in Bahia am 10. Februar und schließlich auch in Rio de Janeiro am 24. Februar. Dort sahen sich João VI. und seine Angehörigen verpflichtet, einen Treueeid auf die neue portugiesische Verfassung abzulegen. Der König besetzte seine Regierung um, und anstelle des Konservativen Thomaz Villa Nova Portugal gewann der liberale Duque de Palmela an Einfluß. Ganz Brasilien mußte nun Treue schwören und Abgeordnete für die *Cortes* in Portugal wählen. Auf ihren Befehl trat João VI., wenn auch unentschlossen, am 24. April die Rückreise nach Lissabon an, begleitet von einem großen Gefolge und der Staatskasse. Die Herrschaft in Brasilien übertrug er seinem Sohn Pedro; ihm soll er den Rat gegeben haben: „Wenn Brasilien sich abtrennen muß, dann sei es unter dir und nicht unter einem dieser Abenteurer."

Unter den 65 brasilianischen Abgeordneten für die *Cortes* befanden sich mehrere Radikale wie Cipriano Barata und Antônio Carlos Ribeiro de Andrada, die schon früher an Verschwörungen teilgenommen hatten. Die völlige Loslösung Brasiliens gehörte zu diesem Zeitpunkt jedoch wohl noch nicht zu ihren Zielvorstellungen. Die Radikalisierung war vielmehr das Ergebnis eines Prozesses, an dem die portugiesischen Abgeordneten wesentlichen Anteil hatten. Mit 100 Sitzen verfügten sie über eine deutliche Mehrheit, die sie konsequent für die Abschaffung von Zentralinstitutionen und Obergerichten in Rio de Janeiro einsetzten. Sie drängten auf eine Vereinheitlichung der Kapitanate und deren Unterordnung unter Lissabon. Außerdem wollten sie den freien Handel einschränken und den Erbprinzen Pedro zurückholen, dem man Unabhängigkeitsbestrebungen unterstellte.

Pedro, der schon von seinem zehnten Lebensjahr an in Brasilien war und dort von der klassischen Vorbereitung auf die Regentschaft verschont blieb, besaß eine romantische, einnehmende Persönlichkeit. Neben vielfältigen, auch musikalischen Talenten und einer Vorliebe für moderne Ideen besaß er einen sehr energischen Charakter. Unter anderem auch über unzureichende Geldmittel erzürnt, begegnete er der portugiesischen

Forderung nach Rückkehr vom 29. September 1821 mit dem historischen Wort „Fico" (Ich bleibe), dem zugeschrieben wird, am 9. Januar 1822 den Unabhängigkeitsprozeß in Gang gesetzt zu haben. Sogleich traf er Maßnahmen, um eine Intervention portugiesischer Truppen zu vereiteln. Am 13. Mai ließ er sich zum *Defensor Perpétuo* (ewiger Verteidiger) des Landes ausrufen. Er wurde hierzu durch radikale Liberale wie José Clemente Pereira, Pater Januário da Cunha Barbosa und Joaquim Gonçalves Ledo angespornt – sie alle Mitglieder der Loge *Grande Oriente*, in welcher Pedro unter dem Namen „Guatemozin" Großmeister geworden war.

Mehr Einfluß gewann allerdings ihr Rivale José Bonifácio de Andrada e Silva, der – gemeinsam mit seinen beiden Brüdern Martim Francisco und Antônio Carlos – in der Loge *Apostolado* und als Mitglied des durch den Prinzen gebildeten *Conselho de Estado* für eineinhalb Jahre den Gang der Dinge bestimmen und dadurch den Titel *Patriarca da Independência* (Patriarch der Unabhängigkeit) verdienen sollte. Als Abkömmling einer reichen Familie aus Santos hatte José Bonifácio lange in Europa studiert und mineralogische Untersuchungen durchgeführt. Nach seiner Rückkehr nach Brasilien im Januar 1821 war er in die Führung der *Junta Provisória* im Kapitanat São Paulo einbezogen worden. Als Freidenker hatte er ausgesprochen progressive Auffassungen hinsichtlich der Freilassung der Sklaven, der Einschränkung unproduktiven Großgrundbesitzes, der Religionsfreiheit, der Katechese von Indianern, der Rolle der Frau und der Notwendigkeit eines besseren Bildungssystems, der Unsinnigkeit von Adelstiteln und überflüssigem Luxus, der föderalen Staatsstruktur und der Lage einer Hauptstadt im Landesinneren. Dieses Programm glaubte er nur mit Hilfe einer aristokratischen Regierung und ohne Druck von seiten des Volkes oder der Straße realisieren zu können. Er schreckte auch nicht davor zurück, radikale Gegenspieler durch Verhaftung und Verbannung matt zu setzen. In diesem Sinne wurde die *Constituinte* (verfassunggebende Versammlung), deren Einberufung am 3. Juni 1822 beschlossen worden war, von einer eingeschränkten Wählerschaft bestimmt – unter Ausschluß von Personen unter 25 Jahren, Klerikern, Gehaltsempfängern und Besitzlosen.

Maria Graham zufolge, die ein Tagebuch führte, waren an dem ganzen Geschehen viel weniger Mischlinge beteiligt als in Mexiko oder Peru. Problematisch waren vornehmlich die Rivalitäten zwischen Portugiesen und der Groll marginalisierter Kleriker. Auch E. Viotti da COSTA [1987, 44] weist auf die Abwesenheit der Volksmassen beim Unabhängigkeitsstreben hin, das unter drei Interessengruppen ausgehandelt wurde. Auf der Seite der *Cortes* in Portugal sammelten sich die Händler portugiesischer Herkunft, die am Monopolhandel beteiligt waren, und die hochrangigen Militärs und Bürokraten. Ihnen gegenüber standen einerseits die Aristokratie der Händler und Pflanzer, die im Freihandel ihren Vorteil sahen, und andererseits eine republikanisch gesinnte Gruppe von Ärzten, Lehrern, Journalisten und kleineren Handelsleuten. Natürlich bedarf dieses Modell einer Differenzierung, die regionale Unterschiede, familiäre Gegensätze und insbesondere individuelle Entwicklungen im Verlauf der Ereignisse in Rechnung stellt.

Die formalen Schritte zur Unabhängigkeit folgten mit dem *Manifesto da Independência* von José Bonifácio am 6. August 1822, dem Ausruf „Independência ou Morte" (Unabhängigkeit oder Tod) in Ipiranga durch Pedro unterwegs nach São Paulo am 7. September und der Proklamation von Pedro zum *Imperador Constitucional e Defensor Perpétuo do Brasil* am 12. Oktober. Das Land wählte als Wappen und Fahne gelb auf grün. Die Krönung von Kaiser Pedro I. fand am 1. Dezember 1822 statt. Zwischenzeitlich weigerten sich brasilianische Abgeordnete zu den *Cortes* in Portugal, das neue Grundgesetz vom 23. September 1822 zu unterzeichnen, und ergriffen die Flucht. Kapitalkräftige Portugiesen, die ihre Waren einem Sequester unterstellt sahen, begannen, Brasilien zu verlassen. In allen südlichen und zentralen Provinzen und auch in Pernambuco folgte man der Unabhängigkeitserklärung, mit Ausnahme von Bahia und Pará, wo portugiesisches Militär Widerstand leistete. In Bahia trat General Madeira de Melo einem Volksaufstand entgegen. Erst am 2. Juli 1823 konnte er zum Abzug gezwungen werden, nachdem der Kaiser ein Expeditionskorps (unter dem französischen General Pedro Labatut) und ein Flottengeschwader (unter dem englischen Admiral Thomas Cochrane) gegen ihn in Marsch gesetzt hatte. Englische Söldner waren es auch, die unter der Leitung von John Grenfell in Belém die Ruhe wiederherstellten. An mehreren Orten hatte die Unabhängigkeit Gewalt und Exekutionen zur Folge.

Obwohl Pedro sehr bald diplomatische Vertreter ausgesandt hatte, verlief die internationale Anerkennung der brasilianischen Unabhängigkeit nicht ohne Schwierigkeiten. Die erste grundsätzliche Anerkennung kam von der Regierung in Buenos Aires im August 1823, gefolgt von den USA im Juni 1824 und Mexiko im März 1825. Den Beziehungen zu den anderen hispanoamerikanischen Ländern stand das Mißtrauen Bolívars im Wege, der im Kaiser von Brasilien mit seiner Militärmacht einen eventuellen Agenten der Restauration durch die Heilige Allianz sah. Der Schlüssel zu einer umfassenden europäischen Anerkennung lag jedenfalls in London. George Canning war Brasilien wegen der britischen Interessen dort zwar günstig gesinnt, aber die Verhandlungen von Felisberto Caldeira Brant Pontes in England und von Sir Charles Stuart in Rio de Janeiro zogen sich dennoch lange hin. Die Briten mußten auf ihren portugiesischen Bundesgenossen Rücksicht nehmen und legten großen Wert auf die Abschaffung des brasilianischen Sklavenhandels. Schließlich wurde am 29. August 1825 ein Vertrag zur Anerkennung der Unabhängigkeit zwischen Portugal und Brasilien unterzeichnet, den João VI. am 15. November ratifizierte. Dies war mit der Bedingung verknüpft, den Handel durch die Einräumung außergewöhnlich günstiger Konditionen wieder zu beleben und die portugiesischen Schulden in Höhe von 2 Mio. Pfund Sterling zu übernehmen. Zwischen Portugal und Brasilien sollte eine dauerhafte Allianz bestehen; João VI. durfte den Titel *Imperador* tragen. Die Briten ihrerseits konnten am 22. November 1825 den Handelsvertrag von 1810 erneuern, wobei Brasilien eine Dreijahresfrist nach der Ratifizierung – also bis 1830 – für die Abschaffung des Sklavenhandels, verbunden mit einem Kontrollrecht für britische Patrouilleschiffe auf dem Atlantik, in Kauf nahm. Nun war der Weg für die Anerkennung durch Frankreich und Österreich Ende 1825, durch das Vereinigte Königreich der Niederlande, die Schweiz und den Heiligen Stuhl Anfang 1826 und durch Rußland 1827 frei. Mit den deutschen Staaten bestanden schon konsularische und geschäftliche Kontakte, 1827 folgte ein Handelsvertrag mit den Hansestädten.

In der Zwischenzeit wurde das gesamte politische Leben von der Gefahr einer Wende beherrscht, die schließlich zum Sturz Pedros I. führen sollte. Die *Constituinte*, die am 3. Mai 1823 ihre Arbeit aufgenommen hatte, machte mit der Diskussion des Verfassungsentwurfs, in dem eine scharfe Trennung der drei Gewalten vorgesehen war, keine Fortschritte. Sie wurde von Pedro aufgelöst, der durch antiportugiesische und antimilitärische Agitation durch Blätter wie *O Tamoio* und *A Sentinela da Liberdade* zusätzlich verärgert war. Diese behaupteten, Portugal, das gerade eine absolutistische

Reaktion erlebte, strebe nach einer Wiedervereinigung beider Kronen. José Bonifácio, der schon am 16. August 1823 wegen der kaiserlichen Gnadenakte gegenüber seinen Kontrahenten zurückgetreten war, wurde zusammen mit seinen Brüdern nach Frankreich deportiert. Der Kaiser ließ nun von seinem *Conselho de Estado* eine eigene *Carta Constitucional* ausarbeiten, die am 25. März 1824 verkündet wurde.

Auf Anregung von Benjamin Constant richtete diese Verfassung neben den klassischen drei Gewalten eine vierte ein, den *poder moderador,* eine Art Schiedsrecht für den Kaiser. Dieser war schon das Haupt der Exekutive, unterstützt von einem Ministerrat ohne Verantwortlichkeit gegenüber dem Parlament. Er konnte die Legislative durch sein Vetorecht und die Androhung von Amtsenthebungen und Neuwahlen unter Druck setzen. Während die Parlamentsmitglieder stufenweise von einer noch sehr begrenzten Wählerschaft bestimmt wurden, ernannte der Kaiser die Senatoren auf Lebenszeit durch Auswahl aus einer Kandidatenliste. In den Provinzen benannte er auf Vorschlag seines Ministerrates einen *presidente;* ein *conselho geral* von 13 oder 21 gewählten Mitgliedern ohne legislative Befugnisse berichtete daneben dem Parlament über Notstände und formulierte Lösungsmöglichkeiten. Nur die richterliche Gewalt bewahrte eine größere Unabhängigkeit in einem Hohen Gerichtshof und mit einem System von lokal gewählten Richtern und Geschworenen. Im Bereich der persönlichen Freiheiten – Besitz, Meinungsäußerung, Religion – war die Verfassung im übrigen äußerst liberal, allerdings nicht in bezug auf die Sklavenfrage.

Was die Sklaverei anging, so machte der Kaiser aus seiner Mißbilligung für dieses System keinen Hehl. Im Parlament, das, obwohl Ende 1824 gewählt, erst im Mai 1826 seine Arbeit aufnahm, überwogen allerdings die Interessen der Pflanzer. Deren Sprachrohr war der ehemalige Liberale Bernardo Pereira de Vasconcelos. Diese dominierende Gruppe, die übrigens freigebig mit Titeln bedacht wurde, versteckte ihre konservativen Einstellungen geschickt hinter einem Netz von Maßnahmen: gegen die Klöster, für die Schaffung zweier Rechtsfakultäten 1827, für die Wahl von Friedensrichtern, und hinter wiederholtem Protest gegen zentralisierende Tyrannei und portugiesischen Einfluß. Tatsächlich gab es in Pedros unmittelbarer Umgebung mehrere einflußreiche portugiesische Mitarbeiter wie seinen Privatsekretär und Zechbruder, den „Chalaça“. In Rio de Janeiro hatte der Kaiser 1824 kurzzeitig die Pressefreiheit durch ein Verbot der radikalen *A Malagueta* eingeschränkt. Insbesondere den föderalistischen Tendenzen in den nordöstlichen Provinzen wurde mit Härte begegnet.

In Pernambuco weigerte man sich, die Verfassung anzunehmen. Der abgesetzte Provinzpräsident Manuel de Carvalho Pais de Andrade rief am 2. Juli 1824 eine *Confederação do Equador* aus, der sich auch andere Provinzen anschließen konnten. Unter dem Einfluß von Frei Joaquim do Amor Divino, auch Frei Caneca genannt, radikalisierte sich die Bewegung und erarbeitete eine neue, dezentrale Verfassung, wobei die Exekutive völlig der Legislative unterstellt wurde. Recife stellte den Sklavenhandel in Erwartung einer globalen Lösung vorläufig ein. Man mobilisierte Volksmilizen, als der Kaiser eine Flotte unter Lord Cochrane und ein Heer unter Francisco de Lima e Silva mit der Vorgabe einer bedingungslosen Kapitulation in Marsch setzte. Die konservativeren Pflanzer schreckten nun zurück, und schon Mitte September konnte Recife unter Kontrolle gebracht werden. Der Guerillakrieg im Landesinnern dauerte bis Ende November an. Am 13. Januar wurde Frei Caneca vor ein Erschießungskommando gestellt; von 14 weiteren Todesurteilen wurden elf vollstreckt.

Die militärisch bestimmte Vorgehensweise Pedros wurde auch in seiner Politik in der *provincia cisplatina* deutlich, die vom Dezember 1825 an auf einen glücklosen Krieg mit Argentinien zusteuerte und die Unabhängigkeit Uruguays 1828 zur Folge hatte. Um seine Truppenstärke aufrechtzuerhalten, ließ er fremde Söldner anheuern und deutsche und irische Einwanderer zwangsrekrutieren. Solche Praktiken hatten jedoch negativen Einfluß auf die Immigration, um so mehr, als in Rio de Janeiro im Juni 1828 unter den Söldnern eine große Meuterei ausbrach. Dies alles und darüber hinaus seine Aktivitäten in Portugal, wo Pedro nach dem Tod von João VI. am 10. März 1826 die Rechte seiner Tochter Maria da Glória gegen seinen absolutistischen Bruder Dom Miguel durchzusetzen suchte, kostete viel Geld – und das in einer Periode rückläufiger Einnahmen infolge sinkender Zolleinnahmen und der Ausfuhrkrise bei Zucker, Tabak, Baumwolle und Häuten. 1824 hatte Brasilien schon einen teuren Kredit in London aufnehmen müssen. 1829 ging der *Banco do Brasil* in Konkurs.

Die persönliche Popularität des Kaisers war mittlerweile durch ein teures und kinderreiches Verhältnis mit Domitila de Castro beschädigt, die er zur Marquesa de Santos erhoben hatte. Kaiserin Leopoldina siechte vor Kummer dahin und starb am 11. Dezember 1826. Längere Verhandlungen und viel Geld waren nötig, bevor Pedro eine neue europäische Braut – Amélia von Leuchtenberg, Tochter von Napoleons Stiefsohn Eugène de Beauharnais und einer bayrischen Prinzessin – nach Brasilien locken konnte. Ihre Ankunft am 17. November 1829 rief keine Begeisterung hervor. Auch die Bildung eines Kabinetts unter dem Liberalen José Clemente Pereira im Juni 1828 brachte keinen Umschwung. Es wurde immer deutlicher, daß die Regierung, von der konservativen Opposition blockiert, keine liberalen Initiativen durchsetzen konnte. Auch schien die Pressefreiheit nach der Ermordung des Journalisten Lîberó Badaró in São Paulo wieder bedroht.

Als der Kaiser im März 1831 das Kabinett des Marquês de Barbacena durch ein ihm ergebeneres ersetzte, sprach man von einer bevorstehenden neuen kolonialen Abhängigkeit des Landes. Die antiportugiesischen Gefühle der Volksmassen wurden angeheizt. Als der Kaiser nach Ausschreitungen auch bei höheren Offizieren an Unterstützung verloren zu haben schien, trat er am 7. April 1831 zugunsten seines fünfjährigen Sohnes Dom Pedro de Alcântara zurück. Eine Vernunftehe zwischen dem autoritären und zentralistischen Liberalismus des Kaisers und dem nachlassenden, die Stärkung der Regionen betonenden Liberalismus der besitzenden Schichten hatte sich als undurchführbar erwiesen.

Brian R. Hamnett

2. Neu-Spanien/Mexiko 1760–1821

Aus dem Englischen übersetzt von Suzanne Annette Gangloff

In der ausgehenden Kolonialzeit war das Vizekönigreich Neu-Spanien sehr stark von der Durchmischung indianischer und europäischer Kulturelemente geprägt. Die Hauptstadt Mexiko, die auf den Ruinen des ehemaligen Aztekenzentrums Tenochtitlán errichtet worden war, symbolisierte diesen mestizischen Charakter der neuspanischen Gesellschaft in beispielhafter Weise. Die meisten anderen größeren Städte der präkolumbischen Zeit waren zwar zu nahezu völliger Bedeutungslosigkeit herabgesunken, aber dafür waren viele spanische Städte wie Puebla, Valladolid de Michoacán, Antequera de Oaxaca inmitten indianisch geprägter Zonen entstanden und stark von ihrer Kultur beeinflußt. Umgekehrt strahlten die spanischen Städte und die meist von hier aus verwalteten spanischen Besitzungen, also die *haciendas* und *ranchos,* auf das indianische Umland aus und leisteten damit ihren Beitrag zur Akkulturation. Sowohl die biologische Rassenmischung als auch die gegenseitige sozio-kulturelle Beeinflussung führten dazu, daß um die Mitte des 18. Jh. Neu-Spanien überwiegend mestizisch geprägt war. Trotzdem neigten die Kolonialbehörden auch zu diesem Zeitpunkt dazu, die Masse der Bevölkerung global als „Indios" zu klassifizieren. Diese Bezeichnung nivellierte die zahlreichen verschiedenen eigenständigen Völker Zentralamerikas mit ihren ethnischen und kulturellen Besonderheiten zu einer Einheitsgruppe, die eigentlich nur durch eine Gemeinsamkeit miteinander verbunden war: Sie waren zur Ablieferung des Tributs an die spanische Krone verpflichtet. Der *mestizo* zeichnete sich analog dazu ebensowenig vorrangig durch seinen Stammbaum, seine Geburt oder seine Hautfarbe aus, sondern durch die weitgehende Übernahme der europäischen Lebensweise und der spanischen Sprache. Damit soll freilich nicht gesagt werden, daß die ethnische Zugehörigkeit nicht noch immer einen wesentlichen Faktor für die Zuschreibung des sozialen Status darstellte. Die spanische Kolonialterminologie hält vielmehr eine lange Rangliste ethnischer Identifizierungsvarianten bereit, die sämtliche Vermischungsgrade der drei Grundrassen – der europäischen, der indianischen und der afrikanischen – berücksichtigte.

Die Gesellschaftsstruktur Neu-Spaniens war keineswegs starr, sondern wirtschaftlich und sozial äußerst dynamisch, wenn es auch in dieser Beziehung erhebliche regionale Unterschiede gab. Es war keine von Feudalverhältnissen beherrschte Gesellschaft, obwohl sich noch viele präkapitalistische Elemente hielten. Es war eine Gesellschaft, in der der Status eines Menschen grundsätzlich von seiner rechtlichen Stellung bestimmt wurde. Die gesetzlich privilegierten Indianergemeinden, mit dem von der spanischen Krone anerkannten Recht auf Landbesitz, waren nichtsdestoweniger häufig absatzorientiert, und ihre handwerklichen und gewerblichen Tätigkeiten entsprachen den Bedürfnissen des jeweiligen lokalen Marktes. Die *pueblo*-Mitglieder wurden von den Spaniern bisweilen stark unter Druck gesetzt, zur Pflanz- und Erntezeit auf deren Landgütern zu arbeiten. Häufige Kämpfe zwischen den Landbesitzern und den

Neu-Spanien/Mexiko gegen Ende des 18. Jahrhunderts

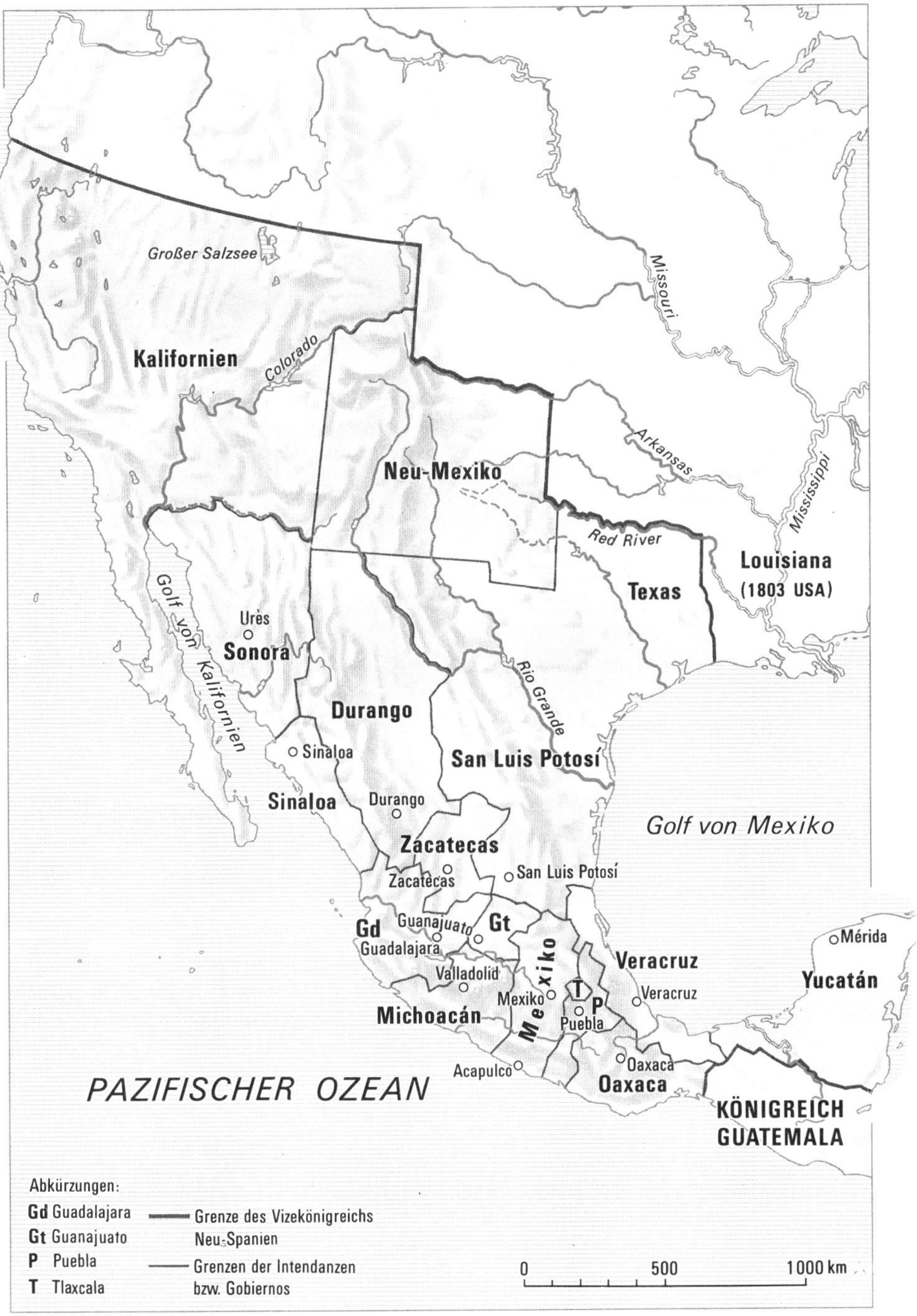

Dörfern um die Kontrolle von Land, Wasser und Arbeitskräften sowie zwischen den Dörfern untereinander um die Kontrolle von Land und Wasser führten zu fortgesetzten Prozessen vor den Instanzen der spanischen Kolonialgerichtshöfe. Der ethnische Faktor blieb aus zwei Gründen ein Unterscheidungskriterium innerhalb der gesellschaftlichen Beziehungen: Erstens weil Neu-Spanien eine Kolonie war mit einer den Interessen des europäischen Mutterlandes unterworfenen Bevölkerung und zweitens wegen des Fortbestehens des indianischen Gemeindekollektivs, das unter behördlichem Schutz stand. Im 19. Jh. vertraten insbesondere die Liberalen die Auffassung, solange es Indianergemeinden mit dem gesetzlich verankerten Recht auf genossenschaftlichen Landbesitz gebe, könne es keine mexikanische Nation geben.

Mitte des 18. Jh. bot sich die politische Geographie des mexikanischen Teils Nordamerikas völlig anders dar als zur Zeit der ersten spanischen Eroberer. Mit der Suche nach edelmetallhaltigen Erzen und mit dem Abstecken riesiger Ländereien für die Viehzucht im Norden war die Kolonisierung und die politische Kontrolle Spaniens weit über die Grenzen des aztekischen Reiches am Río Lerma und über die Gebiete anderer präkolumbischer Zivilisationen hinaus in die nördlichen Territorien vorgestoßen. Die Akkulturation und die Vermischung der Rassen in den Kernzonen der Kolonie sowie die in den 40er Jahren des 16. Jh. einsetzende Ausdehnung nach Norden gaben Neu-Spanien ein völlig neues Gepräge, das den demographischen Zusammenbruch der Indianerbevölkerung ebenso verschleierte wie beschleunigte. Als Reaktion auf die Bedürfnisse der nördlichen Landesmitte und des Nordens gewann das Bajío mit seinen beiden Zentren, der Wollwaren produzierenden Stadt Querétaro und dem Silberbergwerksgebiet von Guanajuato, im Laufe des 18. Jh. an Bedeutung. Nachdem Puebla den Wollwarenmarkt im Landesinneren an Querétaro, Acámbaro, San Miguel el Grande und andere Städte verloren hatte, mußte es sich in den 40er Jahren des 18. Jh. auf die Herstellung von Baumwollbekleidung verlegen, deren Rohstoff von den Küsten des Golfs und des Pazifiks kam. Die Stadt Guadalajara erlebte in den 60er Jahren des 18. Jh. einen Aufschwung in Verbindung mit den Silberbergwerken von Bolaños, Rosario und Zacatecas und produzierte um 1800 wertmäßig bereits ebensoviel Baumwolltextilien wie Puebla; ihr Rohmaterial bezog sie von dem am Pazifik gelegenen Baumwollgebiet um Colima. Ebenso wie Puebla lag Guadalajara als spanische Stadt inmitten eines indianischen Gebiets, dessen Bewohner seit eh und je von der Landwirtschaft und vom Handwerk lebten. Der wesentliche Unterschied zwischen den beiden Städten lag jedoch im dynamischen Wachstum der Getreidewirtschaft Guadalajaras sowie in der demographischen Aufwärtsentwicklung seiner gesamten Region gegenüber der wirtschaftlichen und demographischen Stagnation der Getreide produzierenden Täler von Puebla. In den Jahren von 1760 bis 1790 fand die letzte territoriale Expansion Spaniens auf dem nordamerikanischen Kontinent mit dem Ziel statt, Sonora, Arizona und Kalifornien dem Vizekönigreich einzuverleiben. Aber die Indianer in den Grenzzonen, insbesondere in Chihuahua und Coahuila-Texas, befanden sich bereits in Aufruhr und plünderten exponierte Rinder- und Schaffarmen, die oft wie befestigte Außenposten anmuteten. Da die Regierung in Mexiko-Stadt kein Geld für Grenzbefestigungen ausgeben wollte, erfolgte im Jahr 1776 die Einrichtung der *Comandancia General de las Provincias Internas* im Bestreben, dieser gefährlichen Situation Herr zu werden.

Die Gesellschaft Neu-Spaniens war also nicht nur in hohem Maße von regionalen Unterschieden gekennzeichnet – eine wachsende Identifizierung der Einwohner der einzelnen Regionen mit ihrer jeweils eigenen Ausformung neuspanischer Kultur war durchaus erkennbar –, sondern auch klar in Schichten gegliedert. Für die Zugehörigkeit zu einer Schicht war jedoch nicht so sehr der rechtliche Status oder ein erkennbarer oder selbst-zuerkannter Rang als vielmehr Reichtum ausschlaggebend. Die Aktivitäten der Kaufleute, die gleichzeitig Finanziers und Unternehmer waren, d. h. der Geschäftswelt Neu-Spaniens, gewannen in dieser Zeit eine große Bedeutung. Reichtum war im Überfluß vorhanden, aber er war in wenigen Händen konzentriert. Infolgedessen erregte seine Zurschaustellung Ärgernis und trug letztlich zum Ausbruch der Gewalttätigkeiten im zweiten Jahrzehnt des 19. Jh. bei.

In der späten Bourbonenzeit zehrte Neu-Spanien von der voraufgegangenen demographischen und wirtschaftlichen Erholung. Von etwa 1740 bis 1810 hat sich die Bevölkerung offenbar verdoppelt, was einen verstärkten Getreideanbau insbesondere in Gegenden mit einer rasch wachsenden Stadtbevölkerung und mit aktiven Bergwerkszentren wie Guanajuato, Querétaro, Guadalajara und Zacatecas zur Folge hatte. Wenngleich dieser Druck keine revolutionären Neuerungen auf dem Gebiet der Landwirtschaft oder der Technologie bewirkte, förderte er neue Methoden, wie die Anwendung künstlicher Bewässerung. Aufgrund der Erträge aus der Umsatzsteuer und dem Kirchenzehnten ließ sich von Mitte der 60er bis Anfang der 90er Jahre des 18. Jh. ein geschätzter Wertzuwachs der landwirtschaftlichen Produktion um insgesamt 37 Prozent ermitteln [ARCILA FARÍAS 1955, 267, 237]. Der Silberbergbau bildete die Grundlage für die wirtschaftliche Genesung Neu-Spaniens und erklärt die weitgehende Integration des Vizekönigreichs in den internationalen Markt. Die demographische Gesundung fiel mit dem steigenden Silberbedarf des Auslands zusammen. Die mexikanische Silberproduktion lieferte nordwesteuropäischen Ländern wie Großbritannien ein wichtiges Tauschmittel für ihren expandierenden Handel mit dem Osten. Der Aufschwung der mexikanischen Produktion in den 70er Jahren des 18. Jh. entsprach dem Ende des brasilianischen Goldbooms und dem Preisanstieg in Europa. Zwischen den 60er und den 90er Jahren verstärkten sich die Beziehungen zwischen der iberoamerikanischen und der europäischen Wirtschaft. Wie wir sehen werden, suchte das bourbonische Spanien mit Hilfe seiner staatlichen Handelsgesetzreform sich diese Beziehungen – reichlich verspätet – zunutze zu machen. Es wurde behauptet, „die in den 50er Jahren einsetzenden, zunehmend stärkeren Veränderungen auf den Gebieten der Technologie und der Märkte Europas sowie das sich gleichzeitig steigernde Binnenwachstum Westindiens“ hätten diese Reformen erst durchführbar gemacht und ihren zeitlichen Ablauf bestimmt [LOCKHART/SCHWARTZ 1983, 365, 368]. Die Reformen der Bourbonen waren reaktionär: Sie suchten Handel und Steuereinnahmen durch den Kanal eines geschwächten Mutterlands hindurchzuschleusen, um dessen Wirtschaft zu beleben und dessen Macht wiederherzustellen. Die demographische Erholung der mexikanischen Bevölkerung war eine Reaktion auf die Gegebenheiten innerhalb Mexikos, während der Aufschwung der Grubenindustrie den allgemeinen Tendenzen im Rahmen der transatlantischen Wirtschaft entsprach. Somit hat die spanische Kolonialgesetzgebung diese Entwicklung nicht eingeleitet, wenn sie sie auch in mancherlei Hinsicht unterstützte. Das Ergebnis neuerer Untersuchungen zeigt, daß das Wirtschaftsleben Neuspaniens im Vordergrund stand, die bourbonischen Reformen es indessen nur beiläufig berührten und reaktionär oder sogar hemmend wirkten. In keinem Fall stellen sie ein konsequent durchdachtes Gesetzessystem dar.

A. Bevölkerung, Gesellschaft und Silber

Im 18. Jh. war Neu-Spanien der größte Silberproduzent der Welt: Im Zeitraum von 1770 bis 1810 bestand der Gesamtexport des Vizekönigreichs zu 80 Prozent aus Silber. Zwischen 1695 und 1810 stieg die Produktion, wenn auch schubweise, um das Zehnfache. Coatsworth zufolge lag die längste Periode anhaltenden Wachstums im ersten Viertel des 18. Jh. lag [COATSWORTH in: JACOBSEN/PUHLE 1986, 26–29, 32]. Im Jahr 1806, am Vorabend des Zusammenbruchs des Silberbooms, belief sich der Gesamtwert des in Mexiko-Stadt gemünzten Silbers auf 27 Mio. Pesos. Um die Expansion dieses Industriezweigs zu unterstützen, nutzte die Madrider Regierung das Monopol aus, das sie auf zwei für die Silbergewinnung besonders wichtige Stoffe hatte. In den Jahren 1767 und 1776 senkte sie den Preis für Schießpulver, das für Sprengungen benötigt wurde, um jeweils ein Viertel und den für Quecksilber, das beim Amalgamationsverfahren zur Extraktion des Silbers aus dem Silbererz diente, um die Hälfte. Zu Beginn des 19. Jh. produzierte Guanajuato allein den Gegenwert von 5–6 Mio. US-Dollar an Silber (1803); Catorce (San Luis Potosí) erzeugte 3,5–4 Mio. US-Dollar und Zacatecas 2,5–3 Mio.; an dritter Stelle lagen Real del Monte (Pachuca) und die neugalicischen Gebiete Bolaños und Rosario. Die Zeche Valenciana, oberhalb Guanajuato, produzierte in ihrer Blütezeit 25 Prozent des mexikanischen Silbers. Im Jahr 1810 zählte die Stadt Guanajuato mit den angrenzenden Bergwerksgemeinden insgesamt 55 631 Einwohner; nach Mexiko-Stadt und Havanna war sie, noch vor Lima, die drittgrößte Stadt Hispanoamerikas. Mit 500 000 Einwohnern war die Intendanz Guanajuato das am dichtesten besiedelte Verwaltungsgebiet Neu-Spaniens. Der mexikanische Silberboom verlief in zwei Phasen, ungefähr von 1700 bis 1750 und von den 70er bis zu den 90er Jahren des 18. Jh. Die höchste Wachstumsrate pro Jahrzehnt lag bei 4,1 Prozent in den 40er Jahren des 18. Jh.; das höchste Produktionsniveau hingegen wurde etwa zwischen 1770 und 1800 erreicht. Immerhin muß für die Zeit nach 1760 die Preisinflation bei der Berechnung des realen Silberwerts berücksichtigt werden. Coatsworth vertritt die Ansicht, daß – nach einem Wertanstieg in den Jahren 1720 bis 1759 – der Marktwert der zwischen 1775/79 und 1805/09 produzierten Metalle um 1 Prozent gefallen sei [COATSWORTH 1986, 26–32].

E.R. Wolf lenkte die Aufmerksamkeit auf die seit Ende des 17. Jh. eingetretene demographische und wirtschaftliche Erholung, betonte jedoch, daß dieses Wachstum geographisch sehr unterschiedlich gewesen sei. Expansionsgebiete waren in erster Linie die jenseits der nördlichen Grenzen Zentralamerikas gelegenen Gebiete, die sich durch eine eigene kulturelle Prägung auszeichneten, gegenüber den mittleren und südlichen Provinzen, wo die Eingeborenentraditionen noch fest verwurzelt waren. Jedenfalls lagen die meisten Silberbergwerkszentren in der nördlichen Landesmitte und in den westlichen und nördlichen Regionen: Städte wie Querétaro, Celaya, Salamanca, Silao, Irapuato und León wuchsen in Verbindung mit den Grubengemeinden von Guanajuato, San Luis Potosí und Zacatecas. Querétaro, Acámbaro und San Miguel el Grande entwickelten sich aufgrund der Verarbeitung der von den Schafzuchtfarmen von San Luis Potosí und Coahuila gelieferten Wolle und belieferten ihrerseits Ortschaften, Städte und Bergwerksgemeinden der nördlichen Landesmitte. Die Wechselbeziehung zwischen Silber, Getreide, Schafzucht, Rinderzucht, Wollwaren, Lederproduktion usw. ließ das binnenwirtschaftliche Netz entstehen, das ein Wachstum ermöglichte. Die Gebiete nördlich des Bajío wie San Luis Potosí, Coahuila und Zacatecas bildeten das wirtschaftliche Hinterland der expandierenden nordwestlichen Landesmitte [WOLF 1955].

D. A. Brading vertritt den Standpunkt, daß die rasche wirtschaftliche Expansion in der späten Bourbonenzeit auf dem demographischen Wachstum beruhte, das vor 1760 stattgefunden hatte. Nicht einmal Versorgungskrisen oder Epidemien änderten etwas an dieser Aufwärtsentwicklung [BRADING 1978, 19, 176–177]. Eric Van Young schreibt die wirtschaftliche Expansion der Region Guadalajara dem Bevölkerungswachstum zu, aber auch hier scheint die demographische Wachstumsrate in der ersten Hälfte des 18. Jh. größer gewesen zu sein als in der zweiten Hälfte, wenngleich die Stadtbevölkerung hauptsächlich nach den 1760er Jahren zunahm, vor allem aufgrund der Zuwanderung vom Land (VAN YOUNG 1981, 23–28, 39, 74). In ihren Berechnungen für die weitgefaßte westliche Mitte Neu-Spaniens geben Cook und Borah eine Bevölkerungswachstumsrate von über 2 Prozent für jedes Jahrzehnt nach 1710 an, wobei die höchste Quote bei 2,69 Prozent in den 1760er Jahren lag; danach sank sie auf 2,4 Prozent im Jahrzehnt von 1790 bis 1800 und auf 0,69 Prozent nach 1800. Sie führten den Bevölkerungszuwachs auf die friedliche innere Situation und auf die Einwanderung zurück [COOK/BORAH 1972, 301, 310, 312, 355, 373]. Im 18. Jh. war die mexikanische Bevölkerung in den einzelnen Regionen ganz unterschiedlich zusammengesetzt. Das indianische Element überwog nach wie vor im Süden und auf dem Zentralplateau, wo es 85–90 Prozent der Gesamtbevölkerung darstellte. Diese Komponente verringerte sich in der westlichen Landesmitte, lag bei 60–65 Prozent in Neugalicien sowie Michoacán und bei 35–40 Prozent in Gegenden mit nur wenigen präkolumbischen Siedlungen. In einigen Gebieten der Zentralregion waren nicht-indianische Elemente vorherrschend, so in kommerziellen, administrativen oder Bergbau-Zentren wie Actopan, Pachuca, Toluca oder Taxco. Obgleich in offiziellen Verzeichnissen die ethnische Gliederung hauptsächlich aus steuerlichen Gründen beibehalten wurde, bestand vermutlich bereits 1810 die Hälfte der Bevölkerung aus einem Rassengemisch [COOK/BORAH 1974, 189–190, 206–207, 258, 266]. Berücksichtigt man die im Hinblick auf die angestrebte Mehrung der Steuereinkünfte in der späten Kolonialepoche abgeänderte Kategorisierung, so ergab die im Jahr 1804 in Neu-Spanien durchgeführte Schätzung 904 108 Tributpflichtige. Unter Zugrundelegung dieser Zahl errechneten Cook und Borah eine Indianerbevölkerung von insgesamt 3 265 720. Die Eintreibung des Tributs stellte für die Dorfbewohner eine ungeheure Belastung dar. In Teuerungs- oder Krankheitszeiten konnten sie ihren Verpflichtungen oft nicht nachkommen und ersuchten um Befreiung. „Es war gang und gäbe, daß jeder entschlossene Versuch des Tributeinzugs mit einem Exodus aus der Gemeinde einherging“ [GIBSON 1964, 200–210, 217–219]. Die Tributpflicht unterschied den Indianer eindeutig von der übrigen Bevölkerung. Mestizen brauchten keinen Tribut zu zahlen; freie Schwarze und Mulatten mußten ihn theoretisch entrichten, Sklaven nicht; aber in Wirklichkeit zahlte ein hoher Prozentsatz der Schwarzen keinen Tribut, weil sich alle, die in den Küstenmilizen Dienst taten, davon befreien lassen konnten. An der Golf- und an der Pazifikküste Zentralmexikos stellten die Schwarzen etwa 85 Prozent der Gesamtbevölkerung. Zwischen dem Süden und der nordwestlichen Landesmitte bestand ein deutlicher Unterschied in der Zusammensetzung der Bevölkerung. Innerhalb der Provinz Oaxaca, die die meisten indianischen

Einwohner hatte, begann die demographische Erholung im 17. Jh. und war um 1740 abgeschlossen. Immerhin wuchs die Bevölkerung noch weiter an bis etwa 1810, als eine bis in die 30er Jahre hinein währende kurzfristige Verlangsamung oder gar Stagnation eintrat. Taylor schätzt, daß die Bevölkerung im Tal von Oaxaca zwischen 1740 und den 90er Jahren von 70000 auf 110000 anstieg. Zeitgenössischen Zahlenangaben zufolge hatte sich die Einwohnerzahl der Provinzhauptstadt Antequera de Oaxaca bis 1777 auf 19653 erhöht, sank aber bis 1793 auf 19069 ab [Taylor 1972, 18–19]. Cook und Borah weisen in den 23 Kirchspielen von Mixteca Alta ein Anwachsen aller Rassen von insgesamt 54016 auf 75990 im Zeitraum von 1742 bis 1803 und bis 1826 einen Rückgang auf 64549 nach [Cook/Borah 1968, 47–48, 54–58]. Die Stadtbevölkerung von Puebla wuchs zwar aufgrund einer erhöhten Geburtenziffer und infolge Zuzugs vom Lande in den Jahren von 1746 bis 1820 von 50366 Einwohnern auf 61157, aber die Wachstumsrate blieb gering, und der generelle Abwärtstrend seit Ende des 17. Jh. hielt an. Tatsächlich verringerte sich die Stadtbevölkerung im Zeitraum von 1791 bis 1821 um 20 Prozent. Drei Jahre Hungersnot zwischen 1810 und 1813 sowie die Gelbfieberepidemie von 1812/13 verschärften diese Entwicklung. Guadalajara hatte, ungeachtet des beschleunigten Anstiegs seiner Einwohnerzahl von 5000 auf 40000 in den Jahren von 1742 bis 1809 und seiner unzweifelhaften wirtschaftlichen Bedeutung, Puebla als zweitwichtigste Stadt Neu-Spaniens nicht zu übertreffen vermocht. Ende des 18. Jh. ließ im Gebiet Guadalajara das Bevölkerungswachstum ebenfalls nach: Nachdem es das ganze 18. Jh. hindurch auf einem durchschnittlichen Jahresniveau von 2 Prozent geblieben war, fiel es im Zeitraum von 1800 bis 1810 auf 0,7 Prozent zurück. Bis in die 50er Jahre des 19. Jh. hinein blieb die Provinz Puebla die Kornkammer Neu-Spaniens. Die Diözese Puebla verfügte nach der Erzdiözese Mexiko-Stadt über die zweithöchsten jährlichen Einnahmen und lag damit noch vor dem Bistum Michoacán. Nachdem sich Pueblas Ertrag aus dem Kirchenzehnten seit Mitte der 20er Jahre des 18. Jh. unentwegt vermindert hatte, nahm er in den Jahren von 1765 bis 1800 zu, wenn auch langsamer als in den anderen größeren Diözesen. Im Jahr 1810 wurden von den schätzungsweise 811285 Einwohnern der Intendanz Puebla immerhin 602871 als Indianer geführt, 124313 als Mischlinge und 82609 als *españoles.* Guy Thomson macht auf die hohe Abwanderungsziffer von Puebla nach Mexiko-Stadt und dem Landesinneren aufmerksam sowie auf die zwischen den großen Epidemien von 1737 und 1833 anhaltend hohe Sterblichkeitsziffer in der Provinz Puebla, insbesondere in ihrem Zentrum. Der während des 18. Jh. stattfindende allgemeine Bevölkerungsrückgang der Stadt und des westlichen Zentrums der Region Puebla, des ursprünglichen Kernstücks der Siedlung und des wirtschaftlichen Lebens, ging mit der wirtschaftlichen Stagnation einher und verstärkte sie noch [Thomson 1989, 149–153, 186]. Dennoch war dies nach Guanajuato das am dichtesten besiedelte Gebiet; es hatte die dritthöchste Anzahl von *pueblos* (Ortschaften) (746) nach der Intendanz Mexiko (1228) und nach Oaxaca (928). Die Zahl seiner *ranchos* (911) wurde nur von der der Intendanz Guadalajara (1511) übertroffen und war höher als die Mexikos (871) und Michoacáns (708). Viele von ihnen wurden im 17. und 18. Jh. auf kargem Boden oder an Berghängen gegründet und waren in der Regel von den größeren Landgütern abhängig.

Neu-Spanien war verhältnismäßig stark urbanisiert, obwohl die überwältigende Mehrheit seiner Menschen auf dem Land lebten und arbeiteten. Die Bevölkerung der

Städte vergrößerte sich rasch – in Mexiko-Stadt verdoppelte sie sich im Zeitraum von 1742 bis 1810 von 100000 auf 200000, die Querétaros wuchs zwischen 1750 und 1800 von 25000 auf 40000 an. Alexander von Humboldt war beeindruckt von den mexikanischen Städten: „Keine der Städte des neuen Kontinents, die der Vereinigten Staaten nicht ausgenommen, hat so große und solide wissenschaftliche Anstalten vorzuweisen wie die Hauptstadt von Mexiko ... Wie viele herrliche Gebäude sind in dieser Stadt zu sehen! Und nicht nur dort, sondern auch in Provinzstädten wie Guanajuato und Querétaro! Diese Bauten, die häufig eineinhalb Millionen Francs kosteten, würden den prächtigsten Straßen von Paris, Berlin und St. Petersburg zur Ehre gereichen“ [HUMBOLDT 1811, II, 11, 13].

In den Regionen sowohl Guadalajaras als auch Querétaros bestand eine starke Wechselbeziehung zwischen Stadt und Land. Kaufmännisch-finanzielle Interessen dehnten sich von den Städten auf das Land aus und umfaßten immer mehr Tätigkeitsbereiche. Kaufleute aus Guadalajara wie die Echaurri, die Porras Baranda, die Vizcarra oder die Cañedo besaßen Landgüter im Tal von Atemajac, in den Distrikten Zacoalco, Ameca usw., deren Produktion sie auf den Bedarf des städtischen Getreidemarkts ausrichteten; außerdem investierten sie in die Bergwerke von Bolaños und Rosario oder beteiligten sich an der Textilproduktion und am Textilienvertrieb im gesamten Gebiet von Neugalicien. Einer der führenden Kaufleute der Hauptstadt war Francisco Ignacio de Yraeta, der sich für seine Geschäfte sowohl der herkömmlichen *compadrazgo*- sowie freundschaftlicher Beziehungen als auch moderner Geschäftspraktiken bediente. In den letzten Jahrzehnten des 18. Jh. operierte Yraeta in Partnerschaft mit Gabriel de Yturbe, einem ebenfalls dem *consulado* angehörenden Kaufherrn: Die Gesellschaft der beiden erwarb zunächst als Verwalterin eines der größten dortigen Unternehmen, der Raffinerie „San Nicolás Tolentino“, und dann als Käuferin und Besitzerin der *hacienda* „La Magdalena“ bedeutende Interessen im Zucker produzierenden Distrikt Izúcar in der Intendantur Puebla. Der Zusammenbruch der kolonialen Zuckerindustrie Frankreichs auf Haiti in den 90er Jahren des 18. Jh. ermöglichte eine beträchtliche Expansion der mexikanischen Industrie auf diesem Gebiet. Yraeta kümmerte sich persönlich um die Anpassung der neuen kubanischen Zuckertechnologie an die Gegebenheiten in Mexiko. Die Standorte dieser und anderer privater Unternehmen befanden sich jedoch inmitten eines dichtbesiedelten indianischen Gebietes, in dem die *pueblos* darum kämpften, die Kontrolle über die Land- und Wasser-Ressourcen behalten zu können. Derartige Konflikte hatten schon im Jahr 1781 zu einer Erhebung in Izúcar geführt und erklären die starke Position, die die Aufständischen in den Jahren nach 1810 in diesem Gebiet haben sollten. In Querétaro, Acámbaro und San Miguel zählten die *obraje*-Besitzer, vorwiegend Kaufleute, zu den reichsten Einwohnern. Die Kaufherren in Puebla, so der Baske Joaquín de Haro y Portillo, handelten mit Baumwolle aus Veracruz, kapitalisierten in Zeiten der Unterbrechung des transatlantischen Handels häufig die Produktion von Rohmaterial und übernahmen einen bedeutenden Teil des Vertriebs des Endprodukts. Haro heiratete in die Familie Tamariz ein, die im Distrikt Tepeaca Erbgüter besaß und die ihrerseits durch Heirat mit den Ramírez de Arellano verwandt war, deren *mayorazgo* sich auf Besitzungen im Distrikt Atlixco gründete. Haro gehörte im letzten Jahrzehnt des 18. und im ersten Jahrzehnt des 19. Jh. dem Stadtrat von Puebla an. Pablo Escandón, ein spanischer Einwanderer aus Asturien, der in den 1790er Jahren nach Neu-Spanien kam, heiratete in die Familie Garmendia ein, die über Grundbesitz in Jalapa verfügte. Escandón handelte mit Baumwolle aus der Golfküstenregion um Veracruz, bis im Sommer 1812 der Aufstand in diesem Gebiet ausbrach; im Laufe des darauffolgenden Jahrzehnts verlagerte er die meisten seiner Interessen in die Stadt Puebla. Die Vermögen der führenden Familien von Puebla wurden vor dem Hintergrund einer allgemeinen Rezession erworben und von Personen, viele von ihnen erst kürzlich eingewandert, die nicht ausschließlich an Grundbesitz interessiert waren. In der Region Oaxaca investierten Kaufleute aus Mexiko-Stadt und Veracruz sowie ihre Geschäftspartner aus Oaxaca in den Handel mit Koschenille- und Indigo-Farbstoffen, in die Baumwollerzeugung und in die dörfliche Textilproduktion. Ein Fallbeispiel hierfür ist wiederum das Handelshaus Yraeta im Hochland-Distrikt Villa Alta der Provinz Oaxaca, das vor 1785 bis zu 60 000 Baumwoll-Bekleidungsstücke *(mantas)* jährlich herstellte, die von den Distriktbeamten *(alcaldes mayores)* nach Mexiko-Stadt zum Vertrieb geschickt wurden. Die führenden Kaufherren Oaxacas hatten breitgefächerte Kontakte. So importierte Tomás López Ortigoza europäische Textilien aus Veracruz und verschickte sie zusammen mit Baumwollwaren aus Puebla nach Guatemala. Umgekehrt beförderte er Produkte aus Guatemala, die ihm sein dortiger Geschäftspartner, der Marqués de Aycinena, zusandte, nach Mexiko-Stadt, wo sie von dem bereits erwähnten Gabriel de Yturbe in Empfang genommen wurden. Gleichzeitig brachte López Ortigoza baskische Eisenwaren zu seinen Bergwerken nach Ixtepejí und schickte Koschenille-Farbstoffe aus Jicayán an der Pazifikküste nach Veracruz für den Export. In Puebla und Oaxaca fungierten ortsansässige Kaufleute und Ladenbesitzer als Mittelsmänner zwischen Rohmaterialerzeugern und Webern und stellten einheimischen Produzenten Kredite zur Verfügung. Nicht so am anderen Ende des Vizekönigreichs: In Saltillo beispielsweise kauften die Weber bei den Schaftreibern, während in Durango die Gutsbesitzer die Wolle lieferten. In der zweiten Hälfte des 18. Jh. wurde der Norden zum Zentrum der Schafzucht, und der Wollhandel begründete das Vermögen der großen Familien von San Luis Potosí und Aguascalientes. Die Besitzer der *haciendas* de Bocas, Bledos und Ciénega de Mata lebten hingegen in Mexiko-Stadt und unterhielten Beziehungen zu bedeutenden Handelsfirmen wie Basoco und Yermo. Als Antonio de Basoco im Jahr 1814 starb, wurde sein Stammsitz auf 260 000 Pesos bewertet. Die Erholung der Silberhütten in den 80er und 90er Jahren des 18. Jh. war weitgehend dem Kapital und dem Unternehmungsgeist baskischer Immigranten zu verdanken. In den 80er Jahren begannen die Brüder Fagoaga in die Zeche Sombrerete von Pabellón zu investieren und im darauffolgenden Jahrzehnt in Fresnillo und Zacatecas selbst. Anfang 1805 belief sich ihr verfügbares Vermögen auf 3,5 Mio. Pesos. Francisco Manuel Fagoaga, der im Jahr 1771 zum Marqués de Apartado erhoben worden war, hatte im darauffolgenden Jahr in die Familie Villaurrutia eingeheiratet: Seine Frau war die Schwester zweier berühmter *oidores,* Jacobos de Villaurrutia von der *audiencia* Mexiko und Antonios, Mitglied der *audiencia* Guadalajara. Die Brüder Fagoaga traten durch Heirat in verwandtschaftliche Beziehungen zu den Condes de Santiago, Torre de Cosío und Alcaraz. Nicht so sehr Zacatecas als vielmehr Mexiko-Stadt wurde zum Mittelpunkt ihres Wirkens. In mancherlei Hinsicht bildeten diese Geschäftsbeziehungen, häufig verstärkt durch eheliche Verbindungen, das grundlegende Netz, das über das Territorium des Vizekönigreichs hinweg die Provinzen untereinander und mit der Hauptstadt sowie mit dem Mutterland und anderen

Teilen Westindiens verband. Diese geschäftlichen Verflechtungen waren der eigentliche Lebensnerv des Reiches. Sie entsprachen jedoch keiner politischen Ausrichtung, sondern folgten kommerziellen Erfordernissen. In diesem Sinne hielten sie das Reich über private Interessen zusammen, nicht als Reaktion auf die staatliche Politik.

Die Durchdringung der Bergbauindustrie und der Landwirtschaft mit dem Kapital der Kaufmannschaft belebte die Produktion und ließ Grund und Boden im Wert steigen. Der von den Bergwerksgebieten ausgehende Investitions- und Nachfragesog erklärt vermutlich, weshalb sich das Bajío und das Zentrum der Provinz Guadalajara gerade in den 1760er bzw. 1770er Jahren auf die Produktion von Getreide verlegten. Van Young zufolge stieg beispielsweise der Preis der *hacienda* de Cabezón im Raum Guadalajara zwischen 1763 und 1793 um 300 Prozent. Privatinvestitionen in den Bau von Dämmen, Bewässerungsanlagen und Lagerhäusern ermöglichten Produktionssteigerungen: Arbeitskraftintensivierung wurde zum Ersatz für technologische Innovation; mit anderen Worten, das Bevölkerungswachstum hielt die Löhne niedrig. Der Silberabbau war dynamisch, aber wechselvoll; auch war er bedenklich abhängig von metereologischen Faktoren: Knappheit konnte zum Zusammenbrechen der den Agrarsektor mit der Bergbauindustrie verbindenden Versorgungskette führen, wie es während der großen Lebensmittelverknappung von 1785/86 geschah. Die bourbonische Regierung gab jedoch der Mehrung der Staatseinkünfte den Vorrang mit dem Ergebnis, daß die Silberproduktion höher im Kurs stand als jede andere wirtschaftliche Tätigkeit. Massive Kapital- und Arbeitskräfte-Übertragungen auf den Bergbau hatten nachhaltige Folgen für die Landwirtschaft und andere Industriezweige. Des weiteren ließen die Erfordernisse des spanischen Reichssystems immer weniger Geld für Neu-Spaniens Binnenwirtschaft übrig. Die Inflation ergab sich also nicht aus dem Anwachsen der Geldmenge, sondern aus ihrer zunehmenden Verknappung innerhalb Neu-Spaniens selbst, und das zu einer Zeit generell steigender Preise in der ganzen überseeischen Welt. Das Abschöpfen des Silbers beraubte die mexikanischen Bergwerke, Ländereien und Industriezweige des für ihre reibungslose Funktionsfähigkeit erforderlichen Kapitals. Infolge der ohnehin schon nach oben tendierenden, stark schwankenden Preisbewegungen und der aufgrund von Teuerung ständig gefährdeten landwirtschaftlichen Produktion konnte dieser Zustand verheerende Folgen haben. Im Zeitraum von etwa 1770 bis 1810 hatten sich die Preise in der Tat auf einem relativ hohen Niveau eingependelt, während die Löhne vermutlich weitgehend gleichblieben. Richard GARNER ist der Ansicht, die Menge des in Umlauf befindlichen Geldes sei infolge des demographischen und wirtschaftlichen Wachstums geschrumpft: Es gab mehr Silber, aber es wurde auch mehr exportiert [GARNER in: JOHNSON/TANDETER 1990, 73–77]. Dies war der Grund für die paradoxe Situation, daß die Wirtschaft des größten Silberproduzenten der Welt weitgehend auf Tauschhandel und auf Wechseln *(libranzas)* beruhte. Am 31. Mai 1788 klagte der *consulado* (Kaufmannschaft) von Mexiko über die fortgesetzte Ausfuhr von Geld, das seines Erachtens der mexikanischen Wirtschaft zugeleitet werden müsse: In Neu-Spanien waren die Güter überbesteuert und überteuert, und die Preise standen in keinem Verhältnis zu der schwachen Kaufkraft.

Der Druck der Bourbonen auf den Silbersektor ließ keineswegs nach. Zusätzlich zu den neun bereits vorhandenen wurden im 18. Jh. insgesamt acht neue Schatzämter *(cajas reales)* eingerichtet, zunächst in den nördlichen Bergbaugebieten – in Chihuahua und San Blas (beide 1768), Alamos (1769), Perote (1770) und Arizpe (1780) –, sodann, im Zusammenhang mit der Umsetzung der *Real Ordenanza de Intendentes* von 1786, in Puebla, Valladolid (Michoacán) und Oaxaca. Ein *Real Tribunal de Minería* wurde 1776 in Mexiko-Stadt und 1782 ein weiteres in Guadalajara gebildet, und in den darauffolgenden Jahrzehnten wurden in den wichtigsten Bergwerksgebieten untergeordnete Zweigstellen dieser Tribunale installiert. Der spanische Grubenexperte Fausto de Elhuyar kam mit einem Team deutscher Spezialisten 1787 in Veracruz an und wurde Generaldirektor des Tribunals von Mexiko-Stadt. Seit 1779 überwachte die königliche Münzanstalt den Reinheitsgehalt von Gold und Silber. Im Jahr 1792 öffnete eine Bergbauakademie ihre Pforten in Mexiko-Stadt. Diese Maßnahmen zielten darauf ab, die Effizienz zu steigern und die Produktion zu fördern, vor allem aber das Niveau der Staatseinkünfte zu erhöhen. Sie wurden jedoch reichlich spät ergriffen, denn der Bergbausektor hatte bereits in den 80er Jahren begonnen, Krisensymptome zu zeigen. Es wurde sogar behauptet, daß „bereits Ende des 18. Jh. der Bergbausektor eine Last für die Wirtschaft geworden“ sei. Die Produktionskosten waren gestiegen, und die Grenzen des damals technisch Möglichen verhinderten ein weiteres Abteufen der Schächte. Zunehmender Druck auf die Arbeitskräfte, vom traditionellen *partido*-System (der Entlohnung in Form eines Anteils an der Silberausbeute) abzugehen und einer regelmäßigen Lohnzahlung in bar zuzustimmen, drohte in den Bergwerksgemeinden einen neuerlichen Aufruhr hervorzurufen, wie 1766/67 bereits geschehen.

Der Silberboom überlagerte zahlreiche Gegensätze. In den letzten Jahrzehnten der Bourbonen-Ära steckte die mexikanische Wirtschaft in großen Schwierigkeiten. Außerdem sollten die gesellschaftlichen Auswirkungen des immer größer werdenden Wohlstands- und Status-Gefälles im zweiten Jahrzehnt des 19. Jh. weitreichende politische Folgen haben. Ein schwerwiegendes Problem war das der Arbeitskräfte in den Bergwerksgebieten, wo im Jahr 1803 ungefähr 50 000 Arbeiter beschäftigt waren. Da die Arbeitskosten in Guanajuato allein 75 Prozent der Gesamtausgaben darstellten, suchten die Bergwerksbesitzer fortwährend zu sparen. Das Jahresgehalt eines Grubenarbeiters in Höhe von 350 Pesos ließ ihn im Rang weit über dem *hacienda peón* stehen, der teils in bar, teils in Form von Maisrationen 48 Pesos im Jahr verdiente. Neben ihrem Tageslohn von mindestens 4 Reales erhielten die Grubenarbeiter den *partido,* der dem Bergmann das Gefühl vermittelte, am Gewinn der Zeche beteiligt zu sein. Einer der berühmtesten Bergwerksbesitzer war Pedro Romero de Terreros, Conde de Regla (1768), der nach der Vertreibung der Jesuiten aus Neu-Spanien mit seinem Silbervermögen fünf konfiszierte jesuitische Besitzungen im Wert von über 1 Mio. Pesos gekauft hatte und daraus ein Unternehmen machte, das Viehzucht, Ackerbau und die Herstellung von Pulque umfaßte. Graf Regla war ein notorischer Ausbeuter, der beharrlich Preßpatrouillen einsetzte, die die Leute gewaltsam zur Arbeit in seinen Bergwerken zwangen, während er gleichzeitig kirchliche Einrichtungen mit Schenkungen bedachte, Renten für die Armen stiftete und große Schenkungen an die Regierung des Mutterlands machte. Regla beabsichtigte die Abschaffung des *partido* und die Reduzierung des Arbeitslohns auf 3 Reales für eine Zwölf-Stunden-Schicht. Seit 1750 hatte er viel Geld in die Modernisierung der Bergwerke in Real del Monte gesteckt und wollte nicht, daß die Vergütung der Arbeiter seine Gewinne verringere. Diese Methoden zur Senkung der Produktionskosten in einer bereits von schlechten

Arbeitsbeziehungen gekennzeichneten Gegend führten im Juli 1766 zum Ausbruch eines großen Streiks, an dem schließlich etwa 4000 Arbeiter beteiligt waren, die auf einem Lohn von 4 Reales zuzüglich des *partido* bestanden. Die Schlichtung durch den mexikanischen *alcalde del crimen* Francisco de Gamboa, Urheber der Bergwerks-*ordenanzas* von 1762, bewirkte eine Vereinbarung, der zufolge der *partido* in Real del Monte weiterhin üblich blieb. Das Ziel der Regierung war die schnellstmögliche Wiederaufnahme der Produktion. Gamboa unterstützte die Lohnforderung der Arbeiter von 4 Reales für eine Zwölf-Stunden-Schicht. In allen Stadien bemühte sich Regla, das Zustandekommen der Vereinbarung zu sabotieren. Auch José de Gálvez, General-Visitator Neu-Spaniens und glühender Verfechter der bourbonischen Verwaltungsrationalisierung, setzte sich für die völlige Abschaffung des *partido* ein. Vizekönig Antonio María de Bucareli (1771–1779) billigte hingegen den *partido* in Anbetracht der Tatsache, daß er in der Vergangenheit gut funktioniert hatte: „Ich halte es für eine staatsmännische Maxime guten Regierens, alte Bräuche, sofern sie nicht schädlich sind und sich als gut und durchaus nützlich bewährt haben, nicht zu ändern.“ Die traditionellen Gepflogenheiten wurden in die Bergwerks-*ordenanzas* vom Mai 1783 aufgenommen. Bestrebungen, diese Traditionen in den Bergwerken von Guanajuato abzuschaffen, trugen dort viel zu den gestörten Arbeitsbeziehungen in den letzten Jahrzehnten der Kolonialherrschaft bei. In Guanajuato verband sich die Unzufriedenheit in den Bergwerksgemeinden mit der Empörung der Bevölkerung über die plötzliche Vertreibung der – dort vorwiegend mexikanischen – Jesuiten sowie mit der Feindseligkeit gegenüber dem örtlichen *alcalde mayor,* dem Widerstand gegen die im Jahr 1769 erfolgte Einrichtung des königlichen Tabakmonopols – eines der Hauptprojekte Gálvez' zur Mehrung der Staatseinkünfte – und dem Argwohn, eine neuerliche Volkszählung könne steuerliche Gründe haben. Zu ähnlich feindseligen Kundgebungen gegenüber örtlichen Verwaltungsbeamten kam es in San Luis Potosí und den dortigen Bergbaugebieten. Die Aufrührer bemächtigten sich am 8. Juli 1767 vorübergehend der Kontrolle über die Stadt, und die Spanier, um ihr Leben fürchtend, flüchteten sich in den Schutz der Klöster. Gálvez verfuhr sehr hart mit den Aufrührern, und eine Regierungstruppe wurde in unmittelbarer Nachbarschaft Guanajuatos stationiert und blieb dort bis zum Aufstand von 1810. Die Bergwerksbesitzer versuchten in den 90er Jahren noch einmal – mit unterschiedlichen Ergebnissen –, den *partido* abzuschaffen und durch einen Tageslohn von bis zu 10 Reales zu ersetzen. Immerhin erhielten ihn in Zacatecas einige wenige Bergleute noch zu Beginn des 19. Jh. Dort führte die zunehmende Konzentration des Reichtums in den Händen einiger weniger Bergwerksbesitzer, die meisten von ihnen erst kürzlich aus den baskischen Provinzen und Navarra eingewandert, zu wachsenden sozialen Spannungen in der Stadt.

B. Die bourbonischen Reformen

Der spanische Kolonialismus schwankte unsicher zwischen Paternalismus und Ausbeutung, Religion und Steuererhebung. Eine Reihe von Historikern hat in jüngerer Zeit die Meinung vertreten, daß zwischen den Verwaltungsmethoden der Habsburger und denen der bourbonischen Minister ein deutlicher Bruch spürbar sei, der sich insbesondere nach der Thronbesteigung Karls III. im Jahr 1759 bemerkbar gemacht habe.

Nach Ansicht dieser Historiker war dieser Bruch im wesentlichen auf den Unterschied zwischen der habsburgischen und der bourbonischen Auffassung vom Staat und natürlich auch vom Verhältnis zwischen Kirche und Staat zurückzuführen. So meint Colin MacLachlan [1989], daß das politische Gleichgewicht, kraft dessen sich die Kolonialherrschaft so lange halten konnte, unter den Bourbonen zerstört worden sei. In der amerikanischen Elite vertiefte sich das Gefühl der Kränkung, insbesondere nach der Gálvez-Visitation (1765–1771). Man darf nicht vergessen, daß es, anders als in den 13 Kolonien des britischen Nordamerika, in Hispanoamerika keinerlei Kolonialparlamente oder Abgeordnetenkammern gab, die derartige Beschwerden hätten entgegennehmen oder auf legalem Wege für Abhilfe sorgen können. Die hispanoamerikanischen Gegner des wiedererwachenden Absolutismus und der sich erneut behauptenden iberischen Hegemonie besaßen keine parlamentarische Tradition, auf die sie sich hätten stützen können. Diese Tatsache erwies sich als äußerst folgenschwer, als im Jahr 1808 die bourbonische Monarchie in Spanien zusammenbrach. Andererseits sollte man die Auswirkungen der spät-bourbonischen innenpolitischen Maßnahmen nicht überbewerten. Es besteht die Gefahr, eine allzu große Diskrepanz zwischen der habsburgischen und der bourbonischen Praxis zu erblicken, zwischen der Vor-Aufklärungsepoche und dem aufgeklärten Absolutismus: Viel Altes koexistierte neben dem Neuen und vieles dessen, was von jeher üblich war, ließ sich nicht reformieren, geschweige denn völlig tilgen. Viele grundsätzliche Reformen wurden abgeschwächt, neutralisiert oder schlugen fehl. Das ist auch der Grund, weshalb für das Habsburgerreich typische Institutionen – Vizekönige, *audiencias* und *consulados* – bis in die Ära der Unabhängigkeit hinein fortbestanden. In der Tat waren gerade diese Institutionen oft selbst Urheber des Abschwächungsprozesses, indem sie von Madrid ausgegebene Anordnungen abwandelten, ignorierten oder sabotierten.

Bis zu den 60er Jahren des 18. Jh. war die Staatsmacht Spaniens in der Kolonie noch immer relativ schwach. Die imperiale Autorität war eine Realität insofern, als die Krone als Mittelpunkt politischer Legitimität anerkannt wurde, aber die Ausübung dieser Autorität stützte sich eher auf Symbolik und Konsens als auf Zwang. So befand sich etwa im Jahr 1772 nur eine 3719 Mann starke reguläre Truppe *(cuerpos veteranos y fijos)* in Neu-Spanien. Trotz gelegentlicher Rivalitäten zwischen eingewanderten spanischen Kaufleuten oder neu eintreffenden Beamten einerseits und den Mitgliedern der in Amerika geborenen Elite andererseits blieb die Befehlshierarchie intakt und der Regierungsstil weiterhin flexibel. Geschäftsverbindungen, anerkannte Verwaltungs- und Justizgepflogenheiten sowie herkömmliche Steuervorschriften und Handelsbestimmungen banden die Kolonie nach wie vor an das Mutterland. Die Krone regierte mit Hilfe ihrer beiden Hauptstützen: der weltlichen Bürokratie und der Kirche. Letztere vertrat keinen unabhängigen Standpunkt, geschweige denn irgendeine besondere Zielsetzung des Papstes, sondern glich sich, im Hinblick auf das königliche Patronatsrecht der Besetzung höherer geistlicher Ämter, der staatlichen Politik an. Über die niederen weltlichen Geistlichen in den Pfarreien erhielt die Krone ihre Autorität auf lokaler Ebene aufrecht. Dennoch waren weite Landstriche innerhalb des Vizekönigreichs Neu-Spanien nach wie vor noch nicht unterworfen, unbesiedelt oder nur nominell unter der Kontrolle der offiziellen Amtsgewalt. In vielen Gebieten existierte die von Privatleuten ausgeübte Macht neben der Autorität des Staates. Die seit den 90er Jahren des 16. Jh. und besonders seit den 40er Jahren des 17. Jh. anhaltende Schwäche der Regierungsgewalt des Mutterlandes sowie die nach 1680 eingeleiteten, aber mißlungenen oder unzulänglichen Reformen verhinderten eine weitere Ausdehnung der Autorität des Mutterlandes. Wegen dieser Autoritätsschwäche Spaniens konnten überdies in Amerika ausgebildete Juristen in die höheren Verwaltungs- und Justizbehörden in Mexiko-Stadt und Guadalajara vordringen und dadurch politische Richtlinien formulieren und auf die Durchführung der Kolonialgesetze Einfluß nehmen. Das war aufgrund der Indien-Gesetze, wie die Gesetze für die amerikanischen Kolonialgebiete Spaniens genannt wurden, ausdrücklich untersagt, mit deren Hilfe die Krone versucht hatte, die höheren Verwaltungsposten, gewissermaßen als Monopol, ausschließlich Europaspaniern vorzubehalten. Infolge ihres Geldbedarfs für die Kriegführung in Europa hatte die Regierung des Mutterlandes jedoch während der ersten Hälfte des 18. Jh. derartige Posten verkauft. Dadurch waren Amerikaner in die Lage versetzt worden, die amerikanischen *audiencias* zu majorisieren. So waren etwa im Jahr 1767 von den zwölf Posten der *audiencia* von Mexiko-Stadt acht mit Amerikanern besetzt, die mit ihrer ähnlichen sozialen Herkunft und Erziehung als Söhne der führenden Familien der Kolonie eine feste Clique bildeten. Die Situation Neu-Spaniens als Kolonie bedingte jedoch seine politische und wirtschaftliche Unterordnung unter die Souveränität des Mutterlandes. Während des 18. Jh. befaßten sich spanische Staatstheoretiker mit der Frage, weshalb Spanien aufgrund seiner Position als Kolonialmacht nicht reicher und stärker wurde. Die Infiltration der höheren bürokratischen und richterlichen Organe durch Amerikaner ließ die gesamte Grundlage der absolutistischen Regierung ins Wanken geraten und verhinderte die Durchsetzung der Oberhoheit des iberischen Mutterlandes. Dadurch, daß die koloniale Elite eine entscheidende Kontrolle über die Innenpolitik in Neu-Spanien ausüben konnte, vermochte sie das von der Krone verfügte Verbot parlamentarischer Einrichtungen in der Neuen Welt zu umgehen. Darüber hinaus hatten viele Geschäftsleute europaspanischer Herkunft ihren festen Wohnsitz in Neu-Spanien und standen durch Heirat oder Geschäftsverbindungen auf vertrautem Fuß mit kreolischen Familien. Sie beurteilten die Dinge eher aus mexikanischer als aus spanischer Sicht und bildeten mit ihren kreolischen Verwandten und Geschäftspartnern eine homogene „mexikanische bzw. Einwohner-Elite", die sich von der europaspanischen Elite der höheren Verwaltungsbeamten, Geistlichen und Offiziere unterschied; die letztgenannte identifizierte sich nicht unbedingt mit Mexiko, sondern blieb im Gegenteil spanisch und reichstreu. Aber auch viele aus dieser Gruppe unterhielten enge Beziehungen zu der mexikanischen Elite, und zwar in einem Maße, daß die Verwaltung bis zum Jahre 1770 eher von Kumpanei als von Konflikten geprägt war.

In eben diesen angeheirateten Verwandtschaftsbeziehungen, persönlichen und finanziellen Verbindungen erblickte Gálvez die Ursache dafür, daß das spanische Mutterland außerstande war, den größtmöglichen Gewinn aus seiner reichsten Kolonie zu ziehen. Gálvez drängte auf die Durchführung älterer Maßnahmen bourbonischer Innenpolitik, nämlich Privatpersonen und Körperschaften wie den *consulado* von Mexiko-Stadt von der Einziehung staatlicher Einkünfte auszuschließen. Die seit 1694 an den *consulado* verpachtete Mexiko-Stadt- und Distrikt-*alcabala* war im Jahr 1754 unmittelbar der königlichen Verwaltung unterstellt worden, und die verbleibenden Pachtverträge im übrigen Vizekönigreich erloschen aufgrund des Gesetzes vom Oktober 1776. Von da an kontrollierte die königliche Verwaltung sämtliche

Verkaufssteuereinkünfte Neu-Spaniens. Gálvez suchte einen neuen Typ europaspanischer Beamten einzuschleusen, die nicht in Privatinteressen in Neu-Spanien verstrickt waren, und bemühte sich gleichzeitig, die Mexikaner aus den Spitzenpositionen zu entfernen. Als Folge dieser Maßnahmen spaltete sich die europaspanische Elite in „alte" und „neue" Bürokraten, und neben diesen entstand außerdem noch eine vergrämte kreolische Gegenelite. Gálvez' Anwesenheit in Neu-Spanien seit 1765 bedeutete das Ende der amerikanischen Hegemonie. Um den Einfluß der *oidores* einzuschränken, richtete Gálvez die neue Kontrollfunktion des *regente* ein, der in der *audiencia* den Vorsitz führte; dieser Posten wurde im allgemeinen mit einem Spanier besetzt. Mit der Erweiterung der *audiencia* um vier Mitglieder – in der Regel alle *peninsulares* (Europaspanier) – verloren die Mexikaner nach 1776 die Kontrolle über die Innenpolitik. Im Jahr 1779 saßen in der *audiencia* von Mexiko zehn *peninsulares* und fünf Kreolen. Die Entfernung Francisco de Gamboas, *oidor* seit 1774, mag als Beispiel für diesen Vorgang dienen: Erzogen im Jesuitenkolleg San Ildefonso in Mexiko-Stadt wie so viele andere mexikanische Beamte, war er der Führer der kreolischen Opposition gegen Gálvez' innenpolitische Maßnahmen geworden; dieser, seit 1776 Indien-Minister, schickte ihn 1780 nach Santo Domingo, wo er bis 1787 *regente* der dortigen *audiencia* war.

Gálvez gedachte die ungleichartigen Territorien Westindiens in zentralisierte Dependancen Madrids umzuwandeln. Er plante, die Regierung Westindiens gleich der Spaniens zu vereinheitlichen, und sah die Ursache für den in seinen Augen heruntergekommenen Zustand der amerikanischen Administration in dem Fortbestehen der habsburgischen Verwaltungsmethoden. Ein Bestandteil dieses Problems war seiner Meinung nach das Amt des Vizekönigs. Der *Informe y Plan de Intendencias* vom 15. Januar 1768, von Gálvez und Vizekönig Marqués de Croix (1766–1771) gemeinsam an den Indien-Minister Julián de Arriaga gesandt, enthielt seine Vorstellung von einem absolutistischen Regime. Gálvez bezeichnete als Hauptschwäche der Administration das Nichtvorhandensein einer mittleren Beamtenschicht in den Provinzhauptstädten. Zwischen den *alcaldes mayores,* den Distriktbeamten, bzw. den *corregidores,* den städtischen Aufsichtsbeamten, einerseits und den höheren Bürokraten in Mexiko-Stadt andererseits hatte es keine Zwischenstufe gegeben. Die *alcaldes* hatten sich außerdem in den Ruf der Bestechlichkeit gebracht infolge des Unvermögens der Krone, ihnen ein angemessenes Gehalt zu zahlen. In vielen Distrikten, insbesondere in den Indianergebieten der südlichen Landesmitte und des Südens, waren sie regelrecht zu Handelsvertretern von Kaufleuten in Mexiko-Stadt geworden und suchten, kraft ihres Amtes, der Bevölkerung ihre Handels- und Versorgungsmonopole aufzuzwingen. Diese Gepflogenheit war als *repartimiento de mercancías* bekannt. Die Krone hatte 1754 in einem Ordnungsgesetz das *repartimiento* implizit sanktioniert, aber sie hatte weder Monopole und Wucher noch Bedrängung der produzierenden Bevölkerung gutgeheißen. In dem *Plan* wurden die *alcaldes mayores* von rund 150 ausschließlich an Selbstbereicherung interessierten Spaniern als Landplage angeprangert. Gálvez schlug vor, diese Ämter samt und sonders abzuschaffen. Auf der Provinzebene empfahl Gálvez die Einsetzung von zehn Intendanten und die Ermächtigung jedes einzelnen, sich mit der allgemeinen Verwaltung, mit Gesetz und Ordnung, mit den Finanzen und mit allen eine wirtschaftliche Aufwärtsentwicklung fördernden Angelegenheiten zu befassen. Ein weiterer Intendant in Mexiko-Stadt sollte Generalinspekteur der Armee werden. Alle Intendanten sollten der Autorität des Vizekönigs unterstellt werden. Ihre Untergebenen, später *subdelegados* genannt, sollten die *alcaldes mayores* ersetzen. Die Krone akzeptierte diesen Plan im August 1769. Zuvor, im Dezember 1768, hatte Gálvez bereits die Einrichtung dreier weiterer Intendanzen in Kalifornien und im Mai 1769 zweier zusätzlicher in Sonora und Sinaloa vorgeschlagen. Aber wie im Falle des *partido* war Vizekönig Bucareli skeptisch, was Neuerungen anbelangte. Vor seiner Versetzung nach Neu-Spanien war er Generalkapitän auf Kuba gewesen und hatte sich dort ebenfalls gegen die Einrichtung einer Intendanz ausgesprochen. Als Vizekönig war eine seiner wichtigsten Aufgaben eine straffe Kontrolle der Regierungsausgaben, der er sich so konzentriert widmete, daß er der sich verschlimmernden Lage an der exponierten nördlichen Grenze Neu-Spaniens nicht genügend Beachtung schenkte. Bucareli zögerte mit seiner Skepsis die Durchführung des Gálvez-Plans während der ganzen 1770er Jahre hinaus. Er hielt nichts davon, Geld in Intendanzen zu investieren, sondern setzte sich statt dessen für eine Stärkung der *audiencias* ein, die sich bereits bewährt hatten. Am 22. Februar 1772 machte er Arriaga darauf aufmerksam, daß „nicht alles, was auf dem Papier machbar erscheint, in der Praxis auch tatsächlich machbar ist". Diesem klassischen Bekenntnis zu politischem Konservatismus ließ er am 27. März 1774 eine eingehende kritische Erörterung folgen, in der er darlegte, daß Intendanzen nur Verwirrung stiften würden, da Neu-Spanien sich von Alt-Spanien ganz wesentlich unterscheide und daher nicht auf die gleiche Art regiert werden könne wie das Mutterland. Mit dieser Meinung stellte Bucareli sich auf einen Standpunkt, der dem von Gálvez vertretenen völlig entgegengesetzt war. Bucareli war der Ansicht, daß nicht ein neues System, sondern besseres Personal vonnöten sei, daß es möglich sei, charakterlich einwandfreiere Leute für die *alcaldías mayores* anzuwerben, und daß man durchaus in der Lage sei, ihnen Gehälter zu zahlen. Nach dem Ermessen des Vizekönigs war es um die Finanzen Neu-Spaniens gar so schlecht nicht bestellt, wenn auch kostspielige Neuerungen die vorhandenen Einkünfte aus dem Bergwerkssektor und dem Indianertribut aufzehren würden. Nach Madrid zurückgekehrt, unterbreitete Gálvez am 8. November 1774 Arriaga einen revidierten Plan für elf Intendanzen sowie für die Einrichtung einer Militärverwaltung in dem kürzlich wiedereroberten Territorium Alta California. Kurz danach wurde Bucareli jedoch durch den Conde de Tepa in seiner Meinung bestärkt. Dieser hatte Erfahrung mit der königlichen Verwaltung auf den Philippinen und verfügte über gute Beziehungen zum Hof in Madrid. Tepa berichtete Bucareli am 1. Juli 1775, daß unter dem alten System der von den *alcaldes mayores* praktizierten *repartimientos* (Monopol- und Zwangshandelssystem) bestimmte Distrikte in der Provinz Oaxaca wie Jicayán, Teotitlán del Camino und Nejapa in den 60er und 70er Jahren eine bislang noch nie erlebte Blüte erreicht hätten. So habe insbesondere in Jicayán einer der reichsten Kaufleute von Mexiko-Stadt während der letzten sechs Jahre Kapital für den Handel mit rotem Farbstoff (Koschenille) bereitgestellt, ohne daß Klagen gekommen seien.

Derart gegensätzliche Ansichten bewirkten, daß die Last der Entscheidung einer stark verunsicherten und höchst uneinigen Regierung im Mutterland aufgebürdet wurde. Als Arriaga im Januar 1776 starb, lag die Angelegenheit in Händen des Außenministers Marqués de Grimaldi. Arriagas Nachfolger war jedoch Gálvez persönlich, der nun endlich die Gelegenheit erhielt, seine Empfehlungen in die Tat umzusetzen. Das Intendantensystem, relativ bald in den Vizekönigreichen Río de la Plata (1782) und

Peru (1784) etabliert, konnte jedoch, hauptsächlich wegen des heftigen Widerstands des *consulado* von Mexiko, erst 1786 in Neu-Spanien eingeführt werden. Allerdings wurde, um in den nördlichen Territorien eine wirksame Zivil- und Militärverwaltung bereitzustellen, mit der Einrichtung der *Comandancia General de la Provincias Internas* bereits 1776 ein erster größerer Schritt in Richtung einer Umstrukturierung der Verwaltung Neu-Spaniens unternommen. Ungeachtet der vorläufigen Vereitelung seines Plans in Neu-Spanien nutzte Gálvez die Gelegenheit von Bucarelis Tod 1779, um dem Amt des Vizekönigs die oberste Kontrolle über die Finanzen zu entziehen, indem er einen seiner Vertrauten, Pedro Antonio de Cossío, der seit Gálvez' Visita *Administrador General de Real Hacienda* in Veracruz gewesen war, zum Sekretär des vizeköniglichen Schatzamts *(cámara)* machte. Die Sache wurde zwar geheimgehalten, trug aber in der Praxis zu einer administrativen Verwirrung auf höchster Ebene bei, insbesondere da Cossío auch noch die neu eingerichtete *Intendencia de Ejército,* die ihm die Kontrolle über die militärischen Ausgaben gab, mit Beschlag belegte. Am 6. Dezember 1781 beschwerte sich Cossío bei Gálvez über die in seinen Augen korrupte und inkompetente Finanzverwaltung innerhalb des Vizekönigreichs, die von den niederen Kadern der Bürokratie geübte Obstruktionspolitik und den offenen Widerstand der *alcaldes mayores.* Kurz darauf ersuchte der *Comandante General de las Provinzias Internas* Teodoro de Croix um die Einrichtung einer Intendanz mit Sitz in Chihuahua für das ausgedehnte Territorium Nueva Vizcaya. Gálvez vermochte jedoch erst im Mai 1785 den *teniente coronel* der Infanterie Felipe Díaz de Ortega zum Gouverneur-Intendanten dieser Provinz zu ernennen und bestimmte unterdessen Durango zur Hauptstadt. Gleichzeitig wurde eine weitere Intendanz in Sonora, im äußersten Nordwesten, eingerichtet. Es gab nun also bereits zwei Arten von Intendanzen, die *Intendencia de Ejército* und den Gouverneur-Intendanten einer Provinz.

Als das Intendantensystem 1786 in Neu-Spanien eingeführt wurde, waren sieben der zwölf ernannten Beamten höhere Armeeoffiziere. Daraus läßt sich auf zwei wichtige Aspekte der Politik der Bourbonen schließen: Die große Aufmerksamkeit, die man unter der Regierung Karls III. der Verteidigung des amerikanischen Reiches schenkte, und die vom Mutterland veranlaßte Zentralisierung der Zivil- und Militärverwaltung auf der Provinzebene in der Person des Generalkapitäns. Einige dieser neuen Intendanten hatten glänzende militärische Karrieren durchlaufen, so etwa Manuel de Flon, Intendant von Puebla, und Francisco Rendón, der von 1796 bis 1810 Intendant von Zacatecas und von 1816 bis 1821 Intendant von Oaxaca war. Ebenso wie alle anderen Intendanten in den Provinzhauptstädten war Flon zwar für die *cuatro ramos* Finanzwesen, Justiz, Verteidigungswesen und allgemeine Verwaltung *(policía)* verantwortlich, wurde aber nicht gleich zu Anfang auch Militärgouverneur von Puebla. Dieser im Jahr 1754 eingerichtete Posten blieb bis 1791 einer Konkurrenz-Amtsgewalt, der des dienstältesten Armeeoffiziers der Provinz, vorbehalten [Archer 1977, 119–120]. Flons politische Karriere in Puebla war von wiederholten Konflikten mit dem *ayuntamiento* und mit den ihm unterstellten Beamten gekennzeichnet. Divergenzen mit dem Gouverneur und dem Stadtrat von Tlaxcala führten im Jahr 1793 zur Abtrennung dieses Territoriums von der Intendanz Puebla und zu seiner Umbildung als separates *gobierno.* Ein Hauptanliegen Flons war die Durchsetzung der strengen Bestimmungen des Artikels 12 der *Real Ordenanza de Intendentes* vom 30. Oktober 1786, der *repartimientos de mercancías* durch die *alcaldes mayores* verbot und von diesen in Anspruch genommene Monopole für gesetzwidrig erklärte. Flons ursprüngliche Absicht war, die Indianergemeinden vor Übergriffen zu schützen, aber er verlor alsbald die Geduld mit ihnen wegen ihrer Prozeßsüchtigkeit, wann immer es zu Streitigkeiten um Land, Wasserrechte oder Arbeitsbedingungen kam. Flon erbte den Titel „Conde de la Cadena“ und verließ Puebla nach Ausbruch des Aufstands im Bajío im September 1810, um gegen die Insurgenten zu kämpfen; als die Royalisten im Januar 1811 bei Puente de Calderón nahe Guadalajara den Sieg errangen, wurde er schwer verletzt und starb an seinen Wunden. – Francisco Rendón hatte seine ersten Erfahrungen unter dem Generalkapitän von Kuba im Krieg gegen Großbritannien von 1780–1783 gesammelt. Gálvez ernannte ihn zum Heeresintendanten der spanischen Streitkräfte und setzte ihn später in die *Intendencia de Ejército y Real Hacienda* der Provinzen Louisiana und West-Florida ein, als diese Territorien unter spanische Oberhoheit kamen – ein Amt, das er von September 1794 bis April 1796 innehatte. Im Juli 1797 trat er seinen Posten in Zacatecas an und begann sogleich mit dem Studium der Karten seiner neuen Provinz und mit Nachforschungen über die Hindernisse, die ihrer gedeihlichen Weiterentwicklung im Wege stehen könnten. Aber der Ausbruch des Krieges mit Großbritannien im Jahr 1796 und die Furcht vor einem Angriff auf Neu-Spanien bei der Hafenstadt Veracruz bewirkten, daß eine umfangreiche Streitmacht im Hinterland des Golfs bei Jalapa und Orizaba stationiert wurde. 1797/98 wurde Rendón vorübergehend aus Zacatecas abgestellt, um sich dieses Truppenlagers als *Intendente General Provisional del Ejército* anzunehmen. Das bedeutete, daß die Provinz Zacatecas einstweilen ohne ihren führenden Verwaltungsbeamten auskommen mußte. Die gleiche Situation trat noch einmal von März 1805 bis Dezember 1808 ein. Diesmal kehrte Rendón jedoch nicht nach Zacatecas zurück, sondern wurde in Mexiko-Stadt, als Bevollmächtigter des königlichen Schatzamts, mit der Erstellung eines umfassenden Rechenschaftsberichts über die Armeekosten betraut. Rendón verließ Mexiko-Stadt erst wieder am 26. Juni 1810, nachdem der *ayuntamiento* von Zacatecas, angesichts der sich verschlechternden sozialen Verhältnisse in der Stadt und der mangelhaften Lebensmittelversorgung, sich beim Vizekönig beklagt hatte, daß die Anwesenheit eines verantwortlichen Oberhaupts der dortigen Administration dringend notwendig sei. Rendón war viereinhalb Jahre fort gewesen. Die vizekönigliche Regierung hatte die inneren Angelegenheiten der Provinz Zacatecas den offenkundigen Verteidigungserfordernissen des Vizekönigreichs als Ganzes untergeordnet. Infolgedessen war der Versuch, ein kohärentes Verwaltungssystem in der Provinz Zacatecas bereitzustellen, abgebrochen worden – mit verheerenden Folgen. Im Oktober 1810, in den ersten Wochen der von Pater Miguel Hidalgo geführten Revolte, fiel die Stadt Zacatecas an die Rebellen, da die vizekönigliche Administration der Ereignisse nicht Herr zu werden vermochte. Auch Rendón und seine Familie wurden gefangengenommen.

Viele Intendanten suchten die von Gálvez vorgesehenen innenpolitischen Maßnahmen gewissenhaft durchzuführen. Der *teniente coronel* der Infanterie Juan Antonio Riaño, ursprünglich Intendant von Michoacán, erbat von der Krone, das wegen der schlechten Gesundheit seines Kollegen, des *teniente coronel* des königlichen Pionierkorps Andrés Amat de Tortosa, freiwerdende Amt des Intendanten von Guanajuato im Januar 1792 übernehmen zu dürfen. Riaño war ein hervorragender Vertreter der spanischen Aufklärung in ihrer mexikanischen Ausprägung. Er gehörte einem Kreis von Intellektuellen in der Stadt an, dem sich bisweilen auch Abad y Queipo und

Hidalgo hinzugesellten; Hidalgo war von 1790 bis 1792 Rektor des Kollegs San Nicolás Obispo in Valladolid, wurde dann von 1793 bis 1803 Gemeindepfarrer von San Felipe im Bajío und später von Dolores, relativ nahe der Hauptstadt der Intendanz. Riaño kam am 28. September 1810 um, als Hidalgos Rebellentruppen den Kornspeicher von Guanajuato stürmten, in dem sich die Reichen der Stadt in Sicherheit gebracht hatten, und dabei die Verteidigungsstreitkräfte des Intendanten überwältigten.

Dem Intendanten unterstand der *teniente letrado,* ein in der Rechtswissenschaft ausgebildeter subalterner Beamter, der als *asesor ordinario,* als juristischer Berater, fungierte. Die meisten dieser *tenientes letrados* waren Absolventen der führenden spanischen Universitäten wie Sevilla, Granada, Valencia oder Huesca, wenngleich einige wenige auch von Salamanca oder Alcalá de Henares gekommen zu sein scheinen. Pedro Joseph de Torres etwa, späterer *teniente letrado* der Intendanz Zacatecas, hatte die Universität Granada absolviert und 1765 seine Zulassungsprüfung als Rechtsanwalt vor der *audiencia* von Sevilla abgelegt. Dann wurde er *corregidor* von Villa de Paradas auf Vorschlag des Duque de Arcos, in dessen *señorío* dieser Distrikt lag, und danach, im Jahr 1772, *corregidor* von Rota und Chiclana in Westandalusien. Seit 1776 war er Mitglied der *sala del crimen* der *audiencia* von Valencia und gleichzeitig Gouverneur von Villa de Crevillente, ebenfalls im *señorío* des Herzogs von Arcos. Das Beispiel dieses Mannes mit seiner seltsamen, teils in der grundherrschaftlichen, teils in der königlichen Verwaltung durchlaufenen Karriere veranschaulicht, wie dem bourbonischen Ancien régime innewohnende Widersprüche nach Übersee gelangen konnten. Juan Collado, späterer *teniente letrado* der Intendanz Puebla, hatte hingegen als Absolvent der von Pedro Rodríguez de Campomanes, Spaniens vornehmstem Kritiker der Inkongruenzen des Ancien régime, geleiteten *Real Academia de San Isidro* eine berufliche Ausbildung im Sinne der spanischen Aufklärung genossen.

Die Einführung des Intendantensystems spaltete die Bürokratie Neu-Spaniens in „alte“ und „neue“ Kader. Die ersteren waren bestrebt, diejenigen Maßnahmen, von denen sie glaubten, daß sie mit ihren rechtmäßigen Interessen kollidierten, zu blockieren, abzuschwächen oder aufzuheben. Dies taten sie, indem sie sowohl von den Distrikten als auch von den Stadträten in den Provinzhauptstädten und den zentralen Verwaltungsorganen in der vizeköniglichen Haupstadt aus sowie von den inneren Ratsgremien der Regierung des Mutterlands und vom Madrider Hof aus Druck ausübten. Diesem Druck wurde häufig nachgegeben. Intendant Flon, der durch diese Taktik zur Verzweiflung getrieben wurde, klagte im Februar 1793, daß „es um Neu-Spanien mit seinen *audiencias,* Intendanten und *subdelegados* täglich schlechter bestellt ist“. Er machte sich für die strenge Einhaltung Gálvez' ursprünglicher Zielsetzungen stark, durch den Einsatz der Intendanten den Einfluß der traditionellen körperschaftlichen und kollegialen Gremien zu unterbinden, die das politische Leben seit der Habsburgerzeit beherrscht hatten. Gálvez trat dafür ein, die Verwaltung der zwischengeschalteten körperschaftlichen Tribunale und bürokratischen Kollegien durch ein rationalisiertes Administrationssystem zu ersetzen, in dem ein neutrales Beamtentum die Autorität von oben nach unten vermittelte. Ein solches System war Neu-Spanien mit seiner Routine in der traditionellen Bürokratie jedoch völlig fremd, wie Flon in Puebla alsbald erkennen mußte. Er beklagte den Umstand, daß die von untergeordneten Beamten ständig praktizierte Obstruktion die Intendanten zu etwas völlig anderem habe werden lassen als das, was sie aufgrund der Ordenanza von 1786 ursprünglich gewesen seien. Das Ergebnis des Konflikts zwischen Altem und Neuem war, daß, wann immer es sich als unmöglich erwies, eine angefochtene oder umstrittene Reform zu unterlaufen, das Neue schließlich ein etwas unbehagliches Dasein neben dem Alten fristete.

Gálvez hatte beabsichtigt, die Autorität des Amtes des Vizekönigs dadurch einzuschränken, daß die Intendanten unmittelbar der Regierung in Madrid unterstellt würden. Diese Zielsetzung erwies sich jedoch als weitgehend undurchführbar. Vizekönig Manuel de Flores (1787–1789) – der zuvor Vizekönig von Neu-Granada gewesen war – beschwerte sich, daß das neue Amt des Superintendanten für das Finanzwesen das Amt des Vizekönigs praktisch auf das des Vorsitzenden der *audiencia* und des Oberbefehlshabers der Streitkräfte reduziere. Mit letztgenanntem Amt – mit dem sich auch die Kontrolle über das Armeebudget verband – war im Januar 1787 der von Gálvez vorgeschlagene Fernando José Mangino betraut worden. Die Opposition des Vizekönigs gegen diesen neuen Amtsrivalen bewog die Krone, diese Reform im September 1787 abzubrechen, bis eine endgültige Entscheidung darüber getroffen werden könnte, ob das Amt bestehen bleiben solle oder nicht. Flores wies darauf hin, daß das gesamte Finanzwesen Neu-Spaniens unter der Belastung der Neuerungen zusammenbräche, würde das traditionelle System nicht unverzüglich wiederhergestellt. Tatsächlich sahen sich die Vizekönige und die *audiencias* sowohl dem Druck der Regierung des Mutterlands ausgesetzt als auch in ihrer Position durch die unabhängige Stellung der Provinzintendanten gefährdet. Selbst Vizekönig Conde de Revillagigedo II. (1789–1794), der sich im allgemeinen mit den Zielsetzungen des spanischen aufgeklärten Absolutismus identifizierte, verteidigte den Status seines Amtes und sprach sich dafür aus, die Intendanten unmittelbar dem Vizekönig zu unterstellen. Intendant Flon seinerseits schlug in einem im Dezember 1801 an den spanischen Finanzminister Miguel Cayetano Soler gerichteten Schreiben die völlige Abschaffung des Amtes des Vizekönigs vor. Er bezeichnete dieses Amt als ein „Gorgonenhaupt" und behauptete, es gefährde die Einheit des Reiches. Statt dessen empfahl er die Einrichtung von fünf Generalkapitanaten und einer entsprechenden Anzahl weniger mächtiger *audiencias*. Flons Standpunkt war extrem, wenn nicht gar exzentrisch, zumal die traditionelle Struktur von Vizekönig und *audiencia* seit mindestens 1795 viel von ihrem ehemaligen Einfluß wiedererlangt hatte, zum Nachteil der Intendanten [PIETSCHMANN 1990, 21–35]. Gálvez' Tod im Jahr 1787 führte zur Aufteilung des Indien-Ministeriums auf zwei andere Staatssekretariate, und die seit 1789 veränderte politische Situation in Europa hatte Reformeifer und Reformbereitschaft erlahmen lassen. Die Regierungen Karls IV. (1788–1808) schwankten zwischen Reform und Unentschlossenheit und gerieten außerdem Ende 1793 unter den Einfluß des Favoriten der Königin, Manuel de Godoy. Vizekönig Marqués de Branciforte (1794–1798), ein Gegner vieler dieser Reformen und ein Parteigänger des *consulado* von Mexiko, war ein Protegé Godoys und von diesem für das Amt vorgeschlagen worden.

Revillagigedo war sich wohl bewußt, wie sehr die Reformen die alteingesessenen Interessengruppen verärgert hatten. Am meisten vergrämt waren alle diejenigen, die Teil des von Mexiko-Stadt und von den Provinzhauptstädten ausgehenden weitgespannten Finanz- und Handelsnetzes bildeten. Artikel 12 der *ordenanza* untersagte Geschäftsbeziehungen zu den königlichen Distriktbeamten. Insbesondere erklärte er ausdrücklich die von den *alcaldes mayores* praktizierten *repartimientos de mercancías* für gesetzwidrig, aus denen die *alcaldes mayores* einen Großteil ihres Einkommens bezogen hatten. Gleichzeitig legte die *ordenanza* die Einrichtung einer *Junta Superior de Real Hacienda* in Mexiko-Stadt fest, die sich mit wichtigen Finanzfragen, insbesondere Ausgaben, befassen und als Appellationsinstanz (bei der gegen die erstinstanzlichen Urteile der Intendanten Berufung eingelegt werden konnte) dienen sollte. Dieses Gremium, dem die drei dienstältesten Mitglieder der alten Steuerbürokratie angehörten, sollte jede Woche unter dem Vorsitz des Vizekönigs zusammentreten. In der Praxis erwies es sich genau als die Art von Kollegialbehörde im Mittelpunkt der Verwaltung, die Gálvez auszuschalten gehofft hatte. Eben diese Kommission faßte im Jahr 1794 eigenmächtig den Beschluß, zugunsten eines Kompromisses zwischen den Zielen der Reform und den Interessen der Kaufherren-Finanziers die einstweilige Aussetzung des Artikels 12 zu genehmigen. Die Kommission bekräftigte zwar pflichtgemäß das Verbot von Handelsmonopolen und von illegalen oder erzwungenen *repartimientos* in den Distrikten, genehmigte jedoch die Entgegennahme freiwillig gelieferter Waren und Gelder durch die *subdelegados* unter Aufsicht der Intendanten. Eine der mit diesem Kompromiß verfolgten Absichten war, die *subdelegados* in die Lage zu versetzen, sich ein vernünftiges Einkommen zu verdienen. Die Krone hatte es nämlich gefährlicherweise unterlassen, ein Gehalt für diese subalternen Beamten bereitzustellen, die die nach Gálvez' Urteil so in Verruf geratenen *alcaldes mayores* ablösten. Nach den Bestimmungen der *ordenanza* war den *subdelegados* lediglich gestattet, sich aus einem Abzug in Höhe von 5 Prozent der gesamten Tributeinkünfte ihres Distrikts finanziell zu entschädigen, was in den meisten Fällen eindeutig zuwenig war. Auf den ersten Blick war also die mit dem Kompromiß verfolgte Absicht unter den gegebenen Umständen durchaus vernünftig; aber es steckte mehr dahinter. Die *Junta Superior de Real Hacienda* stand ganz offensichtlich unter dem Einfluß der negativen Meinung zahlreicher – alter wie neuer – Beamter hinsichtlich der Indianer, die um die Wende des 18. zum 19. Jh. noch immer den zahlenmäßig stärksten Bevölkerungsanteil bildeten. Verteidiger der zwangsweise durchgeführten *repartimientos* behaupteten, die Einwohner der bäuerlichen Indianergemeinden müßten zur Arbeit in produktiven Gewerben angehalten werden, sonst würden sie dem Müßiggang und der Trunksucht verfallen. Die Kaufleute und deren Geschäftspartner, die große Summen in diese Gewerbe – insbesondere in das Färber-, Baumwoll- und Textilgewerbe in der Provinz Oaxaca – investiert hatten, waren natürlich daran interessiert, die Indianer in einem ungünstigen Licht erscheinen zu lassen und die Regierungspolitik in diesem Sinne zu beeinflussen. Intendant Antonio Mora y Peysal von Oaxaca war indessen anderer Ansicht. Er war zuvor Stadtrat von Málaga, Gálvez' Heimatstadt, gewesen; allerdings konnte eine Beziehung zwischen den beiden Männern bisher noch nicht nachgewiesen werden. Jedenfalls scheint Mora y Peysal mit dem traditionellen Handelssystem Neu-Spaniens keinerlei Verbindung gehabt zu haben. Er begab sich unvoreingenommen nach Oaxaca und berichtete Revillagigedo am 12. April 1790: „Oaxacas Indianer sind nicht so schwerfällig und arbeitsscheu, wie manche Leute einen glauben machen möchten. Es ist nicht nötig, ihnen den Pflug in die Hand zu drücken und sie zu schlagen, um sie zum Arbeiten zu bewegen. Die Indianer verschiedener Distrikte sind fleißig, dem Handel zugeneigt und hinreichend vernunftbegabt." Mora bemühte sich, die fortgesetzte Mißhandlung der Gemeindebevölkerung durch Kaufleute und Distriktverwalter sowie deren Stellvertreter zu unterbinden. Das trug ihm die Feindschaft der in Oaxaca am *repartimiento* beteiligten alteingesessenen Interessengruppen ein. In der Intendanz Veracruz lagen die Dinge etwas anders. Intendant Pedro Corbalán, der in der Zeit vor der Intendanten-*ordenanza* von 1786 Gouverneur-Intendant von Sonora-Sinaloa gewesen war, beurteilte das Problem als eine Investitionsfrage. An der Golfküste wurde die Baumwolle für Neu-Spaniens Textilindustrie erzeugt. Corbalán erblickte eine Diskrepanz zwischen den Artikeln 61–63, die sich auf die Förderung der Produktion von Baumwolle, Leinen, Hanf und Farbstoffen bezogen, und dem Verbot des *repartimiento*. Im August 1790 sprach er sich dafür aus, daß den *subdelegados* die Erlaubnis erteilt werden solle, diese Methode – allerdings gesetzlich – wiederaufleben zu lassen, und setzte sich damit für die verbotenen Handelsmonopole und den Mißbrauch der Indianerbevölkerung ein. Corbalán wollte, daß die Kaufmannschaft wieder in die Landwirtschaft des Distrikts investiere, wobei der *subdelegado* als Handelsvertreter für den Finanzmann fungieren sollte. Er sah keine andere Möglichkeit, die Erzeugung von Rohmaterial zu finanzieren, selbst auf die Gefahr hin, daß eine derartige Politik Gálvez' Ziel der Trennung von Privatinteressen und öffentlicher Verwaltung unterlaufen sollte. Die Angelegenheit wurde noch zusätzlich dadurch kompliziert, daß prominente Einwohner und Kaufleute von San Martín Cosamaloapán im Juli 1791 die *audiencia* anriefen, sie möge die Wiedereinführung der *repartimientos* gestatten, damit die mulattischen und indianischen Baumwollpflanzer mit Geldern und einer Verkaufsgarantie versehen werden könnten, wofür sie ihren *habilitadores* aus dem Erlös der letzten Ernte 25 Prozent des Startdarlehens zahlen sollten. Sie erklärten, diese Dörfer hingen für ihren Lebensunterhalt einzig und allein vom Anpflanzen der Baumwolle ab und müßten, falls sie dazu nicht mehr in der Lage seien, ihr Land verlassen und sich in anderen Gegenden als Tagelöhner verdingen. Immerhin, so meinten sie, gebe selbst die Regierung den Tabakpflanzern in den begrenzten Anbaugebieten der Intendanz Veracruz Vorschüsse aufgrund der Bestimmungen des königlichen Tabakmonopols. Mit der Entscheidung für einen Kompromiß reagierte die *Junta* auf diese einander widersprechenden Ersuchen aus den Provinzen. Der Kompromiß spricht auch dafür, daß führende Beamte im Zentrum der Bürokratie des Vizekönigreichs zu dem Schluß gekommen waren, daß Gálvez' ursprüngliche Ziele die wirtschaftliche Grundlage der Kolonie gefährdeten.

Das der Krone vom Papsttum im ausgehenden 15. und frühen 16. Jh. verliehene königliche Recht zur Besetzung von Kirchenämtern wurde nach den Bestimmungen der *ordenanza* als Vizepatronat dem Vizekönig, dem *regente* oder Präsidenten der *audiencia* Neu-Galiciens, dem *comandante general* der *Provincias Internas* und dem Generalkapitän von Yucatán übertragen. Die Intendanten der übrigen Provinzen übten das Vizepatronat in der Eigenschaft von *subdelegados* ihrer Vorgesetzten aus. Etliche Intendanzen wie Puebla und Oaxaca entsprachen mehr oder weniger Bistümern, und in einigen Provinzhauptstädten koexistierten Intendanten und Bischöfe etwas unbehaglich nebeneinander in der gleichen Stadt. Nach dem Tode des Intendanten Mora y Peysal im Jahr 1808 übte der Bischof Antonio Bergoza y Jordán effektiv die höchste politische Amtsgewalt in Oaxaca aus, bis die Stadt am 25. November 1812 von den Streitkräften der Insurgenten unter Padre José María Morelos eingenommen wurde.

Das Finanzwesen in den Provinzen wurde dem Dreigestirn Intendant, *contador* und *tesorero* übertragen: Sie kontrollierten die königlichen Steuereinkünfte und verwalteten das königliche Hauptschatzamt (Art. 76). Der Intendant hatte die Aufsicht über den städtischen Grund und Boden und die Einnahmen der spanischen Stadt *(proprios y arbitrios)* sowie über den gemeinschaftlichen Grundbesitz *(bienes de comunidad)* der Indianergemeinden. Mit der faktischen Verwaltung der ersteren wurde ein neu geschaffenes Stadtkomitee *(junta municipal)* betraut, das aus einem der gewählten *alcaldes ordinarios,* zwei Stadräten und dem Syndikus *(procurador síndico)* bestand. Die Aufgabe des Komitees war, dafür zu sorgen, daß dieser Grundbesitz auf einträgliche Art und Weise genutzt würde. Das Amt des Intendanten in Westindien war sehr viel umfassender als sein – 1749 definitiv eingerichtetes – Pendant auf der Iberischen Halbinsel. Der Intendant übte nicht nur – wenngleich als *subdelegado* – das Vizepatronat über die Kirche aus, er besaß auch die Machtvollkommenheit eines Provinzgouverneurs, weil die Distrikt- und Haupstadt-*corregimientos* zusammen mit den *alcaldías mayores* der Distrikte abgeschafft worden waren. Auf diese Weise wurde das ganze politische Leben einer Provinz in ihrer Hauptstadt zentralisiert. Wie bereits erwähnt, war das ursprüngliche Ziel eine unmittelbare, von Madrid ausgehende Zentralisation, wobei der Superintendant des Finanzwesens nicht dem Vizekönig, sondern dem Indien-Minister verantwortlich sein sollte. Die Undurchführbarkeit dieser Zielsetzung in der Praxis hatte zur Folge, daß der Vizekönig häufig eine autonome Einheit bildete und die Provinzintendanten eine effektiv dezentralisierte Amtsgewalt darstellten. Am 2. Oktober 1787, nur wenige Monate nach der Einrichtung der Intendanzen, bat die Regierung des Mutterlands den Vizekönig um sein Urteil hinsichtlich der Möglichkeit einer Reform der Intendanten-*ordenanza* unter Berücksichtigung der Abberufung des Superintendanten Mangino nach Madrid. Als der Indien-Minister Antonio Valdés am 16. Mai 1789 von Vizekönig Marqués de Croix aus Peru eine vernichtende Kritik der Intendanzen erhielt, schien es, als sei die im Jahr 1786 in die Wege geleitete Reorganisation lediglich ein kurzes, nur wenige Jahre währendes Experiment gewesen. Croix empfahl eine Wiedereinführung der ehemaligen *corregimientos,* des peruanischen Äquivalents der mexikanischen *alcaldías mayores* auf der Distriktebene. Dieser Brief und der Bericht gingen von Minister zu Minister bis zur *Junta de Estado* und gelangten von dort in die Hände des Conde de Floridablanca, des damaligen Ersten Ministers Karls IV. Während die Regierung des Mutterlandes zu einem Entschluß zu kommen suchte, was zu tun sei, und bei den entsprechenden Sachverständigen Gutachten einholte, erreichten sie zwischen Juli 1790 und Mai 1791 zehn vertrauliche Briefe Revillagigedos, in welchen er das Intendantensystem verteidigte. Die einander widersprechenden Argumente der beiden führenden amerikanischen Vizekönige versetzten die Regierung des Mutterlandes in die unerfreuliche Lage, sich zwischen der Meinung des einen und des anderen entscheiden zu müssen. Dieser Vorgang zog sich bis zum Jahr 1803 hin. Revillagigedo seinerseits lobte das neue System und empfahl dessen Ausdehnung auf Chihuahua, Querétaro und Tabasco sowie auf die *Provincias Internas del Oriente* im äußersten Nordosten. Revillagigedo unterstützte zwar die Bestimmungen des Artikels 12, sprach sich aber für die Verschmelzung der Superintendanz mit dem Amt des Vizekönigs aus und, anstelle der Superintendanz, für die Schaffung einer separaten Intendanz Mexico zur Verwaltung der dicht besiedelten und vorwiegend von Eingeborenen bevölkerten Zentralregion Neu-Spaniens. In diesen zehn Briefen an den Indienrat beschwerte er sich, wie übrigens auch alle anderen Befürworter der Reform, über die Obstruktion auf der Lokalebene.

Sowohl Oberst Bernardo Bonavía, den Vizekönig Flores nach der Abberufung Manginos zunächst aus eigener Machtvollkommenheit als ausübenden Beamten in die Intendanz Mexico eingesetzt hatte, als auch der *fiscal de lo civil* der *audiencia*, Francisco-Xavier Borbón, der gleichzeitig den Posten eines Rechtsprotektors der Indianer *(fiscal protector de Indios)* bekleidete, befürworteten die Wiedereinführung des alten Kreditsystems nach dem *repartimiento*. Die traditionelle Allianz zwischen Kaufherrn-Finanzier und Distriktverwalter hatte die Reform überdauert und stellte nun deren Wirksamkeit durch eine eklatante Verletzung des derzeit geltenden Rechts auf die Probe. Als Revillagigedo eine Umfrage in dieser Angelegenheit unter den elf bereits eingesetzten Intendanten veranstaltete, sprachen sich fünf zugunsten eines eingeschränkten bzw. beaufsichtigten *repartimiento* und fünf dagegen aus; einer hatte nichts dazu zu sagen. Der Vizekönig war als Staatsmann klug genug, um zu erkennen, daß dem Gesetz selbst ebenso viel Schuld an dem Dilemma zukam wie denen, die es brachen, und daß infolgedessen ein Kompromiß gefunden werden müsse. Er selbst war für ein eingeschränktes *repartimiento* innerhalb des Gesetzes, trat aber auch für das Prinzip eines absoluten Verbots von Monopolen und Zwang ein. Er wollte den Geist der Reform lebendig erhalten und gleichzeitig sicherstellen, daß die Wirtschaft im Interesse der Kaufherren-Investoren, wenn auch nicht unbedingt der des *consulado* von Mexico, funktionsfähig bleibe [Stein 1981, 2–28].

Die *ordenanza* enthielt zu viele Mängel, als daß sie von Anfang an hätte reibungslos ins Werk gesetzt werden können. In der Hauptsache wurden die Dinge, die sich als undurchführbar erwiesen, fallengelassen oder abgeschwächt. In den Jahren von 1795 bis 1805 vermochten sich die Provinz-Eliten aus der Zwangsjacke zu befreien, die Gálvez ihnen hatte anlegen wollen. Erst mit der Veröffentlichung der Neuen Intendanten-*ordenanza* am 23. September 1803 bekannte sich die Regierung des Mutterlandes schließlich offen zur Aufrechterhaltung der ursprünglichen Reform von 1786. Dies war weitgehend dem Einfluß Jorge Escobedos zu verdanken, der als General-Visitator Peru bereist hatte. Die sich verschlechternde internationale Lage und die unmittelbar bevorstehende Wiederaufnahme der Feindseligkeiten schränkten jedoch die Regierung in ihrer Handlungsfähigkeit ein. Überdies führten Anfang 1804 von den Generalstäben der Artillerie und des Pionier-Corps erhobene Einwände gegen mehrere Bestimmungen der neuen *ordenanza* zum unvermittelten Abbruch der gesamten Reform, noch ehe sie überhaupt hatte in Kraft treten können [Stein 1981, 2–28]. Das bedeutete, daß die ursprüngliche *ordenanza* von 1786 mit all ihren Unzulänglichkeiten nach wie vor gültig war und dies trotz erheblicher, durch die Cádiz-Verfassung von 1812 bedingter Modifikationen auch weiterhin blieb, bis zur Neugründung Neu-Spaniens als bundesstaatlich gegliederte Republik Mexiko in den Jahren 1823 und 1824.

Aus der vorangegangenen Erörterung geht eindeutig hervor, daß die Frage der Verwaltungsreform durch und durch mit den innerhalb Neu-Spaniens agierenden Handels- und Finanzeliten verquickt war. Sie war vor allem im *consulado* von Mexiko organisiert. Von dieser Kaufmannschaft aus wurden die Fäden zwischen Bürokratie und Geschäftswelt gesponnen. Es ist allgemein bekannt, daß der *consulado* enge Beziehungen zu seinem Pendant in Cádiz, zu der Kaufmannschaft in Santander und in den baskischen Provinzen sowie zum Hof in Madrid unterhielt. Nach 1760 begann Karl III., dem heftigen Widerstand der *consulados* von Cádiz, Mexiko-Stadt und Lima trotzend, das traditionelle Handelssystem des spanischen Reiches nach und nach zu reformieren. Aber wie im Falle der vorgeschlagenen Verwaltungsreformen sorgten Meinungsverschiedenheiten innerhalb der Regierung auf höchster Ebene sowie der von den Vertretern der traditionellen Interessen ausgeübte Druck dafür, daß keine in diese Richtung gehende innenpolitische Maßnahme jemals konsequent durchgeführt wurde. Die Zielsetzungen des Mutterlands bewirkten, daß die Kolonialerzeugnisse in seinen Häfen landeten und die koloniale Industrie daran gehindert wurde, den kolonialen Markt zu beliefern. Die Besorgnis der Regierung hinsichtlich des Zustandes des Handels mit Amerika reichte mindestens bis ins zweite Jahrzehnt des 18. Jh. zurück, aber Schwäche, Unentschlossenheit und Krieg hatten eine Reform lange verhindert. Die heftige Opposition der Kaufleute von Cádiz erreichte darüber hinaus, daß Neu-Spanien bis 1789 nicht in das neue liberalisierte Handelssystem einbezogen wurde. Eine kurze Zeit, bis zum Beginn der britischen Seeblockade nach der Niederlage der Spanier bei Cabo São Vicente im Jahr 1797, vermochte Veracruz mit der stattlichen Zahl der aufgrund des *Reglamento de comercio libre* für den Verkehr mit Übersee freigegebenen spanischen Häfen Handel zu treiben. Die Einbeziehung Neu-Spaniens in das *comercio-libre*-System bedeutete einen radikalen Bruch der Interessen des Mutterlandes mit denen des *consulado* von Mexico, dessen Mitglieder zu der „mexikanischen Elite" des Vizekönigreichs gehörten. Die spanische Regierung suchte sich nach den kleineren, etwa den in den Randprovinzen lebenden Kaufleuten zu richten, den Rivalen der Kaufherren in der Hauptstadt. Aus diesem Grunde unterstützte Revillagigedo im September 1789 das Ersuchen von Kaufleuten aus Veracruz, einen eigenen *consulado* in der Hafenstadt am Golf bilden zu dürfen. Die Kaufleute aus Veracruz beklagten sich über lange Verzögerungen und die Gleichgültigkeit der Kollegen in Mexiko-Stadt gegenüber ihren Interessen. Analog unterstützte der *comandante general* von Neu-Galicien, Jacobo Ugarte y Loyola, Intendant von Guadalajara, ein ähnliches Gesuch der dortigen Kaufleute im Oktober 1791. Die beiden Beamten beabsichtigten, dadurch die Entwicklung der Infrastruktur der Provinzen sowie Handel und Gewerbe – vor allem im Zusammenhang mit Baumwolle, Wolle und Häuten – zu fördern. Die Krone entsprach diesen Ersuchen im Januar bzw. Juni 1795 in dem ausdrücklichen Bestreben, dadurch nicht nur den Handel, sondern auch die Landwirtschaft zu beleben und die Besiedelung voranzutreiben. Gegen den Widerstand der Großkaufleute von Mexiko-Stadt, die ihre Monopole gefährdet sahen, verteidigte Revillagigedo am 31. August 1793 die neue Handelsgesetzgebung in einem vertraulichen Bericht an den Indienrat, welcher hinsichtlich der Kaufherren von Mexiko-Stadt in einem äußerst ablehnenden Ton gehalten war. Der Vizekönig, der für die völlige Aufhebung des *consulado* von Mexico und für die Einrichtung einer Reihe von *consulados* in den Provinzen eintrat, verwarf die Behauptung, die Reformen hätten Handel und Steueraufkommen in eine Rezession gestürzt, und verwies auf die sich seit 1778 mehrenden Anzeichen für eine Expansion. Außerdem betonte er, der *comercio libre* habe zu tiefgreifenden Veränderungen innerhalb der Kaufmannschaft geführt insofern, als die Schlauen unter den „älteren" Kaufleuten, die in der Vergangenheit aufgrund des *flota*-Systems von ihrer nahezu absoluten Monopolstellung auf dem mexikanischen Markt profitiert hätten, ihr Geld nunmehr in andere Branchen wie Bergbau oder Grundbesitz investierten. Als Folge davon habe sich eine Reihe mittelständischer Kaufleute, beruflich tüchtige Männer und weniger darauf aus, mit ihren Gewinnen *mayorazgos* zu gründen und Adelsprädikate zu erwerben, emporgearbeitet und den Platz der Großkaufleute eingenommen. Diese Veränderungen spiegelten sich in der wachsenden Bedeutung von Veracruz wider sowie in der Tendenz der Kaufleute aus dem Landesinneren, die Hauptstadt ganz zu meiden. Revillagigedo meinte, daß sinkende Preise das Angebot der Nachfrage besser angeglichen hätten. Ein wesentliches Problem blieb jedoch der allgemeine Mangel an unternehmerischer Initiative bei den Kaufleuten Spaniens, die es infolgedessen versäumten, die ihnen sich bietenden neuen Möglichkeiten zu nutzen, und außerdem mit dem mexikanischen Markt nicht genügend vertraut waren. Das Ergebnis war, daß die Mexikaner weiterhin die von der einheimischen Wollwaren- und Baumwollindustrie von Querétaro, Sultepec, Temascaltepec und Puebla hergestellten Textilien kauften und die katalanische Baumwollwarenindustrie das Nachsehen hatte. Der Vizekönig war der Ansicht, Spanien müsse sich unbedingt den Kolonialmarkt erobern, um als Großmacht fortbestehen zu können, insbesondere im Hinblick auf die Bedrohung durch ausländische Konkurrenten, die von einer stärker industrialisierten Basis aus operierten.

Obschon Vizekönig Branciforte wiederholt um die Abschaffung der beiden neuen *consulados* ersuchte mit der Begründung, sie seien allzu „unabhängig" und beeinträchtigten die Möglichkeiten des *consulado* von Mexico, die Regierung des Mutterlandes in Kriegszeiten mit Geldmitteln zu versorgen, hielt die Krone an der Reform fest. Gleichzeitig wies sie jedoch auch Revillagigedos Aufforderung, den *consulado* von Mexico abzuschaffen, zurück und entschied sich statt dessen 1807 für die Einrichtung kleinerer konsularischer Deputationen *(diputaciones foráneas)* in wichtigen Provinzhauptstädten wie Oaxaca. Auf diese Weise koexistierte das Alte mit dem Neuen, was nicht so sehr von einer der Regierung Karls IV. inhärenten Kompromißbereitschaft zeugte als vielmehr von ihrer Unfähigkeit, einen eindeutigen politischen Kurs zu steuern.

Ungeachtet seiner Position als Haupthafen des Vizekönigreichs und seines hohen Stellenwerts als Ausgangspunkt des Überseeverkehrs nach Europa bot Veracruz ein deprimierendes Bild ebenso rückständiger wie ungesunder Verhältnisse. Das feuchttropische, Krankheiten begünstigende Küstenklima hatte seit eh und je das Wachstum der Stadt in Grenzen gehalten; im Jahr 1804 zählte sie noch immer nur 16000 Einwohner, wenn auch die zeitweilige Anwesenheit von Mannschaften der Kriegs- und Handelsmarine sowie von im Transithandel beschäftigten Maultiertreibern diese Zahl oft vorübergehend ansteigen ließ. Die Handelsexpansion in den letzten Jahrzehnten des 18. Jh. hatte zu Verbesserungen der städtischen Infrastruktur geführt, aber die Straße nach Mexiko-Stadt befand sich noch immer im Bau. Der neue *consulado* suchte diese Mängel zu beheben. Sein Sekretär Vicente Basadre und sein Schatzmeister Juan Donato de Austria waren Vertreter der Hauptströmung der spanischen Aufklärung. Sie arbeiteten eng zusammen, vertraten einander häufig und lösten einander im Zeitraum von 1795 bis 1806 mehrmals in ihren jeweiligen Ämtern ab. Basadre schrieb in Veracruz das erste von insgesamt neun in den Jahren von 1801 bis 1824 verfaßten Memoranden; die meisten brachte er als Intendant von Venezuela (1809–1810) zu Papier. Die beiden konsularischen Memoranden wurden 1801 und 1802 nach Madrid gesandt; das erste empfahl die Bildung von sieben landwirtschaftlichen Zonen – nach dem Modell der *huertas* von Valencia – im Hinterland von Veracruz, besiedelt von Kanariern wie in Venezuela und Kuba, und das zweite schlug die Seidenraupenzucht bzw. Rohseidenproduktion in Orizaba und Córdoba vor. Sowohl Basadre als auch

Austria empfahlen die Förderung nicht nur des Handels, sondern auch der Landwirtschaft. In dem an den Vorstand des *consulado* gerichteten Memorandum vom 8. Januar 1798 stellte Austria die Landwirtschaft in den Mittelpunkt nationaler wirtschaftlicher Expansion und forderte dazu auf, berühmten Persönlichkeiten nachzueifern wie Perikles, Cincinnatus, Scipio Africanus, Plinius und Kaiser Diokletian sowie den Kaisern von China, den ersten osmanischen Sultanen und Friedrich dem Großen von Preußen. Er verwarf die traditionellen merkantilistischen Edelmetall-Theorien, denen zufolge die Ansammlung von Edelmetallen die Grundlage von Reichtum und Macht bilde. Gleichzeitig war er sich des Schadens bewußt, der der mexikanischen Landwirtschaft und besonders den Getreide anbauenden Tälern Pueblas durch die Konkurrenz der Vereinigten Staaten auf dem Mehlmarkt in Havanna sowie in Louisiana und Venezuela zugefügt wurde. Infolgedessen drängte er auf Fertigstellung der Straße Veracruz–Perote, damit der Transport beschleunigt und die Frachtkosten gesenkt werden könnten. Vor allem aber bedauerte er, daß die gesamte Wirtschaft unter dem im Jahr 1796 ausgebrochenen Krieg mit Großbritannien leide. Havanna sei dadurch zu einem Transitlagerplatz für die Löschung von Produkten ausländischer, den mexikanischen Markt beliefernder Konkurrenten avanciert. Diese Auflösung der engen innerstaatlichen Wirtschaftsbeziehungen ließen ihn für die Zukunft äußerst schwarz sehen. Am 1. Mai 1799 ersuchte der *consulado* von Veracruz um die Handelsgerichtsbarkeit nicht nur über die fünf Golfstädte Antigua, Medellín, Boca del Río, Tlalixcoyán und Tlacotalpan, sondern über die gesamte Intendanz Veracruz, um seine Maßnahmen über ein größeres Gebiet ausdehnen zu können.

In 300 Jahren Kolonialherrschaft hatte die Regierung des Mutterlandes hinsichtlich der verarbeitenden Gewerbe in den Kolonien nie eine konsequente Politik zu entwickeln vermocht. Diese Gewerbe verdankten ihr Entstehen der Unfähigkeit Spaniens, die Nachfrage nach Produktionsgütern in seinem Reich zu befriedigen. Spanien war somit dazu verurteilt, die Existenz einer kolonialen Fertigungsindustrie als ein unausrottbares Übel zu betrachten. Jede Unterbrechung des transatlantischen Handelsverkehrs hatte eine Belebung der amerikanischen Industrieproduktion zur Folge. Dies war auch seit 1796 der Fall. Aber mit der Niederlage der spanischen Flotte bei Cabo São Vicente im darauffolgenden Jahr und mit der Seeblockade der spanischen Häfen durch die Engländer ergab sich für die Regierung des Mutterlandes die dringende Notwendigkeit, Mittel und Wege zu finden, um die Verbindung mit dem Reich aufrechtzuerhalten. Eine improvisierte Lösung stellten die ersten Konzessionen für neutrale Schiffe dar, die am 18. November 1797 erteilt und am 20. April 1799 wieder aufgehoben wurden. Diese Konzessionen, die es den Kapitänen neutraler Schiffe gestatteten, Erzeugnisse von Spanien oder unmittelbar von neutralen Häfen aus nach Westindien zu befördern, waren gleichbedeutend mit einer Verkehrung der seit der Thronbesteigung Karls III. im Jahr 1759 verfolgten Handelspolitik in ihr völliges Gegenteil. Die *consulados* von Cádiz und Barcelona reagierten verständlicherweise mit heftigem Protest. Der Urheber der Konzessionen war der Finanzminister Francisco de Saavedra, ehemaliger Intendant von Venezuela und einer der führenden Vertreter der spanischen Aufklärung. Saavedra betrachtete diese Maßnahme indessen als eine höchst unerfreuliche Notlösung, lediglich dazu angetan, einen totalen Kontrollverlust des Mutterlands über den amerikanischen Handel zu verhindern. Der Wert des Exports von Cádiz nach Westindien, der sich 1788, im mittleren der Jahre von 1783 bis 1793, auf 212786254 Reales *de vellón* belaufen hatte, war im Jahr 1798 auf einen Tiefstand von 19381624 Reales gefallen. Im Jahr 1799 importierte der Hafen Veracruz ausländische Erzeugnisse im Wert von 1225000 Pesos gegenüber „nationalen", d.h. offiziell spanischen Produkten im Wert von 1964000 Pesos. In diesen Zahlen sind jedoch die Importe aus der britischen Kolonie Jamaika und anderen Zentren des Schmuggelhandels nicht inbegriffen.

Basadre hatte gegen die Entwicklung einer kolonialen Fertigungsindustrie nichts einzuwenden. Er war der Ansicht, die mexikanischen Seiden würden die von Manila über Acapulco hereinkommenden Importseiden aus dem chinesischen Kaiserreich verdrängen und dadurch die Ausfuhr von Silber ins Ausland verhindern. Die mexikanische Industrie könne bis zu 12000 Menschen allein in der Rohseidenherstellung und -verarbeitung beschäftigen. Er bemängelte den von Spanien vertretenen kurzsichtigen Grundsatz, die Kolonien dürften lediglich für ihr Mutterland Rohmaterialien produzieren [Lucena Salmoral 1983, 115–127]. Die koloniale Fertigungsindustrie mußte sich jedoch ebensosehr wie die spanische gegen die von einer überlegenen Technologie unterstützte Konkurrenz des Auslands behaupten: „Die Liberalisierung des internationalen Handels unter den Bourbonen, der 1796 erfolgende Verlust des Warentransports in die Kolonien und das Auftreten von Anwärter-Staaten auf die ehemals spanischen Kolonien spielten sich vor dem Hintergrund der industriellen Revolution in Großbritannien ab" [Salvucci 1987, 162]. Nur die katalanische Industrie hatte, aufgrund des *comercio-libre*-Systems innerhalb des Reiches, eine ernsthafte Chance, die britischen Produkte vom hispanoamerikanischen Markt zu verdrängen. Die Kriegsjahre von 1796 bis 1802 machten jedoch alle ihre Anstrengungen zunichte. Basadre zufolge hatte der *comercio libre* dazu geführt, daß ausländische Wollwaren und Seiden, neapolitanische Bänder, genuesische Seidenstrümpfe für Damen, italienischer Samt und französische Konsumgüter vom Markt verschwanden; nur ausländische Leinenwaren kamen noch wegen der Rückständigkeit der spanischen Leinenindustrie herein. Der Freihandel hatte bewirkt, daß in erster Linie englische Baumwollwaren mit katalanischen Konkurrenzprodukten um die Marktbeherrschung kämpften. Basadre hatte eine hohe Meinung von den katalanischen Erzeugnissen. Die englischen Baumwollprodukte waren in Friedenszeiten strikt verboten, gelangten aber im Krieg über den neutralen Handel nach Mexiko. Jedenfalls hatten die katalanischen Produzenten nach der Wiederherstellung des Friedens im Laufe des Jahres 1802 ihren Unternehmungsgeist so weit wiedererlangt, daß Basadre optimistisch meinte, nach einem Jahrzehnt ohne Krieg würden ihre Erzeugnisse die englischen ganz vom Markt verdrängt haben; und er prognostizierte das gleiche für die spanischen Wollwaren und Seiden [Lucena Salmoral 1983, 143–145]. Die kurze Zeitspanne des Friedens von 1802 bis 1804 war jedoch nicht ausreichend, wenngleich in diesen Jahren die „nationalen" Güter die ausländischen Erzeugnisse konsequent hinter sich ließen. So verzeichnete der *consulado* von Veracruz z.B. für das Jahr 1804 einen Import „nationaler" Güter im Wert von 10412000 Pesos und ausländischer Waren im Wert von nur 4493000 Pesos. Aber die Auswirkungen des neuerlichen Kriegszustandes von 1804 bis 1808 und die darauffolgenden Unabhängigkeitskämpfe innerhalb Hispanoamerikas selbst vereitelten alle Möglichkeiten eines weiteren Aufschwungs. Vizekönig Azanza (1798–1800) dehnte auf eigene Verantwortung die Konzessionen für neutrale Schiffe auf die Schiffahrt der Vereinigten Staaten aus mit dem Ergebnis, daß auf diesem

Wege große Mengen britischer Fertigwaren nach Neu-Spanien gelangten. Der *consulado* von Veracruz klagte darüber, daß mexikanisches Silber nach nicht-spanischen Bestimmungsorten ausgeführt werde und daß die logische Konsequenz einer solchen Umorientierung des Handels das Auseinanderbrechen des Reiches sein werde. Am 29. April 1799 widerrief Karl IV. die ersten Konzessionen für neutrale Schiffe, aber erneute Bestrebungen, am Handel mit dem Mutterland festzuhalten, erwiesen sich als vergeblich. Azanza erteilte Schiffen aus Philadelphia und anderen Häfen Sondergenehmigungen für den Handel mit Veracruz. Auch Vizekönig Berenguer de Marquina (1800–1803) schlug im Oktober 1801 der Krone vor, zehn Schiffen der Vereinigten Staaten Lizenzen zu gewähren, damit diese unter dem Geleitschutz zweier nordamerikanischer Kriegsschiffe nach Veracruz segeln und auf dem Rückweg Silberbarren und Fracht im Wert von 3 Mio. Pesos mitnehmen könnten. Der am 23. März 1802 geschlossene Friede von Amiens gab Spanien eine kurze Erholungspause, und wieder einmal konkurrierten die katalanischen Baumwolldrucke erfolgreich mit britischen Textilien auf dem mexikanischen Markt. Am 15. Juni 1804 erneuerten die katalanischen Produzenten ihre bereits im Jahr 1788 geäußerte Forderung, die amerikanische Fertigungsindustrie zu vernichten, und wiesen darauf hin, daß deren weiteres Produzieren den Fortbestand des Reiches gefährde. Die Kaperung der Schatzflotte im Flußlauf des Río de la Plata durch die Engländer und deren Flottenangriffe im Mittelmeer zwangen Spanien im Dezember 1804 zur Wiederaufnahme der Feindseligkeiten, und zwei Wochen später wurden die zweiten Konzessionen für neutrale Schiffe erlassen. Der *consulado* von Veracruz legte am 15. November 1805 energischen Protest dagegen ein und machte darauf aufmerksam, daß die Vereinigten Staaten nicht nur kommerziell den mexikanischen Markt infiltriert, sondern es auch auf Territorien im Norden Neu-Spaniens abgesehen hätten.

Um den Erfordernissen der Kriegsfinanzierung gerecht zu werden, dehnte die Regierung Karls IV. das Dekret von 1798 – das die öffentliche Versteigerung des Besitzes von Kirchen, frommen Stiftungen, Spitälern und religiösen Bruderschaften vorsah – auf Westindien aus. Dieses Verfahren wurde *Consolidación de vales reales* genannt. In Neu-Spanien handelte es sich dabei um das Vorhaben der Regierung, Darlehen und Pfandrechte, welche Privatpersonen für die Instandsetzung ihres Besitzes oder für die Verfolgung ihrer kommerziellen Interessen von Kirchen und barmherzigen Einrichtungen gewährt worden waren, in flüssige Mittel umzusetzen und diese nach Madrid zu senden, zur Ergänzung der Finanzen des tief verschuldeten spanischen Staates in einem verhängnisvollen Krieg. Die Geschäftswelt Neu-Spaniens reagierte mit Entrüstung und Empörung. Diese Maßnahme trug viel zur Unbeliebtheit des Vizekönigs José de Iturrigaray (1803–1808) bei, der zunächst, vor allem in den Bergwerksstädten, wohlgelitten gewesen war. Der Stadtrat *(ayuntamiento)* von Mexiko-Stadt und der *consulado* von Veracruz machten 1806 darauf aufmerksam, daß eine Katastrophe drohe, falls die Verordnung nicht widerrufen werde. Der *consulado* wies darauf hin, daß Neu-Spanien ein völlig anderes Land sei als das europäische Spanien und daß Amerika, entgegen der in Spanien herrschenden Meinung, nicht im Reichtum schwelge. Opposition und Verzögerungen charakterisierten die Durchführung dieser Maßnahme, von der auch zahlreiche arme Leute betroffen waren, die auf die geringen Einnahmen ihrer Arbeit bei kirchlichen Institutionen angewiesen waren. Viele Geistliche erblickten in diesem Vorgehen einen Angriff auf die Kirche selbst. Die Schätzungen hinsichtlich der von der Regierung letztlich erzielten Summe gehen auseinander, liegen aber im allgemeinen zwischen 10,5 und 12,75 Mio. Pesos, die in den Jahren von 1805 bis 1808 eingezogen wurden. Die *Consolidación de vales reales* ruinierte nicht die Großgrundbesitzer und die Kaufherren-Finanziers, die die Behörden überreden konnten, sie in Raten oder mit Wechseln *(libranzas)* bezahlen zu lassen, die nicht immer gedeckt waren.

Weder die bourbonischen Reformen noch die *Consolidación de vales reales* riefen Bewegungen zugunsten einer Unabhängigkeit von der spanischen Kolonialherrschaft hervor. Jede dieser beiden Aktionen mag zum Zeitpunkt ihrer gesetzlichen Verfügung durchaus Anlaß zu einer Entfremdung von der Politik der Regierung des Mutterlandes wie des Vizekönigreichs gegeben haben; aber ehe wir sie voreilig zu Ursachen für eine Unabhängigkeitsbewegung erklären, müssen wir zwei Faktoren berücksichtigen: Erstens wurden viele ihrer negativen Folgen später durch ihre unvollständige Durchführung oder durch Zustandekommen eines Kompromisses zwischen den betroffenen Parteien abgeschwächt; zweitens waren an dem anfänglichen Widerstand sowohl in Neu-Spanien ansässige Europäer als auch Kreolen beteiligt, also keineswegs ausschließlich die letztgenannten. Tatsächlich verharrten der überwiegend aus Europaspaniern zusammengesetzte *consulado* von Mexiko und der *ayuntamiento* von Mexiko, in dem sowohl in Neu-Spanien lebende Europäer als auch Kreolen saßen, in den Jahren von 1765 bis 1808 mehrmals entschlossen in ihrer Feindseligkeit gegenüber innenpolitischen Regierungsmaßnahmen. Der vorwiegend aus dort ansässigen Europäern bestehende *consulado* von Veracruz unterstützte die bourbonischen Handelsreformen, denen es seine Existenz verdankte, ging aber dennoch ebenfalls in Opposition, als Vizekönig José de Iturrigaray (1803–1808) ihm 1805, nach Wiederaufnahme des Krieges mit Großbritannien im vorangegangenen Jahr, erklärte, daß der Hafen im Angriffsfall nicht verteidigt werden würde. Iturrigaray befahl sogar die Schließung des Hafens und die Verlegung der Handelstätigkeit landeinwärts nach Jalapa. Die Kaufleute von Veracruz widersetzten sich erbittert dieser Maßnahme und erwirkten am 7. Juni 1806 deren Aufhebung durch die Regierung des Mutterlandes. Derselbe Vizekönig zog sich die Feindschaft des *consulado* von Mexiko zu durch seine Einmischung in dessen Prior- und Konsulnwahlen. Iturrigaray, der die Wahl seines eigenen Kandidaten zu erzwingen gedachte, setzte sich über die im Jahr 1742 etablierte Tradition des Alternierens zwischen den zwei „Parteien“ der *viscaínos* und der *montañeses* hinweg (wobei für die Zugehörigkeit eines Mitglieds zur einen oder anderen „Partei“ seine jeweilige Herkunftsprovinz in Spanien ausschlaggebend war). Im Jahr 1806 lehnte der Vizekönig die rechtmäßige Nachfolge eines *vizcaíno* ab und versuchte, dem *consulado* den Conde de la Cortina, einen *montañés*, aufzuzwingen. Daraufhin schlossen sich beide „Parteien“ zusammen und stellten sich gegen ihn. Diese politische Frontenbildung in Mexiko-Stadt brachte die Regierungsspitze in große Verlegenheit und war um so schwerwiegender, als die meisten anderen führenden Körperschaften des Vizekönigreichs ihre Ablehnung Iturrigarays bereits offen demonstrierten. Ebenso wie der *consulado* von Veracruz riefen die Kaufleute von Mexiko-Stadt den Indienrat an, der am 9. Oktober 1807 dem Vizekönig befahl, nachzugeben und die Tradition des Alternierens zwischen den beiden „Parteien“ zu respektieren. Iturrigaray war nun schon zweimal von der Regierung des Mutterlandes desavouiert worden, was seine moralische Position in Mexiko schwächte und zu seiner politischen Isolierung beitrug [Hamnett 1976, 292–294].

Wiewohl die bourbonischen Reformen von etwa 1795 an im Sande verliefen, teils aufgrund von Unstimmigkeiten innerhalb der spanischen Regierung in Madrid, teils infolge der Kriegseinwirkungen jenseits des Atlantik und der daraus resultierenden finanziellen Notlage, gab der Widerstand gegen Iturrigaray Anlaß zu neuen Spannungen innerhalb der neuspanischen Elite. Diesmal kam es jedoch nicht zu Meinungsverschiedenheiten wegen einer Reform, sondern zu einer Neugruppierung der führenden Körperschaften aufgrund ihrer gemeinsamen Feindseligkeit gegenüber unüberlegten politischen Maßnahmen, die ihre Interessen zu schädigen drohten. Diese Feindseligkeit dehnte sich nicht auf die *audiencia* aus, die einen wesentlichen Bestandteil der Administration des Vizekönigreichs bildete, sondern konzentrierte sich ausschließlich auf die Person des Vizekönigs. Dieser hatte am Hofe mit Manuel de Godoy, dem Günstling des Königspaares, in Verbindung gestanden, der in eben diesen Jahren zwischen 1805 und 1807 zur Zielscheibe der Opposition innerhalb der spanischen Führungsschicht wurde. Innerhalb der kurzen, nur fünf Monate währenden Zeit von Oktober 1807 bis März 1808 brach die Regierung Karls IV. völlig zusammen; damit fiel auch Iturrigarays Unterstützung in der Heimatregierung. Diese bedrohliche Situation wurde verschärft durch die Spannungen innerhalb der herrschenden Schicht in mehreren wichtigen Provinzhauptstädten wie Guadalajara, Zacatecas und Oaxaca sowie durch einen Kontrollverlust der Intendanzverwaltungen in Valladolid de Michoacán und San Luis Potosí. Der von Marquina im Jahr 1802 ernannte, in Amerika geborene Corregidor von Querétaro Lic. Miguel Domínguez, der wegen seines Protests gegen die *Consolidación de vales reales* von Iturrigaray seines Amtes enthoben worden war, wurde im Jahr 1806 von der Regierung des Mutterlandes über den Kopf des Vizekönigs hinweg unter dem Triumphgeschrei der Öffentlichkeit wieder in sein Amt eingesetzt. Damit war auch in Querétaro die politische Situation undurchsichtig geworden.

C. Die politische Krise des Jahres 1808

Konfrontiert mit finanziellem Kollaps, verlorenem Krieg, Verlust der Kontrolle über den Handel mit Amerika und einem starken Autoritätsschwund im Inland, war die spanische Regierung innerhalb der fünf Monate, die dem März 1808 vorausgingen, zusammengebrochen. Mit Hilfe der Escorial-Verschwörung hatte Ferdinand, Prinz von Asturien, im Oktober 1807 versucht, Godoy durch eine Palastrevolution zu stürzen. Diese schlug fehl, enthüllte aber das tiefe Zerwürfnis innerhalb der königlichen Familie und die sich verändernden Bündnisverhältnisse innerhalb der Führungsschicht. Das Resultat war eine Allianz zwischen der vom Duque del Infantado angeführten Partei Ferdinands und der aristokratischen Partei unter dem Conde de Montijo, einem langjährigen Gegner Godoys. Gleichzeitig erblickten die geistlichen Traditionalisten in Ferdinand ihren Befreier von bestimmten bourbonischen Maßnahmen, durch die die Kirche dem Staat stärker unterworfen worden war. Unterdessen hoffte der französische Kaiser Napoleon, durch eine Invasion zu Lande das mit Großbritannien verbündete Portugal erobern zu können; Karl IV. hatte am 27. Oktober 1807 den Vertrag von Fontainebleau unterzeichnet, der den Durchzug französischer Truppen durch spanisches Gebiet vorsah. Aufgrund dieser Vorgänge vermochte

Napoleon sich in die innenpolitischen Konflikte Spaniens einzumischen. Im März 1808 befanden sich bereits französische Truppen in einer Stärke von 100000 Mann nördlich des Ebro. Godoy fürchtete, die Franzosen seien gekommen, um Ferdinand zu unterstützen, aber als er vorschlug, die königliche Familie in Sevilla oder auch in Amerika in Sicherheit zu bringen, widersetzten sich der Rat von Kastilien, der Justizminister und der Marineminister diesem Ansinnen. Montijo benutzte die durch diesen Vorschlag ausgelöste Unruhe unter der Bevölkerung, um in Aranjuez, wo sich die königliche Familie aufhielt, in der Nacht zum 19. März 1808 einen Aufstand anzuzetteln. Im Laufe dieser Ereignisse wurde Godoy seiner Macht enthoben und Karl IV. zur Abdankung zugunsten seines Sohnes Ferdinand gezwungen, der sich daraufhin sechs Wochen lang einer ersten kurzen Regierungszeit erfreute. Napoleon kam diese unerwartete Wendung der Dinge in Spanien höchst ungelegen, weil sie seine Pläne gefährdete; jedenfalls hielt er den Herzog von Infantado für einen britischen Agenten. Infolgedessen weigerte er sich, die Thronfolge Ferdinands anzuerkennen, und befahl Joachim Murat, seinem Oberkommandierenden im Norden, nach Madrid zu eilen und die Situation unter seine Kontrolle zu bringen. Napoleon überredete die königliche Familie, Spanien zu verlassen und sich nach Bayonne zu begeben, um sich dort seinem Schiedsspruch zu unterwerfen. Der Versuch der Franzosen, die verbleibenden Mitglieder der königlichen Familie aus Madrid wegzubringen, löste dort am 2. Mai einen Aufstand aus, der am darauffolgenden Tag blutig niedergeworfen wurde. Die Bevölkerung reagierte auf die Entthronung der Bourbonen mit Erhebungen auf der ganzen spanischen Halbinsel. Am 10. Mai kam es zu einer Revolte in Asturien, wo die Aufständischen zwei Wochen später eine aus den Notabeln der Provinz bestehende Junta einsetzten. Am 5. Juni wurde eine weitere Junta in Galizien gebildet. Jede der beiden Juntas nahm für sich in Anspruch, die souveränen Rechte der bourbonischen Dynastie auszuüben, und begann mit ausländischen Mächten zu verhandeln, vor allem mit den Briten, mit denen sie sich gegen die Franzosen zu verbünden suchte. Kurz darauf erklärte sich eine dritte Junta in Sevilla zur „Obersten Regierenden Junta Spaniens und Westindiens in Ausübung der Regentschaft über die spanischen Hoheitsgebiete im Namen Ferdinands VII.“. Inzwischen hatte Napoleon von Karl IV. und Ferdinand den Verzicht auf ihren Thronanspruch zu seinen Gunsten erwirkt. Sodann ernannte er am 6. Juni seinen älteren Bruder Joseph zum König von Spanien und Westindien und erließ die Verfassung von Bayonne, durch die in sämtlichen spanischen Hoheitsgebieten zum erstenmal ein konstitutionelles System eingeführt wurde. Aber die Niederlage einer französischen Armee am 20. Juli bei Bailén in Andalusien versetzte die spanischen Insurgenten in die Lage, Madrid zurückzuerobern und sich vier Monate lang dort zu halten. Während dieser Zeit versuchten sie, wieder eine Art souveräner Regierung aufzustellen.

Diese Kette verwirrender Ereignisse auf der Iberischen Halbinsel führten zu erneuten Meinungsverschiedenheiten innerhalb der einflußreichen Bevölkerungskreise Neu-Spaniens, kaum daß sie in ihrer nahezu einmütigen Opposition gegen Iturrigaray eine weitgehende Übereinstimmung erreicht hatten. Von Juni, als die Nachricht von den Vorfällen im Mutterland Mexiko-Stadt erreichte, bis September kämpften die beiden führenden Körperschaften, der *ayuntamiento* (Stadtrat) und die *audiencia*, um die Macht in der Hauptstadt. Im Laufe dieser Auseinandersetzungen kam es zu einer Spaltung innerhalb der Führungsschicht Neu-Spaniens über die Frage, welche Autorität in

Spanien anzuerkennen und wie die Usurpation durch Bonaparte am besten zu bekämpfen sei. Iturrigaray, von Karl IV. ernannt, zögerte, sich für Ferdinand zu erklären, ein Zögern, das ihn in den Augen der wichtigsten Anhänger Ferdinands, des *consulado* und der *audiencia,* höchst fragwürdig erscheinen ließ. Der Vizekönig wurde in einer sich rasch polarisierenden Situation von den Parteien in die Enge getrieben und wußte nicht mehr aus noch ein. Der *ayuntamiento* nutzte die Gelegenheit der sich sowohl in Spanien als auch in Mexiko zuspitzenden Krise, um seine Meinung über ein Problem kundzutun, das ihn schon lange beschäftigt hatte – das der Repräsentation.

Diese Beschäftigung hatte eine komplexe Vorgeschichte. Nach der ersten Verbannung Gamboas wurde der *ayuntamiento* von Mexiko-Stadt, der sich (nicht unangefochten) als dienstälteste Körperschaft Neu-Spaniens begriff, zu Gálvez' Hauptwidersacher. Am 26. Mai 1771 legte er bei der Krone heftigen Protest gegen die Versuche des *visitador* ein, den Einfluß der Amerikaner innerhalb der Verwaltungsorgane Neu-Spaniens drastisch zu reduzieren. Gálvez hatte nämlich im Januar 1771 den Stadtrat um sechs vom Vizekönig ernannte Mitglieder bzw. *regidores honorarios* erweitert, um diese Körperschaft in ihrer Unabhängigkeit zu beschneiden. Der Magistrat war zutiefst empört über das, was er als Einmischung des Vizekönigs in seine Angelegenheiten betrachtete. Aufgrund der Gálvezschen Strategie, die Amerikaner aus der *audiencia* zu verdrängen und die Stellung des *ayuntamiento* zu schwächen, entwickelte die Regierung des Mutterlands eine konzertierte Politik zur Vereitelung der von Amerikanern und von in Mexiko ansässigen Europäern unternommenen Versuche, sich über das Fehlen formeller Repräsentationsinstitutionen in Neu-Spanien hinwegzusetzen. Anstatt eine Alternativpolitik in Erwägung zu ziehen, die die Entstehung eines körperschaftlichen oder aristokratischen Konstitutionalismus hätte anregen und ermutigen und der mexikanischen Führungsschicht eine gewisse Regierungserfahrung vermitteln können, bekräftigte die spanische Kolonialregierung ihr herkömmliches Verbot der Repräsentation in ihren kolonialen Territorien. Eine ernsthafte Diskussion über irgendeine Alternative scheint überhaupt nie stattgefunden zu haben. Auf lange Sicht schwächte das Beharren des Mutterlandes auf seinen absolutistischen Prinzipien und auf seiner Kontrolle die mexikanische Elite und ließ das Problem der Repräsentation zu einem wunden Punkt und ständig wiederkehrenden Anlaß zur Beschwerde werden. Dieser Tatbestand ist bereits 1916 von Priestley festgestellt, aber, wenn überhaupt, nur von ganz wenigen Historikern weiterverfolgt worden [PRIESTLEY 1916, 300–302; MEISSNER 1992]. Der Protest von 1771 war Teil einer ersten Reaktion der mexikanischen Elite auf die von Gálvez initiierten Maßnahmen. Der Stadtrat suchte der Entfernung von Amerikanern aus einflußreichen Ämtern in ihrem eigenen Land mit der Behauptung entgegenzutreten, Neu-Spanien sei verfassungsmäßig keine Kolonie Spaniens, sondern ein eigenständiges Königreich *(reino).* Es habe daher einen den anderen *reinos* innerhalb der spanischen Monarchie auf beiden Hemisphären vergleichbaren Status. In diesem Sinne sei das Königreich Neu-Spanien dem Königreich Kastilien nicht etwa untergeordnet, sondern gleichgestellt. Im Hinblick auf das im Spanien Karls IV. herrschende neo-absolutistische Klima und auf die soeben gegen die Societas Jesu und ihre Weltanschauung ergriffenen Maßnahmen kann man sich lebhaft vorstellen, daß die Einstellung des Stadtrats von Mexiko bei Hofe völlig indiskutabel war. Der Magistrat hatte sich auf einen Standpunkt gestellt, der dem von Gálvez vertretenen völlig entgegengesetzt war. Gálvez war der Ansicht, die Gesetze und

Institutionen Neu-Spaniens müßten denen Spaniens angeglichen werden. Der Stadtrat vertrat die Meinung, daß die Gesellschaft in jedem der beiden Länder von dem des jeweils anderen verschieden sei und folglich auch auf unterschiedliche Weise regiert werden müsse. Der Protest weist nicht nur auf die zwischen Stadtrat und *visitador* bereits bestehende tiefe Kluft hin, sondern zeigt auch das Ausmaß, in dem sich der Magistrat mit Amerika identifizierte und eine entsprechende Staatstheorie zu entwickeln trachtete. Das Entscheidende dabei ist, daß der Stadtrat sich nicht als Teil eines gemeinsamen spanischen Vaterlandes empfand, sondern ausschließlich Amerika als *patria* betrachtete. In dem Protest von 1771 richtete sich die Kritik einzig und allein gegen die neue Bürokratie der Europaspanier; an keiner Stelle wurden die Kaufleute, Finanziers, Geschäftsleute, also die „Kapitalisten“ kritisiert. Da jedoch diese Gruppen im allgemeinen als der Kern des iberischen Elements in Neu-Spanien betrachtet wurden, kann der Protest nicht als Angriff auf die Spanier als solche oder als Vorwegnahme späterer separatistischer Ideen aufgefaßt werden. Im Gegenteil, die in Neu-Spanien ansässigen Europäer wurden ja ebenso an den Rand gedrängt wie die Amerikaner. – Die Regierung in Madrid ignorierte diesen Protest. Am 2. Mai 1792 wiederholte der *ayuntamiento* von Mexiko fast Wort für Wort seinen Protest von 1771. Inzwischen hatten die Amerikaner, wie wir gesehen haben, die Kontrolle über die *audiencia* verloren.

Auf dem Höhepunkt der Rivalitäten zwischen dem *consulado* von Mexiko und dem von Veracruz nahm der Stadtrat mit Nachdruck die Verfolgung seines Ziels der Einflußnahme auf politische Entscheidungen wieder auf. Er beschwerte sich über die ihm anläßlich seiner Petition vom 17. Mai 1800 vom Vizekönig zuteil gewordene „Geringschätzung“. Seine Einstellung gegenüber der vizeköniglichen Administration war betont feindselig. Wieder entwickelte der Magistrat eine Repräsentationstheorie. Er beanspruchte für sich das Recht, am Hofe in Madrid repräsentiert zu sein, und berief sich zur Begründung seines Anspruchs auf eine Reihe königlicher Anordnungen aus dem 16. und 17. Jh. Indem er auf seinem Recht bestand, zur Verteidigung seiner Privilegien bzw. *fueros* vor dem Indienrat einen *procurador mayor* oder *diputado* zu entsenden, beharrte der *ayuntamiento* von Mexiko erneut auf seiner Gleichberechtigung mit den Magistraten der Städte Kastiliens. Seine Mitglieder stellten die Berechtigung des königlichen Verbots hinsichtlich der Wahl von *procuradores* durch amerikanische Ortschaften und Städte in Frage angesichts der Tatsache, daß sich die Cortes aus den Vertretern der kastilischen Städte zusammensetzten. Mexiko-Stadt, so erklärten sie, sei den spanischen Städten in keiner Weise unterlegen. Wenige Jahre später, 1805 und 1806, gerieten die Stadträte von Mexiko und Puebla ebenso wie andere führende Körperschaften des Königreiches in Konflikt mit Iturrigaray über die Frage der Bestätigung der Wahl ihrer *alcaldes ordinarios* durch den Vizekönig.

Wie wir gesehen haben, besaß Iturrigaray nicht mehr viele Freunde. Es existierte daher auch kein ungezwungenes Verhältnis zwischen dem Vizekönig und dem Stadtrat von Mexiko-Stadt. Während der Krise von 1808 erweiterte dieser die Basis seines früheren Standpunkts, indem er für Neu-Spanien eine Art Autonomie innerhalb der bourbonischen Monarchie und des spanischen Reiches beantragte. Dafür engagierte sich auch der *alcalde del crimen* Jacobo de Villaurrutia, ein in Santo Domingo geborener Amerikaner. Eine kleine Gruppe mexikanischer Aristokraten – die Marqueses de San Juan de Rayas, Guardiola und Uluapa sowie die Condes de Sierragorda, Casa Alta, Medina und Regla – drängten den Vizekönig, die Dinge selbst in die Hand zu nehmen und eine provisorische Regierung zu bilden. Ihr Ziel war es, die Herrschaft Spaniens nicht zu verlassen, sondern für eine legitime Ersatzregierung während der Gefangenschaft des Königs zu sorgen. Die überwiegende Mehrheit der *audiencia* optierte für eine einzige Handlungsweise: Die sofortige Anerkennung Ferdinands VII. und den Verbleib im bestehenden System. Die führenden Vertreter dieses politischen Kurses waren Ciriaco González Carvajal, *oidor decano* (dienstältester *oidor*) und gleichzeitig juristischer Ratgeber des Bergbau-Tribunals, sowie der baskische *oidor* Guillermo Aguirre, Präsident der religiösen Bruderschaft Archicofradía de Aranzazú, der viele Kaufleute, darunter auch der Baske Bassoco, angehörten. Fast alle 15 Mitglieder der *audiencia* hatten sich somit gegen die Autonomie entschieden und suchten Iturrigaray zu bewegen, sich unmißverständlich für Ferdinand VII. auszusprechen. Sie pflegten sowohl persönlich als auch institutionell ein vertrautes Verhältnis zum *consulado*. Der *oidor* José Arias Villafañe war gleichzeitig der Appellationsrichter *(juez de alzadas)* des *consulado*. Inzwischen erboten sich am 20. bzw. 30. Juli die Stadtratsgremien der Provinzstädte Jalapa und Querétaro, Vertreter zur Teilnahme an der Regierung des Landes nach Mexiko-Stadt zu entsenden. Zwei der prominentesten Stadträte der Hauptstadt, Lic. Juan Francisco de Azcárate und Lic. Primo Verdad, drängten Iturrigaray, eine Junta von Repräsentanten der führenden Körperschaften und Städte des Königreichs einzuberufen. Iturrigarays Entschluß, diesem Wunsch nachzukommen, entsprang nicht so sehr seiner Überzeugung als vielmehr seiner Isolation und seinem verzweifelten Bemühen, Verbündete zu gewinnen. Aber die Einberufung einer Junta von Notabeln am 23. Juli 1808 verschärfte die politische Situation beträchtlich, weil die Junta die Frage der Repräsentation zum Hauptpunkt der Tagesordnung machte. Von diesem Augenblick an waren die *audiencia* und der *consulado* entschlossen, Iturrigaray seines Amtes zu entheben. Die Hauptfigur dieser Verschwörung war Gabriel de Yermo. Die Kaufleute und Stadträte betrachteten die Haltung des Vizekönigs als gleichbedeutend mit Verrat. Iturrigaray berief in der Zeit vom 9. August bis 9. September 1808 insgesamt vier Juntas ein: In ihnen waren der *consulado*, der Stadtrat, die *audiencia*, die Universität, das Bergbau-Tribunal, die Armee, die höheren Finanzbehörden, die Inquisition, das Domkapitel der Kathedrale, der Adel, die führenden Klöster von Mexiko-Stadt und die drei indianischen *barrios* der Hauptstadt vertreten. An den vier Juntas nahmen insgesamt 86 Personen teil. Sowohl Azcárate als auch Verdad setzten sich für die Einberufung einer repräsentativen Versammlung unter Mitwirkung von Vertretern der Ortschaften und Städte Neu-Spaniens ein. Einen noch radikaleren Standpunkt nahm der in Mexiko ansässige Peruaner Fray Melchor de Talamantes ein, der die Meinung vertrat, infolge der Verhinderung der bourbonischen Monarchen sei die Souveränität auf „das Volk" übergegangen, womit anscheinend die verfassungsmäßigen Körperschaften des Königreichs gemeint waren. Das war also nicht eine mexikanische Variante der Französischen Revolution, in der ein dritter Stand bestrebt gewesen wäre, den Absolutismus in ein der Bevölkerungszahl entsprechendes Repräsentationssystem nach dem klassisch-liberalen Modell zu verwandeln, sondern es war, im Gegenteil, ein improvisierter Versuch der uneinigen Führungsschicht Neu-Spaniens, in Ermangelung des legitimen Monarchen das durch dessen Gefangenschaft entstandene Vakuum auszufüllen. Vor dem Hintergrund der von Spanien seit 1765 verfolgten absolutistischen Revanchepolitik nahm sich dieser Versuch – weil man auf einer körperschaftlich konstituierten Art der Repräsentation bestand – wie eine Verkehrung der Gálvezschen Maßnahmen in ihr Gegenteil aus. Überdies mußte jede konstitutionelle Veränderung innerhalb Neu-Spaniens zwangsläufig einen Wandel in der Art der Beziehung zwischen Kolonie und Mutterland zur Folge haben. Mit dem Coup d'état der Nacht vom 15. auf den 16. September 1808 wurde dem allem ein Ende gesetzt und die Wiederherstellung der Situation, wie sie vor dem März 1808 gewesen war, unternommen – allerdings mit dem Unterschied, daß eine kleine Gruppe von etwa 230 Europaspaniern einen rechtmäßig ernannten Vizekönig im Namen eines Monarchen gestürzt hatte, der nach der gewaltsamen Machtenthebung seines Vaters auf den Thron gekommen war [Hernández y Davalos 1877, I, 491–492, 594–597; Meissner 1992; Miranda 1952, 304–311; Torre Villar 1964, 167–197; Villoro 1967, 36–51].

Der Staatsstreich hatte die Festnahme und Deportation des Vizekönigs und seiner Gemahlin zur Folge sowie die Gefangensetzung von Azcárate, Verdad und Talamantes, der im Gefängnis starb. Villaurrutia wurde verbannt. Die Organisatoren des Coups unterstützten die Bildung des bewaffneten Corps der „Freiwilligen Ferdinands VII.", das durch die Straßen der Hauptstadt patrouillierte. Der Coup wurde von der kirchlichen Hierarchie und dem Armeekommando stillschweigend unterstützt und vom *consulado* von Vercruz begrüßt. Eine starke, vereinte Front unter Führung des von der *audiencia* eingesetzten Vizekönigs Marschall Pedro Garibay (1808/09) übernahm die Leitung in Mexiko-Stadt. Zur Koordinierung der innenpolitischen Maßnahmen wurde im Jahr 1809 eine Junta für Sicherheit und Ordnung eingesetzt. – Der Staatsstreich war einem ersten Experimentieren Neu-Spaniens mit dem Konstitutionalismus zuvorgekommen und hatte die Autonomiebestrebungen unterbunden. Die Wiederbehauptung des traditionellen iberischen Absolutismus rief darüber hinaus unter der aufstrebenden Provinz-Intelligenzia, die sich in ihren Hoffnungen auf eine Verfassungsänderung betrogen fühlte, einen ohnmächtigen Zorn hervor. Dieser Zorn löste die beiden Verschwörungen von Valladolid 1809 und Querétaro 1810 aus, die den unmittelbaren Hintergrund für den Versuch der Aufständischen im September 1810 bildeten, das Joch Spaniens abzuschütteln. Die Hauptpersonen dieser Verschwörungen und die Anführer der darauffolgenden Erhebung kamen vorwiegend aus der Provinzbourgeoisie und aus den Reihen der niederen Weltgeistlichen, der Fachjuristen sowie der jüngeren bzw. subalternen Milizoffiziere.

D. Neu-Spaniens Provinzbourgeoisie

Eine repräsentative Anzahl von Verschwörern und Rebellenführern hatten ihre Ausbildung an höheren Lehranstalten genossen wie dem Kolleg San Nicolás Obispo in Valladolid, dem Oratorium San Felipe Neri in San Miguel el Grande oder dem Franziskanerkolleg in Celaya; auch in Querétaro gab es eine gutbesuchte geisteswisssenschaftliche Akademie. Die an der Verschwörung von Valladolid Beteiligten kamen hauptsächlich aus den Reihen der subalternen Milizoffiziere, der niederen Geistlichen und der Juristen. Was die Verschwörer von 1809 und 1810 sowie die Rebellenführer von 1810 und der darauffolgenden Jahre anbelangt, so hat Torre Villar eine weitgehende Kontinuität im Hinblick auf Personenkreis und gesellschaftliche Herkunft festgestellt. Ähnlich setzte sich auch die Mitgliedschaft der politischen Gruppen zusammen, die während des Unabhängigkeitskrieges innerhalb der in der Hand der Royalisten befindlichen Städte operierten, insbesondere der „Guadalupes" von Mexiko-Stadt. Das waren nicht so sehr Geheimgesellschaften, als vielmehr nach Art von *tertulias* regelmäßig zusammenkommende, aber untereinander verbundene Gruppen von Freunden und politisch Gleichgesinnten. Die „Guadalupes" bestanden vorwiegend aus Juristen, aber auch aus Geistlichen, Kaufleuten, Grundbesitzern und etlichen Adeligen [Torre Villar 1964, XV–XVI, XX–XXIV, XXX–XLIII; Guedea 1989, 50–51]. Ladd spricht von einer „mexikanischen Mittelschicht von Intellektuellen, Priestern, Zeitungsredakteuren und Armeeoffizieren", die sich aufgrund der im 18. Jh. stattgefundenen wirtschaftlichen Entwicklung herausgebildet hatte. Dazu gehörten ehemalige jesuitische Erzieher ebenso wie die politischen Persönlichkeiten der späteren Jahre von 1810 bis 1830 [Ladd 1976, 95]. Nicht alle Mitglieder dieser Gruppen waren Insurgenten oder sympathisierten auch nur mit der Idee eines Volksaufstands oder einer radikalen Trennung von der spanischen Monarchie, aber die führenden Persönlichkeiten der Unabhängigkeitsbewegung gingen aus eben dieser Schicht hervor. José Mariano Michelena, José María García Obeso, Ignacio Allende, Juan de Aldama und Mariano Abasolo kamen aus dem Offizierskorps der Provinzmiliz; Miguel Hidalgo, José María Morelos, José María Cos, Mariano Matamoros und Fray Vicente Santa María gehörten dem niederen Klerus an; José Nicholás Michelena, José María Izazaga, Ignacio López Rayón, Carlos María de Bustamante und Andrés Quintana Roo waren Juristen. Den Mitgliedern nicht nur dieser Kreise, sondern auch denen der mexikanischen Elite mag durchaus das langfristige Ziel der Selbstregierung – innerhalb oder außerhalb der spanischen Monarchie – vorgeschwebt haben. Es kam jedoch zu Meinungsverschiedenheiten hinsichtlich der Mittel und des Zeitpunkts. Der Staatsstreich der Europaspanier von 1808 trieb mehrere Mitglieder der Provinzbourgeoisie geradewegs in den Separatismus, wobei es ihnen gleich war, ob sie ihr Ziel durch Verschwörung und Umsturz oder durch einen bewaffneten Aufstand erreichten. Aber viele prominente Persönlichkeiten nahmen von derartigen Aktionen Abstand: Anastasio Bustamante und Agustín de Iturbide gehörten während des Unabhängigkeitskrieges zu den führenden royalistischen Armeekommandeuren in den Provinzen. Bustamante stammte aus Jiquílpan in der Provinz Michoacán, einem von *ranchos* und Bauerngütern geprägten Distrikt, der sich mehr an Guadalajara als an Mexiko-Stadt orientierte. Der bescheidene Wohlstand seines Vaters hatte ihm im Jahr 1795 im Alter von 15 Jahren den Besuch des Priesterkollegs von Guadalajara ermöglicht. Dort lernte er Juan Cayetano Portugal, Diego García Conde und Juan de Dios Cañedo kennen, die später bedeutende Persönlichkeiten des religiösen und politischen Lebens im unabhängigen Mexiko werden sollten. Bustamante selbst wurde, in Ausübung der Exekutive, von 1830 bis 1832 Vizepräsident und von 1837 bis 1841 Präsident. Den ersten Wendepunkt in seinem Leben stellte seine Entscheidung dar, eine kirchliche oder juristische Karriere zugunsten einer medizinischen Laufbahn auszuschlagen, die ihn nach Mexiko-Stadt führte, wo er an dem kurz zuvor eingerichteten Bergbaukolleg studierte. Für eine Stellung in San Luis Potosí empfohlen, stieß Bustamante dort zu einem Kreis von Amerikanern und Europäern, der sich um den Kommandeur der Potosí-Milizregimenter San Luis und San Carlos scharte, den Brigadegeneral Félix María Calleja, der mit Vizekönig Revillagigedo nach Neu-Spanien gekommen war. Zu diesem Kreis gehörte auch Manuel Gómez Pedraza, ebenfalls ein royalistischer Kommandeur, der im Jahr 1828 Präsidentschaftskandidat und 1832/33 Präsident wurde. Als im September 1810 der Aufstand im Bajío ausbrach, begann Bustamante seine militärische Karriere im Regiment San Luis unter dem Befehl des Marqués de Guadalupe Gallardo [Hamnett 1979, 516–533]. Iturbide, ebenfalls aus der Provinz Michoacán, wurde 1783 in Valladolid geboren als Sohn eines spanischen Immigranten aus Pamplona, der in den 80er Jahren einer der gewählten Stadträte geworden war. Agustín trat im Jahr 1798 in die Provinzarmee ein als Fähnrich im Infanterieregiment von Valladolid unter dem Befehl des Conde de Casa Rul. Im Jahre 1808 heiratete er Ana María Huarte, Tochter des prominentesten Kaufmanns der Stadt, Isidro Huarte. Die Familien Huarte-Iturbide bildeten eine aus Navarra stammende Clique in der Hautevolee der politisch interessierten Geschäftswelt Valladolids. Ihre Interessen galten jedoch nicht so sehr Spanien und Europa als vielmehr der Provinz und Amerika. Huarte hatte mehrere, über die ganze Provinz verstreute *haciendas* erworben und sich in den 80er Jahren einen Sitz im Stadtrat gekauft. Von 1802 bis 1824 betrieb er verschiedene kommerzielle Aktivitäten zusammen mit seinem Partner Pascual de Alsua, der ebenso wie Iturbide sein Schwiegersohn wurde. Huartes Söhne, insbesondere Ramón, spielten in den Provinzangelegenheiten Michoacáns ebenfalls eine wichtige Rolle. Im politischen Leben der Stadt um die Jahrhundertwende stellte der Huarte-Alsua-Iturbide-Clan die beherrschende Gruppe dar, während die Familien Michelena-García Obeso die Opposition bildeten. Juan Manuel de Michelena war in den 1780er Jahren ebenfalls Stadtrat gewesen und besaß eine Reihe von *haciendas,* über die ganze Provinz verteilt. Sein Sohn Lic. José Nicolás war im Jahr 1808 *subdelegado* von Zamora; er hatte jedoch hohe Schulden bei einem Privatmann, der eine Beschlagnahme des Landbesitzes der Familie Michelena erwirkte, um die Begleichung der Schulden zu erzwingen; aber der Schuldner verschwand von der Bildfläche. Sein jüngerer Bruder José Mariano Michelena war Unterleutnant im Grenadierregiment der Krone und ein intimer Freund des Hauptmanns José María García Obeso, Sohn des Stadtinspektors *(fiel ejecutor),* eines Textilgroßhändlers. Der ältere García Obeso war bei kirchlichen Einrichtungen hoch verschuldet, und seine Erben sahen sich dem Druck seiner Gläubiger ausgesetzt; die *Consolidacíon de vales reales* (Desamortisation) machte ihre Lage noch prekärer. Der jüngere García Obeso und der jüngere Michelena waren die beiden Anführer der Verschwörung von Valladolid im Jahr 1809. Iturbide weigerte sich, sie zu unterstützen. Ihr Ziel war, die Miliz zu unterlaufen und einen Aufstand zum Sturz der spanischen Herrschaft in Neu-Spanien zu provozieren. Örtliche Rivalitäten im politischen Leben Valladolids waren vermutlich der Grund für Iturbides Haltung. Auf diese Weise vermag eine Untersuchung des Provinzmilieus Licht in Ereignisse zu bringen, die auf nationaler Ebene von großer Bedeutung waren. Michelena behauptete, die Verschwörung sei in der Absicht inszeniert worden, Neu-Spanien für Ferdinand VII. zu erhalten; in Wirklichkeit hatten die Verschwörer beabsichtigt, die Folgen des Staatsstreichs von 1808 zu annullieren. Michelena war mit einem anderen Milizoffizier, Ignacio Allende, befreundet, der den Mittelpunkt einer weiteren Dissidentengruppe in Querétaro bildete; dieser gehörten sowohl der *corregidor* als auch Hidalgo, Gemeindepfarrer von Dolores, an. Die Verschwörer von Valladolid entsandten Bevollmächtigte in verschiedene Distrikte Michoacáns; einer dieser Agenten war Luis Correa, Pächter der Hidalgo gehörenden *hacienda* de Santa Rosa Jaripeo in Taximaroa. Er war es, der die Verschwörer verriet. Michelenas Vetter Dr. Antonio Labarrieta verteidigte sie vor Gericht. Derselbe Labarrieta wurde während des Unabhängigkeitskriegs zu einem erbitterten Feind Iturbides, den er der Korruption und der groben Nachlässigkeit bezichtigte [HAMNETT 1982, 34, 42].

Die Verschwörung von Valladolid warf erstmals das Problem eines Appells an das Volk auf. Dieser wurde zum zentralen Anliegen der darauffolgenden Verschwörung in Querétaro, als deutlich wurde, daß die von Allende befürwortete ursprüngliche Taktik der Verschwörer, die Kolonialmiliz auf ihre Seite zu ziehen, fehlschlagen würde. Nur wenige Verschwörer hatten, wenn überhaupt, ein konsequentes politisches Programm ausgearbeitet oder auch nur erfaßt, welche Folgen ein Aufruf um Unterstützung durch die Massen in einer Zeit der Lebensmittelverknappung haben würde. Die Tatsache, daß man nicht imstande war, der Regierung ihre Streitkräfte abspenstig zu machen, bedeutete, daß die Aufständischen teils auf spontane Erhebungen, teils auf mächtige Anführer und deren Mobilisierung ihrer Gefolgschaft angewiesen waren. Dem von Michelena im Jahr 1809 gegebenen Beispiel folgend, entsandten Hidalgo und Allende eine Reihe von Bevollmächtigten in die anderen Provinzen in der Hoffnung, von dort Verstärkung zu bekommen [HAMNETT 1986, 125–126].

E. Vorstellungen, Identität und Aufstand

In den Jahren von 1808 bis 1810 sah sich Neu-Spanien mit einer Krise auf mehreren unterschiedlichen Ebenen konfrontiert – mit dem Mutterland und mit dem Vizekönig, in der Hauptstadt und in den Provinzen, auf politischem und auf wirtschaftlichem Gebiet, auf dem religiösen und auf dem gesellschaftlichen Sektor. Mit Spaniens Kontrollverlust über sein Reich und dem gleichzeitigen Zusammenbruch der moralischen Autorität des Vizekönigs ergab sich politisch die Gelegenheit, zu einem Schlag gegen das Kolonialregime auszuholen. Die Erhebung war dieses Mal nicht so sehr eine Insurrektion der Stadt als vielmehr der Landbevölkerung. Viele der von dieser Bevölkerung geäußerten Beschwerden über bestehende Mißstände wurden für eine gewisse Zeit dem weiterreichenden Kampf um politische Unabhängigkeit untergeordnet, der sich auf nationaler Ebene abspielte. Auf diese Weise verbündeten sich oft einander entgegengesetzte Interessen zu einer umfassenden Kräftekoalition, die das Regime des Vizekönigs und Spanien als Kolonialmacht in den Jahren von 1810 bis 1814 ernsthaft herauszufordern vermochte. Obgleich viele Probleme, die die Entstehung dieser Koalition bewirkt hatten, lokalen Ursprungs waren, vermittelte die Teilnahme an den Insurrektionsbewegungen den unteren Gesellschaftsschichten zum erstenmal das Gefühl ihrer eigenen Stärke. Dieses Gefühl erwies sich als dauerhaft, wie die häufigen Volkserhebungen im 19. Jh. zeigen sollten. Die von Hidalgo und Morelos angeführte Bewegung hatte das Ziel, das 1808 obwaltende Regime der Europaspanier durch ein von Amerikanern beherrschtes Regime zu ersetzen. Die Insurgenten benötigten vier Jahre, um sich über ihre politische Programmatik und ihre Verfassungsforderungen klar zu werden, die dann schließlich liberal und republikanisch ausfielen. Der Volksaufstand richtete sich in erster Linie gegen die mexikanische Elite und gegen die Europaspanier im besonderen.

Die grundlegenden Widersprüchlichkeiten im Rahmen der Aufstandsbewegungen von 1810 und den Folgejahren sind niemals befriedigend geklärt worden. Der Aufstand breitete sich in mehreren Stadien und zu verschiedenen Zeitpunkten in den einzelnen Provinzen und Ortschaften aus und erhielt, als Reaktion auf die unterschiedlichen Probleme, Zulauf von jeweils ganz bestimmten gesellschaftlichen und ethnischen Gruppen. Die Insurrektion hatte im Bajío begonnen und griff rasch auf die Bergwerksgemeinden über, wo wieder andere Verhältnisse herrschten und eine besondere Art sozioökonomischer Beziehungen wirksam war. Die Erhebungen in mehreren Dörfern der Seen-Platte von Guadalajara fanden nicht in einem kreolisch-mestizischen Kernland statt, wie es das Bajío war, sondern in einem von indianischen Gemeindekollektiven geprägten Gebiet. Ebenso waren die gesellschaftlichen und wirtschaftlichen Probleme im Hinterland der pazifischen Küstenzone, im südlichen Puebla und im östlichen Oaxaca, in der nördlichen Sierra von Puebla, in den Llanos de Apam und in der Sierra Gorda sowie im Hinterland von Veracruz und in der Golfzone der Huaxteca – allesamt zu unterschiedlichen Zeiten Zentren des Aufstands – voneinander verschieden. Aus diesem Grund gehen die geschichtswissenschaftlichen Interpretationen der Ursprünge des Volksaufstands von 1810 und danach stark auseinander. Viel hängt davon ab, wie der sich verschlechternde Lebensstandard und der zuerkannte Status sich jeweils aus der Sicht der Bevölkerung ausnahmen. Die Haltung des Volkes während dieser Jahre wirkte in mancherlei Hinsicht wie die Reaktion auf Entwicklungen, die im Laufe des 18. Jh. eingesetzt hatten und durch die bourbonischen Reformen verstärkt worden waren. Gleichzeitig waren die Bauern und Landarbeiter – ganz gleich, ob sie sich zu einem späteren Zeitpunkt dem Aufstand anschlossen oder nicht – infolge der Anfälligkeit der Landwirtschaft gegenüber Witterungsschwankungen einem plötzlichen Verfall des Lebensstandards ausgesetzt. Unzureichende Versorgung war die Folge einer unterentwickelten Infrastruktur, die der durch Bevölkerungswachstum, steigende Nachfrage und Verknappung verursachten zunehmenden Belastung nicht mehr gewachsen war. Die in den Jahren 1713/14, 1749/50, 1785/86 und 1809/10 eskalierenden Getreidepreise schlugen auf alle anderen Preise durch. Auf diese Weise kam es in solchen Zeiten zu einer – wenn auch regional unterschiedlich stark ausgeprägten – Versorgungskrise. Die beiden Verknappungen von 1785/86 und 1808/09 gingen, wie bereits erwähnt, mit einem generellen Preisanstieg und einer Verschlechterung der Lebensbedingungen der unteren Schichten einher. Allerdings wirkten sich die Teuerungen von Gegend zu Gegend ganz unterschiedlich aus, wobei manche kaum oder jedenfalls nicht sehr stark betroffen waren. Auch ist kein zwangsläufig kausaler Zusammenhang festzustellen zwischen einer Verknappung und der sie gewöhnlich begleitenden Abwanderung einerseits und einer Aufstandsbeteiligung andererseits. Wenngleich man im September 1785 in Pachuca Krawalle wegen Lebensmittelmangels befürchtete, wurde die große Hungersnot von 1785/86 von keinem Aufstand begleitet oder gefolgt, obgleich sie in mancherlei Hinsicht viel schlimmer war als die von 1808/09. Desungeachtet konnte Abwanderung zu den Umständen beitragen, die eine Aufstandsbewegung begünstigten. Ein charakteristisches Merkmal der mexikanischen Verknappungen war die Kettenreaktion, die durch den Verlust der Maisernte ausgelöst wurde. Ungeheure Mengen von Mais wurden als Futter für die in der Amalgamation in den Bergwerken von Guanajuato eingesetzten 14 000 Maultiere benötigt. Die Lebensmittelengpässe in den Bergwerksdistrikten waren bedrohlicher als in den Tälern der Landesmitte, und im Bajío selbst, einem der wichtigsten Getreideanbaugebiete Neu-Spaniens, kletterte der Maispreis auf bislang noch nie erreichte 48

Reales pro *fanega*. In Guadalajara war die Situation verhängnisvoll. San Luis Potosí war stark betroffen, erholte sich jedoch rasch wieder, wenn auch in den Jahren 1788 und 1789 weitere Verknappungen folgten, die dann aber 1791/92 von einem Überangebot abgelöst wurden. Ökologisch anfällige Gebiete brachen bei Hungersnot rasch zusammen; in Zamora, Lagos und Irapuato waren die Ernten hingegen normal. In bestimmten Regionen wie in den Tälern Zentralmexikos und im Kerngebiet von Michoacán vermochte man weniger hochgelegene Anbauflächen abzuernten und Hilfslieferungen aufzutreiben, aber die Bergwerkszentren waren zu weit entfernt.

Ähnliche Zustände wiederholten sich während der Verknappung von 1808/09. Dürreperioden in den Jahren 1808, 1809 und 1810 setzten den Viehzuchtgebieten zu und ließen zwischen August 1810 und November 1811 in Mexiko-Stadt den Maispreis auf 36 Reales emporschnellen; in San Luis Potosí und Zacatecas hatte er im September 1809 bereits 40 Reales erreicht. Wiederum waren die Bergwerksgebiete am schlimmsten betroffen. Anders als 1785/86 herrschte diesmal jedoch ein Mangel an Quecksilber für das Amalgamationsverfahren. Im ganzen Bajío wiederholte sich das Elend jener früheren Hungersnot. Immerhin war das Zentrum der Provinz Guadalajara 1809 und 1810 weniger stark betroffen als andere Gebiete in der nördlichen Landesmitte und im Westen. Verknappung, so ist behauptet worden, sei dort nicht unbedingt eine Voraussetzung für bäuerliche Insurgententätigkeit gewesen. Von Guadalajara bis Puebla wurde die Textilproduktion gedrosselt, wodurch Arbeitslosigkeit entstand. In der Stadt Puebla hielt die Lebensmittelknappheit bis in das Jahr 1811 hinein an. Der entscheidende Unterschied zwischen der Hungersnot von 1785/86 und der von 1808/09 lag darin, daß die letztgenannte Teil einer durch lang- und kurzfristige Faktoren hervorgerufenen, multidimensionalen Krise auf politischer wie auf wirtschaftlicher Ebene war. Der unter finanzieller Belastung und französischem Druck im März 1808 in Madrid stattfindende Zusammenbruch des Regimes der spanischen Bourbonen ließ ein gefährliches politisches Vakuum auf innerstaatlicher Ebene entstehen; zum erstenmal seit 300 Jahren war hier für geraume Zeit keine eindeutig rechtmäßige Autorität auszumachen. Dies ereignete sich unmittelbar nach der soeben durchlebten Kontroverse der amerikanischen Territorien einerseits mit dem Mutterland andererseits über die bourbonischen Reformen, die sich letztlich um die Frage der Repräsentation drehte.

Verschwörung, Aufstand und die langanhaltende, oft von Kleinkrieg begleitete Rebellion, die bis in die frühen 20er Jahre hinein fortdauerte, waren nicht die zwangsläufigen Folgen von Verknappung und Versorgungskrise. Sie entsprangen vielmehr einem ganzen Komplex gesellschaftlicher, wirtschaftlicher, politischer und religiöser Motive, die im Jahr 1810 eine kurze Zeit lang miteinander verschmolzen und eine noch nie dagewesene multidimensionale Krise heraufbeschworen. Trotzdem nahmen ein Großteil der sich artikulierenden Bevölkerung und vermutlich auch viele der unteren Gesellschaftsgruppen Abstand von Revolution und Separatismus oder verhielten sich, so sie konnten, beiden Parteien in diesem Kampf gegenüber neutral. Die kirchliche Hierarchie stellte sich Hidalgos Erhebung von Anfang an entschlossen entgegen und bildete zusammen mit der Regierung des Vizekönigs eine geschlossene Front. Das Oberhaupt dieser Hierarchie war der ehemalige Bischof von Oaxaca Antonio Bergoza y Jordán. In Jaca, Aragon, geboren, hatte er 1768 sein juristisches Examen an der Universität Salamanca abgelegt und danach die Universität Valencia bezogen, an der er promovierte. Von 1779 bis zu seiner Abreise nach Oaxaca 1802 war Bergoza Apostolischer Inquisitor von Neu-Spanien. Als Ritter des Ordens Karls III. und Inhaber hoher königlicher Auszeichnungen genoß er enormes Prestige, als er nach Oaxaca kam. Seine Detailkenntnis und seine Zusammenstellung statistischer Informationen über die Pfarrgemeinden, die er im Laufe seiner von 1802 bis 1804 währenden Visita gesammelt hatte, wiesen ihn als praktizierenden Vertreter der Aufklärung aus. Bergoza schloß sich voll und ganz dem Staatsstreich von 1808 an und bekämpfte später Morelos' Bewegung im Süden aufs heftigste, bis er sich 1812 zur Flucht nach Mexiko-Stadt gezwungen sah.

Die Kirche Neu-Spaniens existierte in der Gesellschaft, deren Unstimmigkeiten und Konflikte sie widerspiegelte. Die zeitgenössische Analyse dieser mexikanischen Revolution konzentriert sich zunehmend auf die im Volk vorhandenen Vorstellungen von einer gefährdeten Religion und auf die Identifizierung der vermuteten Gefahrenträger. Die Verfassung, in der die Kirche sich befand, wurde zu einem Hauptproblem. Gleichzeitig wird der Unterschied zwischen den Vorstellungen der unteren Gesellschaftsgruppen und denen der Grundbesitzer- und Geschäfts-Elite hervorgehoben. Die letztgenannte Schicht, insbesondere die intellektuelle Avantgarde, legte während des 18. Jh. eine wachsende Neigung an den Tag, sich nicht so sehr mit Spanien oder mit dem Reich als ganzem als vielmehr mit der amerikanischen *patria* zu identifizieren. Da sich mit diesem patriotischen Empfinden nicht unbedingt die Vorstellung von einer definierbaren mexikanischen Nation verband und da dieses Gefühl in seiner praktischen Ausdrucksweise zurückhaltend und lokal begrenzt blieb, kann es nicht als Nationalismus betrachtet werden. Es war in erster Linie gleichbedeutend mit einer Reaktion auf den europäischen Überlegenheitsanspruch und auf den wiedererstandenen Absolutismus. Da die Habsburger das Entstehen jedweder Art von repräsentativen Institutionen in Westindien wirksam verhindert hatten, stand diesem Nationalgefühl keine institutionelle Ausdrucksmöglichkeit zur Verfügung, wie sie die 13 britischen Kolonien Nordamerikas in den Kolonialparlamenten gehabt hatten. Dieses Gefühl blieb daher vage und unbestimmt, eher kulturbezogen als politisch und unsicher hinsichtlich einer Akzeptanz durch die große Mehrheit der Bevölkerung, die überwiegend nicht-weiß war und darum rang, zu einer eigenen Identität zu finden. Die Vorstellung von einer gefährdeten Religion bot der gesellschaftlich so unterschiedlichen und geographisch weit verstreuten Bevölkerung Neu-Spaniens in hohem Maße die Möglichkeit, einen gemeinsamen Standpunkt zu beziehen. Aber auch da gab es Widersprüchlichkeiten. Das Kolonialregime selbst, mit dem das von der Krone aufgrund des *patronato real* handverlesene, weitgehend spanische Episkopat aufs engste verbunden war, trug zum Teil den Keim seines Unterganges in sich. Die führenden Persönlichkeiten dieses Regimes begriffen sich als Instrumente der Aufklärung auf den amerikanischen Kontinenten; die Mitglieder der mexikanischen Elite waren selbst Nutznießer und Anhänger dieses gleichen aufgeklärten Absolutismus. Darüber hinaus bestand die mexikanische Elite nicht nur aus Mexikanern, sondern auch aus Spaniern und vermochte daher nicht eindeutig und als geschlossene Front zur Verteidigung der Interessen der amerikanischen *patria* anzutreten.

Die im September 1810 von dem Sprengelgeistlichen Pater Miguel Hidalgo angeführte Insurrektion war nur eine von mehreren möglichen Ausdrucksformen der in den letzten Jahrzehnten der Kolonialherrschaft sich verschärfenden Krise innerhalb der Kirche Neu-Spaniens. Als sich für die Unabhängigkeit von Spanien einsetzende

Bewegung war sie die extreme Bekundung eines religiösen Dissenses weiter Kreise, der sich nicht zwangsläufig mit bewaffnetem Aufstand identifizierte oder auch nur damit sympathisierte. Die religiöse Krise innerhalb der christianisierten Gesellschaft Neu-Spaniens machte sich auf vielen Ebenen bemerkbar, aber die Vorstellung von einem verletzten religiösen Empfinden bildete die zugrundeliegende Verbindung. Diese Krise stellte die mexikanische Ausprägung der allgemeinen Krise innerhalb der katholischen Kirche um die Jahrhundertwende dar, einer Krise, in die das Papsttum selbst sichtbar und greifbar einbezogen war. In Neu-Spanien nahm sie in ihrem fortgeschrittensten Stadium die Form einer politischen Herausforderung der kolonialen Ordnung an, und als solche machte sie zum erstenmal eine Massenmobilisierung des Volkes möglich. Mit dem Dynastiewechsel im Jahre 1700 hatte sich der vom Staat auf die Kirche ausgeübte Druck sowohl hinsichtlich der Gerichtsbarkeit als auch hinsichtlich der Steuern verschärft. Ein vorübergehender Bruch mit dem Heiligen Stuhl und die darauffolgenden Konkordate von 1737 und 1753 waren Ausdruck der Vorstellungen des Staates von seinem Vorrang über die kirchliche Sphäre; dieser Überlegenheitsanspruch steigerte sich – die Regierung übte vermehrten Druck aus in den Bereichen der Immunität des Klerus, der Kircheneinkünfte und des -besitzes – und erreichte in den Jahren von 1796 bis 1806 einen Höhepunkt. Von etwa 1750 an machten sich die Ideen der spanischen Aufklärung in Neu-Spanien bemerkbar: Sie waren nicht unbedingt heterodox, führten aber zu Kritik an den herkömmlichen Erziehungsmethoden und Lehrplänen. Der Klerus, der die Bildungsstätten kontrollierte, spaltete sich in „Traditionalisten" und „Modernisten". Die Reformvorschläge der letztgenannten waren an sich nicht umstürzlerisch, aber mit dem Druck des Staates auf die Kirche zusammengenommen wirkten sie wie ein Angriff auf die traditionellen Ansichten und Praktiken. Es ist sogar behauptet worden, in Neu-Spanien habe eine „Kirche der Aufklärung" eine „Kirche des Barock" abgelöst. Ziel der ersteren war, die Säkularisierung der verbleibenden, von Geistlichen verwalteten Pfarreien mit der Ausrottung von volkstümlichen und häufig durch Synkretismus entstandenen Riten zu verbinden, die von den karlistischen Bischöfen als „Aberglaube" oder „Fanatismus" hingestellt wurden. Feste, Prozessionen, Gemeinschaften, Bruderschaften und örtliche Kulte fanden die Mißbilligung der Bischöfe: Staat und Staatskirche ergriffen Maßnahmen, sie zu unterbinden. Der Eindruck der Allgemeinheit von einer Religionskrise auf vielen Ebenen sorgte dafür, daß die Beschwerden aus dem Volk weit über die üblichen Konfliktanlässe wie Besteuerung, Rekrutierung, Weide-, Anbau- oder Wasserrechte hinausgingen. Wegen des europaspanisch geprägten Episkopats und des untergeordneten Status der Kirche bestand innerhalb der vorhandenen Kolonialstrukturen kaum Aussicht auf Abhilfe, die man sich hinsichtlich begrenzter und ortsbezogener Mißstände materieller Art mit Sicherheit erwartet hatte. Außerdem gab es in den Provinzen, vor allem in der Diözese Michoacán, einen – weil in seinen Aufstiegsmöglichkeiten durch die Vorherrschaft der Europaspanier innerhalb der Kirche blockierten und in seinem gesellschaftlichen und materiellen Status durch die karlistischen Maßnahmen beeinträchtigten – vergrämten niederen Klerus, der sich gegebenenfalls an die Spitze von Volksbewegungen zur Beseitigung der Mißstände setzen konnte. Manuel Abad y Queipo, zur Zeit der Insurrektion von 1810 designierter Bischof von Michoacán, hatte im Jahre 1799 in seiner Verteidigung der kirchlichen Immunität ausdrücklich auf eine derartige Möglichkeit hingewiesen. Bis vor kurzem ist den religiösen Überzeugungen des

Volkes und deren politischen Konsequenzen von den Historiographen wenig Beachtung zuteil geworden. TAYLOR [1988] hat jedoch auf eine im Jahr 1769 im gesamten Tulancingo-Gebiet stattgefundene Millenarier-Rebellion aufmerksam gemacht, in deren Rahmen die Verehrung der Madonna von Guadalupe eine zentrale Rolle spielte. GRUZINSKI [1989] berichtet von einer Chiliasten-Bewegung, die sich in den Jahren 1760/61 im Hochland zwischen Mexiko-Stadt und Cuautla um die Person des Antonio Pérez scharte. Ein im Jahr 1801 in Nayarit vermuteter Indianeraufstand, angeführt von einem indianischen „König" namens Mariano, wurde im Hinblick auf den fortdauernden Seekrieg mit den Engländern von den Kolonialbehörden in Guadalajara und Mexiko-Stadt sehr ernst genommen. Angeblich soll dieser Aufstand am Feiertag der Heiligen Jungfrau von Guadalupe stattgefunden haben. VAN YOUNG [1988] hat die Möglichkeit einer messianischen Komponente im Rahmen der zunächst von Hidalgo und später von Morelos angeführten Insurrektion von 1810 untersucht. Wenn auch nicht nachgewiesen worden ist, daß einer dieser beiden Priester von ihrer Anhängerschaft als „Messias" betrachtet wurde, meint VAN YOUNG, daß religiöse Abweichung und klerikale Führerschaft dazu beigetragen haben, die Volksenergien auf den Kampf um eine politische Trennung von Spanien zu konzentrieren. Zeitpunkt, Schauplatz und Charakteristika der mexikanischen Insurrektion von 1810 lassen auf ein breites Spektrum von Vorstellungen über die Verfassung der Christenheit in Neu-Spanien schließen. Die eingesetzten Parolen, Gesten und Symbole verliehen diesen Vorstellungen Nachdruck. Aus diesem Grunde sollten sie nicht als bloßer rhetorischer Firnis für Beschwerden wegen vorwiegend soziökonomischer Mißstände betrachtet werden. Im Gegenteil, die Insurrektion entsprang tief verwurzelten Ängsten, die sich für kurze Zeit deutlich politisch artikulierten. Intensität und Ausbreitung dieser Bewegung verrieten das Ausmaß, in dem große und ungleichartige Bevölkerungsgruppen implizit oder explizit den Entschluß gefaßt hatten, mit der kolonialen Ordnung zu brechen und auch mit dem spanischen Episkopat, das einen so wesentlichen Bestandteil dieser Ordnung bildete. Amerikanische Kleriker, die sich an den Aufständen beteiligten, sahen sich rasch von einer revolutionären Woge erfaßt, die sie nicht zu kontrollieren vermochten.

Die Gründe für die Interpretationsschwierigkeiten und die historiographischen Divergenzen sind offenkundig. Selbst Hidalgos Übernahme der Symbolik der Heiligen Jungfrau von Guadalupe scheint eher zufällig als eine politisch berechnete Geste gewesen zu sein. Wiewohl der „Guadalupanismo" in der geschichtswissenschaftlichen Literatur mit kreolischem Vaterlandsempfinden gleichgesetzt worden ist, hafteten ihm doch nicht unbedingt umstürzlerische Konnotationen an, zumal der Guadalupe-Kult den vollen päpstlichen und bischöflichen Segen genoß. Hidalgos ursprüngliche Absicht scheint es gewesen zu sein, zwischen dem 1. und dem 15. Dezember, anläßlich der von Menschenansammlungen begleiteten, zwei Wochen währenden Messe von San Juan de los Lagos zur Volkserhebung aufzurufen. Diese Stadt stand im Mittelpunkt der zu Mariä Empfängnis stattfindenden Feierlichkeiten. Die Entdeckung der Verschwörung von Querétaro bewirkte jedoch die Vorverlegung des Aufrufs um drei Monate und die Übernahme des Banners von Guadalupe aus dem Heiligtum von Atotonilco. Die meisten Historiker stimmen überein, daß der „Guadalupanismo" der Revolutionsbewegung ihre moralische Rechtfertigung verlieh und sie für eine gewisse Zeit mit Rekrutiervermögen und einem Anschein von Konsequenz versah. Er war jedoch keine Ideologie. Eine solche war offenbar überhaupt nicht vorhanden. Das

Fehlen eines formellen ideologischen Systems und klar abgesteckter politischer Ziele – außer dem Haß auf die Spanier – hat unter Historikern Anlaß zu zahlreichen Deutungen gegeben. Van Young ist der Meinung, die anfängliche Kohärenz der Bewegung sei zurückzuführen gewesen auf „ein grundlegendes Gefühl, daß etwas in der Welt schiefgegangen sei und daß die äußere Realität nicht mehr mit der moralischen Ordnung des Landvolkes übereinstimme" [Van Young 1988, 180–181]. Derartige Vorstellungen stellten eine Ersatzideologie dar, und diese Vorstellungen, nicht die von der kreolischen Führerschaft nach und nach entwickelten konstitutionellen Ziele, trugen zu der weitreichenden Mobilisierung des Volkes bei. Tutino [1986] betont das zu Beginn des 19. Jh. wachsende Wissen der unteren Schichten um die Gefährdung ihrer Lebensbedingungen in der wirtschaftlich dynamischsten Region Neu-Spaniens, dem Bajío. Er ist der Ansicht, die Ursachen für die Aufstände von 1810 seien in den besonderen Verhältnissen zu suchen, die im Bajío und im Zentrum der Provinz Guadalajara herrschten, also in Gebieten, die, wie Brading und Taylor hervorgehoben haben, voneinander völlig verschieden waren. Tutino vergleicht diese Hauptzentren der Revolution mit der ländlichen Region von San Luis Potosí, die nicht zu einem Brennpunkt der Revolution wurde, und meint, daß die Grundherr-Untergebenen-Struktur der *haciendas* dort intakt geblieben sei. Weiter vergleicht er die erstgenannten Gebiete mit Zentralmexiko, wo nach seiner Ansicht zwischen den privaten Landsitzen und den Indianergemeinden ein Gleichgewicht geherrscht habe, das für gegenseitiges Aufeinander-angewiesen-Sein sorgte. Nach Tutino seien die im Bajío inzwischen verwurzelten Radikalisierungs- und Polarisierungstendenzen in Zentralmexiko vergleichsweise unwirksam gewesen. Innerhalb des Bajío habe eine Abkehr von der Maisproduktion zu einer Zeit des Bevölkerungswachstums die Landbevölkerung verwundbar und von der Elite verstärkt abhängig gemacht. Diese Ansicht war jedoch erheblicher Kritik ausgesetzt, und es wurde eingewendet, daß es keinen schlüssigen Beweis für eine Abkehr von der Maisproduktion im Bajío gebe oder dafür, daß die Rebellentätigkeit sich hauptsächlich gegen die *haciendas* im Bajío gerichtet habe. Viele Fragen hinsichtlich der Verschlechterung von Status und Lebensbedingungen der unteren Gesellschaftsschichten und im Hinblick auf deren Revolutionsbeteiligung aufgrund dieser Faktoren sind nach wie vor offen. Außerdem war die Insurrektion von 1810 mehr als nur eine Reihe von Bauernrevolten. Sie war eine Bewegung auf nationaler Ebene und umfaßte ein breites Spektrum sozialer Gruppen. Ihr Ziel war die Beseitigung einer vorhandenen Machtstruktur und einer bestehenden Kolonialbeziehung sowie die Errichtung eines unabhängigen, souveränen Staates mit einer liberalen Verfassung auf republikanischer Grundlage. Dieses Ziel war natürlich zu Anfang noch nicht präzise formuliert, aber genau das ist es, wofür die Bewegung, zumindest auf ihrer nationalen Ebene und in ihrer politischen Dimension, eintrat. Darüber hinaus gab es jedoch innerhalb dieser Bewegung noch zahlreiche Provinz- und Lokalvarianten, jeweils als Reaktion auf spezifische Mißstände einer ganz anderen Art. Was das zentrale Becken von Guadalajara anbelangt, so erklärt die offenbar befürchtete Gefahr einer Verproletarisierung angesichts der Expansion einer kommerziellen Landwirtschaft auf den privaten Landgütern weitgehend die Aufstandsbeteiligung von bäuerlichen Gruppen mehrerer Indianerdörfer. Bewaffneter Aufstand war jedoch keine außergewöhnliche Reaktion, denn es gab hier und andernorts auch viele Rivalitäten der bäuerlichen Gemeinden untereinander. Jenseits der nordwestlichen Landesmitte scheint die Hauptquelle der Unzufriedenheit die Verzweiflung der Dorfbewohner über die Unfähigkeit der Amtsgewalt gewesen zu sein, den zerstörerischen Elementen Einhalt zu gebieten, die den Fortbestand der Dorfgemeinschaften untergruben. Auf den *haciendas* herrschten hingegen wieder andere Verhältnisse, da die dort wohnenden Arbeiter dadurch, daß sie Unterkunft, Lohn und eine Maisration erhielten, eine gewisse Sicherheit genossen. Damit waren sie in die Struktur einer Grundherrn-Untergebenen-Beziehung eingebunden, die in der Lage war, einem Umsturzversuch von außen standzuhalten – falls nicht extreme Bedingungen eintraten, etwa grober Mißbrauch oder Flucht des Besitzers bzw. Verwalters vor lokaler Rebellentätigkeit. Wo die Struktur intakt blieb, vermochten die Grundbesitzer zuweilen aus ihren auf den Ländereien wohnenden Arbeitern und Untergebenen eine eigene Verteidigungstruppe zu bilden. Das taten sie jedoch fast nur unter dem Druck der royalistischen Militärkommandeure der Provinzen.

Der Schock, den der Beginn der Insurrektion im Bajío unter den Royalisten auslöste und von dem sie sich nur langsam erholten, bewirkte den Verlust der Provinzhauptstädte und größeren Ortschaften in der Umgegend des Bajío: Guanajuato, Valladolid, Zacatecas, San Luis Potosí, Guadalajara fielen allesamt vorübergehend unter die Herrschaft der Rebellen. Die Ankunft des neuen Vizekönigs Francisco Javier Venegas (1810–1813) und des neuen Militärkommandanten von Neu-Galicien, des Brigadegenerals José de la Cruz (1811–1821), trug dazu bei, diese Erfolgswelle einzudämmen. Die führende Persönlichkeit im Kampf gegen die Insurgenten war General Félix María Calleja, der später selbst Vizekönig wurde (1813–1816). Die Erholung der Armee und die mangelnde Begeisterung der Bevölkerung in den Tälern der Landesmitte für die Sache der Rebellen bewirkten, daß diese zwei vernichtende militärische Niederlagen – am 30. Oktober 1810 bei Monte de las Cruces und am 7. November bei Aculco – erlitten. Milizangehörige aus San Luis Potosí bildeten den Kern der royalistischen Armee bei Aculco. Nach der dritten Niederlage am 17. Januar 1811 bei Puente de Calderón zerstreuten sich die Rebellenführer und flohen gen Norden. Hidalgo, Allende und Aldama wurden bei der Oase Baján in Coahuila gefangengenommen und im Juni bzw. Juli hingerichtet. Danach wurde die revolutionäre Sache auf unterschiedliche Weise fortgeführt. Zahlreiche ortsansässige Anführer beanspruchten die Vorherrschaft in ihrer jeweils eigenen Umgegend, so die Villagráns in Huichapan, Albino García im Bajío, Pedro Moreno in den Hügeln oberhalb Lagos, Giordano Guzmán in der *tierra caliente* von Guadalajara und Michoacán und der Osorno-Clan in den Llanos de Apam und in der nördlichen Sierra von Puebla. Gleichzeitig nahm Ignacio López Rayón die offizielle Führung für sich in Anspruch. Die Existenz einer Führerschaft auf mehreren Ebenen trug zu dem lang anhaltenden Fortbestehen der – wenn auch nach 1813/14 zunehmend zersplitternden – Volksbewegung bei. Wenngleich Hidalgo in der Frühphase 1810/11 keinen klaren Regierungsentwurf für einen unabhängigen, souveränen mexikanischen Staat vorgelegt hatte, stellte seine Bewegung doch einen eindeutigen Versuch dar, die Unabhängigkeit von der Herrschaft Spaniens mit Hilfe einer von Mitgliedern des freiberuflichen Standes aus den Provinzen geführten Volkserhebung zu erreichen. Es gab stets Spannungen zwischen dieser Führerschaft mit ihrer liberalen konstitutionalistischen Ideologie und der breiten, höchst unterschiedlichen Basis des Volkes in den einzelnen Regionen und Subregionen Neu-Spaniens. Auch kam es innerhalb dieser Führerschaft zu erheblichen Meinungsverschiedenheiten über

Personen, Strategien und politische Zielsetzungen. Diese machten sich bereits 1810 und 1811 bemerkbar zwischen Hidalgo, dem geistlichen *caudillo*, und Ignacio Allende, seinem engsten Mitarbeiter, einem ehemaligen Offizier der Kolonialmiliz. Die Rivalität zwischen Ignacio López Rayón und Morelos, dem zweiten geistlichen *caudillo* der Bewegung, um das Oberkommando über die Rebellion verzögerte 1812 und 1813 die Ausarbeitung klar umrissener konstitutioneller Ziele ausgerechnet zu dem Zeitpunkt, als die liberale Regierung des Mutterlands in Cádiz sich anschickte, die Verfassung von 1812 im ganzen Reich in Kraft zu setzen. Der liberale Konstitutionalismus bot der amerikanischen Elite die Aussicht auf eine Repräsentation auf lokaler und Provinz-Ebene sowie im Mutterland. Während die mexikanischen Insurgenten – ohnehin schon stark unter Druck durch die militärischen Erfolge der Royalisten in den am dichtesten bevölkerten Gebieten Neu-Spaniens – noch um die Formulierung einer Konstitution für die von ihnen ersehnte unabhängige Republik rangen, fanden in den royalistischen Zonen Abgeordnetenwahlen für die Cortes des Reiches in Spanien, für die neuen Provinzkomitees, die *diputaciones provinciales*, und für die Stadtratsgremien statt. Als eine kleine Gruppe von Insurgentenführern endlich in der Lage war, im September 1813 den Kongreß von Chilpancingo einzuberufen, machten weitere Divergenzen innerhalb der Führerschaft sowie das anhaltende Vorrücken der Royalisten auf die *tierra caliente* zu den von Morelos' Truppen besetzten Zentren das Werk der Revolutionäre zunichte und stellten Morelos' Führerschaft völlig in Frage. Erst im Oktober 1814 veröffentlichten die Insurgentenführer in der Ortschaft Apatzingán, in der *tierra caliente* von Michoacán, weitab von den Ballungszentren der Bevölkerung, des Reichtums und der Macht, eine stark am Modell von Cádiz orientierte Verfassung. Die darauffolgende Versprengung der Anführer und der Verlust jeglicher Koordination unter den diversen Rebellenbanden verhinderten eine unmittelbare, politisch günstige Auswirkung der Verfassung von Apatzingán, obwohl die Rückkehr Ferdinands VII. auf den spanischen Thron im Mai 1814 dem konstitutionellen Experiment des liberalen Spanien ein Ende gesetzt hatte. Immerhin war in der Insurrektionsphase unter Morelos zum erstenmal ein vom kreolischen Patriotismus völlig verschiedener, vom Volk ausgehender mexikanischer Nationalismus zutage getreten und hatte die Gestalt einer politischen Vision von einem souveränen Staat mit liberalen, republikanischen Institutionen angenommen. Diese Tradition ging zunächst auf Morelos' Nachfolger Vicente Guerrero über – der von 1815 bis 1821 die Revolution lebendig erhielt und sich weigerte, vom Ziel der Unabhängigkeit abzuweichen – und schließlich, in den 50er und 60er Jahren des 19. Jh., auf Benito Juárez.

Während dieser ganzen Epoche, angefangen von den Krawallen in den Bergwerksgebieten und den Städten der Landesmitte in den Jahren 1766 und 1767 bis zu den Revolutionsjahren zwischen 1810 und 1825, deuteten die Reaktionen der unteren sozialen Schichten auf ein komplexes Zusammenwirken von traditionellen und nichttraditionellen Elementen hin. Ebenso war auch die Unabhängigkeit im Jahr 1821 von Ambiguität gekennzeichnet. Es ist noch immer umstritten, wer die Initiative ergriff und wer die treibende Kraft beim Zustandekommen der Allianz zwischen Iturbide und Guerrero war, die zur Unterzeichnung des Plans von Iguala am 24. Februar 1821 führte. Für Guerrero ebnete dieser Plan den Weg zu Morelos' erklärtem Ziel, der mexikanischen Unabhängigkeit; für Iturbide bewahrte er die inneren Strukturen des Kolonialismus, versprach allen Europäern, die sich dem Plan anschlossen, einen Platz in dem neuen mexikanischen Reich und garantierte sowohl das katholische Establishment als auch die Rechte der bourbonischen Dynastie. Was immer die Absicht des traditionalistischen Elements der royalistischen Koalition von 1810 bis 1821 gewesen sein mag, die Iturbide ihre Unterstützung gab, der neue Konsens, der sich um den Plan von Iguala herum bildete, war nicht reaktionärer Natur. Er umfaßte nicht nur den konstitutionalistischen Flügel der Royalisten, Nutznießer des konstitutionellen Systems von Cádiz in Neu-Spanien, sondern auch die überlebenden Revolutionäre, deren offizielle Führer in jedem Fall dem republikanischen Konstitutionalismus in irgendeiner Form verpflichtet waren. Das Problem bestand jedoch darin, daß der Plan weitgehend von der Bereitschaft der ehemals royalistischen Militärkommandeure abhing, diese konstitutionalistischen Bestrebungen zu respektieren.

Mexiko wurde ein souveräner Staat, belastet mit den politischen, finanziellen und sozialen Problemen aus seiner kolonialen Vergangenheit. Keines dieser Probleme war durch den Unabhängigkeitskampf gelöst worden, im Gegenteil, in vielen Fällen hatte er sie verschlimmert. Darüber hinaus war Mexiko nun wahrscheinlich noch mehr auf sein Silber angewiesen als je zuvor, und das zu einer Zeit der Rezession auf diesem Sektor.

Peer Schmidt

3. Zentralamerika 1760–1821

Bis zum Beginn des 18. Jh. stand das Generalkapitanat von Guatemala, das mit Ausnahme des Gerichtsbezirkes von Panama fast die gesamte zentralamerikanische Landenge umfaßte, im Schatten der beiden Vizekönigreiche von Neu-Spanien und Peru. Für diese Randstellung waren neben den klimatischen Gegebenheiten und der insgesamt relativ dünnen Besiedlung auch ökonomische Gründe ursächlich, verfügte Zentralamerika doch nur über bescheidene Edelmetallvorkommen im honduranischen Bergland. Während der mexikanische bzw. der peruanische Bergbau der Wirtschaft in ihren jeweiligen Vizekönigreichen entscheidende Impulse gaben, fehlte auf dem Isthmus bis zur ersten Hälfte des 18. Jh. ein „produit moteur", ein den Handel und das Gewerbe stimulierender Wirtschaftszweig. Stark beeinträchtigt wurden die Wirtschaft, der Personenverkehr und der Gütertransport, aber auch der Austausch von Nachrichten durch die von Gebirgen zerklüftete Landschaft sowie durch das weitgehende Fehlen großer schiffbarer Flüsse. Die häufigen, die Region erschütternden Erdbeben (1717, 1751, 1773/74) wirkten sich ebenso entwicklungshemmend aus wie die ständig wiederkehrenden Heuschreckenplagen und die Schwankungen, ja sogar das Ausbleiben der Niederschläge in der Regenzeit.

Um 1760 war der Indigo, der dank der wachsenden Nachfrage aus Europa zum wichtigsten Exportprodukt Zentralamerikas aufstieg, bereits in die Rolle eines *produit moteur* hineingewachsen. Der Export des Farbstoffes lag ebenso wie der gesamte übrige Handel im Generalkapitanat in den Händen der in der Hauptstadt Santiago de Guatemala lebenden Großhandels- bzw. Überseekaufleute. Dort liefen die Fäden des Binnen- und Überseehandels zusammen.

Der 1543 gegründete Gerichtsbezirk von Guatemala, der in seiner Ausdehnung mit dem Generalkapitanat identisch war, erstreckte sich über fast ganz Zentralamerika. Seit 1609 stand dem Gerichtshof *(audiencia)* in der Hauptstadt Santiago de Guatemala ein Generalkapitän vor, der gleichzeitig die oberste militärische Leitung ausübte. Das auch als Reich *(reino)* von Guatemala bezeichnete Gebiet umfaßte die Territorien der fünf heutigen zentralamerikanischen Republiken Guatemala, Honduras, El Salvador, Nicaragua und Costa Rica, den Süden des heutigen Belize sowie den mexikanischen Bundesstaat Chiapas. Bis zur Mitte der 80er Jahre des 18. Jh. bestanden auf der Ebene der Provinzverwaltung Gouvernements für das Gebiet des heutigen Guatemala, das vom Generalkapitän als *gobernador* selbst regiert wurde, in Soconusco, in Comayagua (Honduras), in Nicaragua und in Costa Rica. Die untere Verwaltungsebene gliederte sich in etwa 20 Distrikts- und lokale Verwaltungseinheiten. Obwohl formal vom Vizekönig in Mexiko-Stadt abhängig, genoß die *audiencia* bzw. das Generalkapitanat von Guatemala weitgehende Selbständigkeit von Neu-Spanien und verkehrte direkt mit den spanischen Zentralbehörden. Die kirchenorganisatorische Spitze in diesem Gebiet bildete die 1742 zum Erzbistum erhobene Diözese von Guatemala, der die Suffraganbistümer von Honduras, Chiapas und Nicaragua, das auch Costa Rica verwaltete, unterstellt waren. Nicht mehr zum Reich von Guatemala gehörte Panama, das aufgrund seiner besonderen Bedeutung als Warenumschlagsplatz und als Durchgangsstation für die

Zentralamerika um 1790

peruanischen Silberlieferungen nach Spanien einen eigenen *audiencia*-Bezirk bildete, der ab dem 16. Jh. von Peru und nach der endgültigen Gründung des Vizekönigreiches Neu-Granada (1739) von Bogotá abhängig war. Der spanischen Kontrolle entzogen sich das von Engländern besiedelte Belize und die Mosquitoküste, wo die dort ansässige Indianer- und Mischlingsbevölkerung unter der Herrschaft ihrer Könige lebte und mit den dort ebenfalls siedelnden Engländern Handel trieb.

Die bestehenden Verwaltungs-, Wirtschafts- und Sozialstrukturen nachhaltig zu verändern bzw. deren Entwicklung entscheidend zu beeinflussen sowie das Band dazwischen der Metropole und der Kolonie enger zu knüpfen stellten die Ziele der bourbonischen Reformära dar, die ihren Höhepunkt unter der Herrschaft Karls III. (1759–1788) erreichte. Das Zusammenwirken von demographischem Aufschwung, vermehrter Nachfrage nach zentralamerikanischen Produkten und zahlreichen Versuchen unter Karl III., in bisher nicht gekannter Intensität in die Geschicke dieses überseeischen Reiches einzugreifen, lassen die Zeit um 1760 als eine der wichtigsten Zäsuren in der Geschichte Zentralamerikas erscheinen.

A. Bevölkerung

Hatte die Bevölkerungszahl Zentralamerikas nach der spanischen Landnahme infolge von Seuchen, Versklavung und Zwangsarbeit in erschreckender Weise abgenommen, so lassen sich seit dem 18. Jh. Anzeichen eines anhaltenden demographischen Zuwachses erkennen, eine Entwicklung, die bis zum Ende der Kolonialzeit fortdauerte. Veranschlagt man die Zahl der Zentralamerikaner um 1700 auf etwa 650 000, so geht man für das Jahr 1778 bereits auf von 797 214 und für das Jahr 1800 sogar von etwa 1 Mio. aus. Am Ende der Kolonialzeit (1821) schätzt man die Einwohnerzahl auf ca. 1,28 Mio. Menschen.

Entsprechend den geographischen und klimatischen Gegebenheiten konzentrierte sich die Bevölkerung vor allem im Hochland. Eine besondere Siedlungsdichte wiesen dabei die kühlen und gemäßigten Klimazonen des Berglandes von Chiapas und Guatemala auf. Auch an der trockenen, heißen Pazifikküste waren größere Bevölkerungskonzentrationen zu verzeichnen. In diesem Zusammenhang ist vor allem das dicht bewohnte Gebiet des heutigen El Salvador zu nennen. Wenig Einwohner zählten dagegen die dem Atlantik zugewandten Tiefländer und Küstenstreifen mit ihrem ständig feuchten, gesundheitsschädlichen Klima. Eine Ausnahme bildete lediglich die Küste am Golf von Fonseca bzw. am Golf von Honduras zwischen dem Izabal-See und Trujillo. In diesem Abschnitt der honduranischen Küste lagen die für die Verbindung nach Spanien so eminent wichtigen Atlantikhäfen von Santo Tomás, Puerto de Caballos (heute: Puerto Cortés) und Trujillo. Die Bevölkerung des Isthmus konzentrierte sich also vor allem im bergigen Nordwesten der Landenge, wohingegen der Osten und auch der Süden nur dünn besiedelt waren.

Betrachtet man die Verteilung der Bevölkerung am Beispiel einer Erhebung von 1800, so fällt auf, daß im heutigen Guatemala gut die Hälfte aller Menschen wohnten. Überraschend hoch war mit 22 Prozent der Einwohneranteil des kleinen El Salvador. Ein Achtel lebte im heutigen Honduras, und in Nicaragua wohnten 8,4 Prozent der Zentralamerikaner. Mit einem Anteil von nur 4,1 Prozent – das entspricht etwa 40 000 Menschen – bildete das Gebiet des heutigen Costa Rica das Schlußlicht.

Auch die ethnische Zusammensetzung war von markanten regionalen Unterschieden gekennzeichnet. Die indianische Bevölkerung, die gut zwei Drittel der Einwohner stellte, lebte überwiegend im bergigen Nordwesten, in Chiapas und Guatemala. Starke mestizische Einflüsse, deren Gesamtanteil auf etwa 30 Prozent beziffert wird, wiesen vor allem Nicaragua (84 %), El Salvador (54 %) und Honduras auf. Das weiße Bevölkerungselement bildete dagegen eine eindeutige Minderheit, die auf nur etwa 4 Prozent veranschlagt wird und vor allem in den Städten anzutreffen war. Auch in der Bevölkerung Costa Ricas überwogen europäische Züge. Wie im übrigen Lateinamerika nahm die Zahl der Mestizen – auf dem Isthmus *ladinos* genannt – im Laufe des 18. Jh. immer mehr zu. Lag ihr Anteil im Jahre 1700 noch bei etwa 15 Prozent, so war er am Ende der Kolonialzeit bereits auf 33 Prozent angestiegen. Der Anteil der Schwarzen und der Mulatten fiel hingegen, abgesehen von einigen Städten und Küstenstreifen, kaum ins Gewicht.

B. Militär-, Finanz- und Verwaltungsreformen

Den entscheidenden Auslöser für die verstärkten Aktivitäten der bourbonischen Reformpolitik bildete die Besetzung von Havanna durch die Engländer (1762/63), die die Unzulänglichkeit der spanischen Verteidigungsstellungen in der Karibik bloßgelegt hatte. Auch Zentralamerika war während des Siebenjährigen Krieges nicht verschont geblieben, gelang es doch den Briten zusammen mit den verbündeten Mosquitoindianern, widerstandslos in das Innere Honduras', Nicaraguas und Costa Ricas vorzustoßen. Um sich des Eindringens europäischer Korsaren und Händler am Isthmus künftig besser erwehren zu können, betrieb die spanische Krone den Ausbau bzw. die Renovierung der Festungsanlagen an der nur durch wenige Verteidigungsstellungen geschützten Atlantikküste. Die für die zentralamerikanische Küstenwache bedeutendste Neuerung bildete der Bau des Forts Omoa, das die in der Bucht von Honduras gelegenen Häfen schützen sollte und das 1775 vollendet wurde. Dagegen blieben andere Vorhaben bereits in der Planungsphase stecken, und so entzogen sich insbesondere die nicaraguanische und große Teile der honduranischen Küste nach wie vor der spanischen Kontrolle. Im amerikanischen Unabhängigkeitskrieg versuchten die Briten 1780 erfolglos, über den San-Juan-Fluß den Nicaragua-See zu erreichen und das Innere Nicaraguas zu besetzen. Das Gelingen dieses Unternehmens, an dem auch der spätere Admiral Horatio Nelson teilnahm, hätte nicht nur eine Teilung Zentralamerikas, ja Hispanoamerikas zur Folge gehabt. Es hätte den Briten auch die Verfügung über einen geopolitisch wichtigen, für den Handel außerordentlich einträglichen Zugang zum Pazifik verschafft. Seit dieser Zeit ist das geostrategische Interesse an einer Kanalverbindung beider Ozeane an der zentralamerikanischen Landenge nicht mehr zur Ruhe gekommen. Den größten Triumph feierte Spanien, als es in der Londoner Konvention (1786) die Aufgabe der englischen Siedlungen an der Mosquitoküste durchsetzte. Lediglich das Schlagen von Farbhölzern in Belize wurde den Briten gestattet. Dies unterstrich zwar die spanische Souveränität über die Mosquitoküste, doch eine wirkliche Kontrolle vermochte Spanien über die traditionell anglophilen Mosquitoindianer nicht auszuüben. Eine gewisse militärische Stärkung verschafften sich die Spanier auch durch die Bildung von Milizen. Am Ende der Kolonialzeit dienten ca. 22 000 Mann in der Miliz, deren vornehmste Einheit die aus der hauptstädtischen Elite zusammengesetzte Truppe bildete.

Hand in Hand mit den Militärreformen gingen die Bestrebungen zur Reorganisation des Finanzwesens, die die nötigen finanziellen Mittel bereitstellen sollte. Von der Aufgabe der traditionellen Steuerverpachtung und vom Einzug der Abgaben in staatlicher Regie versprach sich die Krone eine wesentliche Steigerung ihrer Einnahmen. Auch die Errichtung staatlicher Monopolverwaltungen sollte ihren Teil zur Erhöhung der Staatseinnahmen beitragen. Hauptbetroffener dieser Reformen war der Stadtrat von Santiago de Guatemala, der bislang stellvertretend für das gesamte Generalkapitanat die Eintreibung der *alcabala* durchgeführt hatte. 1762 kündigte die Krone die Verpachtung auf und betrieb fortan die Steuererhebung durch ihre Beamten. Ebenfalls zu Lasten des Stadtrates ging die Neuordnung des bis dahin von der Hauptstadt kontrollierten Branntweinmonopols. Mit dessen Reorganisation (1766) war ein Produktionsverbot für Branntwein in Zentralamerika verbunden. Die Schaffung eines Tabakmonopols bildete eine weitere wichtige Neuerung. Die Tabakpflanzungen sollten sich auf das honduranische Copán und Gracias de Dios, Gebiete in Chiapas und Nicaragua sowie auf Costa Rica konzentrieren, während in El Salvador und großen Teilen von Chiapas die Kultivierung untersagt wurde. Die vorgesehene regionale Spezialisierung des Anbaus ließ sich jedoch nicht durchsetzen, und so blühte vor allem in Chiapas der Schmuggel.

Die Finanzreformen führten vor dem Hintergrund der guten konjunkturellen Entwicklung zu einer merklichen Umstrukturierung der öffentlichen Einnahmen. Bezog der Staat zu Beginn des 18. Jh. seine Einnahmen noch zu gut 80 Prozent aus einer Kopfsteuer, dem Indianertribut, so sank dessen Anteil bis 1777 auf ein Drittel. Dagegen stieg der Beitrag der indirekten Steuern: Der Anteil der Verkaufssteuern an den Staatseinkünften erhöhte sich von 7 Prozent im Jahr 1700 auf 36 Prozent im Jahr 1770. Mit den Mehreinnahmen konnten u.a. die Kosten für das Fort Omoa und ein Teil der Ausgaben für den Wiederaufbau und die Verlegung der 1773 bei einem Erdbeben schwer zerstörten Hauptstadt beglichen werden.

Für die bislang eher an eine nachsichtige Steuereintreibung gewöhnten Zentralamerikaner bedeuteten diese Neuerungen eine spürbare Zunahme des Abgabendruckes und der Reglementierung des Wirtschaftslebens. So provozierte die Errichtung der staatlichen Tabak- und Branntweinmonopole im November 1766 Unruhen in Stadt und Land. Um die Wogen wenigstens teilweise zu glätten, senkte die Krone schließlich einige Steuersätze. So wurde beispielsweise darauf verzichtet, die Verkaufssteuer, wie ursprünglich vorgesehen, bei Kleinhändlern zu erheben. Die Bevölkerung reagierte auf diese Politik mit illegalem Anbau bzw. Herstellung und Verbrauch sowie mit Schmuggelhandel.

Eine der wichtigsten Reformen unter Karl III. stellte die Einführung des Intendantensystems in Zentralamerika zwischen 1785 und 1787 dar. Mit der Zusammenlegung der obersten Leitung der vier Verwaltungsbereiche (Justiz, Finanzen, Zivilverwaltung und Militär) in der Hand eines Intendanten verband sich die Hoffnung sowohl auf eine Verbesserung der Provinzverwaltung als auch der Amtsführung der dem Intendanten untergebenen Lokal- und Distriktsbeamten. Große Bedeutung kam der territorialen Neuordnung der Provinzen zu. Das Gouvernement von Guatemala selbst blieb nach wie vor unter der Verwaltung des auch als Provinzgouverneur fungierenden Generalkapitäns. Einen Intendanten als obersten Verwaltungsbeamten bekamen die Provinzen Comayagua mit der gleichnamigen Hauptstadt, El Salvador mit dem

Sitz des Intendanten in San Salvador, Chiapas mit dem Zentrum Ciudad Real und das von León aus regierte Nicaragua. Costa Rica blieb Gouvernement, wurde jedoch hinsichtlich der Finanzverwaltung der Kontrolle des Intendanten von Nicaragua unterstellt, was von den Costaricanern mit Unwillen quittiert wurde. Andere administrative Neuordnungen lösten ebenfalls Ressentiments in der Bevölkerung aus. So wurde das Gouvernement Soconusco aufgelöst und Chiapas zugeschlagen. Das aufstrebende Tegucigalpa wurde der Kontrolle Comayaguas unterstellt, was der bereits bestehenden Rivalität der beiden Städte neue Nahrung gab. Auch die Konkurrenz der nicaraguanischen Städte untereinander verschärfte sich, da der in León ansässige Intendant die Kontrolle über Granada ausübte. Die herausragende Bedeutung des Intendantensystems liegt in der Festlegung der Gebiete der heutigen zentralamerikanischen Staaten. Dies trifft insbesondere für das dichtbesiedelte, durch den Indigoanbau wirtschaftlich aufstrebende El Salvador zu, das mit Ausnahme der Finanzverwaltung bislang gänzlich vom Gouvernement Guatemala abhängig war und nun seine verwaltungsmäßige und territoriale Ausformung erfuhr.

C. Wirtschaft und Gesellschaft

Trotz des durch den Physiokratismus gestiegenen Interesses für die landwirtschaftliche Produktion setzte die bourbonische Wirtschaftspolitik nach wie vor auf die Förderung von Edelmetallen. Um den chronischen Mangel an Edelmetallmünzen in Guatemala zu beheben, hatte die Krone bereits 1733 die Prägung durch die neugegründete staatliche Münzstätte *(casa de moneda)* in Santiago de Guatemala verfügt, anstatt – wie bisher üblich – das Edelmetall in Mexiko-Stadt ausmünzen zu lassen. Um der Silberförderung weitere Anreize zu bieten, war von der Krone elf Jahre zuvor eine Senkung ihres Anteils auf die geförderte Silbermenge *(quinto)* von 20 Prozent auf die Hälfte vorgenommen worden. Die 1765 unter dem Vorsitz des Generalkapitäns Pedro de Salazar (1765–1771) eingesetzte Kommission unterbreitete einige Vorschläge zur weiteren Anhebung der Silberförderung. Durch die Bereitstellung verbilligten Quecksilbers und Sprengpulvers versuchte man seit 1766 von staatlicher Seite das Abteufen der Minen zu unterstützen. 1773 wurde der Quecksilberpreis sogar für zehn Jahre eingefroren. Mit der 1780 in Tegucigalpa errichteten Kreditinstitution *(banco de rescate)* verband sich die Hoffnung, durch direkten Aufkauf des gewonnenen Edelmetalls den Silberproduzenten faire Preise bieten zu können, die Stellung der als Zwischenhändler *(rescatadores)* auftretenden Großkaufleute zu untergraben und den Schmuggel nicht deklarierten Silbers zu unterbinden. Doch die weit verstreuten Lagerstätten konzentrierten sich nicht nur auf Tegucigalpa, und viele der kleineren Förderbetriebe blieben somit außerhalb des Aktionsradius der Bank. Zwar stieg die Silberförderung zwischen 1700 und 1750 an, doch registrierte man in der zweiten Jahrhunderthälfte keinen wesentlichen Zuwachs mehr. Waren in den ersten 20 Jahren des Jahrhunderts jährlich etwa 77 000 Pesos ausgemünzt worden, so schwankte zwischen 1760 und 1789 der durchschnittliche jährliche Wert bei etwa 230 000 Pesos. Letztlich gelang es nicht, die tiefsitzenden, strukturellen Probleme des honduranischen Bergbaus zu lösen. Es überwogen kleine Minenbetriebe, die die Erze statt mit dem Amalgamationsverfahren mit der weniger ergiebigen Holzfeuerung schmolzen. Nur wenige Minen verfügten in diesem kapitalintensiven Wirtschaftszweig über eine ausreichende finanzielle Ausstattung, um technologische Neuerungen einführen zu können. Auch fehlte ständig Personal, und so mußten die Minenbetreiber wiederholt um Zuteilung indianischer Arbeitskräfte ersuchen, die jedoch nur bei Übertagearbeiten eingesetzt werden durften. Erfahrene bergmännische Fachkräfte waren schwer zu bekommen. Auch behielten die Großkaufleute ihre beherrschende Stellung. Nach wie vor blieb ihnen das profitable Geschäft des Zwischenhandels, da sie den Minenbetreibern die Waren, Arbeitsgeräte und Quecksilber lieferten bzw. vorfinanzierten.

Angesichts der nur bescheidenen Fortschritte bei der Edelmetallproduktion blieb der Agrarsektor die hauptsächliche Einkommensquelle zwischen Chiapas und Costa Rica. Auf der zentralamerikanischen Landenge waren dabei gewisse regionale Spezialisierungen auf bestimmte Kulturen festzustellen. Die Indigosträucher wurden entlang der Pazifikküste von Soconusco bis zum Nicaragua-See kultiviert, doch konzentrierten sie sich vor allem im südöstlichen Teil El Salvadors. In Chiapas und Guatemala spielte die Baumwollproduktion eine wichtige Rolle. Kakaobohnen erntete man vor allem in Soconusco, in der Umgebung der nicaraguanischen Stadt Rivas und im Matina-Tal in Costa Rica. Die Viehzucht war vor allem in Nicaragua, Honduras und Costa Rica beheimatet.

Ging die indianische Bevölkerung in der Regel auf kleinen Parzellen oder dörflichem Gemeindebesitz noch der traditionellen Subsistenzwirtschaft nach, so bestanden daneben auch landwirtschaftliche Großbetriebe in der Hand von vermögenden Weißen, die für den Markt produzierten. Die Kommerzialisierung der Agrarerzeugnisse stellte aber nicht nur ein Charakteristikum der Latifundien dar, auch der Klein- und Mittelbesitz nahm daran Anteil. Dies galt insbesondere für die in der Nähe städtischer Zentren angesiedelten Kleinbauern sowie für die Indigoproduzenten, von denen um 1750 fast 90 Prozent Klein- und Mittelbesitzer *(poquiteros)* waren und die die Hälfte bis zwei Drittel des gesamten Farbstoffes gewannen. Die Veränderungen der Agrarstrukturen und der Besitzverhältnisse in der Kolonialzeit sind bislang von der Forschung jedoch kaum behandelt worden.

Hinsichtlich des Agrarsektors galt das Interesse der Reformbeamten besonders den Problemen der Indigoproduzenten und der Viehzüchter. Mißstände und Klagen der Betroffenen gaben dem Generalkapitän Matías de Gálvez (1779–1783), dem späteren Vizekönig von Neu-Spanien und Bruder des Indienminsters José de Gálvez, Gelegenheit, in die bestehenden Handelsstrukturen einzugreifen.

Die Gewinnung des für den Außenhandel so wichtigen Indigo litt am Problem des Arbeitskräftemangels, welcher ein ernstes Hindernis für eine Ausweitung der Produktion darstellte. Angesichts der zum Teil gesundheitsschädlichen Arbeit hatte die Krone bereits zur Mitte des 16. Jh. die Beschäftigung des indianischen Bevölkerung in den indigoproduzierten Betrieben *(obrajes de añil)* verboten. Aus Furcht vor rassischen bzw. sozialen Unruhen hatte die *audiencia* die Einfuhr afrikanischer Sklaven lange Zeit sehr restriktiv gehandhabt, und erst 1784 erreichten die Indigobauern die Zulassung farbiger und indianischer Zwangsarbeitskräfte. Weitere konfliktträchtige Bereiche der Farbstoffherstellung bildeten die Vermarktung und die Finanzierung. Wurden die Agrarprodukte normalerweise auf den regionalen Märkten gehandelt, so existierte für Indigo eine zentrale Jahresmesse im salvadorianschen Apastepeque, auf der die Groß- bzw. Überseekaufleute den Ton angaben und entscheidend die Preise bestimmten. Auch zur Finanzierung der zur Verarbeitung nötigen Arbeitsgeräte waren die mittel-

und kleinbesitzenden Indigobauern auf Geld- und Warenkredite der Großkaufleute angewiesen. Im Falle von Zahlungsunfähigkeit kam es in der Regel zur Übernahme der Indigofelder durch die Kreditgeber. Dies war insbesondere während der Heuschreckenplagen (1769–1755) der Fall, was warnende Stimmen vor einem übermäßigen Konzentrationsprozeß laut werden ließ. Die Ausweitung der Anbauflächen für Indigo zeigte auch deshalb negative Folgen, weil sie zu Lasten der Nahrungsmittelerzeugung und der Viehwirtschaft ging. Die nunmehr unzureichend befriedigte Nachfrage nach Nahrungsmitteln und Vieh trieb die Preise in die Höhe. So führten Indigobauern und -hersteller trotz steigender Preise Klage über zu niedrige Einnahmen.

Der Generalkapitän Matías des Gálvez gab schließlich 1780 den Beschwerden der Indigoverkäufer statt und setzte den Preis von 6½ Reales auf 8 Reales hinauf. Des weiteren unternahm Gálvez 1782 den Versuch zur Gründung einer Gesellschaft der Indigoproduzenten, die in San Vicente ihren Sitz haben sollte, wo künftig auch der zentrale Indigomarkt abzuhalten war. Eine staatliche Genossenschaftsbank, deren Kapital aus dem staatlichen Tabakmonopol und einer eigens für diesen Zweck geschaffenen Steuer auf Indigo bestehen sollte, hatte den Indigobauern verbilligte Darlehen zur Verfügung zu stellen. Da die Pflanzer ihre Kredite nicht pünktlich zurückzahlten, erschöpfte sich das zur Verfügung stehende Kapital sehr schnell, wovon die Großkaufleute profitierten, denen es durch Kreditvergaben gelang, mit den Indigobauern weiterhin im Geschäft zu bleiben.

Ungeachtet dieser Schwierigkeiten nahm die Indigoproduktion dank der Nachfrage der europäischen Textilindustrie weiter zu. Für die Zeit vom 1772 liegen keine Daten über die Höhe der Indigoausfuhr vor, doch schätzt man den Export zur Mitte des 18. Jh. auf ca. 400 000 bis 500 000 Pfund (1 Pfund entsprach ca. 460 g), ein Ausfuhrvolumen, das sich in der zweiten Hälfte des 18 Jh. verdoppelte. Wie eine Statistik aus dem Jahre 1778 zeigt, war Spanien mit 92 Prozent der Hauptabnehmer. Von Cádiz aus wurde der Indigo weiter in die westeuropäischen Textilzentren verschifft.

Auch in die Organisation des Viehhandels mischte sich Gálvez ein. Welche marktbeherrschende Stellung das hauptstädtische Handelskapital auf der jährlichen Messe einnahm, geht aus der Tatsache hervor, daß etwa zehn Großhändler gut die Hälfte aller Tiere erwarben. Aufgrund ihrer Kaufkraft vermochten sie die Preise zu bestimmen, was immer wieder zu Klagen der aus der Provinz stammenden Viehzüchter führte, obwohl die Erzeugerpreise seit 1770 beständig stiegen. Die Viehzüchter ihrerseits führten außerdem wiederholt an, daß etwa ein Zehntel bis ein Drittel des Viehs die weiten Wege zur Messe – es mußte aus Costa Rica, Nicaragua und Honduras zur Hauptstadt getrieben werden – nicht überleben würde. Auch läge das Transportrisiko ausschließlich bei den Züchtern. Der königlichen Finanzverwaltung war der herkömmliche Markt ein Dorn im Auge, da auf den langen Wegen Viehbestände ohne Zahlung der Umsatzsteuer verkauft wurden.

Um den Mißständen abzuhelfen, verfügte Gálvez die Verlegung der Messe ins weiter südlich gelegene salvadorianische Chalcuapa, wofür er den scharfen Protest des Stadtrates von Guatemala-Stadt erntete, der die hauptstädtische Wirtschaftselite repräsentierte. Doch auch die Viehhändler zeigten sich unzufrieden, legte der Generalkapitän doch gleichzeitig auch die Preise fest. Damit konnten sie nicht einverstanden sein, bestand doch bei der großen Nachfrage die Aussicht auf Erlöse, die über den staatlich fixierten Sätzen lagen. Gálvez' Nachfolger, der Generalkapitän José de Estacheria

(1784–1789), gab dem Druck der Großkaufleute nach, wodurch die Hauptstadt wieder die Herrschaft über den Markt errang.

Trotz zahlreicher Konflikte zwischen hauptstädtischen Großkaufleuten und den Produzenten von Silber, Indigo und Vieh in der Provinz *(provincianos)* vermochte der staatliche Dirigismus nicht, bessere Regelungen an die Stelle der bestehenden Strukturen zu setzen. Die Eingriffe der Reformbürokratie auf diesen Gebieten zeitigten keine Erfolge, da sich letztlich die Finanzkraft der Großhändler durchsetzte. So bestanden die Konflikte zwischen der Hauptstadt und den *provincianos* fort und stellten eine schwere Hypothek für die Beziehungen innerhalb des Generalkapitanats dar.

Neben den Eingriffen in die Marktstrukturen strebte die Krone die Änderung der Handelsrouten im Binnenland und ins Mutterland an. Bis zur Mitte des 18. Jh. gingen die entscheidenden Handelsströme von der Hauptstadt aus. Obwohl diese für zentralamerikanische Verhältnisse vom Atlantik aus relativ leicht zu erreichen war – konnte man doch ostwärts nach Überquerung weniger Bergketten an den Izabal-See gelangen, von wo aus man über den Río Dulce in den Golf von Honduras kam –, bevorzugten die Zentralamerikaner den Weg über das mexikanische Veracruz, damit die Güter nicht in die Hände englischer Freibeuter fielen. Im Zuge der Liberalisierung des Handels *(comercio libre)* sollte der Warenverkehr am Atlantik gestärkt werden. 1760 gestattete die Krone von Omoa aus den direkten Handel mit Kuba. 14 Jahre später wurden Handelsbeschränkungen unter den spanischen Pazifikhäfen gelockert. Mit der Einführung des *comercio libre* im Jahr 1778 wurden Omoa, Santo Tomás und ab 1782 Trujillo zu „Freihäfen", d.h. der Handel mit Spanien konnte nun auch über diese Häfen abgewickelt werden.

Der Generalkapitän Gálvez favorisierte ferner eine Änderung des Binnenverkehrs, ein Projekt, das einmal mehr darauf abzielte, den Einfluß der Großkaufleute zu schmälern. Anstatt den Farbstoff und andere Produkte über die Hauptstadt zu leiten, sollte nunmehr der Weg über das südlicher gelegene Zacapa und von dort entlang des Motagua-Flusses an den Golf von Honduras verlaufen. Die Güter sollten dann von Omoa aus verschifft werden. Wegen der nach wie vor ungebrochenen Marktposition der Überseekaufleute und der unzureichenden Infrastruktur in Omoa selbst scheiterte dieser Plan ebenso wie der Versuch Gálvez', diesen Hafen zum einzigen Atlantikhafen zu machen.

Eine eigene Entwicklung nahm der Außenhandel des Gouvernements Costa Rica, dessen Kakaoproduktion ab 1770 stark anstieg. Angesichts der großen Entfernung zur Hauptstadt und der unzureichenden Landwege suchte man nach einer günstigeren Handelsroute und orientierte sich dabei nach Panama und nach dem kolumbianischen Cartagena. 1787 genehmigte Karl III. eine Schiffsverbindung von Matina nach Cartagena. Über diese Verbindung exportierte die südliche Provinz ihren Kakao nach Europa. An der Pazifikküste verdankte der Hafen Punta Arenas seinen Aufschwung ab den 1770er Jahren vor allem dem Wachstum der Tabakindustrie.

Im Zuge der weiteren Dynamisierung des Handels erhielt schließlich auch Granada in Nicaragua 1796 den Status eines Freihafens. Auch die Kaufleute dieser Regionen begannen, von ihrer traditionellen Fixierung auf die Hauptstadt des Generalkapitanats etwas abzurücken und sich nach Süden hin zu orientieren. Um 1800 verkehrten zwischen Cartagena und Nicaragua jährlich bis zu 18 Schiffe.

Zwar erwuchs den hauptstädtischen Großkaufleuten durch die Handelserleichterungen und neue Transportrouten eine gewisse Konkurrenz, doch diese hielten nach wie vor das Heft fest in der Hand. In den 1790er Jahren passierten gut 89 Prozent der in Omoa umgeschlagenen Güter die Hauptstadt. Trotz der königlichen Erlaubnis für weitere spanische Häfen, nunmehr Zentralamerika ansteuern zu dürfen, kam das Gros der Frachten aus Cádiz. Diese Verbindung der Hauptstadt zum andalusischen Hafen bestimmte bis zum Ende der Kolonialzeit den Überseehandel.

Vor dem Hintergrund des allgemeinen wirtschaftlichen Aufschwungs konnte der Freihandel gute Erfolge vorweisen. Durch ihn veränderten sich die Außenhandelsbeziehungen Zentralamerika drastisch. Kam vor der Einführung des Freihandels dem Warenverkehr mit Mexiko und dem Austausch mit Neu-Granada und Peru über den Pazifik große Bedeutung zu, so trat dieser Handel immer mehr zugunsten des Atlantikverkehrs zurück. Hinsichtlich des Handelsvolumens war ein bemerkenswerter Zuwachs zu verzeichnen. Bezifferte sich 1742 der Wert der importierten Waren auf etwa 400 000 Pesos, so führte man am Ende der Regierungszeit Karls III. über die Häfen jährlich Güter im Wert von 1,75 Mio. Pesos ein. Es ist jedoch unmöglich, den realen Zuwachs im Handelsverkehr zu bestimmen. Manche Produkte mögen einfach vom traditionell benutzten Weg über den mexikanischen Hafen Veracruz auf den direkten Seeweg umgeleitet worden sein. Es ist aber bemerkenswert, daß trotz der neuen Seefahrtsrouten die Zolleinnahmen für aus Mexiko eingeführte Güter nach 1778 nicht zurückgingen, ja sogar eine leichte Steigerung aufwiesen. Auch der Umfang und die Entwicklung des Schmuggelhandels sind nicht abzuschätzen.

Die bourbonische Reformpolitik und die wirtschaftliche Entwicklung verursachten gesellschaftliche Veränderungen, von denen alle sozialen Gruppen erfaßt wurden. Dies traf insbesondere für den Klerus zu, der sich einer verstärkten Kontrolle durch den bourbonischen Regalismus ausgesetzt sah. Den Auftakt zu einer Reihe von Reformen bildete 1717 das Verbot, neue Klöster zu bauen, eine Bestimmung, die darauf abzielte, die Zahl der Kleriker in Zentralamerika zu begrenzen. Da die Krone die institutionelle Eigenständigkeit der Orden mit Mißtrauen beobachtete, entzog sie ab 1754 den Franziskanern, Dominikanern und Mercedariern, die traditionell die Landpfarreien am Isthmus beherrschten, die Gemeinden und übertrug sie den als besser kontrollierbar geltenden Weltgeistlichen. Einen Höhepunkt regalistischer Politik bildete 1767 die Vertreibung der Jesuiten, die bei der zentralamerikanischen Elite, deren Erziehung die Societas Jesu übernommen hatte, Befremden auslöste. Einen weiteren Stein des Anstosses bildete das umfangreiche Kirchenvermögen. So besaßen z.B. die Dominikaner Zuckerraffinerien und umfangreiche Viehbestände. Häuser, Land und Viehherden gehörten den zahlreichen Laienbruderschaften, von denen im Jahre 1775 allein im Erzbistum Guatemala 1963 gezählt wurden. Kredite konnten die Zentralamerikaner bei den kirchlichen Institutionen bekommen, die über die Einkünfte aus Hypotheken und Barschaften verfügten. Die Kritik am umfangreichen Besitz der Toten Hand, dem man eine unzureichende wirtschaftliche Nutzung unterstellte und den man zugunsten des als dynamischer geltenden Privatbesitzes vermindert wissen wollte, zeitigte erst praktische Konsequenzen, als die Krone beschloß, zur Tilgung der Staatsverschuldung zwischen 1805 und 1809 die Vermögen von Bruderschaften, Frommen Stiftungen und Hospitälern zu säkularisieren. Mit Bruttoeinnahmen von 1,56 Mio. Pesos steuerte das Generalkapitanat 10 Prozent der gesamten Einnahmen aus der Desamortisation in Hispanoamerika bei.

Daß auch die wirtschaftliche und gesellschaftliche Elite des Generalkapitanats durch die Reformpolitik entscheidende Veränderungen erfuhr, ist im Falle der Groß- bzw.

Überseekaufleute bereits mehrmals angeklungen. Dies trifft insbesondere auch auf den Stadtrat der Hauptstadt zu, in dem die großen Kaufmanns- und Großgrundbesitzerfamilien vertreten waren. Zur Reformpolitik im Bereich der Wirtschaft, die immer auch den Stadtrat bzw. seine Mitglieder betraf, kam schon vor Karl III. eine für das Stadtregiment einschneidende Verwaltungsmaßnahme. 1753 beschloß die Krone eine spürbare Verkleinerung des vom Stadtrat kontrollierten Umlandes *(corregimiento de valle)* mit seiner bemerkenswerten Nahrungsmittel- und Textilproduktion, indem man zwei neue Lokalbezirke schuf. Als das schwere Erdbeben von 1773 die alte Hauptstadt Santiago de Guatemala (heute Antigua) so sehr zerstörte, daß die Krone die Verlegung und den Wiederaufbau in einem etwa 40 km entfernten Tal verfügte (Nueva Guatemala bzw. Guatemala-Stadt), verlor der Stadtrat weitere wichtige Kompetenzen, da die Umsiedlung ausschließlich vom Generalkapitän geleitet wurde. Zwischen 1777 und 1787 verfügte dieser als Präsident der *audiencia* sogar über das Recht, Ratsstellen zu besetzen. Traditionell dem Stadtrat zustehende Befugnisse im Bereich der öffentlichen Ordnung, der Lebensmittel- und Wasserversorgung zog der Generalkapitän ebenfalls an sich. Auch die Neuorganisation der Stadtviertel und gewisse kommunalen Aufgaben wurden den Richtern der *audiencia* übertragen. Die zunehmende Beschneidung der Rechte des Stadtrates wog um so schwerer, als dieser die einzige Institution war, die den Kreolen als Sprachrohr für ihre politischen Interessen zur Verfügung stand. Die hochrangigen Stellen in der Verwaltung waren ausschließlich den Spaniern vorbehalten. So war 1808 unter den sieben Richtern am Gerichtshof nur ein Kreole, der allerdings nicht vom Isthmus selbst stammte.

Die Ausweitung des Handels zog seit der ersten Hälfte des 18 Jh. viele Kaufleute aus Spanien an. Zu den prominentesten Einwanderern zählte die aus dem Baskenland stammende Familie Aycinena. Juan Fermín Aycinena (1729–1796) ließ sich etwa um 1754 in Guatemala-Stadt nieder, bestätigte sich im Farbstoff- und Überseehandel und erwarb im Laufe der Zeit ein halbes Dutzend Indigoplantagen. Durch Heirat mit anderen, einflußreichen kreolischen Familien wurden die Aycinenas zu einem wirtschaftlich und politsch bestimmenden Faktor. Mit dem Erwerb des Titels Marqués im Jahre 1780 – des einzigen Titels dieser Kategorie in Zentralamerika überhaupt – unterstrich Aycinena seine gesellschaftliche Bedeutung.

Vor dem Hintergrund des Indigobooms und der Ausweitung des *comercio libre* ließen sich seit 1770 weitere spanische Neuankömmlinge nieder. Ihnen war es im Gegensatz zu früher nicht mehr so leicht möglich, durch Heirat von Kreolinnen Eingang in die alteingesessenen Familien zu finden. Erste Spannungen im Generalkapitanat wurden bereits im Jahr 1755 in San Salvador bei der Besetzung der Stadtratsämter deutlich. Die Kontrolle des Indigohandels ging aber nach wie vor von einigen wenigen kreolischen Großkaufleuten aus, da zehn führende Händler 45 Prozent dieses Geschäftes auf sich vereinigten. Der vermögende Händler Aycinena besaß allein einen Anteil von 11 Prozent am Farbstoffgeschäft. Ein Dualismus unter den Kaufleuten bahnte sich erst an, als im Jahr 1793 die Kaufmannsgilde *(consulado)*, die auch die Rechtsprechung in Handelsangelegenheiten innehatte, gegründet wurde. Während der Stadtrat, und insbesondere die Gruppe um Aycinena, für eine völlige Liberalisierung des Außenhandels eintrat, hielt der mehrheitlich von Spanien gebildete *consulado* die Aufrechterhaltung gewisser Handelsrestriktionen zugunsten spanischer Häfen für nötig.

Daß die indianische Bevölkerung von den wirtschaftlichen und sozialen Veränderungen sehr ungleichmäßig erfaßt wurde, lag an der regional unterschiedlich ausgeprägten Einbindung dieser Gruppen in die koloniale Wirtschaft und Gesellschaft. So blieben die im kühlen Bergland nördlich und westlich von Guatemala-Stadt lebenden indianischen Völkerschaften auch im 18. Jh. ihrer traditionellen Wirtschafts- und Lebensweise weitgehend treu. Die 1747 von der Krone erlassene Verfügung, den Indianertribut nunmehr in Bargeld und nicht mehr in Naturalien zu bezahlen, zielte darauf ab, weitere Teile der indianischen Bevölkerung mit der Geldwirtschaft vertraut zu machen. Mit der Übertragung der Gemeinden an Weltgeistliche verband sich ebenfalls die Absicht, die von den Regularklerikern weitgehend in ihren indianischen Traditionen belassenen Gebiete – so respektierten die Orden z. B. die Indianersprachen – durch die Weltgeistlichen einer stärkeren Hispanisierung zuzuführen. Die stärker in die koloniale Wirtschaft integrierten Indianer im Umkreis der Städte und der wichtigen Bergbauzonen und Agrargebiete sahen sich einem steigenden Anpassungsdruck ausgesetzt. So nahmen die Verpflichtungen zum Arbeitsdienst in der Silberproduktion, bei der Farbstoffgewinnung und bei öffentlichen Arbeiten wie z. B. dem Straßenbau zu. Impulse erhielt das indianische Gewerbe durch die vermehrte Tuch- und Lebensmittelnachfrage der silber- und indigoproduzierenden Zonen, wenngleich über den Umfang und die Struktur dieser handwerklichen Produktion keine weiteren Aussagen gemacht werden können, da diese Frage bislang kaum behandelt wurde. Die durch den verstärken Warenaustausch geförderten sozialen Kontakte schlugen sich nicht zuletzt auch in einer steigenden Zahl von Mestizen nieder.

Die indianisch-mestizische Bevölkerung verlieh ihrem Unmut in mannigfachen Formen des sozialen Protestes gegen Steuererhöhungen, staatliche Monopole oder Mißbräuche der Verwaltung Ausdruck. Gelegentlich war sogar die Entsendung von Truppen notwendig. Aufs Ganze gesehen blieben die Revolten jedoch lokal und zeitlich begrenzt und erreichten nicht die Ausmaße der überregionalen Steuerproteste in anderen Teilen Hispanoamerikas.

D. Kultur und geistige Strömungen

Der intensive Handelsverkehr, die verbesserten Postverbindungen mit dem Mutterland und der Zuzug zahlreicher spanischer Neuankömmlinge bewirkten einen Zustrom neuer Ideen und Einflüsse. Von den aus Spanien kommenden Architekten Pedro Garci-Aguirre, dem späteren Direktor der Zeichenschule, Marco Ibañez und Antonio Berasconi wurden in Guatemala die ersten Bauwerke in klassizistischem Stil errichtet. Französische Offiziere und Ärzte, die sich ab Mitte des 18. Jh. zeitweilig in der Region aufhielten, brachten neue Anregungen nach Guatemala. Mit dem Schmuggelhandel kamen nicht nur englische und französische Waren ins Land, auch Bücher fanden auf diesem Weg ihre Leser. Der geistige Umbruch auf dem Isthmus wurde besonders in den 1780er und 1790er Jahren spürbar. Das Reich von Guatemala erlebte gegen Ende der Kolonialzeit die größte kulturelle Blüte während der gesamten spanischen Herrschaft. Die Unterrichtspläne der Universität von San Carlos wurden in den 1780er Jahren von dem aus Costa Rica stammenden Franziskaner José Antonio Liendo de Goicoechea (1735–1814) durch die Einbeziehung neuer naturwissenschaftlicher Methoden und Erkenntnisse reformiert. Welche Bedeutung dem Wirken dieses

Theologieprofessors zukommt, verdeutlicht die Tatsache, daß allein 13 Unterzeichner der Unabhängigkeitserklärung von 1821 bei ihm studiert hatten. 1780 erhielt José Felipe Flores, ein Freund Goicoecheas, den ersten von der Universität San Carlos verliehenen Doktorhut der Medizin. Ihm ist die Einführung der Pockenschutzimpfung in Zentralamerika zu verdanken. Die Etablierung einer vom Staat kontrollierten medizinischen Standesorganisation *(protomedicato)*, die die Überwachung der ärztlichen Ausbildung und Berufsausübung zur Aufgabe hatte, erfolgte im Jahre 1793. Ausdruck des gestiegenen Interesses an den Fortschritten der Naturwissenschaften und der Medizin war auch die Gründung eines chirurgischen Kollegs im Jahre 1804 in der Hauptstadt.

Die Errichtung von Gewerbeschulen, einer Zeichenschule und eines botanischen Gartens ging auf die Initiative der 1795 gegründeten *Sociedad Económica de Amigos del País* zurück. Diese von dem Richter *(oidor)* der *audiencia* Jacobo de Villaurrutia (1752–1833) gegründete Gesellschaft interessierte sich vor allem für konkrete Verbesserungen auf dem Gebiet von Landwirtschaft und Gewerbe sowie im Bereich der Erziehung. Der aus Santo Domingo stammende Villaurrutia hatte einen großen Teil seines Lebens in Spanien verbracht und war aus eigener Anschauung mit den Ideen des aufgeklärten Absolutismus bestens vertraut. Unter seiner Ägide plädierten die Geistlichen, Freiberufler und hohen Beamten, die die Vereinigung trugen, u. a. für eine Abkehr von der Monokultur des Indigo und schlugen den vermehrten Anbau anderer gewerblicher Nutzpflanzen wie Kakao, Baumwolle oder Flachs vor, was ihnen von seiten der Großgrundbesitzer harsche Kritik eintrug.

Das Aufkommen neuer Ideen machte sich auch auf dem Gebiet der politischen Philosophie bemerkbar. Die Werke der Aufklärung waren, wie die Aktivitäten der gegen die Neuerungen ankämpfenden Inquisition zwischen 1790 und 1812 an den Tag brachten, auch in den Bibliotheken Guatemalas zu finden. Über Politik und Geistesleben Europas konnten sich die Zentralamerikaner aus der 1797 gegründeten *Gaceta de Guatemala* informieren.

Eine wichtige geistige Strömung von höchster kultureller und politischer Bedeutung stellte das in Guatemala im Laufe der Kolonialzeit gewachsene Eigenbewußtsein, der Kreolismus der Zentralamerikaner, dar. Wichtigstes Zeugnis der kreolischen Identität auf dem Isthmus war bis zum Ende der spanischen Herrschaft die Schrift von Antonio de Fuentes y Guzmán (1642–1699) *Recordación florida* (1695), in der die Geschichte Zentralamerikas aus kreolischer Sicht dargestellt wurde. Überschwenglich pries er die Schönheit der Landschaften Guatemalas, seiner Flora und Fauna und die Architektur seiner Hauptstadt. Den schon zu seiner Zeit vorgetragenen Ansichten über die alle Bereiche umfassenden Minderwertigkeit Amerikas – sie erhielt durch die Schriften von Buffon und de Pauw zur Mitte des 18. Jh. neue Nahrung – hielt Fuentes y Guzmán entgegen, daß viele Kreolen ihre Ursprünge auf die Konquistadoren zurückführen könnten, Vorfahren, die mit Mut und hoher militärischer Leistung das Ansehen der spanischen Krone gemehrt hätten. Zum Nachweis der kulturellen Gleichwertigkeit Zentralamerikas zog er auch die indianischen Hochkulturen als Beleg heran. Er verwies auf die an ägyptische Obeliske erinnernden Stelen und die großen pyramidenförmigen Tempel der indianischen Ureinwohner. In seiner Schrift deutete er sogar eine Verwandtschaft der indianischen Völkerschaften mit israelitischen Stämmen der Bibel an. Gespalten war er – wie auch seine Landsleute ein Jahrhundert später – in der

Beurteilung der zu seiner Zeit lebenden Indianer. Zwar räumte Fuentes y Guzmán deren kulturellen Verfall ein, doch glaubte er, das Los der Ureinwohner durch Erziehung verbessern zu können. Vehement zog er gegen die Benachteiligung der Amerikaner bei der Bestellung von Beamten zu Felde, ein Punkt, der vor dem Hintergrund der zum Teil offen kreolenfeindlichen Politik des aufgeklärten Absolutismus von brisanter Aktualität war. Daß seine Auffassungen auch ein Jahrhundert später für das Selbstverständnis der Kreolen repräsentativ waren, zeigt z.B. die zu Beginn des 19. Jh. herausgegebene Geschichte der Stadt Guatemalas des Kreolen Domingo Juarros, die sich am Werk von Fuentes y Guzmán orientierte. Ab 1797 bildete die *Gaceta de Guatemala* das Sprachrohr des Kreolismus.

Obwohl die Krone viele der Neuerungen guthieß und förderte, beobachtete sie manche Aktivitäten der Zentralamerikaner mit wachsendem Mißtrauen. So provozierten insbesondere die Ansichten der „Ökonomischen Gesellschaft" und der *Gaceta de Guatemala* im Laufe der Zeit harsche Gegenreaktionen. Unter dem Vorwand der Papierknappheit verfügte 1798 der Generalkapitän José Domas y Valle (1794–1801) die kurzzeitige Einstellung der Zeitung. 1800 mußte die „Ökonomische Gesellschaft" ihre Tätigkeit auf Geheiß der Krone beenden. Auch die Inquisition wurde wiederholt gegen die Verbreitung moderner Strömungen tätig. Aufs Ganze gesehen hatte sich Zentralamerika am Ende der Kolonialzeit in einem bis dahin nicht gekannten Maße den geistigen und kulturellen Strömungen der übrigen Welt geöffnet.

E. Das Zeitalter der Revolutionskriege

Mit dem Ausbruch der auch nach Amerika übergreifenden Revolutionskriege fand um die Jahrhundertwende die wirtschaftliche Blüte Zentralamerikas ein jähes Ende. Die fast ausschließlich auf dem Export eines einzigen Produktes basierende Wirtschaft des Isthmus litt unter der Unterbrechung der Schiffahrtswege, die auch durch die Zunahme des Schmuggelhandels mit den verfeindeten Briten und durch den ab 1797 erlaubten Handel mit neutralen Ländern nicht wettgemacht werden konnte. Exportierte das Generalkapitanat zwischen 1797 und 1801 noch jährlich etwa 1 Mio. Pfund Indigo, so waren es zwischen 1814 und 1818 lediglich durchschnittlich 375 298 Pfund. Die wirtschaftliche Depression machte sich auch in einem deutlich geringeren Zoll- und Steueraufkommen bemerkbar. Begleitet wurde dieser Niedergang durch eine Heuschreckenplage zwischen 1802 und 1805, die sowohl die Farbstoff- als auch die Lebensmittelproduktion beeinträchtigte und zu beträchtlichen Preissteigerungen führte. Zu diesen konjunkturellen Schwierigkeiten gesellte sich ein struktureller Wandel auf dem Weltmarkt, der den eigentlichen Grund für den Niedergang des Farbstoffexports bildete. Zentralamerika waren am Ende des 18. Jh. durch die venezolanische, vor allem aber durch die indische Indigoproduktion wichtige Konkurrenten erwachsen. Der Hauptabnehmer England versorgte sich nunmehr mit asiatischem Farbstoff.

Die Nachricht von der Gefangennahme des spanischen Königs und die Inthronisierung Josephs I. auf dem spanischen Thron traf Zentralamerika in einem Augenblick wirtschaftlichen Niedergangs und vielfacher regionaler und sozialer Spannungen. Zunächst gelobten die Zentralamerikaner dem abgesetzten König Ferdinand VII. die Treue. Dem Aufruf zur Entsendung von Deputierten der einzelnen hispanoamerikanischen Regionen zur Verfassunggebenden Versammlung nach Spanien kam man auch auf dem Isthmus nach. Unter den sechs Abgeordneten, die Zentralamerika in Cádiz vertraten, waren drei Geistliche: Antonio Larrazábal (Guatemala), Florencio Castillo (Costa Rica) und Mariano Robles (Chiapas); zwei waren Rechtsanwälte: Antonio López de Plata (Nicaragua) und José Ignacio Avila (El Salvador). Schließlich saß mit José de Aycinena sogar ein Zentralamerikaner, als einziger Repräsentant Hispanoamerikas übrigens, im Staatsrat in Cádiz. Die Diskussionen der Konstituante förderten deutliche Interessenunterschiede zwischen Spaniern und Amerikanern zutage. Unzufriedenheit herrschte über die als unzureichend empfundene Repräsentation der amerikanischen Reiche gegenüber dem Mutterland und die den amerikanischen Interessen zuwiderlaufende Handelspolitik, hielten doch die Cádizer Kaufleute bei aller liberalen Rhetorik am alten kolonialen Handelssystem fest. Aber auch unter den zentralamerikanischen Deputierten tat sich eine Kluft auf. Sie nutzten die Versammlung, um durch die Forderung nach neuen Verwaltungs- und Kultureinrichtungen die Stärkung der Autonomie der einzelnen Provinzen zu erwirken. Der Costaricaner Castillo erreichte u.a. die Erhebung der Ortschaft San José zur Stadt *(villa)*. Die Gründung eines Bistums für Costa Rica wurde ihm ebenfalls zugestanden, doch dauerte die Verwirklichung dieser Forderung noch bis 1825. Auch der Vertreter El Salvadors, Avila, forderte eine eigene Diözese, die 1824 eingerichtet wurde. Die Gründung eines Priesterseminars fand sich im Forderungskatalog des Geistlichen Mariano Robles, der im Oktober 1812 Manuel Llano als Vertreter Chiapas' ablöste und der des weiteren den Bau eines Kanals durch den Isthmus von Tehuantepec anregte. Für Nicaragua forderte der Pater López de Plata erfolgreich die Verfügungsgewalt über die Kircheneinnahmen des Bistums ohne die vorherige Rücksprache mit dem Erzbischof von Guatemala und die Erhebung des Theologischen Seminars zur Universität, die schließlich 1816 erfolgte. Sein Projekt eines durch Nicaragua führenden interozeanischen Kanals stieß jedoch auf ebensowenig Resonanz wie seine Forderung nach einem eigenen Gerichtshof in seiner Provinz. Die Tätigkeit des honduranischen Abgeordneten José Francisco Morejón war geprägt vom Mißtrauen zwischen seiner Heimatstadt Comayagua und Tegucigalpa. Seine Forderung nach der Unterstellung der bislang vom Generalkapitän verwalteten Freihäfen von Omoa und Trujillo unter die Aufsicht Comayaguas wurde jedoch nicht erfüllt. So läßt sich zusammenfassend feststellen, daß die Tätigkeit der Deputierten dem Regionalismus in Zentralamerika weiteren Vorschub leistete.

Unter diesen dramatischen Umständen versuchte der Generalkapitän Carlos Bustamante y Guerra (1811–1817) die Interessen Spaniens zu wahren. Nach anfänglich guter Zusammenarbeit zwischen ihm und dem Stadtrat von Guatemala wurde das Verhältnis jedoch durch wachsendes Mißtrauen getrübt. Bustamante, der im Grunde mehr der Politik eines aufgeklärten Absolutismus als den Ideen der liberalen Verfassung von Cádiz zuneigte, ließ 1812 Wahlen zum Stadtrat durchführen. Dabei kam es zum Einzug vieler neuer Familien in dieses Gremium. Dagegen verzögerte Bustamante die Wahlen zu den Provinzdeputationen *(diputación provincial)*, einer von den liberalen *cortes* in Spanien geschaffenen neuen Institution, die dem Generalkapitän in einer Provinz als beratendes und ausführendes Organ an die Seite gestellt wurde, wodurch dessen Handlungsfreiheit eine Einschränkung erfuhr. Solch neue Provinzgremien waren in Zentralamerika für Guatemala und León (Nicaragua und Costa) vorgesehen, doch kam es erst 1813 zu Wahlen und ihrer Etablierung. Die Rückkehr Ferdinands VII. und die Aufhebung der Verfassung beendeten 1814 das konstitutionelle Experiment.

Während in Neu-Spanien eine überregionale Sozialrebellion unter den Priestern Hidalgo und Morelos ausbrach, die auch auf den Isthmus überzugreifen drohte, gab es in Zentralamerika selbst nur kurzzeitige, lokale Unruhen. Vor dem Hintergrund der politisch instabilen Lage und der Wirtschaftskrise kam es unter dem Geistlichen José Matías Delgado und dem Liberalen Manuel José de Arce im November 1811 zur Absetzung des spanischen Intendanten in San Salvador. Daß es nur mit Hilfe der von den hauptstädtischen Großkaufleuten Aycinena und Peynado befehligten Truppen gelang, die Revolte zu unterdrücken, belastete einmal mehr das Verhältnis El Salvadors zu Guatemala. Ende 1811 griffen die Unruhen auch auf Honduras und Nicaragua über. In deren Verlauf wurde der Intendant in León ebenfalls abgesetzt. Darüber hinaus hatten sich die Rivalitäten unter den Provinzstädten verschärft. In Nicaragua lag das wirtschaftlich dynamische Granada mit León, dem Sitz des Intendanten, im Streit, und das aufstrebende Tegucigalpa rivalisierte mit der Intendanten- und Bischofsstadt Comayagua um Einfluß.

F. Unabhängigkeit (1820/21)

Nach der Wiedereinsetzung der liberalen Verfassung im Jahre 1820 wurden abermals Wahlen zu den Stadträten und Provinzdeputationen abgehalten. Mit der Wiedereinführung der Pressefreiheit entstanden Zeitungen, deren Leserschaft sich zu Parteigruppierungen formierte. Das protoliberale Lager der *cacos* (Diebe) bildete sich um den Herausgeber der Zeitschrift *El Editor Constitucional,* den aus dem Mittelstand stammenden Arzt Pedro Molina. Zu diesem Kreis gehörten die für Freihandel plädierenden Großhandelsfamilien, namentlich die Aycinenas, und die Mittelschicht der auf politischen Liberalismus hoffenden Freiberufler, die sich von einer neuen sozialen und staatlichen Ordnung weitere soziale Aufstiegschancen versprachen. Diese Gruppe drängte schließlich zur Unabhängigkeit. Das konservative Lager der *bacos* (Betrunkene) trat für Verbesserungen innerhalb des bestehenden Kolonialsystems ein. Ihr Publikationsorgan, *El Amigo de la Patria,* wurde von dem aus Honduras gebürtigen und vormals in den Diensten Bustamantes stehenden Rechtsanwalt José Cecilio del Valle herausgegeben. Unterstützt wurde dieses Lager von jenen Kaufleuten, die nicht zur kreolischen Oberschicht gehörten und die am Spanienhandel festhalten wollten, der Bürokratie und den kleinen Textilproduzenten und Gewerbetreibenden, die angesichts der auf den Markt drängenden englischen Waren um ihre Absatzchancen bangten. Aus den Wahlen zum Stadtrat von Guatemala-Stadt ging der gemäßigt konservative José Cecilio del Valle als Sieger hervor, während die *cacos* in der Provinzdeputation Guatemalas die Mehrheit errangen. Die Entwicklung auf der zentralamerikanischen Landenge wurde im Frühjahr 1821 entscheidend von den Ereignissen in nördlichen Nachbarland Mexiko beeinflußt, das sich im Plan von Iguala vom 24. Februar 1821 zur von Spanien unabhängigen Monarchie erklärt hatte. Die Warnung des Generals und späteren Kaisers Iturbide, ein spanientreues Zentralamerika stelle für Mexiko eine Gefährdung der Sicherheit dar, beschleunigte die Loslösung Zentralamerikas vom Mutterland. Nachdem sich Ende August 1821 einige Städte in Chiapas ebenfalls für unabhängig erklärt hatten, vollzog schließlich eine vom interimistisch amtierenden Generalkapitän Gabino Gaínza einberufene Notablenversammlung, bestehend aus dem Stadtrat, der Provinzdeputation, der Kaufmannsgilde und Kirchenvertretern, den

Bruch mit Spanien. Unter dem Beifall der Stadtbevölkerung rief Gabino am 15. September 1821 die Unabhängigkeit Guatemalas aus. Dieser Schritt wurde in den Provinzen von den Stadtratsversammlungen ebenfalls nachvollzogen. Gleichzeitig erhoben sich in den verschiedenen Landesteilen Stimmen, die eine Aufkündigung der Beziehungen zu Guatemala forderten. In San Salvador erklärte am 28. September 1821 eine liberale Junta El Salvador für selbständig. In Nicaragua verkündete die in León ansässige Provinzdeputation ihre Unabhängigkeit von Guatemala als auch von Spanien (11.10.1821). In Honduras entzündete sich an der Frage des Anschlusses der unabhängigen Provinz ein Streit zwischen dem zu Mexiko neigenden Comayagua und dem zu Guatemala tendierenden Tegucigalpa. Costa Rica, das am 27. Oktober 1821 die Trennung vom Mutterland vollzog, ließ vorerst noch offen, wem es sich anschließen wollte; einige Stimmen befürworteten sogar eine Union mit Großkolumbien. Insgesamt war die Frage der Unabhängigkeit und der zukünftigen staatlichen Ordnung ein von der ökonomischen und sozialen Elite Zentralamerikas bestimmtes Thema, wohingegen die Masse der Bevölkerung diesem Problem gleichgültig gegenüberstand. Verglichen mit anderen Teilen Hispanoamerikas hatte das Generalkapitanat seine Unabhängigkeit relativ friedlich erreicht, doch folgten nach der Erringung der staatlichen Selbständigkeit blutige Kämpfe. Nach 1821 läßt sich eine zunehmende Militarisierung auf dem Isthmus beobachten, die von regionalen und lokalen *caudillos* und deren Truppenverbänden geprägt wurde.

Zwei politische Entwürfe zur Entwicklung der staatlichen Ordnung bildeten sich heraus, die sich nun zusehends unversöhnlicher gegenüberstanden. Die Konservativen, zu denen die kreolische Oligarchie der Großkaufleute und Großgrundbesitzer, die Spitzen der Bürokratie und der Klerus gehörten, sprachen sich für eine Anknüpfung an die kolonialen Institutionen und Traditionen aus. Der Unitarismus, d.h. das Fortbestehen der alten kolonialen Einheit Zentralamerikas, bildete ebenfalls einen Kernpunkt ihres Anliegens, was angesichts der herrschenden wirtschaftlichen und politisch-administrativen Verhältnisse auf ein Übergewicht Guatemalas hinauslief. Desgleichen wollten die Konservativen die einflußreiche Position der Kirche beibehalten, da sie in ihr einen Garanten der gesellschaftlichen Ordnung sahen. Dagegen traten die Liberalen für einen republikanischen föderalen Staat ein, in dem Guatemala seine beherrschende Position verlieren und die regionalen Interessen stärkere Berücksichtigung finden sollten. Gleichzeitig plädierten sie für die Abschaffung der Sonderrechte von Kirche, Militär und ständischen Korporationen. Diese liberalen Vorstellungen, die vor allem vom Mittelstand und den Freiberuflern vertreten wurden, überwogen vor allem außerhalb Guatemalas. Dennoch läßt sich der Gegensatz nicht ausschließlich als Konflikt zwischen der kreolischen, zentralistisch gesonnenen Oberschicht in Guatemala-Stadt und den vorwiegend mestizischen, für Föderalismus plädierenden Provinzen kennzeichnen, traf man doch auch innerhalb der Provinzen selbst auf konservative bzw. unitarische Parteigänger.

Hatte sich die kreolische Elite und namentlich die Gruppe um Aycinena wegen ihrer handelspolitischen Interessen in der letzten Phase der Kolonialherrschaft noch mit den protoliberalen *cacos* verbunden, so zog man nun eine Monarchie einer als politisch instabil geltenden Republik vor. Politische Frontenwechsel dieser Art waren in den folgenden Jahren an der Tagesordnung. Zwar existierten nun die beiden großen politischen Lager, doch waren die Positionswechsel einzelner Politiker oder ganzer

Gruppierungen häufig. Eine Analyse der sozialen Basis der Parteigängerschaft der einzelnen Gruppen, ihrer gesellschaftlichen Beziehungen untereinander und der Motive für Lagerbildung und -wechsel fehlt in der bislang in jeder Hinsicht erst am Anfang stehenden Forschung zum Unabhängigkeitsprozeß.

Das nicht zuletzt durch militärische Drohungen unterstrichene Angebot Mexikos an Zentralamerika, dem Kaiserreich beizutreten, führte am 9. Januar 1822 zur Union des Generalkapitanats mit seinem nördlichen Nachbarn. Von den zentralamerikanischen Städten hatten im vorhergehenden Monat 115 den Beitritt befürwortet, 21 sprachen sich dagegen aus, und 32 waren unentschlossen; 67 Städte hatten kein Votum abgegeben. Einzig das durch den Indigoboom zu Selbstbewußtsein gelangte El Salvador votierte geschlossen gegen den Anschluß an das mexikanische Kaiserreich. Am 5. Dezember 1822 ging man sogar so weit, die Aufnahme als Bundesstaat der USA zu beantragen. Das von Manuel José de Arce geführte El Salvador wurde schließlich durch den mexikanischen General Vicente Filísola mit Waffengewalt zur Mitgliedschaft im Kaiserreich gezwungen (10. 2. 1823). Nach dem Zusammenbruch des Kaisertums von Iturbide (März 1823) löste sich Zentralamerika wieder vom nördlichen Nachbarn. Lediglich Chiapas blieb als Bundesstaat bei Mexiko.

Trotz vieler Willenserklärungen, die Einheit Zentralamerikas aus der Kolonialzeit in die Unabhängigkeit hinüberzuretten, scheiterten nach 1821 alle Versuche in dieser Richtung. Die Gründe für die Desintegration des kolonialen Verwaltungsgebietes sind vor allem in den während der spanischen Herrschaft entstandenen regionalen Rivalitäten zu suchen. Zum Scheitern mag auch beigetragen haben, daß den Zentralamerikanern ein alle sozialen und ethnischen Gruppen verbindendes „nationales" Symbol, wie etwa die Jungfrau von Guadalupe in Mexiko, fehlte. Ferner verfügte man – diese Überlegung bedarf freilich ebenso wie der vorhergehende Gedanke noch der Aufarbeitung durch die Forschung – auf dem Isthmus über keine, über die Kolonialzeit zurückreichende Tradition eines indianischen Großreiches, das als Anknüpfungspunkt und einigendes Band für alle Zentralamerikaner hätte dienen können, wie dies in Mexiko der Fall war, wo die Berufung auf Anáhuac ein solches Identifikationsmodell zur Verfügung stellte.

Manuel Lucena Salmoral

4. Neu-Granada/Grosskolumbien

Aus dem Spanischen übersetzt von Brunhild und Rolf Seeler

A. Einleitung

Vier Nationen der nördlichen Andenregion, Venezuela, Kolumbien, Panama und Ecuador, die den Untergang des Kolonialregimes als Solidargemeinschaft erlebt hatten, schlossen sich im Frühstadium ihrer Unabhängigkeit zu einem gemeinsamen Staat zusammen. Für den Willen zur Einheit stand ein Name: Kolumbien, und er war vor allem Simón Bolívar zu verdanken, dem *Libertador* und einzigen Präsidenten des neuen Staates. Das Projekt scheiterte indessen schon im Jahr 1830, als – mit Ausnahme von Panama – jedes dieser Territorien seinen eigenen Weg als unabhängiger Staat einschlug. Zurück blieb die bittere Erkenntnis, daß die Union hispanoamerikanischer Nachbarvölker nur ein schöner Traum gewesen war; einer der vielen Träume Bolívars. Dennoch war das Kolumbien Bolívars keineswegs aus dem Nichts geboren. Seine Vorläufer reichten zurück in die Kolonialzeit, und nach Erlagen der Unabhängigkeit, als kein trennender Nationalismus zu existieren schien, lag es nahe, die Möglichkeit eines solchen Staates ins Auge zu fassen. Die Tatsache, daß die spanische Krone wie auch Bolívar bei ihrem Vorhaben, eine große politisch-administrative Einheit – als vizekönigliche Kolonie bzw. als souveräne Nation – zu schaffen, an den gleichen Schwierigkeiten scheiterten, läßt vermuten, die ganze Region habe in sozialer wie auch wirtschaftlicher Hinsicht einige homogene oder doch wenigstens homogenisierende Wesenszüge aufgewiesen. Die frühe Auflösung dieses Staatsgebildes zeigt allerdings, daß die gemeinsamen Merkmale weniger ausgebildet waren, als die spanische Krone und Bolívar geglaubt hatten.

a Epocheneinheit und Epochengrenzen

Die Zeit zwischen 1760 und 1830 bezeichnet für die Region die Phase des Übergangs vom kolonialen Ancien régime zur Ausbildung der unabhängigen Nationalstaaten. Ihr Beginn wird durch die Thronbesteigung Karls III. (1759) markiert, in dessen Regierungszeit die spanischen Kolonialbesitzungen in Amerika Gegenstand eines umfassenden Reformwerkes waren. Gleichzeitig wurden die kreolischen Autonomiebestrebungen immer stärker und mündeten schließlich in die Loslösung von Spanien und die Bildung des Großstaates Kolumbien. Das Ende der Epoche wird durch das Scheitern dieser Staatsgründung und den Zerfall Großkolumbiens in die Einzelstaaten bezeichnet. Innerhalb der so begrenzten Zeitspanne sind drei Phasen zu unterscheiden: In der ausgehenden Kolonialzeit zwischen 1760 und 1809 vollzogen sich bereits bedeutsame Verschiebungen innerhalb der alten Strukturen, zum Bruch kam es aber erst in der zweiten Etappe zwischen 1810 und 1822, die die Zeit des Ringens um die

Neu-Granada/Großkolumbien um 1760

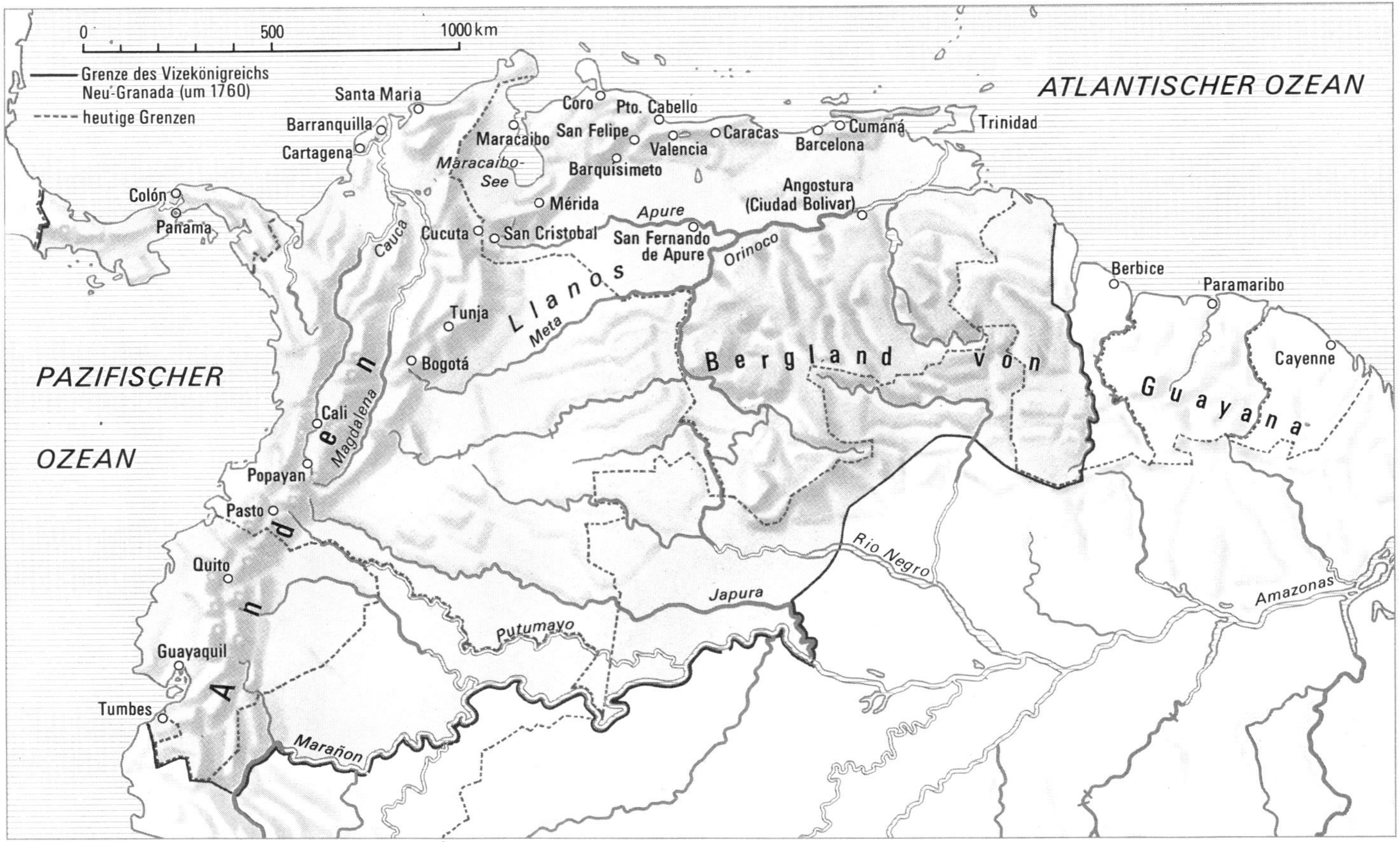

staatliche Unabhängigkeit markiert. Die letzte und dritte Phase von 1823 bis 1830 bezeichnet schließlich die kurze Lebensspanne des großkolumbianischen Staatsgebildes.

b Die nördliche Andenregion

Panama, Kolumbien, Venezuela und Ecuador erstrecken sich zusammen über eine Fläche von 2 403 145 km², was etwa einem Viertel Europas entspricht. Die tropische Region grenzt im Norden an Mittelamerika und im Süden an Peru und Brasilien. Von der Gesamtfläche entfallen 47,5 Prozent (1 141 748 km²) auf Kolumbien, 38,1 Prozent (916 445 km²) auf Venezuela, 11,2 Prozent (270 670 km²) auf Ecuador und 3,1 Prozent (74 282 km²) auf Panama. Das augenblicklich von Ecuador und Venezuela an ihren Südgrenzen beanspruchte Gebiet von insgesamt 334 065 km² ist dabei nicht berücksichtigt. Alle vier Länder werden von den Gebirgsketten der Anden durchzogen. Während die ecuadorianischen Anden nur zwei schmale und von zahlreichen Vulkanen gekrönte Ketten bilden, die von einer Reihe enger Becken und Längstäler getrennt, teilweise aber durch Querrücken miteinander verbunden werden, spalten sich die kolumbianischen Anden in drei große Gebirgszüge auf, zwischen denen das Cauca- und das Magdalenatal tiefe Längsfurchen bilden. Die Ostkordillere durchzieht Venezuela und wölbt sich an der Küste zu einem stark gegliederten Schutzwall auf, bevor sie in die Karibik eintaucht und dort einen Gürtel vorgelagerter Inseln bildet. Die kolumbianische Westkordillere verschwindet in der Atrato-Senke, erhebt sich in Panama wieder und bildet die mittelamerikanische Andenkette. Eine solche, die regionale Oberfläche auffaltende Orographie bildet ein natürliches Hindernis für eine Gebietsvereinigung. Bereits diese geographische Gliederung setzte den politischen Einigungsbestrebungen natürliche Widerstände entgegen. So verhindern zum Beispiel die beiden Kordilleren in Kolumbien und Ecuador den Ost-West-Kontakt zwischen unmittelbar benachbarten Landstrichen.

Ein anderes Charakteristikum der vier Länder bildet die langgestreckte, mit den andinen Erhebungen kontrastierende Küstenlinie. Ecuador grenzt an den Pazifik, Venezuela an den Atlantik. Von beiden Meeren eingefaßt werden Panama und Kolumbien. Die soziokulturellen Eigenarten der auf den Außenhandel eingestellten Küstenbewohner sind grundverschieden von denen der auf die Land- und Viehwirtschaft ausgerichteten Bewohner der *sierra,* der Bergregion des Hinterlandes. Ausgedehnte Urwaldgebiete behindern ebenfalls eine Verbindung zwischen den Einwohnern der vier Länder. Venezuela und Kolumbien verfügen zudem, neben Küsten-, Gebirgs- und Urwaldzonen, noch über eine vierte geographische Formation: die *llanos* (Ebenen), die riesigen Savannen der Randgebiete. Durch die Ströme Amazonas und Orinoco entstanden in Ost-West-Richtung verlaufende hydrographische Becken, die regionale Kontakte wiederum begünstigen. Die kolumbianischen Ströme Magdalena und Cauca hingegen betonen die vom Kordillerenverlauf bestimmte Nord-Süd-Ausrichtung. Ecuadors reiches Flußnetz durchzieht vor allem das Urwaldgebiet und konnte für die Verkehrsentwicklung nicht genutzt werden. Nur der Guayas (der Esmeraldas ist weniger bedeutend) strebt der Küste zu. Panamas Wasserläufe sind eher regenabhängige Sturzbäche, die sich von Fall zu Fall ein neues Bett suchen. All diese Faktoren führten zur politisch-administrativen Desingegration in dieser Region und zur Entstehung isolierter Gebiete mit lokalen, gegen die Kräfte der Hauptstadt gerichteten Machtzentren.

c Die menschlichen und die wirtschaftlichen Ressourcen

Angaben über die Bevölkerung der Nordandenländer gegen Ende des 18. Jh. schwanken, da für diesen Zeitraum keine zuverlässigen Bevölkerungsstatistiken vorliegen, zwischen 2 und 3 Mio. Für das Vizekönigreich Neu-Granada (einschließlich Quito und Panama) ermittelte Francisco Silvestre 1789 eine Zahl von 1 412 190 Einwohnern [SILVESTRE 1980]. Zwischen 1802 und 1808 ordnete der Vizekönig von Neu-Granada, Mendinueta, eine Zählung in seinem Regierungsbereich an, die auf etwa 2 Mio. Menschen kam (1 309 000 in Neu-Granada, 600 000 in Quito und 91 000 in Panama). Die erste Volkszählung in der Republik Großkolumbien im Jahr 1825 registrierte 2 361 112 Kolumbianer (Einwohner Neu-Granadas, Venezuelas, Panamas und Quitos). Allerdings wiesen die Statthalter darauf hin, daß viele Bewohner aus Furcht, anläßlich einer solchen Erhebung von den Steuer- oder Rekrutierungsbehörden erfaßt zu werden, sich dem Zensus entzogen hätten. Die beste demographische Untersuchung über das kolonialzeitliche Venezuela stammt von LOMBARDI [1976] und gilt der Provinz Caracas (427 205 Einwohner zu Beginn des 19. Jh.), doch fehlt die Gesamteinwohnerzahl des Generalkapitanats. AURRECOECHEA [1964] bezifferte diese Einwohnerschaft gegen Ende des 18. Jh. auf 786 000, DEPONS [1960] im Jahr 1800 auf 728 000, DAUXION LAVAYSSE [1967] im Jahr 1807 auf 975 972 und HUMBOLDT [1956] im Jahr 1810 auf 900 000 Menschen. Tabelle 2 faßt die zuverlässigsten demographischen Angaben zusammen:

Tab. 2: Bevölkerungsanteile und Einwohnerdichte in der Nordandenregion um 1800

Gebiet	Fläche		Einwohner		Bevölkerungsdichte
	in km^2	in %	absolut	in %	(Einw./km^2)
Quito	270 670	11,2	446 966	22,4	1,6
Panama	74 282	3,1	59 913	3,0	0,8
Neu-Granada	1 441 748	47,5	753 408	37,9	0,5
Venezuela	916 445	38,1	728 000	36,6	0,8
Gesamt	2 403 145	99,9	1 988 287	99,9	0,925

Quellen: COLMENARES [1970]; DEPONS [1960]; HAMERLY [1976]; LOMBARDI [1976]; SILVESTRE [1980].

Mit einer mittleren Bevölkerungsdichte von 0,925 Einwohnern pro km^2 erscheint die Region als nahezu menschenleer. Mit 37,9 Prozent der Gesamtbevölkerung stellte Neu-Granada zwar die größte Einwohnerzahl, doch in dem weitläufigen Territorium (47,5 % der Gesamtfläche) verloren sich die Menschen (0,5 Einwohner pro km^2). In Quito hingegen lebten 22,4 Prozent der Regionalbevölkerung auf nur 11,2 Prozent der Gesamtfläche (1,6 Einwohner pro km^2). In Venezuela entsprachen sich Bevölkerungs- (36,6 %) und Flächenanteil (38,1 %). Die Bevölkerungsdichte (0,8 Einwohner pro km^2) entsprach beinahe dem regionalen Mittelwert. Das gleiche galt für Panama.

Tab. 3: Bevölkerung der Nordandenregion um 1800 (nach Provinzen)

Neu-Granada		Quito	
Provinz	Einwohner	Provinz	Einwohner
Santa Fé	101 618	Quito	59 391
Cartagena	119 647	Cuenca	82 708
Santa Marta	39 942	Loja	23 810
Riohacha	3 966	Latacunga	49 919
Chocó	15 286	Guayaquil	22 644
Antioquia	48 604	Otavalo	35 060
Popayán	70 463	Ambato	43 372
Neiva	14 000	Riobamba	66 776
Mariquita	47 138	Ibarra	16 585
Tunja	258 617	Guaranda	14 368
Girón	7 073	Esmeraldas	2 497
Pamplona	5 123	Manabí	7 699
Casanare	21 931	Alausí	11 960
		Quijos	3 264
		Macas	643
		Mainas	9 270
Gesamt	753 408	Gesamt	446 966

Venezuela		Panama	
Provinz	Einwohner	Provinz	Einwohner
Caracas	440 000	Panama	35 924
Maracaibo	100 000	Veraguas	21 061
Barinas	60 000	Portobelo	1 662
Cumaná und		Darién	1 266
Barcelona	80 000		
Margarita	14 000		
Guayana	34 000		
Gesamt	728 000	Gesamt	59 913

Quellen: Siehe Tab. 2.

In Venezuela und Panama konzentrierten sich große Einwohnerkontingente in den Provinzen der Hauptstädte. Die Verwaltungsbezirke von Caracas und Panama-Stadt stellten 60,4 Prozent bzw. 59,9 Prozent der Gesamteinwohnerschaft der jeweiligen Region. Diese Städte übten offensichtlich schon damals eine gewisse Sogwirkung aus. Caracas zählte damals 31 721 Köpfe [Lombardi 1976] und Panama 7587 [Sosa y Arce]. Demgegenüber beherbergten die Provinzen von Santa Fé de Bogotá und von Quito nur 13,4 Prozent bzw. 13,2 Prozent der Gesamtbevölkerung Neu-Granadas bzw. Ecuadors. Dabei übertraf die Stadt Quito mit ihren 23 727 Einwohnern sogar noch die vizekönigliche Hauptstadt Bogotá mit ihren nur 18 161 Bewohnern

[SILVESTRE 1980]. Die Betrachtung der Bevölkerungsverteilung zwischen Küstenregion und Andenraum ergibt ein ausgeglichenes Bild. In Neu-Granada lebten 21,7 Prozent der Einwohner an der Atlantikküste (Cartagena, Santa Marta, Riohacha). In Venezuela waren dagegen gerade die Küstenregionen am dichtesten besiedelt. In Ecuador wiederum erreichten die Küstenprovinzen Guayaquil, Manabí und Esmeraldas nur 7,3 Prozent der Gesamtbevölkerungszahl der Region.

Das nördliche Südamerika verfügte über wichtige Bodenschätze. Der größte Teil des in Amerika geförderten Goldes kam aus Neu-Granada. In Quito gab es zu dieser Zeit zwar nur noch geringe Goldvorkommen, so etwa in Maynas, aber dafür wurden in den panamesischen Orten Veraguas und Darién goldhaltige Erze abgebaut. Die Silbervorkommen hingegen waren spärlich und beschränkten sich auf die beinahe erschöpften Minen von Mariquita in Neu-Granada. Im venezolanischen Cocorote wurde in äußerst geringen Mengen Kupfer produziert. Darüber hinaus verfügte Neu-Granada über Smaragdadern und Salzbergwerke. Die Blütezeit der Perlenfischerei (Margarita, Riohacha und Panamas Perleninseln) war hingegen vorüber. Neben dem Bergbau stützte sich die Nordandenregion auf eine gesunde Land- und Viehwirtschaft, einen blühenden Handel und auf eine florierende Industrie, die Tuchproduktion von Quito. Diese günstige ökonomische Gesamtsituation sicherte der Region eine gewisse Autonomie und verschaffte ihr in wichtigen Wirtschaftszweigen eine Autarkie.

B. Von der Reform bis zum Zusammenbruch der spanischen Monarchie (1760–1809)

a Reformpolitik und Verweigerung

Im Jahr 1760 existierten in der Region zwei große Verwaltungseinheiten: das Vizekönigreich Neu-Granada und das Generalkapitanat Venezuela. In den Jahren 1739/40 war der Versuch unternommen worden, die gesamte Region einer einzigen Autorität, nämlich dem Vizekönig in Santa Fé de Bogotá, zu unterstellen. Im Jahr 1742 wurde Venezuela aus dieser Verwaltungseinheit wieder herausgelöst. 1760 umfaßte das Vizekönigtum die Territorien von Quito, Panama und Neu-Granada, einschließlich Guayana, das 1762 auf Anraten der Grenzziehungskommission zu einem eigenen Gouvernement erhobenen wurde. Von den drei 1740 eingerichteten Generalkommandanturen war diejenige Venezuelas suspendiert worden, während die beiden anderen – Cartagena und Panama – bestehen blieben. 1764 wurde die Militärkommandantur von Guayaquil gegründet. Das Vizekönigreich besaß zwei *audiencias*, in Santa Fé de Bogotá und in Quito (die *audiencia* von Panama war 1751 aufgehoben worden). Venezuela gehörte zum *audiencia*-Bezirk von Santo Domingo. Die Finanzverwaltung war in Bogotá konzentriert; lediglich Caracas genoß relative Autonomie. Komplexer als die staatliche war die religiöse Organisation, denn das Bistum Panama hing von Lima ab, das Bistum Venezuela von Santo Domingo, die Erzdiözese Bogotá war selbständig, und Quito war zwischen den Erzdiözesen Santa Fé und Lima aufgeteilt.

Die spanische Reformpolitik in der zweiten Hälfte des 18. Jh. trug keine einheitlichen Züge. Der ersten gemäßigen Phase bis 1776 folgte eine Etappe umfassender Neuerungen, die bis zum Tode Karls III. 1788 dauerte. Bis 1809 kamen die Reformen nur langsam voran. Am Beginn der Reformen standen die Ausweisung der Jesuiten, die Durchsetzung des staatlichen Monopolhandels für Tabak und einige andere Waren sowie die Schaffung einer Zollbehörde. Es handelte sich um Maßnahmen, die im Auftrag der spanischen Krone von Vizekönig Massía de la Cerda verfügt wurden. Die Ausweisung der Jesuiten verlief reibungslos. Im Jahr 1767 verließen alle 409 im Vizekönigtum missionierenden Ordensangehörigen (200 aus Neu-Granada, 200 aus Quito und neun aus Panama) das Land. Auch die Einrichtung des staatlichen Tabakmonopols stieß auf keinen Widerstand, waren es doch Privatpersonen, die die Handelsprivilegien vom Vizekönig pachteten und sich damit zu den besten Anwälten des Systems machten. Das schon existierende Branntweinmonopol wurde den etablierten Lieferanten allerdings entzogen und der Verkauf der königlichen Verwaltung unterstellt. Die von diesem Schritt betroffenen Kreolen nutzten die Entrüstung des Volkes über die neuen Zollregelungen zur Anzettelung eines Tumults in Quito.

Die Revolte begann, wie in Flugschriften angekündigt, pünktlich am 22. Mai 1767 abends um sieben Uhr. Die Bewohner der Stadtviertel San Roque und San Sebastián versammelten sich unter Glockengeläut, zogen zum Gebäude der Monopolhandelsverwaltung, stürmten und zerstörten es. Die von den Aufrührern in der Folge inszenierten Zwischenfälle gipfelten am 28. Juli 1767 in der Erstürmung des Regierungspalastes. Die Aufständischen verlangten die Ausweisung aller *chapetones* (abfällige Bezeichnung für die Europaspanier), die Aufhebung des Zolls und des staatlichen Monopolhandels sowie eine Generalamnestie für alle am Aufruhr Beteiligten. Der Vizekönig, den Prinzipien der Aufklärung verpflichtet, sprach die Unruhestifter frei. Der Gouverneur von Guayaquil, Antonio Zelaya, stellte anschließend Ruhe und Ordnung wieder her. Am 8. Juli 1767 übernahm José Diguja sein Amt als Präsident der *audiencia* von Quito und ratifizierte den vizeköniglichen Straferlaß. Zur Kontrolle der Bürger setzte er in den einzelnen Stadtvierteln *alcaldes* ein und verstärkte das Militär. Die Revolte hatte gezeigt, daß die gehobene Klasse der Bürgerschaft in der Lage war, breite Volksmassen zu mobilisieren.

Auf Messía folgten die Vizekönige Guirior, der die schon eingeleiteten Steuerreformen zeitweise suspendierte, und Flórez, dem die Aufgabe zufiel, Neu-Granada wegen des bevorstehenden Konflikts mit Großbritannien verteidigungsbereit zu machen. Weil damit zu rechnen war, daß der Vizekönig in einem solchen Fall seinen Regierungssitz nach Cartagena verlegen mußte, wurden 1776 zwei Regenten für die *audiencias* von Santa Fé de Bogotá (Gutiérrez de Piñeres) und Quito (Joseph García de León Pizarro) ernannt. Ihnen wurde die Durchführung der Steuerreformen übertragen. Tatsächlich begab sich Flórez nach Cartagena, und die Regierungsgeschäfte gingen in die Hände der Regenten über.

Die Gouverneure von Venezuela bereiteten sich ebenfalls auf die Verteidigung ihres Territoriums vor; im übrigen sorgten sie dafür, daß die Vorrechte der einflußreichen Handelsgesellschaft *Compañía Guipuzcoana* gewahrt blieben. Gouverneur Solano stellte 1770 aus Weißen und Mestizen gebildete Milizbataillone auf, und als der Marqués de la Torre in Venezuela eintraf, begleitete ihn das Lombardische Regiment. Ebenfalls 1770 wurde der staatliche Rechnungsprüfer Don José de Avalos zur Organisation der königlichen Finanzen nach Caracas entsandt. Als erstes beschlagnahmte Avalas sämtliche Schmuggelware, derer er habhaft werden konnte, und hätte damit beinahe einen Aufstand provoziert. Sodann entwarf er den Plan zu einer Finanzreform, auf deren Basis der Minister Gálvez am 8. Dezember 1776 die *intendencia* von Venezuela einrichtete, die die Provinzen Venezuela, Maracaibo, Cumaná, Trinidad, Margarita und Guayana umfaßte.

Die großen Reformen begannen 1777 mit der Gründung des Generalkapitanats von Venezuela, das die Gouvernements Caracas, Maracaibo, Cumaná, Margarita, Guayana und Trinidad einschloß. Im Jahr 1786 entstand die königliche *audiencia* von Caracas. Die Intendanten Abalos und Saavedra kämpften um die Einbeziehung ihres Hoheitsbereichs in das Freihandelsstatut von 1778. Unter den Regenten Gutiérrez de Piñeres und León Pizarro, die von den Justizbehörden zu Kolonialinspektoren ernannt worden waren, wurden die Institutionen des Vizekönigreichs reformiert. Die beiden sollten eine Steuerreform durchführen, einen Plan für das Intendantensystem ausarbeiten und durch geeignete Maßnahmen den Warenverkehr an das Freihandelsstatut anpassen. Gutiérrez ließ die Indios in einigen Schutzgebieten zusammenziehen, rief eine Generaldirektion für die Monopolverwaltung mit Sitz in Santa Fé de Bogotá ins Leben (mit je einem Rechnungsamt für das Tabak- und das Branntweinmonopol), reorganisierte den Regievertrieb (wobei er das staatliche Tabakmonopol faktisch erst begründete, indem er Produktions- und Verarbeitungsstandorte bestimmte und in Santa Fé eine Schnupftabakfabrik gründete), richtete in Cartagena und Santa Fé Zollbehörden ein und modifizierte die geltenden Steuersätze.

Die Bevölkerung Neu-Granadas reagierte feindlich auf diese Maßnahmen, und es kam zum sogenannten *comunero*-Aufstand. Am 22. Oktober 1780 erhoben sich die Bewohner von Simacota gegen die *renta de tabaco*. Es folgten weitere Unruhen ähnlichen Charakters in Mogotes, Charalá und El Socorro. Am 16. März 1781 brach mit dem Protest gegen das staatliche Tabak- und Branntweinmonopol in El Socorro die *comunero*-Revolte aus. Sie wurde in erster Linie von Kreolen angeführt, aber auch von vielen Mestizen unterstützt, die von den neuen Monopolhandelsgesetzen betroffen waren. Die Indios wurden mit der Aussicht geködert, sie würden ihre alten Rechte zurückerhalten. Im Grunde wiederholte sich im *comunero*-Aufstand nur das Grundmuster, das sich bereits vorher in Quito gezeigt hatte. Allerdings hatte der *comunero*-Aufstand eine viel größere Bedeutung, da er mehr als 20 000 Menschen mobilisierte. Von den Tabakzentren aus zogen die Aufständischen nach Santa Fé de Bogotá. Unterwegs, in Zipaquirá, wurden sie von einer Verhandlungsdelegation aufgehalten, die vom Erzbischof und verschiedenen *oidores* (Auditoren) gebildet worden war (der Regent hatte sich nach Honda abgesetzt). Die Delegation akzeptierte alle Forderungen: Ausweisung des Regenten; Aufhebung bzw. Reduzierung der neuen Steuern usw. Die *comuneros* demobilisierten daraufhin ihre Trupps; übrig blieb nur eine kleine, von einem gewissen Galán angeführte Gruppe Radikaler, die leicht unter Kontrolle gebracht werden konnte.

Nachfolger des Vizekönigs Flórez wurde Torrezar Díaz de Pimienta, der aber schon bei seiner Ankunft in Santa Fé de Bogotá starb. Dem nächsten Amtsträger, dem Erzbischof Caballero y Gongora, fiel die Aufgabe zu, die Bevölkerung von Neu-Granada durch einen Reformstopp zu besänftigen. Zu den Plänen, die endgültig zu den Akten gelegt wurden, gehörte die Einführung des Intendantensystems für das gesamte Vizekönigreich. Einzig die *intendencia* von Cuenca wurde verwirklicht. Der erzbischöfliche Vizekönig besaß eine sehr klare Vorstellung von den Ereignissen und sorgte, um künftigen Erhebungen vorzubeugen, für eine Verstärkung der Streitkräfte. Er verlegte das zweite Bataillon, das den Namen der Krone trug, nach Santa Fé de Bogotá, stellte ein Infanterieregiment auf, das in der Hauptstadt stationiert wurde, reorganisierte die vizekönigliche Palastwache und formierte in Santa Fé und Santa Marta Milizeinheiten. Schließlich beauftragte er den Militärbaumeister Esquiaqui damit, zu prüfen, wie die Stadt besser befestigt werden könnte. Ähnliche Maßnahmen ergriff der Regent García de León Pizarro in Quito. Er begann mit einer Verstärkung der Truppen, um möglicher Unruhen Herr zu werden, verstärkte die in Quito und Guayaquil stationierten Bataillone und ließ Milizen aufstellen. So war er in der Lage, Indioaufstände in den Dörfern erfolgreich niederzuschlagen. León Pizarro reorganisierte in der königlichen Finanzverwaltung den Monopolhandel mit Tabak, Branntwein und Schießpulver.

Nach dem Tod des spanischen Königs Karl III. im Jahr 1788 verebbte der Reformeifer zusehends. Unter Karl IV. glitt die Regierung in die Hände seines Günstlings Godoy, der eine ungeschickte und wankelmütige Politik betrieb. Einige Abgaben wie die Admiralitäts- und Admiralstaxe dienten ihm zur eigenen Bereicherung. Er besetzte Posten in der Kolonialverwaltung mit Freunden und Verwandten, besorgte die Emission der nicht im besten Ruf stehenden königlichen Schatzanweisungen *(vales reales)* und unternahm eine zaghafte Säkularisierung von Kirchengut, was ihm keinen Gewinn brachte, sondern lediglich den Klerus verärgerte.

In Venezuela wurde 1793 eine eigene Kaufmannschaft *(consulado)* und 1804 das Erzbistum von Caracas gegründet, Marksteine auf dem Weg zur territorialen Autonomie. Das Generalkapitanat verlor zudem 1797 Trinidad, das von den Briten erobert wurde. Im eigenen Land betrieben die an die Macht strebenden Kreolen eine heftige politische Agitation. Für Aufsehen sorgte vor allem die von Manual Gual und José María España angeführte Verschwörung von La Guaira, die im Juli 1797 aufgedeckt wurde. Ihre Teilnehmer forderten Freiheit und Gleichheit und wollten in Venezuela die Republik ausrufen. Noch bedeutender war allerdings der Landungsversuch eines kleinen Expeditionsheeres unter Führung Francisco Mirandas in Ocumare und Coro im Jahr 1806. Der Kreole aus Caracas beabsichtigte, nach Gründung der Republik Kolumbien ganz Südamerika zu befreien. Als er sah, daß er im Volk keinen Rückhalt fand, kehrte er, von den Royalisten gejagt, nach Großbritannien zurück, wo er als geistiger Führer der Unabhängigkeitsbewegung weiterwirkte. Miranda ist der Schöpfer der ersten Unabhängigkeitsflagge (mit dem Gelb, das den südamerikanischen Indio repräsentiert); von ihm stammt der Ländername Kolumbien, und auf ihn vor allem geht das Engagement für die Sache der Republikaner zurück. Seit seiner Flucht nach Großbritannien lebten die Generalkapitäne von Venezuela in der beständigen Furcht, ein von den Briten unterstützter Miranda könne eines Tages wieder vor ihrer Küste auftauchen. 1808 wurde in Caracas eine Verschwörung aufgedeckt, deren Ziel es war, einer Junta die Regierungsgewalt zu übertragen, wie es in Spanien angesichts der Abwesenheit des rechtmäßigen Monarchen in verschiedenen Provinzen bereits geschehen war. Vor Gericht gestellt, sorgten die Beteiligten für einen aufsehenerregenden Prozeß. Anschließend entsandte die *Junta Central Suprema*, die in Spanien die Regierungsgewalt übernommen hatte, Don Vicente Emparán als neuen Generalkapitän nach Caracas. Er galt als Franzosenfreund und genoß daher kein hohes Ansehen. Im Vizekönigreich entstanden die Statthaltereien von Guaduas, Pamplona und El Socorro, und im Jahr 1795 etablierte sich der *consulado* von Cartagena.

Die politische Agitation verstärkte sich während der Regierungszeit des Vizekönigs Ezpeleta. In eine weitere Verschwörung des Jahres 1808 waren viele bekannte Persönlichkeiten verwickelt, unter ihnen Antonio Nariño, ein von aufklärerischen Ideen inspirierter Kreole, der *Die Rechte des Menschen und Staatsbürgers* übersetzt, gedruckt und verteilt hatte, was ihn vor Gericht und ins Gefängnis brachte. Unter der Regierung des letzten Vizekönigs Amar y Borbón gab es ständig Auseinandersetzungen mit den Kreolen, die versuchten, in den Gemeinden wichtige Positionen zu besetzen und auf höherer Ebene eine Junta zu bilden. Dem *cabildo* von Santa Fé de Bogotá legte Camilo Torres 1809 eine Eingabe vor, die die Rechtsbrüche Madrids gegenüber den Kolonien auflistete. Am 10. August 1809 formierte sich in Quito auf Initiative der lokalen Oligarchie eine antispanische Bewegung. Sie forderte die Abdankung des Präsidenten Ruiz Castilla und wählte eine vom Marqués de Selva Alegre geleitete Junta. Ihr gehörten die Spitzen der Kolonialgesellschaft an: der Bischof Cuero als Vizepräsident sowie die Marqueses de Villa Orellana, San José de Solanda y de Miraflores, der Conde de Selva Florida und die patriotischen Aristokraten Larrea, Quiroga, Matheu, Zambrano, Benavides, Alvarez und Morales. Im Stil einer Nationalregierung teilten die Marqueses die Ressorts Inneres, Justiz und Begnadigungsinstanz sowie Finanzen unter sich auf. Doch die Rebellion fand keine Unterstützung in der Bevölkerung. Als von Lima und Santa Fé de Bogotá aus Truppen in Marsch gesetzt wurden, löste sich die Junta am 28. Oktober 1809 auf und setzte Ruiz Castilla wieder in sein Amt ein.

b Aufgeklärte Gesellschaft und protektionistische Wirtschaft

Den größten Anteil an der Gesamtbevölkerung der Nordandenregion machte mit 40 Prozent die Gruppe der Freien aus. Zu den Freien im Sinne der Statistik (Tab. 4) gehörten im Andengebiet die Mestizen, im Küstenrandgürtel die Farbigen einschließlich der Mulatten und die freigelassenen Schwarzen. Dieser Teil der Einwohnerschaft, der einer bezahlten Beschäftigung nachging, übertraf zahlenmäßig die Gruppe der zur Arbeit gezwungenen Bewohner (Indios und Sklaven). Diese Tatsache zeigt, daß die Region ihre Produktivität in erster Linie bezahlten Arbeitskräften und nicht Indios und Sklaven zu verdanken hatte. Deren zahlenmäßige Stärke lag zeitgenössischen Berichten zufolge bei 129 239 Personen, zuwenig für die Wirtschaft der Nordandenregion. Die zweitstärkste Bevölkerungsgruppe stellten mit 27,3 Prozent die Weißen. Die Indios machten nur wenig mehr als ein Viertel (26,2%) der Gesamteinwohnerschaft der Region aus.

Tab. 4: Bevölkerungsstruktur der Nordandenregion nach ethnischen Gruppen um 1800

Territorium	Weiße	Indios	Freie	Sklaven
Neu-Granada	33,5	16,5	44,5	5,4
Quito	34,2	50,2	8,8	6,7
Panama	15,4	23,1	55,8	5,8
Venezuela	26,0	15,0	51,0	8,0
Durchschnitt	27,3	26,2	40,0	6,5

Quellen: Lombardi [1976]; Silvestre [1980].

Den höchsten Anteil sowohl an Weißen wie auch an Indios wies das Königreich Quito mit 34,2 bzw. 50,2 Prozent auf. An zweiter Stelle lag Neu-Granada (33,5 %), gefolgt von Venezuela (26 %). Allerdings wurde die Helligkeit der Hautfarbe nach verschiedenen Kriterien bestimmt: In Venezuela galt als „weiß", wer kein Negerblut in seinen Adern, in Neu-Granada, wer kein indianisches Aussehen hatte. Die relativ größten Gruppen von Freien waren unter Panamesen und Venezolanern zu finden. Den höchsten Anteil an Sklaven verzeichnete man in Venezuela (8 %) und Quito (6,7 %); nur in diesen Gebieten, wo die Kakaoproduktion eine bedeutende Rolle spielte, lag ihr Anteil an der Gesamtbevölkerung über dem regionalen Mittelwert (6,5%). Über dem regionalen Durchschnitt lagen die weiße Bevölkerung von Quito und Neu-Granada, die Eingeborenen in Quito, die Freien von Panama, Venezuela und Neu-Granada sowie die schwarzen Sklaven von Venezuela und Quito. In Quito wurden 56,9 Prozent der Einwohner (tributpflichtige Indios und Negersklaven) zu Zwangsarbeit gepreßt, eine Ausnahme in der gesamten Region.

Die Beschäftigungsstruktur der Nordandenregion entsprach dem übrigen hispanoamerikanischen Raum. Spanier und Kreolen kontrollierten die Verwaltung (auch die kirchliche), die Milizen, das Eigentum an Grund und Boden sowie die Produktionsmittel. Beide Gruppen bildeten die Spitze des Eisbergs einer vermeintlich aufgeklärten Gesellschaft, in der die Vizekönige Feste nach bester europäischer Tradition gaben, die Kreolen literarische Zirkel besuchten und Menschenrechtslehren übersetzten, während Freie, Indios und Sklaven im Elend lebten. Indem die Reformen der Bourbonen den Großgrundbesitzern die Ländereien der Jesuiten in die Hände spielten, verschärften sie diese Gegensätze. Exemplarisch ist der Fall des Marqués de Selva Alegre in Quito: Gemeinsam mit seinem Verwandten Joaquín Tinajero kaufte er 1802 von der Säkularisierungskommission sieben Latifundien (Punaví, Sully, Zilipú, Guabayña und Naxichi, Provincia und Cocha), ohne einen Peso bar zu bezahlen. Der Anschaffungspreis sollte in Jahresraten von 2000 Pesos und 7000 Pesos für die Pacht bei einem Zinssatz von 3 Prozent entrichtet werden. Von den 19 ehemals den Jesuiten gehörenden *haciendas* von Imbabura wurden 14 von vier Eigentümern aufgekauft. In Pichincha entfielen 90 Prozent des Gesamtwertes von 33 *haciendas* auf nur sechs Personen, unter ihnen der Marqués de Selva Alegre und Pedro Ante. In Cotopaxi eigneten sich Selva Alegre weitere vier und Agustín Valdivieso sechs *haciendas* an. Die zehn *haciendas* der Provinz Azuay gelangten in die Hände von zwei Personen, Juan Chica (der allein acht übernahm) und Manuel García. Schließlich kauften Miguel de Olmedo und Pedro Arteta sämtliche in den Provinzen Guayas und El Oro zum Verkauf stehenden *haciendas* auf. Nicht wenige dieser kreolischen Großgrundbesitzer beehrten sich selbst mit gekauften Adelstiteln.

War die Gesellschaft jener Epoche aufgeklärt, so war die Wirtschaft protektionistisch. An Spaniens archaischem Tauschhandel mit den „Indias" – Silber gegen Manufakturwaren – hatte sich nichts geändert. Der steigende Profit der amerikanischen Besitzungen und die erneute Blüte zahlreicher Manufakturen im spanischen Mutterland führten zu einer außerordentlichen Belebung des Handels. Die staatlich gelenkten Flotten verschwanden, und 1778 wurde ein Freihandelsstatut erlassen. Spanien hielt am Monopol im Handel mit seinen Kolonien fest, auch wenn es für den internationalen Warenaustausch einige Erleichterungen schuf. Die industrialisierten Länder suchten sich indessen über den Schmuggel ein Ventil für ihre Überschußproduktion, die auf diesem Wege die Märkte der amerikanischen Kolonien erreichte. Der Nordandenregion brachte das Freihandelsstatut letztlich nur wenig Vorteile, verhinderten doch die seit der Jahrhundertwende fortwährend aufflammenden Kriege den regulären Handel mit dem Mutterland. Die Bergwerke Neu-Granadas lieferten Gold in Hülle und Fülle. Dank der neuesten Versuche von Elhuyar produzierte Mariquita, die einzige Silbermine der Region, zwischen 1785 und 1790 Gold im Wert von knapp 27 247 Pesos. Lange Zeit bargen Chocó (mit 50 % der Gesamtgewinnung), Popayán und Barbacoas die reichsten Goldvorkommen (Tab. 5), aber im ausgehenden 18. Jh. liefen ihnen die Goldfelder von Antioquia (im Raum Santa Rosa de Osos) und Rionegro, heute Kolumbien, den Rang ab.

Tab. 5: Anteile an der Goldproduktion Neu-Granadas 1775–1799 (in %)

Zeitraum	Popayán und Barbacoas	Chocó	Antioquia
1775–1779	40,4	29,3	30,3
1795–1799	34,7	27,0	38,8

Die Aufmerksamkeit, die die Krone gerade dem Bergbau widmete, trug deutlich zu dessen Produktionssteigerungen bei. Diese spiegeln sich in der Prägeleistung der Münzanstalten von Santa Fé de Bogotá und Popayán wider (Tab. 6).

Tab. 6: Prägeleistung der Münzanstalten von Santa Fé de Bogotá und Popayan 1760–1809 (in 1000 Pesos)

Zeitraum	Gesamtwert	Jahresmittel	Zeitraum	Gesamtwert	Jahresmittel
1760–1764	6824	1365	1785–1789	9 134	1827
1765–1769	6161	1232	1790–1794	10 389	2070
1770–1774	7334	1467	1795–1799	11 835	2367
1775–1779	7450	6480	1800–1804	11 441	2288
1780–1784	8894	1779	1805–1809	11 644	2329
			Gesamt	91 106	1822,12

Quelle Tab. 5 und 6: Melo [1979].

Über die tatsächlich geförderte Goldmenge gibt es uferlose Spekulationen, da es unmöglich ist, den Wert des illegal zirkulierenden Goldes zu erfassen. Historiker schätzen den Umfang dieser Menge auf 50 bis 100 Prozent der legalen Produktion.

Tab. 7: Goldproduktion in Neu-Granada 1761–1810 (in 1000 Pesos)

Zeitraum	Gesamtproduktion	Jahresdurchschnitt
1761–1780	55 800	2790
1781–1800	62 775	3138
1801–1810	30 600	3060

Quelle: Restrepo [1952].

Die Jahresproduktion im Wert von ca. 3 Mio. Pesos gegen Ende der Kolonialzeit in Neu-Granada (Tab. 7) entspricht in etwa der jährlichen Prägeleistung der Münzen von Santa Fé de Bogotá und Popayán in Höhe von 2,329 Mio Pesos zwischen 1805 und 1809 (Tab. 6). Zudem hatte die Edelmetallgewinnung einen Strukturwandel durchgemacht, in dessen Verlauf die mühselige Extraktion durch Sklavenhand ergiebigeren Methoden gewichen war, die von den *mezamorreros,* ehemaligen Sklaven, die als unabhängige Hauer arbeiteten und für die Gegend von Antioquia typisch waren, angewandt wurden. Zur Goldförderung kam noch die Gewinnung von Platin und Smaragden. Mit der Platinausbeute begann man in jenen Jahren in Chocó. In Quito hingegen spielte der Bergbau nur eine untergeordnete Rolle, und Panama beschränkte sich auf die Auswaschung von Goldstaub aus den Flußbetten des Darién und des Veraguas. In den Stollen von Pásiga (Oberbayano) arbeiteten 1775, als die Grube von aufständischen Indios überfallen wurde, 450 Menschen.

Die verschiedenen Klimazonen, über die die Region aufgrund ihrer Orographie und der tropischen Lage verfügte, begünstigten den Anbau einer breiten Palette landwirtschaftlicher Produkte. In den heißeren Gegenden wurde vor allem für den Verkauf produziert, während die kühleren und gemäßigten Zonen die Selbstversorgung mit Lebensmitteln sicherten. Fast der gesamte in dieser Zeit auf dem amerikanischen Kontinent erzeugte Kakao kam aus den Aragua-Tälern, aus Maracaibo und Guayaquil (Guayaquil, Baba, Babahoyo und Machalá). Im Jahr 1789 beseitigte die spanische Krone die Hindernisse, die sie dem Kakaohandel Guayaquils mit Mexiko in den Weg gelegt hatte, und Quito konnte, während nach Spanien vorwiegend venezolanischer Kakao verschifft wurde, den neu-spanischen Markt zurückerobern. Die ersten Indigokulturen wurden im letzten Viertel des 18. Jh. in Venezuela angelegt. Es kam zu einem wahren Anbaufieber, das erst Anfang des 19. Jh. wieder abklang. Baumwolle behauptete sich lange als wichtiger Ausfuhrartikel, wurde jedoch später von der nordamerikanischen Konkurrenz verdrängt. Tabak wurde in Venezuela (wo die Barinas-Ware für ihre ausgezeichnete Qualität bekannt war), in Neu-Granada (in der Socorro-Zone) und in Guayaquil angebaut. Zuckerrohr gedieh gut in Venezuela, in Neu-Granada (Socorro, Pamplona, Neiva, Mariquita) und an den Gestaden von Quito, doch ging der größte Teil der Erzeugung als Preßkuchen in den internen Konsum oder wurde, in Form von Sirup, zur Branntweinproduktion verwandt. Mais, Bananen und Yuka dienten der Deckung des örtlichen Bedarfs. In den kälteren Landstrichen Neu-Granadas baute man Weizen, Kartoffeln und andere Knollenfrüchte an. Der einheimische Hochlandweizen, der früher der Versorgung Cartagenas gedient hatte, war inzwischen von US-Importen, mit denen sich auch Venezuela eindeckte, verdrängt worden. Der Weizen aus Quito hingegen deckte den Bedarf des gesamten Territoriums der *audiencia.* In den letzten Jahren der spanischen Herrschaft wurden in Venezuela die ersten Kaffeesträucher gepflanzt; an zuvor kargen Gebirgshängen begannen sich bald ansehnliche Kulturen auszubreiten. Ein anderes in dieser Zeit in großem Umfang kommerzialisiertes Produkt war die Chinarinde. Im Jahr 1784 exportierte das Vizekönigreich (tatsächlich kam die Rinde aus Quito) Chinarinde im Wert von 30 791 Pesos, 1788 bereits im Wert von 247 000 Pesos und im Jahr 1805 im Wert von 640 000 Pesos.

Unter den verschiedenen regionalen Formen landwirtschaftlichen Eigentums (Eingeborenenschutzgebiete, Genossenschaften, kleinbäuerlicher Besitz usw.) spielten die

Pflanzung und die *hacienda* eine besondere Rolle. Der Typus der in großem Stil angelegten Plantage als von Sklavenarbeit unterhaltene, auf den Export ausgerichtete Monokultur hatte besonders in Venezuela seinen festen Platz. Die charakteristischen Produkte solcher Pflanzungen waren Kakao, Indigo und Baumwolle. In Neu-Granada und Quito hingegen herrschten *haciendas* mittlerer Größe vor, auf denen mit bezahlten Arbeitskräften für nahegelegene urbane Zentren Lebensmittel erzeugt wurden. An der Atlantikküste Neu-Granadas produzierten solche *haciendas* sowohl für benachbarte Städte als auch für den Export. Plantage und *hacienda* bildeten als Idealtypen landwirtschaftlicher Produktionsbetriebe nur die Extrempole einer breiten Palette landwirtschaftlicher Zwischenformen [Mörner 1971]. An der Atlantikküste Neu-Granadas, im Magdalena-Tal (hier vielfach auf Viehwirtschaft ausgerichtet) und im Cauca-Gebiet gab es mit Sklaven betriebene *haciendas*. Bei der Cauca-*hacienda* lassen sich drei Systeme unterscheiden: Feldwirtschaft (mit Hilfe von Eingeborenen), Viehzucht und Zuckersiedereien (mit kostspieligen Installationen unter Einsatz von Sklaven). Dieselben Betriebsmuster galten für Guayaquil. Über die Agrarproduktion liegen keine globalen Zahlen vor. Die in Neu-Granada zwischen 1800 und 1810 durch die Erhebung des Zehnten jährlich eingenommene Summe belief sich auf 408 000 Pesos. In Venezuela lag die Kakaoerzeugung Anfang des 19. Jh. bei 206 000 *fanegas,* der Indigoertrag bei 800 000 Pfund und die Baumwollernte ebenfalls bei 800 000 Pfund. 1807 wurden auf den Plantagen von Caracas 90 000 *fanegas* Tabak und rund 3 Mio. Pfund Kaffee geerntet. In Quito überstieg die jährliche Produktion von Kakao die Menge von 70 000 *arrobas,* die von Tabak 300 000 Bündel (zu je 100 Blättern). In Guayaquil wurde zwischen 1779 und 1783 Zuckerrohrschnaps im Wert von 140 062 Pesos gebrannt [Lucena Salmoral 1986].

In den savannenartigen *llanos,* der atlantischen Küstenebene Neu-Granadas, in Popayán, Neiva und Mariquita sowie in der Zone von Riobamba im Raum Quito wurde Rinderzucht betrieben. Das Fleisch kam mit Ausnahme von kleinen Mengen, die in gedörrtem Zustand exportiert wurden, auf den regionalen Märkten zum Verkauf; jährlich wurden allein in Venezuela 120 000 unbearbeitete Felle gehandelt. Im Osten des Landes fanden sich noch Reste einer ehemals prächtigen Maultierzucht. Große Schafherden bevölkerten das Gebiet von Quito und Tunja und lieferten das Fleisch für die Schlachtereien. Ein beträchtlicher Teil des Viehbestandes in Neu-Granada und Quito stammte von den konfiszierten *haciendas* der Jesuiten. Der Orden hatte 59 458 Rinder, 22 726 Schafe, 988 Maultiere, 13 681 Pferde, 200 Esel, 52 Schweine und 525 Ziegen besessen [Colmenares 1970]. Hierbei handelt es sich allerdings um eine eher konservative Zahlenangabe, denn allein auf den *haciendas* von Casanare hatten die Padres über 46 298 Rinder und 4989 Pferde verfügt.

Der industrielle Sektor in der Nordandenregion konzentrierte sich auf die Manufakturen in Quito, die allerdings im 18. Jh. in eine Krise gerieten. Die Tuchexporte von Guayaquil nach El Callao, zwischen 1763 und 1768 440 Ballen im Jahresdurchschnitt, schrumpften in der Periode von 1784 bis 1788 auf durchschnittlich 215 Ballen. Danach wurden die Tuchexporte beinahe ganz eingestellt. Der Tuchverkauf orientierte sich seitdem zu den Märkten von Barbacoas, Popayán und Antioquia, also den Goldfeldern, hin. Antioquias Anteil an Importen von Quito-Ware stieg zwischen 1762 und 1783 von 17 auf 19 Prozent. Von den 850 Textilladungen (im Wert von 85 000 Pesos), die Quito im Jahr 1791 exportierte, waren 736, also 86,5 Prozent, für Neu-

Granada bestimmt. Um 1780 gab es in Quito immer noch 126 Manufakturbetriebe (einen in Ibarra, elf in Otavalo, 36 in Quito, 50 in Latacunga, 24 in Riobamba und vier in Ambato); das waren knapp 75 Prozent der 169 Verarbeiter, die im Jahr 1700 existierten. Diese 126 Betriebe beschäftigten 6000 Arbeiter. Um 1804/1805 zählte man in Latacunga noch 25, in Quito zwölf und in Riobamba elf Manufakturen [Tyrer 1988, 241].

Beim Binnenhandel erreichten die von Quito aus über den nördlichen Andenpaß gehenden Lieferungen von 1779 bis 1783 einen Wert von 4 313 516 Pesos. Ein geschwächter Außenhandel stürzte Venezuela, Quito und Panama allerdings in den letzten Jahren der Kolonialherrschaft in eine Krise. Venezuela, das im Austausch für seine Agrarprodukte Weizen, leichte Stoffe und das für den Wirtschaftskreislauf so wichtige Silber erhielt, lebte von seinen Exporten. Um 1809 führte das Land jährlich etwa 122 000 *fanegas* Kakao, 800 000 Pfund Indigo, 800 000 Pfund Baumwolle, 3 Mio. Pfund Kaffee (alles fast reine Exportprodukte) und zwischen 50 000 und 500 000 Pfund Zucker sowie ca. 80 000 Rohfelle aus. Fortwährende kriegerische Zusammenstöße mit dem zur ersten Seemacht aufgestiegenen Großbritannien beeinträchtigten die Außenhandelsumsätze Venezuelas erheblich. Gleichermaßen lebte Quito von seinen Tuch- und Kakaoexporten, die der Wirtschaft, wie im Falle Venezuelas, das so dringend benötigte Bargeld zuführten. Die peruanische Bergbaukrise versetzte Quito daher einen ersten, ziemlich verheerenden Schlag. Versuche, die bislang in Peru abgesetzten Tuche in die Bergwerksstädte Barbacoas, Popayán, Antioquia und Chocó zu verkaufen, hatten nicht den erhofften Erfolg, denn diese neuen Märkte verlangten wegen des heißeren Klimas nicht nach Wollstoffen, sondern nach Baumwollgeweben. Die Umorientierung des Pazifikhandels in Richtung Süden, eine Folge des Freihandelsstatuts, versetzte der Textilmanufaktur von Quito dann gleichsam den Todesstoß. Die Kakao-Konjunktur brachte schließlich die wirtschaftliche Rettung. Im Jahr 1765 exportierte Guayaquil 34 000 Sack Kakao (zu je 90 Pfund), 1795 dann 87 500 und 1810 100 000 Sack. In den letzten Jahren der Kolonie (1791–1800) exportierte Guayaquil im Jahresdurchschnitt Waren im Wert von 757 000 Pesos. Diesem Volumen standen Importe im Wert von 824 000 Pesos gegenüber. Dieser lebhafte Warenaustausch stimulierte die Entwicklung der Küstenzone, während in der *sierra* die tiefe Depression anhielt. Panama wurde von der Aufhebung des Flottenregimes im Jahr 1740 spürbar getroffen, denn das Land, schmalste Landbrücke zwischen Atlantik und Pazifik, lebte ausschließlich von den Gewinnen, die es als „interozeanische Drehscheibe" abschöpfen konnte. Die Umleitung des Güterverkehrs um Kap Hoorn brachte Panamas Niedergang mit sich. Noch zwischen 1798 und 1802 wurden zwischen Portobelo im Osten und Panama-Stadt im Westen Güter im Wert von 3 Mio. Pesos – 600 000 Pesos im Jahrsmittel – umgeschlagen.

Das wirtschaftlich gesündeste Territorium der Region war Neu-Granada, nicht zuletzt, weil bis zum Jahr 1780 Gold das klassische Exportgut war. Das Freihandelsstatut begünstigte die Ausfuhr von Naturalien, wenngleich sich die Mengen in Grenzen hielten. Von 1784 bis 1788 wurden von Cartagena aus Agrarprodukte im Wert von 694 095 Pesos und für 10 123 015 Pesos Gold und Silber verschifft. Der Export von landwirtschaftlichen Produkten stieg aber schon im folgenden Fünfjahresabschnitt von 1789 bis 1793 auf 1 149 463 Pesos an (207 312 *arrobas* Baumwolle, 27 525 *arrobas* Kakao, 23 164 Rohfelle), während sich die Gold- und Silberausfuhr im Wert von 9 086 019 Pesos leicht verringerte. Von den Exporten des Jahres 1793 im Gesamtwert von 919 272 Pesos entfiel ein Anteil von 27 Prozent (248 155 Pesos) auf landwirtschaftliche Erzeugnisse (hauptsächlich Kakao, Baumwolle und Häute); die Goldlieferungen machten nur noch 73 Prozent der Exporte aus. Noch in den Jahren von 1802 bis 1804 verließen trotz der kriegerischen Auseinandersetzungen mit Großbritannien jährlich landwirtschaftliche Produkte im Wert von 785 000 Pesos das Territorium von Neu-Granada.

Die königliche Finanzverwaltung übte auf die nordandinen Ansiedler einen spürbaren fiskalischen Druck aus, der sich noch verstärkte, als 1777 überall im Lande der Handel mit den am meisten umgesetzten Produkten – Tabak, Branntwein, Salz, Spielkarten, Schießpulver – ein Staatsmonopol wurde. Dieses *estanco*-System sorgte für die Ausschaltung der Konkurrenz; die willkürliche Festsetzung der Preise führte jedoch zu Unzufriedenheit bei Verbrauchern und Produzenten. Gegen Ende des Kolonialregimes beliefen sich die Jahreseinnahmen der vizeköniglichen Finanzverwaltung auf fast 2,5 Mio. Pesos, von denen 40 Prozent unmittelbar aus dem landwirtschaftlichen Sektor kamen (Tabak-, Branntwein-, Brachlandsteuern, Eingeborenentribut, Zehnte und Abgaben für vakante Kirchenämter, Kapitalerträge aus dem Verkauf von Kirchengütern); weitere 41 Prozent flossen mittelbar aus dem Agrarbereich (Zölle, Verkaufs- und Salzsteuern, Maut- und Wegegelder, Bodega- und Schankstellengebühren, Erträge aus staatseigenen Liegenschaften); nur 19 Prozent der Einnahmen stammten aus nichtlandwirtschaftlichen Bereichen (Verkauf von Spielkarten, Schießpulver, Stempelpapier; Fünfte – eine 20prozentige Steuer auf Edelmetalle; Münzgewinne, Monatsgelder, Ämterverkauf, Kreuzfahrtablässe, Postgebühren, Konfiskationen, Steuern auf die Zucht von Kampfhähnen, besondere Abgaben für Adlige und Funktionsträger der Krone). Die Höhe der Jahreseinnahmen des Fiskus aus einigen Sektoren verdeutlicht die Bedeutung des Monopolhandels: 470 000 Pesos aus Tabak-, 295 000 Pesos aus Branntweinverkäufen, 150 000 Pesos Münzgewinne, 78 000 Pesos aus der Abschöpfung des Fünften aus dem Edelmetallabbau. In Quito verdoppelten die Reformen der Bourbonen die fiskalischen Einnahmen in nur knapp 13 Jahren, und zwar durch die Beachtung zweier goldener Regeln: die zuvor verpachteten *estancos* selbst in die Hand zu nehmen und die Steuern anzuheben. Um 1785 machten die Zuflüsse aus dem Eingeborenentribut und den Regieläden zwei Drittel der staatlichen Einkünfte Quitos aus (Tab. 8).

Ähnlich erging es Venezuela, hier noch verschärft durch den Umstand, daß die *estancos* das wenige zirkulierende Geld in ihren Kassen zurückhielten, während der Handel über mangelndes Bargeld klagte. Die Intendanten brachten daraufhin das in den Regieläden gehortete Geld gegen auf Banken in Spanien gezogene Schecks wieder in Umlauf. Eine schwere Bürde für den Staatshaushalt waren die Verteidigungsausgaben. Im Jahr 1808 standen staatlichen Einnahmen in Höhe von 953 129 Pesos und 4,5 Reales vor allem durch den Militäretat hervorgerufene Ausgaben von 1 629 103 Pesos und 1 Real gegenüber. Nach der Ausweisung der spanischen Funktionsträger befanden sich nur noch 390 000 Pesos in den königlichen Schatullen, von denen 180 000 Pesos der Tabaksteuer entstammten. Daher zog die königliche Finanzverwaltung in der letzten kolonialen Phase, als eine Wirtschaftskrise die drei Territorien der Region (Venezuela, Quito und Panama) heimsuchte, noch einmal die Steuerschraube an. Die Maßnahme schwächte die Volkswirtschaft auf breiter Ebene, zumal dem Außenhandel im Jahr 1810 eine weitere britische Blockade drohte.

Tab. 8: Staatliche Einkünfte Quitos aus Eingeborenentribut und Regieläden 1773–1785 (in Pesos)

Jahr	Gesamt-einnahmen	Eingeborenen-tribut	Regie-läden	Prozent-anteil
1773	101 583	34 226	22 371	57,4
1774	115 483	56 262	18 595	64,8
1775	159 927	65 545	15 773	50,8
1776	137 387	53 460	20 641	53,9
1777	122 679	42 824	18 939	50,3
1779	200 942	116 280	13 953	64,8
1780	277 493	98 983	47 218	52,7
1781	207 584	94 208	29 895	59,8
1782	299 630	116 597	77 344	64,7
1783	238 398	106 659	47 636	65,5
1784	291 743	–	128 645	
1785	376 041	168 078	159 651	87,2

Quelle: Contreras [1987, 22].

c Eine Politik fortgesetzter Kriege

Zwischen 1760 und 1810 hatte die Nordandenregion unter den Konsequenzen fortgesetzter kriegerischer Auseinandersetzungen zu leiden, in die die spanische Außenpolitik verwickelt war: mit Großbritannien und Portugal (1762–1763), mit Großbritannien (1779–1783), mit Frankreich (1793–1795), mit Großbritannien (1797–1801 und 1804–1808) sowie mit Frankreich (1808–1813). Die ersten beiden während der Regierungszeit Karls III. stattfindenden Konflikte blieben ohne direkte Folgen für die Region, wenngleich sie den karibischen Raum aus dem Gleichgewicht brachten und Verteidigungskosten verursachten. Die bedeutsamste militärische Aktion war die Rückeroberung der Insel Providencia im Jahr 1782. Sie wurde dem Vizekönigreich Neu-Granada eingegliedert. Die von Karl IV. geführten Kriege hingegen erwiesen sich als unheilvoll. Der Konflikt mit dem französischen Nationalkonvent fiel in die Zeit der kreolischen Agitation (Verschwörung von Nariño), aber es waren die Auseinandersetzungen mit Großbritannien, die den regionalen Handel und die Produktion zum Erliegen brachten. Die Venezolaner vor allem sahen ihre Verbindungswege zum Mutterland durch die von Jamaica und Trinidad, später von Curaçao aus operierenden Briten blockiert. In den Häfen stapelten sich die Exportgüter; es kam zu dem befürchteten Preisverfall, das Bargeld wurde knapp, und in Venezuela fehlten die bisher aus Spanien importierten Artikel des Grundbedarfs. Ihren Höhepunkt erreichte die Krise im ersten Halbjahr 1808. Das anschließende Bündnis mit Großbritannien 1809 ließ den Handel wieder aufblühen, doch kurz darauf drohte erneut eine Blockade, denn inzwischen hatte Frankreich Spanien so gut wie besiegt und die Iberische Halbinsel besetzt. Lediglich die Kanarischen Inseln und Cádiz – von dem man fürchtete, es werde bald in die Hände des Feindes fallen – blieben von französischen Truppen frei.

C. Der Unabhängigkeitskrieg (1810–1822)

Zwölf Jahre lang verheerte der Unabhängigkeitskrieg die Nordandenregion, löschte einen Teil ihrer Bevölkerung aus, erschütterte die Gesellschaft und zerstörte die Wirtschaft. Es handelte sich um einen besonders gewalttätigen Befreiungskampf, denn abgesehen von den auch in anderen Regionen des Subkontinents sich abspielenden Auseinandersetzungen zwischen Royalisten und Republikanern war es hier ein Rassenkonflikt zwischen Farbigen und Weißen und darüber hinaus eine Konfrontation zwischen europäischen und amerikanischen Spaniern, ausgelöst durch die Präsenz eines Garnisonsheeres aus dem Mutterland, des einzigen, welches Spanien in seine Kolonien entsandt hatte.

a Der lange Kampf um die Freiheit

Der Unabhängigkeitskampf läßt sich in drei Phasen teilen, deren mittlere vom spanischen Rückeroberungsversuch (1815–1819) durch die sogenannten „Tierra-Firme"-Truppen bestimmt ist. Die Auseinandersetzungen begannen 1810, als die Kreolen die Zeit der Machtübernahme für gekommen hielten. Der spanische König befand sich in französischer Gefangenschaft, die Monarchie lag in den Händen einer Regentschaft. Die Kreolen entwarfen ein pseudorechtliches Modell für einen unblutigen politischen Übergang, der die Umformung der *cabildos* (Stadträte) in autonome Juntas zum Ziel hatte. Diese wiederum forderten die Anerkennung in ihren jeweiligen regionalen Arbeitsbereichen. Ein loses Konzept für diesen Plan war schon 1809 in Quito entstanden, aber seine endgültige Form – bis hin zur Abdankung des Generalkapitäns Emparan – erhielt er erst am 19. April 1810 in Caracas, wo eine kreolische Junta gebildet wurde, die die Spanier des Landes verwies und die Anerkennung durch alle venezolanischen Provinzen verlangte. Daß die westlichen Provinzen von Maracaibo und Coro – und später auch Guayana – diese Anerkennung verweigerten, führte zum ersten Bürgerkrieg. Um der politischen Zukunft des Landes Inhalt und Richtung zu geben, rief die Junta 1811 die Provinzdelegierten zu einem Kongreß zusammen.

Die Junta von Caracas beschloß einige Steuerreformen, veranlaßte die Aufstellung von Truppen gegen die Royalisten und ersuchte Curaçao, die USA und Großbritannien um Hilfe. Miranda kehrte von London nach Caracas zurück und stellte sich an die Spitze der Patriotischen Gesellschaft, die sich in einer intensiven Kampagne für die Unabhängigkeit engagierte und für die Ausrufung der Republik noch vor dem Zusammentreten des Kongresses plädierte. Dieser versammelte sich erstmals am 2. März 1811 und erklärte am 5. Juli 1811 die Unabhängigkeit. Fünf Monate später, am 21. Dezember 1811, erhielt der neue, „Amerikanische Konföderation von Venezuela" benannte Staat eine Verfassung. Es war die erste in Hispanoamerika, und ihr föderatives Grundmuster zeigt, daß man sich damals schon der Schwierigkeit bewußt war, ganz Venezuela zentralistisch zu regieren.

Die erste Republik war ein sehr zerbrechliches Gebilde. Sie ruhte auf dem schwankenden Unterbau einer krisengeschüttelten Kolonialwirtschaft, die mit ihren galoppierenden Kosten (Kriegsausgaben im Kampf gegen die Royalisten, Verwaltungsaufwand für das neue einheimische Personal) und schrumpfenden Einnahmen (weil der spanische und der mexikanische Markt keinen Kakao mehr abnahmen, die Spanier von Puerto Rico aus eine Seeblockade verhängten), aber auch wegen der Auswirkungen des Erdbebens von 1812, vollends aus den Fugen geriet. Die royalistischen Verbände Monteverdes drangen von Coro aus vor, während die patriotischen Kräfte eine von Miranda geführte Diktatur errichteten. Am 25. Juli 1812 kapitulierte Miranda in San Mateo. Bolívar und vielen anderen venezolanischen Offizieren gelang es, das Land zu verlassen und sich über Curaçao nach Cartagena abzusetzen.

Das in Caracas angewandte Modell der Machtübernahme wurde im Mai 1810 in Cartagena, wo die soeben eingetroffenen Bevollmächtigten der spanischen Regentschaft, Montúfar und Villavicencio, sich um die Anerkennung der spanischen Autorität bemühten, und am 20. Juli 1810 in Santa Fé de Bogotá nachvollzogen. Dort verfiel man auf die Idee, den Vizekönig zum Präsidenten der aus dem *cabildo* (Stadtrat) hervorgegangenen Junta zu machen und ihn dann abdanken zu lassen. Auf ähnliche Weise entledigte man sich am 2. August 1810 in Quito des Bevollmächtigten Montúfar; vorübergehend zum Präsidenten gewählt, mußte er schon bald dem Bischof Cuero seinen Stuhl überlassen. Am 4. Dezember 1811 trat ein Kongreß zusammen, der sieben Tage später die Unabhängigkeit Quitos erklärte.

Die politische Unrast stiftete auch in den nordandinen Territorien Verwirrung. Zur Konfrontation zwischen Royalisten und Patrioten kam schon bald die Spaltung der letzteren in Zentralisten und Föderalisten. Man sprach von der in Caracas, in Santa Fé de Bogotá und in Quito herrschenden Tyrannei, und Städte wie Valencia, Cartagena und Guayaquil wollten die Vormundschaft ihrer alten Kolonialmetropolen abschütteln. Auf dem Gebiet des bisherigen Vizekönigreichs konstituierten sich vier unabhängige Republiken: Cartagena, Cundinamarca (um Santa Fé herum), die Konföderation Neu-Granada (mit Tunja als Hauptstadt) und Quito. Die Republik von Quito befand sich mitten in einem Bürgerkrieg, als Truppen aus Lima anrückten und im Jahr 1812 für die Wiederherstellung der spanischen Hoheit sorgten. Die Royalisten beherrschten auch Panama, wo der neue Vizekönig Benito Pérez 1812 von Santa Marta, Popayán und Pasto Besitz ergriff.

Nachdem Bolívar in Cartagena die Zustimmung für eine offensive Kriegsführung gegen die Spanier gewonnen hatte, begann er im Mai 1813 seinen Feldzug zur Befreiung Venezuelas, der als *Campaña Admirable* in die Geschichte einging. Am 15. Juni 1813 erklärte Bolívar in Trujillo einen Krieg auf Leben und Tod: „Spanier und Kanaren, rechnet, sofern ihr euch nicht aktiv für die Freiheit Amerikas einsetzt, auch dann mit dem Tode, falls ihr euch unparteiisch verhaltet. Amerikaner, rechnet mit eurem Leben, auch wenn ihr schuldig wäret" [Bolívar, IV, 307]. Der Feldzug wurde zu einem blitzartigen Vorstoß aus dem Westen. Aus dieser Richtung erwarteten die im Osten gegen die patriotischen Truppen kämpfenden Spanier keinen Angriff. Monteverde zog sich in Richtung Puerto Cabello zurück, und Bolívar marschierte am 4. August 1813 in Caracas ein, wo man sogleich die II. Republik ausrief. Im gleichen Jahr wurde Nariño, der Diktator von Cundinamarca, beim Versuch, die königstreue Streitmacht aufzuhalten, geschlagen und in Pasto festgesetzt.

Die II. venezolanische Republik erlag 1814 dem Angriff des Royalisten José Tomás Boves, der von sich aus einen Kampf auf Leben und Tod angesagt hatte: den Kampf der Farbigen *(pardos)* gegen die Weißen. Boves gefürchtete Truppe verbreitete Terror im Lande. Am 16. Juli 1814 eroberte er Caracas. Bolívar zog sich nach Osten zurück, wo er vergeblich versuchte, sich gegenüber den venezolanischen Kommandanten

Bermúdez, Mariño, Ribas und Piar als Befehlshaber durchzusetzen. Im September 1814 verließ er Venezuela und kehrte nach Cartagena zurück, wo man ihn als General der Konföderation begrüßte und ihm den Auftrag erteilte, Cundinamarca und Santa Marta zu unterwerfen. Für dieses letzte Unternehmen brauchte Bolívar die Hilfe Cartagenas, die ihm seine alten Verbündeten jedoch verweigerten. Am 27. März 1815 schloß der General Cartagena ein, aber schließlich gab er angesichts der Nachricht von der Ankunft eines von Morillo geführten spanischen Heeres die Belagerung auf. Er wollte nicht länger Bruderkämpfe führen. Anfang Mai 1815 schiffte sich Bolívar nach Jamaica ein.

Nach Wiedereinführung der absolutistischen Herrschaft in Spanien landete im Jahr 1815 das von General Morillo befehligte sogenannte „Tierra-Firme"-Heer auf der Insel Margarita. Es bestand aus 10 006 Soldaten und 291 Offizieren, die schon an den Kriegen im spanischen Mutterland teilgenommen hatten. Morillos Streitmacht gelangte über Cumaná nach Caracas, wo der General die zivile Ordnungsmacht durch eine Militärregierung ersetzte (mit permanentem Kriegsrat, Appellationsgericht, Requisitionskommission etc.). Sobald er Venezuela „befriedet" glaubte, zog er nach Cartagena weiter, das sich am 6. Dezember 1815 nach hunderttägiger Belagerung ergab. Morillo teilte seine Streitkräfte in vier Heeressäulen auf und rückte nach Süden vor, wo er die patriotischen Verbände schlug. Santa Fé de Bogotá kapitulierte am 6. Mai 1816. Auch hier übernahm eine Militärregierung die Macht, wenngleich einige zivile Institutionen weiterhin ihren Aufgaben nachgehen durften. Anschließend begab sich Morillo wieder nach Venezuela. In Santa Fé ließ er den Gouverneur Sámano und die dritte Division zurück. Für die republikanischen Kräfte erwiesen sich die Jahre von 1816 bis 1819 als verheerend; die stehende Truppe verwandelte sich in Guerilla-Einheiten, die in Randzonen wie dem venezolanischen Osten, in Guayana und in den *llanos* operierten. Bolívar gelang es unterdessen, sich zum absoluten Oberbefehlshaber über die nun von ihm koordinierten Streitkräfte aufzuschwingen. Von Jamaica aus (wo seine berühmte *Carta* entstand, in der er das Bild eines freien, von 17 unabhängigen Republiken gebildeten Hispanoamerika beschwor) ging er 1816 nach Haiti. Dort gelang es ihm, sich der Hilfe des Präsidenten Petión zu versichern. Er kehrte in den venezolanischen Osten zurück, mußte sich jedoch nach mehreren Fehlschlägen im April 1817 nach Guayana absetzen, wo er sich mit den Truppen Piars zusammenschloß. Bolívar konnte den mulattischen General zwar dazu überreden, ihn als Oberbefehlshaber anzuerkennen, doch versuchte jener später, sich dieser Unterordnung wieder zu entziehen, um an der Spitze eines farbigen Heeres die Weißen zu bekämpfen. Bolívar befahl seine Erschießung, vertrieb die Spanier aus Angostura und Guayana la Antigua, sorgte für Zucht und Disziplin in der Truppe und reorganisierte den Handel. Am 30. Dezember 1817 vereinigte er seine Verbände mit den von Páez in den *llanos* befehligten Einheiten. Der gemeinsame Kampf zur Befreiung von Caracas schlug fehl. Morillo hielt nicht nur dem Ansturm stand, er ging auch noch zum Gegenangriff über und verfolgte die Republikaner. Bolívar kehrte in die *llanos* zurück und begab sich später nach Angostura, wo der zuvor einberufene Kongreß zusammentrat.

Der Kongreß von Angostura wurde am 15. Februar 1819 mit einer Rede Bolívars *(Discurso de Angostura)* eröffnet, in der er den Zusammenschluß Neu-Granadas und Venezuelas ein „einstimmiges Begehren der Völker und Regierungen dieser Republiken" nannte [BOLÍVAR 1975]. Der Kongreß ernannte Bolívar zum Präsidenten und Zea zum Vizepräsidenten Venezuelas. Sodann unternahm Bolívar die kühnste Operation seiner militärischen Laufbahn: die Invasion Neu-Granadas. Unter Ausnutzung des Umstandes, daß Morillo das Territorium militärisch weitgehend entblößt hatte, bereitete Bolívar die Befreiung Neu-Granadas vor. Am 23. Mai 1819 präsentierte er seinen Offizieren in Aldea Setenta den Eroberungsplan. Schon am nächsten Tag begannen die Truppenbewegungen. Über die Einöde von Pisma überquerte das patriotische Heer die Kordillere und erreichte am 5. August 1819 Tunja, wo Bolívar unter Androhung des Standrechts seine Verbände verstärkte. Anschließend nahm er die Verfolgung der von Oberst Barreiro angeführten royalistischen Division auf, überraschte diese am 7. August 1819 am Boyacá-Paß und rieb sie auf. Die Nachricht von der spanischen Niederlage führte zur Flucht der Behörden aus Santa Fé de Bogotá, gleichzeitig fiel der größte Teil des Territorims von Neu-Granada in die Hände der Befreier.

Bolívar marschierte in Bogotá ein und überließ die restlichen Kämpfe des Feldzugs seinen Offizieren. In Angostura verlieh ihm der Kongreß den Titel *Libertador* und entsprach gleichzeitig Bolívars lange gehegtem Wunsch, die Republik Kolumbien offiziell zu gründen. Wiederum wurde Bolívar zum Präsidenten, Zea zum Vizepräsidenten des neuen Staates erkoren. Außerdem ernannte man zwei „Bezirks-Vizepräsidenten" für Cundinamarca (die amtliche Bezeichnung für Neu-Granada) und Venezuela; die Wahl fiel auf Santander und Roscio.

Das Jahr 1820 begann für die Patrioten unter günstigen Vorzeichen. Am 1. Januar brachte in Spanien der von Riego angeführte Militäraufstand die Liberalen an die Regierung und zwang Ferdinand VII., die Verfassung von 1812 anzuerkennen. Die neuen Machthaber wiesen die spanischen Behörden in Amerika an, die Kriege zu beenden und sich mit den „Rebellen" auf irgendeine Weise zu verständigen. Morillo sah ein, daß er mit der Verstärkung aus dem Mutterland (seine Truppen waren mittlerweile ebenso amerikanisch wie die republikanischen), auf die er seit vier Jahren wartete, nicht mehr rechnen konnte; er entschloß sich, der Anweisung der liberalen Regierung Folge zu leisten und das Kommando niederzulegen. Mit Bolívar vereinbarte er eine „zivilisiertere" Form der Kriegführung (ohne Gefangenentötungen), einen sechsmonatigen Waffenstillstand sowie seine eigene Rückkehr nach Spanien. Der Oberbefehl über das royalistische Heer ging auf La Torre über.

Bolívars ursprüngliche Absicht war es gewesen, einen Friedensvertrag mit Spanien abzuschließen, doch die politischen Umstände verhinderten dies. Guayaquil erklärte sich, kaum war die Nachricht vom Einfall San Martíns nach Peru eingetroffen, am 9. Oktober 1820 für unabhängig. In aller Eile schickte Bolívar General Sucre an der Spitze eines Befreiungsheeres nach Süden. Der Erhebung Maracaibos gegen die Spanier eilte Bolívar zu Hilfe und kündigte damit den Waffenstillstand mit La Torre auf. Zuvor hatte er jedoch noch den Vizepräsidenten Azuola beauftragt, den Kongreß zur Ausarbeitung der Verfassung Kolumbiens nach Cúcuta einzuberufen. Erneut brachen am 28. April 1821 die Feindseligkeiten aus; Bolívar konzentrierte seine Truppen in den mittleren Regionen Venezuelas. In den *llanos* von Carabobo gelang es ihm am 24. Juni 1821, das spanische Heer entscheidend zu schlagen. La Torre flüchtete nach Puerto Cabello, der letzten Bastion der Royalisten, die aber schon bald in die Hände der Patrioten fiel.

Bolívar begab sich nach Cúcuta, wo der Kongreß inzwischen seine Arbeit beendet und ihn zum Präsidenten von Kolumbien gewählt hatte. Die neue Verfassung bestimmte eine aus einem Präsidenten und einem Vizepräsidenten (für diesen Posten war Santander auserkoren) bestehende Exekutive, eine von zwei Kammern gebildete Legislative und eine Judikative, bestehend aus einem obersten Gerichtshof und mehreren Appellationstribunalen. Trotz ihrer zentralistischen Anlage führte diese Verfassung zu keiner Vereinigung des Landes, zumal sein Präsident, mit dem Krieg beschäftigt, stets abwesend war. Dem Vizepräsidenten aber begegnete man, weil er aus Neu-Granada stammte, eine liberale Politik betrieb und im übrigen die wohlhabenden Großgrundbesitzer repräsentierte, mit Mißtrauen.

Auf dem Vormarsch nach Süden wurde Bolívar durch den Widerstand der Stadt Pasto aufgehalten. Dort erreichte ihn die Nachricht von der Annektion Panamas durch Kolumbien; der Befreiungsakt war ohne Blutvergießen erfolgt. Bereits unter dem Mandat des Obersten José de Fábrega hatten sich Volksbewegungen für die Unabhängigkeit gebildet, u.a. die Manifestation von Villa de los Santos am 13. November 1821. Der *cabildo* der panamenischen Hauptstadt veranlaßte am 28. November 1821 eine Zusammenkunft mit dem Generalkapitän, dem Bischof, mit militärischen Führern und leitenden Beamten. Die Versammlung beschloß, die Unabhängigkeit des Isthmus und seinen Anschluß an Kolumbien zu proklamieren. Bolívar entstandte seinen Adjutanten O'Leary nach Panama, beglückwünschte die Bevölkerung zu ihrer Entscheidung und akzeptierte ihren Entschluß. Am 9. Februar 1822 erklärte ein entsprechendes Dekret der kolumbianischen Exekutive den Isthmus zu einem kolumbianischen Verwaltungsbezirk. Den Widerstand von Pasto konnte Bolívar zwar nicht brechen, doch machte Sucre ihm den Weg nach Quito frei, indem er die Hauptstadt von Guayaquil aus angriff und am 24. Mai 1822 bei Pichincha einen entscheidenden Sieg errang. Die royalistische Verteidigung brach zusammen, und am 16. Juni 1822 drang Bolívar in die Stadt Quito ein. Der Staat Kolumbien war Wirklichkeit geworden; er umfaßte jetzt Venezuela, Neu-Granada und Quito sowie als Geschenk der politischen Umstände Panama.

Den glücklichen Abschluß jenes Jahres 1822 bildete die Eingliederung Guayaquils in den kolumbianischen Hoheitsbereich. In Bolívars politischem Konzept stellte ein unabhängiges Guayaquil insofern eine Bedrohung für Kolumbien dar, als sein Beispiel Schule machen und von anderen kolumbianischen Territorien (dem venezolanischen Osten, Cartagena usw.) nachgeahmt werden könnte. Weniger ausschlaggebend war die Furcht, der Protektor Perus, San Martín, könne sich der Hafenstadt bemächtigen. Als San Martín Bolívar vorschlug, die Bevölkerung von Guayaquil selbst über ihr politisches Schicksal entscheiden zu lassen, schrieb dieser ihm: „Ich bin nicht Ihrer Ansicht, daß man eine Provinz durch eine Abstimmung zur nationalen Souveränität befragen sollte, denn es sind nicht die Teile, sondern es ist das ganze Volk, das in frei und legal erfolgenden allgemeinen Versammlungen seine Beschlüsse faßt" [BOLÍVAR 1950, I, 649]. Bolívar marschierte nach Guayaquil, wo man ihm eine Denkschrift überreichte, die von mehreren, der Integration zugeneigten Würdenträgern der Stadt unterzeichnet war. Aufgrund dieses Dokuments annektierte er Guayaquil, und am 13. Juli 1822 wurde dort die kolumbianische Flagge gehißt. Am selben Tag schrieb ihm San Martín erneut und teilte ihm seine bevorstehende Ankunft in der Hafenstadt mit, um an Ort und Stelle über ihre politische Zukunft zu entscheiden. San Martín traf am 25. Juli 1822 in Guayaquil ein und weigerte sich, an Land zu gehen, als er vom kolumbianischen Status der Stadt erfuhr. Bolívar seinerseits bat dringend um seinen Besuch.

San Martín fügte sich und willigte schließlich ein, Bolívar bei der Befreiung Perus gewähren zu lassen.

b Die Zerstörung der Kolonialgesellschaft und ihres Wirtschaftssystems

Der Krieg machte nicht nur der Kolonialgesellschaft ein Ende, sondern zog auch die Wirtschaft stark in Mitleidenschaft. Die demographischen Verluste waren hingegen weniger gravierend. Zu großen Frontalbegegnungen war es während der Kampfhandlungen nicht gekommen. Wahrscheinlich forderten der „Krieg auf Leben und Tod", Rassenhaß und soziale Konflikte mehr Opfer als die eigentlichen Kampfhandlungen. Verläßliche Zahlen fehlen jedoch. Eine isolierte und wenig zuverlässige Angabe sind die 767 100 Einwohner Venezuelas, die am 31. März 1822 von der *Concordia del Zulia* gemeldet wurden. Zweifellos war Venezuela die vom Krieg am stärksten zerstörte Region. Die Bevölkerung der Stadt Caracas ging von etwa 50 000 im Jahr 1812 auf etwa 21 000 im Jahr 1814 zurück (10 000 Erdbebenopfer, 5000 Kriegstote in der ersten Konfliktphase und 14 000 Emigranten infolge der Invasion von Boves) [Blanco 1875–1877]. Abwechselnd von Royalisten und Republikanern erobert, war Caracas die Metropole, die am meisten zu leiden hatte. Auch Neu-Granada entrichtete einen hohen Blutzoll, während die Bevölkerung von Quito, abgesehen von der Anfangsphase des Bürgerkriegs, weitgehend verschont blieb. Bedeutsamer als die nur schwer zu erfassenden Bevölkerungsverluste waren die kriegsbedingten gesellschaftlichen Wandlungsprozesse. Der Konflikt ebnete die ständisch gegliederte Gesellschaft soweit ein, daß schließlich auch Mestizen und vereinzelt Indios und Schwarze sozial aufsteigen konnten. Die venezolanischen Kreolen glaubten anfangs, sie könnten mit einem nur aus Weißen bestehenden Heer siegen, aber sie wurden von den Royalisten geschlagen, in deren Reihen auch Indios und Mestizen kämpften. Bolívar lernte aus dieser Erfahrung und rekrutierte seine Truppen seit der *Campaña Admirable* unterschiedslos aus Patrioten aller Klassen und Rassen. Im Befreiungsheer waren daher die verschiedenen Schichten der Kolonialgesellschaft vertreten. Der Waffendienst versprach Zugang zu künftigem Besitz, denn die Truppe funktionierte wie ein Kreditgeber, der seine Forderungen verbucht. Vom General bis zum einfachen Soldaten erhielten die Kämpfer nur Ausrüstung und Verpflegung. Der Wehrsold galt lediglich als Anspruch, dessen Erfüllung nach dem Sieg eingeklagt werden konnte. Um die Kombattanten zu beruhigen, erlaubte ein Gesetz vom Oktober 1817 die Zuteilung von beschlagnahmtem Eigentum des Feindes als Ausgleich für geleisteten Wehrdienst. Nach der Schlacht von Boyacá beriefen sich Offiziere wie Soldaten auf dieses Gesetz und forderten das ein, was man ihnen schuldete. Seit 1820 bewertete eine Prüfungskommission in Bogotá die Verdienste der Antragsteller und sprach ihnen entsprechendes Eigentum zu. Nicht wenige Militärs wurden auf diese Weise zu Großgrundbesitzern und bildeten eine aufstrebende neue Gesellschaftsschicht.

Der soziale Wandel machte sich weniger im Aufstieg von Angehörigen der niederen Klassen bemerkbar, denen es an einer angemessenen Ausbildung fehlte und die daher weiterhin in Armut und ohne Zugang zur Macht dahinlebten, als vielmehr im Untergang der früheren Führungsschicht. Die Spanier, ehemals Monopolisten der öffentlichen Verwaltung und des Handels, mußten emigrieren und ihre Posten Kreolen, von denen viele dem Mittelstand entstammten, sowie Mestizen überlassen. Die Oligarchie der kreolischen Landbesitzer verarmte. In Venezuela verlor sie im Zuge fortgesetzter Konfiskationen ihre Bewirtschaftungsflächen, in Neu-Granada kam sie etwas besser weg, und in Quito blieb ihr Eigentum unangetastet. Allerdings war ihr Vermögen bereits geschwächt, denn die *haciendas* hatten ihre Sklaven, ihr Vieh und ihre Ernten verloren. Die Bergwerke büßten neben ihren Sklaven auch noch die Tagelöhner ein. Die großen Nutznießer dieser neuen Situation waren die Kreolen der Mittelschicht und die Mestizen.

Die eigentlich Betrogenen blieben die Sklaven. Vergeblich warteten sie auf ein Freilassungsdekret. Das äußerste Entgegenkommen, zu dem Patrioten wie Royalisten bereit waren, war, den Sklaven den Heeresdienst anzubieten und den Überlebenden die Freiheit zu versprechen. So lauteten die Rekrutierungsbestimmungen von 1811 in Venezuela und auch die entsprechenden Erlasse Mirandas (1812) und Bolívars (1816). Der Kongreß von Angostura behandelte das Thema der Sklavenbefreiung nur vorsichtig und schob eine Lösung hinaus. In diesem Sinne wirkte 1820 auch Santander auf Bolívar ein, denn die Sklavenhalter von Antioquia und vom Chocó waren zugleich glühende Patrioten. Daher blieb das Freilassungsthema in der Schwebe, bis der Kongreß von Cúcuta sich am 19. Juli 1821 zu der Kompromißformel durchrang, zwar keine Schwarzen freizulassen, wohl aber den weiteren Sklavenhandel zu verbieten und die „Freiheit im Mutterleib" zu gewähren: Alle Kinder von Sklavinnen sollten als Freie geboren werden. Allerdings wurde dieses Recht anschließend wieder beschnitten: Um die Dienstherren der Sklavenmütter für die bei der Erziehung entstehenden Unterhaltskosten zu entschädigen, durften die Kinder bis zum 18. Lebensjahr zur Arbeit herangezogen werden. Um den Freilassungsprozeß zu beschleunigen, bildete man jedoch in den einzelnen Landkreisen spezielle „Befreiungskomitees" aus dem Ortsrichter, dem Pfarrer, zwei Bürgern und einem Schatzmeister, deren Aufgabe es war, Sklaven zu kaufen und ihnen die Freiheit zu „schenken". Diese Freikäufe wurden aus Erbschaftsteuereinnahmen finanziert, hatten jedoch in der Praxis keinen Erfolg. Eine andere gesellschaftsverändernde Folgeerscheinung des Krieges war die Entwurzelung der Landbevölkerung und ihre Abwanderung in die Städte. Opfer von Vertreibungen wurden die ärmsten Schichten der Bevölkerung, vor allem die Indios. Viele der Zwangsverschleppten fanden sich völlig hilflos weit von ihren Siedlungen entfernt wieder. In zahlreichen Eingaben forschten Indiofrauen nach ihren Ehemännern, die, als Soldaten ausgehoben, nicht zurückgekehrt waren. Ihre Frauen wußten nicht, ob sie sich noch als verheiratet betrachten durften. Landflucht war die Folge der unsicheren Existenz auf dem Lande.

Die Wirtschaft stand nach dem Unabhängigkeitskrieg kurz vor dem Ruin. Die ersten Republiken unternahmen zaghafte Versuche zur Reformierung des Kolonialsystems, schafften unpopuläre Steuern ab und dekretierten Handelsfreiheit. Diese Erleichterungen schmälerten jedoch die Einnahmen der durch die Finanzierung des Befreiungskampfes ohnehin stark belasteten Staatskasse. Seit 1812 befand man sich, zunächst in Venezuela, dann auch in Neu-Granada, im Zustand der Kriegswirtschaft. Besser erging es Quito, wenngleich auch hier die ständigen Geldforderungen der Spanier, die ihre Streitmacht unterhalten mußten, an der Substanz zehrten.

Die Erträge der marktorientierten Landwirtschaft gingen erheblich zurück, aber auch die Erträge der Subsistenzwirtschaft sanken. Plantagen und *haciendas* beklagten den Verlust ihrer Arbeitskräfte; Bemühungen um Ersatz blieben ohne Erfolg. Zwangsarbeit gab es nicht mehr, doch Lohnarbeit war wenig attraktiv, da das Geld seine Kaufkraft verloren hatte. Lediglich im stark geschwächten Familienbetrieb konnte der

Boden weiter bestellt werden. Der Kongreß von Cúcuta unternahm den vorsichtigen Versuch einer Agrarpolitik zur Rekultivierung brachliegenden Landes. So sollten nicht genutzte Agrarflächen enteignet und im Küstengebiet für 2 Pesos, im Landesinnern für 1 Peso pro *fanegada* (ca. 65 Ar) an Privatleute verkauft oder – bei besonders guten Böden – versteigert werden. Die Resultate dieses Projektes blieben indessen dürftig.

Die für den Markt produzierende Landwirtschaft Venezuelas wurde von der Krise besonders stark getroffen. Die Kakao-, Indigo- und Tabakernten gingen zurück, andererseits konnte die Kaffeeproduktion, dank zweier außergewöhnlicher Umstände, sogar noch gesteigert werden: Zum einen existierte in Nordamerika ein gesicherter Absatzmarkt, zum anderen ließ sich Kaffee auch auf kleinen, familienbetriebenen Pflanzungen kultivieren. Die Preise für landwirtschaftliche Exportgüter stürzten in die Tiefe. Kakao, der 1809 noch fast 18 Pesos pro *fanega* erbracht hatte, kostete 1811 nur noch 9, 1812 noch 7 und danach ganze 6 Pesos, bis sich, nach einer gewissen Erholung, die Notierung um 1820 bei 10 Pesos pro *fanega* einpendelte. Der Baumwollpreis fiel von 12,5 Pesos pro Zentner im Jahr 1809 innerhalb von zwei Jahren auf 2 Pesos und kletterte dann bis 1820 wieder auf 10 Pesos. 1809 kostete das Pfund Indigo 9 Reales, 1811 8 Reales, 1 *arroba* Zucker in den gleichen Jahren erst 4, dann nur noch 2,5 Pesos. Kaffee erstklassiger Qualität wurde 1809 mit 11 Pesos pro Zentner gehandelt, 1812 war er nur noch zu 3 Pesos abzusetzen, ab 1814 hielt er sich auf einem Preisniveau von 6 Pesos. Die Produktionsmengen für diesen Zeitraum zu bestimmen ist ebensowenig möglich, wie die in den Handel gelangten Mengen exakt benannt werden können. Bekannt ist beispielsweise nur, daß 1811 von La Guaira aus 36 407 *fanegas* und 30 Pfund Kakao, 309 410 Pfund Indigo und 3 186 488 Pfund Kaffee exportiert wurden [Lucena Salmoral 1990]. Bis 1816 war der Kakaoexport auf 25 000 *fanegas* zurückgegangen, und die Indigoausfuhr betrug noch 98 Prozent der Menge des Jahres 1811. In Barinas schrumpfte die Tabakherstellung von 28 000 auf 3000 Zentner pro Jahr. Die zur Kolonialzeit übliche Verschiffung von Baumwolle und Kaskarillrinde (eine Fieberrinde) aus Neu-Granada kam vollständig zum Erliegen, während der Handel mit Brasilholz zunahm. Die Erträge aus dem Tabakumsatz, die sich zum Ende der Kolonialzeit noch um 450 000 Pesos bewegt hatten, beliefen sich 1816 nur noch auf 98 838 Pesos. Besser erging es der marktorientierten Agrikultur Quitos. Im Jahr 1820 wurden in Guayaquil 130 000 Säcke Kakao verladen, ein Rekord in der Geschichte dieses Produkts.

Noch ärgere Verluste als die Plantagenwirtschaft trafen die Viehzucht, denn die durchziehenden Heere waren große Fleischverbraucher. Bis zum Jahr 1820 mußten es die Züchter hinnehmen, daß die Truppen sich aus ihren Herden bedienten, ohne auch nur eine Empfangsbestätigung auszustellen. Später unterschrieben sie Quittungen, aber das Ergebnis blieb das gleiche. Der venezolanische Rinderbestand ging in der Zeit der Kriege schätzungsweise von 4,5 Mio. Stück Vieh auf 256 000 zurück. Allein im Cauca-Tal ging die Anzahl der Rinder nach 1812 von 500 000 auf 200 000 zurück. Caracas konnte in diesen Jahren des öfteren nicht mit ausreichenden Mengen Fleisch beliefert werden.

Der Bergbau kam fast völlig zum Erliegen. Den größten Schaden erlitten dabei die Bergwerke von Neu-Granada. Eine konservative Schätzung Vicente Restrepos kommt zu dem Ergebnis, daß die Förderung in den Kriegsjahren um etwa 40 Prozent zurückging [Restrepo 1952]. In der letzten Phase der Kolonialzeit betrug der durchschnittliche Wert der Jahresproduktion 3 Mio. Pesos. Von 1811 bis 1820 sank der Wert der

Produktion auf 1 835 000 Pesos. Die Grubensklaven flüchteten oder wurden vom Militär ausgehoben, und sogar die um ihre Sicherheit fürchtenden Eigentümer verließen die Bergwerksdistrikte. Einige wenige schritten zum Verkauf, erlösten aber nur geringe Beträge, denn es gab kaum Interessenten. Relativ besser überstand der Bergbau von Antioquia dank der *mazamorreros* die Kriegsjahre.

Der Niedergang der Edelmetallgewinnung und die Schrumpfung des Warenaustauschs führten zu einem beispiellosen Chaos im Zahlungsverkehr. Dabei waren Banknoten, Kupfermünzen, improvisierte Scheine und ausländische Währungen im Umlauf, deren Wechselverhältnisse oft vom Zufall bestimmt wurden und die von Republikanern bzw. von Royalisten zeitweise für ungültig erklärt wurden. Die I. Republik von Venezuela emittierte Papiergeld im Nennwert von fast 3 Mio. Pesos, das Monteverde nach der Wiedereroberung für ungesetzlich erklärte. Später zirkulierten ausländische Münzen und sogar Goldmünzen, die auf Anweisung Bolívars geprägt worden waren. Papiergeld gaben auch die Provinzen Cartagena und Ibagué heraus. Die Regierung von Cundinamarca ließ Silbermünzen mit zu geringem Silbergehalt prägen, die mit einem Abschlag von 4–5 Prozent entgegengenommen wurden. Die royalistischen Behörden von Santa Marta ließen Münzen prägen, ohne den Feingehalt anzugeben. Morillo begann sie in Umlauf zu bringen, doch Vizekönig Sámano befahl ihre Wiedereinziehung. Bogotá und Popayán prägten außerdem Goldmünzen. Der Kongreß von Cúcuta wollte Ordnung in den Geldverkehr bringen und erließ am 26. Oktober 1821 eine Verfügung, nach der alle Silberstücke ohne Rundform oder gekräuselten Rand als Zahlungsmittel außer Kraft gesetzt, eingezogen und zu Münzen im Wert von einem ganzen, einem halben und einem viertel Real umgeschmolzen werden sollten; doch die Bestimmung erwies sich in der Praxis als undurchführbar.

Das in Quito ansässige regionale Handwerk wurde von der gegen Ende des 18. Jh. aufkommenden Krise mitgerissen. Die Produktion ging empfindlich zurück, ohne jedoch ganz zu versiegen. Der Textilexport Quitos sank von 458 *cargos* im Jahr 1814 auf 332 *cargos* im Jahr 1820 (Tab. 9).

Tab. 9: Textilexporte Quitos 1814–1820 (in *cargos*)

Abnehmer	1814	1815	1816	1817	1818	1819	1820
Neu-Granada	427	556	424	633	487	441	234
Guayaquil	8	38	17	15	7	1	4
Esmeraldas/Tumaco	23	31	102	35	21	20	11
Piura und Lima	–	2	1	2	–	2	33
Jaen	–	–	–	4	–	–	–
Insgesamt	458	627	544	689	515	464	332

Quelle: Tyrer [1988, 206].

Der Binnenhandel stagnierte, weil aus Furcht vor Konfiskationen oder Diebstahl niemand kaufen wollte; umgekehrt mochte man gegen entwertetes Geld (die Bauern mißtrauten den Banknoten) nichts veräußern. Den Außenhandel behinderte der Mangel an Gütern, die Absatz fanden und für die es Märkte gab. Die venezolanischen Patrioten verloren wegen des Seekriegs mit Spanien und wegen der Korsarenüberfälle ihre karibischen Handelsverbindungen. Lediglich der britische und der US-amerikanische Handel konnten sich unter dem Schutz von Kriegsflotten und unter neutraler Flagge frei entfalten. Für Caracas war im Jahr 1811 Nordamerika (mit einem Anteil von 35,2 %) der wichtigste Auslandsmarkt, dicht gefolgt von den sogenannten „fremdländischen Kolonien" (34 %), d. h. vor allem den britischen Besitzungen. Die spanische Besetzung gab dem Handel von Caracas einen neuen Impuls: Im Jahr 1815 wurden über La Guaira Agrarprodukte im Wert von 755 227 Pesos exportiert (darunter 19 265 *fanegas* und 57 Pfund Kakao, 10 804 Zentner und 11 Pfund Kaffee, 28 123 Pfund Indigo und 1530 Zentner und 48 Pfund Baumwolle). Aber diese Konjunktur sollte nicht lange anhalten. Insgesamt war die Handelsbilanz der Nordandenländer in diesem Zeitraum negativ. Durch den Importüberschuß wurde Gold- und Silbergeld zunehmend knapper. Vor diesem Problem stand besonders Neu-Granada. Dort machte Gold wertmäßig drei Viertel der Exporte aus. Auch Quitos Handel erlebte einen Rückschlag. Die Einnahmen aus der auf allen Importen liegenden Verkaufssteuer gingen von durchschnittlich 11 200 Pesos jährlich zwischen 1800 und 1809 auf durchschnittlich 6300 Pesos im darauffolgenden Jahrzehnt zurück.

In der staatlichen Finanzverwaltung spiegelten sich die Folgen der Kriegswirtschaft. Der Zwang zum Unterhalt der Heeresverbände und der republikanischen Verwaltung in einem verarmten Land, das dem Fiskus nur spärliche Einnahmemöglichkeiten bot, brachte die Regierung in arge Bedrängnis. Die anfängliche Hoffnung, die Steuern auf Im- und Exporte könnten alle Ausgaben decken, erwies sich unter dem Freihandelsstatut als trügerisch. Der Staat nahm Zuflucht zu Beschlagnahmungen und Zwangsabgaben, requirierte Kirchenschätze, druckte Papiergeld und prägte Kupfermünzen; doch die Heere verschlangen alles, und die Staatskasse blieb leer. Da die Spanier in den von ihnen beherrschten Territorien ebenso verfuhren, waren die Möglichkeiten zur Beschaffung finanzieller Mittel bald erschöpft.

Seit 1816 verschärfte sich die Situation insbesondere für die Patrioten. Bolívar ordnete am 3. September 1817 die Beschlagnahme aller royalistischen Besitztümer in Guayana an. Aus den Verkaufserlösen sollten seine Offiziere und Mannschaften bezahlt werden. Zu seiner Überraschung mußte er feststellen, daß sich für die konfiszierten Güter und Viehbestände keine Käufer fanden, denn niemand hatte Geld. Daraufhin wurde der geschuldete Wehrsold bei der Finanzverwaltung angeschrieben. Tatsächlich erhielt kein Kämpfer der Befreiungsarmee Bargeld, da keines zur Verfügung stand. Bis zur Schlacht von Boyacá lebte diese Heerschar von der Kriegsbeute und auf Kredit. Die Konsolidierung des republikanischen Staatshaushalts gelang zuerst in Guayana, dank einiger Einnahmen aus dem Handel am Orinoco (1818 gingen beim Fiskus 287 247 Pesos ein) und mit Hilfe von Auslandsanleihen. Zum Schuldenausgleich überließ man dem britischen Kreditgeber *Hamilton & Princeps* für neun Jahre die Nutzungsrechte in den Missionen von El Palmar, Cumamo, Miamo, Carapo, Tupuquen und Tumeremo, die zuvor den Royalisten gehört hatten. Die Sanierung des Staatshaushalts sollte der 1821 ernannte Finanzminister Pedro Gual übernehmen. Er versuchte, die in Venezuela und Neu-Granada geltenden unterschiedlichen Vorschriften der Kolonialverwaltung zu harmonisieren und der republikanischen Wirtschaft anzupassen. Da die tatsächlichen Einnahmen des Fiskus nur 10 Prozent des Etats deckten, war Guals Aufgabe letzlich unlösbar. Die auf dem Kongreß von Cúcuta gebilligte Finanzpolitik verharrte daher in neokolonialen Formen. Anstelle von Gual wurde

Castillo y Rada zum Sekretär der Finanzverwaltung ernannt. Er kam zu dem Schluß, die bestehenden Staatsmonopole stünden zwar im Widerspruch zu den politischen Vorstellungen der Republikaner, im Augenblick jedoch sei ihre Aufrechterhaltung unumgänglich. So existierten die Regieläden für Tabak und Salz weiterhin, und auch ein Teil des Branntweinmonopols blieb in seiner alten Form erhalten. (Die Zuckerrohrproduktion blieb vom staatlichen Zugriff verschont, die Destillation wurde besteuert und der Endverkauf lizensiert.) Die gleiche Widersprüchlichkeit kennzeichnete das übrige fiskalische Erfassungssystem. Die Steuern im Handelsverkehr wurden abgeschafft, jedoch durch eine Importabgabe in Höhe von etwa 10 Prozent des Warenwertes ersetzt. Der Eingeborenentribut und andere unpopuläre Belastungen wie die *mezamorreo* genannte Konsumsteuer wurden aufgehoben, Zehnt und Fünft indessen weiterhin abgeschöpft. Der Fiskus verzichtete auf die Verkaufssteuer *(alcabala)* im Binnenhandel, behielt aber, wenngleich reduziert auf 2,5 Prozent, die bei der Veräußerung von Liegenschaften und importierten Waren erhobenen Abgaben bei. Auch die Verzehrsteuer *(sisa)* wurde nur für Lebensmittel eliminiert. Der einzig wirklich „moderne" Schritt war die Verabschiedung eines Plans zur Erhebung direkter Steuern. (Gehälter wurden progressiv besteuert, auf Kapitaleinkommen eine Abgabe von 10 % erhoben.) Doch schon 1823 wurde der Plan zeitweise wieder aufgehoben, 1826 endgültig ad acta gelegt.

Um dem Haushaltsdefizit beizukommen, entsandte die kolumbianische Regierung Fernando de Peñalver mit dem Auftrag nach London, die Bedingungen einer Anleihe über 3 Mio. Pfund Sterling auszuhandeln. Doch da die Patrioten Venezuelas und Neu-Granadas den Briten noch immer 2 Mio. Pfund Sterling für Militärhilfe in Form von Schiffen, Bewaffnung und Uniformen schuldeten, blieben die Bemühungen erfolglos. Angesichts dieses Fehlschlags wurde der kolumbianische Vizepräsident Francisco Zea in die britische Hauptstadt entsandt. Als er 1820 in London eintraf, mußte er jedoch zunächst einmal die alte Schuldenlast einschließlich sämtlicher inzwischen aufgelaufener Zinsen anerkennen. Zur Finanzierung der Zinsrückzahlung ließ er sich die Auflage einer Anleihe im Umfang von 140 000 Pfund Sterling in kolumbianischen Staatsschuldverschreibungen *(debentures)* genehmigen, die – zu einem Emissionskurs von 75 Prozent ihres Nominalwertes – sofort Käufer fanden. Anschließend handelte Zea die Bedingungen für eine zweite Anleihe aus, diesmal mit einem Volumen von 2 Mio. Pfund Sterling, von denen nur 80 Prozent in bar gezahlt wurden (die Gläubiger verdienten also unmittelbar 20 %); wiederum sollte die Möglichkeit bestehen, verbleibende Schulden durch *debentures* zu tilgen, was den Kreditgebern einen weiteren Gewinn von 25 Prozent versprach. Das in London aufgenommene Geld diente zum Kauf von Militärausrüstung und, in geringem Ausmaß, auch zum Auffüllen der Staatskasse. Der Kongreß von Cúcuta ersetzte Zea 1823 durch José Rafael Revenga [Cruz Santos 1965, 310–321].

c Erste Schritte der kolumbianischen Diplomatie

Die jungen Nordandenrepubliken begannen schon bald, nach internationaler Unterstützung zu suchen. Allen voran entsandte die Junta von Caracas Delegationen nach Großbritannien und in die Vereinigten Staaten. Erster Bevollmächtigter in London wurde López Méndez; ihm schlossen sich der Englisch sprechende Andrés Bello sowie

Simón Bolívar an, der sich anbot, die Kosten seiner Repräsentationstätigkeit aus eigener Tasche zu zahlen. Diese erste Botschaft von Caracas bewies gegenüber Minister Canning wenig diplomatisches Gespür. Bolívar war so ungeschickt, Canning die venezolanischen Autonomieabsichten gegenüber Spanien in einem Moment kundzutun, da Briten und Spanier als Verbündete im Kampf gegen Napoleon zusammenrückten. Den Venezolanern wurde daher in London auch keinerlei offizielle Hilfestellung zuteil. Auch die von Juan Vicente Bolívar, Telesforo Orea und José Rafael Revenga für die Vereinigten Staaten gebildete Mission konnte, außer einigen Waffenkäufen, nichts ausrichten. Ähnliche Fehlschläge erlitten andere in die USA entsandte Delegationen wie die neugranadinische Abordnung von 1811, die aus Pedro Lastra und Nicolás Mauricio Omaña bestand, oder die Gesandten des Staates Cartagena im Jahr 1812. US-Präsident Madison war davon überzeugt, die Unabhängigkeit dieser jungen Nation werde nur von kurzer Dauer sein, und da die Vereinigten Staaten sich in Madrid gerade darum bemühten, Spanien Florida und vielleicht sogar Kuba abzukaufen, wollte Madison politisch nichts aufs Spiel setzen. Bis zum Vertragsabschluß über die Florida-Halbinsel im Jahr 1819 hielten sich die USA aus den hispanoamerikanischen Autonomiebestrebungen heraus. Internationalen Rückhalt und eine erste Unterstützung für seinen Kampf im Osten des Landes fand Bolívar 1816 bei Haitis Präsident Petión. Die verheerenden Niederlagen der Patrioten in diesem Jahr unterbrachen jedoch diese enge Beziehung. Dennoch stand Bolívar weiterhin bedingungslos hinter Petión. Im Jahr 1817 erhielt Bolívar dann durch die Vermittlung von Rook und dem in der britischen Hauptstadt verbliebenen López Méndez britische Hilfe. London fühlte sich von den Spaniern hintergangen, als diese sich nach dem Wiener Kongreß weigerten, in ihren Kolonien den Freihandel zuzulassen. Die Briten schickten Waffen, Uniformen und Freiwillige, die in einem entscheidenden Augenblick in Guayana eintrafen.

Die Aufnahme internationaler politischer Aktivitäten war der Entstehung der Republik Kolumbien zu verdanken. Im Dezember 1819 wurde Zea zum Gesandten für Europa ernannt. Er verfolgte zwei Ziele: die staatliche Anerkennung Kolumbiens und eine Konkretisierung der bereits erwähnten Anleihe. Über den spanischen Botschafter in London nahm Zea Kontakte zu Madrid auf und unterbreitete seinem Gesprächspartner ein politisches Konzept für die Anerkennung der Unabhängigkeit Kolumbiens durch Spanien. Die spanische Regierung lehnte ab. Die 1821 nach Spanien entsandten Emissäre José Rafael Revenga und Tiburcio Echeverri trugen das gleiche Projekt noch einmal vor. Die Krone teilte ihnen jedoch mit, daß in Amerika die Einrichtung dreier Regentschaften – eine davon mit Sitz in Bogotá – geplant sei. Damit erübrigte sich jedes weitere Gespräch. Erst 1881 erkannte Spanien den Staat Kolumbien an.

Weit besser ließen sich die Verhandlungen mit hispanoamerikanischen Nachbarländern an. Im Jahr 1821 ernannte die kolumbianische Regierung Miguel Santamaria und Joaquín Mosquera zu Bevollmächtigten für Mexiko bzw. für Peru, Chile und die Vereinigten La-Plata-Provinzen. Mosquera gelang es schon im darauffolgenden Jahr, Unions-, Bündnis- und Konföderationsverträge zwischen Kolumbien und den Republiken von Peru, Chile und La Plata abzuschließen. Bolívar arbeitete zu dieser Zeit bereits an den Plänen für den Kongreß von Panama.

Kolumbien besaß erst seit dem Kongreß von Cúcuta einen für die Auslandsbeziehungen verantwortlichen Mann, Staatssekretär Pedro Gual, dem die diplomatische Anerkennung seines Landes durch die Vereinigten Staaten im April 1822 zu verdanken ist.

Ein zweites Land, Schweden, erkannte Bogotá zwar nicht offiziell an, ließ sich jedoch durch den Handelsattaché Lorich in der kolumbianischen Hauptstadt vertreten.

D. Eine Nation namens Kolumbien (1823–1830)

Der Republik Kolumbien, diesem aus drei Nationen bestehenden Staatsgebilde, gelang es in den folgenden Jahren nicht, ihre Einheit zu konsolidieren. Der Staat Kolumbien existierte nur so lange, wie Bolívar, sein Schöpfer, lebte. Alle Versuche, die subregionalen Grundstrukturen durch neue administrative Unterteilungen wie auch mittels zentralistischer Verfassungen zu eliminieren, scheiterten, und als dieses Groß-Kolumbien die ersten Krisen zu bestehen hatte, erwachten mit Macht die alten nationalistischen Solidargemeinschaften und machten das Einigungsprojekt zunichte.

a Der Staat aus drei Nationen

Die politische Auflösung Kolumbiens zog sich über neun lange Jahre hin und spielte sich in zwei Etappen ab. Die erste reichte bis 1827. In dieser Zeit kann Bolívar nur dem Papier nach als Präsident gelten, denn er war vor allem mit der Befreiung Perus und Boliviens beschäftigt. Seine vorrangigen Ziele waren die Schaffung einer mustergültigen Verfassung, die Gründung der Anden-Konföderation, die Einberufung eines hispanoamerikanischen Kongresses in Panama und die Unterwerfung des aufsässigen Generals Páez. Die Exekutive lag in den Händen Santanders, der sich unfähig zeigte, in diesem vom Krieg verwüsteten, durch eigenmächtige Generäle „balkanisierten", mit der gewaltsamen Befreiung von Brudernationen beschäftigten Land Ruhe und Ordnung herzustellen. Während der zweiten, 1828 beginnenden Etappe übernahm Bolívar unmittelbar die Regierung, doch kam seine Präsidentschaft nicht ohne Diktatur aus. Sie erwies sich als weit schlimmer als die seines Vorgängers und beschleunigte die Krise, die dem kolumbianischen Staat zum Verhängnis wurde. 1830 starb Bolívar, und mit ihm endete auch seine Schöpfung, Kolumbien. Aus den Trümmern dieses Staates erhoben sich drei selbständige Nationen.

Hätte Bolívar sich stärker um den inneren Zusammenhalt Groß-Kolumbiens bemüht, statt die militärische Befreiung auf Kosten des jungen Staates immer weiter zu treiben, wäre die politische Bindung dieser Regionen möglicherweise von größerem Bestand gewesen. Doch Bolívar trieb ein messianisches Sendungsbewußtsein. Der Präsident verließ Kolumbien am 7. August 1823 in Richtung Peru und kehrte erst am 12. September 1826 zurück. In seiner Abwesenheit wurde das Land vom Vizepräsidenten regiert, der sich mit einer Vielzahl von Problemen konfrontiert sah. Eine der größten Schwierigkeiten bestand darin, fast ausschließlich mit neugranadinischem Personal arbeiten zu müssen, denn die Venezolaner waren nicht bereit, Caracas gegen Bogotá einzutauschen, und hohe Beamte aus Quito waren erst gar nicht zur Mitarbeit aufgefordert worden. Als verantwortliche Neugranadiner das Budget für ein Heer kürzten, dessen Befehlshaber vorwiegend Venezolaner waren, blieben Mißstimmungen nicht aus. Noch benachteiligter fühlte man sich in Quito, da weder dessen Verwaltungsbeamten noch Militärs Mitwirkungsmöglichkeiten am Landesgeschehen eingeräumt wurden. Santanders Freihandelspolitik tat ein übriges, um Quitos schwer angeschlagener Textilmanufaktur die Absatzmärkte für grobe Tuche zu versperren.

Der Vizepräsident warb um Verständnis für die Notwendigkeit, den staatlichen Haushalt in Ordnung zu bringen, aber sein Appell fand kaum Gehör. Die erste verfassunggebende Versammlung des im April 1823 tagenden Kongresses glaubte, den Etat durch ausländische Hilfe sanieren zu können: In Europa sollte die Möglichkeit einer Anleihe in Höhe von 30 Mio. Pesos sondiert werden; Exklusivrechte zur Betreibung der Dampfschiffahrt auf dem Río Magdalena und auf dem Orinoco sollten an Ausländer vergeben werden; schließlich sollten europäische und nordamerikanische Kolonisten für die Besiedlung und Kultivierung von kostenlos zugeteiltem Brachland gewonnen werden. Aber keines dieser Vorhaben glückte. Auch der zweite, im April 1824 tagende Kongreß war wenig erfolgreich; er verabschiedete den Sonderetat zum Unterhalt des kolumbianischen Heeres in Peru und beschloß die Aushebung einer neuen, 50 000 Mann starken Truppe. Die einzig bemerkenswerte Entscheidung dieses Kongresses bestand in einer administrativen Neuaufteilung des Territoriums in Verwaltungsbezirke, Provinzen, Stadt- und Landkreise – in der Absicht, die vorhandenen nationalistischen Strukturen aufzulösen – sowie der Schaffung eines Kriegsgerichts als oberste Instanz der Militärjustiz, was die Generäle der Legislative und der Exekutive entfremdete. Die Eröffnung des Kongresses von 1825 stand unter günstigen Vorzeichen, waren die Spanier doch nach der Schlacht von Ayacucho endgültig aus Südamerika vertrieben worden; der Krieg war beendet, der Wiederaufbau des Landes wurde jedoch nur halbherzig betrieben. Mit Großbritannien und den Vereinigten Staaten kamen Handels- und Kreditvertäge zustande; die politische Steuerung der Verwaltungsbezirke wurde organisiert, der Sklavenhandel verboten. Aber wenig mehr geschah, sieht man einmal von der Verleihung von Medaillen, Golddegen und Wappen oder der Weigerung ab, Bolívars Rücktrittserklärung zu akzeptieren. Zu einer ernsten Kontroverse im Abgeordnetenhaus kam es über den sogenannten Fall Peña. Miguel Peña, Richter am Obersten Gerichtshof, weigerte sich, das Todesurteil über seinen Landsmann, den venezolanischen Obersten Leonardo Infante, zu unterschreiben. Dieser war in einem Prozeß, der mehr gegen militärischen Autoritätsmißbrauch als gegen die Person selbst gerichtet war, für schuldig am Tod eines neugranadinischen Leutnants befunden worden. Peña wurde vom Senat seines Amtes enthoben und kehrte nach Venezuela zurück, wo man ihn mit deutlicher Sympathie empfing, während Infante in Gegenwart des Vizepräsidenten Santander erschossen wurde.

Der Kongreß von 1826 brachte positivere Ergebnisse als die früheren Tagungen. Er schuf eine Zolltarifordnung, fixierte das Geldumlaufvolumen, regelte die Einnahmen aus dem Verkauf von Stempelpapier, unterzog Heer und Marine einer Reorganisation und ermächtigte die Regierung zur Aufstellung von Lehrplänen für Schulen und Universitäten. Aber er mußte sich auch mit dem heiklen Problem Páez auseinandersetzen, das damals die Gemüter erregte. Der venezolanische General hatte 1824 den Auftrag erhalten, neue Truppenkontingente aufzustellen, hatte aber bei der Rekrutierung wenig Erfolg. Nachdem er die Einberufung bestimmter Jahrgänge dreimal bekanntgemacht hatte, ließ er im Januar 1826 Militärstreifen durch Caracas patrouillieren und alle Männer im wehrfähigen Alter zwangsweise erfassen. Der Intendant von Venezuela beschwerte sich bei Santander über die rigorosen Methoden, und dieser leitete – ohne Bolívar zu befragen – die Angelegenheit an das Abgeordnetenhaus weiter, welches die Akten anforderte, um den Fall zu prüfen. Bestürzt über den Gang der Ereignisse erbot sich Páez, nach Bogotá zu kommen, um die nötigen Erklärungen abzugeben, doch der

Senat hielt die Vorwürfe für begründet und enthob ihn seiner Funktionen; ersetzt wurde Páez durch Escalona, den Mann, von dem die belastenden Informationen stammten. Unter diesen Umständen lehnte Páez es ab, in Bogotá zu erscheinen, eine Haltung, die bei vielen Venezolanern Unterstützung fand. Im Zuge dieser Geschehnisse kam es in Caracas zu einem Aufstand. Als der Aufruhr bedrohliche Ausmaße annahm, bat man Páez, das Oberkommando über die Streitkräfte erneut zu übernehmen. Der General akzeptierte am 30. April 1826 und ließ gleichzeitig wissen, er rebelliere gegen die Tyrannei Bogotás. Bolívar war entsetzt, als er die Nachricht erhielt, weil er fürchtete, die Farbigen könnten sich gegen die Weißen erheben. Am 7. Juni 1826 warnte er Santander: „Wenn die farbige Bevölkerung sich erhebt und alles zerstört, nur weil die Regierung nicht stark genug ist, und der Volkswahn sie dazu treibt, sich an unsere Stelle zu setzen, dann ist das nicht meine Schuld." Und er fügte hinzu, sowohl Páez wie auch Padilla besäßen „in ihrem [mulattischen] Blut die Elemente ihrer Macht, und folglich ist es sinnlos, daß ich mich gegen sie stelle, denn mein eigenes [weißes Blut] ist dem Volke nichts wert" [Bolívar 1950, II, 403].

Unter dem Eindruck eines drohenden Bürgerkrieges entschied sich Bolívar zur Rückkehr nach Kolumbien. Im Reisegepäck trug er die Verfassung, die er für Bolivien ausgearbeitet hatte. Es handelte sich um eine Verfassung von monarchistischem Zuschnitt; sie sah einen Präsidenten auf Lebenszeit vor, der seinerseits den Vizepräsidenten ernannte, sowie eine aus drei Kammern – Tribunen, Senatoren und Zensoren – bestehende Legislative. Bolívar waren die Vorgänge in Kolumbien so wenig vertraut, daß er glaubte, die Zeit sei reif für die Schaffung einer „andinen Konföderation" aus Kolumbien, Peru und Bolivien auf der Basis der von ihm ausgearbeiteten Verfassung. Außerdem war er davon überzeugt, sie in Bogotá unter Hinweis auf die Rebellion des Generals Páez durchsetzen zu können.

Im September 1826 traf Bolívar erneut in Guayaquil ein. Von dort aus begab er sich nach Quito und Popayán, wo ihm allmählich klar wurde, daß die öffentliche Meinung in Kolumbien sich mit seiner Verfassung nicht anfreunden konnte. Die Bevölkerung erwartete vielmehr, daß er das Problem Páez löste. In Tocaima traf er mit Santander eine Vereinbarung: Bolívar sollte das Problem Páez lösen und in Venezuela die verfassungsmäßige Ordnung wiederherstellen; Santander verpflichtete sich, den Kongreß einzuberufen, um den Termin für eine verfassunggebende Versammlung festzusetzen. Diese sollte dann darüber entscheiden, welche Verfassung dem Lande angemessen wäre. Daß es kaum die bolivianische sein würde, wurde Bolívar auf dem Weg nach Bogotá deutlich, als er unter Transparenten mit der Aufschrift „Es lebe die Verfassung von Cúcuta!" hindurchreiten mußte.

Bolívar erreichte (nach fast fünfjähriger Abwesenheit) am 14. November 1826 wieder Bogotá. Er übernahm die Präsidentschaft, legte sein Projekt einer Andenföderation dar und begab sich nach Venezuela, um Páez zu unterwerfen. Unterwegs erfuhr er, daß die Situation schlimmer als erwartet war. Sein früherer Waffenkamerad hatte die Uniform abgelegt und sich zum *caudillo* einer von Mestizen aus Calabozo und Apure gebildeten Heerschar gemacht, die entschlossen war, die Tyrannei der Weißen zu beenden. Darüber hinaus hatte der Aufrührer einen Kongreß einberufen, der die Loslösung von Kolumbien ratifizieren sollte. Von Maracaibo aus schrieb Bolívar an Santander: „Nach allem, was mir aus dem Osten zu Ohren gekommen ist, wird der Krieg, den es dort zu führen gilt, unbarmherzig sein ... Den Krieg im Osten machen

Farbige, und deshalb gibt es über dessen Ursprung auch keine Zweifel“ [Bolívar 1950, II, 508].

Das Schreckensbild des Bürgerkrieges verflüchtete sich, als Bolívar einlenkte und sich um ein Abkommen mit Páez bemühte. Er gewährte Amnestie. Páez kehrte aus der Illegalität zurück. Erfreut schrieb Bolívar an Santander: „Páez besaß durchaus nützliche Eigenschaften, er hatte sogar bereits damit begonnen, seinen Sklaven die Freiheit zurückzugeben. Man sagte, daß sie ihm Gefolgschaft leisteten, weil er selbst ein Mann aus dem Volke war. Der Bajo Apure und Cumaná hätten einen Krieg der Entrechteten entfachen können“ [Bolívar 1950, II, 522]. Santander freilich teilte weder die Ansicht Bolívars, noch hatte er Verständnis für diese Form, den Krieg mit den „Entrechteten“ zu beenden. Bolívar hatte die Abmachung von Tocaima gebrochen und ihn damit gegenüber Páez bloßgestellt. Er antwortete Bolívar, die Kolumbianer seien bestürzt über seine eigenmächtige Entscheidung, den Venezolanern solche Zugeständnisse zu machen. Er kündigte an, Neu-Granada werde sich „in eine getarnte venezolanische Kolonie verwandeln; Bogotá wird sein Prestige verlieren; für das Versäumnis, nicht die Diktatur ausgerufen zu haben, werden wir die gerechte Strafe erhalten; die Neugranadiner sind die Heloten der Venezolaner; portionsweise oder mit Gewalt wird man uns die Verfassung Boliviens verabreichen“ [zit. nach Aguirre 1983, 373]. Tatsächlich empfanden sich die Neugranadiner ebenso als Heloten der Venezolaner wie auch umgekehrt. Die Spaltung war bereits vollzogen.

So begannen die offenen Feindseligkeiten zwischen Santander und Bolívar. Auf dem fünften kolumbianischen Kongreß, der im Mai 1827 in Tunja zusammentrat, wurde eine Reform der Verfassung von Cúcuta noch vor Ablauf der zehn Jahre beschlossen, die Bolívar als Moratorium gewünscht hatte. Zu diesem Zweck wurde eine Nationalversammlung nach Ocaña einberufen. Bolívar kehrte mit Sonderbefugnissen ausgestattet nach Bogotá zurück, wo er Santander seiner Ämter enthob. In Cartagena organisierte Padilla mit einer Gruppe von Anhängern einen Militärputsch gegen den Ortskommandanten. Der Aufrührer wurde festgenommen und zur Aburteilung nach Bogotá gebracht.

Im Jahr 1827 erreichte die politische Entwicklung einen neuen Wendepunkt. Anläßlich der Nationalversammlung von Ocaña kam es zum offenen Bruch zwischen Santander- und Bolívar-Anhängern. Die Versammlung stimmte am Ende für Santanders Verfassungsentwurf, der weitgehend dem in Ocaña ausgearbeiteten entsprach. Im Gegensatz zu den Ideen der Parteigänger Bolívars fehlte in diesem Modell die mit allen Vollmachten ausgestattete Exekutive. Bolívar hatte sich inzwischen nach Bucaramanga begeben. Enttäuscht vom Ergebnis in Ocaña erfuhr er von Unruhen in Bogotá. Dort verlangte man ihn als Präsidenten mit diktatorischen Vollmachten. Er eilte in die Hauptstadt, zeigte sich dem Volk und erklärte am 27. August 1827 die Diktatur. Damit zog Bolívar den Zorn der Liberalen auf sich, die am 25. September 1827 eine Verschwörung zu seiner Ermordung anzettelten. Nur dank einer Reihe besonderer Umstände und des rechtzeitigen Einschreitens seiner Geliebten, Manuelita Sáenz, rettete er sich vor dem Dolch. Zu den Protagonisten des Staatsstreichs gehörten Padilla und Santander. Bolívar ließ den ersteren erschießen und schickte seinen ehemaligen Vizepräsidenten ins Exil. Weitere 13 Putschisten wurden füsiliert. Kaum war die Nachricht von dem Septemberattentat nach Popayán gedrungen, als sich dort die Obersten Obando und Hilario López gegen die Diktatur erhoben und die Verfassung von

Cúcuta verkündeten. Der Aufstand wurde nacheinander von General Heres und dann von Córdoba niedergeschlagen. Im Jahr 1828 erhoben sich die Peruaner gegen die Kolumbianer. Die peruanische Flotte griff Guayaquil an, besetzte die Stadt und blockierte den Isthmus von Panama.

Unterdessen kehrte Kolumbien innenpolitisch zu kolonialähnlichen Verhältnissen zurück. Bolívar erkannte nicht, daß er die Verschwörung seiner Diktatur zu verdanken hatte, vielmehr schrieb er sie dem neuerdings verweltlichten Bildungswesen zu. Er ordnete eine Unterrichtsreform an, die an den Universitäten ansetzte. U.a. wurde Latein wieder Lehrfach, wurden Vorlesungen über Moral und Naturrecht im zweiten Jahr des Philosophiestudiums obligatorisch und Lehrstühle für römisch-katholische Dogmatik sowie für Religions- und Kirchengeschichte eingerichtet. Auch der Unterrichtsplan der höheren Lehranstalten San Bartolomé und Rosario in Bogotá wurde reformiert. Die Restauration wirkte sich bis in die Gesellschaft und die Wirtschaft hinein aus. Die Regierung verbot das Freimaurertum wie auch überhaupt alle Geheimbünde, suspendierte die Gemeinderäte bis zu einer Reform und erließ eine Reihe von „Indiengesetzen" zugunsten der Eingeborenen, denen man einen Jahrestribut von 3 Pesos und 4 Reales abverlangte. Bolívar begab sich nach Süden, um dort seine zwei Feinde zu stellen: die rebellischen Obersten und die Peruaner. Im Januar 1829 gelang es ihm, erstere zu bezwingen. Anschließend begann er den Krieg gegen Peru, der am 22. September des gleichen Jahres mit einem Waffenstillstand endete. Noch während des Feldzugs wurde ihm gemeldet, in Antioquia habe sich General Córdoba gegen die Diktatur erhoben. In El Santuario wurde der Aufrührer von Bolívars treuem Kampfgefährten O'Leary bezwungen.

Das Jahr 1830 bezeichnet das Ende Groß-Kolumbiens. Bolívar selber schwankte zwischen monarchistischen Ideen und plötzlichen Rücktrittsgedanken, während der von ihm einberufene Kongreß sich in Bogotá versammelte, um eine Verfassung auszuarbeiten. Sie sollte anders sein als die von Ocaña oder die von Cúcuta; erstere besaß noch immer keine Gesetzeskraft; mit letzterer hatte Bolívar sich nicht anfreunden können. Für die Venezolaner war diese Situation ein willkommener Anlaß, ein aus prominenten Persönlichkeiten zusammengesetztes eigenes Komitee zu bilden, das Ende 1829 in Valencia zusammentraf und die Abspaltung vorbereitete. Der Kongreß von Bogotá arbeitete eine Verfassung für ein bereits in Auflösung befindliches Land aus. Vor diesem Kongreß reichte Bolívar seinen Rücktritt ein. Man hielt ihm entgegen, eine Diktatur sei nicht einseitig verzichtbar, und die beste Lösung bestünde wohl darin, einen einstweiligen Nachfolger zu bestimmen; Bolívars Wahl fiel auf den General Domingo Caicedo. Er selber zog sich nach Fucha zurück, während der Kongreß die Arbeit an der neuen Verfassung fortsetzte. Diese wurde am 3. Mai 1830 – drei Tage, bevor die verfassunggebende Versammlung von Valencia die Loslösung Venezuelas proklamierte – ratifiziert. Die Separationsbestrebungen reichten bis nach Panama, wo General José Domingo Espinar, der Kommandant des Isthmus, sich weigerte, den Oberbefehl an seinen Nachfolger, Oberst José Hilario López, abzugeben. Am 10. September 1830 unternahm der von der Masse des Volkes unterstützte General einen Militärputsch und erklärte am 26. September 1830 die Loslösung Panamas von Kolumbien. Er bot Bolívar die Präsidentschaft an, doch dieser lehnte ab. Panama kehrte am 11. Dezember 1830, nach nur zweieinhalb Monaten der Unabhängigkeit, in den kolumbianischen Staatsverband zurück.

Der Kongreß hatte die Aufgabe, für die Republik einen Präsidenten zu wählen. Bolívar initiierte eine Reihe von rätselhaften Intrigen, um erneut gewählt zu werden, doch gelang es dem Kreis seiner engsten Freunde, ihn von seinem Vorhaben abzubringen. So fiel die Wahl auf Don Joaquín Mosquera. Während sein kolumbianischer Traum zerstob, reiste der schwer tuberkulosekranke Bolívar an die Küste, um sich nach Europa einzuschiffen. In Cartagena erreichte ihn die Nachricht, General Flórez, den er als Kommandant in Quito zurückgelassen hatte, plane die Loslösung Ecuadors von Kolumbien und habe zu diesem Zweck eine verfassunggebende Versammlung in Riobamba einberufen. Fast gleichzeitig traf die Meldung von der Ermordung Sucres in Berruecos ein.

Den Tod Kolumbiens konnte Bolívar nicht überleben; er starb am 17. Dezember 1830, sieben Tage nach der Abfassung seines letzten Manifestes: „Wenn mein Tod dazu beitragen kann, daß es keine Parteien mehr gibt und die Einheit gefestigt wird, dann steige ich ruhig in mein Grab hinab“ [zit. nach Larrazábal 1975, III, 334]. Der Gedanke, Parteien seien mit einer Republik vereinbar, wäre Bolívar nie gekommen.

b Der sozioökonomische Anpassungsprozeß der Nachkolonialzeit

Die demographischen Daten für diese Zeit basieren auf dem Zensus von 1825, der eine Bevölkerungszahl von 2 363 112 Einwohnern ermittelte (Venezuela: 651 680, Cundinamarca: 1 129 174, Quito: 490 473 und Panama: 91 785). Allerdings kann diese Volkszählung keine Vollständigkeit beanspruchen, was der Grund für abweichende Einschätzungen zwischen einigen Historikern ist (Melo; Susto). Die in Tabelle 10 aufgeführten Zahlen sind auf jeden Fall hinreichend, um im Vergleich mit den Zahlen, die oben (Tab. 2, S. 211) für das ausgehende 18. Jh. angesetzt wurden, den Trend der Veränderung aufzuzeigen.

Tab. 10: Bevölkerungsanteile und Einwohnerdichte in der Nordandenregion 1800 und 1825

Gebiet	Flächenanteil (in %)	Bevölkerungsanteil (in %)		Bevölkerungsdichte (Einw./km²)	
		1800	1825	1800	1825
Venezuela	38,1	36,6	27,6	0,8	0,71
Cundinamarca	47,5	37,9	47,8	0,5	0,78
Quito	11,2	22,4	20,7	1,6	1,81
Panama	3,1	3,0	3,9	0,8	1,23
Gesamt	100	100	100	0,925	1,133

Quelle: Susto [1960].

Den relativ größten Bevölkerungsrückgang verzeichneten Venezuela und Quito. In Venezuela waren die Verluste in erster Linie eine Folge der erbitterten Freiheitskämpfe, während Quito weniger Kriegsopfer zu beklagen hatte. Hier machten sich vor allem die indirekten Konsequenzen der Wirtschaftskrise in der Textilmanufaktur bemerkbar. Da Venezuela im gleichen Zeitabschnitt ebenfalls unter einer Absatzkrise für seine landwirtschaftlichen Massenprodukte litt, hatte die demographische Entwicklung aber auch hier einen ökonomischen Hintergrund. Für eine solche Hypothese könnte die Entwicklung in Cundinamarca, einem anderen von den Unabhängigkeitskriegen stark mitgenommenen Territorium, sprechen, denn hier nahm die Bevölkerung so deutlich zu, daß sie 1825 nahezu 48 Prozent der gesamten regionalen Einwohnerschaft ausmachte. Die Gesamtregion weist eine Zunahme der Bevölkerungsdichte von 0,925 auf 1,133 Einwohner pro km^2 auf.

Differenziert man die Einwohnerzahlen Groß-Kolumbiens nach Bezirken (seit 1824), ergibt sich auf der Grundlage der Volkszählung von 1825 folgendes Gesamtbild:

Tab. 11: Bevölkerung der Nordandenregion 1825 (nach Bezirken)

Cundinamarca		Venezuela	
Bezirk	Einwohner	Bezirk	Einwohner
Boyacá	409 969	Maturín	86 111
Cauca	149 778	Orinoco	124 556
Magdalena	177 983	Caracas	318 345
Cundinamarca	391 444	Zulia	122 668
Gesamt	1 129 174	Gesamt	651 680

Quito		Isthmus-Bezirk	
Bezirk	Einwohner	Provinz	Einwohner
Ecuador	297 096	Panama	57 625
Azuay	118 533	Veragua	34 160
Guayaquil	74 844		
Gesamt	490 473	Gesamt	91 785

Quelle: Susto [1960].

In Cundinamarca ballte sich die Bevölkerung im Landesinnern. Der Magdalena-Bezirk mit den Provinzen Riohacha, Santa Marta und Cartagena zählte 177 983 Köpfe (15,7 % der Bevölkerung der Subregion). Um 1800 vereinte dieser Bezirk mit 163 555 Einwohnern 21,5 Prozent der Population Cundinamarcas. Inzwischen hatte sich die Einwohnerzahl der Stadt Cartagena von 30 000 auf 10 000 Einwohner verringert. Der neue Bezirk von Cundinamarca (in den jetzt die alten Provinzen von Santa Fé de Bogotá, Antioquia, Neiva und Maríquita integriert waren), eine vom Krieg stark geschädigte Zone, zählte 1825 391 444 Einwohner (30,3 % der Bevölkerung der Subregion). Um 1800 hatte man in diesem Bezirk nur 211 360 Menschen (damals 28 % der subregionalen Bevölkerung) gezählt. Möglicherweise waren Küstenbewohner ins Binnenland abgewandert, allerdings kann dies aufgrund fehlender Untersuchungen bisher nur vermutet werden.

In Quito kam es zu einer entgegengesetzten Migration: Während sich die *sierra* entvölkerte, belebte sich der Küstensaum. Ursache dafür war die Textilkrise. Der subregionale Anteil der Hochlandbewohner ging zwischen 1780 und 1825 von 90 auf

81,7 Prozent zurück, während der Anteil der Küstenbevölkerung von 7 auf 15,5 Prozent zunahm. (In Guayaquil stieg die Zahl der Ortsansässigen von 22 445 im Jahr 1775 auf 55 048 im Jahr 1825.) In der *sierra* stieg indessen der Anteil der Landbevölkerung; 1750 hatte der Anteil der urbanen Bevölkerung noch bei 14,5 Prozent gelegen, bis 1830 war er auf 9,3 Prozent gesunken [ARIAS PALACIOS 1989, 218].

In Venezuela nahm die Bevölkerung von Caracas und Guayana erkennbar ab. Die Einwohnerschaft von Caracas verringerte sich von 440 000 auf 318 345 zum Ende des Kolonialregimes; in Guayana schrumpfte die Bevölkerung von 34 000 auf 15 044. Im Osten Venezuelas, wo der aus Margarita, Cumaná und Barcelona gebildete Maturín-Bezirk entstanden war, lebten am Ende der Kolonialepoche noch 86 111 gegenüber ehemals 94 000 Menschen. Maracaibo (100 000 Einwohner) verzeichnete einen Zuwachs von 22 628 Menschen. Allerdings dürfen die Daten über Venezuela nicht ohne Vorbehalte hingenommen werden. So schätzt LOMBARDI [1976] die Bevölkerung dieser Subregion für das Jahr 1830 auf 947 200, davon 42 500 Sklaven. Die stärksten Konzentrationen von Schwarzen gab es in Caracas und in Carabobo mit einem Anteil von 57 bzw. 44,4 Prozent an der Gesamtbevölkerung.

Im Isthmus-Bezirk nahm die Bevölkerung der Provinz Panama (dort vor allem in den Gemeinden von Natá und Los Santos) im gleichen Zeitraum um 48,3, in der Provinz von Veraguas um 62,1 Prozent zu.

Die nachkoloniale Gesellschaft hatte die Rassenschranken per Gesetz beseitigt, aber noch immer schwelte Mißtrauen unter der farbigen Bevölkerung. Die Abschaffung von Adelstiteln und ständischen Privilegien im Verein mit der Unsicherheit angesichts einer Inflation brachten das Sozialgefüge nachhaltig durcheinander. Einzig Landbesitz schien noch ein gewisser Schutz gegen sozialen Abstieg zu sein. In Panama z. B. überließen die alten Familien ihre Handelsaktivitäten Ausländern, während sie selbst sich dem Kauf von Ländereien und Agrarbetrieben zuwandten. Ebenso verhielten sich die übriggebliebenen angesehenen Kreolenfamilien von Quito und begüterte Militärs. Im Jahr 1832 gab es in den um Guayaquil gelegenen Gemeinden von Baba, Bahoyo und Machalá 282 Großgrundbesitzer gegenüber 152 kleinen Landwirten. General Flórez verfügte dort über 750 Rinder, 100 Maultiere, 28 Pferde, eine Zuckerrohrpflanzung und eine Alkoholfabrik; Manuel Antonio Luzarraga nannte 100 000 Kakaobäume in Machalá und weitere 125 000 in Puebloviejo sein eigen; Martín Icazas Familie besaß 350 000 Kakaobäume in Puebloviejo sowie 3000 Rinder, 300 Zuchtstuten und 100 Fohlen auf der *hacienda* Chacarí, Francisco Vitores 200 000 Kakaobäume in Puebloviejo, Domingo Santisteban 125 000 Kakaobäume in Babahoyo usw. Diese Akkumulation von Grundbesitz begünstigte eine Latifundienwirtschaft mit Halb- oder Teilpacht, die neuankommende Immigranten in zunehmendem Maße in Anspruch nehmen mußten.

Eine der interessantesten gesellschaftlichen Veränderungen im Kolumbien jener Tage war im andinen *altiplano* von Boyacá die Verwandlung der Indianer in Bauern mit eigener Scholle. Die Regierung war der Meinung, daß aus den Indios über die Zuteilung von eigenem Grund und Boden selbständige Bürger werden sollten. Durch ein Dekret wurde das den Indios seit eh und je gehörende Gemeindeland unter den einzelnen Familien aufgeteilt. Um zu verhindern, daß diese Felder in die Hände von Dritten gelangten, verbot man für die Dauer von zehn Jahren ihre Veräußerung. Diese Landreform zerstörte den alten indianischen Kommunalbesitz in Cundinamarca. Im

Caucagebiet widersetzten die Indios sich jedoch der Aufsplitterung ihres Gemeindelandes. Wenngleich im einzelnen von Historikern unterschiedlich beurteilt, beendete diese Maßnahme der Regierung jedenfalls die traditionelle Existenz des „Indio", indem sie ihn zum individualisierten Bauern und Staatsbürger machte. In Bogotá pflegte man auch später noch die aus der Savanne und aus Boyacá kommende Landbevölkerung „Indios" zu nennen.

Trotz gewisser Schwankungen bewegte sich die Wirtschaftspolitik des kolumbianischen Staates im Rahmen eines von der Regierung geförderten Konzepts der „freien Marktwirtschaft". Zur Belebung der Landwirtschaft sollte ausländischen Einwanderern Brachland übereignet werden. Zu diesem Zweck wurde 1823 eine Landreserve von 3 Mio. *fanegadas* (ca. 1,9 Mio. ha) geschaffen. Jede Siedlerfamilie sollte 200 *fanegadas* (ca. 130 ha) erhalten. 1825 wurden diesem Reservoir noch einmal 1 Mio. *fanegadas* zugeschlagen – doch die erwarteten Ausländer kamen nie. Im Jahr 1830 befahl die Regierung den Verkauf der Ländereien an Kolumbianer und erlaubte die Bezahlung in Staatsschuldverschreibungen zum Nominalwert. Diese Aktion trug endgültig zur Bildung konzentrierten Landbesitzes bei. Durch ein anderes Projekt sollten Agrarkredite bereitgestellt werden. Ein Gesetz vom 28. April 1825 schuf einen Kreditfond von 1 Mio. Pesos, abzuzweigen aus der 30-Mio.-Anleihe, über die in Europa verhandelt wurde. Die Idee war, Kredite in Höhe von 1000–6000 Pesos zu 6 Prozent mit einer Laufzeit von 15 Jahren zu vergeben. Tatsächlich flossen jedoch nur Kredite in Höhe von 200 000 bzw. 100 000 Pesos in die Bezirke Venezuela und Orinoco sowie 20 000 Pesos nach Ecuador. Ein weiteres Mittel zur Anregung der landwirtschaftlichen Produktion war die Befreiung neuer Kakao-, Kaffee- und Indigopflanzungen von der Zahlung des Zehnten (1826).

Zu den auffälligsten Maßnahmen in der Landwirtschaft gehörte nach den Unabhängigkeitskriegen die Wiedereingliederung von Tagelöhnern und Sklaven in den Arbeitsprozeß auf ihren früheren *haciendas*, wobei mit den Eigentümern neue Bedingungen ausgehandelt werden mußten. Die Viehwirtschaft konnte sich jedoch von den Schlägen des Krieges nicht recht erholen, und die Manufakturen wurden von der Krise voll getroffen. Einzige unternehmerische Initiative in der Industrie war im Jahr 1827 die Inbetriebnahme einer Eisenhütte in Pacho (Cundinamarca). Der Bergbau gab zu den größten Sorgen Anlaß. 1823 gründete die Regierung eine Bergbauschule, die jedoch nie den Unterrichtsbetrieb aufnahm. Die staatliche kolumbianische Bergbaugesellschaft verpachtete einige Bergwerke an ausländische Gesellschaften: 1824 die Gruben Santa Ana und La Manta in Mariquita an das britische Unternehmen *Herring, Graham & Powels*, 1825 Gold- und Silberbergwerke in Marmato und Supía an *B.A. Goldsmith & Co.*, London. Die Pächter erwirtschafteten jedoch wenig oder gar keinen Gewinn, weshalb die Gruben weiterhin kolumbianisches Eigentum blieben, vor allem in Antioquia, wo die örtlichen Kapitalisten begannen, in die Edelmetallgewinnung zu investieren. 1824 erwarb José Maria Restrepo die berühmte Grube von Zancudo, und 1826 gründeten Francisco Montoya und andere Investoren die Bergbaugesellschaft von Antioquia, um die drei Erzadern von Santa Rosa auszubeuten. Dennoch verdankte der Bergbau von Antioquia seine Konjunktur vor allem den Familienbetrieben. Dort wurden häufig die zu *mezamorreros* gewordenen ehemaligen Sklaven eingesetzt. Die Goldförderung Neu-Granadas überstieg deutlich das frühere Produktionsniveau. Nach den Angaben Vicente RESTREPOS [1952] wurde von 1821 bis 1835 im Jahresdurchschnitt Gold im Wert von 2 387 000 Pesos gefördert. In den Jahren von 1811 bis 1820 hatte der Wert der Jahresproduktion bei durchschnittlich 1 835 000 Pesos gelegen. Allein von 1821 bis 1830 wurden nach Angaben von Robert S. Ridway 1 028 824 Unzen Gold gewonnen, das entsprach 21,9 Prozent der Weltförderung.

Der Handel profitierte indessen weiter vom Freihandelsstatut, litt jedoch unter gegenläufigen fiskalischen Maßnahmen. So stand eine Steuererhöhung zur Aufbesserung der Staatsfinanzen in Widerspruch zu dem Ziel, durch eine Liberalisierung der Exporte die Erzeugerpreise zu dämpfen. Von allen Ausfuhrabgaben befreit wurden 1826 Kaffee, Baumwolle, Reis, Mais und Chinarinde. Weiterhin mußten für Kakao 10 Prozent, für Indigo 5 und für Zucker 4 Prozent vom Warenwert an den Fiskus abgeführt werden. Angesichts der schweren Krise der Viehwirtschaft beschloß die Regierung, um den Bestand zu erhalten, den Export von Maultieren mit 20, den von Pferden mit 16 Prozent zu belasten; sogar für die Ausfuhr von Rohfellen war eine zehnprozentige Abgabe zu zahlen. Nach Landaeta wurden im Jahr 1830 von Venezuela aus 11 544 024 Pfund Kaffee, 7 215 340 Pfund Kakao, 262 310 Pfund Indigo, 111 660 Pfund Zucker und Preßmasse sowie 101 450 Pfund Tabak verschifft. In Guayaquil verlud man zwischen 1823 und 1825 Agrarprodukte im Wert von 3 065 000 Pesos. Dem standen Importe von Fertigwaren in Höhe von 3 994 000 Pesos gegenüber [MILLS/ORTÍZ 1980, 104]. Die negative Handelsbilanz von Guayaquil und Venezuela wurde häufig durch Zahlungen in Gold ausgeglichen. Um den Goldabfluß zumindest zu bremsen, führte die Regierung 1828 eine neue Importsteuer in Höhe von 6 bis 8 Prozent des Warenwertes ein. Sie wurde als Abgabe „wegen mutmaßlichen Goldexports“ deklariert, was bedeutete, daß die Behörden die Existenz eines Goldschmuggels anerkannten, den auf legale Weise zu unterbinden sie sich nicht in der Lage sahen. Bereits ein Jahr später hatte sich die negative Handelsbilanz von 549 902 auf 294 428 Pesos verringert.

Abgesehen von den Kriegsfolgeschäden litt die kolumbianische Wirtschaft unter zwei Problemen: erstens die koloniale Abschöpfungspraxis durch ein neues Steuersystem zu ersetzen und zweitens der drückenden Militärausgaben Herr zu werden. Eine Entmilitarisierung der kolumbianischen Gesellschaft scheiterte. 1825 standen 25 000 bis 30 000 Männer unter Waffen, der Wehretat verschlang drei Viertel der Staatseinnahmen. Noch im Haushaltsjahr 1826/27 beanspruchte die Truppe 62 Prozent des öffentlichen Budgets. Dieser Zustand erscheint um so paradoxer angesichts der Tatsache, daß bereis der Befreiungskampf durch Kredite finanziert worden war, während nun in Friedenszeiten alle militärischen Ränge glänzend besoldet wurden.

Das Besteuerungssystem näherte sich immer mehr dem fiskalischen Modell der Kolonialzeit, das etwas voreilig abgeschafft worden war. Die vom Cúcuta-Kongreß beschlossene Direktbesteuerung wurde, da sie sich als undurchführbar erwies, 1823 wieder aufgehoben. Als Ersatz diente zunächst ein Sonderbeitrag wohlhabender Bürger. 1826 erschloß die Regierung eine zusätzliche Einnahmequelle in Form kostenpflichtiger Lizenzen für die Ausübung bestimmter Berufe (Arzt, Advokat, Händler, Angestellter). Weiterhin aber stützte sich der Fiskus vor allem auf so bewährte Abgaben wie die (stark ermäßigte) Tabaksteuer, die Lizenzeinnahmen aus dem Branntweinmonopol, den Zins aus der Verpachtung staatlicher Salinen an Privatleute, auf Zollerhebungen und Zehnte. Diese Abgaben machten die Hälfte der staatlichen Einnahmen aus. Santander mußte bei Einnahmen in Höhe von 6 Mio. Pesos, denen

Ausgaben von mehr als 15 Mio. Pesos gegenüberstanden, wahre Wunder vollbringen, um den Staatshaushalt einigermaßen zu konsolidieren. Als einziger Ausweg blieb ihm die öffentliche Verschuldung nach innen wie nach außen durch Staatsschuldverschreibungen und Zwangsanleihen. Im Jahr 1826 belief sich die Inlandsschuld auf 1 996 117 Pesos; hinzu kam ein Schuldenberg von 5,5 Mio. Pesos an rückständigen Beamtengehältern. Um wenigstens gegen einen Teil dieser Last anzukommen, verfiel Santander auf eine ganze Reihe von Maßnahmen: er erhob Zinsen für konfiszierten, noch nicht wieder vergebenen Grundbesitz; er besteuerte Majoratsgüter (bis 1824), Erträge aus Staatseigentum und aus dem Vermögen der erloschenen Inquisition, Versteigerungserlöse bei der Auktion von „wohltätigen Einrichtungen oder Vermögen der Toten Hand", Gewinne aus dem Verkauf von Stempelpapier, ließ den neunten Teil von Kirchenzehnten, von den Pfründen der Stiftsherren und auch von den Einnahmen unbesetzter Pfarrämter in die Staatskasse fließen, schöpfte 10 Prozent von allen in der Republik erhobenen Gemeindesteuern ab usw.

Schlimmer sah es bei der Auslandsschuld aus. Der Kongreß genehmigte die Emission von Staatsobligationen zur Erlangung eines 30-Mio.-Pesos-Kredits von der Londoner Firma *B. A. Goldsmith & Co.* Die schließlich ausgehandelten Bedingungen entsprachen der ungeschickten Verhandlungsführung: 4 750 000 Pfund Sterling, bei einem Disagio von 20 Prozent, 6 Prozent Jahreszinsen und einer Laufzeit von maximal 25 Jahren. Im Rahmen einer später getroffenen Vereinbarung konnte, bei einer reduzierten, durch alle Staatseinnahmen Kolumbiens abgesicherten Kreditsumme von 4 037 500 Pfund Sterling, das Disagio auf 15 Prozent gesenkt werden. Die Auszahlung der Anleihe sollte nach folgendem Modus erfolgen: 25 Prozent sofort, 15 Prozent nach zwei Monaten, 10 Prozent zwei weitere Monate später und von da an bis zur Erreichung der vollen Summe alle zwei Monate 10 Prozent. Von diesem neuen Kredit war zunächst der Rückzahlungsbetrag der von Zea aufgenommenen Anleihe abzuziehen. Die restlichen freien Mittel dienten zur Tilgung von Schulden, zur Investition in eine aufwendige, improvisierte Marine (zwei Fregatten und zwölf Kanonenboote wurden von den USA gekauft), in Befestigungsanlagen und in die Beschaffung von Importgütern. Bolívar war davon überzeugt, der Freihandel sei für das Haushaltsdesaster verantwortlich. Nach Wiedererlangung der Präsidentschaft im Jahr 1826 führte er erneut die Verkaufssteuer *(alcabala)* ein und später, in der Zeit der Diktatur (1828), den Eingeborenentribut, die *media annata* und das von der Kirche erhobene Monatsgeld. Damit kehrte Kolumbien praktisch zum kolonialen Fiskalsystem zurück.

c Die internationale Anerkennung Kolumbiens und der Kongreß von Panama

Im Jahr 1824 wurden ein Freundschaftspakt sowie ein Handels- und Schiffahrtsabkommen mit den Vereinigten Staaten unterzeichnet und bereits im folgenden Jahr ein Handelsvertrag mit Großbritannien, der in Verbindung mit der im gleichen Jahr erfolgenden Anerkennung der Unabhängigkeit Kolumbiens zustande kam. Die Verhandlungen mit Frankreich zogen sich länger hin; sie begannen 1824, doch erst 1830 erkannte Paris Kolumbien an. Santander streckte seine Fühler auch nach Rom aus, um das Patronat außenpolitisch abzustützen. Doch die Anerkennung Kolumbiens durch den Heiligen Stuhl, die Pius VIII. abgelehnt hatte, kam erst 1835 zustande.

Unterdessen wurde an den bereits in Hispanoamerika ausgelegten diplomatischen Fäden weitergesponnen. Der kolumbianische Botschafter in Buenos Aires, Mosquera, schloß mit Argentinien einen Freundschafts- und Beistandspakt (gegenüber Spanien). Ein analoges Vertragswerk mit Mexiko ließ bis zum Sturz Iturbides auf sich warten und wurde am 3. Oktober 1823 ratifiziert.

Die ambitionierteste internationale Initiative Kolumbiens war der von Bolívar in die Wege geleitete Kongreß von Panama. Dieser Kongreß sollte ein supranationales hispanaoamerikanisches Koordinationsorgan schaffen. Im Geiste der Monroe-Doktrin von 1823 plante Santander das Treffen als Kongreß der gesamten amerikanischen Hemisphäre. Der Vizepräsident lud Vertreter Brasiliens, der Vereinigten Staaten und sogar der Niederlande und Großbritanniens – Nationen, die man für interessiert an der Erhaltung der amerikanischen Unabhängigkeit erachtete – nach Panama ein. Tatsächlich aber wurde der Kongreß weder zu einem hispanoamerikanischen noch gar zu einem gesamtamerikanischen Ereignis. Die argwöhnischen Argentinier und Chilenen sagten unter Vorwänden ab; Brasilien machte die Entsendung einer Delegation von der Anerkennung seines Imperiums abhängig (und entsandte keine Vertreter); die unter der Diktatur Francia lebenden Paraguayer wurden erst gar nicht eingeladen; zu spät erhielt die bolivianische Abordnung ihre Beglaubigungsschreiben; und von den beiden Vertretern, die die Vereinigten Staaten schickten, starb einer unterwegs, und der andere traf erst nach dem Abschluß des Treffens am Tagungsort ein. Es gelang dem Kongreß von Panama nicht, den nationalen Regierungen irgendwelche Zugeständnisse abzuringen, die zugunsten einer überstaatlichen Vereinbarung die Aufgabe von Teilen ihrer Souveränität im eigenen Lande bedeutet hätten; nicht einmal auf ein Freihandelsstatut konnten sich die Teilnehmerstaaten einigen. Einziges Ergebnis des Kongresses war ein Bekenntnis zu einem „dauerhaften Pakt fester und unverbrüchlicher Freundschaft sowie enger und tiefer Verbundenheit" [zit. nach Zubieta, 1986, 77] zwischen den dort vertretenen Nationen; das über diese Erklärung hinausgehende konkrete Projekt, eine internationale amerikanische Streitmacht zu schaffen, wurde nie verwirklicht. Letztendlich hinterließ dieser Kongreß keinerlei Spuren. So verflüchtigte sich der letzte Traum Bolívars und wurde ebenso zur Utopie wie die Andenföderation und Groß-Kolumbien selbst.

Alfredo Moreno Cebrián / Ascensión Martínez Riaza

5. Peru, Hochperu, Bolivien

Aus dem Spanischen übersetzt von Brunhild und Rolf Seeler

A. Das Peru der bourbonischen Reformen (1760–1808)

Innerhalb des Umwandlungsprozesses der hispanoamerikanischen Gebiete in dieser Zeit verlief die Entwicklung des Vizekönigtums Peru eigenständig. Dabei berührte eine Reihe von Besonderheiten sowohl den zeitlich-räumlichen Rahmen der Ereignisse wie auch die politisch-administrativen, die wirtschaftlichen und ideologischen Strukturen. Wie überall in den beiden Amerikas wirkte sich auch in Peru die allgemeine Rezession aus, doch hinterließ sie in dieser Region besonders tiefe Spuren: Die Bergwerkskrise in Hochperu brachte die expandierende Land- und Viehwirtschaft der *haciendas* zum Stillstand, die zu Großlieferanten der Bergbauzentren geworden waren. Diese Wirtschaftskrise hatte unmittelbare Auswirkungen auf den sozialen Unterbau. Unter dem Eindruck der Depression nahmen die Methoden der Zwangsrekrutierung eingeborener Arbeitskräfte noch härtere Formen an, wobei sich die ausgebeuteten *peones* weiter verschuldeten. Gleichzeitig orientierten sich die Agrarinvestitionen weg von langfristigen Pachtverträgen auf den Ankauf von mittlerem und kleinem Grundeigentum, was zu einem unerwünschten Schwund von Gemeindeland führte.

Peru hatte in der zweiten Hälfte des 18. Jh. eine Serie von Krisenphänomenen zu bestehen, zu denen Piratenüberfälle, Schleichhandel und mehrere Erdbeben gehörten. Letztere legten einen Großteil Limas in Trümmer. Die Bestrebungen der spanischen Krone, die vizeköniglichen Institutionen und die von der lokalen Elite beherrschten Machtpositionen im Interesse größtmöglicher Rentabilität wieder unter Kontrolle zu bringen, lösten eine großangelegte Reorganisation und eine Generalinspektion *(visita general)* aus. Trotz der Erfolge des Reformprogramms lieferten die getroffenen Maßnahmen, die mit Konsequenz durchgeführt wurden, Sprengstoff für soziale Unruhen, die in dem von Túpac Amaru angeführten Indianeraufstand gipfelten.

Hinzu kamen empfindliche Gebietsverluste: 1719 erfolgte die Gründung, 1740 die Wiedergründung des Vizekönigtums von Santa Fé de Bogotá (Neu-Granada), 1776 die Konstituierung des Vizekönigreichs von Río de la Plata. Neben den heutigen Kolumbien und Ecuador wurden damit Buenos Aires, Tucumán, Paraguay, Santa Cruz de la Sierra, Charcas, Potosí und Cuyo dem politischen und ökonomischen Einfluß des Vizekönigreichs Peru entzogen. Schließlich zerstörte der Freihandel das Monopol Limas, verminderte die Macht des *consulado* und gewährte anderen, bis dahin von der vizeköniglichen Hauptstadt gegängelten Regionen neuen Raum.

a Das politisch-administrative Ordnungssystem

Permanente Bestimmungsfaktoren

Mängel verschiedenster Art hemmten die Funktionsfähigkeit des staatlichen Machtapparates. So hatte die Korruption skandalöse Ausmaße erreicht. Verfehlungen bestechlicher und untreuer Beamter, die sich Grundstücksspekulationen und verbotenen Kapitalgeschäften widmeten, führten zu einer verhängnisvollen Verfilzung und beeinträchtigten das ordnungsgemäße Funktionieren der Behörden und der Justiz. Die mit der Durchführung der bourbonischen Reformen beauftragten Vizekönige stießen auf den nur schwer zu überwindenden Widerstand regionaler und lokaler Machtinhaber, die die vizeköniglichen Kontrollmaßnahmen einfallsreich unterliefen. Die Reformen begannen unter Amat y Junient (1761–1776). Der neue Vizekönig übernahm ein schon instabil gewordenes Imperium. Angesichts der internationalen Lage hatte aber neben Reformen im Innern die Reorganisation der Verteidigung des Vizekönigtums oberste Priorität. Auf die Initiative Amat y Junients gehen der Wiederaufbau der Milizen und die Befestigung der Häfen Callao und Valdivia zurück, außerdem der Bau weiterer Schießpulvermühlen und die Anlage einer Gießerei für Kanonenrohre und Mörser. Im Innern setzte Amat y Junient in kurzer Zeit verschiedene Veränderungen auf lokaler Ebene durch. Dabei kanalisierte er seine Politik über staatliche Einrichtungen wie die königliche Zollbehörde (seit 1773). In seinem Regierungsschlußbericht diagnostizierte er die Staatsverwaltung seiner Amtszeit, wobei er zu dem Schluß gelangte, die Korruption sei ein endemisches Übel, an dem so einflußreiche Institutionen wie die *audiencia* und der Magistrat beteiligt seien; zur Korrektur schlug er die Abschaffung des Zwangshandelssystems und eine angemessene Bezahlung der *corregidores* vor. Die Stadt Lima verdankt diesem Vizekönig eine erhebliche Verbesserung ihrer Infrastruktur (Straßenbeleuchtung, Trinkwasserversorgung, Kanalisation) sowie eindrucksvolle öffentliche Anlagen (Barfüßer-Allee, Stierkampfarena von Acho). Sein Nachfolger Manuel Guirior (1776–1780) konnte auf in Neu-Granada erworbene Erfahrungen zurückgreifen. Problematisch waren die Auswirkungen der Gründung des Vizekönigreichs von Río de la Plata, weil dieser Gebietsverlust Wirtschaft und Handel Perus in den Schlüsselbranchen sehr schwächte. Guiriors Reformvorstöße fanden im Mutterland nur wenig Widerhall und wurden teilweise regelrecht torpediert, während sich im eigenen Herrschaftsbereich erhebliche Widerstände gegen die Einführung neuer Steuern und Abgaben formierten. Gleichzeitig kam es zu Kompetenzstreitigkeiten zwischen Guirior und dem von der Krone entsandten *visitador* Areche. Dieser beurteilte den Vizekönig bei mehreren Gelegenheiten als politisch schwache Figur und regte seine Amtsenthebung an, die dann 1780 tatsächlich erfolgte. Da sich unter dem Nachfolger Jauregui (1780–1784) die Meinungsverschiedenheiten fortsetzten und die Situation zusehends komplizierter wurde, berief Spanien Areche 1781 ins Mutterland zurück. Jauregui beobachtete unterdessen mit Sorge die subversiven Umtriebe, die von Cuzco ausgingen und deren Haupt Túpac Amaru war. Zu den ersten wichtigen Entscheidungen des mittlerweile dritten Vizekönigs der Reformära gehörte die Aufhebung des Zwangshandels der Distriktsbeamten (Dezember 1780). Im übrigen setzte er das schon begonnene Organisationsprogramm für die Milizen und die königliche Finanzbehörde fort. Im Geiste der Aufklärung gab er der höheren Schulbildung neue Inhalte und erfuhr für sein Engagement in einer im August 1781

Peru, Hochperu, Bolivien um 1780

an der San-Marcos-Universität zu seinen Ehren von dem Kreolen Baquíjano y Carrillo gehaltenen Rede Dank, Lob und Anerkennung [CONTRERAS 1982]. Der Nachfolger Jaureguis, Teodoro Croix (1784–1790), war ebenfalls kein Neuling in der Kolonialverwaltung. 1784 führte er in Peru das Intendanten-System ein, Kernstück der Reformpolitik des 18. Jh. 1787 wurde die *audiencia* von Cuzco ins Leben gerufen. Als drei Jahre später Croix' Nachfolger Gil de Taboada (1790–1796) aus Neu-Granada eintraf, fand der neue Vizekönig einen durch die zahlreichen Reformen verunsicherten Regierungsapparat vor. So entschloß er sich, zunächst Informationen über die aktuellen Zustände im ganzen Vizekönigtum einzuholen. Die neuen Intendanten wurden angewiesen, innerhalb kürzester Frist Daten über Bevölkerung, Ländereien, Bergbau, Handel, Gewerbe und die geographische Beschaffenheit ihrer Amtsbereiche zusammenzustellen. Als umfassendes Kompendium über die Bevölkerung von Peru gingen die aufgearbeiteten Informationen – heute eine unverzichtbare Referenz beim Studium der kolonialen Demographie – im Jahr 1792 nach Madrid. Auch zahlreiche spezifische Wirtschaftsberichte datieren aus der Amtszeit Gil de Taboadas, darunter eine „Anregende Idee zum Handel von Peru und den Mitteln, ihn gedeihlich zu gestalten, mit einer allgemeinen Anmerkung zu den Produktionsquellen" (José Ignacio Lecuanda) sowie die „Historische und politische Abhandlung über den Handel von Peru" (José Baquíjano y Carrillo), seinerzeit veröffentlicht im *Mercurio Peruano*. Hinsichtlich des neuen Intendantensystems gelangte Taboada nach anfänglicher Geringschätzung zu milder Anerkennung. Besondere Förderung erfuhren während seiner Regierungszeit Kultur und Wissenschaften: Er empfing mehrere Leiter wissenschaftlicher Expeditionen, darunter den spanischen Weltumsegler Malaspina und den österreichischen Naturforscher Thaddaeus Haenke, Initiator der Chilesalpetergewinnung; er rief die „Gesellschaft der Landesfreunde" *(Sociedad de Amigos del País)* ins Leben und machte Lima zu einem Zentrum mit starker kultureller Ausstrahlung. Unter der Regierung Ambrosio O'Higgins', des Marquis von Osorno, veränderten sich die internationalen Bündnis-Konstellationen, England wurde erneut zum Rivalen Spaniens. Dieser außenpolitische Umschwung versetzte die gesamte Pazifikküste in Alarmzustand, denn in Ermangelung einer kampfstarken spanischen Armada konnte man weder der Piraterie Herr werden noch die britischen Schiffsverbände im Westen Südamerikas in Schach halten. Der letzte peruanische Vizekönig dieser Periode war Gabriel Aviles (1801–1806), der einen Teil seiner militärischen Laufbahn in Peru absolviert und an den Operationen gegen Túpac Amaru teilgenommen hatte. Aviles widmete sich der territorialen Umbildung des Vizekönigreichs, wozu auch die Wiedereingliederung von Maynas und die Annektion der Provinz Guayaquil im Jahr 1803 gehörten. Aber die Mängel des Reformprogramms traten inzwischen offen zutage, so mußten u. a. die *intendencias* reorganisiert werden. Die Finanzreform hatte den königlichen Fiskus nicht im erwarteten Ausmaß sanieren können. Die eigenen Einkünfte erreichten nicht einmal 4 Mio. Pesos, von denen ein beträchtlicher Anteil an das Mutterland überwiesen werden mußte.

Der Wandel und seine Impulse

Die Reformer betrieben die Anpassung der kolonialen Institutionen an die spanischen Vorbilder und waren bestrebt, die Verwaltung durch Rationalisierungsmaßnahmen und eine effektive Gesetzgebung zu modernisieren. Die Wiederherstellung der Kontrollgewalt der Metropole gehörte zu den erklärten Zielen einer neuen, professionelleren und besser bezahlten Beamtenschaft. Die Abschaffung des Ämterkaufs und die Einsetzung von Richtern auf dem Beförderungswege führten zu einer grundlegend veränderten Zusammensetzung der Gerichtshöfe und der Verwaltungsbehörden, wodurch die Vormachtstellung der Kreolen gebrochen wurde. Durch die stufenweise Umbesetzung von Planstellen in der *audiencia* von Lima ab 1775 verwandelte sich beispielsweise die kreolische in eine spanische Mehrheit, eine Tendenz, die sich in den folgenden Dekaden noch verstärkte, bis schließlich 1804 nur noch zwei Kreolen zu dieser Institution gehörten [LOHMANN 1974]. Die Schaffung von Regenten der *audiencias* schränkte die Vollmachten von Vizekönig und *audiencias* ein, und die Vermehrung der Richterstellen vervollständigte die Reform, verschärfte aber gleichzeitig die Spannungen zwischen Vizekönig und *visitador general* [BURKHOLDER 1972]. Im Jahr 1787 genehmigte die Krone, noch unter dem Eindruck der Erhebung des Túpac Amaru, die Gründung der *audiencia* von Cuzco, um die Autorität der Zentralgewalt in der Region zu stärken. Ab 1796 gehörte auch Puno zu ihrem Zuständigkeitsbereich, womit im Süden eine weitere Hochburg zur Wahrung der spanischen Interessen entstanden war; die von Aguilar und Ubalde angezettelten Verschwörungen und der Aufstand von 1814 waren eine Reaktion auf diese starke spanische Präsenz. Eine der am stärksten verankerten Kolonialinstitutionen war das Amt des *corregidor*, dessen Funktionen – Steuereintreibung für den königlichen Fiskus, Oberbefehl über die Milizen und vor allem Ausübung der Bezirksgerichtsbarkeit – seine faktische Machtstellung nur unzureichend umschreiben. Die von den Kandidaten für dieses Amt verlangten Eigenschaften – gute Führung und moralische Integrität – wurden von den späteren *corregidores* jedoch immer weniger erfüllt. Der Posten wurde käuflich, und seine Attraktivität bestand nicht in dem jährlichen Gehalt von etwa 2000–2500 Pesos gegen Ende des 18. Jh., sondern in den Pfründen, die er erschloß. Die Zwangszuteilung von Waren und die Erpressung von Arbeitsleistung bildeten die Praktiken zur Bereicherung, die diese Beamten anwandten. So wurden die Indios verpflichtet, bestimmte, nicht verlangte Produkte zu jeweils festgelegten Preisen abzunehmen; konnten sie nicht bezahlen, dann hatten sie das gegen ihren Willen Empfangene zu einem niedrigeren Preis zurückzugeben; den Schuldensaldo mußten sie als Arbeiter in Gewerbebetrieben oder bei anderen Unternehmungen der *corregidores* abarbeiten. Im Mai 1780 präsentierte der Generalinspektor Areche den Plan zu einer Reform des Amtes, um dieser ausbeuterischen Praxis ein Ende zu setzen: Die *corregidores* wurden in die Beamtenlaufbahn übernommen, ihre Bezüge neu geregelt und der Zwangshandel unterbunden. Die entsprechende Aufhebungsverfügung wurde am 9. Dezember 1780 in Lima bekanntgemacht [MORENO CEBRIÁN 1977].

Die Abschaffung der einen Regierungsform durch eine andere führte zu einer Überlagerung von Machtkompetenzen, wodurch zwar gewisse Auswüchse eingedämmt werden konnten und einzelne Behörden flexibler arbeiteten, das eingewachsene Beziehungsgeflecht, über das die lokale Oligarchie ihren Einfluß ausübte, überstand diese Reform jedoch unbeschadet [FLORESCANO 1977].

Die im bourbonischen Programm enthaltenen Reformvorlagen holten allerdings weiter aus. Sie zielten auf drastische territoriale Umgliederungen mit beträchtlichen wirtschaftlichen Schwerpunktverlagerungen. Die Präsenz der anderen europäischen Seemächte im strategischen Raum des Atlantiks, die Spanien zu verstärkten Verteidigungsmaßnahmen zwang, führte schließlich im Verein mit der Notwendigkeit, den neuen Territorien ökonomische Impulse zu geben, zur Gründung des Vizekönigreichs Río de la Plata (1776). Ihm wurden die Gebiete von Potosí, die *audiencia* von Charcas sowie die zur *intendencia* von Puno gehörenden Landstriche angegliedert. Diese Maßnahme bedeutete für Peru nicht nur einen beträchtlichen Gebietsverlust, sondern auch eine erhebliche Einbuße an Einnahmen (Eingeborenentribut, Handelsverkehrssteuer, Kirchensteuer usw.). Vor allem aber versiegten die aus der Silbergewinnung von Potosí und seinen Zuliefermärkten geflossenen Einkünfte. Trotz dieses harten Schlages mußte die peruanische Wirtschaft weiterhin in Form einer *situado* genannten Abgabe zum Unterhalt von Militär und Verwaltung im neuen Vizekönigreich von Río de la Plata beitragen, eine auch gegenüber dem Generalkapitanat von Chile bestehende Verpflichtung [CÉSPEDES DEL CASTILLO 1946].

Ein Musterbeispiel aller Rationalisierungsmaßnahmen war im politisch-administrativen Bereich die Reform des *intendencia*-Systems. Zunächst im Mutterland eingeführt, nahm dieses System in Hispanoamerika seine eigene Form an. Im *intendencia*-System fielen politisch-administrative Dezentralisation vor Ort und Zentralisierung der Steuer- und Haushaltspolitik von Madrid aus zusammen. Ziel der Reform war es, das fiskalische System straffer zu organisieren, die Hoheitsrechte des Vizekönigs einzuschränken und in den Provinzhauptstädten fähige Staatsbeamte einzusetzen, die der imperialen Autorität neues Gewicht verleihen sollten. Mit der Reform von 1784 wurde das Vizekönigreich Peru, entsprechend den Grenzen der bestehenden Bistümer, in sieben *intendencias* eingeteilt: Aus der Erzdiözese Lima entstanden die *intendencias* von Lima und Tarma; aus dem Erzbistum Huamanga wurden die *intendencias* Huamanga und Huancavelica; die Bistümer Trujillo und Arequipa sowie die Diözese Cuzco wurden jeweils zu einer eigenen *intendencia.* Untergliedert waren die *intendencias* in *subdelegaciones,* die mit lokalen Honoratioren besetzt werden sollten und an die Stelle der *corregidores* zu treten hatten. Weitreichende Folgen hatte die Schaffung einer neuen Instanz, die in die wirtschafts- und finanzpolitischen Kompetenzen des Vizekönigs eingriff: die *Superintendencia Subdelegada* als Leiterin des gesamten staatlichen Finanzwesens. Ihr unterstanden die Intendanten, die künftig in ihren Amtsbezirken für Haushalt und Polizei, die Regierungsgeschäfte und alle Verteidigungsaufgaben verantwortlich sein sollten. Durch Widersprüchlichkeiten wie die Beibehaltung traditioneller Zuständigkeiten, wenn auch mit eingeschränkten Kompetenzen, sowie die diffuse Aufgabenteilung innerhalb der neuen Institution erhielt das System jedoch von Anfang an Risse. Sie sorgten für Streitigkeiten und lähmten den gesamten Verwaltungsapparat. Daß obendrein alle neugeschaffenen Posten in den *intendencias* mit sehr gut bezahlten europäischen Spaniern besetzt wurden, verschärfte den latenten Antagonismus zwischen Kreolen und Spaniern und ließ alte Praktiken wie den Zwangshandel wieder aufleben [FISHER 1981]. Zu den positiven Auswirkungen des neuen Systems gehörte vor allem die Durchsetzung einer höheren Steuerdisziplin. Diese schlug sich seit 1784 in deutlich steigenden Einnahmen der Staatskasse nieder, wenngleich die Resultate aller Anstrengungen zur Mobilisierung der Ressourcen der Verwaltungsbezirke und zur Ankurbelung des Wirtschaftswachstums am Ende weit hinter den prognostizierten Erwartungen zurückblieben. Als die *Superintendencia* 1788 wieder dem Zuständigkeitsbereich des Vizekönigs unterstellt wurde, hatte Teodoro de Croix alle Mittel zur Kontrolle der Intendanten in der Hand. Die Institution selber sollte sich von diesem Umschwung nie mehr erholen; nach 1804 war ihr Verfall offensichtlich.

b Die Wirtschaftskonjunktur

War die politisch-administrative Reform eine der tragenden Säulen des Erneuerungsprojekts, so zielte die gesamte Reformpolitik auf die Wirtschaft, die Belebung der Produktion und die Anhebung ihrer Rentabilität. Im Gefolge der seit dem 17. Jh. andauernden Depression geriet die Landwirtschaft um 1760 in eine Phase der Stagnation. Ein Erdbeben, das landwirtschaftliche Kerngebiete im Raum Lima verwüstete, verursachte irreparable Schäden an den Bewässerungssystemen, führte zu einer Verschlechterung der Böden und zu Veränderungen des Klimas. Landplagen, die die Getreidekulturen in den fruchtbaren Tälern heimsuchten, ließen den Anbau in der Küstenregion vollends zusammenbrechen, so daß von einigen Getreidesorten nicht mehr übrigblieb als die primitiven Saatfelder der Eingeborenen [Burga 1986]. Die niedrigen Ernteerträge beim Weizen führten in der Folge zu einer weitgehenden Umorientierung auf regionaltypische Agrarprodukte wie Kartoffeln, Bohnen, Mais und Luzerne, die allesamt widerstandsfähiger waren. Zudem wurden deren Erträge nicht besteuert, was den *hacendados* größere Gewinne ließ. Schließlich entstanden im Zuge der Agrarkrise überall dort, wo die Felder auch zu einem minimalen Zins keinen Pächter fanden, große Brachen. Es mangelte an Arbeitskräften, Freien wie Sklaven, und an Kapital. Das Grundeigentum verblieb in den Händen großer Familien, die ihren Landbesitz durch die Eingliederung von enteigneten Ländereien der Jesuiten noch erweitern konnten [Macera 1977]. Der Fortbestand der Latifundien zu Lasten der kleineren *haciendas* hemmte die Produktion, doch ruinierte die Grundsteuerbelastung so manchen Großeigentümer. Eine direkte Folge all dieser Einflüsse war die zunehmende Landkonzentration in den Händen einer neureichen Bourgeoisie von Kaufleuten. Diese nutzten die Felder zum Anbau von Futterpflanzen für ihre Maultiere, das Rückgrat des Warentransports.

Die Expansion des Luzerneanbaus vor dem Hintergrund der Schrumpfung der Getreidekulturen erzwang den Import chilenischen Weizens in großen Mengen. Da die Befreiung vom Einfuhrzoll die chilenischen Importe enorm stimulierte, geriet Lima in eine gewisse ökonomische Abhängigkeit von Chile. Gleichzeitig mehrte die ungehinderte Zufuhr chilenischen Weizens aber auch den Wohlstand der limenischen Händler, der Reeder und Lagerhausbesitzer von Callao. Die Gegend um Lima brachte indessen nur einen Exportartikel, nämlich Zuckerrohr, hervor. Wenngleich die *caña*-Ausfuhren eine Zeitlang die Kosten der Weizeneinfuhren kompensieren konnten, so erwies sich das peruanische Produkt gegen Ende des 18. Jh. gegenüber dem aus Acapulco kommenden Zucker dann doch als nicht mehr konkurrenzfähig. Die im Süden Perus angebauten Weine und der dort produzierte Branntwein schließlich konnten lediglich den internen Bedarf decken. Die Reformer, die sich vor allem auf die Förderung des Bergbaus und des Handels konzentrierten, reagierten auf die langandauernde Krise im Agrarsektor lediglich mit einem Anziehen der Steuerschraube.

Im letzten Viertel des 18. Jh. erhöhten drei wichtige staatliche Maßnahmen die öffentlichen Einnahmen: verbesserte Steuereinzugsverfahren, die Einführung neuer Abgaben und die Wiederbelebung der niederperuanischen Minenwirtschaft. Die Sanierung der Kolonialverwaltung reduzierte wesentlich das Ausmaß der Veruntreuung öffentlicher Gelder, schränkte den Umfang der Steuerhinterziehung ein und begünstigte die Überführung bis dahin verpachteter Rentenmonopole (Tabak, Salz, Schießpulver, Spielkarten, Stempelpapier, ...) in staatliche Regie. Auch das seit der

Jahrhundertmitte anhaltende Bevölkerungswachstum und die Ausweitung der Tributpflicht auf bis dato steuerbefreite *castas* sorgten für eine finanzielle Erholung. Dabei flossen dem Staat aus den neuen Quellen mehr Einkünfte zu als aus dem Silberbergbau. Dennoch war der wirtschaftliche Wohlstand Perus eng mit der Edelmetallgewinnung verknüpft (Tab. 12).

Tab. 12: Registrierte Mengen peruanischen Silbers 1771–1808

Jahr	Wert (in Pesos)
1771	255 493
1776	274 618
1780	369 224
1790	409 319
1796	540 349
1801	556 396
1808	513 778

Quelle: Fisher [1977].

Auch wenn Potosí bei seiner Abtretung an die La-Plata-Region (1776) immer noch der weit und breit bedeutendste Minendistrikt war, so waren doch bereits im 17. Jh. neue Schürfstellen erschlossen worden: Cerro de Pasco, Hualgayoc, Chanca, ... Allerdings waren dort die Abbaubedingungen wenig günstig, weil die Fundorte sich in abgelegenen Gegenden befanden, zu denen die erforderlichen Produktionsmittel erst hintransportiert werden mußten, was erhebliche Kosten verursachte. Andererseits erforderte der Verlust Potosís eine gründliche Reorganisation des Bergbaus. Neben der Ausbeutung ergiebiger Lager wurde die Modernisierung der technischen Ausrüstung und eine Neuordnung der Verwaltung in Angriff genommen. 14 Jahre später hatten sich, einem Bericht aus dem Jahr 1790 zufolge, Cerro de Pasco und Hualgayoc mit inzwischen 78 bzw. 106 Minen (von insgesamt 670 in Peru), und jeweils 103 beziehungsweise 106 Bergleuten – es existierten fast ausschließlich Kleinbetriebe – zu den wichtigsten Standorten entwickelt. Während der Inspektionsreise Areches leitete man dem Indienminister Gálvez einen aus dem Jahr 1777 datierten Bericht zur Lage des Bergbaus zu, in dem nachdrücklich auf die Machenschaften der *corregidores* und anderer Beamte hingewiesen wurde, die sich widerrechtlich ungemünztes Silber aneigneten. Escobedo war es dann, der eine tiefgreifende Reform des Sektors einleitete. Erste Maßnahme war die Anwendung der in Neu-Spanien schon rechtsgültigen Bergordnung. Außerdem wies er die Intendenten an, ein Register aller in ihrem Verwaltungsbezirk tätigen Bergleute anzulegen. Im Januar 1787 errichtete Escobedo in Lima ein *Tribunal de Minería* mit umfassenden finanziellen und jurisdiktionellen Vollmachten (zu denen die Einrichtung von Kreditlinien und die Gründung von Spezialbanken zum Auffangen zahlungsunfähiger Unternehmen gehörten). Auf Ersuchen von Gálvez reiste die Nordenflycht-Mission nach Peru. Sie befaßte sich dort zehn Jahre lang mit der Einführung der neuesten in Europa erprobten Abbau- und Verarbeitungsmethoden, u. a. dem Einsatz von Amalgamationsmühlen. Allerdings wurden Gálvez' Verordnungen durch die Einmischung des Vizekönigs und des Bergbautribunals erheblich behindert.

Nach TePaskes Auffasung könnte der Bergbau das Zugpferd des peruanischen Wirtschaftsaufschwungs gegen Ende der 70er Jahre des 18. Jh. gewesen sein. In Fünfjahresabständen gemessen, stiegen die Einnahmen des Schatzamtes in Lima von zunächst 12 Mio. (1776–1780) auf 16 (1780–1785) und dann 18,7 Mio. Pesos (1786–1790) [TEPASKE 1986]. Im Interesse des Handels mußte vor allem die vom Pazifik zum Atlantik reichende Verkehrsachse im Gleichgewicht gehalten werden. In der ersten Hälfte des 18. Jh. hatte Lima als einziger Hafen der südamerikanischen Westküste eine Monopolstellung inne, die von einem mächtigen Händlerring, einer auf ihren Erfolg stolzen Aristokratie, die die Preise nach Gutdünken festsetzte, eifersüchtig bewacht wurde. Lima kaufte chilenische Waren auf und agierte als Zwischenhändlerin für die Nordküste und das Landesinnere. Die Hauptstadt bildete den Ausgangspunkt für ein ganzes Netz von Handelswegen, die bis in die Minendistrikte reichten und diese mit weit entfernten Umschlagplätzen wie Buenos Aires verbanden – was dafür spricht, daß die peruanische Handelsmetropole keineswegs „steril und paradiesisch" vor sich hinlebte [FLORES GALINDO 1977]. Der Aufschwung der drei Jahrzehnte zwischen 1750 und 1780 endete schließlich mit der 1776 erfolgten Gründung des neuen Vizekönigreichs Río de la Plata und mit der Einführung des Freihandels. Im Jahr 1765 öffneten sich zunächst neun Häfen in Spanien und in Amerika dem freien Spiel der Kräfte, und schon 1778 war der ungehinderte Warenaustausch allgemein geübte Praxis. Das Freihandelsdekret vom 12. Oktober 1778 berührte die amerikanischen Besitzungen Spaniens in recht unterschiedlicher Weise. Das Vizekönigreich Peru, insbesondere El Callao, litt unter der Konkurrenz des neu angelegten Hafens von Buenos Aires, der zum Hauptumschlagplatz für europäische Importwaren wurde. Seinen Aufstieg zum Einfallstor des Subkontinents verdankte Buenos Aires vor allem seiner geographischen Lage, die eine kostengünstigere Verteilung der aus Europa eintreffenden Güter erlaubte. Einige peruanische Provinzen bekamen die niedrigeren Preise, außerdem die Konkurrenz durch illegal importierte brasilianische Produkte zu spüren. Der *consulado* von Lima beklagte sich, unterstützt von Escobedo, 1787 offiziell über die Zuspitzung der Situation und forderte ein Verbot des Handels zwischen Buenos Aires und Peru sowie ein zweijähriges Moratorium für alle atlantischen Importe. Dem *consulado* wurde im Gegenzug vorgeworfen, es trauere lediglich seinen verlorenen Privilegien nach, denn alles in allem habe sich das Handelsvolumen erhöht. Tatsächlich scheint die Produktion angeregt worden zu sein. Außerdem expandierte der Markt für spanische Erzeugnisse. Im Zuge dieser Entwicklung eröffneten viele neue Einzelhandelsgeschäfte, um die Nachfrage der mittleren Käuferschichten in den Städten zu befriedigen. Das verfügbare Zahlenmaterial reicht zwar nicht aus, um eine direkte Korrelation zwischen der Liberalisierung des Handels und dem Produktionsanstieg im Bergbau herzustellen, wohl aber läßt sich eine Parallele zwischen der Silbergewinnung von Cerro de Pasco und den Einfuhren europäischer Verbrauchsgüter erkennen. Was die vom Freihandel auf die heimische Industrie ausgehenden Wirkungen betrifft, so setzte der plötzliche Wettbewerb den traditionellen Kleinbetrieben in der Region Cuzco erheblich zu, ganz abgesehen von anderen Faktoren wie den Zerstörungen beim Indianeraufstand des Túpac Amaru.

Andere Gewerbezweige verdanken ihre Expansion einem allgemeinen Wachstumstrend, wobei sich zum Beispiel die Provinz Huamanga mit der Erschließung neuer Märkte in der *sierra* für den Verlust von Hochperu entschädigte [FISHER 1988]. Widersprüchliche Tendenzen kennzeichnen die Periode vom Kriegsausbruch zwischen

Spanien und Großbritannien (1796) bis zur Liberalisierung nach Erlangen der Unabhängigkeit. Die seit 1778 andauernde Expansion wurde durch den Krieg jedenfalls unterbrochen. Ausgedehnter Schmuggel und das vermehrte Angebot an neutralem Schiffsraum nach 1796 lassen eine exakte Einschätzung der Auswirkungen reformistischer Handelspolitik allerdings nicht zu.

c Gesellschaft und Kultur

Die Bevölkerungszahlen für die Zeit zwischen 1760 und 1808 stammen aus unterschiedlichen Quellen. Dazu gehören die nach den Instruktionen von Areche und Escobedo angelegten Tributmatrikel, Hefte, in denen alle tributpflichtigen Indios aufgelistet waren. Andere Dokumente enthalten die Ergebnisse der von den Intendanten regional durchgeführten Volkszählungen – von besonderem historischen Interesse sind die durch Mata Linares 1786 für Cuzco und durch Alvarez Jimenez von 1786 bis 1793 für Arequipa erfolgten Zählungen – sowie von Erhebungen, die anläßlich der Visitationsreisen der Bischöfe Martínez de Compañón in Trujillo (1780 und 1781), Domingo de Requena in Lima (1783) und López Jurado in Huamanga (1793) durchgeführt wurden. Das vollständigste Zahlenmaterial jedoch liefern die auf Veranlassung der Krone durchgeführten Volkszählungen. Gil de Taboada schließlich verfügte die Anfertigung einer „Geographischen Übersicht des Vizekönigreiches Peru“. Das im Jahr 1792 vollendete Werk enthält Zahlen aus dem Vorjahr und gilt als wichtige Quelle für die Bevölkerung Perus gegen Ende des 18. Jh. [BROWNING/ROBINSON 1977]. Der „Geographischen Übersicht“ folgend hatte Peru damals 1 076 122 Einwohner, darunter 608 894 Indios, 24 436 Mestizen, 81 592 freie Neger oder Sklaven und 135 000 Spanier [FISHER 1985]. Urbanes Zentrum mit 52 627 Einwohnern war Lima; es folgten Cuzco mit 31 982, Huamanga mit 25 821, Arequipa mit 23 551, Piura mit 12 344, Caxamarca mit 12 289 und Choros mit 11 518 Einwohnern [PEREZ CANTO 1985]. Eine Zählung aus dem Jahr 1795 ergab durch Zunahme der Eingeborenen eine Gesamtbevölkerung für Peru von 1 115 207.

Die Position des einzelnen innerhalb der vielschichtigen Gesellschaftspyramide Perus wurde durch Geburt, Familienzugehörigkeit, durch wirtschaftliche Bindungen (Landbesitz, Berufsstand), noch stärker jedoch durch ethnische Herkunft bestimmt. Allerdings war die vertikale Mobilität relativ groß, so daß sich durchaus Möglichkeiten sozialen Aufstiegs boten. Die Reformer des 18. Jh. ließen das soziale Gefüge des Landes unangetastet, weil es dem Ziel, ihre Macht zu festigen und eine strenge soziale Kontrolle auszuüben, entgegenkam. Die gebürtigen Spanier standen gewöhnlich im Dienste der Regierung oder namhafter Handelsfirmen. Die weiße Oligarchie stützte sich auf die drei Pfeiler Grundbesitz, Bodenschätze und Handel. Ihre Angehörigen besetzten die Schlüsselpositionen in der Kolonialverwaltung – *audiencia, consulado* und Rathäuser. Von dort aus kontrollierten sie die Landwirte und den kreolischen Teil der Bevölkerung [BURKHOLDER/CHANDLER 1984].

Die wirtschaftlichen Reformen mündeten jedoch in eine soziale Neuordnung. Dabei sahen sich in erster Linie die traditionellen Interessengruppen geschädigt, während der Zwischenhandel profitierte und dadurch für freigestellte Beamte und ehemalige Grundeigentümer besonders attraktiv wurde. Die kreolische Aristokratie, die inzwischen mit der Kolonialbürokratie verschwägert war, wurde von Anordnungen getroffen, die ihre erworbenen Rechte beschnitten und sie an den unteren Rand der Ämterhierarchie schoben. In einer Fallstudie hat Flores Galindo den Werdegang einer dominierenden Gruppe Limas verfolgt, die sich in der zweiten Hälfte des 18. Jh. auf der Basis ihres im Handel erworbenen Kapitals formierte. Von Lima aus wob man ein Bezugs- und Liefernetz, das sich im Norden bis Guayaquil, im Süden bis Valparaiso und im Landesinnern bis nach Cerro de Pasco, Arequipa und Cuzco erstreckte. Zu dieser Gruppe von Kaufleuten, die die Auswirkungen des Freihandels unmittelbar spürten, gehörten zahlreiche mit Behörden und Oligarchie vorteilhaft verbundene Spanier [Flores Galindo 1984]. Auf lokaler Ebene festigten die Aufhebung des *corregidor*-Regimes und die Ausdehnung der *alcabala*, einer Verkaufssteuer auf einheimische Produkte, die Rolle der örtlichen Machtträger [Moreno Cebrián 1977].

Die auf allen sozialen Ebenen präsente Kirche, auf ihre Weise ein Spiegel der Spannungen der weltlichen Gesellschaft, war überaus rührig. Eine Zählung aus dem Jahr 1796 nennt die Anzahl der Priester pro Diözese und Einwohnerschaft: In Trujillo kamen 482 Pfarrer auf 241 000 Seelen, in Arequipa 326 auf 117 000, in Ayacucho 257 auf 205 000, in Cuzco 350 auf 630 000. Der Küstenstreifen war personell stärker besetzt als die Bergregionen. Als Institution stand die peruanische Kirche auf soliden Pfeilern, wenn sie auch nicht so reich war wie ihre Schwesterorganisation in Neu-Spanien. Dennoch machten im Jahr 1793 die Gesamteinnahmen der Kirche Perus die Hälfte des staatlichen Steueraufkommens aus. Von den 3941 Gebäuden Limas gehörten 1135 der Kirche, den Klöstern und wohltätigen Stiftungen. Hinzu kamen Einkünfte aus Veranstaltungen und Festen, Trauungen, Taufen, Beerdigungen, frommen Stiftungen *(capellanías)* und Pachtzinsen [Hunefeldt 1982]. Unter der regalistischen Politik der Bourbonen verloren die Geistlichen ihre Privilegien und mußten nun ebenfalls die *alcabala* entrichten. Mit am deutlichsten manifestierte sich der Regalismus in der Vertreibung der Jesuiten (1767) und der anschließenden Konfiszierung ihres Vermögens. Macera hat sich ausführlich mit der Philosophie dieses Ordens auseinandergesetzt, die sich an durchaus modernen wirtschaftlichen Gesichtspunkten orientierte. Anstatt Gewinne zu horten, wurde investiert. Die finanziellen Aktivitäten der Jesuiten reichten von Kreditoperationen bis zur Pachtung der Anrechte auf den Zehnten, vom Direkthandel bis zum Kauf von Häusern und *haciendas*. Die Grundstücke, für die sich die Jesuiten interessierten, lagen im ganzen Land verstreut; am teuersten waren sie in den Küstenregionen, wo Zuckerrohr angebaut wurde [Macera 1977]. Die Stärke des Ordens lag aber noch auf einem ganz anderen Gebiet: dem der Erziehung und Fortbildung. Mit der Ausweisung der Jesuiten war der Weg für ein vom Mutterland gelenktes Unterrichtswesen frei, in dessen Rahmen man neue Bildungszentren und Lehrprogramme einrichtete.

Ein weiterer sozialer Faktor war das Militär, zunächst überwiegend lokale Milizen und kleinere reguläre Einheiten. Alle bislang durchgeführten Militärreformen waren Teil eines umfassenden Sicherheitskonzeptes für das Kolonialimperium gewesen. In dieser ersten Phase hatte die Reorganisation im Personalbereich keinen rechten Erfolg gehabt, weil die Posten im Zivildienst ihrer besseren Dotierung und des höheren gesellschaftlichen Ansehens wegen begehrter waren, so daß die Offiziersstellen nur wenig gefragt waren. Nach 1760 ersetzte eine veränderte Verteidigungsstrategie die gezielt plazierten Garnisonen durch gut trainierte, disziplinierte und im gesamten Vizekönigtum aufzustellende Milizeinheiten. Der Initiator dieser Idee war Amat, dem es gelang,

Tausende von Milizsoldaten zu mobilisieren. Dennoch erwies sich das System angesichts einer Herausforderung wie des Aufstands von Túpac Amaru als unbrauchbar. Areche zeigte die Schwachstellen dieser Militärreform auf und äußerte in bezug auf die Effizienz der kreolischen Miliz starke Vorbehalte. Er griff, um die Indianerrebellion zu ersticken, auf *corregidores,* auf spanische Offiziere und die von ihnen befehligten Eingeborenen zurück, die das Gros der Truppen ausmachten. Ein großer Teil der Milizen wurde entwaffnet, und nach 1787 kehrte Peru zu seinem früheren, unter den Habsburgern praktizierten System zurück, dessen Fundament eine kleine permanente reguläre Streitmacht war. Bis zur Unabhängigkeit der neuen Länder blieb das stehende Heer Garant der inneren und äußeren Sicherheit [CAMPELL 1978].

Die spätkoloniale Gesellschaft Perus wurde durch zahlreiche Aufstände erschüttert, mit denen die Bevölkerung auf Maßnahmen der Bourbonen wie Anhebung der Verkaufssteuer, Einführung neuer Zollabgaben, rigorosere Steuereintreibung usw. reagierte. Zumeist handelte es sich dabei um örtlich begrenzte Rebellionen als Antwort auf konkrete Verwaltungsakte, aber manche Protestwellen zogen doch weitere Kreise und lösten in ganz unterschiedlichen Bevölkerungsschichten organisierte Aufstände aus, die sich gegen die immer härteren Methoden der Obrigkeit richteten. Weder die Revolten und Demonstrationen von Arequipa, Huaraz, Pasco und Chuquisaca noch die Unruhen in der nördlichen Bergregion erreichten jedoch jemals das Ausmaß der Rebellion des Túpac Amaru. An der Erforschung der Ursachen für die sozialen Unruhen gegen Ende des 18. Jh. entzündete sich eine Polemik. Vielfach bestätigt wurde die Ansicht, daß sich als Alternative zur Unterdrückung der Eingeborenen durch einen Teil des Kolonialsystems schon damals Unabhängigkeitsbestrebungen bemerkbar machten [LEWIN 1957; VALCÁRCEL 1975]. Häufiger jedoch wurde der Protest mit den bourbonischen Reformen in Verbindung gebracht: danach zielten die Aufstände lediglich auf ein besseres Funktionieren der kolonialen Ordnung, nicht auf ihre Zerstörung [FISHER 1979]. Nach einer anderen Interpretation suchte der kreolische und mestizische Teil der Bevölkerung mit Beginn der bourbonischen Reformen einen Ausweg aus der zentralistischen Bevormundung und Kontrolle. Beide Bevölkerungsgruppen glaubten, sich im Aufwind günstiger Konjunkturen von den kolonialen Fesseln befreien zu können, wie dies Tupac Amarú – mit der Konjunktur von 1777 bis 1780 im Rücken – versuchte [O'PHELAN 1984, 197]. Andere Kommentare verweisen auf die destabilisierende Wirkung des Zwangshandels, der auch nach seinem Verbot noch anhielt, weil unterbezahlte Subdelegierte sich auf diese Weise schadlos halten wollten [MORENO CEBRIÁN 1977]. Flores Galindo wiederum hält die Unruhen für Frühformen der Unabhängigkeitsbewegung und verweist auf die enge Verbindung zwischen den Erhebungen der Landbevölkerung im 18. Jh. und dem Verlauf der Agrarkonjunktur [FLORES GALINDO 1976].

Die Aufstandsbewegung des Túpac Amaru war, was die Zusammensetzung der an ihr Beteiligten, ihr Programm, ihre Entwicklung und die Auswirkungen betrifft, außerordentlich komplex. Sie baute sich seit den 70er Jahren des 18. Jh. allmählich im Verlauf eines langwierigen Rechtsstreites auf, in dem der Kläger José Gabriel Condorcanquí auf dem Rechtswege Erbansprüche durchzusetzen suchte. Nach dem Scheitern des Versuchs nannte er sich, im Gedenken an Túpac Amaru, den von den Spaniern hingerichteten letzten Herrscher des Inkareiches, Túpac Amaru II. und inszenierte einen Aufstand, in dem er um die Anerkennung seiner inkaischen Adelstitel und die Abschaffung des Zwangshandels und der zwangsweisen Arbeitskräfterekrutierung *(mita)* kämpfte. Die Ermordung des *corregidor* von Tinta (Geburtsort Túpac Amarus), Arriaga, der als Repräsentant der Kolonialordnung deren Erpressungsmethoden personifizierte, führte zum offenen Ausbruch der Feindseligkeiten. Die Hauptziele Condorcanquís waren die Vertreibung der Europaspanier mitsamt ihrer institutionellen Ordnung und die Wiedererrichtung des Inkareiches mit dem Adel von Cuzco als Herrscherklasse. Weiter forderte er tiefgreifende Veränderungen in der Kolonialwirtschaft: abgesehen von der Abschaffung der *mita* die Aufhebung des Großgrundbesitzes, von Zöllen und Verkaufssteuern sowie die Öffnung des Handels für den freien Warenverkehr [FLORES GALINDO 1987].

Der Herd des Aufstandes war die Diözese von Cuzco, genauer gesagt das *corregimiento* von Tinta, wo Túpac Amaru als Kazike von Surinama, Tungasuca und Pampamarca wirkte. In dieser Zone bestand die als tributpflichtig registrierte Bevölkerung überwiegend aus Eingeborenen, die ihre eigenen Felder besaßen. Bodenbestellung und Viehzucht erfolgten vorwiegend auf Subsistenzbasis, *haciendas* gab es nur wenige. Der Ort bildete den Knotenpunkt sich kreuzender Handels- und Verkehrswege, die Cuzco, La Paz, Arequipa, Lima und Buenos Aires miteinander verbanden. Wichtigster Gewerbezweig war der Maultiertransport, dem sich auch die Familie von Túpac Amaru widmete. Die zwischen Tinta und Tucumán hin- und herpendelnden Lasttiere besorgten den interregionalen Warenaustausch auf der Basis heimischer Produkte wie Kartoffeln, Mais, Weizen, in kleineren Webereien hergestellte Textilien etc. Das Kolonialsystem unterwarf die Bevölkerung dabei der Kontrolle der *corregidores* und *curacas* (adelige indianische Häuptlinge) sowie diversen Arten der Steuereinziehung; zur Leistung von Tribut, *mita,* Zehnten und *alcabala* kamen noch die Beträge aus dem Zwangshandel, die die 1756 gesetzlich genehmigten Mengen deutlich überschritten. Die Reaktion auf diese erpresserischen Praktiken führte zum Zusammenschluß der Gemeinden um Túpac Amaru und seine revolutionären Ziele.

Die Rebellion begann im November 1780, als die aufgebrachten Indios den *corregidor* Arriaga töteten. Die aufrührerischen Kräfte, deren wirkliche Stärke – die Angaben schwanken zwischen 20 000 und 60 000 Mann – unbekannt ist, konnten sich nicht zu einer organisierten Streitmacht formieren. Im Offiziersrang stehende Mestizen übernahmen das Kommando, das Heer der Gemeinen stellten Eingeborene und zum Teil befreite Sklaven, die sich traditioneller Waffen bedienten [MÖRNER/TRELLES 1985]. Das Epizentrum der Unruhen verlagerte sich von Cuzco ins rückwärtige Hochland, den *altiplano,* wobei sich die bewaffneten Auseinandersetzungen über die heutigen Bezirke Cuzco, Apurimac und Puno ausbreiteten. Das politische Echo der Kämpfe erreichte Quito, Santa Fé de Bogotá und Buenos Aires. Im Kern handelte es sich um eine Erhebung der Landbevölkerung, aus der sich die Kreolen heraushielten und der es auch nicht gelang, die Stadtbewohner von Cuzco als Verbündete zu gewinnen.

Die Reaktion der Kolonialbehörden äußerte sich in verschiedenen Maßnahmen. An der Aufstellung der Streitkräfte, die von Lima aus zur Gegenoffensive in den Kampf geschickt wurden, beteiligten sich Institutionen wie der *consulado,* der 1000 Milizsoldaten einkleiden und bewaffnen ließ. Um den Motiven des Aufstands entgegenzuwirken, wurde das Zwangshandelssystem Ende 1780 aufgehoben und ein „Wiedergutmachungstribunal" ins Leben gerufen. Bedeutsam war die Intervention des Bischofs von Cuzco, Moscoso, der Túpac Amaru und seine Gefolgsmänner exkommunizierte, gleichzeitig aber allen, die ihn verließen, Pardon gewährte.

Daran, daß die Rebellion schließlich scheiterte, hatten die Kaziken unmittelbaren Anteil, weil sich viele von ihnen auf die Seite der Kolonialverwaltung stellten (wie etwa Pumacahua, später selbst Führer eines Aufstandes). Nicht zuletzt wirkten sich die Desertionen vieler Indios, die die Kampfgebiete verließen, um zur Arbeit auf ihren Feldern zurückzukehren, negativ aus. Mit der Enthauptung des José Gabriel Condorcanqui am 18. Mai 1781 war der Indianeraufstand jedoch nicht zu Ende; Mitglieder seiner Familie und Túpac Catari in Hochperu setzten den Kampf fort. Die Erhebung hatte vielfältige Auswirkungen: Während die Kampfhandlungen noch im Gange waren, wurden zum Beispiel der Zwangshandel abgeschafft und die Abkommandierungen von Indiotrupps zur Fronarbeit in Gewerbebetrieben und zu anderer Schwerarbeit gestoppt. Eine spätere Reaktion war die Einrichtung der *audiencia* von Cuzco im Jahr 1787. Nachhaltig waren die Rückwirkungen auf die führenden Schichten der Kolonialgesellschaft, die sich besonders in der südlichen Andenregion zum etablierten System bekannten und halfen, Cuzco während der Unabhängigkeitskämpfe in eine royalistische Bastion zu verwandeln.

Mit dem Ende Túpac Amarus hörten die politischen Unruhen nicht auf. NURIA SALA [1989] hat die Existenz zahlreicher, dem großen Indianeraufstand folgender spätkolonialer Revolten nachgewiesen, an denen überwiegend Eingeborene, in geringerem Maße *castas,* also Mestizen und Mulatten, und nur äußerst selten Weiße beteiligt waren. Den Konfliktstoff lieferten, wie schon bei früheren Spannungen, fiskalische Maßnahmen, insbesondere die Praxis der neugeschaffenen *intendencias,* die Entrichtung der Steuern durch ein System doppelter Kontrolle zu überwachen, zum einen durch periodische Tributmatrikel, zum anderen durch den Einsatz ortsfremder Steuereinnehmer und Subdelegierter. Beide sorgten für eine nicht unbeträchtliche Erhöhung des Tributaufkommens. FISHER [1981] erklärt die Rebellionen vorwiegend mit der Unfähigkeit der spanischen Regierung im Mutterland, die marode Kolonialverwaltung zu säubern, die Praxis der *repartos* zu beenden und dafür die Subdelegierten besser zu bezahlen.

Im Rahmen des gesellschaftlichen Umwandlungsprozesses, beeinflußt nun auch von Aufklärung und Liberalismus, ging die kulturelle Entwicklung weiter. Der Kontakt mit der europäischen Geisteswelt erfolgte auf verschiedenen Wegen. Vom Indienrat autorisierte Literatur gelangte an Bord der regulären Schiffe in die Neue Welt, aber auch die Werke von als gefährlich angesehenen Freidenkern erreichten, in neutralem Schiffsraum als Schmuggelware transportiert, Amerika. Noch nach dem königlichen Erlaß von 1792 sind in den Akten der Inquisition die Namen von Peruanern zu finden, die wegen des Besitzes von „schädlichen Büchern" angeklagt waren. Als Träger geistiger Strömungen, die für die Verbreitung europäischer Gedanken sorgten, fungierten auch die Teilnehmer der wissenschaftlichen Expeditionen, die den Kontinent erforschten, wie Jorge Juan und Antonio de Ulloa, Malaspina, Nordenflycht, Humboldt und andere. Sie vermittelten Europa ein Bild von Peru, das voller Versprechungen für die Zukunft war. Im Bereich des höheren Bildungswesens gab Vizekönig Amat den Anstoß zu einer Reform der Universität von San Marcos. Sein Nachfolger Guirior förderte vornehmlich die Naturwissenschaften und die Mathematik. Bei der Modernisierung des Kollegs von San Carlos unterband Croix, unter Rückgriff auf einen königlichen Erlaß, die Verbreitung und Weitergabe unerlaubten Schrifttums. Die Bildungszentren waren zugleich Stätten der Ausbildung wie auch Mittelpunkte geistiger Ausstrahlung.

Allerdings war die San-Marcos-Universität dem traditionellen Machtgefüge eng verbunden und sträubte sich gegen sämtliche innovativen Reformprojekte. So scheiterten die verschiedenen Ansätze von Baquíjano, Egaña, Unanue, Cisneros und Morales Duarez; die Universität blieb ein Forum traditionalistitschen Denkens. Das San-Carlos-Kolleg ging aus der Zusammenlegung der höheren Lehranstalten von San Martín und San Felipe hervor und beschritt – der Anregung seines 1786 ernannten Rektors Rodríguez de Mendoza folgend – mit der Aufnahme von Arithmetik, Algebra und Geometrie in den Lehrplan absolut neue Wege. Abgesehen von den öffentlich-rechtlichen Bildungsstätten blieb auch die „Gesellschaft der Landesfreunde", deren Statuten 1792 genehmigt wurden, nicht müßig. Die Geschichte dieser Körperschaft ist aufs engste mit der Publikation des *Mercurio Peruano* verbunden, der zwischen 1791 und 1795 die vielleicht größte illustrierte Zeitschrift Amerikas war. Auf ihren Seiten gewann das „Peru-Bild" in der Vorstellung der Leser Gestalt; das Blatt unterrichtete über Land und Leute, dokumentierte seine Geschichte und regte zum Kennenlernen dieser alten Kulturregion an. Andere Veröffentlichungen im aufgeklärten Peru jener Zeit waren der *Semanario Crítico* (Kritische Wochenschrift), der 1791 herauskam, die *Gaceta de Lima*, der *Diario de Lima*. Im geistigen Umfeld dieser Publikationen entwickelte sich eine Generation, aus deren Reihen sich die Anhänger der liberalen Strömungen des beginnenden 19. Jh. rekrutierten. Sie gehörten zu jener intellektuellen Vorhut, die zum ideologischen Rückgrat der Unabhängigkeitsbewegung wurde.

B. Der Zusammenbruch der kolonialen Strukturen (1808–1824)

a Reform und Reaktion im königstreuen Peru

Politisch-administrative Ordnung. Die vizekönigliche Amtsführung

Die letzten Vizekönige von Peru mußten sich auf eine schwer überschaubare Folge von Krisen einstellen. Zu den politischen Veränderungen im Mutterland – Napoleonische Invasion, Errichtung eines liberalen Regierungssystems, Rückkehr zum Absolutismus, Wiederherstellung der konstitutionellen Monarchie – kamen auf amerikanischem Boden die zunehmend stärker und an immer mehr Stellen aufflackernden Herde der Insurrektion. Im großen ganzen waren José Fernando de Abascal, Joaquín de Pezuela und José de la Serna während ihrer gesamten Regierungszeit loyale Beamte, die stets mehr der Pflicht als ihrer persönlichen oder politischen Meinung gehorchten [Anna 1976]. Ihre Amtsführung wurde weitgehend von externen Faktoren bestimmt, wenngleich auch sie mit verantwortlich für den endgültigen Zusammenbruch des Vizekönigtums waren.

Abascal, Vizekönig von Peru zwischen 1806 und 1816, erbte ein im 18. Jh. „reformiertes" Reich. Er unterzog es während seiner Regierungszeit einem beschleunigten Wandlungsprozeß. Von den Historiographen als gestrenger Beamter geschildert, war Abascal ein treuer Diener des Königs und zuverlässiger Verwirklicher der Politik der Madrider Zentrale. In der Gewißheit, die Interessen Spaniens zu verteidigen, warnte er bei zahlreichen Gelegenheiten vor den Gefahren gewisser liberaler Schritte für den

Zusammenhalt der Monarchie. Kraft seiner Autorität gelang es ihm, einige Liberalisierungsmaßnahmen hinauszuschieben bzw. zu verwässern und die rings um das Vizekönigtum sich regenden Unruhen von seinem Territorium fernzuhalten. Die Kolonialaristokratie, die ein Interesse am Bestand der alten Ordnung hatte, leistete ihm dabei treue Dienste. Über die Behörden oder auf dem Wege privater Hilfsaktionen finanzierten Angehörige der Aristokratie zudem die europäischen Kriege Spaniens und die Expeditionen gegen Aufständische in Quito, Chile und Hochperu.

In der Überzeugung, damit den Schlüssel zur Wahrung der inneren Stabilität in der Hand zu haben, bemühte sich Abascal stets, die Interessen des Mutterlandes mit denen der kreolischen Oberschicht in Einklang zu bringen. Den Weg seiner Vorgänger fortschreitend, verfolgte er ein ambitiöses, vor allem der Stadt Lima zugute kommendes Entwicklungsprogramm, zu dem u. a. die Einführung von Schutzimpfungen, die Anlage eines öffentlichen Friedhofs, eine Reform der staatlichen Münze, die Einrichtung von „Fachhochschulen" für Rechtsanwälte und Ärzte (San Fernando), die Einrichtung eines botanischen Gartens, die Verbesserung der Stadtreinigungsdienste und des Polizeischutzes sowie die Schaffung von Verteidigungssystemen und die Aufstellung des von Mitgliedern der Aristokratie befehligten „Concordia"-Regiments gehörten.

Die Napoleonische Invasion bedeutete den Anfang vom Ende der absoluten Monarchie in Spanien. Wie auch im Mutterland konstituierten sich in den amerikanischen Besitzungen sogenannte Juntas, die parallel zu den etablierten Behörden eine zweite Verantwortungsebene schufen, die die erste zum Teil völlig verdrängte. Peru bildete allerdings eine Ausnahme: Ungeachtet der spanischen Kriegserklärung vom 5. November 1808 an Frankreich schritten weder Abascal noch die herrschenden Gruppen der Gesellschaft zur Gründung solcher Komitees. Vielmehr ließ man die Ferdinand VII. dargebrachten Loyalitätsbekundungen spontan in eine Spendenaktion einmünden, deren häufige Wiederholung dann letztlich die Solidarität mit Spanien unterminierte. Gleichzeitig gelang es Abascal, in der peruanischen Hauptstadt einige Konspirationszirkel aufzudecken. Trotz der sich im Mutterland überstürzenden Ereignisse vergaß man dort nie, den amerikanischen Kolonialbesitz in alle Planungen mit einzubeziehen. Im Januar 1809 erging an Vizekönige und Generalkapitäne der Befehl zur Abordnung eines Vertreters zur *Junta Central* in Spanien. In Peru wurden daraufhin in den Rathäusern der Gemeinden entsprechende Wahlen abgehalten. Der schließlich designierte José Silva konnte seinen Posten jedoch nicht mehr antreten: die *Junta Central* hatte sich bereits wieder aufgelöst und war durch einen Regentschaftsrat ersetzt worden.

In den *Cortes* von Cádiz, dem am 24. September 1810 ins Leben gerufenen spanischen Parlament, war Peru ständig vertreten. Während die Wahlen der Volksvertreter noch im Gange waren, nahmen stellvertretende Deputierte, die unter den gerade im Mutterland weilenden Kolonialspaniern gewählt worden waren, die Abgeordnetensitze ein. Es handelte sich um Ramón Olaguer Feliu, Dionisio Inca Yupanqui, Vicente Morales Duárez, Antonio Zuazo und, ab November 1810, Blas de Ostolaza. Später fanden sich im vorangehenden außerordentlichen Parlament mit ihren definitiven Ernennungsurkunden die Vertreter von Lima (Francisco Salazar), Piura (José Antonio Navarrete), Guayaquil (José Joaquín Olmedo), Tarma (J. Lorenzo Bermúdez), Trujillo (Petro García Coronel), Chachapoyas (Juan Antonio Andueza), Arequipa (Mariano Rivero) und Puno (Tadeo Gárate) ein. Im ordentlichen Parlament, bis zu dessen Auflösung am 10. Mai 1814, war Peru durch die Abgeordneten Vicence Rocafuerte

(Guayaquil), Agustín Fernandez de Cordova, Gabino Ortega, Miguel del Castillo und Gregorio de Guinea (Trujillo), Martín J. de Múgica (Huamanga), José Bernardo de Tagle und Francisco Valdivieso (Lima) vertreten. Ungeachtet der zwischen einigen der peruanischen Delegierten bestehenden ideologischen Differenzen traten sie, im Verein mit den anderen amerikanischen Abgeordneten, als geschlossener Block für die allgemeinen Belange der von ihnen vertretenen Bevölkerung ein: also für Forderungen wie Gleichheit vor dem Gesetz und in bezug auf ihre parlamentarische Vertretung. In den sogenannten „Elf Programmpunkten" vom 16. Dezember 1810 waren ihre Forderungen, die von den peruanischen Parlamentariern unterstützt wurden, systematisch zusammengefaßt. Eine ausführliche Analyse der peruanischen Parlamentstätigkeit zeigt, daß sich die Delegierten vor allem um die Anliegen der von ihnen vertretenen Regionen kümmerten (mit denen sie ständig in Verbindung blieben, um Instruktionen zu erhalten), ohne in den Provinzialismus mancher anderer Parlamentarier zu verfallen [Rieu 1988]. Sie waren Reformer und dabei doch gemäßigt, wenn es um soziale Lösungen ging; in keinem Falle stellten sie die Integrität eines Systems in Frage, das die Kontinuität der etablierten Ordnung garantierte, die ihnen selbst wiederum zustatten kam. Gleichheit vor dem Gesetz, Pressefreiheit, repräsentative Interessenvertretung, Abschaffung der *mita* und anderer Dienstzwänge, Aufhebung des Heiligen Offiziums – dies waren Programmpunkte, die mit sehr unterschiedlichem Nachdruck in die Praxis umgesetzt wurden. Abascal zögerte daher nicht, das die Inquisition betreffende Dekret auf der Stelle in die Tat umzusetzen. Das Tribunal des Heiligen Offiziums war in Lima seit jeher unbeliebt gewesen. *Audiencia,* Gemeinderat und Episkopat hatten sich gleichermaßen über die Einmischungspolitik des Glaubensgerichts beschwert, dessen Urteile die Bevölkerung in Angst und Schrecken versetzten [Medina 1887, 403–484]. Der Aufhebungserlaß traf im Juni 1813 in Lima ein. In seiner Regierungsdenkschrift hat Abascal das Procedere der Vermögenskonfiszierung des Offiziums genau festgehalten; insgesamt wurden 1 508 518 Pesos beschlagnahmt; die jährlichen Rentenbezüge beliefen sich auf 70 211 Pesos [Abascal y Sousa 1944, 130–133].

Als ein königliches Dekret vom Februar 1815 die Wiedereinsetzung des Ketzertribunals bestimmte, kam es zu einer Auseinandersetzung, weil die Inquisitoren das eingezogene Vermögen zurückforderten. Abascal erklärte sich jedoch zu einer solchen Zahlung außerstande; ein Teil der Gelder, die zur Deckung des Etats verwandt worden waren, war ohnehin nicht mehr vorhanden. Bedeutsam war die Art, wie der Vizekönig auf zwei andere Verfügungen der *Cortes* von Cádiz reagierte; dabei ging es um die Pressefreiheit und die Abschaffung des Eingeborenentributs. Bei den verschiedensten Anlässen schon hatte Abascal vor dem Risiko gewarnt, welches heimlich zirkulierende subversive Schriften für die staatliche Ordnung darstellten. Den Publizitätsorganen nun, auch wenn deren Aktivitäten reguliert und die Druckerzeugnisse von einer Zensurstelle überwacht würden, freie Hand zu lassen, erschien ihm als leichtfertiges Wagnis. Systematisch verschleppte er die Veröffentlichung des am 10. November 1810 erlassenen Dekrets. Erst am 18. April 1811 wurde es in der „Regierungsgazette" publiziert, wobei Abascal darauf hinwies, daß die Bestimmungen erst in Kraft treten könnten, wenn alle formellen Voraussetzungen, so die personelle Zusammensetzung der Zensurinstanz, geschaffen seien. Darüber hinaus ließ er seine Vorgesetzten im Mutterland wissen, er werde auf die strikte Einhaltung der

Regeln achten, denn eine Freiheit ohne Grenzen führe zwangsläufig zu einer Polarisierung der Interessen von Spaniern und Kreolen. Der Eifer der Zensoren, der sich nun auf die neu erscheinenden Publikationen richtete, brachte denn auch die beiden streitbarsten Zeitungen – *El Peruano* (September 1811 bis Juni 1812) und *El Satélite del Peruano* (März bis Juni 1812) – zu Fall und verhinderte die Entwicklung eines mutigen und kritischen Journalismus [Martínez Riaza 1985].

Besorgniserregender noch erschien dem Vizekönig die von den *Cortes* am 13. März 1811 verfügte Abschaffung des Eingeborenentributs. Abascal machte aus seiner ablehnenden Haltung keinen Hehl und berief eine Junta der zentralen Verwaltungsorgane ein, um Alternativen zur Kompensation des drohenden Einnahmeausfalls zu finden; die beratende Versammlung schlug lediglich eine Erhöhung des Tabakpreises vor. In den Jahren 1813 und 1814 beschwerte sich der Vizekönig erneut und fügte hinzu, er habe sich gezwungen gesehen, die finanzielle Hilfe an Chile zu suspendieren und der Garnison von Lima die Hälfte ihrer Bezüge zu sperren.

Der Eid auf die Verfassung von Cádiz wurde in Lima am 1. Oktober 1812 geleistet. Das neue Repräsentativsystem sollte in der Folge die prekäre soziale Stabilität des Vizekönigtums aus dem Gleichgewicht bringen, weil die Gemeinderäte nunmehr gewählt und die neu errichteten Provinzdeputationen mit von den Gemeinden gewählten Vertretern beschickt werden sollten. Der Ablauf der Abgeordnetenwahlen für das Parlament in Spanien, die *Cortes,* für Gemeinde- und Provinzialräte und zur Bestimmung der politischen Führer der neu verfaßten Gemeinden und Provinzdeputationen warf wiederum die Frage nach den Befugnissen des Vizekönigs auf. In seiner gewohnt interventionistischen Manier mischte sich Abascal, das angewendete Stimmverfahren in Zweifel ziehend, in die Dezemberwahlen von 1812 und 1813 in Lima ein. Ebenso hatte er ein wachsames Auge auf die in verschiedenen Provinzen abgehaltenen Deputiertenwahlen für die *Cortes* und nutzte die Mehrdeutigkeit des Gesetzes, um die Finanzierung und Entsendung ihm nicht genehmer Volksvertreter zu vereiteln (wie im Mai 1813 in Puno geschehen). Was die Provinzialräte oder -deputationen anbelangt, so belegen die Protokolle des Rates von Lima, der vom 30. April 1813 bis zum 6. Oktober 1814 tätig war, die Spannungen zwischen dem Vizekönig und einer nunmehr mit weitgehenden Vollmachten ausgestatteten Institution.

Am 6. Oktober 1814 ließ Abascal in Lima das Dekret Ferdinands VII. zur Aufhebung der Verfassung und zur Auflösung des Parlaments veröffentlichen. Aber die Entwicklung war nicht mehr aufzuhalten. So erhielten bei den am 18. Dezember 1814 abgehaltenen „absolutistischen" Gemeindewahlen wiederum die Kandidaten die meisten Stimmen, die als Deputierte gerade ihres Amtes enthoben worden waren. Die liberale Regierungsperiode hatte in der vormals autoritären Kolonialverwaltung ihre unauslöschlichen Spuren hinterlassen. Die kreolische Aristokratie, die sich nicht gerade als Exponent radikaler Ideen hervorgetan hatte, begriff allerdings auch die Grenzen, die das System ihrer eigenen Entfaltung setzte. Der Liberalismus von Cádiz hatte sich im spanischen Mutterland und in den amerikanischen Besitzungen jeweils anderer Maßstäbe bedient. „Gleiches Recht für alle" und „repräsentative Interessenvertretung" waren, in Spanien und Amerika, keine kongruenten Begriffe.

Das Peru, das Abascal 1816 hinterließ, war dem Zusammenbruch nahe, doch der kreolischen Oberschicht fehlten Ideen für die Zukunft; vielmehr akzeptierte sie, wenn auch unter steter Wiederholung alter Forderungen, ein System, das ihr die Möglichkeit bot, erkennbare Nachteile auf andere Weise zu kompensieren. Abascals Nachfolger im Amt des Vizekönigs, Joaquín de Pezuela (1816–1821), sah sich genötigt, zwei miteinander verschränkten Themen – der Wirtschaftskrise und der zunehmenden Militarisierung – Priorität einzuräumen. In bezug auf die Militarisierung konnte er seine langjährige Erfahrung als Kommandant der Streitkräfte von Hochperu einbringen. Größere Probleme bereitete hingegen die Lenkung von Wirtschaft und politischer Verwaltung im Sinne der wiederhergestellten alten Ordnung. In Ermangelung der Autorität Abascals versuchte sein Nachfolger der Situation durch Verhandlungen mit den verschiedenen Interessengruppen Herr zu werden, die allerdings wenig Erfolg hatten. Im strategischen Bereich gab es drei geographische Schwerpunkte: Hochperu, Chile und Lima selbst. Taktische Fehler, die Unmöglichkeit, Truppen zu mobilisieren, und die zunehmende Stärke der Befreiungsexpedition unter dem Kommando von General San Martín machten der Vorstellung von der Unverletzlichkeit des peruanischen Hoheitsgebietes ein Ende.

Die spanische Präsenz in Chile war bereits sehr viel schwächer geworden. Nach vorübergehenden Rückeroberungserfolgen der Regierungstruppen gelang es San Martín, der im Landesinnern Unterstützung fand, die Zentralregion Chiles zu besetzen und die Royalisten im Raum von Talcahuano einzuschließen. Mit dem Sieg des Befreiungsheeres am Río Maipo im April 1818 verlor Peru mit Chile nicht nur eine wichtige strategische Basis, sondern auch einen ansehnlichen Teil der Pazifikflotte und eine der dynamischsten Handelszonen. Einflußreiche zeitgenössische Persönlichkeiten werteten die Ereignisse in Chile als taktischen Fehler Pezuelas. Dieser hatte beinahe bis zuletzt geglaubt, San Martíns Befreiungskorps werde auf dem Weg über Hochperu vordringen. Aber La Serna als zuständiger Kommandant der Region hatte den Vizekönig gedrängt, die eigenen Truppenaufmärsche auf Chile zu konzentrieren. Immer offener traten die Meinungsverschiedenheiten zwischen den beiden Männern zutage. Als Pezuela schließlich das Ruder herumzuwerfen versuchte, war es schon zu spät. Anfang 1819 gab es bereits keinen Zweifel mehr darüber, daß Chile bei der Invasion Perus als Sprungbrett diente. Valparaiso sollte die Operationsbasis bilden, von der aus San Martín sich nach Peru einschiffte und dann am 20. August 1820 in Paracas in Peru an Land ging und im September Pisco besetzte. Die führenden Schichten der peruanischen Gesellschaft entzogen Pezuelas Politik die Unterstützung.

Währenddessen stand der Vizekönig vor der schwierigen Aufgabe, die überall noch wahrnehmbaren Spuren der liberalen Epoche zu tilgen. So sah er sich gezwungen, die wichtigsten Bildungszentren inspizieren zu lassen, was zur vorübergehenden Schließung des königlichen Kollegs von San Carlos führte. An die San-Marcos-Universität erging die Warnung, künftig würden Lehrstoff und Vorlesungen eingehenden Prüfungen unterzogen. Die intellektuelle Avantgarde Limas fühlte sich davon unmittelbar betroffen. Entscheidender noch war die Opposition der Militärs, deren Unmut – von den taktisch-operativen Meinungsverschiedenheiten abgesehen – durch den Mangel an militärischen Aufstiegsmöglichkeiten und durch die unregelmäßige Besoldung geschürt wurde. Versuche, solche Mißstände zu korrigieren, stießen auf den Widerstand der traditionsverhafteten Bürokratie. Mitte des Jahres 1818 desertierten scharenweise Soldaten verschiedener Einheiten – in einem Augenblick, da eine militärische Lösung der letzte Ausweg zu sein schien. Nachdem die chilenische Flanke aufgerollt war, konzentrierten sich die strategischen Anstrengungen Pezuelas auf die Sicherung der Städte Arequipa und Lima. Als er deshalb auf Verstärkungen aus Trujillo, Cuzco, Puno und Hochperu zurückgreifen mußte, stieß er abermals mit einem renitenten La Serna zusammen. Eine andere mächtige Interessengruppe, mit der sich der Vizekönig anlegte, scharte sich um den *consulado,* dessen fortwährende Finanzhilfen durch keinerlei Vergünstigungen belohnt wurden. Vielmehr wurden die Geldgeber durch die Liberalisierungsmaßnahmen der Regierung geschädigt, weil die nunmehr frei operierenden britischen und nordamerikanischen Schiffe den einheimischen Großkaufleuten erhebliche Konkurrenz machten. Die Antwort des *consulado* war am 20. Juli 1819 die Verweigerung der Bezahlung von 500 000 Pesos, die von den Behörden zum Truppenunterhalt angefordert worden waren.

Die Nachricht von der militärischen Erhebung unter Rafael del Riego im Mutterland und die Rückkehr zur Verfassung von Cádiz machten die Kolonialbehörden noch mutloser, bedeuteten sie doch, daß der von Spanien erwartete Truppennachschub ausbleiben würde. Am 4. September 1820 erreichte Pezuela die Aufforderung, den Eid auf die Verfassung zu leisten, der er fünf Tage später im Rahmen einer Zeremonie in Lima nachkam. Am Tag zuvor war San Martín in Pisco gelandet. Noch vor Ablauf des Monats September einigten sich Pezuela und San Martín auf Verhandlungen. Das erste Treffen fand in Miraflores statt. Pezuela folgte den Instruktionen der Zentralregierung und forderte den Rückzug der Invasionstruppen sowie die Unterwerfung unter die legitime Regierungsgewalt. San Martín, der den schwachen Rückhalt des Vizekönigs kannte, machte einen versöhnlichen Gegenvorschlag, der jedoch keinen Widerhall fand. Die Wiederaufnahme der Kampfhandlungen höhlte das Vertrauen in die Fähigkeit Pezuelas als Regierungschef und Militärbefehlshaber weiter aus. Das Vizekönigtum zerfiel von innen her: Im Norden des Landes proklamierte eine Reihe von großen Städten ihre Unabhängigkeit und isolierte damit wirtschaftlich wie militärisch die peruanische Hauptstadt noch mehr; in Callao kaperte Admiral Cochrane die Fregatte „Esmeralda", das Flaggschiff der spanischen Flotte im Pazifik. Anfang Dezember 1820 schloß sich das Elitebataillon „Numancia" mit 650 Mann den patriotischen Einheiten San Martíns an. Immer kleiner wurde der Kreis um Pezuela. Das neue, am 7. Dezember gewählte Stadtparlament von Lima forderte die offizielle Wiederaufnahme der Verhandlungen mit den Aufständischen. Der Widerstand hoher Offiziere gegen die Entscheidung Pezuelas, Lima um jeden Preis – zum Nachteil des Landesinnern – gegen die Angreifer zu halten, gipfelte am 29. Januar 1821 im Staatsstreich von Aznapuquío, der den Vizekönig zur Abdankung zwang und La Serna an die Spitze der Royalisten brachte.

Die Regierung La Serna sah sich rasch denselben Zwängen ausgesetzt, an denen schon Pezuela gescheitert war. Während die Evakuierung Limas vorbereitet wurde, kam es zu einer neuen Verhandlungsrunde mit San Martín, bei der Manuel Abreu, ein eigens aus Spanien nach Peru bestelltes Mitglied des Verfassungsausschusses, den Vorsitz führte. Die Unterhändler trafen am 4. Mai in Punchauca zusammen und vereinbarten drei Wochen später eine 20tägige Waffenruhe. Trotz des Fortgangs der Gespräche gelang es nicht, eine beide Seiten zufriedenstellende Lösung auszuarbeiten. Am 6. Juli 1821 begann der Abzug der Mehrheit der königstreuen Truppen aus Lima. Die nun folgende „Wanderperiode" endete in Cuzco, einem vermeintlich sicheren und königstreuen Regierungssitz. Unter solchen Bedingungen war es den Royalisten nicht möglich, eine planmäßige politische Linie zu verfolgen. Die Verfassung existierte nurmehr auf dem Papier, und sämtliche Dekrete der neuen *Cortes* waren in Peru bloße Makulatur. (La Serna ging so weit, am 11. April 1822 eine Verfügung zu erlassen, die die Befolgung von Dekreten des Mutterlandes von seiner vorherigen Einwilligung abhängig machte.) Doch auch nach ihrer Flucht ins Landesinnere gaben die Royalisten die Hoffnung auf den Sieg nicht auf; die Räumung Limas werteten sie als Teil einer wohlüberlegten Strategie. Unterdessen schwanden die Mittel des königlichen Heeres dahin, und der Zusammenhalt der Truppe lockerte sich. Daß Lima im Juni 1823 und von Februar bis Dezember 1824 zurückerobert werden konnte, war mehr der Nachlässigkeit der Insurgenten als der Erneuerung der eigenen Kräfte zu verdanken. Tatsächlich regiert wurde zu dieser Zeit nicht mehr, alle Aufmerksamkeit galt den unmittelbaren militärischen Zielen, der Besoldung der Truppen und der Versorgung mit den allernotwendigsten Lebensmitteln. Mit Genugtuung ließ sich La Serna von Ferdinand VII. erneut mit absoluten Vollmachten ausstatten, und am 11. März 1824 veröffentlichte er in Cuzco eine Verordnung, die die Anwendung aller liberalen Normen verbot. Noch vor dem Vizekönig erfuhr General Olañeta, ein erklärter Absolutist, von den umwälzenden Ereignissen im Mutterland. In der Überzeugung, La Serna werde diese nicht akzeptieren, rebellierte er; seine Abtrünnigkeit führte zum Verlust von Hochperu. Das strategische Konzept der Royalisten zerfiel immer mehr. Um dem Dissidenten Olañeta die Stirn zu bieten, ernannte der Vizekönig General Valdés zum Oberbefehlshaber. Zwei Heere, die vereint Bolívar hätten besiegen können, bekriegen und neutralisieren sich nun gegenseitig. Nach den Niederlagen von Junín und Ayacucho wurde El Callao ab Dezember 1824 zur letzten Fluchtburg der Königstreuen. Noch vierzehn Monate lang, bis zum Januar 1826, ließ General Rodil, obwohl er den Ausgang der Kämpfe bereits kannte, die spanische Flagge über dem peruanischen Hafen wehen.

Die Gesellschaft am Kreuzweg

Unter der Regierung Abascal hatte man den „Bevölkerungsstand im Vizekönigtum von Lima im Jahre 1813" in einem gleichnamigen Bericht festgehalten und eine Einwohnerzahl von 1 180 669 registriert. Exakteres Archivmaterial läßt eine genauere Rekonstruktion des demographischen Aufbaus der Gesellschaft von Lima zwischen 1812 und 1821 zu („Anschauungsplan der zum Stadtbezirk von Lima gehörenden Bevölkerung", 5. Dezember 1790; „Allgemeine Volkszählung in Lima, durchgeführt Ende 1812"; „Allgemeiner Gebührenerhebungsplan", Lima, 28. April 1815; „Liste der Personen, die in dieser Stadt Grundstücke besitzen", Lima, 17. Mai 1820). Im Jahr 1813 hatte der Bezirk Lima 63 809 Einwohner, von denen 20 175 (32 %) Weiße, 10 643 (16 %) Indios, 4879 (7,5 %) Mestizen, 10 231 (16,5 %) *morenos,* also Mulatten, und 17 881 (28 %) schwarze Sklaven waren. Nach den Kriterien der offiziellen Einstufung gingen 5243 Bürger einem Gewerbe nach. Die Anzahl der 1820 registrierten Hauseigentümer wurde mit 1463 angegeben.

Im Verlauf des Prozesses, der schließlich zur Unabhängigkeit führte, verteidigte die Elite zunächst einmal ihre wirtschaftlichen Interessen und ihre Stellung innerhalb der Gesellschaft; dabei ordnete sie alle anderen Überlegungen ihren eigenen Zielen unter; das war in Lima nicht anders als im übrigen Peru. Abascal verstand es, der durch einige boubonische Verwaltungsmaßnahmen ausgelösten Unzufriedenheit ein Ventil zu verschaffen, indem er vermeintliche Härten durch die Erteilung von Privilegien und

Vergünstigungen auszugleichen suchte. Dank dieser frühen Allianz zwischen staatlicher Gewalt und privaten Machtgruppen wurde Lima für den ganzen Kontinent zu einer Hochburg der Königstreuen. Entscheidend war dabei die finanzielle Unterstützung des *consulado* [Flores Galindo 1984, 209]. Der liberale Geist von Cádiz hatte Konsequenzen, die die Aristokratie selbst nicht einschätzen konnte. Zwischen 1810 und 1820 drifteten die politischen Tendenzen auseinander; es kam zu einer Polarisierung. Bei den Konservativen machte sich Unmut breit, weil sie bisher gehaltene Positionen aufgeben mußten, bei den Liberalen, weil die Hoffnung trog, ihre Forderung jemals erfüllt zu sehen. Es begann ein großes Tauziehen um gegenseitige Kompensationen. Während des Trienniums der Verfassung von Cádiz fühlte sich die peruanische Aristokratie für immer kaltgestellt. Die Sorge des Parlaments galt der Erhaltung der amerikanischen Territorien, nicht dem Ziel, sie ordentlich zu regieren. Ein Gutachten der Überseekommission der *Cortes* vom 25. Juni 1822 kam zu dem Schluß, daß von allen aufrührerischen Regionen allein Peru in der Lage sei, sich zu restabilisieren, falls aus Spanien nachgeschobene Truppen zum Einsatz kämen. Als im Oktober jenes Jahres im Mutterland die neue außerordentliche Legislaturperiode der *Cortes* begann, war Südamerika bereits durch keinen Deputierten mehr vertreten. Vor die politische Alternative gestellt, suchte die Aristokratie stets nach der Formel, die ihr den meisten Gewinn versprach.

Die Unterschicht von Lima bestand aus Sklaven, Handwerksgesellen, arbeitslosen Banditen und Räubern. Dieses Reservoir war unerläßlich für den Erhalt eines fluktuierenden, instabilen Arbeitsmarktes, auf den die Gesellschaft jederzeit zurückgreifen konnte. Die starke soziale Schichtung führte aufgrund starker Fraktionierungen zu keinen ernsthaften Volksaufständen. Vielmehr war Lima Schauplatz einer Reihe von Verschwörungen und Meutereien, die sich jedoch nicht zu einer organisierten Widerstandsbewegung zu formieren vermochten. Im Jahr 1810 versetzte Abascal die Entdeckung in Aufregung, daß eine um den Küster von San Lázaro, Anchoris, gescharte Gruppe Verbindung zu den Aufständischen von Buenos Aires hielt. Zwischen 1810 und 1814 wurden verschiedene vom Conde de la Vega del Ren eingebrachte Initiativvorschläge verworfen, die u.a. auf eine stärkere Beteiligung liberaler Kreolen an der öffentlichen Verwaltung abzielten. Bereits 1810 hatte der zu den kritischen Kreisen der Aristokratie von Lima gehörende Graf ohne Erfolg die Bildung einer Junta nach dem Vorbild anderer amerikanischer Provinzen angeregt. Verdächtig machte er sich 1814 wegen einer vermuteten Verbindung zur Erhebung von Cuzco. Im April des gleichen Jahres deckte die Regierung ein anderes Komplott auf, dessen Anführer, Tomás Menéndez und Francisco de Paula Quirós, offenbar in den Aufstand von Tacna im Jahr 1813 verwickelt gewesen waren. In den Jahren 1815 und 1818 entdeckte die Obrigkeit weitere Konspirationen. Kreolische Gruppen, zu denen Adlige, Kaufleute, Ärzte und Advokaten gehörten, die eine lange Kette frustrierender Erfahrungen hinter sich hatten, begannen ihre politische Wühlarbeit. Sie setzten sich mit San Martíns Expeditionsheer in Verbindung, um ihm Lageberichte über die wirkliche Situation in Lima zu übermitteln. Die Räumung der Hauptstadt durch die Royalisten führte im Gefolge von Lebensmittelverknappungen und Preiserhöhungen zu einem Volksaufstand.

Aber Lima war nicht Peru. Bei der Unabhängigkeitsbewegung spielte der Regionalismus eine fundamentale Rolle. Die einzelnen Rebellionen, die das Land nacheinander erschütterten, besaßen eine psychologische Komponente: sie waren aus verletztem

Stolz geborene Herausforderungen gegenüber einer übermächtigen Hauptstadt. Bei vielen dieser Unruhen verbündeten sich zeitweise Kreolen und Eingeborene, bis die Radikalisierung sie auseinanderriß und erstere in die Arme der Royalisten trieb. Verschiedene Faktoren wirkten zusammen und führten zu gemeinsamen Reaktionen; einmal war es die Politik der bourbonischen Reformen (Verkaufssteuer, Zwangshandel), ein anderes Mal der Effekt der Liberalisierungsmaßnahmen (Aufhebung des Eingeborenentributs, Abschaffung der Sklaverei). NURIA SALA [1989] hat den Fortgang gewalttätiger Reaktionen in der peruanischen Kolonialgesellschaft auch nach 1782 bis zum Eintreffen San Martíns nachgewiesen. Endemische Unruheherde waren über das ganze Territorium verstreut, ohne daß sie sich zu einer gemeinsamen Front hätten entwickeln können, weil die Auswirkungen der Politik regional sehr verschieden waren.

In Hochperu begannen die Unruhen im Mai 1809 mit der Bildung einer aus Spaniern zusammengesetzten Junta in Chuquísaca, die als Antwort auf die Napoleonische Invasion in Spanien ihre traditionelle Verbindung mit dem Mutterland bekundete. Sodann konstituierte sich in La Paz nach der Einberufung einer Junta, die den Intendanten und den Bischof absetzte, am 16. Juli 1809 eine „Schutzgemeinschaft" zur Verteidigung der Rechte Ferdinands VII., die aber gleichzeitig einen antikolonialen Forderungskatalog präsentierte, zu dessen Programmpunkten die Beseitigung der Verkaufssteuer für die Indios und die Anerkennung der Autorität des Bürgergremiums von seiten der Europäer gehörte. Indios und Mestizen wurden öffentlich zu gemeinsamen Versammlungen aufgerufen, die „schändliche Politik Madrids" wurde verurteilt. Die politische Dynamik dieser Ereignisse versetzte die Kreolen, die sich noch an den von Túpac Catarí angeführten Indianeraufstand erinnerten, in Alarmstimmung. Der interimistische Intendant von Cuzco, José Manuel de Goyeneche, nutzte die internen Zerwürfnisse seiner uneinsichtigen Gegner und beendete den Konflikt militärisch. Hochperu stand an einem Kreuzweg: rechtlich dem Vizekönigreich Río de la Plata zugehörig, blieb es de facto unter der Kontrolle des Vizekönigreichs Peru [O'PHELAN 1988]. Nach der Mai-Revolution von 1810 richteten die Aufrührer von Buenos Aires ihr besonderes Augenmerk auf Hochperu. Zum einen ging es ihnen um die Rückgewinnung der Silberminen von Potosí, zum anderen um die Wiederbelebung der regionalen Verkehrsadern, insbesondere um die Öffnung des Weges nach Lima. Von November 1810, als der siegreiche argentinische Insurgent Castelli nach Norden vorstieß, bis 1813 blieb die Route vom argentinischen Nordwesten nach Hochperu Schauplatz kriegerischer Auseinandersetzungen. Erst dann schlossen sich die herrschenden Bevölkerungsschichten, nicht zuletzt unter dem Eindruck der dem Befehl Joaquín de Pezuelas unterstehenden starken spanischen Streitmacht, den Royalisten an. Pezuela schlug die Rioplatenser 1815 endgültig zurück. Der argentinische Widerstand gegen die Royalisten in Hochperu lag fortan in den Händen der seit 1809 operierenden *montoneras,* berittener Partisanentruppen.

Die Erhebungen von Tacna, eines Bezirks der Provinz Arequipa, belegen ebenfalls die Existenz regionaler Umtriebe und zentrifugaler Kräfte. Im Juni 1811 wurde eine von Francisco de Zela angezettelte Verschwörung bekannt. Ihr Anführer setzte sich an die Spitze der Streitkräfte und erklärte sich mit der Junta von Buenos Aires solidarisch. Weiße wie auch führende Indios nahmen an dieser Revolte teil, der die Königstreuen von Arica aus entgegentraten. Ein neuer Aufruhr, von den Brüdern Paillardelli inszeniert und auf regionale Flächenwirkung zielend, wurde im Jahr 1813 von Arequipa aus im Keim erstickt. Die Stadt, seit 1784 Sitz einer *intendencia* und bedeutender Umschlagplatz für Agrarprodukte, der Puno und Hochperu mit Getreide und Wein versorgte, war stets monarchistisch geblieben. Ihre unverkennbar regionalistischen Neigungen sollten indessen in Reglementierungen zum Ausdruck kommen, die die Wünsche der Stadt sozusagen auf dem Verwaltungswege formulierten. So verlangte der Parlamentsabgeordnete Mariano Rivero, ein bekannter Widersacher Abascals, im Namen der gesamten Provinz, Arequipa solle zum Hoheitsbereich der *audiencia* von Cuzco gehören und nicht von Lima, wie es tatsächlich der Fall war. Arequipa diente den Royalisten als strategisches Zentrum und wurde sogar zum Hauptquartier der um La Serna gebildeten Streitmacht.

Die in der *audiencia* von Cuzco unisono laut gewordenen Ansprüche gegenüber der Zentralgewalt Limas wurden in dem Maße komplexer, wie die spezifischen und eben auch gegensätzlichen Interessen von Europaspaniern und Eingeborenen aufeinanderprallten. Als neutrale Beobachter schenkten die Kreolen zunehmend den Monarchisten ihre Gunst. Nach der Vereitelung eines von dem Bergmann Aguilar und dem *audiencia*-Mitglied Ubalde unternommenen Versuchs, die Inkaherrschaft wiederherzustellen, war Abascal um die Verstärkung der loyalen Positionen bemüht und ernannte 1809 den von der *Junta Central* nach Amerika entsandten José Manuel Goyeneche zum interimistischen Präsidenten der *audiencia* von Cuzco. Die Notwendigkeit, die Unruheherde von Chuquisaca und La Paz zu befrieden, zwang den Vizekönig zum zeitweisen Verlassen seines Regierungssitzes; in diesem Machtvakuum entstand eine instabile institutionelle Situation. Nach dem Eid des Vizekönigs auf die Verfassung und der Einleitung des Umgestaltungsprozesses zur Wiedererrichtung repräsentativer Interessenvertretungen begann die Konfrontation zwischen *audiencia* und neugewählten Körperschaften. In Cuzco zögerte man die Veröffentlichung der Verfassung von Cádiz hinaus, worauf die Liberalen unter dem Vorsitz des Kaziken Mateo Pumacahua eine „Schutzgemeinschaft“ ins Leben riefen, die König Ferdinand VII. ihrer Loyalität versicherte. Im Jahr 1814 wurde die *audiencia* von Cuzco aufgelöst, an die Spitze der Interimsregierung trat ein Triumvirat. Die Befreiungsbewegung, deren drei Stoßkeile La Paz, Arequipa und Puno waren, erhielt unter starker Beteiligung der Indiobevölkerung im Laufe des Jahres 1814 weiteren Zulauf. Die Rebellen radikalisierten ihre Forderungen, verlangten die Wiederherstellung der Inkaherrschaft und die Errichtung eines von Spanien und Lima losgelösten kontinentalen Imperiums mit Cuzco als Hauptstadt. Wiederum hielten sich die Kreolen in der Defensive, was der royalistischen Gegenaktion zugute kam; 1815 schlug Juan Ramírez das Eingeborenenheer von Pumacahua. Die Restauration der *audiencia* im April jenes Jahres besiegelte das vorläufige Schicksal einer von einer breiten Volksmasse Eingeborener getragenen Unabhängigkeitsbewegung. Bis Ende 1824 behauptete sich Cuzco, vizeköniglicher Regierungssitz La Sernas ab 1822, als Bastion der Monarchisten. Nachdem Lima seinen Status als Hauptstadt zurückgewonnen hatte, behielt Cuzco gleichwohl seine Bedeutung als regionales Zentrum im südlichen Andengebiet bei.

In den Zentralanden war Huánuco, Perus damals viertgrößte Stadt, Plattform einer bedeutenden Widerstandsbewegung, bei der sich die Proteste gegen die Korruptionspraktiken der lokalen Behörden und das Zwangshandelssystem der *subdelegados* zu gemeinsamen Aktionen verdichteten [Fisher 1979, 232–257]. Gleichzeitig nährten die

Erfolgsmeldungen über den von Süden her anrückenden argentinischen Aufständischengeneral Belgrano Gerüchte über die bevorstehende Ankunft des alle befreienden Inka. Die Eingeborenen, die die Stadt seit dem 22. Februar 1824 eingeschlossen hatten, überschütteten die Europäer mit Schmährufen. Die weißen Einwohner Huánucos flüchteten vor den Indios nach Cerro de Pasco. Am Anfang unterstützten sogar prominente Kreolen die Aufstandsbewegung, die schließlich von dem Intendanten von Tarma niedergeschlagen wurde. Die Interpretationen dieser Erhebung sind mehrdeutig, weil es sich bei den Quellen ausschließlich um Berichte der beteiligten Parteien handelt.

Über die Anhängerschaft der Befreiungsbewegung im peruanischen Norden existieren zwar Informationen, es fehlen aber sozioökonomische Interpretationen, um die eigentlichen Hintergründe zu klären. In den royalistisch dominierten Zentren vermutet die Geschichtsschreibung vor allem Günstlingswirtschaft und Unterjochung durch die Kolonialherren als treibende Kräfte hinter den patriotischen Erhebungen. Allgemein schwächten in dieser von den Spaniern militärisch nur wenig kontrollierten Region die kreolische Dominanz und die starke Rassenvermischung die Indiobewegung, so daß entsprechende Organisationsversuche in den Ansätzen stecken blieben [Basadre 1973]. Die Unabhängigkeitserklärung des Städtchens Trujillo vom 29. Dezember 1820 war entscheidend für den strategischen Erfolg der Befreiungsarmee. Am 6. Januar folgte Piura, dann nacheinander Tumbes, Cajamarca, Chachapoyas, Jaén. Moyobamba, die Hauptstadt der *intendencia* von Maynas, entmachtete im Laufe des Juli die kolonialen Autoritäten, und am 14. des Monats sprach sich die Bürgerversammlung in einer öffentlichen Sitzung für die Loslösung von Spanien aus.

Hinter den verfügbaren Daten verbirgt sich indessen manche Ungewißheit, insbesondere was die politische Schubkraft der einzelnen Gruppen der Gesellschaft und die sie tragenden wirtschaftlichen Fundamente in dieser Periode der peruanischen Geschichte angeht. Jüngere Lokalstudien zu diesem Thema erlauben noch keine allgemeinen Schlußfolgerungen. Die Aufhebung der Tributpflicht durch die *Cortes* bedeutete nicht nur den Verzicht auf die wichtigste fiskalische Einnahmequelle, sie traf die eingeborene Bevölkerung auch auf sehr unterschiedliche Weise. Darüber hinaus hatte dieser Parlamentsbeschluß noch weitergehende Auswirkungen; er beseitigte das entsprechende steuerliche Erfassungssystem, zerstörte das Machtkomplott der Kaziken, störte die Landspekulation und machte der beliebigen Verfügbarkeit abhängiger Arbeitskräfte ein Ende. Der erneute Versuch, Tribute zu erheben, stieß auf unüberwindliche Schwierigkeiten: Die Widerspenstigkeit der Betroffenen, die Unfähigkeit der Eintreiber und die Ohnmacht der Behörden führten zu der Einsicht, daß die Maßnahme als traditioneller Abschöpfungsprozeß nicht mehr durchzusetzen war. In der zentralen Bergregion Perus spielten Eingeborene als Agenten der Kolonialverwaltung gerade bei der Tributeinziehung keine unerhebliche Rolle in den Sozialbeziehungen. Mit dem Regierungsantritt der Liberalen zerfiel ihre Macht, der Wegfall des Tributs bedeutete den Verlust ihrer Position, deren Bedeutung gegenüber *hacendados* und Steuerbeamten auf der Anzahl der von ihnen kontrollierten *tributarios* beruht hatte. Die *yanacuna* (indianische Pächter) taten es in dieser Zeit der politischen Wirren offenbar den *hacendados* gleich und belieferten nach Möglichkeit weder die eine noch die andere Seite der Kontrahenten mit Produkten [Hunefeldt 1982]. In den Militärbasen beider Heere dienten Indios und *cholos* (Mischlinge oder hispanisierte Indianer).

Pezuela klagte in den Jahren 1818 und 1819 wiederholt darüber, daß ihm in den Bezirken von Andahuaylas, Aymaraes, Conchucos, Cajatambo, Huaylas und in der gesamten Intendanz von Huamanga Banden und Partisanentrupps unausgesetzt das Leben schwer machten. Die Art und Weise, wie Abdon Yaranga VALDERRAMA [1979, 217–239] die Beteiligung von Indiogemeinden schildert, erscheint jedoch etwas überschwenglich. Evident hingegen ist die entscheidende Rolle, die die zentrale Bergregion im Verlauf der Kampfhandlungen spielte. Das Mantaro-Tal mit seinen mittelgroßen Handwerks- und Handelsstädten war die Kornkammer von Lima. Es wurde zum Operationsgebiet für sechs verschiedene Feldzüge. Der erste wurde von Aremales, der letzte von Bolívar angeführt. Gelegentlichen Plünderungen fielen Vieh und *hacienda*-Gebäude zum Opfer. Den organisierten Verbänden der Aufständischen schlossen sich hier und da lose Gruppen von schlecht bewaffneten berittenen Indios und Mestizen an. Es handelte sich um entwurzelte Landbewohner, die letztlich jedoch für die patriotische Sache der Freiheit und die Tributabschaffung Partei ergriffen. Viele von ihnen kämpften im Namen des „Vaters der Inka“ [FLORES GALINDO 1987, 211–218]. In den Reihen des regulären Heeres gab es Partisanen und Guerilleros, die in Offiziers- und Kommandeursrängen dienten.

Auf allen politischen und gesellschaftlichen Ebenen spürbar war die Macht der Kirche. Ohne sie bleibt die Struktur des peruanischen Sozialgefüges unverständlich. Die Ansichten der Kirche standen in keinem Augenblick in Zweifel, sie bildeten ein wesentliches Element des peruanischen Liberalismus, ja, man sah die Verfassung von Cádiz als das Werk göttlicher Eingebung an, denn letztlich habe sich der Schöpfer selbst zum Schirmherrn des neuen Systems gemacht. Die republikanischen Verfassungen erkannten dagegen den Charakter der Katholischen Kirche als Staatskirche nicht an. Was den Klerus betrifft, so erklärten die peruanischen Bischöfe ihre Loyalität gegenüber der Monarchie und unterstützten die königstreuen Kräfte durch Spenden und Aufrufe. In Anbetracht der bevorstehenden Ankunft San Martíns beschloß der Bischof Las Heras, in Lima zu bleiben, und unterschrieb dort die Unabhängigkeitsurkunde. Als kirchliche Autorität um die Erhaltung von Status und erworbenen Vorrechten bemüht, suchte er einen Weg der Verständigung mit den neuen Machtträgern [GARCÍA JORDÁN 1984, 45–74]. Der *Libertador* San Martín hatte seinerseits in verschiedenen Sendschreiben angekündigt, die Kirche zu respektieren und zu schützen, und verbarg seine monarchistischen Neigungen nicht. Auch die Rückkehr des früher einflußreichen Jesuitenordens wurde betrieben. Die Abgeordneten der *Cortes* von Cádiz machten die Rückkehr des Ordens in die amerikanischen Kolonien – jedoch zunächst ohne Erfolg – zu einer Forderung ihrer elf Programmpunkte. Papst Pius VII. sollte im August 1814 sein Placet erteilen. Ende 1817 erhielt die Gesellschaft Jesu dann die königliche Bewilligung, acht ihrer ehemals 20 in Peru unterhaltenen Stifte wiederzueröffnen. Gleichzeitig richtete man ein Amt ein, das sich um Fragen der früheren Konfiskation des Jesuitenbesitzes kümmern sollte, bei seiner Arbeit jedoch von den staatlichen Behörden regelrecht schikaniert wurde. 1820 erfolgte jedoch die erneute Ausweisung der Jesuiten. Die Angehörigen des niederen Klerus standen offenbar in der Regel den Patrioten nahe [SPARKS 1972]. Von der liberalen Entwicklung und dem Ringen um Unabhängigkeit am meisten betroffen war der Ordensklerus, der in den Jahren 1812 und 1821 durch die Verfassung von Cádiz etlichen Reformvorhaben unterworfen wurde.

Der wirtschaftliche Zusammenbruch

Mehr und mehr hing die Funktionsfähigkeit des kolonialen Systems von seiner Fähigkeit ab, die nötigen Mittel zur Bestreitung der wachsenden Militärausgaben zu beschaffen. Zu dem Erbe, das Abascal antrat, gehörte ein nicht sanierter Staatshaushalt. Von 1807 bis 1809 betrug die jährliche Minenproduktionsleistung des Vizekönigtums 8,7 Mio. Pesos; der Wert der Einfuhren lag bei etwas über 5 Mio. Nach einer kurzen Erholungsphase (1810–1811) mit Gesamteinkünften des Fiskus von 3 659 000 Pesos kehrten die militärische Ausgabenspirale und der Wegfall der Einkünfte aus dem Eingeborenentribut die aufsteigende Einkommenstendenz um; im Jahr 1812 entstand ein Haushaltsdefizit von 485 083 Pesos, und das akkumulierte Defizit erreichte 8 088 212 Pesos und von 1813 bis 1814 etwa 12 Mio. Pesos [ANNA 1979, 112]. Abascal machte aus seiner Unzufriedenheit über die dürftigen Unterstützungen aus dem Mutterland kein Hehl. Um die Wirtschaftspolitik in geordnete Bahnen zu lenken, mußte er auf die Hilfe von Körperschaften und Privatpersonen im Vizekönigtum selbst zurückgreifen, was schon nach kurzer Zeit dazu führte, daß die Kolonialaristokratie ihm die zur Aufrechterhaltung des Systems unerläßliche Unterstützung entzog.

Eine Schlüsselrolle spielte der *consulado*. FLORES GALINDO [1984, 209] kommt zu dem Ergebnis, daß es nicht dem Regierungsstil des Vizekönigs, sondern der erprobten Zahlungsfähigkeit des Tribunals zu verdanken war, wenn Lima zum Zentrum der kolonialen Reaktion wurde. Ab 1810, als das Tribunal 1 Mio. Pesos zur Ausrüstung der Expeditionsheere, die nach La Paz, Quito und Buenos Aires abkommandiert wurden, bereitstellte, nahm der Umfang der von den Großkaufleuten geleisteten Kredite und Schenkungen beträchtlich zu. Nachdem die Bekanntgabe des *consulado* im Jahr 1812, es verfüge nicht mehr über die nötigen Mittel zur Bewaffnung der Montevideo-Streitkräfte, zunächst für Beunruhigung gesorgt hatte, erholten sich die Staatsfinanzen zwei Jahre später erneut: Es gelang, 1 Mio. Pesos in bar für die Krone und 40 000 Pesos für Abascal aufzubringen, der mit dieser Summe die für Cuzco bestimmte Strafexpedition zusammenstellen konnte. Im Jahr 1815 traten die Schwierigkeiten des *consulado* offen zutage, als es nicht gelang, einen von Abascal geforderten Kredit in Höhe von 120 000 Pesos bereitzustellen, der zur Mitfinanzierung eines Truppenkonvois aus dem spanischen Mutterland gedacht war; im Gegenzug sollte Peru vorübergehend von seinen Zahlungsverpflichtungen an die Krone befreit werden. Als Kompensation für die fehlende finanzielle Unterstützung überließen die Kaufleute der in den Kolonien operierenden Kriegsmarine einen Teil ihrer Schiffsbestände. Die ersten überstellten Schiffe wurden später von der Befreiungsexpedition San Martíns aufgebracht. Sie sollten der Handelsflotte der Republik Chile eingegliedert werden. Die gemeinsamen Anstrengungen von Behörden und *consulado* konnten nicht verhindern, daß im Januar 1816 zum erstenmal ein von Buenos Aires ausgesandter Flottenverband unter dem Kommando des britischen Admirals Brown in den Pazifik eindrang – ein weiterer Rückschlag für den ohnehin geschwächten peruanischen Seehandel.

Die vom *consulado* aufgebrachten Beträge flossen in eine Serie von Projekten, die Abascal zur Sanierung der Wirtschaft ersonnen hatte und deren Sicherstellung – nach dem Wegfall der Einnahmen aus dem Eingeborenentribut – Ende 1811 die Einberufung einer Generalversammlung der Tribunale zur Folge hatte, die die wichtigsten Körperschaften von Lima vertraten. Unter dem Druck, elementare Kosten wie den Unterhalt der Garnison von Lima zu bestreiten, erbat die Versammlung Nothilfemaßnahmen der Regierung wie die Erhebung eines „provisorischen Beitrags" der Gemeinden sowie einer Grundsteuer auf die Ländereien, die gemäß einer Verfügung der *Cortes* unter den Indios verteilt werden sollten. Die Anträge fanden die Unterstüzung der Kolonialaristokratie; im Mutterland machte sich Baquíjano y Carrillo, ein anerkannter kreolischer Kritiker der traditionalistischen Politik, zum Sprecher der Generalversammlung. Da ein Echo aus Madrid ausblieb, nahm Abascal Anfang 1815 Zuflucht zu einem Schiedskomitee, das sich aus dem Erzbischof, dem Intendanten von Lima, dem Prior des *consulado* und zwei anderen führenden Kaufleuten, dem *alcalde*, einem Syndikus, dem Leiter der Münze, dem Faktor der Philippinen-Gesellschaft, dem Vorsitzenden des Kathedralkapitels und den Direktoren der staatlichen Tabakregie und des Zolls zusammensetzte. Nach einer Analyse der wirtschaftlichen Situation erarbeitete das Komitee eine allgemeine Steuerreform. Um die produktiven Sektoren zu schonen, ließ man den fiskalischen Druck auf andere Weise ab: Erhöht werden sollten die *alcabala*, die Verkaufssteuer, von 6 auf 7 Prozent und der *almojarifazgo*, eine Import-Export-Steuer, von 3 auf 4 Prozent. Weiter sollte, neben der Einführung neuer Steuern, der Fünfte auf Silber sowie in der Hauptstadt die Konsumsteuer für Fleisch angehoben werden. Folgende neue Steuern waren vorgesehen: eine fünfprozentige Immobiliensteuer, eine fünfprozentige Einkommenssteuer auf alle Renteneinkünfte aus Investitionen der großen hauptstädtischen Stiftungen; außerordentliche Steuern auf Verbrauchsgüter und schließlich die Einbeziehung des von den Indios zu leistenden Sonderbeitrags *(servicio)*, dessen Zahlung man mit der Wiedereinführung des Eingeborenentributs am 1. März 1815 ausgesetzt hatte [Anna 1979, 112–120].

Dieses Programm blieb tatsächlich bis 1821 in Kraft, wiederum ein Beweis für die Diskrepanz zwischen metropolitaner Reformpolitik und der aus den Zwängen vor Ort heraus betriebenen Politik der Vizekönige. Pezuela sah sich mit einer Gesamtverschuldung des Vizekönigtums von 11 Mio. Pesos konfrontiert. Die offenen militärischen Fronten an allen peruanischen Grenzen und feindliche Vorstöße in die eigenen Hoheitsgewässer ließen eine lange Kriegsdauer befürchten. Die Geldquellen, mit denen Abascal noch hatte rechnen können, versiegten während Pezuelas Regierungszeit immer mehr, wobei das steigende Defizit im Staatshaushalt die Produktion und den regionalen Warenaustausch ungünstig beeinflußte. Anfänglich war die Wirtschaftspolitik Pezuelas noch auf Kontinuität ausgerichtet. Im August 1816 ratifizierte er das vom Komitee verabschiedete Steuerprogramm. Der endgültige Verlust Chiles führte 1816 zum Abbruch des Handels mit Valparaiso und bedeutete das Ende der Weizenlieferungen, die von 1814 bis 1816 Perus wichtigster Import gewesen waren. Um der Situation Herr zu werden, berief der Vizekönig im Mai 1818 wiederum einen Steuerausschuß ein, der ein monatliches Einnahmenminimum von 117000 Pesos errechnete, um die notwendigsten Staatsausgaben zu finanzieren. Zum erstenmal wurde die Möglichkeit eines Freihandelsabkommens mit Großbritannien erwogen. Diese Überlegung entwickelte sich während der weiteren Regierungszeit Pezuelas zu einer Schlüsselfrage, führte aber auch zu Spannungen mit dem *consulado*, das nicht nur den Verlust seiner Vorrechte, sondern auch die Aufgabe der peruanischen Hegemonie zugunsten der Rivalen Chile und Buenos Aires befürchtete.

Ohne die Einwilligung Madrids erwirkt oder die Zustimmung des Tribunals erhalten zu haben, begann Pezuela, ausländischen – nordamerikanischen, britischen, französischen – Schiffen Lizenzen zum Verkauf ihrer Ware in Lima zu erteilen, vorausgesetzt, sie entrichteten einen beträchtlichen Einfuhrzoll. Diese Liberalisierung führte in dem Maße, wie sich der *consulado* außerstande sah, seiner Aufgabe zur Versorgung des Marktes nachzukommen, zu einem immer stärkeren Eindringen der Philippinen-Gesellschaft, der *Real Compañía de Filipinas,* in den örtlichen Wirtschaftskreislauf, wobei im Gegenzug für fernöstliche Warenlieferungen peruanisches Edelmetall nach China abfloß. Die Großkaufleute von Lima betrachteten solche Transaktionen als Aggression. Die Liberalisierung des Handels wurde im Lauf des Jahres 1819 noch durch andere als unpopulär verpönte Maßnahmen ergänzt; hierzu zählten die Anhebung der Steuersätze für Tuche und Rohbaumwolle und, im Februar 1819, ein Zwangsdarlehen der 150 reichsten Bürger Limas. Der Versuch der Jahre 1819 und 1820, die Lotterie durch Anpassung an das mexikanische Modell zu einer zusätzlichen Einnahmequelle zu machen, schlug indessen rundherum fehl. Limas Situation verschlechterte sich zusehends, die Bevölkerung begann zu hungern. Die Invasion der Befreiungsexpedition von Norden her führte zur Isolierung der Hauptstadt, die dadurch von den Agrarprodukten und den Viehlieferungen der *haciendas* abgeschnitten wurde. Pezuela, in dessen Strategie die Sicherung der Hauptstadt als Schlüsselposition zum Gewinn des Krieges Priorität genoß, veranlaßte die Anlage von Nahrungsmittelvorräten und den Ausbau des Verteidigungsgürtels. Gleichzeitig kontrollierte im Süden Cochranes Freibeuterflotte, mit chilenischem Weizen und peruanischem Zucker als Konterbande, die pazifischen Gewässer. Unter dem Druck der Ereignisse und in Ermangelung spanischer Galeonen rang sich Pezuela, eigentlich ein Gegner des Freihandels, im Januar 1820 dazu durch, ausländischen Schiffsraum in Anspruch zu nehmen. Die liberale Handhabung der Lizenzvergaben konnte jedoch das Anwachsen des vor allem von den Briten beherrschten Schmuggels nicht verhindern; noch vor der formellen Unabhängigkeitserklärung kontrollierten die Briten den peruanischen Markt. Letzte Abwehrversuche des *consulado* stießen auf den Widerstand der Provinzialdeputation und des Magistrats von Lima, die den Kaufleuten vorwarfen, ausschließlich ihre ständischen Interessen im Auge zu haben. Zudem waren die Mitglieder des *consulado* zu entsprechenden Gegenleistungen nicht in der Lage; als sie 1821 um ein Darlehen in Höhe von 1 Mio. Pesos ersucht wurden, brachten sie kaum 100 000 Pesos auf. Die Regierung Pezuela hinterließ schließlich eine Staatsschuld von rund 20 Mio. Pesos, das Doppelte der Schuld, die sie von ihrer Vorgängerin übernommen hatte [Hamnett 1978, 128–149].

Ein derartiger Staatsbankrott mußte sich zwangsläufig bis in die einzelnen Produktionsbereiche hinein auswirken. Jüngere regionale Studien zu diesem Thema erlauben jedoch noch kein genaues, zusammenhängendes Bild von den Rückwirkungen auf die Land- und Viehwirtschaft, die Manufakturen und den Binnenhandel. Efraín Trelles kommt in seinen Arbeiten zur peruanischen Wirtschaftsgeschichte [1986, 13–32] jedenfalls zu dem Schluß, die vorhandenen historiographischen Lücken ließen bisher keine Rekonstruktion der wirtschaftlichen Eckdaten jener Periode zu. Die mangelnde Vernetzung des Binnenmarktes führte zu Ungleichgewichten, die sich auf Erzeugung und Preisgestaltung auswirkten; beispielsweise war es für Arequipa günstiger, Ware aus Chile oder Buenos Aires zu importieren, als sie von Lima zu beziehen. Die Hauptstadt selbst war 1810 von chilenischen Weizenlieferungen abhängig, obwohl Chancay, Huaura, Pativilca, Cañete und Chincha Getreide erzeugten. Paul Gootenberg analysierte die Preisentwicklung im Peru des 19. Jh. In der Zeit von 1799 bis 1830 unterlagen die Preise der wichtigsten Nahrungsmittel starken Schwankungen. Während der Unabhängigkeitskriege stiegen sie extrem stark und stabilisierten sich erst wieder in den 1830er Jahren. Die allgemeinen Tendenzen deuten zwischen 1800 und 1814 auf eine gemäßigte Deflation hin, Folge einer industriellen Revolution, deren Auswirkungen Peru am Rande mit zu spüren bekam. Von 1815 bis 1824 kam es infolge von Blockaden, Versorgungsengpässen in den Städten, Militärausgaben, der Verwüstung von Produktionszentren (Chancay und Mantaro-Tal) und der Entwurzelung von Arbeitskräften zu einer kriegsbedingten starken Inflation.

Der Bergbau blieb, trotz der in Kriegszeiten erlittenen Einbrüche, auch in den letzten Jahrzehnten der Kolonialherrschaft der führende Wirtschaftszweig. Auf der Basis überarbeiteter oder verifizierter Daten anderer Historiker [FISHER 1977, 1979; BONILLA 1970; MACERA 1972] erstellte José DEUSTUA [1986] Listen über die Silberproduktion in den sieben peruanischen Schmelzwerken Pasco, Lima, Trujillo, Huamanga, Arequipa, Puno und Tacna. Sie geben Aufschluß über die Menge und den Wert der geprägten Silbermünzen. Zwischen 1800 und 1823 ging die Produktion leicht zurück. Zu einem deutlichen Einbruch kam es in den Jahren von 1820 und 1824 durch die Stillegung von Cerro de Pasco. Auch in den anderen Minen ging während dieser Periode die Ausbeute stark zurück. Trotz der geringen Schachtteufe und der Beibehaltung traditioneller Schürfmethoden versiegte sie jedoch niemals völlig [FISHER 1977, 232]. Die schwache Produktion der Jahre 1806, 1807, 1810 und 1812 führt Fisher auf Nachschub- und Verteilungsprobleme beim Quecksilber zurück. Zur sinkenden Quecksilberförderung in den Gruben von Huancavelica kamen dann noch die Schwierigkeiten, das flüssige Metall ersatzweise aus dem Mutterland zu beziehen [FISHER 1977, 157].

In kritischen Momenten intervenierte Abascal persönlich: Er sorgte für Krediterleichterungen und forderte in Spanien Lieferungen an, die jedoch nur spärlich und auf Privatschiffen eintrafen. Diese Bemühungen setzte Pezuela fort. Allerdings stand dann 1820 genügend Quecksilber zur Amalgamation des in Cerro de Pasco gewonnenen Silbererzes zur Verfügung; eine technische Neuerung, die Dampfpumpe, wurde allerdings nur kurzzeitig eingesetzt. Jedenfalls war die Quecksilberknappheit allein, als chronische Erscheinung im letzten Jahrzehnt der spanischen Herrschaft, nicht für den Niedergang des Bergbaus verantwortlich [FISHER 1977, 179].

Wo möglich, griff der protektionistische Kolonialstaat in die Belange der einzelnen Produktionszweige ein und versuchte die Versorgung der Gruben mit Rohstoffen und Ausrüstungsgerät sicherzustellen. Im Falle des Quecksilbers zielte die Intervention auf die Stabilisierung des Bezugspreises (den die Regierung im Jahr 1808 sogar um 30 % senkte). Sie gewährte sogenannte weiche Kredite; durch diese stieg allerdings die Verschuldung der Minenbesitzer im Jahr 1821 auf über 200 000 Pesos [CONTRERAS 1987, 29–30]. Abascal rief die *bancos de rescate* wieder ins Leben – Kreditinstitutionen, die Stützkäufe von Edelmetallen zum offiziellen Preis tätigten, um die Erzeuger vor Geschäften mit professionellen Aufkäufern, aber auch vor den Folgen von Spekulation und Schmuggel zu bewahren. All dies konnte den illegalen Silberhandel nicht unterbinden, der, ungeachtet der behördlichen Aufforderung, Verstöße zur Anzeige zu bringen, zwischen 1796 und 1825 einen neuen Höhepunkt erreichte. Die Entwicklung des Bergbaus wurde darüber hinaus durch Veränderungen in der Arbeiterschaft beeinflußt. Die Abschaffung der *mita* und die Kontroversen um den Eingeborenentribut warfen viele Planungen bezüglich der Verfügbarkeit und der Kosten subventionierter

Arbeitskräfte über den Haufen. Schließlich hing das Schicksal des Silberbergbaus noch von den Notierungen auf den internationalen Märkten ab. An der Londoner Börse schwankte der Silberpreis zwischen 1800 und 1817 unter dem Eindruck der Napoleonischen Kriege, der Papiergeldinflation und mehrerer Handelskrisen, um dann bis 1850 stabil zu bleiben. Allerdings wichen die Notierungen an den verschiedenen Bankplätzen und auf den einzelnen Märkten durchaus voneinander ab; der Kurs von London stimmte selten mit dem Silberpreis überein, der von den Münzanstalten, den *bancos de rescate* und an den Gewinnungsplätzen selbst festgesetzt wurde [DEUSTUA 1986, 41]. Dennoch ist die Bilanz des Bergbaus insgesamt für diese Jahre nicht ungünstig: Im Jahr 1820 erreichten die peruanischen Edelmetallexporte einen Wert von 3 254 000 Pesos, während zum Beispiel der Wert der land- und viehwirtschaftlichen Exporte die 3-Mio.-Schwelle nicht überschritt.

b Peru auf dem Weg vom Vizekönigreich zur Republik

Das Protektorat San Martíns und die Gründe seines Scheiterns

Die kontinentalen Pläne Bolívars und San Martíns zur Erlangung der Unabhängigkeit begegneten sich an einem gemeinsamen Ziel: Peru. Seit 1820, als die Befreiung des Nordens vollendet war, entwickelte Bolívar für seinen Zug nach Süden eine Strategie, in der eine Reihe von zu erobernden Städten und Regionen eingeplant war: Pasto, Quito, Lima, Cuzco und Hochperu. Die Annexion Quitos durch Kolumbien am 13. Juli 1822 fiel zeitlich mit dem Scheitern des von San Martín in Peru errichteten Protektorats zusammen. Dieses Scheitern ermöglichte die Intervention Bolívars im begehrtesten Teil des spanischen Kolonialreichs.

Für San Martín, der frühe Bindungen zu den europäischen Freimaurerlogen unterhielt, war die Unabhängigkeit von Spanien nur dann möglich, wenn sie den Kontinent als Ganzes einschloß. Aufgrund seiner Erfahrungen aus den Operationen gegen royalistische Kräfte in Hochperu von 1812 bis 1814 und der guten Beziehungen zu dem chilenischen Patrioten O'Higgins verwarf San Martín die Option, Lima auf dem Landweg über die Anden zu erreichen. Statt dessen richtete er seine strategischen Pläne auf Chile, dessen Häfen sich als Sprungbrett zur Eroberung Perus auf dem Seeweg anboten. San Martín genoß die Unterstützung des Oberbefehlshabers von Río de la Plata, Pueyrredón, und konnte im Januar 1817 mit 5000 Mann die Anden überqueren. Ausrüstung und Proviant wurden auf Maultieren mitgeführt. Der Sieg von Chacabuco am 12. Februar 1817 machte den Weg nach Santiago frei. Nachdem der royalistische Widerstand bei Maipú gebrochen war, erkannte man in Peru die Gefahr, wie bereits ausgeführt. Den Landoperationen der großen Befreiungsexpedition in Peru waren im Laufe des Jahres 1819 zwei von Admiral Cochrane geführte Vorstöße vorausgegangen: der erste hatte sich gegen El Callao gerichtet und zur Besetzung der Orte Huacho und Huaura nördlich von Lima geführt; beim zweiten war man wieder in El Callao an Land gegangen und hatte Pisco und Santa erobert. Von großer strategischer Bedeutung war die Einnahme Valdivias im Februar 1820, mit der man den Spaniern ihre Schlüsselposition im Südpazifik entriß. Am Vorabend der eigentlichen Expedition kam es zwischen Cochrane und San Martín zu ersten Meinungsverschiedenheiten um die einzuschlagende Taktik; der Admiral war für gezielte Attacken entlang der Küste, um die gegnerischen Truppen zu zersprengen; San Martín, der Frontalbegegnungen vermeiden wollte, plädierte für einen Zermürbungskrieg.

Die Rechtsgrundlage für das gesamte Unternehmen bildete das am 5. Februar 1819 in Buenos Aires besiegelte und im März von O'Higgins ratifizierte „Privatabkommen" zwischen den La-Plata-Provinzen und Chile. Die Finanzierung lag vorwiegend in den Händen der am peruanischen Markt interessierten Kaufleute von Santiago und Valparaiso, die sich von ihren Vorleistungen künftige Zollvorteile erhofften. Die am 20. August 1819 von Valparaiso auslaufende Expeditionsflotte bestand aus sechs Schiffen mit 236 Kanonen und 1500 Soldaten. Die Kriegsschiffe wurden von 14 Frachtseglern begleitet. Am 8. September lief die Flotte als erstes Ziel Pisco an. Hier teilte sich die Expedition: General Alvarez Arenales begann einen parallel zur Küste geführten Feldzug durch die *sierra,* um Lima von der Landseite her einzukesseln. Bis zum Jahresende befanden sich die Städte Ica, Huamanga, Huanta, Huancayo, Jauja, Tarma und Cerro de Pasco in seiner Hand. An der Küste nahmen inzwischen die Differenzen zwischen dem Admiral und San Martín zu: Cochrane wollte direkt nach Lima segeln, der *Libertador* hingegen ließ in Ancón Anker werfen und Huacho einnehmen. Die inneren Zerwürfnisse der Königstreuen und das Scheitern der Verhandlungen von Punchauca führten zum beschleunigten Abzug La Sernas aus Lima.

San Martín, überzeugt, bei der Mehrheit der Bevölkerung Rückhalt zu finden, marschierte am 14. Juli 1821 in Lima ein. Aber das von ihm erreichte Protektorat sollte bald wieder zusammenbrechen; die Aufwertung der Hauptstadt auf Kosten des Hinterlandes erwies sich strategisch als nachteilig; politisches Unbehagen erzeugte zudem die Vorstellung, einen europäischen König auf dem Thron von Peru zu sehen, weil San Martín für diese Lösung eintrat und sich nur als Protektor des Landes benennen ließ, um einer späteren monarchischen Lösung keine Hindernisse in den Weg zu stellen; außerdem sah die privilegien- und ämterverwöhnte Elite Limas ihre Hoffnungen enttäuscht; schließlich litten gerade die ökonomischen Sektoren, deren Unterstützung der Protektor bedurft hätte, unter der Eroberung, und so ging das Land beschleunigt seinem Bankrott entgegen.

Die Haltung der Bevölkerung von Lima gegenüber der Unabhängigkeit läßt sich nur schwer rekonstruieren. Anna geht in einer quantitativen Analyse dem Aussagewert der 3504 unter die Unabhängigkeitserklärung gesetzten Unterschriften auf den Grund, räumt aber ein, daß die von ihm gezogenen Schlüsse nicht unbedingt zutreffen müssen. Viele, die Repressalien befürchteten, unterschrieben in der Hoffnung, ein solcher Akt der Anerkennung werde ihre Situation verbessern. Von den 64 Mitgliedern des *consulado* unterschrieben 16. Obwohl die Mehrheit der aus Spanien stammenden Großkaufleute das Land verließ, setzte der *consulado* seine Arbeit fort. Von den 49 in Lima ansässigen Trägern eines kastilischen Adelstitels unterzeichneten 19, von denen nahezu alle bereits in Peru geboren waren. In einem Dekret vom 27. Dezember 1821 garantierte San Martín die Vorrechte des Adels und sorgte mit eingebauten Regulativen dafür, daß die *nobleza* nicht nur erhalten blieb, sondern in gewisser Weise wiederbelebt wurde. Der Erzbischof von Lima, de las Heras, wurde am 5. September 1821 in die Verbannung geschickt. Ein bedeutender Teil der Unterzeichner rekrutierte sich aus Kreisen der durch die Kolonialkrise geschädigten Plutokraten und Großhändler. Unter den Vertretern der gehobenen Fachberufe finden sich – nicht gerade zahlreiche, aber doch gesellschaftlich sehr angesehene – Ärzte und Anwälte. Alles in allem jedoch ist das Freiheitsdokument kein Beweis für die These, die Oberschicht von Lima sei mit Überzeugung für die Unabhängigkeit eingetreten [Anna 1975].

Als San Martín in Lima eintraf, erschien ihm das Protektorat als geeignetes Mittel seiner Erneuerungspläne zur Umstrukturierung eines überholten, wenn auch noch funktionierenden Systems. Nach der formellen Erklärung der Unabhängigkeit am 28. Juli 1821 ernannte sich der *Libertador* im August 1821 zum vorläufigen Protektor Perus. Bis zur Verabschiedung einer Verfassung galt das am 8. Oktober 1821 verkündete „Einstweilige Statut". An der Spitze der politischen Organisation sollte ein aus einem europäischen Königshaus stammender Monarch die Exekutive übernehmen. (Diesbezügliche Verhandlungen, mit denen Juan García del Rio und Diego Paroissien beauftragt wurden, blieben ohne Ergebnis.) San Martín, dem drei Minister (Juan García del Rio als Außenminister, Hipólito de Unanue als Finanzminister und der vom Río de la Plata kommende Bernardo de Monteagudo als Kriegs- und Marineminister) und ein dreizehnköpfiger Staatsrat zur Seite standen, fungierte inzwischen als interimistisches Staatsoberhaupt. Die richterliche Gewalt lag in den Händen eines Hohen Justizrates, der die *audiencias* und *consulado* und Bergbautribunal ablöste. Der für Dezember 1821 einberufene Kongreß sollte zugleich verfassung- und gesetzgebende Versammlung sein. Um das politische System auf noch breiterer Basis abzustützen, wurden diverse Institutionen ins Leben gerufen. Von besonderer Bedeutung waren der *Orden del Sol,* der „Sonnenorden", mit dessen Mitgliedschaft man bekannte Wohltäter des Protektoratsregimes beehrte, und die regimetreue „Patriotische Gesellschaft". Das Kultur- und Erziehungswesen nahm progressive Züge an, die sich u. a. in der Unterrichtsreform des San-Carlos-, jetzt San-Martín-Kollegs äußerten, wo probeweise das Monitor-System der britischen Lancaster-Schulen eingeführt wurde. Die Nationalbibliothek von Peru, finanziert von der Generaldirektion für wohltätige Stiftungen und gespeist aus den Fonds verschiedener öffentlicher Einrichtungen, wurde durch Dekret vom 8. Februar 1822 aus der Taufe gehoben. Etwa zur gleichen Zeit wurden das National- und das Marinemuseum eröffnet.

Verschiedene Maßnahmen entzogen dem Protektorat jedoch in einigen Teilen der Gesellschaft den Rückhalt. Kriegs- und Marineminister Monteagudo führte ein strenges Regiment; seine Anordnungen richteten sich gegen die in der Hauptstadt verbliebenen europäischen Spanier. Soweit sie unverheiratet waren, wurden sie im Januar 1822 ausgewiesen. Im April 1822 wurde ihnen das Versammlungsrecht entzogen und der Waffengebrauch verboten. Eine neu geschaffene Kommission sollte ihre Aktivitäten überwachen. Im Mai 1822 umzingelten Truppen die Häuser der europäischen Spanier; 600 Personen wurden anschließend deportiert. Auch die Kreolen bekamen den politischen Starrsinn Monteagudos zu spüren; das zum Ausspionieren und Denunzieren möglicher Dissidenten geschaffene Instrument war die „Politische Inquisition". Maßnahmen von sozioökonomischer Tragweite wie die Abschaffung des Eingeborenentributs und die Behandlung des Sklavenproblems schadeten natürlich den wirtschaftlichen Eliten. Ein am 12. August 1821 veröffentlichter Erlaß erklärte alle nach dem 28. Juli 1821 geborenen Kinder schwarzer Sklaven zu freien Bürgern. Mit dieser zeitlichen Einschränkung sollten übermäßige Nachteile für die Landwirtschaft vermieden werden. Schon am 24. November 1821 folgt eine weitere Bestimmung, die die Dienstherren anwies, für die Ernährungs- und Erziehungskosten der Kinder ihrer

Sklaven bis zu einem bestimmten Alter aufzukommen. Ab August 1822 wurde jeder Sklave mit sofortiger Wirkung zum freien Mann erklärt, der sich zum patriotischen Militär meldete. Eine ganze Reihe anderer Verfügungen erleichterte um diese Zeit das Los der schwarzen Bevölkerung. Doch fand San Martín auch beim einfachen Volk keine uneingeschränkte Unterstützung. Indios und Neger schlossen sich den Heeren beider Seiten an, und mitunter war die dem Patron geschuldete „Loyalität" die stärkere Triebfeder. Für dieses Stadium kann kaum von einem „Nationalbewußtsein", das sich eindeutig für die Unabhängigkeit entschieden hätte, gesprochen werden. Die offiziellen Verlautbarungen, nach denen es hinfort keine Unterschiede mehr zwischen Weißen, Indios und Negern geben sollte, weil sie alle „Peruaner" seien, blieben einstweilen noch Theorie.

Für das Schicksal des Protektorats mitverantwortlich war seine ökonomische Situation. Nach den Angaben des „Amtsblattes der Unabhängigen Regierung" betrug die Staatsrente im September 1821 130 659 Pesos, von denen aber nur rund 30 000 Pesos regulären Einnahmequellen – wie den Zöllen von Lima und Cerro de Pasco sowie dem Tabakmonopol – entstammten, während der Rest sich aus Schenkungs-, Enteignungs-, Verkaufserlösen und anderen unregelmäßigen Einkünften herleitete. Das Protektorat suchte nach Mitteln, um die Einnahmen des Fiskus zu erhöhen. Der Strom freiwilliger Zuwendungen, der, wie aus dem amtlichen Mitteilungsblatt hervorgeht, nicht unerheblich war, versiegte, als die Regierung im Juni 1822 begann, beim Eintreiben von Geldern Zwang auszuüben; sie drohte sogar damit, allen Einwohnern, die nicht weiterhin mit ihr zusammenarbeiteten, die Stadtbürgerrechte zu entziehen. Daneben wurden vor allem von Spaniern und Kaufleuten Zwangsabgaben eingefordert. Schließlich überlebten Reste des kolonialen Steuersystems wie der Verkauf von Ablässen, Kreuzfahrtablässen im besonderen, und die *media annata*, eine Abgabe eines halben Jahreslohns für alle für ein öffentliches Amt ernannten Personen [Anna 1974]. Das Protektorat handelte den ersten Auslandskredit in der Geschichte Perus aus. Der entsprechende Vertrag mit dem britischen Kaufmann Thomas Kinder Jr. wurde am 11. Oktober 1822 unterzeichnet. Bei einem Darlehensumfang von 1,2 Mio. Pesos und einer am 1. Januar 1826 beginnenden Laufzeit von 30 Jahren sah er einen halbjährlich zahlbaren Zins von 6 Prozent vor. Als Sicherheit dienten alle peruanischen Staatseinnahmen, insbesondere die der Münz- und Zollverwaltung, wobei sich die Regierung verpflichtete, diese Gelder erst zur Bestreitung eigener Ausgaben heranzuziehen, wenn die der jeweils fälligen Amortisations- und Zinsquote entsprechende Summe zum Versand nach London bereitstünde [Palacios Moreyra 1983, 13].

In Ermangelung von Bargeld (die Royalisten hatten nicht nur einen beträchtlichen Teil der umlaufenden Münzen, sondern auch die Prägemaschinen abtransportiert, so daß Admiral Cochrane auf Anweisung San Martíns ungemünztes Silber hortete, mit dem dann auch die Heuer der Schiffsbesatzungen gezahlt wurde) wurde bereits im Januar 1822 eine Emissionsbank für Papiergeld geschaffen, die sofort mit der Notenausgabe begann. Doch die Bevölkerung, die zumindest eine Kupferwährung verlangte, wies die Scheine zurück, womit die ganze Operation zum Stillstand kam; es folgte ein langer und komplizierter Prozeß der Rücknahme und Umwandlung – ein Erbe, das dann die Republik antreten sollte. An der prekären Finanzlage des Protektorats war die schwere Krise des Bergbaus nicht ganz schuldlos. 1821 waren die wichtigsten Förderzentren, Cerro de Pasco eingeschlossen, von den Royalisten besetzt. War im Jahr

1821 in Peru noch Silber im Wert von 118 781 *marcos* produziert worden, so sank die Produktion ein Jahr später auf 104 181, um 1823 schließlich auf 35 022 zu fallen. Die Ersetzung des alten Bergbautribunals durch eine „Generaldirektion für den Bergbau" hatte keine produktionsfördernden Auswirkungen. Der Bezirk Lima befand sich praktisch im Belagerungszustand. Die Versorgung der Hauptstadt gestaltete sich wegen der prekären Lage der Landwirtschaft außerordentlich schwierig: Viele *haciendas,* auf denen Ackerbau und Viehzucht betrieben wurde, waren von ihren Eigentümern verlassen worden, andere hatten, aus Mangel an Arbeitskräften und Kapital, ihren Betrieb eingestellt, und wieder andere – solche mit einem Verkaufswert von über 500 000 Pesos – wurden konfisziert und unter den Offizieren der Befreiungsarmee aufgeteilt. Erschließungsprojekte, die Ausländern Brachland überließen, wenn diese sich verpflichteten, den Boden zu kultivieren, hatten nur wenig Erfolg. Der allgemeine Produktionsrückgang führte zu einem unkontrollierten Preisanstieg. Die Aufgabe Callaos durch die Royalisten, die die Hafenfestung gleichwohl noch in Gewahrsam hielten, und die Wiederaufnahme des Warenverkehrs mit Chile und anderen pazifischen Küstenplätzen legten den Gedanken an eine Rückkehr zu einer geordneten Handelspolitik nahe. Das Vorläufige Handelsstatut vom September 1821, dazu bestimmt, „den Binnen- und Außenhandel nach den liberalen Grundsätzen auszurichten, von deren Befolgung im wesentlichen der Wohlstand eines Landes abhängt", war insofern protektionistisch, als es den Peruanern Präferenzen einräumte und die Ausländer verpflichtete, ihre Geschäfte über eigens zu benennende einheimische Exportkommissionäre abzuwickeln. Bei der Öffnung Callaos als Einfuhrhafen wurden die Zollsätze für peruanische Schiffe auf 16 Prozent, diejenigen für chilenische, argentinische und kolumbianische auf 18 Prozent und die Tarife für alle anderen ausländischen Schiffe auf 20 Prozent angehoben. Allerdings geriet der Warenfluß bald ins Stocken, denn Lima besaß weder die gewünschten Tauschgüter noch das erforderliche Bargeld. Dennoch konnte der sehr geschwächte *consulado* seine Stellung und eine gewisse Macht behaupten. Im August 1821 kam der *consulado* dem Ersuchen San Martíns um ein Darlehen in Höhe von 150 000 Pesos nach; regelmäßig publiziert wurden auch die freiwilligen Zuwendungen der Kaufmannschaft. Als Gegenleistung verlangte der *consulado* die Einhaltung der gültigen Gesetze: Einschreibung der Händler im Register, Entrichtung der Verkaufssteuer etc. In dieser Situation der Isolierung und des Mangels waren die Briten ebenso gefürchtete wie lebensnotwendige Partner. Die britischen Konsuln meldeten, daß zwischen 1819 und 1822 Edelmetallbarren im Wert von 26,9 Mio. Pfund Sterling in Lima auf ihre Kriegsschiffe verladen und abtransportiert worden seien [BONILLA 1975, I, 80]. Die Briten wurden schnell zu den größten Vertriebshändlern im peruanischen Güterverkehr.

Die Ablehnung der Wirtschafts- und Sozialpolitik des Protektorats durch die Elite Limas und das Gefühl der Zurücksetzung gegenüber dem engeren Kreis argentinischer Mitarbeiter um San Martín trugen mit zur Verschlechterung der politischen Position des Generals bei. Schon hatte Chile von dem Projekt der Vereinigung unter monarchischem Vorzeichen Abstand genommen, und auch in Buenos Aires mehrte sich die Kritik. San Martín, seine prekäre Lage wohl erkennend, richtete den Blick nach Norden. Seine Zusammenkunft mit Bolívar in Guayaquil im Juli 1822 sollte zu einer ungleichen Begegnung werden. Dem Befreier des Südens war es bisher nicht gelungen, die Unabhängigkeit Perus zu konsolidieren, und so ersuchte er Bolívar um militärische

Hilfe. Ein anderes Objekt seiner Forderungen hätte Guayaquil selbst sein sollen; doch die Eingliederung der Hafenstadt in die Republik Kolumbien war bereits beschlossene Sache. So bildeten die Bitte um Militärhilfe und das Eingeständnis, eine gleichzeitige Präsenz beider Führer in Peru sei der gemeinsamen Sache nicht dienlich (was den Rückzug San Martíns verursachte), den eigentlichen Kern der Gespräche [COLOMBRES 1979]. Nach Lima zurückgekehrt, erklärte der *Libertador* vor dem Kongreß seinen Verzicht auf das Protektorat. Am 20. September 1822 verließ San Martín Peru und ging nach Frankreich in ein freiwilliges Exil.

Das peruanische Interregnum. Die kreolische Aristokratie an der Macht

Trotz allem richteten sich die Angriffe der meinungsbildenden Gruppen Limas nicht unmittelbar gegen San Martín, sondern gegen seinen vielseitigen Minister Monteagudo. Die öffentliche Meinung hielt ihn für einen Despoten und hielt ihm vor, die peruanischen Interessen übergangen und die Krise heraufbeschworen zu haben. Kaum war daher der *Libertador* nach Guayaquil aufgebrochen, wurde Monteagudo abgesetzt und ins Exil getrieben. Für ein Jahr nahm die peruanische Oberschicht ihre Angelegenheiten wieder selbst in die Hand. Es wurde ein aus 91 Abgeordneten bestehender Kongreß gebildet (vorwiegend Anwälte, Ärzte, Militärs und Kirchenmänner), der seinerseits ein aus drei Mitgliedern – José La Mar, Felipe Antonio Alvarado und Manuel Salazar y Baquíjano – bestehendes Regierungskomitee ernannte. Doch es dauerte nicht lange, bis latente Konflikte zwischen Monarchisten und Republikanern, Anhängern unterschiedlicher Militärstrategien, Vertretern dieser oder jener Wirtschaftspolitik offen ausbrachen. Am 17. Dezember 1822 verkündete das Regierungskomitee die Verfassungsgrundlagen der peruanischen Republik, in denen sich das Land zum erstenmal als „Nation" definierte. Das Regierungskomitee griff einen von San Martín entworfenen strategischen Plan wieder auf: die *Campaña de Intermedios,* den „Feldzug in die Zwischenräume", der vorsah, die Küste als Operationsbasis für Vorstöße ins Landesinnere zu nutzen; dabei sollten Keile in die zwischen Jauja und Hochperu operierenden königstreuen Truppen getrieben, deren Einheiten isoliert und kampfunfähig gemacht werden. Doch schon die erste „Zwischenräume"-Expedition unter dem Kommando von Rudecindo Alvarado wurde am 21. Januar 1823 bei Torata und Moquegua von dem royalistischen Heer zerschlagen. Unter dem Druck hoher Militärs (Aufstand von Balconcillo) machte der Kongreß das Regierungskomitee für die Niederlage verantwortlich, entließ dessen Mitglieder und übertrug die Exekutive José de la Riva Agüero, einem unermüdlichen Verfechter des Unabhängigkeitsgedankens seit den Zeiten Abascals. Seine kurze, nur vier Monate währende Regierungszeit stand im Zeichen ständiger Auseinandersetzungen mit dem Kongreß. Zu seinen Initiativen gehörte im April 1823 ein Ersuchen um Militärhilfe an Bolívar. Bereits im Mai 1823 organisierte Riva Agüero die zweite, von Andrés de Santa Cruz befehligte „Zwischenräume"-Expedition, die ihre Basen in Arica und Iquique errichtete, um von dort aus ins Hinterland vorzustoßen. Doch das Unternehmen zog sich hin und entfernte sich von seinen ursprünglichen Zielen. Unterdessen war der Plan zur Amortisation des Papiergeldes kaum noch einzuhalten, und Riva Agüero griff auf die Kupferwährung zurück, die zwar von der Bevölkerung leidlich, nicht jedoch vom Militär akzeptiert wurde. Das verteidigungsschwache Lima wurde zwischen dem 17. Juni und dem

16. Juli 1823 von Canteracs royalistischen Truppen besetzt. Der geflüchtete Kongreß entmachtete Riva Agüero, doch dieser beugte sich der Entscheidung nicht, sondern ließ sich mit einer ihm ergebenen Gruppe von Abgeordneten in Trujillo nieder. In der zurückeroberten Hauptstadt wurde Torre Tagle von den Patrioten zum neuen Kopf der Exekutive erkoren. Damit gab es in Peru zwei Staatspräsidenten, zwei gesetzgebende Organe, einen Vizekönig und verschiedene, sich ohne Koordinierung oder rechten Oberbefehl an den verschiedensten Fronten bekämpfende Heere. Unter diesen Umständen könnten die von Torre Tagle eingeleiteten Schritte nur Notmaßnahmen sein. Er ordnete die Beschlagnahme aller Vorräte an, die von den noch wirtschaftenden *haciendas* angelegt worden waren, und organisierte eine provisorische Regierung. Die Elite Limas jedoch wollte Bolívar in der Hauptstadt sehen, und so erging unter den Augen einer fast widerstandslosen Obrigkeit erneut der Ruf an den Befreier aus dem Norden.

Bolívar und die Republik als neue Hoffnungsträger

Besonderes Gewicht im gesamtstrategischen Konzept hatte am Vorabend der Intervention in Peru Bolívars Überzeugung, erst mit der Befreiung dieses Landes werde sich die Unabhängigkeit Kolumbiens konsolidieren. Sein Operationsplan sah vor, in einer einzigen Richtung vorzustoßen, ständig über die rückwärtige Linie mit Kolumbien in Verbindung zu bleiben und die Andenregion von Royalisten zu säubern. Wichtiger als die Beherrschung Limas war an der Küste die Kontrolle des Hafens und der Befestigungsanlagen von El Callao. Nach Abschluß entsprechender Kooperationsverträge zwischen Kolumbien und Peru begann im März 1823 in Guayaquil die Einschiffung von 6000 kolumbianischen Soldaten. In Erwartung der Zustimmung des Kongresses schickte Bolívar seinen General Sucre als Beauftragten mit Vollmachten voraus. Der Ruf der Regierung Torre Tagle erreichte ihn nicht unvorbereitet. Als Bolívar am 1. September 1823 in Lima einritt, geschah dies inmitten eines Klimas von Begeisterung und Zurückhaltung. Bolívar übernahm die Staatsgewalt und berief einen Kongreß ein. Sein Auftreten trieb zahlreiche Angehörige der Elite erneut ins Lager der Royalisten. Im April 1823 begannen die Kongreßdebatten zur Ausarbeitung einer Verfassung; sie wurde im November 1823 verkündet und blieb bis 1828 in Kraft. Diese Verfassung trug die Grundzüge des Liberalismus, verankerte die Gewaltenteilung und die Unterordnung der Exekutive unter die (nur aus einer Kammer bestehende) Legislative; Peru konstituierte sich als eine auf der nationalen Souveränität begründete Republik; verwaltungsmäßig unterteilt wurde das Land in Provinzen, Bezirke und Pfarrgemeinden. Zu den ersten offiziellen Handlungen Bolívars gehörte es, sich nach Trujillo zu begeben, um den abgesetzten und daraufhin mit den Royalisten paktierenden Riva Agüero zu unterwerfen. Nach erneuten Erfolgen der Royalisten veranlaßte Bolívar den Kongreß, per Dekret die Verfassung aufzuheben und Bolívar zum Diktator zu ernennen; dieser ließ sich im März 1824 in Trujillo, einen Monat später in Huamachuco nieder und begann, mit kirchlicher und privater Finanzhilfe seine Streitmacht für den entscheidenden Vorstoß nach Hochperu zu reorganisieren.

Im Lauf des Jahres 1824 beherrschten die Königstreuen monatelang die Lage. Die auf beiden Seiten operierenden Streitkräfte waren unterschiedlich stark. Während die von Peruanern, Kolumbianern, Chilenen, Rioplatensern und Venezolanern gebildeten Truppen Bolívars nur 8000 Mann zählten, verfügten die Spanier über mehr als die doppelte Stärke. Doch waren die Royalisten, teils absolutistisch, teils verfassungstreu eingestimmt, unter sich zerstritten, und Bolívar verstand es, die innere Schwäche seiner Gegner auszunutzen und die eigenen Kräfte in den Andenregionen zu entfalten: Sucre erreichte Puno; Miller baute die Reitertruppe im Zentrum des Landes neu auf; Córdova operierte im Chiquián-Tal; La Mar und Lara stießen von Trujillo aus in den Norden vor. Anfang Juni 1824 konzentrierten sich die Streitkräfte im Raum von Cerro de Pasco. Der am 6. August 1824 in der Pampa von Junín errungene Sieg machte die zentrale *sierra* für die patriotischen Truppen frei.

Bolívar marschierte auf das erneut in royalistische Hand gefallene Lima und besetzte die Stadt am 7. Dezember 1824, während Sucre seinen Vormarsch im Landesinnern fortsetzte. Am 8. Dezember 1824 schlugen seine 6000 Kämpfer die 9300 Mann starke Truppe von Canterac und Valdés bei Ayacucho. Unverzüglich ergab sich La Serna. Als Widerstandsherd hielt sich noch El Callao, bis Rodil 1826 die Waffen streckte. Perú und ganz Südamerika war damit endgültig von der spanischen Kolonialherrschaft befreit, sieht man von einzelnen kleineren Widerstandsherden ab.

C. Peru und Bolivien in der frühen republikanischen Periode (1824–1830)

a Bolívars Hochperu wird zu Bolivien

Bei der Entstehung der bolivianischen Republik wirkten sehr unterschiedliche Faktoren mit: die geographische Lage zur La-Plata-Region und zu Peru ebenso wie die politischen Absichten Bolívars und nicht zuletzt die internen Divergenzen in der Republik Kolumbien. Der Wille der Hochperuaner, ihre Unabhängigkeit zu erlangen, hing letzten Endes von der Entwicklung in Peru und Argentinien ab. Seit Beginn der 20er Jahre des 19. Jh. hatte Hochperu seine strategische Schlüsselposition als Einfallstor nach Peru an Chile und Ecuador abgetreten. Während am Rio de la Plata innere Probleme diskutiert und das von San Martín entworfene Projekt eines kontinentalen Reiches aufgegeben wurde, bahnte sich die Befreiung von Norden her an. Andrés de Santa Cruz, einem aus La Paz stammenden Mestizen und spanischen Militär (bis zu seinem Übertritt zur patriotischen Streitmacht im Januar 1821), gelang es 1823, Sucres kolumbianische Truppen davon zu überzeugen, daß der unter den royalistischen Offizieren herrschende Hader die Chance böte, Hochperu zu erobern. General Sucre sollte nach dem Sieg von Ayacucho die Aufgabe zufallen, den letzten Widerstand zu brechen. Von Puno aus eröffnete Sucre im Februar 1825 mit einem vorwiegend aus Kolumbianern bestehenden Heer die Offensive und eroberte La Paz. Er fühlte sich den kontinentalen Plänen Bolívars nicht verpflichtet, sondern teilte die politischen Überzeugungen der oberperuanischen Patrioten aus intellektuellen Kreisen. Am 9. Februar 1825 berief Sucre eine konstituierende Versammlung ein, deren Teilnehmer aus allen Provinzen über ihre eigene Zukunft entscheiden sollten. Im April 1825 besetzte er Potosí. Die 48 Provinzialabgeordneten, die im Juli 1825 in Chuquisaca zusammentrafen, sprachen sich für die Selbstbestimmung aus. Die Unabhängigkeit wurde am 6. August 1825 – der Geburtsstunde Boliviens – offiziell verkündet. Bei einem kurzen Zwischenaufenthalt in La Paz segnete der *Libertador* die Entscheidung ab und verpflichtete sich, die Einwilligung Perus zu erwirken.

Der neue Staat begann sein Leben in Unabhängigkeit unter kritischen Bedingungen. Die als zweitrangig eingestuften Hochperuaner sahen sich von rivalisierenden Nachbarnationen bevormundet, während in den eigenen Reihen politische Machtkämpfe tobten. Im Vereinigten Heer Boliviens stritten nicht nur Kolumbianer und Peruaner um die Vorherrschaft, auch die *bolivarianos*, die Gefolgsmänner Bolívars, und die Anhänger des kolumbianischen Generals und Bolívar-Gegners Francisco de Paula Santander, der bis 1837 kolumbianischer Staatspräsident war, rangen miteinander. Auf die Bitte der in Chuquisaca versammelten Volksvertreter hin und um das Land regierungsfähig zu machen, sandte Bolívar den Delegierten einen Verfassungsentwurf zu, in dessen Präambel er seine Absichten darlegte. Der Entwurf dürfte repräsentativ für Bolívars politische Position in der letzten Etappe seiner Laufbahn sein. Konservativ und peinlich genau in allem, was die Organisation der zukünftigen Macht im Staate betraf, plädierte der Entwurf für eine auf allgemeine Wahlen gegründete Republik, deren Präsident (auf Lebenszeit) persönlich seinen Nachfolger bestimmen sollte, deren Legislative nach dem Dreikammer-System aufgebaut sein und deren dritte Gewalt vom Volk gewählt werden sollte. Die im Mai 1826 tagende verfassunggebende Versammlung Boliviens nahm den Entwurf an und ernannte Sucre zum ersten Präsidenten der neuen Republik.

Die reformistische Regierung Sucre (1825–1828) sah sich bei der Durchführung ihres Programms von der Präsenz eines in sich zerstrittenen Befreiungsheeres behindert. Bei ihrem Einmarsch von der Bevölkerung begeistert begrüßt, wurden die Truppen zusehends unpopulärer. Kompetenzüberschreitungen der Militärs, Zusammenstöße zwischen den Anhängern Bolívars und Santanders sowie nicht zuletzt die finanzielle Belastung durch den Unterhalt der Truppe vermehrten die Opposition des Mittelstandes, die von den Juristen der Universität von San Francisco Xavier de Chuquisaca angeführt wurde; sie verlangte den Abzug der Streitkräfte, die Großgrundbesitzer hingegen plädierten für ihr Verweilen [Buisson 1984, 499–509]. Obwohl Sucre sich redlich bemühte und auch einige seiner Ziele erreichte, gelang es ihm nicht, dem Land entscheidende neue Impulse zu geben. Fortwährende Offiziersrevolten und seine eigenen Zerwürfnisse mit der Armee veranlaßten ihn, seinen Regierungssitz zu verlassen und 1828 freiwillig ins Exil zu gehen. Zugleich mit Sucre schwand auch der Einfluß der bolívartreuen Partei.

Der nächste Präsident Boliviens, dessen Amtszeit fast zehn Jahre, von 1829 bis 1839, dauern sollte, war Andrés de Santa Cruz. Die militärische Vergangenheit seines Vaters hatte ihn schon früh mit den dominierenden Kreisen Cuzcos und dem politischen Geschehen in Peru in Verbindung gebracht. 1825 zum Delegierten für die verfassunggebende Versammlung gewählt, verzichtete er auf den Abgeordnetenstatus und zog es vor, als Präfekt in Chuquisaca, später in La Paz, zu bleiben. Im September 1826 ernannte ihn Bolívar in Anerkennung seiner militärischen Verdienste und in Würdigung seines Patriotismus zum Präsidenten von Peru, eine Position, die er nur kurze Zeit innehaben sollte. Im Mai 1829 übernahm Santa Cruz die Macht in Bolivien. Er führte das nach vielen Kriegsjahren mitgenommene Land auf einen Kurs relativer innerer Stabilität zurück, wobei es ihm gelang, die Grundlagen für eine politische Organisation zu schaffen, die längere Zeit überdauern sollte. Zu den von ihm eingeleiteten Maßnahmen gehörten die Inkraftsetzung eines nach napoleonischem Vorbild aufgebauten Bürgerlichen Gesetzbuches und eines Handelsgesetzbuches sowie der Ansatz zu einer Verwaltungsreform auf lokaler Ebene, die auch die Durchführung von Volkszählungen unter den Eingeborenen vorsah. Die zunehmend engere Verbindung dieses Präsidenten mit der Politik Perus nahm in den 1830er Jahren in den Plänen für eine peruanisch-bolivianische Konföderation Gestalt an. Sie sollte die traditionellen Bande stärken und dem wachsenden Hegemoniestreben Chiles im Pazifik entgegenwirken.

Die sozioökonomischen Grundlagen

Zur Zeit ihrer Entstehung zählte die unabhängige Republik Bolivien ungefähr 1,1 Mio. Einwohner, davon 800 000 Indios, 200 000 Weiße, 100 000 Mestizen, 4700 schwarze Sklaven und 2300 freie Schwarze. Die Unabhängigkeitskriege hatten insbesondere unter der Bevölkerung der Ballungsgebiete Opfer gefordert. Im Jahr 1827 besaß Potosí nurmehr 9000 Einwohner, Oruro kaum mehr als die Hälfte davon. Die volkreichste Stadt Boliviens war La Paz mit 40 000 Einwohnern, gefolgt von Cochabamba mit 30 000, beides Agrarzentren, die sich auf ein von indianischen Bauern bewirtschaftetes Hinterland stützten. Abgesehen von regionalen Unterschieden verwanden die Kleinbauern, die entweder Subsistenzwirtschaft betrieben oder die nahe gelegenen Städte belieferten, den Krisenschock besser als die von Absatzschrumpfung und Kapitalmangel überraschten *hacendados* [Klein 1982, 104–105].

Eines der Machtzentren, die von den Reformen nach der Unabhängigkeit am meisten getroffen wurden, war die Kirche. Während der Amtszeit Sucres übernahm der Staat die Kontrolle über die Einziehung des Zehnten, was für den Fiskus ein jährliches Einnahmenplus von etwa 200 000 Pesos bedeutete. Außerdem wurden Pfründen und wohltätige Stiftungen konfisziert, Klöster mit weniger als zwölf Insassen geschlossen; das Eigentum der Konvente, die weiterbestanden, wurde beschlagnahmt und von der öffentlichen Hand verwaltet. Nicht viel besser erging es den Pfarrhäusern. Der Gesamtwert der konfiszierten Güter belief sich auf fast 7 Mio. Pesos. Dennoch blieb der ökonomische Effekt dieser Maßnahmen gering, denn jetzt mußte der Staat für die Bezüge des Klerus und den Unterhalt von Mönchen und Nonnen in den Klöstern aufkommen. Gleichwohl konnte ein guter Teil der eingezogenen Gelder im sozialen Bereich und für die Einrichtung von Bildungsstätten, die stets unter knappen finanziellen Mitteln litten und von Schließung bedroht waren, verwendet werden [Klein 1982, 109–110]. Die wirtschaftliche Entwicklung Boliviens unterlag zwangsläufig den zur Zeit der Unabhängigkeit herrschenden Bedingungen, die in der eigenen Vergangenheit und einer weltweiten Depression wurzelten. Die allgemeine Tendenz des Landes, sich abzukapseln und subsistenzwirtschaftlich zu überleben, darf freilich nicht darüber hinwegtäuschen, daß von Potosí auch in den ersten Jahrzehnten des 19. Jh. Impulse ausgingen, die auf die nordargentinischen Zentren ebenso belebend wirkten wie auf die peruanischen Bezirke von Tacna, Maquegua, Puno und Cuzco [Mitre 1981].

Der Bergbau blieb Boliviens wichtigster Wirtschaftszweig, auch wenn in der Edelmetallgewinnung zwischen 1810 und 1830 ein Rückgang begann, der bereits Jahre vorher spürbar gewesen war. Infolge der Kriegsschäden (Zerstörung von Gruben und Schmelzwerken, fehlende maschinelle Ausrüstung, Kapitalmangel) wurde daraus eine starke Rezession. Zwischen 1810 und 1820 ging die Silberausbeute im Vergleich zum

Zeitraum von 1800 bis 1810 um 35 Prozent zurück. Potosí, das 1803 noch 40 Schmelzereien und mehrere 100 Minen besessen hatte, verfügte 1825 nur noch über 15 Gießereien und etwas mehr als 50 Minen. Nach Pentland („Bericht über Bolivien im Jahre 1826") bot der bolivianische Bergbau damals ein trostloses Bild: Im Raum von La Paz waren praktisch alle Schürfstellen aufgegeben worden, noch schlimmer sah es in Oruro aus; so blieb Potosí trotz aller Widrigkeiten die führende Bergbauregion [MITRE 1981, 79]. Über die Hälfte der Produktion wurde nicht im Schachtbetrieb, sondern im Tagebau gewonnen. Die Versorgung mit Quecksilber war ein permanentes Problem. So mußte 1826/27 die Hälfte der betriebenen Bergwerke den Abbau einstellen, weil das Quecksilber fehlte. Almadén war seinerzeit die einzige Lieferquelle, und auf dem Weg vom Fundort bis zu den Amalgamierungsanlagen der Gruben verteuerte sich das Quecksilber durch Transporteure und Zwischenhändler um bis zu 300 Prozent. Alarmierend war der Kapitalmangel in diesem Wirtschaftszweig. Investiert wurde im Handel, der mit höheren Gewinnen lockte. Da der Staat sich außerstande sah, die zur Wiederinbetriebnahme stillgelegter Stollen notwendigen Subventionen bereitzustellen, entschloß sich die Regierung im August 1825 dazu, die verlassenen Minen zu verstaatlichen. Die ersten republikanischen Regierungen setzten so die Kolonialpolitik fort und erhielten das Staatsmonopol über die Rohsilbermassen aufrecht. Die Bergwerksbesitzer waren verpflichtet, ihre Ausbeute an den *banco de rescate* von Potosí zu verkaufen, eine Art Kreditbank, die den offiziellen Preis zahlte, der jedoch unter dem auf dem freien Markt erzielbaren Preis lag (1829 löste die Bank abgeliefertes Silber zu 7 Pesos 6 Reales ein, während der freie Markt das Edelmetall mit 10 Pesos 4 Reales – das waren 26 Prozent Preisunterschied – notierte) [MITRE 1981, 47]. Sucre veranlaßte die Wiedereröffnung der *Casa de Moneda* von Potosí, der staatlichen Münze, sowie der San-Carlos-Bank. Letztere sah sich allerdings in Anbetracht der Unfähigkeit des Staates, die nationalisierten Minen wieder in Betrieb zu nehmen, gezwungen, das nötige Edelmetall von privaten Grubenbesitzern zu beschaffen. Der Kongreß von 1826 beschloß, den in der Kolonialzeit für die Gold- und Silbermünzen festgelegten Feingehalt beizubehalten, doch schon in der Regierungszeit des Präsidenten Santa Cruz mußte angesichts des zu geringen Bargeldumlaufs sowie der aus Handel und Militärausgaben resultierenden Zahlungsverpflichtungen eine neue Münze ausgegeben werden, die statt der bisher üblichen 24,45 g nur 18,05 g Silber enthielt.

Der Mangel an Arbeitskräften warf zusätzliche Probleme auf. Arbeitszwang in Form der *mita* gab es schon lange nicht mehr, und so mußten sich die Minenbesitzer am freien Markt und zu den dort üblichen erhöhten Sätzen mit Arbeitskräften versorgen. Ein 1826 von den Betreibern der Amalgamationsmühlen in die Wege geleiteter Versuch, beim Staat für alle, die in der Edelmetallgewinnung arbeiteten, eine Steuerbefreiung zu erreichen, scheiterte. Ein 1829 erneut unternommener Vorstoß der Bergwerksbesitzer hatte mehr Erfolg: Am 15. Oktober 1829 veröffentlichte die Regierung einen Erlaß, der die „freiwillige *mita*" etablierte. Danach sollten allen nach diesem System arbeitenden Indios die Kosten des Hin- und Rücktransports zur Arbeitsstelle, ein halber Tageslohn pro Reisetag und ein im voraus garantierter Lohnsatz bezahlt werden; umgekehrt garantierten die Dienstherren den Arbeitern Schutz und gute Behandlung [MITRE 1981, 140–142]. Was die Zuflucht zu ausländischen Kapitalgebern anbelangt, so erfüllten sich auch in dieser Beziehung die Erwartungen des Bergbausektors nicht. Zu den Gesellschaften, die in London mit dem Ziel gegründet wurden, die Bodenschätze Lateinamerikas zu heben, gehörte auch *The Potosí, La Paz and Peruvian Mining Association,* die mit einem geplanten Kapitaleinsatz von 1 Mio. Pfund Sterling die bolivianischen Fundstätten ausbeuten wollte. Von der vorgesehenen Summe konnten jedoch nur 5 Prozent aufgebracht werden, und die Gesellschaft ging bereits vor Aufnahme ihrer Tätigkeit in Konkurs.

Hauptstützen der Agrarproduktion waren die *haciendas* und die landwirtschaftlichen Gemeinschaftsbetriebe der Kleinbauern. Wichtigste Erzeugnisse für den Export waren Chinarinde und Kokablätter; mit Mais, Weizen und Kartoffeln wurden die einheimischen Märkte beliefert. Das Gewerbe stützte sich weiter auf Kleinbetriebe, aber nachdem anfängliche Versuche, die Produktion durch Zölle zu schützen, gescheitert waren, sahen sich die heimischen Manufakturen außerstande, gegen die europäische Konkurrenz zu bestehen. Der Außenhandel lief zum einen über die Atlantikroute im Südosten. Sie verband Potosí mit Buenos Aires und hatte den Vorteil, daß man zwischen dem Hafen und Jujuy unweit der bolivianischen Grenze *carretas,* zweirädrige Karren, zum Transport benutzen konnte. Zum anderen wurde der Außenhandel auf der Pazifikseite über den südbolivianischen Hafen Cobija, der allerdings nur auf dem beschwerlichen Weg durch die Atacama-Wüste zu erreichen war, bzw. im Norden über den Hafen Arica, der als Einfuhrschleuse für Waren mit den Bestimmungsorten La Paz, Cochabamba, Oruro und Sucre diente, abgewickelt. Haupttransportmittel, billiger und sogar schneller als die *carretas,* waren Lasttiere. Im Jahr 1826 exportierte Bolivien Silber und Gold im Wert von 3,42 Mio. US-Dollar, Chinarinde im Wert von 84 000 US-Dollar, gefolgt von Zinn für 66 750 US-Dollar. An vierter Stelle lagen Häute (20 000 US-Dollar) vor Vikunja- und Alpaka-Wolle (15 000 US-Dollar) sowie Vanille (10 000 US-Dollar).

Im gleichen Jahr 1826 wurden Waren im Wert von 637 000 Pfund Sterling importiert, davon 70 Prozent englische Tuche. Im interregionalen Güteraustausch war Peru der Haupthandelspartner. Gegen überwiegend agrarische Produkte lieferte Peru seinem Nachbarn Strangbaumwolle und Branntwein [Bonilla 1980, 113].

In den ersten Jahren der Unabhängigkeit erlebte Boliviens Handel eine flüchtige Expansion, die die Kleinkaufleute der Städte zu nutzen wußten. Sie profitierten von der totalen Abwesenheit ausländischer Handelshäuser und erhielten selbst Kredite zum Einkauf europäischer Waren. Die Folgen ließen nicht lange auf sich warten. Die Produktion der lokalen Textilindustrie sank auf ein Viertel des in der Kolonialzeit erreichten Umfanges, worauf der Handel rasch wieder liberalisiert wurde.

Anhand der Staatsfinanzen wird die prekäre Situation des Staates deutlich. Betrugen die Einnahmen in den Jahren 1826 und 1827 noch durchschnittlich 400 000 Pfund, so flossen im darauffolgenden Jahr nur noch 350 000 Pfund in die Kassen des Fiskus. Mehr als die Hälfte dieser Summe verschlangen die Militärausgaben. Peru gegenüber bestand eine anerkannte Schuld in Höhe von 40 000 Pfund; mit weiteren vom Parlament 1825 genehmigten 140 000 Pfund sollte die Befreiungsarmee für ihre Mühen entschädigt werden. Präsident Sucre vermied es, Auslandsanleihen in Anspruch zu nehmen. Statt dessen versuchte er, den internen Sparwillen durch Staatsschuldverschreibungen im Umfang von 200 000 Pfund zu mobilisieren, die durch Vermögenswerte der öffentlichen Hand gesichert waren. Ein Großteil der öffentlichen Einnahmen stammte zudem vor allem aus Tributen, Zehnten, Zöllen und dem bei der Münzprägung erzielten Gewinn.

Tab. 13: Staatliche Einnahmequellen Boliviens 1827 und 1831 (in Pesos)

Jahr	Tribute	Zehnte	Zölle	Münzgewinn
1827	773 521	238 344	253 169	36 058
	(41,4 %)	(12,8 %)	(13,6 %)	(1,9 %)
1831	716 544	290 823	335 655	110 194
	(37,1 %)	(15,1 %)	(17,4 %)	(5,7 %)

Quelle: BONILLA [1980, 119].

Anfangs forcierte Sucre die Abschaffung der kolonialzeitlichen Dienste und Verpflichtungen, *mita* und Verkaufssteuer sowie die monopolistische Staatsregie. Um den Einnahmenausfall zu kompensieren, ließ er persönliche Einkommen sowie Immobilien in Stadt und Land direkt besteuern. Diese fortschrittlich reformistische Maßnahme mußte aber bereits nach einem Jahr, gegen Ende 1826, wieder zurückgenommen werden, weil es an Einwohnermeldelisten, an entsprechenden Grundbüchern und auch an einem Verwaltungsapparat fehlte, der auf ein solches Inkasso vorbereitet war. Beim Eingeborenentribut kehrte man zum alten Steuersystem zurück. Am 22. Dezember 1825 ratifizierte der Kongreß das Gesetz zur Aufhebung des Tributs, die Indios blieben allerdings weiterhin zu einer Abgabe von 3 Pesos jährlich – der Hälfte der bisherigen Zahlung – verpflichtet. Doch schon im darauffolgenden Jahr sah sich Sucre genötigt, auf das alte System zurückzukommen. Der am 2. August 1826 wieder eingeführte Tribut – der endgültig erst im November 1882 abgeschafft werden sollte – stellte stets eine bedeutende staatliche Einnahmequelle dar. Die den Eingeborenen damit zugemutete Belastung erfuhr insofern einen gewissen Ausgleich, als sich die Regierung ihrerseits verpflichtet fühlte, Bedrückungen durch Weiße und *cholos* (spanischsprechende Mestizen) von den Indiogemeinwesen fernzuhalten [KLEIN 1982, 105].

b Regierung, Gesellschaft und Wirtschaft im republikanischen Peru

Politische Probleme bei der staatlichen Neuordnung

Das koloniale Erbe, das Verhalten der politisch und ökonomisch führenden Schichten sowie die internationale Konjunkturschwäche prägten die gesellschaftliche Realität im nachkolonialen Peru. Diese war gekennzeichnet durch politische Instabilität und Fraktionskämpfe, Regionalismus und *caudillo*-Regimes, durch Militarismus, wirtschaftlichen Niedergang und Abhängigkeit vom Ausland. Mit der Auflösung der spanischen administrativen Infrastruktur begann eine Zwischenetappe, die die untereinander entzweite herrschende Klasse jedoch nicht zur Schaffung politisch institutioneller Alternativen zu nutzen verstand. Die politische Organisation des republikanischen Staates beruhte auf gegenläufigen Kräften, die über kein klares Konzept verfügten. Die Konservativen verteidigten eine autoritäre, zentralistische Staatsordnung mit einer starken Exekutive, während die Liberalen für das Gleichgewicht der Kräfte und eine stärkere Beteiligung der Bürger an der staatlichen Willensbildung eintraten, ein Regierungsmodell also, wie es in Großbritannien und den Vereinigten Staaten bereits mit Erfolg praktiziert wurde. Aber angesichts des instabilen sozioökonomischen Gefüges kamen derartige Programme, die theoretisch und juristisch durch Gesetze, Verordnungen und die Verfassung von 1828 abgesichert wurden, nicht über das Projektstadium hinaus.

Am 26. Februar 1825 übertrug Bolívar den Oberbefehl an ein Regierungskomitee und behielt sich selbst nur die Leitung der Bezirke von Arequipa, Cuzco und Puno vor. Bevor er Peru für immer verließ, übertrug er im September 1826 die Präsidentschaft im Komitee auf Andrés de Santa Cruz. Eine der ersten Maßnahmen dieses Gremiums war die Einberufung von Wahlräten *(consejos electorales)*, die die lebenslängliche Amtszeit des am 9. Dezember 1826 auf die Verfassung vereidigten Präsidenten beschließen sollten. Die in bestimmten Kreisen der peruanischen Gesellschaft bereits gärende Opposition gegen Bolívar trat 1827 während einer Periode außenpolitischer Veränderungen wie Gründung Boliviens, Panamakongreß und Andenföderation offen zutage. Gleichzeitig nahm die Unterteilung des Landes in Verwaltungsbezirke Gestalt an, wobei einige Bezirke ihre offiziellen Bezeichnungen änderten; so wurde aus Trujillo jetzt „La Libertad", aus Huanuco wurde Junín, aus Huamanga Ayacucho. Der Oberste Gerichtshof zog nach Lima um, es wurden ein Generalstab und eine Militärakademie eingerichtet.

Der geltenden Gesetzgebung folgend, berief Santa Cruz eine außerordentliche verfassunggebende Versammlung ein, die einen neuen Präsidenten und einen Vizepräsidenten wählen sollte. Von den 83 teilnehmenden Abgeordneten gaben 53 ihre Stimme dem Marschall José de la Mar; die von dem Präfekten von Cuzco, Augustín de Gamarra, angeführten regionalen *caudillos* gingen in die Opposition, denn la Mar war kein Peruaner, sondern stammte aus Cuenca in Ecuador. Bevor er sich 1821 San Martín anschloß, hatte er auf der Seite der Royalisten gekämpft. Unter la Mar wurde 1828 die von der Verfassung der Vereinigten Staaten inspirierte Verfassung von 1828 verkündet. Peru übernahm das Zweikammersystem, die Amtszeit des Präsidenten wurde auf zwei Jahre festgelegt und als oberste Exekutive ein Staatsrat eingerichtet. Die Schaffung eines Föderativsystems gelangte aber nicht über die Einrichtung von Bezirkskomitees hinaus. Überregionale Konflikte, insbesondere die Probleme mit Groß-Kolumbien im Jahr 1828, schwächten la Mars Position in dem Maße, wie sie der von Gamarra, la Fuente und Santa Cruz angeführten Opposition Auftrieb gaben. Im Juni 1829 baten Offiziere des Heeres la Fuente, „zur Rettung des Landes" die Macht zu übernehmen, während Gamarra in Piura gleichzeitig la Mar zum Verlassen Perus zwang. Nachdem das neue Parlament seine Arbeit aufgenommen hatte, wurde Gamarra zum Präsidenten gewählt. Mit ihm festigte das militärische Establishment seine Machtstellung. Außenpolitisch bemühte sich das neue Staatsoberhaupt um eine dauerhafte Grenzziehung zwischen Bolivien und Peru; es gelang Gamarra darüber hinaus, den Streit mit Kolumbien eine Zeitlang beizulegen, während sich gleichzeitig ein Konflikt mit Ecuador anbahnte. Auch innenpolitsch setzte der neue Präsident Akzente: Die staatliche Münze wurde neu geordnet, die Tribunale des *consulado* und des Bergbaus wurden reorganisiert, die Generaldirektion des Zollwesens ins Leben gerufen und ein Verwaltungsbezirk Amazonas geschaffen. Durch eine Militärreform schließlich sollten die Streitkräfte reduziert und damit der Staatshaushalt entlastet werden [Basadre 1963, I, 145–324].

Die Regierung Gamarra vertrat jedoch nicht die Interessen des Volkes, ja nicht einmal die der führenden gesellschaftlichen Schichten des Landes, dessen politisches System inzwischen unabhängig von in Lima getroffenen Entscheidungen funktionierte.

Der Versuch zur Schaffung einer peruanisch-bolivianischen Konföderation zeugt von der Existenz einflußreicher, die Grenzen beider Länder verwischender politischer Strömungen.

Caudillismo, Militarismus, Zerfall

Die Einwohnerzahlen und die demographische Struktur des Landes sind ein Spiegel der Kriegsfolgen (Menschenverluste, Binnenwanderung, Exodus von Spaniern). In Ermangelung zuverlässiger Einwohnerstatistiken sei hier auf den „Fremdenführer" von 1828 zurückgegriffen, der, nach Verwaltungskreisen, bezirksweise folgende Bevölkerungszahlen vermerkt:

Arequipa	136 812
Ayacucho	159 608
Cuzco	216 382
Junín	200 000
La Libertad	230 970
Lima	149 112
Puno	156 000
Insgesamt	1 249 723

Erst ganz allmählich setzte wieder ein Bevölkerungswachstum ein. Im Jahr 1836 lebten in ganz Peru noch immer nur 1 373 736 Menschen.

Schon bald nach der Erlangung der Unabhängigkeit begann die ehemalige Kolonialgesellschaft sich aufzusplittern. Allerdings gab es keine in sich geschlossene Gruppe, die in der Lage gewesen wäre, eine Führungsrolle zu übernehmen. In diesem Machtvakuum behaupteten sich *caudillos* und Militärdiktatoren, die untereinander Bündnisse auf Zeit eingingen, um sich an der Macht zu halten. An der Bevölkerung gingen die ökonomischen und politischen Ereignisse indessen weitgehend vorbei. Von einer Gesellschaft im Sinne einer Nation konnte keine Rede sein; vielmehr bildeten sich – unabhängig vom Zentralismus Limas – in den einzelnen Wirtschaftsräumen separate regionale Gesellschaften heraus.

Die starke Zersplitterung der Oberschicht gilt vielen jüngeren Historikern als wesentliches Element der noch kolonialen peruanischen Gesellschaft [Quiroz 1987; Bonilla 1980; Cotler 1978]. Die Aristokratie schwächte sich zudem durch ihre schwankende, ambivalente Haltung den Spaniern gegenüber selbst. In der politisch-militärischen Führungsspitze der nunmehr unabhängigen Regierung wurde sie von Militärbefehlshabern abgelöst und verschwand von der politischen Bühne der Republik [Cotler 1973, 68]. Quiroz zufolge waren die ökonomischen Eliten Limas und anderer Regionen – der Nordküste und Cajamarcas, der zentralen Bergregion des andinen Südens und Arequipas – in der ersten Hälfte des 19. Jh. in einem Prozeß der Auflösung und Umformung begriffen. Die politischen Veränderungen bekamen vor allem der Landadel und die führenden Kaufleute zu spüren. Mit dem Anwachsen der Eingeborenenbevölkerung stieg in weiten Landstrichen die Zahl der Kleinbauern *(ruralización)*. Hatte der Anteil der Indios an der Gesamtbevölkerung 1795 noch 57,6 Prozent betragen, so lag er 1850 bei 59,3 Prozent. Immer größere Teile der Landbevölkerung lebte in Subsistenzwirtschaft. In den Agrargebieten ohne Bodenschätze massierte sich das Eigentum in den Händen von Konzessionsinhabern, die Gläubiger des Staates waren, oder von Militärs, die sich zu *caudillos* aufschwangen. Die wirtschaftliche Macht in Lima und – in geringerem Maße – in Arequipa lag in den Händen von Kaufleuten, die sich als Darlehensgeber profilierten.

Die in Peru lebenden Spanier wurden unmittelbar Opfer der republikanischen Politik. Ein Erlaß vom 5. Januar 1825 verfügte die Einziehung des Vermögens all derjenigen Emigranten, sie sich zum Hafen Callao begaben. Ein Kongreßbeschluß vom 2. März 1825 erlaubte die Freigabe des Vermögens unter der Bedingung, daß die Ausreisenden selbst ein Fünftel, Blutsverwandte ein Drittel des Eigentums an den Staat abtraten. Nach einer Schätzung des Finanzministers Larrea y Loredo erreichte der Wert der bis 1826 in Stadt und Land erfolgten Beschlagnahmungen mehr als 1 Mio. Pesos. Die peruanische Staatsangehörigkeit dehnte die Verfassung von 1826 auf alle Bewohner aus, die eine Naturalisierungsurkunde besaßen oder seit mindestens drei Jahren im Lande wohnten bzw. als Ausländer mit einer Peruanerin verheiratet waren, lesen und schreiben konnten, in Lohn und Brot standen oder einen eigenen Betrieb hatten.

Die tatsächliche Macht in der Republik Peru lag in den Händen der Armee. Mit ihrem in den Unabhängigkeitskriegen errungenen Prestige erwies sie sich als unerläßlich zur Aufrechterhaltung der inneren Ordnung und zur Verteidigung der Landesgrenzen. Ungeachtet der Reformen und der Schaffung einer Militärakademie handelte es sich jedoch nicht um ein Berufsheer, sondern um Armeeeinheiten mit willkürlichen Dienstgraden ohne offizielle Beförderungsmechanismen, die sich um *caudillos* von zweifelhafter Herkunft scharten.

Die Kirche als Institution war seit dem 18. Jh. einem Umwandlungsprozeß unterworfen. Was die Beziehungen zwischen Staat und Kirche nach 1826 betrifft, so erkannte der Klerus die Zuständigkeit des Senats hinsichtlich der Organisation des staatlichen Kirchenpatronats sowie dessen Recht an, Gesetzentwürfe auszuarbeiten, die kirchliche Angelegenheiten betrafen, und Konzilsentscheidungen, vorgesehene Verordnungen sowie Bischofsbriefe zu prüfen, bevor sie den Mitgliedern zur Genehmigung vorgelegt wurden. Die Ausübung der Patronatshoheit erlaubte es der Zivilbehörde, Benennungen für kirchliche Ämter vorzunehmen und Steuern festzusetzen. Dieses Privileg wurde in den ersten liberalen und konservativen Verfassungen verankert. Es führte allerdings zu Auseinandersetzungen mit dem Heiligen Stuhl, der an der alleinigen Legitimität der spanischen Monarchie festhielt. Den Weltklerus berührten die Maßnahmen der ersten republikanischen Regierungen nur wenig; in der Gesetzgebung finden sich kaum Hinweise auf die Beschneidung von Sonderrechten oder die Zurücknahme von Steuerbegünstigungen. Ganz anders erging es dem Ordensklerus: Ein Dekret vom 28. September 1826 verfügte die Beschlagnahme des Vermögens aller Klöster, die nicht eine Mindestbelegung mit acht Mönchen oder Nonnen nachweisen konnten und nicht der Kontrolle eines für sie zuständigen Ordinarius unterstanden [García Jordán 1986, 20–43].

Unruhen und Gewalttätigkeit waren in großen Teilen des republikanischen Peru an der Tagesordnung. Versprengte Heereseinheiten, berittene Trupps, Banditen und *cimarrones,* entlaufene Negersklaven, waren sichtbare Zeichen sozialen Protests und einer ohnmächtigen Staatsgewalt. Unter dem Banditenunwesen hatten besonders die Reisenden auf dem Weg zwischen Lima und Cerro de Pasco zu leiden, während die berittenen *montoneros,* eine paramilitärische Räuberbande, die später in den Bürgerkriegen aktiv war, vor allem die zentrale Bergregion unsicher machten [FLORES GALINDO 1979, 115].

Die soziale Stellung der Eingeborenen wurde durch den Arbeitskräftebedarf der Grundherren und den Kapitalbedarf der Regierung bestimmt. Am 4. Juli 1825 unterzeichnete Bolívar in Cuzco drei Erlasse. Mit dem ersten schaffte man Titel und Funktion des Kaziken ab. Das zweite Dekret hob auf der Basis von Anordnungen, die bereits am 8. April 1824 in Trujillo erlassen worden waren, die Institution des indianischen Gemeindelandes auf und verfügte die Aufteilung der Liegenschaften in einzelne Ackerlose. Diese gingen unter behördlicher Aufsicht ohne Unterschied von Alter oder Geschlecht voll auf die bisherigen *comuneros* als neue Eigentümer über. Der dritte Erlaß bestätigte noch einmal den Wegfall persönlicher Dienstpflichten, führte die freie Wahl des Arbeitsplatzes ein und untersagte den lokalen Behörden, die Bevölkerung zu besonderen Verrichtungen, zu *mitas* und anderen körperlichen Leistungen heranzuziehen [FAVRE 1986, 10–12]. Allerdings wurde der Tribut unter der neuen Bezeichnung „Eingeborenenabgabe" 1826 wieder eingeführt. Dagegen läßt sich die Annahme, die *haciendas* hätten sich auf Kosten von Gemeindeländereien ausgedehnt, nicht ohne weiteres aufrechterhalten. Zum einen verfügten die *hacendados* bereits über die besten Böden, zum anderen wäre eine solche Ausdehnung in der Praxis nur schwer durchführbar gewesen [CONTRERAS 1988]. Die Situation der Sklaven wurde in mehreren Verfügungen neu geregelt. Die Dekrete vom 13. Mai 1822, vom 19. November 1825 und vom 15. Dezember 1826 garantierten allen Sklaven, die sich entweder bei den Kämpfen um die Unabhängigkeit hervorgetan hatten oder deren Herren als Royalisten mittlerweile nach Spanien zurückgekehrt waren, die Freiheit. Am 14. Oktober 1825 wurde eine neue Arbeitsordnung für Sklaven erlassen, die Arbeitszeit, Verpflegung, Bestrafungen usw. regelte. Gleichzeitig wurden die Rechte der *hacendados* gesetzlich geschützt: Am 10. Oktober 1822 verfügte ein Dekret, daß Sklaven, die auf *haciendas* arbeiteten, nicht mehr zu öffentlichen Arbeiten herangezogen werden durften; ein Erlaß vom 19. April 1825 bestimmte, daß ein kurzer Militärdienst für einen Sklaven keineswegs mit dem Anspruch verbunden sei, von seinem Herrn freizukommen; nach einer am 15. Dezember 1826 veröffentlichten Verordnung wurde bestraft, wer fremde Sklaven bei sich zurückhielt oder verbarg; er hatte Nachzahlungen in Höhe des doppelten Tageslohns zu entrichten.

Durch die Zerstörung von *haciendas*, die Vernichtung von Pflanzungen und Viehbeständen, die Auflassung von Bergwerken, Zerstreuung von Arbeitskräften und die Umorientierung von Güterkreisläufen, die Zunahme des ausländischen Einflusses, durch Kapitalmangel und die Zuflucht zu in- und ausländischen Darlehen trug der Krieg erheblich zum Zusammenbruch der Produktion bei. Die desolate ökonomische Situation nach Erlangung der Unabhängigkeit verhinderte eine planvolle mittelfristige Wirtschaftspolitik. Entscheidungen bezogen sich stets auf konkrete Einzelsituationen ohne ausreichenden Blick auf die Gesamtentwicklung. Die Finanzierung der Staatsausgaben hatte zwangsläufig den allgemeinen Krisenerscheinungen Rechnung zu tragen. Obwohl es bis 1845 keinen allgemeinen Haushaltsplan gab, legten die jeweiligen Finanzminister für 1822, 1826, 1827, 1828, 1829, 1831 und 1832 Jahresberichte vor, der nächste Bericht folgte erst 14 Jahre später, 1846 [TANTALEAN 1983, 48]. Die Budgets der verantwortlichen Fachminister basierten auf den jährlichen ordentlichen Ausgaben; für 1827 fixierte Morales Ugalde diese auf 5,15 Mio. Pesos, für das Jahr 1831 kam Pando auf einen Etat von 4 973 550 Pesos. Hinzu kamen die Finanzierung der Kredite und die Militärausgaben [Bonilla 1984, 488]. Die wichtigsten fiskalischen Einnahmequellen waren die Gewinne aus der Münzprägung, die Zolleinnahmen und die Eingeborenenabgabe.

Hatten die Münzgewinne 1822 noch 22 Prozent der Gesamteinnahmen ausgemacht, so steigerte sich dieser Anteil bis 1826 auf 37 Prozent. Die Zolleinkünfte betrugen 1822 26 Prozent, im Jahr 1831 sogar 52 Prozent der Staatseinnahmen; zwischen 1820 und 1833 flossen dem Fiskus jährlich etwa 1,3 Mio. Pesos an Zöllen zu. Der am 11. August 1826 wieder eingeführte Eingeborenentribut stellte den wichtigsten Posten im Etat dar. Die Indiobevölkerung war in drei Steuerklassen aufgeteilt: Örtlich angestammte Indios zahlten zwischen 5 und 9 Pesos pro Jahr; fremde, zugewanderte Indios und solche ohne eigenen Grund und Boden mußten jährlich zwischen 2,5 und 3 Pesos entrichten. 1830 machten diese Tributleistungen 34 Prozent der Staatseinnahmen aus. Zu dieser Gruppe von Steuerzahlern kamen noch die sogenannten *castas,* zu denen Tagelöhner, Handwerker, in den Städten wohnende Arbeiter, Bergleute und Bauern indianisch-spanischer oder indianisch-afrikanischer Abstammung gehörten. Ihre jährliche Steuerleistung betrug 5 Pesos plus 4 Prozent der Erträge aus ihrem Eigentum, das ergab 1826 einen Betrag, der 13 Prozent vom Gesamtsteueraufkommen ausmachte. Nach Pandos Angaben entfielen von den fiskalischen Einnahmen des Jahres 1829 in Höhe von 7 962 720 Pesos 945 468 Pesos auf die von Indios und *castas* aufgebrachten Steuern. Ein anderer, nicht unbeträchtlicher Etat-Posten, besonders in Städten mit starkem Güterumschlag, war die Einkommensteuer aus künstlerischen, handwerklichen oder gewerblichen Quellen; hinzu kam die in Stadt und Land erhobene Grundsteuer, die 1825 für Eigentümer 3 und für Pächter 2 Prozent vom Einheitswert betrug [Tantalean 1983, 55]. Die festen Staatsausgaben verteilten sich 1826 wie folgt: 58 Prozent der Ausgaben beanspruchte das Militär (Heer und Marine inbegriffen); 26 Prozent entfielen auf den Finanzetat (Beamtengehälter im Finanzministerium sowie Schatzamt, Münze, Zoll, Oberste Steuerbehörde, Tribunale des *consulado* und des Bergbaus); 15 Prozent entfielen auf die Regierung (Exekutive, Legislative, Provinzialdeputationen, Präfekturen, Erziehung, Hospitäler, Gerichtshöfe und Richter) [Bonilla 1984, 493; Tantalean 1983, 57].

Das chronische Defizit zwang den Staat, sich zu verschulden. Im Januar 1825 unterzeichnete der Bevollmächtigte Bolívars, John Parish Robertson, einen weiteren Darlehensvertrag mit dem Londoner Finanzier Thomas Kinder; die mit 616 000 Pfund Sterling voll zurückzuzahlende Kreditsumme enthielt ein Disagio von 17 Prozent. Der britische Partner hielt die Bereitstellungsfristen nicht ein, und im August des Vertragsjahres verfügte die peruanische Regierung erst über 162 400 Pfund Sterling. Im April 1826 stellte Peru, das bis dahin insgesamt bereits 1 816 000 Pfund Sterling Kredit in Anspruch genommen hatte, sämtliche Rückzahlungen ein. Finanzminister Morales Ugalde schätzte im Juni 1827 die Gesamtstaatsschuld auf 1 777 500 Pfund Sterling und die jährliche Zinslast auf 106 650 Pfund Sterling. Im September 1829 gestand Pando ein, die Regierung könne weder Rückzahlungen noch den laufenden Zinsendienst leisten [Palacios Moreyra 1983, 18–50]. Nach der Suspendierung ihrer Auslandsverpflichtungen griff die Regierung auf das Mittel der Staatsverschuldung im Lande selbst zurück. Darlehens- und Kreditgeber waren fast durchweg ausländische Handelshäuser. Die interne Staatsschuld lief bis zum Dezember 1829 zu einer Summe von 1 403 186 Pfund Sterling auf [TANTALEAN 1983, 234]. In den 20er Jahren des 19. Jh. verfolgten die einzelnen Regierungen eine im Binnenhandel liberale, wettbewerbsfreundliche, im Außenhandel aber dezidiert protektionistische Wirtschaftspolitik. Die progressive Anhebung der Zollsätze bedeutete das Ende des von Bolívar proklamierten Freihandels. Durch das Handelsstatut von 1826 wurden importierte Textilien mit einem Zoll von 80 Prozent belegt, und das „Sperrgesetz" vom Juni 1828 untersagte für die Dauer von zehn Monaten die Einfuhr aller Waren, die der einheimischen Produktion gefährlich werden konnten (u.a. Mehl, handwerkliche Produkte, Textilien). Diese Schutzzollpolitik ging vor allem von Lima und dem agrarintensiven Küstengebiet bis zur Höhe von La Libertad und Lambayeque aus [GOOTENBERG 1989, 20–28]. Zwischen 1828 und 1833, als ein neues Statut erlassen wurde, waren die getroffenen Maßnahmen widersprüchlich, liefen aber allmählich auf eine Liberalisierung des Handels hinaus.

Tab. 14: Exporte Perus 1825–1839 (in Pfund Sterling)

	1825	1839
Scheidemünzen	600 000	1 310 828
Wolle	14 500	130 087
Baumwolle	19 400	74 360
Chinarinde	29 600	10 066

Quelle: BONILLA [1980, 405].

Die wichtigsten Handelspartner Perus waren Großbritannien, die Vereinigten Staaten und Frankreich. Dabei lag Großbritannien an der Spitze. Um 1824 existierten in Peru 36 britische Handelshäuser, 20 davon in Lima, 16 in Arequipa. Ungeachtet aller Importhindernisse machten Wollstoffe 95 Prozent der britischen Exporte nach Peru aus.

Tab. 15: Einfuhrwert der britischen Exporte nach Peru 1821–1830 (in Pfund Sterling)

Jahr	Exportvolumen
1821	86 329
1824	373 311
1825	559 756
1826	199 086
1827	228 465
1828	374 614
1829	300 171
1830	368 469

Quelle: BONILLA [1980, 410].

Über die Beteiligung der Vereinigten Staaten am Handel mit Peru ist wenig bekannt. GOOTENBERG [1989, 41–96] hat die Beziehungen trotz des intensiven Einsatzes von

Konsuln und Kaufleuten eine Geschichte der Frustrationen genannt. Anfänglich wehrten sich die Peruaner im Bewußtsein der eigenen Schwäche gegen Handelskontakte mit den USA. Eine später von den Vereinigten Staaten gestartete interventionistische Offensive zahlte sich nicht aus, weil diese aggressive Politik nationalistische Reaktionen auslöste.

Die Basis der peruanischen Wirtschaft zwischen 1820 und 1840 waren *haciendas* und das indianische Gemeindeland. Die Produktion orientierte sich mit Ausnahme von Wolle und Baumwolle am heimischen Markt. Die während des Protektorats eingeleiteten protektionistischen Maßnahmen zur Förderung des peruanischen Weizenanbaus führten allerdings nur zur Verknappung und Verteuerung des Produktes. Die bedeutendste viehwirtschaftliche Maßnahme war eine 1826 von Santa Cruz verfügte vierjährige Importfreiheit für Maultiere. Daß die Küstenregion unter fortwährenden Krisen litt, lag einmal an den Spuren, die der Krieg hinterlassen hatte, dann aber auch an den mit der Sklavenarbeit verbundenen Problemen und den starken Schwankungen des Zuckerpreises, der zwischen 1829 und 1839 seine verheerendste Baisse erlebte. In einigen Zonen der Bergregion belieferte die Landwirtschaft fast ausschließlich die benachbarten Minendistrikte, so in Huanuco im Hinblick auf die Belieferung von Cerro de Pasco. Trotz gesetzlicher Fördermaßnahmen Bolívars verhinderte die Bergbaukrise jedoch die Bildung großer *haciendas* [Quiroz 1987, 211–212].

Während andere Autoren vom Ruin des Bergbaus durch den Unabhängigkeitskrieg sprechen, verweist Deustua [1986, 36] für die Zeit von 1823 bis 1842 auf die steigende Produktion dieses Sektors (Tab. 16). Im Jahr 1828 gab es 558 Minen und 381 Schmelzbetriebe [Fisher 1975, 14–18], von 1828 bis 1832 verdoppelte sich die Fördermenge. Um diese Zeit war Silber, gefolgt von Guano, das Hauptexporterzeugnis Perus.

Tab. 16: Peruanische Silberproduktion 1824–1832 (in Unzen)

Jahr	Produktion	Jahr	Produktion
1824	68 467	1829	156 704
1825	110 068	1830	213 687
1826	232 236	1831	250 155
1827	293 573	1832	342 692
1828	250 535		

Quelle: Deustua [1986, 36].

Zentrum des peruanischen Silberbergbaus war trotz der von 1812 bis 1831 dauernden Krise Cerro de Pasco. Um den Rückgang der Produktion zu stoppen, unterstützte die Regierung seit 1827 den Einsatz verbesserter Abbautechniken. In der Überzeugung, vom Bergbau gingen entscheidende Impulse für Landwirtschaft, Handel und Finanzwesen aus, wurde 1828 eine Bergbauschule gegründet. Ab 1829 unterlag die Rekrutierung von Arbeitskräften keinen staatlichen Beschränkungen mehr. Die steuerliche Belastung der Minen wurde reduziert, gleichzeitig die Instandsetzung der Quecksilberminen von Huancavelica in Angriff genommen [Contreras 1987, 36]. Da eine funktionierende staatliche Infrastruktur fehlte, bewahrten manche Regionen trotz dieser strukturpolitischen Maßnahmen des Staates eine gewisse Autonomie. Lima und sein Hinterland bildeten seit jeher eine wichtige Enklave. In der Hauptstadt waren mit ihrer Nähe zum Meer ansehnliche, aus dem Handel stammende Kapitalien konzentriert; außerdem bestand hier ein direkter Zugang zu den Behörden.

Die Beschlagnahme von Gütern der ehemaligen Kolonialaristokratie verschärfte die Agrarkrise. Die von europäischen Spaniern und Ordensbruderschaften eingezogenen Ländereien wurden bald von den ersten Regierungen wieder abgestoßen und Gläubigern des Staates vermacht, die am Unabhängigkeitskampf teilgenommen hatten. Der Mangel an Arbeitskräften und die inzwischen eingetretene Wertminderung der Betriebe verhinderten indessen eine gesunde Entwicklung von Land- und Viehwirtschaft. Trotz der Krise des *hacienda*-Systems behauptete die auf britisches Kapital gestützte, mit schwarzen Sklaven und Indios betriebene Latifundienwirtschaft in der mittleren und nördlichen Küstenzone sowie in der Bergregion ihre beherrschende Position.

Als wesentlicher Teil der Produktion wurde bis 1830 Baumwolle bzw. 1840 Zucker regional abgesetzt. Die Baumwollproduzenten stellten sich danach zunehmend auf die ausländische Nachfrage ein. In den bis dahin traditionell gegliederten Produktionsschwerpunkten von Piura, Ica, Pisco und Lima setzte ein Konzentrationsprozeß ein, der von Agrargenossenschaften (Indianergemeinden), spanischen Familienbetrieben und unabhängigen Kleinerzeugern ausging. In der Zuckergewinnung erhielt das im Chicama-Tal (La Libertad) und in Lambayeque bestehende *hacienda*-System durch Zusammenschlüsse einheimischer Familien mit ausländischen Einwanderern neuen Auftrieb. Mit Huanchaco als Hafen entstand im Norden eine Handelskette mit bedeutenden Auslandsverbindungen. Die inländische Zollabfertigung wurde ans Meer verlegt. Hatten bis dahin die Großgrundbesitzer ihre Ware selbst vermarktet, so bildete sich nun eine professionelle Kaufmannschaft heraus. Sie war ein wichtiges Element der für die Unabhängigkeit von 1828 kämpfenden Bezirksjunta und nahm aktiv am politischen Geschehen teil [García Vera 1989]. In der nördlichen *sierra* mit ihrem Zentrum Cajamarca erlag die Textilproduktion der britischen Konkurrenz. Ein ähnliches Schicksal erlitten dann auch der Ackerbau, die Viehzucht und der Bergbau. Die Regionalisierung der Wirtschaft ging einher mit dem Erstarken des sich als politisches Organisationssystem etablierenden Bonzentum *(gamonalismo)*. In der zentralen Gebirgsregion ging der Wiederaufbau der Landwirtschaft von Betrieben aus, die im Krieg zerstört worden waren. Dies führte, auf Kosten von Gemeinden und Kleinbetrieben, zur Expansion der *haciendas,* die ihre Produkte selbst vermarkteten. Der Niedergang Cerro de Pascos, früher einmal Eckpfeiler des regionalen Wohlstands, wirkte sich auf allen Ebenen aus. Zwischen 1821 und 1825 kam die Silberproduktion fast zum Stillstand. Nach Wiederaufnahme der Produktion fiel ihr Wert von 1829 bis 1830 auf knapp 100 000 Mark Silbergewicht.

Tab. 17: Produktion von geschmolzenem Silber in Cerro de Pasco 1826–1830 (in Mark)

Jahr	Wert	Jahr	Wert
1826	166 118	1829	99 835
1827	221 501	1830	99 261
1828	201 325		

Quelle: Contreras [1987, 56–57].

Nach der Auflösung der kolonialen Strukturen entwickelte sich der Bergbau zu einem kapitalintensiven Exportzweig mit eher spekulativer Ausrichtung. Innerhalb der veränderten Eigentumsverhältnisse wurden die bisherigen Erzeugungstechniken beibehalten; die Beschaffung von Produktionsmitteln, Silberhandel und Arbeitsmarkt lagen jetzt in privaten Händen und folgten dem freien Spiel der Kräfte. Diese Umstrukturierung brachte den gesamten Sektor jedoch an den Rand des Zusammenbruchs und sollte sich noch lange auswirken. Es folgte eine Etappe der wirtschaftlichen Anpassung, die zu einer von kapitalstarken Händlern dominierten Exportwirtschaft einerseits und der traditionellen Erzeugungsweise der Landwirtschaft andererseits führte [CONTRERAS 1987, 56–57].

Aus einer Studie von FLORES GALINDO [1977] über die Wirtschaftsbeziehungen zwischen Arequipa und dem südlichen Andengebiet für die Zeit vom 18. bis zum 19. Jh. geht hervor, in welchem Maße der Unabhängigkeitskrieg die Restrukturierung des Erzeuger- und Verteilernetzes beeinflußte. Kapital aus Handel und *hacienda*-Wirtschaft förderte die Entstehung komplementärer Produktionsbereiche: Zucker (Chucarapi), Milch, Mehl, Öl, Wein, Kartoffeln, Wolle, Tabak, Kaffee (in den Tälern von Arequipa), Wein und Branntwein (Moquegua), Coca, Zucker, Textilien und Maultiere (Cuzco), Zucker (Abancay) und Getreide (Tacna). Über den Hafen Islay verband vor allem der Export von Schaf-, Vikunja- und Alpakawolle die Region mit den internationalen Absatzmärkten. Die Vermarktung erfolgte über die britischen Handelshäuser. Diese Operationen stärkten die Position der Kaufmannselite von Arequipa, die ihre Herrschaftsansprüche gegenüber Lima geltend machte. In der peruanisch-bolivianischen Föderation sollte sich diese Machtstellung manifestieren [FLORES GALINDO 1977].

c Gescheiterte Vereinigungspläne und Nachbarschaftskonflikte

Nachdem San Martíns Idee, die unabhängig gewordenen Länder in einem Verbund monarchisch regierter Staaten kontinentumspannend zusammenzufassen, gescheitert war, blieb Bolívars Alternative der Schaffung einer amerikanischen Konföderation. Peru und Bolivien stimmten diesem Projekt uneingeschränkt zu. Im Juni/Juli 1822 war bereits ein vom peruanischen Parlament verabschiedeter Unionsvertrag zwischen Kolumbien und Peru zustande gekommen. Die Einberufung eines hispanoamerikanischen Kongresses in Panama erfolgte am 7. Dezember 1824 von Lima aus, dem eigentlichen Zentrum der diplomatischen Aktivitäten Bolívars. Der *Libertador* wandte sich an die Republiken Kolumbien, Mexiko, Río de la Plata, Chile und Guatemala. Erst mit erheblicher Verzögerung, am 22. Juni 1826, nahm der Kongreß in Panama unter Teilnahme der Delegierten Kolumbiens, Mexikos, Guatemalas und Perus seine Arbeit auf. Die peruanischen Abgeordneten Manuel Lorenzo Vidaurre und José Maria Pando (später abgelöst durch Manuel Pérez de Tudela) waren bereits im Juni 1825 in Panama eingetroffen. Sie hatten widersprüchliche Instruktionen erhalten. Die ersten von dem Kolumbianer Heres am 25. Mai 1825 abgezeichneten Anweisungen bestätigten den Unionsvertrag von 1822; die zweiten, vom Minister und Mitglied des Regierungsrates Unanue eintreffenden Richtlinien hoben die früheren Vereinbarungen wieder auf; die endgültige Version übergab der inzwischen zum Außenminister avancierte Pando am 25. Mai 1826: mit ihr wurde die Unabhängigkeit aller Signatarstaaten anerkannt und ein Verteidigungsbündnis vorgeschlagen. Am 22. Juni 1826 legten die peruanischen Delegierten dem Kongreß von Panama einen endgültigen Plan zur Bildung einer ständigen Konföderation vor, „Union und Liga" in Krieg und Frieden, gerichtet gegen Spanien und jede andere Nation, die versuchen sollte, die territoriale Integrität und Souveränität der Bündnispartner zu verletzen.

Parallel dazu wurde unter Aufrechterhaltung der Selbständigkeit eines jeden Beteiligungslandes die Bildung eines überstaatlichen Parlaments vorgesehen. Ihm wurden Befugnisse zur Beilegung interregionaler und im Verhältnis zu ausländischen Mächten entstehender Konflikte übertragen. Die Unterzeichnerstaaten verpflichteten sich gleichzeitig, für die Dauer von 50 Jahren ihre Regierungsform nicht zu ändern. Doch in den darauffolgenden zehn Sitzungen zwischen dem 22. Juni und dem 15. Juli 1826 erzielten die Delegierten keine Einigung. Bolívar sah ein, daß sich seine ursprünglichen Vorstellungen nicht verwirklichen ließen, und konzentrierte seine Anstrengungen auf einen konkreteren und realistischeren Plan: die Föderation der Andenstaaten [BASADRE 1963, I, 91–97]. Über die Form einer solchen Föderation fehlen jedoch zuverlässige Daten. Der Grundgedanke war ein enger Zusammenschluß der Partnerländer zu einem Gefüge mit der Beständigkeit einer Monarchie, ohne eine zu sein, und einem Präsidenten auf Lebenszeit. In dieser von Kolumbien, Peru und Bolivien zu bildenden Union behielte jedes Land seine eigene Regierung wie auch seine Gesetze teilweise bei, während die Außen- und Verteidigungspolitik sowie das Finanzwesen in den Händen der übergeordneten Bundesregierung lägen. Oberster Staatschef sollte Bolívar sein. Da weder Peru noch Kolumbien jemals einen Eid auf diese Konstitution ablegten, blieb es bei dem Plan. Schon der beabsichtigten politischen Annäherung der Nachbarstaaten war kein Erfolg beschieden. Unmittelbar nach Gründung der Republiken begannen auch schon die zwischenstaatlichen Konflikte. Konkreter Anlaß waren die ungenauen Grenzverläufe; als die einzelnen Staaten in der zweiten Hälfte des 19. Jh. daran gingen, ihre politischen Hoheitsrechte und die nationalen Märkte präzise zu umreißen, verschärften sich diese Streitigkeiten. Die Republik Peru grenzte, getreu dem im internationalen Recht verankerten Grundsatz des *uti possidetis,* im Norden an die Republik Kolumbien, die sich 1830 in Kolumbien und Ecuador spaltete. Für den Osten des Kontinents galten die 1777 im Vertrag von San Ildefonso zwischen Spanien und Portugal vereinbarten Richtlinien, die die Grenzziehung zwischen Brasilien und den spanischen Besitzungen festlegten. Im Süden stieß Peru an den Staat Rio de la Plata, zu dem bis zur Rückgewinnung durch Abascal die *audiencia* von Charcas gehörte; diese als Bolivien selbständig geworden, bildete dann die neue Grenze. Nach der Anerkennung der Unabhängigkeit Boliviens entsandte Peru Ortiz de Zevallos als bevollmächtigten Gesandten in das Nachbarland, um mit diesem einen Bündnis- und einen Grenzziehungsvertrag abzuschließen. Das erste Vertragswerk wurde im November 1826, das zweite unmittelbar darauf unterzeichnet; es umfaßte die Abtretung von Arica, Tacna und Taracapá an Bolivien im Austausch gegen die Provinz Apolobamba und gegen Zahlung von 5 Mio. Pesos. Aber weder das peruanische Parlament noch Sucre für Bolivien ratifizierten die Vereinbarungen. Unter der Regierung Santa Cruz in Peru verschärften sich die Spannungen zwischen beiden Ländern. Sowohl in Peru als auch in Bolivien brach der Widerstand gegen Sucre offen aus, und das von Teilen der Eingeborenenbevölkerung unterstützte Heer Gamarras fiel in bolivianisches Hoheitsgebiet ein. Der am 6. Juni 1828 zwischen Gamarra und dem amtierenden bolivianischen Präsidenten Urdiniena geschlossene Vertrag von Piquiza bestimmte den

Abmarsch kolumbianischer und anderer ausländischer Truppeneinheiten und führte letzten Endes zur Abdankung Sucres. Damit endete auch der Traum Bolívars, Peru, Bolivien und Kolumbien zu vereinen.

Im Norden warf die Spaltung der Republik Kolumbien die Frage der Grenzziehung zu Ecuador auf, das, unter Berufung auf den 1829 zwischen Peru und Kolumbien abgeschlossenen Territorialvertrag, die Gebiete von Tumbes, Marañón und Huancabamba beanspruchte. Demgegenüber verwies Peru darauf, daß die betreffende Vereinbarung niemals Rechtskraft erlangt und Ecuador auch bei seiner Konstituierung als selbständiger Staat die strittigen Gebiete nicht in sein Territorium einbezogen habe. Der Konflikt entzündete sich an der Diskussion um die Frage, ob die Zone von Maynas vorher zum Vizekönigreich Peru oder, als eingegliederter Landesteil, zu Neu-Granada gehört habe. Außerdem wurde die Frage des Anspruchs auf Guayaquil aufgeworfen; Peru reklamierte die Hafenstadt für sich; aber schließlich kam sie zu Kolumbien. Während des ganzen Jahres 1827 ging eine gegen Bolívar gerichtete nationalistische Protestwelle über Peru hinweg, die in der Ausweisung des kolumbianischen Geschäftsträgers und in der Ernennung Villas, eines anerkannten Gegners des Befreiungshelden, zum peruanischen Repräsentanten in Bogotá gipfelte. Die Gegensätze spitzten sich weiter zu, als der kolumbianische Regierungschef im März 1828 die Übergabe von Jaén und Teilen von Maynas sowie die Begleichung der Schulden in Höhe von 3 595 747 Pesos forderte. Beide Länder bereiteten sich auf einen Krieg vor. Am 3. Juli 1828 folgte die Kriegserklärung durch Kolumbien. Die stärkeren Seestreitkräfte und vor allem die begründete Hoffnung, die inneren Auseinandersetzungen zwischen den Anhängern Bolívars und den Gefolgsmännern Santanders würden den Gegner schwächen, verschafften Peru die bessere Ausgangsposition. Der peruanische Vorstoß erfolgte in zwei Richtungen: Präsident la Mar ließ im Dezember 1828 Loja besetzen, am 1. Februar 1829 nahm die Flotte Guayaquil in Besitz. Interne peruanische Meinungsverschiedenheiten zwischen la Mar einerseits und Santa Cruz, Gamarra und la Fuente andererseits führten allerdings eine Wende herbei. Nach dem kolumbianischen Sieg von Tarqui kam es zur Vereinbarung von Girón, die von Sucre und, auf peruanischer Seite, Gamarra und Orbegozo unterzeichnet wurde. Als Vorstufe zu Verhandlungen sah sie die Freigabe von Loja und Guayaquil vor. Ferner wurde ein beiderseitiger Truppenabbau in der Konfliktzone und die Ernennung einer Grenzziehungskommission vereinbart, bei der die USA als Vermittler wirken sollten. La Mar beharrte auf einer Position der Stärke und verweigerte die Anerkennung des Vertrags. Gleichwohl stabilisierten sich die Fronten; die Machtkämpfe in Peru selbst unterminierten jedoch die Stellung des Präsidenten. Im Juni 1829 mußte er zurücktreten. Nach einem in Piura vereinbarten Waffenstillstand wurden erneut Verhandlungen aufgenommen. Im September 1829 trafen die Peruaner Larrea und Laredo mit dem Kolumbianer Gual als Bevollmächtigte in Guayaquil zusammen, um in erster Linie die Grenzfrage zu erörtern. Die Delegierten einigten sich schließlich nicht auf definitive Staatsgrenzen, sondern auf Markierungslinien, die sich an den früheren Grenzkorrekturen des Vizekönigtums orientierten. Was Perus Verschuldung betraf, so sollte die Hälfte der fälligen Rückzahlungen an Kolumbien, die andere zu gleichen Teilen an Venezuela und Ecuador erfolgen. Diese Vereinbarung leitete eine lange Serie von Grenzkonflikten ein, die zum Teil bis heute nicht beigelegt sind.

Simon Collier

6. Chile

Aus dem Englischen übersetzt von Suzanne Annette Gangloff

A. Einleitung

Das Generalkapitanat Chile des Jahres 1760 war geographisch wie politisch eines der abgeschiedensten spanischen Territorien in Amerika. Seit Pedro Valdivia im Jahr 1541 erstmals in das fruchtbare große Längstal eingedrungen war, hatte sich die Kolonie auf dem von der Hochkordillere der Anden im Osten und vom Stillen Ozean im Westen begrenzten schmalen, gleichsam schärpenförmigen Landstreifen in weitgehender Isolierung entwickelt. Im Norden trennten Hunderte von Kilometern spärlich besiedelten Wüstengebiets die Kolonie vom Vizekönigreich Peru, dem sie, zumindest auf dem Papier, im Jahr 1786 formell unterstellt wurde. Im Süden bezeichneten die sanft geschwungenen Windungen des Bío-Bío-Tales eine andere Grenze, nämlich die Demarkationslinie zwischen dem von den Spaniern besiedelten Raum und den noch immer nicht eroberten Gebieten der Mapuche oder Araukaner, wie die Spanier sie nannten. Diese Demarkationslinie war nach der großen araukanischen Offensive von 1599 festgelegt worden, die den 60 Jahre währenden erbitterten Feindseligkeiten zwischen Spaniern und Indianern durch die Vertreibung der spanischen Siedler aus allen Gebieten jenseits des Bío-Bío ein Ende setzte. Südlich des „unbezwingbaren Araukanien“ befanden sich kleine spanische Außenposten in Valdivia sowie auf der Insel Chiloé, die aber nur von geringer Bedeutung waren.

Die Offensive der Eingeborenen im Jahr 1599 hatte der spanischen Expansion in Chile äußerst wirksame Grenzen gesetzt. Feindseligkeiten und Überfälle – zuweilen mit blutigem Ausgang – dauerten zwar das ganze 17. Jh. hindurch an, aber von Peru finanzierte und in Concepción stationierte reguläre Truppen bewachten nunmehr eine Kette von Forts entlang der Grenze des Bío-Bío, an der sich alsbald ein lebhafter Lokalhandel entwickelte. Hier wurden vor allem Eisenwaren, Messer und Werkzeuge gegen Rinder, Pferde und Ponchos getauscht. Nach einem größeren Überfall auf die Spanier im Jahr 1723 baten die Mapuche hauptsächlich deshalb um Frieden, weil sie eine längere Unterbrechung dieses Grenzhandels vermeiden wollten. Danach gab es in der Kolonialzeit nur noch einen ernstzunehmenden Aufruhr am Bío-Bío (1766). Die spanische Reichsregierung ihrerseits war, trotz gelegentlicher Eingaben der Gouverneure von Chile, nicht geneigt, südlich der Grenze militärische Operationen in großem Umfang zu unternehmen oder zu finanzieren. Jesuitische und – nach 1767 – franziskanische Missionare versuchten auf andere Weise, die Eingeborenen freundlich zu stimmen, blieben dabei aber verblüffend erfolglos.

Der ständige Kontakt mit Europäern veränderte die Kultur der Mapuche: Landwirtschaft und Handel breiteten sich rasch aus. Wenn sich auch kein zentralisierter Staat entwickelte, so stellte Araukanien doch de facto ein unabhängiges Territorium dar. Das spanische Chile war also im Jahr 1760 kleiner als das Gebiet, das zu erobern

Valdivia und seine Statthalter ursprünglich beabsichtigt hatten. Tatsächlich kann man sich kaum vorstellen, wie die extrem ausgedehnte Kolonie des 16. Jh. andernfalls hätte überleben können. Die Ausmaße des Generalkapitanats im 18. Jh. waren alles andere als überwältigend: Die Entfernung von Copiapó im dünnbesiedelten Norden bis zur damaligen Garnisonstadt Concepción im Süden beträgt etwa 900 km. Aber selbst innerhalb dieses relativ kleinen Gebiets waren die Verkehrsverbindungen höchst unzulänglich. Während der gesamten Kolonialzeit (und noch recht lange danach) stellte der Seeweg die kürzeste Verbindung zwischen den Ortschaften der Randzonen und dem armseligen Flecken Valparaíso dar, der der Haupstadt Santiago und dem Kerngebiet der Siedlungen in der nördlichen Hälfte des großen Längstals als Hafen diente. Die Reise von Chile nach Europa und umgekehrt – ganz gleich ob über Lima und Panama oder um Kap Hoorn – war ein sehr langwieriges Unternehmen. Die Magellan-Straße wurde vor dem Dampfschiffzeitalter kaum befahren. Im Jahr 1796 legte eine Flottille die Strecke von Cádiz nach Talcahuano, dem Hafen der Stadt Concepción, in der erstaunlich kurzen Zeit von 96 Tagen zurück, was damals großes Aufsehen erregte.

Die geographische Isolierung trug zum Entstehen einer Zivilisation bei, die sich durch ihren besonderen Charakter von der der übrigen spanischen Reichsteile unterschied. In seiner Gesellschaftsstruktur war das Generalkapitanat natürlich von vielen für das hispanoamerikanische Kolonialreich typischen Merkmalen geprägt. Die grundlegenden Lebensformen der Kolonie bildeten sich im 16. und besonders im 17. Jh. heraus. In dieser Zeit entstand durch Rassenmischung eine zunehmend homogene Bevölkerung. Nur wenige Eingeborenengemeinden überlebten nördlich des Bío-Bío, und von den im Jahr 1800 insgesamt etwa 700 000 Einwohnern der Kolonie waren nur ein Siebtel Indianer. Die Bevölkerungszahl Araukaniens dürfte bei 200 000 gelegen haben, was aber nicht als gesichert gelten kann. Die Elite der Kolonie war nicht reich genug, um sich eine Vielzahl afrikanischer Sklaven leisten zu können. Im Jahr 1810 betrug die Zahl der Sklaven nur etwa 5000, die der Schwarzen und Mulatten zusammen rund 20 000. Die Gesellschaft des spätkolonialen Chile bestand somit im wesentlichen aus einer vorwiegend mestizischen Mehrheit und einer kleinen Oberschicht von Kreolen und Europaspaniern. Die Kultur der Oberschicht war grundsätzlich spanisch, die der Mestizen eher gemischt: Vermutlich dominierte das spanische Element (die Namen in den spätkolonialen Taufregistern sprechen dafür), aber der Einfluß der Eingeborenenzivilisation zeigte sich in der Beliebtheit bestimmter Sportarten, im Aberglauben, in den Eßgewohnheiten und im Wortschatz.

Ebensosehr war die Zivilisation Chiles von den in den ersten 200 Jahren der Kolonisierung im großen Längstal entstandenen Latifundien, den *haciendas,* geprägt. Die chilenische Gesellschaft des Jahres 1760 mag nicht sehr zahlreich gewesen sein, aber sie war bereits deutlich in Schichten gegliedert, wobei die sozialen Unterschiede um so stärker hervortraten, je mehr sich die ländlichen Gebiete entwickelten. Kein anderer Vorgang in der chilenischen Geschichte ist von so grundlegender Bedeutung. Die *hacienda* ist natürlich nicht über Nacht in der Zentralebene entstanden. Wie andernorts im spanischen Reich galt auch in Chile das Hauptinteresse der Eroberer und ihrer unmittelbaren Nachfolger der Mobilisierung der Eingeborenen-Arbeitskraft mit Hilfe der *encomienda,* zunächst für die Goldwäscherei an den Flüssen und später für Landwirtschaft und Viehzucht. In den Augen der spanischen Krone war die Zuteilung von Indianern bei weitem nicht das gleiche wie eine Belehnung mit Grund und Boden. In

Chile um 1760

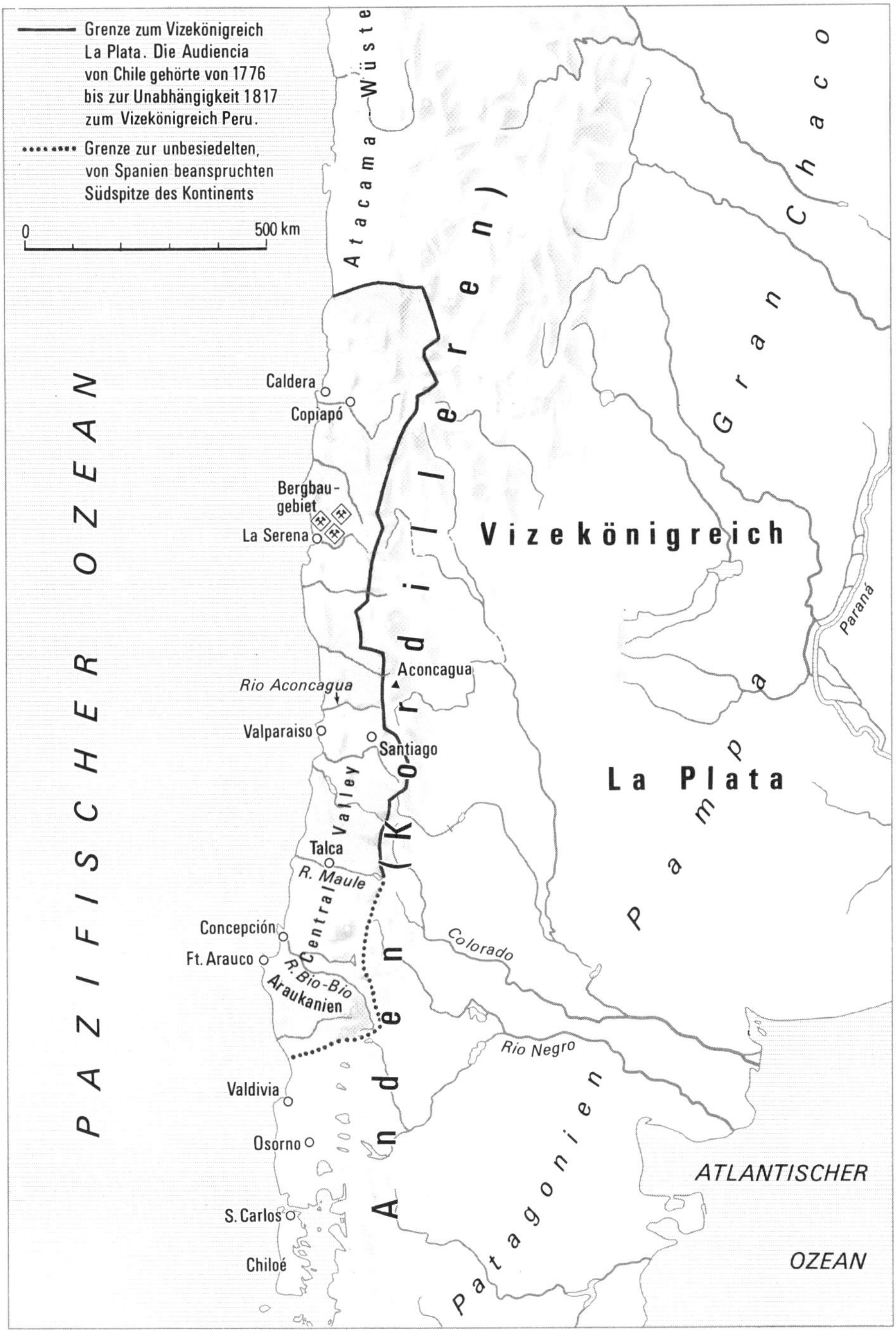

den Augen der ersten Siedler-Generationen dagegen dürfte der Unterschied sehr viel weniger deutlich gewesen sein, und die Eingeborenen wurden oft den bei Chiles neuen Herren so beliebten Grundherrschaften einverleibt. Mit zunehmender Rassenvermischung und dem Dahinschwinden der Eingeborenenbevölkerung (außerhalb Araukaniens) verlor die *encomienda* an Bedeutung, obschon sie in entlegenen Gebieten wie im Norden und auf Chiloé noch bis 1789 fortbestand. Die Grundbesitzer suchten auf andere Weise an Arbeitskräfte heranzukommen, etwa durch die Versklavung von in kriegerischen Auseinandersetzungen gefangengenommenen Araukanern (von 1608 bis 1683 legal) oder durch die Überstellung von Huarpe-Indianern aus den *encomiendas* der jenseits der Anden gelegenen Provinz Cuyo, die bis 1776 zu Chile gehörte. Aber auf lange Sicht war eine dauerhaftere Lösung vonnöten.

Das 17. Jh. ist oft als Chiles „Talg-Jahrhundert“ bezeichnet worden. Viehzucht war die Grundlage der noch in den Anfängen steckenden Wirtschaft der Kolonie, und begrenzte Mengen von Talg (zur Herstellung von Kerzen und Seife), Dörrfleisch und Rinderhäuten wurden nach Lima und Potosí geliefert. Ebenso wurden Maultiere aus Chile über die Anden zu den großen jährlichen Messen nach Salta getrieben. Die Viehzucht brachte oft die Zusammenfassung der Ländereien mehrerer Siedler zu einem Großgrundbesitz mit sich, der *estancia,* wie sie in diesem Frühstadium noch allgemein hieß. Eine *estancia* bestand im Idealfall aus einem Stück Land in der Talsohle der zentralen Hochebene und einem höhergelegenen Weideland in einem angrenzenden Teil des Küstengebirges oder der Andenkordillere. Seit Mitte des 17. Jh. scheint sich eine Tendenz zur Konzentration des Landbesitzes abgezeichnet zu haben. Diese verstärkte sich bald aufgrund des vermehrten Anbaus von Weizen sowohl für den peruanischen Markt als auch für den Inlandsverbrauch: Eine wachsende Mestizenbevölkerung fand ebensoviel Geschmack an der europäischen wie an der einheimischen Küche. Auf den chilenischen Latifundien, nunmehr *haciendas* genannt, verlegte man sich daher auf den Getreideanbau. Mestizen und „arme Spanier“, die zu einem früheren Zeitpunkt als „Pächter“ auf die *estancias* gekommen waren – man hatte ihnen ein kleines Stück Land zugeteilt als Gegenleistung dafür, daß sie die Herden bewachten und beim jährlichen Zusammentreiben und Schlachten halfen –, wurden nach und nach zu einer auf der *hacienda* verankerten und ihr verpflichteten Bauernschaft von Landarbeiter-Pächtern, *inquilinos* genannt. Die in diesem speziellen Sinne in Chile übliche Verwendung des spanischen Sammelbegriffs wurde um 1760 gerade erst gebräuchlich.

Wenn auch unser Bild vom Aufbau der chilenischen *hacienda* noch keineswegs vollständig ist, fällt doch der Zusammenhang zwischen Getreideanbau, Anwachsen der Mestizenbevölkerung und Herausbildung einer gesellschaftlichen Hierarchie ins Auge. Nach Mario Góngora [1974, 108] „wichen der Kameradschaftsgeist der Eroberer und die Weidewirtschaft einer Agrarier-Aristokratie“. Wie viele *haciendas* es um 1800 in der Zentralebene gab, ist nicht genau zu ermitteln. Einer realistischen Schätzung zufolge dürften es 400 bis 500 Latifundien mit jeweils über 1000 ha gewesen sein. Etwas weniger als die Hälfte von ihnen trug zum Getreidehandel bei. Die Landarbeiterschaft bestand nur zum Teil aus *inquilinos.* Weitaus zahlreicher waren die *peones,* die teils seßhaften, teils nicht-seßhaften Gelegenheitsarbeiter, die zur Erntezeit sehr gefragt waren. Da sie noch nicht einmal die – auch noch so geringe – Sicherheit des *inquilino*-Status besaßen, waren die Übergänge vom Tagelöhner-Dasein zur Landstreicherei, zum Viehdiebstahl und zum Banditentum fließend. Diese Leute machten den Kolonialbehörden oft sehr zu schaffen. In dem Gebiet zwischen der araukanischen Grenze und dem Fluß Maule (der sich auf halbem Wege zwischen Santiago und Concepción befindet) war die Landstreicherei besonders verbreitet.

Wenngleich die *hacienda* sich als eine der stabilsten und dauerhaftesten ländlichen Institutionen erwies – und, in Ermangelung von Dörfern im europäischen Sinne, auch den natürlichen gesellschaftlichen Mittelpunkt auf dem Lande darstellte –, war sie durchaus nicht überall anzutreffen: So gab es im fruchtbaren Tal des Aconcagua zahlreiche kleinere Güter. In der unmittelbaren Umgebung der Städte – sofern man sie als solche bezeichnen konnte – waren kleine Bauernhöfe, sogenannte *chacras* (von einem Quechua-Wort abgeleitet), vorherrschend, die sich auf den Anbau von Obst und Gemüse spezialisiert hatten; häufig gehörten sie einem *hacendado,* dessen Hauptbesitzungen in einer anderen Gegend lagen. Kleingüter, *chacras,* und die zahllosen kleinen Höfe der Subsistenzwirtschaft der *peones* in den Tälern der Zentralebene – sie alle standen im Schatten des Großgrundbesitzes, dessen führende Stellung ständig erweitert und gefestigt wurde, in der Regel auf Kosten der kleinen Landwirte. Während der ganzen Epoche war Grundbesitz das vorrangige Statussymbol der Elite. Bis zur Mitte des 19. Jh. war er allerdings nicht zugleich eine Garantie für Wohlstand. Nur ganz wenige Kreolen vermochten durch Landwirtschaft Vermögen anzusammeln. Aber trotz aller Einschränkungen war die Landwirtschaft das Fundament der nach und nach expandierenden Wirtschaft Chiles im 18. Jh. Der chilenische Export nach Peru bestand normalerweise zu 50 Prozent aus Weizen.

B. Die ausgehende Kolonialzeit

Um 1760 war Chile eine überwiegend ländliche Region. Landwirtschaft beherrschte den 500 km langen fruchtbaren Landstreifen zwischen dem Aconcagua-Tal und der araukanischen Grenze. Das sich nach Norden erstreckende wüstenartige Gebiet – der heutige Norte Chico – war in dieser Hinsicht weniger begünstigt. Dennoch erfuhr im späten 18. Jh. selbst der dünnbesiedelte Norden, dessen Bevölkerungszahl sich zwischen 1763 und 1813 von 30 000 auf 60 000 verdoppelte, eine bescheidene Expansion. Grundlage dieser Expansion war der Bergbau, der im 19. Jh. einen sensationellen Aufschwung nehmen sollte. Die beiden im 19. Jh. meistgeförderten Metalle Kupfer und Silber waren in der ausgehenden Kolonialzeit von geringerer Bedeutung als Gold, dessen jährliche Produktion im Jahrzehnt zwischen 1801 und 1810 etwa 3000 kg betrug. So lieferte Chile im Zeitraum von 1800 bis 1820 ungefähr ein Sechstel der gesamten Welterzeugung. Das Produktionssystem war primitiv: Im Rahmen kleiner Bergwerke und mit Hilfe einer primitiven Technik wurden die stark edelmetallhaltigen, leicht auszubeutenden Erze in kurzen, nahe der Oberfläche entlanggeführten Stollen abgebaut und diese sodann stillgelegt. Wie viele solcher Bergwerke es gab, läßt sich unmöglich schätzen, aber ihre Zahl ging sicher in die Hunderte. Am Rande dieser Bergbauindustrie bildete sich das sogenannte *pirquén*-System aus, bei dem ein Pächter in einem Grubenabschnitt oder einem verlassenen Bergwerk selbständig gegen Zahlung einer Pacht oder einer Gewinnbeteiligung schürfte. Der Bergbau war schon um 1787 so bedeutend, daß eine eigene Verwaltungsorganisation des Montanbereichs angestrebt wurde, die sich ab 1801 nach mexikanischem Vorbild *Tribunal de Minería* nannte.

In den letzten Jahrzehnten der Kolonialzeit trug der Bergbau ganz erheblich zur Entwicklung der Wirtschaft des Generalkapitanats bei. Während des 17. Jh. war Chile lediglich ein wirtschaftliches Anhängsel Perus gewesen. Die bourbonischen Handelsreformen bewirkten – infolge des Wegfalls der von den Chilenen bislang obligatorisch einzuhaltenden und für sie so lästigen Lima-Panama-Route im Handel zwischen Chile und Spanien – zweifellos einen Aufschwung der Handelstätigkeit Chiles; diese erfuhr eine zusätzliche Belebung durch die europäischen Schmuggler-Schiffe, die der langen, ungeschützten Küste des Generalkapitanats nunmehr zunehmend regelmäßige Besuche abstatteten. Spanischen Handelsschiffen war es inzwischen ebenfalls gestattet, die Route um Kap Hoorn zu befahren, was erstmals im Jahr 1720 ausprobiert und ab 1740 zur Regel wurde. Die bereits existierende Handelsverbindung mit den – im Jahr 1776 zu einem Vizekönigreich zusammengefaßten – Provinzen am Río de la Plata wurde legalisiert. In Chile kam die umfassende Liberalisierung des innerstaatlichen Handels (1778) durch Karl III. nur noch einer Absegnung zuvor schon angeknüpfter Handelsbeziehungen gleich. Die Kolonie trieb nun unmittelbar Handel mit Spanien (über die Kap-Hoorn-Route oder über Buenos Aires), mit Peru (das jetzt hauptsächlich Zucker und Tabak lieferte) und mit Río de la Plata. Diesen Entwicklungen setzte die mächtige Kaufmannschaft von Lima heftigen, allerdings vergeblichen Widerstand entgegen. Im 18. Jh., so hat Sergio VILLALOBOS [1968, 222] bemerkt, „führte jede Neuerung zu größerer wirtschaftlicher Unabhängigkeit gegenüber Peru“. Seit 1750 durfte Chile seine eigenen Münzen prägen. Im Jahr 1796 wurde eine eigene Kaufmannschaft *(consulado)* in Santiago eingerichtet. Die frühere Macht Perus über Chile beschränkte sich inzwischen fast nur noch auf den Vorteil, den Peru im Weizenhandel hatte: Aufgrund ihrer Kontrolle über die Verschiffung vermochten die *limeños* den Weizenpreis zu bestimmen. Das war ein Ärgernis für Chile und Ursache lang anhaltender Streitigkeiten, die in der Kolonialzeit nicht beigelegt werden konnten.

Die Auswirkungen der bourbonischen Reformen auf Chile dürfen allerdings nicht überschätzt werden. Angebot war eine Sache, Nachfrage eine völlig andere. Anders als viele ihrer Kollegen im übrigen Reich vermochten die Kaufleute von Santiago keinen Vorteil in einer weiteren Lockerung der Restriktionen im Kolonialhandel zu erblicken. Der Transithandel durch Chile hindurch hatte nie einen nennenswerten Umfang erreicht, und mit Ausnahme von Weizen war kein Exporterzeugnis in ausreichenden Mengen vorhanden, als daß man hereinkommende Waren hätte bezahlen können. Ein auf diese Weise entstehendes Defizit wurde unweigerlich mit Hilfe von Metall- oder Münzlieferungen ausgeglichen, was einen ständigen Geldabfluß und damit eine Liquiditätserschöpfung der Kolonie zur Folge hatte. Chile krankte insbesondere an einem permanenten Mangel an Kleingeld, der noch bis in die republikanische Epoche hinein andauern sollte.

Von den wachsenden kommerziellen Möglichkeiten (so bescheiden sie auch waren, gemessen an den Maßstäben des 19. Jh.) angelockt, wanderten zwischen 1700 und 1810 an die 24 000 Spanier – etwa die Hälfte von ihnen Basken und Navarresen – nach Chile aus. Die Erfolgreichsten brachten es – in der Regel durch Handel – zu ausreichendem Wohlstand, um in die kreolische Oberschicht aufgenommen zu werden bzw. einheiraten zu können; nach und nach verdrängten sie viele alteingesessene kreolische Familien. Auf diese Weise entstand die sogenannte „baskisch-kastilische Aristokratie“, deren weitverzeigte Familien eine maßgebende Rolle im öffentlichen Leben

Chiles spielten. Einige von ihnen – z. B. die Larraíns und die Errázuriz – bildeten wahrhaft imponierende Familienverbände. Die reichsten Mitglieder dieser sich neu formierenden Elite vermochten ihrem Wunsch nach einem aristokratischen Status durch die Gründung von Majoraten (Familienfideikommissen) oder durch den Erwerb von Adelstiteln Nachdruck zu verleihen. Chile war eine arme Kolonie und brachte es nie zu mehr als einer Handvoll von jeder Sorte: Im Jahr 1800 gab es 17 *mayorazgos* und zwölf Adelstitel – sieben Markgrafen *(marqueses)* und fünf Grafen *(condes)*. Zum Vergleich: Im Jahr 1796 gab es auf Kuba 23 Adelstitel, und in Peru lebten allein in Lima über 40 adlige Familien. Zahlreiche Kreolen waren Mitglieder spanischer Ritterorden, und noch erheblich mehr besaßen Offizierspatente in den Kolonialmilizen, die unter den Bourbonen erweitert und reorganisiert wurden. Wie begütert waren die reichsten Kreolen? Ein spanischer Besucher verzeichnete im Jahr 1790 nahezu 30 Kreolen mit einem Einkommen von 100 000 Pesos und mehr [Couyoumdjian 1968, 315–322]. Im Norden brachten es ein paar wenige Familien durch Bergbau zwar zu Wohlstand, aber nicht zu ausgesprochenem Reichtum. Viele der erfolgreichsten Handelshäuser wurden nicht von Kreolen, sondern von Europaspaniern geführt. Ganz generell war die kreolische Elite Chiles weniger begütert als die der Vizekönigreiche.

Wohlhabende Kreolen bevorzugten eine städtische Umgebung. In dieser Hinsicht hatte Chile wenig zu bieten. Concepción, nach dem Erdbeben von 1751 an anderer Stelle wiederaufgebaut, war eine Garnisonstadt und nach Santiago das zweite Außenhandelszentrum Chiles, mit direkten Verbindungen nach Spanien und Peru. Im Jahr 1800 hatte die Stadt nicht mehr als 6000 Einwohner. Die übrigen Provinzhauptstädte – Copiapó, La Serena, Valparaíso, Talca und Chillán – waren kleiner. Nur die Hauptstadt Santiago hatte nach den Maßstäben des kolonialen Hispanoamerika viele Merkmale einer, wenn auch bescheidenen, Stadt. Ihre etwa 30 000 Einwohner waren Zeugen einiger längst überfälliger Stadterneuerungsmaßnahmen: eine Universität (1758), eine Eindeichung und Uferbefestigung zur Zähmung des gelegentlich reißenden Mapoche-Flusses, eine eindrucksvolle zwölfbögige Steinbrücke (1765) und eine Reihe neuer öffentlicher Bauten, die zum Teil von dem in Italien geborenen Architekten Joaquín Tesca entworfen worden waren. Sein bekanntestes Werk ist die im Jahr 1805 in streng klassizistischem Stil erbaute Münzanstalt, die seit 1846 als Palast des Präsidenten dient.

Gegen Ende des 18. Jh. waren die Kreolen Santiagos und seines ländlichen Hinterlands die wirtschaftlich und gesellschaftlich führende Schicht der Kolonie. Nur wenige stellten ihre Einbindung in den spanischen Herrschaftsverband in Frage. Das Generalkapitanat wurde von einem Gouverneur und einer *audiencia* regiert. Als oberster Gerichtshof und höchste Berufungsinstanz trug die Existenz einer eigenen *audiencia* in der Provinz zur Ausbildung einer eigenen Identität im Einzugsbereich ihrer Jurisdiktion wesentlich bei. Im Zuge einer weitreichenden Verwaltungsreform wurde Chile, gemäß dem inzwischen überall eingeführten Intendantensystem, in zwei *intendencias*, Santiago und Concepción, aufgeteilt (1786–1787) und der Intendant der ersteren zum ranghöheren der beiden Intendanten erklärt. Der neue Status, den Concepción nunmehr erlangt hatte, mag durchaus den bereits zuvor spürbaren Lokalstolz der Stadt verstärkt haben. Aber was immer das neue System in anderen Teilen des Reiches bewirkt haben mag – in Chile schränkte es den Einfluß der Kreolen auf die Verwaltung nicht ein. Wie Jacques Barbier [1980, 12] gezeigt hat, bestanden nach wie vor „enge

Verbindungen zwischen der Lokalelite und den administrativen Kadern". Außerdem verfügten die Kreolen, wenn sie auch von der höchsten Ebene der Kolonialverwaltung ausgeschlossen waren, über zahllose inoffizielle Möglichkeiten zur Verteidigung ihrer Interessen. Im Jahr 1776 kam es in Santiago sogar zu kleineren Unruhen aufgrund von Unzufriedenheit mit steuerlichen Reformen. Am erfolgreichsten in der spätkolonialen Epoche waren diejenigen Gouverneure – allen voran Ambrosio O'Higgins (1788–1796) –, die mit dem Stadtrat *(cabildo)* von Santiago, dem Forum der Kreolen, eng zusammenarbeiteten.

Der Aufbau der Kirchenverwaltung entsprach weitgehend dem der spanischen Kolonialverwaltung. Die beiden dem Erzbischof von Lima unterstellten chilenischen Bistümer Santiago und Concepción bestanden seit den Anfängen der Kolonie. Die Zahl der Mitglieder der verschiedenen geistlichen Orden übertraf die der Weltgeistlichen, die sich im Jahr 1800 auf etwa 300 belief. Während die Kirche auf die Kultur der Kolonie einen entscheidenden Einfluß ausübte, war sie doch kein bedeutender Grundbesitzer. Nur ein geistlicher Orden, die Jesuiten, hatte sich für Grundbesitz in nennenswertem Umfang interessiert, und die Vertreibung der etwa 350 – überwiegend kreolischen – Jesuiten im Jahr 1767 war vielleicht das dramatischste Einzelgeschehen im Chile des 18. Jh.* Die Jesuiten hatten über 50 Landgüter und eine große Vielfalt kleinerer Unternehmen besessen, darunter Weinberge und eine Werft an der Flußmündung des Maule. Ihre Vertreibung hinterließ eine spürbare Lücke im damaligen Erziehungswesen der Kolonie und brachte eine ansehnliche Zahl gut geführter *haciendas* auf den Markt. Diese wurden nach 1771 versteigert, wobei nicht wenige in die Hände der „baskisch-kastilischen Aristokratie" gelangten.

Ein Grund für das Schicksal der Jesuiten war ihre strenge Papsttreue und die Tatsache, daß sie das absolutistische Gottesgnadentum, auf das die spanischen Könige ihre Herrschaft gründeten, in Frage stellten. Die europäische Aufklärung unterwarf den Absolutismus moderner Kritik. Im Jahr 1776 hatten die 13 englischen Kolonien Nordamerikas ihren Abfall vom Mutterland in der Form überzeugender freiheitlicher Prinzipien erklärt. Die gebildeten Kreolen – nicht zuletzt die wenigen, die die Mittel für eine Reise nach Europa hatten – konnten sich kaum diesen neuen Ideen verschließen, und außerdem wurden sie sich zunehmend der Nachteile ihrer eigenen Position bewußt. Wenn auch die Beziehungen zwischen den Kreolen und den weitaus weniger zahlreichen Europaspaniern in Chile allem Anschein nach recht harmonisch waren, so gab es doch gewisse latente Spannungen: Die Kreolen machten des öfteren Anstrengungen, die Spanier aus den Provinzialämtern der geistlichen Orden und aus dem *cabildo* von Santiago auszuschließen. Ohne Zweifel strebten die Kreolen größeren Einfluß auf die Verwaltung ihrer Kolonie an. Einige der „Aufgeklärten" unter ihnen zogen nunmehr Vergleiche zwischen der Rückständigkeit des Generalkapitanats und seinem natürlichen Ressourcenpotential und drängten auf wirtschaftliche Reformen. Dieses Drängen läßt sich durchaus als frühe patriotische bzw. „proto-nationalistische" Regung interpretieren. Manuel de Salas, einer der intelligentesten Kreolen seiner Generation,

* Eine der Fragen, die chilenische Beamte anläßlich der Volkszählung von 1854 stellten, um die Zahl der Hundertjährigen zu ermitteln, war: „Erinnern Sie sich an die Vertreibung der Jesuiten?"

bezeichnete das Generalkapitanat als „die für das menschliche Glück geeignetste“ und im gleichen Atemzug als „die armseligste aller spanischen Besitzungen“. Salas und andere, ähnlich denkende Reformer waren Neo-Merkantilisten, die ihre Hoffnung auf Reformen der staatlichen Organisation setzten. Angesichts des Beispiels von Nordamerika und des (etwas zweifelhafteren) der Französischen Revolution hoffte hingegen eine kleine – vermutlich sehr kleine – Handvoll aufklärungsbegeisterter Kreolen auf Umsturz und eine unabhängige Republik. Zu diesen zählte auch Bernardo O'Higgins, Sohn des ehemaligen Generalkapitäns von Chile und Erbe eines 26 000 ha umfassenden Großgrundbesitzes nahe der araukanischen Grenze. Allerdings war O'Higgins insofern ein Sonderfall, als er, von seinem Vater zur Vervollkommnung seiner Erziehung nach England geschickt, als junger Mann in London von keinem Geringeren als Francisco de Miranda mit revolutionären Ideen vertraut gemacht wurde. O'Higgins und seine separatistischen Gesinnungsgenossen behielten ihre Gedanken für sich. Ernstzunehmende Verschwörungen von Kreolen gegen die etablierte Ordnung in Chile konnten niemals nachgewiesen werden. Die Phantastereien eines exzentrischen Priesters, Fray Clemente Morán, zugunsten der Französischen Revolution zählen nicht: Man steckte ihn in ein Kloster, und er starb in völliger Vergessenheit im Jahr 1800.

C. Unabhängigkeit und Anfänge der Republik

Die Staatskrise und der Umsturz im Mutterland im Jahr 1808 lösten unter den Kreolen – ohnehin schon beunruhigt durch die kürzlich von den Briten unternommenen Versuche, Buenos Aires zu erobern – erhebliche Verwirrung aus. Nachdem König Ferdinand VII. entthront worden war, und die Franzosen einen Großteil der Iberischen Halbinsel besetzt hatten, und nachdem die übriggebliebenen spanischen Behörden eine neue, liberalistische Tonart anschlugen, wich die zunächst noch inbrünstige Loyalität der Kreolen gegenüber Ferdinand rasch dem Bestreben, die Krise auszunutzen, um eine autonome – und selbstverständlich kreolische – Regierung einzusetzen. Der amtierende Gouverneur Francisco Antonio García Carrasco war diesem neuen Ansturm kreolischer Willensbekundung nicht gewachsen, der sich natürlich keineswegs auf Chile beschränkte: Am 25. Mai 1810 wurde in Buenos Aires unter Massentumulten der Vizekönig von Río de la Plata abgesetzt und eine kreolische Junta etabliert. Im Hinblick auf die zwischen Chile und Río de la Plata bestehenden engen Beziehungen schlug die am 25. Juni eintreffende Nachricht von diesen Vorgängen wie eine Bombe ein. Aber schon einige Zeit zuvor hatte das ungeschickte und unnötig harte Vorgehen des Gouverneurs gegen einige prominente Kreolen ein spannungsgeladenes Ringen zwischen den drei Hauptorganen der Verwaltung heraufbeschworen – dem Gouverneur, der *audiencia* und dem *cabildo* von Santiago, der nun die Rolle eines Anwalts der kreolischen Forderungen übernahm. Um den *cabildo* zu beschwichtigen, überredete die *audiencia* García Carrasco (mit Hilfe seines Beichtvaters), zugunsten des hochgeachteten – und schwerreichen – Kreolen Mateo de Toro Zambrano, Conde de la Conquista, abzudanken. Aber der *cabildo* ließ sich durch dieses Manöver nur vorübergehend ablenken. Indem er sich auf Präzendenzfälle aus der Vergangenheit berief, drängte er Toro Zambrano (wiederum mit Hilfe von dessen Beichtvater), einen *cabildo abierto*, d. h. eine Notablenversammlung der etwa 400 einflußreichsten Bürger Santiagos, einzuberufen, die in dieser Notlage eine Entscheidung hinsichtlich der Regierungsform treffen sollte. Die Versammlung wurde am 18. September 1810 abgehalten. Ihr Ergebnis stand eigentlich von vornherein fest. Eine siebenköpfige Junta wurde gewählt, deren Vorsitz der Gouverneur persönlich übernahm, mit dem Ziel, „diese Herrschaftsgebiete ... für den unglücklichen König Ferdinand VII. zu bewahren". Die Junta versprach, mit der gebotenen Eile einen Kongreß einzuberufen. Das war ein deutlicher Bruch mit der Tradition.

Die Loyalitätserklärung der neuen Regierung gegenüber dem König war kein taktisches Manöver, sondern durchaus aufrichtig gemeint. Aber diese Regierung trat auch unmißverständlich für eine Reform ein, und ihre sofortige Kontaktaufnahme mit der Regierung von Buenos Aires – die sich bereits im Kriegszustand mit dem Vizekönigreich Peru befand – zeigte, daß das latente Liebäugeln mit der Autonomie beim geringsten Anlaß in eine radikalere Stimmung umschlagen konnte. Die Mehrheit der etwa 15 000 in Chile lebenden Europaspanier mißtraute der neuen Regierung von Anfang an. Im April 1811 inszenierten Parteigänger des alten Regimes in Santiago einen bewaffneten Aufstand, bei dem 50 Menschen umkamen. Nunmehr waren die Fronten zwischen „Patrioten" und „Royalisten" scharf gegeneinander abgegrenzt, und die Ereignisse entwickelten rasch eine Eigendynamik. Innerhalb der patriotischen Führung kam es bald zu Unstimmigkeiten – nicht nur zu der im Verlauf von Revolutionen üblichen Spaltung zwischen Gemäßigten und Radikalen, sondern auch zu schwerwiegenden, diese Spaltung überschneidenden Familienrivalitäten. Der erste Nationalkongreß (1811) richtete kaum etwas aus. Bereits Ende des Jahres 1811 hatte ein ungestümer Armeeoffizier, José Miguel Carrera, die Macht ergriffen. Unter seiner Ägide nahmen patriotische Intellektuelle die Gelegenheit wahr, revolutionäres Gedankengut zu verbreiten: Chile erhielt seine erste Druckerpresse, und eine Zeitung wurde gegründet (1812) mit dem vielsagenden Titel *La Aurora de Chile*. Bald darauf folgten patriotische Reformen wie die Einrichtung einer Nationalbibliothek und die Gründung eines nationalen Instituts für Erziehung und Bildung. Aber trotz dieser raschen Entwicklung zögerte Carrera vor dem letzten Schritt – der Erklärung der Unabhängigkeit Chiles. Er wußte nur zu gut, daß viele Kreolen noch immer nicht von der Notwendigkeit dieses Schritts überzeugt waren; außerdem stellten sogar im patriotischen Lager die Familie Larraín und ihre Freunde eine mächtige Opposition dar.

Für José Fernando de Abascal, Vizekönig von Peru und unnachgiebigster Verfechter der alten Ordnung in Hispanoamerika, war die bloße Existenz eines patriotischen Regimes in Chile gleichbedeutend mit einer Aufforderung einzugreifen. Anfang des Jahres 1813 entsandte er ein kleines Expeditionskorps nach Chiloé und Valdivia (deren Garnisonen königstreu geblieben waren), um eine Armee für den Kampf gegen die Patrioten zu rekrutieren. Innerhalb weniger Wochen befand sich ein Großteil der Provinz Concepción in der Hand der Royalisten. Carreras schlecht organisierte Truppen waren nicht imstande, sie zu vertreiben, was seine politische Position zwangsläufig schwächte. Ende 1813 wurde er als Oberkommandierender durch einen Verbündeten der Larraíns, Bernardo O'Higgins, ersetzt, der als der unangefochtene Held aus diesem Krieg hervorgehen sollte. O'Higgins mußte sich unmittelbar danach einem zweiten, vom Vizekönig von Peru entsandten Expeditionskorps unter Gabino Gainza entgegenwerfen, das von Concepción aus in nördlicher Richtung zum Fluß Maule zog. Die beiden kleinen Armeen rieben sich bald gegenseitig auf. Mit Zustimmung des Vizekönigs vermittelte ein englischer Marineoffizier zwischen beiden Seiten. Durch den auf diese Weise im Mai 1814 zustande gekommenen Vertrag von Lircay erhielt Chile ein gewisses Maß an Autonomie. Zu allem Überfluß bemächtigte sich Carrera ausgerechnet zu diesem Zeitpunkt erneut der Regierungsgewalt in Santiago. O'Higgins verweigerte dem neuen Regime sofort den Gehorsam. Diese Zwistigkeiten erwiesen sich als verhängnisvoll für die patriotische Sache: Vizekönig Abascal, der den Vertrag von Lircay nicht anerkannte, entsandte ein drittes Expeditionskorps nach Chile, darunter reguläre Soldaten des soeben aus Spanien eingetroffenen Regiments Talavera, diesmal unter dem Oberbefehl des Generals Mariano Osorio. In der Schlacht von Rancagua am 1. und 2. Oktober 1814 wurden O'Higgins und seine Leute völlig aufgerieben. O'Higgins, Carrera und weitere 2000 Chilenen flohen über die Anden in die argentinische Provinz Mendoza. Osorio hielt einen triumphalen Einzug in Santiago. Das patriotische Chile war vernichtet.

Die spanische „Rückeroberung" Chiles (1814–1817) war eine ebenso unglückliche wie entscheidende Phase des Unabhängigkeitskrieges. Die rachsüchtige und zuweilen brutale Verfolgung von Personen, die als Patrioten bekannt oder verdächtig waren – 40 von ihnen wurden auf die Juan-Fernández-Inseln verbannt, wo sie elendig in Höhlen lebten –, erfüllte weite Kreise mit Abscheu vor der wiederhergestellten Kolonialherrschaft und überzeugte die meisten Kreolen davon, daß die Unabhängigkeit tatsächlich wünschenswert sei. Ein paar vereinzelte Guerillabanden sorgten dafür, daß die spanischen Behörden nicht zur Ruhe kamen. Viel bedeutender als diese Guerillatätigkeit sollte der Tag der Abrechnung werden, für den jenseits der Anden die Vorbereitungen getroffen wurden. Der große argentinische Patriot José de San Martín, Gouverneur von Cuyo, hatte Chile in seinem ehrgeizigen Plan, das Vizekönigreich Peru von der See her anzugreifen, eine Hauptrolle zugedacht. Unter den patriotischen Flüchtlingen aus Chile wählte San Martín nicht den unberechenbaren Carrera, sondern den zuverlässigen O'Higgins zu seinem Hauptverbündeten. Anfang 1817 war San Martíns über 4000 Mann starke Anden-Armee bereit, Chile zu befreien. Nach einem zur Legende gewordenen Marsch über die Pässe der Hochkordillere errang sie am 12. Februar 1817 einen raschen Sieg über die Royalisten bei Chacabuco. Von einer Versammlung von Notabeln wurde O'Higgins die Regierungsgewalt übertragen und, nach argentinischem Vorbild, der Titel eines *Director Supremo* zuerkannt.

Die Jahre von 1817 bis 1820 gelten zu Recht als die heroische Epoche der im Entstehen begriffenen chilenischen Nation. Die Royalisten hatten sich auf die uneinnehmbare Halbinsel Talcahuano zurückgezogen und dachten durchaus nicht an Kapitulation. Joaquín de la Pezuela, der neue Vizekönig von Peru, befahl General Osorio, sich noch einmal an der Spitze eines Expeditionskorps nach Süden zu begeben. O'Higgins konterte herausfordernd mit der formellen Proklamation der Unabhängigkeit Chiles (Februar 1818). Als die Royalisten über den Maule in nördlicher Richtung vorstießen, fürchteten viele Patrioten bereits, sich mit einem weiteren Exil jenseits der Anden abfinden zu müssen. Aber San Martín scharte seine angeschlagene Armee um sich und bereitete am 5. April 1818 in der Ebene des Río Maipó, quasi vor den Toren Santiagos, Osorio und seinen Truppen eine schwere Niederlage. Am Ende des Tages lagen 2300 Mann tot auf dem Schlachtfeld – jeder vierte war gefallen. Das war die letzte und entscheidende Schlacht. Auch wenn der Widerstand der royalistischen Guerillas im Süden in einen jahrelangen heimtückischen Kleinkrieg ausartete und die letzte spanische Festung auf Chiloé sich erst im Jahr 1826 ergab, war doch die Unabhängigkeit nunmehr gesichert.

Nach der Schlacht am Maipó wandten sich O'Higgins und San Martín der versprochenen Befreiung des Vizekönigreichs Peru zu. Nachdem in den argentinischen Provinzen inzwischen das Chaos herrschte, war es an Chile, die *expedición libertadora* zu organisieren, zu finanzieren und weitgehend auch zu rekrutieren. Ein kleines Seegeschwader wurde zusammengestellt, das von Ende 1818 an unter dem Kommando keines Geringeren als Lord Thomas Cochrane stand, den San Martíns Agent in London für die Sache der Befreier hatte gewinnen können. Die beherzten Überfälle des schottischen Admirals auf die spanische Flotte im Pazifik und seine kühne Eroberung des von den Royalisten besetzten Valdivia ließen die Herzen der Patrioten höher schlagen und, was noch wichtiger war, sicherten Chile die Seeherrschaft im Stillen Ozean. Das Expeditionskorps San Martíns – 4500 Mann, 23 Schiffe – verließ Valparaíso im August 1820. Den weiteren Verlauf der Unabhängigkeitskriege beobachteten die Chilenen aus der Ferne. San Martíns Teilerfolg, seine Zusammenkunft mit Simón Bolívar und sein anschließendes Abtreten von der politischen Bühne, die endgültige Befreiung Perus durch Bolívar und seine kolumbianische Armee – auf diese späteren Ereignisse hatte Chile keinen effektiven Einfluß mehr, auch wenn chilenische Soldaten im Dezember 1824 an der Schlacht von Ayacucho teilnahmen, die das Ende der spanischen Herrschaft in Amerika besiegelte.

Weniger für das politischen Leben als für die politischen Überzeugungen war die Unabhängigkeit der bedeutendste Wendepunkt in der chilenischen Geschichte. Die Ideen, die bei Chacabuco und am Maipó triumphierten, waren ebenso liberal wie national geprägt. Die neue politische Elite der Kreolen, wie sie sich nun herausbildete, lehnte den monarchischen Absolutismus der Vergangenheit ab. Zwar tauchte der Begriff „Republik" erstmals im Jahr 1823 in einer chilenischen Verfassung auf (und sogar dort nur indirekt), und erst im Jahr 1826 wurde die etwas zweideutige Amtsbezeichnung *Director Supremo* durch „Präsident" als Titel für das Staatsoberhaupt ersetzt. Aber O'Higgins' standhafte Weigerung, Chile von San Martín in dessen Pläne für die Errichtung konstitutioneller Monarchien einbeziehen zu lassen, wiesen den Weg in die Zukunft. Was immer ihre Meinung über die für Chile am besten geeignete Regierungsform gewesen sein mag – ein Punkt, der in der Proklamation der Unabhängigkeit offengelassen worden war –, die meisten gebildeten Chilenen bekannten sich jetzt in oft überschwenglicher Form zu liberalen Prinzipien, zu einer von gewählten Vertretern gelenkten Regierung, zu Menschenrechten, Gleichheit vor dem Gesetz und Pressefreiheit. Was unter diesen Begriffen zu verstehen war, und wie sie in einem Land angewendet werden sollten, in dem die Fähigkeit zu lesen und zu schreiben auf eine kleine Oberschicht beschränkt war, sollte zum Hauptgegenstand der politischen Diskussion in den Jahren nach der Unabhängigkeit werden.

Daß Chile ein gesonderter Nationalstaat sein sollte, wurde ebenfalls als selbstverständlich vorausgesetzt. O'Higgins und andere kreolische Führer äußerten sich gelegentlich zugunsten einer hispanoamerikanischen Union oder Konföderation. Derartige Vorschläge waren damals auf dem ganzen Kontinent unter Patrioten oft nicht mehr als Lippenbekenntnisse. Chile entsandte keinen Abgeordneten zu Bolívars Panama-Kongreß – möglicherweise, weil es Bolívar persönlich, zu diesem Zeitpunkt auf dem Höhepunkt seines Ruhms, mißtraute. Die junge Nation machte sich begeistert daran, die äußeren Embleme eines selbständigen Staates zu schaffen: Die Nationalflagge, wie wir sie heute kennen, wurde erstmals anläßlich der Feierlichkeiten zur Unabhängigkeit gehißt. Der Text und die Musik der Nationalhymne wurden 1819/20 geschrieben – und später geändert. Das Staatswappen machte mehrere Wandlungen durch, ehe es 1834 seine endgültige Gestalt erhielt – mit dem Huemul (Andenhirsch), dem Kondor und dem Motto „Por la Razón o la Fuerza" (Mit Recht oder Gewalt). Die ersten patriotischen Regierungen waren bestrebt, die Entstehung einer nationalen Identität zu fördern; ein Dekret von 1824 bezog sich sogar auf „die Wichtigkeit, die Gefühle der Chilenen so weit wie möglich zu nationalisieren" – zweifellos ein Eingeständnis, daß sich der Patriotismus zwar innerhalb der gebildeten Elite allgemein verbreitet hatte, die Masse des Volkes aber an ihre chilenische Identität erinnert werden mußte.

Der Masse des Volkes brachte diese nationale politische Revolution in der Tat sehr wenig an unmittelbarer materieller Veränderung. Die endgültige Abschaffung der Sklaverei (1823) betraf nur etwa 4000 Sklaven. Auch die Beendigung des Sonderstatus der Indianer durch zahlreiche Gesetze hatte keine nennenswerte praktische Auswirkung: Noch war eine Invasion Araukaniens undurchführbar, und die Grenze blieb, wo sie war, von der Armee bewacht wie in der Kolonialzeit. O'Higgins schaffte sowohl die Adelstitel als auch das Tragen von Wappen in der Öffentlichkeit ab (1817) und bemühte sich um die Aufhebung der Majorate. Diese fielen wirtschaftlich nicht besonders ins Gewicht. Sie stellten aber ein Statussymbol für die Konservativeren unter den Mitgliedern der Oberschicht dar. In den 50er Jahren des 19. Jh. wurden sie ohne viel Aufhebens abgeschafft.

Daß die Unabhängigkeitsrevolution eine gewisse Zunahme an sozialer Mobilität mit sich brachte, kann als gesichert gelten. Allein schon durch die Kriege konnten sich bestimmte Personen einen führenden Platz in der Politik erkämpfen. So waren in den Jahren 1817 bis 1851 alle Staatsoberhäupter mit langjähriger Dienstzeit Generäle. Analog verschaffte der politische Überschwang der Epoche rhetorisch begabten Männern ein umfangreiches Betätigungsfeld. Aber letztlich war es doch die „baskisch-kastilische Aristokratie" (mit einigen wenigen Neuankömmlingen), die sich – in ihrer Position durch das Ende der Kolonialherrschaft enorm gefestigt – als die regierende Schicht der jungen Republik behauptete.

Kontinuität kennzeichnete auch die Wirtschaftsstruktur Chiles. Landwirtschaft und Bergbau bildeten nach wie vor ihre Hauptstützen. Hier bewirkte allerdings der Abbau der kolonialen Handelsrestriktionen einige recht einschneidende Veränderungen, die der Erörterung bedürfen. Zunächst erhöhte sich in der Zeit von 1810 bis 1840 das Volumen des chilenischen Außenhandels von 5 Mio. auf 14 Mio. Pesos, also auf nahezu das Dreifache. Das war der Auftakt zu der bald darauf einsetzenden Hochkonjunktur um die Mitte des Jahrhunderts. Zu den von der ersten patriotischen Regierung unverzüglich – im Januar 1811 – ergriffenen Maßnahmen gehörte die Öffnung von vier Häfen für den internationalen Handel. Die Wirkung dieses Schritts, dem sich erwartungsgemäß der *consulado* von Santiago heftig widersetzte, trat infolge des Krieges erst mit einer gewissen Verzögerung ein, aber Anfang der 1820er Jahre nahm das Volumen des ein- und auslaufenden Verkehrs in den Häfen rasch zu. Um 1830 trafen in Valparaíso über 200 Schiffe im Jahr ein, mehr als viermal so viel wie im Jahr 1810. Englische, französische und amerikanische Schiffe hatten ihre spanischen und peruanischen Vorgänger inzwischen abgelöst. Aufgrund des Dekrets von 1811 sowie späterer Handelsgesetze durften sich ausländische Kaufleute nun auch in den

Hafenstädten niederlassen. Viele spanische Kaufherren, die im Handel der späten Kolonialepoche eine so bedeutende Rolle gespielt hatten, verließen nach der Schlacht von Chacabuco fluchtartig das Land und ermöglichten es auf diese Weise Chilenen und anderen Neuankömmlingen, ihren Platz einzunehmen. Die Einwohnerzahl von Valparaíso stieg in den Jahren von 1810 bis 1830 von 5000 auf 20 000 an. Die Stadt wurde zu einem geschäftigen Umschlagplatz und zum eigentlichen Brennpunkt des expandierenden chilenischen Handels. Das Hauptzollamt wurde im Jahr 1820 von Santiago nach Valparaíso verlegt. In der neuen kosmopolitischen Kaufmannschaft des Hafens waren die Chilenen selbst zunächst noch nicht sehr zahlreich. Die Ausländer verfügten über bessere Beziehungen zu den nordatlantischen Ländern – mit denen die Geschicke Chiles von nun an zunehmend verknüpft waren –, und das verschaffte ihnen letztlich einen Vorteil gegenüber der einheimischen Konkurrenz. Manche von ihnen ließen sich für immer in Chile nieder und gründeten Familien, die sich der chilenischen Gesellschaft anzupassen vermochten und schließlich in ihr aufgingen.

Die Zunahme des Schiffsverkehrs und die Verkürzung der Liegezeiten in den Häfen erhöhten die Handelskapazitäten der jungen Nation. Die verschiedenen Wirtschaftssektoren waren von diesen neuen Anforderungen unterschiedlich betroffen. Infolge der Unabhängigkeitskriege lag die Landwirtschaft in jeder Hinsicht darnieder. Die Provinz Concepción war besonders stark verwüstet worden, weil Truppen und Guerillabanden die *haciendas* geplündert und das Vieh beschlagnahmt hatten. Im Süden waren vor den 40er Jahren des 19. Jh. keine Anzeichen für eine wirkliche Erholung zu erkennen, und Concepción selbst wurde durch das schwere Erdbeben von 1835, dessen Verheerungen Charles Darwin so tief beeindruckten, weitgehend zerstört. Auch führten die Kriege zu nachhaltigen Unterbrechungen der Versorgung Perus mit chilenischem Weizen. „Die Bevölkerung stöhnt über den Mangel an Brot", berichtete Vizekönig de la Pezuela im Jahr 1817 [zit. nach BARROS ARAÑA 1884–1902, XI, 314]. Der Weizenhandel mit Peru erreichte nie mehr seinen früheren Umfang. In den 20er und 30er Jahren des 19. Jh. nahmen Argentinien, Brasilien und Uruguay jeweils bestimmte Mengen Weizen ab, und Valparaísos Rolle als führender Hafen am Pazifik bedeutete außerdem einen größeren Markt für den Schiffsproviant. Auch die Preise für Erzeugnisse der Weidewirtschaft – vor allem für Rinderhäute und Dörrfleisch *(charqui)* – tendierten in dieser Zeit generell nach oben. Somit war gegenüber der späten Kolonialepoche im Jahr 1830 eine leichte Wertsteigerung im Export von Erzeugnissen der *haciendas* zu verzeichnen, und diese Tendenz hielt während der 1830er Jahre an. Als sich größere Absatzmöglichkeiten eröffneten, wie etwa zur Zeit des kalifornischen und des australischen Goldrauschs, waren die chilenischen Landwirte somit bereit und in der Lage zu reagieren.

Das nördliche Bergwerksgebiet, das 1811 zu der neuen – Chiles dritter* – Provinz Coquimbo zusammengefaßt wurde, lag weitab der Hauptkriegsschauplätze. Ihm kam die erhebliche Zunahme des Schiffsverkehrs in erster Linie zugute. Unter den drei von Chile traditionell produzierten Metallen hatte Gold inzwischen an Bedeutung stark eingebüßt gegenüber Silber und Kupfer, deren Förderung einen zu diesem Zeitpunkt einsetzenden, 50 Jahre dauernden Boom erfuhr. In der späten Kolonialepoche war die

* Im Jahr 1826 wurde Chile erneut, diesmal in acht Provinzen, aufgeteilt.

Silbergewinnung wiederholt durch eine unregelmäßige Quecksilberversorgung behindert worden, aber das war nun vorbei. Im Jahr 1811 stieß man bei Agua Amarga im Gebiet von Vallenar und 1825 bei Arqueros nahe Coquimbo auf neue Silberfunde, die jedoch weit übertroffen wurden von den 1832 entdeckten, sehr viel reicheren Silberlagern bei Chañarcillo südlich Copiapó, das sich rasch zur führenden Bergbaustadt im Norden entwickelte. Ende der 1820er Jahre war der Wert der Silberproduktion vermutlich mehr als doppelt so hoch wie im Jahr 1810. Allerdings läßt der beständige Schmuggel (zur Umgehung der behördlich verhängten Exportsperren für Münzen) alle statistischen Daten äußerst fragwürdig erscheinen. Dank der stetig wachsenden internationalen Nachfrage wurde Kupfer ebenfalls in sehr viel größerem Umfang abgebaut: Das ganze 19. Jh. hindurch war es mit Abstand das einträglichste Metall. Die durchschnittliche Jahresproduktion, die in den ersten beiden Jahrzehnten des 19. Jh. etwa 1500 metrische Tonnen betragen hatte, stieg in den 1830er Jahren auf 4600 Tonnen an. Für kurze Zeit wurde eine bestimmte Menge Kupfer (oft auf US-amerikanischen Schiffen) auch nach Indien und China exportiert, aber der Handel mit Indien ging Mitte der 1820er Jahre zurück, als infolge des ersten birmanischen Krieges die Bucht von Bengalen nicht mehr zugänglich war. In London wurden nicht weniger als drei Gesellschaften zur Ausbeutung der neuen, vielversprechenden Erzgruben Chiles gegründet. Aber die europäischen Fachleute mit ihren Maschinen konnten mit dem herkömmlichen chilenischen System nicht konkurrieren – der traditionellen Kombination von örtlichem Unternehmertum, kleinen Bergwerken und elementarer Technologie –, das den neuen Anforderungen des expandierenden Handels besser entsprach. Eine Verbesserung der Verhüttungstechnik wurde Anfang der 1830er Jahre durch die Einführung des Reverberier-Ofens bewirkt, in Chile „das englische System" genannt. Er war schon seit langem in Swansea eingesetzt worden, der führenden Kupferverhüttungsstadt der damaligen Welt, in dessen Hafen große Mengen chilenischen Kupfererzes in den Jahrzehnten nach der Unabhängigkeit verschifft wurden.

Andererseits brachte der zunehmende Schiffsverkehr auch eine Flut von Importgütern mit sich, für die es nur einen begrenzten Markt gab, der außerdem, genau wie zur Zeit der bourbonischen Reformen, bald gesättigt war. Nach einer ersten Euphorie im Jahr 1820/21 sahen sich die Kaufleute gezwungen, die Preise zu senken und sich mit kleineren Gewinnspannen zu begnügen. Danach belief sich der Wert der Importe auf etwa das Doppelte dessen, was er 1810 betragen hatte, bis sich der Handel in den 1830er Jahren wieder belebte. Die Briten waren ihren Konkurrenten weit überlegen und verkauften eine große Vielfalt von Fertiggütern, besonders Textilien und Eisenwaren. Die neu entstandene Import-Export-Struktur sollte sich als sehr dauerhaft erweisen: Diese Art des Austauschs kam den Interessen der chilenischen *hacendados* und Grubenbesitzer sehr entgegen, und wenngleich die ersten Nationalregierungen von den von Spanien überkommenen neo-merkantilistischen Prinzipien keineswegs abrückten, wurde doch eine Aufwärtsentwicklung des Außenhandels zunehmend als dem materiellen Fortschritt zuträglich empfunden.

Die Einkünfte der Regierung ließen sich am unproblematischsten durch das Erheben von Zöllen aufbessern. Aufgrund des Dekrets von 1811 waren die meisten Einfuhrgüter mit einem etwa 30prozentigen Zoll belegt worden. O'Higgins erhöhte diesen in den Jahren 1817, 1818 und 1822, aber insgesamt gesehen tendierten die Tarife in diesem Zeitraum eher nach unten. Die bemerkenswerte Handelsgesetzgebung von

1833/34 führte zu einer durchschnittlichen Zollerhebung von etwa 25 Prozent. Nahezu alle damaligen Gesetze setzten höhere Zölle für bestimmte Artikel fest – oder verboten deren Einfuhr ganz –, um die einheimische Produktion zu schützen. Derartige Maßnahmen waren angesichts der allgemeinen Armut des Landes wenig sinnvoll und kollidierten außerdem mit dem Wunsch der Regierung, ihre Einnahmen zu einer Zeit zu erhöhen, da Reformen heiß herbeigesehnt wurden. Das Dilemma wurde noch zusätzlich durch die militärischen Anforderungen jener Zeit kompliziert. Hier grenzte O'Higgins' Leistung an ein Wunder. Mit Hilfe einer Reihe von Notstandsmaßnahmen – darunter die Konfiszierung royalistischer Vermögenswerte und Zwangsanleihen bei Royalisten wie Patrioten – erhöhte er die Einkünfte der öffentlichen Hand im Jahr 1818 und noch einmal 1822 auf 2,3 Mio. Pesos. Dieses Niveau erreichten sie in den darauffolgenden 15 Jahren nicht mehr. Außerdem nahm er, was vielleicht weniger klug war, auf dem Londoner Geldmarkt einen Kredit in Höhe von 1 Mio. Pfund Sterling auf; nach Abzug der hohen Provisionsgebühren erhielt Chile nur 675 000 Pfund Sterling, von denen ein Teil zudem sofort an das soeben unabhängig gewordene Peru weiterverliehen wurde, eine Geste der Solidarität, die Chile nichts als Ärger eintrug. Ein Rückgang der Zolleinnahmen Mitte der 1820er Jahre führte dazu, daß die Schuldzinsen nicht bezahlt werden konnten. Die Regierung entschloß sich daher, den *estanco*, das lukrative, aus der Kolonialzeit überkommene staatliche Tabakmonopol, an das Handelshaus von Diego Portales und José Manuel Cea in Valparaíso gegen dessen Zusicherung zu verpachten, die fälligen Zahlungen zu leisten. Da das Handelshaus seinen Verpflichtungen nicht nachkam, wurde der Vertrag im Jahr 1826 rückgängig gemacht. Diese Angelegenheit wirbelte damals viel Staub auf und hatte u. a. zur Folge, daß der empörte Diego Portales sich der Politik zuwandte.

Im Jahr 1826 waren die innenpolitischen Verhältnisse chaotisch. Die junge Republik bemühte sich um Wiederherstellung der inneren Ordnung, aber das war keine leichte Aufgabe. Die erste unabhängige Regierung mit Bernardo O'Higgins als *Director Supremo* an der Spitze war sechs Jahre lang im Amt, von denen die ersten drei Jahre einer kriegsbedingten Diktatur gleichkamen. O'Higgins persönlich war ein gutmütiger, aufrechter, ziemlich unkomplizierter Mann mit einem ausgeprägten Sinn fürs Praktische. Diese Tugenden nützten ihm jedoch wenig, als die Woge des Krieges abebbte, und die Notwendigkeit einer Notstandsregierung in Frage gestellt wurde. In manchen Kreisen verdächtigte man ihn, allzusehr unter dem Einfluß San Martíns und dessen argentinischer Gefolgschaft zu stehen. Einige der von O'Higgins im Hinblick auf die Kirche ergriffenen Maßnahmen sorgten für Unruhe. So hatte er ausländischen Protestanten die Erlaubnis erteilt, einen eigenen Friedhof einzurichten. Bestattungen in Kirchen wurden verboten und der Bischof von Santiago wurde vorübergehend nach Mendoza verbannt. Noch schwerer ins Gewicht fiel zweifellos, daß O'Higgins' persönlichkeitsbezogene (und etwas cliquenhafte) Regierung das Gros der politischen Klasse von einer aktiven Mitwirkung bei der Führung der Staatsgeschäfte auszuschließen schien. Im Jahr 1818 erließ O'Higgins eine „provisorische" Verfassung, um seine Notstandsregierung zu legalisieren. Vier Jahre später beschloß er, ein sehr viel sorgfältiger ausgearbeitetes Verfassungsdokument einzubringen, das Wahlen, einen Kongreß und ähnliche liberale Elemente einschloß. Es enthielt zudem eine Klausel, die es O'Higgins gestattet hätte, ein weiteres Jahrzehnt an der Macht zu bleiben. Das war für die Oberschicht unannehmbar. Der entscheidende Schlag wurde dem Regime durch ein *pronunciamiento* (Militärputsch) des Generals Ramón Freire, des Intendanten der durch den Krieg verwüsteten Provinz Concepción, versetzt. Anläßlich eines dramatischen Auftritts in Santiago am 28. Januar 1823 wurde O'Higgins schließlich dazu gebracht, abzudanken. Anschließend verließ er Chile und kehrte nie mehr zurück.

Sein Nachfolger als Staatsoberhaupt wurde zwangsläufig General Freire, ein liberal gesinnter Soldat, bestrebt, den ihn umgebenden Poltikern zu Gefallen zu sein. Nach O'Higgins' Fortgang trat die Spaltung in zwei politische Lager zutage. Die Liberalen strebten nach Reformen, gegen den Widerstand der Konservativen. Die Debatte zwischen den Mitgliedern der beiden „Parteien" wurde oft mit großer Schärfe in den über 100 doktrinären Nachrichtenblättern geführt, die zwischen 1823 und 1830 erschienen. Den Unterschied zwischen den Liberalen und den Konservativen in sozioökonomische Begriffe zu fassen ist kaum möglich: Ihr Zwist scheint persönlicher und ideologischer Natur gewesen zu sein, auch wenn es vermutlich zutrifft, daß die konservative „Partei" die Ziele des wohlhabenderen und länger etablierten Teils der Elite vertrat, während sich zu den Liberalen vor allem Freiberufler, Intellektuelle und – in ein bis zwei Fällen – der Selbstdarstellung frönende Abenteurer hingezogen fühlten. Die Liberalen waren in den 1820er Jahren die dominante Gruppierung.

Die junge Republik trieb von einer (relativ gemäßigten) politischen Krise in die andere. Der verfassunggebende Kongreß von 1823 beauftragte Juan Egaña, einen der gebildetsten kreolischen Intellektuellen seiner Zeit, eine Verfassung zu entwerfen. Sein moralistischer und utopischer Konservatismus, der hauptsächlich Egañas überschwenglicher Bewunderung der klassischen Antike, der Inka und des konfuzianischen China entsprang, wirkte in jener Zeit des aufstrebenden Liberalismus ausgesprochen sonderbar. Der Entwurf wurde alsbald fallengelassen. In den Jahren 1825/26 wurde die politische Elite von einer Leidenschaft für „föderalistische" Ideen ergriffen, die von dem radikalen Publizisten José Miguel Infante noch geschürt wurde. Chile mit seiner knapp 1 Mio. zählenden Bevölkerung und seinem in sich geschlossenen Territorium bedurfte wirklich keiner bundesstaatlichen Institutionen. Aber derartige Überlegungen praktischer Natur vermögen wahrhaft Gläubige nur selten umzustimmen. Ein Entwurf für eine föderative Verfassung wurde vorgelegt, aber trotz langer Debatten nie veröffentlicht. Inzwischen beschworen politische Unsicherheit, vereinzelte örtliche Unruhen und wachsende Disziplinlosigkeit der Armee ein beginnendes Chaos herauf. Keiner der beiden unmittelbaren Nachfolger Freires vermochte dieser Belastung standzuhalten. Im Januar 1827 ritt ein Oberst auf seinem Pferd in den Kongreß ein und versprengte die entsetzten Abgeordneten. Freire konnte überredet werden, sein Amt wieder aufzunehmen und wenigstens so lange auszuüben, bis eine gewisse Ordnung wiederhergestellt sein würde.

Das Vertrauen der Politiker in Verfassungsentwürfe war noch immer ungebrochen. Es wurde ein weiterer Versuch unternommen. Diesmal versicherten sich die *constituyentes* der Mitwirkung eines prominenten spanischen Liberalen, José Joaquín de Mora, der kurz zuvor nach Chile gekommen war. Das Resultat dieser Zusammenarbeit, die Konstitution vom August 1828, die vierte der vergangenen zehn Jahre, die in Kraft trat, war elegant formuliert und liberal – vielleicht ein wenig zu liberal, denn sie sah häufige Wahlen vor und zeigte weiterhin deutliche Spuren von Föderalismus.

General Francisco Antonio Pinto, seit Mai 1827 Präsident, war ein gewinnender, lebenskluger Mann, bestrebt, ein solides liberales Regime zu errichten. Eine Zeitlang schien es, als habe er gute Chancen, sein Vorhaben zu verwirklichen. Unglücklicherweise erreichte die Erbitterung der Parteien nunmehr einen Höhepunkt. Die Liberalen waren gespalten, während die Konservativen nach dem föderalistischen Debakel zum Äußersten entschlossen waren. Es gab mehrere spezifische Gründe für die Unzufriedenheit der Konservativen. Die effektive Abschaffung der Majorate (aufgrund der neuen Konstitution) und der Ausverkauf des – 1824 konfiszierten – Besitzes der geistlichen Orden beleidigte die traditionalistischen Notabeln, die von den Liberalen als *pelucones* (Wichtigtuer) apostrophiert wurden. Unter den Konservativen befanden sich auch ein paar Anhänger des ins Exil gegangenen O'Higgins, die von einer Restauration träumten, darunter der mächtige General Joaquín Prieto, Armeekommandeur in Concepción. Die hartnäckigsten Opponenten des liberalen Regimes waren die Mitglieder einer mit dem unseligen *estanco*-Vertrag in Zusammenhang stehenden Gruppe (darunter auch einige enttäuschte Liberale), die deshalb *estanqueros* genannt wurden. Der starrköpfige und zynische Diego Portales war ihr Anführer. Sie verlangten beharrlich eine starke Regierung als Allheilmittel gegen die Übel, die Chile befallen hatten.

Im September 1829 lieferte die umstrittene Wahl eines Vizepräsidenten (als Nachfolger für den nun bald aus dem Amt scheidenden General Pinto) durch den von den Liberalen beherrschten Kongreß den Konservativen einen Vorwand. General Prieto putschte und setzte seine Rebellenarmee auf Santiago in Marsch. Die liberale Regierung fiel nach und nach auseinander. Dem ersten Zusammenstoß – mit unentschiedenem Ausgang – zwischen den Truppen der Liberalen und denen der Konservativen (Dezember 1829) folgte ein kurzlebiger Waffenstillstand. In der Hoffnung, in den Provinzen Unterstützung zu finden, faßte Freire den verhängnisvollen Entschluß, Santiago zu verlassen, wo die Konservativen nun rasch Zugriff auf die Regierung gewannen. Anfang April 1830 übernahm Diego Portales zwei der drei Ministerien und wurde der mächtigste Mann des neuen Regimes. Teils mit, teils ohne offizielles Amt blieb er die politische Hauptperson des Landes bis zu seiner Ermordung durch Angehörige eines meuternden Armeebataillons im Juni 1837. Elf Tage nach Portales' Ernennung wurde Freires kleines, etwa 1700 Mann starkes Heer bei Talca, unweit des Zusammenflusses von Claro und Lircay, von Prietos überlegener Streitmacht besiegt. Die Schlacht von Lircay bedeutete das Ende des Bürgerkriegs. Sie war eine der wirklich entscheidenden Schlachten in der chilenischen Geschichte, denn sie läutete über ein Vierteljahrhundert konservativer Herrschaft ein. Erst in den 70er Jahren des 19. Jh. sollte es wieder einen liberalen Präsidenten in Chile geben.

Die Konservativen waren dort erfolgreicher, wo die Liberalen versagt hatten, indem sie Institutionen schufen, die sich als funktionsfähig und dauerhaft erwiesen. Zweifellos kamen ihnen dabei Chiles geographische Geschlossenheit, seine relativ homogene Bevölkerung und Kultur, die politische Stabilität der von *haciendas* beherrschten ländlichen Gebiete und der den Handel begünstigenden äußeren Einflüsse zugute. „Die nahezu universelle Neigung der Massen, die Hände in den Schoß zu legen, ist der Garant der öffentlichen Ruhe", schrieb Portales [zit. nach CRUZ/FELIÚ CRUZ 1937/38, II, 228]. Wahrscheinlich hatte er recht. Aber wie günstig die Voraussetzungen auch immer sein mögen, Institutionen müssen so gestaltet werden, daß sie funktionieren.

Das war in Chile der Fall. Es würde den Rahmen dieser Abhandlung sprengen, den geschichtlichen Verlauf über das Jahr 1830 hinaus zu verfolgen; dennoch dürfen einige Hauptelemente der konservativen Regelung nicht unerwähnt bleiben. Die formelle Struktur dieser Ordnung wurde in eine neue, 1833 in Kraft gesetzte Verfassung eingebettet. Diese sah eine starke präsidiale Autorität vor. Von den leicht abzurufenden Notstandsvollmachten wurde in den nächsten drei Jahrzehnten viel Gebrauch gemacht. Die Lokalbeamten wurden von der Regierung ernannt, und der Kongreß (bestehend aus einem indirekt gewählten Senat und einer alle drei Jahre neu zu wählenden Abgeordnetenkammer) hatte nur auf dem Papier mehrere Möglichkeiten, die Exekutive zu kontrollieren. Diese Kontrollmöglichkeiten waren aufgrund der massiven Kontrolle, die die Exekutive ihrerseits über den Wahlapparat besaß, weitgehend unwirksam: Da für das Stimmrecht bis 1874 Grundbesitz und bis 1970 die Fähigkeit, lesen und schreiben zu können, ausschlaggebend war, blieb die Zahl der Wahlberechtigten für den Rest des 19. Jh. äußerst gering.

Dieses politische System hatte fraglos einen – in seinen ersten Jahrzehnten sogar sehr ausgeprägt – autoritären Charakter und war daher in den Augen mehrerer Generationen von Liberalen gleichbedeutend mit einem Verrat an den hohen Idealen der Unabhängigkeit. Die Majorate wurden zeitweise wieder eingeführt. Die geistlichen Orden erhielten, wo es möglich war, ihren Besitz zurück oder wurden entschädigt. In den 30er Jahren und erneut in den 50er Jahren des 19. Jh. war Repression ein – wenn auch normalerweise unblutiger – Dauerzustand. Aber das ist nicht alles. Trotz gelegentlicher bewaffneter Herausforderungen, insbesondere in den Bürgerkriegen von 1851 und 1859, blieben das Regime und seine Institutionen intakt, und das System war in seiner Konzeption so anpassungsfähig, daß die Liberalen etwas später im gleichen Jahrhundert wieder an die Regierung zurückkehren konnten, ohne daß dadurch ein Umsturz ausgelöst worden wäre. Die Stabilität der chilenischen Institutionen und die zwischen den 20er und den 70er Jahren des 19. Jh. erfolgende beträchtliche Wirtschaftsexpansion, die an sich schon unmißverständliche Zeichen materiellen Fortschritts nach sich zog – dies alles trug dazu bei, einen starken Nationalstolz entstehen zu lassen, einen Stolz, der u.a. auch durch die Tatsache genährt wurde, daß kein anderes hispanoamerikanisches Land sich einer ähnlichen Leistung rühmen konnte. Chile mag nicht „das England des Pazifik“ geworden sein, von dem Portales geträumt hat, aber es steht außer Zweifel, daß es diesem rückständigen, entlegenen Generalkapitanat von 1760 bis zum Jahr 1860 gelungen war, eine im lateinamerikanischen Vergleich äußerst vorteilhafte Entwicklung zu durchlaufen.

Hans Vogel

7. Río de la Plata 1760–1830/1852

Aus dem Englischen übersetzt von Andrea von Struve

A. Von einer rückständigen Randregion zum Vizekönigreich (1760–1776)

Bis zur Mitte des 18. Jh. konzentrierte sich das spanische Kolonialreich in Südamerika auf die Gebirgskette der Anden und ihre westlichen Hänge entlang der Pazifikküste. Die meisten spanischen Kolonisten, Kreolen und kolonisierten Indianer lebten zwischen Panama und Chiles Zentralzone; Lima bildete den glanzvollen Mittelpunkt des Imperiums in Südamerika. Die weiten Ebenen im südöstlichen Teil des Kontinents waren kaum erschlossen oder besiedelt. Dies war auch nicht möglich, weil es der Region an den Grundvoraussetzungen für ein Wirtschaftswachstum mangelte – dem so begehrten Silber und billigen indianischen Arbeitskräften. Trotzdem hielt man eine gewisse spanische Präsenz im Osten für erforderlich, da Spanien durch den Vertrag von Tordesillas ein Anrecht auf die Besiedlung am Mündungstrichter des Río de la Plata besaß. Aus naheliegenden strategischen Gründen konnte man es nicht zulassen, daß Portugal die gesamte Region für sich allein beanspruchte.

Buenos Aires war der wichtigste Seehafen der Region. Seit ihrer zweiten Gründung im Jahr 1580 war die Stadt ganz auf sich gestellt und konnte sich wirtschaftlich nur behaupten, indem sie die ihr auferlegten rigiden Handelsbeschränkungen umging oder grob mißachtete. Buenos Aires entwickelte sich zum Zentrum eines florierenden Schleichhandels, an dem portugiesische, holländische, englische und französische Kaufleute beteiligt waren. Die Ausländer brachten europäische Fertigwaren und Textilien mit und tauschten diese gegen Rinderhäute und Silber aus Hochperu (Bolivien) ein.

Hätte der Siebenjährige Krieg (1756–1763), der zur britischen Besetzung Havannas führte, nicht die Verwundbarkeit des spanischen Imperiums offengelegt, wäre Buenos Aires dank des Schmuggels vermutlich weiter aufgeblüht. Die spanische Krone erkannte jedoch, daß es höchste Zeit war, Maßnahmen zum Schutz ihres amerikanischen Kolonialreichs zu ergreifen. Als unmittelbare Reaktion auf die militärische Niederlage wurden zunächst die Verteidigungsanstrengungen in der Karibik verstärkt. Dann folgte die gründliche Neuorganisation der Kolonialverwaltung im gesamten Territorium. Das riesige Vizekönigreich Peru wurde in drei Vizekönigreiche aufgegliedert, von denen das 1778 errichtete Vizekönigreich Río de la Plata das ausgedehnteste war. Es umfaßte die Territorien des heutigen Nord-Argentinien, Uruguays, Paraguays, Boliviens sowie einen Großteil der Atacama-Wüste und erstreckte sich vom Atlantik bis zum Pazifik.

In der Río-de-la-Plata-Region bestand ein zusätzlicher Grund, die Verwaltungsreformen und die Erhöhung der Verteidigungsbereitschaft voranzutreiben: Die Portugiesen zeigten nämlich ein ausgeprägtes Interesse an der Kontrolle über die La-Plata-Mündung und das fruchtbare Grasland an ihrem östlichen Ufer. Während sich die

Río de la Plata um 1800

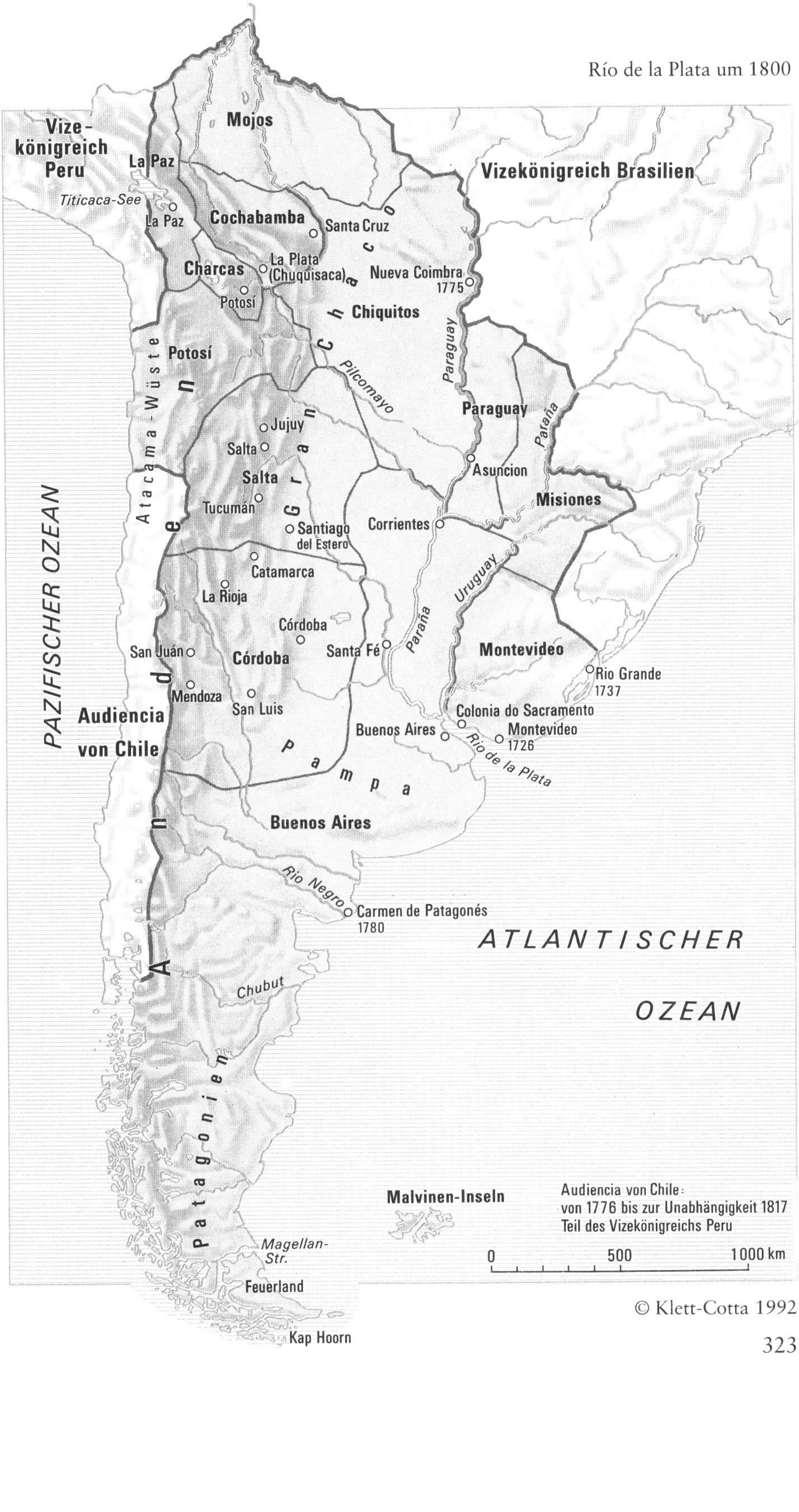

spanische Besiedlung bis weit ins 18. Jh. hinein auf den Westen beschränkte, dehnte sich die portugiesische Kolonie Brasilien dank der reichen Gold- und Diamantenfunde enorm aus. Die *bandeirantes*, die immer tiefer ins Landesinnere Brasiliens vordrangen, schoben die realen wie auch die offiziellen Grenzlinien zwischen dem portugiesischen und spanischen Kolonialbesitz immer weiter vor sich her. Bereits in den 80er Jahren des 17. Jh. waren die spanischen Jesuiten von ihren Missionsstationen an den Nebenflüssen des Río Uruguay verdrängt worden. Im Jahr 1680 gründeten die Portugiesen Colonia do Sacramento, einen Handelsposten, der sich genau gegenüber von Buenos Aires befand. Dies war der Eröffnungsschachzug im erbitterten Kampf um die Vorherrschaft im Mündungsgebiet des Río de la Plata, der weit bis ins 19. Jh. hinein andauern sollte. Im Jahr 1750 legten Spanien und Portugal ihre Differenzen bei und unterzeichneten den Vertrag von San Ildefonso, in dem die Westgrenze Brasiliens weit hinter die Tordesillaslinie verlegt wurde. Im Jahr 1762 gelang es dem erfahrenen und erfolgreichen Heerführer Pedro de Cevallos (1716–1778), die Portugiesen mit einer Truppe aus vorwiegend ortsansässigen kreolischen Soldaten aus Colonia zu vertreiben. Doch schon nach wenigen Jahren kehrten die Portugiesen wieder zurück. Daraufhin entschloß sich die spanische Krone, den Konflikt mit einem schnellen und entscheidenden Vernichtungsschlag ein für allemal zu beenden.

Im Jahr 1777 traf Cevallos mit einem Expeditionskorps von etwa 10 000 Soldaten am Río de la Plata ein. Er hatte den Auftrag, Colonia zurückzuerobern und die Portugiesen für immer aus der Banda Oriental zu vertreiben. Nachdem er seine Mission erfolgreich abgeschlossen hatte, wurde Cevallos in Buenos Aires zum ersten Vizekönig des neu geschaffenen Vizekönigreichs Río de la Plata ernannt. Es erstreckte sich von der Pampa in der Umgebung der Hauptstadt bis zur Wüste bei Arica am Pazifik, von der üppigen tropischen Vegetation Paraguays bis zu den höchsten andinen Gipfeln in Hochperu (Bolivien). Insgesamt umfaßte es eine Fläche von über 3 Mio. km^2. In diesem Gebiet waren sämtliche Klimazonen anzutreffen und der Anbau jeder erdenklichen Kulturpflanze möglich, doch die riesigen Entfernungen stellten das Land vor große Probleme. Es dauerte über drei Monate, um auf der Haupthandelsstraße von Buenos Aires über Córdoba und Tucumán zum *altiplano* Hochperus zu gelangen. Es war natürlich leichter, eine einzige große Verwaltungseinheit einzurichten, als ein entsprechend einheitliches, großes Wirtschaftssystem aus dem Boden zu stampfen. Das Land war nach wie vor dünn besiedelt. Die Gesamtbevölkerung lag bei unter 2 Mio. Die meisten Einwohner lebten in den florierenden Städten und auf den Ebenen Hochperus. Trotz einer langen Phase des kontinuierlichen Niedergangs blieb Potosí mit seinen 22 000 Einwohnern weiterhin ein bedeutendes Wirtschaftszentrum. Cochabamba und Oruro waren etwa genauso groß. La Paz hatte sich mit seinen 40 000 Einwohnern zur größten Stadt des gesamten Vizekönigreichs entwickelt. Die *audiencia* von Charcas, zu der diese Städte gehörten, erlebte zum Ende des 18. Jh. eine Phase des erneuten Aufschwungs. Sie verfügte mit ihren fast 900 000 Einwohnern hinsichtlich der Anzahl der Käufer und der Kaufkraft über den bedeutendsten regionalen Markt des Landes. Die Stadt Chuquisaca oder Charcas (heute Sucre genannt), der Sitz der *audiencia*, entwickelte sich zum intellektuellen Zentrum des Vizekönigreichs; die berühmte Universität zog Studenten aus ganz Südamerika an. Einige der einflußreichsten Führer der Unabhängigkeitsbewegung erhielten dort ihre akademische Ausbildung.

Verglichen mit Charcas nahm sich die urbane Entwicklung im übrigen Vizekönigreich in der Tat bescheiden aus, obgleich sie in manchen Fällen einen dynamischeren Verlauf aufwies. Buenos Aires brachte es zwar nur auf 25 000 Einwohner, aber die Bevölkerungszahl hatte sich innerhalb einer Generation verdoppelt (1750 waren es nur 12 000 gewesen). Im Laufe der nächsten Generation verdoppelte sie sich ein weiteres Mal und erreichte noch vor der Jahrhundertwende einen Stand von 50 000. Alle übrigen Städte bewegten sich in einer anderen Größenordnung. Die 1726 gegründete Stadt Montevideo zählte etwa 12 000 Einwohner. Buenos Aires und Montevideo bildeten mit ihrem jeweiligen Umland die zweite bevölkerungsreiche Region in Río de la Plata. Insgesamt 300 000 Menschen lebten im La-Plata-Raum und dem Litoral, dem Gebiet entlang des Río Paraguay und des Río Uruguay. Das übrige Vizekönigreich war bis auf einige kleinere Städte praktisch unbesiedelt. Córdoba und Tucumán, beides wichtige Zwischenstationen auf der Handelsstrecke nach Charcas, hatten jeweils weniger als 10 000 Einwohner. Santiago del Estero und sein Umland besaßen eine gewisse Bedeutung sowie Paraguay, dessen Hauptstadt Asunción an die 10 000 Menschen zählte. Schließlich gehörte noch das im Südwesten des Vizekönigreichs gelegene Mendoza mit seinen etwa 10 000 Einwohnern zur selben Kategorie.

Das Vizekönigreich zerfiel in drei große Regionen, von denen jede ihren eigenen kulturellen und sozioökonomischen Charakter aufwies. Man könnte mit einiger Berechtigung sogar von drei in einem Vorstadium begriffenen Staaten sprechen, weil tatsächlich jede Region den Ausgangspunkt für eine spätere Staatsgründung bildete. Die *audiencia* von Charcas, die im wesentlichen dem heutigen Bolivien entsprach, wurde bereits erwähnt: eine bevölkerungsreiche, wirtschaftlich weit entwickelte Region mit einer glanzvollen Geschichte und einem hohen indianischen Bevölkerungsanteil. Außerdem übte sie eine starke Anziehungskraft auf den Nordosten des heutigen Argentinien aus. Ihr Einfluß erstreckte sich bis ins ferne Córdoba, das kulturelle Impulse und wirtschaftliche Kontakte eher in Charcas als in Buenos Aires suchte. Charcas war das Bollwerk der alten spanischen Kultur und stark von jenen Elementen geprägt, die für das hispanoamerikanische Kolonialreich charakteristisch waren: Eine Handvoll Kreolen und Spanier lebte in feudalem Prunk, den nur ein zutiefst ungerechtes Wirtschaftssystem ermöglichen konnte. Unzählige Indianer wurden gnadenlos ausgebeutet. In den großen Städten lebten zahlreiche Mestizen und Spanier der mittelständischen und ärmeren Schichten, deren wirtschaftlicher und kultureller Einfluß sich neben der wohlhabenden Elite und den indianischen Massen jedoch nicht behaupten konnte. Neuankömmlinge aus dem Ausland waren eher selten. Auf diese Weise hatte sich eine selbstgenügsame, mit sich beschäftigte spanisch-indianische Gesellschaft herausgebildet, die sich noch immer an die Spielregeln hielt, wie sie in den Eroberungsjahren festgelegt worden waren. Im Vergleich zur schnellebigen Welt der Küstenstädte war die soziale Mobilität in dieser Region extrem niedrig.

Im Küstentiefland war eine völlig andere Gesellschaft entstanden. In diesem Teil des Vizekönigreichs hatte man von Anfang an die königlichen Gesetze konsequent mißachtet, und nur so hatte sich der illegale Handel ausbreiten können. Es waren dort kaum noch Indianer anzutreffen. Die wenigen, die sich nicht hatten vertreiben lassen, lebten in der indianischen Siedlung Quilmes bei Buenos Aires. Ein paar Charrúa-Indianer zogen noch in der Banda Oriental umher. Doch die meisten Bewohner waren spanischer oder zumindest europäischer Herkunft. Viele stammten aus Portugal. Nach

1750 schnellte die Zahl der Einwanderer vor allem aus Katalonien, den baskischen Provinzen, Galizien, den Kanarischen Inseln und Portugal in die Höhe. Gegen Ende des Jahrhunderts brach auch eine kleinere Anzahl von Franzosen, Italienern, Deutschen und Briten nach Río de la Plata auf. Die zweite große Bevölkerungsgruppe neben den Europäern stellten die Afrikaner. Das Wirtschaftswachstum führte zu einem erhöhten Bedarf an Arbeitskräften, und der Sklavenmarkt bot vielfach die einfachste Möglichkeit, Arbeiter zu rekrutieren. Die wenigen ortsansässigen Indianer ließen sich nur schwer in das komplexe Arbeitssystem hineinzwingen. In Buenos Aires und Montevideo war der Anteil der Afrikaner besonders hoch: Im Jahr 1810 waren etwa 50 Prozent der Einwohner der Hauptstadt Afrikaner – Sklaven und Freie. Auf dem Land lockte die expandierende Rinderwirtschaft immer mehr Arbeiter aus allen Teilen des Vizekönigreichs und aus der Hauptstadt an. So entstand eine gemischtrassige und äußerst mobile Arbeiterschaft (die Gauchos), deren Fertigkeiten – das Töten und Zerlegen von Rindern (was Mut und einen geschickten Umgang mit Messer und Lasso erforderte) – auch für den Kriegsfall einsetzbar waren.

In der dritten Region (hauptsächlich Paraguay mit den heutigen argentinischen Provinzen Misiones und Corrientes), wo um 1800 etwa 120 000 Menschen lebten, übte die indianische Bevölkerung einen großen kulturellen Einfluß aus. In keinem anderen Teil Hispanoamerikas entstand so deutlich eine neue Mischkultur. Obgleich Spanisch die Amtssprache war, beherrschten alle die Sprache der einheimischen Guaraní-Indianer. Es lebten nur wenig europäische Spanier in der Region, von denen die meisten Regierungsbeamte waren. Auch sie paßten sich sehr schnell den örtlichen Gepflogenheiten an, kleideten sich im einheimischen Stil und lernten Guaraní. Auch die Kreolen waren größtenteils nicht mehr rein spanischer Abstammung. In der Region sollten sich noch starke Unabhängigkeitsbestrebungen regen, und mehr noch, alle Versuche einer Einflußnahme seitens einer außenstehenden Zentralbehörde sollten erfolgreich abgewehrt werden.

Die neue vizekönigliche Verwaltung in Buenos Aires stand nun vor der Aufgabe, die ungleichen Regionen in ihrem Amtsbereich zu einer gut funktionierenden Einheit zusammenzuschweißen. Die Hindernisse schienen unüberwindlich. Zum einen waren die Entfernungen weit und die Errichtung von Kommunikationswegen schwierig. Von Zeit zu Zeit wurden die Verkehrsverbindungen durch feindselige Indianer unterbrochen, die Konvois überfielen und ausplünderten und die Reisenden ermordeten. Zum anderen lauerten in manchen Gebieten Krankheiten, gegen die es keine Heilmittel gab und die Ortsfremde abschreckten. In den wüstenartigen Gegenden des heutigen Nordwest-Argentinien wütete die Malaria besonders heftig, da sich die Moskitos, die die Krankheit übertrugen, in den Bewässerungssystemen äußerst stark vermehrten. In den Strohhütten fanden die Raubwanzen, die Überträger der Chagas-Krankheit, ideale Lebensbedingungen vor. In den feucht-schwülen tropischen Gebieten forderte das Gelbfieber zahlreiche Menschenleben. Falls es überhaupt gelingen sollte, bei den Bewohnern des Vizekönigreichs eine gewisse Loyalität (und regelmäßige Steuerzahlungen) zu erreichen, so würde dies mit Sicherheit eine Menge Zeit kosten. Die vizeköniglichen Beamten machten sich mit eindrucksvollem Elan an die Arbeit, doch politische Ereignisse, auf die sie keinerlei Einfluß hatten, sollten ihre Pläne durchkreuzen und schließlich den Zerfall der politischen Einheit des Río-de-la-Plata-Raumes herbeiführen.

B. Die Zeit des Vizekönigreichs (1776–1806): Aufschwung und Ansehen

Als Vizekönig Cevallos (1777–1778) in die am Flußufer gelegene Festung von Buenos Aires einzog, herrschte in der Stadt Hochstimmung. Die Kaufleute freuten sich, weil der Handel auflebte, die Militärs, weil sie die Portugiesen geschlagen hatten, und die übrigen Bürger fühlten sich geschmeichelt, weil Buenos Aires endlich allgemeine Anerkennung fand und in den Rang von Lima oder Mexiko-Stadt aufstieg. Endlich wurde die Stadt für die jahrelange widerwillige Unterwerfung unter die vorrangigen Interessen des Mutterlands belohnt. Man hatte allgemein das Gefühl, daß endlich die Zeit gekommen war, Versäumtes nachzuholen. Diesen Eindruck vermittelte zumindest Cevallos' Nachfolger Juan José Vértiz (1778–1784), der dem Vizekönigreich zu einer gewissen Stabilität verhalf. Der Mexikaner Vértiz, ehemaliger Gouverneur von Buenos Aires (1770–1777), nahm mit Energie und Weitblick seine neue Aufgabe in Angriff, die ihm zweifellos durch die Abschaffung des Handelsmonopols von Sevilla im Jahr 1778 erleichtert wurde. Nun stand den wirtschaftlichen Ambitionen von Buenos Aires nicht mehr viel im Wege. Die Aussichten verbesserten sich sogar noch, als in den folgenden zehn Jahren sämtliche noch verbliebenen Handelsbeschränkungen nach und nach aufgehoben wurden.

Zu den vordringlichsten Aufgaben des neuen Vizekönigs gehörte der Aufbau einer effizienten und zuverlässigen Verwaltung. In Buenos Aires wurde der Beamtenapparat erheblich aufgestockt. Während im Jahr 1767 nur 14 Beamte in der Festung arbeiteten, hatte sich die Zahl im Jahr 1779 auf 83 und 1785 auf 126 erhöht. Im Jahr 1783 wurden die alten habsburgischen Regionalverwalter durch Intendanten abgelöst. Das neue Gesetz stattete diese Beamten neuen Typs mit weitreichenden Befugnissen und einer großen Palette an Sonderrechten aus. Es wurden acht *intendencias* geschaffen: Buenos Aires, Córdoba, Salta, Charcas, Cochabamba, La Paz, Potosí und Paraguay. In den Grenzgebieten, in denen die Anwesenheit der Indianer oder feindlich gesinnter Ausländer permanente Wachsamkeit erforderte, behielt man die Gouverneursposten bei: in Montevideo, Misiones, Chiguitos (Chaco) und Moxos (im Amazonas-Becken). Im Jahr 1767 wurde den halbautonomen Missionssiedlungen der Jesuiten, die die Kerngebiete des Kolonialreichs jahrelang vor indianischen Angriffen bewahrt hatten, indem sie die Indianer zum Christentum und der spanischen Kultur bekehrten, mit einem Federstrich ein Ende gesetzt. Auf diese Weise brachte die spanische Krone die ertragreichen jesuitischen Ländereien östlich des Río Paraguay wieder unter ihre direkte Kontrolle. Sämtlicher jesuitischer Immobilienbesitz – auch wertvolle Grundstücke in der Stadt – fiel an die Krone zurück. Diese Maßnahme brachte zweifachen Nutzen: Zum einen festigte die Krone ihre Stellung in den amerikanischen Kolonien, und zum zweiten füllte der Verkauf des konfiszierten jesuitischen Besitzes die königlichen Kassen. Das Bildungswesen allerdings erlitt dadurch einen schweren Rückschlag, gerade als die gesamte atlantische Welt auf der Schwelle zu tiefgreifenden intellektuellen und politischen Veränderungen stand. Somit brachte sich die Krone genau zu dem Zeitpunkt um eine wichtige Stütze, als sie jede nur mögliche Hilfe benötigte, um ihr Imperium aufrechtzuerhalten.

Doch offenbar hielt es die Krone für notwendig, ihren Herrschaftsanspruch allerorts geltend zu machen und glaubte, nun auf die subtileren Formen der Kolonialherrschaft, so wie sie die religiösen Orden ausgeübt hatten, verzichten zu können. Spanien sah sich genötigt, die Zähne zu zeigen, vor allem im Südatlantik. Die Verteidigung Río de la Platas wurde ausgebaut, wobei die Festung bei Montevideo eine Schlüsselstellung einnahm. Auch die Befestigungsanlagen an der Küste südlich von Buenos Aires wurden verstärkt. Die Zahl der in Buenos Aires und Montevideo stationierten Soldaten erreichte 1776/77, als Cevallos seinen Feldzug durchführte, mit etwa 15 000 Mann einen Höhepunkt. Nach der Wiedereroberung Colonias blieb ein stehendes Heer aus einem Infanterie-Regiment *(regimiento fijo)* von 2000 Mann und einem Dragoner-Regiment von ungefähr 800 Mann zurück. Die Hauptaufgabe der Armee bestand in der Abwehr ausländischer Eindringlinge. Die Soldaten waren daher kaum auf die Niederwerfung von Indianerrevolten vorbereitet, wie beispielsweise den Tupac-Catari-Aufstand, der zwischen 1779 und 1782 die spanischen Städte in Hochperu gefährdete. Tatsächlich wurde diese Revolte schließlich von Truppen aus Lima niedergeschlagen.

Es war jedoch nicht nur notwendig, sich gegen ausländische Übergriffe besser zu wappnen; darüber hinaus erforderte auch die zunehmende Feindseligkeit der Indianer eine erhöhte Wachsamkeit. Natürlich waren indianische Überfälle auf koloniale Außenposten wie Paraguay nichts Ungewöhnliches, aber auch dort suchten die einheimischen Stämme immer häufiger und vehementer die Konfrontation. Die Paraguayer, die von kriegerischen Stämmen wie den Mocobí, Guaycurú und Abipón umgeben waren, hatten mittlerweile eine Art Belagerungs-Mentalität entwickelt. Die *yerbales* (*mate*-Plantagen) im Norden wurden im Laufe des Jahrhunderts dem Erdboden gleichgemacht, und sogar noch 1799 wurde die große Missionsstation Santiago in Süd-Paraguay am Río Paraná von den Abipones zerstört. Es war so gut wie unmöglich, den Siedlungen, Straßen und Wasserwegen einen vollständigen Schutz zu bieten; noch aussichtsloser war es, die Indianer zu unterwerfen. Die Zahl der in Asunción und einer Reihe von kleinen befestigten Posten an der Nordgrenze zu Brasilien stationierten Soldaten belief sich auf einige hundert Mann. Doch die militärische Organisation hing im wesentlichen von dem *filiado*-System ab, das Gouverneur Melo de Portugal (1778–1782) eingeführt hatte. Mit Hilfe dieses Systems konnte kurzfristig eine Miliz aus 3000 Männern, hauptsächlich berittene Einheiten, eingesetzt werden. Ihre militärischen Leistungen ließen jedoch sehr zu wünschen übrig: Im Jahr 1801 wurden in Mato Grosso paraguayische *filiado*-Einheiten beim Versuch, die Brasilianer aus diesem Gebiet zu vertreiben, erbarmungslos niedergemetzelt.

Auch in anderen Regionen Río de la Platas waren Feindseligkeiten zwischen Kolonisten und Indianern an der Tagesordnung. Dies hatte neben anderen Ursachen vor allem zwei Gründe. Erstens bewirkte die bourbonische Reformpolitik, in der sich die Förderung wirtschaftlicher und demographischer Expansion mit einer strikteren staatlichen Kontrolle verband, einen steigenden Bedarf an Wirtschaftsflächen. Zweitens war mit der Vertreibung der Jesuiten ein stabilisierendes Element und ein Puffer zwischen dem indianischen und dem spanischen Lebensraum verschwunden. Somit kam es immer häufiger zu direkten Konfrontationen und kriegerischen Auseinandersetzungen, nicht nur zwischen Hispanoamerikanern und Indianern, sondern auch zwischen den indianischen Völkerschaften untereinander. Wenn sich die Konflikte seit Anfang des 18. Jh. häuften, so lag dies daran, daß die tieferliegenden Ursachen (z. B. Bevölkerungswachstum der Indianer und Hispanoamerikaner) allmählich an die Oberfläche traten. Die bourbonischen Reformen wirkten lediglich beschleunigend auf einen Prozeß, der bereits in vollem Gange war.

Der umfangreiche Ausbau von Verwaltung und Militär war mit erheblichen Kosten verbunden, die durch lokale Steuern und Zollabgaben allein nicht gedeckt werden konnten. Tatsächlich kam die Krone dem finanzschwachen Vizekönigreich insoweit entgegen, als sie einer Angliederung Hochperus zustimmte. Die Minen in Potosí und Oruro sollten sich zur Haupteinnahmequelle des Vizekönigreichs entwickeln. Von den 34 Mio. Pesos, die zwischen 1790 und 1805 in die vizeköniglichen Kassen flossen, stammten allein 20 Mio. aus den Förderabgaben und Silbersteuern Hochperus; 4,5 Mio. Pesos brachten die Zölle aus Buenos Aires und Montevideo ein und 3 Mio. die Verkaufssteuern aus dem gesamten Vizekönigreich. Im selben Zeitraum beliefen sich die Militärausgaben auf beinahe 20 Mio. Pesos (Gehälter, Versorgung und Instandhaltung sowie Zuschüsse für die Grenzgebiete). Auf diese Weise subventionierten die Minen des *altiplano* den Ausbau der militärischen und bürokratischen Einrichtungen in den Hafenstädten, besonders in Buenos Aires. Angesichts dieser finanziellen Belastungen wundert es nicht, daß man in Hochperu die neuen politischen Verhältnisse nicht sehr begrüßte. Schließlich brachten die erhöhten Staatsausgaben den dortigen Bewohnern keinerlei Nutzen. Mit Hilfe von Potosís Silber wurden in Buenos Aires Straßenbau und Straßenbeleuchtung finanziert; das Militär trug seinen Sold in *pulperias* und Kaffeehäuser.

Solange diese finanzielle Ungleichheit weiterbestand, blieb das Vizekönigreich Río de la Plata, trotz seines beeindruckenden Wachstums und seines aufwendigen Verwaltungsapparats, ein Koloß auf tönernen Füßen. Tatsächlich hätte es Hochperu kaum schlimmer treffen können. Der krisengeschüttelte Bergbau durfte seine Talfahrt nicht an der Seite des ebenso hart getroffenen Peru überstehen, sondern wurde einem ehrgeizigen, silberhungrigen Staat einverleibt, der nur um sein Ansehen besorgt war. Somit beruhte der wachsende Wohlstand der Hauptstadt, entgegen allgemein verbreiteter Ansicht, keineswegs auf einem Ausbau des Handels.

Nicht alle Vizekönige waren ihrer Aufgabe so gewachsen wie Cevallos und Vértiz. Eigentlich ist Vértiz als der erste Vizekönig anzusehen, da Cevallos im Grunde das Amt nur einrichtete und seinen Nachfolgern den Weg ebnete. Vértiz, ein persönlicher Freund Karls III., erwies sich ganz als Mann seiner Zeit, indem er in wahrem aufklärerischem Geist die Regionalentwicklung vorantrieb. Vor allem Buenos Aires profitierte von dieser Politik. Die eingeleiteten Maßnahmen waren dringend erforderlich, weil es der Stadt seit der Vertreibung der Jesuiten an einigen wichtigen Einrichtungen wie einer höheren Schule, einem neuen Krankenhaus und einem Waisenhaus fehlte. Vértiz' Nachfolger setzten sich weit weniger für die Entwicklung des Vizekönigreichs ein. Marquis de Loreto (1784–1789) war für seine legere Handhabung von Gesetzesübertretungen bekannt. Seine Regentschaft zeichnete sich, besonders im Vergleich zum Regierungsstil seines Vorgängers, durch eine nachlässige Verwaltung aus. Während Loretos Amtszeit wurde die Hauptstadt durch einen aufsehenerregenden Schmuggel- und Korruptionsskandal aufgeschreckt, in den auch der Leiter der Zollbehörde verwickelt war. Schätzungsweise eine Viertelmillion Pesos waren aus dem Schatzamt entwendet worden. Der illegale Handel, den der Zollamtsleiter und seine Komplizen mit einer breiten Palette von Waren betrieben hatten, erstreckte sich über das gesamte Vizekönigreich.

Insgesamt gesehen bewirkte jedoch die Politik aller Vizekönige eine beachtliche Konsolidierung des Staates in Río de la Plata. Man kann ohne Übertreibung sagen, daß die Vizekönige den Grundstein für die spätere Bildung unabhängiger Staaten legten, besonders im Falle Argentiniens. Nach und nach wurden die Konturen einer neuen politischen Einheit sichtbar. Man holte umfassende Informationen über die geographischen Gegebenheiten des neuen Vizekönigreichs ein: Bis in die entferntesten Winkel des Reichs wurden wissenschaftliche Expeditionen geschickt, um das Land zu vermessen, Flora und Fauna zu bestimmen und die Möglichkeiten für eine zukünftige wirtschaftliche Nutzung zu erkunden. Félix de Azara (1746–1811), ein spanischer Wissenschaftler und Agronom, leitete eine bedeutende Forschungsreise, die eine Vielzahl neuer Erkenntnisse über die lokalen Verhältnisse brachte. Er lieferte die Grundlagen für einen systematischen Ausbau von Landwirtschaft und Rinderzucht in Río de la Plata. Unter Hinweis auf die beispielhafte Landnutzung in Paraguay empfahl Azara, den staatlichen Landbesitz auch in anderen Regionen an die Armen zu verteilen, um dadurch eine unabhängige Klasse von Kleinbauern zu schaffen. Azara gehörte zu den ersten, die die Wirtschaftlichkeit der riesigen *estancias,* die sich in den Händen einiger weniger Großgrundbesitzer befanden, in Frage stellte.

Gegen Ende des Jahrhunderts gewann eine Gruppe reicher *estancieros* sehr schnell die Kontrolle über die gesamte Viehwirtschaft der Küstenregion. Um 1780 besaß Francisco Candioti aus Santa Fé, der „Prinz der Gauchos", beinahe 10 000 km^2 Weideland, dazu 250 000 Rinder und 300 000 Pferde und Maultiere. Diese kapitalistischen Großunternehmer waren nicht sonderlich erpicht darauf, das Land mit unabhängigen Kleinbauern zu teilen. Sie benötigten vielmehr billige Arbeitskräfte, die ihre Herden hüteten, das Vieh schlachteten und die Häute verarbeiteten. Im Jahr 1804 kam Vizekönig Sobremonte den Wünschen der *estancieros* entgegen, indem er für alle *peones* (Bauern) auf dem Land eine Ausweispflicht einführte; wer dieses *papeleta,* aus dem hervorging, für wen man arbeitete, nicht bei sich trug, mußte mit schweren Strafen rechnen. Candioti und die übrigen Viehbarone produzierten Tierhäute für den ausländischen Markt und ließen sich nur ungern in ihre Angelegenheiten hereinreden. Sie machten in der Tat ein großes Geschäft. Als in den Anfangsjahren des Vizekönigtums die Handelsbeschränkungen nach und nach aufgehoben wurden („Freihandelsreglement"), exportierten sie eine durchschnittliche Jahresmenge von 450 000 Häuten. Nach dem Frieden von Paris schnellte diese Zahl sogar auf 760 000 hoch. (Diese Werte beziehen sich auf Rinder-, Pferde- und Maultierhäute.) Neben diesen Haupterzeugnissen produzierte die Intendanz von Buenos Aires innerhalb kurzer Zeit auch große Mengen an Weizen. Das Umland von Buenos Aires konnte mehr als ein Viertel seiner durchschnittlichen Jahresproduktion von 210 000 kastilischen *fanegas* exportieren. Die enormen Weizenerträge übertrafen die europäische Ernte bei weitem. Tatsächlich zeigte die Region bereits die ersten Ansätze zu der breitgefächerten landwirtschaftlichen Exportwirtschaft, die sie bis gegen Ende des 19. Jh. entwickeln sollte. Trotzdem wurde der Aufschwung in der Agrarwirtschaft durch einen chronischen Arbeitskräftemangel erschwert.

Darüber hinaus brach infolge von Marktveränderungen und staatlichen Eingriffen die ehemals geschlossene Front der Viehzüchter auseinander. Es wurde über eine effizientere Viehwirtschaft nachgedacht, weil bisher immer noch ein Großteil des Rindfleischs vor Ort verdarb. Auf Anregung der um eine wirtschaftliche Diversifizierung bemühten Regierungsbeamten setzte daraufhin die Massenproduktion von gepökeltem Rindfleisch ein. Zwischen 1785 und 1795 wurden pro Jahr durchschnittlich an die 800 000 kg dieses neuen Produkts ausgeführt. Nach zehn Jahren hatte sich das jährliche Exportvolumen verdoppelt. Die Produktion und Vermarktung dieses neuen Erzeugnisses übernahmen allerdings nicht die alteingesessenen Kaufleute in Buenos Aires oder etwa die *estancieros* selbst, sondern eine Gruppe von dynamischen jungen Unternehmern. So entstand die vor allem in der Banda Oriental angesiedelte *saladero*-Industrie. Das Rindfleisch wurde in Streifen geschnitten, in Salzlake eingelegt, in Fässer gefüllt und ins Ausland verschifft, wo es vor allem den Sklaven in Kuba und Brasilien als Nahrung diente. Neben dem gestiegenen Bedarf an Rindfleisch in den Städten (Buenos Aires hatte einen jährlichen Verbrauch von bis zu 50 000 Stück Vieh) führte auch die Erschließung der neuen Märkte zu einem beachtlichen Anstieg der Rinderpreise. Die *estancieros* hätten enorm davon profitieren können, wenn sie die alleinigen Nutznießer der Verteuerung gewesen wären. Doch nun begannen die *saladeristas* die größten Gewinne einzustreichen. Aus dem harten Wettbewerb gingen schließlich die *estancieros* siegreich hervor, als die neue autonome Regierung im Jahr 1817 die Schließung sämtlicher noch verbliebener *saladeros* verfügte.

Die wirtschaftliche Entwicklung ging Hand in Hand mit tiefgreifenden sozialen Veränderungen, die sich wiederum in Buenos Aires und Montevideo am stärksten auswirkten. Die Zwänge und Anforderungen in der Viehwirtschaft, das „Lederimperium“ und das überreiche Angebot an billigen ausländischen Nahrungsmitteln (wie z. B. Mehl aus den Vereinigten Staaten) hatten die Landwirtschaft so schwer zurückgeworfen, daß um 1820 weitverbreitete Armut und hohe Arbeitslosigkeit herrschten. Viele schlossen sich den wachsenden Reihen der halb-nomadischen, durchs Land ziehenden Gauchos an; andere wanderten in die Städte ab.

In den *intendencias* und *gobernaciones* im Landesinnern hatten sich aufgrund der Verschiedenheit des Klimas, der Höhenlage und der Bodenbeschaffenheit sehr unterschiedliche Regionalwirtschaften entwickelt, die teilweise gegen Ende des Jahrhunderts ihre Hochphase erlebten. Der *mate*-Anbau in Paraguay versorgte flußabwärts einen wachsenden, stabilen Markt; Cuyo (Mendoza und San Juan) erzeugte Trauben, Trockenobst, Tafelweine und Weingeist und exportierte seine Waren verstärkt in die Städte der Küstenregion. Córdoba stellte Textilien (Ponchos) und Seife her, während in Tucumán großrädrige Karren – das Haupttransportmittel auf dem Land – gefertigt und im gesamten Vizekönigreich vertrieben wurden. Weitere Erzeugnisse des Inlands waren Reis, Weizen, Wolle, Tabak und Zucker. In vielen Gegenden wurden auch Maultiere gezüchtet und auf dem alljährlichen Eselsmarkt in Salta hauptsächlich an Abnehmer aus Hochperu verkauft. Die Mehrzahl der 60 000 in Salta angebotenen Maulesel wurde demnach als Lasttiere für Transportzwecke in den Minengebieten verwendet. Allerdings konnte man sie nicht in Höhen über 3000 m einsetzen. Dort erwiesen sich Lamas als weit nützlicher.

Bis etwa 1796 blühten die Regionalwirtschaften auf und konnten ihre Waren ohne Schwierigkeiten innerhalb des Vizekönigreichs absetzen. Doch dann stellte sie plötzlich die ausländische Konkurrenz vor ernste Probleme. Da Buenos Aires und Montevideo ihre Handelsbeziehungen zum Ausland ausbauten, gelangten immer mehr ausländische Produkte auf den einheimischen Markt und wurden zu Schleuderpreisen verkauft. Dieser plötzliche Umschwung in der Wirtschaft des La-Plata-Raums war zum Teil auf die politische Annäherung zwischen Spanien und Großbritannien zurückzuführen, die sich beide der internationalen Allianz gegen das revolutionäre Frankreich angeschlossen hatten. Die politische Zusammenarbeit ebnete auch den Weg für intensivere Wirtschaftsbeziehungen. Diese Entwicklung brachte die grundsätzlich verschiedenen Interessen der Hafenstädte und ihres Hinterlands zutage. Buenos Aires stieg zum wirtschaftlichen Zentrum des gesamten Río-de-la-Plata-Beckens auf und diktierte die Wirtschaftspolitik praktisch bis in die hintersten Winkel des Vizekönigreichs hinein. Je mehr ausländische Waren in den Hafen der Hauptstadt einströmten, desto höher waren die Zolleinnahmen der Stadt. Dies wirkte sich auf die Wirtschaft des Inlands verheerend aus. Vor allem die lokalen Textilhersteller, aber auch Zucker-, Tabak- und Weinproduzenten wurden vom Markt verdrängt und gingen zugrunde. Daraufhin breiteten sich Arbeitslosigkeit und soziale Spannungen in vielen Städten und Dörfern im Landesinnern aus. Die nahezu unüberbrückbaren wirtschaftlichen Gegensätze sollten fast bis zum Ende des Jahrhunderts einer politischen Einigung Argentiniens im Wege stehen.

Der Überseehandel Río de la Platas nahm einen enormen Aufschwung. Allerdings war dies, wie bereits erwähnt, weniger auf die Politik der Vizekönige zurückzuführen als auf die allgemeine Lockerung der Handelsbeschränkungen durch das Mutterland. Die neuen Bestimmungen erlaubten es den Kaufleuten aus Buenos Aires, eigene Schiffe zu kaufen und auszurüsten und sich damit von spanischen oder anderen europäischen Kaufleuten unabhängig zu machen. Auf diese Weise entwickelte sich in kürzester Zeit eine eigenständige Schiffahrtsindustrie. Die allerwichtigste Neuerung jedoch bestand in der Möglichkeit, eine große Anzahl ausländischer und hispanoamerikanischer Häfen anzulaufen. Europäische Kaufleute, hauptsächlich Briten, ließen sich in Buenos Aires nieder und gründeten Handelshäuser. Sie fungierten als Kundschafter und Wegbereiter für den Absatz britischer Fertigwaren. Verbesserte internationale Kontakte belebten die Viehwirtschaft in der fruchtbaren Pampa, die sich von Buenos Aires bis nach Santa Fé am Río Paraná erstreckte. Auch auf der anderen Seite des Stroms, in der Banda Oriental, blühte die Wirtschaft auf. Tatsächlich wuchs das gesamte Mündungsgebiet, mehrere 100 000 km^2 Weideland, zu einer wirtschaftlichen Einheit zusammen, die den ausländischen Markt mit verarbeiteten Häuten belieferte.

Neben den Erzeugnissen aus der unmittelbaren Umgebung der beiden großen Hafenstädte exportierte das Vizekönigreich auch Produkte aus dem entlegeneren Hinterland. An erster Stelle stand natürlich das Silber aus Hochperu, aber auch der in Paraguay hergestellte *yerba mate* wurde ausgeführt. Gegen Ende des Jahrhunderts hatten die Kaufleute in Buenos Aires den *mate*-Handel fest in der Hand, finanzierten die paraguayischen Erzeuger und schöpften ansehnliche Gewinne ab. Dafür erhielten Buenos Aires und Montevideo Industrieartikel aus Europa (hauptsächlich Textilien und Eisenwaren), in zunehmendem Maße auch afrikanische Sklaven sowie Zucker und Tabak aus Brasilien. Schließlich wurden Handelsverbindungen bis in ferne Regionen wie dem Indischen Ozean aufgebaut. Doch falls die neugewonnenen wirtschaftlichen Freiheiten auch dazu dienen sollten, den amerikanischen Schleichhandel einzudämmen, so war dies doch nicht gelungen. Wie der offizielle Handel auch, florierte der illegale Handel wie nie zuvor, und Buenos Aires entwickelte sich zu einem wahren Schmugglerparadies. Es wurde sogar eigens zu diesem Zweck ein geheimes, unterirdisches Tunnelsystem angelegt. Viele waren am illegalen Handel beteiligt: königliche Beamte, mächtige Kaufleute und Hunderte von Lohnarbeitern und Sklaven.

Auch ein intellektuelles Leben begann sich in der Hauptstadt zu regen. Man führte aus Córdoba eine Druckerpresse ein und veröffentlichte kontinuierlich Verlautbarungen der Regierung sowie Anordnungen und Dekrete der Krone. Mit derselben Presse wurde später die erste regelmäßig erscheinende Zeitung des Vizekönigreichs, der *Telégrafo Mercantil,* unter Leitung des spanischen Abenteurers Antonio Cabello y Mesa gedruckt. Diese Wochenzeitung entwickelte sich bald zum Forum für patriotische Meinungsäußerungen, die sich hinter idealisierten Darstellungen heimischer Naturschönheiten verbargen. Darüber hinaus trat der *Telégrafo* für Maßnahmen zur Verbesserung der Infrastruktur ein, um eine Erleichterung des einheimischen und internationalen Handels zu erreichen.

C. Krieg und Revolution (1806–1828)

Man könnte durchaus behaupten, daß dem Río-de-la-Plata-Raum die politische Autonomie aufgezwungen wurde. In gewisser Hinsicht war das Vizekönigreich überhaupt nicht darauf vorbereitet, den Weg in die Unabhängigkeit zu gehen. Die Region befand sich inmitten einer Aufbauphase, und eine nationale Einheit (ein Zusammengehörigkeitsgefühl, gemeinsame Wirtschaftsinteressen) entwickelte sich gerade erst, als durch äußere Einflüsse ein entgegengesetzter Prozeß der Desintegration in Gang kam.

Im südamerikanischen Winter 1806 landete der britische General Whitelocke, der gerade die Kap-Kolonie erobert hatte, mit seinen Truppen in der Nähe von Buenos Aires und Montevideo. Ohne auf große Gegenwehr zu stoßen, nahm er beide Städte ein und besetzte sie. Dies war für Spanier und Kreolen ein schwerer Schlag. Sie hatten eine beschämende Niederlage erlitten. Das spanische Berufsheer hatte keinerlei Widerstand geleistet, und Vizekönig Sobremonte war nach Córdoba geflohen. Die Bürger von Buenos Aires und Montevideo sahen sich nun ganz allein der ausländischen Besatzungsmacht gegenüber. Immerhin blieb ihnen die Genugtuung, daß die Briten die reichen Schatzkammern, auf die sie es abgesehen hatten, vergeblich suchten.

Die Truppenstärke der Briten nahm sich bescheiden aus. In Buenos Aires waren nicht mehr als 2000 Mann stationiert. Diese eindeutige Schwachstelle und einige andere Faktoren stimmten die Bürger von Buenos Aires schließlich zuversichtlich. Sie beschlossen, sich ihre zahlenmäßige Überlegenheit und ihr wachsendes Selbstvertrauen zunutze zu machen. Unter der Führung des französischen Marineoffiziers im spanischen Dienst, Santiago Liniers, rüsteten sich Tausende von Veteranen und Freiwilligen zum Kampf gegen die Invasoren und vertrieben im August 1806 die britischen Truppen aus der Hauptstadt. Die Bedeutung dieser *reconquista* kann nicht genug betont werden. Besonders das Selbstbewußtsein der Kreolen wurde enorm gestärkt. Eine hastig zusammengestellte, improvisierte, unerfahrene Armee hatte die erstklassigen Soldaten einer der weltweit führenden Militärmächte besiegt. Die Hispanoamerikaner aller Kolonien waren beeindruckt, und es wurde ihnen sehr schnell klar, daß, wenn die Kreolen die Briten verjagen konnten, man vermutlich ebenso leicht die Spanier vertreiben könnte. Schließlich waren spanische Soldaten vor den Briten davongelaufen. Tatsächlich war die Macht der Spanier in Río de la Plata in dem Moment ins Wanken geraten, als sich der Vizekönig in Sicherheit gebracht hatte. Als man in der Hauptstadt die Ordnung wiederherstellte, ergriffen die Kreolen die günstige Gelegenheit, um die politische Macht an sich zu reißen. Gegen den Willen des von Spaniern beherrschten *cabildo* (Stadtrat) von Buenos Aires wurde Liniers von den Volksmassen zum Befehlshaber aller Land- und Seestreitkräfte ernannt. Sein Aufstieg, durch einflußreiche militärische Einheiten aus Bürgern der Stadt unterstützt, signalisierte das politische Erwachen der Kreolen.

Doch die Briten standen noch in Montevideo und beabsichtigten, mit einer größeren Armee zurückzukehren. Deshalb war es dringend erforderlich, die Verteidigungsbereitschaft zu erhöhen und die improvisierten Truppen straffer zu organisieren. Man faßte die Soldaten je nach Herkunftsland in Einheiten zusammen: Katalanen, Galicier, Andalusier und Kreolen. Einige kreolische Offiziere machten sich in dieser spontanen Widerstandsbewegung einen Namen, darunter Cornelio Saavedra aus Hochperu und Juan Martín de Pueyrredón aus Buenos Aires. Doch es bestand ein großer Bedarf an Offizieren, und um diesen Mangel zu beheben, griff man zu einer einzigartigen demokratischen Maßnahme: Die Soldaten der neugebildeten Einheiten konnten ihre Offiziere und Unteroffiziere selbst wählen. So entstand durch die Mobilisierung der Kreolen und Spanier in gewisser Weise ein Stück Demokratie. In diesen improvisierten, demokratisch geführten Bataillonen und Regimentern herrschte natürlich eine äußerst hohe Kampfmoral.

Im darauffolgenden Jahr gingen die Briten mit 10 000 Soldaten südlich der Hauptstadt an Land. Das neue Bürgerheer stürmte ihnen entgegen. Es kam zu einer erbitterten Schlacht, die sich bis in die Straßen von Buenos Aires ausweitete. Britische Soldaten wurden in die Stadt gelockt, umzingelt und niedergemetzelt. Männer, Frauen und Kinder waren fest entschlossen, ihre Stadt zu verteidigen. Als die Briten schließlich einsehen mußten, daß sie keinen Sieg erringen konnten, zogen sie sich auf ihre Schiffe zurück und hinterließen zahlreiche tote und verwundete Soldaten. Die Briten kehrten dem Río de la Plata endgültig den Rücken und zogen ihre Truppen auch aus Montevideo ab. Diese erneute Glanzleistung, die so schnell auf die erste folgte, bestätigte, daß die militärischen Erfolge der Kreolen keinem Zufall zu verdanken waren. Hier hatte ein Volk unter Beweis gestellt, daß es sich zu verteidigen wußte und in der Lage war, seine Unabhängigkeit zu behaupten, indem es auf seine organisatorischen Fähigkeiten, seinen Mut und seine Entschlossenheit baute. Die *defensa* verstärkte die Wirkung der *reconquista.* Es bestand kein Zweifel mehr darüber, daß Hispanoamerika für den Weg in die Unabhängigkeit bereit war.

Vizekönig Sobremonte war bereits im Februar 1807 abgesetzt worden – ein unmißverständlicher revolutionärer Akt –, und 1808 wurde Liniers, hauptsächlich durch die spontane Willenskundgebung der Kreolen und mit Unterstützung der mächtigsten Einheit, des *patricios*-Regiments unter Saavedra, zum provisorischen Vizekönig ernannt. Den Auftakt zur Unabhängigkeit bildete demnach eigentlich ein Militärputsch. Nun überstürzten sich die politischen Ereignisse. Die Geschehnisse, die Spanien im Jahr 1808 erschütterten (die Besetzung Spaniens durch französische Truppen; der Staatsstreich des Kronprinzen Ferdinand gegen seinen Vater Karl IV. in Aranjuez; beider Thronverzicht zugunsten Napoleons in Bayonne; der Volksaufstand in Madrid am 2. Mai; die Bildung von Juntas in ganz Spanien) blieben auch in Amerika nicht ohne Folgen. Im September kam der spanische Gouverneur von Montevideo Elío zu dem Schluß, daß dem Franzosen Liniers nicht länger zu trauen sei, und betrachtete es als seine Pflicht, eine Junta zu bilden, um die Interessen der rechtmäßigen spanischen Krone zu schützen. Gleichzeitig verfolgten die Kreolen entschlossen ihre eigenen politischen Ziele. Eine Gruppe junger Kreolen, unter ihnen Manuel Belgrano, Juan José Castelli und Pueyrredón (alle drei waren Söhne nicht-spanischer Väter!), versuchte durchzusetzen, daß man Prinzessin Carlota Joaquina (Tochter von Karl IV. und Frau des portugiesischen Kronprinzen) zur Regentin im Vizekönigreich Río de la Plata ernannte, um die bourbonische Thronfolge in Amerika zu sichern. Die veränderte Wirtschaftssituation zog auch politische Konsequenzen nach sich. Die Viehzüchter aus Buenos Aires forderten immer lauter die Aufhebung sämtlicher Handelsbeschränkungen, damit sie ihre Produkte einem möglichst breiten Kundenkreis verkaufen konnten. Mariano Moreno, ein junger Anwalt, der in Chuquisaca studiert hatte, wurde damit beauftragt, eine *Representación de los hacendados* („Petition der Landbesitzer") abzufassen, die den Behörden vorgelegt werden sollte. Im nachhinein hat man in dieser Petition einen weiteren Beweis für den zunehmenden Lokalpatriotismus gesehen.

Nicht nur die weitreichenden politischen Veränderungen in Buenos Aires, sondern auch die sozialen Entwicklungen vollzogen sich in rasantem Tempo. Innerhalb eines Jahres hatte die Gesellschaft einen für hispanoamerikanische Verhältnisse beispiellosen Grad an Militarisierung erreicht. Mehr noch, die neugewonnene militärische Stärke hatte sich unmittelbar in politische Macht umgewandelt. Aber es blieb kaum Zeit, diese neuen Entwicklungen zu verarbeiten. Darüber hinaus drifteten Buenos Aires und Montevideo unter der Führung feindseliger politischer Regime immer schneller auseinander. Elíos Absichten mochten noch so edelmütig klingen, in der Praxis führten sie jedoch zu einer wachsenden Entfremdung zwischen den beiden rivalisierenden Hafenstädten. Abgesehen von einigen kurzen Intervallen, in denen sie einer gemeinsamen politischen Führung unterstanden, sollten Buenos Aires und Montevideo mit ihrem jeweiligen Hinterland von nun an getrennte Wege gehen.

Obgleich die Politik in Río de la Plata ihre eigene Dynamik entwickelte, so übten die politischen Ereignisse in Spanien weiterhin einen entscheidenden Einfluß aus. Wie überall in Hispanoamerika setzte die Nachricht vom Sturz der Sevillaner Junta in Buenos Aires eine politische Umwälzung in Gang. Am 22. Mai 1810 wurde ein *cabildo abierto* abgehalten, woraufhin man drei Tage später eine von Kreolen beherrschte Junta bildete und Saavedra zu ihrem Führer ernannte. Dies war der dritte kreolische Militärcoup innerhalb weniger Jahre. (Sobald die gewünschte Stimmenmehrheit im *cabildo* erreicht war, riegelte das *patricios*-Regiment den Hauptplatz der Stadt ab, um zu verhindern, daß politische Gegner in das Gebäude gelangten.) Man versuchte die Revolution mit Waffengewalt in alle Richtungen abzusichern: Die Bürger von Buenos Aires wurden rigider Polizeiüberwachung unterworfen, während man in die wichtigsten Städte des Inlands Truppen entsandte, um das Volk an die gemeinsame Sache zu binden.

Im August verließ die erste Expedition die Hauptstadt, um die gegenrevolutionäre Bewegung in Hochperu niederzuschlagen. Nachdem sie eine Gruppe angeblicher Royalisten (unter ihnen auch Liniers, der sich von der Revolution in der Hauptstadt distanziert hatte) in Córdoba niedergemetzelt hatten, zogen die Truppen nach Hochperu weiter, wo sie die Königstreuen in Suipacha schlugen und damit ihren ersten größeren revolutionären Sieg davontrugen. Im darauffolgenden Herbst kam der Vormarsch der revolutionären Truppen jedoch zum Stillstand. Die Armee wurde bei Huáqui am Titicaca-See zurückgeschlagen. Solange die Gefechte andauerten, sollte es den revolutionären Truppen aus Buenos Aires nicht gelingen, eine solide Basis in Hochperu zu errichten, schon gar nicht in Peru selbst. So kam es zu einem 20 Jahre andauernden, beinahe ununterbrochenen Guerillakrieg in einem Gebiet, das sich von Tucumán bis zum Titicaca-See erstreckte. Nur General Belgrano, der von 1812 bis 1815 die „Hilfsarmee Peru", wie man das revolutionäre Expeditionskorps auch nannte, anführte, hatte zeitweilig eine glücklichere Hand. Zumindest war er im Nordwesten (wo er 1812 in Tucumán und 1813 in Salta Siege errang) erfolgreicher als in Paraguay. Seine Versuche, Paraguay im Jahr 1811 ins revolutionäre Lager hinüberzuziehen, schlugen jedoch fehl.

Nachdem die wichtigsten Grenzen, die die revolutionäre Bewegung im wesentlichen auf die Fläche des heutigen Argentinien beschränkten, einmal gezogen waren, ließen die Kampfhandlungen ein wenig nach. Seit 1813 konzentrierten sich die Gefechte auf die Banda Oriental, da von dort plötzlich Gefahr drohte. Im Jahr 1811 waren die Portugiesen in Absprache mit Elío in diese Region vorgerückt. Ihre Anwesenheit erforderte die volle Aufmerksamkeit der Führer der Unabhängigkeitsbewegung in Buenos Aires. Erst im Jahr 1814 gelang ihnen der Durchbruch; die Portugiesen wurden aus Montevideo vertrieben, und für kurze Zeit konnte die Banda Oriental in die Revolutionsbewegung integriert werden. Doch die portugiesische Besatzung und die Versuche der örtlichen Royalisten, die Sympathien für die Unabhängigkeitsbewegung zu unterhöhlen, hatten einen Graben zwischen Montevideo und dem Umland aufgerissen. Die meiste Zeit über befand sich die Stadt in der Hand der Royalisten, während man von außerhalb versuchte, ihnen die Kontrolle zu entreißen. José Artigas, der die Unabhängigkeitsbewegung auf dem Land anführte, trat vehement für die Rechte der Kleinbauern und *peones* ein. Einige seiner Forderungen, wie die Landreform und seine Vorstellung von einer föderalistischen Staatsform mit einer stark eingeschränkten Zentralregierung, fanden weit über die Grenzen der Banda Oriental hinaus großen Anklang. Man sah in Artigas einen Fürsprecher für die Rechte des kleinen Mannes und die Autonomie der Provinzen. Dieser Ruf, ob begründet oder nicht, brachte Artigas die erbitterte Feindschaft der Revolutionsführer in Buenos Aires ein.

Diese hatten nämlich ganz anderes im Sinn. Sie stellten eine Koalition aus den beiden mächtigsten Wirtschaftsektoren von Buenos Aires dar: Großgrundbesitzer und Viehzüchter einerseits und einflußreiche Kaufleute andererseits. Seit einigen Jahren hatte sich auch noch eine dritte Klasse hinzugesellt: eine Gruppe von Berufspolitikern, die eine formale juristische Ausbildung genossen hatte und deren einzige Chance für einen Aufstieg in der vollen Nutzung ihrer geistigen, organisatorischen und politischen Fähigkeiten lag. Diese Männer lieferten der Revolutionsbewegung ihre zentralen politischen Ideen, die sie größtenteils bei ihren französischen und nordamerikanischen Vorbildern aufgegriffen hatten. Dieser sehr begrenzte Kreis von Männern konnte es sich aufgrund seiner mangelnden wirtschaftlichen Ressourcen erlauben, mit den fortschrittlichen demokratischen Ideen und Prinzipien zu liebäugeln. Von Anfang an versuchten sie, der Revolution einen jakobinischen Anstrich zu verleihen, doch sie wurden immer wieder von den Kaufleuten und Landbesitzern gebremst, die sich für Experimente mit ungewissem Ausgang nur wenig begeistern konnten. Mariano Moreno war mit Abstand der einflußreichste und begabteste Mann der Gruppe. Der glühende Propagandist leitete das offizielle Organ der Junta, die *Gaceta de Buenos Aires*, und wandelte es in ein Instrument revolutionärer Agitation um. Die erste Niederlage mußten die Ideologen im Jahr 1810 hinnehmen, als man die Junta von Buenos Aires um die Vertreter der inländischen Provinzen erweiterte, um auf diese Weise die Revolution auch außerhalb der Hauptstadt auf eine breitere Basis zu stellen. Durch diesen Zuwachs gerieten die „progressiven" Kräfte in die Minderheit und die „Konservativen", mit Saavedra an der Spitze, erhielten ein deutliches Übergewicht. Führende progressive Politiker wie Castelli, Belgrano und Moreno wurden auf militärische oder diplomatische Missionen geschickt und damit von der politischen Bühne verbannt.

Somit existierte also von Anfang an keine geschlossene Revolutionsbewegung. Die Interessengegensätze führten schließlich zu mehreren Putschen und Gegenputschen. Saavedra wurde im Winter 1811 in Buenos Aires im Zuge einer Volkserhebung entmachtet, und im darauffolgenden Jahr führten die liberal-progressiven Kräfte einen großangelegten Staatsstreich durch. Dahinter stand eine kleine Gruppe von radikalliberalen, extrem anti-spanischen, jungen kreolischen Revolutionären: die *Sociedad Patriótica* (Patriotische Gesellschaft), die die volle politische Unabhängigkeit von Spanien forderte. Diese Extremisten wußten, wie man die öffentliche Meinung, besonders in Buenos Aires, beeinflußte. Zunächst setzten sie ein revolutionäres Triumvirat ein, zu dem auch Bernardino Rivadavia gehörte, der später zum einflußreichsten Reformpolitiker des Landes aufsteigen sollte. Um eine breite politische Basis zu schaffen, berief die neue dreiköpfige Junta eine Verfassunggebende Nationalversammlung ein. Unter dem Einfluß der liberalen Verfassung, die die Spanier im Jahr 1812 in Cádiz verabschiedet hatten, aber auch in echter jakobinischer Tradition taufte man diesen Konvent die „Versammlung des Jahres '13", weil sie im Jahr 1813 zum erstenmal zusammentrat. In den neu erlassenen Gesetzen kam ein liberal-progressiver Geist deutlich zum Ausdruck. Man hob gewisse Sonderrechte auf, leitete die vollständige Abschaffung der Sklaverei ein und stellte alle Menschen gesetzlich gleich. Es wurden erste Schritte zu einer formalen Unabhängigkeit unternommen, indem man verfügte, daß zukünftig alle europäischen Spanier, die ein Regierungsamt oder einen Offiziersrang bekleiden wollten, die Staatsbürgerschaft annehmen mußten. Die neuen Gesetze und eine Reihe weiterer anti-spanischer Maßnahmen, wie die im Jahr 1810 eingeführten Zwangsanleihen, setzten die bis vor kurzem noch enorm privilegierten Spanier in Buenos Aires zusehends unter Druck. Viele Spanier hatten sich einbürgern lassen oder sich stark den heimischen Gepflogenheiten angepaßt, um der Diskriminierung zu entgehen; aber zahlreiche andere verarmten oder wurden ins Exil getrieben. Es fiel nicht schwer, ein solches Vorgehen zu rechtfertigen. Im Winter 1812 hatte der einflußreiche baskische Kaufmann Martín de Alzaga versucht, die Regierung zu stürzen, um ein prospanisches Regime an die Macht zu bringen. Der gescheiterte Putschversuch diente als Legitimation für eine extremistische, auf nationale Unabhängigkeit gerichtete Politik, wie sie die „Patriotische Gesellschaft" verfolgte.

Nun gab es kein Zurück mehr. Die Revolutionäre, die vorgeblich im Namen des abgesetzten Königs Ferdinand von Spanien regierten, hatten in jeder Hinsicht, außer auf dem Papier, ihre volle Unabhängigkeit erlangt. Die Mai-Revolution hatte insofern eine Wende gebracht, als von nun an die Politik in Río de la Plata nicht mehr auf die Entwicklungen in Spanien fixiert war, sondern sich nach ihren eigenen Gesetzmäßigkeiten entwickelte. Dies traf in jedem Fall auf Buenos Aires zu, doch in anderen Teilen des auseinanderfallenden Vizekönigreichs sah die Lage anders aus. Außer in Buenos Aires hatte man mittlerweile in zahlreichen Städten des Inlands eigene *cabildos abiertos* einberufen und Juntas gebildet. Diese erhoben Anspruch auf eine eigene Gerichtsbarkeit in ihrem jeweiligen Umland. Die alten kolonialen Unvereinbarkeiten brachen wieder auf und spalteten das Vizekönigreich in eine Reihe von unabhängigen Provinzen, die volle Souveränität für sich forderten. Montevideo spielte dabei eine Vorreiterrolle. Dann erklärten sich Córdoba, Tucumán, Salta, Santiago del Estero, Jujuy, Mendoza, San Juan, La Rioja, Catamarca, Santa Fé und Entre Ríos zu autonomen Provinzen. Die politische Einheit konnte jetzt nur noch auf ausdrücklichen Wunsch aller beteiligten Provinzen wiedererlangt werden. Diese Aufgabe sollte sich vor allem wegen der ökonomischen Interessenkonflikte zwischen den Provinzen der Küstenregion und denen des Binnenlands als besonders schwierig erweisen. Eine Einigung wurde zusätzlich dadurch erschwert, daß Buenos Aires hartnäckig darauf bestand, Landeshauptstadt zu werden.

Zunächst schlugen die Politiker in Buenos Aires einen gemäßigten Kurs ein. Dies war allein schon deshalb geboten, weil sich in der Anfangsphase der Revolution gezeigt hatte, daß das Militärpotential der Stadt kaum ausreichte, um royalistische Übergriffe an der Nordgrenze abzuwehren. Gleichzeitig wurde Buenos Aires infolge der allerorts erstarkenden Lokalpolitik in eine immer isoliertere Position gedrängt. Die Stadt, mittlerweile fest in der Hand der liberalen Clique (angeführt von Carlos de Alvear, seinem Onkel Gervasio Posadas und José de San Martín), befürchtete einen spanischen Gegenschlag. Tatsächlich hatte Spanien seit dem Abzug der Franzosen und der Inthronisierung Ferdinands VII. im Jahr 1814 wieder die Hände frei. Doch der König entpuppte sich als höchst reaktionär und hob die liberale Verfassung von 1812 auf. Als nächster Schritt war ein militärisches Vorgehen gegen die aufständischen Kolonien geplant. Im Jahr 1815 wurde ein riesiges Expeditionskorps unter dem Befehl Pablo Morillos aufgestellt, das nach Buenos Aires entsandt werden sollte. Daraufhin breitete sich unter den Kaufleuten, Politikern und Viehzüchtern in Buenos Aires eine solche Panik aus, daß sie den Briten ihre Provinz als Kolonie anboten, um vor dem spanischen Angriff geschützt zu werden. Zu guter Letzt fiel die spanische Armee gar nicht in Río de la Plata ein, sondern wurde statt dessen nach Venezuela geschickt.

Wie sich bald herausstellen sollte, hatte die Revolution in General San Martín genau den militärischen Führer gefunden, den sie in diesem Moment dringend benötigte. San Martín war in Corrientes als Sohn eines spanischen königlichen Beamten geboren worden und hatte im Mutterland eine gründliche militärische Ausbildung genossen. Von 1808 bis 1812 hatte er sich am Kampf gegen die französische Besatzungsarmee in Spanien beteiligt und war 1812 nach Río de la Plata zurückgekehrt, um sich dem Unabhängigkeitskampf gegen die Royalisten anzuschließen. Wie die meisten anderen Offiziere jener Zeit (sowohl spanischer als auch südamerikanischer Herkunft) war San Martín ein dem Liberalismus verschriebener Freimaurer.

Nachdem sich die Lage derart zugespitzt hatte, war es höchste Zeit zu handeln. Vorläufig erschien es am sinnvollsten, die Revolution im benachbarten Chile voranzutreiben. Zumindest stellte dies in Anbetracht der Übermacht der Royalisten in Hochperu die einzige militärische Alternative dar. San Martín war es, der diesen Ausweg aus dem Dilemma am wortgewandtesten vertrat. Sobald die Führung in Buenos Aires für die chilenische Lösung gewonnen war, konnten die nächsten Schritte eingeleitet werden. Um das militärische Eingreifen auf eine rechtliche Grundlage zu stellen und die bereits geschaffenen Tatsachen formal zu bestätigen, beschlossen die Revolutionsführer, die Unabhängigkeit Río de la Platas zu erklären. Der Nationalkongreß, der die

Proklamation verabschieden und die entsprechenden rechtlichen Schritte einleiten sollte, trat 1816 in Tucumán zusammen. Am 9. Juli wurde die Unabhängigkeit ausgerufen und Pueyrredón zum „Obersten Staatsführer" bzw. Präsidenten ernannt. Der neue Staat gab sich den Namen „Vereinigte Provinzen", eine mehrdeutige Bezeichnung, die die Möglichkeit offenließ, daß sich weitere Provinzen oder Regionen der Unabhängigkeitsbewegung anschlossen. Die Staatsbürgerschaft wurde all denen gewährt, die auf dem Territorium des ehemaligen Vizekönigreichs geboren waren, und den gebürtigen „Amerikanern" aus anderen spanischen Kolonien. Europäische Spanier und sonstige Ausländer mußten sich, um die vollen Bürgerrechte zu erlangen, um die Staatsbürgerschaft bewerben.

Nun existierte also ein unabhängiger, souveräner Staat (obwohl ihn bislang noch niemand offiziell anerkannt hatte) mit einer Zentralregierung und einem staatlichen Heer. Und San Martín besaß für sein militärisches Abenteuer in Chile die formale Rückendeckung durch einen offiziellen Staat. Seine Armee war auf das Unternehmen bestens vorbereitet: reichlich ausgerüstet, gut versorgt und hervorragend ausgebildet; unter den insgesamt 5000 Soldaten befanden sich zahlreiche Veteranen und auch viele Chilenen. Mit diesem Heer überquerte San Martín die Anden nach Chile und besiegte die Spanier zunächst in Chacabuco (1817) und dann in Maipú (1818). Innerhalb von eineinhalb Jahren gelang es ihm, die chilenischen Royalisten und die spanischen Einheiten völlig aufzureiben. Die Unabhängigkeitsbewegung Chiles konnte endlich ihr Ziel verwirklichen; nach dem Sieg in Maipú wurde die Unabhängigkeit proklamiert. San Martín und seine Befreiungsarmee zogen weiter in Richtung Norden, um in Peru die letzte noch verbliebene Bastion des spanischen Kolonialismus herauszufordern.

Sobald San Martín Mendoza verlassen hatte, atmeten die Politiker in Buenos Aires auf. Als dieser die Anden überquert und den Vereinigten Provinzen den Rücken gekehrt hatte, war die Erleichterung noch größer. Obgleich San Martín nie versucht hatte, die militärische Macht, die er in Mendoza aufgebaut hatte, für seine persönlichen Ziele zu mißbrauchen, empfand man in der Hauptstadt eine starke Armee unter einem populären Befehlshaber als bedrohlich. Vor allem die Konservativen waren wegen der engen Verbindungen San Martíns zur liberalen Alvearista-Partei beunruhigt. Und ganz besonders Pueyrredón, der einst derselben Partei angehört hatte, fühlte sich angesichts der hohen, natürlichen Barriere, die nun zwischem ihm und dem fähigsten Kommandanten der Revolution und seinem Heer lag, bedeutend wohler. Je weiter sie sich entfernten, desto besser. Daher war man in Buenos Aires froh, als San Martín seinen Feldzug Richtung Peru fortsetzte. Nun konnte man sich ungehindert der Politik zuwenden.

Pueyrredón und die Konservativen waren an der Macht. Der Begriff Konservatismus ist allerdings relativ zu verstehen; die angestrebten Veränderungen sollten sich schrittweise vollziehen. Vielleicht hatten die Konservativen durch die Jahre der revolutionären Politik eine gewisse Skepsis gegenüber den abrupten und zuweilen dramatischen Veränderungen, wie sie die Linke unter Moreno und Alvear anstrebte, entwickelt. In jedem Fall vertraten sie einen politischen Realismus und lehnten alle weiteren Experimente ab. Angesichts der parteipolitischen Konflikte und der föderalistischen Forderungen aus den Provinzen, in den Provinzhauptstädten autonome Regierungen einzurichten, setzte die Zentralregierung alles daran, die politische Einheit des Río-de-la-Plata-Raumes zu bewahren. Pueyrredón schreckte auch nicht davor zurück, Truppen zu entsenden, wenn er in einer Region die Einheit des neuen Staats bedroht sah, wie beispielsweise im Jahr 1816, als er eine Armee nach Santa Fé schickte. Auch wenn sich die politischen Verhältnisse unter der kompetenten Führung Pueyrredóns stabilisierten, so gaben die wirtschaftlichen Probleme Anlaß zu ernster Sorge. Die „Oberste Exekutivmacht" (so wurde das Amt des Staatsoberhauptes offiziell bezeichnet) sah sich vorläufig außerstande, der Wirtschaftkrise abzuhelfen. Der internationale Handel war abgeflaut, weil die Haupthandelswege durch den Krieg unterbrochen waren. Früher oder später würde man sich jedoch diesem speziellen Problem widmen müssen.

Das Pueyrredón-Regime erwies sich als das langlebigste und zugleich konservativste der gesamten Revolutionsepoche. Vielleicht war zu jener Zeit gerade diese Stabilität wichtig: Experimente hätten angesichts der Wirtschaftskrise einen zu hohen Preis gefordert. Zum Teil litt die Wirtschaft unter den Auswirkungen des lang andauernden Krieges. Die Militärausgaben verschlangen einen Großteil des Staatsbudgets, so wie es bereits zu Zeiten des Vizekönigreichs der Fall gewesen war. Es war in der Tat eine kostspielige Angelegenheit, in entfernten Regionen Armeen zu unterhalten, selbst wenn es nicht viele waren und der Sold nicht regelmäßig gezahlt wurde. Doch der Krieg hatte auch ganz unmittelbare Auswirkungen, zumindest in Buenos Aires. Die Aussicht auf bessere Bezahlung hatte viele in die Armee gelockt und so die Arbeiterschaft in den *estancias* und *saladeros* stark reduziert. (Besonders die Afrikaner, die man gerne in diesen Wirtschaftszweigen einsetzte, hatten sich zahlreich zum Militärdienst gemeldet.) Folglich stiegen die Löhne auf dem Land, während gleichzeitig das Geld knapp wurde. Der einheimische Kreditmarkt war erschöpft. Darüber hinaus erwiesen sich die Zwangsanleihen, die eigentlich als spezielle Steuer für die spanischen Kaufleute gedacht waren, angesichts der Handelskrise und der unterbrochenen Beziehungen zu Hochperu als nahezu wirkungslos. Die meisten dieser Kaufleute waren völlig ausgeblutet, hatten das Land verlassen oder sich einbürgern lassen, um weiterer Diskriminierung zu entgehen.

Die internationale Lage sah kaum besser aus. Im Jahr 1816 wurden zahlreiche europäische Staaten von einer schweren Wirtschaftskrise erschüttert und konnten somit ihre einträglichen Geschäftsverbindungen mit Südamerika nicht weiter ausbauen. Darüber hinaus kehrten viele Kaufleute Buenos Aires den Rücken, da sich an der gerade befreiten Pazifikküste bessere wirtschaftliche Möglichkeiten auftaten. Solange Krieg herrschte, konnte man mit der Lieferung von Ausrüstung, Waffen, Lebensmitteln und anderen Vorräten an die Armee gute Geschäfte machen. Die Beute des Kriegsgegners wurde zum gewinnträchtigen Spekulationsobjekt. Besonders in Buenos Aires bewirkten der Krieg und die Wirtschaftskrise eine grundlegende Umstrukturierung der sozio-ökonomischen Beziehungen. Der Handel wurde von einer wachsenden Anzahl britischer Kaufleute beherrscht, während die Kreolen ihre Kontrolle über die wichtigsten Ressourcen, Land und Vieh, ausbauten. Im übrigen *litoral* hingegen mußten die Viehbarone Einbußen hinnehmen. Candioti aus Santa Fé verlor nach 1810 einen Großteil seiner Reichtümer.

Tatsächlich hatten Krieg und Revolution weitreichendere Folgen, als viele zunächst absehen konnten. Neben den tiefgreifenden ökonomischen Verschiebungen hatte sich auch die politische Landschaft rasch verändert. Der Auflösungsprozeß, der seit 1810 im Gange war, beschleunigte sich weiter. Es war klar, daß Buenos Aires die politischen

Entwicklungen in den Provinzen kaum beeinflussen oder gar kontrollieren konnte. Die revolutionäre Führung mußte sich immer stärker auf lokale Verbündete stützen, um sich die Loyalität der Provinzen zu erhalten. Wenn die lokalen Führer mit der Politik von Buenos Aires nicht einverstanden waren, wie es häufig vorkam, bedeutete dies eine Schwächung der politischen und militärischen Position der Revolutionsbewegung. Tatsächlich fiel es manchen Regionen im Laufe der Krieges immer schwerer, der gemeinsamen Sache treu zu bleiben, und die anfängliche große Begeisterung flaute merklich ab. Im Norden beispielsweise (in den Provinzen Tucumán, Catamarca, La Rioja, Salta, Santiago und Jujuy, die im Jahr 1810 etwa 140 000 Einwohner zählten), der nur über begrenzte Ressourcen verfügte, hatte der Krieg verheerende Auswirkungen. Der Kriegsbeitrag in Form von Soldaten, Lebensmitteln und Rindern laugte die lokalen Wirtschaften schnell aus. Innerhalb von vier Jahren hatte Catamarca fast zwei Drittel aller wehrtauglichen Männer aufs Schlachtfeld geschickt. Es verwundert deshalb kaum, daß der allgemeine Elan und die Unterstützung für den Krieg, je länger er andauerte, beinahe überall nachließen.

Im Jahr 1819 wurde vom Nationalkongreß eine neue, von Pueyrredón unterstützte Verfassung verabschiedet. Sie stellte eine Weiterentwicklung der vorangegangenen Bemühungen von 1813 und 1815 dar. Doch während die früheren Verfassungsentwürfe die Autonomie der Provinzen grundsätzlich anerkannt hatten, sah das neue Dokument einen zentralistischen Staat unter einer starken politischen Führung vor. Die Regierung war befugt, Gouverneure ihrer Wahl in den Provinzen einzusetzen. Natürlich stieß diese Verfassung außerhalb von Buenos Aires auf große Ablehnung. Schließlich marschierte Pueyrredón in Santa Fé, der mächtigsten Provinz neben Buenos Aires und dem Zentrum des Widerstands, ein. Als es ihm jedoch nicht gelang, den Widerstand zu brechen, legte Pueyrredón sein Amt als Staatsoberhaupt nieder. Nachdem die Zentralgewalt, wie schwach auch immer, zusammengebrochen war, breiteten sich in den meisten Provinzen anarchische Zustände aus. In dem folgenden Bürgerkrieg besiegten die Gauchos des Gouverneurs Estanislao López aus Santa Fé die Truppen des Obersten Staatsführers José Rondeau (Februar 1820). Buenos Aires mußte schließlich das föderalistische Prinzip der souveränen Provinzen anerkennen. Unter Gouverneur Martín Rodríguez begannen sich die politischen Verhältnisse in Buenos Aires wieder zu stabilisieren.

D. Paraguay 1808–1840

Paraguay blieb dieses Schicksal erspart. Seit Beginn der Revolution war man fest entschlossen, sich aus den Geschehnissen flußabwärts und anderswo im Vizekönigreich herauszuhalten. Belgrano mußte nach dem erfolglosen Versuch, Paraguay auf die Seite der Revolutionsbewegung zu ziehen, mit seinen Truppen nach Buenos Aires zurückkehren. Weitere Bemühungen mit dem Ziel, Paraguay für sich zu gewinnen, blieben ebenfalls fruchtlos. Tatsächlich erlebten die Paraguayer eine andere Art von Revolution als ihre Spanisch sprechenden Nachbarn. Die Ausweisung der spanischen Regierung aus Asunción im Jahr 1811 war eine von lokalen, kreolisch dominierten Truppen durchgeführte administrative Maßnahme. Obgleich die neue Regierung, eine Junta, sofort versuchte, zur Revolutionsbewegung in Buenos Aires Kontakt aufzunehmen, war ihr doch sehr daran gelegen, ein Höchstmaß an Autonomie zu bewahren. In Buenos Aires war man vor allem aus militärischen Gründen an einer Zusammenarbeit interessiert; man brauchte Soldaten, um die Royalisten zu bekämpfen. Während die meisten paraguayischen Führer in einem solchen Arrangement keine Gefahr sahen, stellte sich José Gaspar de Francia, das wichtigste zivile Junta-Mitglied, gegen diesen Schritt. Er war der einzige Mann mit einer klaren Vorstellung von Paraguays Zukunft, und die lag seiner Ansicht nach in der Unabhängigkeit Paraguays. Im Jahr 1813 setzte Francia die Verabschiedung einer formalen Unabhängigkeitserklärung durch. Der neue Staat sollte vorläufig von einer zweiköpfigen Übergangsregierung geführt werden, die aus zwei rotierenden Konsuln bestand: Francia und dem Offizier Fulgencio Yegros, einem der Hauptakteure des Staatsstreichs von 1811. Als 1814 ein Nationalkongreß zusammentrat, um weitere Schritte einzuleiten, hatte Francia schon alles für seinen politischen Aufstieg vorbereitet. Er hatte keine Zeit verloren, sich eine Machtbasis zu errichten: ein zuverlässiger Regierungsapparat, ein ausgebautes Militär und die Abschottung nach außen, denn er hatte dem äußeren Druck, sich an der Revolution Río de la Platas zu beteiligen, erfolgreich widerstanden. Zudem hatte er eine Spezialeinheit aufgebaut (die *granaderos*), die ihm als eine Art private Leibgarde diente. Somit hatte Francia auf dem Nationalkongreß im Jahr 1814 alle Trümpfe in der Hand. Als man darüber abstimmte, wer von den beiden Konsuln in den nächsten fünf Jahren als Oberster Staatsführer regieren sollte, fiel die Wahl auf Francia. Zu jener Zeit hatte man ihm bereits den Spitznamen *caraí* (auf Guaraní „Gott") gegeben.

Somit kam es in Paraguay zu einem für lateinamerikanische Verhältnisse seltenen Phänomen: Ein praktisch unangefochtener nationaler Führer gelangte an die Macht, der über eine starke Willenskraft, eine Zukunftsvision und die Durchsetzungsfähigkeit verfügte, seine Ideen auch umzusetzen. In den folgenden 25 Jahren sollte dieser außergewöhnliche Mann einen Staat aus dem Boden stampfen – allerdings zu einem hohen Preis. Wie viele andere allein regierende Führerpersönlichkeiten litt Francia unter Anflügen von Verfolgungswahn. Wenn man nicht mit den Ideen und der Politik des *caraí* übereinstimmte, konnte das gefährlich werden. Die ersten, die das am eigenen Leibe zu spüren bekamen, waren die Mitglieder der kreolischen Oberschicht. Sobald sich Francias Regime fest etabliert hatte, wurde die nationale Elite systematisch vernichtet, und zwar auf eine Art und Weise, die von manchen Seiten als die eigentliche Revolution in Paraguay angesehen wird. Doch keine neue Elite durfte das Vakuum, das die alte hinterlassen hatte, ausfüllen. Bereits 1818 ließ *El Supremo* jeden verhaften, den er oppositioneller Ziele verdächtigte. Nachdem man im Jahr 1820 einen Anschlag auf ihn verübt hatte, ging *El Supremo* erbarmungslos und gründlich gegen die verbliebenen Mitglieder der nationalen Elite vor. Hunderte wurden ins Gefängnis geworfen, gefoltert, umgebracht oder verbannt. Ihr Besitz, oftmals riesige Flächen fruchtbaren Ackerlandes, wurde in „Staatsgüter" umgewandelt. (Bereits 1813 hatte man solche staatlichen Ländereien aus konfisziertem königlichem Landbesitz geschaffen.) Auf diese Weise brachte die Regierung einen Großteil des besten Agrarlands in ihren Besitz und konnte gleichzeitig ihre finanzielle Situation erheblich verbessern. Diese Umverteilung wurde durch eine solide und sehr umsichtige Haushaltspolitik ergänzt, und solange Francia an der Macht war, blieb Paraguay schuldenfrei. Dieselbe Wachsamkeit, die man in der Finanz- und Haushaltspolitik walten ließ, bekamen allerdings auch die Bürger zu spüren. Jede Art von Opposition hatte man praktisch ausgeschaltet. Nach 1820 wagte niemand mehr, seine Meinung frei zu äußern. Ein intellektuelles Leben und die Entwicklung unabhängiger Ideen waren nahezu unmöglich geworden; die Bildung wurde auf niedrigstem Niveau gehalten, und das Land wurde von äußeren Einflüssen, seien sie kultureller oder politischer Natur, vollständig abgeschirmt. Indem Francia regelmäßig die lokalen Verwaltungsbeamten und Provinzgouverneure auswechselte, verhinderte *El Supremo* die Entstehung einer unabhängigen Bürokratie. Sämtliche Beamten unterstanden ihm statt dessen persönlich.

Francia war peinlich darum bemüht, zu seinen Nachbarn vorbildliche Beziehungen zu unterhalten, ohne jedoch von seiner neutralen Position abzurücken. Er hielt Paraguay konsequent aus dem Machtkampf zwischen Brasilien und Buenos Aires heraus; gleichzeitig ließ er keine europäischen Geschäftsleute ins Land. Da Francias Verfolgungswahn sich auf die gesamte Nation erstreckte, setzte er alles daran, sie jedem ausländischen Einfluß zu entziehen. Er erreichte es, daß Paraguay seinen Grundbedarf an Lebensmitteln, Kleidung und Rohstoffen aus eigener Produktion deckte. Dies führte zu einer beachtlichen landwirtschaftlichen Diversifikation, bei der die Staatsfarmen eine Vorreiterrolle spielten. Paraguay wurde, was seinen Bedarf an Zuckerrohr, Reis, Baumwolle, Mais und Maniok anging, autark und produzierte außerdem große Mengen an Weizen und Gemüse. Auch die Rinderzucht expandierte und versorgte den einheimischen Markt reichlich mit Fleisch zu niedrigen Preisen. Darüber hinaus wurde eine Textilindustrie aufgebaut, so daß bald die Mehrzahl der Paraguayer die im Land hergestellte Kleidung trug. Somit entwickelte sich innerhalb weniger Jahre ein florierender Binnenmarkt, und Paraguay war immer weniger auf ausländische Produzenten angewiesen. Gleichzeitig versuchte Francia, das Land besser vor feindlichen Angriffen zu schützen. Er sah ein, daß dies ohne ein gewisses Maß an Außenhandel nicht zu realisieren war. In einer Vereinbarung, die an Japan vor 1854 erinnert (als es nur den Holländern gestattet war, einen kleinen Handelsposten in Nagasaki zu errichten), wurden zwei Binnenhäfen für einen kontrollierten Handel mit dem Ausland offiziell geöffnet. Über Itapúa am Río Paraná wurde der Handel mit Brasilien abgewickelt, und in Pilar am Río Paraguay trieb man hauptsächlich mit argentinischen Kaufleuten Handel. Das genaue Handelsvolumen dieser beiden Hafenstädte ist bisher nicht bekannt, aber man kann davon ausgehen, daß sie Paraguay mit dringend benötigten Waren aus dem Ausland belieferten. Gleichzeitig gelangten über Pilar und Itapúa paraguayische Erzeugnisse auf den ausländischen Markt. Dazu gehörten in erster Linie *yerba,* aber auch Tabak und Zigarren, Häute, Orangen und Süßigkeiten. Auf diesem Wege wurde ein Großteil der auf den Staatsgütern produzierten Erzeugnisse abgesetzt. Noch höhere Staatseinkünfte wurden durch die Ausfuhrzölle erzielt, die sich jährlich auf einige hunderttausend Pesos beliefen. Man importierte vor allem Textilien und Waffen. An diesem regen Handel, der nahezu die gesamte *Franciata* andauerte, läßt sich ablesen, daß Paraguay keineswegs so isoliert war, wie gerne behauptet wird.

Als Francia im Jahr 1840 starb, hinterließ er ein Land, das wirtschaftlich besser dastand als zu Beginn seiner Unabhängigkeit. Im Gegensatz zu seinen Nachbarn hatte Paraguay seine Zukunft nicht mit der schweren Hypothek umfangreicher Staatsanleihen belastet. Doch Francia hinterließ keinen ebenbürtigen Nachfolger. Auch wenn die *Franciata* erstaunlich erfolgreich gewesen war, so hatte man auch große Fehler gemacht; der folgenschwerste war, daß das Land einen neuen Francia brauchte.

E. Uruguay 1800–1830

Im Gegensatz zu Paraguay, das seinen eigenständigen Weg selbst gewählt hatte, wurde die Banda Oriental mehr oder weniger gezwungen, sich von der Revolution zu distanzieren. Der Einmarsch der Portugiesen im Jahr 1811 komplizierte die Lage. Viele Kaufleute in Montevideo begrüßten die Anwesenheit der Portugiesen, da sie es ihnen ermöglichte, sich vom Einfluß und Druck der Konkurrenz in Buenos Aires zu befreien. Die Bewohner auf dem Land hingegen waren mit der Invasion keineswegs einverstanden. Dort regte sich schließlich der erste Widerstand gegen die Portugiesen und breitete sich weiter aus. Mit Hilfe von Truppen, Geld und Vorräten von der anderen Seite des Flusses konnten die *orientales* im Jahr 1814 Montevideo zurückerobern und die Portugiesen vertreiben. Doch als sich die Konflikte schnell zu einem Bürgerkrieg ausweiteten, in dem sich Stadt- und Landbewohner gegenüberstanden, konnten die Portugiesen nicht tatenlos zusehen. Im Jahr 1816 kehrten sie mit großem militärischen Aufgebot zurück und besetzten die Banda Oriental im Handstreich; 1817 fiel die Hauptstadt. Doch mittlerweile waren die Gräben zwischen Stadt und Land so tief aufgerissen, daß vorläufig keinerlei Annäherung zwischen den Lagern möglich war. Darüber hinaus konnte das Land auf einen fähigen und charismatischen Führer namens Artigas zählen, der sich für soziale Gleichheit und Landreformen einsetzte. Bereits 1811 hatte er außerordentliche Führungsqualitäten bewiesen, indem er als Reaktion auf den Waffenstillstand zwischen Buenos Aires und der portugiesischen Besatzungsmacht etwa 10 000 seiner Landsleute aus der Banda Oriental über den Fluß nach Entre Ríos führte. Dieser Exodus zeigte, daß mindestens vier Parteien am Kampf um die Vorherrschaft in der Banda Oriental beteiligt waren: Buenos Aires, die Portugiesen, die Elite Montevideos (mit ihren weitreichenden Wirtschaftsinteressen auf dem Land) sowie die Gauchos und andere Landbewohner. Die letzte Gruppe sollte schließlich den Konflikt zugunsten der politischen Unabhängigkeit entscheiden. Doch zunächst war man davon noch weit entfernt.

Es kam zu einem Kampf zwischen drei Gruppierungen. Die erste war die Elite in Montevideo, die eng mit den Portugiesen verbündet war. Der Gouverneur General Lecor (auch Baron Laguna) versuchte eine aus *orientales* und Portugiesen zusammengesetzte Elite zu schaffen und verteilte ausgedehnte Ländereien an seine Offiziere. Beide Strategien sollten die Bindung an Portugal festigen. Im Jahr 1817 ersuchte der *cabildo* von Montevideo, stellvertretend für die gesamte Region, um den formalen Anschluß, allerdings unter der Bedingung, daß man ihnen bestimmte Grundrechte wie die Pressefreiheit gewährte und einen uneingeschränkten Handel sowie die Abschaffung der Sklaverei garantierte. Eine weitere Fraktion stellten die *artiguistas* dar, die eine lockere föderalistische Union Uruguays mit den Küstenprovinzen Entre Ríos, Corrientes und Córdoba anstrebten. Schließlich gab es noch eine kleine Minderheit, die mit Buenos Aires sympathisierte, aber selbst diese Gruppe fühlte sich durch die Arroganz und den Führungsanspruch von Buenos Aires vor den Kopf gestoßen. Im Jahr 1820 gewann das portugiesische Lager die Oberhand, als Artigas von einem seiner Offiziere und einem starken Bündnis aus Buenos Aires, Santa Fé und Entre Ríos ins Exil getrieben wurde. Doch als sich im Jahr 1822 die Brasilianer von Portugal lossagten und ein Kaiserreich gründeten, kehrte sich die Situation um. Die Unabhängigkeitsbewegung in der Banda Oriental erhielt neuen Auftrieb. Viele erkannten, daß die

Aufrechterhaltung weiterer Beziehungen zu einem autokratischen, sklavenhalterischen Regime Probleme bringen würde. Nachdem der *cabildo* von Montevideo die Annektierung durch das portugiesische Brasilien für null und nichtig erklärt hatte, plante der Offizier Juan Antonio Lavalleja, der in Santa Fé im Exil lebte, die militärische Durchsetzung der Unabhängigkeit. Dieses Vorhaben mußte bis 1825 aufgeschoben werden, weil General Lecor 1824 erneut in die Hauptstadt eindrang, die Autonomisten niederschlug und ein brasilianisches Regime installierte. Während sich die Regierung in Buenos Aires neutral und passiv verhielt, unterstützten einige einflußreiche Männer, wie Außenminister Manuel José García und der *saladerista* Pedro Trapani, Lavalleja mit Waffen und Geld.

Im Jahr 1825 konnten die „33 *orientales*", wie sich Lavallejas Invasionstrupp (der allerdings mehr als 33 Leute umfaßte) nannte, in der Banda Oriental eine so breite Basis schaffen, daß sie die Unabhängigkeit erklärten. Die anti-brasilianische Widerstandsbewegung erhielt nun rasch großen Zulauf. Zahlreiche Freiwillige schlossen sich Lavelleja (und anderen Revolutionsführern wie Fructuoso Rivera) an, um die Invasoren zu vertreiben. Die *orientales* errangen bei Sarandí del Yí einen entscheidenden Sieg über die 2000 brasilianischen berittenen Soldaten. Die Vereinigten Provinzen stimmten daraufhin für die Aufnahme der Banda Oriental in ihre Föderation. Das brasilianische Kaiserreich konnte den Verlust seiner neuen Provinz natürlich nicht hinnehmen und erklärte Buenos Aires den Krieg. Während sich beide Staaten auf eine militärische Auseinandersetzung vorbereiteten, wurden in der Banda Oriental die legislativen und konstitutionellen Aufgaben, die lange Zeit vernachlässigt worden waren, mit Elan in Angriff genommen. Es wurden eine Reihe von liberalen Gesetzen erlassen und 1826 eine argentinische Verfassung verabschiedet. Auch der Krieg verlief erfolgreich, führte jedoch in Buenos Aires zu ernsten innenpolitischen Problemen. Nach dem Sturz Rivadavias (Präsident der kurzlebigen argentinischen Republik) beschloß die Banda Oriental, sich aus der argentinischen Politik zurückzuziehen. Dies war vermutlich der entscheidende letzte Anstoß zur Durchsetzung der vollen politischen Unabhängigkeit. Im Jahr 1829 arbeitete eine Verfassunggebende Versammlung eine eigene uruguayische Verfassung aus und ließ sich dabei von dem argentinischen Modell, dem französischen Vorbild von 1791 und der spanischen liberalen Verfassung von 1812 anregen. Als sich zeigte, daß Brasilien und Buenos Aires zu sehr geschwächt waren, um den Krieg weiterzuführen, kam es mit Hilfe britischer Vermittlung zum Friedensschluß. Die Banda Oriental wurde in einen Pufferstaat zwischen Argentinien und Brasilien verwandelt. Die beiden mächtigen Nachbarn ließen allerdings noch weitere 50 Jahre nicht davon ab, sich in die inneren Angelegenheiten Uruguays einzumischen.

Die langen Jahre des Krieges und der politischen Wirren hatten in der Banda Oriental dieselben Auswirkungen wie im übrigen Río-de-la-Plata-Raum gezeigt: erschöpfte Ressourcen und Arbeitskräftemangel. Dazu kam jedoch noch die umfangreiche Zerstörung. Die lukrative *saladero*-Industrie war lahmgelegt. Der Außenhandel kam erst nach 1830 wieder in Gang, als die wesentlichsten politischen Fragen geregelt waren, und die Rinderherden allmählich wieder wuchsen. Der wirtschaftliche Konkurrenzkampf zwischen Montevideo und Buenos Aires kam nun allerdings zur vollen Entfaltung. Im Jahr 1829 hob die Regierung in Montevideo die Zölle für alle traditionellen Exportgüter aus der La-Plata-Region auf, die zur Verschiffung nach Übersee im Hafen eintrafen: Häute, Talg und Roßhaar. Auf ausländische Importwaren für den Transitverkehr nach Brasilien oder Argentinien wurden keinerlei Abgaben erhoben. Diese Waren konnten in Montevideo unbegrenzt gelagert werden. Auf alle übrigen Importe wurde eine Abgabe von 15 Prozent erhoben, eine günstiger Satz verglichen mit den 17 Prozent, die man in Buenos Aires verlangte. Montevideo entwickelte sich somit zum Handelszentrum der gesamten Wirtschaftszone entlang des Río Uruguay. Mit seinem ideal gelegenen Hafen stellte Montevideo bald eine ernstzunehmende Konkurrenz für Buenos Aires dar. Im Jahr 1830 wurden 300 000 Rinderhäute im Wert von 1,5 Mio. Pesos (über die Hälfte des gesamten Ausfuhrwerts) exportiert. Getrocknetes und gepökeltes Rindfleisch aus der *saladero*-Industrie machte 17 Prozent des Ausfuhrwerts aus. Zwei Drittel gingen nach Brasilien, ein Drittel nach Havanna. Zu den Importen (aus Brasilien, Großbritannien, den USA und Frankreich) gehörten Lebensmittel wie Mehl, Reis, Zucker, Kaffee, *yerba,* Bier und Wein sowie Textilien und Eisenwaren.

F. Argentinien: Beginn der Auflösung

Die politische Struktur der Vereinigten Provinzen erwies sich als zu schwach, um den mächtigen zentrifugalen Kräften standzuhalten, die auf sie einwirkten. Es gab keine nationale politische Elite, keine einheitliche Kultur und keine gemeinsamen wirtschaftlichen Interessen. Statt dessen herrschten in den Provinzen Eliten und einzelne Führer, die in der lokalen Wirtschaft stark engagiert waren und entschlossen ihre eigenen Interessen verteidigten. Sie waren nicht für Experimente zu begeistern und schon gar nicht bereit, die lokalen Wirtschaftsinteressen zugunsten einer übergreifenden politischen und ökonomischen Einheit zu opfern. Mit anderen Worten, die Konflikte zwischen den Provinzen waren unausweichlich. Buenos Aires entglitt immer mehr die Kontrolle über die in ihren Augen aufsässigen kleinen Provinzen, „los trece ranchos", wie sie mittlerweile genannt wurden.

Als die ökonomische Entwicklung um 1820 ihren Tiefstand erreicht hatte, verstärkten die Provinzen ihren Druck auf Buenos Aires, um die Lockerung der politischen und wirtschaftlichen Kontrolle zu erreichen, und wurden dabei durch die politische Opposition in Buenos Aires unterstützt. Auch ökonomische Interessen waren im Spiel. Im Jahr 1820 erhob sich der lokale Widerstand gegen die immer noch mächtige städtische Kaufmannsschicht. Gleichzeitig umzingelten die Truppen aus den Provinzen die Hauptstadt, besiegten die Armee von Buenos Aires und zwangen die Regierung zur Unterzeichnung eines Abkommens, das die unitarische Verfassung von 1819 aufhob. Der Vertrag von Pilar gewährte den Provinzen völlige Autonomie, aber er entband Buenos Aires auch von jeder politischen Verpflichtung dem Binnenland gegenüber. Lediglich die Außenpolitik und die Kriegführung („nationale Verteidigung") verblieben im Zuständigkeitsbereich von Buenos Aires. Obwohl dieser Schritt die wirtschaftliche Misere im Inland bekämpfen sollte, trat eher das Gegenteil ein. Die Argentinier wurden bald mit dem zentralen Problem in ihrer politischen Geschichte des 19. Jh. konfrontiert: den diametral entgegengesetzten Wirtschaftsinteressen von Buenos Aires einerseits und dem Binnenland andererseits.

Buenos Aires öffnete seinen Hafen der uneingeschränkten Einfuhr ausländischer Waren, die sehr bald auf die Binnenmärkte gelangten und das, was von der regionalen Heimindustrie noch übrig geblieben war, vollends zugrunde richteten. Dank der neu entstandenen Handelsmöglichkeiten und des riesigen Hinterlandes begann sich die Wirtschaft von Buenos Aires wieder zu erholen und erlebte im folgenden Jahrzehnt sogar einen beispiellosen Aufschwung. Eine Gruppe mächtiger Kaufleute und Großgrundbesitzer brachte die lokale Wirtschaft allmählich unter ihre Kontrolle. An ihrer Spitze befand sich Braulio Costa. Außerdem gehörten Pedro Trapani, die Anchorenas und einige einflußreiche spanische und britische Kaufleute dazu. Die Wirtschaftsinteressen der Gruppe reichten bald bis in die entferntesten Winkel der Provinzen und sogar bis nach Übersee. Zu ihren politischen Freunden zählten nicht nur Rivadavia, sondern auch Juan Manuel de Rosas und der Rioja-Führer Facundo Quiroga. Selten wurde eine wichtige Entscheidung getroffen, ohne daß jemand aus der Costa-Clique nicht wenigstens am Rande daran beteiligt war. Die Gruppe spielte im Jahr 1824 eine Schlüsselrolle beim Darlehensvertrag mit der Londoner Firma *Baring Brothers & Co.* Es waren die „goldenen Zwanziger", die Rivadavia als Apostel des Wirtschaftsliberalismus und als begabter Staatsmann entscheidend prägte. Rivadavia arbeitete unermüdlich am Fortschritt seiner Provinz, entwickelte und verwirklichte zahlreiche Projekte; es entstanden eine Universität (1821), eine Bibliothek, ein Staatsarchiv und eine Nationalbank (1822); man lockerte die Einwanderungsbestimmungen und rief ausländische Wissenschaftler, Geschäftsleute und Unternehmer dazu auf, Buenos Aires mit vereinten Kräften in einen modernen, aufgeklärten Staat zu verwandeln. Man knüpfte erste Beziehungen zum Ausland. Im Jahr 1825 wurde mit Großbritannien ein Freundschaftsvertrag unterzeichnet, der den Weg für die diplomatische Anerkennung auch in der übrigen Welt ebnete. Bestimmte politische Grundrechte wurden zumindest den Stadtbewohnern eingeräumt. 1821 führte man in Buenos Aires das allgemeine Wahlrecht für Männer ein, und nicht lange nach der Unterzeichnung des Vertrages mit Großbritannien folgte auch die Religionsfreiheit. Nur wenige Orte in der Welt hatten die Freiheiten zu bieten, die man in Buenos Aires genoß. Auf dem Land sahen die Dinge allerdings anders aus. In Anlehnung an eine alte Tradition verpflichtete Rivadavia alle *peones*, ein *papeleta de conchabo* mit sich zu führen. Um neue staatliche Einnahmequellen (die größtenteils aus Zolleinkünften bestanden) zu erschließen, führte er im Jahr 1822 das *emphiteusis*-System ein. Die Provinz verpachtete riesige Flächen Weideland an Viehzüchter, behielt jedoch die Oberhoheit über die Gebiete. Beinah die gesamte Provinz (an die 80 000 km^2) wurde unter etwa 500 Personen aufgeteilt. Die Einnahmen schnellten zunächst in die Höhe, gingen dann aber rapide wieder zurück, und im Jahr 1836 nahm die Provinz durch die Verpachtung nicht mehr als 200 000 Pesos ein.

Die herausragende reformerische Leistung Rivadavias stellte die Verfassung von 1826 dar, die die Vereinigten Provinzen in einen Zentralstaat mit einer starken Exekutive verwandelte. Doch die nachfolgenden Ereignisse sollten zeigen, daß dieser wiederholte Versuch, einen einheitlichen, zentralisierten Staat zu erschaffen, zu gewagt war. Der im Jahr 1827 zum Präsidenten gewählte Rivadavia hatte noch immer den politischen Status der Banda Oriental zu klären. Nach der Unabhängigkeit Brasiliens im Jahr 1822 wurde die Region brasilianische Provinz. Als 1825 die *orientales* erneut gegen die fremde Besatzungsmacht aufbegehrten, wurden sie von Buenos Aires durch die Bereitstellung von Waffen, Geld und Soldaten tatkräftig unterstützt. Im darauffolgenden Jahr kam es zum Krieg zwischen dem brasilianischen Kaiserreich und Buenos Aires. Dieser militärische Konflikt sollte sowohl Rivadavia als auch der jungen

Republik zum Verhängnis werden. Die Kriegskosten zehrten beinah das gesamte Darlehen von *Baring Brothers* von über 1 Mio. Pfund auf. Argentinien (oder Buenos Aires, das ja die höchsten Geldsummen und die meisten Soldaten bereitstellte) schnitt allerdings weit erfolgreicher ab. Im Landkrieg bezwang Alvear die brasilianische Armee bei Ituzaingo, während auf See der irischstämmige Admiral Guillermo Brown die argentinische Marine zum Sieg führte. Diese militärischen Erfolge brachten letztlich jedoch nichts ein. Falls Buenos Aires diesen Krieg geführt hatte, um die Banda Oriental unter ihre Kontrolle zu bringen, so konnte man dieses Vorhaben als gescheitert betrachten.

Das Eingreifen der Briten, sowohl aus eigennützigen Motiven als auch im Interesse des internationalen Handels und des freien Warenverkehrs, verhinderte, daß irgendein Staat (d.h. Argentinien) beide Ufer des Río de la Plata kontrollierte – eine Aussicht, die nicht nur Großbritannien, sondern auch Brasilien und Paraguay sehr beunruhigte. Wenn man die Banda Oriental also weder Buenos Aires noch Brasilien überlassen konnte, und wenn man in der Region selbst die Unabhängigkeit forderte, erschien es klüger, den Bewohnern der Banda Oriental einen eigenen autonomen Staat zuzubilligen. Der durch britische Vermittlung zustandegekommene Friedensvertrag von 1828, der den brasilianisch-argentinischen Krieg beendete, sah somit die Gründung des Staates Uruguay vor. Nachdem schließlich auch Paraguay und Bolivien (seit 1826 unabhängig) für Argentinien unwiederbringlich verloren waren, blieb von dem ehemaligen Vizekönigreich nicht mehr viel übrig. Die großzügigen Grenzen von 1776 hatten sich letzten Endes als unrealistisch erwiesen. Argentinien war auf eine Größe von 1,5 Mio. km^2 geschrumpft, und die Bevölkerung hatte sich auf etwa 550 000 verringert.

Der unbefriedigende Kriegsausgang, die hohe Verschuldung, aber vor allem die Reduzierung der ländlichen Arbeiterschaft (die meisten Soldaten kamen vom Land) lösten in Buenos Aires eine ernste innenpolitische Krise aus. Die einflußreichen Viehzüchter waren erbost darüber, daß ihre Geschäfte durch den Krieg unterbrochen und geschädigt wurden. Rivadavia wurde noch während des Krieges, im Jahr 1827, aus dem Amt gedrängt. Dies bedeutete zugleich das Ende der unitarischen Republik. Rivadavia wurde von Oberst Manuel Dorrego abgelöst, einem Vertreter der „föderalistischen“ Fraktion, zu denen auch viele *saladeros* und Viehzüchter gehörten. Mit der Aufhebung der Verfassung von 1826 war das liberale Experiment endgültig gescheitert. In einem weiteren Schritt nahm Dorrego, jetzt nur noch Gouverneur von Buenos Aires, Friedensgespräche mit Brasilien auf und verhandelte über die Stellung Uruguays. Wieder einmal pochten die Provinzen, mittlerweile Mitglieder der „Argentinischen Konföderation“, auf ihre volle Souveränität. Auf der politischen Bühne in Buenos Aires standen sich nun zwei Lager gegenüber, die Föderalisten und die Unitarier. Paradoxerweise stützten sich beide Seiten auf die politische Tradition der Aufklärung: die einen schöpften aus der Vielfalt des aufgeklärten Despotismus, die anderen ließen sich vom Laissez-faire-Gedanken leiten. Die Grundlagen für beide Strömungen waren bereits in der Anfangsphase der Revolution in Río de la Plata gelegt worden.

Schon 1810 hoben Saavedra und die Vertreter der inländischen Provinzen – konservative, engagierte Katholiken, die eine protektionistische Wirtschaftspolitik und eine möglichst weitgehende Autonomie der Provinzen forderten – die föderalistische

Partei aus der Taufe. Moreno und seine radikalen Anhänger (Belgrano, Castelli, Monteagudo) hingegen traten für einen zentralistischen Staat ein, in dem ein Höchstmaß an persönlicher, ökonomischer und politischer Freiheit gewährt werden sollte. Aus dieser Gruppe entwickelte sich später die unitaristische Partei. Ende der 1820er Jahre verschärften sich die Differenzen zwischen den beiden „Parteien". Die politischen Auseinandersetzungen wurden durch Rivadavias oftmals grotesk anmutende, verächtliche Haltung seinen Gegnern gegenüber verschärft. (Er weigerte sich, Männer zu empfangen, die im einheimischen ländlichen Stil, mit Stiefeln und Ponchos, gekleidet waren, und bestand darauf, daß man Gehröcke nach europäischem Muster trug.) Der Präsident löste allein durch sein persönliches Auftreten bei seinen politischen Gegnern vehemente, irrationale Gegenreaktionen aus. So bildete sich ein Grundschema heraus, das sich in der argentinischen Geschichte regelmäßig wiederholen sollte. Politische Fragen konnten nicht mehr von persönlichen Gefühlen getrennt werden. Politische Konflikte wurden mit Erbitterung ausgetragen, und Sachfragen traten immer mehr in den Hintergrund.

Gleichzeitig vollzogen sich auch wichtige soziale und ökonomische Entwicklungen. In Buenos Aires, das um 1810 bereits eine schnellebige Stadt war, wurden die gesellschaftlichen Veränderungen durch Krieg und Revolution weiter beschleunigt. Am augenfälligsten war die Verdrängung der alten spanischen Kaufmannselite durch eine wachsende Zahl britischer Kaufleute, die Handelshäuser gründeten und sich am Import-Export-Geschäft beteiligten. Sie besaßen gute Kontakte zur mittlerweile größten „Werkstätte der Welt" und zur bedeutendsten Handelsmarine der damaligen Zeit. Viele britische Kaufleute fanden Eingang in die kreolische Elite und waren bald vollständig integriert. Doch die Veränderungen gingen noch viel weiter. Tatsächlich brachte die Revolution eine ganz neue kreolische Elite hervor. Während die Mehrzahl damit beschäftigt war, sich mit der Rinderzucht und der Erzeugung von Häuten, Talg und Pökelfleisch ein Vermögen zu verdienen, fühlte sich eine ansehnliche Gruppe mehr zur Politik hingezogen. Diese Männer schlugen voller Elan eine Laufbahn in der Lokal- oder Landespolitik ein und verdienten sich sozusagen mit der Revolution ihren Lebensunterhalt. Viele Berufsrevolutionäre und Politiker waren die Söhne von Spaniern oder ausländischen Einwanderen, denen es an den notwendigen Verbindungen und finanziellen Mitteln fehlte, um sich in der Geschäftswelt zu etablieren. Die meisten Mitglieder der neuen Elite waren glühende Anhänger des Liberalismus. Während sich die Viehzüchter vor allem mit den liberalen Forderungen nach einem uneingeschränkten Handel identifizierten, interessierte sich die politische Elite stärker für die theoretischen und politischen Aspekte des Liberalismus. Ein typischer Stellvertreter der zweiten Gruppe war Rivadavia.

G. Der Retter aus der Pampa

Manuel Dorrego hielt sich nicht lange im Amt. Nachdem General Lavalle im Jahr 1828 mit seinen Truppen ernüchtert aus dem Krieg gegen Brasilien zurückgekehrt war, führte er im Namen der unitarischen Sache einen Militärputsch durch und ließ Dorrego hinrichten. Dieser unerwartete politische Mord (Lavalle muß wirklich die Nerven verloren haben) veränderte mit einem Schlag die politische Lage in Buenos Aires. Plötzlich sah sich das Land, das bereits unter der zurückgehenden Exportwirtschaft, einer hohen Auslandsverschuldung, unter Arbeitslosigkeit und einer allgemeinen politischen Instabilität litt, auch noch mit einer neuen Staatskrise konfrontiert. Zum letztenmal war im Jahr 1817 ein Politiker ermordet worden: Alzaga hatte versucht, ein pro-spanisches Regime an die Macht zu bringen und war nach dem fehlgeschlagenen Putsch hingerichtet worden. Dorregos Tod löste eine politische Krise aus, der nur noch eine starke Führerpersönlichkeit gewachsen war. Dieser Mann war schnell gefunden: Juan Manuel de Rosas, ein *estanciero* und *saladerista,* der sich mit der Befriedung der ortsansässigen Indianer einen Namen gemacht hatte. Im Jahr 1829 wurde Rosas zum Gouverneur von Buenos Aires gewählt und mit besonderen Vollmachten ausgestattet, um die allgemeine Ordnung wiederherzustellen und die anarchischen Zustände zu beenden. Bis zum Ablauf seiner Amtszeit im Jahr 1832 war dies Rosas wichtigstes Anliegen. In wenigen Jahren legte er den Grundstein für eine stabile und beständige Staatsführung. Er unterhielt gute Beziehungen zur Klasse der Großgrundbesitzer – zu der er selber zählte – und den *saladeros.* Besonders seine Verbindungen zu der sehr begüterten und mächtigen Anchorena-Familie gaben ihm politischen Rückhalt. Rosas hatte auch Armee und Polizei hinter sich: sein Ruf als vertrauenswürdiger und erfolgreicher militärischer Führer und die Fähigkeit, sich volksnah zu geben, sicherten ihm die Loyalität der berittenen Gaucho-Einheiten – dem Rückgrat der Streitkräfte von Buenos Aires.

Auf dem ökonomischen Sektor stellten sich ernste Probleme. Von Dezember 1828 bis April 1832 herrschte in der Provinz Buenos Aires eine schreckliche Dürreperiode, in der es kein einziges Mal regnete. Obgleich die Landwirtschaft am stärksten davon betroffen und auch die Viehwirtschaft stark in Mitleidenschaft gezogen war, führte die Krise in erster Linie dazu, daß sich der wirtschaftliche Einfluß der Viehzüchter noch vergrößerte. Die Exporte fielen erheblich hinter die Importe zurück: 2 Mio. Pesos gegenüber 37 Mio. im Jahr 1829. Zu der negativen Handelsbilanz kam noch die hohe Auslandsverschuldung von 17,5 Mio. Pesos und eine Inlandsverschuldung von weiteren 11 Mio. Pesos hinzu. Die einzige Möglichkeit, die Staatseinkünfte zu vermehren, bestand in einer Erhöhung der Zölle. Im Jahr 1830 gelang es dem Minister Manuel José García, die Zolleinnahmen um 40 Prozent zu steigern. Doch das Haushaltsdefizit stieg weiter; im Jahr 1831 belief sich das Gesamtdefizit auf 15 Mio. Pesos.

Nachdem Rosas' Amtszeit abgelaufen war, widmete er sich dem „Indianer-Problem“. Während der Unabhängigkeitskriege hatte man die Grenze entlang der indianischen Besiedlung vernachlässigt, und die Indianer waren immer weiter in den Norden vorgedrungen und hatten weiße Dörfer überfallen. Obgleich die Gegenangriffe und Feldzüge (1820/21 unter Gouverneur Rodríguez, 1824 unter Rodríguez und General Rondeau und 1827 unter General Rauch) den Indianern schweren Schaden zufügten, kehrten sie immer wieder zurück. In den Jahren 1833/34 führte Rosas einen äußerst erfolgreichen Feldzug durch und besetzte die Insel Choele Choel im Río Negro. Ungefähr 70 000 km² bestes Weideland wurden der Provinz einverleibt. Der Großteil wurde sogleich unter den großen *hacendados* verteilt. Somit konnte Rosas seine dominierende Stellung auf regionaler und nationaler Ebene dauerhaft ausbauen.

Im Jahr 1835 wurde die Argentinische Föderation durch eine erneute Krise erschüttert. Anfang des Jahres wurde Facundo Quiroga, der föderalistische *caudillo* von La Rioja, dessen Einfluß und Ansehen weit über die Grenzen der Provinz hinausreichten, ermordet. Die aufgeschreckte Elite in Buenos Aires, die befürchtete, daß die Unitarier einen weiteren Versuch unternehmen könnten, um einen zentralistischen Staat durchzusetzen, baten Rosas, für die Sache der Föderalisten einzutreten. Rosas wurde erneut zum Gouverneur gewählt, und diesmal stattete ihn das Provinzparlament mit uneingeschränkten Machtbefugnissen aus. Nun schien der Moment gekommen zu sein, auf den Rosas schon lange gewartet hatte; die politische Opposition hatte eine Niederlage erlitten, und es war niemand in Sicht, der seine Position hätte gefährden oder seine Ziele unterlaufen können. Allmählich erholte sich die Wirtschaft in Buenos Aires von der Krise, in die sie in den 1820er Jahren gestürzt war, und der Wohlstand wuchs. Die Einkünfte der Hafenstädte schnellten in die Höhe und brachten der Regierung zusätzliche Steuern ein. Rosas nutzte die Einnahmen, um ein großes stehendes Heer aufzubauen, das in der Lage war, jeden Angriff von außen abzuwehren. Des weiteren baute er den Polizeiapparat und die staatliche Überwachung aus und pflegte enge Kontakte zur Kirche. Es war sein Ziel, den Liberalismus (oder Unitarismus, wie er in Argentinien genannt wurde) zu zerstören und an seine Stelle die erprobten Werte des alten Regimes zu setzen, zumindest in kultureller, politischer und sozialer Hinsicht. Deshalb ließ sich Rosas gerne als „Vater des Gesetzes" bezeichnen. Sein wichtigster politischer Berater war Tomás, einer der Anchorana-Brüder, ein exzentrischer, fremdenfeindlicher und erzkatholischer Reaktionär, der unermüdlich auf die Ausweisung aller Ausländer aus Buenos Aires drängte. Aber diesen Rat befolgte Rosas nicht. Die rasch anwachsende britische Einwohnerschaft (5000 Bürger im Jahr 1830) fand in ihm einen verläßlichen und treuen Verbündeten. Rosas begriff nur zu gut, daß die britischen Kaufleute der Provinz Wohlstand brachten und daß ein reger Handel hohe Staatseinkünfte bedeutete. In dieser Hinsicht führte Rosas die Politik Rivadavias fort, und er gestattete den Briten sogar, ihre eigenen (protestantischen) Kirchen und Friedhöfe zu errichten. Die britische Bevölkerung wurde von Rosas' brutaler Geheimpolizei, der „Mazorca", einer Art Todesschwadron, die politische Gegner nachts aus ihren Betten holte, grausam folterte und umbrachte, nicht im geringsten behelligt. Tausende verloren ihr Leben durch die Hand der „Mazorca"-Schlägertrupps, und Tausende flohen aus der Stadt und suchten in Montevideo oder Santiago de Chile Schutz. Das kulturelle Leben der Hauptstadt erlitt infolge dieser Emigrationswelle natürlich erhebliche Einbußen, doch Rosas und seine föderalistischen Freunde interessierten sich nicht sonderlich für Kultur, schon gar nicht wenn sie von liberalen Ideen durchsetzt war. Rosas führte eine grundlegend neue Kulturpolitik ein, wenn man sie überhaupt als solche bezeichnen kann. Wie ein wahrer, den Prinzipien des freien Marktes verpflichteter Liberaler schaffte er alle staatlichen Grundschulen (die Rivadavia eingeführt hatte) ab und überließ das Erziehungswesen ganz der privaten Initiative. Paradoxerweise bewirkte der staatliche Rückzug aus diesem Bereich kein radikales Absinken des Bildungsniveaus.

So wenig sich Rosas um die allgemeine Bildung bemühte, so lag ihm die öffentliche Meinung doch sehr am Herzen. Pedro de Angelis, ein politischer Flüchtling aus Neapel, war für Rosas' Propagandaapparat zuständig, hauptsächlich in seiner Funktion als Herausgeber des offiziellen Regierungsorgans *Gaceta Mercantil.* Auch auf das Alltagsleben der Bürger von Buenos Aires übte das Rosas-Regime einen enormen Einfluß aus. Abgesehen von der nicht abreißenden Flut von Propagandaschriften wurde sogar eine Art politische Kleiderordnung eingeführt. Ganz in der Tradition der Revolutionsepoche hielt man es für ratsam, seine politische Loyalität durch Tragen eines roten Bandes oder Abzeichens, in der Farbe der föderalistischen Partei, öffentlich zu dokumentieren.

Wer dies versäumte, konnte sich in Schwierigkeiten bringen. Darüber hinaus wurde um Rosas, seine Frau Doña Encarnación und seine Tochter Doña Manuelita ein Personenkult aufgebaut. Ihre mit roten Bändern geschmückten Bildnisse wurden selbst in Kirchen zur Schau gestellt. Der Klerus stellte sich dieser recht blasphemischen Maßnahme nicht entgegen, denn auch ihm war an guten Beziehungen zur Regierung gelegen. Die Kirche schätzte sogar das Rosas-Regime, weil es die liberalen politischen Werte radikal ablehnte. In religiösen Fragen erwies sich Rosas, vielleicht mehr als in jedem anderen Bereich, als wahrer „Vater des Gesetzes".

Obgleich er der unbestrittene Führer des Föderalismus (und der „einzelstaatlichen Rechte") in Río de la Plata war, nützte Rosas widersinnigerweise der Sache der Unitarier mehr, als es irgendein erklärter Unitarier hätte tun können. Von seiner Machtbasis in Buenos Aires aus (die ihm politische und wirtschaftliche Schlagkraft verlieh) versuchte Rosas, mit gleichgesinnten Gouverneuren im Inland föderative Bündnisse einzugehen. Da diese Gouverneure aber nicht allein oder isoliert regierten, sondern von den mächtigsten Klassen in ihren jeweiligen Provinzen unterstützt wurden, bildeten diese föderativen Bündnisse in Wirklichkeit die Grundlage für die zukünftige nationale Einheit Argentiniens. Tatsächlich entstand allmählich eine nationale Elite, die ihre Hauptbasis in Buenos Aires und Stützpunkte in den Provinzen hatte. Die Eliten in der Provinz begannen, ihre Söhne zur Aus- und Weiterbildung nach Buenos Aires zu schicken – ein Trend, der sich im weiteren Verlauf des Jahrhunderts noch verstärken sollte. Buenos Aires entwickelte sich auf diese Weise tatsächlich zu einer echten Landeshauptstadt.

Zu Rosas' wichtigsten Verbündeten gehörten an der Küste Justo José Urquiza aus Entre Ríos und Estanislao López aus Santa Fé und im Inland der Rioja-Anführer Quiroga (bis zu seiner Ermordung im Jahr 1835). Sie alle stimmten darin überein, daß es notwendig war, sich auf nationaler Ebene zu organisieren, und zwar auf der Grundlage des Vertrages von Pilar, mit dem die Provinzen im Jahr 1820 die Führer in Buenos Aires gezwungen hatten, von ihren Plänen für einen monolithischen Einheitsstaat abzulassen. Künftig konnte eine nationale Einheit also nur erreicht werden, wenn man den Provinzen ein Höchstmaß an politischer Autonomie gewährte.

Rosas' sozialer, politischer und religiöser Konservativismus stand in krassem Gegensatz zu seiner Wirtschaftspolitik. Seine Regierung unterstützte besonders den wirtschaftlichen Wandel in Buenos Aires. Der Hafen und sein Hinterland erzielten aufgrund ihrer relativen Vorteile in der Viehwirtschaft enorme Gewinne. Die Wirtschaft expandierte, und die Bevölkerung wuchs. Das Baugewerbe florierte beinahe während der gesamten Rosas-Ära. Die Weidewirtschaft wurde intensiviert und erweitert. Man exportierte Rinderhäute, Pferdehäute, Roßhaar, Knochen, Horn und gepökeltes Rindfleisch. In den 1840er Jahren wurden durchschnittlich 2,3 Mio. Häute, 23 000 Tonnen Pökelfleisch und 10 000 Tonnen Talg pro Jahr ausgeführt. Die einheimische Rinderrasse lieferte hervorragendes Leder, aber kein sehr gutes Fleisch. Es war für den Feinschmecker zu zäh und konnte nur karibischen oder brasilianischen Sklaven angeboten werden. Zudem war die Haltung der Tiere mit ihren langen, gebogenen Hörnern und dem unbändigen, wilden Temperament nicht ganz einfach. Deshalb führte man aus Großbritannien neue Rinderrassen ein, die für ihr ausgezeichnetes Fleisch bekannt waren: Kurzhornrinder, Aberdeen-Angus und Hereford-Rinder. Doch diese Züchtungen waren wiederum nur zum Verzehr geeignet, und die Häute waren von weit niedrigerer Qualität als die kreolischen. Deswegen dauerte es noch bis weit ins nächste Jahrhundert hinein, bis man die Rinderwirtschaft vollständig umgestellt hatte.

Während der Rosas-Ära nahm die Schafzucht einen sensationellen Aufschwung. Dieser Wirtschaftszweig wurde, hauptsächlich aufgrund der geradezu unbegrenzten Nachfrage auf dem europäischen Markt, viel schneller modernisiert als die Rinderwirtschaft. Die Merinos wurden schon sehr früh durch schottische Züchtungen ergänzt und ersetzt, die sowohl gute Wolle als auch gutes Fleisch lieferten. Durch die Aufzucht dieser zweifach verwendbaren Tiere konnten die allgemeinen Unkosten gesenkt und die Gewinne erhöht werden. Nachdem die Merino-Schafe in der Region eingeführt worden waren, entwickelte sich Buenos Aires zu einem bedeutenden Wollexporteur. In den 1840er Jahren stiegen die Exporte von Schafwolle merklich an und erreichten einen Jahresdurchschnitt von annähernd 7000 Tonnen. Der größte Anteil ging zunächst nach Großbritannien, doch infolge der starken Konkurrenz durch die australischen Wollproduzenten wurde die argentinische Ware in zunehmendem Maße auf dem Kontinent abgesetzt. Ab 1850 wurden Belgien und Frankreich die Hauptabnehmer für argentinische Schafwolle.

Auch wenn Buenos Aires das Zentrum der Rinderwirtschaft blieb (aufgrund seiner demographischen und politischen Bedeutung, seiner Nähe zu den üppigen Weideflächen und des direkten Zugangs zum Meer), holten die Küstenprovinzen und Uruguay doch allmählich auf. Auch in diesen Regionen kam es nach Erlangung der Unabhängigkeit rasch zu einem ökonomischen Aufschwung. Der Gegensatz zu den verarmten und krisengeschüttelten, weiter im Landesinnern gelegenen Provinzen trat jetzt noch deutlicher zutage. Sogar als Rosas Zollschranken errichtete, um die wenigen, verbliebenen Industrien zu schützen, verschärfte sich die Krise im Binnenland weiter. Tatsächlich war diese Entwicklung auf den enorm angestiegenen Handelsverkehr zwischen den Hafenstädten, Absatzmärkten und den Lieferanten in Übersee zurückzuführen. Buenos Aires, die Küstenprovinzen und Uruguay exportierten weit mehr, als sie je einführen konnten. Die in Europa auslaufenden Schiffe segelten häufig mit Ballast. Folglich erhöhten die Transportkosten kaum die Preise der europäischen Waren, die mit den einheimischen Produkten in Konkurrenz traten. Schließlich waren selbst französischer Wein, englisches und deutsches Bier, holländischer Genever, Käse und italienische Würste in der La-Plata-Region ein vertrauter Anblick.

In den ersten Jahrzehnten des 19. Jh. spielte die Landwirtschaft eine untergeordnete Rolle. Die *hacendados* mußten auf dem engen Arbeitsmarkt mit einer immer fester etablierten Viehzüchter-Oligarchie konkurrieren. Solange die Rinderwirtschaft hohe Gewinne abwarf und der ausländische Bedarf an einheimischen Rindererzeugnissen unvermindert anhielt, hielt man eine Erweiterung der agrarwirtschaftlichen Produktion für unnötig. Tatsächlich importierte Buenos Aires fast das gesamte 19. Jh. hindurch große Mengen an Weizen, Mehl und Teigwaren aus Nordamerika und Europa.

Man könnte den argentinischen und uruguayischen Geschäftsleuten und Politikern vielleicht vorhalten, sie hätten versäumt, die Wirtschaft zu diversifizieren und auszuweiten, um damit der gesamten Region, und nicht nur einem kleinen Gebiet, zu Wohlstand zu verhelfen. Doch nachdem Rivadavias ehrgeizige Erneuerungspläne gescheitert waren, stellten sich finanzieller Bankrott, moralischer Verfall und politischer Ruin ein. Rosas und seine Verbündeten in den Provinzen erkannten, daß sie besser daran taten, das vorhandene wirtschaftliche Potential des Landes voll auszuschöpfen. Auf diese Weise ebneten sie ihren Ländern den Weg für einen eindrucksvollen Aufschwung, der ab 1880 einsetzte.

H. Rivalität und Konflikte

Buenos Aires mußte sich damit abfinden, daß es auf der gegenüberliegenden Seite des Flusses einen eigenständigen Staat gab. Montevideo seinerseits war entschlossen, seine wirtschaftliche Autonomie ebenso zu behaupten wie seine schwer erkämpfte nationale Unabhängigkeit. So entwickelten sich Buenos Aires und Montevideo zu erbitterten Wirtschaftskonkurrenten. Anfangs sah es so aus, als hätten die Uruguayer aufgrund ihres ideal gelegenen Hafens, den selbst die größten Schiffe anlaufen konnten, alle Vorteile auf ihrer Seite. Es wurden dort nicht nur einheimische Waren verladen, sondern auch Güter aus den Nachbarregionen (Brasilien, Entre Ríos, Corrientes). Im Jahr 1836 wurden mehr als 500 000 Häute von Montevideo aus verschifft, und 1839 waren es über 1 Mio. Auch danach stieg die Produktion weiter an, was bei den 6 Mio. Rindern, die in der Banda Oriental umherzogen, nicht weiter erstaunt. Außerdem weideten fast 1 Mio. Schafe dort und lieferten im Jahr 1842 eine Rekordmenge von 2 Mio. Pfund Wolle für den Export. Die Anzahl der Tiere übertraf die der Menschen bei weitem: Im Jahr 1835 zählte Uruguay ganze 130 000 Einwohner. Viele lebten in der Hauptstadt, deren Einwohnerzahl sich in weniger als einer Generation verdoppelt hatte: von 14 000 im Jahr 1830 auf 31 000 im Jahr 1842. Europäische Immigranten fühlten sich von Montevideo magnetisch angezogen. Zwischen 1835 und 1842 ließen sich über 30 000 Ausländer (vor allem Franzosen und Italiener) in der Hauptstadt und ihrer näheren Umgebung nieder und machten im Jahr 1843 zwei Drittel der Stadtbevölkerung aus. Offensichtlich lockten die günstigen wirtschaftlichen Möglichkeiten die zahlreichen Ausländer an. Viele eröffneten einen kleinen Laden oder gründeten einen Handwerksbetrieb. Sie sollten später das Rückgrat der städtischen Mittelschicht bilden. Die meisten zogen es vor, sich aus der Lokalpolitik herauszuhalten und überließen diese lieber den *orientales*.

Auf der politischen Bühne Uruguays rangen zwei Gruppierungen unter jeweils starken Führern um die politische Nachfolge von José Artigas, der im paraguayischen Exil zusehends an Einfluß verlor. An vorderster Front standen Juan Antonio Lavalleja, Anführer des Feldzuges der „33“ im Jahr 1825, die den uruguayischen Unabhängigkeitskampf zum Erfolg geführt hatten, und Fructuoso Rivera, „Don Frutos“, der zum mächtigsten Führer seines Landes aufsteigen sollte. Dann gab es da noch Manuel Oribe, Wortführer der uruguayischen Föderalisten, die wegen ihres weißen Abzeichens auch als *blanco*-Partei bezeichnet wurden. Oribe war ein Verbündeter des argentinischen Präsidenten Rosas und unterstützte seinerseits die *Farrouphilha*-Rebellen in Südbrasilien. Diese föderalistische „Internationale“ war in erbitterte Kämpfe mit ihren sämtlichen Feinden verwickelt: dem brasilianischen Kaiser, den argentinischen Unitariern und den Anhängern Riveras (die *colorado*-Partei). Dieser Konflikt, an dem sich auch das internationale Ausland beteiligte, zog sich von 1839 bis 1851 hin und ging als der „Große Krieg“ *(Guerra Grande)* in die Geschichte ein.

In Uruguay selbst handelte es sich dabei um einen Bürgerkrieg zwischen der Landbevölkerung (die weitgehend unter Oribes' Einfluß stand) und der Hauptstadt.

Montevideo befand sich beinahe während des ganzen Krieges im Belagerungszustand – daher der häufige und treffende Vergleich mit dem antiken Troja. Es gibt noch weitere Parallelen: Die Belagerung hielt über zehn Jahre an, die Stadt war nie völlig von ihrem Hinterland abgeschnitten, die Truppenstärke war relativ gering und das Macho-Heldentum, wie es die *caudillos* verkörperten, spielte eine bedeutende Rolle. In den Volksliedern der Gaucho-Barden wurden die Abenteuer der Kriegshelden verherrlicht, von denen Rivera wohl der Bekannteste war. Nachdem er 1830 zum ersten Präsidenten Uruguays gewählt worden war, wurde er 1835 durch Oribe abgelöst, behielt jedoch als *Comandante General de la Campaña* weiter die Kontrolle über das Land. Doch dann kam es zu wiederholten Versuchen seitens der unterlegenen Präsidentschaftskandidaten, die gewählte Regierung zu stürzen. Im Jahr 1838 gewann Rivera schließlich die Oberhand und ließ sich offiziell zum Diktator ernennen. Dann verbündete er sich mit den abtrünnigen argentinischen Provinzen Corrientes, Santa Fé und Entre Ríos und begann einen Krieg gegen Rosas. Hier ging es wohl kaum mehr um politische Grundsätze, denn zwischen den einzelnen La-Plata-Staaten und den autonomen Provinzen bestanden, bis auf geringfügige Abweichungen, keine Unterschiede mehr. Dennoch genoß Montevideo unter Riveras Führung ein hohes Ansehen in Europa, nicht zuletzt deshalb, weil europäische Einwanderer und Geschäftsleute in der Stadt so gern gesehen waren. Auch Giuseppe Garibaldi kam nach Montevideo, um sich als Führer einer ausschließlich aus Italienern bestehenden Einheit an den Kämpfen gegen Oribe und Rosas zu beteiligen. Sogar Alexandre Dumas warb in einem populären Roman für die Stadt.

Als Gouverneur von Buenos Aires war Rosas der Primus inter pares der argentinischen Provinzführer und in dieser Eigenschaft auch für die Außenpolitik der Föderation verantwortlich. Rosas scheute sich nicht, mit dem Ausland auf Konfrontationskurs zu gehen. Sein hartnäckiges Bestehen auf nationaler Souveränität brachte ihm Konflikte mit Frankreich und Großbritannien ein, die Flotten entsandt hatten, um ihre Wirtschaftsinteressen in der La-Plata-Region zu wahren und um sicherzustellen, daß der Río Paraná und der Río Paraguay für den internationalen Handel weiter zugänglich blieben. Die Franzosen gingen besonders aggressiv vor, als sie versuchten, für ihre Geschäftsleute eine Sonderbehandlung durchzusetzen. (Die rapide anwachsende französische Einwohnerschaft von Buenos Aires genoß denselben Status wie die gebürtigen Argentinier und unterlag daher auch der Militär- und der Steuerpflicht. Seit dem Britisch-Argentinischen Vertrag von 1825 waren die Briten von dieser Regelung ausgenommen.) Als sich Rosas im Jahr 1838 weigerte, den französischen Forderungen nachzukommen (ganz im Gegensatz zu Montevideo, das den Franzosen die gewünschten Sonderrechte einräumte), führte ein riesiges französisches Marinekommando (36 Kriegsschiffe und 6000 Mann Besatzung) eine Blockade gegen Buenos Aires durch. Zudem unterstützten die Franzosen den unitarischen General Lavalle bei seinem Angriff auf die Rosas-Verbündeten; doch das Unternehmen brachte keine entscheidende Wende und wurde nach dem Tod Lavalles im Jahr 1841 fallengelassen. Rosas mußte nur lange genug abwarten (und die negativen Auswirkungen der Seeblockade in Kauf nehmen), bis sich schließlich die Briten, aus Sorge um die gefährdeten Interessen ihrer Kaufleute in Buenos Aires, einschalteten. Nachdem man 1840 zwischen allen drei Seiten eine Übereinkunft erzielt hatte, wurde die Blockade aufgehoben. Doch es brauten sich bereits neue Konflikte zusammen: Als Rosas 1845 versuchte, die wirtschaftliche

Konkurrenz durch die flußaufwärts gelegenen Provinzen (Santa Fé, Entre Ríos, Corrientes) auszuschalten, indem er auf dem Paraná eine Sperre errichtete, sah er sich bald der geballten Macht der britisch-französischen Flotte gegenüber. Über Buenos Aires wurde erneut eine Blockade verhängt (bis 1847 durch die Briten, dann weitere zwei Jahre durch die Franzosen). Es sollte Rosas nicht gelingen, den Handel auf den Flüssen zu kontrollieren und dadurch die Entwicklung der Küstenprovinzen aufzuhalten. Statt dessen brachte ihm seine Politik die Feindschaft mächtiger *caudillos* wie Urquiza aus Entre Ríos ein.

Als die Briten feststellten, daß die Blockade ihren in Buenos Aires niedergelassenen Kaufleuten schadete, schlossen sie 1849 mit Rosas einen Separatfrieden und akzeptierten die argentinische Oberhoheit über den Paraná. Die Franzosen sahen sich infolge des britischen Einlenkens zum Rückzug gezwungen, aber mehr noch aufgrund ihrer innenpolitischen Lage; im Jahr 1848 hatte die Februarrevolution den Sturz der Monarchie herbeigeführt. Die Regierung war zusammengebrochen, und die Flotte mußte aus schlichter Finanznot zurückkehren. Die britisch-französische Seeblockade hatte hauptsächlich den in Buenos Aires ansässigen französischen und englischen Kaufleuten geschadet. Einerseits hatten die Blockaden den Handel stark beeinträchtigt, andererseits jedoch hatten sie bei einer Reihe von Produkten zu einer Preis- und Gewinnsteigerung geführt. Die beiden intervenierenden Großmächte verfolgten im La-Plata-Raum in der Tat umfangreiche Interessen, wobei die der Briten älteren Ursprungs und breiter gefächert waren als die der Franzosen; außerdem lebten mehr britische als französische Staatsbürger in der Region. Die Briten rechtfertigten ihr militärisches Eingreifen mit dieser Interessenlage und mit der Notwendigkeit, den wachsenden Einfluß der Franzosen einzudämmen. Letztere waren auch am Handel beteiligt (Tausende von Franzosen lebten in Buenos Aires und Montevideo), aber ihr Hauptaugenmerk galt der Wollproduktion. Tatsächlich gelangte ein Großteil der Schafwolle aus der La-Plata-Region über Le Havre und Antwerpen in die französischen Spinnereien und sorgte auf diesem Wege für intensive Handelsbeziehungen, die über ein Jahrhundert andauern sollten. (Im Jahr 1842 waren die Hauptabnehmer Uruguays Großbritannien mit 2,4 Mio. Pesos, Spanien und seine Kolonien mit 1,4 Mio. Pesos und Frankreich mit 1,2 Mio. Pesos.)

Der zunehmende Einfluß der Kaufleute des europäischen Kontinents ging Hand in Hand mit dem Machtverlust Rosas', hinter dessen Regime britische Interessen standen. Doch selbst den Briten fiel es schwer, Rosas noch länger zu stützen. Seine ständige Einmischung in die inneren Angelegenheiten Uruguays wurde allgemein als destabilisierender Faktor in der Region empfunden. Besonders das brasilianische Kaiserreich machte sich angesichts des offenbar chronischen Unruheherds Uruguay Sorgen. Regelmäßig griff die politische Krise auf die benachbarten brasilianischen Provinzen über und löste dort Aufstände und Revolutionen aus. Bald darauf gingen Urquiza, Don Frutos und der brasilianische Kaiser ein gegen Rosas gerichtetes Bündnis ein. Diese Tripelallianz beschloß, dem Rosas-Regime durch direkte militärische Intervention ein Ende zu bereiten. Natürlich ergriffen zahlreiche argentinische Emigranten in Montevideo und anderswo begeistert die Gelegenheit, in ihre Stadt zurückzukehren und sich an Rosas zu rächen. Im Jahr 1851 begannen die Vorbereitungen für einen großangelegten Einmarsch in Buenos Aires. Im darauffolgenden Sommer (Februar 1852) wurde Rosas' Schicksal in der Schlacht von Monte Caseros (unweit von Buenos Aires) besiegelt. Nur eine Handvoll seiner Leute stellte sich dem Kampf. Der Rest trat Hals über Kopf die Flucht an. Damit war das Rosas-Regime am Ende und mit ihm die Karriere eines Mannes, den man vielleicht am ehesten mit einem aufgeklärten Despoten des 18. Jh. vergleichen könnte, der um das materielle Wohl seiner Untertanen besorgt war, ihnen aber in Staatsangelegenheiten so gut wie keinen Einfluß zugestand. Rosas bestieg ein britisches Kriegsschiff und segelte nach Großbritannien, wo er 1877 in Southampton starb. Kurz nach der Schlacht von Caseros zog Urquiza an der Spitze seiner siegreichen Truppen in die Hauptstadt ein und gab die Stadt der hemmungslosen Plünderung preis.

Gert J. Oostindie

8. Die Karibik 1760–1820

Aus dem Englischen übersetzt von Petra Post

In der heutigen Geschichtsschreibung über die Neue Welt bis zum späten 19. Jh. wird die Karibik in der Regel in der Form der folgenden Standardreihung dargestellt: eine nur schemenhaft wahrnehmbare präkolumbische Vergangenheit; Eroberung und Vernichtung der Indianer; Aufteilung der Region unter rivalisierenden europäischen Mächten; Plantagenrevolution, die die Region zu einem äußerst dynamischen Element im kapitalistischen Weltsystem und zugleich zum Schauplatz der Sklaverei gemacht hat; Abschaffung von Sklavenhandel und Sklaverei; Unvermögen, wirtschaftliches Wachstum aufrechtzuerhalten; Absterben der „alten" Karibik und verspäteter Aufschwung der spanischen Karibik.

Bei näherer Betrachtung ergibt sich jedoch ein komplexeres Bild. In der impliziten Gleichsetzung der karibischen Kolonialgeschichte mit ‚Zucker und Sklaverei' spiegelt sich ein Vorurteil gegenüber der nicht-spanischen Karibik, insbesondere gegenüber den britischen Westindischen Inseln wider. Außerdem ist das Wiederaufkommen der spanischen Karibik ungerechtfertigterweise ausschließlich im Rahmen der Plantagenrevolutionen dargestellt worden. Die beiden Kapitel über die Karibik in diesem Band bemühen sich deshalb, die Geschichte dieser Region in einer weiteren Perspektive darzustellen.

A. Definition und Periodisierung

Die Karibik besteht aus einem bogenförmigen Insel-Archipel, der das Karibische Meer begrenzt, und aus den Guayanas an der nördlichen Küste des amerikanischen Festlandes. Das verbindende Element dieser Region ist das gemeinsame Erbe von Plantagenwirtschaft und Zwangsarbeit, besonders afro-karibischer Sklaverei. Als Arbeitsdefinition ist diese Charakterisierung vertretbar. Allerdings wird deutlich werden, daß innerhalb der Geschichte der Region die spanische Karibik eine etwas abweichende Position einnimmt.

Die Karibik ist immer eine Region von bemerkenswerter Heterogenität gewesen. Geographisch gesehen handelt es sich nicht um eine Ballung, sondern um eine Kette von Inseln unterschiedlicher Größe und eine Reihe von relativ großen Ansiedlungen auf dem Festland. Den Gebieten ist (sub)tropisches Klima gemeinsam, und die meisten eigneten sich aufgrund ihrer hervorragenden ökologischen Gegebenheiten bestens für die Plantagenwirtschaft. Allerdings wurden einige der kleineren Inseln, wie z.B. Curaçao, wegen ihres trockenen Klimas nie typische Plantagen-Kolonien.

Abgesehen von kleineren und weniger beständigen deutschen, dänischen und schwedischen Siedlungen zerfiel die Karibik in vier koloniale Blöcke: spanische, britische, niederländische und französische Besitzungen. Im Jahr 1760 bestand die spanische Karibik aus Kuba, Puerto Rico, Trinidad und Santo Domingo (dem östlichen Teil von

Die Karibik gegen Ende des 18. Jahrhunderts

© Klett-Cotta 1992

Hispaniola). Im Frieden von Amiens (1802) wurde Trinidad an die Briten abgetreten. Santo Domingo war Spanien in einem komplizierten Prozeß, der vom frühen 19. Jh. bis in die 1860er Jahre andauerte, verlorengegangen. Flächenmäßig allerdings – die weitgehend unerforschten inneren Gebiete der Guayanas ausgenommen – beherrschten die Spanier den größten Teil der Karibik bis weit ins 19. Jh. hinein.

Ungeachtet der territorialen Ausdehnung war die stärkste wirtschaftliche Dynamik der Karibik 1760 bei den nicht-spanischen Inseln, wobei die britischen und die französischen Westindischen Inseln um die Vorherrschaft wetteiferten und die niederländische Karibik mit einigem Abstand folgte. Während der Zeit von 1760 bis 1820 wurde das labile Gleichgewicht immer wieder gestört, bis die Briten im frühen 19. Jh. schließlich die Führung übernahmen.

In wirtschaftlicher Hinsicht, besonders in bezug auf die Plantagenentwicklung, unterschieden sich die einzelnen Gebiete voneinander. Während die nicht-spanische Karibik schon seit der Mitte des 17. Jh. zum Plantagen-Gebiet wurde, kam der Plantagenboom der spanischen Territorien spät und ungleichmäßig. Diese zeitliche Verschiebung bewirkte fundamental gegensätzliche Entwicklungen in bezug auf Bevölkerung, Gesellschaft und Kultur.

Für eine so heterogene Region wie die Karibik des 18. und 19. Jh. ist die Einteilung in Epochen ein gewagtes und in gewisser Hinsicht willkürliches Unterfangen. In unserem Zusammenhang scheint es gerechtfertigt, sich im weitesten Sinne an die spanisch-amerikanischen Markierungspunkte zu halten, die in diesem Handbuch angegeben werden. Für das spanisch-amerikanische Festland markiert das Jahr 1760 den Beginn der bourbonischen Reformen. Darüber hinaus ergaben sich in den 60er Jahren des 18. Jh. sowohl Neuordnungen in der Geopolitik der nicht-spanischen Karibik als auch die Anfänge des kubanischen Plantagenbooms. Die Dekade der 20er Jahre des 19. Jh. bildet keine eindeutige Trennungslinie. Das vielleicht bedeutendste Kriterium hier ist negativ: Nach der Unabhängigkeit der süd- und mittelamerikanischen Kolonien und der französischen und der haitianischen Revolution blieben Spanien nur noch Kuba und Puerto Rico als letzter Rest seines amerikanischen Imperiums. Von diesem Zeitpunkt an stieg das Interesse der Metropole an diesen beiden Inseln.

B. Die französische Karibik

Schon seit dem ausgehenden 16. Jh. war die Karibik Schauplatz europäischer Kriege und von Freibeuterei. Koloniale Grenzen wurden immer wieder neu definiert, so auch in der Zeit zwischen 1760 und 1820. Die entscheidenden Wendepunkte in diesem Zeitabschnitt allerdings waren nicht geopolitischer Art, sondern ergaben sich aus zwei Angriffen auf das System der Sklaverei. Im Jahr 1791 entfachte eine Sklavenrevolte in der französischen Kolonie St. Domingue einen blutigen Krieg, der diese Sklavenkolonie zur zweiten Republik Amerikas und zum ersten Staat machte, der die Sklaverei abschaffte. Ein zweiter Wendepunkt war die Abschaffung des Sklavenhandels durch die Briten im Jahr 1807. Wenn es auch 60 Jahre dauern sollte, bis der atlantische Sklavenhandel endgültig aufgegeben wurde, so markierte doch das Gesetz von 1807 den Anfang vom Ende dieser Epoche. All das sollte auch nachhaltige Auswirkungen auf die spanische Karibik haben.

In der Mitte der 50er Jahre des 18. Jh. bestand die französische Karibik aus St. Domingue, Guadeloupe, Martinique, Grenada, dem nördlichen Teil St. Martins und Französisch Guayana. Außerdem waren die vier Inseln über dem Wind, Dominica, St. Lucia, St. Vincent und Tobago, trotz ihres gemäß dem Vertrag von Aachen 1748 neutralen Status, größtenteils von französischen Siedlern bewohnt. Bis zum Jahr 1820 reduzierte sich die französische Karibik auf ihre heutige Zusammensetzung, also auf Guadeloupe, Martinique, Französisch Guayana und den nördlichen Teil von St. Martin. Zwei Faktoren erklären diese Zurückdrängung des französischen Einflusses: der britische Aufstieg zur stärksten Seemacht und der haitianische Sklavenaufstand.

In der Zeit von 1760 bis 1820 war die Karibik ständiger Schauplatz europäischer Kriege. Großbritannien ging aus ihnen, was die territoriale Ausdehnung zumindest in der Karibik selbst betraf, als Sieger hervor. Die Franzosen, Spanier und Niederländer erlebten, wenn auch mit Unterbrechungen, wie ihre karibischen Imperien stetig schrumpften. Die politische Geschichte der Jahre 1739 bis 1815 ist durch eine Reihe von Kriegen gekennzeichnet, in denen sich Großbritannien und Frankreich als Hauptrivalen um die Vorherrschaft in dieser Region gegenüberstanden. Kriege zogen Wirtschaftsblockaden und häufig auch drastische Einschnitte in das bestehende merkantilistische Wirtschaftssystem, ebenso wie die zeitweise oder endgültige Beschlagnahme fremder Kolonien nach sich.

Dabei verlor Frankreich einige seiner Westindischen Inseln. Durch den Vertrag von Paris, der dem Siebenjährigen Krieg (1756–1763) ein Ende setzte, fielen zwar Guadeloupe, Martinique, St. Martin und St. Lucia an die Franzosen zurück, doch die bis dahin neutralen Inseln Grenada, Dominica, St. Vincent und Tobago (im folgenden die „abgetretenen Inseln") blieben in britischem Besitz. Der amerikanische Unabhängigkeitskrieg (1776–1783) bewirkte keine fundamentalen territorialen Änderungen in der Region. Nur Tobago wurde den Franzosen überlassen, die auf der Seite der siegreichen Amerikaner gestanden hatten.

Die französischen Revolutionskriege und die Napoleonischen Kriege zwischen 1793 und 1815 bewirkten eine erneute Änderung der politischen Landkarte der Karibik. St. Domingue, jetzt Haiti, ging Frankreich und dem gesamten europäischen Plantagensystem verloren; im Grunde war dies die Folge einer internen Revolte. Die übrigen Umstrukturierungen verliefen nach traditionellem Muster. Der Vertrag von Wien 1815 bestätigte die britische Vorherrschaft, wobei die Franzosen, Spanier und Niederländer einige ihrer früheren Kolonien verloren. Frankreich erlitt nur bescheidene Verluste. Tobago und St. Lucia wurden an Großbritannien zurückgegeben.

Der Werdegang des französischen St. Domingue stellt eine herausragende Ausnahme in der Geschichte der Region dar. Frankreich hatte mit Erfolg den Aufbau einer Plantagenwirtschaft im westlichen Teil der Insel Hispaniola gefördert. In den 60er Jahren des 18. Jh. war St. Domingue der größte Zuckerproduzent der Karibik und erwirtschaftete mehr als Guadeloupe und Martinique; bis in die 90er Jahre des Jahrhunderts übertraf die Zuckerproduktion der französischen Westindischen Inseln die der britischen Westindischen Inseln sowohl an Menge als auch an Qualität. In den 80er Jahren des 18. Jh. machte Kaffee aus St. Domingue die Hälfte der Weltproduktion aus. Daher überrascht es nicht, daß St. Domingue in diesem Jahrzehnt etwa 40 Prozent des französischen Außenhandels bestritt und von allen übrigen Kolonialmächten beneidet wurde. All das ging den Franzosen allerdings in wenigen Jahren verloren. Der Zuckerexport St. Domingues fiel von etwa 64 000 Tonnen im Jahr 1789 auf 1100 Tonnen bis 1820; die Kaffee-Exporte sanken von 35 000 auf 15 000 Tonnen.

Diese dramatische Wende war das Resultat einer karibischen Revolution, ausgelöst durch eine europäische Revolution. Der Plantagenboom St. Domingues hatte ein äußerst explosives Bevölkerungsgemisch hervorgebracht. Am Vorabend der Revolution waren 88 Prozent von 565 000 Einwohnern schwarze Sklaven, von denen die Mehrheit in Afrika geboren war. Die restlichen 12 Prozent waren sowohl in ethnischer als auch in wirtschaftlicher Hinsicht stark gespalten. Weiße und freie *gens de couleur* (Farbige) waren zahlenmäßig etwa gleich stark, aber politische Macht war ein Privileg der weißen Bevölkerung. Innerhalb jeder Gruppe gab es deutliche Abstufungen. Die soziale Distanz zwischen der Elite, die sich aus reichen Pflanzern, Händlern und hohen Beamten *(grands blancs)* zusammensetzte und dem gemeinen weißen Volk *(petits blancs)* war groß. Auch in der freien farbigen Bevölkerung existierte eine Hierarchie, in der reiche Plantagenbesitzer die Spitze und arme Siedler die Basis der sozialen Pyramide bildeten.

Die Einstellung der freien Bevölkerung zu Frankreich wechselte und war von Rivalitäten zwischen verschiedenen Gruppen abhängig. Wenn auch merkantilistische Restriktionen seitens der Franzosen den Pflanzern ein Dorn im Auge waren, so waren diese doch auf die Kredite und den militärischen Schutz des Mutterlandes angewiesen, nicht zuletzt angesichts der großen Überzahl der Sklaven. Die Interessengruppe der *grands blancs,* der *Club Massiac,* trat für mehr Autonomie und weitere Handelsliberalisierung ein. Dies taten in den Anfängen der Französischen Revolution auch die weißen Abgeordneten der französischen Westindischen Inseln in der Nationalversammlung in Paris. Die *gens de couleur* hingegen interpretierten den Begriff *Egalité* der Revolutionsparole *Liberté, Egalité, Fraternité* als Zugang zu jener Gleichberechtigung, die die weiße Gesellschaft ihnen so lange verweigert hatte. Ihre Sprecher waren in der *Société des Amis des Noirs* (1788) organisiert. Im Mai 1791 erließ die Versammlung auf den Druck der *Société* hin tatsächlich ein Gesetz zur Verbesserung der Position der freien Farbigen. Die weißen Kolonisten und der französische Gouverneur versagten ihre Zustimmung. In dieser Krise griffen Weiße und Farbige zu den Waffen, um sich zu ihrem Recht zu verhelfen bzw. den Status quo zu verteidigen. Zunächst setzten sie ihre Sklaven als Soldaten ein. Aber bald entwickelte sich daraus eine Sklavenrevolte. Die Französische Revolution hatte verschiedene Teile der freien Bevölkerung glauben gemacht, sie könnten von ihr profitieren. Doch bald wurde klar, daß man sich falschen Hoffnungen hingegeben hatte.

Im August 1791 erhoben sich die Sklaven der Plaine du Nord in St. Domingue, und bald war ganz St. Domingue in einen blutigen Krieg verstrickt, dessen Ergebnis schließlich die Gründung der Republik Haiti war. Der tatsächliche Verlauf der Revolution kann hier nicht im Detail dargestellt werden. Aber es sollte darauf hingewiesen werden, daß das soziale Gefüge des vorrevolutionären Haiti, wenngleich explosiv, so doch nicht in höherem Maße instabil war als beispielsweise das jamaikanische oder das surinamesische. Der Anstoß kam aus Europa, aber die lokalen Eliten konnten ihn nicht zu ihrem Vorteil nutzen. Letztendlich waren es die Sklaven, die aus dem entstandenen politischen Vakuum Nutzen zogen.

Mehrere Tatbestände der haitianischen Revolution sind bemerkenswert. Zum einen brachten die rebellierenden Sklaven mehrere ausgesprochen fähige Anführer hervor.

Unter ihnen ist Toussaint L'Ouverture der bekannteste. Von 1794 an ein mächtiger General, gelang es ihm auf Anhieb, gleichzeitig weiße und mulattische Gegner zu besiegen, indem er ein gewisses Maß an Einigkeit unter der Sklavenbevölkerung zustande brachte und einigen Interventionen von außen erfolgreich begegnete. Das revolutionäre Direktorium in Paris erkannte seine politische Machstellung im Jahr 1799 an, indem es ihn offiziell zum Generalgouverneur ernannte. Drei Jahre später ließ Napoleon ihn entführen und nach Frankreich bringen, wo er in einem Gefängnis starb. Zu diesem Zeitpunkt war es allerdings schon zu spät, das Unvermeidliche abzuwenden. Sein Nachfolger Jean Jacques Dessalines vollzog im Jahr 1804 den letzten Schritt und erklärte die ehemalige Kolonie zur freien Republik. Zum anderen verdient die Rolle der Franzosen während dieser Jahre Aufmerksamkeit. Der erste positive Schritt der französichen Nationalversammlung war das Gesetz vom Mai 1791, das den freien Farbigen mehr Rechte einräumte. Zusätzliche Maßnahmen waren nicht ohne weiteres möglich, und tatsächlich wurde die französische Haiti-Politik der Folgezeit gleichermaßen von Ereignissen im Mutterland wie in der Karibik bestimmt. Verspätet verordneten die Franzosen im März 1792 per Dekret die vollständige Gleichheit von Weißen und Mulatten, wodurch Weiße und schwarze Sklaven einander noch stärker entfremdet wurden. Erst im April des folgenden Jahres erließ der jakobinische französische Regierungskommissar Sonthonax eine Verordnung zur Abschaffung der Sklaverei. Zumindest zum Teil war diese Entscheidung von der Notwendigkeit angeregt worden, die schwarze Bevölkerung gegen örtliche Pflanzer und Interventionen von außen zu einen. Ein vom revolutionären Frankreich und Schwarzen gemeinsam ausgeführter Schlag brach den – inzwischen royalistischen – Widerstand der Pflanzer. Bis ins Jahr 1797 kämpften Sonthonax und Toussaint L'Ouverture Seite an Seite, aber die Initiative lag zunehmend beim letzteren. Im Jahr 1797 ließ er Sonthonax deportieren.

In der Zwischenzeit begann Frankreich, seine Zugeständnisse zurückzunehmen. Die Ernennung Toussaints zum Generalgouverneur war eine reine Bestätigung des Status quo gewesen. Frankreichs neuer Führer Napoleon verhielt sich zurückhaltend. Im Jahr 1801 schlug Toussaint eine Verfassung vor, die St. Domingue zwar als französische Kolonie anerkannte, ihr aber ein größeres Maß an Autonomie verlieh. Ein Jahr später entsandte Napoleon eine Armee von fast 60 000 Mann in die Karibik, um das Kolonialsystem, einschließlich der Sklaverei, wiederherzustellen. Die Franzosen gewannen ihre Schlachten in St. Domingue; Toussaint wurde verhaftet und deportiert; Guadeloupe wurde den Briten wieder abgenommen, und die Grundlage für die Sklaverei wurde erneut geschaffen. Eine völlige Befriedung St. Domingues erwies sich allerdings als unmöglich. Im Jahr 1803 beschloß Napoleon, stark engagiert in Feldzügen in der Alten Welt, diese Kolonie und damit auch seinen französisch-amerikanischen Traum aufzugeben, in dem St. Domingue eine Schlüsselposition eingenommen hätte. Von Krieg und Gelbfieber dezimiert und im Angesicht der totalen Niederlage ergaben sich die Überreste der französischen Armee. St. Domingue wurde sich selbst überlassen, zumindest was die französische Republik betraf.

Ein weiteres Charakteristikum der haitianischen Revolution ist ihre internationale Dimension. Britische Armeen hatten in der Zeit seit 1793 versucht, die französische Kolonie zu erobern. Eine spanische Armee marschierte 1793 in St. Domingue ein, war allerdings nicht erfolgreich; tatsächlich hatte deren anfängliche Allianz mit Sklavenarmeen

St. Domingues Sonthonax zur hastigen Verordnung der Abschaffung der Sklaverei veranlaßt. Im französisch-spanischen Frieden von Basel im Jahr 1795 gaben die Spanier Hispaniola endgültig auf und überließen Santo Domingo den Franzosen. Da die es aber nicht verstanden, ihren Gewinn zu nutzen, nutzte Toussaint 1800 das politische Vakuum und marschierte in den östlichen Teil Hispaniolas ein. So erlebte Santo Domingo die erste von mehreren haitianischen Besatzungen.

Die Einmischung dreier europäischer Länder, die tiefen Gegensätze innerhalb der französisch-dominikanischen Gesellschaft und schließlich die Ausweitung der Kämpfe auf die gesamte Insel trugen zur Komplexität dieses blutigen Krieges bei. Haitianer, Dominikaner und Europäer zahlten gleichermaßen einen hohen Preis für die haitianische Unabhängigkeit. Der Ruhm dieser Revolution war immer von Berichten über Brutalität begleitet. Das Bild einer blutigen Revolution ist zweifellos begründet, aber die Popularität der grausigen Bilder zeugt auch davon, daß man die haitianische Revolution als echte soziale Revolution betrachtete. Bis zur Abschaffung der amerikanischen Sklaverei verfolgte das Gespenst Haitis alle, die von der Plantagen-Sklaverei profitierten. Schon die Existenz dieser freien schwarzen Republik war eine grundlegende ideologische Bedrohung für ein Amerika, das auf dem Plantagensystem beruhte. Anderswo mühten sich Schwarze als Sklaven oder bestenfalls als befreite Sklaven und bildeten eine ständig dem Risiko der Marginalisierung ausgesetzte Zwischenschicht. In Haiti war die Sklaverei abgeschafft, und es entwickelte sich ein unabhängiger Kleinbauernstand.

Die ersten Jahrzehnte der Republik Haiti waren von Unruhen geprägt. Die Gesamtbevölkerung war erheblich zurückgegangen; man sprach von bis zu 380 000 Menschen, was auf einen Rückgang von 150 000 seit Beginn der 90er Jahre des 18. Jh. hinwies. Weiße waren, soweit sie nicht dem Massaker zum Opfer fielen, geflohen. Dessalines, der selbsternannte „Kaiser“ von Haiti, wurde im Jahr 1806 ermordet. Danach war das Land in zwei Teile gespalten. Im nördlichen Teil, über den König Henri Christophe von 1806 bis zu seinem Selbstmord 1820 regierte, wurde die ehemalige Sklavenbevölkerung in einem auf Zwangsarbeit beruhenden System reorganisiert. So bekam die Arbeit zwar einen anderen Namen, das Problem der Zwangsarbeit blieb jedoch erhalten, wodurch sich der Niedergang der Plantagenwirtschaft leicht verzögerte. Im südlichen Teil gestattete der mulattische Regent Pétion die Substituierung der bisherigen Plantagenwirtschaft durch bäuerliche Wirtschaft in kleinem Rahmen. Unter Pétions Nachfolger Boyer (1818–1843) wurde Haiti wieder vereint und die kleinbäuerliche Wirtschaft im ganzen Land eingeführt. Haiti trat den Rückzug aus der Weltwirtschaft an, eine Anomalie innerhalb dieser Region. Auf lange Sicht sollte sich das System der Kleinbauernwirtschaft als gefährlich erweisen, auch wenn sie das Bevölkerungswachstum begünstigte; nach einer großzügigen Schätzung im Jahr 1820 belief sich die Gesamtzahl der Einwohner auf 0,5 Mio.

Im Jahr 1825 erkannte Frankreich Haiti schließlich an. Die Kontrolle des Mutterlandes über die verbliebenen französischen Westindischen Inseln war so stark wie eh und je. In Martinique hatte, durch die britische Besatzung während der Kriege, die Sklaverei weiter existiert. Napoleons Soldaten führten sie in Guadeloupe wieder ein (1802). Auch wenn der Sklavenhandel zu den französischen Westindischen Inseln im Jahr 1818 abgeschafft worden war, bestand die Sklaverei noch bis 1848 weiter.

Was die karibische Plantagenwirtschaft betraf, war Frankreich zu diesem Zeitpunkt eindeutig auf den zweiten Rang verwiesen worden (Tab. 18). In den 20er Jahren des

19. Jh. lag die jährliche Zuckerproduktion der französischen Westindischen Inseln bei durchschnittlich 53 000 Tonnen. Damit machte sie weniger als 30 Prozent der Produktion der britischen Westindischen Inseln aus und lag in etwa ebenso hoch wie die Produktion Kubas, die erst am Anfang ihres beachtlichen wirtschaftlichen Aufschwungs stand. Auch was die Bevölkerungszahlen anging, war die französische Karibik nun von geringer Bedeutung. Die Gesamtbevölkerung (Tab. 18) war zwar gewachsen, lag aber niedriger als bei Konkurrenten wie z. B. Jamaika oder Kuba.

C. Die britische Karibik

In der Zeit von 1760 bis 1820 gelang Großbritannien zwar der Aufstieg zur Vorherrschaft in der Karibik, aber zwei Ereignisse sollten die britische Position auf lange Sicht untergraben. Das erste war die Unabhängigkeit der Vereinigten Staaten, die dazu führte, daß Nordamerika zur Hegemonialmacht in der Hemisphäre wurde. Das zweite war die Abschaffung des atlantischen Sklavenhandels.

Zusätzlich zu Veränderungen in der Wirtschaftsstruktur und der Position Großbritanniens in der allgemeinen Weltwirtschaft waren diese Entwicklungen Vorboten einer fortschreitenden Marginalisierung der britischen Karibik. Dieser Prozeß vollzog sich allerdings erst später; die Zeit von 1760 bis 1820 war von der konsequenten und erfolgreichen Aufbauarbeit der Briten in ihrer westindischen Domäne gekennzeichnet. Erreicht wurde dies mit militärischen Mitteln, zunächst durch die Eroberung der ‚abgetretenen Inseln'. Während der französischen Revolutionskriege und der Napoleonischen Kriege gelang Großbritannien eine wichtige Ausdehnung seiner Gebiete durch die Besetzung Spanisch Trinidads (1797), der niederländischen Kolonien Berbice, Demerara und Essequibo (1796; 1831 zu Britisch Guayana vereint) und des französischen St. Lucia (1793). Diese Neuerwerbungen wurden im Vertrag von Wien (1815) anerkannt.

Die wirtschaftliche Bedeutung der britischen Westindischen Inseln wurde noch durch die gleichzeitige Ausweitung der Plantagenwirtschaft unterstrichen. Das britische merkantilistische Handelssystem war in diesem Zusammenhang von größter Bedeutung, weil es den westindischen Erzeugern einen protektionierten und expandierenden nationalen Markt bot. Außerdem wurden die britischen Sklavenschiffe durch die Seeüberlegenheit der Briten zu den wichtigsten Transportmitteln menschlicher Ladung im transatlantischen Dreieckshandel des 18. Jh. Ein Teil dieser Sklaven gelangte auf völlig ungesetzliche Weise in nicht-britische Kolonien. Der größte Teil war allerdings für britische Kolonien bestimmt. Der gesamte Sklavenimport der britischen Westindischen Inseln kann in dem halben Jahrhundert von 1760 bis 1820 mit etwa 775 000 beziffert werden, wovon allein Jamaika 51 Prozent erhielt.

Aufgrund dieser großangelegten Sklavenimporte und trotz negativer demographischer Wachstumsraten, die für beinahe alle karibischen Sklavengemeinden charakteristisch waren, stieg die Bevölkerung in den britischen Westindischen Inseln über weite Teile des 18. Jh. hin an; Jamaika ist hierfür das anschaulichste Beispiel (Tab. 18). Immer wenn die Briten ein karibisches Besitztum übernahmen, erfolgten unmittelbar darauf gewaltige Sklavenimporte. Daher wuchs die Bevölkerung Trinidads, in den letzten Jahren spanischer Regentschaft auf 10 000 geschätzt (1797), um mehr als das Dreifache auf 35 000 im Jahr 1810 an. Ebenso hatte sich die Sklavengemeinde von Demerara-

Tab. 18: Die Karibik 1760–1820. Bevölkerung und Zuckerproduktion in ausgewählten Ländern

Länder	Bevölkerung		Sklavenanteil (in %)		Zuckerproduktion (in 1000 Tonnen)	
	um 1760	um 1820	um 1760	um 1820	um 1760	um 1820
Französische Karibik						
St. Domingue	291 000 (1767)	590 000 (1824)*	91	–	60 (1764)	1,1
Guadeloupe	88 000 (1765)	101 000 (1818)	86	78	16 (1754)	30 (1822)
Martinique	81 000 (1762)	98 000 (1820)	83	79	14 (1754)	26 (1820)
Britische Karibik						
Jamaika	198 000 (1763)	404 000 (1810)	89	86	23 (1754)	80 (1815)
Barbados	80 000 (1757)	90 000 (1815)	79	79	8 (1757)	9 (1815)
Niederländische Karibik						
Surinam	49 000 (1787)	56 000 (1830)	92	87	8 (1750)	10 (1825)
Spanische Karibik						
Kuba	170 000 (1755)*	533 000 (1817)	17	36	5 (1760)	55 (1820)
Santo Domingo	30 000 (1740)	63 000 (1819)	12 (1791)		keine Angabe	
Puerto Rico	45 000 (1765)	231 000 (1820)	11	9	1,4 (1783)	1,6 (1820)

* Diese Zahlen sind wahrscheinlich überhöht.

Quellen: Französische Karibik: Knight [1990, 365, 370]; Schnakenbourg [1977, 41–42, 45–46, 97]; Watts [1987, 320, 459]; britische Karibik: Higman [1984, 77]; Knight [1990, 365, 368]; Watts [1987, 311]; niederländische Karibik: Van Lier [1971, 31]; Stipriaan [1989, 115]; Kuba: Kiple [1976, 4, 86]; Moreno Fraginals [1978, III, 43–44]; Pérez [1988, 63, 86]; Santo Domingo: Hoetink [1982, 19]; Knight [1990, 367]; Puerto Rico: Dietz [1986, 17, 31, 36]; Scarano [1984, 7].

Essequibo-Berbice nach zehn Jahren britischer Herrschaft auf mehr als 110 000 fast verdreifacht (1810) und machte 95 Prozent der Gesamtbevölkerung aus.

Das Wachstum der Sklavenbevölkerung, die Ausdehnung der Plantagengebiete und technische Neuerungen bewirkten einen entscheidenden Zuwachs in der Exportproduktion der britischen Karibik, insbesondere bei Zucker. Bis 1820 war die britisch-westindische Zuckerproduktion auf 185 000 Tonnen, 56 Prozent der karibischen Gesamtproduktion, gestiegen. Sowohl die ‚alten' Kolonien, wie z. B. Barbados und Jamaika, als auch Erwerbungen neueren Datums, wie z. B. Trinidad und Guayana, erlebten einen Aufwärtstrend. Diese Situation sollte sich erst mit Beginn der 30er Jahre des 19. Jh. durch den *Emancipation Act* verschlechtern.

Mit dem Zucker wurde der Hauptanteil der Exporteinnahmen der britischen Karibik erwirtschaftet. Dementsprechend war die Mehrheit der Sklaven in diesem Sektor eingesetzt. Im Jahr 1820 arbeiteten 77 Prozent aller Sklaven auf Barbados und mehr als 85 Prozent in einigen der kleineren Inseln der östlichen Karibik auf Zuckerplantagen. Dieses monokulturelle Muster war in Jamaika (55 % Zucker und 16 % Kaffee, 14 % Viehhaltung) und in Berbice (32 % Zucker, 30 % Kaffee, 20 % Baumwolle) weniger ausgeprägt. Die Gleichsetzung karibischer Geschichte mit „Zucker und Sklaverei" trifft also auf die britischen Westindischen Inseln nicht ganz und auf die übrigen karibischen Inseln noch weniger zu.

Karibische Zuckerplantagen sind bisher als relativ moderne „Agrarfabriken" dargestellt worden, die unter standardisierten regionalen Bedingungen eine zum Verkauf bestimmte tropische Nutzpflanze für den Weltmarkt produzierten. Zuckerplantagen und das Plantagensystem allgemein verbrauchten Sklaven in großen Mengen. Das demographische Wachstum der Sklavenbevölkerung war allgemein negativ. Sklavenimporte mußten ständig den natürlichen Rückgang der Zahl der Sklaven ausgleichen. Anfangs betrug dieser Rückgang jährlich bis zu 50 von 1000; er verminderte sich aber bis zum Ende des 18. Jh. stetig. Im Jahr 1820 betrug der Rückgang im größten Teil der britischen Westindischen Inseln weniger als 10 von 1000, und in Barbados zeigte sich sogar ein geringes Wachstum. Ähnliches galt in der gesamten Region für das Alter, das die Sklaven erreichten. Als Ursachen können hier genannt werden: eine stetige Angleichung der Geschlechterzahlen; die Kreolisierung der Sklavenbevölkerung; „Verbesserungspolitik", die die Versorgung mit hochwertigeren Nahrungsmitteln, besserer medizinischer Hilfe etc. zum Ziel hatte.

Ganz gleich ob mit oder ohne Verbesserungen, Sklavenhandel und Sklaverei blieben ausbeuterisch und forderten Widerstand heraus. Die britischen Westindischen Inseln haben zwar nichts der haitianischen Revolution Vergleichbares kennengelernt, aber dennoch ein hohes Maß an Sklavenrevolten und Widerstand hervorgebracht. Die jamaikanische Verwaltung mußte, besonders in den 80er Jahren des 18. Jh., einigen Sklavenaufständen begegnen. Davor hatten sich viele tausend Sklaven an der Tacky-Revolte von 1766 beteiligt. Und um ein letztes beliebig herausgegriffenes Beispiel zu nennen: Die Bedrohung, die vom zweiten Krieg der *Maroons* (1795–1796) ausging, hinderte die britische Verwaltung in Jamaika, weitere Truppen zur Verstärkung der Invasionstruppe im revolutionären St. Domingue zu entsenden. In beinahe jeder Kolonie ereigneten sich größere Aufstände, so z. B. Bussas Rebellion in Barbados (1816), Mingos Aufstand in Bermuda (1761) und Fedons Rebellion in Grenada (1795–1797). Außerdem waren Einzelaktionen als Zeichen des Widerstands wie

Sabotage, „Aufrührertum", Vergiftungen oder Flucht wesentliche Bestandteile jeder Sklavengesellschaft.

Widerstand leistende Sklaven waren eine untrennbar mit der Sklaverei verbundene Erscheinung. Trotzdem waren die 90er Jahre des 18. Jh. durch eine relative Stabilität in den britischen Sklavenkolonien gekennzeichnet. Ganz gleich, welche Motive hinter der Kampagne zur Abschaffung der Sklaverei standen, eine akute Angst vor einem zweiten Haiti war nicht das Entscheidende. Tatsächlich wehrten sich die westindischen Pflanzer gegen die Abschaffung, solange sie konnten.

Wann schafften die Briten den Sklavenhandel ab? Und warum wurde die Abschaffung in so kurzer Zeit bewerkstelligt, wenn man bedenkt, daß die Abschaffungsbestrebungen der Metropole in den späten 80er Jahren des 18. Jh. begannen und im Jahr 1807, also innerhalb von zwei Jahrzehnten, zu einem Gesetz zur Abschaffung führten? Es soll hier genügen, daran zu erinnern, daß die historiographische Debatte über diese Themen außerordentlich wechselhaft verlaufen ist. Die traditionelle, „heroische" und idealistische Erklärung für die Abschaffung der Sklaverei ist u.a. von RAGATZ [1928] und WILLIAMS [1944] angegriffen worden. Sie hoben wirtschaftliche Faktoren, besonders die angeblich düsteren Aussichten für britisch-westindische Plantagen und eine schleichende Marginalisierung der Westindischen Inseln innerhalb der imperialen britischen Wirtschaft hervor.

In den letzten Jahrzehnten ist diese historiographische, orthodoxe Version allerdings in Forschungsarbeiten erneut angegriffen worden, die eher auf ökonomische Triebkräfte, besonders in den neu erworbenen britischen Kolonien, hinwiesen als auf die Depression in den Jahren vor dem Gesetz von 1807. DRESCHER [1977] nennt daher die Abschaffung ausdrückliche „econocide". Neben den zeitgenössischen liberal-ökonomischen Interessen gilt in der revisionistischen Argumentation vor allem die u. a. religiös begründete Ablehnung der Sklaverei als ausschlaggebender Faktor.

In unserem Zusammenhang ist es wichtig zu erwähnen, daß das britische Gesetz zur Abschaffung der Sklaverei der Vorbote wichtiger Veränderungen in der karibischen Geschichte war. Die Abschaffung der „eigentümlichen Einrichtung" („peculiar institution") selbst wurde nun ein realistisches Ziel. Jetzt wurde auf starken Druck der Briten hin auch von den übrigen europäischen Mächten die Abschaffung des Sklavenhandels gefordert. Dänemark hatte den Handel schon im Jahr 1804 abgeschafft. Im Jahr 1814 akzeptierten die Niederländer die Abschaffung als Bedingung für die Rückgabe Surinams und der niederländischen Antillen. Der Wiener Kongreß von 1815 nahm eine Erklärung gegen den Sklavenhandel an. Im Jahr 1818 erklärte Frankreich den Sklavenhandel für ungesetzlich. Spanien wurde buchstäblich dafür bezahlt, sich 1820 anzuschließen.

Diese Bemühungen zur Abschaffung beendeten einen lebhaften Handel – auch wenn die spanische Karibik noch bis in die 60er Jahre des 19. Jh. hinein Sklaven einführte. Die Gesamtmenge der nach Amerika importierten Afrikaner ist mit knapp 10 Mio. beziffert worden. Diese Zahl schließt nicht die auf See oder bei Transport und Lagerung in Afrika Gestorbenen ein (Schätzungen der Sterblichkeitsrate reichen von 13 bis 33 %). Von diesen fast 10 Mio. Sklaven wurden knapp 40 Prozent nach Brasilien gebracht. Jeweils 17 bis 18 Prozent der Gesamtanzahl entfielen dabei auf die britische, die französische und die spanische Karibik. Kleinere Importeure waren die niederländische Karibik (5 %), das britische Nordamerika (4 %) und die dänischen Westindischen Inseln (0,5 %).

Auf die jeweiligen Epochen bezogen betrugen die Importe im 18. Jh. bis zu den Jahren der Abschaffung allein 64 Prozent der Gesamtmenge. Während dieser Zeit waren die Briten, die letztendlich den Sklavenhandel abschafften, die größten Sklavenhändler. Der gesamte Sklavenhandel der Zeit von 1811 bis 1870 belief sich auf etwa 1 900 000 importierte Afrikaner, allein 20 Prozent der Gesamtmenge. Und auch in dieser Zeit wurden die meisten dieser Sklaven (60 %) nach Brasilien gebracht. Der zweite wichtige Importeur (606 000 oder 32 %) war das spanische Amerika und hier besonders die verbleibenden Kolonien Kuba und Puerto Rico. Diese illegalen Sklavenimporte sollten das Schicksal der spanischen Karibik drastisch verändern. Gleichzeitig sollten dadurch die nicht-hispanischen Plantagenkolonien in eine hoffnungslose Lage geraten.

D. Die niederländische und die dänische Karibik

In der Geschichte der Karibik spielten Großbritannien, Frankreich und Spanien die wichtigsten Rollen. Allerdings waren die Niederländer anfangs an der Zerstörung der spanischen Vormachtstellung und, durch ihre vorübergehende Kolonisierung Brasiliens, an der Einführung der Zuckerplantage in der Karibik und besonders in Barbados beteiligt. Gegen Ende des 17. Jh. zeigte die provisorische geopolitische Landkarte der Region jedoch, daß die Niederländer nicht sehr erfolgreich gewesen waren. Sie behielten drei winzige Inseln über dem Wind, von denen St. Eustasius von Bedeutung werden würde, drei weitere Inseln, die vom direkt vor der venezolanischen Küste liegenden Curaçao aus regiert wurden, und vier Kolonien an der „wilden Küste" der Guayanas, nämlich Surinam, Berbice, Demerara und Essequibo.

Sowohl Curaçao als auch St. Eustasius (der „Goldene Fels") hatten auch ohne Plantagen eine bewegte Geschichte. In ihrer Funktion als Häfen und Zwischenlager für legalen und illegalen Güter- und Sklavenhandel sammelten die winzigen Inseln Reichtümer an, die in keinem Verhältnis zu ihrer Größe standen. St. Eustasius wurde allerdings im Jahr 1781 durch den englischen General Rodney in einem Racheakt verwüstet, weil die Insel als erste die amerikanische Flagge geehrt hatte. Kurz vor seinem Untergang zählte „Statia", das im geringen Umfang auch Plantagenwirtschaft aufweisen konnte, 20 000 Einwohner, im Vergleich zu den 1000 von heute. Auf Curaçao war wegen seiner Trockenheit nie Plantagenwirtschaft betrieben worden. Die Gesamtbevölkerungszahl lag daher relativ niedrig und erreichte um 1820 die Zahl von etwa 12 000. Bis zum frühen 18. Jh. war Curaçao eines der wichtigen Sklavenhandels-Zentren. Doch danach verlor es den größten Teil seines Handels an andere Nationen, blieb aber als Handelszentrum und als Zufluchtsstätte von Bedeutung. Curazoleños wie z. B. Luis Brión und Manuel Piar trugen zur Unabhängigkeit der amerikanischen Kolonien bei, und Bolívar fand im Jahr 1811 in Curaçao Zuflucht.

Von den Plantagenkolonien Guayanas war Surinam die wichtigste. In den 60er Jahren des 18. Jh. war diese Kolonie ein bedeutender Kaffee- und Zuckerproduzent, während sich bis 1820 auch Baumwolle zu einer wichtigen Exportpflanze entwickelt hatte. Die Gesamtbevölkerung bewegte sich zwischen 50 000 und 70 000, von denen 90 Prozent Sklaven waren. Zu den wichtigsten Merkmalen der Geschichte Surinams gehören die relativ weit verbreitete *marronage* (Sklavenflucht) und fortwährende

Kriege der *Maroons*, die die Plantagenkolonien wiederholt bedrohten. Nur durch eine Reihe von Verträgen nach jamaikanischem Beispiel konnten die Niederländer ihre Stellung halten, mußten aber widerstrebend einige potentiell antagonistische Kräfte innerhalb ihres eigenen Staates anerkennen.

Die übrigen niederländischen Kolonien Guayanas waren von geringerer Bedeutung und sollten im 19. Jh. nur das unter britischer Herrschaft stehende Surinam in den Schatten stellen. Zweifellos wurde Surinam durch die relative Vernachlässigung Berbices, Demeraras und Essequibos seitens der Niederländer begünstigt. Es sollte allerdings nicht unerwähnt bleiben, daß sie, anders als die übrigen europäischen Mächte in der Karibik, ihre Hauptansprüche innerhalb des internationalen Machtgefüges eher im Osten als im Westen geltend machten.

Als kleine Macht in der Region klammerte sich Dänemark an die winzigen Inseln unter dem Wind, St. Croix, St. Thomas und St. John. Diese Inseln waren nicht nur bescheidene Plantagenökonomien, sondern fungierten auch als Freihäfen. Besonders St. Thomas war ein belebter Hafen, der in Konkurrenz zur nahegelegenen niederländischen Insel St. Eustasius stand. Im Jahr 1804 erließen die Dänen als erste Gesetze gegen den Sklavenhandel.

E. Trinidad

Während im Verlauf des 17. Jh. das spanische karibische Imperium eine Schwächung erfahren hatte, bewirkten die Kriege des 18. Jh. keine weiteren Änderungen der Landkarte der spanischen Karibik. Erst um die Jahrhundertwende begann sich der Status quo erneut zu ändern. Zuerst ging Trinidad an die Briten verloren. Dann führte die haitianische Revolution zum Verlust Santo Domingos. Und schließlich brachte die Unabhängigkeit der hispanoamerikanischen Staaten Spanien noch um alle seine amerikanischen Besitzungen außer Kuba und Puerto Rico.

Im Vergleich zu seinen karibischen Partnern war Trinidad ein koloniales Slumgebiet des spanisch-amerikanischen Imperiums. Noch im Jahr 1765 wurde die Bevölkerung der Insel auf nur 2500 Menschen geschätzt. Die Hälfte davon waren amerikanische Indianer, deren niedrige Überlebensrate (im Jahr 1492 gab es etwa 30 000–40 000) die Vernachlässigung seitens des Mutterlandes deutlich machte. Die bourbonischen Reformen brachten diesbezüglich einige Verbesserungen. Der Erlaß von 1765 zur Liberalisierung des spanischen Kolonialhandels galt auch für Trinidad. Im Jahr 1777 wurde Trinidad der *capitanía general* in Caracas unterstellt, während die Insel zuvor durch die weit entfernte *audiencia* von Neu-Granada in Bogotá regiert worden war. Im Jahr 1784 wurde der Europaspanier José Maria Chacon zum Gouverneur von Trinidad ernannt. Mit ihm begann eine Ära der Reformen. Im Jahr 1791 als Intendant anerkannt, war es Chacon möglich, zusehends autonomer zu handeln, auch wenn Caracas darauf achtete, daß seine Handlungsfreiheit begrenzt blieb.

Während dieser letzten Jahrzehnte des 18. Jh. erlebte Trinidad eine regelrechte Ent-Hispanisierung seiner Gesellschaft. Im Jahr 1777 gestatteten die Behörden, überzeugt davon, daß nur fremdes Kapital und Unternehmertum der Wirtschaft zum nötigen Aufschwung verhelfen würde, die Einwanderung französischer Pflanzer. Im Jahr 1783 wurde diese Erlaubnis erweitert und in der *Cédula de Población* festgeschrieben. Sie ermöglichte so katholischen Pflanzern aller Nationalitäten, sich in der Kolonie anzusiedeln. Die Größe des zur Verfügung gestellten Landes richtete sich dabei nach der Anzahl der mitgebrachten Sklaven. Besonders die Zahl der französischen Pflanzer, die daraufhin die „abgetretenen Inseln“ verließen, war überwältigend. Von 1765 bis 1784 verdreifachte sich die Bevölkerung Trinidads fast auf 6503 Einwohner und belief sich im Jahr 1797 insgesamt auf 17 718 Köpfe . War der Anteil der Sklaven an der Gesamtbevölkerung 1765 noch verschwindend gering gewesen, so machte er jetzt 56 Prozent aus. Nur die Gruppe der Indianer wurde kleiner, zählte im Jahr 1797 nur noch 1000 Menschen, bevor sie durch Mischehen endgültig ausgelöscht bzw. absorbiert wurde.

Bevölkerungswachstum und Plantagenboom gingen Hand in Hand. In den 90er Jahren des 18. Jh. wurde Zucker zur wichtigsten Anbaupflanze, wobei die Erträge des unverbrauchten Bodens auf Trinidad wesentlich höher waren als die Durchschnittserträge in den älteren Kolonien. Darüber hinaus wurden Kaffee, Kakao und Baumwolle exportiert. Die Geschäfte in Port-of-Spain, seit 1784 Hauptstadt, blühten. Ungünstigerweise war dieser Handel in erster Linie eine Angelegenheit der Briten.

Um 1784 waren die spanischen und indianischen Bevölkerungsgruppen den französischen und afrikanischen zahlenmäßig unterlegen, und das Bevölkerungswachstum der folgenden Jahre verstärkte diesen Trend noch. Der Hauptbestandteil der neuen Gesellschaft Trinidads war afro-französisch, und Gouverneur Chacon war klug genug, sie in das spanische Verwaltungssystem zu integrieren. Auf diese Weise arbeiteten die französischen Pflanzer und die spanische Verwaltung eng zusammen.

Die letzten Jahre des Jahrhunderts bewirkten einen weiteren Umschwung. Im Zuge der Revolutionskriege kamen viele neue Einwanderer nach Trinidad. Die freie Bevölkerung, in der Farbige um 1797 zwei Drittel ausmachten, war in sich zerstritten. Viele Farbige sympathisierten, wie zuvor in St. Domingue, mit der *Egalité* der Französischen Revolution. Chacon befürchtete soziale Unruhen in den Reihen der freien Farbigen und der Sklaven – und vielleicht eine zweite Revolution nach haitianischem Vorbild. Aber die Geschichte nahm einen anderen Verlauf.

Im Oktober 1796 veranlaßte die revolutionäre französische Regierung Spanien zu einer Kriegserklärung an England. Die britische Antwort war die unblutige Einnahme Trinidads im Februar 1797. Der Friede von Amiens (1802) bestätigte diesen Herrschaftswechsel. Die Neuerwerbung wurde als Kronkolonie regiert, was den Einfluß der Kolonisten einschränkte. Trinidad wurde allmählich *britisch* westindisch. Die unterlegene Kultur war *französisch*, nicht *spanisch* karibisch. Noch am *Emancipation Day* 1834 protestierten die *freedmen* gegen die „Lehrzeit“, eine weitere Phase der Leibeigenschaft, in französischer und nicht in spanischer oder englischer Sprache: „Point de six ans!“

Die Briten setzten den wirtschaftlichen Kurs fort, den die spanischen Behörden eingeleitet und die französischen *émigrés* und ihre Sklaven in die Tat umgesetzt hatten. Zusammen mit Britisch Guayana wurde Trinidad zum Pionier-Plantagengebiet der britischen Westindischen Inseln. Zwischen 1797 und 1802 stieg die Zahl der Sklaven mit 19 709 auf beinahe das Doppelte. Bis zum Jahr 1813 und trotz des *Abolition Act* und des negativen demographischen Wachstums war diese Zahl auf 25 717 gestiegen. Die Mehrheit dieser Sklaven waren Afrikaner, während von den „kreolischen“ Sklaven nur 60 Prozent gebürtige Trinidader waren. Die Inselbevölkerung löste sich recht schnell von ihrem spanischen Erbe.

F. Santo Domingo

Obwohl Santo Domingo zeitweise Ausgangspunkt der spanischen Expansion in Amerika war, und die *audiencia* und das Generalkapitanat, die dort eingerichtet wurden, die ersten kolonialen Verwaltungsbehörden in der Hemisphäre waren, wurde die Insel im Laufe der Kolonialzeit zu einer rückständigen Provinz. Um die Mitte des 18. Jh. befand sich die Kolonie in einem äußerst schlechten Zustand. Der westliche Teil der Insel war im Jahr 1697 an die Franzosen abgetreten worden. Im Gegensatz zum aufblühenden St. Domingue schien Santo Domingo im Osten zur Lethargie verdammt. Um 1740 wurde die Bevölkerungszahl der Kolonie auf nur etwa 30 000 geschätzt. Ihre wenigen Exportgüter verließen das Land als Schmuggelware und nicht auf den legalen Wegen, die Spanien begünstigt hätten. Auch in politischer Hinsicht war die Position der Kolonie geschwächt. Im Jahr 1764 wurde Kuba selbständige *capitania general,* eine Entscheidung, die Spaniens unterschiedliche Erwartungen an seine karibischen Besitzungen deutlich machte.

In nicht geringem Maße war die schlechte ökonomische Lage Santo Domingos ein Ergebnis früherer spanischer Imperialpolitik. Nach anfänglicher Ausbeutung natürlicher und menschlicher Ressourcen und einer erfolglosen Zeit des Zuckeranbaus hatte Spanien Santo Domingo abwechselnd nachlässig oder repressiv regiert. Im 16. Jh. hatte sich eine extensive Viehwirtschaft und parallel dazu eine Subsistenzlandwirtschaft entwickelt. Bauern in der nördlichen Region bauten zusätzlich Tabak an. Als Antwort auf den illegalen Handel mit nicht-spanischen Schiffen hatte Spanien eine Politik der *despoblaciones* betrieben, deren Ziel es war, Eindringlinge abzuwehren und die Kontrolle über das Handelsmonopol zu erhalten. Dies hatte zu wirtschaftlichem Niedergang, zu Entvölkerung und schließlich zur problemlosen Eroberung des westlichen Hispaniola durch die Franzosen geführt.

Paradoxerweise verhinderte das aufstrebende St. Domingue ein völliges Absinken der dominikanischen Wirtschaft unter das reine Subsistenzniveau. Der sich ausweitende Plantagenbetrieb im französischen Teil der Insel bot einen aufnahmefähigen Markt für die Viehzüchter Santo Domingos. Außerdem erwies sich St. Domingue als attraktiver Markt für die Tabakpflanzer, die hauptsächlich im nördlichen Cibao-Tal angesiedelt waren. Gewiß betrachtete die spanische Kolonialpolitik jegliche regionale Aktivität über die Hauptstadt hinaus mit Mißtrauen und war sehr um Handelskontrolle bemüht. Zu deren erfolgreicher Durchführung standen ihr allerdings nur wenige Mittel zur Verfügung.

Die bourbonischen Reformen Karls III. (1759–1788), die unter anderem den Exporthandel anregten, kamen nicht nur Spanien selbst zugute. Von dem schrittweisen Abbau des Monopols, das Cádiz und Sevilla für den Handel mit dem spanischen Amerika besessen hatten, profitierte zuerst die spanische Karibik. Außerdem förderte die Errichtung einer *Factoría de Tabacos* in Santo Domingo die Tabakproduktion für den spanischen Markt. Die Produzenten, sowohl Bauern, die Subsistenzwirtschaft mit Tabakanbau verbanden, als auch die Inhaber größerer Besitzungen, belieferten nun drei Märkte: den spanischen, den nationalen und den von St. Domingue. Das wirtschaftliche Potential wurde offensichtlich. Im Jahr 1777 informierte der spanische Gouverneur von Santo Domingo den *Consejo de Indias* (Indienrat = oberste spanische Kolonialbehörde) darüber, daß die Zukunft der Kolonie in der Tabakproduktion liege.

Die Zunahme der Tabakproduktion hatte bemerkenswerte Folgen. In regionaler Hinsicht bildete das Cibao-Tal ein dynamisches Gegengewicht zum administrativen Zentrum Santo Domingos im Süden. In sozialer Hinsicht, ganz im Gegensatz zur spanischen Politik und anders als in der Karibik üblich, waren nicht große, meist abwesende *hacendados* oder der Kolonialstaat die dynamischen Elemente dieser Wirtschaft, sondern kleine Produzenten und lokale Unternehmer.

Trotz dieser inneren Dynamik und guter Zukunftsaussichten kam das wirtschaftliche Wachstum aufgrund externer Faktoren fast völlig zum Erliegen. Die französische Revolution hatte nicht nur die haitianische Revolution, sondern auch einen europäischen Krieg ausgelöst. Ironischerweise verlor Frankreich St. Domingue durch die haitianische Revolution, während es gleichzeitig, durch den Frieden von Basel im Jahr 1795, Santo Domingo von Spanien erhielt. Es gelang Frankreich weder, die erstere zurückzugewinnen, noch sich die jüngste Erwerbung dauerhaft zunutze zu machen. Für die Dominikaner allerdings war die Abtretung an Frankreich eine Demütigung, und sie hatte eine erste in einer ganzen Reihe von Emigrationswellen zur Folge. Die haitianische Führung verfolgte die Aktionen ihrer europäischen Gegner sehr genau und beschloß schließlich, den Ostteil der Insel zu besetzen, um einer möglicherweise von Santo Domingo ausgehenden Rückeroberung zuvorzukommen. In den folgenden zehn Jahren, von 1800 bis 1809, folgten stürmische Wechsel zwischen haitianischer, französischer und sogar britischer Herrschaft aufeinander. Inzwischen nahm die Auswanderung stetig zu. Im Zuge seines Einmarsches 1800/1801 schaffte Toussaint L'Ouverture die Sklaverei ab. Im Jahr 1801 erbaten und erhielten die Dominikaner französische Hilfe gegen die haitianischen Invasoren. Eine zweite, ebenso kurzlebige haitianische Invasion erlebte Santo Domingo im Jahr 1805. Sie war von massiver Gewalt und Zerstörung begleitet. Erneut intervenierten die Franzosen, um für ein dreijähriges Intermezzo noch einmal die Macht zu übernehmen. Ihre Herrschaft wurde schließlich als Folge der französischen Usurpation des spanischen Thrones beendet: Dem Beispiel des Aufstandes der *Madrileños* gegen die Franzosen folgend, stellte Sanchez Ramirez, Exil-Dominikaner in Puerto Rico, eine kleine Armee auf und ging zum Angriff auf Santo Domingo über. Der dann folgenden achtmonatigen Belagerung durch die Franzosen wurde durch die Intervention der Briten ein Ende gesetzt, was eine erneute Kränkung des dominikanischen Nationalbewußtseins zur Folge hatte: Im Jahr 1809 ergaben sich die Franzosen den Briten und nicht Sanchez Ramirez' Männern. Großbritannien seinerseits gab Santo Domingo an Spanien zurück. Diese Kämpfe hatten erneut zu einer erheblichen Emigrationsbewegung, besonders nach Kuba, Puerto Rico und Caracas geführt; von einer im Jahr 1789 auf etwa 125 000 geschätzten Gesamtbevölkerung blieben nicht mehr als 80 000 in Santo Domingo.

Die Wiederherstellung spanischer Herrschaft erscheint als ein Anachronismus. Spanien bekam seine karibische Kolonie von Großbritannien nicht nur zu einem Zeitpunkt zurück, als sich das spanische Amerika erfolgreich um die Unabhängigkeit bemühte. Die Widersinnigkeit der Situation wird noch deutlicher, wenn man bedenkt, daß Spanien nicht die Mittel hatte, seiner dahinsiechenden Kolonie neues Leben einzuhauchen. Die Wirtschaft war in einem völlig desolaten Zustand. Abgesehen von der Tabakproduktion war die Exportlandwirtschaft beinahe zum Stillstand gekommen. Die Viehzucht war am Ende, das Geldsystem zusammengebrochen. Die Emigration hielt an, und die spanische Herrschaft brachte keine Besserung. Tatsächlich ergab die Volkszählung von 1819 die erschreckend niedrige Zahl von 63 000 Einwohnern.

In dieser beinahe aussichtslosen Lage – von der zumindest der Tabaksektor des Cibao-Tals verschont blieb – war die spanische Herrschaft nicht nur ineffektiv, sondern auch unerwünscht. Opposition regte sich gleichermaßen von innen und von außen. Gerüchte über eine erneute französische Kolonisierung erwiesen sich als unbegründet. Gerüchte über haitianische Pläne indes bewahrheiteten sich schließlich und führten zu Spaltungen in der dominikanischen Bevölkerung. Eine Gruppe, die mit der haitianischen Regierung gegen Spanien konspirierte, erklärte im November 1821 die Unabhängigkeit. Ihr Ziel war eine Wiedervereinigung mit Haiti. Bezeichnenderweise rekrutierte sich die Unterstützung für diese Fraktion hauptsächlich in der nördlichen Tabakregion, der es auch in den vorangegangen Jahrzehnten schon verhältnismäßig gut gegangen war.

Die gegnerische Fraktion strebte die Unabhängigkeit sowohl von Spanien als auch von Haiti und eine Allianz mit Bolívars Großkolumbien an. Am 1. Dezember 1821, nachdem sie den spanischen Regierungssitz in Santo Domingo in einem Überraschungsangriff genommen hatten, erklärte eine Gruppe von Dominikanern, angeführt von José Nuñez de Cáceres, den *Estado Independiente del Haiti Español.* In den darauffolgenden Wochen machte Haitis Präsident Boyer unmißverständlich klar, daß Haiti ein unabhängiges Santo Domingo nicht akzeptieren werde. Nuñez de Cáceres blieb keine Wahl. Nach den Worten des dominikanischen Historikers Moya Pons wußte er, „daß der größere Teil der Bevölkerung Mulatten waren und die Vereinigung mit Haiti wohlwollender betrachteten, weil dessen Regierung Land und Befreiung der Sklaven versprach – es gab allerdings nur sehr wenige davon –, und er wußte ebenso, daß er nicht einmal von den Leuten seiner eigenen Gesellschaftsschicht Unterstützung erwarten konnte“ [Moya Pons 1978]. Am 9. Februar 1822 übergab Nuñez de Cáceres die Regierungsgeschäfte Santo Domingos an Boyer, der inzwischen seine Armee in Richtung Hauptstadt in Marsch gesetzt hatte. Mit Boyers sofortiger und diesmal endgültiger Abschaffung der Sklaverei begann die haitianische Besatzung. Sie dauerte 22 Jahre.

G. Kuba

Im Jahr 1760 war Kuba zwar einer der wichtigsten strategischen Posten im spanischen Imperium, wirtschaftlich für das Mutterland aber nur von begrenztem Wert. Im Gegensatz dazu gehörte der Kolonie seit den 20er Jahren des 19. Jh. Spaniens Hauptinteresse in der Hemisphäre. Dieser Bedeutungszuwachs war größtenteils die Folge von Ereignissen, die außerhalb des Einflußbereichs des Mutterlandes lagen: die haitianische Revolution, die britische Abschaffung des Sklavenhandels, die Unabhängigkeit Hispanoamerikas und in Kuba die Entstehung einer tatkräftigen *criollo*-Elite mit klaren ökonomischen Vorstellungen. Diese Punkte boten gelegentlich Anlaß zu Streit zwischen Mutterland und Kolonie. Die Interessen flossen aber dort zusammen, wo sie die Förderung der Plantagenwirtschaft zum Ziel hatten. Zwischen 1760 und 1820 erlebte Kuba die ersten Phasen seiner Plantagenrevolution. Um 1820 galt die Kolonie als „die Perle der Antillen“ und als „die allzeit treue Insel“.

Ähnlich wie Santo Domingo hatte Kuba die spanischen Erwartungen in der frühen Kolonialzeit nicht erfüllt. Nachdem man Gold und indianische Ressourcen im frühen

16. Jh. geplündert hatte, war die direkte ökonomische Bedeutung dieser größten karibischen Insel für Spanien gering. Finanziell gesehen war Kuba eher eine Bürde als eine Bereicherung: Zur Finanzierung seiner Verteidigung war beträchtlicher Geldtransfer notwendig. Die größte Bedeutung der Insel war strategischer Natur. Seit Beginn des 17. Jh. hatte die Hauptstadt Havanna den aus Veracruz und den von der Meerenge von Panama nach Spanien zurückkehrenden Flotten als Sammelplatz gedient. Dieser durch die militärischen Befestigungen noch unterstrichene strategische Wert machte Havanna zu einer wichtigen Stadt, deren Dimension weit über die wirtschaftliche Bedeutung seines Hinterlandes hinausging.

Dieses Hinterland wies seit jeher eine für die Karibik untypische Struktur auf. Trotz des vorhandenen Potentials war die kubanische Zucker- und Kaffeeproduktion niedrig, stieg allerdings im Laufe der Jahre geringfügig an. Der Tabakanbau war ergiebiger, auch wenn das spanische Monopol (*Factoría de Tabacos,* 1717) auf die Kontrolle dieses Produktionszweiges bedacht war. Die wichtigsten Agrarsektoren waren allerdings die Viehwirtschaft, die Fleisch und Häute lieferte, und die Obst- und Gemüseproduktion. Beide belieferten den Markt in Havanna und versorgten die Stadtbewohner und Seefahrer auf der Durchreise.

Die frühen spanischen Bourbonen betrieben eine merkantilistische und restriktive Politik. Die Einrichtung der *Real Compania de la Habana* im Jahr 1740 war ein weiterer Versuch, die kubanische Wirtschaft ausschließlich im Einklang mit spanischen Interessen zu organisieren. Die *Real Compania,* ein aus staatlichem und privatem Kapital gebildetes Unternehmen, monopolisierte den Handel. Sie kaufte billig ein, verkaufte zu überhöhten Preisen und erzielte hohe kurzfristige Profite. Ähnlich wie die frühere *Factoría* trug die *Real Compania* unbeabsichtigt zur Zunahme des illegalen Handels, zur Verstärkung kreolischer Ressentiments und zur Vernachlässigung potentiell produktiver Gebiete im Umland von Havanna, besonders im Osten Kubas, bei. Da sie nicht in der Lage war, ein reales Wirtschaftswachstum in Gang zu setzen, wirkte sie ihrem eigenen langfristigen Interesse entgegen, Kuba zu einer florierenden, das Mutterland versorgenden Kolonie zu machen. Halbstaatlicher Merkantilismus konnte das kubanische Potential nicht zur Entfaltung bringen.

Der entscheidende Anstoß kam schließlich von außen. Als ehemals nur spanischen Schiffen zugänglicher Hafen wurde Havanna 1762 im Siebenjährigen Krieg von den Briten erobert. Die Besetzung dauerte nicht länger als zehn Monate, stellte in der kubanischen Geschichte aber einen Wendepunkt dar. Die Briten öffneten Havanna dem freien Handel, sowohl mit Großbritannien als auch mit seinen amerikanischen Kolonien. Zehn Monate lang konnten kubanische Produkte auf britischen und nordamerikanischen Märkten verkauft werden. Und was noch wichtiger war, eine große Auswahl an Produkten wurde kubanischen Käufern zu Preisen zugänglich, die weit unter den überhöhten spanischen lagen. Dazu gehörte auch menschliches Kapital. Während früher nicht mehr als 1000 Sklaven pro Jahr über Havanna importiert worden waren, wurden während der zehnmonatigen Besetzung nicht weniger als 10 000 eingeführt. Handel jeglicher Art blühte. In der Zeit der *prosperidad británica* liefen über 100 Schiffe in den Hafen ein, während es in den Jahren davor im Durchschnitt nie mehr als 15 Schiffe gewesen waren.

So wurden den kubanischen Unternehmern durch die britische Besetzung die Möglichkeiten des freien Handels vor Augen geführt, und sie bekamen eine Vorstellung von der britischen und nordamerikanischen Nachfrage nach kubanischen Produkten. Umgekehrt war den Besatzern das ökonomische Potential dieser größten karibischen Insel bewußt geworden. Hätte Spanien an seinen früheren merkantilistischen Grundsätzen festgehalten, hätte Kubas Rückkehr in den Einflußbereich des spanischen Imperiums im Jahr 1763 anders aussehen können und wäre vielleicht nur von kurzer Dauer gewesen. Aber Karl III. hatte den spanischen Thron in einem günstigen Moment bestiegen. Die neuen bourbonischen Reformen verfolgten, ähnlich wie die frühere spanische Politik, in erster Linie das Ziel, die Kolonien in den Dienst des Mutterlandes zu stellen. Aber ganz im Einklang mit der damaligen Doktrin des aufgeklärten Despotismus entschied sich Karl III. für eine Mischung aus liberaler und autoritärer Politik, um anstelle kurzfristiger Vorteile langfristiges Wirtschaftswachstum zu fördern. In dieser Hinsicht war die britische Besetzung Havannas für Kuba von Nutzen gewesen.

Die Reformen Karls III. waren im Falle Kubas besonders erfolgreich. Im Jahr 1765 wurden neben Sevilla und Cádiz sieben weitere Häfen dem Handel mit der spanischen Karibik geöffnet. Kuba profitierte unmittelbar davon. In den folgenden 25 Jahren diente eine Reihe von Maßnahmen der Liberalisierung des kubanischen Handels. Sevilla und Cádiz in Spanien und Havanna in Kuba verloren ihr kubanisches Handelsmonopol. Wichtiger noch, es entwickelten sich zunehmend auch Handelsbeziehungen zu nicht-spanischen Gebieten. Im Jahr 1776 wurde der direkte Handel mit den nordamerikanischen Kolonien erlaubt. Im Jahr 1789 wurde praktisch freier Handel mit Sklavenschiffen aller Nationalitäten möglich. Diese Liberalisierung, bedingt durch den anglo-amerikanischen und die späteren Napoleonischen Kriege, war ursprünglich als vorübergehende Erleichterung gedacht. Sie wurde aber in der Folge mehrfach ausgedehnt und führte schließlich zum Dekret von 1818, das Kuba freien Handel mit allen Nationen gestattete.

Die größten außenstehenden Nutznießer des freien Handels waren Großbritannien und die USA. Gegen Ende der 20er Jahre des 19. Jh. kamen 37 Prozent aller kubanischen Importe aus den Vereinigten Staaten, verglichen mit 28 Prozent aus Spanien und 10 Prozent aus Großbritannien. Der Export betrug 26, 2 bzw. 11 Prozent. Ehemalige spanisch-amerikanische Lieferanten von Hauptnahrungsmitteln, besonders Mexiko und Peru, hatten dabei das Nachsehen. Die Folgen waren sowohl für Kuba als auch für Spanien unterschiedlich. Einerseits beschleunigte die Handelsliberalisierung das Wirtschaftswachstum, wovon die kubanische Bourgeoisie und der spanische Staat gleichermaßen profitierten. Aber es wurde auch schnell deutlich, daß die spanische Zollpolitik den „freien“ Handel sowohl für den kubanischen Konsumenten als auch für den Produzenten erschwerte. Gleichzeitig untergrub die Tatsache, daß Spanien als Haupthandelspartner Kubas von den USA verdrängt wurde, die Position des spanischen Mutterlandes. In der Folgezeit wurde die Frage, ob die Bilanz der spanischen Herrschaft noch so positiv sei, daß Kuba weiterhin als „die allzeit treue Insel“ gelten könne, zum zentralen Thema.

Die Plantagen-Revolution stellt zwar eine zeitgemäße Antwort auf äußere Impulse wie die stetig wachsenden Märkte für karibische Plantagenprodukte und auch die britische Besetzung und in ihrer Folge die haitianische Revolution dar; eigentlich in Gang gesetzt wurde sie aber von der lokalen kreolischen Elite. Die spanische Unterstützung sollte allerdings nicht unterschätzt werden. Diese Revolution benötigte drei wesentliche Dinge, zu denen der Kolonialstaat ihr verhalf: Land, Arbeitskräfte und Zugang zu

Handel und Kapital. Als unterbevölkerte Insel bot Kuba reichlich unberührten Boden; aber dort, wo anfangs Plantagen durch Landwirtschaft und Viehhaltung in kleinem Rahmen hätten ersetzt werden müssen, reagierte der Kolonialstaat mit Unterdrückungsmechanismen, um das Land von seinen ehemaligen Bewohnern zu räumen. Zusätzlich schaffte ein im Jahr 1817 verabschiedetes Gesetz privates, kapitalistisches Landeigentum; frühere Landrechte hatten sich aus Besitz der Krone, kommunalem und nicht gesetzlich definiertem Besitz ergeben.

Um Arbeitskräfte bereitzustellen, konzentrierte sich die Handelsliberalisierung zuerst auf den Sklavenhandel. Außerdem mißachtete Spanien die britische Abschaffung des Sklavenhandels von 1807. Erst nach zehn Jahren ausgedehnter Sklavenimporte wurde Spanien von den Briten gezwungen, den Sklavenhandel abzuschaffen, und erhielt im Gegenzug eine Entschädigung von 400 000 Pfund. Ungeachtet dessen sollte der (illegale) kubanische Sklavenhandel seine Blütezeit noch erleben.

Wie bereits erwähnt, öffnete Spanien, wenngleich widerwillig, den kubanischen Markt. Außer dem Handel mit Waren und Sklaven betraf dies nun auch zunehmend den Geldtransfer. Die Investitionen in das kubanische Plantagensystem gingen von der lokalen *hacendado*-Elite aus, die auf ihr in einer langen Zeit des unauffälligen, aber doch steten Wachstums angesammeltes Kapital zurückgriff. Aber auch einwandernde Unternehmer aus Spanien, aus St. Domingue/Haiti und zunehmend aus dem unruhigen Hispanoamerika brachten Kapital nach Kuba. Und wieder förderte Spanien diesen wirtschaftlichen Aufschwung auf der Insel, statt dem Merkantilismus treu zu bleiben.

Das kubanische Wirtschaftswachstum in der Zeit von 1760 bis 1820 war in vielerlei Hinsicht erstaunlich und sollte es auch in der Folgezeit bleiben (Tab. 18). Die Gesamtbevölkerung verdreifachte sich; der Anteil der Sklaven erhöhte sich auf 36 Prozent im Jahr 1817. So wie die Zahl der Sklaven von knapp 45 000 im Jahr 1774 auf 285 000 Mitte der 20er Jahre des 19. Jh. emporschnellte, wuchsen auch die von Sklaven erwirtschafteten Plantagenerträge. Die jährliche Zuckerproduktion erhöhte sich von knapp 5000–6000 Tonnen in den 50er Jahren des 18. Jh. auf 16 000 im Jahr 1790 und auf über 55 000 Tonnen in den frühen 20er Jahren des 19. Jh. Die Kaffeeproduktion erlebte im Zuge der haitianischen Revolution einen starken Aufschwung: Exporte wurden 1820 mit über 10 000 Tonnen beziffert, während sie 1792 nur bei 180 Tonnen gelegen hatten.

Der erstaunliche Aufschwung wurde auch durch die Unterstützung kolonialer und lokaler Institutionen wie der *Intendencia General de Hacienda* (1765), des *Real Consulado de Agricultura y Comercio* (1795) und der *Sociedad Económica de Amigos del País de La Habana* (1793) möglich. Der Gegensatz zwischen Europaspaniern und Kreolen führte zwar häufig zu Reibungsverlusten innerhalb bzw. zwischen diesen Institutionen, beide Seiten stimmten aber weitgehend in dem Ziel überein, Kuba zum wichtigsten karibischen Plantagenproduzenten zu machen. Nach den Worten des Kreolen-Sprechers Francisco Arango y Parreño (1765–1839) sollte das Projekt ein *Cuba grande* hervorbringen, das von importierten Nahrungsmitteln und Sklavenarbeit am Leben erhalten und durch Zucker- und Kaffee-Exporte zur Blüte gebracht werden sollte. Das Gegenstück, ein *Cuba pequeña,* in dem der Plantagensektor nicht die tragende Säule der Wirtschaft sein würde, war ein Projekt, das nach dem Rückzug seines letzten Verfechters, *superintendente de hacienda* Alejandro de Ramírez (1817–1821), endgültig verworfen wurde.

Mit Zucker und Kaffee schlug Kuba nun endlich einen typisch karibischen Weg wirtschaftlicher Entwicklung ein. Aber anders als in der britischen, der französischen und der niederländischen Karibik waren Wirtschaft und Gesellschaft nicht vom Plantagensystem und von der Sklaverei monopolisiert. Subsistenzwirtschaft mit nur begrenztem Zugang zu überregionalen Märkten blieb, besonders im zentralen und östlichen Teil der Insel, weiterhin von Bedeutung. Tabakproduktion und Viehhaltung, sowohl von freien Bauern als auch von Sklaven auf kleinen Farmen betrieben, wurden nicht völlig vernichtet. Außerdem existierte ein beachtlicher Dienstleistungssektor in und um Havanna. Tatsächlich war die Hauptstadt in den frühen 90er Jahren des 18. Jh. die größte Hafenstadt der Hemisphäre und lag mit ihren 50 000 Einwohnern an dritter Stelle hinter Mexiko und Lima.

Die geographische Verteilung der kubanischen Bevölkerung entsprach den ökonomischen Entwicklungen. Die Konzentration in und um Havanna erklärt sich durch den ausgedehnten Dienstleistungssektor, der von Werften über Bordelle für Durchreisende bis zur Herstellung von Versorgungsgütern für diesen blühenden Markt reichte. Gleichzeitig und auch im Hinblick auf die Nähe des Hafens, entstanden die ersten Plantagen im Gebiet um Havanna. Natürlich entwickelten sich auch andere Plantagenenklaven, die vom nahegelegenen Manzanagebiet bis nach Puerto Príncipe und Santiago de Cuba reichten. Aber um 1800 lagen noch immer die Hälfte der knapp 500 Zuckerfabriken im Gebiet um Havanna. Die zwischen dem westlichen und dem östlichen Teil der Insel entstehenden Gegensätze sollten politische Entwicklungen im 19. Jh. entscheidend beeinflussen.

Wie jede karibische Gesellschaft trug auch die vielschichtige kubanische erheblichen sozialen Sprengstoff in sich. In der Zeit vor den 60er Jahren des 18. Jh. war das soziale Gefüge wegen seines geringen Anteils an Sklaven für regionale Verhältnisse außergewöhnlich gewesen. Nur 60 000 von ihnen wurden zwischen 1512 und der britischen Besatzung im Jahr 1763 importiert. Von Handwerkern über Hausdiener und Viehtreiber bis zu Plantagenarbeitern fanden sich Sklaven in allen Bereichen der Wirtschaft. Mischehen waren verbreitet und hatten zu einer beachtlichen mittleren Kaste freier Farbiger geführt. Die weiße Bevölkerung bildete eine große Mehrheit und wuchs durch stetige Zuwanderung.

Mit der einsetzenden Plantagenrevolution änderte sich diese Situation. Um 1774, mehr als zehn Jahre nach der britischen Intervention, machten Weiße immer noch 57 Prozent, freie Farbige hingegen 20 Prozent und Sklaven 23 Prozent der Gesamtbevölkerung aus. Im Jahr 1817 hatte sich die Bevölkerungszahl verdreifacht, und Weiße waren gegenüber freien Farbigen (21 %) und Sklaven (36 %) in der Minderheit (43 %). Der gewaltige Zuwachs der Sklavenbevölkerung weckte die Furcht der Weißen vor einem zweiten Haiti. Durch den unablässigen Import afrikanischer *bozales* (neuangekommene Schwarze) und deren Konzentration im Plantagensektor, wo Arbeit und Lebensbedingungen hart waren, kam es tatsächlich zu mehreren Aufständen. Der Widerstand der Sklaven breitete sich in bestimmten Gebieten aus, konnte aber unter Kontrolle gehalten werden.

Die Gruppe der freien Farbigen, die hier wesentlich stärker war als in anderen karibischen Gesellschaften, überlebte zwar als ein wesentliches Bevölkerungssegment die Plantagenrevolution. Aber mit der zunehmenden Verhärtung der Fronten zwischen Weißen und Schwarzen neigte die Gruppe der freien Farbigen zur Marginalisierung.

Sobald das bisherige Rassenkontinuum Zeichen der Polarisierung zeigte, waren die freien Farbigen zunehmender Diskriminierung ausgesetzt.

Die weiße Bevölkerung war in sich zerstritten. In sozialer Hinsicht umfaßte dieses Bevölkerungssegment die gesamte Palette, die von reichen Pflanzern, über Beamte bis zu verarmten Bauern und Stadtbewohnern reichte. Die Gegensätze innerhalb der Gruppe wurden durch die stetige Ausdehnung des Plantagensektors noch verstärkt. Ausgehend vom Großraum Havanna nahm die Zuckerwirtschaft das Land in Beschlag, das früher von Bauern bewirtschaftet oder für die Viehhaltung bestimmt war. Derartige Vertreibungen erzeugten in der Tat Ressentiments und gelegentlich auch offenen Widerstand. Da die Plantagenbesitzer und ihre Interessen inzwischen zunehmend unter staatlichem Schutz standen, hatten sie im allgemeinen das Recht auf ihrer Seite.

Auch in Kuba existierte eine für spanisch-amerikanische Gesellschaften typische Spaltung der weißen Elite. Sowohl die Kreolen als auch die Europaspanier erwarteten Gewinne aus der Plantagenrevolution. Die durch die Reformen Karls III. in Gang gesetzte Liberalisierung hatte viel dazu beigetragen, daß beide Seiten für dieselbe Sache eintraten, aber Streitigkeiten über Anteile am Profit und über politische Fragen häuften sich. Die kubanische *criollo*-Elite war der Hauptinitiator der Plantagenrevolution und forderte ein Höchstmaß an Liberalisierung: niedrige Zölle und dergleichen mehr. Die Europaspanier beherrschten andererseits Handel und Bankwesen und befürchteten mit Recht, daß eine völlige Liberalisierung ihre privilegierte Position im kubanischen Handel untergraben würde. Inzwischen waren die Kolonialbehörden – eher als im merkantilistischen Zeitalter – bereit, auf unmittelbare Gewinne zugunsten langfristigen Wirtschaftswachstums zu verzichten. Doch trotz allem blieben Konflikte bezüglich der Handels- und Besteuerungspolitik und bezüglich der Verteilung der scheinbar unerschöpflichen Profite aus den Plantagen nicht aus. Ob nun ein Verdienst der beteiligten Parteien oder einfach Ausdruck der Tatsache, daß für alle genügend abfiel, fest steht, daß kreolische Pflanzer, europaspanische Kaufleute und Bankiers sowie die Kolonialbehörden es verstanden, sich in wesentlichen Punkten zu einigen.

Jede Analyse der kubanischen Kultur dieser Zeit wird fast zwangsläufig die bemerkenswerten Leistungen der kreolischen Elite im Hinblick auf ihren intellektuellen Beitrag zur Plantagenrevolution hervorheben. Die *Sociedad Económica* war ein *criollo*-Kartell kluger Köpfe, das die Absicht hatte, das Land unter anderem dadurch zu entwickeln, daß es die Erziehung förderte, wissenschaftliche Kenntnisse verbreitete und die erste kubanische Zeitung (*Papel Periódico de la Habana*, 1791) veröffentlichte. Unter dem Einfluß von Arango y Parreño vertrat die lokale Bourgeoisie einen stark utilitaristischen wissenschaftlichen Ansatz und war darauf bedacht, daß sie in erster Linie der Förderung der Plantagenrevolution diente.

Darüber hinaus erlangten auch andere Kulturbereiche Bedeutung. Um die Mitte des 18. Jh. verfügte Kuba über eine Universität, Theater, prunkvolle öffentliche Gebäude und eine im Bau befindliche Kathedrale. Das Wirtschaftswachstum der folgenden Jahre ermöglichte die stetige Ausdehnung der Stadt und brachte ein gewisses Maß an Eleganz und sogar Reichtum. Nicht alles war dabei aus Europa importiert oder von dort angeregt. Mit der Zeit entwickelte die *criollo*-Elite ein Gefühl der *cubanidad*, dessen Spuren man in der Literatur, in der Malerei und in den veröffentlichten Arbeiten von Félix de Arrate und Ignacio José de Urrutia y Montoya über die kubanische Geschichte verfolgen kann. Die Bevölkerung weißer und farbiger Bauern *(guajíros)* auf dem Lande entwickelte ganz spezifische kulturelle Formen, die bedeutenden Einfluß auf die Kultur des 19. Jh. haben sollten. Wie auch anderswo in der Region waren die Sklavenunterkünfte nicht nur Brutstätten für gelegentliche Revolten oder für einen sich ausbreitenden kulturellen Widerstand. Hin und wieder fanden sich sogar Berührungspunkte zwischen der elitären und der populären Kultur. Wenngleich weniger offensichtlich und schwierig zu entwirren, trug die letztere doch Grundsätzliches zu dem bei, was man einmal unter „kubanisch“ verstehen sollte.

H. Puerto Rico

Bis in die 60er Jahre des 18. Jh. war Puerto Rico weit mehr als Kuba eine rückständige karibische Provinz gewesen, mit niedriger Exportleistung, dünner Besiedlung und von geringer strategischer Bedeutung. Der Gesandte des Mutterlandes, Alejandro O'Reilly, berichtete im Jahr 1765, daß die *Puertoriqueños* die ärmsten Menschen Amerikas seien. Die Zeit von 1760 bis 1820 brachte Wirtschafts- und Bevölkerungswachstum, allerdings in geringerem Maße als in Kuba. Nur in einem Aspekt überholte Puerto Rico Kuba. Die Reformen Karls III. verlangten eine Änderung der Flottenstrategie und die Aufgabe des alten Systems der *flota,* wodurch Havannas militärische Bedeutung zurückging und Puerto Rico zum wichtigsten spanischen Stützpunkt in der Hemisphäre wurde.

In den 60er Jahren des 18. Jh. wurden in Puerto Rico in erster Linie Viehhaltung und Subsistenzwirtschaft betrieben. Weniger als 20 Prozent des Landes wurden, meist in kleinen Parzellen, genutzt. Die Gesamtbevölkerung wurde im Jahr 1765 auf weniger als 45 000 geschätzt. Im Jahr 1800 war die Zahl auf 155 000 und 1820 bis auf 231 000 gestiegen. Mit der Bevölkerung wuchs auch die Wirtschaft, die bis weit ins 19. Jh. hinein von der kleinbäuerlichen Landwirtschaft beherrscht wurde. Exportnahrungsmittel wie Zucker, Kaffee und Tabak gewannen allerdings zunehmend an Bedeutung.

Warum entwickelte sich Puerto Rico im Vergleich zu Kuba so langsam? Die spanische Politik kann für das puertorikanische „Unvermögen“, dem typisch karibischen Modell des Wirtschaftswachstums zu entsprechen, nicht verantwortlich gemacht werden. Die von 1760 an auf Kuba zugeschnittene und begrenzt liberale Politik war auch für Puerto Rico geeignet. Spanische Beamte, wie z.B. O'Reilly und *intendente* Alejandro Ramírez – der danach in Kuba arbeitete – bewirkten eine Reihe von Veränderungen zur Verbesserung der Infrastruktur, zur Erhöhung der Bevölkerungszahl und zur Belebung der stagnierenden Wirtschaft. Privatbesitz an Land wurde erlaubt und die größten Handelsbarrieren aufgehoben. Zusätzlich wurden Einwanderungsgesetze entschärft, was im Jahr 1815 zur *Cédula de Gracias* führte. Besonders Immigranten aus dem revolutionären St. Domingue und irische Einwanderer steigerten die Zuckerproduktion in den 90er Jahren des 18. und in den Anfängen des 19. Jh. Die haitianische Revolution und die aus ihr resultierende Einwanderungswelle gaben der Kaffeeproduktion, die im Gegensatz zum Zucker in kleineren und weniger kapitalintensiven Betrieben erfolgen konnte, starken Auftrieb.

Das Haupthindernis des Wirtschaftswachstums, besonders in der Zuckerproduktion, war der Mangel an Arbeitskräften. Unter den puertorikanischen Bauern, die jahrhundertelang in wirtschaftlicher Stagnation verharrt hatten, verfügten einige über

Landtitel, andere nicht. Aber selbst letztere konnten angesichts der Fülle des zur Verfügung stehenden Landes nicht ohne weiteres als verläßliche Landarbeiter im aufstrebenden Plantagensektor eingesetzt werden. Schon früher waren Bemühungen zur Disziplinierung der Bauern mit ihrer starken ‚Anti-Plantagen'-Mentalität fehlgeschlagen.

Der Mangel an Arbeitskräften war demnach zum Teil ein Ausdruck der Autonomie der Bauern, die auch auf eine wesentliche Schwäche des im Anfangsstadium befindlichen Plantagensektors hindeutete. Hinter dem Mangel an Arbeitskräften für die Zuckerproduktion verbarg sich das Fehlen von Kapital, mit dem man etwas dem florierenden kubanischen Sklavenhandel Ähnliches hätte finanzieren können. Ein spanischer Bericht von 1781 deutete an, daß es sich kaum ein halbes Dutzend Puertorikaner leisten könne, 20 Sklaven zu kaufen. Das war zwar eine maßlose Übertreibung, aber die Zahlen sprachen trotzdem für sich. Im Jahr 1765 waren nur 11 Prozent der Bevölkerung Sklaven; bis 1800 war der Anteil auf etwa 8 Prozent zurückgegangen und stieg 1820 nur geringfügig auf 9,4 Prozent an. Die Zahl der Sklaven wurde zwar von etwa 5000 im Jahr 1765 auf beinahe 22 000 um 1820 erhöht, aber trotz dieses Anstiegs war, zumindest für karibische Verhältnisse, die vergleichsweise geringe Zahl der Sklaven bemerkenswert.

Ohne das nötige Kapital zum Kauf von Sklaven bemühte sich die in den letzten Jahrzehnten des 18 Jh. entstehende *hacendado*-Klasse weiterhin, andere Arbeitskräfte für das Plantagenwesen zu rekrutieren. Dies erwies sich als wenig erfolgreiches Unterfangen, da Land noch immer in Hülle und Fülle zur Verfügung stand. Als die Zuckerproduktion in den Küstenenklaven zum Erliegen kam, wanderten die Bauern in die Hochebenen im Landesinnern ab. Und solange die landwirtschaftliche Siedlungsgrenze Raum ließ, gab es kaum Möglichkeiten, sie aufzuhalten. Die *jíbaro*-Hochlandbauern betrieben weiterhin Subsistenzwirtschaft, oft zusammen mit einer beschränkten Kaffeeproduktion.

In dem Bemühen, andere Formen nicht-abhängiger Arbeit zu erschließen, wurden Gesetze erlassen, die die Umwandlung von traditionellem Gemeindeland in Privatgrundstücke mittlerer Größe zum Anbau von Nutzpflanzen für den Verkauf fördern sollten. Mit derartigen Maßnahmen verfolgte man das Ziel, die *agregado*-Bauern von Regierungsbesitz zu vertreiben und sie so zur Lohnarbeit zu zwingen. Diese Politik fand ihre Fortsetzung besonders während des Plantagenbooms, der nach den 20er Jahren des 19. Jh. einsetzte. Durch die systematische Anwendung legaler Gewalt sollten die ehemaligen Kleinbauern in ein Landproletariat verwandelt werden. Frühere Versuche dieser Art waren meist gescheitert, weil sich die Bauern mit der sich stetig verschiebenden Siedlungsgrenze auf ursprünglich unberührtes Land zurückzogen.

Die wirtschaftliche Entwicklung in der Zeit von 1760 bis 1820 verlief daher ungleichmäßig. Die Subsistenzwirtschaft behielt den Vorrang gegenüber der Exportwirtschaft. Zusätzlich zur bescheidenen Tabakerzeugung wurden für den Export hauptsächlich Zucker und Kaffee angebaut. Letzterer, der besonders nach der haitianischen Revolution sehr starke Zuwachsraten zu verzeichnen hatte, wurde in erster Linie von Kleinbauern und kleinen *hacendados* produziert, die zwar ein ausgeprägtes kommerzielles Geschick, nicht aber das Kapital hatten, die für Zuckerplantagen erforderliche Menge an Sklaven zu kaufen. Daher geschah der Anbau entweder durch Kleinbauern oder mit Hilfe von Lohnarbeit.

Geographisch gesehen war im Landesinnern die Subsistenzwirtschaft vorherrschend. Der Zuckeranbau entwickelte sich zunächst an der Nordküste bei San Juan und breitete sich in die westlichen und südlichen Gemeinden von Mayagüez, Ponce und Guyama aus. Der Kaffeeanbau hatte auch in einigen dieser Küstengebiete seinen Ursprung genommen, sich dann aber ins Landesinnere und in westliche Gemeinden, wie z.B. Lares, verlagert.

Die Ergebnisse der Entwicklungen von 1760 bis 1820 wurden erst in den folgenden Jahren erkennbar. Um 1817 lag die puertorikanische Zuckerproduktion bei 2340 Tonnen, eine für karibische Verhältnisse unbedeutende Menge. Der Kaffeeanbau bewegte sich etwa in der gleichen Größenordnung. Er lag also demnach im Vergleich zu Kuba, das viermal so viel produzierte, sehr niedrig. Aber auch wenn die puertorikanische Wirtschaft wenig konkurrenzfähig war, hatte sie doch einen Produktionszuwachs zu verzeichnen, was vom spanischen Erfolg bei der Ausrottung des illegalen Handels früherer Zeiten zeugte. In seiner *Memoria* von 1765 hatte O'Reilly errechnet, daß der Schmuggel den zehnfachen Wert des spanischen Handels ausmachte. In den 20er Jahren des 19. Jh. hatte eine Kombination von Handelsliberalisierung und wirksamer Überwachung den Schmuggel erfolgreich eingedämmt. Außerdem öffnete man neben San Juan einige andere Häfen für den Handel und bewirkte dadurch die weitere Ausdehnung der Exportlandwirtschaft.

Wie schon im Falle Kubas verlor Spanien auch hier zunehmend seinen Anteil am puertorikanischen Handel. Und auch hier wurden die Vereinigten Staaten zum neuen Haupthandelspartner. Gegen Ende der 20er Jahre des 19. Jh. übertrafen sie Spanien bei weitem, als Markt für puertorikanische Produkte ebenso wie als Importquelle der Kolonie.

Die Entwicklung Puerto Ricos zum Exportland, die mit der Entstehung einer lokalen *criollo*-Bourgeoisie einherging, verlief ähnlich wie in Kuba. Aber anders als bei seinem karibischen Nachbarn fehlte Puerto Ricos Unternehmereliten das einheimische Kapital zur Initiierung der Plantagenrevolution. Der kubanischen Zuckerrevolution war eine lange Zeit unscheinbaren, aber realen Wachstums vorausgegangen, aus dem sich eine fähige und finanzkräftige Lokalbourgeoisie entwickelt hatte, die neue Wege einschlagen konnte. Nicht so in Puerto Rico, wo Jahrhunderte wirtschaftlicher Stagnation die Ansammlung von Kapital und die Bildung einer starken Unternehmerklasse verhindert hatten. Schon bald wurden lokale *hacendados* von Einwanderern der ersten Generation.

In der Gruppe der Kreolen trafen daher recht unterschiedliche Interessen aufeinander. Die Exportelite hatte mit dem Mutterland einige Interessen gemeinsam. Bis zum ausgehenden 18. Jh. hatte die spanische Kolonialpolitik Wirtschaftswachstum eher behindert als gefördert. Die große Zahl mexikanischer *situados* (Ausgleichszahlungen der mexikanischen Staatskasse) hatte der Aufrechterhaltung der lokalen Bürokratie, nicht aber der wirtschaftlichen Entwicklung gedient. Die spanische Politik seit Karl III. hatte für die Liberalisierung von Handel und Wirtschaft zwar viel getan, war aber immer hinter den Erwartungen der *criollos* zurückgeblieben. Die typischen Gegensätze zwischen Europaspaniern und Kreolen kristallisierten sich während Spaniens politischer Krise von 1808 bis 1814 auch innerhalb der puertorikanischen Elite heraus. Der puertorikanische – und einzige koloniale – Vertreter in den *Cortes* von Cádiz (1810), Ramón Power y Giralt, überbrachte eine Reihe von Forderungen seiner Landsleute, die auf weitere Handelsliberalisierung drängten. Zusätzlich, und paradoxerweise, wurden Maßnahmen zum Schutz lokaler Unternehmer gegen eingewanderte Kapitalisten gefordert.

Während die *Cortes* von Cádiz versammelt waren, stand Spanien kurz vor dem Verlust seines amerikanischen Imperiums. Gegen Ende der 20er Jahre des 19. Jh. waren nur noch Kuba und Puerto Rico spanisch. Die folgenden Jahrzehnte brachten Puerto Rico, wie gefordert, eine weitere Liberalisierung der spanischen Handelspolitik und den lokalen *hacendados,* wie befürchtet, ihre Verdrängung durch Immigranten. Die politischen Pläne für die nächsten 80 Jahre sollten von meist erfolglosen puertorikanischen Bemühungen bestimmt sein, innerhalb des spanischen Imperiums eine gewisse interne Autonomie zu erlangen.

I. Schluß

In der Zeit von 1760 bis 1820 ereigneten sich mehrere Veränderungen in der karibischen Geschichte. Wirtschaftlich gesehen stellte die Abschaffung des Sklavenhandels durch die Briten einen Wendepunkt dar, der die endgültige Abschaffung der Hauptarbeitsform dieser Region einleitete. Diese Zeit war aber auch vom wirtschaftlichen Neubeginn Kubas und, in geringerem Maße, Puerto Ricos gekennzeichnet. In sozialer Hinsicht war der wichtigste Markstein die haitianische Revolution, in deren Folge ein zweiter unabhängiger und noch dazu *schwarzer* Staat in der Hemisphäre entstand.

Geopolitisch gesehen wurde die Region in dieser Zeit durch die Europäer mehrfach neu gegliedert. Mit dem Verlust des blühenden St. Domingue hatte Frankreich den größten Schaden erlitten und erlangte seine ursprüngliche Macht in diesem Gebiet nie zurück. Die niederländische Karibik schrumpfte fast bis zur Bedeutungslosigkeit. Spanien verlor Santo Domingo, gewann aber vergleichsweise viel durch die Plantagenrevolutionen, besonders in Kuba. Großbritanniens Aufstieg zur Vorherrschaft war letztlich von kurzer Dauer, weil sich die Vereinigten Staaten zur Erfüllung ihrer „manifest destiny“ in der Karibik anschickten.

IV. Lateinamerika 1830–1900: Wiederaufbau und Modernisierung

Lateinamerika um 1830

John R. Fisher

1. Historiographie und internationale Beziehungen

Aus dem Englischen übersetzt von Suzanne Annette Gangloff

A. Historiographischer Kontext

In einer vor etwa 50 Jahren veröffentlichten, vielbeachteten Abhandlung entwarf Robin HUMPHREYS – der Pionier der britischen Lateinamerikahistoriker – ein düsteres Bild von den gesellschaftlichen, wirtschaftlichen und politischen Zuständen in den neuen Staaten, die im Laufe der ersten drei Jahrzehnte des 19. Jh. aus den Überresten des spanischen und des portugiesischen Reiches hervorgegangen waren:

> „Die Unabhängigkeit ... war mit fünfzehn Jahren verheerender Kriege erkauft worden, und die Kriege hatten die Entfaltung weniger der politischen als der militärischen Tugenden begünstigt ... Die Massen waren jedoch arm und ungebildet, und die Revolution hatte größtenteils einen Wechsel der Herren, nicht der Systeme gebracht. Es fehlte die Erfahrung in Selbstverwaltung, und der schönen neuen Welt, die die Idealisten zu errichten beabsichtigten, standen die harten Tatsachen der Armut und Unwissenheit, der Isolierung, des regionalen Eigeninteresses und des persönlichen Egoismus entgegen. Diktaturen waren unvermeidlich, ja sogar notwendig. Selbstregierung und Demokratie lassen sich nicht über Nacht erlernen. Kaum ein Volk hat seine Laufbahn als unabhängige Nation unter derart belastenden Ausgangsbedingungen angetreten“ [HUMPHREYS 1941, 13].

Im Gegensatz dazu hatten Anfang des 20. Jh. „Immigranten aus dem Ausland, Investitionen von Ausländern in Schiffahrt, Hafenanlagen und öffentlichen Einrichtungen entscheidend zum raschen und sensationellen Aufstieg einiger dieser Staaten beigetragen, die heute mit Recht stolz sind auf ihre Zivilisation und Entwicklung. Noch vor dem Ersten Weltkrieg vermochten sie ihren Platz in der Gemeinschaft der Nationen einzunehmen ...“, in erster Linie dank des „wirtschaftlichen Fortschritts“, der „das Entstehen einer Arbeiterklasse und einer Mittelschicht“ nach sich zog und damit „eine zunehmende Stabilität des politischen Lebens bewirkte sowie, im 20. Jh., für eine wachsende Liberalisierung der Regierung und der staatlichen Einrichtungen sorgte“ [HUMPHREYS 1941, 15–17].

Die beiden Aspekte dieser Interpretation der Geschichte Lateinamerikas zwischen 1830 und 1900 – Verfall und Erneuerung, wobei der Wiederaufbau- und Modernisierungsprozeß etwa in der Mitte dieser Zeitspanne einsetzte – hatten tiefgreifende historische Wurzeln. In der genannten Abhandlung dienten sie einem über den Triumph des Totalitarismus auf dem europäischen Kontinent bestürzten, aber von der Wirksamkeit des Fortschrittsideals für die politische, wirtschaftliche und intellektuelle Entwicklung Lateinamerikas überzeugten liberalen Historiker dazu, die Vision einer

„neuen Weltordnung“ heraufzubeschwören, gegründet auf die zwischen Lateinamerika, den Vereinigten Staaten und dem Britischen Empire bestehenden „traditionellen und dauerhaften Bande gegenseitiger Sympathie, gegenseitigen Interesses und gemeinsamer Ideale“ [HUMPHREYS 1941, 32]; diese Vision mutet wie ein Nachhall der berühmt gewordenen Worte an, mit denen George Canning 1826 verkündet hatte: „Ich kam zu dem Schluß, daß Frankreich, wenn es schon Spanien hatte, nicht Spanien ‚mit Westindien‘ haben sollte. Ich rief die Neue Welt ins Leben, um das Gleichgewicht der Alten wiederherzustellen“ [zit. nach KAUFMANN 1967, 220].

Die negative Beurteilung der unmittelbar auf die Unabhängigkeit folgenden Epoche spiegelte in hohem Maße das wider, was ein im 20. Jh. lebender Beobachter als „amüsierte Überlegenheit“ bezeichnete [MCSHANE 1963, 57], nämlich die Enttäuschung und die Verachtung, die nicht-iberische Europäer die längste Zeit des 19. Jh. hindurch Lateinamerika und seinen Bewohnern gegenüber empfanden und an den Tag legten. Diese Einstellung hatte sich bereits 1830 durchgesetzt, als die erste Welle von Diplomaten, Investoren und Kaufleuten – nach London, Paris und Berlin zurückgekehrt – ihr persönliches und finanzielles Versagen durch die Veröffentlichung von Berichten über ihr Mißgeschick zu kompensieren suchte, die bei einem wißbegierigen Publikum reißenden Absatz fanden. Gilbert Mathison, der in den frühen 20er Jahren des 19. Jh. Brasilien, Chile und Peru bereist hatte, erklärte 1825 rundheraus: „Die Aussicht, die Südamerika erkennen läßt, ist weit weniger glänzend, als der Menschenfreund sich wünschen möchte oder als die Mehrzahl der Leute offenbar glauben will“ [zit. nach FISHER / HIGGINS 1989, 22].

Im darauffolgenden Jahr, 1826, kehrte Francis Head (späterer stellvertretender Gouverneur von Kanada) nach dem Bankrott der *Río de la Plata Mining Association,* deren Direktor er gewesen war, aus Buenos Aires zurück und versicherte: „Ich bin überzeugt, daß alle, die bisher nach diesem Land ausgewandert sind, ... dies in ihrer Enttäuschung täglich bereut haben – daß die Gesundheit jedes einzelnen mehr oder weniger Schaden genommen hat – daß ihre religiösen Prinzipien völlig zerrüttet worden sind – und daher möchte ich armen Leuten, besonders solchen mit Familie, dringend davon abraten, sich in derart heiße Breiten zu begeben“ [zit. nach FISHER / HIGGINS 1989, 22].

Die scheinbar distanzierteren Publikationen der ersten Welle britischer Diplomaten – im Jahr 1824 von Canning ausgesandt, um die Vorbereitungen für die formelle Anerkennung der neuen Republiken zu treffen – waren nicht weniger kritisch und nicht weniger bezeichnend für die Vorurteile nordeuropäischer Protestanten gegenüber Katholizismus und spanischem Kolonialismus. So berichtete John Hamilton, der erste britische Geschäftsträger in Kolumbien, im Jahr 1827: „Es ist nicht leicht, aus den Gemütern der Leute sogleich die früheren Vorurteile und üblen Denkgewohnheiten zu vertreiben, die ein Ergebnis der Schlauheit und Verschlagenheit sind, für die die spanische Geistlichkeit schon immer berüchtigt war“ [zit. nach FISHER / HIGGINS 1989, 23].

Solche und viele andere durch religiöse Intoleranz getrübte Berichte sowie insbesondere die Schwierigkeit, in den dünnbesiedelten, politisch instabilen und bankrotten Republiken, die in Lateinamerika nach über einem Jahrzehnt Bürgerkrieg entstanden waren, Geschäfte zu betreiben, hatten bereits im Jahr 1830 die europäische Einschätzung der Aussichten für Handel und Investitionen wesentlich realistischer werden lassen und – zusammen mit eben den Zuständen, welche diesen Pessimismus hervorgerufen hatten – die Lateinamerikaner selbst davon überzeugt, daß die von den

Führern der ersten Revolutionsjahre ins Auge gefaßte beispiellose Prosperität sich nicht so leicht würde verwirklichen lassen. Im Januar 1830 vermochte selbst Simón Bolívar – der 1825 amüsiert bemerkt hatte, die Investitionen der Briten in hispanoamerikanischen Bergwerksgesellschaften bewiesen lediglich, daß „die englischen Kapitalisten ... nicht wissen, wohin mit ihrem Reichtum" [zit. nach HALPERIN-DONGHI 1973, 73] – in den Überresten der Großkolumbianischen Konföderation nur ein „Bild des Schreckens" zu erblicken, und im November 1830, einen Monat vor seinem Tode, klagte er: „Die der Revolution dienten, haben das Meer gepflügt" [zit. nach JOHNSON 1968, 112].

In den 30er und 40er Jahren des 19. Jh. wurden die Themen Verzweiflung und Selbstkritik begierig von Dichtern und Romanciers ebenso wie von Politikern aufgegriffen, vor allem im unterbevölkerten Süden des Subkontinents, wo „Leere" ein noch mächtigerer Erzeuger von sozialem und politischem Pessimismus war als die Furcht vor den Volksmassen, von der die Eliten in Mexiko, Peru und Zentralamerika beherrscht waren. Wie der argentinische Historiker Tulio Halperin-Donghi 1973 in seiner hervorragenden Analyse der auf die Unabhängigkeit folgenden Epoche bemerkte, war der einflußreichste dieser Männer der Schriftsteller und Politiker Domingo Faustino Sarmiento, der „die von Lateinamerika vom Zeitpunkt der Unabhängigkeit an bis zur Mitte des 19. Jh. durchlebte Durststrecke mit der 40jährigen Wanderung der Juden durch die Wüste zu vergleichen pflegte. Da er als Rechtfertigung für Unglück kaum dessen Buß- und Läuterungswirkung akzeptiert haben würde, wünschte er vermutlich durch Betonen dieses Vergleichs seiner Behauptung Gewicht zu verleihen, daß diese Jahre vergeudet worden seien" [zit. nach HALPERIN-DONGHI 1973, VII].

Sarmientos Zeitgenossen jener „Generation der Verbannten", die während der Diktatur von Juan Manuel de Rosas (1835–1852) aus Argentinien flohen – Männer wie Juan Bautista Alberdi, Esteban Echeverría und José Marmol –, beschäftigten sich literarisch auch mit den Themen Barbarei und Zivilisation; Echeverría sah den ersteren nicht nur im Zusammenhang mit Argentiniens Leere, sondern auch mit dessen rassischer Unreinheit, symbolisiert durch seine Darstellung der zur Zeit Rosas' in den Schlachthöfen arbeitenden Neger und Mulatten, die mit Fleischfetzen Ball spielten und wie Köter aufeinander losgingen:

> „De repente caía un bofe sangriento sobre la cabeza de alguno, que de allí pasaba a la de otro, hasta que algún deforme mastín lo hacía buena presa ..."
> (Plötzlich fiel eine blutige Lunge jemandem auf den Kopf, der sie auf den nächsten schleuderte, bis ein ungeschlachter Fleischerhund sie sich schnappte ...)
> [zit. nach FRANCO 1973, 41 f.].

Wie bereits in Kapitel I angedeutet, vermochten die kulturellen und politischen Erben dieser und anderer „Zivilisations"-Propagandisten im letzten Drittel des 19. Jh. – als Eisenbahn, Dampfschiff und Telegraph die Nachrichtenübermittlung erleichterten und das Exportwachstum die Nationalregierungen mit den zur Zentralisierung der Amtsgewalt notwendigen Mitteln versah – ihre Rassenvorurteile und ihr Verlangen nach „Fortschritt" zunehmend in Programme umzusetzen, die dazu angetan waren, um europäisches Kapital, europäische Immigranten und europäische Technologie zu werben. Die Eliten, die im späten 19. Jh. für diese Entwicklung sorgten, legten sich unterschiedliche Namen zu – Liberale in Mexiko, Republikaner in Brasilien, *civilistas* in Peru, Konservative in Argentinien usw. –, aber ihre Vorurteile und ihre Bestrebungen glichen einander und nährten und rechtfertigten gewissermaßen die kulturelle und wirtschaftliche Einstellung der Europäer gegenüber Lateinamerika sowie die Mutmaßungen der Historiker, die sich von ihnen ableiten ließen. Zwar wehrten sich einige wenige Europäer gegen diese Tendenz und kritisierten die Leugnung einheimischer Werte und Traditionen durch die iberospanischen Eliten in den verschiedenen Republiken, wie etwa der britische Geograph und Reisende Clements R. Markham, der bereits im Jahr 1856 auf die nationale Schizophrenie aufmerksam machte, die Peru befallen hatte, und sich ironisch über die Tatsache äußerte, daß die *limeños* sehr viel eher New York, Paris und Berlin als die alte Inka-Hauptstadt Cuzco besuchten [FISHER 1989,15–16]. Aber die Mehrheit beobachtete mit Genugtuung, wie Gesellschaft und Wirtschaft modernisiert und die Macht der Kirche reduziert wurden und die lateinamerikanischen Länder (auch die mit einer überwiegenden Eingeborenenbevölkerung) sich europäischen Werten und Vorbildern anzupassen bemühten. Sogar die Anden-Länder versetzten europäische Beobachter in Erstaunen durch ihre Fähigkeit, ihre spanische und katholische Vergangenheit in ihrem Trachten nach Wirtschaftswachstum und Modernisierung abzuschütteln. So schrieb, um nur einen dieser Beobachter zu zitieren, Reginald Enock in seinem 1908 erschienenen Bericht über seine ausgedehnten Reisen in Peru um die Jahrhundertwende: „Die Republik Peru hat ihre Schwert- und Priestertaufe über sich ergehen lassen. Aber der Peruaner ... ist im Begriff, sich von einigen der bösen Abhängigkeiten zu lösen, die seinen Ländern von seinen Ahnen aufgepfropft wurden. Die drei Hauptübel, die das Volk zu dessen Schaden beherrschten, waren bestimmte politische Praktiken, Militarismus und Klerikalismus; diese werden jetzt allerdings durch die Prinzipien einer guten Regierung abgelöst, die das unaufhaltsame Fortschreiten der Zivilisation verlangt“ [zit. nach FISHER / HIGGINS 1989, 19].

Durch das Äußern von Vorurteilen wie diesem fühlten sich gebildete Peruaner keineswegs beleidigt, sondern vielmehr geschmeichelt; denn in Peru wie andernorts im damaligen Lateinamerika bestätigte der – wenn auch, wie in diesem Fall, eingeschränkte – Beifall des Ausländers, daß die Modernisierung funktionierte. Zwar hatten sich im Laufe des 19. Jh. ein paar schwache Stimmen zugunsten der Indio-Interessen und -Traditionen erhoben – in Peru beispielsweise die der schriftstellernden *cuzqueños* Narciso Arestegui, Pio Benigno Mesa und Clorinda Matto de Turner –, aber Intellektuelle und Politiker hatten im Jahr 1900 noch kaum begonnen, sich über *indigenismo, mestizaje* und auf Dezentralisation und der Erhaltung ländlicher Werte basierende Modelle Gedanken zu machen. Immerhin hatte im ersten Jahrzehnt des 20. Jh. in Mexiko eine Debatte über diese und verwandte Probleme eingesetzt, vor allem zwischen Intellektuellen wie Antonio Caso und José Vasconcelos, und in den frühen 20er Jahren, als Vasconcelos Bildungsminister wurde, war ein gewisser Fortschritt im Umsetzen von Ideen in die Tat zu verzeichnen. Auch in Peru weitete sich das anhaltende Interesse der (von Luís E. Valcárcel und José Uriel García angeführten) Cuzco-Schule an regionalen und ländlichen Problemen in den 20er Jahren unter dem Einfluß von José Carlos Mariátegui und Victor Raúl Haya de la Torre zu einer bedeutsamen innenpolitischen Debatte aus, aber der Erfolg dieser Männer war äußerst begrenzt, und ungeachtet ihrer Bemühungen beschleunigten sich in den letzten elf Jahren der Amtszeit von Präsident Augusto B. Leguía (1911–1930) Wirtschaftswachstum und Modernisierung, bis sie 1929 infolge der Weltwirtschaftskrise zum Stillstand kamen. Eine ähnlich geringe Wirkung sowohl auf vorherrschende politische Wertvorstellungen als auch auf die Historiographie hatten in Argentinien die Versuche „realistischer“ Schriftsteller wie Manuel Gálvez (1882–1962), die Aufmerksamkeit auf soziale Probleme zu lenken, oder die des regionalistischen Autors Ricardo Güiraldes (1886–1927), der in seinem *Don Segundo Sombra* (1926) seiner Ablehnung der Modernität und der verstädterten Industriegesellschaft Ausdruck gab. Wie Roberto CORTÉS CONDE und Stanley STEIN [1977] in dem von ihnen herausgegebenen Führer zur Historiographie über die lateinamerikanische Wirtschaftsgeschichte für das auf das Jahr 1830 folgende Jahrhundert bemerken, spiegelten in der Tat die meisten in Lateinamerika selbst in der Zeit vom ausgehenden 19. Jh. bis zum Zweiten Weltkrieg verfaßten historischen Abhandlungen die Interessen von Elitegruppen wider, die mehr an einer Verbesserung als an einer Veränderung der aus dem 19. Jh. überkommenen politischen, kommerziellen, finanziellen, Agrar-, Bergbau- und gesellschaftlichen Strukturen interessiert waren. Die europäischen Berichterstatter des gleichen Zeitraums neigten, wie dargelegt, dazu, diese eingeengte Sichtweise ihrer lateinamerikanischen Kollegen zu teilen. Erst nach 1945 und unter dem zweifachen Druck eines (tatsächlichen oder drohenden) sozio-politischen Umsturzes einerseits und einer sich ändernden Weltordnung, als Politiker und Wissenschaftler sich darüber klar wurden, daß die zukünftige Entwicklung Lateinamerikas sich nicht in der Suche nach einem verlorenen Goldenen Zeitalter erschöpfen könne, begann eine neue Generation lateinamerikanischer Historiker, die Behauptungen und Vorurteile ihrer Vorläufer in Frage zu stellen und das 19. Jh. mit neuen Augen zu sehen, ermutigt und unterstützt von der wachsenden Zahl europäischer Wissenschaftler, die den Atlantik überquerten, um eingehende Forschungen in nationalen und lokalen Archiven durchzuführen. Ihr Interesse war allerdings in manchen Fällen weniger auf eine Erforschung der historischen Entwicklung als solcher gerichtet als vielmehr darauf, den Ursachen heutiger Probleme auf den Grund zu gehen.

Diese historiographische Neubewertung der auf das Jahr 1830 folgenden Epoche war ein langsamer, unvollkommener und ungleichmäßiger Prozeß. Die in den 1960er Jahren unternommenen Versuche von Dependenz-Theoretikern, insbesondere des deutsch-amerikanischen Historikers André Gunder Frank, die Unterentwicklung nahezu ausschließlich mit dem Kapitalismus in Zusammenhang zu bringen, drängte den Revisionismus über die Grenzen objektiver Analyse hinaus, nicht zuletzt weil er die empirische Forschung zugunsten rein theoretischer Erörterungen vernachlässigte. Aber nach und nach ist es in geduldiger Archivforschung, sowohl mit Hilfe empirischer Techniken als auch unter differenzierter Verwendung sozialwissenschaftlicher Theorien, gelungen, überzeugende Beweise dafür zu liefern, daß der Modernisierungsprozeß im ausgehenden 19. Jh. sowohl weniger durchgreifend als auch weniger positiv war, als die traditionelle Historiographie angenommen hat, und, umgekehrt, daß die politischen, gesellschaftlichen und wirtschaftlichen Strukturen der unmittelbar auf die Unabhängigkeit folgenden Epoche kohärenter, rationaler und geordneter waren, als den zeitgenössischen – europäischen wie lateinamerikanischen – Kritikern bewußt gewesen ist.

Die detaillierte Beweisführung für diese revisionistische Betrachtungsweise – die sich allerdings nicht auf alle Länder Lateinamerikas oder auf alle Provinzen innerhalb einzelner Länder anwenden läßt – erfolgt in den nachstehenden, die einzelnen Länder bzw. Regionen behandelnden Kapiteln. Dennoch erscheint es angemessen, in dieser allgemeinen Einleitung einige Beispiele anzuführen. So ist man sich inzwischen darüber einig, daß die beiden Vorbilder hinsichtlich Ordnung und Fortschritt vor 1870 – Chile und Brasilien – in Wirklichkeit gespaltener und weniger stabil waren, als ältere Historikergenerationen angenommen haben. Obgleich Chile sich 1829/30 vom Bürgerkrieg erholte und eine (zum Teil auf Wahlmanipulation beruhende) starke Präsidentschaft errichtete, wurde es 1851 und 1859 durch bewaffnete Aufstände größeren Ausmaßes, durch tiefgreifende Meinungsverschiedenheiten über den Platz der Kirche in der Gesellschaft und im politischen Leben sowie 1891 durch einen weiteren Bürgerkrieg erschüttert; zwischen diesen Krisen setzte mit dem exportinduzierten Wachstum zwar auch eine Modernisierung ein, die allerdings durch die erfolgreichen Kriege gegen Peru und Bolivien von 1836 bis 1838 und vor allem 1879 bis 1883 mitausgelöst wurde. Brasilien seinerseits verfolgte in den 20er Jahren des 19. Jh. eine verhängnisvolle Außenpolitik und geriet in den 1830er Jahren, nach der Abdankung Kaiser Pedros I. im Jahr 1831, an den Rand des Zerfalls; wenngleich es später, besonders nach 1850, mit noch größerem Erfolg als Chile auf Ordnung, Fortschritt und Freiheit bedacht war, wurde es in den 1880er Jahren ebenfalls von schweren sozialen und regionalen Konflikten zerrissen: Man ist sich heute allgemein darüber im klaren, daß beispielsweise die Sklaverei im Jahr 1888 nicht nur deswegen abgeschafft wurde, weil die Elite sich einig war, daß diese Institution ihre Nützlichkeit verloren hatte, sondern auch wegen des wachsenden sozialen und politischen Widerstands gegen diese Einrichtung.

Was andere Länder Lateinamerikas anbelangt, so scheinen die Forschungsergebnisse der letzten zwei Jahrzehnte bis zu einem gewissen Grade die Meinung zu bestätigen, daß die Jahre von 1830 bis 1870 von größerer Stabilität und die Jahre von 1870 bis 1900 weniger von Ordnung gekennzeichnet waren, als bisher angenommen wurde. So läßt sich heute z.B. für Mexiko sagen, daß trotz der scheinbaren Instabilität des erstgenannten Zeitraums (von 1821 an 50 Regierungen in ebensovielen Jahren) sowie der damit verbundenen Zahlungsunfähigkeit und der territorialen Verluste, einige Politiker der ersten Jahrhunderthälfte sich ebenso von Grundsätzen wie von Opportunismus leiten ließen, wie Michael Costeloe in seiner Darstellung Mexikos von 1824 bis 1835 argumentiert hat:

> „... este laberinto de políticas, partidos, planes y sublevaciones no era tan carente de sentido y tan anárquico como algunos autores han afirmado ... En 1834, los políticos y las clases dirigentes del país ya habían madurado sus ideas y opiniones ... Del aparente caos de los años del conflicto yorkino-escocés habían surgido planteamientos claros en torno a los que se formaron las divisiones entre conservadores y liberales de los años posteriores."
>
> (Dieses Labyrinth der politischen Richtungen, Parteien, Projekte und Aufstände war durchaus nicht so sinnlos und so anarchisch, wie manche Autoren behauptet haben ... Im Jahre 1834 waren die Ideen und Meinungen der Politiker und der führenden Schichten des Landes bereits ausgereift ... Aus dem augenscheinlichen Chaos der Jahre des Konflikts zwischen den *yorkinos* und den *escoceses* hatten sich klare Konzepte entwickelt, die den Auseinandersetzungen zwischen Liberalen und Konservativen in den darauffolgenden Jahren zugrunde lagen) [zit. nach COSTELOE 1975, 438].

Noch gewichtigere Gründe sprechen für eine Neubewertung des letzten Viertels des 19. Jh., wie Raymond Th. Buve in Kapitel V, 2 dieses Bandes darlegt: Obwohl Porfirio

Díaz und die *científicos* fest auf die Wirksamkeit von Modernisierung, Fortschritt und Wirtschaftswachstum bauten, haben neuere Forschungen eindeutig gezeigt, daß die Machtbefugnisse der Zentralregierung im ausgehenden 19. Jh. begrenzter waren, als man zuvor geglaubt hatte, und insbesondere, daß die ländlichen bzw. Indio-Gemeinden ihre Ländereien, ihre Unabhängigkeit und ihre Traditionen sehr viel entschlossener und geschickter zu verteidigen wußten, als man gedacht hatte.

Auch in der Andenregion, wo sich die Zentren der Modernisierung entlang der wenigen Bahnlinien befanden, die die Küste mit dem Landesinnern verbanden, war die Indio-Bevölkerung weniger unterdrückt und unabhängiger, als die traditionelle Historiographie und die vor 1950 erschienene Literatur – einschließlich der gutgemeinten Anprangerung der Leiden der Indios durch den APRA-Anhänger und Schriftsteller Ciro Alegría in seinem klassischen sozialkritischen Roman *El mundo es ancho y ajeno* (1941) – hatten annehmen lassen. Darüber hinaus war in den 30er Jahren des 19. Jh. in Peru wie in Mexiko die wirtschaftliche Infrastruktur bereits besser entwickelt, als manche zeitgenössische Berichterstatter glaubten. Auch in Peru wurden bis zu einem gewissen Grad die politischen Differenzen und die in der Prä-Guano-Ära stattfindenden Auseinandersetzungen über unterschiedliche Handelssysteme sowohl von politischen Grundsätzen als auch von der Habgier bestimmt; dies zeigt z. B. die 1986 erschienene Untersuchung des peruanischen Historikers José Deustua über die rasche Erholung der Bergbauindustrie in der auf die Unabhängigkeit folgenden Epoche [DEUSTUA 1986] sowie die 1989 von dem Nordamerikaner Paul Gootenberg veröffentlichte Untersuchung zur strategischen Debatte über Freihandel und Protektionismus [GOOTENBERG 1989].

Bolívar war bereits 1826 zu dem Schluß gekommen, daß die Hispanoamerikaner – „eine abscheuliche Meute jagender Berserker, die nach Amerika kamen, um sein Blut zu vergießen und sich mit den Töchtern ihrer Opfer paarten, ehe sie sie opferten" – unfähig seien, die sozialen, politischen und wirtschaftlichen Probleme zu lösen, die sich in den neuen Republiken bereits abzeichneten [HALPERIN-DONGHI 1973, 140]. Seine weniger pessimistischen Zeitgenossen und Erben – einschließlich Diego Portales, der 1830 in Chile die Macht ergriff, und Juan Manuel de Rosas, der 1835 den Vereinigten Provinzen des Río de la Plata ein autoritäres Regime aufzwang – waren überzeugt, daß Ordnung zwar geschaffen werden könne, aber nur durch den (zumindest vorläufigen) Verzicht auf die Ideale von Freiheit und Gleichheit. Neuere Forschungen legen nahe, daß die praktischen Auswirkungen dieses Kompromisses zwar nicht für die liberalen Verbannten und Märtyrer unter den Elite-Angehörigen, wohl aber für die anonymen bäuerlichen Massen weniger hart waren, als die Ideologen der Liberalen behaupteten, die Mitte des 19. Jh. ans Ruder kamen. Diese Forschungen bestätigen auch, daß der Liberalismus zwar Wirtschaftswachstum und Modernisierung nach sich zog, sein Sieg aber „nicht bedeutete, daß Freiheit oder Gleichheit gemeinhin mehr respektiert oder in größerem Umfang verwirklicht wurden, als dies zuvor der Fall gewesen war" [HALPERIN-DONGHI 1973, 140].

B. Internationale Beziehungen

Hinsichtlich ihrer formellen Anerkennung wurden die neuen Staaten, die sich in den 20er Jahren des 19. Jh. aus den Vizekönigreichen und Generalkapitanaten des iberischen Kolonialreiches in Lateinamerika entwickelt hatten, rasch in die Gemeinschaft unabhängiger Nationen aufgenommen; das Verfahren erfuhr allenfalls eine gewisse Komplikation durch die Lossagung der Vereinigten Provinzen Zentralamerikas von Mexiko im Jahr 1823, die Auflösung der Republik Großkolumbien in die drei Staaten Ecuador, Kolumbien und Venezuela 1830 sowie durch den Krieg von 1825–1828 zwischen Brasilien und der Argentinischen Konföderation um den Besitz der Banda Oriental (die aus diesem Konflikt, hauptsächlich aufgrund britischer Vermittlung, 1828 als unabhängige *República Oriental del Uruguay* hervorging), und die Ungewißheit, inwieweit Paraguay die Unabhängigkeit von Buenos Aires de jure würde erlangen können, die es de facto bereits seit 1811 besaß. Die Vereinigten Staaten hatten, etwas rascher reagierend als die europäischen Nationen, schon 1822 beschlossen, prinzipiell die Unabhängigkeit der fünf hispanoamerikanischen Staaten Großkolumbien, Chile, Peru, Vereinigte Provinzen von La Plata und Mexiko anzuerkennen: Nach Entgegennahme der Beglaubigungsschreiben der Bevollmächtigten Kolumbiens und Mexikos etwas später im gleichen Jahr hatten sie 1823 ihre Gesandten für alle fünf Länder ernannt; außerdem erkannten sie bereits im Jahr 1824 Brasilien und 1825 die Vereinigten Provinzen Zentralamerikas an. Die – noch wichtigere – Anerkennung der größeren Staaten durch Großbritannien erfolgte schrittweise: Zunächst erkannte England im Jahr 1822 die Schiffsflaggen der jeweiligen Länder an, dann ernannte es 1823 die Konsuln und Untersuchungsbeauftragten für Mexiko-Stadt, Bogotá und Buenos Aires und handelte schließlich 1825/26, ungeachtet der Proteste Spaniens und der Heiligen Allianz, Verträge mit Brasilien, den Vereinigten Provinzen von La Plata, Mexiko und Kolumbien aus. Frankreich, stets bereit, bestimmte Prinzipien dem Zweckdienlichen zu opfern (in diesem Falle das Legitimitätsprinzip, das es 1825 durch seine Anerkennung der Unabhängigkeit Haitis nicht verletzt hatte, da Santo Domingo Frankreichs eigene Kolonie gewesen war), hatte seit 1826 unter hispanoamerikanischen Flaggen segelnde Schiffe in seinen Häfen zugelassen; eine förmliche Anerkennung leitete es allerdings erst nach dem Sturz Karls X. durch die Juli-Revolution 1830 in die Wege. Preußen, dessen Textilexporteure in den 20er Jahren des 19. Jh. zunehmend Handelsverbindungen mit Hispanoamerika knüpften, hatte im Jahr 1827 ein Handelsabkommen mit Mexiko getroffen, und die Hansestädte folgten auf halboffiziellem Wege bald seinem Beispiel.

Ungeachtet dieser pragmatischen Haltung, die Nordeuropas einstige Verfechter des Legitimitätsprinzips an den Tag gelegt hatten – ebenso wie Portugal, das sich 1825, weitgehend auf Drängen Großbritanniens, bereit erklärt hatte, die Unabhängigkeit Brasiliens (gegen eine Entschädigung von 2 Mio. Pfund) de jure anzuerkennen –, klammerte sich Ferdinand VII. von Spanien an die Hoffnung, seine ehemaligen Festland-Territorien von Kuba und Puerto Rico aus zurückzuerobern, und weigerte sich bis zu seinem Tode im Jahr 1833 hartnäckig, auch nur ihre de-facto-Unabhängigkeit anzuerkennen. Nachdem mit seinem Ableben dieses Hindernis beseitigt war, begannen die Behörden in Madrid allmählich, die tatsächlichen Gegebenheiten zu akzeptieren; das erste konkrete Ergebnis war ein am 28. Dezember 1836 geschlossener Vertrag, durch den Königin Isabella II. Mexiko als „freie, souveräne und unabhängige Nation" anerkannte und auf alle Territorial- und Besitzansprüche in diesem Lande verzichtete. Der zweite Nutznießer der neuen Strategie war, vielleicht etwas unerwartet, Ecuador, dessen Londoner Vertreter 1840 nach Madrid reiste, um einen Vertrag zu unterzeichnen, durch welchen Spanien gegen eine Schuldanerkennung, die

Rückgabe konfiszierten Eigentums und andere Zugeständnisse die Unabhängigkeit des ehemaligen Königreichs Quito anerkannte. Ebenso schloß Spanien, in manchen Fällen nach einer vorausgegangenen Wiederaufnahme der Handelsbeziehungen, Anerkennungs-, Friedens- und Freundschaftsverträge mit Chile (1844), mit Venezuela (1845) und mit Bolivien (1847). Verhandlungen mit den ehemaligen Mitgliedsländern jener Föderation, die sich zwischen 1824 (als ihre 1823 erfolgte Lossagung von Mexiko in aller Form festgeschrieben wurde) und 1840 (als sie in fünf separate Staaten zerfiel) als Vereinigte Provinzen Zentralamerikas bezeichnete, wurden bereits 1844 eingeleitet, als Nicaragua um Anerkennung ersuchte; aber Verträge kamen erst 1850 zustande, und zwar zunächst mit Nicaragua und Costa Rica, dann, 1863 bzw. 1865, mit Guatemala und El Salvador und sehr viel später, 1894, mit Honduras, im Anschluß an die Kulturkampagne, die 1892 die Feiern des 400. Jahrestags der Entdeckung Amerikas begleitete (und deren Höhepunkte u.a. die Gründung der Zeitschrift *Dos Mundos* und der IX. Internationale Kongreß der Amerikanisten in Huelva bildeten). In den 1890er Jahren wurden die Vorteile und das Wohlwollen, die Spanien sich durch diese Kulturpolitik zu erwerben vermocht hatte, bis zu einem gewissen Grade wieder zunichte gemacht durch den von aufständischen Kubanern mit hispanoamerikanischer Unterstützung geführten offenen Kampf um die Unabhängigkeit der Insel, den Spanien seit 1895 mit harten Gegenmaßnahmen zu unterdrücken suchte; allerdings hielt sich die Sympathie der benachbarten hispanoamerikanischen Staaten für die Sache Kubas in den von der Furcht vor einer drohenden Expansion der Vereinigten Staaten in der Karibik und in Zentralamerika diktierten Grenzen. Die 1898 erfolgende Intervention der USA sicherte Kuba seine Unabhängigkeit von Spanien, führte aber auch dazu, daß der Riese im Norden sich weitere Relikte der Expansion des Spanischen Reiches im 16. Jh. aneignete: Puerto Rico und die Philippinen.

Im Jahr 1855 erkannte Spanien die Unabhängigkeit der Dominikanischen Republik an – die ehemalige Kolonie hatte sehr darauf gedrängt in der Hoffnung, Schutz vor einer drohenden neuerlichen Besetzung durch Haiti zu erhalten – und 1859 die Unabhängigkeit Argentiniens; der letztgenannte Vertrag bedurfte indessen nach Beendigung des langen Kampfes zwischen Buenos Aires und den inneren Provinzen im Jahr 1863 einer Revision. Uruguay und Kolumbien waren 1835 in Verhandlungen mit Spanien eingetreten, aber die förmliche Anerkennung Uruguays erfolgte erst 1870, und die Anerkennung Kolumbiens ließ bis 1881 auf sich warten (hauptsächlich weil Spanien so lange auf der Abtretung des Isthmus von Panama als Gegenleistung bestand). Peru, das ehemalige Zentrum spanischer Macht in Südamerika, hatte im Jahr 1841 die Verhandlungen mit Spanien eröffnet; die Anerkennung verzögerte sich jedoch bis 1865 und wurde erschwert durch Perus feindselige Haltung gegenüber der Intervention Spaniens (an der Seite Großbritanniens und Frankreichs) in Mexiko zur Unterstützung der konservativen Kräfte, die die durch Kaiser Maximilian verkörperte Monarchie wiederaufleben ließen, sowie durch Spaniens undiplomatische – und erfolglose – Beschießung Callaos und der guanoreichen Chincha-Inseln, die es selbst Mitte der 1860er Jahre noch zurückzuerobern hoffte. Paraguay erhielt die Anerkennung, um die es bereits 1846 nachgesucht hatte, schließlich 1880; die lange Verzögerung war zum Teil den durch den Krieg der Tripelallianz von 1865 bis 1870 hervorgerufenen Wirren zuzuschreiben.

Trotz der Unnachgiebigkeit Spaniens hatten die neuen Staaten von den übrigen Mitgliedern der internationalen Gemeinschaft im Jahr 1830 die Anerkennung ihrer Unabhängigkeit de facto oder de jure erhalten oder waren im Begriff, sie zu erhalten. Mit Ausnahme Brasiliens, das seine Unabhängigkeit relativ friedlich und ohne territoriale Zerstückelung erlangt hatte, stellten sie sich der Außenwelt als schwache, verarmte, dünnbesiedelte, unerfahrene und gespaltene Nationen, deren anfänglicher Versuch, mit Hilfe des Kongresses von Panama von 1826 für das Ideal der Solidarität ihrer Hemisphäre zu werben, kläglich gescheitert war. Wenngleich aufgrund allgemeiner Übereinkunft der Grundsatz *uti possidetis juri* sicherstellen sollte, daß die Grenzen der kolonialen Königreiche mit denen der neuen Staaten zusammenfielen, bewirkte die Ungenauigkeit der alten Demarkationslinien, daß im Jahr 1830 Peru bereits zuvor (1828–1829) einen Krieg mit Großkolumbien um seine Grenzen mit Ecuador geführt und, wie oben erwähnt, Brasilien mit den Vereinigten Provinzen von 1825 bis 1828 einen Kampf um die Banda Oriental ausgefochten hatte. Die Schaffung eines unabhängigen Pufferstaates Uruguay im Jahr 1828 bedeutete alles andere als eine dauerhafte Lösung des regionalen Konflikts; vielmehr erwies sie sich als Quelle allgemeiner Instabilität, weil sich die Nachbarstaaten Uruguays in dessen innenpolitische Verhältnisse einmischten: Der schlagende Beweis für diese regionale Instabilität war der Krieg der Tripelallianz 1865–1870. Die drei Mächte Argentinien, Brasilien und Uruguay besiegten schließlich ihren isolierten Feind Paraguay, und die großen Allianz-Partner eigneten sich umstrittenes Territorium an; aber zumindest für das brasilianische Kaiserreich erwies sich der Ausgang des Krieges eher als ein Pyrrhus-Sieg, trug er doch auf lange Sicht zur betont politischen Rolle des Militärs und zur Abschaffung sowohl der Sklaverei als auch zum Niedergang der Monarchie bei.

Während zwischen Bolivien/Brasilien und Kolumbien/Venezuela zwar ebenso komplexe, aber weniger kriegerische Auseinandersetzungen bestanden, bildete das aride Atacama-Gebiet die andere Hauptregion internationaler Rivalitäten und damit der Instabilität in Südamerika. Hier war es in der Kolonialzeit nicht wirklich nötig gewesen, Grenzen zwischen jenen Verwaltungseinheiten abzustecken, aus denen sich bis 1825 die Republiken Peru, Chile und Bolivien herausgebildet hatten. Der erste größere Konflikt wurde im Jahr 1836 ausgelöst, als die Proklamation der *Confederación Perú-Boliviana* durch Andrés Santa Cruz die Feindseligkeit Chiles hervorrief. Die erste der beiden Expeditionen, die Chile entsandte, um die Gefahr eines starken Staates an seiner nördlichen Grenze zu bannen, wurde 1837 zwar geschlagen, aber die zweite, stärkere Streitmacht unter dem Befehl von Manuel Bulnes (1841–1851 Präsident Chiles) besetzte Lima und erzwang 1839 die Auflösung der Konföderation. 40 Jahre später wurden die drei Länder in den verheerenden Salpeterkrieg (1879–1883) verwickelt, den wiederum Chile gewann; Peru mußte die Salpeterprovinz Tarapacá für immer an Chile abtreten und der einstweiligen Besetzung der Provinzen Tacna und Arica durch Chile zustimmen; die Besetzung dauerte bis 1929 an, als schließlich beschlossen wurde, daß Tacna an Peru zurückgegeben werden und Arica bei Chile verbleiben sollte. Auf diese Zeit ist Boliviens seltsamer Status als einziger Binnenstaat Lateinamerikas mit einer eigenen Kriegsflotte zurückzuführen.

Zwischen und manchmal auch während dieser größeren internationalen Konflikte (zu denen z.B. auch die Grenzprobleme zwischen Argentinien und Chile, zwischen Guatemala und Mexiko sowie zwischen El Salvador und Britisch-Honduras/Belize gehörten) wurden wiederholt Stimmen laut, die eine Schiedsgerichtsbarkeit für die Beilegung solcher Streitigkeiten forderten; dies war jedoch eher ein Lippenbekenntnis, denn wenn tatsächlich einmal eine Schlichtung stattfand (wie etwa bei dem fruchtlosen Versuch, im Jahr 1896 die Auseinandersetzung zwischen Venezuela und Großbritannien wegen der Grenze von Britisch-Guayana beizulegen), so geschah dies meist, weil eine fremde Macht darauf bestand. Mitte des 19. Jh. waren die Vereinigten Staaten in der Karibik hinreichend stark, um dem Prinzip der Unterbindung eines neuen europäischen Kolonialismus in ihrer Hemisphäre Geltung zu verschaffen, sobald sie sich in ihren wirtschaftlichen bzw. strategischen Interessen bedroht fühlten; man denke etwa an den in den Jahren 1848 bis 1850 angedrohten Abbruch der diplomatischen Beziehungen mit Großbritannien wegen rivalisierender Zielsetzungen in Zentralamerika. In den 60er Jahren des 19. Jh. waren sie allerdings, hauptsächlich aufgrund innenpolitischer Probleme (Sezessionskrieg), außerstande, die (anfänglich von England und Spanien unterstützte) Militärintervention Frankreichs in Mexiko zu verhindern. Besonders in den Jahren 1830 bis 1850 gibt es zahllose Beispiele für bewaffnete Interventionen europäischer Mächte in Lateinamerika, gegen die sich die neuen Staaten nicht zu wehren vermochten und die zu verhindern die USA nicht den Wunsch oder die Macht hatten: Die Mehrzahl dieser Interventionen war von relativ kurzer Dauer – so etwa der französisch-mexikanische Krieg von 1838, die englisch-französischen Blockaden im Río de la Plata von 1838 bis 1840 und von 1845 bis 1849 sowie die britischen Drohungen, zur Verfolgung von Sklavenhändlern Kriegsschiffe in die brasilianischen Häfen zu entsenden –, aber einige, darunter die Annexion der Falkland-Inseln (Malvinen) durch Großbritannien 1833, sollten von bleibender Tragweite sein.

Zu jener Zeit stellten die Vereinigten Staaten, die sich selbstverständlich das Recht vorbehielten, die 1823 von ihrem Präsidenten formulierte Monroe-Doktrin nach eigenem Gutdünken auszulegen, eine weit größere Gefahr für die territoriale Unversehrtheit Lateinamerikas dar als alle europäischen Mächte zusammen: Der Hauptleidtragende war natürlich Mexiko, das 1836 (weitgehend aufgrund eigener Unfähigkeit) zunächst Texas verlor und dann, nach der 1845 erfolgten Aufnahme des „Lone Star State" in den Verband der Vereinigten Staaten, in den Krieg von 1846 bis 1848 gezogen wurde, den Mexiko mit dem Verlust der Provinzen Oberkalifornien, Arizona und Neumexiko bezahlte, die der amerikanischen Eroberung des Westens im Zeichen des „manifest destiny" zum Opfer fielen. Die Bereitwilligkeit der USA, eine Entschädigung für diese Territorien zu zahlen – was an die wiederholten Versuche erinnert, Kuba von Spanien zu kaufen –, war nur ein schwacher Trost. Vielleicht der einzige Trost für die Mexikaner – obwohl dies damals nur ganz wenige erkannten – war, daß die Demütigung von 1848 entscheidend zur Erklärung des Plans von Ayutla im Jahr 1854 und damit zum Beginn der *Reforma* beitrug. Danach blieb Mexiko zwar die Abtretung weiterer Territorien an seinen nördlichen Nachbarn erspart, aber sowohl Juárez als auch Díaz öffneten – der eine nur zögernd, der andere ohne Hemmungen – der viel gefährlicheren wirtschaftlichen Penetration in den letzten drei Jahrzehnten des 19. Jh. Tür und Tor. Diese und das wachsende strategische Interesse der Vereinigten Staaten an Zentralamerika und der Karibik führten zu einer zunehmenden Unterordnung dieser Regionen unter die Interessen der Vereinigten Staaten, eine Unterordnung, die die europäischen Mächte gelegentlich in Frage stellten: So nahm Großbritannien im Jahr

1895 erst nach einigem Zögern das Ultimatum der USA an, die nordamerikanische Intervention in den Grenzstreit mit Venezuela hinzunehmen, andernfalls sich die USA zu Maßnahmen gezwungen sähen, „die die nationale Ehre und die Selbstachtung diktierten". Aber in den 1890er Jahren bewirkten der Machtzuwachs der Vereinigten Staaten in Lateinamerika einerseits und die Konzentration der europäischen Nationen auf die Aufteilung Afrikas andererseits, daß die letztgenannten bereit waren, ihren Einfluß, wenn noch nicht in Südamerika, so doch in der Karibik abzubauen. Dieser Kraftprobe folgten im Jahr 1898 die zynische Intervention der USA auf Kuba und – um ein weniges außerhalb des Rahmens des vorliegenden Bandes – 1903 ihre Unterstützung der separatistischen Aufständischen in Panama zugunsten seiner Unabhängigkeit von Kolumbien, was die Entstehung eines neuen, sechsten Staates in Zentralamerika zur Folge hatte und die Macht der USA in dieser Region konsolidierte. Wenn auch 1902 die Ausrufung der unabhängigen Republik Kuba der vier Jahre währenden Militärverwaltung durch die Vereinigten Staaten ein Ende setzte, so bestätigten doch die Bedingungen des *Platt Amendment* und der Verbleib amerikanischer Marinestützpunkte auf der Insel die Tatsache, daß der unabhängige Status Lateinamerikas, ungeachtet der schließlichen Zerstörung aller Überreste des iberischen Kolonialismus, in der Praxis nach wie vor stark eingeschränkt war.

2. Wirtschaft und Demographie

A. Handel, Investitionen und Wirtschaftswachstum

Wie bereits im ersten Teil des vorliegenden Bandes aufgezeigt, war ein entscheidender Anlaß dafür, daß Anfang des 19. Jh. ganz Lateinamerika in Anbetracht der Aussicht auf ein Fortdauern des iberischen Imperialismus in einen Zustand der Unzufriedenheit verfiel, die wachsende Überzeugung von Produzenten und Kaufleuten, daß Spaniens und Portugals amerikanische Besitzungen über die wirtschaftlichen Kapazitäten ihrer jeweiligen Mutterländer hinausgewachsen waren. Das dadurch hervorgerufene Ressentiment war nicht überall gleich stark; es war ausgeprägter in Gegenden eines jüngst erfolgten wirtschaftlichen und kommerziellen Wachstums als in den traditionelleren Zentren der Vizekönigreiche; es wurde durch andere – insbesondere sozial konservative – Kräfte aufgewogen und war mit Sicherheit nicht der einzige auslösende Faktor für die Unabhängigkeitsrevolutionen der Jahre 1810 bis 1825. Als aber die Auswirkungen der Französischen Revolution auf Spanien in den Jahren 1808 bis 1810 eine politische Legitimitätskrise in Amerika hervorriefen, war es im wesentlichen die Erkenntnis der Amerikaner, daß sich ihre wirtschaftlichen Interessen nicht mit denen Spaniens vereinbaren ließen (die Brasilianer kamen hinsichtlich Portugal zu dem gleichen Schluß, nur etwas später), und ihre wachsende Überzeugung, daß die Erlangung politischer Freiheit eine grundsätzliche Voraussetzung für wirtschaftliche Emanzipation sei, die sie nach und nach dazu bewog, die im Entstehen begriffenen Unabhängigkeitsbewegungen zu unterstützen. Für diejenigen der amerikanischen Grundbesitzer, Bergwerksbesitzer und Kaufleute, die die Revolutionen überlebten – und viele überlebten sie nicht, besonders in den vom Krieg am meisten heimgesuchten Gebieten wie Venezuela (wo zwischen 1810 und 1820 schätzungsweise 100 000 Menschen umkamen) –, sah die wirtschaftliche Realität, vor die sie sich 1830 gestellt sahen, in der Tat düster aus und schien ihrer einstigen Überzeugung zu spotten, daß die Unabhängigkeit rasch ein beispielloses Wirtschaftswachstum nach sich ziehen würde.

Bereits 1830 war das Selbstvertrauen der spätkolonialen Kaufmannschaft in den meisten lateinamerikanischen Häfen der Erkenntnis ihrer Nachfolger gewichen, daß das durch die Entfernung der *peninsulares* entstandene Vakuum nicht durch einheimische Unternehmer ausgefüllt worden war, sondern durch britische Importeure und Exporteure, die ihrerseits im Laufe der nächsten beiden Jahrzehnte entdecken mußten, daß ihr einstiges Handelsmonopol zunehmend der Konkurrenz nordamerikanischer, französischer, deutscher und italienischer Import-Export-Kaufleute ausgesetzt war. Die abziehenden Spanier, die zum Teil freiwillig gegangen, zum Teil aber auch (vor allem in Peru) aus kurzsichtigem Fremdenhaß oder berechtigter Angst vor spanischen Rückeroberungsversuchen gewaltsam vertrieben worden waren, hatten sowohl ihre Sachkenntnis als auch das verbleibende flüssige Kapital mitgenommen, was nicht von patriotischen oder royalistischen Gruppierungen während der Bürgerkriege zur Bestreitung der Militärausgaben enteignet worden war. Andere Kreditquellen waren nahezu versiegt, sowohl für Regierungsanleihen – bereits 1827 konnten alle neuen Staaten, mit Ausnahme Brasiliens, ihren Zins- und Tilgungszahlungen nicht mehr nachkommen – als auch für Investitionen in Bergbaugesellschaften und Landwirtschaftsunternehmen. Die durch den „Boom" britischer Investitionen in den Jahren 1823 bis 1825 in London sowie in Buenos Aires, Mexiko-Stadt und anderen amerikanischen Metropolen ausgelöste Euphorie hatte sich bis 1830 infolge des Zusammenbruchs nahezu aller der unterkapitalisierten, mit Blick auf raschen Gewinn gegründeten Aktiengesellschaften fast völlig verflüchtigt. Die meisten ihrer Manager waren nach Europa zurückgekehrt, um ihre negativen Eindrücke von Lateinamerika zu veröffentlichen, die auf andere potentielle Investoren natürlich eine abschreckende Wirkung ausübten. Auch wenn einige wenige mexikanische Bergbaugesellschaften im Jahr 1830 noch arbeiteten – so etwa die britische *Company of Adventurers in the Mines of Real del Monte,* die in den Jahren von 1824 bis zu ihrem Zusammenbruch 1849 über 1 Mio. Pfund verlor [RANDALL 1972, 73] –, waren deshalb die Aussichten, Kredite aus dem Ausland zu bekommen, im vierten und fünften Jahrzehnt des 19. Jh. äußerst gering, selbst für relativ stabile Länder wie Brasilien und Chile. Die Folge davon war, daß die lateinamerikanische Exportwirtschaft ein extrem langsames Wachstum erfuhr, obwohl sich die *terms of trade* mit sinkenden Preisen für europäische (hauptsächlich britische) Baumwollwaren leicht verbesserten.

Die in der zweiten Hälfte des 19. Jh. einsetzende Erholung der Produktion, der Investitionen und des internationalen Handels erfolgte allerdings von einem Niveau aus, das zwischen 1825 und 1850 vermutlich niedriger war als im ausgehenden 18. Jh.; es gestaltete sich zunächst langsam und ungleichmäßig, bis um 1870 eine längere Periode exportinduzierten Wachstums einsetzte, das bis 1914 anhielt. Die Expansion von Handel und Investitionen vollzog sich, sogar innerhalb einzelner Länder, unterschiedlich und uneinheitlich. In Peru beispielsweise erfolgte sie rascher als andernorts, weil der Guano-Exportboom der 1840er Jahre der Elite Limas bereits vor 1850 einen flüchtigen Wohlstand bescherte und endlich das Kapital für eine landwirtschaftliche Modernisierung an der Küste lieferte, zu einer Zeit, da in weiten Gebieten des Hochlands noch vorkapitalistische Produktionsverhältnisse herrschten. Insgesamt gesehen – und ohne den bedeutenden Aufschwung des Exports von brasilianischem Kaffee, argentinischer Wolle und chilenischen Bergbauprodukten in den 1850er und 1860er Jahren außer acht zu lassen – fand das rasche Wirtschaftswachstum, von dem die Vorkämpfer der Unabhängigkeit geträumt hatten, jedoch erst im letzten Viertel des 19. Jh. statt. In diese Zeit fielen die Revolutionen im Transportwesen (Eisenbahn, Dampfschiff), in der Technologie (Kälteerzeugung, Einzäunung, selektive Viehzüchtung, Mechanisierung der Landwirtschaft), auf dem Gebiet der Bevölkerungsentwicklung (größere Absatzmärkte in Europa, mehr Einwanderer nach Amerika). Besonders Argentinien, Brasilien, Chile und Mexiko begannen sich damals durch eine innenpolitische Stabilität auszuzeichnen, die trotz gelegentlicher Störungen (wie durch den Bürgerkrieg von 1891 in Chile) zum erstenmal Verhältnisse entstehen ließ, welche geeignet waren, europäisches Kapital anzulocken. Die gleichen Verhältnisse förderten auch interne Kapitalbildung und Investitionen und machten, aufgrund einer sorgfältigen Schuldentilgungspolitik, nach langer Zeit Kapitalanlagen im öffentlichen Sektor wieder attraktiv.

Die nach 1870 vom Wirtschaftswachstum begünstigten Sektoren waren hauptsächlich der Bergbau und die Landwirtschaft sowie, mit fortschreitender Urbanisierung, halb-industrielle Branchen wie die Bautätigkeit und die Nahrungsmittelverarbeitung.

In ganz Hispanoamerika war die Bergbauindustrie von der durch die Unabhängigkeitskriege verursachten wirtschaftlichen und demographischen Zerrüttung besonders stark betroffen gewesen; darüber hinaus versiegten Ende der 1820er Jahre die meisten der (an sich schon unzureichenden) neuen Investitionen, als sich die ausländischen Gesellschaften mit überfluteten Stollen und der Aussichtslosigkeit konfrontiert sahen, ohne die institutionelle Unterstützung durch den kolonialen Staat halb-zwangsverpflichtete Arbeitskräfte zu rekrutieren. Die Silberproduktion hatte zwar in Peru das Niveau der vorrevolutionären Epoche in den 1840er Jahren wieder erreicht, aber in Bolivien und Mexiko war dies bis 1850 nicht der Fall (und das gleiche galt für die Goldproduktion in Kolumbien); nur in Chile, wo die spätkoloniale Silber- und Kupferförderung vergleichsweise unbedeutend gewesen war, expandierte diese Industrie zwischen 1830 und 1850.

In der zweiten Hälfte des 19. Jh., insbesondere in den letzten beiden Jahrzehnten, ging der Trend in ganz Lateinamerika eindeutig in Richtung sowohl einer Wiederbelebung der traditionellen Bergbauproduktion – so stieg etwa in Mexiko der Ausstoß von Silber und Gold in der Zeit von 1880 bis 1910 um das Vierfache – als auch eines Abbaus neuer Metallerze wie Blei, Zink, Zinn und Kupfer, die bislang im In- und Ausland nur wenig gefragt gewesen waren. Die für das Wachstum ausschlaggebenden Faktoren waren zum Teil binnenwirtschaftlicher Art – in Mexiko z.B. zählte zu den Leistungsanreizen für ausländische Investoren die in den Bergbaugesetzen von 1884 und 1892 verankerte Gewährung des unbestrittenen Eigentumsrechts auf unterirdische Bodenschätze –, vorwiegend aber außenwirtschaftlicher Natur: Der wachsende Metallbedarf der Industrie in Europa und in den Vereinigten Staaten, der durch Dampfschiff und Eisenbahn hervorgerufene drastische Rückgang der Transportkosten sowie die technologische Revolution, die zur Folge hatte, daß die Bergbauzentren ganz Lateinamerikas mit Dampfkraft, Elektrizität und modernen Maschinen ausgestattet wurden. Die Nutznießer waren sowohl die traditionellen Bergbauzentren, die sich vom Silberabbau auf die Gewinnung anderer Metalle verlegten, als auch Gebiete, die bis zum ausgehenden 19. Jh. außerhalb der Siedlungsgrenzen gelegen hatten, so z.B. die nördliche Atacama-Wüste, wo insbesondere nach dem Salpeterkrieg die Salpetergewinnung aufgrund britischer und deutscher Investitionen ihren Aufschwung nahm. Eines der anschaulichsten Beispiele für den allgemeinen Trend stellt Cerro de Pasco in Peru dar, wo die Vollendung des Baus der Zentralbahn (Callao–La Oroya) in den 1890er Jahren, die Demonetisierung des Silbers 1897, der weltweite rasche Anstieg der Kupferpreise zwischen 1894 und 1900 sowie die Investition ausländischen Kapitals im Jahr 1901 zum Aufkauf der meisten alten Silberbergwerke durch das US-finanzierte Haggin-Konsortium (die spätere *Cerro-de-Pasco-Corporation*) führte. Innerhalb von drei Jahren hatte die neue Gesellschaft mit ihrem Kapital die von La Oroya kommende Eisenbahn durch Cerro de Pasco hindurchgeführt und bis zu den nahegelegenen Kohlebergwerken verlängert, und bis 1906 hatte sie sowohl ein großes Schmelzwerk gebaut als auch ein umfangreiches Drainageprojekt in Angriff genommen. Das Ergebnis war, daß Perus Produktion an reinem Kupfer im ersten Viertel des 20. Jh. um das Achtfache stieg (von 6400 Tonnen im Jahr 1900 auf 47 000 Tonnen im Jahr 1924) und dafür lediglich das Doppelte an Binnentransportkosten anfiel. Ebenso erhöhte sich Mexikos Kupferproduktion von 6500 Tonnen im Jahr 1891 auf 52 000 Tonnen im Jahr 1910. In einem Kommentar, der sich auf ganz Lateinamerika um die Jahrhundertwende anwenden läßt, bemerkte ein Historiker: „Die Einführung der Eisenbahn ermöglichte es, Kupfer in einem zuvor unvorstellbaren Umfang zu gewinnen. Sie versetzte die Bergbaugesellschaften in die Lage, [auch] Erze mit niedrigem Metallgehalt abzubauen und sie kostengünstig zu einer zentralen Weiterverarbeitungsstelle zu befördern ... Die Eisenbahn war ausschlaggebend für das Wachstum der Bergbauindustrie in der Zentralsierra“ [zit. nach MILLER u.a. 1976, 35].

In der Kolonialzeit, als Silber den Außenhandel Lateinamerikas beherrschte, hatte sich die Konjunktur im Bergbau auch stark auf die Entwicklung des Binnen- und des inneramerikanischen Handels, besonders im Bereich der Agrarproduktion, ausgewirkt. Dies war im Zeitraum zwischen 1830 und 1930 nach wie vor der Fall, da die Entwicklung im Abbau sämtlicher Erze zusammen mit der Urbanisierung und der demographischen Expansion zu einem erheblichen Anwachsen der Nachfrage im Inland führte. In der Landwirtschaft – wie im Bergbau – waren jedoch die für das etwa 1870 einsetzende bemerkenswerte Produktionswachstum verantwortlichen Hauptfaktoren der steigende internationale Bedarf an Rohstoffen sowie die Entwicklung der für ihre Beförderung auf die Märkte Europas und der Vereinigten Staaten erforderlichen Transportsysteme und Hafenanlagen. Diese wirtschaftlichen Faktoren wirkten sich ihrerseits nicht nur entscheidend auf die Produktion aus, sondern auch – weil die Eisenbahn die Binnentransportkosten sinken und es erstmals rentabel erscheinen ließ, zuvor isolierte ländliche Gegenden mit Binnen- und internationalen Märkten zu verbinden – auf die Bodenbesitzverhältnisse und auf die ländliche Gesellschaft.

Die Hauptnutznießer des landwirtschaftlichen Wachstums in den letzten Jahrzehnten des 19. Jh. waren Regionen mit ausgedehnten Flächen jungfräulichen Landes, leichtem Zugang zu internationalen Märkten und der Fähigkeit, Kapital, Arbeitskräfte und Technologie aus dem Ausland anzuziehen. Argentinien als Beispiel anzuführen könnte irreführend sein, weil dieses Land ein außergewöhnliches Wachstum des landwirtschaftlichen Sektors erlebte; dessenungeachtet waren die dieses Wachstum auslösenden Faktoren auch für den revolutionären Aufschwung der Produktion etwa von brasilianischem Kaffee, peruanischer Baumwolle und Wolle, mexikanischem und kubanischem Zucker sowie vielen anderen landwirtschaftlichen Produkten relevant. Aufgrund vorwiegend britischer Kapitalinvestitionen (die sich zwischen 1875 und 1885 von 23 auf 46 Mio. Pfund verdoppelten und bis 1895 auf 175 Mio. vervierfachten), der raschen Ausdehnung des Eisenbahnnetzes (im Zeitraum zwischen 1880 und 1890 von 2400 km auf 11 200 km) und der Mechanisierung verwandelten sich die Pampas innerhalb von 30 Jahren aus einem trostlosen Gebiet mit extensiver Weidewirtschaft in einen höchst leistungsfähigen Produzenten von Weizen und anderem Getreide für den internationalen Markt. Zwischen 1872 und 1895 wurden die Anbauflächen um das Fünfzehnfache erweitert, und Argentinien, bis 1870 ein Getreideimporteur, entwickelte sich zu einem der größten Lieferanten der Welt. In den Jahren von 1911 bis 1913 (auch hier ist nicht das Jahr 1900, sondern 1914 von Bedeutung, wegen der durch den Ersten Weltkrieg verursachten wirtschaftlichen Zerrüttung) betrugen der Weizenexport durchschnittlich 2,5 Mio. Tonnen und die Maisausfuhr 5 Mio. Tonnen jährlich und brachten dem Land etwa 78 bzw. 72 Mio. Goldpesos im Jahr ein. Obwohl der Export von Weidewirtschaftsprodukten seit 1903 hinter dem von Getreide zurückblieb, war die Produktion von Rindfleisch, Wolle und Häuten durch die Investitionen in Einzäunungen und selektive Zucht ebenfalls angekurbelt worden, so daß diese Erzeugnisse zusammen im gleichen Zeitraum weitere 150 Mio. Pesos erbrachten. Weniger bedeutende Getreidearten (Leinsamen, Hafer, Gerste und Roggen) trugen außerdem nach wie vor zur beherrschenden Rolle des Ackerbaus bei.

Die Aussagen über Argentinien treffen in verkleinertem Maßstab auch auf Uruguay zu und, was einzelne Produkte anbelangt, auf brasilianischen Kaffee, peruanische Baumwolle und peruanischen Zucker, mexikanischen Sisal usw. Der Export brasilianischen Kaffees stieg von 216 000 Tonnen jährlich im Fünf-Jahres-Zeitraum von 1871 bis 1875 auf 312 000 Tonnen in den Jahren 1881 bis 1885 und auf 740 000 Tonnen von 1901 bis 1905, wobei er bereits in den 90er Jahren des 19. Jh., dank des kaum zu befriedigenden Bedarfs in den Vereinigten Staaten, wertmäßig fast zwei Drittel des Gesamtexports des Landes erreichte. Im gleichen Zeitraum fiel die Ausfuhr von Zucker und Baumwolle zurück, während die von Tabak, Kakao, Häuten und Gummi stieg; dies alles aber wurde weit übertroffen durch den Kaffee-Boom, der zur Konsolidierung nicht nur der wirtschaftlichen, sondern auch der politischen Macht in der Region Rio de Janeiro-São Paulo führte.

Die Frage, ob die aus diesem Exportboom im ausgehenden 19. Jh. resultierende starke Integration Lateinamerikas in das Weltmarktsystem der langfristigen „Entwicklung" dieser Länder zum Nutzen oder zum Schaden gereichte, wurde dort erstmals in den 30er Jahren unseres Jahrhunderts aufgeworfen. Damals suchten sich die vom Zufluß ausländischen Kapitals, ausländischer Technologie und ausländischer Fertigwaren übermäßig abhängig gewordenen Wirtschaftssysteme (und politischen Strukturen) dem plötzlichen Versiegen dieses dreifachen Versorgungsstroms – sowie natürlich auch der problematischen Vermarktung ihrer Roherzeugnisse in Europa und Nordamerika nach Einsetzen der großen Depression – anzupassen. Bis auf den heutigen Tag wird diese Problematik allerdings von Dependenz-Theoretikern und deren Kritikern diskutiert. Unbestritten bleibt, daß das nach 1870 eintretende Wachstum der industriellen Produktion in Europa (und den Vereinigten Staaten) der Motor war, der die Nachfrage nach dem Import von Roherzeugnissen aus den peripheren Wirtschaftssystemen, einschließlich denen Lateinamerikas, hochschraubte, der das Überschußkapital für Investitionen in öffentliche Einrichtungen und in die Produktion der Peripherie entstehen ließ und viele der verbliebenen handwerklichen Produktionszweige abwürgte, die bis 1870 im Windschatten des iberischen Merkantilismus und der wirtschaftlichen Stagnation überlebt hatten. Diese und verwandte Phänomene, einschließlich der sozialen und politischen Veränderungen, die das Wirtschaftswachstum mit sich brachte, übten auf die zunehmend uneinheitlichen wirtschaftlichen Infrastrukturen Lateinamerikas eine unterschiedlich starke Wirkung aus. So war etwa Argentinien – wie den nachfolgenden Regionalkapiteln zu entnehmen ist – im Jahr 1900 Bolivien und Paraguay weniger ähnlich als 1830, und das nicht zuletzt deshalb, weil es im letzten Viertel des 19. Jh. in hohem Maße europäische Einwanderer und europäisches Kapital ins Land zu ziehen vermochte. Im Hinblick auf den entscheidenden Zusammenhang zwischen der demographischen Expansion und dem Wirtschaftswachstum in der zweiten Hälfte des 19. Jh. wird der Rest dieses Abschnitts von Kapitel IV einer Übersicht über die demographische Entwicklung, insbesondere über den Beitrag der seit 1870 erfolgten Masseneinwanderung aus Südeuropa zu dieser Entwicklung, gewidmet sein.

B. Demographie und Immigration

Sogar im ausgehenden 20. Jh. weisen in Lateinamerika durchgeführte nationale Volkszählungen noch erhebliche Fehlerquoten auf, nicht zuletzt wegen der Verbindung von Einwohner- und Steuerregistern; Statistiken für das 19. Jh. sind, was Fehlerquoten anbelangt, mit noch größerer Vorsicht zu verwenden und hinsichtlich ihrer Zuverlässigkeit von Land zu Land verschieden. Dessenungeachtet lassen sich die Haupttendenzen recht gut ausmachen und bestätigen erwartungsgemäß die Tatsache, daß die Epoche von der Unabhängigkeit bis zur Mitte des 19. Jh. eine Zeit allgemeiner wirtschaftlicher Stagnation war, während in der zweiten Jahrhunderthälfte ein Ansteigen der jährlichen Wachstumsrate von schätzungsweise einem Prozent auf 1,4 Prozent verzeichnet werden konnte; zwischen 1900 und 1930 erhöhte sich, mit der Beschleunigung des exportinduzierten Wachstums im ausgehenden 19. Jh., die jährliche Wachstumsrate auf 1,7 Prozent.

Die üblichen Schätzungen der Bevölkerungszahl Lateinamerikas im frühen 19. Jh. beruhen vorwiegend auf den von Alexander von Humboldt angegebenen Werten; er bezifferte die hispanoamerikanische Gesamtbevölkerung im Jahr 1800 auf 16,9 Mio. (von denen schätzungsweise 5,8 Mio. bzw. 34 Prozent im Vizekönigreich Neuspanien lebten); addieren wir zu dieser Zahl die schätzungsweise 3,25 Mio. Brasilianer (die meisten von ihnen Schwarze), so kommen wir um die Jahrhundertwende auf insgesamt etwa 20 Mio. Manche Gegenden erlebten zwischen 1800 und 1830 ein beträchtliches demographisches Wachstum – so hatte z. B. Brasilien 1817 eine Bevölkerung von 3,8 Mio. und Kuba, das seinen Bevölkerungszuwachs ebenfalls größtenteils der Einfuhr von Negersklaven verdankte, hatte 700 000 Einwohner im Jahr 1827 gegenüber 270 000 im Jahr 1791. Die Regionen Hispanoamerikas hingegen, in denen die Kampfhandlungen während der Unabhängigkeitskriege länger andauerten (z. B. Uruguay und Venezuela), erlitten einen Bevölkerungsrückgang. Ohne Zweifel war Lateinamerika in der unmittelbar auf die Unabhängigkeit folgenden Epoche im Verhältnis zu seiner Ausdehnung äußerst dünn bevölkert: So hatte z. B. Argentinien mit einer Flächenausdehnung von 2,6 Mio. km^2 im Jahr 1827 schätzungsweise 570 000 Einwohner, und wenngleich sich diese Zahl bis 1857 – weitgehend aufgrund eines Absinkens der Sterbeziffer – auf 1 180 000 nahezu verdoppelte, war das Land eigentlich noch immer so gut wie menschenleer. Darüber hinaus war in Argentinien ebenso wie in Mexiko der im Zeitraum von 1830 bis 1850 zu verzeichnende bescheidene Gesamtzuwachs ungleichmäßig verteilt – die Zahl der Landbevölkerung der Provinz Buenos Aires (ohne die Hauptstadt) erhöhte sich jährlich um mehr als 4 Prozent, während die Bevölkerungszahl einiger Provinzen im Landesinnern zurückging. Auch in Mexiko und Peru unterschieden sich die Wachstumsraten in den für den Export produzierenden Gegenden ganz erheblich von denen entlegener Gebiete wie Yucatán und Puno, wo der Ackerbau zur Deckung des Existenzminimums vorherrschte und das Zusammenwirken von Krankheit und hoher Kindersterblichkeit die demographische Expansion in malthusianischen Grenzen hielt.

Wie aus der nachstehenden Tabelle 19 ersichtlich, hatte Lateinamerika im Jahr 1850 eine Gesamtbevölkerung von schätzungsweise 31 Mio., davon entfielen etwa 32 Prozent auf Mexiko und Zentralamerika, 24 Prozent auf Brasilien und lediglich 4 Prozent auf Argentinien; man schätzt, daß sich bis zum Jahr 1900 die Gesamtbevölkerung fast genau auf 62 Mio. verdoppelt hatte. Der Anteil Argentiniens war auf 8 Prozent und damit auf das Doppelte gestiegen, der Brasiliens hatte sich auf 29 Prozent leicht erhöht, und der Mittelamerikas war auf 28 Prozent gesunken. In den Jahren von 1850 bis 1900 betrug die jährliche Gesamtzuwachsrate 1,4 Prozent (zwischen 1900 und 1930, als die Gesamtbevölkerung auf 104 Mio. anwuchs, stieg die Rate auf 1,7 %), aber hinter dieser Durchschnittsziffer verbirgt sich ein beträchtliches Gefälle zwischen den Ländern, die eine rasche demographische Expansion erlebten (Uruguay 4,0 %, Argentinien 2,9 %, Puerto Rico 2,4 %, Costa Rica 2,2 %, Brasilien 1,8 %) und den stärker „indianisch"-mestizisch geprägten Ländern, die vorwiegend auf das natürliche Bevölkerungswachstum angewiesen waren, ohne von einer nennenswerten Einwanderung profitieren zu können, und deren demographische Expansion hinter dem Durchschnitt zurückblieb (Bolivien 0,4 %, Honduras 0,7 %, Guatemala 0,9 %, Mexiko 1,0 %, Ecuador 1,1 %, Kolumbien 1,2 %, Peru 1,3 %). Paraguay wies – zusammen mit Bolivien – mit 0,4 Prozent die niedrigste Zuwachsrate von allen Staaten auf, hauptsächlich infolge der verheerenden Auswirkungen des Kriegs der Tripelallianz von 1865 bis 1870. Fassen wir die vier Länder zusammen, die im ausgehenden 19. Jh. mit besonderem Erfolg Immigranten für sich zu gewinnen vermochten – Argentinien, Chile, Uruguay und (nach der Abschaffung der Sklaverei 1888) Brasilien –, so stellen wir fest, daß sich ihr gemeinsamer Anteil an der Gesamtbevölkerung von schätzungsweise 32 Prozent (9,9 Mio.) im Jahr 1850 auf 43 Prozent (26,5 Mio.) im Jahr 1900 erhöhte.

Tab. 19: Die Bevölkerung Lateinamerikas 1850–1900 (in 1000)

Land / Region	1850	1900
Argentinien	1 100	4 693
Bolivien	1 374	1 696
Brasilien	7 230	17 980
Chile	1 443	2 959
Ecuador	816	1 400
Kolumbien	2 065	3 825
Mexiko	7 662	13 607
Paraguay	350	440
Peru	2 001	3 791
Uruguay	132	915
Venezuela	1 490	2 344
Zentralamerika	2 102	3 604
Kuba	1 186	1 583
Puerto Rico	495	959
Dominikanische Republik	146	515
Haiti	938	1 560
Insgesamt	30 530	61 871

Quelle: Sánchez-Albornoz [1985–1986, IV, 122].

Die Immigration war ein Phänomen, das von 1850 an alle Teile Lateinamerikas prägte und dessen qualitativer Gewinn für Länder, die nur eine relativ kleine Anzahl von

– oft sehr gebildeten, beruflich tüchtigen oder kapitalkräftigen – Immigranten anzogen (z.B. Chile, Peru, Costa Rica, Venezuela), in mancherlei Hinsicht von ebenso großer Bedeutung war wie der quantitative Effekt der Masseneinwanderung aus Südeuropa für Argentinien, Uruguay und Brasilien. Tatsächlich ist es sehr schwer, für die Immigration im Zeitraum von 1850 bis 1900 eine verbindliche Gesamtziffer zu nennen, teils weil sich die in den meisten Quellen angegebenen Zahlen auf die Jahre von 1870 bis 1930 beziehen, und teils – was das Problem zusätzlich kompliziert – weil viele Einwanderer entweder als Saisonarbeiter (wie die berühmten italienischen *golondrinas*) nach Lateinamerika kamen oder mit dem etwas längerfristigen Ziel, Geld zu verdienen, um sich später in ihren Herkunftsländern Rang und Ansehen zu erwerben (wie es in der Tat viele *conquistadores* getan hatten). Im Falle Argentiniens z.B. kamen zwischen 1857 und 1930 schätzungsweise 6 Mio. Immigranten (die Hälfte von ihnen Italiener und ein Drittel Spanier) ins Land, aber nur etwa 50 Prozent ließen sich für immer dort nieder. Dessenungeachtet war der Nettozuwachs enorm und die Hauptursache dafür, daß sich die Bevölkerung des Landes zwischen 1869 (als die erste nationale Volkszählung ergab, daß von den insgesamt 1 743 000 Einwohnern Argentiniens 212 000 Ausländer waren) und 1895 verdoppelte; im Jahr 1914, als die Gesamtbevölkerung sich wiederum, auf nahezu 8 Mio., verdoppelt hatte, gehörten zu diesen nicht weniger als 2 358 000 Ausländer, von denen 41 Prozent in Buenos Aires selbst und weitere 49 Prozent in anderen Teilen des Küstengebiets lebten und Arbeitskräfte im Baugewerbe, in der Fleischkonservierung, in der Mehlherstellung, in der Hafenindustrie und im städtischen Dienstleistungssektor stellten. Die Tatsache, daß nur ein sehr kleiner Prozentsatz (3,2 %) der Immigranten die argentinische Staatsbürgerschaft erwarb, führte sowohl zu sozialen als auch zu politischen Spannungen in ihrem Gastland; aber es besteht kein Zweifel daran, daß diese Einwanderer entscheidend dazu beigetragen haben, die Küstenregion des Landes in ein modernes, urbanisiertes Gebiet mit dynamischem wirtschaftlichen Wachstum zu verwandeln.

Der andere Hauptnutznießer der Immigration war Brasilien, und auch dort stellten – nachdem Schweizer und Deutsche in den 30er und 40er Jahren des 19. Jh. (ebenso wie in Südchile) mit landwirtschaftlichen Kolonien experimentiert hatten – Italiener die Mehrheit (angezogen vom Kaffee-Boom der 1890er Jahre, ließen sie sich vorzugsweise im Bundesstaat São Paulo nieder), dicht gefolgt von Portugiesen, die sich in Rio de Janeiro besonders erfolgreich im Groß- und Einzelhandel betätigten. Da ein Staat, in dem die Sklaverei noch immer geduldet wurde, für europäische Arbeiter nicht sehr attraktiv war, setzte die Massenimmigration in Brasilien erst etwas später ein als in Argentinien (und Uruguay), wo sie Anfang der 1880er Jahre bereits in vollem Gange war. Bis 1888 belief sich die jährliche Einwanderungsquote in Brasilien auf nie mehr als 30 000; im Jahr 1889, unmittelbar nach der Abschaffung der Sklaverei, erhöhte sich diese Zahl auf 90 000 (gegenüber 219 000 im gleichen Jahr in Argentinien) und stieg danach rasch an. Allein im Zeitraum von 1893 bis 1898 kamen 1,25 Mio. Einwanderer nach Brasilien. Auch in diesem Falle ist es schwierig, für die Zeitspanne von 1830 bis 1900 genaue Zahlen auszumachen; aber man weiß, daß in den hundert Jahren von 1830 bis 1930 insgesamt etwa 4 Mio. Einwanderer nach Brasilien strömten, davon 1,5 Mio. Italiener. Auf diese Weise wurde insbesondere São Paulo zu einer Stadt, deren Wirtschafts- und Kulturleben Anfang des 20. Jh. von Italienern geprägt war. Zunächst wurde das politische Leben in Brasilien, Argentinien und anderen Ländern, die im ausgehenden 19. Jh. einen bedeutenden Zustrom von Immigranten erhielten, noch von den einheimischen Eliten portugiesischer bzw. spanischer Abstammung beherrscht; aber Immigranten-Abkömmlinge der zweiten Generation und nachfolgender Generationen machten Karriere und erreichten schließlich die höchsten Stufen der Politik, wie ein Blick auf die Namen der Präsidenten im 20. Jh. bestätigt: Carlos Pellegrini und Arturo Frondizi (Argentinien), Arturo Alessandri und Eduardo Frei (Chile), Juscelino Kubitschek und Ernesto Geisel (Brasilien), Alfredo Stroessner (Paraguay) und Guillermo Billinghurst (Peru) [COLLIER u.a. 1985, 143]. Die Wiederherstellung der Demokratie in Chile 1990 brachte mit der Wahl von Patricio Aylwin zum Präsidenten wiederum den direkten Nachfahren eines englischen Immigranten an die Macht, der Anfang des 19. Jh. von London nach Chile ausgewandert war. Ebenso ruft uns die Wahl von Alberto Fujimori zum Präsidenten von Peru die Bedeutung der japanischen (und, im Falle Perus, auch der chinesischen) Einwanderer des 19. Jh. ins Gedächtnis, die insbesondere die Arbeitskräfte für die Expansion der kapitalistischen Agrarwirtschaft in Ländern stellten, in denen die Eingeborenenbevölkerung nur schwer dazu zu bewegen war, ihren Kollektivbesitz zu verlassen.

3. Regierung und Politik

Die Hauptmerkmale der politischen und administrativen Strukturen Lateinamerikas in den Jahren von 1830 bis 1900 sind in den vorhergehenden Abschnitten dieses Kapitels bereits andeutungsweise erörtert worden und werden in den den einzelnen Ländern bzw. Regionen gewidmeten Abschnitten des nachfolgenden Kapitels V noch eine hinreichend große Rolle spielen, so daß sie im Rahmen dieser allgemeinen Analyse nur einer kurzen Skizzierung bedürfen. Praktisch jeder Versuch einer Synthese birgt allerdings zwangsläufig die Gefahr einer gewissen Oberflächlichkeit in sich; er kann also unmöglich jeder einzelnen Variante politischer Praktiken und Strukturen gerecht werden, die in der auf die Unabhängigkeit folgenden Epoche in einer weitaus größeren Vielzahl in Erscheinung traten als zur Zeit der iberischen Oberhoheit, als die monarchischen Institutionen noch für einen Anschein von Zentralisation sorgten. Darüber hinaus komplizierte das uneinheitliche Wirtschaftswachstum im ausgehenden 19. Jh. noch zusätzlich diese innenpolitischen Verschiedenheiten: Buenos Aires war im Jahr 1900 Tucumán oder Córdoba sehr viel weniger ähnlich als im Jahr 1830, und das gleiche trifft für Lima und Cuzco, Rio de Janeiro und Recife, Oaxaca und Mexiko-Stadt, La Paz und Potosí usw. zu.

Die neuen Staaten, die sich in den 20er Jahren des 19. Jh. in Lateinamerika herausbildeten, wurden ausnahmslos von Elitegruppen kontrolliert, die nicht nur untereinander zerstritten waren (ein geläufiges Problem war, daß die städtischen Eliten ihre eigenen wirtschaftlichen Interessen den Provinzeliten aufzuzwingen suchten, mit dem Erfolg, daß diese sich in der Hoffnung auf wirtschaftliche Autonomie häufig dem Föderalismus verschrieben), sondern auch keinerlei politische Erfahrung besaßen, mit Ausnahme der Kenntnisse, die sie sich an den Höfen der Vizekönige und in den oligarchischen Stadtratsgremien der spätkolonialen Epoche hatten aneignen können. Viele Führer revolutionärer Bewegungen, darunter José de San Martín, Bernardo O'Higgins und Augustín de Iturbide, hatten die Möglichkeit der Errichtung konstitutioneller Monarchien in Betracht gezogen als ein Mittel, um sowohl die Legitimität zu wahren als auch die Kluft zwischen den (von der europäischen Aufklärung des 18. Jh. übernommenen) abstrakten Idealen der Souveränität des Volkes, der Naturrechte und der Gleichheit einerseits und der Notwendigkeit der Erhaltung einer starken Exekutive sowie der Zentralisation andererseits zu überbrücken. Aber in Südamerika wurden die monarchischen Projekte durch Simón Bolívars glühenden Republikanismus und in Hispanoamerika als ganzem durch die hartnäckige Weigerung der Bourbonen und anderer europäischer Königshäuser vereitelt, Prinzen für amerikanische Throne zu stellen, außerdem, wie die kurze Regierungszeit Agustíns I. in Mexiko zeigte, durch die mangelnde Bereitschaft der kreolischen Eliten, einen der Ihren auf einem Thron zu dulden. Nur in Brasilien konnte sich die Monarchie halten, und selbst dort leitete die erzwungene Abdankung des zum Absolutismus neigenden Pedro I. im Jahr 1831 eine lange Zeitspanne politischer Instabilität ein, die in einigen Gegenden über die Krönung des konstitutionalistischen Pedro II. im Jahr 1840 hinaus anhielt.

Während der langen Regierungszeit Pedros II. (1840–1889) entwickelte Brasilien nach und nach eine politische Struktur, die sich, wenn auch 1842 und 1848 durch liberale Revolten erschüttert, durch Ordnung und Fortschritt sowie Freiheit für die landbesitzende Schicht auszeichnete; diese war, zumindest in den 1850er und 1860er Jahren, bereit, dem Kaiser den Gebrauch der ihm von der Verfassung von 1824 eingeräumten „Vermittlergewalt“ zu gestatten, mit deren Hilfe er Streitigkeiten zwischen politischen Faktionen durch die Entlassung und Ernennung von Premierministern zu schlichten vermochte (und sodann manipulierte Wahlen abhalten konnte, um der jeweils neuen Administration eine Mehrheit im Parlament zu verschaffen). Wenngleich nach 1850 – als die Abschaffung des Sklavenhandels sowohl einheimisches Kapital für Investitionen in den Bau von Eisenbahnen und in die Modernisierung der Kaffeeproduktion freisetzte als auch ein für britische Kapitalinvestoren akzeptableres Klima schuf – die Konsolidierung der politischen Stabilität wirtschaftliches Wachstum und internationales Prestige mit sich brachte, wurde die Wirksamkeit der Monarchie bereits in den späten 1860er Jahren in Zweifel gezogen. Dies geschah hauptsächlich wegen ihres Unvermögens, mit hinreichender Flexibilität auf das Hervortreten der neuen sozialen und politischen Kräfte zu reagieren, die durch den raschen Modernisierungsprozeß auf den Plan gerufen worden waren. Der Krieg der Tripelallianz (1865–1870) ließ, obschon Brasilien als Sieger aus ihm hervorging, Enttäuschung unter den Offizieren aufkommen, die sich in der Nachkriegszeit zunehmend aus der politisch unzulänglich repräsentierten städtischen Mittelschicht rekrutierten, und veranlaßte viele von ihnen, sich gegen die Institution der Sklaverei zu wenden. Der Kaiser reagierte Anfang der 1870er Jahre ungeschickt auf die Bildung einer republikanischen Partei, indem er bei der Ernennung von Regierungen vom Zweiparteiensystem abrückte und konservativen Interessen den Vorzug gab zu einer Zeit, da die Reduzierung der Militärausgaben, die unaufhaltsame Urbanisierung, die Kontroverse über die Abschaffung der Sklaverei und die zunehmend schwierigen Beziehungen zwischen Kirche und Staat die Grundlagen der 1822 geschaffenen, sozial und politisch konservativen Struktur in Frage stellten. Das Zusammentreffen dieser und anderer Faktoren – darunter die persönliche Passivität des Kaisers und die Unbeliebtheit der Person seines Erben – hatte die erzwungene Abdankung Pedros II. im Jahr 1889 eine kurzlebige Militärherrschaft und die Errichtung des nachmals als sogenannte „Alte Republik“ bekannt gewordenen Systems der Jahre 1894 bis 1930 zur Folge.

Die Konsolidierung des bürgerlichen Republikanismus in Brasilien verlief weniger gradlinig, als seine liberalen Führer, allen voran Ruy Barbosa, erwartet hatten; dies war vor allem dem Umstand zuzuschreiben, daß sich seine militärischen Anhänger Deodoro da Fonseca und Floriano Peixoto bis 1894 an die Macht klammerten. Danach wurde der Kampf um die politische Kontrolle zwischen den die wichtigsten Bundestaaten São Paulo und Minas Gerais beherrschenden zivilen Oligarchien ausgetragen (São Paulo stellte die ersten drei zivilen Präsidenten, die alle die aufgrund der Verfassung von 1891 vorgesehenen vier Jahre im Amt blieben); hin und wieder beteiligten sich auch die Oligarchien von Rio de Janeiro und Rio Grande do Sul an diesem Machtkampf. Paraiba stellte zwar einen der vor 1930 amtierenden Präsidenten, aber im großen und ganzen waren die Bemühungen des Nordostens unter Führung Bahias, seine ehemalige Bedeutung zurückzugewinnen, vergeblich, und er mußte sich mit der zweitrangigen Rolle zufriedengeben, die ihm die Zentralregierungen zuwiesen. Diese begnügten sich damit, die Kontrolle über die Regierungen der Gliedstaaten den lokalen Machthabern *(coroneis)* zu überlassen, um sich deren Unterstützung bei den Wahlen zu versichern. Die sich daraus ergebenden Kämpfe zwischen rivalisierenden

Faktionen auf lokaler Ebene bewirkten, daß Brasilien in den 1890er Jahren und darüber hinaus hinter einer äußeren Fassade stabiler demokratischer Institutionen von häufigen örtlichen Unruhen, sozialen und rassischen Spannungen und dem anhaltenden Ausschluß seiner des Lesens und Schreibens unkundigen Massen von der Beteiligung an einem politischen System gekennzeichnet war, das, hier wie in den meisten Ländern Hispanoamerikas, das Wahlrecht nur einer kleinen Minderheit zugestand: Noch im Jahr 1922, als die Bevölkerung über 30 Mio. zählte, waren nur 1,3 Mio. Brasilianer als stimmberechtigt registriert.

Ebenso befand sich in den 1880er und 1890er Jahren in praktisch allen Ländern Hispanoamerikas die Regierung in der Hand einiger weniger gebildeter Männer, die sich aus Angehörigen der freien Berufe, der landbesitzenden Schicht, der Kaufmannschaft und, in einigen Fällen, des aufstrebenden kleinen, aber strategisch wichtigen Industriesektors rekrutierten. Offene Eingriffe des Militärs in die zivile Politik waren in dieser Zeit weniger häufig als in der unmittelbar auf die Unabhängigkeit folgenden Epoche; die Präsidenten blieben meist die vorgesehene Zeit über im Amt, und Forderungen seitens der im Entstehen begriffenen unteren Mittelschicht in den Städten und der industriellen Arbeiterschaft zugunsten einer sozio-politischen Veränderung kamen nur sporadisch vor und konnten problemlos eingedämmt werden. In diesem Zeitraum bemühten sich die konstitutionellen Diktaturen von Präsidenten wie Porfirio Díaz in Mexiko (1876–1911), Antonio Guzmán Blanco in Venezuela (1870–1888) und Julio A. Roca in Argentinien (1880–1904), die verfassungsmäßigen Formen – (manipulierte) Wahlen, Verabschiedung von Gesetzen durch einen willfährigen Kongreß, formaler Schutz der Rechte des Individuums sowie der einzelnen Bundesstaaten – zwar zu wahren; eine wirkliche politische Partizipation war jedoch nur einem relativ kleinen Kreis von Leuten vorbehalten, von denen viele bereit waren, auf eine Beteiligung an der Regierungsgewalt im Zentrum zugunsten des wirtschaftlichen Fortschritts und einer tatsächlichen politischen und sozialen Autonomie auf regionaler Ebene zu verzichten. Die politische Atmosphäre dieser Epoche ist treffend eingefangen in der Beschreibung der Verhältnisse im Peru der Jahre von 1895 bis 1919, dem „goldenen Zeitalter der Oligarchie", als die sogenannten „40 führenden Familien" die Bankiers, Rechtsanwälte, Grundbesitzer, Bergwerkseigner und Offiziere stellten, die das politische Leben im Zentrum beherrschten und die Macht auf lokaler Ebene bereitwillig ihren zu Gouverneuren und Präfekten ernannten Provinz-Vasallen überließen.

Die in den meisten Teilen Lateinamerikas im ausgehenden 19. Jh. von den (sich häufig als liberal bezeichnenden) Eliten geschaffene Stabilität wurde zwar in den ersten Jahrzehnten des 20. Jh. von der im Entstehen begriffenen Arbeiterklasse und der liberalen Mittelschicht in den Städten – und selbst von Angehörigen der Elite (wie Francisco Madero), die von der moralischen und politischen Notwendigkeit einer politischen Beteiligung dieser Gruppen überzeugt waren – als zunehmend unzulänglich und unbefriedigend empfunden; aber immerhin stand sie in krassem Gegensatz zu der Instabilität und der Roheit der diversen Arten von *caudillo*-Herrschaft, von der die unmittelbar auf das Jahr 1830 folgenden Jahrzehnte in ganz Hispanoamerika, mit Ausnahme von Chile, geprägt gewesen waren. Nach einer Anfangsphase der aufgeklärten Diktatur unter O'Higgins (1817–1823) war Chile von Streitigkeiten zerrissen worden, die im Bürgerkrieg von 1829/30 gipfelten; danach zwangen die konservativen Kräfte im Jahr 1833 dem Land eine Verfassung auf, die eine starke Präsidentschaft und eine zentralisierte Administration vorsah und die den relativ homogenen sozialen, ethnischen und geographischen Verhältnissen des Landes in hohem Maße Rechnung trug. Vor dem Hintergrund politischer Stabilität, verkörpert durch drei Präsidenten, von denen jeder zwei aufeinanderfolgende Amtszeiten von je fünf Jahren absolvierte – Manuel Bulnes (1841–1851), Manuel Montt (1851–1861) und José Joaquin Pérez (1861–1871) –, erlebte Chile, ähnlich wie Brasilien, ein rasches, durch die Verzehnfachung der Exporte von Kupfer, Silber und Weizen im Zeitraum von 1825 bis 1875 induziertes Wirtschaftswachstum und die Entwicklung einer recht anspruchsvollen Infrastruktur auf den Gebieten des Banken- und Versicherungswesens, der Eisenbahnen und der Teilindustrialisierung. Die in den 70er Jahren des 19. Jh. auftretenden Fiskalprobleme, verschärft durch die Infragestellung der präsidialen Autorität, die 1891 zum Bürgerkrieg führen sollte, wurden durch militärische Erfolge im Salpeterkrieg (1879–1883) und durch einen weiteren Zyklus wirtschaftlichen Wachstums aufgrund des Exports großer Mengen von Salpeter aus den eroberten bolivianischen und peruanischen Territorien gemildert sowie durch den daraus resultierenden Zuwachs an Regierungseinkünften. Auch sorgte die auf das Jahr 1891 folgende „parlamentarische Epoche", die bis 1924 andauern sollte, für oberflächlichen Fortschritt und Wohlstand; die langfristigen Implikationen der durch das Wirtschaftswachstum hervorgerufenen sozialen Veränderungen wurden darüber allerdings vernachlässigt.

Die Stabilität Chiles in den Jahren zwischen 1830 und 1900 war in Wirklichkeit nicht so solide, wie man aufgrund der traditionellen Historiographie glauben könnte. Dessenungeachtet befand sich das Land, besonders in den Jahren vor 1870, in einer günstigeren Lage als das übrige Hispanoamerika. Die meisten neuen Republiken gaben sich sorgfältig ausgearbeitete Verfassungen, die bis zu einem gewissen Grade die Verfassung von Cádiz des Jahres 1812 zum Vorbild hatten, wobei die konstitutionelle Monarchie durch eine konstitutionelle Präsidentschaft ersetzt worden war – Kolumbien (1821), Mexiko (1824), Peru (1823 und 1828), Argentinien (1826), Uruguay (1830), Venezuela (1830), Neu-Granada (1830 und 1832) –, oder die sich in einigen Fällen am entgegengesetzten Modell, nämlich an der föderalistischen Verfassung der Vereinigten Staaten orientierten. Ganz gleich, welche Maßnahmen gegen einen eventuellen Machtmißbrauch durch den Präsidenten in der Theorie vorgesehen waren – z. B. Verantwortlichkeit der Regierung gegenüber dem Kongreß, eingeschränkter Gebrauch des Vetorechts des Präsidenten, Einrichtung permanenter Kongreßausschüsse –, die Praxis war ein wirres und verwirrendes Amalgam aus angestrebter Zentralisation, Wahrung militärischer und geistlicher *fueros* (Privilegien) und regionalem Widerstand gegen die in der Hauptstadt konzentrierte Regierungsgewalt, akzentuiert von häufigen *pronunciamientos* und „Revolutionen", denen oft jede reale Grundlage, außer der des Personalismus, fehlte. In Mexiko, um nur ein extremes Beispiel anzuführen, unterstützte Antonio López de Santa Anna in den Jahren 1821 bis 1833 jeden erfolgreichen Militärputsch bzw. Aufstand und schaffte, nachdem er 1833 als „Liberaler" Präsident geworden war, im Jahr 1835 den Föderalismus ab; in den auf die Unabhängigkeit folgenden drei Jahrzehnten, als das Amt der Exekutive in der gleichen Zeit an die fünfzigmal neu besetzt wurde, war er insgesamt sechsmal Präsident.

In Mexiko führte das Trauma des furchtbaren Bürgerkriegs von 1857 bis 1860 Anfang der 60er Jahre zur Intervention Frankreichs und zur Restauration der Monarchie, ehe Benito Juárez' Triumph 1867 die allmähliche Konsolidierung eines liberalen Regimes ermöglichte, das schließlich Porfirio Díaz an die Macht brachte. Im übrigen Hispanoamerika waren die letzten drei Jahrzehnte des 19. Jh. ebenfalls von einer langsamen Bereinigung der politischen Konflikte der Jahre von 1830 bis 1870 gekennzeichnet – so sorgte etwa in Argentinien Bartolomé Mitre (1862–1868 Präsident) für die nationale Wiedervereinigung des Landes und die Stabilität, die den Weg für die Modernisierung unter Domingo Sarmiento (1868–1874) ebnete –, welche schließlich all diesen Ländern exportinduziertes Wachstum und Zufluß ausländischen Kapitals bescherte. Der wachsende nationale Wohlstand, vor allem in den größeren Ländern, unterwarf auch die traditionelle Gesellschaft einem Wandel, indem er eine Mittelschicht (und, in geringerem Maße, eine Arbeiterklasse) entstehen ließ, deren Vertreter sich Ende des 19. und Anfang des 20. Jh. Zugang zu den politischen Strukturen zu verschaffen suchten, die noch immer von den landbesitzenden Eliten der unmittelbar auf die Unabhängigkeit folgenden Epoche beherrscht wurden. Im letzten Abschnitt dieses Kapitels wird auf eine Beurteilung der langfristigen politischen Auswirkungen des im ausgehenden 19. Jh. erfolgten sozialen und wirtschaftlichen Wandels verzichtet – dieses Thema wird in Band 3 des Handbuchs behandelt werden – zugunsten einer kurzen Übersicht über die gesellschaftlichen und ethnischen Strukturen der Jahre von 1830 bis 1900.

4. Die Gesellschaft

Überblicksdarstellungen zur lateinamerikanischen Geschichte vermitteln oft den Eindruck, die Erlangung der Unabhängigkeit sei ein rein politischer Vorgang gewesen, geplant und kontrolliert von der Minorität der Amerikaner europäischer Abstammung – den Kreolen –, um die noch kleinere Minderheit der *peninsulares* von der Macht zu vertreiben und diese auf sich zu übertragen, und daß, wo immer und wann immer die erniedrigten Massen der Indianer, Schwarzen und Mischlinge diesen Prozeß zu einer Bewegung der sozialen Revolution auszuweiten drohten, die ihnen gesellschaftlich Überlegenen sich geschlossen gegen sie stellten. Dies bewirkte auch die Niederlage, die den von Hidalgo und Morelos angeführten ersten Unabhängigkeitsbewegungen mit ihren Anhängerscharen aus der unterdrückten bäuerlichen Bevölkerung Zentral- und Nordmexikos durch die mexikanische Elite beigebracht wurde, sowie die Akzeptanz der 1821 von Iturbide unter konservativeren Vorzeichen herbeigeführten Loslösung vom Mutterland durch diese Elite. Auch in Peru ging das anfängliche Widerstreben der kreolischen Minderheit zum großen Teil auf ihre Angst vor den Indios und, nach San Martíns Einmarsch 1819, auf ihre Furcht vor einer Verknüpfung der politischen Emanzipation mit der Abschaffung der Negersklaverei zurück. In Brasilien hingegen war die Garantie Pedros I., die gesellschaftlichen Institutionen der Kolonialzeit einschließlich der Sklaverei beizubehalten, die grundlegende Voraussetzung dafür, daß die brasilianischen Großgrundbesitzer sich von der Vereinbarkeit eines wirtschaftlichen und politischen Fortschritts mit der Erhaltung der sozialen Ordnung überzeugen ließen.

Wie jede derartige Verallgemeinerung mag das hier entworfene Bild des gesellschaftlichen Rahmens, in dem sich die Unabhängigkeit vollzog, etwas oberflächlich erscheinen, wenn es auf bestimmte Länder bzw. bestimmte gesellschaftliche Kategorien angewendet wird, ohne jedoch deshalb zwangsläufig seine Allgemeingültigkeit zu verlieren. Gerade die Eigenart der Unabhängigkeitsrevolutionen sowie die auf sie folgenden, ein halbes Jahrhundert währenden Wirren ermöglichten z. B. Angehörigen des Militärs – die oft aus relativ obskuren Provinzverhältnissen kamen und gemischtrassischer Abstammung waren – eine größere politische Mobilität; ihre faktische Machtausübung verschaffte ihnen Zugang zu Wohlstand und versetzte sie in die Lage, sich in eine Elitegesellschaft einzukaufen, von der sie unter normalen Umständen abgewiesen worden wären. Der des Lesens und Schreibens unkundige José Antonio Páez, der seine Laufbahn als mittelloser Sohn eines kleinen Beamten im westlichen Venezuela begann, kämpfte an der Spitze seiner berittenen *llaneros* zunächst gegen die Royalisten und dann, in den späten 1820er Jahren, gegen Großkolumbien; aufgrund seiner Tapferkeit auf dem Schlachtfeld avancierte er 1830 zum Präsidenten der Republik Venezuela und wurde im Laufe seiner Karriere zu einem der größten Grundbesitzer seines Landes. Im fernen Süden wurde Juan Manuel de Rosas wegen seiner Grobheit von intellektuellen Städtern wie Juan Bautista Alberdi und Esteban Echeverría verachtet, die er später, während seiner langen Diktatur (1835–1852), aus Buenos Aires verbannte (sie warfen ihm vor, das Land zu führen, als sei es eine Rinderfarm); sowohl seinen enormen Grundbesitz als auch seine politische Macht hatte Rosas mit Unterstützung seiner privaten Gaucho-Armee, den *colorados del monte*, begründet, mit deren Hilfe er zunächst Mitte der 1820er Jahre und dann noch einmal 1833–1834 – zwischen seiner ersten Amtszeit als Gouverneur von Buenos Aires (1829–1832) und seiner Rückkehr ins Amt 1835 – die Siedlungsgrenze südlich von Buenos Aires in indianisches Gebiet hinein ausdehnte und schließlich die politische Opposition unterdrückte. In Bolivien wurde der Mestize und Soldat Andrés Santa Cruz, der zunächst für Spanien und dann unter San Martín und Bolívar gekämpft hatte, im Jahr 1829 zum Präsidenten ausgerufen, ein Amt, das er zehn Jahre lang innehatte, bis die 1836 gegründete peruanisch-bolivianische Konföderation von einer chilenischen Invasionsstreitmacht, unterstützt von unzufriedenen Peruanern, geschlagen wurde. Die Sieger, Agustín Gamarra, ein *caudillo* aus Cuzco, der bereits von 1829 bis 1833 Präsident von Peru gewesen war, und der chilenische General Manuel Bulnes wurden mit dem Präsidentenamt ihres jeweiligen Landes belohnt. Männer wie diese leiteten eine Tradition ein, die populistische *caudillos* aufgrund ihrer militärischen Macht und ihres militärischen Erfolgs in die höchsten Ränge der Regierung und der Gesellschaft aufsteigen ließ, eine Tradition, die im ausgehenden 19. Jh. von Porfirio Díaz in Mexiko, Antonio Guzmán Blanco in Venezuela und vielen anderen fortgesetzt wurde.

Der politische Pragmatismus, der ungebildete Provinz-*caudillos* in den Jahren 1830 bis 1900 zu den höchsten Staatsämtern aufsteigen ließ, war auch auf Provinz-Ebene unzählige Male wirksam. Allerdings wurde diese Flexibilität, die es einzelnen Mestizen ermöglichte, sowohl gesellschaftlich als auch politisch aufzusteigen, bis zu einem gewissen Grade in Grenzen gehalten durch deren Bedürfnis und Bestreben, um der gesellschaftlichen Anerkennung willen ihre halb-indianische Identität zu verleugnen. Dies traf auch auf die kleine Zahl von Personen rein indianischer Abstammung zu, denen es gelang, eine prominente Rolle im öffentlichen Leben ihres Landes zu spielen: Das klassische Beispiel hierfür ist Benito Juárez, der, als Kind indianischer Eltern 1806 in einem kleinen Dorf der Provinz Oaxaca geboren, als Präsident von Mexiko in den 60er Jahren des 19. Jh. das liberale Modernisierungsprogramm durchführte, das insbesondere während der Amtszeiten seines Nachfolgers Porfirio Díaz die indianische Identität des Landes zu leugnen suchte. In Mexiko kehrten sich Indios, die nach der Unabhängigkeit politische Bedeutung erlangten – zu diesen zählten auch Vicente Guerrero, Held der Unabhängigkeit und 1829/30 Präsident von Mexiko, sowie ein weiterer Veteran des Morelos-Aufstands, Juan Alvarez, dessen Proklamation des Plans von Ayutla 1854 die *Reforma* einleitete –, von ihren rassischen Ursprüngen ab und wurden in ihrem gesellschaftlichen Verhalten zu Weißen. In Peru – ja, in der ganzen Anden-Region – war selbst eine derart begrenzte gesellschaftliche Integration im 19. Jh. ganz ausgeschlossen, und sogar im ausgehenden 20. Jh. gehen Präsidenten und Minister in der Regel aus den Reihen der weißen Minderheit hervor: Noch in den Jahren von 1968 bis 1975 wurde der Präsident von Peru, General Juan Velasco Alvarado, ein Mestize, von der Elite Limas abfällig als „el indio Velasco“ bezeichnet.

In ganz Lateinamerika mußte die indianische Bevölkerung, die im Jahr 1830 etwa 40 Prozent der Gesamtbevölkerung ausmachte, nach der Unabhängigkeit ein Absinken ihres gesellschaftlichen Status beobachten, ungeachtet der besseren Möglichkeiten für einzelne Indios, in der Gesellschaft der Mestizen bzw. Weißen aufzugehen. An den Grenzen – in Nordmexiko, in Südchile, in den südlichen Pampas bzw. in Patagonien, im Chaco, in Amazonien usw. – wurden die nomadischen oder halb-nomadischen Gruppen, deren relative Isolation es ihnen ermöglicht hatte, ihre Unabhängigkeit vor dem iberischen Kolonialismus zu bewahren, gejagt, als Sklaven verkauft und mit der gleichen Grausamkeit ausgerottet wie die Prärie-Indianer Nordamerikas, die der Expansion der Vereinigten Staaten nach Westen im Wege standen. In Zentral- und Südmexiko, in Zentralamerika und in den Anden-Ländern sahen sich die bäuerlichen Gemeinden seßhafter Indios – die *ejidos* in Mexiko, die *comunidades* in Peru – besonders nach 1870 zunehmendem Druck ausgesetzt, als die entschlossenen Versuche der Modernisatoren, sie in eine auf Angebot und Nachfrage basierende Wirtschaft einzubinden, sich mit den ungeschickten Bemühungen der Reformer vereinten, ihnen den Individualismus nahezubringen. Aber wie die nachstehende Diskussion über Mexiko nach der Unabhängigkeit noch eingehender erläutern wird, haben viele unabhängige bäuerliche Gemeinden den Vormarsch des Kapitalismus dennoch überlebt.

Wenn die Indios sich nach der Unabhängigkeit dem sozialen und wirtschaftlichen Wandel in Lateinamerika ungeschützt preisgegeben fühlten, während die Weißen (mit Sicherheit) und die Mestizen (eventuell) von ihm profitierten, wie stand es dann um die vierte Hauptstütze der ethnischen bzw. gesellschaftlichen Struktur, die schwarze Bevölkerung? Die Beantwortung dieser Frage wird durch zwei Faktoren erschwert: erstens durch den unterschiedlichen Status der Sklaven einerseits und der freien Schwarzen, einschließlich der vorwiegend schwarzen Abkömmlinge aus rassisch gemischten Verbindungen (also der *pardos* und Mulatten), andererseits; zweitens dadurch, daß klar zu trennen ist zwischen jenen Teilen Lateinamerikas, in denen die Institution der Sklaverei nicht nur die Unabhängigkeit überdauerte, sondern nach 1830 noch an Bedeutung gewann – so in Brasilien, Kuba (und Puerto Rico) –, und den unabhängigen Republiken, in denen sie nach und nach abgeschafft wurde.

Der Prozeß der Erringung nationaler Unabhängigkeit als solcher schwächte die Institution der Sklaverei in den im Entstehen begriffenen Republiken Hispanoamerikas, teils wegen der unverhältnismäßig hohen Sterblichkeit von Schwarzen, die gegen das Ableisten von Militärdienst freigelassen wurden, hauptsächlich aber wegen der Unterbindung des Sklavenhandels nach 1810. Da der Handel zur Aufrechterhaltung der Sklaverei in Lateinamerika stets unerläßlich gewesen war, bedeutete insbesondere der zweite Faktor – sowie der von der britischen Regierung auf die neuen Staaten ausgeübte Druck, den Sklavenhandel für ungesetzlich zu erklären –, daß die Sklaverei in Hispanoamerika seit 1810 an Bedeutung verlor. Dennoch gestaltete sich der Prozeß der formellen Abschaffung recht langwierig: Mehrere Länder mit einer relativ geringen Zahl von Sklaven hatten die Institution bis 1830 in aller Form abgeschafft – so Chile (1823), die Zentralamerikanische Konföderation (1824) und Mexiko (1829) –, aber andere, darunter Peru und Großkolumbien, suchten eine Kompromißlösung zu finden, indem sie die Freiheit Neugeborener garantierende Gesetze erließen, die jedoch ziemlich wirkunglos waren, weil sie die formelle Unfreiheit durch eine Zwangslehrzeit und ähnliche Kunstgriffe ersetzten. Kolumbien, mit 42 000 Sklaven im Jahr 1830, behielt die Institution bis 1850 bei und Venezuela, mit 45 000 im gleichen Jahr, bis 1854. In Uruguay hielt sich die Einrichtung bis 1846, in Argentinien bis 1860 und in Paraguay – das als letztes Land des kontinentalen Hispanoamerika die Sklaverei abschaffte – bis 1870. In Peru gab es im Jahr 1854 noch 26 000 Sklaven (1,3 % der Bevölkerung), als der Staat mit Hilfe seiner Guano-Einkünfte die Freilassung verfügte und jedem Sklavenhalter eine Entschädigung von 300 Pesos pro Kopf zahlte. Ein

Großteil des Kapitals, das auf diese Weise in die Hände der Grundbesitzer gelangte (7651000 Pesos), wurde für die Modernisierung der Landwirtschaft an der Küste aufgewendet, ein Unterfangen, das durch die Schaffung „eines Systems von Pseudo-Sklaven" [Bethell 1985, 553] in Gestalt von insgesamt 88000 in den Jahren 1850–1874 eingeführten, dienstverpflichteten chinesischen Kulis erleichtert wurde. In Brasilien und in der spanischen Karibik (ebenso wie in den Vereinigten Staaten) führte der durch den raschen Aufschwung der Plantagenwirtschaft entstehende Bedarf an Arbeitskräften nach 1830 zu einer Intensivierung sowohl der Sklaverei als auch des Sklavenhandels mit Afrika, ohne den die Institution nicht auskommen konnte.

Im Zeitraum von 1800 bis 1850 importierte Brasilien nicht weniger als 1,6 Mio. Sklaven aus Afrika, davon 370 000 zwischen 1840 und 1850, bis die Behörden schließlich angesichts der britischen Drohungen, dem Handel gewaltsam ein Ende zu setzen, seine Abschaffung anordneten; illegal wurde der Handel nach 1850 noch fortgesetzt, aber in relativ unbedeutendem Umfang. Im Jahr 1850 gab es in Brasilien nicht weniger als 2 500 000 Sklaven bei einer Gesamtbevölkerung von 8 020 000, die viele freie Schwarze einschloß. Wenngleich mit 31 Prozent prozentual kleiner gegenüber 1817, als die 1 930 000 Sklaven 51 Prozent der Gesamtbevölkerung ausgemacht hatten, war die Sklavenbevölkerung Brasiliens von grundlegender Bedeutung sowohl für die Wirtschaft als auch für die Gesellschaftsstruktur des Landes. Sklaven waren überall anzutreffen, von der Amazonasmündung bis in den Süden, in jeder Provinz, in jeder Stadt und in jedem Bereich manueller Tätigkeit. Darüber hinaus gibt es viele Anzeichen dafür, daß in der auf die Unabhängigkeit folgenden Epoche (ebenso wie während des langen Ringens um die Abschaffung, das im Jahr 1888 in der entschädigungslosen Freilassung der verbleibenden 500 000 Sklaven gipfelte) die Behandlung der Sklaven, insbesondere in den wirtschaftlich aufstrebenden Kaffee-Provinzen des Südostens (im Jahr 1874 lebten in dieser Region 857 000 Sklaven, gegenüber 380 000 im Nordosten), nicht mehr von den relativ paternalistischen Merkmalen geprägt war, die man gemeinhin mit dem Funktionieren des Sklavensystems in den zuckerproduzierenden Gebieten Brasiliens assoziiert. Darüber hinaus setzte, mit der Expansion im Südosten und der Stagnation im Nordwesten, ein abscheulicher und oft brutaler Binnenhandel ein, in dessen Verlauf Zehntausende von Schwarzen gewaltsam in den Süden transportiert wurden; in den Jahren von 1865 bis 1870 vermochten einige der Sklaverei dadurch zu entkommen, daß sie sich von der Armee rekrutieren ließen, um im Krieg der Tripelallianz zu kämpfen – bezeichnenderweise war das nach dem Krieg erlassene Gesetz der Freiheit Neugeborener (1871) dem Engagement des Militärs zu verdanken –, aber das Ringen um die völlige Abschaffung war langwierig und zäh und hinterließ ein Erbe der Rassendiskriminierung, das dafür sorgte, daß in Brasilien „die Emanzipation von der Sklaverei den Beginn des Kampfes um die Freiheit bedeutete, nicht dessen Ende" [Toplin 1972, IX].

Die Geschichte der Sklaverei nach 1830 in der spanischen Karibik entspricht in verkleinertem Maßstab der in Brasilien. Noch nicht abgeschlossen ist die vergleichende historiographische Debatte über die verschiedenen Formen der Sklaverei zwischen Forschern, die die Ansicht vertreten, die iberische Sklaverei in Lateinamerika sei im allgemeinen toleranter als die angelsächsische in Nordamerika gewesen, und ihren Kritikern, die dagegenhalten, die Plantagenwirtschaft habe zu jeder Zeit und an jedem Ort den Sklaven stets nur erniedrigt und entmenschlicht. Im Jahr 1827 waren von den insgesamt 704 000 Einwohnern Kubas 287 000 bzw. 41 Prozent Sklaven und weitere 106 000 bzw. 15 Prozent freie Schwarze. Spanien erklärte sich 1835 zwar in aller Form mit der Abschaffung des Sklavenhandels einverstanden – wie es das bereits 1817 getan hatte –, aber die bevorstehende Abschaffung verstärkte nur noch den Importbedarf unter den auf Arbeitskräfte angewiesenen Pflanzern, die bestrebt waren, angesichts künftiger Restriktionen vorzusorgen. Zwischen 1827 und 1841 betrug die durchschnittliche Jahreseinfuhr an Sklaven aus Afrika 12 000, mit dem Ergebnis, daß bis 1841 die Zahl der Sklaven auf der Insel die Rekordhöhe von 436 000 erreichte (das waren 43 Prozent der insgesamt 1 007 624 Einwohner). Danach begann der Umfang der Importe nachzulassen und sank auf unter 9000 jährlich im Zeitraum zwischen 1841 und 1861, als die spanische Krone Maßnahmen ergriff, um eine weitere, 1845 angeordnete Abschaffung des Sklavenhandels durchzusetzen. Bis 1861 war die Zahl der Sklaven auf 371 000 (27 % der insgesamt 1 397 000 Einwohner) gesunken, die der freien Schwarzen war auf 232 000 (17 %) gestiegen und die der Weißen auf 793 000 (57 %) angewachsen. Danach setzte ein allmählicher Emanzipationsprozeß ein – im Jahr 1868 wurde ein Gesetz über die freie Geburt verabschiedet, im Jahr 1870 mußten alle über 60jährigen freigelassen werden –, der 1880 in der formellen Abschaffung gipfelte, allerdings mit der Vorbehaltsklausel, daß Ex-Sklaven ihren ehemaligen Besitzern für bis zu acht weiteren Jahren zwangsverpflichtet bleiben sollten; die unter diese Bestimmung fallenden, weiterhin halb-versklavten 30 000 Menschen erhielten im Jahr 1886 die uneingeschränkte Freiheit.

Ebenso wie auf Puerto Rico (wo die Abschaffung im Jahr 1873 verfügt wurde) und in Brasilien war auch auf Kuba der Hauptanlaß für die Abschaffung des Sklavenhandels der internationale Druck; nach Erlöschen des Handels war die Hauptmotivation für die Bewegung zugunsten der Abschaffung der Institution als solcher nicht etwa Nächstenliebe, sondern die Erkenntnis der Tüchtigeren unter den Pflanzern, daß sich freie Arbeit und moderne Technologie für die landwirtschaftliche Produktion wirksamer einsetzen ließen als Kolonnen alternder Sklaven. Ebenso wie in Brasilien nahm im ausgehenden 19. Jh. die europäische Immigration – in diesem Falle hauptsächlich aus Nordspanien – nach Kuba, ungeachtet der politischen Unruhen, beträchtlich zu und führte zu einem allmählichen „Weißwerden" seiner Bevölkerung: Im Jahr 1887 stellten die 1 102 889 Weißen 68 Prozent der insgesamt 1 631 687 Einwohner, und obgleich sich die Zahl der Schwarzen, absolut gesehen, auf 529 000 erhöht hatte, wurde sie von der der Weißen im Verhältnis 2:1 übertroffen. Die Volkszählung von 1899 ergab gegenüber 1887 einen Rückgang der Gesamtbevölkerung um 59 000, aber das Gesamtverhältnis war gleichgeblieben. Nach der Unabhängigkeit (1902) wuchs die Gesamtbevölkerung rasch an und erreichte im Jahr 1930 fast 4 Mio., wodurch sich der Anteil der Schwarzen, relativ gesehen, noch weiter verringerte. Dennoch liegt auf der Geschichte der Rassenbeziehungen im Kuba des 20. Jh. der dunkle Schatten der Sklaverei, deren wechselnder Charakter im 19. Jh. zu einer Verhärtung nicht nur der Einstellung gegenüber Sklaven, sondern auch der Diskriminierung der freien Schwarzen durch die Weißen führte – insbesondere auf dem Gebiet rassisch gemischter Eheschließungen, auf dem, einer sachkundigen Quelle zufolge, „die rechtliche und soziale Diskriminierung der freien farbigen Bevölkerung eher zu- als abnahm" [Martínez-Alier 1974, 4].

Jan Lechner

5. Kultur und Literatur

Aus dem Spanischen übersetzt von Brunhild und Rolf Seeler

Das Kulturleben in diesem Zeitraum profitierte von der deutlichen Verbesserung der Kommunikationsmöglichkeiten in den verschiedensten Bereichen. So konnten die Intellektuellen, die ihres Landes verwiesen oder aber in offizieller Mission nach Europa entsandt wurden bzw. aus politischen Gründen in südamerikanischen Nachbarländern im Exil lebten, ihre Kontake erheblich ausbauen und intensivieren; außerdem wirkten sich die immer häufigeren und schnelleren Schiffsverbindungen zwischen Südamerika und Europa wie auch innerhalb der lateinamerikanischen Länder positiv aus. Das Postwesen wurde ständig verbessert (man denke nur an die Reise, die Concolorcorvo noch unternahm, um den Zustand der Straße zwischen Buenos Aires und Lima zu inspizieren), so daß die Gebildeten jener Zeit – wie entsprechende Dokumente belegen – nicht nur innerhalb der eigenen Landesgrenzen, sondern auch mit Bewohnern anderer Länder des Kontinents und mit Europäern mehr Briefkontakte unterhielten als je zuvor. Im Jahr 1857 wurde die erste Telegrafenleitung zwischen Lima und Callao eingerichtet (zwischen Chile und Europa bestand eine solche seit 1874 und zwischen Europa und Argentinien seit 1876, als das Land bereits über 3100 Meilen Telegrafenleitungen verfügte; 1885 wurde, zunächst innerstädtisch, dann zwischen den städtischen Zentren der einzelnen Länder, das Telefon eingeführt. Im Jahr 1851 begann Chile mit dem Eisenbahnbau; 1876 besaß Argentinien ein Schienennetz von 826 Meilen Länge, und im selben Jahr verfügte Mexiko bereits über eine 500 Meilen lange Strecke zwischen Veracruz und der Hauptstadt (und 1914 über dreißigmal soviel, nämlich 15 000 Schienenmeilen). Als Sprachrohr für Wissenschaft und Kunst dienten die nunmehr mit größerer Regelmäßigkeit erscheinenden Zeitungen (viele literarische Texte erfuhren damals ihre Erstveröffentlichung in der Presse), und auch Zeitschriften, kulturelle wie literarische, gewannen zunehmend an Bedeutung. Der urbane Rahmen des intellektuellen und künstlerischen Lebens dieser neuen Epoche war von Land zu Land verschieden. In Mexiko, wo sowohl Privathäuser als auch öffentliche Gebäude aus *tezontle* errichtet waren, einer Art rotem Tuffstein, der im Überfluß vorhanden war, rief die Hauptstadt aufgrund ihrer schönen Bauten und ihres städtischen Gepräges bereits Anfang des 17., besonders aber mit Beginn des 18. Jh. bei Fremden und Ausländern große Bewunderung hervor. In Buenos Aires indessen bestanden die Wohnhäuser im Jahr 1868 noch zu 80 Prozent aus mit Stroh versetzten Lehmhütten; bei stabileren Bauwerken wurde außer Lehm auch Holz verwendet, und in der gesamten Provinz Santiago del Estero gab es damals nicht mehr als 237 Häuser mit Ziegeldächern und Balkongittern. Nach den Ergebnissen eines Zensus aus dem Jahr 1895 gab es in Argentinien, zu dieser Zeit ein Land von 4 Mio. Einwohnern, 267 000 Hütten und 536 000 Häuser (die Stadt Córdoba bestand im Jahr 1905 noch zu 40 % und Rosario 1910 zu 22 % aus Lehmhütten).

Die Bibliotheken wurden indessen immer umfangreicher. So wies zum Beispiel die Büchersammlung des Mexikaners Mier y Celis 7526 Bände aus den Bereichen Recht,

Wissenschaft, Belletristik und Religion auf; der Poet Guillermo Prieto nannte im gleichen Jahr mehr als 5000 Bücher sein eigen. 1865 besaß der mexikanische Buchhändler und Verleger José María Andrade eine Privatbibliothek von 4484 Bänden, und sein Landsmann, der Historiker José Fernández Ramírez, verkaufte der Regierung seines Landes eine Sammlung, die 15 000 Titel umfaßte. Der bekannte Geschichtsforscher Joaquín García Icazbalceta, ebenfalls Mexikaner, trug im Laufe seines Lebens (1825–1894) eine bedeutende Anzahl von in Mexiko gedruckten Büchern sowie Handschriften aus der Kolonialzeit zusammen. Chile brachte zu jener Zeit in der Person von José Toribio Medina (1852–1930) den bis heute größten amerikanischen Bibliographen hervor. Ihm gelang es, im Laufe seines Lebens eine riesige Bibliothek aufzubauen, die, als der Gelehrte sie 1923 der Nationalbibliothek von Chile vermachte, aus 60 000 Bänden bestand. Ähnliche Aktivitäten gab es auch in anderen Teilen des Subkontinents. So wies beispielsweise die Sammlung des Argentiniers Gregorio Beéches (1801–1873), der lange Zeit in Bolivien und Chile lebte, rund 80 000 Werke auf; darunter fanden sich Manuskripte, Werke zur Geschichte aller lateinamerikanischen Länder seit der Entdeckung des Kontinents, Landkarten, Zeitungen und Zeitschriften. Gabriel René-Moreno, ein Bolivianer, der den größten Teil seines Lebens in Chile verbrachte, und der – nachdem er die Privatsammlung des Historikers Diego Barros Arana katalogisiert hatte – bis zu seinem Tode 1908 Leiter der Bibliothek des *Instituto Nacional* war, hinterließ eine Sammlung von 20 000 Bänden. Schließlich sei noch José Rosendo Gutiérrez genannt, auch er Bolivianer, zentrale Figur des geistigen Lebens von La Paz in den 70er und 80er Jahren des 19. Jh., der 4000 Bücher besaß. Diesen Bibliotheken mit ihrem reichen Fundus kam – neben ihrer traditionellen Funktion, die Ausbildung von Persönlichkeiten zu fördern, die in Schlüsselpositionen ihres Landes hineinwachsen sollten – noch eine andere, vielleich sogar wichtigere Rolle zu, nämlich Zentren der geistigen Ausstrahlung jener Zeit, Stätten der intellektuellen Begegnung und Auseinandersetzung zu sein. Mit Recht hat YAEGER [1981] darauf hingewiesen, daß „die Funktion der Sammler-Bibliographen keine antiquarische, sondern eine sehr praktische war: Der Sammler diente dem Historiker, während der Historiker der Nation diente". Wenngleich die großen literarischen Schöpfungen wie die der Argentinier Echeverría, Mármol, Sarmiento und José Hernández, des Chilenen Blest Gana, des Kolumbianers Isaacs und des Uruguayers Zorrilla de San Martín damals schon in Amerika selbst gedruckt wurden, tendierten manche Autoren nun auch dazu, ihre Werke außerhalb des Kontinents herausgeben zu lassen. In einigen Fällen war dies durch persönliche Umstände bedingt, so im Falle José Martís, der im Exil lebte; häufig entsprach es aber dem ausdrücklichen Wunsch des Autors, sein Werk in einem anderen Land veröffentlicht zu sehen, was zum Teil mit dem Prestige bestimmter Verlage oder Erscheinungsorte zusammenhing. Es wäre allerdings ein Irrtum anzunehmen, es seien keine literarischen Werke Amerikas mehr in Spanien gedruckt worden. Was die Poesie als blühendste Literaturgattung des 19. Jh. anbelangt, so zeigt schon ein Überblick, daß die ersten Veröffentlichungen in Europa in die Zeitspanne zwischen 1831 und 1840 fielen. Bis zum Jahr 1860 bestand hinsichtlich des Umfanges der literarischen Produktion zwischen Madrid und Paris praktisch kein Unterschied; von 1861 bis 1870 indessen nahm die französische Hauptstadt als Verlagszentrum eindeutig den ersten Rang ein. Danach, bis 1890, war die Anzahl der Drucklegungen in Paris einerseits und Madrid und Barcelona andererseits (denn die katalanische Metropole begann in den 1870er Jahren auf diesem Gebiet eine bedeutende Rolle zu spielen) praktisch gleich; zwischen 1891 und 1900 stand dann Spanien eindeutig an der Spitze. Vor der Jahrhundertwende ergab sich in bezug auf die Erstveröffentlichungen und das Erscheinen von Nachfolgewerken verschiedener Autoren zahlenmäßig folgendes Bild: Fünf Werke erschienen in Barcelona, 21 in Madrid, 20 in New York und 41 in Paris. Zu jener Zeit verfügte Hispanoamerika bereits über genügend Druckereien und Verlage; allerdings handelte es sich dabei lediglich um Kleinbetriebe, deren Vertriebsnetz nicht über die Landesgrenzen hinausreichte. Und doch scheint der hispanoamerikanische Büchermarkt über das Verteilernetz der europäischen Verlagshäuser nicht effizienter abgedeckt worden zu sein als durch die amerikanischen Unternehmen selbst. Literatur wurde auch nicht mehr nur ausschließlich in den Hauptstädten veröffentlicht: Zwischen 1760 und 1830 gab es bereits Druckereien in Valparaíso (1808) und Ayacucho (1827), und noch vor Mitte des 19. Jh. auch in Toluca (1832), Cartagena (1834), Matanzas (1838) und Santiago de Cuba (1848). Bis zum Ende der 1870er Jahre schlossen sich Arequipa (1856), Salta (1858) und Medellín (1867) an. Ab 1880 tauchten – ein untrügliches Zeichen zunehmender Industrialisierung – eine ganze Reihe neuer Namen in der Liste der Verlagsorte auf: San Luis Potosí (1880), Orizaba (1881), Maracaibo (1882), Veracruz, Puebla (1883), Cochabamba (1886) und León/Nicaragua (1897). Fest steht, daß nordamerikanische Verlage – nach dem Krieg von 1898 zwischen Spanien und den Vereinigten Staaten, und vor allem nach den zahlreichen Interventionen der USA in Lateinamerika während des 20. Jh. – keine Texte lateinamerikanischer Autoren mehr publizierten.

Folgt man der üblichen kulturgeschichtlichen Einteilung des Geisteslebens nach Jahrhunderten, dann kann das 19. Jh. in Hispanoamerika, ungeachtet des in den ersten Jahrzehnten in der Literatur vorherrschenden Neoklassizismus, in erster Linie als Epoche der Romantik und des Modernismus und, was die Philosophie betrifft, als Zeitalter des Liberalismus und Positivismus gelten. Es war ein literarisch ergiebigeres Jahrhundert als das vorangegangene, ein Jahrhundert, das mit dem Modernismus eine eigenständige, blühende Kunstrichtung hervorbrachte. Nach der für Hispanoamerika gängigen Periodisierung pflegt man das 19. Jh. um 1780 beginnen und mit dem Tode Ruben Daríos (1916) enden zu lassen. Während in Spanien die Romantik von Duque de Rivas' Theaterstück *El moro expósito* (Das ausgesetzte Mohrenkind; 1834) eingeleitet wird, pflegt man den Beginn der romantischen Bewegung Hispanoamerikas um 1832 anzusetzen, als der Gedichtband *Elvira o la novia del Plata* (Elvira oder Die Braut vom La Plata) des argentinischen Poeten Ésteban Echeverría erschien. Der Modernismus, eine sich vor allem in der Poesie manifestierende Strömung, begann 1876 mit der Veröffentlichung von zwei Prosatexten, in denen sich die neue Tendenz ankündigte. Der Einfluß des Positivismus als philosophische Richtung machte sich vor allem in den letzten beiden Jahrzehnten des Jahrhunderts bemerkbar, als der Liberalismus romantischer Prägung nach der Jahrhundertmitte seinen Höhepunkt überschritten hatte. Es handelte sich dabei keineswegs um voneinander getrennte Bereiche, sondern um Geistesströmungen, die, in Reinform nur selten vorkommend, das Kunstschaffen auf sehr vielfältige Weise beeinflußten. Darüber hinaus pflegt eine neue Kunstrichtung nicht abrupt auf eine andere zu folgen; vielmehr sind die Übergänge zwischen verschiedenen Tendenzen fließend. Neben neuen Kunstauffassungen versucht die Tradition stets, sich zu behaupten und Innovationen nach Möglichkeit zu verhindern.

Während im Rahmen der „period concepts“ von Renaissance, Barock und Neoklassizismus die zeitliche Verschiebung zwischen Amerika und Spanien erheblich ist, besteht hinsichtlich der Romantik kein großer Unterschied, nur daß sie in Amerika drei Jahrzehnte länger dauerte. Die europäische Romantik suchte die Wurzeln der Kultur im Mittelalter; in Amerika war es die präkolumbische Zeit, die nicht wenige Schriftsteller als kulturell zentrale Epoche ansahen. Dennoch ist in der amerikanischen Literatur jener Zeit kein ernsthafter Ansatz zur geistigen Auseinandersetzung mit der indianischen Kultur zu erkennen. Hinzu kommt, daß die Autoren weder das präkolumbische Erbe noch die indianische Gedankenwelt gut genug kannten, um sich kompetent dazu zu äußern. Es sollte bis weit ins 20. Jh. hinein dauern, bis die Literatur des Kontinents sich mit den Kulturen der Ureinwohner ernsthaft auseinandersetzte. Immerhin übte die indianische Vergangenheit eine gewisse Anziehungskraft aus, auch wenn einige Texte der Frühromantik noch ein völlig negatives Bild der Indianer zeichneten. Für den europäischen Romantiker war die Landschaft ein wesentliches Requisit: sie diente als Spiegel seelischer Empfindungen ebenso wie als Bühne, die kommende dramatische oder gefällige Momente vorausahnen ließ. In Amerika aber schien sich die altgewohnte Landschaft seit dem 19. Jh. gleichermaßen verändert zu haben: sie präsentierte sich jetzt als natürlicher Rahmen für den Beginn eines neuen Lebens in der Unabhängigkeit; man „entdeckte“ etwas, was man schon immer vor Augen gehabt hatte, was aber nun einen neuen Sinn erhielt. Die Epoche der Romantik in der Literatur war in Lyrik und Prosa gleichermaßen die Blütezeit der Landschaftsschilderungen (dies konnte bereits bei Bello, Lavardén und anderen beobachtet werden). Diese Tendenz verschwand erst, als in den 40er Jahren des 20. Jh. der „nouveau roman“ sein Debüt erlebte. Ebenso wie in Europa mit Byron und Espronceda gab es auch in Amerika eine stark politisierte Romantik (etwa im La-Plata-Raum) mit rebellischen und kampflustigen Akzenten, aber auch eine andere, verletzlichere und melancholischere romantische Auffassung, deren Vertreter sich nicht der als rauh, grob und geistlos empfundenen Umwelt anpaßten, sondern sich auf ein der träumerischen Phantasie vorbehaltenes Innenleben zurückzogen. So wurden das von skrupellosen Tyrannen beherrschte Vaterland, die unerfüllbare oder die unglückliche Liebe, die majestätische Natur, die Nacht usw. zu typisch romantischen Motiven. Vor allem die Nacht bot reichlichen Stoff: als Zeit der Ruhe und Entspannung, des Friedens und der inneren Sammlung; eine ideale Gelegenheit für Liebesbegegnungen; eine Periode der Regeneration nach den Tagesstrapazen. Aber auch die andere Seite des nächtlichen Lebens regte die literarische Phantasie an: Angstempfindungen und Unsicherheitsgefühle; Gefahren, die dort lauern, wo man sie am wenigsten vermutet; Alpträume und Schreckensbilder als Reaktionen auf Tageserlebnisse; ein bedrohliches Reich der dunklen, unbekannten Mächte. Da es in der hispanischen Welt nie ein so strenges Gefüge ästhetischer Normen gegeben hatte wie im französischen Klassizismus, bedeutete die Romantik dort auch weniger eine Befreiung von geistigen Fesseln als vielmehr eine betonte Hinwendung zur Gefühlswelt, wobei das Ich des Künstlers im Mittelpunkt stand. Dies erklärt auch, daß man noch nicht mit konventionellen Erzähl- und Versformen experimentierte. Wie schon in der vorangegangenen Periode rekrutierten sich die Schriftsteller aus den wohlhabenden Bevölkerungsschichten. Sie waren gebildet, hatten ihren Platz in der Gesellschaft und fanden dort ihr Auskommen, denn keiner von ihnen konnte vom Ertrag seiner Bücher leben. Religiöse Motive finden sich in den romantischen Texten kaum.

Jede Art von Literatur ist äußeren Einflüssen ausgesetzt; im Falle Amerikas kamen diese Einflüsse aus Europa. Die spanischen Klassiker etwa setzten nach wie vor Maßstäbe, gerade für die bedeutenderen amerikanischen Schriftsteller (das gilt auch für das 20. Jh.). Aber auch zeitgenössische spanische Autoren (ausnahmslos Romantiker) übten ungeachtet der inzwischen errungenen Unabhängigkeit immer wieder starken Einfluß auf die Literatur Hispanoamerikas aus. Mariano José de Larra, der scharfsinnige Kritiker der spanischen Gesellschaft jener Zeit, mag hier als Beispiel dienen. Seine große Gefolgschaft von Lesern und Autoren jenseits des Atlantiks erfreute sich nicht nur an seinen geistreichen und ironischen Kommentaren, sondern schätzte auch die Klarheit und Prägnanz seiner Artikel. Seine Texte erschienen zwischen 1837 und 1845 gleich an vier verschiedenen Verlagsorten: Montevideo, Valparaiso, Caracas und Mexiko. Berühmtester Lyriker seiner Zeit war der romantische Rebell José de Espronceda, dessen Verse, vor allem die *Canción del pirata* (Das Lied des Piraten), in aller Munde waren. Einfluß übte auch José Zorrilla aus, Autor des Theaterstücks *Don Juan Tenorio* und zahlreicher Dichtungen, die die Vergangenheit beschworen. Die deutschen Romantiker wurden – aus Gründen der Sprache, die in der Neuen Welt nur von wenigen studiert und von kaum jemandem beherrscht wurde – auf dem Umweg über Übersetzungen bekannt (einige Titel wurden ins Französische und Englische übersetzt; auf diese Weise lernte Bello während seines Londoner Aufenthaltes die Werke der Gebrüder Schlegel kennen). An dieser Situation sollte sich im spanischen Sprachraum bis zum Ende des 19. Jh. wenig ändern. In London wurde Bello, dessen wegweisende Rolle kaum hoch genug eingeschätzt werden kann, mit den Schriften Walter Scotts und Byrons vertraut (auf diesen bezog er sich schon 1826, so wie er bereits 1823 Madame de Staëls Werke gerühmt hatte; seine Zeitschrift *Repertorio Americano* ist reich an Verweisen auf Scott). Während eines Aufenthaltes in Chile übersetzte Bello Byron (und auch in anderen Ländern, wie Argentinien, Bolivien, Ecuador, Kolumbien, Kuba und Mexiko, erschienen Byrons Werke in Übersetzungen). Die Dichtungen Byrons hatten in Hispanoamerika beträchtliche Wirkung. Das gilt auch für die in London von dem Exilspanier José Joaquín de Mora übersetzten Bücher Walter Scotts. Hingegen war Shakespeare damals auf dem ganzen Kontinent so gut wie unbekannt und hinterließ daher im Theaterleben keinerlei Spuren. Groß und nachhaltig war der Einfluß der französischen Literatur. Schon im Jahr 1827 machte (wiederum!) Andrés Bello im *Repertorio Americano* Lamartine als Chronisten der Französischen Revolution bekannt. Aus Bellos Nachlaß geht hervor, daß er während seines Londoner Aufenthaltes „einige kurze Ausflüge nach Frankreich“ unternahm. Möglicherweise kam er auf diese Weise mit dem Schaffen Victor Hugos in Berührung, der während der Jahre in Chile zu seinem Lieblingsschriftsteller werden sollte. Der Einfluß des großen französischen Romantikers währte fast das gesamte 19. Jh. Der Argentinier Esteban Echeverría verbrachte die Zeit zwischen 1825 und 1830 in Paris, wo er den Geist der Romantik unmittelbar aufnahm. Es überrascht daher nicht, daß er, von den neuen ästhetischen, gesellschaftlichen und politischen Ideen beseelt, zum Wegbereiter der Romantik in Hispanoamerika wurde. Andere einflußreiche französische Romantiker waren der Dichter Lamartine, Autor des Gedichts *Le Lac*, und Chateaubriand. Sein aus dem Werk *Le Génie du christianisme* (Genius des Christentums, 1802) stammender Roman *Atala* (1801), in dem er die Bekehrung eines Indiomädchens zum Christentum beschreibt, prägte das Werk einer Reihe von Autoren, insbesondere die von dem Uruguayer Juan Zorrilla de San Martín niedergeschriebene Erzählung *Tabaré,* einen der bedeutenderen hispanoamerikanischen Texte des 19. Jh.

Die literarische Schlüsselfigur der Übergangsperiode vom Kolonialstatus zur Unabhängigkeit bzw. vom Neoklassizismus zur Romantik war Andrés Bello. Als Professor und Rektor der Universität von Santiago half er, die Vermittlung humanistischer Bildung von Grund auf zu reformieren. Zwölf Jahre lang, bis 1853, schrieb er mit unermüdlichem Eifer in der 1841 gegründeten Zeitschrift *El Araucano* über Unterrrichtsfragen und kulturelle Aspekte im weitesten Sinne. Für die Buchhändler der Stadt muß er ein wichtiger Mittler gewesen sein, indem er ihnen maßgebende Werke zum Import empfahl. Seine Pressebeiträge machten die Leserschaft mit den meisten französischen Romantikern vertraut. Im Rahmen seiner Lehrtätigkeit jedoch widmete er sich intensiv spanischen Klassikern und der Sprachgeschichte. Früchte dieser Studien waren unter anderem seine *Principios de ortología y métrica de la lengua castellana* (Grundsätze der Orthologie und Metrik in der kastilischen Sprache, Santiago 1835) und die *Gramática de la lengua castellana destinada al uso de los americanos* (Grammatik der spanischen Sprache für den Gebrauch der Amerikaner bestimmt, Santiago 1847), wobei dieses zweite Kompendium bis heute seine Bedeutung behalten hat und immer wieder für sprachwissenschaftliche Studien herangezogen wird. Aber Bello war nicht nur Literat und Linguist, sondern auch Jurist: Im Jahr 1843 legte er sein *Proyecto del Código Civil* (Entwurf zum Bürgerlichen Gesetzbuch) vor. 1853 zog er sich aus der Universität zurück, um sich ganz der Ausarbeitung der Endfassung dieses Gesetzeswerkes zu widmen. Zwei Jahre später erschien das Bürgerliche Gesetzbuch der Republik Chile. Zuvor hatte Bello mit den *Principios del Derecho de Gentes* (Grundsätze des Völkerrechts, 1832) seine Gedanken zum internationalen Recht veröffentlicht. Von ausgeglichenem Wesen und gemäßigten Ansichten – zu moderat, um sich mit ganzem Herzen der Romantik zu verschreiben – war Bello kein Revolutionär, sondern ein Reformer. Er besaß eine zu solide Bildung und eine zu profunde Kenntnis der Sprachgeschichte, um die Vorschläge Sarmientos (auf den noch zurückzukommen sein wird) ernst zu nehmen. Nach den Vorstellungen des Argentiniers, die er im Jahr 1842 anläßlich einer Polemik mit Bello äußerte, hätte eine Erneuerung des Kastilischen aus dem französischen Sprachschatz heraus erfolgen sollen, denn seiner Meinung nach taugte das zeitgenössische Spanisch nicht mehr dazu, Ideen zu formulieren oder in einer literarisch adäquaten Weise Beobachtungen und Gedanken auszudrücken. Daß Bellos konservative Gesinnung in keiner Weise rückständig war, zeigt sein am 10. Mai 1833 im *El Araucano* publizierter Artikel, in dem er die damals in Chile noch existierende Buchzensur kritisierte und deren Abschaffung forderte. Seine Grundhaltung war liberal, wenn er auch mitunter paternalistische Ansichten vertrat; so sah er die Aufgabe des Theaters in erster Linie darin, das Volk zu erziehen; eine Anschauung, mit der Bello allerdings nicht alleine stand.

Nach Buenos Aires gelangte die amerikanische Romantik mitten in der Regierungszeit des Diktators Rosas. Das erklärt den stark „politischen“ Charakter dieser Geisteshaltung am La Plata. Esteban Echeverría (1805–1881) versuchte, die liberal gesinnten Schriftsteller seiner Heimat im literarischen Club „La Joven Argentina“ (Das junge Argentinien) zusammenzuführen, doch die kleine Gruppe erregte schon bald das Mißtrauen des Militärregimes und mußte sich auflösen – ein Schicksal, das auch dem 1837 gegründeten Geheimbund „Asociación de Mayo“ (Mai-Vereinigung:

im Gedenken an die Mai-Revolution von 1810, die Argentiniens Unabhängigkeit einleitete) widerfuhr. Die Sympathien dieses liberalen Bundes galten den Zielen der Französischen Revolution (u.a. auch den Ideen Saint-Simons) und Byrons Kampf um die Befreiung des von den Türken unterjochten Griechenland. Das am gegenüberliegenden Ufer des Río de la Plata gelegene Montevideo bot vielen argentinischen Rebellen Asyl, und auch Echeverría flüchtete dorthin. An ihn erinnern vor allem seine lyrisch-epische Dichtung *La cautiva* (Die Gefangene) aus dem Gedichtband *Rimas* (Reime) von 1837 und die um 1838 entstandene, aber erst 1871 in der Zeitschrift *Revista del Río de la Plata* veröffentlichte Erzählung *El matadero* (Das Schlachthaus). *La cautiva* erzählt die Geschichte einer von den Eingeborenen geraubten Weißen und schildert „den Indio" als rohes und grausames, ohne Kultur dahinlebendes, echter Gefühlsregungen unfähiges Wesen – ein Feindbild, das sich in den Texten von Sarmiento und José Hernández wiederfindet. Im Jahr 1872 war die Hälfte des argentinischen Territoriums noch von Zehntausenden von Indios verschiedener Völker bewohnt, doch unter den Regierungen Sarmiento (1868–1874) und Avellaneda (1874–1880) wurden militärische Kampagnen gegen die Eingeborenen unternommen. Diese Operationen fanden ihren Höhepunkt in den sogenannten „Wüstenfeldzügen", regelrechten Vernichtungsschlachten, die General Roca 1878 zu Ende führte. Ein Grund mehr, dem Bericht des Generals Lucio Victorio Mansilla über seinen Ausflug zum Stamm der Ranqueles Aufmerksamkeit zu schenken (s.u. S. 427f.). Mit *El matadero* legte Echeverría das literarische Fundament für die Weiterentwicklung der Erzählung als Genre und zeichnete zugleich die Regierung Rosas in den Figuren der Handlung nach. Die Schlächter symbolisieren die Anhänger des Diktators, die Föderalisten, an deren Händen das Blut ihrer Opfer klebt; zwischen den blutigen Abfällen zankt sich das Volk um die Reste, die ihm die Regierenden übriglassen, und versucht zu überleben. Der junge Unitarier, von edler Gesinnung und großer Tapferkeit, wird zum Opfer der Schlächter, aber bezeichnenderweise läßt ihn der Autor nicht an den Folgen der ihm von seinen Gegnern zugefügten Torturen, sondern, noch bevor sie ihm die Kehle durchschneiden, an einem Blutsturz sterben, verursacht durch den maßlosen Zorn, den der Zustand der Wehrlosigkeit beim Gefesselten hervorruft. Innerhalb eines viel umfassenderen Zusammenhangs entwirft auch der Dichter und Prosaist José Mármol (1817–1871) in seinem Buch *Amalia* (das den Untertitel „Amerikanische historische Novelle" trägt), der Geschichte zweier junger Liebender, ein zeitgenössisches Bild des Rosas-Regimes. Unter dem provozierenden Eindruck des tyrannischen Milieus – und seiner eigenen Verfolgung – griff Domingo Faustino Sarmiento (1811–1888) zur Feder und schrieb eines der literarischen Meisterwerke Hispanoamerikas im 19. Jh.: *Vida de Juan Facundo Quiroga, o civilización y barbarie* (Zivilisation und Barbarei: das Leben von Juan Facundo Quiroga). Sarmiento, der, wie Alberdí und Echeverría, Mármol und Mitre, der sogenannten „Generation von 1837" in Argentinien angehörte, wurde in San Juan, einer an den Ausläufern der Anden gelegenen, 1000 km von Buenos Aires entfernten Ortschaft geboren. Er begann als Ladengehilfe, arbeitete in einer Schenke, ging zum Militär, schürfte dann in einem Bergwerk in Copiapó, wurde Journalist und Schullehrer, bis er schließlich zum Botschafter seines Landes in Washington, zum Erziehungsminister und endlich zum Präsidenten Argentiniens aufstieg. Er hielt sich in Peru, Paraguay, Uruguay und verschiedentlich in Chile auf, bereiste Europa und Kanada. Er schrieb sowohl Zeitungsartikel, politische Abhandlungen, Denkschriften und Kommentare zur Verfassung als auch Erzählungen. Er erarbeitete Vorschläge zur Reform des Erziehungswesens und entwarf Projekte zur Verbesserung der Viehzucht. In der Zeit seiner Präsidentschaft (1868–1874) stieg die Zahl der Volksschüler von 30 000 auf über 100 000 an; man führte die allgemeine Schulpflicht und, in den dünnbesiedelten Gebieten des Landes, ein bewegliches Unterrichtssystem mit pendelnder Lehrerschaft sowie Schulen für Behinderte ein. Hochschulen mit öffentlichen Bibliotheken und Abendkursen wurden ins Leben gerufen. Landwirtschaftsschulen und Versuchsgüter entstanden unabhängig von der offiziellen Wirtschaftspolitik, die den Übergang von der Agrar- zur Industrieproduktion förderte. Die erste allgemeine Volkszählung fand statt, der Telegrafendienst wurde eingeführt, der Bau von Straßen und Brücken vorangetrieben, und zwischen Córdoba und Tucumán wurden 750 km Schienen verlegt. Für den Freimaurer Sarmiento, Prototyp des liberalen Romantikers, war die Geschichte ein ständiger Kampf zwischen Gut und Böse, dabei glaubte er an die Fähigkeit des Menschen, aktiv in den Lauf der Geschichte eingreifen zu können. Obwohl Katholik, rebellierte er gegen alles, was der geistigen Freiheit im Wege stand. Während seines politischen Exils in Chile (1841–1847) geriet er mit Bello in einen Meinungsstreit, der im Jahr 1842 voll entbrannte. In der Idee, auf der der Küste Uruguays vorgelagerten Flußinsel Martín García eine dem Vorbild Washingtons nachempfundene Schwesterstadt – Argirópolis (Silberstadt) – zu gründen, spiegelt sich das utopische Denken Sarmientos. Nach einem Aufenthalt in der Schweiz träumte er von einem aus Argentinien, Uruguay und Paraguay bestehenden Staatenbund; den beiden kleineren Ländern sollten die Hafeneinrichtungen von Argirópolis zur Verfügung stehen.

Facundo, Sarmientos bedeutendstes Werk, erschien 1845 zuerst als Fortsetzungsroman in der von ihm in Santiago de Chile gegründeten Tageszeitung *El Progreso;* die endgültige Fassung wurde 1851 in Buchform veröffentlicht. Vom Erscheinen des Werkes an wurde der Untertitel – „Zivilisation und Barbarei" – zur kategorischen und daher manichäischen Kennzeichnung des Gegensatzes von Gut und Böse benutzt. Die in dieser Formulierung zum Ausdruck kommende und im Text herausgearbeitete Polarisierung bezog sich im engeren Sinne auf den Kontrast zwischen Stadt und Land – also Buenos Aires und den Provinzen – sowie zwischen Unitariern und Föderalisten. Die Provinz war jedoch ebensowenig eine Brutstätte der Barbarei wie Buenos Aires ein Zivilisationsparadies. Läßt man die Dichotomie des Buches beiseite, die nur als Indikator der Konflikte zwischen unterschiedlichen gesellschaftlichen und politischen Gruppierungen dienlich ist, erscheint das Werk, über seine interessanten Beschreibungen des Lebens in der Pampa und ihrer Bewohner, der Gauchos, hinaus, geradezu als Fallstudie über die Enstehung einer Diktatur. Die Gauchos bildeten keine ethnische Gemeinschaft, sondern ein bunt zusammengewürfeltes Volk, bestehend aus Menschen, die, meist aus wenig achtbaren Gründen, der Stadt und der Obrigkeit entflohen waren. Man traf sie bereits im 17. Jh. in der Pampa an, wo sie mit Indiofrauen Nachkommen zeugten, in *ranchos* (Lehmhütten) wohnten und sich fast ausschließlich von Fleisch ernährten. Viele Gauchos zogen sich daher Leberzysten zu und litten wegen der starken Unterschiede zwischen Tag- und Nachttemperaturen an chronischen Erkältungen. Ihre Lebensumstände brachten eine Art „Lederkultur" hervor (die Zwischenwände im *rancho,* die niedere Bettstatt, Truhen, Stiefel, Gürtel und Zaumzeug für die Pferde waren aus Leder, zu dessen Pflege Rindertalg diente, der auch als

Brennstoff für Lampen Verwendung fand). Bis weit nach Uruguay und Rio Grande do Sul in Brasilien hinein erstreckte sich das Land der Gauchos. Auf diesen rauhen Grasebenen verwilderten die aus Spanien importierten Haustiere wieder. Pferde dienten dem Gaucho als Reit- und Tragtiere, die Rinderherden versorgten ihn (es gab keine Pflanzenkost) mit Fleisch. Aus diesen Männern der Pampa gingen häufig die regionalen *caudillos* hervor, deren lebendiges Beispiel Facundo war: Er beherrschte von 1823 an die Rioja-Provinz und nach 1832 und bis zu seinem gewaltsamen Tod im Jahr 1835 auch die Provinz Córdoba. Im ersten Teil seines Buches bietet Sarmiento eine lebendige Beschreibung der Pampa, die er nur vom Hörensagen, von den Schilderungen der Fuhrleute her kannte, die das Land von Buenos Aires bis zur Kordillere durchquerten. (Gegen Ende des 18. Jh. gab es etwa 1000 zweirädrige schwere Karren, mit denen der Güterverkehr zwischen Buenos Aires, Mendoza und dem nördlichen Teil des Territoriums abgewickelt wurde.) Der Autor zeigt, wie das Leben in der Pampa, konditioniert durch bestimmte geographische Rahmenbedingungen, einen eigenen Menschentypus hervorbrachte. (Taine sollte 1865 diesen auf Montesquieu zurückgehenden geographischen Determinismus in seiner *Philosophie de l'Art* herausarbeiten, deren soziologische Kriterien „Rasse“, „Milieu“ und „historische Bedingtheit“ sind.) Nach dem Verständnis Sarmientos konnte in der Pampa – einem Habitat mit versprengten Ansiedlungen, notwendigerweise autarken Bevölkerungsinseln, einer durch Mut und Freiheitsliebe charakterisierten Einwohnerschaft und einer quasi naturgesetzlichen Notwendigkeit, die Tüchtigsten zu Anführern der Gemeinschaft zu machen – nur ein Menschenschlag entstehen, der sich keinem modernen Regierungssystem fügte. Der zweite Teil des Buches ist der Biographie des Juan Facundo Quiroga gewidmet und dient dem Autor, der sich aller erreichbaren schriftlichen Dokumente und mündlichen Zeugnisse bediente, zum Angriff auf die Person des Diktators Rosas, der seinen Vorgänger Facundo liquidieren ließ. Der letzte Teil des Buches enthält Vorschläge zur Entwicklung des Landes: massive Einwanderung von Europäern zur Verbesserung des kulturellen Niveaus in Argentinien sowie eine Verkehrspolitik, die darauf zielt, die Flüsse als natürliche Transportwege schiffbar zu machen und dadurch das Territorium wirtschaftlich und zivilisatorisch weiter zu erschließen. Wenn dieses Werk aufgrund seiner inneren Widersprüche und der Ablehnung alles „Orientalischen“ in Form von für die Föderalisten stets ungünstigen Vergleichen auch nicht in allen Teilen überzeugt, unbestritten sind sein literarischer Wert und seine überzeugende Botschaft gegen den Despotismus.

In seinem Buch *Conflictos y armonías de razas en América* (Konflikte und Übereinstimmung zwischen den Rassen in Amerika, 1883) zeigt Sarmiento mehr Dissonanzen als Harmonien. Nach seiner Darstellung ist der Indio ein passives Wesen ohne Initiative und „Arbeitsmoral“. Wenngleich keine idealen Mitbürger, gesteht der Autor den Schwarzen zumindest Vitalität und Humor zu. Ähnliche Charakterisierungen finden sich später (1903) bei dem Argentinier Carlos Octavio Bunge in *Nuestra América* und in der soziologischen Studie *Pueblo enfermo, contribución a la psicología de los pueblos hispanoamericanos* (Krankes Volk. Beitrag zur Psychologie der hispanoamerikanischen Völker, 1909) des Bolivianers Alcides Arguedas. Beide Werke sind Zeugnisse einer ausgeprägt positivistischen Denkweise, deren Zenit schon überschritten war.

Der Argentinier Bartolomé Mitre (1821–1906) wurde durch sein poetisches Werk, durch zwei Romane und ein Bühnendrama bekannt; ferner übersetzte er *Gil Blas* von

Alain-René Lesage und, in Versform, Dantes *Inferno*. Als Journalist außerordentlich produktiv, leitete er eine Zeitlang das Blatt *El Mercurio* in Valparaíso. Ein sehr bewegtes, von mehreren Ausweisungen unterbrochenes Leben, eine militärische Karriere und schließlich die Erringung der Präsidentschaft (1862–1868) hinderten ihn nicht daran, zum bedeutendsten Historiographen Argentiniens zu werden. Innerhalb eines halben Jahrhunderts stellte er eine im weitesten Sinne amerikanische, außerordentlich reichhaltige Bibliothek zusammen, deren Thematik sich über den gesamten spanischen, portugiesischen und englischen Sprachraum in der Neuen Welt erstreckte und bis in die präkolumbische Zeit zurückgriff; eine sehenswerte Sammlung von Karten und alten Stichen ergänzte sie.

Ein anderes, ebenfalls von einem Argentinier stammendes Meisterwerk des 19. Jh., dessen Handlung sich wiederum um das Leben der Pampa-Bewohner, der Gauchos und Indios, dreht, ist das Versepos *Martín Fierro* (Band 1, 1872; Band 2, 1879). Sein Verfasser, José Hernández (1834–1896), entstammte einer unweit der Hauptstadt residierenden *estanciero*-Familie. Im ersten Teil des Werkes entsteht vor den Augen des Lesers noch einmal die Idylle einer Landschaft aus der jüngsten Vergangenheit, als noch kein Stacheldrahtzaun die Weiden der Viehzüchter teilte, und der Gaucho sich ungehindert bewegen konnte. Nun wird er von der Gesellschaft ausgebeutet und findet sich, da diese kaum Verwendung für ihn hat, nach einer von einem korrupten Landrichter angeordneten Aushebung als Wachsoldat in einem der kleinen Forts wieder, die die „Grenze“ markieren. Diese Grenze wurde von jenem unbestimmten, veränderlichen, schicksalhaften Gebiet gebildet, das die Ureinwohner von den Weißen trennte, die mit dem Eisenbahnbau in die Pampa vordrangen. Hernández’ Botschaft an den Gaucho ist die Empfehlung, sich von der mutmaßlichen Zivilisation möglichst fernzuhalten und, so gut er könne, in Freiheit weiterzuleben. Im zweiten Teil des Werkes wechselt der Tenor jedoch. Als Martín Fierro nach langer Abwesenheit seine Söhne wiedertrifft, und diese ihm von ihrem bewegten Leben berichten, rät er den Gauchos, sich so bald wie möglich in die Gesellschaft einzugliedern. Die Erzählperspektive des Autors wandelt sich vom romantischen Ideal des allein in freier Natur unter einem weiten Himmel lebenden Mannes zu einer dem Zeitgeist nachgebenden, pragmatischeren Sicht der Dinge. Auch in diesem Werk erfährt „der Indio“ eine negative Bewertung. Dessenungeachtet erlangte das Epos schnell Berühmtheit. Auch heute noch zitiert man bei einem geistreichen Gespräch gern einzelne Verse – gewöhnlich die letzten beiden einer Sextine, der hier vorherrschenden Strophenform – des Gedichts als Aperçus.

Eine völlig andere Einstellung zu den Indios als bei Echeverría, Sarmiento und Hernández findet sich bei Lucio Victorio Mansilla (1831–1913), einem argentinischen General, der der Spitze der hauptstädtischen Gesellschaft entstammte. Bereits als junger Mann vertiefte er sich in die Bücher Rousseaus, aber da er damit den Unwillen seiner Familie erregte, schickte diese ihn ins Ausland: Zwei Jahre lang bereiste er Indien, Ägypten und die Türkei und lebte anschließend einige Zeit in Paris und London. Auf Befehl seines Vorgesetzten, des Generals Arredondo, unternahm Mansilla mit einer Gruppe unbewaffneter Männer vom 30. März bis zum 18. April 1870 eine Reise durch das Gebiet der Ranqueles-Indianer. Dabei gelang es ihm, das Vertrauen einiger Stammesführer zu gewinnen und sie zur Annahme einer dauerhaften Friedensregelung mit der Republik zu bewegen. Mansilla, ein guter Zuhörer und Beobachter, erkannte die

Zweischneidigkeit der Politik seiner Regierung, die beim Versuch, die Indios in die argentinische Gesellschaft einzugliedern, gleichzeitig ihre Kultur zerstörte. Um dem unter den Indios verbreiteten Alkoholismus zu begegnen, schlug er vor, den Branntweinschmuggel über die chilenische Grenze zu unterbinden, bei dem die Schleichhändler, die Schnaps gegen Vieh eintauschten, erhebliche Gewinne erzielten. Mansillas Reisebericht *Cuadro completo del Estado de los Toldos* (Komplette Darstellung des Zeltstaates der Indianer) umfaßt nur wenige Seiten, diente aber als Arbeitsgrundlage für ein Buch, das von Mai bis Oktober 1870 in der in Buenos Aires erscheinenden Zeitung *La Tribuna* in Form von Briefen an einen Freund abgedruckt wurde; tatsächlich war der Autor mit dem Herausgeber befreundet. Der Text des Buches schleppt durch eingeblendete Erzählungen und moralisierende Exkurse zwar viel überflüssigen Ballast mit; was diesen Bericht aus der Feder einer der höchsten Persönlichkeiten der Republik jedoch so bedeutend macht, ist der aus jeder Zeile sprechende Respekt vor einer anderen, bis dahin in Argentinien geringgeschätzten Kultur und die kritische Betrachtung einer Gesellschaft, der der Verfasser selbst entstammt.

In dem Chilenen Alberto Blest Gana (1830–1920) sollte Hispanoamerika seinen größten Romancier des 19. Jh. finden. In seinem Bemühen, ein zeitgenössisches Bild der Gesellschaft (hier derjenigen von Santiago) zu zeichnen, ist er nur mit Dickens, Balzac und Galdós vergleichbar, ohne bis heute deren breite Publikumswirkung erreicht zu haben; noch immer fehlt auch eine leicht zugängliche Gesamtausgabe seiner Werke. In seinem meistbeachteten und wohl auch meistgelesenen Roman *Martín Rivas* (1862) rückt er die problematische Liebe zweier junger Menschen, die verschiedenen Gesellschaftsschichten entstammen, in den Mittelpunkt der Handlung: Das Mädchen kommt aus dem Wohlstandsbürgertum von Santiago, der junge Mann aus der Provinz. Vor dem Hintergrund des facettenreich beschriebenen Lebens in der Hauptstadt schildert Blest Gana die gesellschaftlichen und politischen Spannungen zwischen „pipiolos“ (Anfängern = Liberalen) und „pelucones“ (Zopfträgern = Konservativen). Bezeichnenderweise erobert der Titelheld das Mädchen und wird von der gehobenen Gesellschaft akzeptiert.

Mit Blest Ganas Werk ist die Grenze zwischen Romatik und Realismus überschritten. Die literarische Bedeutung der damaligen Presse zeigt sich daran, daß auch dieses Buch als Vorabdruck in einem Lokalblatt, in diesem Fall *La Voz de Chile,* erschien. Auch in anderen Teilen des Kontinents setzte sich der realistische Roman durch. Hauptvertreter dieser Richtung sind der Argentinier Eugenio Cambaceres (1843–1888), der Mexikaner Emilio Rabasa (1856–1930) – der erste realistische Erzähler Mexikos – mit seinem bekannten Werk *La bola* (Der Lokalputsch, 1887) und sein Landsmann Rafael Delgado (1853–1914), in dessen Werk Landschaftsbeschreibungen einen besonderen Rang einnehmen. Mit seinen Büchern, die seit Ende des 19. Jh. erschienen (*La Calandria;* Die Lerche, 1891), avancierte er zum bedeutendsten mexikanischen Romancier des 19. Jh.

Zum realistischen Literaturschaffen jener Zeit gehören auch die Erzählungen der Peruanerin Clorinda Matto de Turner (1854–1909), deren Werk *Aves sin nido* (Vögel ohne Nest, 1889) die elenden Lebensbedingungen der Indios schildert. Stilepochen folgen einander nicht nahtlos, und fünf Jahre nach Blest Ganas *Martín Rivas* erschien in Kolumbien noch einmal eine romantische Erzählung: *María* (Zwei Liebende: Maria, 1867) von Jorge Isaacs (1837–1895). Im Mittelpunkt steht wieder eine unmögliche

Liebe; meisterhafte Landschaftsschilderungen bilden Metaphern für Freuden und Leiden des Paares. Eine Rahmenerzählung illustriert die sozialen Beziehungen auf den großen Pflanzungen, die – glaubt man Isaacs – von einem „herzlichen Paternalismus" geprägt waren. Von einem ähnlichen Idealismus und einer vergleichbaren Unkenntnis der wirklichen Lebensbedingungen der Landarbeiter zeugt das merkwürdige Poem *Memoria sobre el cultivo del maíz en Antioquia* (Denkschrift zum Maisanbau in Antioquia, 1866) des Kolumbianers Gregorio Gutiérrez González (1826–1872). Es handelt sich um ein – für besonders feierliche Anlässe gedachtes – Gedicht von 156 jeweils aus vier elfsilbigen Versen bestehenden Strophen; es beschreibt die Feldarbeit von der Rodung bis zur Maisernte und die begleitenden dörflichen Feste. Der ein wenig an den Geist des 18. Jh. erinnernde didaktische Eifer des Dichters erklärt sich wohl aus dem Umstand, daß dieses Gedicht ursprünglich als Begrüßungsrede vor einem Kreis gebildeter Zuhörer geschrieben wurde. Dennoch ist es mit seiner Verherrlichung der Natur ein Werk der Romantik. Romantische Züge kennzeichnen auch das Werk des mexikanischen Erzählers Ignacio Manuel Altamirano (1818–1879), eines Mestizen, der sich für die Schaffung einer authentischen mexikanischen Literatur einsetzte und sich der Darstellung lokalen Brauchtums widmete. Die *Costumbrismo* genannte, sich der Sittenschilderung verschreibende Literaturgattung hatte ihren größten Exponenten in Spanien in dem Chronisten Ramón de Mesonero Romanos (1803–1882), einem auch in Amerika vielgelesenen Autor. Der *Costumbrismo* interessierte sich einerseits aus echter Neugier für lokale Bräuche, anderseits, weil solche typischen Kulturformen in einer im Wandel begriffenen Welt zum Verschwinden verurteilt waren. Man befand sich auf einer Vorstufe zur Entwicklung des Romans und so trugen viele der ersten Romane noch Züge von Sittenschilderungen. Zu den bedeutendsten Vertretern dieser Gattung zählen der Chilene Jotabeche, mit richtigem Namen José Joaquín Vallejo (1811–1858), der Venezolaner Fermín Toro (1807–1865) und der Peruaner Felipe Pardo y Aliaga (1806–1868).

Großen Einfluß auf alle Lebensbereiche hatte der Positivismus, jene aus der Tradition des von Descartes und den Enzyklopädisten repräsentierten Rationalismus hervorgegangene philosophische Richtung. Ihre Kernaussagen finden sich im *Cours de philosophie positive* (6 Bände, 1830–1842) von Auguste Comte (1798–1857). In Ablehnung spekulativen Denkens und jeder Metaphysik erkannte der Positivismus ausschließlich die Ordnungsprinzipien der Lebenswirklichkeit an, mit deren Hilfe die Realität sowohl der Natur wie auch der Mensch und die Gesellschaft beeinflußt und beherrscht werden könnten. „Positivismus", weil alle Erkenntnis sich lediglich auf das wissenschaftlich Bewiesene („Positive") stützen dürfe. Allein die Erkenntnis der die Wirklichkeit steuernden Gesetzmäßigkeiten sei gesicherte Erkenntnis und erlaube den Eingriff in deren Gang. Jede Wissenschaft beruhe auf den Erkenntnissen ihrer Vorläufer. Krönung aller Wissenschaften sei die „soziale Physik" oder „Soziologie". In Zukunft, so stellte man sich vor, wäre es diese Wissenschaft, die eine Elite mit der Lösung gesellschaftlicher Probleme beauftragen würde. Der Wunsch, das bestehende Gesellschaftssystem zu verbessern, schlug sich bei Comte als Idealvorstellung in dem Satz „L'amour pour principe, l'ordre pour base, le progrès pour but" nieder. Bei solcher Betonung des Ordnungsprinzips wird klar, daß Comte jede Art von revolutionärer Gesinnung verhaßt sein mußte; er glaubte allein an die Evolution. Es handelte sich also um eine auf Wirkungen gerichtete und nicht nur betrachtende Philosophie, die, auch wenn sie nicht ausdrücklich darauf abzielte, wegen der von ihr betonten Rolle einer Elite gerade auch die konservativen Kräfte anzog. (Comte selbst befürwortete in seinen letzten Lebensjahren eine Republik autoritärer Prägung.) Unter seinen geistigen Nachfolgern findet sich der schon erwähnte Hippolyte Taine (1828–1893). In seiner *Philosophie de l'Art* (1865) entwickelte er die Theorie der Einflüsse von „Rasse", „Milieu", und „historischer Bedingtheit".

Als Gegenströmungen zum Positivismus entstanden ein theokratischer Traditionalismus und ein spiritueller Eklektizismus. Vertreter der ersten Richtung waren u.a. Louis Gabriel Ambroise Vicomte de Bonald (1754–1840), maßgebender Theoretiker des antirevolutionären Denkens, und Joseph-Marie Comte de Maistre (1753–1821), der für die päpstliche Autorität und die kirchliche Oberherrschaft sowie für die Rechtfertigung von Krieg, Inquisition und Todesstrafe eintrat. Als weitere Traditionalisten wurden Hugues Félicité Robert de Lamenais (1782–1854) mit seinem metaphysischen System, das Einflüsse Platons verriet, und François-René Vicomte de Chateaubriand (1768–1848) mit seiner poetischen Auslegung des Christentums in *Le Génie du christianisme* (5 Bände, 1802) bekannt. Hauptexponent einer eklektischen Denkweise war der nach einem Ausgleich zwischen der Ablehnung alles Übersinnlichen und dem Idealismus in Reingestalt suchende Victor Cousin (1792–1867). Alle diese Autoren hinterließen in Amerika ihre Spuren.

Der Positivismus erreichte seine größte Wirkung in Hispanoamerika in den letzten Jahrzehnten des 19. Jh. Auf die politische Führung einiger Länder übte er spürbaren Einfluß aus, so in Chile, in Uruguay, in Peru (wo die San-Marcos-Universität ein Hort positivistischen Denkens war) und in Brasilien, Heimat der 1871 gegründeten *Sociedade Positivista.* Ihre dauerhafte Resonanz beweist die Tatsache, daß sich die Kultstätte der Positivisten nach dem Zweiten Weltkrieg in Paris dank der Spenden ihrer brasilianischen Sympathisanten am Leben erhielt. Ihre deutlichste Verkörperung fand diese Strömung in Mexiko in der Gruppe der *científicos,* einem Kreis von Intellektuellen, die in den letzten zehn Jahren der Regierung Porfirio Díaz (1876–1910) den politischen Kurs bestimmten. Díaz stand an der Spitze einer durch und durch autoritären Republik. An der Universität von Mexiko personifizierte Justo Sierra (1848–1912) den Positivismus, was bei der Lektüre seiner *Evolución política del pueblo mexicano* (Politische Entwicklung des mexikanischen Volkes) sofort klar wird. Der Text leitet sich aus der Beteiligung des Autors an einem von ihm geleiteten Gemeinschaftswerk ab: *Mexico, su evolución social* (Mexiko, seine soziale Entwicklung, Mexiko 1900–1902). Er besteht aus der „Politischen Geschichte" (Band 1) und der „Heutigen Ära" (Band 2) des Landes. Ausgewogen und mit großer Klarheit handelt Sierra, dessen Text durch literarische Schilderungen beschwörende Kraft erhält, die Geschichte seines Landes ab. Dabei geht er von folgendem Standpunkt aus: „Wir Mexikaner sind Söhne beider Völker und beider Rassen; wir sind aus der *conquista* geboren; unsere Wurzeln liegen sowohl in der von Eingeborenenvölkern bewohnten Erde wie auch im Boden Spaniens. Diese Tatsachen bestimmen unsere gesamte Geschichte; und ihnen verdanken wir unsere Volksseele." In seinem Werk (die unter der Regie von Augustín Yáñez 1948 herausgegebene UNAM-Ausgabe umfaßt 15 Bände) widmet sich der Autor der Literatur, der Geschichte und der Volkserziehung. Sierra war ein begabter Redner und politischer Journalist.

In Peru fand der Positivismus im Schaffen von Manuel González Prada (1848–1918) seinen Widerhall. In den *Páginas libres* (Freiheitliche Blätter, 1894) und später in den

Horas de lucha (Stunden des Kampfes, 1908) griff er die in Peru herrschenden Übel an – Korruption, Inkompetenz, leeres Gerede – und setzte sich für die Belange der Indios ein. Damit wurde González Prada zum Vorläufer seines Landsmannes Mariátegui, der im 20. Jh. das indianische Kulturerbe als mögliche Quelle nationaler Identität wiederentdecken sollte. In Puerto Rico versuchte Eugenio María de Hostos (1839–1903) im Rahmen eines außerordentlich umfangreichen literarischen Werkes, die positivistischen Lehren zur Verbesserung der gesellschaftlichen Bedingungen in seinem Lande anzuwenden. Sein Buch *Moral social* (Gesellschaftsmoral, 1888) nahm die Losung Comtes (Liebe – Ordnung – Fortschritt) wieder auf und formulierte ein „Programm" zur Wiederbelebung der verblaßten amerikanischen Bürgertugenden. Hostos appellierte an Opferbereitschaft und Pflichtgefühl sowie an den philanthropischen und kosmopolitischen Geist seiner Zeitgenossen. Dabei begegnete er dem Kunstschaffen, das nicht immer moralisch einwandfreie Ergebnisse hervorbringt, mit einem gewissen Mißtrauen. Vor allem das Genre des Romans, der inzwischen den Platz früher gelesener frommer Schriften einnahm, war nach Hostos' Meinung noch weit davon entfernt, den Weg zum Guten zu weisen, und erfüllte daher noch nicht seinen Auftrag, Spiegel des wahrhaft Schönen zu sein. Den Künsten kommt – im Verständnis Hostos' – die Aufgabe zu, erzieherisch zu wirken und den Menschen auf den rechten Weg zu bringen, eine für das Ende des 19. Jh. erstaunliche Wertung.

Aber die Aufarbeitung der eigenen Vergangenheit war nicht nur ein positivistisch inspiriertes Anliegen. Der aus Yucatán stammende Lorenzo de Zavala (1788–1836), ein glühender Verfechter der Unabhängigkeit und als Freimaurer der Loge der Yorker zugehörig, meldete sich mit seinem *Ensayo crítico de las revoluciones de México desde 1808 hasta 1830* (Kritische Abhandlung der mexikanischen Revolutionen von 1803 bis 1830, 1. Teil, Paris 1831; 2. Teil, New York 1832) zu Wort. Der mexikanische Chronist Lucas Alamán (1792–1853), geboren in Guanajuato, ebenfalls Freimaurer (nach schottischem Ritual), bewertete den Einfluß der spanischen Krone als wünschenswert für sein Land. Er sprach sich zwar nicht gegen die Unabhängigkeit, wohl aber gegen eine Revolution mit Feuer und Schwert aus. Den mexikanischen Politikern warf er Egoismus und mangelndes Engagement für die öffentlichen Anliegen vor. Als wichtigstes Werk gilt seine *Historia de México desde los primeros movimientos que prepararon su independencia en el año 1808 hasta el año 1852* (Geschichte Mexikos von den ersten vorbereitenden Bewegungen zur Erlangung der Unabhängigkeit im Jahre 1808 bis zum Jahre 1852, 5 Bände, Mexiko 1883–1885), deren Text auf den zwischen 1844 und 1852 in Mexiko-Stadt veröffentlichten *Disertaciones sobre la historia de México* (Abhandlungen über die Geschichte Mexikos) basiert. Ein anderer Gelehrter seiner Zeit – Doktor der Theologie, Priester und Advokat zugleich, auch er Freimaurer schottischer Prägung –, der sich mit der mexikanischen Geschichte befaßte, war José Maria Luis Mora (1794–1850). *México y sus revoluciones* (Mexiko und seine Revolutionen) sowie die *Obras sueltas* (Einzelwerke), beide publiziert in Paris, wo der Autor sich in den Jahren 1834, 1836, und 1837 niederließ, leiteten eine Folge kritischer Studien zum mexikanischen Revolutionsgeschehen ein. Die drei zitierten Schriftsteller, als Angehörige der gesellschaftlichen Oberschicht allesamt hochgebildet, blendende Stilisten und dazu wichtige Amtsträger in der Regierung ihres Landes, legten das Fundament zur mexikanischen Historiographie. Der Chilene José Victorino Lastarria (1817–1888), Schüler Bellos und Gründer von Zeitungen und literarischen

Zeitschriften, Autor von Studien über öffentliches Recht und Schriftsteller, der der Erzählung als literarischer Form in seinem Land den Weg bereitete, nahm sich der Vergangenheit in seinen *Investigaciones sobre la influencia social de la conquista y del sistema colonial de los españoles en Chile* (Untersuchungen über die sozialen Einflüsse der *conquista* und des Kolonialsystems der Spanier in Chile, 1884) an. Ungeachtet des hochtrabenden Titels kann diese Studie keinen wissenschaftlichen Rang beanspruchen; dazu fehlen ihr die kritische Betrachtungsweise, Methodik, Objektivität und gedankliche Klarheit. Vielmehr stellt das Buch eine lange Tirade gegen alles Spanische dar – die als „ungeheuerlich“ bezeichnete Indiengesetzgebung eingeschlossen – und zugleich eine etwas absurde Interpretation des nach Meinung des Autors einzig Positiven in der chilenischen Gesellschaft, des Vermächtnisses der Araukaner. Die mangelhafte historiographische Qualität des Textes illustriert ein Hinweis auf die einleitende Bemerkung, wonach zum Verständnis des gegenwärtigen Chile, eines jungen Landes, eine Beschreibung der Kolonialepoche verzichtbar und eine Betrachtung erst ab 1810 interessant sei. Da Logik offenbar nicht zu den Stärken des Verfassers gehörte, versicherte er gleichwohl, daß die Kolonialzeit die 1810 beginnende Periode tiefgreifend beeinflußt habe, und daß er sich deshalb dem Thema widmen wolle, das der Titel zu versprechen scheint. Wie Lastarria Bello behandelt, zeugt im übrigen nicht gerade von Anstand und intellektueller Redlichkeit.

Von eminenter Wichtigkeit und bleibendem dokumentarischem Wert sind die Arbeiten dreier Mexikaner: Manuel Orozco y Berra (1816–1881), Joaquín García Icazbalceta (1825–1894), der aufgrund seiner bedeutenden Bibliothek bereits Erwähnung fand, und Francicso del Paso y Troncoso (1842–1916). Orozco y Berra, unter dessen Regie das *Diccionario universal de Historia y Geografíca* (Universallexikon der Geschichte und Geographie, 10 Bände, Mexiko 1855) zustande kam, machte sich vor allem mit seiner *Historia antigua y de la conquista de México* (Die Geschichte Mexikos bis einschießlich der *conquista,* Mexiko 1881) einen Namen. Icazbalceta trug aufschlußreiche zeitgeschichtliche Dokumente zusammen und publizierte sie als *Colección de documentos par la Historia de México* (Dokumentensammlung zur Geschichte Mexikos, 2 Bände, Mexiko 1858–1866). Eine andere grundlegende Archivarbeit Icazbalcetas ist die *Bibliografía Mexicana del siglo XVI. Primera parte. Catálogo razonado de libros impresos en México desde 1539 a 1600* (Mexikanische Bibliographie des 16. Jahrhunderts. Erster Teil. Systematischer Katalog der in Mexiko zwischen 1539 und 1600 gedruckten Bücher, Mexiko 1886). Er veröffentlichte auch die lateinischen Dialoge des Francisco Cervantes de Salazar über das Leben in der mexikanischen Hauptstadt im 16. Jh. Fray Juan de Zumárraga widmete er eine spezielle Studie und gelangte bei seinem alphabetischen *Vocabulario de mexicanismos* (Wörtersammlung von Mexikanismen, Mexiko 1905) bis zum Buchstaben G. Wer sich mit Mexikos Geschichte näher befaßt, wird ständig auf diesen begabten Autor stoßen. Das gleiche läßt sich von Paso y Troncoso sagen, einem weiteren profunden Kenner der Geschichte seines Landes, und zwar ebenso der älteren Periode (er war ein Kenner der aztekischen Sprache) wie auch der Kolonialepoche. Er war Herausgeber der Schriften des Fray Bernardino de Sahagún, von zahlreichen im Auftrag Philipps II. erstellten „geographischen Berichten“ und eines monumentalen, in 16 Bänden erfaßten und erst nach seinem Tode veröffentlichten *Epistolario de la Nueva España* (Epistolarium Neu-Spaniens). Paso y Troncoso verfaßte auch zahlreiche Studien zur älteren Literatur seines

Landes. Im Lichte der nationalen Vergangenheit Mexikos stellt das in der zweiten Hälfte des 19. und zu Beginn des folgenden Jahrhunderts publizierte Werk dieser drei Schriftsteller nicht nur ein Zeugnis des intellektuellen Lebens jener Zeit dar, sondern veranschaulicht auch die Ernsthaftigkeit und den Rang der geistigen Anstrengungen, die das Land unternahm, um sich seiner eigenen Werte dauerhaft bewußt zu werden.

Der Chilene Diego Barros Arana (1830–1907), der nach einem Jurastudium 1867 Professor für Literaturgeschichte und Dekan der humanistischen Fakultät an der Universität Santiago wurde, war ein weiterer Intellektueller, der wegen seiner politischen Meinung und der von ihm verfaßten Zeitungsartikel verfolgt wurde. Er mußte sein Land verlassen und fand nacheinander Aufnahme in Buenos Aires, Uruguay, Brasilien und schließlich in Spanien, wo er in den Archiven der Königlichen Akademie für Geschichte in Madrid, in Simances und in Sevilla arbeitete. Dort stieß er auf das *Purén indómito* (Ungebändigtes Purén) überschriebene Manuskript des Soldaten Hernando Alavarez de Toledo, der in 24 *cantos* seine eigenen Erlebnisse während der *conquista* Chiles schildert; Barros Arana gab das Werk 1860 in Leipzig heraus. Aus seinen sehr umfangreichen, literarischen und historischen Studien (von Magellan bis in seine eigene Epoche, über Chile im einzelnen und über Amerika im allgemeinen) gewidmeten Gesamtwerk ragen vor allem die vierbändige *Historia general de la independencia de Chile* (Allgemeine Geschichte der Unabhängigkeit Chiles, Santiago 1854–1857) und die in 16 Bänden abgehandelte *Historia general de Chile* (Allgemeine Geschichte Chiles, Santiago 1884–1886) heraus. Wie die erwähnten mexikanischen Arbeiten ist auch das Schaffen Barros Aranas Teil des beeindruckenden Versuchs, die Fundamente der neuen, aus den Unabhängigkeitskriegen hervorgegangenen Gesellschaft zu erforschen.

In Kolumbien, stets eine Wiege humanistischer Forschung, nahm Miguel Antonio Caro (1843–1909), Dichter und Präsident seines Landes, erheblichen Einfluß auf das Erziehungswesen. Er war ein katholischer Traditionalist, was schon die Titel der Zeitschriften erkennen lassen, für die er seine Beiträge schrieb: *El Tradicionalista* und *El Orden.* Zusammen mit Rufino J. Cuervo verfaßte er eine lateinische Grammatik, von der 1895 bereits die fünfte Auflage erschien. Auch Übersetzungen von Vergils *Aeneis* und von Versen des Horaz stammen aus seiner Feder, des weiteren Studien zur lateinamerikanischen Sprache und Literatur, zu *Don Quijote* und zur Verskunst sowie eine *Refutación de las teorías de Bentham* (Widerlegung der Benthamschen Theorien, Bogotá 1866). In der Belletristik ließ der Dominikaner Manuel de Jesús Galván mit seiner historischen Legende *Enriquillo,* der zum Romanstoff verarbeiteten Geschichte des Kaziken Guarocuya (geschrieben 1877; endgültige Fassung 1882), die Vergangenheit wieder aufleben. Für sein Werk zog Galván die Chroniken zu den „Indias" (wie Amerika nach der *conquista* genannt wurde) heran, u.a. diejenige von Las Casas. Ganz anders ging der Peruaner Ricardo Palma (1833–1919) bei der Materialbeschaffung für seine *Tradiciones peruanas* (Peruanische Überlieferungen) vor, die zunächst in Zeitungen veröffentlicht und ab 1872 in Buchform herausgegeben wurden. Palma interessierte sich für das peruanische Leben der Kolonialzeit und durchforschte die Archive sowie alle Arten von publizierten Texten nach Material. Frucht seiner Bemühungen waren u.a. die 1863 veröffentlichten *Anales de la Inquisición de Lima* (Annalen der Inquisition von Lima). Was er „Überlieferung" nannte, war eine Form von historischer Erzählung, in der er aus hunderterlei Quellen stammende Daten mit mündlichen Überlieferungen und den Ausflüssen seiner eigenen reichen Phantasie verquickte. Auf diese Weise erweckten die Überlieferungen das vizekönigliche Lima mit all seinen Einzelschicksalen, seinen Intrigen, Zerstreuungen und Verbrechen zum Leben. Der Unterhaltungswert dieser Texte ist unbestritten, dennoch stellen sie keine historische Dokumentation im eigentlichen Sinne dar. Aufgrund der häufig negativen Bewertung von Regierung und Kirche in der Kolonialzeit in den „Überlieferungen" schon eine oppositionelle Schrift gegen die etablierte staatliche Ordnung sehen zu wollen, wie dies einige Literaturkritiker taten, erscheint allerdings als verfehlt; dieser Aspekt ist nur eine der vielen Facetten des Buches.

Der Naturalismus gelangte über die Lektüre der Romane von Zola (*Thérèse Raquin,* 1867; *Madeleine Férat,* 1868; und die ganze Reihe von *Les Rougon-Macquart,* 1871–1893) nach Hispanoamerika. Zolas Sichtweise menschlichen Sozialverhaltens war von Taine und dem französischen Arzt Claude Bernard (*Introduction à la médicine expérimentale;* Einführung in das Studium der experimentellen Medizin, 1865) beeinflußt. Zolas Wirkung auf die amerikanische Literatur führte keineswegs bis zum äußersten Determinismus im Roman, veranlaßte jedoch einige Autoren, sich den unteren Klassen, den Parias der Gesellschaft, sowie den schwachen und kränklichen Charakteren zuzuwenden. Dieses neuentdeckte Interesse sollte im 20. Jh. den sogenannten „Criollismo" hervorbringen, der sich stark mit dem Schicksal der Indios und derjenigen, die aus der Vermischung der Rassen und Kulturen hervorgingen, auseinandersetzte.

Eugenio Cambaceres (1843–1888), Vertreter der argentinischen Generation von 1880 und in seinem literarischen Schaffen gleichermaßen von Romantik und Realismus geprägt, schuf mit *Sin rumbo* (Haltlos, 1885) den ersten naturalistischen Roman Hispanoamerikas. Es ist die Geschichte eines der Gesellschaft überdrüssigen *estanciero*, der, um seine Depressionen zu überwinden, abwechselnd Trost bei Landfrauen, Opernsängerinnen oder beim Spiel in der Hauptstadt sucht. Als seine aus einer flüchtigen Liebschaft stammende Tochter stirbt, nimmt er sich das Leben; dieses Schicksal schildert das Buch in allen Einzelheiten.

Der Puertoricaner Manuel Zeno Gandía (1855–1930) setzte sich in vier Romanen kritisch mit dem Stadtmilieu und dem Leben auf dem Lande auseinander. *La Charca. Crónica de un mundo enfermo* (Die Charca. Chronik einer kranken Welt, 1894) – schon der Untertitel ist aufschlußreich – und *Garduña* (1896) spielen auf dem Lande; die beiden anderen, 1922 veröffentlichten Romane haben die Stadt zum Hintergrund. In *La Charca* wird der Held der Erzählung, Juan del Salto, als relativ aufgeklärter Mensch vorgestellt – in gewisser Weise eine Präfiguration des Santos Luzardo in Rómulo Gallegos' (Venezuela) *Doña Bárbara* (1929) –, dennoch besitzt er nicht genügend moralische Kraft, dem Bösen in seiner Umgebung Einhalt zu gebieten.

Zwei weitere wichtige Namen im Literaturgeschehen sind die der Uruguayer Carlos Reyles (1868–1938) mit den Romanen *Beba* (1894) und *La raza de Cain* (Kains Geschlecht, 1900) und Javier de Viana (1865–1926), der einen *Campo* (1896) betitelten Erzählband und den Roman *Gaucha* (1899) schrieb. In Mexiko führte der Schriftsteller Federico de Gamboa (1864–1939) mit dem Roman *Perico* (1886) den Naturalismus in die Literatur seines Landes ein. Es handelt sich um einen von drei Romanen, die der Autor zusammen mit einer Reihe von Erzählungen vor der Jahrhundertwende vollendete. In den meisten einschlägigen hispanoamerikanischen Literaturhandbüchern (Henríquez Ureña, Torres Rioseco, Aderson Imbert, Raimundo

Lazo), ebenso in GROSSMANN [1969] und FRANCO [1967], wird dem Naturalismus entweder kein besonderes Kapitel gewidmet oder aber er wird nur oberflächlich abgehandelt. Mehr Informationen über diese literarische Richtung finden sich in der *Historia de la novela* (Geschichte des Romans) von Fernando Alegría; eine ausführlichere Bewertung des Naturalismus setzte jedoch erst mit den Arbeiten von Kessel SCHWARTZ [1971 und 1972] und Luis IÑIGO-MADRIGAL ein, dem Herausgeber einer neuen hispanoamerikanischen Literaturgeschichte [1987, II].

In keiner Betrachtung über das Schrifttum Lateinamerikas fehlt der Modernismus; mit gutem Grund, denn dieser Strömung verdanken fast alle Länder Amerikas eine literarische Blütezeit. Man darf den hispanoamerikanischen Modernismus jedoch nicht mit demjenigen Brasiliens verwechseln, der erst etliche Jahre später (1922) entstand und nicht nur die Literatur umfaßte. In einer sich zunehmend organisierenden und sichtbar industrialisierenden Welt (in Europa wurden seit 1780 die Dampfmaschine und ab 1860 der Verbrennungsmotor im Produktionsprozeß eingesetzt) profitierte auch der Literaturbetrieb von den jüngsten technischen Errungenschaften. Der Kontakt zwischen den Literaten, vom Norden bis zum Süden des Kontinents, intensivierte sich, Kulturzeitschriften und literarische Magazine schossen aus dem Boden und trugen geistige und literarische Schöpfungen in die großen Städte. Den immer häufiger werdenden Besuchen von Kulturschaffenden Hispanoamerikas in Europa entsprach die Festigung der geistigen Bande zwischen den beiden Kontinenten. Andererseits orientierte sich die Industriegesellschaft mehr und mehr am Ziel materiellen Wohlstands. Zahlreiche Künstler begegneten einer blind dem Materialismus ergebenen Gesellschaft mit Verachtung. Weil sie sich von ihr an den Rand gedrängt fühlten, entwickelten sie die Haltung von „boshaften Poeten". Diese Anschauung war nicht ihre eigene Erfindung, denn in Europa zeigte sich das gleiche Phänomen. Gleichsam als Reaktion auf die bis dahin vertretene Auffassung – man dichtete nebenbei, Schreiben war nicht der eigentliche Beruf des Künstlers – erhoben die Modernisten den Anspruch, in allererster Linie Schriftsteller zu sein und sich ihrem Metier zu widmen, ohne sich um politische Ränke zu kümmern. Sich der Kunst des Schreibens ganz zu widmen war ihr Anliegen, aber nicht als fügsame Handwerker, sondern im Dienste einer höheren Sache: der Schönheit. Diese sollte allen in der Gesellschaft verfolgten Zielen, die den Literaten wenig nobel erschienen und vom schieren Egoismus mit seinem Mangel an Ethik und Rechtschaffenheit bis zur faden Routine des gutbürgerlichen Lebens reichten, übergeordnet sein. Obwohl oft behauptet wurde, die Schöpfungen der Modernisten seien Selbstzweck gewesen, scheinen ihre Absichten doch darüber hinausgegangen zu sein. Daß der Mensch nicht vom Brot allein lebt, und daß materielles Denken sein Sinnen und Trachten korrumpiert, davon waren sie zutiefst überzeugt. Für eine Welt, in der man freier atmen, sich vom allzu Irdischen lösen und seinen Idealen leben kann, schrieben diese Künstler.

Zwei bedeutende literarische Einflüsse kamen aus Frankreich: vom parnassischen Dichterkreis und vom Symbolismus, die beinahe zur gleichen Zeit entstanden. *Le Parnasse Contemporain*, in Paris publiziert, stellte zwischen 1866 und 1876 eine Reihe von Poeten mit ihren auf formale Perfektion abzielenden Texten vor (Théophile Gautier, Leconte de l'Isle, Banville, Heredia). Von Gautier stammt die Formulierung „L'art pour l'art" (1835). In der Poesie des Dichters Leconte de l'Isle manifestierte sich ein starker Hang zum Exotischen (wie er in gewissem Maße auch schon im Werk Victor

Hugos spürbar geworden war). Einen radikalen Wandel in der europäischen Dichtkunst initiierte Charles Baudelaire mit *Les fleurs du mal* (1857), einer Inszenierung der Großstadt mit all ihren Licht- und Schattenseiten. Aufmerksamkeit erregte auch das Gedicht *Correspondances* mit seinem Verwirrspiel von sinnlichen Wahrnehmungen – eine Dichtung, die einen neuen Weg, die eigene Umwelt zu empfinden, wies. Verlaine schrieb mit seinem Gedicht *Art poétique* (1884) gegen die puristische Manier der „Parnassiens" an, er betonte Nuancierungen und Schattierungen der Sprache und weckte ihre Musikalität.

Streben nach formaler Perfektion und der Wunsch, durch Musikalität in der Sprache wieder Empfindungen und Gefühle hervorzurufen, sind die beiden Hauptmerkmale des Modernismus. Daneben war ein weiterer Aspekt bedeutsam: das Experimentieren mit dem traditionellen Versbau, wobei sich reiche, beinahe unerschöpfliche Möglichkeiten ergaben. Schließlich bediente man sich gern schöner, ausgewählter Worte und exotischer Szenerien (Arabien mit seinen Edelsteinen, Essenzen und Düften; China und Japan mit Blumen und Seide, Jade und Kalligraphie, Kimonos und Kakemonos, Fächern und Geishas). Frankreich wurde zur künstlerischen und geistigen Heimat der Modernisten, ohne daß sie, wie man an ihren Texten leicht erkennen kann, Amerika aus dem Blickfeld verloren hätten. Obwohl der Modernismus seine romantische Ader nicht verbergen konnte, erzeugte die Verbindung seiner genannten Charakteristika doch eine radikal veränderte Gedichtform und eine literarisch neue Sprache. In erster Linie gab er sich in der Poesie zu erkennen, obwohl er eigentlich aus der Prosa kam. Zum erstenmal läßt sich 1876 bei zwei Autoren, die sowohl Gedichte als auch Prosa verfaßten, dem Mexikaner Manuel Gutiérrez Nájera (1853–1931) und dem Kubaner José Martí (1853–1895), ein Wandel in der Ästhetik erkennen. Zum Vertreter des hispanoamerikanischen Modernismus in seiner vollendeten Form aber sollte der nicaraguanische Schriftsteller, Journalist und Diplomat Rubén Darío (1867–1916) werden, auch wenn es in seiner Gedichtsammlung mehr schwache und mitunter leicht kitschige Verse gibt, als es die Literaturhandbücher zugeben wollen. Andere bemerkenswerte Vertreter des Modernismus sind die Mexikaner Salvador Díaz Mirón (1853–1931) und Amado Nervo (1870–1919), der Kubaner Julián del Casal (1863–1893), der Kolumbianer José Asunción Silva (1865–1896), der Argentinier Leopoldo Lugones (1874–1938), der Bolivianer Ricardo Jaimes Freyre (1868–1933) und der Uruguayer Julio Herrera y Reissig (1875–1910). Der Modernismus überdauerte die Jahrhundertwende und endete erst mit dem Tode Daríos – nach anderer Auslegung mit dem Beginn des Ersten Weltkriegs –, doch sein Einfluß hielt noch recht lange an. Im Jahr 1888, also auf dem Höhepunkt des Modernismus, zur selben Zeit, als Darío seine berühmt gewordene Sammlung von Gedichten und Prosastücken *Azul* (Blau) veröffentlichte, erschien in Paris der vielstrophige Versroman *Tabaré* des Uruguayers Juan Zorilla de San Martín (1855–1931); 1892 wurde er in Madrid neu aufgelegt, 1918 in seiner endgültigen Fassung in Montevideo veröffentlicht. Dennoch handelt es sich um ein durch und durch romantisches Werk. Noch einmal erweckt der Dichter die Welt der Charrúa-Indianer zum Leben, die einst im Becken des Uruguay-Flusses siedelten und nach der Unabhängigkeit ausgerottet wurden. Die Handlung des lyrisch-beschreibenden, in drei Büchern und zwei, sechs und nochmals sechs Gesängen angelegten Gedichtes spielt im ersten Jahrhundert der spanischen Herrschaft. Erzählt wird die Geschichte des Mestizenjungen Tabaré, Sohn einer weißen Mutter und eines indianischen Vaters, der jene raubte. Kurz vor ihrem Tod tauft die Mutter den Jungen, und als der nun christliche Mestize in einer weißen Ansiedlung der jungen Spanierin Blanca begegnet, verliebt er sich in das Mädchen, das ihn an seine Mutter erinnert. Die erwiderte Liebe nimmt ein tragisches Ende, als die Spanier Tabaré irrtümlich töten. Das Gedicht ist mit wunderbaren, an Isaacs Roman *María* erinnernden Landschaftsbeschreibungen ausgeschmückt, die ganz dem Leitbild der Romantik entsprechen, deren Dichtkunst mit *Tabaré* ihren Abschluß findet. Der Tenor des *Tabaré*-Poems ist, was die Position des Autors gegenüber Indianern und Spaniern betrifft, wechselhalt. Einerseits macht Zorrilla aus seiner Achtung vor den Charrúa keinen Hehl; andererseits behandelt er sie zuweilen, und damit folgt er der von Echeverría begründeten Tradition, auch wieder abwertend. Seltsamerweise hindert ihn die Sympathie, die er für die Spanier der damaligen Zeit bekundet, nicht daran, deren Vorurteile gegenüber den Indios zu rügen. Seine gesellschaftliche Darstellung der Charrúa-Kultur hält allerdings einer soliden historischen Prüfung nicht stand. Was, am Ende des 19. Jh., zu einer Hymne auf das vielversprechende Amalgam von Rassen und Kulturen hätte werden können, aus denen der neue, in eine bessere Zukunft blickende Mensch entstehen sollte, kam in diesem Gedichtepos über einen unverbindlichen Sentimentalismus nicht hinaus. Nicht daß es Aufgabe der Literatur wäre, den Weg in diese bessere Zukunft zu weisen; dessenungeachtet enttäuscht die Tatsache, daß ein Autor mit Bedacht diesen historischen Stoff wählte und dabei so wenig Substanz und geistige Vision vermittelte.

Obwohl mit José Martí einer der ersten Modernisten auf den Plan trat, weist seine Persönlichkeit intellektuell und künstlerisch so viele Facetten auf, entfaltete sein umfangreiches Werk eine so profunde und nachhaltige Wirkung, daß seine Gedanken die konzeptuellen Grenzen des Modernismus sprengten. Martí war vor allem ein Denker, der sich mehr als irgendeine andere Persönlichkeit des 19. Jh. in die Probleme seines Landes, ja ganz Lateinamerikas, und schließlich der Beziehungen zwischen Lateinamerika und den Vereinigten Staaten, wo er von 1880 bis 1895 lebte, vertiefte. Ein Denker, beherrscht von der Idee des Panamerikanismus, der die soziale wie politische Integration aller Rassen anstrebte. Ihm schwebte die Gleichheit der Menschen aller Hautfarben vor sowie ihre Einstufung ausschließlich nach beruflicher, geistiger und moralischer Qualifikation; stets war er auf der Suche nach typisch amerikanischen Lösungen für typisch amerikanische Probleme, ohne dabei die Denkmodelle anderer Gesellschaften, seien sie nun, im weitesten Sinne, amerikanisch oder europäisch, außer acht zu lassen. Ein Feind der spanischen Herrschaft, war Martí doch kein Feind spanischen Wesens oder gar spanischer Kultur. Wie kaum ein anderer kannte er die nordamerikanische Gesellschaft, bewunderte er ihre Tugenden, doch die fortschreitende Abkehr von den Idealen der Unabhängigkeit und die langsame, aber sichere Verwandlung in eine Gesellschaft, deren Ideal die „Freiheit" des wirtschaftlich Stärkeren war, flößten ihm Widerwillen und Furcht um die Zukunft Lateinamerikas ein. Er war ein Mann, der es sich zur Pflicht machte – „Denken ist Dienen", waren seine Worte –, anderen die Aspekte einer zukünftigen besseren Gesellschaft vor Augen zu führen. Als politischer Redner wie als Verfasser unzähliger Zeitungsartikel (sein Gesamtwerk, bis jetzt 27 Bände umfassend, ist noch immer nicht vollständig ediert), Autor von Essays, Gedichten, Prosa und Theaterstücken erwies sich Martí als Mensch von unerschöpflicher Energie. Sein Beispiel eines humanitären Idealismus und undogmatischer politischer Einstellung hat im kulturellen und gesellschaftlichen Bewußtsein des 20. Jh. – vor allem seit den 20er Jahren und nach der kubanischen Revolution von 1959 – tiefe Spuren hinterlassen. Die von ihm propagierte Rassenintegration war zu seiner Zeit ein gesellschaftliches Novum. Nie zuvor hatte jemand dieses Ziel so bewußt angesteuert. Hätte man es verwirklicht, wäre aus der politischen und wirtschaftlichen Emanzipation Lateinamerikas eine echte Befreiung geworden. Nach Martí waren es die amerikanischen Universitäten selbst, die die Rahmenbedingungen für die neue Gesellschaft zu entwerfen hatten, wobei man in Theorie und Praxis auf die erprobten Lebensformen des Kontinents zurückgreifen sollte. Martís Vorstellungen waren frei von Xenophobie, indessen von einem deutlichen Widerstand gegen jede Form von serviler Nachahmung beherrscht. Immer wieder betonte er die eigenen Werte des Kontinents, die Originalität Amerikas und seine ihm innewohnende Fähigkeit, sich eine vom Einfluß einer jeden Großmacht freie, würdige und blühende Zukunft aufzubauen. Martí war ein vielgelesener Schriftsteller, der sich mit Sachkenntnis und Verstand auf nicht wenige europäische und amerikanische Autoren berief und sogar über den Gebrauch seines wichtigsten Werkzeugs, die Feder, Betrachtungen anstellte. In manchen Passagen und Kommentaren ließ er durchschimmern, welche Vorstellungen er vom Schreiben hatte, und wie er selbst zu schreiben pflegte. Nach seinen Maßstäben sollte die Sprache von mathematischer Genauigkeit und wie eine Skulptur gemeißelt sein; mit größter Exaktheit sollten die Gedanken in ein Satzgefüge eingebaut sein, dergestalt, daß sich kein Element entfernen ließe, ohne die Unversehrtheit des Gedankens zu gefährden. In der Tat verblüfft die hohe literarische Qualität eines so umfangreichen Werkes, in welchem der Enthusiasmus des Schreibenden dennoch nie schwülstig wirkt. José Martís letzte Niederschrift war das Manifest von Montecristi, das der Autor zusammen mit Máximo Gómez, dem mit der von Santo Domingo aus vorgesehenen Invasion Kubas beauftragten General, unterschrieb. Dieses Dokument ist zugleich ein geistiges Vermächtnis, da es keinerlei Verherrlichung des Gebrauchs der Waffen enthält, sondern diese als einzig mögliche Instrumente zur Befreiung der Insel aus spanischer Bevormundung bezeichnet. Martí predigte keinen Haß gegen die Okkupanten, sondern forderte die Soldaten auf, den Kampf mit Würde zu führen und, wäre der Sieg erst errungen, die Kubaner zusammen mit allen Spaniern, die bleiben wollten, am Aufbau ihrer neuen Gesellschaft zu beteiligen. Eine harmonische, all ihre Elemente integrierende Gemeinschaft sollte sich nach diesem Kampf formieren. Auch dieses Manifest betonte die Notwendigkeit, für die nationalen Probleme eigene Lösungen zu finden.

Im Kuba des ausklingenden 19. Jh. als Pädagoge, Kenner klassischer Sprachen, Übersetzer deutscher Dichter, als Professor für Philosophie und Pädagogik bedeutend war Enrique José Varona (1849–1933). Seine *Conferencias filosóficas* (Philosophische Gespräche) befassen sich u.a. mit der kritischen Erklärung von Comtes Theorien. Nicht anders als Hostos glaubte Varona an die eminent wichtige erzieherische Aufgabe der Kunst. Das neue literarische Jahrhundert sollte indessen der Uruguayer José Enrique Rodó (1871–1917) mit seinem kulturpolitischen Essay *Ariel* (1900) einleiten, der in Hispanoamerika großen Widerhall fand.

V. Nationen und Regionen (1830–1900)

Jeffrey D. Needell

1. Brasilien 1830–1889

Aus dem Englischen übersetzt von Suzanne Annette Gangloff

A. Das Reich gegen Ende der Ersten Kaiserzeit

a Die brasilianische Gesellschaft im Jahr 1830

Die kaiserliche Regierung unter Dom Pedro I. hatte, trotz ungünstiger Umstände, die Fiktion eines Nationalstaats aufzubauen vermocht. Nicht nur die Tatsache, daß die Untertanen des Kaiserreichs auf dessen enormer Flächenausdehnung nur spärlich verteilt waren – sie bevölkerten hauptsächlich den sich von den nordöstlichen bis zu den südöstlichen Provinzen erstreckenden schmalen Küstenstrich –, hatte sich als hinderlich erwiesen, als ungünstig sollte sich auch die große Verschiedenartigkeit dieser Bevölkerung herausstellen, die sich aus Eingeborenenvölkern, einer nicht unbedeutenden Anzahl von Portugiesen, einer zahlenmäßig starken Minderheit afrikanischer Herkunft sowie einer Mehrheit in Brasilien geborener freier Männer und Frauen der unterschiedlichsten rassischen, kulturellen und sozialen Ausprägungen zusammensetzte. Darüber hinaus waren Wirtschaft und Geographie von Region zu Region verschieden. In den schmalen Küstenniederungen mit ihrem fruchtbaren tropischen Boden wurde nach wie vor Zuckerrohr angepflanzt – seit den 20er Jahren des 19. Jh. das einträglichste Export-Einzelprodukt –, das die Plantagenländereien von Paraíba do Norte bis zur Provinz São Paulo bedeckte. Dicht hinter der Küste, im bergigen Flußtal des Paraíba do Sul in der Provinz Rio de Janeiro wuchs nun auch Kaffee; die ersten ertragreichen Pflanzungen waren entlang dem alten Maultierpfad angelegt worden, der zu den heruntergekommenen Bergwerksstädten der Provinz Minas Gerais führte. Dort und jenseits der Berge, die den Zugang von der Küste ins Hochland und zum Flußsystem im Landesinnern erschwerten, waren Subsistenzlandwirtschaft und Viehzucht für den Binnenmarkt die Regel. In der Provinz São Paulo kam den Zuckerplantagen geringere Bedeutung zu als dem mit Maultieren betriebenen Handel. In der Tat stellten Maultiere und Rinder die wichtigste Verbindung zwischen dem Hinterland und der Küste São Paulos bzw. zwischen dem nordöstlichen *sertão* und dem feuchten Küstentiefland der alten Zuckerhäfen dar. Das vom Amazonas und seinen zahlreichen Nebenflüssen entwässerte riesige Gebiet, etwa ein Drittel der Ausdehnung des Reiches, bildete die Zuflucht der Eingeborenenvölker und die ferne Grenzzone des Landes. Die anhaltende, langsame Verdrängung der Ureinwohner, die traditionelle Extraktionswirtschaft und die Jagd sowie einige Kakao-, Baumwoll- und Reisplantagen, nach der Amtszeit Pombals an der Küste entstanden, charakterisieren die Stagnation dieser isolierten Region.

Die Provinzen des Nordens waren untereinander durch den Flußverkehr und mit der etwas dichter bevölkerten Ostküste durch den – unregelmäßigeren – Seeverkehr verbunden. Von der Provinzhauptstadt São Luis de Maranhão vermochte man zu Schiff über Lissabon oder Liverpool leichter an den Hof nach Rio de Janeiro zu gelangen als auf einer unmittelbar an der Küste entlang führenden Route. Es gab nur wenige – umständliche – Überlandverbindungen zwischen den einzelnen Provinzen; Handel, Korrespondenz und Reisen wurden vorwiegend über die südatlantische Küstenschiffahrt und über regelmäßig verkehrende Postschiffe abgewickelt.

Diese Besonderheiten, zurückzuführen auf große geographische Entfernungen und die Beschwerlichkeit ihrer Überwindung und verstärkt durch erhebliche ökonomische Unterschiede, förderten die traditionellen Tendenzen in Richtung eines administrativen und politischen Regionalismus. Ein Gegengewicht zu den lokalen Anliegen und Loyalitäten stellte lediglich die Loyalität gegenüber der fernen Krone dar, deren Autorität Provinzbeamte verkörperten, welche von den ortsansässigen Oligarchen entweder gefürchtet oder korrumpiert wurden.

Amtsgewalt und Verwaltung auf lokaler Ebene nahmen Rücksicht auf die alten landbesitzenden Familien oder identifizierten sich gar mit ihnen – lediglich in den Hafenstädten und Provinzhauptstädten an der Küste war die Macht der Krone relativ wirksam. Dies jedoch war entscheidend. Obschon der größte Teil der Bevölkerung auf dem Lande lebte, war es von großer Bedeutung, daß die königliche Macht und das Prestige der Krone in den Städten konzentriert waren, weil die staatliche Autorität traditionell von diesen ausging, wie auch politische Gunstbezeigungen und politische Bestrafungen. Und wenn die Krone auch nur mühsam so etwas wie eine Reichsverwaltung kontrollierte, so tat sie dies von den Städten aus. Die vier größten konnten im 19. Jh. freilich nur 6 Prozent der Gesamtbevölkerung für sich beanspruchen.

Die bedeutendsten dieser Städte waren die alten, im 16. Jh. gegründeten Hafenstädte Rio de Janeiro, Salvador und Recife. São Paulo, ebenso alt, war ein landeinwärts gelegenes südliches Provinznest, das sich höchstens als Sitz einer der beiden juristischen Fakultäten des Reiches auszeichnete (die andere befand sich an der Küste der nordöstlichen Provinzen in Olinda und wurde in den 30er Jahren des 19. Jh. nach Recife verlegt). Das im 18. Jh. gegründete Ouro Preto, in den Bergen von Minas Gerais gelegen, teilte den Niedergang dieser Provinz. Trotzdem funktionierten diese und weniger bedeutende Städte des Reiches als Vermittler zwischen den Interessen der örtlichen Oligarchien und dem Interesse der Krone im Hinblick auf Staatsautorität, Ordnung und Steueraufkommen. Vom Kaiser verfügte Gunst oder Gewalt mögen für die elenden, verarmten Massen des weiten Landesinneren nebensächlich gewesen sein, im Hinblick auf das Ansehen lokaler Eliten oder im Zusammenhang mit der zunehmenden Dynamik des Exports von Zucker, Baumwolle, Tabak, Kakao und Kaffee sowie der für den städtischen Verbrauch und für den Provinzhandel wichtigen Rinder- und Maultierzucht waren sie jedoch von erheblicher Tragweite. Die ehrwürdige Tradition der stark zentralisierten, hierarchischen Bürokratie der Krone betonte und verstärkte diese Bedeutung. Selbst die völlig unumschränkt über ihren Besitz gebietenden Latifundienbesitzer und großen Viehzüchter des *sertão* bemühten sich, die durch Adelstitel und öffentliche Ämter symbolisierte Legitimität und Machtbefugnis zu erwerben. Gegen Ende der Herrschaft Pedros I. machten allerdings diese lokalen Machthaber, zumindest in einigen Provinzen, deutlich, daß sie nicht länger gewillt waren, im Tausch gegen solch schmückendes Beiwerk Einmischungen in ihre Lokalangelegenheiten hinzunehmen.

Brasilien im 19. Jahrhundert

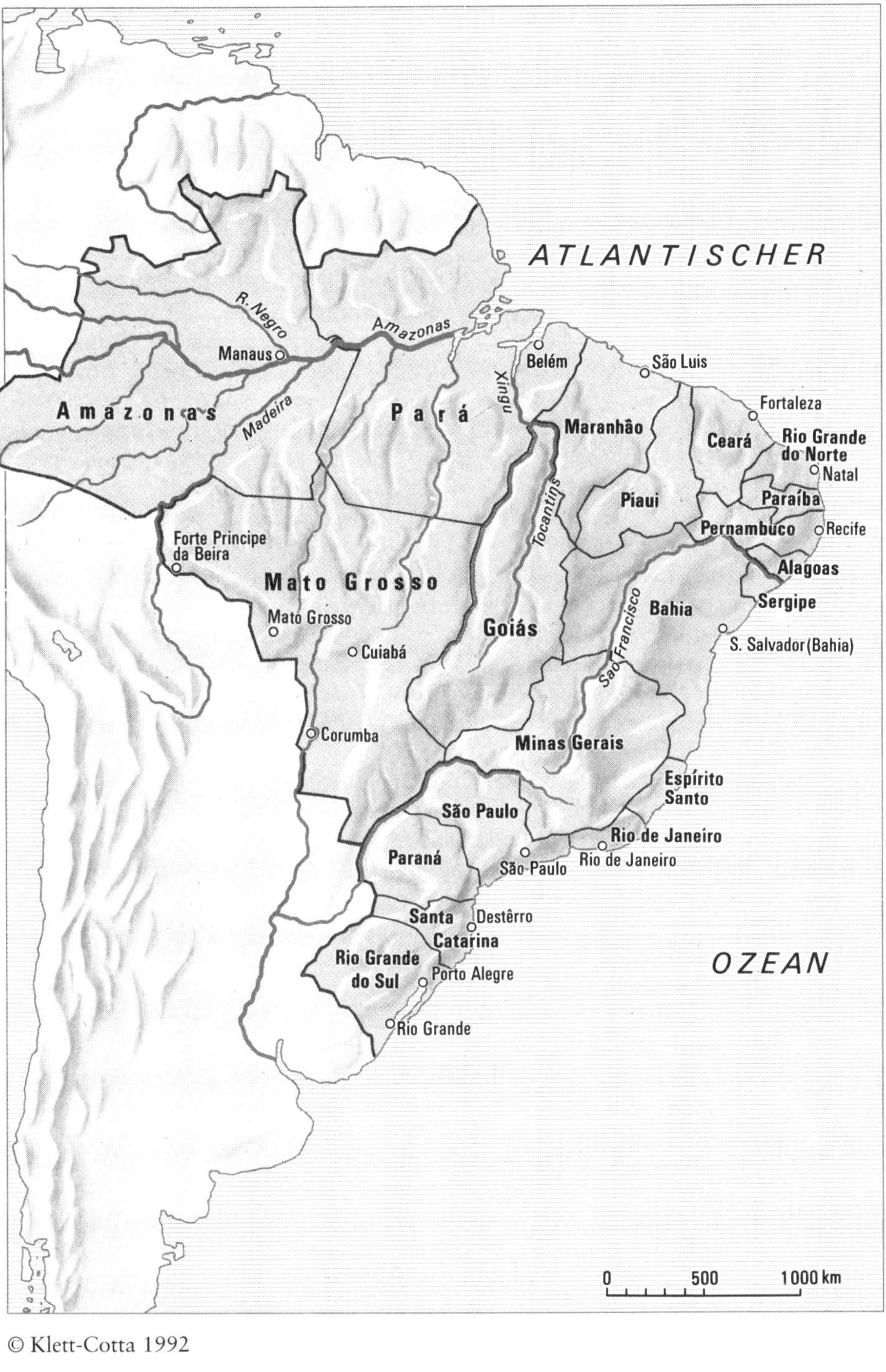

b Die Bedeutung der parlamentarischen Opposition

Die kleine Minderheit der politisch aktiven Bevölkerung in der Ersten Kaiserzeit (1822–1831) läßt sich in drei Gruppen unterteilen: die Mitglieder des Hofes, die Provinzmagnaten und die städtischen Radikalen. Die Gruppierung bei Hofe bestand sowohl aus portugiesischen als auch aus brasilianischen Verfechtern der mit der alten absolutistischen Monarchie Portugals und ihrer Bürokratie assoziierten politischen Traditionen. Aufgrund ihrer Ausbildung, ihrer Laufbahn und ihrer Weltanschauung traten sie für die naturgegebene Notwendigkeit einer stark zentralisierten, autoritären Monarchie ein, in deren Rahmen aufgeklärte Führung, Reform und Ordnung mit der Person und den politischen Zielsetzungen des Herrschers identifiziert wurden.

Die unmittelbaren Gegner dieser Faktion waren die beiden anderen Gruppen, die sich die liberalen Ideologien Englands, Frankreichs und der Vereinigten Staaten zu eigen gemacht hatten und – wie die Provinzmagnaten – eine eingeschränkte konstitutionelle Monarchie oder – wie die städtischen Radikalen – eine demokratischere, ja republikanische Regierungsform anstrebten. Die Vertreter der Provinzelite waren meist in Brasilien geborene Mitglieder lokaler Großgrundbesitzer- oder Kaufmannsfamilien. In jenen Provinzen, die allgemein schwierige Zeiten durchmachten, oder in den Randprovinzen, die sich Eingriffen der Krone in ihre inneren Angelegenheiten stets widersetzt hatten, leisteten diese Männer Vertretern des Kaisers, die sich in ihre Machtbefugnisse einmischten oder Steuern einzutreiben suchten, häufig Widerstand. Viele der in den wohlhabenderen Zentralprovinzen ansässigen Magnaten widersetzten sich der Zentralisierung von Patronage und Machtausübung, die sich Dom Pedro – nach der Unterdrückung der von den Magnaten beherrschten verfassunggebenden Versammlung von 1823 durch seine portugiesischen Offiziere – zusammen mit der Höflingsfraktion wieder gesichert hatte.

Die städtischen Radikalen standen an der Seite der Provinzeliten in Opposition zu dieser absolutistischen Reaktion. Vorwiegend Städter und Angehörige der freien Berufe mit mittleren Einkommen, manche sogar mulattischer Abstammung, hatten diese Männer in der konstituierenden Versammlung von 1823 der am meisten demokratisch orientierten Gruppierung angehört und zu den verbannten, gefangengesetzten oder hingerichteten Anhängern der kurzlebigen Äquator-Konföderation (1824) gezählt, des als Reaktion auf den Sieg des Kaisers errichteten Rebellenstaats. Wegen ihrer leidenschaftlichen Demagogie oft als *exaltados* (Hitzköpfe) apostrophiert, waren sie doch für die gesetzteren Vertreter der Provinzeliten, die sogenannten *moderados* (Gemäßigten), wertvolle Verbündete in der liberalen parlamentarischen Opposition gegen die Gruppierung der Höflinge, als die Abgeordnetenkammer 1826 zusammentrat.

Unweit der ältesten Hafenanlagen und des kaiserlichen Stadtschlosses von Rio sammelten sich die Anhänger der *exaltados* in den engen Straßen um die Cadeia Velha, das alte Gefängnis und Tagungsort der Kammer, demonstrierten und randalierten gegen den Kaiser und seine Gefolgschaft und schufen jene Atmosphäre wachsender Spannungen, die in Rio und anderen Städten die letzten Jahre der Herrschaft dieses Monarchen prägte. Die Opposition, eine Mehrheit von *exaltados*- und *moderados*-Abgeordneten in der Kammer, unterstützt von den *exaltados* in den Straßen, frustrierte durch ständige Obstruktion in den Parlamentssitzungen die von Höflingen kontrollierten Kabinette und den Monarchen gleichermaßen und trieb den Kaiser schließlich in die Enge. In der Tat hoffte die parlamentarische Opposition, durch diese Obstruktionspolitik, unterstützt durch die 1830/31 um sich greifenden Ausschreitungen der *exaltados* in den Städten und durch eine damit einhergehende Loyalitätsverschiebung innerhalb des Heeres, Dom Pedro zwingen zu können, eine parlamentarische Regierung in Grundsatz und Praxis zu akzeptieren. Zielscheibe der Angriffe waren die Macht der portugiesischen Parteigänger Dom Pedros (sowie seine vermuteten Ambitionen auf die Thronfolge in Portugal) und des Kaisers hartnäckige Weigerung, ein nicht von seinen Höflingen beherrschtes Kabinett zu ernennen. Er wurde als Portugiese geschmäht und als Tyrann gebrandmarkt. Die *moderados*-Abgeordneten waren jedoch entsetzt, als der Kaiser beschloß, lieber abzudanken (1831) als partnerschaftlich mit ihnen zu regieren. Sie hatten sein Temperament und sein wachsendes Interesse an der umkämpften Thronfolge in Portugal unterschätzt, wohin er sich unverzüglich einschiffte. Diese unerwartete Entscheidung war um so ärgerlicher, als des Kaisers Nachfolger sein einziger Sohn Dom Pedro de Alcântara (1825–1891) war, ein fünfjähriger Knabe, dessen Minderjährigkeit die mit der Krone verbundene beachtliche Macht in der Schwebe ließ. Eine Regentschaft wurde proklamiert, die ein Jahrzehnt lang währen sollte. Sie erwies sich zwar nur als kurzes Interregnum, aber als von enormer Tragweite für die spätere Geschichte des Reiches.

B. Die Regentschaft

a Grundzüge der Regentschaft

Drei Prozesse bestimmten die verwirrenden Ereignisse der darauffolgenden zehn Jahre: Der parlamentarische Kampf um die nationale Hegemonie, die Frage der regionalen Herrschaft und die Fortdauer und Wiederbelebung autoritärer politischer Doktrinen.

Während der Regentschaft sollte sich der parlamentarische Kampf um die nationale Hegemonie als entscheidend erweisen, weil mit der Abdankung des Kaisers die Macht an das Parlament fiel, in dem die politischen Gruppierungen vertreten waren und das somit zum Schauplatz des Ringens um die Kontrolle über den Staat wurde. Die Regentschaftsregierungen waren auf Unterstützung durch das Parlament angewiesen und daher nur so mächtig wie ihre jeweilige Anhängerschaft in Kammer und Senat. Angesichts der durch die Abdankung hervorgerufenen Gefahr für die gesellschaftliche und politische Ordnung war die unmittelbare Reaktion der *moderados*, der mächtigeren der beiden liberalen Oppositionsgruppen, ihrem traditionellen Impuls zu gehorchen und eine stabile, konservative Elite-Regierung durchzusetzen. Zu diesem Zweck suchten sie sich ihrer radikalen Verbündeten zu entledigen und drängten die *exaltados* ins Abseits; diese wurden nunmehr zu einer lärmenden, aber machtlosen parlamentarischen Minderheit, die allerdings noch mächtig genug war, um die Führung über eine Reihe von Verschwörungen, mißglückten Staatsstreichen und beunruhigenden Straßenprotesten in Rio und anderen Städten zu übernehmen. Die gleiche Position am anderen Ende des ideologischen Spektrums einzunehmen war das einzige, was der Gruppierung des Hofes übrigblieb. Ihre Mitglieder, bald als *caramurús* bezeichnet (von ihrer politischen Zeitschrift *Caramurú*, so benannt nach den verbannten Portugiesen des 16. Jh., welche die damalige Kolonie mitbegründet hatten), waren durch die Abreise des Kaisers politisch aktionsunfähig geworden; sie vermochten lediglich zugunsten seiner Wiedereinsetzung zu konspirieren und die liberale Politik der von den *moderados* beherrschten Regierung anzugreifen.

In dem sich daraus ergebenden politischen Ringen mußten die *moderados* jedoch nicht nur einen Zweifrontenkampf führen, sie sahen sich auch mit Zwietracht in den eigenen Reihen konfrontiert. Hierbei ging es um Personen, Patronage und politische Maßnahmen, und die Protagonisten dieser Auseinandersetzungen waren jene Wortführer, die sich in der liberalen Opposition von 1826 bis 1831 zusammengetan hatten. Nun kämpften diese Politiker um die Führung im Parlament. Auf dem Spiel standen die Zukunft der jungen Nation sowie die Kontrolle über Macht und Patronage des Regentenamtes und der Ministerposten in den aufeinanderfolgenden Kabinetten dieser Ära.

Die erste definitive Tendenz, die sich herausbildete, war – wie von einer von regionalen Eliteinteressen beherrschten und von Verfechtern der konstitutionellen Monarchie besetzten Gruppierung nicht anders zu erwarten – der Föderalismus. Darunter verstanden die *moderados* die Zerstörung etablierter zentralstaatlicher und den Aufbau neuer lokaler Machtzentren, und es war, wie die anschließende Erörterung zeigen wird, eben dieses Bestreben, das in der Periode liberaler Reformen (1831–1834) die Regentschaft für die Zeitgenossen wie die Nachwelt charakterisierte. Später betrachtete man diese Periode als Experiment einer republikanischen Regierungsform, doch sollten sich die Eliten im nachhinein darüber einig sein, daß es ein mißglücktes Experiment war. Die Reformen wurden mit einer spontanen gesellschaftlichen Revolution, Aufständen in den Provinzen und damit einhergehenden Sezessionsbestrebungen gleichgesetzt. Die Eliten, zunehmend von Furcht und Unsicherheit ergriffen, sahen sich gezwungen, das ihrer Herrschaft zugrundeliegende Konzept neu zu überdenken. Die Rolle zentraler Autorität, ja der Monarchie selbst wurde zum grundsätzlichen politischen Problem dieser Ära, und die unmittelbare Reaktion auf die dezentralisierenden Reformen und die als deren Folge befürchtete Unordnung, die als *o Regresso* (die Rückkehr) bekannt gewordene Reaktion der Jahre von 1835 bis 1837, wurde zur endgültigen Basis für den Konsens der Eliten, der sich in der Zweiten Kaiserzeit herausbilden sollte. Darüber hinaus war der neue Elite-Konsens über die Notwendigkeit einer Zentralgewalt mit zwei weiteren Faktoren eng verknüpft: zum einen mit den neuen Steuereinkünften, die dem Staat infolge des rasch expandierenden internationalen Kaffeehandels zufielen, und zum anderen mit der Besorgnis der für den Anbau von Zuckerrohr und anderen Exportprodukten nach wie vor auf die Sklavenhaltung angewiesenen Pflanzer-Eliten. Die Regentschaft bereitete im wesentlichen den Boden für das reaktionäre Gedeihen der brasilianischen Monarchie unter ihrem zweiten Kaiser.

b Der Triumph der moderados (1831–1834)

Die Sieger von 1831 brachten aufgrund ihrer Mehrheit in der Kammer bald die Regierung der Monarchie unter ihre Kontrolle. Der erste und dann der zweite vom Parlament gewählte dreiköpfige Regentschaftsrat (1831) wurde binnen kurzem durch einen Alleinregenten, Diogo Antônio Feijó (1784–1843), ersetzt, einen prominenten Führer der *moderados*, dessen Wahl 1835 Teil einer Operation der *moderados* war, ihre

Vorherrschaft über das Reich sowohl gegen die *exaltados* als auch gegen die *caramurús* zu behaupten.

Die *exaltados* bezogen in den Städten mit Verschwörungen, Demonstrationen, Demagogie und Presseartikeln weiterhin für demokratische Reformen und Machtverteilung auf die Provinzen Position und agitierten gegen die in ihren Augen vom ehemaligen Kaiser (nunmehr Herzog von Bragança und Verfechter der Ansprüche seiner älteren Tochter auf den portugiesischen Thron) und von den *caramurús* ausgehende Gefahr einer Fremdherrschaft über das Kaiserreich. Die *caramurús* standen tatsächlich mit Dom Pedro in Verbindung und widersetzten sich energisch jeglicher Reform der Verfassung von 1824, in der die zentrale Regierungsgewalt des Monarchen festgeschrieben war. Die *moderados* schließlich vermochten ihre Kontrolle über die Nation erfolgreich aufrechtzuerhalten, indem sie gezielte Reformen durchführten. Sie erließen eine liberale Strafgesetzgebung (1832) und eine Reihe von Verfassungsreformen, die sowohl zahlreiche Forderungen der *exaltados* überflüssig machten als auch die Machtbefugnisse des Monarchen derart beschnitten, daß Dom Pedro sie im Falle seiner Einwilligung in die von den *caramurús* betriebene Restauration inakzeptabel finden mußte. Diese Verfassungsreformen, als „Zusatzakte“ von 1834 bekannt geworden, wurden in dem Augenblick erlassen, in dem der Triumph der *moderados* mit der Wahl Feijós zum Alleinregenten seinen Höhepunkt erreichte.

Die Verfassung von 1824 hatte dem Monarchen die Oberaufsicht und Leitung der Regierung zugestanden, ihn als Mittlerinstanz in den Mittelpunkt gestellt. Er berief die mächtigsten politischen Handlungsträger im Staat: den Ministerrat (das auf Zeit ernannte, den Staat regierende Kabinett) und den Staatsrat (dessen auf Lebenszeit ernannte Mitglieder den Monarchen bei der Ausübung seiner Macht berieten und gegenüber ihm und dem Ministerrat Stellungnahmen zu Gesetzgebung und Politik abgaben). Der Monarch hatte das Recht, einen der jeweils drei von jeder Provinz gewählten Kandidaten in den Senat zu befördern (dessen auf Lebenszeit berufene Mitglieder über die Regierungspolitik berieten sowie politischen Entscheidungen und Gesetzen zustimmten, sie vorbrachten oder abänderten). Der Monarch berief ferner die regelmäßigen Versammlungen der Abgeordnetenkammer ein, deren Mitglieder von den qualifizierten Wahlberechtigten jeder Provinz gewählt wurden und die er nach Gutdünken auflösen konnte. Seine Exekutive, der Ministerrat, ernannte die Präsidenten der Provinzen und deren Ratsgremien, die Mitglieder des obersten Gerichtshofs des Reiches, alle Richter (von den Mitgliedern des höchsten Gerichts einer Provinz, dem *relação*, bis hin zu den Gemeinderichtern und Polizeivertretern) sowie die Diplomaten und Armeeoffiziere. Der Ministerrat besaß die gesetzgeberische Initiative; er konnte den Krieg erklären und Verträge schließen, und er verlieh verdienten Persönlichkeiten die Adelstitel auf Lebenszeit. Kein Gesetz oder verbrieftes Recht war rechtskräftig ohne Zustimmung des Kaisers. Die Verfassung von 1824 hatte somit im wesentlichen einen Staat geschaffen, in dem die öffentliche Macht weitgehend in der Hand des Kaisers lag oder, wo das nicht der Fall war, einem Kabinett zufiel, das der Kaiser nach Gutdünken ernennen oder auflösen konnte.

Wollten die *moderados* also die von ihren Wortführern und Journalisten propagierte mehr demokratische, dezentralisierte Regierung einführen, so mußten sie die Verfassung von Grund auf ändern – eine Maßnahme, auf die die Bezeichnung *Acto Addicional* (Zusatzakte) kaum zutraf. Tatsächlich verlagerten die *moderados* das Zentrum der Macht vom Hof in Rio auf die qualifizierten Wähler der Provinzen, die nunmehr nicht nur die Abgeordneten der Kammer, sondern auch jene der Provinzversammlungen wählten. Letztere waren nun ermächtigt, in ihrer jeweiligen Provinz die Gemeinderichter sowie die örtlichen Polizei- und anderen Lokalbeamten zu ernennen, öffentliche Einrichtungen bereitzustellen, die Aufsicht über das Verkehrswesen in den Provinzen zu führen sowie Steuern zu erheben und über die Verwendung der Steuergelder zu bestimmen. Die Wahlberechtigten in den Provinzen waren jetzt auch befugt, den Regenten zu wählen, was erstmals im Falle Feijós geschah. Darüber hinaus entging der Senat – obgleich die Funktion des Monarchen praktisch lediglich ruhte – nur knapp seiner Abschaffung, und der Staatsrat, integraler Bestandteil der monarchischen Funktion einer Mittlerinstanz, wurde aufgehoben – ein gezielter Schlag gegen die Macht des Kaisers.

Roderick J. Barman [1988] hat kürzlich behauptet, die Zusatzakte sei lediglich aufgrund der Befürchtung verabschiedet worden, der Herzog von Bragança könne – nach seinem Sieg im Streit um die portugiesische Thronfolge, der ihn seit 1831 in Atem gehalten hatte – womöglich bald den Versuch einer Rückkehr unternehmen. Die Hoffnungen der *caramurús* wurden jedoch 1834 endgültig zunichte gemacht, als Dom Pedro an Tuberkulose starb. Die *moderados* hatten paradoxerweise die Macht des zentralistischen Staates genau zu dem Zeitpunkt erschüttert, als sie diese hätten ausüben können, ohne eine Restauration befürchten zu müssen. Außerdem hatten sie mit Feijó einen auf dem linken Flügel ihrer Partei angesiedelten *moderado* gewählt, der 1832 einen Polarisierungsprozeß innerhalb der *moderado*-Mehrheit der Kammer ausgelöst hatte, welcher noch immer im Gange war.

c Das Entstehen der Reaktion (1834–1837)

Ursache der Polarisierung war Feijós – vereitelter – Versuch im Jahr 1832, die Kammer zu veranlassen, sich zu einer verfassunggebenden Versammlung zu erklären mit der Befugnis, noch drastischere Reformen als die schließlich 1834 verabschiedeten durchzuführen. Die dadurch hervorgerufene Spaltung innerhalb der Partei hatte sich mit den Jahren verstärkt und auf persönliche Konflikte zugespitzt, die nun ein beträchtliches Ausmaß erreichten. Der ausgeprägte Personenbezug bei diversen bekannten *moderado*-Sprechern, die während der Ersten Kaiserzeit und in den ersten Jahren der Regentschaft hervorgetreten waren, ließ politische Ideologie, Charisma, Ehrgeiz, Patronage und Enttäuschung zu einer die Partei zersetzenden Mischung verschmelzen und verlieh dem Konflikt seine Leidenschaftlichkeit und Schärfe.

Die führenden Köpfe der *moderado*-Opposition gegen Feijó waren zwei geschulte Beamte, die aufgrund ihrer Geburt, Heirat, Laufbahn und Ideologie den großen Latifundienbesitzern und Kaufleuten sowie der Richterschaft der Krone nahestanden, aus deren Reihen sich weite Teile der Gruppierung der Höflinge und auch des rechten Flügels der *moderados* rekrutierten. Während Feijó wie so viele Rädelsführer der *exaltados* ein Provinzler, ein in Brasilien ausgebildeter liberaler Geistlicher war, hatten die führenden Persönlichkeiten der *moderados* ihre Ausbildung in Coimbra genossen; wohlvertraut mit dem liberalen Konstitutionalismus jener Zeit, waren sie indes bereit, sich hinsichtlich Rechtsprechung und Verwaltung an den umfassenderen Vorstellungen und an der traditionell konservativen Einstellung der Bürokratie der Krone zu orientieren. Mit Dom Pedro hatten sie lediglich wegen seiner offenkundig absolutistischen Gesinnung hinsichtlich des Konzepts der konstitutionellen Monarchie und aus Sorge wegen seiner portugiesischen Ambitionen gebrochen, und sie hatten sich liberaler Angriffe auf die Zentralgewalt als eines Mittels bedient, um den Kaiser unter Druck zu setzen. Nachdem sie sich des absolutistischen Herrschers einmal entledigt und die Früchte der Macht gekostet hatten, unterschieden sie nun jedoch zwischen legitimer, verfassungsmäßiger Zentralgewalt und Feijós Hang zu Demagogie und Dezentralisation. Mit geschliffenen Umgangsformen und für den Staatsdienst ausgebildet, fühlten sie sich zudem unbehaglich in Gesellschaft ihres ungehobelten geistlichen Verbündeten, dessen neu errungene Machtstellung mit ihrer eigenen blockierten Karriere kontrastierte.

Die beiden führenden Köpfe der Opposition gegen Feijó in der Kammer waren Honório Hermeto Carneiro Leão (1801–1856) und Bernardo Pereira de Vasconcelos (1795–1850). Carneiro Leão war jener Redner, der 1832 Feijós Coup mit einer aufwühlenden Ansprache über die Wahrung der konstitutionellen Stabilität erfolgreich abgewehrt hatte, und Pereira de Vasconcelos war inzwischen zum Führer der parlamentarischen Opposition gegen den neuen Regenten geworden. Diese beiden Männer, tatkräftig unterstützt von jüngeren Abgeordneten wie Paulino José Soares de Sousa (1807–1866), Eusébio de Queirós Coutinho Matoso da Camara (1812–1866) und Joaquim José Rodrigues Tôrres (1802–1872), stellten den harten Kern der entstehenden Reaktion im Parlament dar.

d Die Instabilität der Regentschaft

Die Reaktion, *o Regresso*, entsprang keineswegs nur der theoretischen Neubewertung einer konstitutionellen Zentralgewalt aufgrund der Nachwirkungen der Ersten Kaiserzeit oder der persönlichen Differenzen innerhalb der *moderado*-Führung. Sie entstand letztlich aus einer Katastrophenstimmung heraus – der Furcht, daß sowohl die gesellschaftliche Ordnung als auch die territoriale Integrität der Nation untergehen könnten. Ein mit der Abdankung von 1831 einhergehender und durch sie ausgelöster Zusammenbruch der politischen Staatsgewalt führte auf der Provinzebene zu Elite-Konflikten, die ihrerseits in manchen Fällen sowohl sezessionistische Tendenzen als auch Massenerhebungen zur Folge hatten.

Während der Regentschaft fanden mindestens sieben größere Provinzkriege statt und allein 1831/32 fünf Erhebungsversuche in der Hauptstadt selbst. Die meisten Aufstände in den Provinzen, wie die *Malê*-Sklavenrevolte in Bahia (1835), waren kurzlebig. Einige wenige hingegen, insbesondere die *Cabanagem* (1835–1840) in Pará und die *Farroupilha* (1835–1845) in Rio Grande do Sul, dauerten zwar außergewöhnlich lange, auch wenn die Gefahr, die sie für das Reich darstellten, mit der anderer Aufstände vergleichbar war.

Es muß betont werden, daß der von moslemischen Afrikanern in Salvador getragene *Malê*-Aufstand ungeachtet seiner raschen Niederschlagung von einiger Tragweite war. Dadurch, daß er den Sklavenhaltern die Aussicht auf „haitianische" Verhältnisse vor Augen führte, versetzte er sie in Angst und Schrecken. Thomas Flory [1977] hat sogar behauptet, daß der zwangsläufig rassische Aspekt des Aufstands einen nachhaltigen Einfluß auf die politischen Handlungsträger hatte. Er scheint sowohl die Reaktion bestärkt als auch die Rolle der Rassenbeziehungen im Hinblick auf nationale Identität und politische Partizipation als diskussionswürdiges Problem aus der damaligen politischen Debatte getilgt zu haben.

Die *Cabanagem* (*cabano,* port.; Armenhütte) machte die Dinge nicht besser. Sie brach in Pará aus, als die *exaltados* von Belém im Mündungsgebiet des Amazonas die wackeligen Fundamente der Staatsgewalt in ihrer entlegenen Provinz durch einen erfolgreichen Coup gegen die kaiserlichen Behörden endgültig erschütterten. Der Versuch der Niederschlagung des Aufstands und der „Befriedung" durch kaiserliche Expeditionen löste eine Massenerhebung der indianischen und übrigen Armenbevölkerung aus, in deren Verlauf die Streitfragen auf einen Rassen- und Klassenkonflikt reduziert wurden, der in eine furchtbare *guerilla* ausartete, die fünf Jahre lang währte und schließlich grausam unterdrückt wurde. Etwa ein Fünftel der Provinzbevölkerung kam in diesem Kampf um.

Die *Farroupilha,* deren Schauplatz Rio Grande do Sul an der traditionell unruhigen Grenze zu den Republiken des Río de La Plata war, erschütterte die Grundfesten der Regentschaft aufs heftigste; man konnte sich allgemein des Eindrucks nicht mehr erwehren, daß eine erfolgreiche Sezession den Anfang eines Auseinanderfallens des Reiches bedeuten würde. Anders als die *Cabanagem* wurde die *Farroupilha* nicht durch rassische oder Klassenkonflikte ausgelöst, da sie – obschon ihr Name (*farrapos,* port.; Zerlumpte) auf ihre Verbindung mit den Radikalen hinweist – unter Führung einer Elitegruppierung stand, die eine separatistische Republik zu errichten suchte.

O Regresso war die Reaktion auf alle diese Tendenzen – auf die inneren Zwistigkeiten der *moderados*, auf das Ende der Restaurationsbestrebungen, auf die Person Feijós, auf das Unvermögen, die Provinzrevolten einzudämmen. Aber *o Regresso* entstand auch in Zusammenhang mit einem neuen, aufstrebenden sozioökonomischen Machtfaktor, der auf dem seit den 1830er Jahren wichtigsten Exportgut Brasiliens basierte: dem Kaffee.

e Der Kaffee und seine Folgen

Man nimmt allgemein an, daß der Kaffee erstmals im 18. Jh. aus Französisch-Guayana in die nördlichen Kapitanate der Kolonie gelangte. Er wurde zunächst für den Binnenkonsum in Gärten und auf kleinen Plantagen in der Umgebung der Hafenstädte entlang der Atlantikküste angebaut und gelangte schließlich an den Hof des Vizekönigs in Rio. Ende des 18. Jh. war er bereits auf den außerhalb der Hauptstadt gelegenen *chácaras* (Kleinfarmen) anzutreffen. Erst allmählich erkannte man seine Eignung für den Export, und Kaufleute, die ihre Maultierzüge von Rio zu den Städten der Provinz Minas Gerais im bergigen Landesinneren trieben, begannen versuchsweise Kaffeebäume anzupflanzen. Bereits in den 20er Jahren des 19. Jh. hatten die neuen Pflanzer mit dem Erlös aus dem Kaffeeverkauf den Grundstock zu ihren Familienvermögen gebildet. Das erste bedeutende Anbaugebiet lag am Paraíba do Sul, dessen Tal in den Provinzen São Paulo und Rio de Janeiro den Bäumen einen guten Boden und günstige klimatische Bedingungen für ihr Gedeihen bot.

Es waren die Maultier-Händler, die oft aus Minas Gerais stammten oder portugiesischer Herkunft waren, welche begannen, ihre Gewinne und aufgenommenen Mittel in Sklaven der bantu-sprechenden afrikanischen Völker zu investieren und preiswertes Land in dieser Gegend aufzukaufen. Sie verfügten über die nötigen Kontakte und das erforderliche Kapital für den Export des neuen Produkts und gründeten die etwa zwölf Familienclans – *parentelas* –, die dereinst das Tal beherrschen sollten. Bald darauf, in den 30er Jahren des 19. Jh., wurde Kaffee auch von den Zuckerrohr-Pflanzerfamilien in der Tiefebene der Provinz Rio de Janeiro, den *parentelas* der Baixada Fluminense, angebaut, die bereits seit dem 18. Jh. auf dem von der Guanabara-Bucht bis zur Seenplatte um Saquarema reichenden Küstenstreifen das Land bestellten. Lediglich das Zuckerrohr-Gebiet der Umgebung von Campos widerstand der vielversprechenden neuen Anbaufrucht, als der Kaffee in den 50er Jahren des 19. Jh. durch das Tal hindurch nach São Paulo und quer über das Tal hinweg in das an Minas Gerais angrenzende Bergland vordrang.

f Plantagen, Handel und Politik

Die Mehrzahl der ersten Kaffeepflanzer bildete die gesellschaftliche und wirtschaftliche Basis der politischen Reaktionsbewegung in den 30er Jahren des 19. Jh. Für sie war das Problem denkbar einfach. Ebenso wie ihren Verbündeten in den Provinzen Bahia und Pernambuco war ihnen in erster Linie an politischer Autorität und Stabilität gelegen, damit sie ungestört ihren lukrativen Geschäften nachgehen konnten.

Die Pflanzer brauchten einen starken Staat als Stütze ihrer gesellschaftlichen Kontrolle: Die Krone repräsentierte die traditionelle Autorität innerhalb der sozialen Pyramide, an deren Spitze sie standen, und hielt die Nationalgarde und die Armee als sichere Garanten gegen Rebellionen der afrikanischen Sklaven und ihrer Nachkommen bereit. Pflanzer wie Kaufleute – oft miteinander verwandt oder verschwägert – benötigten Stabilität zur Kapitalbildung, zur Sicherung langfristiger Investitionen und zur Beruhigung ausländischer Gläubiger. Pflanzer wie Kaufleute waren auch für die Bereitstellung einer rudimentären Infrastruktur und deren Absicherung auf einen gesunden und stabilen Staat angewiesen. Die Pflanzer und Kaufleute der Provinz Rio de Janeiro unterschieden sich nur insofern von ihren Kollegen andernorts, als sie sich dichter als diese am Sitz der Zentralgewalt, der *Côrte,* befanden, deren Nähe ihnen Vorteile brachte. Sie vermochten die nationale Politik leichter zu beeinflussen und sich an ihr zu beteiligen, sie hatten mehr Gelegenheit, dauerhafte Beziehungen zum Hofe und innerhalb der Bürokratie der Krone herzustellen, und der hohe Rang und die Würde der *Côrte* verlieh ihnen eine größere Legitimität und stellte einen attraktiveren und wirkungsvolleren Ausgangspunkt für ihre Transaktionen dar. Die Krone ihrerseits profitierte unmittelbar von ihrer politischen Unterstützung und mittelbar von den aufgrund des blühenden Handels mit Kaffee sowie importierten Fertigwaren und Luxusgütern anschwellenden Steuereinkünften.

Die Beziehung zwischen den Pflanzern und Kaufleuten Rio de Janeiros und seiner Umgebung einerseits und der Reaktionspartei in der Kammer andererseits ist so offenkundig, daß sie sich sogar biographisch erschließen läßt. Bernardo de Vasconcelos – in Minas Gerais in einer Familie höherer Kronbeamter geboren und aufgewachsen – ging zwar mit keiner der beiden Gruppen eine unmittelbare Verbindung ein (er war unverheiratet), aber die anderen Reaktionäre standen in einem recht engen Verhältnis zur Elite Rios: Carneiro Leão, ebenfalls ein *mineiro*, heiratete eine seiner Cousinen, Tochter eines angesehenen Kaufmannes in Rio de Janeiro, und wurde in den 40er

Jahren des 19. Jh. selbst Kaffeepflanzer im Hochland dieser Provinz. Rodrigues Tôrres war Oberhaupt einer *parentela* von Kaffeeplantagenbesitzern in der Baixada nahe Itaboraí und Saquarema. Eusébio de Queirós, einer Familie hoher Kronbeamter entstammend, heiratete die Tochter eines prominenten *carioca*-Kaufmannes, dessen Witwe, Eusébios Schwiegermutter, in zweiter Ehe José Clemente Pereira, einen eingefleischten *caramurú*, heiratete. Paulino José Soares de Sousa, Sohn einer Familie aus Minas Gerais, die in *parentelas fluminenses* einheiratete, ehelichte selbst eine Schwägerin von Rodrigues Tôrres.

Diese Familienbande, oft in nachfolgenden Generationen immer wieder neu geknüpft, bildeten das Fundament der politischen Elite der Reaktion und verliehen ihr die Stärke und Zielstrebigkeit einer vitalen, eng verwandten, wohlhabenden und zutiefst konservativen Gesellschaftsgruppe, die bis zur ausklingenden Zweiten Kaiserzeit eine der stärksten Stützen der Monarchie sein sollte. Die Fluminenser Pflanzer und Kaufleute, zu denen sich bald die ersten Kaffeepflanzer von São Paulo und Minas Gerais gesellten, sowie die alteingesessenen Plantagenbesitzer und Kaufleute des Nordostens stellten die Basis und die Kader der konservativen Partei, die zunächst auch „Partei der Ordnung" genannt wurde.

g O Regresso, die Parteien und die Ursprünge der Zweiten Kaiserzeit (1837–1840)

Während Feijós konfliktreicher Regentschaft gelang es den Reaktionären in der Kammer, im Zusammenhang mit der grundsätzlichen Frage der politischen Stabilität die *moderados* zu spalten. Die Mehrheit der Partei, unter Führung von Bernardo de Vasconcelos und Carneiro Leão, verbündete sich mit den *caramurús*. Aus diesem Bündnis ging die spätere sogenannte Konservative Partei hervor; die Verbindung zu den *caramurús* ist schon daraus ersichtlich, daß ein ehemaliger Minister der Ersten Kaiserzeit, Pedro de Araújo Lima (1787–1870), Nachfolger Feijós wurde, nachdem die neue Partei den Regenten in seiner Amtsführung so stark behindert hatte, daß er sich zum Rücktritt gezwungen sah. Araújo Lima war bis zu seiner ordnungsgemäßen Wahl 1838 Interimsregent. Die vier Kabinette, die er zwischen 1837 und 1840 ernannte, bewiesen durch ihre Zusammensetzung und ihre erklärten Zielsetzungen die Entschlossenheit der Regierung, die im Gange befindlichen Aufstände in Pará und Rio Grande niederzuschlagen, die offenbar als Reaktion auf den Triumph der Konservativen entstehenden neuen Revolten im Keim zu ersticken und in der Kammer die Gesetzgebung der „Interpretation" einzuleiten, die den liberalen Reformismus des *Acto Addicional* rückgängig machen sollte.

Als Reaktion auf diesen 1837 einsetzenden Umschwung bildete sich in der Kammer die Liberale Partei. Feijó, angesichts einer reaktionären Kammermehrheit außerstande zu regieren, hatte seinen Sitz in den Reihen der oppositionellen Minderheit eingenommen. Zusammen mit liberalen Verbündeten der *moderado*-Minderheit, die ihn noch immer unterstützten, und *exaltado*-Anhängern, die sich ihm in Ermangelung anderer Perspektiven nunmehr anschlossen, gründete er die zukünftige große Oppositionspartei der Zweiten Kaiserzeit.

Während die Konservativen in den Provinzen Rio de Janeiro und Bahia dominierten und auch starke Verbündete unter der zerstrittenen Oligarchie von Pernambuco für sich zu gewinnen vermochten, stellten die Provinzen São Paulo und Minas Gerais die Basis der Liberalen dar, zu denen sich Mitglieder der weniger mächtigen Elite-Familien des Nordostens, insbesondere aus Pernambuco, gesellten. Der gesellschaftliche Hintergrund der beiden Parteieliten war allerdings ziemlich ähnlich: ihre Mitglieder stammten aus Pflanzer- und Kaufmanns-*parentelas* und hatten eine juristische Ausbildung in Coimbra oder an den 1827 gegründeten rechtswissenschaftlichen Fakultäten in Recife und São Paulo genossen. Mehr als die Konservativen zogen indes die Liberalen Angehörige der freien Berufe in den Städten an – Rechtsanwälte, Journalisten, Ärzte, Ingenieure, Beamte, Professoren usw. –, die aber nur zum Teil bis an die Spitze der Partei aufstiegen.

Die Beziehung zwischen Staat und Gesellschaft, zwischen Parteien, politischer Ideologie und Patronage ist noch immer Gegenstand wissenschaftlicher Debatten. Einer verbreiteten Ansicht zufolge handelte die kaiserliche Regierung gegenüber den sozioökonomischen Eliten relativ autonom. Thomas FLORY [1981] und José Murilo de CARVALHO [1980; 1982] haben dagegen betont, daß es Kronbeamte gab, deren Verhalten von ihren persönlichen Beziehungen zu den Eliten sowie von ihrer eigenen politischen Laufbahn und Einstellung zum Staat beeinflußt war. Außerdem ist behauptet worden, daß Ideologie als wesentliches Merkmal politischen Konflikts nicht wirklich von Bedeutung gewesen sei. Diese Theorie wurde erst kürzlich durch Richard GRAHAM [1990] erhärtet, derzufolge Patronage aller politischen Aktivität im Kaiserreich zugrunde lag.

Persönlich neige ich zu der Auffassung, daß der Staat sowohl in seinem Ursprung als auch in seinen Funktionen nur unter Bezug auf die Eliten und ihre spezifischen Interessen zu verstehen ist. Darüber hinaus bin ich der Auffassung, daß, während sich die Spitzen beider Parteien vor allem in den Jahren von 1837 bis 1853 ihrer jeweiligen Parteiideologie stark verpflichtet fühlten, die Loyalität der meisten Parteimitglieder im gleichen Zeitraum – und später noch in zunehmendem Maße – sehr viel mehr mit den entscheidenden Patronageverflechtungen zu tun hatte, die die Wähler an die Provinzoligarchien und diese wiederum an die großen Parteiführer in der *Côrte* banden. Aber je nach Problem und Epoche und selbst unter Berücksichtigung der Position des einzelnen in der gesellschaftlichen und politischen Hierarchie halte ich doch dafür, daß die Ideologie die Staatspolitik zu bestimmen, Einigkeit unter Parteimitgliedern herzustellen und eine Partei sowohl zusammenzuschweißen als auch zu spalten vermochte – sie war stets bedeutsam.

Diese Komplexität tritt in der Zweiten Kaiserzeit von Anfang an klar zutage. Als sich die Kontrolle der Partei der Ordnung über die Kammer und die Wahlen und damit über die Verteilung von Protektion und Gunstbeweisen festigte, wurden die Liberalen zunehmend von Verzweiflung ergriffen. Die Konservativen machten zugunsten ihrer Partei wirksamen Gebrauch vom Staat zum gleichen Zeitpunkt, als ihre Kammer-Mehrheit, ihrer Ideologie entsprechend, Gesetze erließ, die die Staatsgewalt in den Provinzen wieder stärkte. Im Jahr 1840 beschlossen die Liberalen – die an ihrem Unvermögen verzweifelten, die Herrschaft der Konservativen über die Kammer zu brechen –, zu einer List zu greifen und die Autorität des Monarchen als Vorwand für einen Coup zu nutzen. Die Führer der Liberalen schmiedeten ein Komplott, um den unmündigen Thronfolger vor seiner gesetzlichen Volljährigkeit zu inthronisieren, im festen Vertrauen darauf, daß er bei der Zusammenstellung seines ersten Ministerrats aus

Dankbarkeit die Liberalen an die Macht bringen würde. Dieses Komplott, die „Volljährigkeitsbewegung" von 1840, war das geistige Kind des Antônio Carlos de Andrada e Silva (1773–1845), des radikalsten der berühmten Andrada-Brüder.

Die Andradas – José Bonifácio, Antônio Carlos und Martim Francisco – waren alle in der Ersten Kaiserzeit und während der Regentschaft führende Politiker gewesen: José Bonifácio de Andrada e Silva (1763–1838), der „Patriarch der Unabhängigkeit", einer der Protagonisten des Jahres 1822 und Premierminister unter dem ersten Kaiser, hatte 1823 gegen den Monarchen opponiert, später jedoch, während der Regentschaft, Dom Pedro wiederum unterstützt. Der Herzog von Bragança hatte ihn sogar zum Erzieher seines Sohnes Dom Pedro II. ernannt, in welcher Eigenschaft ihn die *moderados* als restaurativen Verschwörer verdächtigten und entließen. Schon recht betagt, starb er kurz darauf. Sein jüngerer Bruder Antônio Carlos, 1817 am liberalen Aufstand in Pernambuco, 1823 an der Opposition und danach an der liberalen Opposition in der Kammer maßgeblich beteiligt, führte nun die Liberalen zur Residenz São Cristóvão auf der Quinta da Boa Vista, wo Dom Pedro aufgewachsen war.

Der Prinz war im Jahr 1831 als fünfjähriges Kind von seinem Vater in Brasilien zurückgelassen worden. In den darauffolgenden zehn Jahren, in denen José Bonifácio und dessen Nachfolger, der Marquis von Itanhaem, den zukünftigen Monarchen auf seine Aufgabe als erster Diener des Reiches vorbereiteten, hatte er ein streng geregeltes Leben geführt. Zwei ältere Schwestern waren die einzigen Familienangehörigen in seiner Umgebung; eine dritte, Maria da Glória, war vom Vater, nachdem er die Armeen ihres Onkels, seines Bruders Dom Miguel, besiegt hatte, auf den Thron Portugals erhoben worden.

Unterricht und Lebenserfahrung Dom Pedros II. beschränkten sich weitgehend auf das Herrenhaus und den Park der Quinta da Boa Vista, des Landsitzes im außerhalb Rios gelegenen Distrikt São Cristóvão, den sein Großvater Dom João VI. von einem reichen Kaufmann erworben und während seiner Regierungszeit in Brasilien zur königlichen Residenz gemacht hatte. Dom João hatte dieses Herrenhaus dem engen alten Palast der Vizekönige vorgezogen, der an einem kleinen, sich zur Bucht hin öffnenden Platz nahe den Docks und den Markthallen der Altstadt liegt. Der alte Palast neben der Cadeia Velha, in dem später die Kammer untergebracht war, wurde nunmehr als *Paço da Cidade* (Stadtpalais) bezeichnet und diente fortan lediglich als Regierungssitz. Der Palácio de São Cristóvão auf der Quinta erfuhr im Laufe des Jahrhunderts eine Reihe von Veränderungen und erhielt schließlich ein imponierendes klassizistisches Äußeres. Er verlor jedoch nie seine Atmosphäre der Isolation. Desungeachtet pflegte der Kaiser in seiner ein halbes Jahrhundert währenden Regierungszeit seinen Ministern und Ratgebern die beschwerliche und langwierige Reise von Rio häufig zuzumuten, damit sie ihm dort ihre Aufwartung machten und ihn berieten. Offenbar hatte er sich an die Bequemlichkeit und die Ruhe gewöhnt, die ihn in den Jahren seiner Lehrzeit an diesem Ort umgeben hatten. Der junge Prinz erhielt die liberale humanistische Bildung seiner Zeit; sein Unterricht umfaßte Sprachen, Geschichte, Religion und Philosophie. Nahrung, körperliche Ertüchtigung, Umgang und Geselligkeit, ja selbst die Dienerschaft (zu der ausdrücklich kein Mitglied afrikanischer Abstammung gehören durfte) waren sorgfältig ausgewählt und aufeinander abgestimmt. Mit 15 Jahren war der Prinz ein frühreifer Jüngling, von gesetztem Benehmen und umsichtigem Wesen, mit einer wachsenden Liebe zu geistiger Tätigkeit, die neben den Pflichten seines Amtes zu seiner Lieblingsbeschäftigung werden sollte.

Zur Zeit des *Regresso* diskutierten die Konservativen bereits über eine vorzeitige Thronbesteigung Dom Pedros als ein Mittel, die Wiederherstellung der Ordnung zu befördern, ungeachtet der Tatsache, daß die Verfassung von 1824 die Minderjährigkeit des Thronfolgers bis zu seinem 18. Lebensjahr festschrieb. Auch war die Rede davon, seine ältere Schwester Dona Januária als Regentin zu inthronisieren. Wie sich herausstellte, ließ jedoch der Erfolg der Reaktion im Parlament und in den Provinzen sowie das öffentliche Bekenntnis der Parteiführer zur Konstitution von 1824 eine vorgezogene Volljährigkeit des Monarchen ebenso unnötig wie unklug erscheinen.

Die Liberalen wollten offensichtlich Dom Pedro zu ihrem Werkzeug machen, weil ihnen nichts anderes übrigblieb. Sie hatten keine Chance bei den Wahlen, sie blieben eine parlamentarische Minderheit, und die die Opposition unterstützenden Rebellionen waren, mit Ausnahme der *Farroupilha,* erfolgreich niedergeschlagen worden. Unterdessen schritt die Gesetzgebung zugunsten der erneuten Zentralisierung der Staatsmacht zügig voran und stärkte die Feinde der Liberalen. Nur die Volljährigkeit des Kaisers würde ihnen – aufgrund seines verfassungsmäßigen Rechts, den Ministerrat bzw. das regierende Kabinett ohne Zustimmung der Kammer zu ernennen – die Möglichkeit geben, an die Macht zu kommen. Also zwangen die Liberalen mit Hilfe konzertierter Partei- und Straßendemonstrationen, parlamentarischer Demagogie, der Unterstützung einiger Konservativer und, der Überlieferung zufolge, mit dem Einverständnis Dom Pedros II. das Parlament, der Amtseinsetzung des Kaisers 1840 zuzustimmen. Dieser brachte 1841, im Jahr seiner Krönung, die Liberalen an die Macht und löste sodann die dem neuen Ministerrat feindlich gesinnte Kammer auf.

Indem es seine Vollmachten dazu einsetzte, sich die Patronagepositionen in den Provinzen zu sichern und sich die von den Konservativen nach 1837 eingeführten Interventionsmöglichkeiten zunutze zu machen, besetzte das neue liberale Kabinett die gesamte Bürokratie der Krone mit eigenen Anhängern, stärkte auf diese Weise die eigene Partei und schickte sich an, das Ergebnis der Wahlen für die nächste Sitzungsperiode der Kammer zu manipulieren. Der daraus resultierende Mißbrauch des Wahlvorgangs durch die Liberalen war, insbesondere in der Provinz Rio de Janeiro, ungleich schamloser und ungezügelter, als dies bei früheren, durch die Konservativen kontrollierten Wahlen der Fall gewesen war. Die politische Elite war empört. Meinungsverschiedenheiten über die Haltung gegenüber der *Farroupilha* führten sodann zu Zwistigkeiten innerhalb des Kabinetts. Die Liberalen, im Vertrauen auf die durch die manipulierte Wahl von 1840 in der Kammer gesicherte liberale Mehrheit, glaubten offenbar eine Lockerung ihrer Kontrolle über den Ministerrat riskieren zu können. Der Kaiser und seine Anhänger machten indes eine Kehrtwendung und forderten die Konservativen auf, die Liberalen zu ersetzen – nur etwa acht Monate nach dem Triumph von Antônio Carlos de Andrada.

Die Partei der Ordnung, im Verein mit dem inzwischen neu berufenen (und von den Konservativen beherrschten) Staatsrat, überredete nun den Kaiser, die Wahl von 1840 zu annullieren und Neuwahlen durchführen zu lassen; sie ergaben, wie erwartet, eine konservative Mehrheit für die Kammer. Diese schickte sich 1841 an, den reaktionären Gesetzen – die Vasconcelos und Paulino seit 1837 ausgearbeitet hatten und die nunmehr die sogenannte „Interpretation" des *Acto Addicional* von 1834 sowie die Reform des Strafgesetzbuchs und die Restauration des Staatsrats einschlossen – den letzten Schliff zu geben. Diese Maßnahmen gipfelten in der Aufhebung der liberalen

Reformen von 1831 bis 1834, die von konservativen Spitzenpolitikern in Kabinetten durchgesetzt wurden, die das Reich in den Jahren von 1837 bis 1840, 1841 und 1844 sowie noch einmal von 1848 bis 1853 regierten. Auf diese Weise wurde die Zweite Kaiserzeit ganz entscheidend von der Partei der Ordnung geprägt, die, wie zu zeigen sein wird, die Wiederherstellung des Staates in Gestalt eines autoritären, zentralisierten Regimes entworfen und betrieben hatte, das im In- und Ausland Achtung genoß. Aber insgesamt gesehen deutet die Rolle der Konservativen auch auf die dem Regime eigenen Zwänge und Widersprüchlichkeiten hin, die im folgenden dargestellt werden sollen.

C. Die Zweite Kaiserzeit: Konsolidierung und Reform (1842–1878)

a Der Triumph der Ordnungsidee (1842–1852)

Die Partei der Ordnung wurde geistig und politisch von Vasconcelos beherrscht und in der Kammer von Carneiro Leão geführt; aber die *saquaremas* bildeten gewissermaßen ihr Rückgrat in Parlament und Ministerrat. Sie wurden so genannt nach der Stadt, in deren Nähe Rodrigues Tôrres eine Plantage besaß, auf der die Parteimitglieder des öfteren zusammenkamen. Mit diesem Namen wurden in weitestem Sinne die Konservativen als solche bzw. ihr rechter Flügel als Gruppe bezeichnet; in seinem engeren Sinne waren damit Eusébio de Queirós, der „Papst", sowie Paulino und Rodrigues Tôrres, die „Kardinäle" der Reaktionäre, gemeint. Diese drei Männer stellten das Sprachrohr der kompromißlosen Mitglieder dieser Partei dar. Als Abgeordnete beherrschten sie die Kammer, solange die Konservativen regierten, und erhielten den Widerstand unter den schwachen Kabinetten des glücklosen Interregnums der Liberalen in den Jahren 1844 bis 1848 aufrecht, als der junge Kaiser einen politischen Konsens dadurch herbeizuführen suchte, daß er seine Kritiker an die Macht kommen ließ. Als Minister und später als Senatoren und Staatsräte waren sie weitgehend für die erfolgreiche Innen- und Außenpolitik jener Ära verantwortlich und sorgten für die erforderliche Stabilität, die die politische Versöhnung ermöglichte, mit der diese Epoche zu Ende ging.

Die Politik der *saquaremas* entsprang unmittelbar der Erfahrung ihrer Führer unter der Regentschaft. Diese Männer waren bestrebt, durch die Wiederherstellung der Autorität, der Mittlerstellung und der zentralisierenden Tradition der Krone das Prestige und die Macht des Staates zu festigen. Vasconcelos, der einst für die Formulierung der Zusatzakte mitverantwortlich gewesen war, hatte mit Paulino die Gesetze ausgearbeitet, die die Reformen der *moderados* zunichte machten. Teil der gleichen reaktionären Gesetzgebung war, wie bereits erwähnt, die Restauration des Staatsrats – der als beratendes Gremium des Monarchen eine Schlüsselstellung innehatte – sowie die Revision des Strafgesetzes; außerdem hatten die Konservativen den Kaiser zur Annullierung der Wahl von 1840 zu bewegen vermocht. Alle diese Erfolge der Reaktionäre beließen den Liberalen keinerlei Hoffnung auf eine Durchsetzung ihrer Interessen innerhalb des politischen Gefüges und erzeugten eine natürliche Abwehrreaktion. Die Liberalen lehnten sich 1842 mit einer konzertierten Bewegung in den

Provinzen São Paulo und Minas Gerais gegen die konservative Regierung auf, die sie verdrängt hatte.

Die Bedeutung dieses gegen den *Regresso* gerichteten Angriffs läßt sich an dessen Führern und an seiner Wirkung auf die *saquaremas* ermessen. Zu den Spitzen der Liberalen zählten zwei ehemalige Regenten – Nicolau Vergueira und Fejió –, Männer mit ausreichendem Einfluß, um nicht nur *paulistas* und *mineiros* als Freiwillige zu den Waffen zu rufen, sondern auch die Gefahr einer Erhebung in der Provinz Rio de Janeiro, dem Kernland der Konservativen, heraufzubeschwören. Die *saquaremas* boten jedoch ihre besten Kräfte auf und vermochten den Aufstand rasch unter Kontrolle zu bringen; danach verfolgten sie seine Führer erbarmungslos.

Der militärische Führer des Regierungslagers war Luís Alves de Lima e Silva (1803 bis 1880). Zunächst Baron, dann Herzog von Caxias, wurde er ausersehen, die Rebellion in beiden Provinzen niederzuschlagen. Als konservativer *fluminense* und bereits bekannt durch seine Heldentaten als General im Unabhängigkeitskampf in Bahia, im cisplatinischen Krieg von 1825 bis 1828, bei der Unterdrückung der städtischen Unruhen zur Zeit der Regentschaft, in den ersten Schlachten der *Farroupilha* und bei der „Befriedung" einer Rebellion in Maranhão während der Regentschaft, war Caxias erfahren im Niederwerfen innerer Aufstände. Wieder einmal machte er seinem Ruf als militärischer Hüter der Monarchie alle Ehre, indem er die Liberalen an beiden Fronten rasch besiegte. Hervorzuheben ist jedoch, daß die konservative Führerschaft ebenfalls eine bedeutende Rolle spielte. Paulino war damals Justizminister und Carneiro Leão Präsident der Provinz Rio de Janeiro. Carneiro Leão wirkte bei der Organisation der einzelnen Feldzüge gegen die Liberalen auf den diversen Schlachtfeldern in der Provinz mit, und Paulino beaufsichtigte die Verhöre und Bestrafung der Rebellen. Beide Männer begriffen sich als Verteidiger nicht nur der Interessen ihrer Partei, sondern auch der zerbrechlichen, das Überleben der Nation garantierenden und die Gesellschaft schützenden Institutionen, und entsprechend rücksichtslos gingen sie bei den Festnahmen, Prozessen und Bestrafungen vor.

In aufschlußreichem Gegensatz hierzu stand ihr Verhalten, als 1848 die letzte liberale Revolte in Pernambuco ausbrach. Die *Praieira* (so genannt nach dem Sitz der liberalen Zeitung in der Rua da Praia in Recife) wurde als eine weniger gefährliche Provinzunruhe erachtet, ohne unmittelbaren Bezug zum zentralen Problem der Autorität Rios. Die Angelegenheit wurde eindeutig als eher lästig denn als bedrohlich empfunden. Eusébio de Queirós, der damalige Justizminister, entsandte wiederum Carneiro Leão, diesmal jedoch nicht, um die Rebellen erbarmungslos zu vernichten (das war Aufgabe eines anderen gewesen), sondern um konstruktiv einzugreifen und die Reaktion in der Provinz daran zu hindern, übers Ziel hinauszuschießen. Innerhalb von nur sechs Jahren war die Gefahr eines Zurückgleitens in die befürchtete instabile Situation, wie sie zu Zeiten der Regentschaft geherrscht hatte, gebannt worden. Die Angriffe auf den Staat hatten sich auf örtliche Unruhen in den Randgebieten reduziert, die eher Fingerspitzengefühl im Hinblick auf eine Versöhnung der Parteien erforderten als eine gnadenlose Zerstörung zur völligen Ausrottung des Widerstands. Gewaltsame Vergeltungsmaßnahmen trafen die Armen und die Randgruppen; die *exaltado*-Rädelsführer hingegen, liberale Provinzgrößen, wurden, nachdem die Gemüter sich beruhigt hatten, durch eine Amnestie dazu gebracht, sich erneut der Zentralgewalt unterzuordnen.

b Die Gesellschaft zu Anfang der Zweiten Kaiserzeit (ca. 1830–1850)

Die Gesellschaft, die die *saquaremas* verteidigten, war weitgehend die gleiche wie zur Regierungszeit Dom Pedros I. Die einzigen wesentlichen Veränderungen stellten die Konsolidierung des Kaffeehandels und, als dessen unmittelbare Folge, das Wiederaufleben des Sklavenhandels mit Afrika dar. Bereits in den ersten Jahren der Regentschaft war Kaffee Brasiliens führendes Exporterzeugnis; um die Jahrhundertmitte deckte das Reich 40 Prozent des Weltbedarfs und belieferte als größter Einzelproduzent die Vereinigten Staaten, Mitteleuropa und Skandinavien. Die Kaffeeplantagen, die sich bis in die Provinz São Paulo ausgebreitet hatten, produzierten im Jahr 1851 mehr als die dortigen Zuckerplantagen. Die größten Mengen wurden jedoch in der Provinz Rio de Janeiro erzeugt, und Brasiliens Metropole blieb der Haupthandelshafen für Kaffee und Sklaven.

In Kriegen zwischen afrikanischen Küsten- und Binnenvölkern gemachte Gefangene wurden an der afrikanischen Küste an portugiesische Sklavenhändler, *negreiros*, verkauft. In Anbetracht der internationalen gesetzlichen Restriktionen und der Reichweite der britischen Marine hatte sich der Menschenhandel an den Küsten Angolas und Moçambiques konzentriert. Die *negreiros* standen im Wettbewerb mit Spaniern und Amerikanern, welche in der Regel den kubanischen Markt belieferten. Sie waren die wohlhabendsten Mitglieder der portugiesischen Kaufmannschaft, die von den Häfen des Reiches aus Brasiliens bescheidenen Binnenhandel und das lokale Finanzwesen beherrschte.

Tab. 20: Geschätzte Bevölkerung Brasiliens 1823–1890 (in 1000)

Jahr	Sklaven	Freie	Summe
1823	1148	2 813	3 961
1850	2500	5 520	8 020
1872	1511	8 420	9 931
1890	–	14 334	14 334

Quelle: Stein [1985, 294].

Den größten Aufschwung erlebte der Sklavenhandel Ende der 30er und Ende der 40er Jahre des 19. Jh., als – britischen Schätzungen zufolge – die Zahl der die berüchtigte Überfahrt überlebenden Sklaven 35 000–42 000 bzw. 50 000–60 000 erreichte. Die meisten Schwarzen wurden in den Hafenstädten, vor allem in Rio, an Plantagenagenten verkauft, die sie ins Landesinnere brachten, wo sie in Arbeitstrupps an den Hängen der Plantagen arbeiteten. Die in den Nordosten Verkauften mußten nicht so weit zu Fuß marschieren, weil die meisten *engenhos* (Zuckerplantagen) an den kurzen Küstenflüssen oder an den Buchten und Wasserläufen von Salvador und Recife lagen, die die Zuckermühlen mit Energie versorgten und als Verkehrswege dienten.

Sowohl auf den Kaffee- als auch auf den Zuckerplantagen gab es ungleich mehr Sklaven als auf einer der für die Vereinigten Staaten typischen Baumwoll- oder Tabakplantagen. In Brasilien arbeiteten auf einer Plantage Hunderte von Sklaven. Die überwiegend männlichen Feldsklaven, die die Mehrheit ausmachten, waren meist zu einem kurzen Arbeitsleben verurteilt. Die Gewinne, die die Sklaven ihren Besitzern

Tab. 21: Regionale Verteilung der Sklaven in Brasilien 1864 und 1887

Region	1864	1887
Norden	101 000	43 981
Nordosten	774 000	171 797
Westen und Süden	95 000	25 070
Südosten	745 000	482 571
Summe	1 715 000	723 419

Quelle: Conrad [1972, 285].

einbrachten, ließen es finanziell rentabel erscheinen, sie hart arbeiten und ein kümmerliches Dasein fristen zu lassen, weil sie in wenigen Jahren ihren Kaufpreis abgearbeitet hatten und sich leicht ersetzen ließen. In der Tat gab es so viele billige Sklaven, daß sich eine gewissermaßen privilegierte Minderheit akkulturierter, oft im Lande geborener Mulattensklaven herausbilden konnte, die auf den Landsitzen der Pflanzer als Hausangestellte arbeiteten oder in den Häusern, in den Geschäften und auf den Straßen bei Kaufleuten, Ladenbesitzern, Handwerkern und Zuhältern in Diensten standen. Um die Mitte des 19. Jh. äußerten Reisende sich noch immer verblüfft über die Allgegenwart der Afrikaner und ihrer Nachkommen in den Häfen des Reiches, wo sie, oft unbeaufsichtigt, zuweilen auch als Pächter mit dem Recht auf Ersparnisse und Freikauf ihrer Person, als gelernte Handwerker, ungelernte Hilfskräfte und Straßenverkäufer arbeiteten. Da in dieser Gesellschaft der größte Teil der freien Bevölkerung und der Freigelassenen zumindest teilweise von afrikanischen Vorfahren abstammte, überrascht es nicht, daß sich Europäer und Nordamerikaner angesichts der hohen gesellschaftlichen Mobilität der Afro-Brasilianer schockiert zeigten.

Ebenso wie in den Herrenhäusern der Plantagen wurden auch in den Städten Afro-Brasilianer häufig als nachgeordnete Familienmitglieder eines patriarchalischen Haushalts – der idealen Einheit dieser Gesellschaft – betrachtet. Dies war natürlich in erster Linie bei Hausangestellten oder bei Haussklaven der Fall, deren Bindung an ein und dieselbe Familie oft Generationen währte. Die demographische Statistik für die Sklavenbevölkerung, die eine Unausgewogenheit der Geschlechter innerhalb der Feldsklaven deutlich macht, deutet darauf hin, daß diese nur selten Gelegenheit zu einer festen sexuellen Beziehung, geschweige zur Gründung einer Familie hatten.

Über die Armen auf dem Lande oder in den Städten ist wenig bekannt, mit Ausnahme der Tatsache, daß sie häufig Klientelbeziehungen zu den vermögenderen Familien entwickelten, mit denen sie aufgrund ihrer Arbeit in Berührung kamen. Über die winzige Minorität der Wohlhabenderen (d. h. von der Mittelschicht aufwärts) sind wir dagegen besser unterrichtet, wenn auch die Informationen häufig anekdotischer Natur sind. Die Brasilianer waren vorwiegend als Mitglieder ausgedehnter Großfamilien gesellschaftlich integriert, an deren Spitze der Herr des Hauses oder, bei der Elite, einige begüterte ältere Männer standen. Ob unter dem gleichen Dach mit diesen wohnend oder lediglich unter ihrem Schutze stehend, lebten und gediehen diese Familien in Abhängigkeit von der Prosperität ihrer Patriarchen. Gesellschaftliches Ansehen, soziale und rassische Hierarchie sowie abgestufte Machtverhältnisse in diesen Familien spiegelten und stärkten die sozio-politischen Traditionen der Gesellschaft im weiteren Sinne.

Heirat war eine Familienangelegenheit, entweder weil die Eltern oder Patrone den Partner aussuchten oder zumindest billigen mußten, oder weil man einen Verwandten heiratete. Innerhalb der Eliten waren Vernunftehen häufig. Offensichtlich unterhielten die Männer der meisten Familien außereheliche Beziehungen, sowohl gelegentliche als auch Dauerverhältnisse. Innerhalb der Elite-Familien waren Verwandtenehen an der Tagesordnung, ebenso zahlreiche Kinder und, bei Frauen, Heirat im Jungmädchenalter. Wenngleich von Witwen berichtet wird, die den Platz des Familienoberhauptes auf der Plantage oder im *palácio* einnahmen, und obschon Frauen einen ebenso hohen Anteil vom Erbe erhielten wie Männer, waren Abhängigkeit und Gehorsam ihr übliches Los. Die Frauen der Elite standen meist unter der Fuchtel ihrer älteren männlichen Verwandten. Ärmere Frauen, ohne die Aussichten und Möglichkeiten, welche Vermögen und „Respektabilität" verschafften, mochten mehr persönliche Freiheit genießen, mußten aber auch Gemeinheiten und Härten erdulden, die eine Folge ihrer Schutzlosigkeit waren. Auf der Straße wurde eine Frau ohne Begleitung als Person betrachtet, die man nicht zu respektieren brauchte; war sie gut angezogen, hielt man sie – selbst noch im ausgehenden 19. Jh. – für eine Hure. In den Städten war Prostitution gang und gäbe. Am geläufigsten war die Ausbeutung von *mulatas*. Anfang des 19. Jh. sollen Frauen von den Azoren eingeführt worden sein. Im letzten Jahrhundertdrittel wurden Französinnen, *cocottes* – die häufig am Theater oder in von der Elite frequentierten Restaurants anzutreffen waren –, bevorzugte Prostituierte. Nach 1870 wurden die jüdischen Opfer des osteuropäischen Mädchenhandels, *polacas*, in Rio ebenso wie in Buenos Aires ausgebeutet.

Noch um die Mitte des 19. Jh. war selbst innerhalb der Oberschicht die weibliche Bildung unüblich. Eine Generation später durfte man hingegen erwarten, daß eine Frau lesen, Französisch und Klavierspielen gelernt hatte. Aber nur vereinzelt vermochten Frauen ein höheres Bildungsniveau zu erreichen. Die Männer der Oberschicht erhielten eine den konservativen portugiesischen und französischen Traditionen stark verpflichtete humanistische Bildung. Französisch als Sprache der Gebildeten war verbreitet und hatte einen enormen Einfluß auf das geistige und kulturelle Leben. Ursprünglich fand der Unterricht zu Hause statt und wurde meist von einem Verwandten erteilt. *Colégios* für Knaben waren seit der Ersten Kaiserzeit üblich, nach der Jahrhundertmitte in zunehmendem Maße auch für Heranwachsende der Mittelschicht. Die Mädchen der Oberschicht wurden zu Hause bzw. nach 1850 von Nonnen in Klosterschulen unterrichtet.

Das Wachstum der Kaffee-Wirtschaft und die fortdauernde Ausfuhr von Zucker und anderen Exportprodukten bewirkte, zumindest absolut gesehen, ein anhaltendes Wachstum der Hafenstädte. Die Industrie, im Sinne von kleinen Werkstätten, in denen die Arbeit oft von Sklaven verrichtet wurde, war von nebensächlicher Bedeutung; sie erhielt nur einen geringen Auftrieb durch das Handelskapital, das zu investieren die *negreiros* sich im Zuge der Investitionsdiversifikation nach Beendigung des Sklavenhandels 1850/52 gezwungen sahen. Der Handel konzentrierte sich in den Städten; sie waren politische und kulturelle Zentren, aber kaum Sitz industrieller Unternehmungen. Der große Aufschwung im Bereich urbaner Einrichtungen und Annehmlichkeiten setzte erst um die Mitte des 19. Jh. ein, und zwar vornehmlich in Rio, als die indirekten Auswirkungen des Kaffeehandels sich durch ein allmähliches, aber bedeutsames Wachstum der Mittelschicht bemerkbar machten, das mit Verbesserungen im Bereich der Infrastruktur und der Wohnverhältnisse, einer kulturellen Blüte und Veränderungen im Konsumverhalten einherging.

Tab. 22: Die Bevölkerung einzelner brasilianischer Städte 1819–1890 (in 1000)

Jahr	Rio de Janeiro	Salvador	Recife	São Paulo
1819	113	78	50	25
1854	186	108	86	26
1872	267	129	117	31
1890	523	174	112	65

Quelle: Morse u.a. [1971, 37].

Die meisten Städte des Reiches, Rio inbegriffen, hatten sich lediglich insofern verändert, als die Einwohnerzahl langsam gestiegen war, der Geschmack der städtischen Oberschicht immer stärker von ihrer Vorliebe für französische Kleidung, französische Interieurs und französische Architektur bestimmt wurde, und das offenkundige Unvermögen der Städte, den durch einen expandierenden Handel und stetigen Bevölkerungszuwachs bedingten steigenden Ansprüchen an ihre Leistungsfähigkeit gerecht zu werden, zunehmend Beunruhigung auslöste. Die furchtbaren Auswirkungen des 1850 ausbrechenden Gelbfiebers und der darauffolgenden Cholera-Epidemie trugen dazu bei, der Selbstzufriedenheit der Elite mit ihren „Kolonial"städten und ihren rückständigen Häfen ein Ende zu bereiten. Aber diese Ernüchterung führte nicht zur Entwicklung wirksamer Problemlösungen. Zur Zeit der Monarchie blieben die vorgenommenen Verbesserungen Stückwerk; eine umfassende, durchgreifende Reform sollte erst von der Republik in Angriff genommen werden.

c Die Beziehungen zum Ausland um die Jahrhundertmitte

Die meisten Importgüter, die der aus den Plantagenerzeugnissen erwirtschaftete Reichtum ins Land brachte, waren englischer Herkunft: Billige Textilien für die Sklaven und die freien Armen machten den Hauptanteil aus, der Rest bestand aus weiteren Industrieerzeugnissen – von Werkzeugen bis zu bestimmten Nahrungsmitteln. Im Jahr 1838 betrug der Anteil britischer Importe 40 Prozent, in den späten 1840er Jahren 50 Prozent. Die Franzosen lieferten Luxusartikel, die Portugiesen Sklaven, billige Nahrungsmittel und Wein, die USA und andere Nationen weitere Industriegüter, aber keine Nation beherrschte mehr als 10 Prozent des Marktes. Dieser „Kolonial"austausch mit englischen Herstellern und Kaufleuten ging auf die Kolonialzeit zurück und verdankte seine Aufrechterhaltung der Überlegenheit der Industrie und Marine Großbritanniens sowie Privilegien, die aus den 1815 auf dem Wiener Kongreß geschlossenen Handels- und militärischen Abkommen resultierten. Der erste Kaiser hatte im Jahr 1825 als Teil der Unabhängigkeitsverhandlungen mit Portugal, einem von Großbritannien abhängigen Staat, diese englischen Privilegien garantiert.

Zu den Verträgen, die die Engländer 1815 den von ihnen abhängigen Staaten aufgezwungen hatten, gehörten die Abkommen, durch die die Könige Portugals und Spaniens sich bereit erklärten, den Handel mit Sklaven aus Afrika zu beenden bzw.

einzuschränken. Der Grad der Abhängigkeit der beiden iberischen Staaten läßt sich daran ermessen, daß sie damit einverstanden waren, die Grundlage ihres kolonialen Reichtums in dieser Weise zu gefährden. In Wirklichkeit jedoch versorgte der Sklavenhandel trotz dieser formellen Verpflichtungen weiterhin die Felder Brasiliens und Kubas mit Sklaven. Obwohl Dom Pedro I. sich englischem Druck gebeugt und die Beendigung des Sklavenhandels für 1831 zugesagt hatte, zeugen sowohl der große Kaffeeboom als auch das Fortdauern des Zuckerexports davon, daß man in geradezu sträflicher Weise auf den illegalen Sklavenschmuggel setzte. Anders als in den Vereinigten Staaten (die den legalen Sklavenhandel 1807 abschafften und nur mit einem relativ unerheblichen Sklavenschmuggel zu kämpfen hatten), wo die Sklaven in der Lage waren, sich in hinreichender Zahl fortzupflanzen, so daß neue Generationen die alten als Arbeitskräfte ersetzen konnten, lebten die Sklaven weder in Brasilien noch auf Kuba unter Bedingungen, die ermöglicht hätten, die Sklavenbevölkerung zahlenmäßig auf einem dem Arbeitskräftebedarf der Wirtschaft entsprechenden Niveau zu halten, so daß man ohne ständigen Nachschub an Sklaven aus Afrika hätte auskommen können. Unausgewogenheit des Geschlechterverhältnisses, Unterernährung, schlechte Lebens- und Arbeitsbedingungen unter tropischen Verhältnissen, Profitgier der Produzenten sowie Umfang und Dynamik der Produktion – alle diese Faktoren trugen zu dieser Situation bei.

Aufgrund dieser Ausgangslage standen in der Frage des Sklavenhandels die englischen und die brasilianischen Interessen in krassem Gegensatz zueinander. Diplomatische Reibereien sowie das Problem der Erneuerung der 1844 ablaufenden englischen Handelsprivilegien erzeugten eine Atmosphäre der Konfrontation, in der die Vertreter Brasiliens sich veranlaßt sahen, die Grundprinzipien nationaler Souveränität gegen die bedeutendste europäische Großmacht der Epoche zu verteidigen. Englands Bestreben, die kaiserlichen Außenminister und ihren Monarchen in die Knie zu zwingen, entsprang nicht nur einer starren abolitionistischen Politik, sondern ganz offenkundig auch seinem Wunsch, das Reich zu einem gefügigen Vasallenstaat und einem zugänglichen Absatzmarkt zu machen; schließlich war Brasilien damals der drittwichtigste Abnehmer britischer Produkte. Um diese Ziele zu erreichen, bedienten sich die englischen Diplomaten einer Reihe von Provokationen im Zusammenhang mit kleineren Problemen und der leidigen Frage des Sklavenhandels. Obwohl die wirtschaftliche Abhängigkeit unvermeidlich wurde, vermochte das diplomatische Geschick verschiedener Minister sowie das ausgeprägte Pflichtgefühl des jungen Kaisers die Engländer dazu zu bewegen, die Errungenschaften der Unabhängigkeit des Reiches zu respektieren. Auch gelang es den Brasilianern, die britischen Privilegien verfallen zu lassen. Aber das Problem des Sklavenhandels und -schmuggels konnte letztlich nicht durch Verhandlungsgeschick gelöst werden. Im Verlauf des Jahrzehnts kreuzte die englische Marine zunehmend aggressiver in brasilianischen und kubanischen Gewässern, und am Ende des Jahrzehnts hatte sich dieses Problem eindeutig zum Prüfstein für den nationalen und internationalen Status der Monarchie, ja zum Prüfstein für ihre Existenz entwickelt.

So wie die Konservativen dieses internationale Dilemma einschätzten, konnte die Krone entweder ihre einmal eingegangenen internationalen Verpflichtungen erfüllen und den fortgesetzten, zunehmenden Übergriffen der Engländer dadurch entgehen oder sie mußte die internationale Ächtung samt der demütigenden Folgen der Kanonenboot-Diplomatie über sich ergehen lassen: Durchsuchung und Beschlagnahme ihrer Schiffe, Eindringen in ihre Gewässer, womöglich sogar Verfolgung der *negreiros* und ihrer Kunden bis auf kaiserliches Hoheitsgebiet. So wie die Konservativen das Problem im Hinblick auf die Innenpolitik beurteilten, konnte die Krone entweder mit ihren internationalen Verpflichtungen in Einklang stehende, national geltende Gesetze erlassen und auf lokaler Ebene durchsetzen, oder sie mußte durch ihr Verhalten ihren ausgedehnten Provinzen im ganzen Reich die Inkonsequenz und Schwäche des Staates vor Augen führen.

Die *saquaremas*, den von dem Problem unmittelbar betroffenen Lokalinteressen eng verbunden, waren vermutlich die einzigen, die tatsächlich den Beschluß fassen konnten, dem Sklavenschmuggel und -handel ein Ende zu setzen – wahrscheinlich vermochten diese Entscheidung nur Politiker zu treffen, die in der Krone den höchsten Garanten der Nation und ihrer gesellschaftlichen Ordnung erblickten. Folgerichtig war es Eusébio de Queirós, der „Papst“ der Reaktionäre, der als Justizminister die zur Beendigung der Sklaveneinfuhr notwendigen Gesetze schuf, ebenso wie es Paulino in seiner Eigenschaft als Außenminister war, der die entsprechenden diplomatischen Schritte unternahm. Kein anderer Entschluß in der Geschichte der Monarchie war vermutlich so folgenschwer. Er bedeutete das unvermeidliche Ende der Sklaverei, des wichtigsten einzelnen Einflußfaktors in Gesellschaft, Wirtschaft und Politik des Reiches – und er verdeutlichte die Vormachtstellung des Zentralstaates.

Nach den inneren Turbulenzen der Regentschaft waren das diplomatische Prestige und die diplomatischen Bemühungen des Reiches im Ausland nicht nur im Zusammenhang mit den genannten Interessen Englands und seinem Druck gefordert, sondern auch mit Angelegenheiten, welche die beiden großen Grenzgebiete des Reiches – Amazonien und die La-Plata-Region – betrafen. In beiden Gebieten vermochte die kaiserliche Diplomatie erfolgreich die nationalen Interessen zu verteidigen. In Amazonien verwirklichten die kaiserlichen Diplomaten dies, indem sie mit Erfolg die Benutzung des Flusses einschränkten und dadurch die Kontrolle über die diplomatischen Verhandlungen behielten. Auf diese Weise gelang es ihnen, die Überlegenheit Brasiliens zu behaupten und das Verfahren zu steuern, das zu den erforderlichen Verträgen mit den hispanoamerikanischen Nachbarn führte. Die daraus resultierende Verdrängung der Vereinigten Staaten – die das Reich unter Druck gesetzt hatten, damit es den Fluß dem internationalen Handel uneingeschränkt zugänglich mache – war ein beachtlicher Sieg.

Die Situation im La-Plata-Becken zwang die kaiserliche Politik, einen völlig anderen Weg einzuschlagen. Brasilien war schon immer bestrebt gewesen, diese Flüsse dem freien Handel zugänglich zu machen, zumal es die Mündung bzw. den Unterlauf des Río de La Plata nicht kontrollierte. Außerdem – und das war noch wichtiger – hatte das Reich diese Region konsequent als ein Gebiet zu erhalten gesucht, in dem die schwächeren Staaten vor den Ambitionen Argentiniens, sich die zum ehemaligen Vizekönigreich Río de la Plata gehörenden Territorien einzuverleiben, geschützt wurden. Zu diesem Zweck und um dem Handel den Zugang zum Fluß freizuhalten, sicherte sich die kaiserliche Diplomatie eine wichtige Rolle in der Innenpolitik Uruguays, das, einst von Portugal besetzt und dann vom Reich erobert, nunmehr ein „neutraler“ Pufferstaat und Schauplatz ständiger Kämpfe in der La-Plata-Region war. Diese Kämpfe sollten schließlich zum wichtigsten Krieg in der Geschichte der jungen brasilianischen Nation führen, dem von 1865 bis 1870 währenden Krieg der Tripelallianz. In den Jahren 1848 bis 1852 führten sie jedoch zunächst zur Intervention Brasiliens gegen Manuel de Rosas, den argentinischen *caudillo*, der versuchte, sich den brasilianischen Interessen in der Region entgegenzustellen. Brasilianischen Unterhändlern gelang es, ein regionales Bündnis zwischen argentinischen *caudillos*, der die Hauptstadt Montevideo kontrollierenden Gruppierung in Uruguay und dem Reich zustande zu bringen; die Verbündeten traten gegen Rosas' Armee an und brachten ihr 1852 in der Schlacht von Monte Casseros eine vernichtende Niederlage bei.

Der an diesem Sieg beteiligte Außenminister Paulino war äußerst stolz auf diese Leistung – einen Höhepunkt seiner Karriere. In der Tat ist es bezeichnend, daß die drei Hauptbeteiligten – Carneiro Leão, der als Paulinos Sonderbeauftragter fungiert hatte, Paulino selbst sowie beider Schützling, der aufstrebende Diplomat und spätere Staatsmann José Maria da Silva Paranhos (1819–1880) – ihre diplomatischen Missionen am Río de la Plata gleichsam zu Namengebern der Adelstitel machten, die ihnen eine dankbare Regierung verlieh: Carneiro Leão wurde zum Visconde, später zum Marquês de Paraná, Paulino zum Visconde do Uruguaí und Paranhos zum Visconde do Rio Branco erhoben. Diese drei Männer hatten ihre Reputation im Inland enorm gefestigt durch ihren Erfolg, Brasilien ein für allemal eine Hauptrolle an den Ufern des Río de la Plata gesichert und auf diese Weise die Geschlossenheit und Stärke der Monarchie – der sie alle ihre Laufbahn gewidmet hatten – vor der Welt demonstriert zu haben.

d Vorübergehende Versöhnung (1852–1868)

Der Triumph der *saquaremas* um die Jahrhundertmitte, der das Ansehen der Monarchie im In- und Ausland erhöht hatte, stand am Beginn einer neuen, von Widersprüchen geprägten politischen Ära. Nachdem die Konservativen ihre Macht konsolidiert hatten, beschlossen sie nun plötzlich, diese Macht mit den Liberalen zu teilen; dadurch wurde eine als *Conciliação* gefeierte Phase parteipolitischer Entspannung eingeleitet. Die Erklärung für diese unerwartete Wendung ist in der Person Carneiro Leãos, des Marquês de Paraná, zu suchen.

Die zentrale Persönlichkeit der Reaktion, Bernardo de Vasconcelos, ein Mann von scharfem Verstand und großem politischen Geschick, starb 1850 während der ersten Gelbfieberepidemie in Rio. Läßt man die Elite der Partei der Ordnung Revue passieren, so hat es den Anschein, als seien seine Begabung und seine Position gleichsam zwischen Paulino und Carneiro Leão aufgeteilt worden. Paulino, der als Abgeordneter hervorragend und als Außenminister glänzend gewesen war, genoß die größte Achtung als Jurist und Intellektueller. Er wurde der Theoretiker der Reaktion und der aus ihr hervorgegangenen Konservativen Partei, deren führende Köpfe er die ganze Zweite Kaiserzeit hindurch mit seinen Büchern über Probleme der Verfassung und Verwaltung in Theorie und Praxis inspirierte.

Was die politische Schläue, die politische Begabung, den Machthunger und die Führungsqualitäten betraf, so trat Carneiro Leão Vasconcelos' Erbe an. Seine Leistung war nicht theoretischer Natur, sondern bestand in der Machtausübung im Namen der Monarchie, wie er sie begriff. Wenn auch kompromißlos in der Verteidigung der Verfassung gegen Feijó und gegen die absolutistischen *caramurús*, war er politisch eher Pragmatiker als Purist. Bereits 1832 ein mächtiger Mann in der Kammer und 1849 in den Senat und in den Staatsrat berufen, hielt er die 1840er Jahre hindurch eine gewisse Distanz zum ausgeprägten Rechtskurs der *saquaremas* und verhalf gleichwohl als deren brillantester und geschicktester Vertreter der Monarchie zu ihrer nationalen und internationalen Konsolidierung. Seit 1832 hatten sein politischer Instinkt und Weitblick zusammen mit seinem ausgeprägten Selbstvertrauen Carneiro Leão gewissermaßen zu einem Außenseiter gemacht. Er war loyal, aber nicht zu lenken. Er paßte sich jeweils der Situation an, mit der er konfrontiert wurde: In den Gefahren des liberalen Aufstands von 1842 zeigte er sich erbarmunglos. Nach der *Praieira*-Revolte in Pernambuco 1848 trat er als Friedensstifter auf und führte die komplizierten La-Plata-Verhandlungen des Jahres 1851 mit großer Beharrlichkeit.

Als der Kaiser Carneiro Leão 1852 zum Visconde erhob, war dieser anerkanntermaßen der politisch mächtigste Mann im Reich, *El Rei Honório* – eine Tatsache, die Dom Pedro II. persönlich keineswegs gleichgültig war. Wie sehr der Kaiser auch innerlich diesen Mann mit seiner oft barschen und eigenwilligen Art abgelehnt haben mag – Dom Pedro bewies in diesem Falle eine ihm eigene, außergewöhnliche menschliche Größe, nämlich die Fähigkeit, einen Minister entsprechend seiner Eignung für eine bestimmte, politisch entscheidende Situation auszuwählen, unabhängig davon, ob er ihn persönlich mochte oder nicht. Seine Carneiro Leão gegebenen Weisungen machen deutlich, daß der Kaiser die Hegemonie der von den *saquaremas* geführten Konservativen beenden und eine Bresche für die Liberalen schlagen wollte, um den Wahl- und militärischen Konflikten der Jahre 1837 bis 1852 ein Ende zu setzen und eine neue Ära der politischen Entspannung und der Verwirklichung konstruktiver Vorhaben einzuleiten. Carneiro Leão, auf dessen Wort die herrschende, bislang von seinen Verbündeten, den unnachgiebigen *saquaremas*, geführte Partei hörte, war eindeutig der geeignete Mann für diese Aufgabe. 1853 rief ihn der Kaiser auf die Quinta da Boa Vista. Der kurz darauf eingesetzte, unter der Bezeichnung *Gabinete de Conciliação* bekannt gewordene Ministerrat regierte das Reich während einer der beiden längsten Amtszeiten einer Regierung in der Geschichte der brasilianischen Monarchie, von 1853 bis 1857. Die Politik seiner Mitglieder bereitete den Boden für die von etwa 1853 bis 1864 währende Blütezeit des Zweiten Kaiserreichs.

Carneiro Leão, der sich der *saquaremas* nunmehr entledigt hatte, beherrschte nach wie vor die Kammer und setzte dort mit Hilfe seiner jüngeren Protegés, die er in den Ministerrat berief, mehrere Reformen durch, auf dem Gebiet des Wahlrechts wie auch auf dem der Finanzpolitik und des Justizwesens. Ebenso erließ er Gesetze, die darauf abzielten, Eusébios Angriff auf den Sklavenhandel mit Afrika zum Sieg zu verhelfen. Seine wichtigste Leistung war jedoch, daß er die parteipolitische Entspannung herbeiführte. Indem er die Wahlrechtsbestimmungen manipulierte, um die Vertretung der Opposition in der Kammer zu erweitern, leitete er faktisch den Versöhnungsprozeß innerhalb der politischen Elite des Reiches ein. Nachdem die Liberalen die Erfahrung hatten machen müssen, daß sie durch Gewalt wider den Staat nichts auszurichten vermochten, waren sie nunmehr überzeugt, daß sie Amt und Würden, Gunst und Protektion würden erlangen können, wenn sie diesen Staat und seine Grundprinzipien anerkannten. Seit die liberalen Regierungen der Jahre 1844 bis 1848 ohnehin gezeigt hatten, daß viele Liberale bereit waren, die Funktion des Staates so, wie sie vom *Regresso* wiederhergestellt worden war, zu akzeptieren, hatte die Anzahl ideologischer Streitfragen zwischen den Parteien zusehends abgenommen. Konfliktgeladen blieb hauptsächlich die Frage der Grenzen und der Wirkung parteipolitischer Kontrolle über den Staat, und dieses Problems nahm sich Carneiro Leão nunmehr an.

Das Verschwinden der ideologischen und parteipolitischen Gegensätze führte, insbesondere in den Jahren von 1861 bis 1868, zu einer Reihe von Koalitionsregierungen und zum Zusammenschluß der parlamentarischen Kräfte der reformistischen *Liga Progressista* unter Zacharias de Góes e Vasconcelos (1815–1877). Das Entstehen dieser hybriden, ideologisch dem französischen Eklektizismus verpflichteten, gemäßigten Bewegung (die *Liga Progressista* setzte sich aus den Politik und Praxis der *Conciliação* unterstützenden Mitgliedern beider Parteien zusammen) hatte eine zwangsläufige Reaktion zur Folge, nämlich die neuerliche Formierung sowohl des reaktionären Flügels der Konservativen als auch der argwöhnischen Opposition der liberalen *puros*. Bevor die wiederaufflammende politische Auseinandersetzung weiter unten dargestellt wird, seien die gesellschaftlichen und wirtschaftlichen Veränderungen erörtert, die sich in der entspannten Atmosphäre der Administration der *Conciliação* und in der unmittelbar darauffolgenden Zeit vollzogen.

e Wirtschaftliche Entwicklung (1852–1870)

Die beiden Jahrzehnte von 1850 bis 1870 brachten eine Reihe von Veränderungen, insbesondere was den Einfluß Europas, den materiellen Fortschritt und das regionale Gleichgewicht anbelangt. Kaffee, der in diesem Zeitraum nach wie vor die Hälfte des brasilianischen Gesamtexports ausmachte, breitete sich nun endgültig in den Provinzen São Paulo und Minais Gerais aus. Darüber hinaus wurden die Ernten nunmehr auf dem ausnahmslos von Großbritannien finanzierten und gebauten Schienenweg transportiert. Allerdings waren die Briten lediglich Partner in dieser Aufbauphase. Bezeichnend für die Komplexität der neokolonialen Entwicklung ist, daß die erste Eisenbahnlinie Brasiliens Anfang der 1850er Jahre von dem dynamischen Unternehmer Irineu Evangelista de Sousa (1813–1889), dem späteren Visconde de Mauá, gebaut wurde. Sein Pionierwerk und das anderer brasilianischer Unternehmer erweiterten die Briten bald zu einem Eisenbahnnetz, das sich über die gesamte Provinz Rio de Janeiro und über das Tal des Paraíba hinweg in die Provinz Minas Gerais hinein erstreckte.

Tab. 23: Anteil einzelner Hauptausfuhrgüter Brasiliens am Gesamtexport 1821–1880 (in %)

Zeitraum	Zucker	Baumwolle	Kaffee
1821–1830	30,1	20,6	18,4
1831–1840	24,0	10,8	43,8
1841–1850	26,7	7,5	41,4
1851–1860	23,35	6,85	53,67
1861–1870	13,56	20,22	50,38
1871–1880	12,4	10,4	59,49

Quelle: Bethell [1989, 86, 115].

Von noch größerer Bedeutung war vermutlich die Eisenbahnlinie, durch die 1868 die Provinz São Paulo mit ihrem kleinen Provinzhafen Santos und nicht mit Rio verbunden wurde. Diese Strecke machte die Ausdehnung des Kaffeeanbaus in den Westen der Provinz überhaupt erst möglich. Anhand der Entstehungsgeschichte dieser Linie läßt sich die oben erwähnte Komplexität der neokolonialen Entwicklung sehr gut veranschaulichen, insbesondere die Art und Weise, in der Politik, Entwicklung und Diplomatie in der Epoche des Neokolonialismus ineinandergriffen.

Zunächst zum diplomatischen Aspekt: Francisco Inácio de Carvalho Moreira (1815–1906), Barão de Penedo, ein Konservativer mit guten Beziehungen, der anläßlich der Verhandlungen über die Freigabe des Amazonas für die Schiffahrt in den frühen 50er Jahren des 19. Jh. in den Vereinigten Staaten das Reich mit Erfolg vertreten hatte, war unter der Regierung Carneiro Leão Botschafter in London geworden. Als Protegé Paulinos und anderer konservativer Führer verdankte er diese Ernennung deren Einfluß und dem Wohlwollen Paranhos', Carneiro Leãos inzwischen zum Außenminister avancierten Schützling. Penedo bewährte sich jedoch im Dienste aller Regierungen; bekannt für seine Diskretion und für sein Geschick als Mittler in den Angelegenheiten zwischen dem Reich und London, war er der Doyen der brasilianischen Diplomaten in der Zweiten Kaiserzeit.

Penedo durchschaute rasch die zwischen der vornehmen Gesellschaft und der Hochfinanz in der City bestehenden Zusammenhänge und begann, mit den entsprechenden Leuten der Oberschicht zu verkehren und auf diese Weise wichtige Beziehungen anzuknüpfen, insbesondere zu den Rothschilds. Sein Erfolg als Mann von Welt in der Gesellschaft und in der Londoner City ließen ihn über eine Generation lang auf dem höchsten diplomatischen Posten im brasilianischen Auswärtigen Dienst unentbehrlich werden. Abgesehen davon, daß er dem Reich Darlehen zu außergewöhnlich günstigen Bedingungen verschaffen konnte, bemühte sich Penedo mit großem Erfolg um Kredite und Kapital für eine Reihe wichtiger Geschäftsunternehmen in Brasilien; die Eisenbahnlinie in der Provinz São Paulo, vom Hafen Santos zu der aufstrebenden Kaffee-Stadt Jundaí, war nur eines davon. Zu einer Zeit, weil Brasilien umfangreiches Investitionskapital benötigte, war Penedos Anwesenheit in London entscheidend für die Kapitalbeschaffung im bedeutendsten Finanzzentrum der damaligen Welt.

Investitionskapital läßt sich natürlich am ehesten für vielversprechende Projekte auftreiben, die von renommierten Unternehmern vorgeschlagen werden. Und hier trat erneut der betriebsame Visconde de Mauá auf den Plan. Die Bahnlinie in der Provinz São Paulo war ebenfalls eine seiner Ideen, was keineswegs überrascht. Als Pionier des brasilianischen Eisenbahnbaus hatte er nämlich aufgrund seiner Einschätzung der Ressourcen und Bedürfnisse des Reiches einerseits und der Möglichkeiten zur Kapitalbeschaffung in London und am Hofe andererseits ein Vermögen gemacht. Zunächst Vertreter eines britischen Kaufmanns, war er im Handel reich geworden und hatte sich dann im Bankwesen, in der Dampfschiffahrt auf dem Amazonas, in Rios erster Gasbeleuchtung und schließlich in der Errichtung von Schwerindustrie-Fabriken jenseits der Guanabara-Bucht in Niterói engagiert. In den späten 50er Jahren des 19. Jh. griff Mauá den Plan der Santos-Strecke auf und lancierte seine Idee einer Eisenbahnlinie von Santos, dem Hafen São Paulos, zu dem am weitesten entfernten Kaffeeanbaugebiet jenseits des äußerst schwierig zu überwindenden Küstengebirges der Provinz. Ebenso wie Penedo der wichtigste Mann für die Geldbeschaffung im Ausland war, vermittelte der erfolgreiche Unternehmer Mauá zwischen den politischen Führern und Investoren in Brasilien und London und sorgte auf diese Weise für die Verwirklichung geplanter Unternehmungen. In den Bau der Santos-Linie brachte er bedenkenlos sein gesamtes Kapital und seine persönlichen Kredite ein, mobilisierte Konzessionen und Unterstützung von Regierung und Provinz und vermochte auch in beträchtlichem Umfang brasilianisches Investitionskapital anzuziehen. Das Ergebnis war die einträglichste Eisenbahnlinie im Reich, die ihren Aktionären von Anfang an gute Dividenden einbrachte, den Kaffeeboom in der Provinz São Paulo ermöglichte und Brasilien in die Lage versetzte, seinen beherrschenden Marktanteil in den Vereinigten Staaten zu erhalten. Wenngleich sie ungewöhnlich gewinnbringend war, muß berücksichtigt werden, daß sowohl diese Eisenbahnlinie als auch die Beziehungen und die Männer, die sie ermöglichten und verwirklichten, charakteristisch waren für den sich in jener Zeit vollziehenden Wandel. Sie waren Ausdruck der Interdependenz zwischen der Plantagenwirtschaft Brasiliens und dem Kapital, der Technologie und den Märkten des nordatlantischen Raumes.

So wie der Kaffeeanbau sich in jener Zeit geographisch ausbreitete und infrastrukturelle Verbesserungen zur Folge hatte, so entwickelte sich auch der Baumwollanbau. Im Jahrzehnt von 1860 bis 1870 erhöhte sich der Anteil der Baumwolle am Gesamtexport Brasiliens auf 20 Prozent. Die Gründe dafür liegen auf der Hand: Was der Aufstand in Santo Domingo und die Napoleonischen Kriege zwischen 1790 und 1820 für den brasilianischen Zucker bewirkt hatten, bewirkte nun der Bürgerkrieg in den Vereinigten Staaten für die brasilianische Baumwolle; er eliminierte den Hauptanbieter auf dem nordatlantischen Markt und gab Brasilien damit die Chance, trotz der höheren Transportkosten und der geringeren Qualität seines Produkts, in diesen Markt einzudringen. Von dem Boom profitierten vor allem jene Regionen, die schon zuvor mit Baumwolle gute Geschäfte gemacht hatten, nämlich die nördliche Küstenprovinz Maranhão sowie die nordöstlichen Provinzen Alagoas und Paraíba do Norte, wiewohl auch einige Gegenden bäuerlicher Kleinbetriebe im Hinterland von Pernambuco ebenfalls einen ansehnlichen Vorteil davon hatten.

Es war jedoch in erster Linie der Zucker, der die Wirtschaft der alten nordöstlichen Provinzen in Gang hielt und deren große Bevölkerung ernährte sowie die Grundlage für die ersten dortigen Eisenbahnen schuf, die gleich denen im südöstlichen Kaffeeanbaugebiet die neuen Plantagen im Hinterland mit den alten Häfen Salvador und Recife verbanden. Die Zuckerplantagen bedienten sich allerdings nach wie vor der herkömmlichen Techniken und Fabrikationsmethoden, die relativ geringe Investitionen erforderten, welche die Pflanzer gerade noch aufbringen konnten. Die *usinas*, moderne Raffinerien, die mit den kubanischen *centrales* zu konkurrieren vermochten, kamen erst im Jahr 1881 auf und waren durch ausländisches Kapital finanziert. Die Verzögerung dieser Entwicklung war vermutlich darauf zurückzuführen, daß man sich erst zu diesem Zeitpunkt auf den sehr viel schärferen Wettbewerb mit neuen Rüben- und Rohrzucker-Konkurrenten einstellen mußte, die gegen Ende des Jahrhunderts wie Pilze aus dem Boden schossen; ihretwegen sah man sich offenbar um des nackten Überlebens auf dem Markt willen zu technologischen Verbesserungen gezwungen. In den 50er Jahren des 19. Jh. hatte Brasilien hingegen mit den alten Herstellungsmethoden des kolonialen *engenho* noch einen sehr viel größeren Anteil des Weltmarkts – etwa 10 Prozent – zu kontrollieren vermocht.

Eine weitere Veränderung, die sich ganz allmählich vollzog, sollte in den 80er Jahren des 19. Jh. nachhaltige politische Folgen haben: die Verringerung der herkömmlichen

Abhängigkeit des Nordostens und Nordens von afrikanischen Sklaven und deren unfreien Nachkommen. Mit den schwindenden Profiten aus den an der Küste und im benachbarten Hinterland gelegenen Zucker-, Baumwoll- und Tabak-Plantagen nahmen die Möglichkeiten und die Bereitschaft der Pflanzer, Sklaven zu kaufen und zu ernähren, ab. Darüber hinaus ging durch das Ende des afrikanischen Sklavenhandels die Zahl der Sklaven zurück, und ihr Preis erhöhte sich. Während die neuen Baumwollplantagen in Pernambuco und Bahia in den 1860er Jahren hinreichend wohlhabend waren oder wurden, um mit den Kaffeepflanzern um diese Arbeitskräfte konkurrieren zu können, verkauften die meisten der traditionellen Produktionsmethoden verhafteten Zucker- und Tabakpflanzer ihre Feldsklaven an die Kaffee-Plantagenbesitzer im Süden, um ihre Produktion fortsetzen bzw. ihren Status aufrechterhalten zu können. Diejenigen, die ihre Plantagen weiterzubetreiben vermochten, griffen zunehmend auf die neue Kategorie abhängiger, sogenannter *agregados*-Arbeitskräfte und zusätzlich auf Saisonarbeiter aus der großen Masse der unterbeschäftigten bzw. arbeitslosen afro-brasilianischen und *caboclos*-Landarbeiter zurück. Ein bäuerliches Proletariat, gezeichnet von Entbehrung, bitterster Armut und latenter Gewalttätigkeit, hatte das Erbe des Elends seiner versklavten Vorfahren angetreten.

In der Tat waren im Nordosten die Aussichten so ungünstig und die Armut in der gesamten Region so verbreitet, daß die Plantagen in den 1870er Jahren, als die großen Dürren im Nordosten wieder einsetzten, nicht alle Arbeitswilligen ernähren konnten. Infolgedessen begann die ländliche Bevölkerung des Nordostens auf die Kaffeefelder und in die Städte des Südens oder an die Flüsse des Regenwaldes und zu den Gummibäumen am Oberlauf des Amazonas abzuwandern.

Insgesamt gesehen war somit das dritte Viertel des 19. Jh. durch den beginnenden Abstieg der Plantagenbesitzer und den einsetzenden Verfall der wirtschaftlichen Gesundheit des Nordostens sowie durch den endgültigen Aufstieg des Südostens gekennzeichnet. Die verschiedenen internationalen Einflüsse, die den Niedergang des Nordostens zunächst noch aufgehalten hatten, sollten nicht wieder auftreten, während die in die *terra roxa*, die rote Erde São Paulos, gesetzten Hoffnungen sich über alle Erwartungen hinaus erfüllen sollten. Außerdem stellten die demographische Verschiebung sowie die wirtschaftliche Überlegenheit des ausgedehnten Südostens – die sich bereits Anfang des 18. Jh. aufgrund der Gold- und Edelsteinvorkommen in Minas Gerais ergeben hatten – sicher, daß die großen Ballungszentren, die traditionellen Handelsplätze und die Staatsmacht Teilen dieser Region selbst dann gute Entwicklungsbedingungen boten, wenn diese – wie die Provinz Rio de Janeiro nach 1890 – ihren Exportvorsprung einbüßten. Die staatliche Bürokratie und der Kaffee hatten Verbraucher und Arbeitskräfte, Kapital und Infrastruktur im Gefolge, brachten der einheimischen Landwirtschaft und Rinderzucht einen Aufschwung und lockten Unternehmer an, die gegen Ende des Jahrhunderts die Entwicklung des Binnenmarkts und die Industrialisierung ermöglichten. In den Jahren von 1850 bis 1870 ließ die Diskrepanz, die sich allein schon im jeweiligen Anteil am Gesamtexport Brasiliens ausdrückte, nämlich zwischen dem Kaffee des Südostens (etwa 50%) und allen Anbauerzeugnissen des Nordostens zusammengenommen (etwa 33%), die langfristige Tendenz bereits erahnen, die im 20. Jh. ein enormes interregionales Wohlstandsgefälle heraufbeschwören sollte.

Immerhin verschaffte die *Conciliação* den Plantagenbesitzern und Kaufleuten an der Küste und im küstennahen Hinterland Brasiliens nahezu zwei Jahrzehnte lang gute

Existenzbedingungen; sie bestätigte den Wert der Monarchie, indem sie dem Bedürfnis nach Stabilität der in den wichtigen Exportregionen herrschenden gesellschaftlichen und politischen Traditionen Rechnung trug. Die nachfolgende La-Plata-Katastrophe machte die in diese Epoche gesetzten Erwartungen zunichte und kündigte das Ende der „guten alten Zeit" an, dessen sich die Angehörigen der damaligen Oberschicht oft schmerzlich bewußt waren.

f Der Krieg der Tripelallianz (1865–1870)

Im Jahr 1864 zerbrachen die brüchigen Arrangements, die die La-Plata-Region in einem Zustand des Friedens gehalten hatten, unter dem Einfluß einer Reihe von Mißverständnissen, die in einer von Einmischung, Furcht und territorialen Ambitionen geprägten Atmosphäre entstanden. Paulino konnte sich rühmen, Rosas vernichtet und zwischen dem Reich, Uruguay (Pufferstaat und Vasall Brasiliens) und Justo José de Urquiza, dem mächtigsten *caudillo* Argentiniens, einen Modus vivendi ausgehandelt zu haben. Paraguays verachteter Diktator Antonio Carlos López war ausmanövriert und verhielt sich ruhig. Wenn auch in Sorge hinsichtlich der Stabilität derartiger Arrangements, mag der Minister in Anbetracht der dauernden Bemühungen des tüchtigen Paranhos, den er und Carneiro Leão in die La-Plata-Diplomatie eingeführt hatten, zumindest eine gewisse Beruhigung empfunden haben. Als Carneiro Leãos Außenminister überwachte Paranhos die diplomatischen Schritte Brasiliens in diesem Bereich und betätigte sich in den 1860er Jahren als Sonderbeauftragter erneut aktiv im La-Plata-Gebiet. Aber so energisch und erfahren er auch war, vermochte selbst er den Ausbruch dieses unheilvollen Krieges nicht zu verhindern.

In Paraguay war auf Antonio Carlos López dessen Sohn Francisco Solano López gefolgt. Dieser hatte angesichts des Drucks, dem sich seine kleine Nation durch ihre intriganten, mächtigen Nachbarn ausgesetzt sah, die von seinem Vater begonnenen gründlichen Vorbereitungen im Hinblick auf eine etwaige Konfrontation weitergeführt. Neben ihrer nach wie vor starken Exporttätigkeit hatte seine Republik die größte und am besten ausgebildete Armee des südamerikanischen Kontinents aufgebaut. López beging nun den diplomatischen Fauxpas, für den Fall einer Intervention in Uruguay ein Ultimatum zu verkünden. Die Vorgänge in diesem Land, in dem die Ambitionen Argentiniens und Brasiliens aufeinanderprallten, schienen López eine ähnliche Entwicklung in Paraguay anzukündigen, und er beschloß, dem entgegenzuwirken. Um zu verhindern, daß diese Republik gleichsam zum Sprungbrett einer Intervention in Paraguay würde, beabsichtigte er, Uruguay zu einem Schutzschild gegen eine solche Gefahr zu machen. Er dehnte Paraguays Verteidigungsgrenzen auf diejenigen Uruguays aus und gab eine unilaterale Erklärung ab, daß jede künftige Intervention in Uruguay als kriegerischer Akt gegen Paraguay gewertet werden würde.

Weder Brasilien noch die Argentinische Konföderation nahmen diese Dreistigkeit ernst. Als Brasilien indessen – wie schon zuvor – seine eigenen und die Interessen prominenter Bürger seiner Grenzprovinz Rio Grande do Sul (viele von ihnen besaßen Ländereien auf beiden Seiten der Grenze) durch einen Einfall in Uruguay durchzusetzen versuchte, sah Solano López sich veranlaßt zu handeln. Nachdem die Proteste seiner Diplomaten unbeachtet geblieben waren, erhielten seine Generäle ihre Befehle. Als Vergeltung für Brasiliens bewaffnete Intervention entsandte er 1864 eine paraguayische Expedition in die entlegene Binnenprovinz Mato Grosso. Als auch dieses Unternehmen keinen nennenswerten Erfolg zeitigte, suchte Solano López das Reich von der argentinischen Provinz Corrientes her anzugreifen; die Argentinier verweigerten ihm jedoch den Durchmarsch, und so erklärte er den Krieg. Nun hatten seine Feinde ihren Casus belli. Buenos Aires griff zu den Waffen, Rio war ebenso entgeistert wie empört. Es kam zu einer Tripelallianz zwischen Brasilien, Argentinien und Uruguay, die den argentinischen Helden Bartolomé Mitre zum Befehlshaber einer alliierten Streitmacht, bestehend aus einer großen Zahl Brasilianer und je einem kleineren Kontingent Argentinier und Uruguayer, ernannte; dieser begann 1865 die Invasion Paraguays.

Die anfänglichen Erfolge der Tripelallianz setzten sich nicht fort, weil die überlegene Ausbildung und der glühende Verteidigungswille der Paraguayer ihre Wirkung zeigten und der Vorstoß der Alliierten steckenblieb. Die Kompromißlosigkeit der Paraguayer in der Verteidigung ihres Vaterlandes wurde noch verstärkt durch die offenkundige Entschlossenheit des Kaisers, Solano López zu vernichten. Nur bedingungslose Kapitulation wurde von Rio in Betracht gezogen, und da überwiegend brasilianische Truppen die Kriegsanstrengung bestritten und Mitre bald durch brasilianische Generäle abgelöst wurde, war sie das einzige angestrebte Ziel.

Die Verluste waren verheerend: Zu den auf dem Schlachtfeld Gefallenen kamen die Opfer von Hungersnot und Seuchen, die aufgrund einer unzulänglichen Infrastruktur, miserabler Lebensbedingungen und bürokratischer Mißwirtschaft ausgebrochen waren. Die Demütigung wegen der Verzögerung des von einem kleinen, von *caboclos* und Indios bevölkerten Land ein halbes Jahrzehnt lang verhinderten Sieges war in den Augen vieler Brasilianer, insbesondere der Offiziere, ein schlagender Beweis für die Kluft zwischen den Unzulänglichkeiten einer Plantagenbesitzer-Monarchie und dem Fortschritt, dessen ein Nationalstaat im 19. Jh. bedurfte. Brasiliens schlecht ausgebildete Armee, bestehend aus armen Städtern, Sklaven und jämmerlichen Provinz-Rekruten, unzureichend bewaffnet und gekleidet, unterernährt und ohne geeignete Transportmittel, ließ beschämende Rückschlüsse auf das Arbeitskräfte-Reservoir des Reiches zu, auf seine ländliche Rückständigkeit, auf den Mangel an Eisenbahnen, das Fehlen einer Industrie und auf die offenkundige bürokratische Stümperei der traditionellen Elite am Hof.

Der Krieg wurde in verzweifelten Flußschlachten, aufreibenden Sumpfmärschen, zermürbenden Belagerungen und schrecklichen Sturmangriffen ausgefochten. In seiner letzten Phase, nach der Eroberung der paraguayischen Hauptstadt Asunción und nach dem Rückzug der paraguayischen Armee, artete der Krieg in eine erbitterte *guerilla* aus, die erst mit dem Tod Solano López' in einem kleineren Gefecht ihr Ende fand. Das Land war verwüstet, seine Export- und Subsistenz-Landwirtschaft vernichtet und seine Administration einer brasilianischen Besatzungsregierung unterstellt. Schlimmer noch: Seine Bevölkerung war durch Krieg, Hungersnot und Seuchen um 20–50 Prozent reduziert worden. Die Paraguay aufgezwungenen Verträge beließen ihm zwar seine Unabhängigkeit, hinterließen es aber territorial kleiner, völlig verarmt und darniederliegend und mit der Anstrengung eines Wiederaufbaus konfrontiert, der mehrere Generationen in Anspruch nehmen sollte.

Für das riesige, schwerfällige Reich sollte sich sein Triumph indessen als ein Pyrrhussieg erweisen. Denn die Erfolge der *Conciliação* wurden durch die Kriegsereignisse in Frage gestellt.

g Die politische Krise von 1868

Die Kabinette, denen Zacharias de Goés in den 60er Jahren des 19. Jh. vorstand, gingen auf den problematischen Triumph der *Liga Progressista* zurück, die das Erbe der *Conciliação* angetreten hatte, und setzten sich aus gemäßigten Parlamentsmitgliedern beider Parteien zusammen. Der politische Aufstieg der tonangebenden Gemäßigten war eng mit der Karriere des Marquês de Paraná verknüpft gewesen, an dessen Erfolg und Beitrag zum guten Einvernehmen zwischen den beiden politischen Richtungen sie mitgewirkt hatten. Aber diese Politiker, die durch ihre parteiübergreifende Zusammenarbeit stabile Mehrheitsverhältnisse zu schaffen suchten, hatten sich mit der Zeit infolge ihrer Position der Mitte die Feindschaft der Eliten beider Parteien zugezogen. Auf diese Weise hatten sie zwischenparteiliche Abgrenzungsbemühungen ausgelöst und damit zu einem Wiedererwachen der ideologischen und parteibezogenen Emotionen in den 60er Jahren beigetragen.

Ende der 1860er Jahre sahen sich selbst diese Gemäßigten um des politischen Überlebens willen genötigt, sich bezüglich ihrer Parteizugehörigkeit wieder eindeutig festzulegen. Männer wie Paranás Außenminister Paranhos und sein Justizminister José Tomás Nabuco de Araújo (1813–1878) mochten – ebenso wie später ihre Söhne – privat Freunde bleiben, waren jedoch mit der wachsenden parteipolitischen Spaltung bald in gegnerischen Lagern anzutreffen. Paranhos blieb ein – wenn auch gemäßigter – Konservativer, Nabuco gehörte fortan der Liberalen Partei an.

In Anbetracht der Unbeständigkeit und Komplexität der damaligen politischen Verhältnisse erscheint ein Blick auf die Karrieren dieser beiden Politiker angezeigt. Paranhos war ein Liberaler gewesen, ehe er sich mit den konservativen Führern verbündet hatte, die seine ersten Schritte in der Außenpolitik überwachten. Nach seinem frühen Erfolg in der La-Plata-Angelegenheit hatte er – protegiert von Paraná – bei der nächsten Wahl erstmals als Vertreter der Ordnungspartei kandidiert. Damit begann in den 1850er Jahren sein bemerkenswerter Aufstieg bei der *Côrte,* der ihm bald prestigeträchtige und verantwortungsvolle Ministerposten und Ämter eintrug. Seine Ergebenheit gegenüber dem Kaiser und der Monarchie hatte auf diese Weise ihren sichtbaren Ausdruck in einer vielversprechenden Karriere im Kreise jener gefunden, die sich bemüht hatten, Macht und Stabilität der Krone zu gewährleisten und zu konsolidieren. Paranhos mag noch so gemäßigt und pragmatisch gewesen sein; in den 1860er Jahren war seine Karriere untrennbar mit dem Schicksal der Konservativen Partei verknüpft.

Nabuco de Araújo hingegen war während der Unterdrückung der Reaktion in den 1840er Jahren ein unerschütterlicher Anhänger der Ordnungspartei und nach dem Aufstand von 1848 Staatsanwalt in Recife gewesen. Nachdem er als Verfechter der *Conciliação* ihrem Kabinett angehört hatte, wechselte er in den 1860er Jahren von den Konservativen zu den Liberalen über. Schließlich hatten die Liberalen mittlerweile die Monarchie akzeptiert und die Notwendigkeit der Aufrechterhaltung der bestehenden sozialen und politischen Ordnung eingesehen. Nabuco de Araújo erblickte in der *Liga Progressista* und später in ihrer Nachfolgeorganisation, der Liberalen Partei, in zunehmendem Maße die geeignetsten Erben des reformistischen Vermächtnisses und der parlamentarischen Tradition, die in seinen Augen einem kontinuierlichen „Reifungsprozeß“ des Reiches am zuträglichsten waren und denen er sich verschrieben hatte.

Im Jahr 1868 trat er als einer der prominentesten Führer der Liberalen Partei hervor, die sich nach dem Sturz von Zacharias' letztem Liga-Kabinett neu formiert hatte. Gemeinsam mit Zacharias stand Nabuco de Araújo der wiedererstarkten Partei vor und fühlte sich angesichts ihrer zunehmend reformistischen Tendenzen in seinem parteipolitischen Optimismus bestärkt.

Im wesentlichen hatten beide Männer – wie viele ihrer Kollegen – als Diener des Reiches Karriere gemacht; als solche schätzten und achteten sie die Monarchie als Garantin der Nation. Ihre Generation zog die Notwendigkeit eines monarchischen Regimes im allgemeinen nicht in Zweifel. Im Unterschied zu den übrigen Politikern befaßten sich die Gemäßigten um Paranhos und Nabuco de Araújo aber in den 1870er Jahren mit der Frage, wie ein Wandel dem bestehenden System am besten angepaßt werden könnte. Für die meisten bestand der Kernpunkt der Diskussion weiterhin nicht in der Infragestellung der Monarchie, sondern in der Definition der Rolle des Kaisers und der Monarchie in einem konstitutionellen System und im nationalen Entwicklungsprozeß. Dieses Problem sollte sich bald mit spezifischen Reformen verquicken – allen voran mit solchen, die sich auf die Sklaverei bezogen.

Diese parteipolitischen Divergenzen der 1870er Jahre entstanden im Gefolge der entscheidenden politischen Krise, die die *Liga Progressista* im Jahr 1868 vernichtete. In Zacharias' drittem Kabinett (1866–1868) zerstörten die wachsenden Spannungen zwischen den Parteien, die sich durch die mit dem Paraguay-Krieg verbundenen Belastungen und Ängste noch verstärkten, die letzten Reste des Reformkonsenses der Gemäßigten, der die Liga ursprünglich ermöglicht hatte. Unterstützt von Nabuco de Araújo im Staatsrat sowie von dem fortschrittlichen, an europäischen Vorbildern orientierten Kaiser Dom Pedro II. löste Zacharias die Krise vermutlich selbst aus, als er das eigentliche Fundament der Konservativen attackierte: Er brachte die Frage der schrittweisen Abschaffung der Sklaverei zur Sprache.

Dieser Vorschlag und andere Reformvorschläge des Kabinetts Zacharias trafen das Parlament völlig unvorbereitet und verschärften die parteipolitischen Positionskämpfe und damit die Frage der Loyalität gegenüber der Regierung. Die konservative Oppositionspartei war gespalten zwischen radikaler Reaktion und pragmatischer politischer Überlegung. Die *puros*, die Traditionalisten der Liberalen Partei, waren – ebenso wie die radikalen Reaktionäre der Ordnungspartei – empört über die pragmatische Mäßigung der Liga und der Liberalen, die die Kerngruppe der parlamentarischen Unterstützung der Liga bildeten. Diese sich zuspitzenden mehrfachen Spaltungen erklären die häufigen Kabinettsumbildungen in den 1860er Jahren sowie die kumulative Spannung, die Zacharias' persönlichem politischen Erfolg zugute kam und ihn in seiner für ihn charakteristischen Dreistigkeit bestärkte; beides heizte die Streitsucht der Parteien noch zusätzlich an.

Im Jahr 1868 wurde immer deutlicher, daß das von den *puros* und den Konservativen angefeindete Kabinett der *Liga Progressista* in der Kammer und im Staatsrat zusehends an Boden verlor und für sein Überleben in zunehmendem Maße auf die fortgesetzte Unterstützung durch den Kaiser angewiesen war. Dom Pedro war jedoch sichtlich besorgt über das gespannte Verhältnis zwischen dem Kabinett und dem kaiserlichen Oberbefehlshaber Marquês de Caxias – einem seit der Regentschaft gefeierten Verfechter der Monarchie und nun betagten General –, auf dessen Schultern die ganze Verantwortung für die Kriegsanstrengungen in Paraguay zu lasten schien. Als

Mitglied des rechten Flügels der Konservativen fühlte sich Caxias trotz aller Bemühungen des progressistischen Kabinetts offenbar von der Regierung nicht hinreichend unterstützt, während er sich im Felde abrackerte.

Dom Pedro, der den auswärtigen Angelegenheiten Vorrang vor den inneren einräumte, begann, entsprechend seiner Gewohnheit, dem Premierminister indirekte Signale nachlassenden Wohlwollens zukommen zu lassen. Eine Gelegenheit hierzu bot sich anläßlich der traditionellen Ernennung eines von drei gewählten Kandidaten in den Senat. Ungeachtet Zacharias' offenkundiger Priorität ernannte der Kaiser einen bekannten Konservativen und gab damit ein verdecktes Zeichen seines abnehmenden Vertrauens in die Regierung Zacharias. Der Minister deutete den kaum verhüllten Hinweis richtig und trat zurück; angesichts der schwachen Unterstützung in der Kammer und dieser öffentlichen Demütigung sah er sich in seiner Regierungsfähigkeit gelähmt. Daraufhin bat Dom Pedro den prominentesten Führer der Konservativen nach São Cristóvão, um ihn traditionsgemäß mit der Bildung einer neuen Regierung zu beauftragen. Dieser Politiker war niemand anderer als Joaquim José Rodrigues Tôrres, inzwischen Visconde de Itaboraí und der letzte noch lebende der alten *saquaremas*. Der Visconde bildete unverzüglich ein ausnahmslos aus Konservativen bestehendes Kabinett; als die Progressisten und die Liberalen ihre Ablehnung unmißverständlich zum Ausdruck brachten, ersuchte der Visconde den Kaiser, die Kammer aufzulösen und Neuwahlen anzuordnen. Diese ergaben eine konservative Mehrheit. Die Opposition bezeichnete die ganze Angelegenheit als Staatsstreich. Das schon längere Zeit dahinsiechende Erbe der *Conciliação* war nun endgültig tot.

Dom Pedro hatte eine starke konservative Regierung gewollt, die Caxias und die Kriegsanstrengung zuverlässig unterstützen würde. Itaboraís Kabinett entsprach der nüchternen Auffassung des Kaisers von den damaligen Erfordernissen: Dem Kabinett gehörten nicht nur Itaboraí als der angesehenste Repräsentant der älteren Generation der Ordnungspartei, sondern auch die einflußreichsten Mitglieder der jüngeren Generation an – Paranhos, João Maurício Wanderley (1815–1899), Barão de Cotegipe und Paulino José Soares de Sousa (1834–1901), ältester Sohn des Visconde do Uruguaí (und damit Itaboraís Neffe).

Obwohl Paranhos gemäßigter war als seine Kollegen, ließ der Charakter der Regierung an Eindeutigkeit nichts zu wünschen übrig. Dadurch, daß die reaktionärsten Elemente der Konservativen Partei nach rund 15 Jahren Abwesenheit triumphierend an die Macht zurückkehrten, versetzte das Kabinett Itaboraí die Liberalen und die Progressisten in helle Empörung und bewirkte eine Neuformierung sowie ein engeres Zusammenrücken der oppositionellen Kräfte. Einst gemäßigte Konservative wie Zacharias und Nabuco de Araújo schlossen sich den *puros* an, bildeten den Reform-Club (1868) und traten in einen erbitterten Kampf für Reformen ein, zu denen die Abschaffung der Sklaverei zählte, die das Ende des *Poder Moderador*, der Mittlerstellung des Monarchen, herbeiführen sollte. Sie wollten die Verfassung in der Weise reformieren, daß nach dem Vorbild Englands ein wahrhaft parlamentarisches Regime entstünde, in dem das Kabinett das Ergebnis einer Entscheidung der Kammer und nicht des Monarchen wäre, der die eigentliche Exekutivgewalt an die Regierung abzutreten hätte. Aber derartige Reformen waren einstweilen noch Schlagworte, keineswegs das Programm einer Regierungspartei. In Wirklichkeit begannen die Liberalen damals gerade erst, sich gezwungenermaßen in ihre Rolle als Oppositionspartei hineinzufinden, die sie schließlich zehn Jahre lang innehatten – zehn Jahre, in denen sie als Minderheit in Kammer, Senat und Staatsrat vier konservative Kabinette aussitzen mußten, während die alte Partei der Ordnung in Kriegs- und Nachkriegszeit das Reich neu zu gestalten suchte.

h Der Versuch einer konservativen Reform (1868–1875)

Mit dem Ende des Krieges gegen Solano López zeigte sich der Kaiser wieder an Reformen interessiert, insbesondere an der Abschaffung der Sklaverei. Nachdem im Jahr 1866 eine renommierte französische Gesellschaft für die Sklavenbefreiung an ihn herangetreten war, hatte er sich öffentlich gegen die Sklaverei ausgesprochen. Außerdem hatte er, wie bereits erwähnt, in Zusammenarbeit mit Mitgliedern des Staatsrats und Zacharias die Angelegenheit Ende der 60er Jahre in beiden Ratsgremien erstmals zur Sprache bringen lassen. Sein Bemühen um politische Stabilität während des Krieges hatte ihn allerdings veranlaßt, der konservativen Rechten nachzugeben und ihr die Unterdrückung der von ihm selbst initiierten Bewegung zu gestatten, obwohl er gleichzeitig dem Kabinett Itaboraí eine Absichtserklärung bezüglich der Abschaffung der Sklaverei abzuringen suchte. Nachdem der Krieg gewonnen war, beschloß er jedoch, die Sache in Angriff zu nehmen. Er entzog Itaboraí seine Gunst und sah sich nach einem fortschrittlicheren Werkzeug für seine Zwecke um. Zunächst dachte er an den hochgeachteten und gemäßigten Staatsrat Marquês de São Vicente, dessen politische Erfahrung für die Formulierung des ins Auge gefaßten Gesetzeswerks dienlich war. Das Kabinett des Marquês war jedoch kurzlebig (1870–1871); der Premier erklärte zwar seine Absicht, Reformen durchführen zu wollen, aber es wurde bald deutlich, daß er nicht über das politische Stehvermögen und die Geschicklichkeit verfügte, die zur Durchsetzung eines Reformprogramms in der von Konservativen beherrschten Kammer erforderlich gewesen wären. Fünf Monate später, nach dem Rücktritt São Vicentes, war die Zeit eines anderen gekommen: Paranhos wurde auf die Quinta da Boa Vista gerufen.

Mit der Wahl dieses Mannes war der Kaiser gut beraten: Zur Verwirklichung einer allgemein für revolutionär geltenden Reform brauchte er jemanden, der auch auf die konservativsten Kreise Einfluß nehmen konnte. Zwei Jahrzehnte zuvor hatte Carneiro Leão, der Marquês de Paraná, dem Kaiser bei der Beilegung des Parteienstreits aus der Verlegenheit geholfen; wie damals war Dom Pedro auch jetzt auf die Hilfe eines fähigen Staatsmannes angewiesen, der politisches Prestige besaß, der Konservativen Partei angehörte und pragmatisch genug war, um seine Karriere mit der vom Kaiser gewünschten entschiedenen Kehrtwendung in Einklang zu bringen. Der augenfälligste Unterschied zwischen der einstigen und der jetzigen Wahl des Kaisers bestand vermutlich darin, daß der Monarch diesmal seinen Minister menschlich sympathischer fand. Paranhos war in sehr viel höherem Maße als sein ehemaliger Gönner ein Karrierebeamter. Er war ein Politiker, dessen persönliches Schicksal von der erfolgreichen Umsetzung der Aufgabe abgehangen hatte, als willfähriges Instrument des autoritären Staates die konservativen Führer und den Monarchen zufriedenzustellen. Ohne Zweifel betrachtete er die Reformregierung, der er vorstehen sollte, sowohl als Krönung seiner Karriere als auch als gerechten Lohn für die Mühen seiner Mäzene: Die Monarchie mußte durch von oben verordnete gesellschaftliche und politische Reformen gesichert werden, die darauf ausgerichtet waren, Fortschritt herbeizuführen, ohne die bestehende Ordnung zu gefährden.

Im Jahr 1870 war Paranhos vom Kaiser zum Visconde do Rio Branco erhoben worden. Dies geschah in Anerkennung seiner langjährigen, erfolgreichen Tätigkeit am Río de La Plata, die er unter der Anleitung des älteren Paulino und Carneiro Leãos begonnen und als Generalbevollmächtigter für den Abschluß der diversen Verträge vor und nach dem Krieg der Tripelallianz beendet hatte. In den 1850er und 1860er Jahren war Paranhos, wie bereits erwähnt, in der Konservativen Partei aufgestiegen. Er war Abgeordneter gewesen, Präsident der Provinz Rio de Janeiro und Senator, und er hatte seit der Regierung Paraná allen Kabinetten angehört. Seine zahlreichen Triumphe im In- und Ausland sowie sein jahrelanges gutes Einvernehmen mit den mächtigsten und geachtetsten Politikern sowohl der Konservativen Partei als auch der *Liga Progressista* hatten seine Ernennung in den Staatsrat im Jahr 1871 gleichsam eine Selbstverständlichkeit und seine Betrauung mit der gewaltigen Aufgabe der Abschaffung der Sklaverei unvermeidlich werden lassen. Welcher andere Mann hätte die politische Macht und Geschicklichkeit besessen, eine solche Reform durchzuführen?

Außerdem ist zu bemerken, daß Rio Brancos Regierung über ihr berühmtes Gesetz zur Abschaffung der Sklaverei hinaus noch für eine ganze Reihe darauf abgestimmter Reformen verantwortlich war. Der Premier brachte eine Anzahl von Gesetzen zur Verbesserung des Erziehungswesens, des Wahlsystems und der Justiz ein, die unter seiner eisernen Führung von der Kammer verabschiedet wurden. Darüber hinaus verteidigte Rio Branco auf diplomatischem wie innenpolitischem Gebiet die Vormachtstellung der Krone in dem als die „religiöse Frage" bekannt gewordenen Kampf mit der Kirche.

Dieses Problem bedarf einer kurzen Erläuterung. In Brasilien war der Katholizismus tief verwurzelt, aber die katholische Kirche als Institution hatte nie die starke Position innegehabt, deren sie sich aufgrund ausgedehnter Ländereien und eines großen Vermögens etwa in Mexiko erfreute. Ihr materielles Potential war infolge der Vertreibung der Jesuiten in den 60er Jahren des 18. Jh. stark geschrumpft; diese hatten bei der Erziehung der brasilianischen Elite eine zentrale institutionelle Funktion ausgeübt und waren – an Pachtgütern und kommerziellem Vermögen gemessen – ziemlich reich gewesen. Immerhin, andere Orden hatten im Land bleiben können, und die – wenn auch unterbesetzte – weltliche Hierarchie sorgte für die allgegenwärtige Präsenz der Kirche in den kleineren Städten und älteren Plantagengebieten. Der Katholizismus war nach wie vor Mittelpunkt der Kultur des Volkes wie auch der Elite und durchdrang Volksglauben und Alltag; aber im öffentlichen Leben spielte er keine nennenswerte Rolle. Aufgrund einer von Papst Pius IX. (1846–1878) eingeleiteten Erneuerung der Kirche und eines damit verbundenen neuentfachten Sendungsbewußtseins unternahm die brasilianische Geistlichkeit in den 70er Jahren des 19. Jh. einen Versuch, Boden zu gewinnen.

Die „religiöse Frage" entstand somit im Zusammenhang mit einer wiederauflebenden Begeisterung für die katholische Sache und hatte mit dem formellen Verhältnis zwischen Kirche und Staat zu tun. Der Konflikt wurde durch den ultramontanen Reformismus zweier brasilianischer Bischöfe ausgelöst, die beschlossen, in einer Angelegenheit der Kirchendoktrin nicht nachzugeben und sich über die kirchlichen Prärogativen des Kaisers hinwegzusetzen. Ungeachtet der starken Verankerung der Freimaurerei in der politischen Elite des Reiches, der die Logen seit der Ersten Kaiserzeit auch als politische Klubs gedient hatten, bestanden diese Kirchenmänner darauf, der kürzlich erneuerten scharfen Kritik des Vatikans an der Mitgliedschaft von Katholiken in Freimaurerlogen Geltung zu verschaffen. Eine derartige Politik im Reich zu verfolgen bedeutete, die traditionelle Oberaufsicht der Krone über die Geistlichkeit und die Kirchenpolitik, *o padroado* – die festgeschriebene „Kirchenpatronage" der Krone –, in Frage zu stellen. Der Kaiser von Brasilien besaß *o padroado* von Rechts wegen als Teil des Kronerbes in der ehemaligen Kolonie. Infolgedessen stellte die – ohne Erlaubnis des Kaisers vollzogene – Proklamation des päpstlichen Entscheids über die Freimaurerei durch die beiden Bischöfe eine unmittelbare Herausforderung des Kaisers in seiner Eigenschaft als weltliches Oberhaupt der brasilianischen Kirche dar. Der Kaiser und der Premierminister – beide waren Freimaurer – verfolgten die Sache mit Entschlossenheit. Rio Branco sorgte dafür, daß die Oberherrschaft des Kaisers gewahrt blieb – indem er die widerspenstigen Kirchenfürsten sogar gefangensetzte –, und bemühte sich, mit Hilfe der guten Dienste seines tüchtigen Freundes, des Barons de Penedo, um ein zufriedenstellendes Einvernehmen mit Rom. Als die Wogen sich geglättet hatten, waren die Rechte des Kaisers zwar geschützt worden, aber das Verhältnis zwischen Monarchie und Kirche hatte gelitten. Der herkömmlichen Meinung zufolge war die „religiöse Frage" sogar verantwortlich dafür, daß dem Regime die Unterstützung entzogen wurde [Costa 1985, 209–213; 273 Anm. 10].

In anderen Angelegenheiten war die Macht der Krone begrenzter. So suchte Rio Branco das Reich etwa dadurch dem Fortschritt zu öffnen, daß er das metrische System einführte und der Residenzstadt eine an europäischen Vorbildern orientierte Modernisierung verordnete. In den bigotten, traditionsverhafteten und seit kurzem von wirtschaftlichem Niedergang heimgesuchten ländlichen Gebieten löste die Einführung des metrischen Systems Bauernrevolten aus, wie etwa die Quebra-Quilos-Aufstände im Nordosten des Landes. Die Proteste flammten auf, weil dieser Entscheid als ein – wie man glaubte – von einer freimaurerischen Regierung inszenierter Auftakt zu einer neuen Besteuerung und anderen Auflagen interpretiert wurde. Die Modernisierung Rio de Janeiros à la Haussmann kam nicht über das Planungsstadium hinaus, wenngleich die öffentlichen Anlagen der Stadt und der Park der Quinta da Boa Vista zahlreiche Verschönerungen nach französischem Vorbild erfuhren. Die von dem in Paris ausgebildeten brasilianischen Ingenieur Francisco de Pereira Passos (1836–1913) entworfenen Pläne für die Stadtmodernisierung wurden vom Kaiser bemängelt und von einem weiteren Ingenieur öffentlich angeprangert. Ihre Realisierung scheiterte schließlich an der Finanzierung durch vorwiegend privates Kapital, das infolge des finanziellen Zusammenbruchs von 1875 dahinschmolz, der gleichzeitig zum Sturz eben der Regierung beitrug, von der die Modernisierung letztlich abhing.

Die Nachwelt ließ sich jedoch in der Beurteilung der Leistungen Rio Brancos von diesen Fehlschlägen wenig beeinflussen. Der Ruhm war ihm sicher, allein schon aufgrund der Verbindung seines Namens mit dem Gesetz *do ventre livre* („des freien Bauches") von 1871, das die Freiheit des ungeborenen bzw. neugeborenen Kindes garantierte. Dieses Gesetz – dem anscheinend portugiesische Kolonialreformen aus den 50er Jahren des 19. Jh. (z.B. das Sá-Bandiera-Gesetz von 1856) zugrunde lagen und das dem im Jahr 1870 von Segismundo Moret y Prendergast im spanischen Parlament für die Kolonie Kuba eingebrachten Gesetz glich – sah eine schrittweise Lösung des Problems vor. Mit ihm wurde der Versuch unternommen, die Abschaffung der

Sklaverei so weit wie möglich mit den politischen und wirtschaftlichen Interessen einer Sklavenhaltergesellschaft in Einklang zu bringen. Das Gesetz beendete die Sklaverei insofern ab sofort, als von nun an kein von einer Sklavin geborenes Kind mehr zum Sklaven erklärt werden konnte; aber es schaffte die Sklavenarbeit nur über einen längeren Zeitraum hinweg ab, indem diejenigen, die Sklaven waren, es auch blieben, und die Kinder der Sklaven bis zu ihrer gesetzlichen Volljährigkeit für den Herrn ihrer Eltern arbeiten mußten.

Ebenso wie damals, als die *saquarema*-Regierung den Sklavenhandel mit Afrika attackiert hatte, griff auch jetzt eine konservative Regierung einen lebenswichtigen Bereich der Klasseninteressen derer an, die den Kern der Partei bildeten und innerhalb der bestehenden Ordnung tonangebend waren. Ebenfalls in Übereinstimmung mit der Situation von 1850 ergriff das Kabinett Rio Branco diese Maßnahme unter dem Druck des Auslands – zu den neuerlichen Pressionen Englands gesellten sich philanthropische Appelle und die ausländischen Beispiele der Sklavenbefreiung – und um die Macht und Aufgeklärtheit der Krone zu demonstrieren. In Wahrheit zielte die Reform eines Teils der gesellschaftlichen Ordnung darauf ab, den Rest dieser Ordnung in einer sich verändernden Welt aufrechterhalten zu können.

Im Jahr 1850 war das Kabinett in der Kammer erfolgreich gewesen; allerdings hatte es sich damals auf eine sichere Mehrheit stützen können. Im Jahr 1871 lagen die Dinge anders, zum Teil auch infolge der inzwischen vom Kabinett der *Conciliação* vorgenommenen Wahlreform. Die Kammer hallte von hitzigen Debatten und entrüsteten Ablehnungsbekundungen wider, und selbst die Partei der Ordnung spaltete sich bei der Abstimmung. Der harte Kern des Widerstandes gegen Rio Branco wurde von Kräften gebildet, mit denen er seit dem Jahr 1851 eng verbunden gewesen war: von den Fluminenser Plantagenbesitzern, die eine Provinz beherrschten, die Rio Branco persönlich in der Kammer vertreten und als Provinzpräsident verwaltet hatte. In der Tat war der anerkannte Führer der Opposition gegen die Sklavenbefreiung der Sohn eines seiner früheren Gönner und ehemaligen Ministerkollegen; es war ein Mann, den Rio Branco zu Beginn der 1850er Jahre sogar selbst protegiert hatte: Paulino José Soares de Sousa. Der jüngere Paulino war der Sohn des Visconde do Uruguaí und dazu ausersehen, dessen politisches Erbe anzutreten. Seit Mitte der 1850er Jahre war er Abgeordneter der Provinz Rio de Janeiro gewesen, politisch begünstigt als Sohn Uruguaís und als Neffe des großen Pflanzer-Politikers, des verstorbenen Visconde de Itaboraí. Als Plantagenbesitzer und Sohn eines Plantagenbesitzers sowie als gut ausgebildeter *bacharel* und wortgewaltiger Redner drängte er sich als politischer Führer der reaktionären Fluminenser Wähler, die die vorangegangene Generation ihm hinterlassen hatte, geradezu auf.

Kein Wunder also, daß die Debatten lang und erbittert waren – der *saquarema*-Erbe verteidigte die politischen Traditionen und die Besitzrechte der Plantagenbesitzer gegen den von Rio Branco beschworenen Fortschritt. Der bedrängte Visconde warf sein ganzes persönliches politisches Gewicht in die Waagschale und setzte die nicht unbeträchtlichen Befugnisse der Begünstigung und Bestrafung ein, die ihm als Premierminister und Führer der Konservativen zur Verfügung standen. Letztlich gewann Rio Branco – nicht aber seine Partei. Die extremen Reaktionäre waren entfremdet und sannen auf Rache; sie und ihresgleichen verharrten im Widerstand gegen die Reform, die sie in der Praxis schließlich zu entschärfen vermochten. Wenn auch Paulinos persönliches Verhältnis zu Rio Branco die Auseinandersetzung überdauerte, blieben er und seine Anhänger in der Sache dennoch unversöhnlich. Als Senator und Staatsratsmitglied wurde Paulino zum Führer der zu reaktionären Außenseitern gewordenen konservativen *fluminenses* erhoben; diese machten die Bemühungen der Parteireformer zunichte und bildeten einen regionalen politischen Block, der selbst über den Sturz der Monarchie hinaus fortbestand.

Immerhin hatten die Debatte über das Gesetz *do ventre livre* und dessen Verabschiedung die Schleusen geöffnet, die die Sklavenfrage bislang der politischen Erörterung entzogen hatten – und dies allein stellte bereits ein beachtliches Ergebnis dar. Das Gesetz selbst erwies sich, wie oben angedeutet, aufgrund seiner Formulierung, die ein schrittweises Verfahren vorsah und daher dessen Umgehung ermöglichte, als unwirksam. Im Laufe der 1870er Jahre wurde deutlich, daß die von Paulino so geschickt geführten Kräfte zwar politisch geschlagen worden waren, sich aber neu formiert und ihr verlorenes Terrain zurückerobert hatten. Unter diesem Gesichtspunkt kann die Bedeutung der Reformen Rio Brancos nicht hoch genug eingeschätzt werden. Sie bildeten einen Prüfstein für die Monarchie. Die Regierung des Visconde – mit derjenigen Paranás die bedeutendste und dynamischste der Zweiten Kaiserzeit – zeigte die Grenzen einer innerhalb der bestehenden politischen Strukturen der Monarchie möglichen Reform auf. Die Probleme wurden zwar in Angriff genommen, aber sie blieben ungelöst.

Dem Versuch Rio Brancos, ein umfassendes Reformprogramm zu verwirklichen, lag mehr zugrunde als nur das Interesse des Kaisers; er war auch darauf zurückzuführen, daß der Minister aufgrund seines sicheren politischen Instinkts das unausgesprochene Bedürfnis nach einer grundlegenden Reform erkannt hatte, das damals in der Luft lag. Die der Monarchie inhärenten Probleme waren von den Liberalen und anderen Kritikern der staatlichen Institutionen, die in den 40er Jahren des 19. Jh. wiederhergestellt worden waren, in zunehmender Deutlichkeit erkannt worden. In den 60er Jahren sorgten die Stabilität und der offensichtliche Wohlstand des Landes für eine Atmosphäre der Gelassenheit und Sicherheit, die einer wachsenen Kritik an den reichsimmanenten Gegensätzen zuträglich war. Die Nation hatte überlebt und war wiedererstanden; nun konnte man über ihr Wesen und ihre Entwicklungsrichtung diskutieren, insbesondere im Hinblick auf die während des Krieges zutage getretenen Schwächen und unter Berücksichtigung der zunehmenden Auslandserfahrungen, die die Eliten und die bessergestellten Angehörigen der Mittelschicht aufgrund der aus Kaffee, Baumwolle und Zucker erzielten Gewinne zu sammeln in der Lage waren.

Aureliano Cândido Tavares Bastos (1839–1875), ein fähiger liberaler Publizist, begann in seinen vielgelesenen Artikeln der 1860er Jahre die Institutionen und die politischen Zielsetzungen der Monarchie einer ernsthaften Kritik zu unterziehen. Andernorts, insbesondere an der juristischen Fakultät in Recife, bemängelten junge Elite-Studenten die „Rückständigkeit" des Reiches im Vergleich zu den in Deutschland und Frankreich durch naturwissenschaftliche Methoden gewonnenen Wertvorstellungen. Diese Gruppe, später als die Schule von Recife bekanntgeworden, war nur Teil einer Elite-Generation – der Generation von 1870 –, die in der Folge für ihren kühnen Reformismus und ihre kritische Einstellung berühmt wurde. Die Monarchie selbst wurde, besonders angesichts der Ausrufung der Dritten Republik in Frankreich, zum Gegenstand der Geringschätzung der jungen Männer, die Monarchie mit Tyrannei und mittelalterlicher Rückständigkeit gleichsetzten. An beiden juristischen Fakultäten des Landes wurde der Angriff auf die Sklaverei, der den – von der Romantik entfachten – vagen Vorstellungen von Zivilisation und Fortschritt entgegenkam, zu einem erklärten Grundsatz der neuen Generation. Die ärmeren Studenten, die ihre Ausbildung an der Militärakademie und am Polytechnikum von Rio erhielten, sehnten sich außerdem zunehmend nach einem interventionistischeren Staat im Hinblick auf die Förderung der Industrie und auf eine konkrete Verbesserung der Infrastruktur. Ihre Kritik zeichnete sich durch einen oft vom Positivismus geschärften Kampfgeist aus, der in den Postulaten der Gebildeten nach 1850 mehr und mehr zutage trat. In Unternehmerkreisen kämpfte jener dynamischste aller „Modernisatoren" des Reiches, der Visconde de Mauá, einen – oft vergeblichen – Kampf gegen Konventionen, Vorsicht und Kapitalbeschränkung, um das Reich voranzubringen. Hinter vorgehaltener Hand verurteilten Ingenieure wie André Pinto Rebouças (1838–1898) und Pereira Passos erbittert den Mangel an Unterstützung einheimischer Infrastruktur- oder Industrieprojekte.

Zur Entflechtung dieses Labyrinths von Zwängen und „rückständigen" Institutionen hatte Rio Branco – in jungen Jahren Absolvent und Professor der technischen Hochschulen Rios und liberaler Journalist – das ganze Gewicht seines Prestiges und der kaiserlichen Unterstützung aufgeboten. In mancherlei Hinsicht war die Einsetzung seines Kabinetts ein Versuch, der damals lautgewordenen Kritik durch ein Reformprogramm von oben entgegenzutreten. In der Tat waren seine Vorschläge und, was noch wichtiger war, das öffentliche Aufsehen, das sein Programm und dessen erfolgreiche Verabschiedung durch das Parlament erregten, von großer politischer Tragweite und machten einen nachhaltigen Eindruck auf die Zeitgenossen.

Der Erfolg Rio Brancos, der darauf gründete, daß er das Problem der Sklaverei zur Sprache gebracht und auf ein allgemeines Reformprogramm gedrängt hatte, sowie die anhaltenden und steigenden Gewinne, die die Plantagen des Reiches abwarfen, hatten das Vertrauen in Stabilität und Fortbestand des Regimes wachsen lassen. Tatsächlich wirkte sich dieser Erfolg nicht nur im Reich, sondern auch in der Londoner City aus. Dort vermochte Paranhos' alter Freund Baron de Penedo im Jahr 1874 mit dem Bankier Rothschild ein Darlehen zu bislang beispiellos günstigen Bedingungen auszuhandeln.

Insgesamt betrachtet verwaltete Rio Branco zu Beginn der 1870er Jahre eine offenbar blühende und fortschrittliche Monarchie, die durch ihre Produktion reich geworden war, in internationalen Krediten schwamm und den an europäischen Vorbildern orientierten Vorstellungen ihrer Elite durch ein Reformprogramm und durch die Annehmlichkeiten und die Infrastruktur ihrer großen Hafenstädte Rechnung trug. Dort endete eine zunehmende Zahl von Bahnstrecken, die die Verbindung der fruchtbaren Plantagen des Hinterlandes mit den Vereinigten Staaten und Europa herstellten; dort trugen der Wohlstand der Elite und wachsender Kreise der Mittelschicht zu einer übersteigerten, europäisch-inspirierten Weltläufigkeit bei, die sich in Straßenbahnen, europäischen Luxusartikeln, klassizistischer Architektur, neuen Kanalisationssystemen, Hafenanlagen, einer steigenden Zahl von Zeitschriften, einer nationalen Literatur, wachsenden Bildungsmöglichkeiten – selbst für die mittleren Gesellschaftsgruppen – sowie in öffentlichen Parkanlagen und Gebäuden, konzipiert im Stile Frankreichs, des anerkannten Mittelpunkts der Zivilisation, bemerkbar machte.

Aber der von Rio Branco und seinen Bewunderern erhoffte tatsächliche und dauerhafte Fortschritt wurde häufig blockiert: Rio Brancos Abolitionsgesetz von 1871 wurde unterlaufen, die Einführung des metrischen Systems bekämpft, und die Modernisierung der Hauptstadt scheiterte. Seine Justiz- und Wahlreform hatte ebenfalls geringe Wirkung. Das enttäuschende und kurzlebige Ergebnis der Leistung des Visconde läßt sich indessen vielleicht am besten anhand der tatsächlichen Umstände des Sturzes seines Kabinetts im Jahr 1875 veranschaulichen, der auch ein bezeichnendes Licht auf die Kräfte und Zwänge wirft, die im Hinblick auf die Reform innerhalb der bestehenden politischen Struktur am Werk waren.

Zum ersten verhielt sich die Kammer, die durch den Kampf von 1871 mehrfach gespalten war, dem Visconde gegenüber zunehmend feindselig, der nunmehr mit dem unheilvollen Schisma der Konservativen identifiziert wurde. Zum zweiten bewirkten die Tatsache, daß der Staat für seine Einkünfte auf den Außenhandel angewiesen war, sowie die unmittelbare Abhängigkeit der Pflanzer und Kaufleute von Auslandskrediten und Auslandsmärkten, daß die gesamte finanzielle und wirtschaftliche Basis der Monarchie für Schwankungen der internationalen Finanzstabilität außerordentlich anfällig war. Als die Finanzmärkte Mitte der 70er Jahre des 19. Jh. nachgaben, gerieten Rios Börse und Banken in Schwierigkeiten, und eine Panik brach aus. Die Bemühungen des Kabinetts, das Finanzgebäude zu stützen, waren nur insofern erfolgreich, als sie einen völligen Zusammenbruch abzuwenden vermochten. Verschiedene Privatbanken gingen bankrott, darunter auch die des Visconde de Mauá.

Rio Branco, der wegen der unzureichenden staatlichen Stützungsmaßnahmen zugunsten Mauás im Parlament angegriffen wurde und um sein politisches Prestige fürchtete, war sich der Zwietracht innerhalb seines Ministerrats durchaus bewußt und trat schließlich zurück – zum Teil auch im Bestreben, die Verabschiedung einiger verbleibender Reformen sicherzustellen, indem er seine Person, die nunmehr Zielscheibe erheblicher Feindseligkeiten war, von der politischen Bühne entfernte. Dom Pedro beugte sich, wenn auch mit Bedauern, der politischen Logik seines Premiers. Wie Rio Branco vorgeschlagen hatte, beauftragte Dom Pedro den betagten Duque de Caxias mit der Regierungsbildung. Dieser verfügte über das nötige Prestige und empfahl sich durch eine stark konservative Einstellung. Caxias nahm den Auftrag unter der Bedingung an, daß die eigentliche politische Führung der Regierung seinem jüngeren Kollegen, dem tüchtigen, konservativen Plantagenbesitzer Baron de Cotegipe, übertragen würde.

Die Ära der konservativen Reform war zu Ende gegangen, ohne daß ein erfolgreicher Übergang zu einer Monarchie bewerkstelligt worden wäre, in der die zentralisierte Autorität aufgrund einer gelungenen Reform hätte beibehalten werden können. Vielmehr hatten die mit der Monarchie identifizierten gesellschaftlichen und wirtschaftlichen Realitäten zwangsläufig viele der Reformansätze Rio Brancos zunichte gemacht, die nur an den Grundfesten der Monarchie zu rütteln, dieselben aber nicht erfolgreich zu ersetzen vermocht hatten.

i Die Auswirkungen der regionalen Unausgewogenheiten in den 80er Jahren des 19. Jahrhunderts

Im Anschluß an Rio Brancos Regierungszeit sollte zunehmend deutlich werden, daß die politische Struktur des Reiches nicht in der Lage war, mit den Konflikten und Gegensätzen innerhalb der brasilianischen Gesellschaft fertigzuwerden. Einige der Hindernisse hatten sich bereits während des Kampfes des Visconde gezeigt, wie etwa das Wesen und die Rolle der etablierten Parteien, die Sklavenfrage oder die Frage der Rolle des Staates im finanziellen Bereich. Andere sollten sich erst mit der Zeit und selbst dann nur indirekt bemerkbar machen. Das bereits erwähnte, durch den unterschiedlichen Exportumfang bedingte Wohlstandsgefälle zwischen den einzelnen Regionen entstand nur langsam und sollte erst im Laufe des letzten Viertels des Jahrhunderts deutlich zutage treten. Einer seiner Aspekte, die wirtschaftliche Überlegenheit São Paulos, zeigte sich jedoch bereits in den 70er Jahren und sollte in den 80er Jahren akut werden. Insbesondere entstand ein zunehmendes Mißverhältnis zwischen der wachsenden wirtschaftlichen Kraft der Provinz und der gleichbleibend geringen politischen Repräsentation der paulistanischen Interessen im nationalen Parlament; diese Diskrepanz wurde zu einem zentralen, wenn auch verhüllten Problem.

Die bisherigen Ausführungen haben deutlich gemacht, daß die höchsten Ämter der Monarchie Posten waren, die auf Lebenszeit vergeben wurden: Die Mitgliedschaft im Senat und im Staatsrat war *vitalícia*. Diese beiden Gremien stellten das höchst wichtige Reservoir dar, aus dem der Kaiser seine Premierminister und diese ihre Kabinettsmitglieder auswählten. Da die nordöstlichen Provinzen und die Provinz Rio de Janeiro sowie Teile von Minas Gerais und São Paulo die sozio-ökonomische Basis für die Elite der Ersten Kaiserzeit, der Regentschaft und der frühen Zweiten Kaiserzeit, also der Jahre von 1822 bis 1860 gebildet hatten, waren es in der späten Zweiten Kaiserzeit noch immer die Männer aus diesen Gegenden, die, mittlerweile als Senatoren und Staatsräte ergraut, die Politik dominierten. Infolgedessen befanden sich in den 70er Jahren Leute an der Regierungsspitze des Reiches, die in ihrer Eigenschaft als Provinzvertreter immer weniger die wirtschaftlich wirklich dynamischen Regionen repräsentierten. So setzte sich im Jahr 1870 der Staatsrat, der mächtigste Bestandteil der Regierung, aus 17 ordentlichen und außerordentlichen Mitgliedern zusammen, von denen allein zwölf die Provinzen Pernambuco (eines), Bahia (vier) und Rio de Janeiro (sieben) vertreten hatten. Unter den 17 Staatsräten war nur ein *paulista*, und dieser war ein notorischer Konservativer, der Marquês de São Vicente. Im Jahr 1880 wurden, da sich aufgrund von Todesfällen Vakanzen ergeben hatten, zehn neue Mitglieder in den Staatsrat ernannt; von diesen hatten allein vier die Provinzen Bahia (zwei) und Rio de Janeiro (zwei) vertreten. Unter den zehn Neulingen befand sich auch ein *paulista*, aber er war wiederum das einzige Staatsratsmitglied aus der Provinz São Paulo, denn São Vicente zählte zu den Verstorbenen.

Diese Unausgewogenheit zwischen São Paulos offenkundig wachsendem Wohlstand und seinem relativen Mangel an politischem Einfluß auf die Regierung sollte insbesondere in Anbetracht der Zentralisation der kaiserlichen Politik zu einem Schwinden der Loyalität São Paulos gegenüber dem Regime führen. Diese Entwicklung der Dinge sollte sich durch Fragen der Patronage, der Karrieresucht und der Finanzpolitik noch zusätzlich komplizieren. Wer die oberen Bereiche des Staates kontrollierte, kontrollierte sowohl politische Vergünstigungen und Pfründen als auch Beförderungen durch Ernennungen und Wahlen. Wer die Staatsfinanzen und die Verbindungen zu den Finanzinstituten in Rio kontrollierte, kontrollierte auch Empfänger, Höhe und Bedingungen von Investitionen und Krediten. Infolgedessen wurde in den 80er Jahren des 19. Jh. die junge Generation der *paulistas*, die der Elite angehörte und von der juristischen Fakultät in São Paulo auf eine Laufbahn in der Verwaltung vorbereitet worden war, zunehmend ungeduldig, während sie – im Widerspruch zu ihrer eigentlichen gesellschaftlichen Stellung – von den etablierten Cliquen und Nepotismus-Netzen ausgeschlossen war. Darüber hinaus waren in jener Zeit, als die Eisenbahn eine außergewöhnliche Expansion ermöglichte, die Paulistaner Unternehmer zusehends verärgert über die spärliche finanzielle Unterstützung ihrer Provinz seitens des Staates einerseits und über die Ausbeutung der paulistanischen Ressourcen durch die etablierten, weiterverzweigten und von Rios *praça* kontrollierten Kreditbanken und Investmentgesellschaften andererseits. Die Schwierigkeiten der 1870er und 1880er Jahre erhöhten den Druck zusätzlich, indem sie den Niedergang anderer Regionen spürbar werden ließen. Die 70er Jahre waren durch den bereits erwähnten finanziellen Zusammenbruch gekennzeichnet, der die Zwangslage der Fluminenser Plantagenbesitzer mit ihren alten Bäumen und ausgelaugten Böden verschlimmerte und die Wettbewerbssituation der Pflanzer im Nordosten noch verschärfte, die, nachdem sich die Südstaaten der USA in den 70er und Kuba in den 80er Jahren wieder erholt hatten, auf dem Markt erneut mit der nordamerikanischen Baumwolle und dem kubanischen Zucker konkurrieren mußten. Die Diskrepanz zwischen den Frustrationen und Ambitionen São Paulos als einer wirtschaftlich dynamischen Region und der entkräftenden Rezession und Nervosität in den traditionellen Hochburgen der Monarchie wird auch aus den Zahlen ersichtlich. São Paulos Kaffee-Konjunktur begann in den Jahren 1876 bis 1883. Im Jahrzehnt zwischen 1880 und 1890 verdoppelte die Provinz die Zahl ihrer Plantagen und den Umfang ihrer Produktion. Im Jahr 1885 trug sie bereits mit 40 Prozent zur Kaffeeproduktion des Reiches bei; im Jahr 1883 hatte ihre Produktion die der Provinz Rio de Janeiro eingeholt, und 1886 übertraf sie die Fluminenser Produktionsziffern.

Es wurde bereits auf die regionalen Veränderungen der wirtschaftlichen Dynamik in den Küstenprovinzen hingewiesen; aber damals hatte noch eine weitere Region einen Exportaufschwung zu verzeichnen. Eine technische Neuerung, die Vulkanisation von Kautschuk, schuf einen neuen Markt für den Saft des brasilianischen Kautschukbaums. In den Provinzen Pará und Amazonas erfuhr das Zapfen von Naturkautschuk ein Wachstum in Volumen und Wert, das sich Ende der 70er Jahre zu einem Boom entwickelte, wenngleich dieser das Amazonasgebiet damals noch nicht so stark verwandelte, wie das um die Jahrhundertwende der Fall war. Diese riesige Region – ein Drittel der Ausdehnung des Reiches – sollte nur noch wenige Jahre lang ein dünnbesiedelter, von Flüssen durchzogener Regenwald bleiben, in dem von einer relativ kleinen Zahl von *caboclos* und indianischen Tagelöhnern Kakao geerntet und Kautschuk gezapft wurde. Diese Kleinproduzenten waren durch Schulden, einige wenige Industriegüter und umherziehende Händler mit dem Weltmarkt verbunden; außerdem durch unregelmäßig verkehrende Dampfschiffe, die fast unmerklich in die erstaunliche, schläfrige Wildnis eindrangen. Dies war der Auftakt zu dem großen Bevölkerungszustrom aus dem Nordosten, dem schrecklichen Krieg gegen die Indianer, den schimärenhaften Eisenbahnen sowie der internationalen Habgier und Zwietracht des großen Gummibooms, die sich jedoch nicht mehr unter der Monarchie, sondern vorwiegend während der Alten Republik manifestieren sollten.

Abschließend bleibt noch festzustellen, daß andernorts die Lebensumstände und Arbeitsverhältnisse weitgehend unverändert fortbestanden. Im *sertão* des Nordostens und auf den hügeligen Ebenen weit im Süden wurden auf ungeheuer weitläufigen Ranchos nach wie vor Rinder für die Schlachtbank aufgezogen. Im Süden trieben Gauchos die Herden zusammen, von denen das Dörrfleisch für die Sklaven und die verarmten

Massen des Reiches stammte. Dort und in São Paulo lieferten Maultierzüchter und Viehmärkte die noch immer so wichtigen Tiere für die gelegentlichen, langsamen Lasttierkolonnen, die zwischen den Berggebieten und Savannen des Landesinneren und den Städten des schmalen, dichtbevölkerten Küstenstreifens hin- und herzogen. Es war eine rauhe und traditionsverhaftete Welt, die sich von der europäisch geprägten Atmosphäre der Hafenstädte an der Küste deutlich unterschied.

j Entwicklungen der Urbanisation

Die meisten Städte im Reich waren hinsichtlich Bevölkerungszahl, Annehmlichkeiten, Erscheinungsbild und Infrastruktur nach wie vor weitgehend unverändert. Einzig in den großen Hafenstädten hatten stellenweise vorgenommene Veränderungen inzwischen sichtbare Resultate gezeitigt. Recife hatte ein neues Theater und ein neues Fakultätsgebäude errichtet, neue Brücken spannten sich über seine gleichsam venezianischen Kanäle, und unter der Leitung eines französischen Ingenieurs waren neue Hafenanlagen gebaut worden. Salvador war ebenfalls mit neuen Hafenanlagen, einem Kopfbahnhof und neuen Gebäuden ausgestattet worden, die gleich denen in Recife in dem für die Monarchie charakteristischen klassizistischen Stil gehalten waren.

Die größten Veränderungen hatten jedoch nicht in den Zucker-, Baumwoll- und Tabak-Hafenstädten, sondern in Rio, dem großen Kaffee-Hafen, stattgefunden. Die *Côrte* war inzwischen die mit Abstand am dichtesten bevölkerte und am stärksten europäisierte Stadt des Reiches. Im Jahr 1872 hatte sie eine Viertelmillion Einwohner, von denen – wie in anderen Städten und Kleinstädten – nur eine kleine Minderheit Sklaven waren. Dennoch wuchs nun der kulturelle Einfluß dieser Sklaven, die bis zur Jahrhundertmitte die Hälfte der Stadtbevölkerung ausgemacht hatten, und wurde von der aus Freigelassenen und freien Farbigen afrikanischer Herkunft oder Abstammung bestehenden Mehrheit assimiliert. Afro-brasilianische religiöse Praktiken, afro-brasilianische Straßenmusikanten und afro-brasilianischer Kleinhandel prägten noch immer die Stadt. Afro-brasilianische Musik erklang auf Rios Straßen und Plätzen, wenn Reisende auch kaum noch afrikanische Kleidung erblickten. Ungeachtet eines geringen, aber stetigen Zustroms portugiesischer Immigranten aus dem Norden des Königreichs und den Azoren, die die zahlreichen Ladenbesitzer und Kontoristen der Hafenstädte stellten, war der Typus des Afrikaners und seiner brasilianischen Abkömmlinge charakteristisch für die städtischen Massen – die Bediensteten, Wäscherinnen, Tagelöhner, Handwerker, Arbeiter, die Prostituierten und die verzweifelten Unterbeschäftigten und Arbeitslosen.

Nach der Gelbfieberepidemie von 1850 und der anschließend ausgebrochenen Cholera hielten die überfüllten Slums der Altstadt und der Hafengegend Rios eine kaiserliche Kommission nach der anderen in Atem, ohne daß viel mehr dabei herausgekommen wäre als ein neues, allerdings mangelhaftes Kanalisationssystem und eine Reihe interessanter Berichte. Die Kanalisation war das Werk eines Engländers, ebenso die neuen Hafenanlagen und natürlich die Eisenbahn, die die Verbindung zwischen den neuen Docks und den Kaffeeplantagen im Hinterland herstellte. Engländer und Nordamerikaner waren auch am Ausbau des städtischen Transportwesens beteiligt: Maultier-Straßenbahnen auf Schienen verdrängten die von Maultieren gezogenen Omnibusse und Kutschen (die zuvor die Küstenschiffe verdrängt hatten, mit denen die

Stadt umfahren werden konnte). Auch Franzosen arbeiteten an der Verschönerung der Residenzstadt mit. Seit der *Missão Artística Francesa*, der aus Künstlern zusammengesetzten französischen Mission von 1815, und der daraus resultierenden Gründung der *Academia e Escola Real das Artes* im Jahr 1820 hatten Franzosen an der Stadtplanung und an der architektonischen Gestaltung der öffentlichen Gebäude und Anlagen mitgewirkt. Die *palácios*, die großen öffentlichen und privaten Stadtpalais, die das Stadtbild seit etwa 1840 prägten, verrieten durch ihre klassizistische und später eklektische Architektur den französischen Einfluß.

In den 70er und frühen 80er Jahren des 19. Jh. gewannen die mittleren Gesellschaftsschichten in allen Städten des Reiches an Bedeutung, was sich wiederum in Rio am meisten bemerkbar machte. Männer aus dieser Schicht hatten sich stets um zivile wie militärische Posten in den unteren Bereichen der königlichen Verwaltung und der Provinzbürokratie bemüht. Sie stellten außerdem die weniger gutverdienenden Freiberufler, die Journalisten, die mittleren Kaufleute und die Büroarbeiter und -angestellten der Städte. Dementsprechend traten diese Gruppen in Rio, dem wichtigsten Hafen und dem Sitz der Zentralverwaltung des Reiches, zahlenmäßig besonders stark hervor und waren in höherem Maße europäisiert und politisch unabhängiger als andernorts. Darüber hinaus sorgten im intellektuellen und kulturellen Bereich das Mäzenatentum der Elite des Reiches ebenso wie die große Zahl von ortsansässigen Lesern dafür, daß Rio auf den Gebieten der Publizistik, des Theaters und der bildenden Künste eine führende Stellung einnahm. Wie die meisten Metropolen zog auch Rio die begabtesten Leute der Provinzen in seinen Bann. Das Erscheinen neuer Zeitschriften im Zusammenhang mit den politischen Bewegungen der 80er Jahre des 19. Jh. spricht für diese Entwicklung. Das ehrwürdige *Jornal do Commercio*, seit 1827 die führende Zeitung für Politik und Wirtschaft, hatte seine zeitgenössischen liberalen Nebenbuhler und die um die Jahrhundertmitte lancierten noch liberaleren Konkurrenzblätter überdauert. Nun sollten Zeitungen hinzukommen, die auch den Ansprüchen der Radikalen der Residenzstadt – der Leser wie der Autoren – in diesem nunmehr durchaus urbanen Milieu genügten.

Die meisten von der Elite und der Mittelschicht gekauften Luxusgüter wurden aus dem als Mittelpunkt der Zivilisation geltenden Europa eingeführt. Die Engländer lieferten nach wie vor den Löwenanteil der billigen Industriegüter, die Portugiesen Gewürze, Klippfisch und Wein. Die Franzosen in der Rua do Ouvidor hingegen boten raffinierte Luxusartikel an, von Kleidung über Bücher und Perücken bis hin zu *cocottes*. Einige wenige Salons dienten zwar den bedeutendsten Persönlichkeiten der Residenzstadt als private Treffpunkte, aber in der Regel suchte man Zerstreuung bei Familiengesellschaften, die dem oft provinziellen, ländlichen Geschmack der Elite wie auch der Mittelschicht eher entsprachen. Die Rua do Ouvidor spielte indessen im Streben der Monarchie nach Zivilisation und einer Hautevolée eine entscheidende Rolle. Dort gab es Cafés, wo man plaudern und politisieren konnte. In den französischen Buchläden und den Geschäftsräumen verschiedener Zeitschriften trafen sich intellektuelle, literarische und politische Cliquen zu geistreicher Unterhaltung. Die Rua do Ouvidor mit ihren Kaufhäusern, Boutiquen, Buchläden und Restaurants – ganz *à la française* – war seit der Ersten Kaiserzeit eine Art Salon, eine Kulisse, die den Vorstellungen der Elite von Europa entsprach. Französische Theater, insbesondere das *Alcazar Lyrique Française,* ließen das etwas frivole Paris Napeleons III. erahnen und bildeten ein beschwingtes Gegengewicht zum benachbarten würdevollen und renommierten kaiserlichen *Teâtro Dom Pedro II,* in dem die Elite die jedes Jahr von europäischen Impresarios arrangierten Gastvorstellungen der Oper besuchte. Alles in allem war die während der parlamentarischen Sitzungen und der gesellschaftlichen „Saison" im milden Herbst und Winter äußerst belebte Rua do Ouvidor das kulturelle und politische Zentrum des Reiches, gleichsam ein Bindeglied zwischen dem Alltag auf den tropischen Plantagen und den Ferien in Paris, den Sorgen und den Freuden der Eliten des Landes.

D. Die Zweite Kaiserzeit: Niedergang und Ende (1878–1889)

Interpretiert man die Einsetzung der Regierung Rio Branco als den letzten und besten Versuch, das Gleichgewicht des Regimes ungeachtet der wirtschaftlichen und innenpolitischen Unausgewogenheiten aufrechtzuerhalten, so lassen sich die darauffolgenden Ereignisse als eine Reihe von Erschütterungen begreifen, die zum unvermeidlichen Zusammenbruch führten. So betrachtet entsprachen die abolitionistische und die republikanische Bewegung dem aufgrund dieser Unausgewogenheiten entstandenen Druck: Der Militärputsch von 1889 war lediglich ein zufälliges Mittel zur Beendigung der Monarchie. Aus der privaten Korrespondenz der 70er und vor allem der 80er Jahre des 19. Jh. ist ersichtlich, daß selbst die Elite des Reiches das Regime entweder für gefährdet oder für todgeweiht hielt.

a Der Abolitionismus (1879–1888)

Die politischen Ursachen für die Volksbewegung zugunsten der entschädigungslosen Abschaffung der Sklaverei lagen in der Rückkehr der Liberalen an die Macht (1878) begründet. Die Konservativen hatten die durch Rio Brancos Reformen erlittenen Einbußen zwar überstanden; sie sahen sich aber dennoch von der liberalen Minderheit in der Kammer unter Druck gesetzt, die nicht müde wurde, in Parlament und Presse mit einigem Erfolg für eine Wahlreform zu werben. Caxias' Krankheit und ein kurz zuvor aufgeflogener Skandal, der dem Ruf Baron de Cotegipes sehr geschadet hatte, setzten dem Kabinett von 1875 sowie jeder Hoffnung auf eine unmittelbare Nachfolge Cotegipes als Premierminister ein Ende. Paulino und andere reaktionäre Führer gaben ihrer Bereitwilligkeit Ausdruck, die von den Liberalen verfochtene Direktwahl zu akzeptieren; der Kaiser beschloß offenbar, diesem Meinungsumschwung stattzugeben und die der Liberalen Partei im Jahr 1868 zugefügte Kränkung wiedergutzumachen. Er ließ danach aber nicht den Führer der Liberalen, den Reformisten Nabuco de Araújo, dessen Unabhängigkeit er als unangenehm empfand, nach São Cristóvão kommen, sondern den weniger prominenten Liberalen João Lins Vieira Cansanção de Sinimbú, dessen gemäßigtere Einstellung und Ergebenheit dem Kaiser gegenüber ihn zu einem willigeren Werkzeug machten.

Die Aufsicht über die Wahlen, die nunmehr einem liberalen Ministerrat oblag, brachte im Jahr 1879 – zum erstenmal nach zehn Jahren – erwartungsgemäß eine liberale Mehrheit in die Kammer. Unter den neuen Deputierten befand sich als Abgeordneter Recifes Joaquim Aurelio Barreto Nabuco de Araújo (1848–1910), Sohn und politischer Erbe des kurz zuvor (1878) verstorbenen Nabuco de Araújo. Der jüngere Nabuco und ein oder zwei andere liberale Abgeordnete riefen als erste die Ideale aus dem Parteiprogramm von 1868 wieder wach, insbesondere dasjenige der Abschaffung der Sklaverei, ein Anliegen, das Nabuco seit seiner Studienzeit in den 60er Jahren verfochten hatte.

Seit der Verabschiedung des Gesetzes von 1871 unter Rio Branco war zunehmend deutlich geworden, daß die in diesem Gesetz vorgesehene Sklavenbefreiung nur ganz allmählich erfolgen und die Sklaverei daher bis weit ins 20. Jh. hinein fortbestehen würde. Hoffnungen auf eine raschere, freiwillige Entlassung der Sklaven gegen Zahlung einer gewissen Entschädigung hatten sich als hinfällig erwiesen. Auf den Plantagen wurde die Registrierung der – inzwischen freien – Neugeborenen umgangen, eine Umstellung auf die Beschäftigung von Immigranten als Lohnarbeiter hatte nicht in nennenswertem Umfang stattgefunden, und der Binnenhandel mit Sklaven aus den von der Exportrezession betroffenen Gebieten und den Städten auf die Kaffeeplantagen des Südostens hatte sich zu einem blühenden Geschäft entwickelt. Infolgedessen war das Reich nach wie vor von der Schande der Sklaverei gebrandmarkt, auch wenn diese aufgrund der sich zwangsläufig vermindernden Zahl der Sklaven und der bestehenden Gesetzgebung letztlich dem Untergang geweiht war.

Darüber hinaus wurde in Anbetracht der Tatsache, daß die Sklavenhaltung überwiegend von den vermögendsten Familien und in den wohlhabendsten Provinzen des Reiches betrieben wurde, Nabucos neuerliches Drängen auf eine raschere Sklavenbefreiung in den vorherrschenden politischen Diskussionen als abwegig erachtet. Kaiser, Plantagenbesitzer und Kaufleute, die Staat und Gesellschaft beherrschten, waren überzeugt, daß jedes weitere Gesetz zugunsten der Abschaffung der Sklaverei ihren Besitzrechten, dem Wohlergehen der Nation und der gesellschaftlichen und politischen Stabilität des Reiches abträglich sei. Nabuco galt daher für radikaler, als er es eigentlich war. Das Gesetz von 1871 wurde gewissermaßen als letztes Wort zu diesem leidigen Thema erachtet, und weder die gemäßigten Liberalen des neuen Kabinetts noch die reaktionären Führer der konservativen Opposition waren an der Meinung von – rhetorisch noch so begabten – Außenseitern interessiert. Es überrascht daher kaum, daß Nabuco seinen Sitz in der Kammer bei der nächsten Wahl verlor, ungeachtet der Wahlreform von 1881 – sie führte die Direktwahl ein – und ungeachtet seiner Hoffnungen auf ein relativ unabhängiges Wählerverhalten in seiner Geburtsstadt Recife, dem Amtsbezirk der aristokratischen Familie seiner Mutter und dem Ort, an dem sein Vater über einflußreiche Beziehungen verfügt hatte. Bis zum Jahr 1884 war die Kammer keine Umgebung, in der man derart gefährliche Meinungen äußern konnte, noch nicht einmal als Sproß einer illustren Familie.

Stießen diese aufwühlenden Herausforderungen auf wenig Beachtung seitens der Parteien und ihrer Politik, so zeigten sich die mittelständischen städtischen Schichten im Laufe des nächsten Jahrzehnts um so aufnahmebereiter. Das Potential dieser Schicht hinsichtlich unabhängiger Meinungsbildung und der Bereitschaft, europäisches Gedankengut aufzunehmen, wurde weiter oben bereits erwähnt; die Abolitionisten und die Republikaner begannen nun, diese brachliegenden Energien zu aktivieren. Die Republikaner hatten im Jahr 1870 als erste einen – allerdings schwachen – Versuch unternommen. Der Appell der Abolitionisten rief indessen erstmals eine politische Bewegung von Städtern ins Leben. Diese sollte die Abolitionisten in der

Kammer und in den neuen Zeitungen jener Zeit unterstützen und sich in offen organisierten Demonstrationen und Massenkundgebungen – damals völlig neue Phänomene – manifestieren; außerdem sollte sie in den mittelständischen Abolitionisten-Clubs und schließlich in den ländlichen Unruhen und Untergrundorganisationen der späten 1880er Jahre eine herausragende Rolle spielen.

Unter diesem Gesichtspunkt betrachtet war schon die Existenz einer solchen Bewegung allein von großer historischer Bedeutung. Politische Agitation von Stadtbewohnern hatte zwar schon früher ihre Wirkung nicht verfehlt, besonders nicht in Rio – etwa anläßlich der Konstituante von 1823, der Abdankung von 1831, der Mehrheitsbewegung von 1840 und der *vintém*-Krawalle von 1880, um nur die bekanntesten Beispiele anzuführen. Aber bislang hatte es sich noch bei keiner dieser Unmutsäußerungen um eine organisierte, konsequente und klassenübergreifende Bewegung gehandelt, die sich nahezu ein Jahrzehnt lang für strukturellen sozioökonomischen Wandel eingesetzt hätte. In der Tat sollte auch nichts dergleichen – zumindest nicht hinsichtlich der Langlebigkeit – in der Alten Republik (1889–1930) in Erscheinung treten. Lediglich der *jacobinismo* der 90er Jahre des 19. Jh., der in mancherlei Hinsicht das Erbe des Abolitionismus antrat, oder der *trabalhismo* der Epoche nach 1945 lassen sich hinsichtlich Breitenwirkung und Konsequenz mit jenem vergleichen.

Ausschlaggebend für den Anklang, den der Abolitionismus fand, war zweifellos seine Verknüpfung mit den vagen, gleichsam mystischen Begriffen Zivilisation und Fortschritt. Für die europäisierten Städter der Küste war Sklaverei mit dem Geruch rückständiger Barbarei und kolonialer Abhängigkeit behaftet. Die Bewegung warb gewissermaßen für eine romantische, nationalistische Regeneration, die den Verdacht nahelegte, daß Brasiliens Hoffnungen auf seine Teilnahme an einer europäischen Zukunft durch die schändliche Einrichtung zunichte gemacht würden, die – wie Nabuco es in seinem berühmten, im Jahr 1883 erschienenen Buch *O Abolicionismo* formulierte – das verwerflichste aller Hindernisse für Brasiliens gleichberechtigten Anschluß an den aufgeklärten Zeitgeist darstellte. Unter kulturellem Aspekt lassen die romantische Dichtkunst der Bewegung und ihre an der deutschen Philosophie orientierte materialistische Kritik an den gesellschaftlichen und politischen Einrichtungen Brasiliens die für die ikonoklastische Generation von 1870 so typischen ungleichartigen Einflüsse erkennen. Diese Mischung aus Moralismus und Pragmatismus tritt in der Propaganda Nabucos und André Rebouças' – des afro-brasilianischen Ingenieurs und Unternehmers, der einen Großteil der Arbeit der Bewegung finanzierte und organisierte – deutlich zutage.

Nabuco und Rebouças begannen in der Annahme für die Sklavenbefreiung zu werben, daß ihre Generation den Erfolg dieser Propaganda nicht mehr erleben werde; aber die Ereignisse und die bereits erwähnten umfassenderen Entwicklungen bescherten ihnen einen unerwartet frühen Sieg. Die regionalen Unausgewogenheiten und die durch die Unterbindung des Sklavenhandels bedingten wachsenden Kosten der Sklavenhaltung hatten zu einer Konzentration der Sklaven in der Kaffee-Region geführt – in dem von der Rezession bedrohten Paraíba-Tal und in den angrenzenden Gebieten im Süden von Minas Gerais und im Osten von São Paulo sowie an der expandierenden westlichen Grenze dieser Provinz. Obwohl auf den ertragreichsten Zuckerrohrfeldern des Nordostens nach wie vor Sklaven arbeiteten, war man dort und in den nördlichen Provinzen bereits in hohem Maße auf formal freie, faktisch indessen abhängige und dienstverpflichtete Arbeitskräfte angewiesen, vergleichbar etwa den *peones* und dem bäuerlichen Proletariat im Mexiko des Porfirio Díaz.

Als daher Nabuco und andere aus den städtischen Gemeinden die Wähler für ihre Ideen zu begeistern suchten, gelang ihnen dies mit dem faszinierenden Angebot von Zivilisation und Fortschritt nahezu mühelos. Die Abschaffung der Sklaverei erfreute sich bald einer großen Anhängerschaft in Provinzen wie Ceará und in den Hafenstädten, weil sie den nationalistischen „Modernisierungs"-Bestrebungen entsprach und keine wichtigen Lokalinteressen gefährdete. Mitte der 80er Jahre erklärten sich Ceará und Amazonas mit ihren *caboclos* und indianischen Tagelöhnern zu sklavenfreien Provinzen. Auch fanden gezielte Kampagnen statt, die eine Stadtgemeinde nach der anderen vom Makel der Sklaverei befreiten. Die Popularität der Bewegung war schließlich so groß, daß die Armeeoffiziere forderten, von ihrer herkömmlichen Aufgabe der Verfolgung entlaufener Sklaven entbunden zu werden, die sie in ihrer Ehre als Verteidiger der Nation verletzte. Jetzt machte sich somit ausgesprochener Ungehorsam gegenüber dem Staat breit; Agitatoren waren auf den Plantagen erfolgreich am Werk und bauten mit Hilfe der städtischen Mittelschicht und proletarischer Kader eine Untergrundorganisation auf, die die Sklaven von den Feldern in das freie Ceará brachte. Die Sklaven selbst blieben unter diesen veränderten Bedingungen ebenfalls nicht untätig: In den späten 80er Jahren sahen sich die Plantagenbesitzer in den Provinzen Rio de Janeiro und São Paulo mit Massenflucht, zeitweiligen Revolten und Gerüchten über Revolten konfrontiert, die manch einen der reicheren Pflanzer dazu bewogen, seine Sklaven gegen Arbeitsverträge – die allerdings auf eine Erntezeit befristet waren – freizulassen.

Die Ergebnisse der spezifisch auf die einzelnen Provinzen bezogenen Plantagengeschichtsforschung weisen auf die beträchtlichen regionalen Unterschiede hin. Während die *paulistas* es sich leisten konnten, eine Lohnzahlung zu erwägen, und Druck auf den Staat auszuüben begannen, damit er die Einwanderung süditalienischer Bauern subventioniere, waren die Pflanzer der älteren Kaffeeanbaugebiete zwangsläufig weniger flexibel. Die meisten von ihnen vermochten mit ihren alten Bäumen und erschöpften Böden nicht mehr die Kredite abzusichern, auf die eine exportorientierte Plantage in der Regel angewiesen ist. Infolgedessen waren ihre Familienvermögen in ein Schuldengefüge eingebunden, dessen Grundlage ihre Sklaven bildeten; diese waren, da sie jederzeit rasch verkauft werden konnten, ihre wertvollste Kapitalquelle. Sie verfügten auch nicht über die Barschaften und Dispositionskredite, die für die Beschäftigung von Lohnarbeitern erforderlich gewesen wären; somit kam eine entschädigungslose Abschaffung der Sklaverei für sie dem sofortigen finanziellen Ruin gleich.

Aus diesem Grund konnten sich die Fluminenser Plantagenbesitzer zur Sicherung ihrer Existenz nur an andere Sklavenhalter und Pflanzerkollegen sowie an den Staat beziehungsweise an die Monarchie halten, der sie sich seit Generationen verschrieben und deren Streben nach Machtvollkommenheit sie im Laufe der Geschichte nach Kräften unterstützt hatten. Anfänglich hatten sie mit dieser Strategie Erfolg. Da sie die Mehrheit in der Kammer innehatten, vermochten konservative und liberale Verfechter der Sklaverei während der ersten paar Jahre die Minderheit in Schach zu halten und sogar die schließlich von der liberalen Regierung Manuel Pinto de Sousa Dantas' 1884–1885 vorgeschlagenen abolitionistischen Reformen zu Fall zu bringen, indem sie Dantas' Rücktritt erzwangen. Der Druck der Bewegung war jedoch so stark, daß die „Sklavokraten“ sich im Jahr 1885 gezwungen sahen, Cotegipes abgemilderte Version von Sousa Dantas' Vorschlag zu akzeptieren, mit der Cotegipe die Bewegung geschickt zu beschwichtigen suchte. Aufgrund des von ihm eingebrachten Gesetzes erhielten alle über 60 Jahre alten Sklaven die Freiheit – wahrhaftig ein Tropfen auf einen heißen Stein. So verwundert es nicht, daß die Spannung auf den Straßen nicht nachließ. Noch schlimmer für die Sklavokraten aber war, daß die Dynastie in zunehmendem Maße als unsichere Garantin des Status quo empfunden wurde. Dom Pedro hatte, aus Furcht vor einem radikalen Umschwung, seine persönliche Abneigung gegen die Sklaverei anscheinend dem Entschluß geopfert, über die im Gesetz Rio Brancos vorgesehene schrittweise Abschaffung nicht hinauszugehen; aber er war alt und leidend, und seine Nachfolgerin war weniger zuverlässig.

Diese Nachfolgerin war die Infantin Dona Isabel, die bereits begonnen hatte, sich auf die Thronfolge vorzubereiten, indem sie während der Auslandsreise ihres Vaters in den 1870er Jahren als Regentin fungiert und sich auch sonst zunehmend an den Staatsgeschäften beteiligt hatte. Seit 1870 war sie Mitglied des Staatsrats, an dessen Sitzungen sie mit ihrem Gemahl Gaston Louis d'Orléans teilnahm; der Umstand, daß dieser dem französischen Herrscherhaus entstammte, und die Tatsache, daß er oft distanziert und arrogant wirkte, hatten der Dynastie bereits zahlreiche brasilianische Elite-Angehörige entfremdet. Anders als ihr Vater war Prinzessin Isabel empfänglicher für die gegen die Sklaverei vorgebrachten moralischen und religiösen Argumente; dies war den Sklavokraten durchaus bekannt und führte gegen Ende des Jahrzehnts zu außergewöhnlichen Spannungen. Als sich die bevorstehende Aufhebung der Sklaverei in zunehmender Deutlichkeit abzeichnete, wurde ebenso klar erkennbar, daß Dom Pedro – der die Sklavokraten gezwungen hatte, sich der Reform von 1871 zu fügen – möglicherweise nicht mehr lange genug leben würde, um seine Tochter daran zu hindern, noch weiter zu gehen. Letzlich kam der Verrat jedoch aus den eigenen Reihen: Die *paulistas* taten den entscheidenden Schritt.

Die Plantagenbesitzer von São Paulo unter der Führung von Antônio Prado, dem Inbegriff eines Paulistaner Pflanzer-Unternehmers, forderten im Jahr 1887 schließlich selbst die Abschaffung der Sklaverei. Es war ein strategischer und wohlüberlegter Entschluß, dazu angetan, sich dem Unvermeidlichen zu stellen und sich gleichzeitig die größtmöglichen eventuell daraus resultierenden Vorteile zunutze zu machen. Letzten Endes hatten sie alle in dieser Frage kaum eine Wahl, weil jede Verzögerung die umfassenderen sozioökonomischen und politischen Reformen, die Nabuco und andere Abolitionisten seit Mitte der 1880er Jahre forderten, immer bedrohlicher näherrücken ließ. Es war besser, dem Angriff die Spitze zu nehmen, als abzuwarten, bis er weitere Kräfte entwickeln und damit noch massiver würde.

Darüber hinaus konnten zwar die Fluminenser und andere Plantagenbesitzer eine Umstellung auf Lohnarbeit nicht wirklich in Betracht ziehen; die *paulistas* hingegen konnten dies sehr wohl. Obwohl behauptet worden ist, die *paulistas* hätten Sklavenplantagen ohne die herkömmlichen Vorurteile ihrer Kollegen in den traditionellen Plantagengebieten gegenübergestanden und seien aufgrund ihrer „moderneren“ Gesinnung zu dieser Umstellung bereit gewesen, wird dies von der neueren Forschung bestritten. Warren Dean [1976] hat nachgewiesen, daß die *paulistas* in Wirklichkeit so lange wie möglich an der alten Form der Arbeitsorganisation festhielten. Tatsächlich ist durch seine Arbeit belegt, daß die *paulistas* bis ganz zuletzt Sklaven kauften und sich, anläßlich der Durchführung eines vielbeachteten Experiments mit Lohnarbeit um die Jahrhundertmitte, außerstande gezeigt hatten, mit Arbeitskräften umzugehen, die sie nicht mit der für die brasilianischen Sklavenhalter charakteristischen Rücksichtslosigkeit ausbeuten konnten.

Im Jahr 1887 lagen die Dinge anders: Die *paulistas* mußten schwimmen oder untergehen. Widerstand und Flucht von Sklaven, Erfolge der staatlich subventionierten Einwanderung und unmißverständliche Anzeichen dafür, daß das weitreichende Reformprogramm der Abolitionisten in dieser Zeit des Umbruchs Eingang in die Gesetzgebung finden würde – dies alles zwang die *paulistas* geradezu, die politische Hürde zu nehmen. Im Einschwenken auf den Abolitionismus erblickten sie die beste Möglichkeit, die Bewegung zu zersplittern, den Reformismus aus der Bahn zu werfen und in dem sich anbahnenden Richtungswechsel die Position des Siegers zu beziehen.

In der Tat zog Prado eine große Anzahl Konservativer auf seine Seite – was zu einer neuerlichen Spaltung der Ordnungspartei führte – und bewog sie, sich den althergebrachten Interessen entgegenzustellen und den Zwecken der Dynastie zu dienen. Der Konservative João Alfredo Correia de Oliveira (1835–1918), der als junger Mann Minister in Rio Brancos Kabinett von 1871 gewesen war, wurde von Dona Isabel dazu ausersehen, als Premierminister den Vorsitz bei der Verabschiedung des entscheidenden Gesetzes zu führen, welche mit der einhelligen Unterstützung der abolitionistischen Abgeordneten beider Parteien erfolgte. Auf diese Weise sah sich Paulino wie im Jahr 1871 zum Statisten degradiert und als Führer einer reaktionären Minderheit im Parlament wiederum ausgeschaltet, als 1889 – während Dom Pedro sich in ärztlicher Behandlung in Italien befand und Isabel erneut als Regentin fungierte – durch die *Lei Aurea* vom 13. Mai die Sklaverei in Brasilien entschädigungslos abgeschafft wurde. Als eines der ersten Territorien auf dem amerikanischen Kontinent, das sich afrikanischer Sklaven bedient hatte, war Brasilien nun das letzte, das ihnen die Freiheit gab, nachdem das spanische Kuba dem Reich im Jahr 1886 zuvorgekommen war. Cotegipe und Paulino hatten sich nahezu als einzige des rechten Flügels der Konservativen im Senat gegen das Gesetz ausgesprochen. Am selben Ort, aber vier Jahrzehnte zuvor, hatten die *saquaremas,* Paraná und Vasconcelos, damals noch von den reichen Fluminenser Plantagenbesitzern voll und ganz unterstützt, den Triumph der Reaktion erlebt. Jetzt aber war die Interessengemeinschaft zwischen den alten Pflanzer-*parentelas*, der Konservativen Partei und dem kaiserlichen Staat endgültig auseinandergebrochen. Nabuco vermerkte dies entsprechend, als er schrieb, die Zeit der alten Parteien sei vorüber – um der Republik zu entgehen und zu überleben, bedürfe die Monarchie neuer Reformen, neuer Parteien und neuer Führer. Er mußte allerdings bald erkennen, daß es bereits zu spät war.

b Die republikanische Bewegung (1870–1889)

Die jungen Leute, die seit den späten 1860er Jahren die juristischen Fakultäten besuchten, begeisterten sich in der Regel nicht nur für den Abolitionismus, sondern auch für das Ideal der Republik. Viele setzten diese beiden Ideen, die die meist aus der Kolonialzeit überkommenen und daher als rückständig empfundenen gesellschaftlichen und politischen Institutionen Brasiliens grundlegend in Frage stellten, herausfordernd mit Fortschritt gleich. Zu jung, um sich an die durch die demokratischere und dezentralisierte

Regentschaft ausgelösten Gefahren erinnern zu können, und beeindruckt von den Erfolgen der Vereinigten Staaten und der Ausrufung der Dritten Republik in Frankreich, glaubten diese Studenten oft, eine republikanische Verfassung könne das Reich von Grund auf in einen vergleichsweise modernen Nationalstaat verwandeln.

Die *paulistas* waren von der Idee einer Republik besonders angetan; der Begriff allein war für sie mit verschiedenen erstrebenswerten Staatsmodellen verknüpft. Insbesondere fühlten sich die *paulistas*, die häufig Mitglieder traditionell liberaler *parentelas* waren, vom Gedanken einer Dezentralisation angezogen. Die Tatsache, daß sie keine Kontrolle über ihre eigenen Angelegenheiten und öffentlichen Einkünfte besaßen, die Ausbeutung ihrer Ressourcen durch einen Staat, der andere Provinzen bevorzugt behandelte, und ihr begrenzter Einfluß innerhalb der Regierung hinsichtlich Ämterpatronage und Gestaltung der staatlichen Politik ließen ihnen eine föderative Republik nach dem Vorbild der Vereinigten Staaten erstrebenswert erscheinen. Es erstaunt daher nicht, daß die *paulistas* anläßlich der liberalen Agitation nach 1868 sowohl für den Bruch mit der Liberalen Partei als auch für die Gründung der Republikanischen Partei – sie erfolgte durch das republikanische Manifest von 1870 und die Gründungsversammlung in Itú, einer Kleinstadt in der Provinz São Paulo – in hohem Maße verantwortlich waren.

Innerhalb der Bewegung gab es grundsätzlich drei verschiedene Strömungen bzw. Gruppierungen: Eine erste bestand vorwiegend aus *paulistas* und befürwortete eine Republik in der Tradition der Vereinigten Staaten; eine weitere, die in Charakter und Rhetorik demokratischer und jakobinisch war, setzte sich hauptsächlich aus *cariocas* zusammen und forderte eine Republik nach französischem Vorbild; ebenfalls mehrheitlich von *cariocas* unterstützt verlangte eine dritte die Einrichtung einer republikanischen Diktatur, wie sie in den positivistischen Schriften von Auguste Comte entworfen worden war. Alle drei Gruppierungen waren von großer Bedeutung. Die erste sorgte für die Verbindung der Bewegung zu einer vermögenden und angesehenen Fraktion der Elite. Die zweite stellte die städtischen Ideologen und Demagogen der Bewegung – die wahren Erben der *exaltados* der ersten Hälfte der Zweiten Kaiserzeit –, die als Verkünder der Demokratie in der städtischen Mittelschicht wirkten, aus der sie selbst oft stammten. Die dritte verfügte über Einfluß sowohl außerhalb der Partei, insbesondere in Rios positivistischer Gemeinde, als auch innerhalb der Partei bei einer zunehmend vom unorthodoxen Positivismus beeinflußten Generation. Diese dritte Strömung stellte außerdem die disziplinierten, moralisch und kulturell anspruchsvolleren Kader, die für die Kritik am alten Regime und – was noch wichtiger war – für die Verbindung zu den unorthodoxen Positivisten der Armee im Offiziers- und Kadettenkorps sehr wertvoll waren. Letztere Kontakte wurden dadurch erleichtert, daß der positivistische Bekehrungseifer unter den Professoren der Militärakademie sehr verbreitet war.

Die regionalen Schwerpunkte der Bewegung lagen in São Paulo, Rio de Janeiro und Rio Grande do Sul – hier aufgrund der liberalen Traditionen und der starken Konzentration von Offizieren. Die Krise von 1868 und, wie behauptet wird, der Angriff der Krone auf die Sklaverei im Jahr 1871 verschafften der Bewegung den ersten größeren Zulauf. Tatsächlich wurde der Krone zusätzlich vorgeworfen, ihr Verrat an den Plantagenbesitzern im Jahr 1888 habe der Bewegung, den sogenannten *históricos*, gewissermaßen in letzter Minute eine große Zahl von Anhängern beschert. Jedenfalls setzte sich die Bewegung aus einer Mehrheit von Angehörigen der Mittelschicht sowie einer politisch einflußreichen Gruppe Paulistaner Plantagenbesitzer zusammen (was angeblich erklärt, weshalb sich das republikanische Manifest über die Sklavenbefreiung ausschwieg, während die zeitgenössischen liberalen Reformisten diese Forderung in ihr Programm aufnahmen). Insgesamt war die Bewegung jedoch zahlenmäßig nie besonders stark, und ihre Vertreter in der Kammer bildeten eine kaum nennenswerte Minderheitsfraktion.

Diese relative Schwäche erschwerte den Kampf um die Macht. Während die orthodoxen Positivisten aufgrund ihrer Doktrin gezwungen waren, einen Wahlsieg nach einer langen Zeit des propagandistischen Kampfes abzuwarten, waren die positivistischen Offiziere zunehmend von der Durchführbarkeit eines Putschs überzeugt. Dieser Überlegung schlossen sich die *paulistas* schließlich an – vermutlich weil sie nach der Aufhebung der Sklaverei einen Putsch für ein wirksames Mittel zur Beendigung des monarchischen Reformismus hielten. Indessen widersetzte sich der demokratische Flügel der *cariocas* dieser Idee; seine Anhänger wollten die Demokratie durch eine Volksrevolution oder durch Abstimmung, in jedem Fall aber durch eine politische Mobilisierung der zivilen Wählerschaft erstreiten. Die divergierenden Meinungen über die Art und Weise, wie ein Regimewechsel zu erfolgen habe, sowie die unterschiedlichen gesellschaftlichen und politischen Positionen der Beteiligten erklären das völlige Fehlen einer unmittelbaren Verbindung zwischen der republikanischen Bewegung und dem Putsch, der die Republik ermöglichte. Der Putsch selbst läßt sich indes nur im politischen Kontext der durch die Skavenbefreiung ausgelösten parteipolitischen Desorientierung der zivilen Kräfte und der Politisierung der Armee im Laufe der späten 80er Jahre begreifen.

c Die militärische Frage und der Putsch von 1889

Im Gegensatz zur Mehrzahl seiner spanisch-amerikanischen Nachbarn war dem Reich die Einmischung des Militärs in die Politik erspart geblieben. Andernorts hatten die Streitkräfte und Generäle in langen – zumindest aber entscheidenden – Kämpfen gegen die spanische Kolonialmacht Berühmtheit erlangt; sie hatten ihre Nationen in die Unabhängigkeit geführt und nahmen infolgedessen auch später großen Einfluß auf die politischen Auseinandersetzungen in diesen jungen Nationen. Das brasilianische Militär hingegen war seit den Anfängen des Reiches das Werkzeug einer festgefügten zivilen Autorität gewesen. Selbst die notwendigen Interventionen der Armee während der Ersten Kaiserzeit und der Regentschaft waren stets auf zivilen Befehl hin erfolgt, ohne daß Präzendenzfälle geschaffen worden wären. Die Marine hatte bei den zivilen Eliten schon immer in höherem Ansehen gestanden als die anderen Waffengattungen; daher gehörten viele Söhne prominenter Familien dem Offizierskorps der Seestreitkräfte an. Die Landstreitkräfte hingegen hatten – von berühmten Ausnahmen wie Caxias abgesehen – kaum Verbindungen zur Aristokratie. Ihre Offiziere entstammten oft der Mittelschicht, dem Kleinbesitzertum oder Berufsoffiziersfamilien, in denen der Waffendienst für die Krone seit der Kolonialzeit oder der Ersten Kaiserzeit als stolze Tradition gepflegt wurde. Nur wenige Armeeangehörige hatten in den kleinen Kreis kaiserlicher Politiker aufzusteigen vermocht – Caxias, der Marquês de Herval und der Visconde de Pelotas waren Ausnahmen und spielten, abgesehen von Caxias, kaum eine entscheidende Rolle in den politischen Manövern der beiden traditionellen Parteien.

Der Krieg der Tripelallianz warf erstmals die Frage der politischen Rolle der Armee auf, weil der Konflikt das nationale Prestige der Streitkräfte stärkte und unter den Offizieren ein erhebliches Ressentiment gegen die politische Elite auslöste. Viele von ihnen hatten während der Feldzüge in Paraguay infolge mangelnder Infrastruktur, schlechter Organisation und unzulänglichen Materials Furchtbares durchgemacht und machten die politische Elite dafür verantwortlich, daß sie im verzweifelten Ringen mit Solano López' gutausgerüsteten Truppen so schlecht dagestanden hatten. Darüber hinaus waren die Offiziere der Ansicht, daß, während ihre Dienstauffassung von Patriotismus und Selbstlosigkeit bestimmt war, sich das gleiche von den *casacas* (den „Gehröcken", d.h. der zivilen Elite) nicht behaupten ließ; diesen warfen sie vor, den Staat zu ihrem eigenen Nutzen und zum Vorteil ihrer Lokalinteressen zu verwalten, und gerade in Hinblick auf die nationalen Ziele und das offenkundige Bedürfnis nach Fortschritt auch noch schlecht zu verwalten. Die Offiziere pflegten nämlich in der Hauptstadt ausgebildet zu werden, an den einzigen Akademien, die über das Wissen und die Technologie des nordatlantischen Raumes verfügten; und diese Akademien vermittelten ihren Studenten Kenntnisse und Fähigkeiten, die von den traditionellen Lerninhalten und dem provinziellen, agrarbezogenen geistigen Horizont der älteren wie der jüngeren Pflanzergeneration zunehmend abwichen. Der Positivismus mit seinem Schwerpunkt auf autoritären, technokratischen und wissenschaftlichen Lösungen für die Probleme von Staat und Gesellschaft übte somit auf die künftigen Führungskader eine ebenso verständliche wie verhängnisvolle Faszination aus.

Aus diesem Zusammenhang ergab sich die sogenannte militärische Frage. Die Regierung Cotegipe von 1885 bis 1888 und die beiden darauffolgenden Kabinette sahen sich mit jüngeren Offizieren konfrontiert, die die Vorschriften, sich politischer Äußerungen zu enthalten und die Entscheidungen des Kriegsministers nicht in Frage zu stellen, mißachteten. Der von Natur unnachsichtige Cotegipe beschloß, derartige Dreistigkeiten zu bestrafen, und bewirkte dadurch, daß sich die Offiziere verfolgt fühlten. Sie gründeten im Jahr 1887 den Militärclub mit dem ausdrücklichen Ziel, die politischen Rechte und körperschaftlichen Interessen ihres Standes zu verteidigen. Von diesem Zeitpunkt an und von der republikanischen Presse in zunehmendem Maße provoziert, folgte ein Disziplinarvergehen – mit anschließender Bestrafung – dem anderen. Der Widerstand und der Argwohn der Offiziere verschärfte sich schließlich derart, daß es zu einer Reihe von Konfrontationen mit dem liberalen Premierminister kam, der im Jahr 1889 João Alfredo Correira de Oliveira ablöste. Alfonso Celso de Assis Figueiredo (1837–1912), Visconde de Ouro Preto, war ebenso unflexibel wie Cotegipe und befand, daß das Problem nur durch einen Frontalangriff zu lösen sei.

Der prominenteste General nach Caxias' Tod war Manuel Deodoro da Fonseca (1827–1892), Oberhaupt einer Berufsoffiziersfamilie und inzwischen ein gealterter Held des Paraguay-Krieges, der dem Kaiser persönlich ergeben war und außer der Verteidigung des Prestiges und der Interessen der Armee keinerlei politische Ambitionen hegte. Als hochgeehrter Oberbefehlshaber in einer hierarchischen, autoritären Organisation war Deodoro jedoch der Führer sowohl der radikalen als auch der traditionalistischen Armeeangehörigen und als solcher Präsident des Militärclubs geworden. Im November 1889 war seine persönliche Ehre vom Widerstand des Clubs gegen den aufbrausenden Premierminister praktisch nicht mehr zu trennen. Die jüngeren positivistischen Offiziere – aufgrund gemeinsamer Putschabsichten (wenn auch aus unterschiedlichen Gründen) mit den Paulistaner Republikanern verbündet – brachten den prominenten positivistischen Offizier und Professor Benjamin Constant Botelho de Magalhaes (1837–1891) in Deodoros bescheidenes Heim, damit er den Oberkommandierenden der Armee für den Putsch gewinne. Zum Kreis der Verschwörer, der von den jungen positivistischen Offizieren beherrscht wurde, zählten zwar bekannte Republikaner aus Rio de Janeiro und São Paulo, nicht aber die eigentlich demokratische Faktion, die anläßlich einer parteiinternen Auseinandersetzung kurz zuvor eine entscheidende Niederlage erlitten hatte. Offenbar erklärte sich Deodoro mit dem geplanten Putsch einverstanden; den meisten Berichten zufolge mochte er sich jedoch nicht auf die Ausrufung einer Republik festlegen. Er scheint die Verschwörung als ein gegen den derzeitigen Ministerrat des Kaisers, nicht aber gegen Dom Pedro selbst gerichtetes Komplott aufgefaßt zu haben.

Jedenfalls wurde der Beschluß, die Schlagkraft der Armee in eine republikanische Verschwörung einzubringen, zu einem günstigen Zeitpunkt gefaßt. Die Zeit zwischen 1887 und 1889 war durch eine spürbare Nervosität und politische Verwirrung gekennzeichnet, insbesondere nach der Verabschiedung der *Lei Aurea.* Die Monarchisten waren sich der Gefahr, in der das Regime schwebte, durchaus bewußt. Im Bestreben, die Republikaner und andere Kritiker mit ihren eigenen Waffen zu schlagen, unternahm Ouro Preto einen – erfolglosen – Versuch, ein umfassendes konstitutionelles Reformprogramm durchzusetzen. Die unnachgiebige Kammer wurde aufgelöst, und Neuwahlen wurden ausgeschrieben. Damit war politisch ein toter Punkt erreicht, und die sich daraus ergebende Instabilität wurde als sehr beunruhigend empfunden; nach der Sklavenbefreiung, dem daraus resultierenden Mangel an Zusammenhalt innerhalb der staatstragenden Parteien und dem soeben erlebten Fiasko in der Kammer war einer kampfesmutigen, energischen Unterstützung der Monarchie die Grundlage entzogen.

Im Jahr 1889 verbrachte Dom Pedro den 14. November wie gewohnt im Colégio Dom Pedro II, wo er einem Schülerwettbewerb beiwohnte. Danach wollte er, wie so viele seiner Untertanen, der tropischen Hitze und Feuchtigkeit der sommerlichen Hauptstadt entfliehen. Er nahm die Fähre über die Guanabara-Bucht und bestieg den Zug in Richtung des im nahen Gebirge gelegenen Petrópolis, wo sich sein einladendes klassizistisches Palais befand, das seit Mitte des 19. Jh. als Sommerresidenz des Hofes diente. Am 15. November erreichte ihn ein Telegramm Ouro Pretos, das ihn veranlaßte, sich eilends zurück in die Hauptstadt zu begeben; sein Premierminister hatte ihn davon in Kenntnis gesetzt, daß er durch einen Militärputsch zur Abdankung gezwungen werde.

Nachdem Deodoro tags zuvor berichtet worden war, Ouro Preto habe aufgrund von Putschgerüchten und zur Schwächung der Armee seine Beurlaubung und die Verteilung der in der Hauptstadt stationierten Einheiten auf die Provinzen angeordnet, hatte der General noch in der gleichen Nacht seine Befehle erteilt. Bei Morgengrauen führten radikale junge Offiziere die lokalen Einheiten hinaus zum Campo de Aclamação (wo Dom Pedro I. zum Kaiser ausgerufen worden war), das direkt gegenüber dem Hauptquartier der Armee, dem Kriegsministerium, lag. Dort bestieg der leidende Deodoro mühsam sein Pferd und stellte die verblüfften Truppen in Schlachtordnung auf.

Im Hauptquartier hielt der Ministerrat in Erwartung einer Aktion gegen die Rebellen eine Dringlichkeitssitzung ab. Die Kabinettsmitglieder waren am frühen Morgen von Ouro Preto einberufen worden, der von dem bevorstehenden Putsch gehört hatte und ihn im Keime zu ersticken suchte. Er hatte mit Floriano Peixoto, dem Kommandanten im Kriegsministerium, Verbindung aufgenommen, ihn um die Zusicherung seiner Loyalität und seiner Unterstützung gegen Deodoros Streitkräfte ersucht und diese auch erhalten. Der Ministerrat wartete jedoch vergeblich auf eine Intervention durch Florianos Truppen. Dieser hatte statt dessen nicht nur auf den Schießbefehl verzichtet, sondern die Rebellen in das Armeehauptquartier eingelassen, wo sie von seinen Truppen begrüßt wurden. Floriano hatte zu den Verschwörern gehört. An diesem Tag wurde für die Verteidigung der Regierung das Blut nur eines einzigen Mannes vergossen, und zwar eines verspätet eingetroffenen Ministers, der die Truppen vor dem Ministerium mit der Pistole in der Hand herausforderte und dabei verwundet wurde. Deodoro betrat den Raum, in dem der Ministerrat wartete, und wandte sich an Ouro Preto; dabei kam es zu einer dramatischen Szene gegenseitiger Beschuldigungen. Sodann erzwang er den formellen Rücktritt der Minister und schickte sie nach Hause. Es war Ouro Pretos Telegramm über diesen Vorfall, das den Kaiser an jenem Nachmittag zur Rückkehr in die Stadt bewogen hatte.

Nach dem Staatsstreich vom Morgen führte Deodoro die Truppen in einer Parade durch Rios Altstadt, während eine kleine Gruppe republikanischer Zivilisten die Republik ausrief. Die meisten *cariocas* hatten keine Ahnung, was das bedeuten sollte und was überhaupt vor sich ging. Das war auch kein Wunder. Deodoro selbst erklärte sich erst am Abend mit einem neuen Regime einverstanden. Den Entschluß dazu scheint er gefaßt zu haben, als ihm das Ergebnis einer spontanen Unterredung zwischen Kaiser und Premierminister mitgeteilt wurde. In die Stadt zurückgekehrt, hatte sich Dom Pedro mit einem kleinen Gefolge persönlicher Begleiter in das alte Stadtpalais begeben und Ouro Preto zu sich kommen lassen. Er vermochte diesen zwar nicht von der Amtsniederlegung abzubringen, konnte ihn aber zu der traditionellen Unterredung bewegen, in der der scheidende Premier seinen Nachfolger vorzuschlagen pflegte. Dom Pedro nahm Ouro Pretos Rat an und designierte Silveira Martins. Dies war ein folgenschwerer Schritt. Weder der Monarch noch der Premierminister hatten gewußt, daß Silveira Martins ein persönlicher Feind Deodoros war. Als der General durch die Bevollmächtigten des Kaisers von diesem Stand der Dinge unterrichtet wurde, beschloß er, der Beendigung des Regimes zuzustimmen und den Vorsitz im Kabinett einer Übergangsregierung selbst zu übernehmen. Diesem sollten Benjamin Constant und einige ebenfalls an der Verschwörung beteiligte republikanische Zivilisten angehören. Bemühungen des kaiserlichen Staatsrats, mit Deodoro wegen eines anderen, ihm genehmeren Premierministers zu verhandeln, verliefen ergebnislos.

Am Nachmittag des 16. November wurde dem Kaiser im alten, hafennahen Stadtpalais die Anweisung überbracht, sich mit der Herrscherfamilie am nächsten Morgen ins Exil zu begeben. In Anbetracht der Solidarität der Armee und der Tatsache, daß sie die Stadt so rasch unter ihre Kontrolle gebracht hatte, mag dieser Beschluß heute übereilt erscheinen; aber die Verschwörer wollten kein Risiko eingehen und befürchteten einen Gegenschlag. In der Tat war man einem möglichen gegen die Armee gerichteten Angriff durch die Marine zuvorgekommen, indem die potentiellen Anführer eines solchen Gegenschlags festgenommen worden waren. Der Kaiser stimmte – offenbar um sinnlose Gewaltausbrüche zu vermeiden – fast ohne zu zögern seiner Ausweisung zu und unterzeichnete als Dom Pedro de Alcântara. Die von einer Handvoll

Getreuer begleitete kaiserliche Familie wurde gezwungen, noch vor dem Morgengrauen des 17. November 1889 das Land zu verlassen; sie schiffte sich nach Portugal ein und ging später nach Frankreich ins Exil.

Am 15. November hatte Manuel Ferraz de Campos Salles (1841–1931), ein Paulistaner Plantagenbesitzer und langjähriger Republikaner, die verschlüsselte Nachricht erhalten: „Die Bank akzeptiert die Transaktion" – was bedeutete, daß die Armee den Putsch durchgeführt hatte [SALLES 1908, 45]. Er und andere Paulistaner begaben sich nach Rio, um sich an der neuen Führung des Landes zu beteiligen. Es sollte jedoch fast ein Jahrzehnt vergehen, bis die ‚Transaktion' erfolgversprechend und Campos Salles Präsident wurde. Die ersten paar Jahre der Republik waren eine Zeit auswegloser Unsicherheit und ständiger Auseinandersetzungen zwischen der Armee und den republikanischen Faktionen, die in dem gleichsam alptraumartigen Sog der untergegangenen Monarchie ausgetragen wurden. Nachdem die Konservativen im Jahr 1898 ihre Vorherrschaft erneut behauptet hatten, regierte Salles eine Republik, die sich den Hoffnungen monarchistischer Sozialreformer wie Nabuco ebensosehr verschlossen hatte wie den Erwartungen der republikanischen Ideologen. Das alte Regime war tot, aber nur einige wenige Idealisten vermochten dem neuen mit Optimismus zu begegnen.

Walther L. Bernecker / Raymond Th. Buve

2. Mexiko 1821–1900

A. 1821–1867

a Einleitung

In der Geschichte Mexikos gibt es keine turbulentere Phase als die Jahre, die zwischen dem Ende des Unabhängigkeitskrieges und der Wiederherstellung der Republik 1867 liegen. Nimmt man die Rotationsgeschwindigkeit in der Besetzung hoher Staatsämter als Kriterium für politische Instabilität, dann sprechen die folgenden Zahlen für sich: Zwischen 1821 und 1872 bekleideten nicht weniger als 30 Personen das Präsidentenamt; allein zwischen 1837 und 1851 standen 16 Politiker 22 Regierungen vor. Die Minister der einzelnen Kabinette wechselten noch weit häufiger als die Präsidenten: Im besagten Zeitraum hatte Mexiko die Last von nicht weniger als 48 Außen-, 61 Innen-, 57 Finanz- sowie 41 Kriegs- und Marineministern zu ertragen. Nicht selten gab es Gegenregierungen, ganz zu schweigen von den zahllosen lokalen und regionalen Machthabern, deren Putsche nach wenigen Tagen zusammenbrachen [Stevens 1984].

Unter sozialgeschichtlicher Perspektive war die politische Instabilität Ausdruck des Fehlens einer „dominanten Schicht", die sich in der Machtausübung gegen soziale Konkurrenten hätte durchsetzen können. Weder der Klerus oder die Großgrundbesitzer noch die Bergwerksunternehmer, die Armee oder die Händler waren für längere Zeit allein in der Lage, die Macht im Interesse einer einzigen gesellschaftlichen Schicht oder Gruppe auszuüben. Allianzen und Kompromisse, Diskontinuitäten und Widersprüche in der Politik reflektierten die instabilen Verhältnisse. Für eine kontinuierliche, klar definierte und konsequent verfolgte Politik war in diesem von prekärer innerer Instabilität und extremer Fragilität der äußeren Sicherheit bestimmten System kein Platz. Es kommt nicht von ungefähr, daß die positivistischen Politiker des späteren Porfiriats in ihrem verachtungsvollen Rückblick auf die ersten Jahrzehnte der Unabhängigkeit diese Periode als eine „Ära der Anarchie" bezeichneten. Putsche, Rebellionen, Staatsstreiche, Aufstände, Bürger- und Interventionskriege ließen das Land politisch-militärisch über 50 Jahre lang nicht zur Ruhe kommen. In diesem halben Jahrhundert wurden alle denkbaren Regierungs- und Herrschaftssysteme (Monarchie, Bundesrepublik, zentralistische Republik, Militärdiktatur) durchexerziert. Spanier drohten über zehn Jahre lang mit der Rückeroberung des Landes, Franzosen blockierten zweimal mexikanische Häfen und besetzten Teile des Territoriums, US-Amerikaner führten einen Eroberungskrieg und annektierten über die Hälfte des Staatsgebiets, eine gemeinsame spanisch-britisch-französische Expedition wollte das Land finanziell in die Knie zwingen und hinterließ schließlich einen unerwünschten Kaiser, dessen Absetzung abermals einen nahezu dreijährigen Krieg kostete.

In den Jahrzehnten nach 1821 verfügte das Land über keine starke Zentralgewalt und keine Führung, die imstande gewesen wäre, die wirtschaftlichen Folgen des Unabhängigkeitskrieges zu überwinden, die Verschuldung bei in- und ausländischen

Mexiko im 19. Jahrhundert

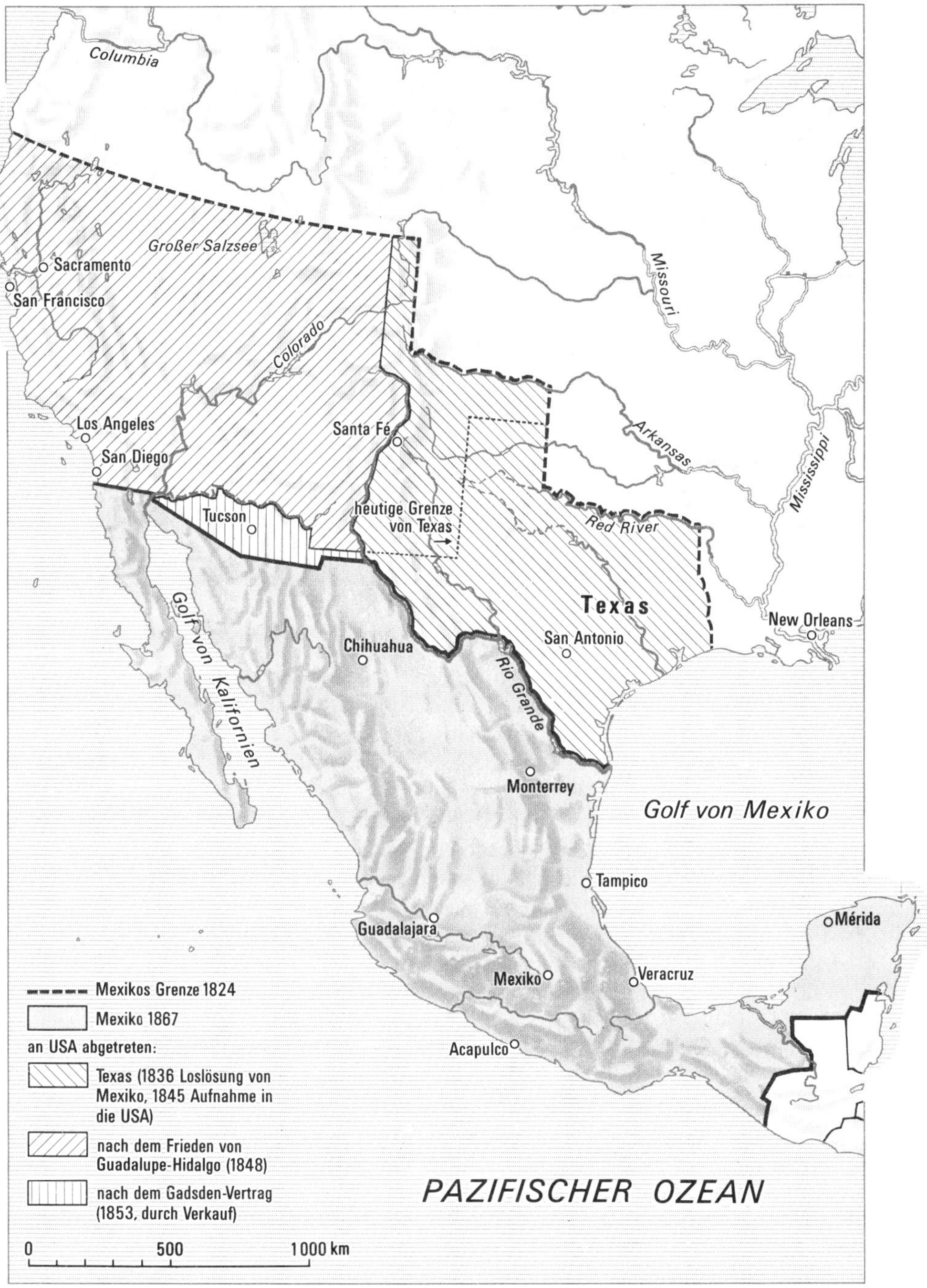

Bankiers zu beenden, einen ausgeglichenen Staatshaushalt durch Einführung eines praktikablen Steuersystems zu erstellen, die regional isolierten Ökonomien durch Verbesserung der Verbindungswege und Kommunikationsmittel zu einem national integrierten Wirtschaftsraum zu verbinden. Ein System „institutionalisierter Unordnung" [BRADING 1973, 154] verhinderte, daß eine einzige „Partei" oder ein Diktator die Macht auf Dauer übernahm. Die Auseinandersetzungen zwischen (nationalen) *caudillos* und (regionalen) *caciques* blieben bis hin zum Porfiriat ein Charakteristikum der politischen Kultur Mexikos. Auf horizontaler Ebene blieb das Land ein wenig integriertes System politischer „Untereinheiten".

Der neue Staat beruhte zwar (programmatisch und formal) auf den Prinzipien republikanischer Regierung mit repräsentativer Verfassung – das Kaiserreich Iturbides (1822/23) blieb ein kurzlebiges Zwischenspiel –, Rechtsgleichheit und Meinungsfreiheit; allerdings standen – angesichts des sozial konservativen, gegenrevolutionären Charakters der Unabhängigkeitsbewegung, des Fortwirkens wichtiger Strukturmerkmale der Kolonialgesellschaft, des weitergehenden Fehlens einer unternehmerischen Bourgeoisie von Industriellen oder Exportproduzenten, der ungebrochenen Macht der katholischen Kirche und des eher zunehmenden Einflusses der Agraroligarchie – die Chancen für die Etablierung einer stabilen Staatsgewalt von Anfang an schlecht. Dem jungen Staat fehlte nicht nur eine Tradition politischer Selbstverwaltung und breiter politischer Partizipation; es fehlte ihm auch an Autonomie gegenüber lokalen Sonderinteressen.

b Zur Historiographie: Schwerpunkte und Kontroversen

Die Historiographie zum unabhängigen Mexiko reflektiert gewissermaßen die Instabilität und Unordnung jener Jahrzehnte: Historiker haben mit Vorliebe einen Bogen um die Jahrzehnte zwischen der Unabhängigkeit des Landes (1821) und dem Reformkrieg (1858–1860) gemacht. Zeitlich sind die erste Hälfte des 19. Jh. und für diesen Zeitraum insbesondere die Wirtschaftsgeschichte die großen Stiefkinder der Historiographie über Mexiko. Bis weit in das 20. Jh. hinein konzentrierte sich die Historiographie auf politische Aspekte. Trotz des monumentalen Werks von Alexander von Humboldt und der Darstellungen einiger mexikanischer Autoren wie Tadeo Ortiz de Ayala, José María Luis Mora, Mariano Otero oder Miguel Lerdo de Tejada blieb der größte Teil der historischen Literatur Politikgeschichte. Die innenpolitischen Auseinandersetzungen zwischen Liberalen und Konservativen orientierten die Betrachtung immer wieder auf die vielfältigen Fragen des Staates und der entstehenden Nationen und ließen ökonomische Aspekte in den Hintergrund treten. Die zahlreichen Aufstände, die militärischen Unruhen und der Krieg mit den USA verstärkten unter den mexikanischen Intellektuellen die Vorstellung, daß sie primär eine institutionelle und politische Lösung ihrer Probleme anstreben müßten. Erst in der zweiten Hälfte des 19. Jh., insbesondere während des Porfiriats, orientierten sich die wissenschaftlichen Fragen mehr an wirtschaftlichen Aspekten. Fortan wurden amtliche Wirtschaftsstatistiken systematisch publiziert, 1883 wurde ein zentrales Amt für Statistik eingerichtet. Ergebnis all dieser Bemühungen war gegen Ende des 19. Jh. eine Fülle lexikalisch-statistischer Werke [vgl. u. a. BUSTO 1880; GARCIA CUBAS 1888].

Im Grunde genommen setzte jedoch eine an sozialen und wirtschaftlichen Fragen orientierte wissenschaftliche Geschichtsschreibung Mexikos erst in den 1930er Jahren ein. Am Beginn dieser neuen historiographischen Tendenz stand die Publikation wichtiger Dokumente zur Wirtschaftsgeschichte des Landes (*Secretaría de la Economía Nacional,* 1933–1939). Fortan nahm die Wirtschaftsgeschichte einen stets wichtigeren Rang unter den historischen Teildisziplinen ein; zu ihren Pionieren gehören Luis Chávez Orozco, Miguel Othon de Mendizábal, Agustín Cue Canovas, Diego Lopez Rosado und Alfonso Teja Zabre.

Unabhängig von den verschiedenen Schwerpunkten der mexikanistischen Historiographie war und ist eine der zentralen Fragen die nach den Ursachen der Rückständigkeit des Landes im 19. Jh. Alle Interpreten heben übereinstimmend die Problemlage der mexikanischen Wirtschaft nach 1821 und den deutlichen Kontrast zum wirtschaftlichen Blühen Neu-Spaniens zur Zeit der bourbonischen Reformen hervor. Auf diesen Unterschieden aufbauend, hat Jaime E. RODRIGUEZ O. [1980] – wie viele andere vor und neben ihm – eine Art dichotomisches Strukturmodell entworfen [s. a. MACLACHLAN/RODRIGUEZ O. 1980]. Auf der einen Seite skizzierte er Neu-Spanien als ein polit-ökonomisches System, das sich durch eine stabile und verantwortliche Regierung, eine reiche und ausbalancierte Wirtschaft, eine ethnisch vielfältige Gesellschaft mit beachtlicher sozialer Mobilität auzeichnete; auf der anderen Seite stand das unabhängige Mexiko, das Mitte des 19. Jh. nicht nur die Hälfte des Territoriums verloren hatte, sondern außerdem unter extremer politischer Instabilität und wirtschaftlicher Depression litt sowie Rassen- und Klassenkonflikten ausgesetzt war. Die Entwicklung des Landes stellte sich als ein „Niedergang von kolonialem Wohlergehen zu republikanischem Desaster“ dar. Die Regierungseinnahmen, die in den letzten beiden Jahrzehnten kolonialer Herrschaft im Jahresdurchschnitt 24 Mio. Pesos betragen hatten, sanken im ersten Jahrzehnt der Republik auf ungefähr die Hälfte – ein deutliches Zeichen für die auf die Unabhängigkeit folgende wirtschaftliche Depression. Hatte die Silberproduktion vor den Befreiungskriegen im Jahresdurchschnitt knapp 22 Mio. Pesos betragen, so sank sie in den 1820er Jahren drastisch auf rund 9,3 Mio. (1830er Jahre: 11,6 Mio.; 1840er Jahre: 14,7 Mio.). Erst gegen Ende des 19. Jh. erreichte die Silberproduktion wieder den Stand der späten Kolonialära.

Die frappierenden Unterschiede zwischen 1800 und 1850 erklärt Rodriguez mit dem Hinweis einerseits auf „natürliche“ Hindernisse (Klimazonen, Topographie), andererseits auf die zerstörerischen Konsequenzen der Unabhängigkeitskriege, die das Land in Chaos und die Wirtschaft in Ruinen hinterließen, und vor allem auf das „Nach-Unabhängigkeitschaos“. Die Mexikaner verloren das Vertrauen in die Institutionen ihres Landes, sie exportierten ihr Kapital oder entzogen es der Wirtschaft, was zum Zusammenbruch des Kreditsystems und einer massiven Investitionsbaisse führte. Der wohl wichtigste Einzelfaktor zur Erklärung von Mexikos Wirtschaftsdepression war die Zerstörung der Silberbergwerke in den Kriegen und dem darauffolgenden Chaos. Auch Gewerbe (wegen Zerstörung und Kapitalmangels) und Landwirtschaft (wegen Nachfragerückgangs) litten unter Krieg und Unordnung.

Im Gegensatz zur Sicht einer nahezu perfekt funktionierenden Kolonialadministration und -wirtschaft hat John H. COATSWORTH [1990] die „Grenzen des kolonialen Absolutismus“ aufgezeigt. Ihmzufolge befand sich – im Gegensatz zur immer wieder vertretenen Behauptung eines „Minenbooms“ gegen Ende des 18. Jh. – der Bergbau zu diesem Zeitpunkt bereits in erheblichen Schwierigkeiten und konnte nur dadurch überleben, daß er aus der Staatskasse subventioniert wurde und Ressourcen aus anderen Sektoren abzweigte. Es waren nicht die Aufständischen nach 1810, die durch Zerstörung der Bergwerke den Niedergang der Edelmetallproduktion herbeiführten; diese steckte vielmehr bereits vor Beginn der Unabhängigkeitsbewegung in einer tiefen Krise. Die Kriegsereignisse akzelerierten lediglich die Krise des Steuersystems, die die öffentlichen Subsidien in jedem Fall beendet und damit den Kollaps der Bergwerksindustrie herbeigeführt hätte. Zwar betont auch Coatsworth die Bedeutung topographischer Verhältnisse als natürliche Hindernisse für wirtschaftliches Wachstum; sein Hauptaugenmerk aber liegt auf jenen (von Rodriguez geleugneten) „vorkapitalistischen“ Verhältnissen in der Kolonialzeit, welche die wirtschaftlichen und politischen Übel der Unabhängigkeitsära – als „koloniales Erbe“ – wesentlich mitbedingten.

Zu Beginn des 18 Jh. dürfte die Produktivität Neu-Spaniens in etwa der Nordwest-Europas und der britischen Kolonien Nordamerikas vergleichbar gewesen sein. In den 1860er Jahren betrug demgegenüber das Pro-Kopf-Einkommen in Mexiko nurmehr ein Achtel dessen in den USA und Großbritannien. Seit damals ist die Distanz zwischen Mexiko und den nordatlantischen Wirtschaften im wesentlichen gleich geblieben. Die wirtschaftliche Rückständigkeit Mexikos ist somit auf die Zeit zwischen den bourbonischen Reformen (ca. 1780) und dem Ende der liberalen Reform (ca. 1870) zurückzuführen; während die Wirtschaften der entwickelten Länder eine industrielle Revolution erlebten, durchlief die mexikanische eine Phase tiefer Depression.

Für den Rückfall der mexikanischen Wirtschaft sind in der Literatur im wesentlichen drei Erklärungsfaktoren angegeben worden: a) die politische Instabilität; b) die archaische Agrarstruktur; c) die negative Rolle der Kirche als Wirtschaftsinstitution. Coatsworth relativiert alle drei Ansätze: Die politische Instabilität hatte zwar verheerende Auswirkungen; wichtiger aber waren die direkten ökonomischen Folgen des Unabhängigkeitskrieges, vor allem die anhaltende Depression im Bergbausektor, die auf die Zerstörung der Minen zurückzuführen war. – Neuere Studien über die *hacienda* haben deutlich gemacht, daß es sich bei dieser Form des Großgrundbesitzes nicht generell um schlecht organisierte und ineffiziente Unternehmen handelte [Nickel 1987]; die Konzentration des Landeigentums führte nicht stets, wie lange angenommen, zu Verschwendung und schlechter Ressourcenverteilung, wie die Geschwindigkeit und Flexibilität deutlich machen, mit der sie sich der Wirtschaftsexpansion im letzten Drittel des 19. Jh. – nach der Einführung der Eisenbahn – anpaßte [Meyer 1973]. – Die Kirche war als ökonomische Institution kein ernsthaftes Wachstumshindernis. Weder der Zehnte noch das System der Hypothekardarlehen oder der korporative Besitz wirkten sich besonders belastend oder ineffizient aus. Im Kreditbereich agierte die Kirche vielmehr wie eine moderne Entwicklungsbank [Coatsworth 1990].

Die eigentlichen Entwicklungshindernisse lagen in der Wirtschaftsorganisation und den Transportschwierigkeiten. Die Politik der Kolonialregierung behinderte die Entwicklung des Handelsbereichs; zu Beginn des 19. Jh. erschwerten zahlreiche Strukturen und Institutionen die wirtschaftliche Modernisierung. Die Unabhängigkeit erfolgte quasi als konservativer „Staatsstreich“, hinter dem die kreolische Elite und die Kirche standen; beide widersetzten sich hartnäckig den erforderlichen institutionellen Veränderungen. Die wirtschaftlichen Kosten der Unabhängigkeitskriege, der Widerstand der Oligarchie und ausländische Investitionen verzögerten in ihrem Zusammenwirken den erforderlichen Wandel während der ersten zwei Drittel des 19. Jh. Die naturräumlichen Hindernisse (Transportprobleme wegen ungünstiger Topographie,

Fehlen großer schiffbarer Flüsse) verhinderten außerdem die Errichtung eines einheitlichen Binnenmarktes. Der wichtigste Beitrag der „Unabhängigkeitsrevolution" zur Entwicklung des Landes bestand darin, mit dem Abbau hinderlicher Staatsstrukturen begonnen zu haben; dieser Prozeß sollte allerdings über ein halbes Jahrhundert andauern. Die Kontinuität der politischen Geschichte jener Ära besteht gerade im andauernden Abbau kolonialzeitlicher Institutionen.

c Die politische Entwicklung

Sicher läßt sich sagen, daß infolge des Unabhängigkeitskrieges, der Expatriierung des spanischen und eines Teils des mexikanischen Kapitals ins Ausland, der Unterbrechung in der Versorgung mit Rohstoffen und Arbeitskräften und des mangelhaften Kommunikations- und Transportsystems der Bergbau, das Gewerbe und der Handel Mexikos 1821 in einer schweren Krise steckten. Dabei umfaßte das Land vorerst ein riesiges Territorium: Zu ihm zählte – berücksichtigt man nur den Kontinent – das heutige Mexiko, die Küstenregionen von Alabama und Mississippi, die ganze Region westlich des Mississippi-Flusses. Im Süden gehörte ganz Zentralamerika (mit Ausnahme des heutigen Panamá) dazu. Nach dem Sturz Iturbides (1823) lösten sich allerdings die zentralamerikanischen Provinzen des früheren Generalkapitanats Guatemala aus dem mexikanischen Staat und gründeten die „Vereinigten Provinzen Zentralamerikas". Das Herzland des Vizekönigreichs, das – mit Ausnahme des äußersten Nordens und Südens – gemeinhin als „Königreich Neu-Spanien" bezeichnet wurde, entsprach in etwa dem heutigen Mexiko; es war der bei weitem reichste und am dichtesten bevölkerte Teil des Vizekönigreichs. Mit einer Einwohnerzahl von rund 6 Mio. stellte Neu-Spanien ungefähr ein Drittel der Gesamtbevölkerung des spanischen Kolonialimperiums; Mexiko-Stadt war mit 170 000 Einwohnern die größte Stadt auf dem amerikanischen Kontinent.

Die Sozialstruktur Mexikos zu Beginn der Unabhängigkeit tritt in ihren Grundzügen relativ klar zutage: An der Spitze der gesellschaftlichen Pyramide befanden sich die wenigen Spanier, die alle Vorteile von Reichtum und Prestige genossen, die ihnen das Kolonialregime verschaffte. Obwohl sie eine verschwindende Minderheit bildeten, nahmen sie die politischen, administrativen, militärischen und religiösen Spitzenpositionen ein. An zweiter Stelle der gesellschaftlichen (und zumeist auch der wirtschaftlichen) Skala folgten die Kreolen, deren gesellschaftliche Zwischenstellung sie zu entscheidenden Faktoren in der Emanzipationsbewegung hatte werden lassen. Die Kreolen waren allerdings keine ideologisch einheitliche und sozial homogene Schicht. Eine kleine Gruppe von ihnen stellte (als *hacendados,* Bergwerksbesitzer, Beamte) eine Art kreolischer Aristokratie dar; die meisten jedoch bekleideten die mittleren Ränge der kirchlichen, militärischen, juristischen Berufe oder waren Handwerker, kleine Ladeninhaber oder Kleinbesitzer [Brachet 1975].

Von der Gruppe der einfacheren Kreolen war der Übergang zu den Mestizen, die rund 40 Prozent der Bevölkerung stellten, fließend. Das für Neu-Spanien lange Zeit charakteristische negative soziale Stratifikationsprinzip rassischer Diskriminierung bekamen vor allem die an der Basis der gesellschaftlichen Pyramide angesiedelten Indios, die große Masse der Bevölkerung, zu spüren; sie konnten keinerlei Einfluß auf das politische, wirtschaftliche oder kulturelle Geschehen des Landes ausüben.

Insgesamt ergibt sich für die Epoche der Unabhängigkeitsbewegungen eine stark dichotomisierte gesellschaftliche Stratifikation; zwar befand sich zwischen der weißen Elite und der indianischen Masse eine sehr ansehnliche Anzahl an *castas* (Mischbevölkerung), in die Spitzenpositionen der Gesellschaft konnten diese aber nicht aufsteigen, änderten somit nicht grundsätzlich das Schema einer zweigeteilten Gesellschaft. Diese spätkolonialzeitliche Sozialstruktur erfuhr durch die Unabhängigkeit des Landes keine wesentlichen Änderungen. Die bedeutendste Änderung bestand darin, daß die Spanier ihr Machtmonopol gegenüber den Kreolen verloren und diese erstere als herrschende Schicht ablösten. Außerdem wurden Diskriminierungen der *castas* und Indios (zumindest legal) aufgehoben, die Gleichheit vor dem Gesetz hergestellt. Die große Masse der Indios und der Mestizen erfuhr dadurch aber keine Verbesserung ihrer Situation. Im Gegenteil: Nach der Eliminierung der fürsorglichen Indianergesetzgebung sahen sie sich häufig in einer ungünstigeren Lage und weniger geschützt als während der Herrschaft der paternalistischen spanischen Krone.

Die Staatswerdung Mexikos stand im Zeichen eines konservativen Kompromisses. Der liberale Umsturz von Oberst Rafael del Riego im spanischen Mutterland und die Gefahr eines verstärkten Übergreifens liberaler Tendenzen auf Neu-Spanien hatten die kreolische Elite an die Seite der Europaspanier getrieben, die schnell ihr Interesse an einem weiteren Verbleib im Reichsverband verloren. Der im Plan von Iguala (Februar 1821) zwischen den Aufständischen (Vicente Guerrero) und den früheren Royalisten (Augustín de Iturbide) ausgehandelte und im Vertrag von Córdoba (August 1821) vom spanischen Vertreter mitunterzeichnete Kompromiß sah die Unabhängigkeit des Landes, die „Einheit“ aller Mexikaner (auch der in Mexiko lebenden Spanier!) und den Katholizismus als Staatsreligion vor; die Armee sollte die Einhaltung dieser drei Prinzipien garantieren.

Der Prozeß der mexikanischen Staatsbildung wurde somit in erster Linie durch die politischen und wirtschaftlichen Interessen der kreolischen Oberschicht bedingt; deren innere Differenzierung führte zu unterschiedlichen politischen Programmen, deren Dreh- und Angelpunkt während eines Großteils des 19. Jh. der Konflikt über die Organisationsform des politischen Systems, das heißt die Auseinandersetzung zwischen partikularistischem Förderalismus und zentralistischem Unitarismus war. Die politische Struktur wies von Anfang an eine fundamentale Labilität auf: Staatsbildung und Nationwerdung vollzogen sich nicht in einem simultanen Prozeß, sondern ungleichzeitig. Das hohe Maß an Regionalismus führte bestenfalls zur Herausbildung einer „Protonation“; die horizontalen Divergenzen blieben während eines Großteils des 19. Jh. ein politisches Strukturmerkmal des neuen Staates [Voss 1982].

Entsprechend dem Plan von Iguala ernannte Iturbide sofort nach der Ausrufung der Unabhängigkeit eine provisorische Regierungsjunta, die – ebenso wie der neugewählte Kongreß – von konservativen Kreolen beherrscht wurde. Im Mai 1822 ließ Iturbide sich von der Bevölkerung und der Garnison der Hauptstadt als Agustín I. zum Kaiser von Mexiko ausrufen; der eingeschüchterte Kongreß bestätigte die Monarchie, die konstitutionell und erblich sein sollte [Anna 1990].

Die Begeisterung über die eben errungene Unabhängigkeit und die Monarchie wich bald enttäuschter Ernüchterung, als die wirtschaftlichen Probleme überhandnahmen und die Arbeitslosigkeit stieg. Die Kritik am Kaiser hatte Einschränkungen der Pressefreiheit, Festnahmen, schließlich die Auflösung des Kongresses zur Folge. Im Winter

1822/23 führte ein Aufstand *(Plan de Casa Mata)* unter der Führung von Antonio López de Santa Anna, dem sich so bekannte Unabhängigkeitskämpfer wie Vicente Guerrero, Nicolás Bravo und Guadalupe Victoria anschlossen, zum Sturz Iturbides. Der Plan von Iguala und der Vertrag von Córdoba wurden annulliert; der wiedereingesetzte Kongreß rief die Republik aus [Costeloe 1975].

In jenen Jahren ging die für die Unabhängigkeitsphase charakteristische Einheit der Kreolen verloren, und die Spaltung nach eher weltanschaulichen oder politischen Kriterien wurde zum charakteristischen Grundzug kreolischer Politik. Aus der Vielzahl politischer Richtungen, die sich nach Iturbides Sturz bildeten, entstanden zwei Hauptströmungen, die zumeist als Konservative oder Zentralisten bzw. als Liberale oder Föderalisten bezeichnet werden [Costeloe 1975]. Die Konservativen (diese Bezeichnung setzte sich allerdings erst Mitte des Jahrhunderts durch) hielten, wo immer möglich, die spanische Tradition aufrecht und versuchten, die „Einheit und Ordnung", die die spanische Krone angeblich Mexiko gegeben hatte, zu bewahren. Zu ihren Prinzipien zählten die Verteidigung der kirchlichen und militärischen Sonderrechte *(fueros)*, die Beibehaltung der Einflußposition der großen Grundbesitzer und der Glaube an die Wirksamkeit des Zentralismus. *Hacendados* (vor allem im Zentrum des Landes) und die Kirchenhierarchie waren die politisch treuesten Anhänger der Konservativen, von denen sie Schutz vor der Herausforderung der Liberalen erhofften. Die Liberalen wiesen den Gedanken von Sonderrechten und Privilegien – besonders der Kirche – zurück; sie vertraten vielmehr die Meinung, der Reichtum der Kirche, der nicht zum Nutzen des Landes eingesetzt werden könne, sei eines der wichtigsten Hindernisse auf dem Weg zu einer ansonsten glänzenden Entwicklung Mexikos und müsse daher abgeschafft werden. Das politische Credo der Liberalen stammte größtenteils aus der angelsächsischen Welt Europas und Nordamerikas; sie waren strikte Republikaner, Konstitutionalisten und (dem Buchstaben nach) Egalitaristen. Da ein Großteil ihrer Unterstützung aus der Peripherie des Landes kam, waren sie zumeist auch überzeugte Föderalisten. Sie erstrebten die Freiheit der Presse, die Gleichheit vor dem Gesetz, eine repräsentative Regierung und die klassische Form der Gewaltenteilung [Reyes Heroles 1957–1961]. Führende Mitglieder dieser politischen Richtung (etwa Lorenzo de Zavala oder Miguel Ramos Arizpe) waren 1812 mexikanische Delegierte bei den liberalen *Cortes de Cádiz* gewesen und hatten von dort ihren Glauben an den politischen Liberalismus mitgebracht [Benson 1966].

Die Grundstruktur der späteren politischen Parteien lieferte die Freimaurerbewegung. Bis 1825 dominierte der Schottische Ritus, dem sich vor allem die „Europaspanier" anschlossen [Sims 1974, 57–61]; nach Verkündung der Unabhängigkeit wurden (unter Leitung des Insurgentengenerals Nicolás Bravo) weitere Logen gegründet. Bald galten die Schotten, die ihre Mitglieder vornehmlich aus den höheren Schichten der Gesellschaft rekrutierten, als „Partei der Aristokratie". 1823 war die gesamte politische (republikanische) Opposition gegen Iturbide in dieser Loge, die inzwischen eindeutig politischen Charakter angenommen hatte, organisiert. Nach Iturbides Sturz zerfiel die Organisation sodann in die Richtungen der Föderalisten und der Zentralisten. Die Debatte des im Herbst 1823 zusammengetretenen Kongresses ließen eine deutliche Neigung zur föderalistischen Lösung des Verfassungsproblems erkennen, und die schließliche Ausrufung, im Herbst 1824, einer Bundesrepublik als politische Organisation des Staates stellte einen Sieg der regionalen Kräfte des Landes dar.

Die Arbeit des ersten Bundeskongresses wurde anfangs allerdings nicht durch Fraktionierungen erschwert. Die allenthalben verkündete Devise lautete Einheit, und die Aufbruchstimmung des gelungenen konstitutionellen Auftaktes sah sich durch außen- und finanzpolitische Erfolge (Anerkennung durch Großbritannien, Auslandsdarlehen und -investitionen, Vertreibung der Spanier aus der Seefestung San Juan de Ulúa 1825) noch weiter verstärkt. Die meisten Mitglieder der Regierung Guadalupe Victoria (1824–1828) entstammten der sozialen Oberschicht des Landes und waren, als „Europakreolen", kulturell und politisch auf die Alte Welt hinorientiert. In weiten Kreisen der sozial der unteren Mittelschicht entstammenden „Amerikakreolen" entstand daher der Eindruck, die bundesrepublikanische Regierung stelle lediglich eine Fortsetzung der früheren Herrschaft sozial privilegierter Schichten dar, während die große Masse der weißen Mexikaner leer ausgegangen sei bzw. sich mit zweitrangigen Positionen zufriedengeben müsse.

Im Sommer 1825 führte daher die weitverbreitete Unzufriedenheit unter den sozioökonomisch weniger privilegierten „amerikakreolischen" Föderalisten zu der Überzeugung, sie müßten ihre Interessen besser vertreten und organisieren. Die neugegründete Gesellschaft der *yorkinos* verdankte ihren Ursprung formal der Freimaurerbewegung; sehr schnell bezeichnete der Begriff *yorkinos* jedoch Anhänger einer bestimmten politischen Richtung: Die Yorksche Gesellschaft – die sich bald als „Partei des Volkes" verstand – entstand gewissermaßen als soziale Reaktion auf die politische Haltung führender Regierungsmitglieder, deren zentralistische Tendenzen eine Verteidigung des Föderalismus erforderlich zu machen schienen. Bald nach ihrer Gründung wurden die *yorkinos* zu Bannerträgern der antispanischen Bewegung (mit ihrer Forderung nach Amtsenthebung der in mexikanischem Staatsdienst verbliebenen Spanier und deren schließlicher Vertreibung).

Zum Zeitpunkt der Unabhängigkeit war ein Großteil der wirtschaftlichen, militärischen und administrativen Führungspositionen Mexikos nach wie vor in spanischen Händen. Sehr schnell geriet allerdings die wirtschaftliche Lage der Spanier mit den ökonomischen Ansprüchen der Kreolen in Konflikt. Bereits während des kurzen Kaiserreichs von Iturbide zielten zahlreiche Gesetze darauf ab, die Geschäfte der Spanier zu kontrollieren und ihre wirtschaftlichen Möglichkeiten einzuschränken. Diese drückenden Regierungsmaßnahmen veranlaßten die *gachupines* (umgangssprachliches Schimpfwort für Spanier), massenhaft das Land zu verlassen. Nach Iturbides Sturz verschlechterte sich die Lage der Spanier zusehends. Hierfür gab es eine Reihe von Gründen: Zum einen rief die andauernde gesellschaftliche Dominanz der Spanier bei vielen Kreolen Neidgefühle und Ressentiments hervor; das Bestreben ging dahin, die Spanier aus den öffentlichen Stellen zu verdrängen, um diese selbst einnehmen zu können. Zum anderen konnten die Mexikaner während der 1820er Jahre stets auf die Rückeroberungsabsichten Madrids verweisen und die Spanier im Lande als geheime Verbündete ihrer Regierung denunzieren. Harold Sims [1990] hat die Rückeroberungsabsichten Spaniens untersucht und hervorgehoben, daß die hispanophobe Bewegung zwar nicht auf diesen Motivkomplex reduziert, ohne ihn aber nicht vollständig erfaßt werden kann. Die Überzeugung verbreitete sich immer mehr, daß die Integrität, die Unabhängigkeit und die innere Sicherheit des Landes eine gewissenhafte Kontrolle der Spanier und letztlich ihre Vertreibung erforderlich machten.

Im Mai 1827 wurde das erste gegen die Spanier gerichtet Bundesgesetz erlassen. Es sah vor, daß kein Spanier bis zur Anerkennung Mexikos durch Madrid ein öffentliches ziviles oder militärisches Bundesamt ausüben dürfe [SIMS 1974, 52–60]. Noch im selben Jahr wurde ein „Vertreibungsgesetz" verabschiedet, das vorsah, daß binnen sechs Monaten die in Mexiko residierenden Spanier das Land verlassen haben mußten; es enthielt allerdings zahlreiche Ausnahmeregelungen. Neueren Berechnungen zufolge standen den rund 1800 vertriebenen Spaniern 4500 gegenüber, für die Ausnahmeregelungen getroffen wurden [SIMS 1990]; über zwei Drittel aller registrierten Spanier konnten somit im Land verbleiben. Da die Gerüchte über spanische Verschwörungen, bevorstehende Invasionen und Rückeroberungsversuche 1828/29 zunahmen, wurden die „nativistischen" Kräfte in ihrer Überzeugung bestärkt, daß alle Spanier des Landes vertrieben werden mußten. Im März 1829 wurde schließlich ein zweites Vertreibungsgesetz verabschiedet, aufgrund dessen rund 29 Prozent der noch in Mexiko verbliebenen Spanier das Land verließen. Die Gesamtzahl der von 1827 bis 1829 vertriebenen Spanier belief sich auf ungefähr 3150.

Im Zuge der auf den Sturz von Präsident Vicente Guerrero (1829) folgenden Auseinandersetzungen schlug die neue, konservative Regierung Anastasio Bustamante/Lucas Alamán (1830–1832) den Spaniern gegenüber einen gemäßigten Kurs ein. Faktisch wurde den rückkehrwilligen Spaniern die Einreise erlaubt, und einzelne Bundesstaaten hoben bestimmte Restriktionen auf. Obwohl 1833 ein drittes und letztes Vertreibungsdekret erlassen wurde, spielte es in der Praxis keine große Rolle mehr, weil nach dem im gleichen Jahr erfolgten Tod von König Ferdinand VII. die diplomatischen Verhandlungen um eine Normalisierung der spanisch-mexikanischen Beziehungen aufgenommen wurden.

Die Folgen der Spaniervertreibung waren vielfältig: Gesellschaftspolitisch stellte die Vertreibung eine soziale Umstrukturierung der herrschenden Elite im staatlich-bürokratischen, militärischen und privatwirtschaftlichen Sektor dar. Sicherheitspolitisch waren die Maßnahmen insofern kontraproduktiv, als sie viele Spanier zu Verschwörungen gegen die mexikanische Unabhängigkeit veranlaßten. Wirtschaftspolitisch wirkten sich die Vertreibungen wegen der engen geschäftlichen Verbindungen mit ausländischen Firmen negativ auf die Interessen der Ausländer (vor allem der Briten) aus, die zwischenzeitlich den Außenhandel Mexikos weitgehend monopolisierten. Finanzpolitisch hatte die von den Spaniern vorgenommene Kapitalausfuhr in Höhe von vielen Millionen Silberpesos verheerende Wirkungen auf die mexikanische Wirtschaft, weil den Industrien ein Großteil ihres Arbeitskapitals entzogen wurde.

Wie im Falle der Spaniervertreibung, so herrschte auch in nahezu allen anderen wichtigen politischen Fragen des postkolonialen Mexiko in der weißen Elite des Landes Dissens. Dies betraf insbesondere die Verfassung, die – statt Machtregulativ zu sein – Anlaß zu Machtkämpfen wurde. Nach dem Sturz Iturbides konstituierte sich im November 1823 der neue Kongreß, dessen Hauptaufgabe die Ausarbeitung einer republikanischen Verfassung war. Zum Vorbild wurde die US-Verfassung erhoben; die Vereinigten Staaten galten allgemein als nachahmenswertes Modell. Dem Kongreß gelang es, die Einheit Mexikos auf der Grundlage einer föderalistischen Staatstruktur weitgehend zu bewahren. In der Verfassung von 1824 wurden die „Bundesländer" als „Staaten" *(estados)* bezeichnet. Mexiko gab sich ein Zweikammer-System, und der Präsident erhielt weitgehende Machtbefugnisse zugesprochen. Durch die dominierende Position der Exekutive wurde das Prinzip der Gewaltenteilung weitgehend außer Kraft gesetzt. Faktisch blieb die unangefochtene Stellung der Kirche bestehen; die kirchliche Gerichtsbarkeit wurde legalisiert. Das Verhältnis zwischen Staat und Kirche blieb juristisch ungeklärt, weil der Staat das frühere königliche Patronatsrecht nicht übertragen bekam [WEHNER 1978, 120–124].

Im Jahr 1835 wurde die Verfassung in zentralistischem Sinne reformiert; aus dem Zwei- wurde ein Einkammersystem, die *estados* wurden zu *departamentos* mit einem vom Präsidenten ernannten Gouverneur an der Spitze. 1836 hob der Kongreß die Verfassung von 1824 auf und ersetzte sie durch sieben „Grundgesetze". Wahlrecht und Übernahme öffentlicher Ämter wurden an den Nachweis von Eigentum geknüpft. Neu eingeführt wurde der *Supremo Poder Conservador,* eine Art vierte Gewalt als Hüterin der Verfassung, die umfangreiche Befugnisse erhielt (Recht zur Absetzung des Präsidenten, zur Suspendierung des Kongresses, zur Aussetzung von Urteilen). Die spätere Verfassung von 1843 brachte, nachdem der *Supremo Poder Conservador* wieder abgeschafft worden war, eine weitere Stärkung der Exekutive und Straffung der Zentralisierung sowie eine Einengung des Wahlrechts durch Erhöhung des Zensus [WEHNER 1978, 124–127]. Im Jahr 1846 schließlich wurde die Verfassung von 1824 wieder in Kraft gesetzt, die *estados* erhielten ihren autonomen Charakter zurück, und das Wahlrecht wurde wieder erweitert.

Jene Jahrzehnte bis zur Mitte des 19. Jh. sind in der mexikanischen Historiographie auch die „Ära Santa Annas" genannt worden. General Antonio López de Santa Anna gehört zweifellos zu den schillerndsten politischen Persönlichkeiten der mexikanischen Geschichte; er gilt als Prototyp jener *caudillos,* die im 19. Jh. lange Zeit die Geschicke des Landes bestimmen sollten. Unter dem Einfluß seines Sekretärs José Mariá Tornel y Mendívil legte er sich schon früh einen großsprecherischen Stil im Schreiben und Auftreten zu. Viele Kehrtwendungen der mexikanischen Politik sind auf ihn zurückzuführen: Er leitete den Aufstand gegen Kaiser Iturbide ein, unterstützte Vicente Guerrero im Kampf um die Präsidentschaft (1828/29), suchte (und fand) seine Alliierten abwechselnd im liberalen und konservativen Lager, war jahrzehntelang in nahezu alle Aufstände und auswärtigen Kriege verwickelt, gab sich sowohl als überzeugter Föderalist wie als Zentralist zu erkennen, liebäugelte mit der Wiedereinführung der Monarchie, hatte (mit Unterbrechungen) immer wieder das Präsidentenamt inne. Nahezu 40 Jahre lang war er ein bestimmender Faktor der mexikanischen Politik. Seine öffentlichen Aktivitäten wurden wiederholt durch scheinbare Phasen des Rückzugs aus der Politik auf seine *hacienda* Manga de Clavo unterbrochen; selbst während seiner Präsidentschaft zog er sich auf seine Ländereien zurück und ließ die jeweiligen Vizepräsidenten amtieren. Die Einschätzung seiner Persönlichkeit und politischen Leistung ist in der Historiographie bis heute äußerst umstritten [DIAZ DIAZ 1972].

Die wiederholten Verfassungsänderungen der ersten Jahrhunderthälfte waren Ausdruck der soziopolitischen Instabilität des Landes. Diese sollte im Jahrzehnt nach dem mexikanisch-nordamerikanischen Krieg (1846–1848) ihren Höhepunkt erreichen; damals schien Mexiko dem Ende seiner staatlichen Existenz entgegenzugehen. Der Krieg löste eine nationale Bewußtseinskrise aus, Sonora schien sich verselbständigen zu wollen, im Norden erhoben sich Komantschen und Apatschen, der Plan zur Gründung einer den USA angeschlossenen „República de la Sierra Madre" nahm deutlich wahrnehmbare Formen an, viele lokale Unruhen und Aufstände machten das Land unsicher, Präsident Mariano Arista wurde gestürzt, Santa Anna kehrte ein letztes Mal an die Macht zurück. Immer häufiger wurde die Vermutung geäußert, daß nur eine ausländische Intervention die Anarchie im Lande beenden könne.

Mitte der 50er Jahre kam es sodann zu einer entscheidenden Wende in der mexikanischen Geschichte des 19. Jh. Das Bekanntwerden eines monarchistischen Umsturzplans, der würdelose Verkauf (1853) eines großen Wüstengebiets (La Mesilla) an die USA („Gadsden Purchase“) für nur 10 Mio. US-Dollar, die Erklärung Santa Annas zum Diktator auf Lebenszeit und die dauernden Veruntreuungen durch seine Regierung, die zu einem Jahresdefizit von mehr als 20 Mio. US-Dollar führten, riefen die liberale Opposition auf den Plan. Im März 1854 ließ General Juan Alvarez in Ayutla einen Reformplan beschließen, der kurz danach unter Ignacio Comonfort seine endgültige Form erhielt. Im Sommer 1855 gelang es den Liberalen, Präsident Santa Anna definitiv zu stürzen; konkurrierende liberale Fraktionen (Reine, *puros,* und Gemäßigte, *moderados*) hatten sich zusammengeschlossen, um die Staatsgewalt erringen zu können. Nach Santa Annas Sturz wurden Alvarez und Comonfort als interimistische Präsidenten eingesetzt, die unter der vorhergehenden Regierung erlassenen Gesetze annulliert und eine umfassende Reformtätigkeit im liberalen Sinne eingeleitet [SCHOLES 1957; SINKIN 1979].

Die damit beginnende „Reformära“ kann als der Durchbruch Mexikos zur „Moderne“ bezeichnet werden. Das Interesse der Liberalen zielte darauf, dem europäischen und US-Vorbild folgend, eine Bourgeoisie zu schaffen, die das nationale und zugleich liberale Projekt zu tragen vermochte. Ihr Programm intendierte gesellschaftliche Modernisierung, wirtschaftliches Wachstum und politische Stabilisierung; hierzu sollten all jene Kräfte zurückgedrängt werden, die als Säulen der konservativen, fortschrittshemmenden Ordnung galten: Kirche, Armee, Kaziken und indianisch-autonome Dorfgemeinschaften. Die liberalen Reformen der auf die *Revolución de Ayutla* folgenden Jahre bestanden im wesentlichen aus drei Elementen: Die *Ley Juárez* (1855) sah die Auflösung der *fueros,* der Sondergerichtsbarkeit für Kleriker und Militärs, vor; Militär- und Kirchengerichte blieben zwar bestehen, ihr Kompetenzbereich aber wurde deutlich eingeschränkt. Die *Ley Lerdo* (1856) legte die Veräußerung des Grundbesitzes der Toten Hand fest, was sowohl kirchliche Ländereien als auch den Kollektivbesitz der indianischen Gemeinden betraf; die Regierung gedachte durch eine Transfersteuer zu verdienen. Die Verfassung von 1857 schließlich faßte diese Reformbestimmungen zusammen und schrieb die säkulare Suprematie des Staates über die Kirche endgültig fest [KNOWLTON 1976; BAZANT 1971].

Von besonderer Bedeutung auf gesamtstaatlicher Ebene war das Desamortisationsgesetz von 1856: Den Institutionen der Kirche wurde Besitz und Verwaltung von Land untersagt (soweit es nicht unmittelbar religiösen Zwecken diente); indianische Gemeinschaften waren von den Bestimmungen ebenfalls betroffen, weil Kollektivbesitz abgeschafft und Landeigentum künftig nurmehr Individuen zugänglich sein sollte. Die Zerschlagung der ökonomischen Basis und der politischen Macht der katholischen Kirche sollte zu einer verstärkten Einwanderung auch aus protestantischen Ländern Europas führen; die neue bäuerliche Mittelschicht würde allgemeines Wirtschaftswachstum, politische Stabilisierung und die Etablierung demokratischer Institutionen fördern. Der Verkauf kirchlicher und indianischer Ländereien und damit der Übergang großer Nutzflächen der Toten Hand an kapitalistisch wirtschaftende Bauern sollte zur Entstehung einer breiten Schicht kleiner Landbesitzer führen, die Garanten ökonomischer Modernisierung und demokratischer Stabilisierung sein würden.

Während die Kirche nicht entschädigungslos enteignet werden sollte, drohte den Indianern nach der Wegnahme ihres Kommunallandes die völlige Proletarisierung. Der Grundbesitz der Kirche entsprach Mitte des 19. Jh. einem Gegenwert von 100 Mio. Pesos; diese Summe ist fast um die Hälfte geringer, als zeitgenössische Schätzungen liberaler Intellektueller angenommen hatten [BAZANT 1971]. Nach 1861 sollte die Kirche entschädigungslos ihren Besitz verlieren.

Die antiklerikale Gesetzgebung der Liberalen provozierte den erbitterten Widerstand der konservativen Kräfte, die sich zur Opposition gegen die Reformpolitik zusammenschlossen. Ein Jahr nach der liberalen Machtübernahme rebellierten unter dem Schlachtruf „Religion und altes Recht" in verschiedenen Landesteilen Offiziere, Priester und Großgrundbesitzer, die in Puebla eine Gegenregierung einsetzten. Der gemäßigte Flügel der Liberalen ließ daraufhin zwar eine gewisse Kompromißbereitschaft erkennen, setzte die antiklerikale Politik aber nach Niederwerfung des Aufstandes konsequent fort.

Eine Gesamteinschätzung der Säkularisation des kirchlichen Besitzes fällt zwiespältig aus: Der Staat erhielt bei weitem nicht die erhofften Einnahmen, weil die liberale Regierung unter dem durch die europäische Intervention von 1861 bewirkten Druck die konfiszierten Besitzungen der Kirche möglichst schnell verkaufen mußte; dadurch ging aber der soziale Effekt einer Bodenreform verloren. Es kam nicht zu der von den Liberalen ursprünglich mitintendierten Schaffung einer ländlichen Mittelschicht und damit auch nicht zu einer Demokratisierung des Agrarsektors. Nur von dem großen städtischen Immobilienbesitz der Kirche wurde wenigstens ein Teil breiter umverteilt. Kurzfristig bewirkte das liberale Programm somit zwar eine zunehmende Zirkulation von Besitz, langfristig waren aber die Großgrundbesitzer die Hauptgewinner des Prozesses, so daß der Einfluß der Latifundisten (auch politisch) eher gefestigt wurde.

Die Reformgesetze der Jahre 1855/56 wurden in die Verfassung von 1857 aufgenommen, die die mexikanische Gesellschaft vollends spaltete. Sie verankerte das allgemeine Wahlrecht, garantierte die bürgerlichen Rechte, die Freiheit der Wirtschaft, der Arbeit und der Assoziation, sah die Freiheit der Bildung vor, legte als Staatsform eine repräsentativ-demokratische und föderalistische Republik fest, die sich aus freien und souveränen Staaten zusammensetzte. Die Legislative bestand aus einer Kammer, dem „Kongreß der Nation", und die Exekutive lag in der Hand des Präsidenten. Im Unterschied zur Verfassung von 1824 wurde in der von 1857, die mit einem umfassenden Grundrechtskatalog begann, die Volkssouveränität festgeschrieben.

Das Grundgesetz dekretierte die Trennung von Staat und Kirche. Zwar wurde religiöse Toleranz nicht ausdrücklich garantiert, die katholische Religion aber auch nicht mehr gesondert erwähnt (womit der Katholizismus nicht länger Staatsreligion war). Nach der Unabhängigkeit hatten zwischen Staat und Kirche jahrzehntelang Spannungen und Auseinandersetzungen geherrscht, die ihren Grund in der von den Liberalen – wie überall in Lateinamerika – geforderten Neubestimmung der Rolle der Kirche im unabhängigen Staat hatten. Die privilegierte Stellung der Kirche als einer tragenden Säule der Kolonialgesellschaft sollte zu einer Sakralfunktion in der emanzipierten Gesellschaft des 19. Jh. werden, was die Abschaffung juristischer Sonderrechte, des Erziehungsmonopols und ihrer beherrschenden ökonomischen Stellung bedeutete. Die entschlossenen Anstrengungen der Kirche, ihre gesellschaftliche und wirtschaftliche Position zu bewahren, war schon vorher Hintergrund vieler sozialer und politischer Konflikte gewesen.

Auch gegen die Verfassung von 1857 entwickelte die Kirche eine radikale Gegnerschaft; mit päpstlicher Unterstützung sprach sie sich geschlossen gegen die Reformgesetze und die Verfassung aus. Ihr Widerstand, die Unfähigkeit des Kongresses und die zögernde Taktik von Präsident Comonfort führten (Ende 1857) zu einem Aufstand unter General Félix Zuloaga, der nach dem Sieg der Konservativen Präsident wurde; er hob sofort die antikirchlichen Gesetze auf und annullierte die Verfassung. Der zapotekische Indianer Benito Juárez bestand als Präsident des Obersten Gerichtshofes auf der Rechtmäßigkeit der vorhergehenden Regierung und bildete in Veracruz eine Gegenregierung zu der in Mexiko-Stadt. In der Hauptstadt regierten die Konservativen unter Zuloaga und später Miguel Miramón (1859/60), in Veracruz amtierte die liberale Gegenregierung Juárez. Während des nun beginnenden dreijährigen Bürgerkrieges (*Guerra de la Reforma,* 1858–1860) erließen die zusehends radikalisierten Liberalen unter der Führung von Juárez von Veracruz aus zahlreiche Reformgesetze *(Leyes de Reforma),* die sich auf Ausführungsbestimmungen der Trennung von Staat und Kirche, die entschädigungslose Enteignung kirchlicher Güter, die Auflösung religiöser Orden, die Aufhebung von Klöstern, die Einrichtung von Zivilregistern zur Schließung von Zivilehen, allgemein: auf die Unterordnung der Kirche unter den Staat bezogen [Tobler 1984, 39].

Letztlich standen in diesem Bürgerkrieg zwei verschiedene Gesellschaftsmodelle, unterschiedliche „Nationalprojekte“, zur Entscheidung. Während die konservativen Kräfte sozial und ideologisch auf einer Union von Kirche und Großgrundbesitzern fußten, der kolonialspanischen Tradition verhaftet blieben und einen autoritär-zentralistischen Staat ohne demokratische Mitwirkung des Volkes anstrebten, waren die weit stärker mittelständisch und föderalistisch geprägten Liberalen auf repräsentative Demokratie, Verwirklichung liberaler Überzeugungen im politischen und wirtschaftlichen Bereich, Reduzierung der Armee, Förderung der Bildung und einen laizistischen Staat hinorientiert. Sie betrachteten politische Demokratisierung durch Dezentralisierung und durch Gleichstellung aller Mexikaner in ihren staatsbürgerlichen Rechten und Pflichten als unabdingbar für wirtschaftliche und soziale Entwicklung [Hale 1968].

Die Reformära brachte einen Einbruch bürgerlich-mittelständischer Elemente in die politische Herrschaft; dies bewirkte politische Veränderungen gegenüber der Vergangenheit, in der der Großgrundbesitz die materielle Basis der politisch führenden Schicht war. Die neue politische Elite setzte sich aus Rechtsanwälten, Militärs, Handel- und Gewerbetreibenden zusammen, die allerdings durch Kauf von Grundbesitz Eingang in die Schicht der *hacendados* und damit Eingliederung in die alte Oberschicht suchten.

Nach der Niederschlagung der konservativen Heere konnte die Regierung Juárez zwar Ende 1860 nach Mexiko-Stadt zurückkehren, mußte aber vorerst weiterhin gegen die Guerilla der Konservativen ankämpfen, die ihre Sache keineswegs aufgegeben hatten, vielmehr nach ausländischer Unterstützung Ausschau hielten. Zu den wichtigsten Maßnahmen der liberalen Regierung gehörte im Sommer 1861 die Verkündung eines zweijährigen gesetzlichen Moratoriums, währenddessen die Rückzahlung bestehender Staatsschulden ausgesetzt bleiben sollte [Bazant 1981]. Juárez war aus extremer Geldnot zu dieser Maßnahme gezwungen, ließ aber keinen Zweifel an seiner prinzipiellen Zahlungswilligkeit aufkommen. Großbritannien, Frankreich und Spanien einigten sich jedoch im Oktober 1861 in der Londoner Konvention darauf, durch eine gemeinsame Expedition die Schuldenzahlung sofort zu erzwingen. Dem Expeditionsziel zufolge sollte mexikanisches Gebiet ebensowenig annektiert wie die mexikanische Unabhängigkeit und das Recht auf Selbstregierung in Frage gestellt werden [Hernandez Tapia 1962].

Im Winter 1861/62 landeten Truppen der drei europäischen Mächte an der Golfküste; sehr schnell wurde allerdings deutlich, daß die Ziele der Interventionsstaaten deutlich auseinandergingen: Während Großbritannien und Spanien vor allem ihre finanziellen Ansprüche sichern wollten, ging es dem französischen Kaiser Napoleon III. darum, einen maßgeblichen Einfluß Frankreichs in und über Mexiko zu sichern. Als ersteren Mächten diese weitergehende Intention Frankreichs deutlich wurde, zogen sie ihre Truppen zurück. Das bot Napoleon III. die Chance, seinen Plan, eine mexikanische Monarchie in Abhängigkeit von Frankreich zu etablieren und damit den Konservativen unter französischen Vorzeichen erneut zum Zuge zu verhelfen, zu verwirklichen. Napoleon erhoffte sich für dieses Unterfangen, dem auch Motive der französischen Handelsexpansion zugrunde lagen, eine deutliche militärische Unterstützung durch die konservative mexikanische Opposition [Hanna 1971].

Diese Hoffnung erfüllte sich allerdings nur sehr beschränkt. Zunächst entsandte Frankreich 5500 Soldaten nach Mexiko, weil es auf die Unterlegenheit der mexikanischen Truppen und die militärische Zusammenarbeit mit den Konservativen hoffte. Nachdem sich beide Annahmen als ein Irrtum erwiesen hatten, wurde 1862 das Heer unter General Forey auf 30 000 Mann, 1863 unter General Bazaine schließlich auf 42 000 Mann (davon 34 000 Franzosen) verstärkt. Die Guerilla-Einheiten von Juárez konnten geschlagen werden, und im Juni 1863 besetzten die Franzosen die Hauptstadt. 1865 konnte sich Juárez nur noch in den nördlichen Grenzstaaten halten [Arnaiz y Freg/Bataillon 1965].

Nachdem eine willfährige Notabelnversammlung 1863 die Errichtung einer Monarchie unter einem katholischen Erbprinzen beschlossen hatte, wurde die Krone Erzherzog Maximilian von Österreich, dem Bruder Kaiser Franz Josephs II. von Habsburg, angeboten [Anders/Eggert 1982]. Auf die Unterstützung Napoleons III. hoffend, nahm Maximilian die Kaiserkrone an (1864–1867). Allerdings bestand von Anfang an eine nur brüchige Übereinstimmung zwischen den mexikanischem Monarchisten und Napoleon bzw. Maximilian, die dem mexikanischen Kaiserreich eine durchaus liberale Orientierung geben wollten. In mancherlei Hinsicht bedeutete die französische Intervention eher eine Festigung des liberalen Reformwerks als der klerikal-katholischen Bestrebungen. Diese für die Konservativen unangenehme Entdeckung führte – zusammen mit der Erkenntnis, daß Maximilian die Kirche mittels eines Konkordats der weltlichen Herrschaft unterordnen wollte – zu einer erheblichen Dämpfung ihrer Begeisterung für die von französischer Unterstützung abhängige Herrschaft Maximilians. Dieser betrieb eine liberale Politik im Bereich der Kirche, des Handels, der Erziehung und Medien, deren Inhalt im wesentlichen mit den Reformgesetzen der 1850er Jahre übereinstimmte. Diese Politik, der Schuldenerlaß für die indianischen *peones* gegenüber den Großgrundbesitzern (1865) und das Versprechen, indianische Gemeinden mit genossenschaftlichem Nutzungssystem des Landes wiederherzustellen, führte zur erbitterten Gegnerschaft der Konservativen, ohne andererseits eine Annäherung Maximilians an die Liberalen bewirken zu können [Lubienski 1988; Quirarte 1970].

Als nach dem Ende des Sezessionskrieges in den USA (April 1865) Napoleon III. von der nordamerikanischen Regierung unter massiven Druck gesetzt wurde, und US-Präsident Andrew Johnson sogar Truppen an der mexikanischen Grenze zusammenzog, ordnete Napoleon III. Anfang 1866 den Rückzug aller französischen Truppen aus Mexiko und die Einstellung jeglicher Finanz- und Wirtschaftshilfe für Maximilian an; damit war das Schicksal des zweiten mexikanischen Kaiserreichs praktisch besiegelt. Die kaiserliche Armee konnte dem Druck der liberalen Truppen nicht widerstehen, die als nationale Befreier schließlich nahezu alle politischen Gruppen und Bevölkerungsschichten hatten mobilisieren können. Im Juli 1867 wurden Maximilian sowie seine Generäle Mejía und Miramón in Querétaro als Hochverräter erschossen, und die Republik wurde wiederhergestellt.

d Wirtschaft und soziale Unruhen

Die Entwicklung der mexikanischen Landwirtschaft ist für die ersten Jahrzehnte der Unabhängigkeit wenig erforscht; insgesamt dürfte der Agrarsektor allerdings – weil nicht exportorientiert – wenig Investitionskapital angezogen haben. Die für die Unabhängigkeitsära in der Historiographie heftig diskutierte Frage nach verstärkter oder verringerter Außenabhängigkeit wird deshalb primär in Zusammenhang mit Auslandsinvestitionen und Außenhandel gestellt. Die Landwirtschaftsproduktion orientierte sich in jenen Jahrzehnten vor allem am Binnenmarkt. Im Agrarsektor wurden die wichtigsten Institutionen zwar beibehalten, aber die Beziehungen zwischen den Akteuren änderten sich. Der Niedergang der Bergwerkszentren und der Rückgang der Binnennachfrage wirkten sich negativ auf die großen *haciendas* aus; wirtschaftliche Zusammenbrüche und Zwangsverkäufe häuften sich, viele Betriebe mußten aufgegeben oder parzelliert werden, und Land wurde verstärkt in der Form von Teilpacht bewirtschaftet.

Verschärft wurde die Situation auf dem Land durch die anhaltenden Sozialunruhen. Die relative Ruhe nach der Niederschlagung des Hidalgo-Aufstandes hielt nicht einmal 30 Jahre an; zwischen den 1840er und den 1870er Jahren erlebte das Land nicht nur ein Wiederaufflammen von Dorfrevolten, sondern zugleich eine vorher nicht dagewesene Zunahme an langandauernden sogenannten Kastenkriegen und Regionalaufständen.

Im Gegensatz zu Aufständen in der Kolonialära erfolgten die Revolten im 19. Jh. selten isoliert von größeren regionalen und nationalen Entwicklungen. In den 1830er Jahren setzten die Regionalaufstände im Staat Veracruz ein; in den 1840er Jahren folgten regionale Revolten in Guerrero, Oaxaca, Puebla, Guanajuato, Veracruz; in den 1850er und 1860er Jahren schlossen sich Nayarit und Hidalgo an. Hinzu kamen die sogenannten Kastenkriege der Yaqui in Sonora, der Maya auf Yucatán, der Chamula in Chiapas, die alle auf die Vertreibung der Weißen, zumindest auf die Beendigung der weißen Herrschaft abzielten [Hu-Dehart 1984; Gonzalez Navarro 1970].

Zwischen 1825 und 1883 fanden in Mexiko nicht weniger als 18 größere Aufstände statt, zehn davon allein in den 1840er und 1850er Jahren. An der Nordgrenze des

Landes machten die erneut ausgebrochenen Apatschenkriege die Fortsetzung der schon in der Kolonialzeit praktizierten Zusammenarbeit zwischen *hacienda*-Besitzern und *campesinos* erforderlich. Im Nordwesten kam es bei den Yaqui-Indios in Sonora zu groß angelegten Aufständen. Dieser „Kastenkrieg" der Yaqui wurde durch zwei Faktoren ausgelöst: Zum einen gewährte der mexikanische Staat den Indios nicht, wie dies der spanische Kolonialstaat getan hatte, einen gesonderten Status; er bewahrte nicht die Integrität des Yaqui-Eigentumsrechts auf Land; er versuchte vielmehr, durch politische Änderungen in den Yaqui-Gemeinden deren Autonomie aufzuheben. Zum anderen versuchten rivalisierende Gruppen der mexikanischen Elite, die Yaqui-Indianer für ihre Interessen einzusetzen, bewaffneten sie und schufen damit erst die Möglichkeit, daß die Yaqui in einen bewaffneten Kampf eintreten konnten, der sodann das ganze 19. Jh. andauerte [HU-DEHART 1984].

Auch der „Kastenkrieg" auf Yucatán stellte eine Verbindung defensiver und offensiver Maßnahmen dar. Nach der mit der Unabhängigkeit erfolgten Aufhebung kolonialspanischer Wirtschaftsrestriktionen hatte auf Yucatán eine großangelegte Zucker- und Hanfproduktion eingesetzt. In diesem Zusammenhang konfiszierten *hacendados* Indio-Land, die aus der Kolonialzeit übernommenen *fundos legales;* vor allem schnitten sie Indios von der Wasserversorgung ab. Zugleich mobilisierten die Weißen, ähnlich wie in Sonora, Indiotruppen für ihre internen Auseinandersetzungen zwischen den politischen Eliten von Campeche und Mérida. Die Maya auf Yucatán reagierten ähnlich wie die Yaqui in Sonora: Sie kämpften, schließlich 60 000 Mann stark, für ihre eigenen Ziele, bedrohten die Kontrolle der Region durch die Weißen und schufen schließlich in Quintana Roo einen autonomen Staat [GONZALEZ NAVARRO 1970].

Während der Kolonialzeit hatten die Spanier nach relativ kurzen, wenn auch blutigen Kampagnen ihre Herrschaft über die Yaqui und die Maya wiederherstellen können. Den Mexikanern gelang dies im 19. Jh. nie. Mehrere Gründe erklären diesen auffälligen Unterschied: Im Gegensatz zu den untereinander zerstrittenen Mexikanern hatten die Spanier die Indios nie bewaffnet, ihnen somit keine Möglichkeit zu längerem Widerstand gegeben. Die Aufstände im 18. Jh. hatten sich zumeist gegen höhere Steuern oder Arbeitsleistungen gerichtet, diejenigen im 19. Jh. drehten sich demgegenüber um die jetzt bedrohten, viel wichtigeren Boden- und Wasserrechte, wurden daher auch weit erbitterter geführt. Die Konflikte und Auseinandersetzungen innerhalb der weißen Elite schwächten nicht nur den mexikanischen Staat, sondern reduzierten in den Augen der Indios außerdem seine Autorität und Legitimität.

In den meisten bekannten Fällen von Dorfaufständen waren Auseinandersetzungen um den Boden der ausschlaggebende Grund für den Konflikt. Die mexikanischen Agraraufstände fanden nicht erst nach dem Erlaß der liberalen Gesetze Mitte des Jahrhunderts statt, die die Auflösung kommunalen Eigentums sanktionierten und zur Enteignung von Indio-Land führten; ungefähr die Hälfte aller für das Jahrhundert registrierten Aufstände liegt zeitlich vor den liberalen Gesetzen der 1850er Jahre. Der Übergang von eher steuermotivierten Rebellionen zu den auf Landauseinandersetzungen basierenden Aufständen dürfte bereits zum Zeitpunkt der Unabhängigkeit anzusiedeln sein. Vieles spricht somit dafür, daß in der ersten Hälfte des 19. Jh. die *campesinos* und nicht die *hacendados* in der Offensive waren; sie schritten, wohl auch infolge zunehmenden Bevölkerungsdrucks, zur Besetzung von Ländereien und zur Wiederinbesitznahme von Land, von dem sie zuvor selbst enteignet worden waren.

Offensichtlich hielten die *campesinos* die politische Situation für günstig, um offensiv zu werden und alte Streitfälle zu ihren Gunsten zu entscheiden. Die Schwäche und Fragmentierung der politischen Autorität und die Aufteilung der militärischen Ressourcen auf Bürgerkriege und internationale Konflikte erleichterten die Ausbreitung ländlicher Aufstände. Viele der agrarischen Revolten involvierten Zweckmäßigkeitsallianzen indianischer Dorfaufständischer mit nicht-indianischen sozialen und politischen Interessen, etwa denen von mestizischen Städtern, lokalen *caudillos,* der Kirche, den Armeen [Reina 1980].

Die Spaltung der Eliten und die Notwendigkeit, die Agrarbevölkerung für ihre Interessen zu mobilisieren, führten zu einer Regionalisierung und zugleich Radikalisierung der Aufstände, die in mehreren Fällen der Kontrolle der Elite entglitten. Von kolonialen Dorfrevolten gegen den Mißbrauch öffentlicher Ämter in der Kolonialzeit waren Mexikos agrarische Aufstände zu Angriffen auf das Eigentum der Wirtschaftselite des unabhängigen Staates, manchmal auf diesen Staat selbst geworden. In der Mitte des Jahrhunderts trugen die zahlreichen Agrarrevolten dazu bei, das System des Großgrundbesitzes in vielen Teilen Mexikos an den Rand des Zusammenbruchs und der Desintegration zu bringen. Als politische Konsequenz dieser Auseinandersetzungen läßt sich feststellen, daß sie die *haciendas* schwächten, damit die Machtposition der fragmentierten Grundbesitzerelite unterminierten und womöglich einer demokratischeren Entwicklung der politischen Institutionen den Weg ebneten [Cosio Villegas 1957].

Von den wichtigsten novohispanischen Produktionszweigen – Landwirtschaft, Viehzucht, Bergbau, Industrie – hatten durch die Unabhängigkeitskriege die beiden letzteren am meisten gelitten. Die Bergwerke befanden sich 1821 in einem katastrophalen Zustand: Die Arbeitskräfte waren verschwunden, das (spanische) Kapital größtenteils abgezogen worden, die meisten Bergwerke waren überschwemmt. Ihre Wiederinbetriebnahme erforderte außerordentlich hohe Investitionen, deren Risiken unkalkulierbar waren. Zu den Hauptproblemen bei dieser Instandsetzung (vor allem durch britische und deutsche Gesellschaften) in den 1820er Jahren zählten der Einbau von Wasserpumpen, durch die die überfluteten Stollen trockengelegt werden sollten.

Zur Reaktivierung des Bergbaus versuchte die mexikanische Regierung, ausländische Investitionen zu erlangen. Vor allem britische Investoren und Händler sollten den enormen Finanzbedarf decken. Londoner Banken gewährten 1824 der mexikanischen Regierung einen Kredit über 32 Mio. Pesos, Briten investierten zwischen 1823 und 1827 zur Ankurbelung der Silberproduktion etwa 12 Mio. Pesos in Bergbaubetriebe. Im Jahr 1827 geriet die mexikanische Regierung, die zum Zeitpunkt der Unabhängigkeit eine Staatsschuld von 70 Mio. Pesos übernommen hatte, bereits in Rückzahlungsschwierigkeiten, und das britischen Engagement im Minensektor erbrachte nicht einmal mittelfristig die erhofften Gewinne. Mexikanische Regierungsanleihen waren in der Folge in Europa kaum unterzubringen, und neue Direktinvestitionen von Auslandskapital blieben bis 1850 selten. Der damit zusammenhängende Kapitalmangel behinderte einerseits die Wirtschaftsentwicklung, verlangsamte andererseits aber auch die Integration in die Weltwirtschaft [Liehr 1983].

Die Öffnung zum Weltmarkt gehörte allerdings zu den wichtigsten Bestrebungen der liberalen Politiker, wurde Handelsfreiheit doch mit dem Sieg aufklärerischer Ideen und politischer Freiheit gleichgesetzt. In voller Übereinstimmung mit dem optimistischen

Hochgefühl der soeben errungenen Unabhängigkeit – und das bedeutete auch: der Überwindung lange bekämpfter Hemmnisse auf wirtschaftspolitischem Sektor – sprach sich 1821 die Mehrheit der mexikanischen „Wirtschaftshistoriker“ gegen ein protektionistisches Handelssystem aus. Die Ideologie des Unabhängigkeitskampfes fordere Handelsfreiheit und Freihandel. Die Liberalen plädierten für das freie Spiel der Marktkräfte und der Wirtschaftskonkurrenz, die nicht durch restriktive Wirtschaftsgesetze behindert werden dürfe. Die Funktion des Staates sollte sich auf Außenverteidigung, Bildungsförderung und Garantierung der inneren Sicherheit beschränken. Sehr schnell jedoch stellte sich heraus, daß Mexiko schon aus fiskalischen Gründen nicht auf Zölle verzichten konnte, denn Außenhandelszölle entwickelten sich zur wichtigsten Einnahmequelle für den mexikanischen Fiskus. Außerdem wurde der mexikanische Markt mit billigen europäischen Waren überschwemmt; die drastische Verschlechterung eigener Produktions- und Absatzmöglichkeiten deuteten viele Mexikaner als einen kalkulierten Versuch, ihr Land von der entwickelteren Industrie der Nordatlantikstaaten abhängig zu machen und auf die Rolle eines Rohstofflieferanten zu reduzieren. Ab den 1830er Jahren kamen noch industrieprotektionistische Überlegungen hinzu. Schließlich mußte der Staat schon deshalb Zölle erheben, weil die Staatseinnahmen aus Außenhandelszöllen die einzige Sicherheit waren, die bei Auslandsanleihen geboten werden konnte. Auf der Seite der Protektionisten standen schließlich die Fabrikanten, die Handwerker, die Baumwollanbauer, auf der freihändlerischen Seite die Zwischenhändler, Kaufleute und liberale Intellektuelle. Hatte während der Regierungszeit von Guadalupe Victoria bereits eine Schutzzollpolitik eingesetzt, so erfolgte mit der Regierung von Vicente Guerrero (1828/29) eine grundsätzliche Wende in der Wirtschaftspolitik; ihm ging es um die Förderung der industriellen Entwicklung Mexikos, um die Eindämmung des Importhandels. Fortan wurden die wirtschaftspolitischen Entscheidungen zumeist von konservativen Pragmatikern wie Lucas Alamán oder Estevan de Antuñano beeinflußt, und die Gesetzgebungsmaßnahmen schwankten zwischen Protektion und Prohibition. Die „nationalen“ Argumente der Schutzzöllner waren fiskalpolitisch und industrieprotektionistisch durchaus begründet:

a) Die reale Bedeutung, die die Außenhandelszölle für den mexikanischen Staat hatten, erhellt aus einem Vergleich dieser Zölle mit den Gesamteinnahmen des Staates: In den zehn Jahren zwischen 1825 und 1834/35 machten die Zölle durchschnittlich 44 Prozent der Staatseinnahmen aus; in den folgenden Jahren bis zur Jahrhundertmitte (1835–1849) sank dieser Prozentsatz um fast die Hälfte auf 24 Prozent; soweit für die folgenden Jahre Angaben vorliegen, läßt sich (bis 1863) schon wieder ein deutlicher Anstieg auf durchschnittlich 33 Prozent feststellen; von 1867 an bis in die 1880er Jahre schließlich schnellte der Prozentsatz abermals auf durchschnittlich 61 Prozent hoch [Bernecker 1988, 234–272]. Die mexikanische Regierung war sich von Anfang an der Bedeutung der Außenhandelszölle für die Staatseinnahmen bewußt. Das Risiko bestand darin, daß die Kontrolle über den Außenhandel und damit über die wichtigsten Staatseinnahmen letztlich nicht in den Händen der mexikanischen Regierung, sondern bei Ausländern lag. Andererseits war ein Ersatz durch Binnensteuern nicht möglich, weil Mexikos Landwirtschaft und Industrie noch derart unterentwickelt waren, daß (direkte) Binnensteuern nicht als Haupteinnahmequelle des Staates fungieren konnten [Tenenbaum 1986].

b) Hinsichtlich der unmittelbaren Konsequenzen der Überschwemmung des mexikanischen Marktes mit europäischen Textilien findet seit Jahren eine Kontroverse zwischen Anhängern und Gegnern der Dependenztheorien statt. Die meisten *dependentistas* behaupten, daß billige europäische Importe die nicht konkurrenzfähigen lokalen Manufaktur- und Handwerksbetriebe zerstörten und Handwerker der Arbeitslosigkeit preisgaben [Ortiz de la Tabla 1978, 335; Quintana 1957 II, 38]. Demgegenüber haben andere Autoren die Faktoren hervorgehoben, die einer Expansion des Importhandels entgegenstanden, etwa die Enge des Marktes, die geringe Kaufkraft der Bevölkerung, die ungünstigen Transportbedingungen [Platt 1972, 4–7]. Die Tatsache, daß Textilien in großem Maßstab eingeführt wurden, daß billige Baumwollstoffe den größten Posten unter den importierten Textilien stellten und daß Importwaren durchgängig billiger als mexikanische Produkte waren, läßt es als möglich erscheinen, daß erhebliche Mengen der europäischen Manufakturwaren über den Kreis der städtischen Konsumenten hinaus auch ländliche Verbraucher erreichten. In den ersten Jahren der Unabhängigkeit kam auch – sicherlich mitbeeinflußt durch die massiven Importe – die Krise des Handwerkerstandes voll zum Tragen. Das Zusammenfallen von Krisensymptomen und nationaler Unabhängigkeit führte zu der in Handwerkerkreisen weitverbreiteten Überzeugung, die Wirtschafts- und Zollpolitik der Republik sei an ihrer Misere schuld.

c) Zu den bedeutendsten Maßnahmen, das Land von ausländischen Importen unabhängig zu machen, gehören die 1829 begonnenen Industrialisierungsversuche. Da Unternehmer nicht risikofreudig genug waren und sich mit Investitionen zurückhielten, gründete der konservative Politiker Lucas Alamán 1830 eine Industrieförderungsbank *(Banco de Avío)*, dessen Grundkapital aus den Importzöllen gespeist werden sollte. In den zwölf Jahren seines Bestehens gewährte die Bank über 1 Mio. Pesos an Darlehen, die zur Schaffung einer modernen Baumwolltextilindustrie verwendet wurden [Potash 1983; Colon Reyes 1982]. Zwischen 1830 und 1850 expandierte die mexikanische Textilindustrie, die zur Führungsindustrie Mexikos wurde, weit über die Bemühungen der Entwicklungsbank hinaus. Die Mechanisierung der Spinnereien nahm von 8000 Spindeln (1836) auf 112 000 (1845) dramatisch zu. Ende 1853 gab es in Mexiko bereits 42 Baumwollfabriken. – Die Teilerfolge der frühen Industrialisierung waren nur möglich, weil Textilproduzenten und Baumwollanbauer gemeinsam 1837 ein Einfuhrverbot aller Baumwollgarne, Baumwolltextilien und der Rohbaumwolle durchsetzen konnten. Bald wurde allerdings die agroindustrielle Solidarität des „Baumwollblocks" von den Industriellen aufgekündigt, nachdem deutlich geworden war, daß das Einfuhrverbot für Rohbaumwolle und Baumwollgarn eine deutliche Einschränkung der Industrieproduktion zur Folge hatte [Bernecker 1987]. Da im Jahr 1843 die Importverbote jedoch in den Rang von Verfassungsgesetzen erhoben worden waren, konnten die baumwollanbauenden Küstenregionen eine Aufweichung der Einfuhrverbote verhindern; nur Ausnahmeregelungen wurden zugelassen. Ein deutlicher Abbau der Außenhandelsrestriktionen erfolgte erst in Zusammenhang mit dem Krieg gegen die USA (1846–1848), nachdem einerseits die Frühformen der Industrie relativ solide etabliert waren, andererseits die veränderten Rahmenbedingungen für den Handel ein protektionistisches oder gar prohibitives Zollsystem als zunehmend impraktikabel erwiesen. Neuere Untersuchungen [Thomson 1989, 1991; Bernecker 1987] zur Industrialisierungspolitik Mexikos falsifizieren das in der

Historiographie anzutreffende dichotomische Gegensatzpaar „Autonomie" (Platt) versus „Abhängigkeit" (Stein). Für die Jahrzehnte nach der Unabhängigkeit lassen sich vielmehr im manufakturell-industriellen Bereich mehrere nebeneinanderbestehende Produktionsformen erkennen: moderne, kapitalintensive Fabriksysteme; bescheidene Handwerkerproduktion in urbanen Zentren; einfache Tuchwirkerei in indianischen Dörfern. Zu Recht ist darauf verwiesen worden, daß Mexiko um 1850 in Lateinamerika eine einzigartige Position einnahm [Thomson 1991]: Es verfügte über noch nahezu intakte Strukturen traditionellen Manufakturwesens, darüber hinaus jedoch über einen zwar nicht dominierenden, aber unübersehbaren ‚modernen' Sektor industrieller Textilfabrikation. Mitte der 1850er Jahre scheint der Höhepunkt der Industrie-Expansion erreicht worden zu sein, von da an verlor für den Rest des Jahrhunderts der „moderne" Sektor an relativer Bedeutung; Investitionen in den Bereichen Bergbau und kommerzielle Landwirtschaft wurden zusehends wichtiger.

d) Die neuere Forschung hat darauf verwiesen, daß sich bis zum Porfiriat Außenhandelswachstum und industrielle Entwicklung umgekehrt proportional zueinander verhielten [Coatsworth 1990]. Zwischen 1800 und 1845 nahm die Industrieproduktion von rund 54 auf 41 Mio. Pesos ab (Baumwolltextilien bildeten eine Ausnahme), in den 1820er und 1830er Jahren aber wuchs der Außenhandel. Zwischen 1845 und 1860 fiel der Außenhandel, während die Industrieproduktion in diesem Zeitraum von 41 auf 70 Mio. Pesos anstieg. Die Jahre zwischen 1860 und 1877 erlebten erneut eine auf 49 Mio. Pesos rückläufige Industrieproduktion; in diesem Zeitraum stieg das Importvolumen, vor allem infolge der Auslandsdarlehen, wieder an. Für den Zusammenhang zwischen Außenwirtschaft und Entwicklungsprozeß des Landes läßt sich somit formulieren: Förderte eine Regierung den Außenwirtschaftsbereich, dann trug sie zugleich zu einer Verlangsamung des Entwicklungsprozesses der einheimischen Industrie bei; förderte sie hingegen die Industrieproduktion, dann bestand – wegen ihrer strukturellen Abhängigkeit von den Außenhandelszöllen – die Gefahr, daß sie aufgrund sofort auftauchender finanzieller Probleme gestürzt wurde. Die Gliedstaaten genossen steuerpolitisch nahezu unbeschränkte Autonomie; erst in den 1870er Jahren versorgten sie die Zentrale mit einem (geringen) Kontingent an Steuermitteln. Während des größten Teils des 19. Jh. dominierte das Bestreben zu verhindern, daß die Bundes- oder Zentralregierung finanzielle Autonomie erlangte und eine deutliche Kontrolle über das Nationalterritorium entwickelte. Dieses Phänomen läßt sich als der erfolgreiche Versuch des „Eigentümerstandes" (*hacendados* und Bergwerksbesitzer) deuten, unbedingt seine Autonomie zu wahren und das Regionalgebiet (Gliedstaat oder Departement) sowie dessen steuerliche Ressourcen als eigene zu betrachten, die nicht an die übergeordnete Nationalgemeinschaft abzutreten waren. Diese Haltung erklärt, weshalb der Staat bei seinen ordentlichen Einkommen immer ausschließlicher auf die Zolleinkünfte und bei seinen außerordentlichen stets dringlicher auf Darlehen und Vorschüsse zurückgreifen mußte.

Trotz der erbitterten Auseinandersetzungen zwischen Liberalen und Konservativen um den richtigen Kurs der Wirtschaftspolitik war jahrzehntelang keines der miteinander konkurrierenden Programme in der Lage, wirtschaftliches Wachstum zu generieren. Beide Lager können insofern als „nationalistisch" bezeichnet werden, als es ihnen übereinstimmend um das Ziel ging, ein ökonomisches Fundament für den unabhängigen Staat zu legen. Allerdings überschätzten beide Seiten die ihren Konzepten innewohnenden Kapazitäten; die Fehleinschätzungen gingen auf eine Unterschätzung von längerfristig-strukturellen Wirtschaftstrends zurück, die die ökonomische Entwicklung der Unabhängigkeitsära wesentlich mitbedingten: Der wichtigste dieser Trends war die Wirtschaftsdepression der postkolonialen Epoche, die sowohl die Durchsetzung eines handelsliberalen Systems als auch die Industrialisierung des Landes verhinderte, da beide ökonomische Optionen einen großen und expandierenden Markt, steigende Kaufkraft und zunehmende Käuferschichten voraussetzten – Bedingungen, die in Mexiko nicht gegeben waren. Das zweite Strukturproblem waren die chronischen Bürgerkriege, soziale Unruhen und politische Aufstandsbewegungen, die häufig direkt oder indirekt mit dem Außensektor zusammenhingen.

Trotz der politischen und sozialen Erschütterungen in den ersten Jahrzehnten des 19. Jh. blieb die Außenhandelsstruktur Mexikos im Übergang von der Kolonialzeit zur Unabhängigkeitsära erhalten. So blieb (gemünztes) Silber das bei weitem wichtigste Ausfuhrprodukt, neben das Koschenille, Farbhölzer und (bei sehr geringer Bedeutung) einige landwirtschaftliche Produkte wie Indigo und Vanille traten. Gegen Mitte des Jahrhunderts stieg der Anteil der Edelmetalle als Exportartikel auf über 90 Prozent der Gesamtausfuhr, während die natürlichen Farbstoffe als Folge der Erfindung synthetischer Produkte durch europäische Chemiker kontinuierlich an Bedeutung einbüßten.

Mexikos Hauptimportgüter in den ersten 50 Jahren staatlicher Unabhängigkeit waren Konsumgüter [Herrera Canales 1977]. Über 90 Prozent des gesamten Imports bestanden aus Fertig- und Halbfertigwaren: Stoffen, Kleidern, Textilkurzwaren, Nahrungsmitteln und Weinen, Tonwaren und Papier, Eisenwaren, Handwerkszeug, Maschinen. Der mit großem Abstand wichtigste Importposten waren Textilien; weit über die Hälfte aller eingeführten Textilien wiederum bestand aus Baumwollstoffen. Die politische Unabhängigkeit hatte der Einfuhr ausländischer Textilien endgültig die Schleusen geöffnet.

Das herausragende Charakteristikum des mexikanischen Importhandels im 19. Jh. war die Dominanz von (vor allem Baumwoll-)Textilien. Diese Dominanz spiegelt das Ausgreifen der europäischen, besonders der britischen Wirtschaft auf die lateinamerikanischen Märkte wider. Sie läßt darüber hinaus erkennen, in welch einseitiger und abhängiger Form Mexiko in das Weltwirtschaftssystem integriert wurde. Die Außenhandelsstatistiken sind für das Mexiko des 19. Jh. zwar unvollständig; sie vermitteln gleichwohl einen Eindruck der Größenordnung, die der Außenhandel erreicht hatte (Tab. 24). Jahrzehntelang war in der Literatur von einer absoluten Dominanz der Briten im mexikanischen Importhandel ausgegangen worden [Lerdo de Tejada 1853]; erst neuerdings konnte aufgrund einer Neuberechnung festgestellt werden, wie stark die Konkurrenz um den mexikanischen Markt war (Tab. 25).

Das vor allem von Dependenztheoretikern vorgebrachte Ausbeutungsargument, demzufolge die „Metropole" sich von ihren „Satelliten" den Mehrwert angeeignet und ihn für die eigene Entwicklung genutzt habe, ist von vielen Ökonomen zurückgewiesen worden, die betonen, daß sich in den ersten Jahrzehnten nach der Unabhängigkeit die terms of trade stark zugunsten der Länder Lateinamerikas verbesserten. Hierzu muß allerdings einschränkend bemerkt werden, daß sich für die mexikanischen Hauptausfuhrprodukte Cochenille, Farbholz und Vanille – sieht man von Silber ab – die Austauschrelationen nicht verbesserten, weil in den drei Jahrzehnten zwischen

Tab. 24: Außenhandel Mexikos 1822–1858 (in laufenden Pesos)

Jahr	Import aus	Export nach	Import aus den	Export in die	Import aus	Export nach	Import aus Hamburg und Bremen
	Frankreich		USA		Großbritannien		
1822					453 460	220 285	
1823					1 848 880	1 046 865	
1824					2 762 020	732 130	
1825	3 679 800	419 000			7 046 780	760 035	
1826	2 860 400	618 800	6 281 000	3 916 000	3 342 075	560 900	
1827	2 985 000	1 089 400	4 173 000	5 232 000	6 140 200	731 355	
1828	1 998 400	1 352 600	2 886 000	4 814 000	2 671 900	963 885	
1829	1 946 800	1 617 800	2 331 151	5 026 761	3 222 630	751 930	
1830	4 645 400	1 180 000	4 837 458	5 235 241	9 474 085	846 100	
1831	4 070 600	741 200	6 178 000	5 167 000	3 644 290		
1832	2 680 000	1 575 400	3 467 541	4 293 954	999 105		
1833	3 005 400	1 068 200	5 408 091	5 459 418	2 107 435		2 794 652
1834	2 408 200	1 348 800	5 265 053	8 666 668	2 298 050		
1835	3 460 200	1 418 600	9 029 221	9 490 446	2 014 100		
1836	1 900 000	1 740 800	6 040 635	5 615 819	1 274 110		
1837	1 927 600	1 422 400	3 880 323	5 654 002	2 601 000		1 466 000
1838	1 635 400	883 000	2 787 362	3 127 153	2 198 880		1 760 000
1839	2 268 400	915 800	2 164 097	5 500 707	3 300 850		1 970 800
1840	2 798 800	1 477 800	2 515 314	4 175 001	2 326 650		1 750 000
1841	2 530 600	1 189 400	2 036 620	3 484 957	2 174 505		1 485 200
1842	2 281 400	1 050 800	1 534 933	1 996 694	1 874 845		1 307 563**
1843	2 388 800	1 384 400	1 471 937	2 782 406	2 989 685		1 422 750**
1844	2 764 618	1 476 400	1 494 833	2 387 691	2 470 475		1 102 534**
1845	2 540 400	1 557 800	1 159 331	1 702 936	2 735 650		1 120 308**
1846	2 079 400	1 477 600	1 531 180	1 836 621	1 518 425		1 206 372**
1847	680 400	347 000	238 004	481 749	503 000		284 704**
1848	3 935 342	1 109 620	4 054 459	1 581 247	4 730 000		1 888 960**
1849	6 535 837	1 345 559	2 020 868	2 116 719	3 895 000		1 209 400**
1850	4 556 191	1 708 160	2 012 827	2 135 866	2 500 000		1 144 932**
1851	5 069 165	1 146 686	1 581 763	1 804 799	3 000 000		1 234 764**
1852	3 802 631	1 341 537	2 284 929	1 649 206	2 000 000		1 041 716**
1853	4 214 622	1 314 755	3 558 824	2 167 985	4 000 000		1 463 340**
1854	5 424 362	1 154 941	3 135 486	3 463 190	2 000 000	1 103 025*	1 610 812**
1855	5 225 145	1 177 116	2 922 804	2 882 830	3 000 000	1 153 955*	902 188**
1856	5 578 835	1 572 488	3 702 239	3 568 681	4 500 000	1 110 965*	1 155 672**
1857			3 615 206	5 985 857	3 000 000	1 711 915*	
1858			3 315 825	5 477 465	2 000 000	1 587 840*	

* ohne Silber
** nur Hamburg

Quelle: Bernecker [1988, 280].

Tab. 25: Mexikanische Importe 1840–1846 (in Pesos)

Herkunftsland	Gesamtwert	Jahresdurchschnitt	in %
Großbritannien	16 090 235	2 298 605	26,4
Frankreich	17 384 018	2 483 431	28,5
davon: Spezialhandel	13 698 315	1 956 902	22,4
Transithandel	3 685 703	526 529	6,1
USA	12 044 134	1 720 591	19,8
Deutschland	11 804 009	1 686 287	19,4
Sonstige	3 592 287	513 184	5,9
Insgesamt	60 914 683	8 702 098	100,0

Quelle: Bernecker [1988, 286].

1826 und 1856 die Preise für diese Produkte stark zurückgingen und Mexiko 40 Prozent weniger erlöste. Der wichtigste positive Effekt, der vom internationalen Handel auf Mexiko ausging, lag in der Förderung der Silberproduktion als Hauptbestandteil des mexikanischen Exports.

Die entscheidende soziale Gruppe im Außenhandelsbereich waren die in- und ausländischen Großhändler, die als *merchant bankers* fungierten. Während des größten Teils des 19. Jh. waren sie die bedeutendste urbane Wirtschaftsinstitution, die bei der Finanzierung der mexikanischen „Entwicklung" eine katalytische Funktion ausübten, weil (seit den Rückzahlungsschwierigkeiten Mexikos seit Mitte der 1820er Jahre) aus dem Ausland kein weiteres Kapital zu erwarten war und nationale Finanzierungsinstitutionen nicht existierten. Durch die Ankurbelung des Handels versorgte das Handelskapital die Regierung mit Zolleinkünften, durch Investierung in Industrieunternehmen trug es zur Herausbildung eines modernen Wirtschaftssektors bei, und durch Darlehen an die Regierung leistete es einen nicht unerheblichen Beitrag zum Fortbestand des Landes [Bernecker 1988]. Da die regulären Steuereinnahmen für die Staatsbedürfnisse nicht ausreichten und bei sinkenden Importzöllen die Lücke im Staatshaushalt immer größer wurde, mußten die Regierungen verstärkt auf außerordentliche Einnahmen von Anleihen bei diesen *merchant bankers* zurückgreifen. Für den größten Teil des 19. Jh. gilt, daß viele mexikanische und ausländischen Händler auf diese politikabhängige Form der Kapitalakkumulation zurückgriffen. Je instabiler die soziopolitische Situation war, desto mehr waren die Regierungen auf die Händler angewiesen [Cardoso 1987; Cerutti 1983]. Das Kapital dieser in- und ausländischen Kreditgeber, der *agiotistas*, stellte eine Art Kontinuität, eine „unsichtbare Stabilität" in der Unübersichtlichkeit des politischen Chaos dar [Tenenbaum 1986].

e Die internationale Dimension

Die Außenbeziehungen Mexikos hingen in den ersten 50 Jahren der Unabhängigkeit in einem mehrfachen Sinne mit den bisher beschriebenen innenpolitischen und wirtschaftlichen Verhältnissen zusammen: Zum einen war Außenpolitik zum großen Teil Außenwirtschaftspolitik, deren Entwicklung wiederum auf die Binnenverhältnisse zurückwirkte; zum anderen hingen die externen Konflikte insofern auf das engste mit der Wirtschaft des Landes zusammen, als die Zahlungsunfähigkeit oder -unwilligkeit Mexikos wiederholt Anlaß internationaler Kriege war; schließlich führte die innenpolitische Labilität zu einer außenpolitischen Schwäche, die das Land als begehrtes Opfer europäischer und US-amerikanischer Aggressionen erscheinen ließ.

Schon Mexikos Bestreben, seine Unabhängigkeit international anerkennen zu lassen, weist einen engen Bedingungszusammenhang mit außenwirtschaftlichen Interessen europäischer Staaten auf. Die Anerkennung der mexikanischen Unabhängigkeit erfolgte in den 1820er Jahren durch den Abschluß von „Handels- und Freundschaftsverträgen". Bei diesen Verträgen ging es um das Kompensationsgeschäft: politisch-diplomatische Anerkennung gegen wirtschaftlich-handelspolitische Vorteile. Die eigentliche Wende in der europäischen Lateinamerikapolitik erfolgte 1825. Nach der diplomatischen Anerkennung Mexikos durch Großbritannien gaben die Regierungen Preußens, Frankreichs und der Niederlande den drängenden Forderungen der am lateinamerikanischen Gütermarkt interessierten Unternehmer- und Händlerkreise nach und entschlossen sich zu einer zuerst „kommerziellen", dann auch politischen Anerkennung der neuen Staaten [Bernecker 1988, 161–207].

Die Verträge zwischen europäischen und lateinamerikanischen Staaten sind als Elemente bezeichnet worden, die eine neue Staaten- und internationale Handelsordnung im Prozeß der Transformation einerseits des merkantilistischen in ein eher freihändlerisch orientiertes System, andererseits des europäischen öffentlichen Rechts in das moderne Völkerrecht bildeten und strukturierten [Becker 1984]. Diese Interpretation steht der Deutung Gallaghers und Robinsons gegenüber, die in den britischen Verträgen mit Argentinien, Mexiko und Kolumbien ein Instrument zur Errichtung des englischen Freihandelsimperialismus sehen [Gallagher/Robinson 1970]. Sicherlich stellten die Verträge einen entscheidenden Faktor bei der Konstituierung des neuen internationalen Staatensystems dar. Die von den „Rebellenrepubliken" beanspruchte und in allen Verträgen gewährleistete Reziprozität bedeutete im politischen Bereich die Gleichstellung der neuen Länder in der Gemeinschaft der „zivilisierten" Staaten. Über das Instrument der Verträge entstand eine europäisch-lateinamerikanische „Vertragsgemeinschaft", deren Grundlage nicht die dynastische Legitimität des 18. Jh., sondern die aus materiellen Interessen resultierende Anerkennung der Existenz von Staaten verschiedenen Ursprungs und unterschiedlicher Legitimität war. Im Gegensatz zu früheren dependenzorientierten Interpretationen, denen zufolge die Anerkennungsverträge Mexiko „aufgezwungen" worden seien, läßt sich heute sagen, daß Mexiko bei der Aushandlung der Verträge seine Position durchaus erfolgreich zu vertreten wußte [Bernecker 1988, 161–207].

Parallel zur Aushandlung der Verträge mußte 1829 ein spanischer Wiedereroberungsversuch zurückgeschlagen werden; 1838 kam es sodann zum ersten größeren internationalen Konflikt, als französische Truppen in Veracruz landeten, um in dieser „Kuchenkrieg" *(Guerra de los Pasteles)* genannten Auseinandersetzung die Begleichung ausstehender Schulden zu erzwingen [Weckmann 1961/62; Barker 1979]. Der folgenreichste Krieg fand Mitte des 19. Jh. mit dem nördlichen Nachbarn USA statt.

Seit Beginn des mexikanischen Unabhängigkeitskampfes war der Blick der USA auf Teile Neu-Spaniens gerichtet gewesen. Bereits 1810 wurde Westflorida annektiert, 1812 Ostflorida (der heutige Bundesstaat Florida) besetzt. Im transkontinentalen Adams-Onís-Vertrag von 1819 mußte das geschwächte Spanien nicht nur ganz Florida ohne jede Ausgleichszahlung an die Vereinigten Staaten abtreten; außerdem fixierte der Vertrag bis zum Pazifik eine Grenze, die den USA weit mehr als das Louisiana-Gebiet zusprach und den spanischen Verzicht auf Oregon aussprach. Von dieser erweiterten Ausgangsposition aus erwarben die USA in den folgenden 30 Jahren den verbleibenden spanischen Kolonialbesitz, der ab 1821 ein Teil des unabhängigen Mexiko war, bis zur heutigen Grenze am Rio Grande; der Adams-Onís-Vertrag markierte in diesem Expansionsprozeß eine entscheidende Etappe.

Die erste Konfrontation hatte Mexiko mit den USA wegen Texas. Zwischen 1800 und 1820 bereits waren US-Siedler ins spanisch-mexikanische Texas gezogen. Seit Texas sodann ein Teil Mexikos war, wurde von mexikanischer Seite eine gezielte Einwandererpolitik betrieben; Texas sollte nach dem Vorbild der USA entwickelt werden. Unter der Bedingung, daß die Siedler mexikanische Staatsbürger und Katholiken wurden und kostenlos 4500 Acres zur Bestellung übernahmen, wurde einer stets wachsenden Zahl von US-Siedlern die Einwanderung und aufgrund eines großzügigen mexikanischen Siedlungsgesetzes die Ansiedlung gestattet [Bosch Garcia 1961].

Erste Reibungen mit den US-Siedlern entstanden, als Texas 1827 ein Antisklavereigesetz verabschiedete und der mexikanische Präsident 1829 die Sklaverei im ganzen Land aufhob. Allerdings konnten die sklavenhaltenden US-Siedler vorerst eine Ausnahmeregelung durchsetzen. Grenzverhandlungen zwischen den USA und Mexiko blieben ergebnislos, ein Kaufangebot wurde von der mexikanischen Regierung abgelehnt. Der mißtrauisch gewordene mexikanische Kongreß untersagte 1830 weiteren US-amerikanischen Einwanderern den Zuzug; die mexikanische Truppenpräsenz in Texas wurde ausgebaut. In den folgenden Jahren häuften sich die Zwischenfälle. Die Siedler, von denen viele nicht zum Katholizismus übergetreten waren, pochten auf Selbstverwaltung und eigene Staatlichkeit, zumindest jedoch auf Autonomie innerhalb des mexikanischen Staatsverbandes. Als Konzession öffnete Mexiko wieder die Grenze für US-Siedler; Ende 1835 sollen in Texas bereits 30 000 US-Amerikaner und lediglich 3000 Mexikaner gelebt haben [Barker 1928].

Als Santa Anna in Texas schärfere Kontrollmaßnahmen einführte, wurden dort „Sicherheitsausschüsse“ gegründet, die eine provisorische Regierung und Armee bildeten; 1836 schließlich wurde eine Unabhängigkeitserklärung verabschiedet und die Republik Texas ausgerufen. Im nun einsetzenden Kampf zwischen Texas und Mexiko wurde Santa Anna gefangengenommen; der mexikanische Präsident mußte die texanische Unabhängigkeit anerkennen. Der mexikanische Kongreß lehnte zwar die Ratifizierung der Verträge ab; dies änderte aber nichts daran, daß Texas faktisch unabhängig war [Pletcher 1973; Reichstein 1984].

Die Texaner hatten während ihres Unabhängigkeitskampfes massive Unterstützung von seiten der USA erhalten; Washington kam nach dem Friedensschluß aber dem Annexionsantrag der Texaner (noch) nicht nach, weil eine Einverleibung von Texas in die Union Krieg mit Mexiko bedeutet hätte. In den folgenden neun Jahren war Texas ein unabhängiger Staat, der von mehreren europäischen Ländern völkerrechtlich anerkannt wurde.

Als Santa Anna mit den Texanern in Verhandlungen über die Rückkehr ihres Landes nach Mexiko eintrat, stieg die Annexionsneigung der Washingtoner Politik. Im Jahr 1844 unterzeichneten die USA und Texas einen Vertrag, der Texas militärischen Schutz durch die Vereinigten Staaten gewährte; nach leidenschaftlichen Diskussionen in den USA wurde der Vertrag schließlich vom Senat abgelehnt, unmittelbar danach setzten wieder mexikanische Feindseligkeiten gegen Texas ein. Schließlich konnte der noch amtierende US-Präsident John Tyler Anfang 1845 die Annexion von Texas mittels einer „Joint Resolution“ durchsetzen, die durch einfache Mehrheit in beiden Häusern des Kongresses Gesetzeskraft erlangte. Der texanische Kongreß stimmte dem US-Vorgehen zu und ließ seine Zustimmung durch einen Volksentscheid bestätigen [Ruiz 1963].

Durch die Annexion von Texas wurden die Beziehungen zwischen den USA und Mexiko enorm belastet. Die Streitigkeiten der folgenden Zeit sollten schnell zum Krieg zwischen den Nachbarstaaten führen. Das US-Interesse richtete sich nunmehr verstärkt auf Kalifornien, das seit 1821 eine mexikanische Provinz mit halbautonomem Status war, in die seit Ende der 1830er Jahre verstärkt US-amerikanische Siedler und Pelzhändler strömten. Auslöser des 1846 begonnenen Krieges war der Streit um die texanische Süd- und Westgrenze; die USA beanspruchte den Rio Grande als endgültige Grenzlinie, Mexiko wies dieses Ansinnen zurück. Als die kriegerischen Auseinandersetzungen begannen, war Washington bestrebt, Mexiko als den Aggressor darzustellen; es steht jedoch zweifelsfrei fest, daß US-Präsident James Polk mit dem provozierenden Marschbefehl für General Taylor die Phase des militärischen Konflikts eröffnet hatte und zur offiziellen Kriegserklärung entschlossen war [Bosch Garcia 1961].

Die USA wollte einen kurzen Krieg mit schnellen Entscheidungen; aus dem Unternehmen wurde allerdings ein langer und blutiger Krieg [vgl. Tuterow 1981]. Die US-Truppen, die über den Rio Grande in den Norden Mexikos und nach der Landung in Veracruz in Richtung Hauptstadt vorrückten, kamen nur schleppend voran. Kalifornien, wo US-Siedler eine eigene Republik ausgerufen hatten, kam jedoch mit Hilfe des US-amerikanischen Pazifikgeschwaders schnell unter die Kontrolle der Vereinigten Staaten. Anfang 1847 endete dort jeglicher mexikanischer Widerstand, Kalifornien wurde zu US-amerikanischem Staatsgebiet erklärt [Smith 1963].

Im September 1847 wurde, nachdem Mexiko vorerst nicht zu einem Friedensschluß bereit war, die Hauptstadt von US-amerikanischen Truppen besetzt. Der Mexiko schließlich aufgenötigte Frieden von Guadalupe Hidalgo (2. 2. 1848) sah eine Zahlung von 15 Mio. US-Dollar an Mexiko vor; dafür erhielten die USA endgültig den Río Grande als Grenze und einen riesigen Territorialgewinn: Kalifornien und die heutigen Bundesstaaten Nevada, Utah, New Mexico, Arizona, Teile von Wyoming und Colorado. Durch diese Abtrennung verlor Mexiko ungefähr die Hälfte seines damaligen Staatsgebiets. Kurze Zeit nach dem Krieg erwarben die USA im Jahr 1853 wegen des Baus einer geradlinigen Bahnlinie im sogenannten „Gadsden-Kauf“ weiteres mexikanisches Gebiet (La Mesilla) für 10 Mio. US-Dollar; außerdem erhielten sie das Recht, am Isthmus von Tehuantepec einen Kanal zwischen Atlantik und Pazifik zu bauen [Vazquez/Meyer 1982].

Ergebnis des unverhüllten US-Eroberungskrieges war eine dauerhafte Störung nicht nur im US-mexikanischen, sondern allgemein im US-lateinamerikanischen Verhältnis. Die ursprünglich dominierende Vorstellung des nordamerikanischen Emanzipationsvorbildes wich skeptischem Mißtrauen, das seit den Erfahrungen mit dem US-Wirtschaftsimperialismus gegenüber Lateinamerika ab den 1890er Jahren noch verstärkt wurde.

B. Die liberale Ära (1867–1900)*

a Einleitung

Mit der Hinrichtung Kaiser Maximilians im Juli 1867 schien die Niederlage der französischen Eindringlinge, der Kirche und der Konservativen endgültig und Mexikos Unabhängigkeit als Nation gesichert. Aber der Sieg konnte den kläglichen Zustand des Landes nicht ausgleichen. Wirtschaftliche Stagnation, tiefste Armut und staatliche Finanzknappheit waren seit der Unabhängigkeit für Mexiko charakteristisch gewesen, doch nun war die Situation schlimmer als je zuvor. Der siegreiche liberale Staat war schwach und mittellos, die Wirtschaft lag darnieder. Die mexikanische Gesellschaft, entwurzelt durch Gewalt und soziale Verschiebungen, trug in mancher Hinsicht noch immer die Züge dessen, was die Liberalen als die alte Ordnung bezeichneten. Vielen ländlichen Gemeinden und sogar der Kirche war es bisweilen gelungen, der Privatisierung von Ländereien im Gemeinbesitz oder aus dem Kirchengut zu entgehen oder sich ihr zu widersetzen. Überdies wurde das ländliche Mexiko nach wie vor vom Klerus beherrscht, und schließlich war das Land im Ausland schlecht angesehen und international isoliert.

Die Festigung politischer Autorität in Mexiko wurde behindert durch den Charakter der liberalen Bewegung, einer losen Ansammlung lokaler *caudillos* und zersplitterter Interessen der städtischen Mittelschicht. Die zersetzenden Effekte des langen Bürgerkrieges hatten die schon vorhandene Neigung zur Beschränkung auf das lokale Umfeld noch verstärkt. Ganze Landesteile wurden von lokalen Aufständen oder Rebellionen der indianischen Bevölkerung beherrscht. Diese Unruhen waren zumeist eine Folge der gefährlich anwachsenden wirtschaftlichen Unzufriedenheit und der Leiden, die von kriegsbedingter sozialer Entwurzelung und aufgezwungenen liberalen Reformen herrührten. Entlassene Soldaten und Flüchtlinge ließen das Heer der Banditen anschwellen. Verschärft wurde diese Entwicklung durch die übergroßen, undisziplinierten und in Auflösung begriffenen Streitkräfte, eine schwache Bürokratie, die teilweise Maximilian unterstützt hatte, und eine desorganisierte staatliche Verwaltung.

Anhaltende Instabilität, der Niedergang von Bergbau und Landwirtschaft, weit verbreitete Armut und die Unsicherheit des Transports und der Nachrichtenverbindungen hatten den Binnen- und Außenhandel zurückgehen lassen. Wegen der Zerstörungen und Konfiskationen fehlte es an Investitionskapital, das zurückgehalten oder ins Ausland transferiert wurde. Ausländische Anleihen waren kaum zu bekommen, weil Mexiko im Ausland keinen guten Ruf genoß und Benito Juárez in der Frage der Auslandsschulden und der Beziehungen zu den europäischen Ländern (Frankreich, Großbritannien und Spanien), die in Mexiko interveniert hatten, eine unnachgiebige Haltung einnahm. Preußen war die einzige europäische Großmacht, die Beziehungen mit Mexiko aufrechterhielt. Im Norden hatte Juárez ernste Grenzprobleme mit den Vereinigten Staaten, hervorgerufen durch Indianereinfälle, Freibeuter, Viehdiebe und die Freihandelszone, die dem Schmuggel Vorschub leistete. Im Süden erhob Guatemala nach wie vor Anspruch auf Chiapas, das nach der Sezession Zentralamerikas 1823 bei Mexiko verblieben war.

---

* Aus dem Englischen übersetzt von Walter Brumm.

Obwohl die entstehende politische Führungsschicht der Liberalen hinsichtlich der Lösung dieser Probleme in bestimmten Punkten uneinig war, stimmten sie doch in der allgemeinen Forderung nach einem neuen, stärkeren, weltlichen, weiterentwickelten und fortschrittlichen Mexiko überein. Um dieses Ziel zu erreichen, mußte das Land ein Mindestmaß an politischer Stabilität erreichen und eine Wirtschaft aufbauen, die mit dem Weltmarkt verzahnt war und auf der Ausbeutung der natürlichen Reichtümer des Landes beruhte. Dies erforderte tiefgreifende Veränderungen der ländlichen, insbesondere der bäuerlichen Besitzverhältnisse, um Land und Arbeitskräfte für unternehmerische Aktivitäten verfügbar zu machen. Mexikos menschliches Kapital mußte durch verbesserte Ausbildung und Einwanderung vergrößert werden, und schließlich benötigte das Land ausländisches Kapital für die Modernisierung von Infrastruktur und Industrie.

Wie erfolgreich waren die Liberalen der wiederhergestellten Republik (1867–1876) in der Umsetzung dieser Politik, und inwieweit unterschied sich diese von jener des Porfiriats (1876–1911)? Die Debatte über diese Epoche ist durch mehrere Faktoren behindert und erschwert worden. Erstens fehlen zuverlässige Untersuchungen der Politik und in noch stärkerem Maße der Gesellschaft und Wirtschaft dieses Zeitabschnittes, besonders auf regionaler und lokaler Ebene. Hauptquellen sind noch immer Berichte von Ausländern, amtliche Publikationen und lokale Denkschriften. Obwohl es im späten Porfiriat einige Versuche gab, auf staatlicher und kommunaler Ebene und in Enzyklopädien Material zu sammeln, sind die verfügbaren Quellen unvollständig, voreingenommen und decken nicht gleichmäßig das ganze Gebiet der Republik ab. Zweitens stellte die postrevolutionäre mexikanische Geschichtsschreibung das Porfiriat als eine grobe Abweichung vom liberalen Modell dar, wie es von der Verfassung des Jahres 1857 vorgesehen war, als ein Regime, das sich zu einer monolithischen, rückschrittlichen, von ausländischem Kapital beherrschten Diktatur entwickelte. Nach 1945 neigten Entwicklungstheorien, die auf eine Hebung des Lebensstandards der Massen abzielten, ebenfalls zur Betonung der zahlreichen Mängel des Díaz-Regimes, insbesondere seiner auslandsabhängigen Wirtschaft, deren Diversifikation und Binnenmarktentwicklung allerdings stark unterschätzt wurden.

Die Revision der allgemein sehr kritischen Betrachtungsweise des Porfiriats begann in den 1950er Jahren. Abgesehen von einer verbreiteten Desillusionierung über die Ergebnisse der Revolution von 1910 war diese Neueinschätzung auch eine Folge der Fortschritte sowohl der mexikanischen als auch ausländischen Geschichtswissenschaft. Der Revisionismus hatte die Tendenz, das negative Bild des Porfiriats herunterzuspielen, und richtete das Augenmerk auf die Kontinuität zwischen der wiederhergestellten Republik und dem Porfiriat. Er betonte darüber hinaus die Notwendigkeit, liberale Errungenschaften und Leistungen an ihren selbstgesteckten Zielen zu messen.

Im späten 19. Jh. zielten liberale Modernisierungsmaßnahmen auf ein unentbehrliches Minimum an öffentlicher Gesundheit und Erziehung und auf die Verbesserung der Infrastruktur, die für den Export von Rohstoffen und landwirtschaftlichen Erzeugnissen benötigt wurde. Letzteres schloß den Bau von Eisenbahnen und Hafenanlagen, die Errichtung eines modernen Banksystems und eines flächendeckenden Post- und Telegrafendienstes sowie eine effizientere Verwaltung im Hinblick auf die Anwendung des Wirtschaftsrechts und die Schaffung einheitlicher Steuer- und Zollsysteme ein. Um die Bedürfnisse einer wirtschaftlichen Modernisierung zu befriedigen, mußte die Einfuhr von Kapital, Maschinen und Verbrauchsgütern gefördert werden.

Diese Maßnahmen hingen aufs engste mit politischer Stabilität und Ordnung zusammen, denn ausländische Investitionen konnten nur angelockt werden, wenn die Gefahr von Revolten, Aufständen und Banditenunwesen beseitigt war.

Neuere Forschungen lassen erkennen, daß es den Liberalen weitgehend gelang, ihre Ziele zu erreichen. Die Präsidenten Benito Juárez und Sebastian Lerdo de Tejada legten zwischen 1867 und 1876 das Fundament zu einem stärkeren, zentralisierten Staat, der besser zur Aufrechterhaltung von Ruhe und Ordnung in der Lage war. Sie förderten die Modernisierung der Infrastruktur, obgleich diese weiterhin durch das Fehlen hinreichender politischer Kontrolle und Kapital behindert wurde wie auch durch die schwierigen Beziehungen zu den bedeutenden ausländischen Mächten. Diese Probleme wurden unter ihren Nachfolgern Porfirio Díaz und Manuel González gelöst. Mexiko wurde jetzt attraktiv für ausländisches Kapital, und seit Mitte der 1880er Jahre wuchs die Wirtschaft in beträchtlichem Maße.

Die Auswirkung dieser Entwicklungspolitik auf die Masse der Bevölkerung ist noch immer ein umstrittenes Thema. Vor allem stellt sich die Frage, wie die Auswirkungen und der Erfolg liberaler Politik zu bewerten sind, wenn nicht bekannt ist, wie das ländliche Leben vor ihrer Einführung funktionierte. Die mexikanische Sozialgeschichtsschreibung ringt noch immer mit einem erschreckendem Mangel an Kenntnissen über die vorausgehenden Perioden. Zum andern war die Politik vorher wie nachher hauptsächlich Sache einer Elite, und daher neigte die liberale Politik dazu, eliteorientiert zu sein. Sie mochte auch einen Teil der kleinen Mittelschicht mit einschließen, aber die Interessen der Massen wurden, absichtlich oder nicht, im allgemeinen ignoriert. Pläne zur Ausbildungsförderung und zur Schaffung eines öffentlichen Gesundheitswesens scheiterten vor allem an der Finanzknappheit oder fehlendem Interesse unter den örtlichen Eliten. Allgemein wird angenommen, daß die Mehrheit der Bevölkerung sowohl in politischer wie auch wirtschaftlicher Hinsicht Einbußen erlitt.

b Politische Entwicklungen

Das liberale Dilemma: Die Verfassung von 1857 und die mexikanische Realität

Die Verfassung von 1857 und das von ihr geschaffene politische System waren daraufhin konzipiert, die Zentralgewalt der Exekutive durch eine starke Legislative mit einer Kammer, einem unabhängigen Obersten Gerichtshof und einem beträchtlichen Maß an Souveränität für die Bundesstaaten unter Kontrolle zu halten. Sie legten Wert auf systematische Verfahren für die Amtsnachfolge von Präsidenten und Gouverneuren, auf die öffentliche Teilnahme am politischen Prozeß durch ein allgemeines Wahlrecht der Männer und den Schutz der bürgerlichen Rechte des einzelnen.

Neuere Forschungen haben jedoch deutlich gemacht, daß die politische Praxis von Anfang an von diesen Idealen abwich. Versuche der Exekutive zur Zentralisierung der Macht nach einem Jahrzehnt des Bürgerkriegs und der Aufbau einer „politischen Maschine“, die dazu neigte, politische Autorität zu monopolisieren, fielen schon in die Zeit der Präsidenten Juárez und Lerdo. Überdies mißlang der siegreichen liberalen

Bewegung, welche die Verfassung von 1857 hervorbrachte, die Lösung des Problems der Amtsnachfolge von Präsidenten und Gouverneuren, und in der Praxis machte sie sich die Meinung zu eigen, daß die Massen unfähig seien, an der Politik teilzunehmen. Die Hauptgründe für diese Entwicklung sind in der Kluft zwischen den Theorien des verfassungsmäßigen Liberalismus und den tatsächlichen Gegebenheiten der politischen Wirklichkeit Mexikos zu suchen.

Die mexikanischen Massen waren weithin analphabetisch und politisch indifferent. Die Reform hatte das Aufkommen eher national orientierter politischer Eliten gefördert, aber Politik war im wesentlichen noch immer lokal und familiär orientiert, in hohem Maße persönlichkeitsgebunden und zeichnete sich durch ausgeprägte Rivalitäten zwischen lokalen *caudillos* aus. Den Gipfel lokaler Machtstrukturen nahmen oft *caciques* (lokale Machthaber) ein, die als Gouverneure oder Militärbefehlshaber durch die *jefes políticos* (Distriktsvorsteher) herrschten und die lokale Rekrutierung bewaffneter Gefolgsleute oder Wähler monopolisierten. Bürgerkrieg und Arbeitslosigkeit hatten zudem diese örtlichen politischen Bindungen aus Gründen beiderseitigen Überlebens und besserer Verteidigung nach außen oftmals verstärkt. Die siegreiche liberale Bewegung spiegelte diese Strukturen in ihrer Zusammensetzung und in ihren Vorgaben. Sie wurde nie zu einer wirkungsvollen und beherrschenden Regierungspartei und war geprägt von widerstreitenden Interessen, Regionalismen, Personalismus und dem politischen Einfluß des Militärs.

Als Folge davon ordneten sich Juárez' und Lerdos Ansichten über die Anwendung des verfassungsmäßigen Liberalismus immer mehr praktischen und dringenden Erwägungen von Ordnung und Stabilität unter, die für den Wiederaufbau der Wirtschaft und Gesellschaft erforderlich waren. Dazu gehörte die Verstärkung der Exekutive durch institutionelle Reform, die Kontrolle der Staatsgouverneure durch die Ausnutzung politischer Rivalitäten auf der Ebene der Bundesstaaten und der wiederholte Einsatz außerordentlicher Machtmittel, um unmittelbar in den einzelnen Bundesstaaten zu intervenieren. Die Kontrolle über die Machtstrukturen in den Gliedstaaten war entscheidend nicht nur wegen ihrer Rolle bei Präsidentschafts- und Parlamentswahlen, sondern auch wegen ihrer potentiellen Rolle als Basis für Rebellionen. Schließlich versuchte die Regierung, die ursprüngliche Guerilla-Armee in eine Berufsarmee umzuwandeln und der Zentralregierung zu unterstellen.

Juárez, Lerdo und Díaz waren einander in vielerlei Hinsicht ähnlich. Alle drei waren erfahrene Politiker, die im Amt zu der Überzeugung gelangten, daß ein staatlicher Zentralismus und die Monopolisierung der Regierungsgewalt erforderlich seien, um die Einheit der Republik zu bewahren. Allen dreien war völlig klar, daß die staatlichen Institutionen darum von oben manipuliert werden mußten. Alle drei handelten entsprechend, und in der neueren revisionistischen Geschichtsschreibung wird allgemein anerkannt, daß Díaz ein politisches System vervollkommnete, das während der wiederhergestellten Republik geschaffen wurde. Von der traditionellen Geschichtsschreibung hingegen wurde Juárez zum Helden der mexikanischen Demokratie hochstilisiert, während Díaz zuerst von Historikern seiner späten Jahre als der Architekt eines stabilen Nationalstaates bejubelt, nach der Revolution aber als Musterbeispiel eines Diktators verurteilt wurde; Lerdo jedoch war allgemein schlecht angesehen. Die Katholiken sahen in ihm den gescheiterten Seminaristen, der sich gegen die Kirche wandte. Da Lerdo bis in seine späte Amtszeit keine eigene Klientel hatte, brachten ihm die meisten Historiker aus rivalisierenden liberalen Fraktionen wenig Wertschätzung entgegen. Orthodoxe Liberale verabscheuten ihn außerdem wegen seiner frühen und offenen Angriffe auf die bundesstaatlichen Institutionen.

Die Juárez-Periode (1867–1872)

Im Juli 1867 sah sich Juárez mit akuter Finanznot und innenpolitischen Unruhen konfrontiert. Bei dem Versuch, das erste Problem zu lindern, verschlimmerte er das zweite. Die Verringerung der Heeresstärke von 60 000 auf 20 000 Mann provozierte verbreitete Unzufriedenheit unter den entlassenen Soldaten, von denen viele in die Reihen der Banditen überwechselten. Darüber hinaus forderten regionale *caudillos* und chronische Bauernunruhen die Armee heraus und zwangen Juárez, eine Landgendarmerie aufzubauen. Juárez und sein wichtigster Berater, Lerdo, waren überzeugt von der Notwendigkeit einer starken Führung der Exekutive und landesweiter Vereinheitlichung des Verwaltungs- und Rechtswesens. Juárez kombinierte diese Ansichten mit seinen Ambitionen auf eine weitere Amtsperiode als Präsident und rief im August 1867 zu Neuwahlen und einem gleichzeitigen Referendum über eine Reihe von Verfassungszusätzen auf, welche die Exekutive stärken sollten.

Als sich die Koalition der Kriegszeit aufzulösen begann, stieß Juárez bei seiner Bewerbung um die Präsidentschaft auf zwei mögliche Konkurrenten: seinen langjährigen zivilen Mitarbeiter im Kriegskabinett, Lerdo, und den angesehenen liberalen General Díaz, Kommandeur des östlichen Armeekorps. Juárez ging jedoch als klarer Sieger aus den Wahlen hervor, und Lerdo, der dessen Furcht vor dem Militär teilte, unterstützte ihn weiterhin. Juárez war der Held der wiedergewonnenen mexikanischen Unabhängigkeit, äußerst populär unter militärischen Führern und Bauernsoldaten, und es wurde allgemein anerkannt, daß er eine volle Amtszeit in Friedenszeiten brauchte, um seine Reformideen ins Werk zu setzen. Außerdem halfen ihm die Spaltungen innerhalb der liberalen Bewegung, im Amt zu bleiben. Die liberale Elite, hauptsächlich *hacendados* und eine kleine Bourgeoisie, war argwöhnisch gegenüber den Elementen der Mittelschicht, zu denen lokale Kaufleute, *rancheros* und lärmende radikale Intellektuelle gehörten. Jeder Flügel der liberalen Bewegung sah Juárez als seinen einzigen Garanten gegen den anderen. Genauso wichtig war, daß beide Flügel ihn als den Führer betrachteten, der die Massen in Schach halten konnte, die noch immer in bewaffneten lokalen Milizen organisiert waren.

Juárez' und Lerdos Versuche, eine Reihe von Verfassungsänderungen durchzusetzen, indem sie das Prestige des Präsidenten nutzten, stießen innerhalb der liberalen Bewegung jedoch auf starken und einmütigen Widerstand. Sie wollten einen Senat als Gegengewicht zum einkammerigen Kongreß einführen und das Gewicht der Legislative durch ein Vetorecht des Präsidenten gegen Gesetzesvorlagen einschränken. Dieses Veto sollte nur durch eine Zweidrittelmehrheit außer Kraft gesetzt werden können. Persönliche Vorladungen von Ministern durch das Parlament sollten durch schriftliche ministerielle Berichte ersetzt und die Befugnis der *comisión permanente* (ein Ausschuß von Abgeordneten, die das Parlament während der Parlamentsferien vertraten), außerordentliche Parlamentssitzungen einzuberufen, eingeschränkt werden. Ferner beabsichtigte der Präsident die Rehabilitierung früherer Anhänger Maximilians, einschließlich des Klerus. Strittigster Punkt aber war der Wunsch von Juárez und Lerdo, die umständliche Prozedur der Ratifizierung von Verfassungszusätzen durch alle gliedstaatlichen Gesetzgebungsorgane durch ein direktes Referendum abzukürzen. Ende 1867 erkannte Juárez seine Niederlage an und stimmte der Beibehaltung bestehender verfassungsmäßiger Verfahrensweisen zu.

Juárez versuchte nun, seine Herrschaft zu sichern, indem er sich der Loyalität des Heeres versicherte und durch eine Politik von Zugeständnissen und Versöhnung eine breite Koalition von Eliten und Mittelschicht schmiedete. Die Eliten machte er sich gefügig, indem er ihnen die tatsächliche Kontrolle der lokalen Wirtschaft und Politik überließ, solange sie loyal blieben. Die Mittelschicht suchte er an sein Regime zu binden, indem er das Erziehungswesen förderte und Arbeitsplätze in Regierung und Verwaltung schuf – eine wichtige Quelle von Beschäftigung in einer darniederliegenden Wirtschaft. Die dauernde Finanzknappheit beeinträchtigte zwar die Wirkung dieser Maßnahmen, aber der beträchtliche Grad von Freiheit für die Opposition im Parlament und unter den Intellektuellen schuf wenigstens teilweise einen Ausgleich. Die Versöhnung wurde nicht nur durch eine Amnestie für frühere kaiserliche Beamte und die Rückgabe beschlagnahmten Eigentums an konservative Grundbesitzer gefördert, sondern auch durch die wachsende Einigkeit darüber, daß Stabilität die Grundlage wirtschaftlichen Wachstums bildete. Die Kirche freilich konnte nicht auf ein politisches Comeback oder die Rückerstattung ihres Besitzes hoffen, aber der Klerus erfreute sich einer allmählichen Wiederherstellung seines Reichtums und seiner gesellschaftlichen Position. Juárez' Verhältnis zur Armee blieb zwiespältig, weil die Regierung zwar auf eine starke Armee angewiesen war, diese Tatsache aber mit Juárez' Ansichten über die erwünschte Vorherrschaft einer zivilen Führung im Widerspruch stand. Während seiner Amtszeit und darüber hinaus bis in die 1880er Jahre behinderten und verlangsamten die untereinander in Wechselwirkung stehenden Probleme anhaltender wirtschaftlicher Depression, internationaler Isolation, verbreiteter sozialer Unruhen sowie von Regionalismus und Brigantentum die Verwirklichung der liberalen Prioritäten von Ordnung, Reformen und wirtschaftlichem Wachstum.

Die diplomatischen Beziehungen zu Frankreich, Großbritannien und Spanien blieben während der Jahre der wiederhergestellten Republik suspendiert. Juárez wartete auf die Bereitschaft Frankreichs, alle Ansprüche auf Mexiko aufzugeben und eine große Entschädigungssumme zu zahlen. In den Beziehungen zu Großbritannien ging es hauptsächlich um die mexikanische Anerkennung einer Schuld von mehr als 15 Mio. Pfund an britische Investoren, die weitaus größte Auslandsschuld Mexikos. Diese Streitfragen behinderten allerdings den Außenhandel nicht. In den Jahren 1872 und 1873 ging die Hälfte der mexikanischen Ausfuhren von Edelmetallen und landwirtschaftlichen Erzeugnissen noch immer nach Großbritannien und Frankreich. Die Beziehungen mit den Vereinigten Staaten, der einzigen Großmacht, die Mexiko anerkannte, blieben wegen der Grenzprobleme (Indianereinfälle, Freibeuter, Schmuggel und Viehdiebstahl) und der Entschädigungsansprüche amerikanischer und mexikanischer Bürger, die sich seit dem Guadalupe-Hidalgo-Vertrag von 1848 angesammelt hatten, gespannt. Im Jahr 1868 einigten sich beide Länder auf eine gemischte Kommission zur Prüfung und Erledigung der anhängigen Ansprüche, aber Unnachgiebigkeit und Mißtrauen führten dazu, daß sich die Verhandlungen über neun Jahre in die Länge zogen.

Matías Romero, Juárez' ehemaliger, äußerst fähiger Vertreter in Washington und nunmehr sein Finanzminister, formulierte einen Plan zur Förderung des Wirtschaftswachstums und steigender Staatseinnahmen, der auf administrativen, monetären und fiskalischen Reformen beruhte. Mit seinen Plänen schuf Romero die Grundlage für die Modernisierung der administrativen Infrastruktur Mexikos, aber es sollte drei Jahrzehnte dauern, bis sie vollständig in die Praxis umgesetzt werden konnte. Zu den Verwaltungsreformen gehörte die Zentralisierung und effiziente Registrierung der Steuereinnahmen, eine Straffung der Bürokratie und die Verringerung der Staatsausgaben, insbesondere des Militärbudgets. Gleichwohl beanspruchte das Militär zwischen 1868 und 1881 noch immer 47 Prozent des Haushalts, während Regierungsstellen für politische Klienten wichtig blieben. Die Reorganisation und regelmäßige Bedienung der Inlands- und Auslandsschulden waren zwar ohne Zweifel Grundvoraussetzungen, um neues Kapital anzuziehen, aber solange es dem Staat nicht gelang, Überschüsse zu erzielen, und neue Anleihen schwierig zu bekommen waren, blieben regelmäßige Zahlungen illusorisch. Zwischen 1876 und 1886 anerkannte Mexiko seine Verpflichtungen gegenüber den Vereinigten Staaten, Frankreich und Großbritannien. Größere Investitionen begannen in den frühen 1880er Jahren, aber große Auslandsanleihen ließen auf sich warten, und ein Ausgleich des Haushalts gelang erst im Jahr 1896. Die fiskalischen Reformen suchten die Abhängigkeit des Finanzministeriums von Zolleinnahmen durch die Einführung einer Bundessteuer auf den Binnenhandel zu verringern und den Außenhandel durch die Zollsenkungen zu fördern. Angesichts der Abhängigkeit der Staatsfinanzen von diesen Zöllen und des heftigen Widerstandes gegen die Zentralisierung der Steuereinnahmen wurde die volle Anwendung dieser Maßnahmen bis in die 1890er Jahre verzögert. Gleichzeitig mußte der Binnenhandel durch die Abschaffung der *alcabala,* der lokalen Handelssteuer, angeregt werden. Da viele Bundesstaaten den größten Teil ihrer Steuereinnahmen noch immer aus dieser Steuer bezogen, konnte sie nicht vor den 1890er Jahren abgeschafft werden. Schließlich wollte Romero den Bergbau fördern, der noch immer die Grundlage der mexikanischen Ausfuhren war, indem er die drückenden Belastungen dieser Industrie wie die Steuer von 25 Prozent auf die Bergbauproduktion und das Ausfuhrverbot von ungemünztem Edelmetall aufhob. Dieses Verbot war eine der Ursachen für die chronische Knappheit von umlaufenden Münzen, weil die Minenbesitzer Edelmetalle in Münzen exportierten. Die Bemühungen der Regierung, die Münzstätten zu übernehmen und den Geldumlauf zu kontrollieren, blieben bis in die 1890er Jahre erfolglos.

Hinsichtlich der unter Maximilian getätigten Investitionen und seiner Verordnungen zur wirtschaftlichen Modernisierung nahm die Regierung Juárez eine realpolitische Haltung ein und führte die eingeleiteten Vorhaben im Bankwesen, dem Eisenbahnbau und in der Einführung einheitlicher Maße und Gewichte weiter. Die erste moderne Bank, der *Banco de Londres y México,* wurde im Jahr 1865 in Paris gegründet; der von den Briten geleitete Bau der Eisenbahnstrecke Mexiko-Stadt–Veracruz und die Einführung des metrischen und des Dezimalsystems wurden fortgesetzt.

Als sich Juárez im Jahr 1871 entschied, für eine weitere Amtszeit zu kandidieren, war die Unzufriedenheit viel größer als vier Jahre zuvor. Die Versuche zur Privatisierung bäuerlichen Gemeindelandes, Betrug und Korruption lokaler Beamter, fortgesetzte schwere Besteuerung der bäuerlichen Bevölkerung durch die *alcabala* und persönliche Kontributionen sowie die eliteorientierte Politik, welche die Macht der Großgrundbesitzer über die Ressourcen der Bauernschaft unangetastet ließ, lösten häufig lokale Rebellionen aus. Juárez' Bemühungen, die Kontrolle über die Gouverneure der einzelnen Bundesstaaten zu erlangen und darüber hinaus die Kontrolle politischer Ämter zu monopolisieren, provozierte die von politischer Marginalisierung Bedrohten zu Rebellionen. Überdies sahen viele Liberale in der Wiederwahl eine Vorstufe zur Diktatur. Lerdos' und Díaz' Anspruch auf das Präsidentenamt erschien nun als legitim, und die beiden taten sich sogar zu einer vorübergehenden Allianz gegen Juárez zusammen. Das Bündnis scheiterte wegen der inneren Spaltung in Díaz' Bewegung, die zu einem Sammelbecken einer losen Gruppe von Gegnern des Präsidenten geworden war, alten *puros*, enttäuschten Stellenjägern und einigen Militärs. Außerdem erzwang das Gespenst einer möglichen Machtergreifung durch das Militär eine neuerliche Annäherung zwischen Juárez und Lerdo, und der letztere stellte seinen Ehrgeiz zurück. Da Kontinuität im Amt im Interesse sowohl des Präsidenten als auch seiner Klientel von Gouverneuren und Amtsinhabern lag, gewann das Bündnis von Juárez und Lerdo die Wahl. Als Juárez im Oktober 1871 vom Parlament zum gewählten Präsidenten proklamiert wurde, brachen mehrere Rebellionen aus. Die bedeutendste war der von Porfirio Díaz im November ausgerufene Aufstand, der von seinem Bruder Félix, dem Gouverneur von Oaxaca, unterstützt wurde. Dieser Aufstand im Süden war nach zwei Monaten beendet, weil die Armee loyal blieb. Im Norden dauerten die Rebellionen jedoch an, bis Juárez am 18. Juli 1972 an Herzversagen starb. Sein verfassungsmäßiger Nachfolger, der Präsident des Obersten Gerichtshofes während Juárez' zweiter Amtszeit, Sebastián Lerdo de Tejada, wurde interimistischer Präsident.

Die Lerdo-Periode (1872–1876)

Lerdo traf sofort zwei Entscheidungen, die sein politisches Geschick deutlich machten und seine Macht und sein Prestige beträchtlich stärkten: Er verordnete eine Amnestie für die Rebellen und schrieb Präsidentschaftswahlen aus. Damit beendete er den Bürgerkrieg, gewann die Unterstützung der *juaristas* und isolierte die gespaltenen und gedemütigten *porfiristas*. Lerdo gewann die Wahlen mit Leichtigkeit und trat sein Amt am 1. Dezember 1872 mit überwältigender Unterstützung an.

Als Mitarchitekt von Juárez' Politik behielt Lerdo die politische Klientel seines Vorgängers im Amt. Im Bemühen, den Zentralismus der Exekutive zu stärken und die Kontrolle des Bundes auf bis dahin praktisch autonome Regionen auszudehnen, war er erfolgreicher als Juárez und zerstörte im Jahr 1873 die Machtbasis des bäuerlichen *caudillo* Manuel Lozada in Tepic. Mit einer viel größeren Unterstützung im Parlament, besonders während der ersten zwei Jahre, erlangte er immer außerordentliche Vollmachten, wenn er um sie nachsuchte, und sicherte sich schließlich die Zustimmung zur Schaffung des Senats (1874). Dies festigte die Stellung des Präsidenten, weil es seine Patronagemöglichkeiten erweiterte: 50 Sitze für Senatoren konnten auf Anweisung des Präsidenten durch loyale Gouverneure an ihre Klienten vergeben werden. Gleichzeitig schwächte es die Macht der Legislative und stärkte beträchtlich die Kontrolle des Präsidenten über die Politik in den Gliedstaaten; der Senat wurde der verfassungsmäßige Mechanismus, durch den der Präsident die Befugnis erhielt, in Konflikten auf der Ebene der Bundesstaaten einzugreifen. Er diente Lerdo dazu, seine Klientel von *juaristas* und *lerdistas* in ihren Ämtern zu halten.

Fortschritte in der Befriedung des Landes und die ersten Früchte von Juárez' früheren Initiativen, Mexiko für ausländisches Kapital attraktiver zu machen, führten zu bescheidenem Wirtschaftswachstum. Romeros erste, vorsichtige Revision des Zollsystems wurde zum Gesetz erhoben, und ein einheitliches nationales Steuersystem wurde eingeführt. Im Jahr 1873 konnte die wichtige Eisenbahnstrecke von Mexiko-Stadt nach Veracruz eingeweiht werden. Sie revolutionierte den von jeher schwierigen Warentransport zwischen der Küste und dem *altiplano*. Das Telegrafennetz erreichte eine Länge von 6500 km, und Lerdo begann endlich mit Verhandlungen über die politisch noch umstrittene Konzession einer Eisenbahnverbindung mit den Vereinigten Staaten.

Obwohl Lerdos politische Basis und seine Strategien jenen seines Vorgängers sehr ähnlich und einige seiner politischen Maßnahmen recht erfolgreich waren, entfremdeten ihn seine arrogante, autoritäre Persönlichkeit, seine immer offeneren Angriffe auf den republikanischen Föderalismus und sein glühender Antiklerikalismus den *juaristas* und Konservativen und schwächten die frühere Versöhnungspolitik. Lerdos erfolgreiche Bemühungen, die seit 1857 erlassenen Reformdekrete in die Verfassung aufzunehmen (1875), und seine unerbittliche Haltung in der Frage des Verbots der religiösen Orden und des Religionsunterrichts (1874) ließen die konservativen Eliten sich vollends von ihm abwenden und provozierten einen echten Volksaufstand, die Revolte der *religioneros* in Michoacán und den umliegenden Staaten. Schließlich unterminierte seine schwankende und widersprüchliche Politik über die Konzession einer Eisenbahnlinie in die Vereinigten Staaten seine Popularität innerhalb der Elite.

Lerdos antagonistische Politik und die fortgesetzte Ausschaltung politischer Außenseiter machte das Díaz-Lager zu einem Sammelbecken der Opposition. Seine Entscheidung, für eine weitere Amtszeit als Präsident zu kandidieren, machte ihm die Radikalen seines eigenen Lagers, die gegen eine Wiederwahl opponierten, zu Gegnern und verlieh der zweiten Rebellion Porfirio Díaz', der am 1. Januar 1876 den *Plan de Tuxtepec* veröffentlichte, erneuerte Legitimität. Mit diesem Plan machte sich Díaz radikale und volkstümliche Vorwürfe gegen Lerdo zu eigen: Wiederwahl, Eisenbahnkonzessionen, die Abschaffung der *alcabala* und der kommunalen Autonomie. Darüber hinaus vermied es Díaz, sich die Gegnerschaft der Kirche zuzuziehen, und gewann die Unterstützung empörter Katholiken. Auch jetzt noch mußte Díaz die militärische Initiative der Regierung überlassen, weil die Armee und der größte Teil der Lerdo-Administration loyal blieben. Lerdo verspielte seine politische Unterstützung jedoch durch offensichtlichen Wahlbetrug im Bündnis mit den ihm ergebenen Gouverneuren. Dies wiederum veranlaßte den Präsidenten des Obersten Gerichtshofes, Lerdos Wiederwahl im Oktober 1876 für ungesetzlich zu erklären und eine Interimsregierung einzusetzen. Iglesias' Abfall bedeutete eine ernstliche Schwächung von Lerdos Basis, der nun gegen zwei Gegner zu kämpfen hatte. Im November 1876 vereinigten sich Díaz und General Manuel González, sein Verbündeter aus dem Norden, und schlugen die Regierungstruppen bei Tecoac. Lerdo trat zurück, und viele Gouverneure und Armeegeneräle schlossen sich Iglesias an. Díaz kontrollierte jedoch die Hauptstadt. Als Verhandlungen zwischen den beiden Bewerbern um das Präsidentenamt scheiterten, vertrieb Díaz Iglesias und setzte seine eigene Interimsregierung ein. Im Frühjahr 1877 hatte er das Land hinreichend unter Kontrolle, um zum Präsidenten gewählt zu werden.

Díaz' erste Amtszeit (1876–1880)

Zunächst war Díaz' Position schwach. Der größte Teil der Militärs und der Verwaltung hatte sich geweigert, ihn zu unterstützen, bis sein Vorgänger außer Landes geflohen war. Wie Lerdo sah sich Díaz einer kritischen Presse gegenüber, doch anders als jener besaß er keine Verwaltungserfahrung und war mit einer viel stärkeren Opposition von *juaristas* und *lerdistas* konfrontiert; letztere wurden von Lerdo selbst aus seinem Exil in New York gesteuert. Díaz war der erste Präsident, der seit 1867 durch nicht-verfassungsmäßige Mittel an die Macht gelangt war, ein Umstand, der die Legitimität der Opposition stärkte. Streitigkeiten unter den *porfiristas,* die schon immer uneinig gewesen waren, und die Tatsache, daß Díaz mit Ausnahme der Frage des Wiederwahlverbots die meisten der in seinem *Plan de Tuxtepec* gemachten Versprechungen ignorierte, erhöhten die Gefahr eines neuerlichen Aufstandes. Von Lerdo hatte Díaz eine Anzahl schwer lösbarer Probleme geerbt, darunter die Frage der Eisenbahnkonzessionen, eine leere Staatskasse und einen nicht ausgeglichenen Staatshaushalt, verbreitetes Banditenunwesen und schwelende Bauernunruhen. Díaz versuchte seine Basis zu verbreitern, indem er die Truppen Lerdos und Iglesias' in seine Armee aufnahm. Die damit verbundenen Kosten schlossen wirtschaftliche Belohnungen anderer Sektoren aus. Dementsprechend bemühte sich Díaz, die Unterstützung der Eliten und der Mittelschicht durch politische Manöver und Zugeständnisse zu gewinnen. Politische Gegner in den einzelnen Bundesstaaten wurden, sofern sie der Elite angehörten, kooptiert oder entfernt, aber weder verfolgt noch in ihren wirtschaftlichen Aktivitäten behindert. Die städtischen Liberalen genossen politische Freiheit in Parlament und Presse und gewisse Aussichten auf politische Mobilität, denn Díaz hielt sein Wort: Das Verbot der Wiederwahl von Präsident und Gouverneuren wurde Gesetz, und die Autonomie der Gemeinden wurde gestärkt.

Eines von Díaz' größten Problemen, das erhebliche Rückwirkungen auf die inneren Verhältnisse hatte, waren die sich verschlechternden Beziehungen mit den Vereinigten Staaten. Seit 1868 hatte die Regierung des Präsidenten Ulysses Grant Anstoß an der Freihandelszone entlang der amerikanischen Grenze genommen. Sie lud zu verbreitetem Schmuggel ein, in den nicht selten lokale mexikanische Behörden verwickelt waren. Überfälle von Indianern und Viehdieben auf Siedlungen jenseits der schlecht überwachten Grenze hatten zugenommen, angeheizt durch die unaufhaltsame Kolonisation des amerikanischen Südwestens und der damit einhergehenden Vertreibung der Indianer aus dem Land ihrer Väter, das für die Weidewirtschaft von Ranchbetrieben beansprucht wurde. Aufgrund dieser Sachlage verweigerte Präsident Grant seinem mexikanischen Amtskollegen die Anerkennung, selbst als Díaz die erste Rate der oben erwähnten Entschädigungen bezahlte, auf die man sich 1876 in der gemischten Kommission geeinigt hatte. Grants Nachfolger, Rutherford Hayes (1877–1880), nahm eine noch aggressivere Haltung ein und drohte die Kontrolle des Grenzgebietes selbst in die Hände zu nehmen, indem er Trupps von marodierenden Indianern und Viehdieben über die Grenze nach Mexiko hinein verfolgen lassen würde. Hayes stieß jedoch auf wachsenden Widerstand in den kriegsmüden Vereinigten Staaten, wo die Lobby der Handelskreise und Investoren, um die sich Díaz' brillanter Diplomat Matías Romero stark bemühte, eine Änderung der Politik erzwang. Präsident Díaz wurde im Jahr 1878 anerkannt, die offensive Grenzpolitik 1880 aufgehoben, und bis zum Ende des Jahrhunderts herrschte auf seiten der Vereinigten Staaten politische Zurückhaltung; die Interessen von Handelsfirmen und amerikanischer Investoren hatten obsiegt. Als die mexikanischen Eliten zu der Überzeugung gelangten, daß amerikanische Investitionen einen potentiellen Schutz vor amerikanischer Aggressivität bieten konnten, verlor das Thema der Vergabe von Eisenbahn- und Bergbaukonzessionen an Ausländer etwas von seiner innenpolitischen Brisanz.

Diese frühen Regierungserfahrungen und seine gründliche Kenntnis der ländlichen Politik und ihrer Mechanismen bewogen Díaz, eine Strategie zu entwickeln, welche für den Rest des Jahrhunderts die Grundlage seiner Politik darstellte. Erste Priorität kam der Herstellung geordneter und stabiler politischer Verhältnisse zu, gefolgt von der Schaffung günstiger Anlagebedingungen für ausländisches Kapital, und schließlich der Verbesserung der Beziehungen Mexikos mit Europa, um den wachsenden nordamerikanischen Einfluß auszugleichen. Díaz' erster größerer Erfolg auf diesem Gebiet war die Wiederaufnahme der diplomatischen Beziehungen mit Frankreich im Jahr 1880, erleichtert durch die wachsende Bedeutung wirtschaftlicher Bande zwischen Frankreich und Mexiko sowie das kulturelle Prestige Frankreichs in den Augen der mexikanischen Eliten. Frankreich widerrief offiziell seine Ansprüche auf Mexiko, und Mexiko zog seine Schadenersatzforderungen zurück.

Díaz' Bemühungen um Ordnung und Stabilität waren stärker durch Aussöhnung und Vermittlung als durch offene Repression gekennzeichnet. Die Aussöhnung galt dabei nicht allein der liberalen Opposition. Katholische Kleriker und Laien, aber auch Dörfer, die noch im Besitz von Gemeindeländereien waren, machten die Erfahrung, daß Díaz zwar die Reformgesetze nicht antastete, aber nicht mehr auf ihrer Durchsetzung bestand. Die Folge davon war, daß die Kirche sich während seiner Regierungszeit neutral verhielt und Abstand zur Politik wahrte. Die Bauern waren erfreut über die De-facto-Duldung ihrer religiösen Fiestas, Prozessionen und der religiösen Erziehung ihrer Kinder. Schließlich zeigten die Eliten und das Volk gleichermaßen nach Jahren der Zerstörung, der Plünderungen und Requisitionen ein tiefes Verlangen nach Frieden und Ordnung. Díaz konnte bei seinen Feldzügen zur Eliminierung von Banditentum und Revolten auf den guten Willen und die Unterstützung breiter Kreise zählen. In dem Maße, wie die Eliten sich hinter seine Regierung stellten und die ländlichen Massen in lokale Machtdomänen integriert blieben, die von loyalen Gouverneuren und ihren *jefes políticos* kontrolliert wurden, konnte Díaz den Militärapparat verkleinern. Tatsächlich war im Jahr 1910 die mexikanische Armee mit 18 000 Mann kleiner als zu Juárez' Zeiten nach seiner massiven Demobilisierung im Jahr 1867. Die berüchtigten *rurales* (Landgendarmerie) zählten zu keiner Zeit mehr als 3000 Mann, und Díaz schaffte die Milizen der Bundesstaaten und die freiwilligen Einheiten auf Dorfebene ab, die als potentielle Streitkräfte aufrührerischer Gouverneure gedient hatten. Sooft Konflikte ausbrachen, zog Díaz eine Politik des Ausgleichs zwischen den streitenden Parteien vor und sorgte dafür, daß keine von ihnen einen vollständigen Sieg errang. Dabei entschied er sich zumeist für Verhandlungen, wenn nötig, für einen klugen Rückzug, nur wenn es nicht zu vermeiden war, für den effizienten Einsatz von Gewalt.

Im Jahr 1879 war Díaz mächtig genug, um sein Wort halten und auf eine Wiederwahl verzichten zu können, ohne seine Machtstellung zu riskieren. Zu seinem Nachfolger wählte er mit Bedacht General Manuel González, der mit ihm während des

Krieges gegen die Franzosen und in seiner Tuxtepec-Rebellion gekämpft hatte. González war kein von eigenem Ehrgeiz getriebener Mitbewerber, repräsentierte aber eine wichtige Gruppe von Anhängern innerhalb der Armee. Nachdem González gewählt war, wurde Díaz zuerst Kabinettsminister und später Gouverneur des Staates Oaxaca. Als Gouverneur versöhnte er sich mit *lerdistas* und Katholiken, indem er in einer kirchlichen Zeremonie ein frommes katholisches Patenkind seines Gegenspielers Lerdo heiratete, Carmen Romero, die Tochter Manuel Romero Rubios, der unter Lerdo Kabinettsmitglied gewesen war.

Das González-Interregnum (1880–1884)

Die traditionelle Geschichtsschreibung stellt González als unfähig, korrupt und ausschweifend dar. Die revisionistische Geschichtsschreibung hat dieses Urteil abgeschwächt. González war nicht korrupter als mehrere seiner Vorgänger. Überdies wurde während seiner Präsidentschaft die Grundlage für das Aufkommen der Gruppe ehrgeiziger Politiker und tüchtiger Administratoren gelegt, die in den späten 1880er Jahren hervortraten und als *científicos* bekannt wurden. González setzte die versöhnliche Politik seines Vorgängers gegenüber der Kirche fort, verringerte die Militärausgaben und hielt das Heer unter Kontrolle. Seine Befriedungspolitik in traditionellen Unruhegebieten war energisch und effizient. Er reorganisierte das Militär im Norden, und ein massiver Angriff auf die indianischen Nomaden und die Viehdiebe in den Jahren 1883/84 befriedete endlich einen großen Teil der Region. Militärische Feldzüge in Tepic beendeten die letzten Aufstände der Dörfer (1884), die zuvor Manuel Lozadas Machtbasis dargestellt hatten, nachdem im Jahr 1883 die Bauernaufstände in der Huasteca endlich unterdrückt worden waren.

Die Wiederherstellung der Ordnung auf dem Lande ging einher mit der Fortführung der Politik seines Vorgängers Díaz in weiteren wichtigen Bereichen. González' Regierung förderte aktiv den Ausbau des Transport- und Nachrichtenwesens, der von entscheidender Bedeutung für die Aufrechterhaltung der Ordnung war und ein attraktives Investitionsklima für Auslandskapital schuf. Im Jahr 1884 wurde die erste Eisenbahnlinie bis zur Grenze der Vereinigten Staaten fertiggestellt, Häfen wurden ausgebaut und Schiffahrtslinien eröffnet. Die Größe des Telegrafennetzes wurde auf 21 000 km verdoppelt. Schließlich zwang González im Jahr 1884 dem ganzen Land das metrische und Dezimalsystem auf. Ein neues Gesetz, umfassender als alle vorausgegangenen Gesetze unter Juárez und Díaz, förderte den Übergang von Staatsländereien in Privatbesitz (1883). Ein neues Bergbaugesetz (1884) verringerte und vereinfachte die Besteuerung, aber erst im Jahr 1892 waren die alten, aus der spanischen Kolonialzeit stammenden gesetzlichen Behinderungen des Privateigentums an Bodenschätzen endlich beseitigt. Neue Handelsgesetze regelten schließlich das expandierende Bankwesen und ermöglichten die Gründung von Nationalbanken, darunter des *Banco Nacional Mexicano.*

González war sich der wachsenden Bedeutung der Vereinigten Staaten stets bewußt. Während seiner Präsidentschaft nahmen die amerikanischen Investitionen dramatisch zu, und die USA waren nahe daran, Großbritannien als Mexikos wichtigsten Außenhandelspartner zu verdrängen. Auch in seinen Bemühungen, die diplomatischen Beziehungen mit Großbritannien wiederherzustellen, folgte er Díaz' Politik.

In der zweiten Hälfte ihrer Amtszeit erlitt die Regierung González eine Reihe von Rückschlägen und Krisen, die zum Teil auf ihre eigene Politik zurückgingen, aber auch auf äußere Faktoren. González' großzügige Gesetzgebung und Politik in der Frage von Konzessionen führte zu inneren Spannungen und weckte die Begehrlichkeiten ausländischer Investoren. Die neuen Gesetze über das Landeigentum, Bodenschätze und Eisenbahnen begünstigten Bodenspekulationen, oft im stillschweigenden Einverständnis mit den lokalen Behörden. Dies war insbesondere der Fall bei den *compañias deslindadoras,* privaten Gesellschaften, die Freibriefe der Regierung zur Vermessung staatlicher Ländereien erwerben konnten und als Kompensation für ihre Dienste ein Drittel dieses als öffentlich klassifizierten Grund und Bodens erhielten. Wegen des völlig unzureichenden Grundbuchwesens waren viele, besonders kleinere Bauern und Viehzüchter außerstande, ihre Eigentumstitel vorzuweisen, und verloren ihr Land. Gewalttätigkeiten gegen Eisenbahngesellschaften und Angestellte von Landvermessungsfirmen waren die Folge.

Versuche der USA, ihre zunehmend beherrschende Position als Investor und Handelspartner zu konsolidieren, begegneten wachsender Kritik von radikalen Liberalen und liefen González' Bemühungen, die Verbindungen mit Europa zu festigen, zuwider. Der amerikanische Druck auf Mexiko, das zur Annahme eines Handelsvertrages einschließlich einer beträchtlichen bilateralen Senkung der Zölle bewegt werden sollte, löste Spannungen mit europäischen Interessen aus, insbesondere mit dem jüngst gegründeten Deutschen Reich, das sich um eine Ausdehnung seines wirtschaftlichen und politischen Einflusses bemühte. Das Projekt führte nicht nur in Mexiko zu lebhaften Diskussionen, war man sich doch der Abhängigkeit der Regierung von Zolleinnahmen bewußt; es stieß auch in den USA auf den Widerstand der Protektionisten und ließ den Handelsvertrag scheitern.

Unterdessen hatte González' aktive Entwicklungsförderung mit Steuerermäßigungen und Subventionen für Unternehmen, die sich im Eisenbahnbau, in der Erweiterung des Telegrafennetzes, dem Hafenausbau und der Gründung von Schiffahrtslinien engagierten, den Staatshaushalt überfordert. Eine internationale Wirtschaftskrise und González' Vorschlag, Mexikos Schulden von 86 Mio. Pesos gegenüber britischen Investoren anzuerkennen, verschärften die finanzielle Krise. González' Vorschlag spiegelte das Bedürfnis der Regierung wider, neue Auslandsanleihen aufzunehmen, löste aber Entrüstung in der Presse sowie im Parlament aus und wurde abgelehnt. Die unleugbare Schieberei und Korruption innerhalb der Regierung González und die gezielten Anstrengungen der Díaz ergebenen Presse zur Diskreditierung des amtierenden Präsidenten besorgten den Rest. Díaz wurde als der einzige geeignete Kandidat für die nächste Amtszeit bejubelt und gewann die Wahlen ohne Mühe. Seine Position war nun erheblich stärker als zuvor.

Díaz als Präsident (1884–1900)

Die Periode nach 1884 sah die allmähliche Konsolidierung des Díaz-Regimes. Im Jahr 1887 erlangte Díaz die Zustimmung des Parlaments zu einer weiteren Amtszeit (1888–1892), und 1890 wurde ein Verfassungszusatz verabschiedet, der eine unbeschränkte Wiederwahl ermöglichte.

Die traditionelle Ansicht, daß Díaz in dieser Periode eine monolithische Diktatur errichtet habe, ist allgemein aufgegeben worden, aber es wird anerkannt, daß er als das Machtzentrum und der einzige Vermittler zwischen rivalisierenden Fraktionen auf nationaler und regionaler Ebene funktionierte. Die Gouverneure der Bundesstaaten gerieten in zunehmende Abhängigkeit von Díaz und dem Innenministerium. Das Parlament erfüllte in der Praxis seine verfassungsmäßige Aufgabe, die Kontrolle der Exekutive, nicht mehr und verlor sogar seine unter Juárez und Lerdo selbstverständliche traditionelle Funktion, die herrschende politische Elite vom Volk wählen zu lassen. Es diente jetzt der Legitimation der fortgesetzten Machtausübung Díaz' und jener, die er für öffentliche Ämter auswählte. Das Parlament wurde auch zum Faktor politischer Stabilität, denn seine Sitze wurden als Belohnung für politische Loyalität und Tüchtigkeit vergeben. Im Gegensatz zu modernen Diktaturen und sogar zu einigen in seiner Zeit entschloß sich Díaz nie zum Aufbau politischer Parteien oder Bürokratien, die sich schließlich zu einer Machtbasis für Konkurrenten hätten entwickeln können. Beharrlich widersetzte er sich Versuchen, eine effiziente Regierungspartei zu gründen, und niemals verließ er sich ganz auf die Armee.

Es herrscht allgemeine Übereinstimmung über den Zusammenhang zwischen Díaz' Erfolg in der Herstellung von Ordnung und Autorität im ganzen Land und der Entwicklung eines funktionierenden Nationalstaates. In vielerlei Hinsicht war Díaz' Schwiegervater, Manuel Romero Rubio, hierfür verantwortlich. Er reorganisierte das Innenministerium, machte die *jefes políticos* zu unmittelbaren Vertretern seines Ministeriums und des Präsidenten und ließ sie mit mehr administrativen und gerichtlichen Vollmachten ausstatten. Dies schwächte natürlich die Macht der Gouverneure in den Bundesstaaten. Die Aufwendungen für eine effizientere staatliche Verwaltung hingen wiederum von erhöhten Steuereinnahmen ab.

Als Díaz 1884 wiedergewählt wurde, sah er sich einer ernsten nationalen und internationalen Wirtschaftskrise und leeren Kassen gegenüber. Er suspendierte die Zahlungen auf die Inlandsanleihen und Subventionen an Eisenbahnkontraktoren, senkte die öffentlichen Gehälter und gelangte endlich zu einer Vereinbarung über die Schulden gegenüber Großbritannien (1886), die den Weg zu diplomatischen Beziehungen und neuen Anleihen ebnete. Er vervollständigte auch die fiskalischen Reformen, die Romero in den 1870er Jahren eingeleitet hatte. Zölle wurden gesenkt (1889) und die *alcabala* abgeschafft (1896). In den späten 1880er Jahren wirkte sich der sinkende Silberpreis auf dem Weltmarkt auf die Steuereinnahmen aus, die durch den Export von Edelmetallen erzielt wurden. Díaz' Regierung stand kurz davor, sogar die Bedienung der Auslandsschulden einzustellen, aber der neue, brillante Finanzminister José Yves Limantour, ein Schützling Romero Rubios, brachte 1896 einen ausgeglichenen Haushalt zustande. In diesem Jahr hatten sich die Staatseinnahmen im Vergleich zu den Jahren 1877 und 1878 verdoppelt, und 1900/01 hatten sie sich auf 58 Mio. Pesos verdreifacht. Dies lag hauptsächlich an einem stetigen Wachstum des Bruttosozialprodukts um 1,2 Prozent pro Jahr, seit Díaz an die Macht gekommen war. Außerdem waren die Staatseinnahmen weniger als in früheren Jahren von Zöllen abhängig. Die Steuereinnahmen aus dem Binnenhandel und der Produktion stiegen von 14 Prozent unter Juárez auf 35 Prozent um die Jahrhundertwende, und die Einnahmen aus Einfuhr- und Ausfuhrzöllen sanken von 59 Prozent auf 44 Prozent der Staatseinnahmen, obwohl sie in absoluten Zahlen zunahmen.

Limantours Erfolg im Ausgleich des Haushaltes und seine prompten Rückzahlungen der Auslandsschulden verbesserten Mexikos Ansehen und verschafften ihm Zugang zu weiteren und günstigeren Anleihen.

Am Ende des Jahrhunderts hatte Díaz mehr Steuereinnahmen zur Verfügung als irgendeiner seiner Vorgänger und mehr Gelegenheiten, staatliche Mittel für Subventionen, öffentliche Vorhaben und den Ausbau der Bürokratie auszugeben. Durch diese Mittel war er in der Lage, sich die Loyalität sowohl der Eliten als auch von Teilen der Mittelschicht zu erhalten. Wie im Abschnitt über die Gesellschaft aufgezeigt wird, waren es die ländlichen und städtischen Massen, die weder politisch noch wirtschaftlich von der Entwicklung profitierten.

Gegen Ende des Jahrhunderts machten sich sogar Díaz' treue Parteigänger angesichts des Alters des 1830 geborenen Präsidenten Sorgen um seine Nachfolge. Dieses delikate Thema wurde zu einem der Faktoren, welche die Rivalität zwischen der aufkommenden zivilen Elite der *científicos* unter dem angesehenen Limantour und der Fraktion des Militärs auslöste, die ursprünglich von Manuel González und später von Bernardo Reyes angeführt wurde, dem Gouverneur des Staates Nuevo León, einem frühen und bedeutenden Industriezentrum. Um 1900 beruhte die Regierung Díaz auf einem komplizierten Gleichgewicht rivalisierender Fraktionen, aber es fehlte ihr eine effiziente Regierungspartei und eine moderne Armee, und sie saß auf der Zeitbombe der Präsidentennachfolge.

c Die Wirtschaft während des Porfiriats

Ein erhöhtes Maß an Ordnung und Stabilität, fiskalische und verwaltungstechnische Reformen sowie der Einfluß ausländischer Investitionen und Anleihen bewirkten während der letzten zwei Jahrzehnte des Jahrhunderts eine grundlegende Umwandlung der mexikanischen Wirtschaft. Um 1890 verband ein funktionierendes Verkehrsnetz (Eisenbahn und Schiffahrt) die Zentren des mexikanischen Bergbaus und der Landwirtschaft mit dem expandierenden Weltmarkt. Einfuhren und Ausfuhren wuchsen unaufhörlich, und in den frühen 1890er Jahren war die mexikanische Wirtschaft, vor allem im Norden des Landes, eng mit der in voller Industrialisierung begriffenen Volkswirtschaft der Vereinigten Staaten verzahnt, die bereits 73 Prozent der mexikanischen Ausfuhren aufnahm. Verbesserte Nachrichten- und Verkehrsverbindungen und die wachsende Nachfrage nach Arbeitskräften, Lebensmitteln und Verbrauchsgütern zu einer expandierenden Exportwirtschaft trugen zur Schaffung eines nationalen Marktes bei. Dieser wiederum förderte die Binnenlandwirtschaft, den Binnenhandel und das Entstehen einer Verbrauchsgüterindustrie.

Auslandsinvestitionen

In den 1870er Jahren begrenzten die Knappheit mexikanischen Kapitals und Schwierigkeiten bei der Wiederanknüpfung diplomatischer Beziehungen mit den großen europäischen Investitionsländern Mexikos Suche nach Auslandskapital im wesentlichen auf die Vereinigten Staaten, die bis in die 1880er Jahre selbst ein Kapitalimporteur waren. Um 1880 waren die bestehenden Investitionen hauptsächlich britischer Herkunft. Dieses Bild begann sich nach 1880 zu wandeln. Die zunehmende Neigung

Tab. 26: Auslandsinvestitionen in Mexiko um 1911 (in Pesos, Kurswert 1911)

Land	Betrag	in %
Vereinigte Staaten	1 292 387 302	38,0
Großbritannien	989 484 840	29,1
Frankreich	908 690 368	26,72
Deutschland	6 568 000	0,19
Niederlande	53 513 450	1,57
Andere*	91 082 000	2,68
Nicht ausgewiesen	59 112 000	1,74
Gesamt	3 400 837 960	100,0

* Es scheint, daß ein Teil der Investitionen der Kategorie „Andere" wahrscheinlich aus Deutschland stammte. Eine berichtigte Schätzung von d'Olwer bringt die deutschen Investitionen auf 100 Mio. Pesos.

Quelle: d'Olwer [1965, 1154].

der amerikanischen Wirtschaft, in Mexiko zu investieren, und die liberale Politik der Regierung Díaz führten zu einer friedlichen Durchdringung des Landes mit amerikanischem Kapital, besonders im Bergbau und im Eisenbahnwesen. Die Investitionen in diesen Sektoren machten im Jahr 1910 ungefähr 80 Prozent der nordamerikanischen Investitionen aus.

Nachdem Mexiko seine Auslandsschulden gegenüber Frankreich und Großbritannien anerkannt hatte, stiegen auch die europäischen Investitionen an und nahmen im Bereich des Bankwesens, der öffentlichen Dienste und der Regierungsanleihen den ersten Rang ein, doch wahrten die Vereinigten Staaten ihre Position als führender Investor. Britische Investitionen, vornehmlich in Eisenbahnen, Bergbau und Immobilien, nahmen in den späten 1880er Jahren nach der Wiederaufnahme diplomatischer Beziehungen einen Aufschwung, der sich nach 1890 verlangsamte, um sich dann zwischen 1900 und 1911 zu verdoppeln, vor allem in den Bereichen Eisenbahn, öffentliche Dienste, Öl und Immobilien. Die französischen Investitionen wuchsen hingegen während der ganzen Periode, besonders im Bankgeschäft, im Eisenbahnsektor, bei den öffentlichen Schuldverschreibungen des Staates, im Handel und in der Verbrauchsgüterindustrie. Nach 1900 verdreifachten sich die Investitionen und konzentrierten sich jetzt auf Regierungsanleihen, den Bergbau, das Bankwesen und die Industrie. Deutsche Investoren, die von jeher stark im Handel engagiert waren, wandten sich in den 1890er Jahren Eisenbahnen und Immobilien zu, konkurrierten mit den Franzosen in der Übernahme von Staatsanleihen sowie im Bankwesen und konzentrierten sich nach 1900 stärker auf die Industrie.

Außenhandel

Das Wachstum und die Zusammensetzung des mexikanischen Außenhandels zwischen 1877 und 1911 spiegeln sowohl die Verhältnisse auf dem Weltmarkt wie auch den wirtschaftlichen Wandel Mexikos wider. Zwischen 1877 und 1910 erhöhte sich

Tab. 27: Auslandsinvestitionen in Mexiko um 1911 (nach Branchen)

Branche	Anteil pro Land in %						
	USA	Groß-britannien	Frank-reich	Deutsch-land	Nieder-lande	Andere*	
Bergbau	61,7	14,1	21,8			2,4	100 %
Eisenbahnen	47,3	35,5	10,3	1,6	2,1	3,2	100 %
Öffentliche Dienste**	6,0	89,0	4,0	–	1,0	–	100 %
Immobilien***	42,0	46,4	8,2	3,1	–	–	100 %
Banken	21,0	11,0	60,0	7,0	1,0	–	100 %
Industrie	16,1	8,2	55,2	20,5	–	–	100 %
Handel	7,4	0,3	65,6			26,7	100 %
Öl	38,5	55,5	6,5	–	–	–	100 %
Öffentliche Anleihen	11,9	16,5	65,8	0,4	5,4	–	100 %

* Kategorie „Andere" einschließlich deutscher Investitionen
** Einschließlich Elektrizitätswerke
*** Einschließlich Landwirtschaft, Viehzucht und Forstwirtschaft

Quelle: d'Olwer [1965, 1153, 1063, 1085, 1089, 1105, 1115, 1121, 1125 und 1129].

der jährliche Wert der mexikanischen Exporte um das Sechsfache, die Preise wiesen dagegen eine jährliche Abnahme um 0,08 Prozent auf. Dies lag an wachsender ausländischer Konkurrenz (Kupfer, Fasern, Kaffee), erfolgreichen ausländischen Versuchen zu monopolistischer Preiskontrolle (Sisal) und vor allem am Preisverfall des Silbers auf dem Weltmarkt, bedingt durch Wettbewerb und den Übergang der großen Industriemächte zum Goldstandard.

Zwischen 1877 und 1892 wies die Handelsbilanz ein Defizit von rund 10 Prozent auf, obwohl die jährliche Wachstumsrate der Exporte (5,6 %) um einiges höher lag als die der Importe (4,2 %). Das Defizit war eine Folge vermehrter Importe von

Tab. 28: Der Wert des mexikanischen Außenhandels 1877–1911
(in Mio. Pesos, Kurswert 1900/01)

Zeitraum	Importe gesamt	Exporte gesamt	Export Edel-metalle	Export andere Güter
1877/78	49	41	26	15
1880/81	–	53	31	22
1885/86	–	66	36	30
1890/91	–	82	44	38
1895/96	–	128	74	54
1900/01	–	161	94	67
1905/06	–	210	113	97
1910/11	214	287	146	141

Quelle: Rosenzweig [1960, 538].

Konsumgütern und spiegelte die Erfordernisse einer Wirtschaft im (Wieder-) Aufbau wider. Zwischen 1893 und 1899 dämpfte der anhaltende Wertverlust des Silberpesos die jährliche Wachstumsrate (5,5 %) der dadurch verteuerten Importe, erhöhte aber die Wachstumsrate der Exporte auf 8 Prozent pro Jahr. Diese Jahre, die Limantour einen Handelsbilanzüberschuß bescherten, lassen die Veränderungen der inneren Zusammensetzung des Außenhandels erkennen. Silber blieb weiterhin eines der Haupterzeugnisse der mexikanischen Wirtschaft, und seine Produktion vervierfachte sich zwischen 1877 und 1911. Gleichwohl sank sein Anteil am Gesamtwert der Ausfuhren von 61 Prozent (1877/78) auf 40 Prozent (1910/11). Die Früchte neuer Investitionen, Industriemetalle, Fasern, Kaffee, Holz und Häute, nahmen seinen Platz ein. Ihr Anteil stieg von 25 Prozent (1877/78) auf 40 Prozent (1910/11). Die Zusammensetzung der mexikanischen Einfuhren zeigt den Trend zur industriellen Produktion. Verglichen mit 1877/78 war die Einfuhr von Verbrauchsgütern 1910/11 um ein Drittel gesunken, und der Anteil der Investitionsgüter hatte sich verdoppelt.

Verkehrswesen

Um 1880 besaß Mexiko ein Netz von Eisenbahnlinien von 1000 km Länge und 4500 km Landstraßen im Zentrum des Landes. Die restlichen Gebiete waren noch immer auf Säumerpfade und den Seeweg angewiesen.

Der Eisenbahnbau fluktuierte mit den Finanzkrisen und Kapitalverknappungen auf den europäischen und nordamerikanischen Finanzmärkten besonders von 1884 bis 1886 und 1892 bis 1896. Boomjahre im Eisenbahnbau waren 1887 und 1890, und der jährliche Zuwachs an Kilometern betrug zwischen 1880 und 1910 durchschnittlich 10,1 Prozent.

Tab. 29: Die mexikanischen Eisenbahnen: Wachstum des Streckennetzes und Warentransport 1878–1908

Jahr	km	Fracht (in Tonnen)
1878	737	172 497
1883	5 275	851 916
1888	7 695	1 811 577
1893	10 451	3 470 118
1898	12 681	6 218 486
1903	16 113	9 585 512
1908	18 613	14 223 269

Quelle: d'Olwer [1965, 541, 568 u. 629]; Coatsworth [1981, 117].

Bis 1900 war die Eisenbahnpolitik der Regierung von einer Haltung des *Laissez-faire* geprägt, wenn nicht gar chaotisch. Daraus folgte, daß der finanzielle Hintergrund der Konzessionäre bisweilen zweifelhaft war, daß verschiedene Spurweiten verwendet wurden und der eigentliche Bau manchmal von schlechter Qualität und spekulativ ausgerichtet war. Scharfer Wettbewerb, besonders nach 1888, als die Hauptstrecken gebaut waren, führte zu Parallelbauten auf den gleichen Strecken, zum Beispiel Mexiko-Stadt–Veracruz, welche die Lebensfähigkeit der Gesellschaften beeinträchtigten und sie in Krisen stürzten. Im Jahr 1898 arbeitete Limantour einen Plan aus, der Prioritäten für den Aufbau eines nationalen Eisenbahnnetzes festlegte, schärfere staatliche Kontrollen vorsah und die Konsolidierung der Bahngesellschaften sicherstellen sollte.

Der Beitrag der Eisenbahnen zur Entwicklung Mexikos ist noch immer eine umstrittene Frage. Um 1910 verband das Eisenbahnnetz alle größeren Bevölkerungszentren und regionalen Wirtschaftsräume. Die Integration in einen nationalen Markt begünstigte zweifellos die Ausweitung des Anbaus von Zuckerrohr (Morelos), Baumwolle (La Laguna) und Tabak (Veracruz). Der Straßenbau wurde jedoch stark vernachlässigt, und zugleich ging der Transport mit Maultieren zurück. Die Struktur des mexikanischen Transportwesens machte eine grundlegende Wandlung durch. Im Jahr 1877 wurde 1 Prozent des mexikanischen Außenhandels über die nördliche Grenze abgewickelt, 1910 waren es mehr als 30 Prozent. Die Transportkosten waren dramatisch gesunken, aber die Eisenbahntarife begünstigten den Massengutverkehr der Exportwirtschaft. Daraus ergaben sich relativ höhere Tarife für Einfuhren und heimische Erzeugnisse, zum Beispiel Mais, Weizen, Bohnen und Zucker. Um 1910 hatte sich die Tonnage der jährlichen Frachtleistung versiebenfacht, aber drei Viertel der gesamten Tonnage waren mit der Ausfuhr verknüpft. Auch der Ausbau von Hafenanlagen und Docks wurde vorangetrieben. Um die Jahrhundertwende war die Zahl der brauchbaren Seehäfen von weniger als zehn auf 24 angestiegen, mit bedeutsamen Verbesserungen an der pazifischen und im Nordteil der karibischen Küste, aber 60 Prozent aller Frachten wurden nach wie vor in den karibischen Häfen umgeschlagen. Das Volumen der Schiffsfrachten verachtfachte sich zwischen 1880 und 1910, aber die größeren Schiffahrtsgesellschaften waren allesamt amerikanisch oder europäisch.

Bergbau

Zwischen 1877 und 1910 vervierfachte sich die Silberproduktion, und die Goldproduktion erlebte nach 1893 durch eine verbesserte metallurgische Technologie und steigende Weltmarktpreise einen starken Aufschwung.

Tab. 30: Haupterzeugnisse der mexikanischen Bergbauindustrie 1877–1911

Fiskaljahr	Silber (in kg)	Gold (in kg)	Blei	Kupfer (in Tonnen)	Zink
1877/78	607 037	1 105	*	*	*
1891/92	1 051 073	1 591	38 860	6 483	–
1896/97	1 556 620	10 158	67 309	11 446	550
1901/02	1 772 724	14 716	100 500	35 150	800
1906/07	1 756 704	27 423	74 929	59 544	22 882
1910/11	2 257 363	36 222	120 525	52 116	1 713

* Vor 1891 keine Daten erhältlich

Quelle: EEPFTAES [o. J., 136–140].

Die Erzeugung von industriellen Metallen in größeren Mengen begann von 1891 an. Dies hing mit der Fertigstellung der wichtigsten Bahnverbindungen, aber auch mit gestiegener Nachfrage auf dem Weltmarkt und verbesserter Wettbewerbsfähigkeit infolge des Wertverlustes des Silberpesos zusammen. US-amerikanische und französische Investitionen setzten in den frühen 1880er Jahren ein, die britischen fünf Jahre später. In den zehn Jahren zwischen 1897 und 1907 erreichte die Erzeugung einen Höchststand, aber danach ging das Produktionsniveau mit der Ausnahme von Blei zurück, weil die Vereinigten Staaten protektionistische Maßnahmen ergriffen und die Weltmarktpreise verfielen.

Da die Vereinigten Staaten drei Viertel der mexikanischen Bergbauprodukte abnahmen, zwang der unter McKinley 1891 auf die Einfuhr von unverarbeiteten Erzen in die USA erhobene Zoll die amerikanischen Gesellschaften zur Errichtung von Verhüttungsanlagen in Nordmexiko (Monterrey, San Luís Potosi). Im Jahr 1902 wurde das erste mexikanische Stahlwerk gegründet (Monterrey), um den Bedarf der mexikanischen Eisenbahnen, der verarbeitenden Industrie und des modernen Bauwesens zu decken. Die Bedürfnisse der Metallindustrie wurden zur Grundlage für den Aufbau einer expandierenden und größtenteils in ausländischem Besitz befindlichen Brennstoffindustrie: Kohlenbergbau in Coahuila, die erste kommerzielle Ölförderung im Jahre 1901 und der Bau von mehr als hundert (hydro-)elektrischen Kraftwerken zwischen 1887 und 1911. Die Ölproduktion erreichte im Jahr 1903 100 000 Barrel und wurde bis 1907 auf 2,5 Mio. Barrel im Jahr gesteigert.

Landwirtschaft

Extensive Bewirtschaftungsformen, reichlich primitive Technologie und Kapitalmangel prägten die mexikanische Landwirtschaft bis in die 1880er Jahre. Die Auslandsnachfrage nach einigen traditionellen Erzeugnissen Mexikos (Indigo und Cochenille) war wegen des Aufkommens synthetischer Farbstoffe stark zurückgegangen. Damit blieben Häute der einzige bedeutende Ausfuhrartikel. Investitionen in die Produktion anderer landwirtschaftlicher Erzeugnisse wurden wegen des schlechten Rufs, den Mexiko im Ausland hatte, und wegen seines schwachen und fragmentierten Binnenmarktes nur zögernd getätigt. Die große Mehrheit der Bevölkerung lebte auf dem Land, war arm und betrieb Subsistenzwirtschaft, die nur geringe Überschüsse erbrachte, welche auf lokalen Märkten verkauft wurden. Besteuerung des Binnenhandels (Zölle und *alcabalas*), Banditenunwesen und der miserable Zustand der Straßen machten den überregionalen Handel gewagt und kostspielig.

Die Erforschung der ländlichen Kreditsituation ist erst im Ansatz geleistet worden. Kurzfristige Kredite von lokalen Handelsbanken waren schwierig und nur zu hohen Zinsen zu erhalten. Viele Güter wurden mit Hypotheken belastet, um Kredit zu bekommen. Mit der allmählichen Belebung und Ausweitung des Handels dank wachsender Inlands- und Auslandsnachfrage gewann die Reinvestition von Gewinnen durch mexikanische Unternehmer und ausländische Investoren in eine marktorientierte, kommerzielle Landwirtschaft an Bedeutung. Die Entwicklung der Landwirtschaft verlief jedoch unterschiedlich, je nachdem, ob sie auf den Export, die Erzeugung von Rohmaterialien für den Binnenmarkt oder von Grundnahrungsmitteln ausgerichtet war.

Der Anteil der landwirtschaftlichen Exportproduktion an der Gesamterzeugung stieg von 3,7 Prozent im Jahr 1877 auf 19,9 Prozent im Jahr 1907. Diese Steigerung war auf eine wachsende Auslandsnachfrage nach Rohmaterialien und die Politik der Präsidenten González und Díaz zurückzuführen, die Landerwerb, Verkehrswesen und Kapitalbildung begünstigte. Der Exportsektor wurde der kapitalintensivste und modernste Zweig der mexikanischen Landwirtschaft, mit hohen Investitionen in Bewässerungsanlagen, Schienentransport und Mechanisierung. Beispiele dafür liefern die Sisal- und Baumwollplantagen. Im Vergleich zu anderen Sektoren der Wirtschaft wie Bergbau und Eisenbahnen (Tab. 29, 30) war der Anteil der ausländischen Investitionen gering. So beherrschte die lokale Bourgeoisie von Yucatán die Sisalplantagen, war aber abhängig von importierten Verarbeitungsmaschinen und der Vermarktung durch US-amerikanische Unternehmen. Die Gummiproduktion wurde von ausländischem Kapital beherrscht, aber im Kaffeeanbau wie in der Viehzucht finden sich mexikanische ebenso wie ausländische Investitionen. Die Erforschung der Gewinne, die mit der mexikanischen Agrarproduktion erzielt wurden, ist noch bruchstückhaft, doch wird geschätzt, daß die Gewinne in der agrarischen Exportproduktion zwischen 1892 und 1910 um 103,9 Prozent stiegen.

Tab. 31: Wichtige landwirtschaftliche Exportprodukte Mexikos 1877–1907 (in Tonnen)

Produkt	1877	1887	1897	1907
Sisal	11 383	37 578	77 892	111 087
Ixtle	2 231	3 740	12 930	18 635
Kaffee	8161	11 681	25 202	29 269
Chicle	1	701	891	2 295
Gummi	27	164	93	5 633
Vanille*	26 209	30 350	23 555	112 955

* in kg

Quelle: EEPFTAES [o. J., 75–82].

Die Exportproduktion spiegelt recht augenfällig die Fluktuationen in der Auslandsnachfrage und den Weltmarktpreisen wider. Die Exportmengen industrieller Rohmaterialien (Sisal, Gummi) wuchsen rascher als die von Verbrauchsgütern wie Kaffee und Vanille und stellten um 1900 ungefähr drei Viertel des mexikanischen Agrarexports. Trotz beträchtlicher Preisschwankungen stieg die Erzeugung von Fasern (Ixtle) im Norden zwischen 1877 und 1906 um das Zehnfache. Genauso verhielt es sich mit der Produktion von Henequén (Sisal) in Yucatán, aber ausländischer Wettbewerb (Philippinen) und ein erfolgreicher Versuch der *American Harvester Corporation* zur Preiskontrolle reduzierte die Erlöse während des ersten Jahrzehnts nach 1900 um 50 Prozent. Die Gummierzeugung (Chiapas und Tabasco) entsprach dem weltweiten Gummiboom, der nach 1900 durch die industrielle Nachfrage ausgelöst wurde. Der Kaffeeanbau (Chiapas, Veracruz) wurde während der 1890er Jahre stark ausgeweitet, blieb aber mit der Krise auf dem Weltmarkt für Kaffee zwischen 1899 und 1907 zurück. Die Vanilleproduktion schwankte bis 1900 und erlebte anschließend infolge der gestiegenen Nachfrage der europäischen und US-amerikanischen Nahrungsmittelindustrie eine regelrechte Hausse.

Die Produktion agrarischer Rohstoffe für den Binnenmarkt unterlag anderen Bedingungen als jene für den Exportsektor. Ihr Anteil am Wert der gesamten Agrarerzeugung stieg von 10 Prozent 1877 auf 17,6 Prozent im Jahre 1907. Die Binnennachfrage wuchs zum einen wegen des Bevölkerungswachstums, zum anderen dank der Integration lokaler und regionaler Märkte in ein nationales System, aber auch durch einen Anstieg der Kaufkraft in einigen Schichten der Bevölkerung und die beginnende Industrialisierung und Verstädterung. Im allgemeinen konnte die Agrarproduktion für den Binnenmarkt mit stabilen oder steigenden Preisen rechnen, weil die mexikanische Regierung Einfuhren aus dem Ausland durch Schutzzölle erschwerte. Auf diesem Sektor dominierte mexikanisches Kapital, aber Teile der Baumwoll-, Zucker- und Tabakindustrie waren in der Hand ausländischer Investoren, welche von der Aussicht auf ansehnliche Gewinne, die zwischen 1892 und 1910 tatsächlich um 166,5 Prozent stiegen, angelockt worden waren.

Tab. 32: Die Erzeugung agrarischer Rohstoffe in Mexiko für den Binnenmarkt 1892–1907 (in Tonnen)

Produkt*	1892	1897	1902	1907
Zuckerrohr	950 338	1 122 666	1 618 109	1 907 012
Baumwolle	12 680	26 438	23 407	33 631
Tabak	7 116	7 188	9 859	17 465
Kakao**	1 643	1 311	2 064	3 108

* Daten vor 1892 unvollständig
** in Sack

Quelle: Pohl/Mertens [1975, 61–103].

Dieser Sektor der landwirtschaftlichen Produktion verzeichnete zwischen 1892 und 1911 ein beträchtliches Wachstum, erreichte aber niemals die Wachstumsraten des Exportsektors, insbesondere nicht nach 1900. Die Zuckerrohrproduktion (Morelos) erhöhte sich um 163,5 Prozent sowohl wegen der gestiegenen Inlandsnachfrage als auch infolge der günstigen Weltmarktentwicklung am Ende des Porfiriats. Die Baumwollproduktion stieg um 242,8 Prozent, vor allem dank der wachsenden Nachfrage seitens der nationalen Textilindustrie und der Entwicklung großflächiger Anbaugebiete im Norden (La Laguna). Diese Entwicklung führte zu einem Absinken der Baumwolleinfuhren von 15,4 Prozent (1899/1900) auf 4,6 Prozent (1910/11) der von der mexikanischen Industrie verarbeiteten Gesamtmenge. Die Produktionssteigerung beim Tabak um 156,1 Prozent war im wesentlichen eine Folge der gestiegenen Inlandsnachfrage.

Die Erzeugung von Grundnahrungsmitteln für den Binnenmarkt war von 86,3 Prozent des Wertes der gesamten Agrarproduktion des Landes im Jahr 1877 auf 62,5 Prozent im Jahr 1910 gesunken, blieb aber gleichwohl der wichtigste Zweig der Landwirtschaft. Ebenso wie die Erzeugung agrarischer Rohstoffe für den heimischen Markt war sie durch Einfuhrzölle gegen ausländischen Wettbewerb geschützt, aber sie wies weit geringere Wachstumsraten und eine erheblich niedrigere Zunahme der Gewinne auf als die Exportproduktion und die Erzeugung agrarischer Rohstoffe für den Inlandsmarkt: 61,5 Prozent zwischen 1892 und 1907.

Tab. 33: Die Erzeugung von Grundnahrungsmitteln für den mexikanischen Markt 1892–1907 (in Tonnen)

Produkt	1892	1897	1902	1907
Mais	1 384 715	2 398 764	2 329 780	2 127 868
Weizen	210 088	239 472	267 968	292 661
Gerste	104 566	140 139	126 925	144 097
Reis	8 836	21 138	19 831	32 854
Bohnen	81 536	144 933	156 979	159 170
Chili-Pfeffer	3 562	4 030	4 757	7 163

Quelle: EEPFTAES [o. J., 65–70].

Bis zum Ende des Jahrhunderts stieg die Nahrungsmittelerzeugung, abgesehen von Schwankungen, die auf Mißernten zurückzuführen waren, wie in den Jahren 1883/84, 1892/93 und 1896/97. Nach 1900 war der Anbau von Mais, dem wichtigsten Grundnahrungsmittel Mexikos, jedoch rückläufig, und die Erzeugung sank von 184 kg pro Kopf im Jahr 1897 auf 144 kg im Jahr 1910. Der Anbau von Weizen und Bohnen konnte mit der Nachfrage einer wachsenden Bevölkerung kaum Schritt halten. Nur der Anbau von Reis, einem neuen Grundnahrungsmittel für die rasch wachsende städtische Bevölkerung, konnte der Inlandsnachfrage gerecht werden. Bis 1910 mußten regelmäßig Weizen, Mais und Bohnen eingeführt werden. Zwischen 1900 und 1910 stiegen die Preise für Weizen und Bohnen um rund 60 Prozent, für Mais sogar um 90 Prozent, aber es gab bedeutsame regionale Unterschiede in der Knappheit und dem Preisniveau, die auf die unzureichende Integration der Märkte zurückzuführen waren. Die Regierungen des Bundes und der Einzelstaaten waren sich des Problems bewußt, doch außer einer staatlichen Landwirtschaftsschule und verschiedenen örtlichen Bestrebungen, landwirtschaftliche Modellbetriebe zu errichten, wurde keine erfolgreiche Politik zur Verbesserung der Versorgung mit Grundnahrungsmitteln entwickelt.

Die Ursachen der Stagnation in der mexikanischen Produktion von Grundnahrungsmitteln sind noch immer Gegenstand wissenschaftlicher Untersuchung, weil unsere Kenntnis von der sich verändernden Zusammensetzung und wirtschaftlichen Struktur des ländlichen Mexiko während des Porfiriats durchaus unzureichend ist. Es scheint festzustehen, daß das traditionelle Bild einer „feudalen" Elite von *hacendados*, die sich weigerte, die Möglichkeiten wahrzunehmen, die ihr von einem dynamischen Inlandsmarkt geboten wurden, nicht stimmt. Vieles spricht im Gegenteil dafür, daß die Produktion der *haciendas* des mexikanischen Hochlandes während des Porfiriats anstieg. Die verbesserte Rentabilität ergab sich aus steigenden Erlösen und niedrig gehaltenen Löhnen. Erstere ergaben sich aus der verstärkten Nachfrage expandierender städtischer Märkte und aus Schutzzöllen gegen Importe; letztere waren die Folge eines neuen Arbeitskräfteüberschusses durch das Bevölkerungswachstum im zentralen Hochland. Großgrundbesitzer sahen die städtische Nachfrage voraus und investierten in den Anbau von Produkten, die vielfach kostspieliger (Bewässerung), aber auch sehr viel einträglicher waren als Mais. Im Anbau auf freiem Grundeigentum begannen Weizen, Chili, Bohnen, Gemüse und Obst den Maisanbau zu verdrängen, auch die Pflanzungen von *maguey*, einer Agavenart, aus der das alkoholische Getränk *pulque* gewonnen wird, erfuhren eine Ausdehnung. Der Maisanbau wurde in zunehmendem Maße Halbpächtern überlassen, die im Austausch für Land, Saatgut und bisweilen Zugtiere ihre eigene Arbeitskraft und die ihrer Familie investierten und die Hälfte oder ein Drittel der Ernte an den Großgrundbesitzer lieferten. Darum blieb die Maiserzeugung im Sinne der Anbau- und Erntemethoden traditionell. In einigen Regionen wurden die Anbauflächen für Mais tatsächlich verringert.

Heimische Industrie

Die Entwicklung der heimischen Industrie zeigt die Auswirkungen derselben Faktoren, die das Wachstum des begrenzten, aber langsam expandierenden Binnenmarktes für landwirtschaftliche Erzeugnisse bestimmten; ein zunehmend integrierter (städtischer) Markt, zum Teil geschützt durch Einfuhrzölle, lockte ausländisches Kapital an und förderte die Reinvestition von Gewinnen, die in Mexiko selbst im Handel und in der Landwirtschaft erzielt worden waren. Während des Porfiriats verdoppelte sich der Gesamtwert der Industrieproduktion von ungefähr 90 Mio. Pesos (1892) auf 204 Mio. Pesos (1910). Die Erzeugung elektrischer Energie, die wichtigste industrielle Investition in Mexiko, erwies sich als entscheidend für die Expansion des zweitgrößten Investitionsobjekts, der Textilindustrie. Ihr folgten die Zucker-, Spirituosen-, Tabak-, Papier- und Schuhindustrie. Es muß jedoch hervorgehoben werden, daß viele ländliche Gebiete an die lokale handwerkliche Produktion gebunden blieben.

Zur Entwicklung einer speziellen Industrieförderungspolitik ist es nie gekommen, weil Bergbau und Landwirtschaft als die Hauptantriebskräfte der mexikanischen Wirtschaft angesehen wurden. Entstehende Industrien konnten von den gleichen Steuerbegünstigungen oder Ausfuhrerleichterungen profitieren wie Bergbau und Landwirtschaft, aber sie wurden durch hohe Schutzzölle auf die Einfuhr von Rohstoffen wie Baumwolle behindert. Mehrere der wichtigen Verbrauchsgüterindustrien wie die Textil- und Schuherzeugung profitierten von selektiven Schutzzöllen in Höhe von 100 Prozent und mehr gegen Einfuhren ausländischer Fertigwaren. So sanken die Einfuhren britischer Baumwollstoffe von 56 Prozent des Gesamtwertes mexikanischer Einfuhren (1872–1876) auf 10,6 Prozent im Fiskaljahr 1900/01.

Französische Kaufleute, die frühzeitig ein eigenes Einzelhandelsnetz aufgebaut hatten, nutzten die Vorteile steigender Preise für Importe und der Förderung des Baumwollanbaus durch die Regierung, um die Textilindustrie des Landes zu modernisieren und auszubauen. Begünstigt durch ein neues Handelsgesetz (1889) wurden neue Geschäftsunternehmen gegründet, die in moderne amerikanische, deutsche und französische Maschinen investierten und sich während der 1890er Jahre anschickten, die Produktion in größeren Fabriken zu konzentrieren (Orizaba, Río Blanco, Atlixco). Am Ende des Jahrhunderts waren zwei Drittel der Textilindustrie des Landes in Puebla, Veracruz und Mexiko-Stadt konzentriert. Die Erzeugung des Hauptprodukts, derber Baumwollstoffe für die Volksmassen, stieg von 3 087 808 Längen (1879) auf 5 000 000 (1894) und mit einer Wachstumsrate von einer Mio. pro Jahr auf 16 280 843 Längen im Spitzenjahr 1907. Schutzzölle und eine gezielte Politik zur Beschränkung der Produktion bewirkten, daß Waren hergestellt wurden, die relativ kostspielig und von geringer Qualität waren. Aus diesem Grunde und wegen des Fehlens einer mexikanischen Handelsmarine scheiterten von der Regierung unterstützte Versuche (1902), den Export mexikanischer Textilwaren nach Südamerika zu fördern. In gewisser Weise aber unterstützte die gegen äußere Einflüsse abgeschirmte Stellung der Textilindustrie das Fortbestehen der handwerklichen Fertigung. Das hohe Preisniveau ermöglichte es vielen kleinen Webern, ihre Garne von den Fabriken zu kaufen und konkurrenzfähig zu bleiben.

Im Jahr 1898 wurde die französisch-schweizerische *Société Financière* gegründet, um Investitionskapital für die mexikanische Industrie zu sammeln. Sie hatte besonders bei französischen und niederländischen Aktionären Erfolg und investierte in die Glas-, Lebensmittel-, Papier- und Sprengstoffindustrie, in Brauereien und das Stahlwerk von Monterrey. Dieses erzeugte im Jahr 1910 insgesamt 72 000 Tonnen Stahl und hatte einen wichtigen Multiplikatoreffekt wegen seiner Nachfrage nach Rohstoffen, Transportleistungen, qualifizierten Arbeitskräften, Verbrauchsgütern und Dienstleistungen.

d Die Gesellschaft

Die Prozesse politischer Zentralisierung und wirtschaftlicher Integration in einen nationalen Markt, dessen Verflechtung mit dem Weltmarkt immer enger wurde, prägten zwischen 1867 und 1900 auch die mexikanische Gesellschaft.

Bevölkerung

Die erste Volkszählung wurde 1895 durchgeführt. Die meisten früheren Daten zur Bevölkerung beruhen auf Schätzungen und sind bisweilen widersprüchlich. Wir können jedoch annehmen, daß die Bevölkerung sich zwischen 1860 und 1910 von rund 8 000 000 auf 15 160 369 fast verdoppelte. Diese Zunahme beruhte hauptsächlich auf einem langsam wachsenden Geburtenüberschuß, in dem sich die abnehmenden Kriegsverwüstungen, ein Sinken der Säuglingssterblichkeit und leichte Verbesserungen des Lebensstandards spiegeln. Die Einwanderungspolitik der liberalen Regierungen war ein Fehlschlag, dem unrealistische Planung, Finanzierungsprobleme, der schlechte Ruf Mexikos hinsichtlich der Arbeitsbedingungen und der Verhältnisse auf dem Land sowie die Nähe der Vereinigten Staaten als dem Gelobten Land für Einwanderer zugrunde lagen. So beschränkte sich die Einwanderung nach Mexiko auf kleine Gruppen ausländischer Unternehmer: Amerikaner, Briten, Franzosen, Deutsche, Spanier, Libanesen und Syrer. Der Regierung Díaz gelang die Anwerbung einer begrenzten Zahl chinesischer und japanischer Kulis als Kontraktarbeiter für Bergbau und Plantagen.

Das dramatische Bevölkerungswachstum zeigt jedoch unterschiedliche Entwicklungen im zentralen Hochland und den Randgebieten. In den schon immer dichter besiedelten Staaten Zentralmexikos war das Bevölkerungswachstum mäßig und kontinuierlich. Um 1900 hatten die meisten Staaten zwischen 20 und 40 Einwohner pro km^2 und stellten ein Arbeitskräftereservoir für den Norden und die Golfregion dar. Bis in die späten 1870er Jahre blieb die Wirtschaft in den nördlichen Staaten wegen der fortgesetzten Störungen durch indianische Nomaden, der Grenzprobleme mit den

Vereinigten Staaten, schlechter Verkehrsverbindungen und klimatischer Nachteile (Trockenheit) hinter der Entwicklung in den anderen Landesteilen zurück. Danach lösten Befriedungsaktionen und der expandierende nordamerikanische Markt wirtschaftliches Wachstum und Bedarf an Arbeitskräften in jenen Staaten aus, die weniger als vier Einwohner pro km^2 hatten. Zuwanderer aus den Gegenden zwischen Jalisco und San Luis Potosí und aus Zentralmexiko ließen die Bevölkerungen von Staaten wie Nuevo León, Coahuila, Chihuahua, Durango und Veracruz am Golf von Mexiko um mehr als das Doppelte anschwellen. In den dünn besiedelten südlichen Staaten, die ungefähr fünf Einwohner pro km^2 zählten, war das Bevölkerungswachstum viel langsamer, doch spielte (erzwungene) Zuwanderung in einigen der tropischen Plantagenbezirken eine bedeutende Rolle.

Beschäftigungsstruktur

Im großen und ganzen hatten die gesellschaftlichen und wirtschaftlichen Veränderungen um 1900 den ländlichen Charakter und die Beschäftigungsstruktur Mexikos nicht wesentlich verändert. Das Bevölkerungswachstum während des Porfiriats (jährlich 1,5 % zwischen 1877 und 1910) wurde größtenteils vom ländlichen Mexiko absorbiert, und um 1910 lebten noch rund 85 Prozent der Bevölkerung in Ortschaften mit weniger als 10 000 Einwohnern. Zwischen 60 Prozent und 70 Prozent der wirtschaftlich aktiven Bevölkerung blieb im primären Sektor (Landwirtschaft und Bergbau) beschäftigt. Es gibt jedoch Anzeichen für eine fortschreitende Diversifikation der Beschäftigung. Das Aufkommen neuer gesellschaftlicher Gruppen wird augenfällig in der Entwicklung eines relativ kleinen städtischen Industrieproletariats (Transportwesen, Industrie), neben dem eine noch immer wichtige Handwerkerschicht fortbestand. Um 1900 hatte der gesamte sekundäre Sektor einen Anteil von ungefähr 18 Prozent der wirtschaftlich aktiven Bevölkerung. In den Dienstleistungen ging der Anteil traditioneller Sektoren wie Hauspersonal und Maultiertreiber (bedingt durch Eisenbahntransport) zurück. Das Militär, Beamte und der Klerus hielten ihren Anteil, während der Anteil qualifizierter Berufe der städtischen unteren Mittelschicht (Ingenieure, Lehrer, Akademiker und spezialisierte Angestellte) anstieg. Um 1900 arbeiteten etwa 13 Prozent der wirtschaftlich aktiven Bevölkerung im tertiären Sektor. Das Wachstum des sekundären und tertiären Sektors zeigt eine begrenzte, aber sichtbare Zunahme der Verstädterung. Bürokratische Zentralisierung, Industrialisierung und ein Arbeitskräfteüberschuß in den benachbarten Hochlandstaaten ließen die Bevölkerung von Mexiko-Stadt bis zum Jahr 1910 auf 417 000 ansteigen. Auch die alten Kolonialstädte wie Guanajuato, Morelia und San Luis Potosí wuchsen, allerdings weniger schnell als die städtischen Zentren der peripheren Wirtschaftszonen: Monterrey (62 200 Einwohner im Jahr 1900), Guadalajara (101 000 Einwohner im Jahr 1900) oder Mérida (43 600 Einwohner im Jahr 1900).

Die ländliche Gesellschaft

Die Veränderungen in der Sozialstruktur der ländlichen Gesellschaft sind, ebenso wie die ländliche Wirtschaft, noch nicht restlos erforscht. Die Prozesse gesellschaftlicher und wirtschaftlicher Veränderung während des Porfiriats zeigen bedeutsame regionale

Unterschiede in den Veränderungen ländlicher Eigentumsstrukturen, der Formen der Entlohnung und, in geringerem Maße, des Lebensstandards, insbesondere zwischen dem Zentrum und den Randgebieten.

Gemäß der traditionellen Geschichtsschreibung vollzog sich im Porfiriat die Entwicklung einer monolithischen Agrarstruktur, die vom Großgrundbesitz beherrscht wurde. Angeblich lebte mehr als die Hälfte der Landbevölkerung auf den *haciendas,* und der Großgrundbesitz kontrollierte praktisch auch den Rest der Landbewohner. Der Großgrundbesitz hatte die in freien Dörfern lebenden Bauern zurückgedrängt und die Entwicklung einer ländlichen Mittelschicht verhindert. Diese Ansicht war Ausdruck nicht nur eines politischen Vorurteils der postrevolutionären Geschichtsschreibung, die das Porfiriat als die Periode des Landraubs schlechthin darzustellen bestrebt war, sondern auch der unklaren Erhebungskriterien der Volkszählungen während des Porfiriats (1895, 1900, 1910). Da die Mehrheit der Bauern mit oder ohne Land, viele Pächter und unabhängige Landwirte als Landarbeiter in einen Topf geworfen wurden – ein Irrtum, der durch fehlerhafte Registrierung verursacht worden war –, wurde die Rolle des Großgrundbesitzes von späteren Forschern, die das Datenmaterial der Volkszählungen interpretierten, grob überschätzt. Die neuere Forschung anerkennt zwar die bedeutende Rolle des Großgrundbesitzes als Arbeitgeber und Verteiler von Dienstleistungen für die ländliche Bevölkerung. Sie zeigt jedoch, daß die Zahl der auf den *haciendas* lebenden Landarbeiter nur 10–20 Prozent der Landbevölkerung betrug, und betont die bedeutsame Zunahme der ländlichen Mittelschicht während des Porfiriats.

Veränderungen der ländlichen Eigentumsverhältnisse fanden durch Enteignung nicht registrierten bäuerlichen Landeigentums während der liberalen Privatisierungskampagnen, durch den Verkauf von Staatsländereien, der oft die Enteignung von De-facto-Bauernland mit einschloß, und durch die Aufteilung von Großgrundbesitz statt. Zwischen 1867 und 1907, besonders aber zwischen 1883 und 1893 führte die Veräußerung von Staatsland zum Übergang von 49 Mio. ha Boden an private Eigentümer und Gesellschaften. Die meisten dieser Ländereien wurden in den nördlichen Staaten und im tropischen Südosten vermessen und registriert. Im Norden waren Indianer und Kolonisten, zum Teil frühere Soldaten aus den liberalen Kriegen, die Verlierer. Im zentralen Hochland war der Verkauf von Staatsland begrenzt, weil sich das meiste Ackerland sowie die Weiden im Besitz größerer privater Eigentümer oder von Dorfgemeinschaften befanden. Die letzteren unterlagen jedoch dem Lerdo-Gesetz von 1856 über die Privatisierung kommunalen Grund und Bodens, das die Dorfgemeinschaften zwang, ihr Land an die früheren Pächter zu verkaufen oder Parzellen an individuelle Mitglieder der Dorfgemeinschaft abzugeben. Die Erforschung der liberalen Privatisierungskampagnen läßt noch immer keine quantitativen Schätzungen dieses Prozesses oder der oftmals betrügerischen Übertragungen von bäuerlichem Eigentum an Außenstehende zu. Immerhin gibt es genug Anhaltspunkte für die Annahme, daß die in Dörfern lebenden Bauern um 1910 noch ungefähr 40 Prozent des Landes hielten, das sie vor 1856 besessen hatten. Dies gelang teils durch erfolgreiche Abwehrstrategien der Bauern, mit denen sie Außenstehende fernhielten, oder durch Umgehung der *Ley Lerdo.* Dabei wurden sie oft von Lokalbehörden unterstützt, die auf bäuerliche Unterstützung angewiesen waren. Dies scheint besonders in Oaxaca, Guerrero und Teilen Zentralmexikos der Fall gewesen zu sein. Gegen Ende des Jahrhunderts war

Díaz mehr und mehr von der Notwendigkeit überzeugt, die Enteignung bäuerlichen Eigentums zu beschränken. Die noch verbliebenen Dörfer mit Gemeindeland durften ihr Eigentum aufgrund eines Gesetzes von 1901 behalten, und die Vermessung und der Verkauf staatlicher Ländereien wurde 1902 stark eingeschränkt und 1909 abgeschafft.

Das Wiederaufkommen einer ländlichen Mittelschicht von *rancheros* während der zweiten Hälfte des 19. Jh. war auf eine Anzahl von Faktoren zurückzuführen, zu denen die fortschreitende Aufteilung von *haciendas,* die liberale Privatisierungspolitik kommunalen Gemeindebesitzes und bisweilen die Kolonisierung öffentlichen Landes (Chihuahua, Coahuila) zählten. In einigen Gebieten (Huasteca, Sierra Norte de Puebla) bewirkten feste Bündnisse von Anführern der *rancheros* mit den Liberalen die politische Niederlage der örtlichen *hacendados* und politischen Einfluß der *rancheros* auf die Dörfer. In Jalisco, Michoacán und anderen Teilen Zentralmexikos gelang es Pächtern, denen der Anbau von marktgängigen Agrarprodukten, der Lokalhandel und das Transportgewerbe neue Möglichkeiten boten, Besitztitel auf ihr Pachtland zu erwerben und neue Dörfer unabhängiger Landwirte zu gründen. Die Übertragung von Besitztiteln auf Gemeindeland an ansässige Bauern erzeugte eine bis dahin unbekannte Ungleichheit auf dörflicher Ebene und das Aufkommen von wohlhabenden Bauern, den *coqs de village,* die ihr Eigentum allmählich vergrößerten und sozialen Aufstieg suchten. Die Volkszählungen von 1895 und 1900 lassen erkennen, daß die Zahl der Eigentümer von Landbesitz sich von 6,06 Prozent auf 11,21 Prozent der wirtschaftlich aktiven Bevölkerung verdoppelte. Diese Daten werden heute in Zweifel gezogen, weil viele dieser Dörfer unabhängiger Bauern nicht in den Volkszählungen erscheinen, aber es ist noch immer nicht möglich, die wirkliche Größe der ländlichen Mittelschicht genauer zu bestimmen. Nach Schätzungen beherrschte sie um 1910 politisch und wirtschaftlich ungefähr ein Drittel der ländlichen Massen.

Die Modernisierung der Landwirtschaft und das Aufkommen der Industrie lösten Veränderungen in der Bodenbesitzstruktur und den Arbeitsbedingungen aus, doch gab es bedeutende regionale Unterschiede. In jenen Teilen Mexikos, die von der Modernisierung weitgehend unbeeinflußt blieben (z. B. Oaxaca, Guerrero, das Hochland von Chiapas und isoliertere Teile des zentralen Hochlandes), bewahrte die ländliche Gesellschaft ihren spätkolonialen Charakter. In Zentralmexiko fand die Ausweitung der kommerziell betriebenen Landwirtschaft unter Bedingungen statt, die durch ein Überangebot an Arbeitskräften gekennzeichnet waren. Die begrenzte Entwicklung der Verbrauchsgüterindustrie und die Expansion der landwirtschaftlichen Erzeugung für den Binnenmarkt konnten die wachsende Zahl von Arbeitskräften in einer Region, welche die Hälfte der wirtschaftlich aktiven Bevölkerung Mexikos umfaßte, nicht aufnehmen. Eine Arbeitslosigkeit von schätzungsweise 40 Prozent der wirtschaftlich aktiven Bevölkerung begünstigte die Auswanderung und hielt die Löhne niedrig. Nach 1890 gingen Wanderarbeiter nach Norden, um sich in den Bergwerken von Durango, Chihuahua und Sinaloa, der metallverarbeitenden Industrie von Nuevo León, den Baumwollfarmen in La Laguna und den Zuckerrohrpflanzungen von Veracruz zu verdingen. Um 1910 waren 222 000 Mexikaner in die Vereinigten Staaten ausgewandert. Grundbesitzer im zentralen Hochland senkten die Produktionskosten, indem sie ihre Pächter durch billige Saisonarbeiter für die einträgliche Marktproduktion ersetzten und die Maisproduktion Naturalpächtern überließen. Die traditionelle Entlohnungsform fest angestellter Landarbeiter (freie Unterkunft und Verpflegung, Schuldenkonto und einige Dienstleistungen) wurden durch Barentlohnung ersetzt. In anderen Regionen, wie etwa Puebla-Tlaxcala, führte die Konkurrenz durch Industrien, Eisenbahnbau und saisonale Wanderarbeit zu Arbeitskräftemangel und zwang die *hacendados*, einige traditionelle Regelungen aufrechtzuerhalten, um ihre Arbeitskräfte an die *hacienda* zu binden.

Arbeitskräftemangel war die ständige Sorge der Unternehmer in den exportorientierten Bergbaugebieten und Plantagenwirtschaften der mexikanischen Randgebiete. Trotz erheblicher Zuwanderung von Arbeitskräften mußten Unternehmer im dünn besiedelten Norden, der an den attraktiven amerikanischen Arbeitsmarkt grenzte, die Löhne heraufsetzen, besonders in Bergbau und Industrie, aber auch in der Landwirtschaft. Im Süden gelang es nicht einmal durch Enteignungen bäuerlichen Besitzes in großem Stil in Yucatán und dem Soconusco genug Landarbeiter für die Sisal-, Kaffee- und Kautschukplantagen sowie für die Holzgewinnung zu bekommen. Mit Unterstützung der Regierung wurden Sträflinge, deportierte Indianer aus dem Norden und Landstreicher als Zwangsarbeiter zu den Plantagen gebracht, dazu setzte man Kontraktarbeiter aus dem zentralen Hochland, sogenannte *enganchados* ein.

Die mexikanischen Eliten

Die wirtschaftliche Entwicklung während des Porfiriats ließ neue regionale Eliten von Geschäftsleuten entstehen, teils aus eingewanderten Familien, denen es manchmal gelang, sich die nahezu vollkommene Kontrolle über eine regionale Wirtschaft zu sichern. Im Norden war ihr Aufstieg auf Erfolge im Außenhandel und in kommerziell betriebener Landwirtschaft zurückzuführen, gefolgt von Investitionen in Bergbau und Industrie, die mit der Entwicklung der amerikanischen Grenzstaaten und eines expandierenden nationalen Marktes verbunden waren. Die Oberschicht von Monterrey investierte um die Jahrhundertwende in die Stahl- und Verbrauchsgüterindustrie. Die Familie Terrazas-Creel erlangte im Bündnis mit dem Auslandskapital die Kontrolle über Landwirtschaft, Industrie und das Bankgeschäft in Chihuahua. Erfolgreiche, aus Frankreich und Spanien eingewanderte Unternehmer beherrschten um 1900 das Textilgeschäft und den Getreideanbau um Puebla. Erweiterte Verbindungen und auf die nationale Ebene übergreifende Interessen führten zur Herausbildung einer echten wirtschaftlichen und politischen Elite des Landes. Zu ihr zählte auch die Schicht der Regierungsbeamten in leitenden Funktionen, die für die Finanz- und Wirtschaftspolitik verantwortlich waren (insbesondere die *científicos*), Repräsentanten ausländischer und einheimischer Investoren und Gruppen von Financiers, zum Teil naturalisierte Ausländer. Finanzminister Limantour, Anteilseigner der zwei größten mexikanischen Banken und dem erfolgreichen französischen Geschäftsimperium der *Barcelonettes* verbunden, ist ein gutes Beispiel für diese Gruppe.

Lebensbedingungen und sozialer Protest

Die eliteorientierte Politik des „Enrichissez-vous" förderte die regionale und aufkommende nationale Oberschicht, aber Wirtschaftswachstum und eine auf Sicherheit und Stabilität bedachte Politik milderten bis zum Ende des Jahrhunderts auch einige der

Konsequenzen für die Mittelschicht und die Masse des Volkes. Das Niveau der Löhne und Preise differierte zwischen den Wirtschaftsregionen. Um 1898 kontrastierten die Mindestlöhne pro Tag im Norden (34 cts.) und in der Golfregion (49 cts.) mit dem im zentralen Hochland (30 cts.). Im allgemeinen läßt sich jedoch sagen, daß die Kaufkraft der Massen, ausgedrückt in Reallöhnen, bis zum Ende des Jahrhunderts keine große Veränderung erfuhr. Die Stabilität der Reallöhne, elementare Gesundheitsmaßnahmen und die steigende Nachfrage nach Arbeitskräften in den Städten bewirkten tatsächlich eine leichte Verbesserung der Lebensbedingungen in Bergbau und Industrie, aber nach 1900 bedeuteten die steigenden Preise für Grundnahrungsmittel wachsende Armut für alle Lohnabhängigen. Freilich stellten diese selbst um 1900 wahrscheinlich noch eine Minderheit der mexikanischen Bevölkerung dar.

Auf dem Lande waren die meisten Bauern noch immer fest integriert in die traditionellen ländlichen Machtdomänen, aber ihre Kaziken (Ortsvorsteher) gerieten in zunehmende Abhängigkeit von den *jefes políticos* – und bisweilen in Versuchung, sich auf Kosten ihrer Dorfbewohner zu bereichern, wenn sie in der Anwendung der Land- und Arbeitsgesetze des Porfiriats Gewinnchancen sahen. Sie verloren nach und nach ihre Funktionen als Wächter bäuerlicher Autonomie und Rechte im Austausch gegen die Loyalität der Bauern. Bevölkerungsdruck, Landverlust oder repressive Arbeitssysteme sorgten in Regionen wie Morelos, Veracruz und Yucatán für verschlechterte Bedingungen. Die fortwirkende Legitimität vieler lokaler Kaziken, Díaz' Zurückhaltung in der Privatisierungs- und Kolonisierungspolitik nach 1893, sein relativ guter Ruf als Beschützer der Dörfer und seine Vorsicht bei Repressionsmaßnahmen trugen jedoch wirksam zur Aufrechterhaltung der Ordnung bei. Extreme Fälle wie die Ausrottung der aufständischen Yaqui-Indianer (die sich geweigert hatten, ihre bewässerten Ländereien aufzugeben) oder die Expeditionen gegen das aufständische Dorf Tomochic (1892) und die Region von Papantla (1896) waren eher Ausnahmen.

Wie die Unrast auf dem Lande, so waren auch die Proteste des städtischen Proletariats meistens örtlich begrenzt und spontan und wurden unweigerlich unterdrückt. Die erste Arbeitnehmerorganisation, der *Círculo de Obreros de México,* wurde nach dem Vorbild der europäischen Mutualisten der Zeit von 1872 gegründet. Bis zum González-Interregnum waren der *Círculo* und die im Entstehen begriffene Arbeiterpresse relativ frei, aber von den 1880er Jahren an wurden die bürgerlichen Freiheiten zunehmend eingeschränkt und die Presse zum Schweigen gebracht. Immerhin hielten stabile oder leicht verbesserte Lebensbedingungen und eine ziemlich wirksame, oft als Paternalismus verkleidete Regierungskontrolle die Streikaktivität auf niedrigem Niveau. Die Mehrzahl der während des Porfiriats gezählten 250 Streiks fand nach 1900 statt.

e Mexiko und die Welt während des Porfiriats bis 1900

Zwischen 1880 und 1900 verbesserten sich die mexikanisch-nordamerikanischen Beziehungen aus verschiedenen Gründen weiter. Beiderseitige Interessen im Investitions- und Produktionsbereich zwangen beide Länder zur Lösung der verbliebenen Grenzprobleme. Weil die Vereinigten Staaten in den Verhandlungen jedoch eindeutig der stärkere Partner waren, setzten sich die US-Interessen im allgemeinen durch. So stimmte Mexiko schließlich der Einführung beiderseitiger Polizeipatrouillen in Gebieten nördlich und südlich der Grenze zu (1882), eine Regelung, von der in der Praxis nur die Vereinigten Staaten Gebrauch machten. Der Vertrag von 1884 über eine Festlegung des Grenzverlaufs löste das Problem der steten natürlichen Veränderung des Flußbettes des Río Grande, aber die Vereinbarungen über die Aufteilung der Wasservorräte des Flusses und seiner Zuflüsse (1896) begünstigten die Vereinigten Staaten. Die Freihandelszone entlang der Grenze zwischen Tamaulipas und Texas wurde schließlich 1905 abgeschafft. Die günstigen Preise und die Qualität US-amerikanischer Waren hatten europäische Schmuggelware bereits eliminiert, und die Freihandelszone war in zunehmendem Maße zur illegalen Einfuhr nordamerikanischer Waren nach Mexiko mißbraucht worden. Das Scheitern des 1883 geplanten Handelsvertrags behinderte jedenfalls das Wachstum des mexikanisch-nordamerikanischen Handels nicht. Im Gegenteil führten verbesserte Verkehrsverbindungen, eine handelsfreundliche mexikanische Gesetzgebung und die stürmische Aufwärtsentwicklung der nordamerikanischen Wirtschaft zu einem starken Anwachsen des mexikanischen Handels mit den Vereinigten Staaten: von 9 Mio. Pesos (1870) auf 117 Mio. (1910), und damit übertraf er den Wert des Handels mit Europa. Schließlich hörten die Vereinigten Staaten auch auf, als Zufluchtsort für politische Gegner der mexikanischen Regierung zu dienen.

Díaz' Politik zur Verbesserung der Beziehungen mit Europa umfaßte Handelsverträge, die Aufnahme von Anleihen europäischer Banken und Konzessionen für europäische Banken in Mexiko, eine Politik, die allerdings bis zum Ende des Jahrhunderts noch keine vitalen US-Interessen beeinträchtigte.

Ein Handelsvertag mit dem Deutschen Reich (1882) diente als Modell für spätere Handelsverträge mit Frankreich (1886) und Großbritannien (1889), denen noch vor 1900 Verträge mit den meisten anderen europäischen Staaten folgten. Diese Verträge konnten allerdings das Absinken des europäischen Anteils am wachsenden mexikanischen Außenhandel nicht verhindern. Im Jahr 1872/73 nahmen Großbritannien und Frankreich zusammen noch 54,2 Prozent der gesamten mexikanischen Ausfuhren auf; 1892/93 war dieser Anteil auf 18,9 Prozent gesunken. Der weitaus größte Teil mexikanischer Bergbauprodukte, Fasern, Häute und Kaffeelieferungen ging in die Vereinigten Staaten. Auch die Einfuhren aus Europa waren von 52,9 Prozent auf 20,4 Prozent gesunken, da immer mehr konkurrenzfähige US-amerikanische Maschinen und Fabrikwaren den mexikanischen Markt eroberten.

Bei Deutschland lag der Fall etwas anders. Während des Porfiriats nahm Deutschland niemals einen bedeutsamen Teil mexikanischer Ausfuhren auf; das Maximum lag 1892/93 bei 3,6 Prozent. Die hanseatischen Kaufleute hielten bis in die späten 1870er Jahre eine relativ starke Position bei den mexikanischen Einfuhren. Während der 1880er Jahre gelang es französischen Textilherstellern und Kaufleuten jedoch, die Deutschen weitgehend aus dem Textilhandel zu verdrängen. Der deutsche Anteil an den mexikanischen Einfuhren sank bis 1892/93 auf 6,7 Prozent, erholte sich aber wieder, als Deutschland eine starke Position in der Versorgung mit technischen Verbrauchsgütern und Maschinen aufbaute. Hingegen verlor es gegenüber Frankreich bei den wirtschaftlich wichtigeren Rüstungslieferungen an Boden. Der Anteil anderer europäischer Mächte am mexikanischen Außenhandel war klein und ziemlich unausgeglichen. Im Falle der Niederlande, Belgiens, Italiens und Österreich-Ungarns stieg er allmählich an, verringerte sich aber im Falle Spaniens. Der mexikanische Außenhandel mit dem übrigen Lateinamerika, niemals sehr wichtig, fiel bis zum Ende des

Jahrhunderts auf weniger als 1 Prozent und wurde damit bedeutungslos. Mexikos kräftig expandierender Außenhandel konzentrierte sich mehr denn je auf die Vereinigten Staaten und ein paar europäische Länder.

Als die Regierung Díaz, immer noch mit einem unausgeglichenen Haushalt ringend, auf Schwierigkeiten stieß, eine größere Anleihe von britischen und französischen Banken zu erhalten, erbot sich Deutschland, eine Anleihe zu vermitteln, aber es verlangte sehr günstige Verzinsungsraten und eine geheime Zusatzklausel, die einer deutschen Bank die exklusive Option auf weitere Anleihen garantierte. Da sich diese im Jahr 1888 aufgenommene Anleihe als Erfolg erwies, konnte sie die Regierung Díaz von drohender deutscher Vormundschaft befreien, indem sie ein französisches Konsortium für die nächste Anleihe interessierte. Bis zur Jahrhundertwende überließ Deutschland das Anleihe- und Bankgeschäft hauptsächlich Frankreich. Während der 1890er Jahre zeigten insbesondere französische Investoren großes Interesse an mexikanischen Staatsanleihen und Anlagemöglichkeiten im mexikanischen Bankgewerbe, mit beträchtlichem Abstand gefolgt von Großbritannien und den Vereinigten Staaten. Unter den kleineren Mächten investierten vor allem die Niederlande beträchtlich in Anleihen und Bankbeteiligungen und erreichten so den fünften Rang (Tab. 26).

Als Díaz Präsident wurde (1877), war der mexikanisch-guatemaltekische Grenzkonflikt noch ungelöst. Konservative guatemaltekische Präsidenten hatten sich beharrlich geweigert, Santa Annas Besetzung von Soconusco anzuerkennen, und der liberale Diktator Guatemalas, Justo Rufino Barrios (1871–1885), verlangte das Gebiet zurück und eine Entschädigung für den Verlust von Chiapas. Darüber hinaus zielte er auf eine erneuerte Einigung Zentralamerikas unter der Führung Guatemalas. Bis dahin hatte Mexiko alle Ansprüche Guatemalas zurückgewiesen und wollte das Problem ohne nennenswerte territoriale Zugeständnisse oder Entschädigungszahlungen lösen. Da Mexiko unnachgiebig auf seiner Haltung beharrte, versuchte Barrios das US-Außenministerium zu einer Vermittlung in dem Konflikt zu bewegen, anscheinend mit der Hoffnung, daß die Vereinigten Staaten Mexiko zu Konzessionen zwingen würden. Der Plan mißlang, und ernste politische und finanzielle Probleme zwangen Barrios im Jahr 1882, einen Vertrag zu schließen, der Mexiko im Besitz von Chiapas einschließlich von Soconusco ließ und keine Entschädigungen von Bedeutung vorsah. Die Spannungen dauerten jedoch an. Die Vermessung und Festlegung von Grundeigentümern entlang der Grenze führten bis zum Ende des Jahrhunderts immer wieder zu Mißhelligkeiten. Überdies betrachtete Mexiko alle Projekte Guatemalas zur Einigung Zentralamerikas als potentielle Bedrohung, und die Zentralamerikapolitik Mexikos versuchte von da an, den Initiativen Guatemalas gegenzusteuern, indem sie Länder wie El Salvador und Nicaragua ermutigte, den Bestrebungen Guatemalas zu widerstehen.

Zu Beginn des 20. Jh. war unverkennbar, daß der materielle Fortschritt stagnierte und daß soziale Spannungen und politischer Druck zunahmen. Die Unfähigkeit des Díaz-Regimes, diese Zeichen zu erkennen, sollte schließlich zur Mexikanischen Revolution führen.

Brian R. Hamnett

3. Zentralamerika 1821–1900

Aus dem Englischen übersetzt von Walter Brumm

Die Geschichte des unabhängigen Zentralamerika beginnt mit zwei Fehlschlägen: dem Fehlschlag, die politische Einheit zu wahren, die in der Kolonialzeit im Rahmen des Generalkapitanats von Guatemala geschaffen worden war, und dem Fehlschlag der Föderation der fünf unabhängigen Staaten Guatemala, El Salvador, Honduras, Nicaragua und Costa Rica in der Zeit zwischen 1823 und 1840. Diese Fehlschläge haben eine Geschichtsschreibung entstehen lassen, die um Einheit und Entzweiung kreist. Ist Zentralamerika wirklich eine „geteilte Nation“, oder besteht es aus fünf völlig verschiedenen Einheiten, die wenig gemeinsam hatten? Die „Union“ innerhalb des kolonialen Guatemala bestand aufgrund einer Verordnung; sie war ein administratives Konstrukt, das von der spanischen Reichsregierung in Madrid geschaffen worden war, um ihre Position in einer geographisch ungleichartigen Region zu behaupten. Diese Art von Einheit entwickelte sich nicht auf natürliche Weise aus der Geschichte der Region. Im Gegenteil bildete das koloniale und unabhängige Territorium des eigentlichen Guatemala eine natürliche Einheit mit der vorkolonialen Welt der Maya, von der ein großer Teil außerhalb der Grenzen des Generalkapitanats lag. Guatemala hatte mit Yucatán und Chiapas, das im Jahr 1823 ein Teil von Mexiko wurde, mehr gemeinsam als mit dem östlichen Honduras, mit Nicaragua oder gar mit Costa Rica. In mehrfacher Hinsicht blieben die besondere ethnische Struktur, Guatemalas vorkoloniales Erbe, und die Reaktion der kolonialen und nationalen Elite darauf die zentralen Bezugspunkte seiner Geschichte. Völlig verschiedene ethnische und soziale Strukturen waren in den anderen Territorien Mittelamerikas entstanden, die nicht an der Erfahrung der Maya-Kultur teilgehabt hatten.

Die Topographie gab der Region fruchtbare Böden, aber keine Einheitlichkeit; die vulkanische Gebirgskette trennte die Karibik vom Pazifik, und nicht einmal die Seen Nicaraguas ermöglichten einen leichten Übergang von einer Küste zur anderen. Während des ganzen 19. Jh. prüften Europäer und Nordamerikaner, aber auch Mittelamerikaner, die auf eine wundersame Verwandlung ihrer Marginalisierung in Weltgeltung hofften, die mögliche Errichtung eines transozeanischen Kanals, sei es durch den Isthmus von Tehuantepec, den San-Juan-Fluß und die Seen Nicaraguas oder durch den Isthmus von Panama. Letzteres Territorium blieb bis 1903 eine Provinz der Republik Kolumbien. Der Traum von einem Kanal und die allmähliche Ausbreitung von Monokulturen als Reaktion auf die internationale Nachfrage nach tropischen Erzeugnissen verliehen der Region größere wirtschaftliche Bedeutung, als sie in der Kolonialzeit erfahren hatte. Am Ende des Jahrhunderts waren Umfang und Intensität der wirtschaftlichen Aktivitäten erheblich größer als in der späten Kolonialzeit. Dennoch war das 19. Jh. in politischer und kultureller Hinsicht eher von Auflösung als von regionalem Zusammenhalt gekennzeichnet, eher von autoritären Formen als von der Bildung lebensfähiger repräsentativer Institutionen. Das politische Erbe Mittelamerikas war das des spanischen kolonialen Absolutismus; die spanische

Krone hatte zielstrebig die Politik verfolgt, jede Bildung repräsentativer Institutionen durch die kolonialen Eliten in ihren amerikanischen Besitzungen zu verhindern. Nicht einmal das kurze konstitutionelle Experiment von 1810 bis 1814 und 1820/21, als Abgeordnete vom Format eines Antonio de Larrazábal und Florencio del Castillo Mittelamerika in den spanischen Cortes vertreten hatten, konnte die Auswirkungen dieses schädlichen Erbes auslöschen. Der frühe Einfluß des mittelamerikanischen Liberalismus spiegelte die Reaktion der kleinen gebildeten Minderheit auf den Absolutismus wider. Er war einerseits eine Antwort auf den Kolonialismus, aber auch auf den Zentralismus innerhalb des früheren Königreiches, da er die Ablehnung der traditionellen Oberhoheit von Guatemala-Stadt durch die provinziellen Eliten ausdrückte. Das liberale konstitutionelle Experiment löste sich sehr bald zugunsten regionaler und subregionaler Loyalitäten auf.

Großbritannien, die Vereinigten Staaten und in geringerem Maße Frankreich wetteiferten um die Vorherrschaft im mittelamerikanischen Raum. Die ersteren beiden Staaten erkannten ebenso wie die Niederlande die Unabhängigkeit Mittelamerikas an und richteten dort im Jahr 1825/26 diplomatische Vertretungen ein. Britische Kaufleute sahen in Mittelamerika einen aufnahmefähigen Markt für Textilwaren und drängten auf Freihandel. Zur gleichen Zeit legte die Mittelamerikanische Föderation 1824 an der Londoner Wertpapierbörse eine Anleihe auf, und die Briten hofften, diese mit einem Kanalvertrag zu verbinden und sich so Vorteile gegenüber ihren nordamerikanischen Rivalen zu sichern. Die britische Position in Mittelamerika wurde durch den Besitz des Territoriums von Belize, damals als Britisch-Honduras bekannt, nicht eben gestärkt, denn dieses Gebiet wurde von Guatemala mit dem Argument beansprucht, daß seine Entwicklung als unabhängiger Staat durch den Verlust des größeren Teils seiner karibischen Küste behindert worden sei. Die Briten besaßen eine Anzahl weiterer Stützpunkte an der Küste, hauptsächlich zur Gewinnung von Mahagoni und Färbeholz, in denen sie Schwarze als Arbeitskräfte ansiedelten und deren Verbindungen mit der britischen Inselkolonie Jamaika enger waren als mit dem mittelamerikanischen Kontinent. Obwohl die Zentralamerikanische Föderation die Negersklaverei im Jahr 1824 abschaffte, dauerte sie in Britisch-Honduras an, mit dem Ergebnis, daß entlaufene Sklaven über die Grenze nach Guatemala flohen, das unter britischen Druck geriet, sie auszuliefern. Umgekehrt hofften Mayarebellen aus Yucatán im Jahr 1847 auf Zuflucht und Hilfe in Belize.

Kolonialdistrikte und Staatsgrenzen der nachkolonialen Zeit schufen getrennte Einheiten aus Chiapas, Yucatán, Guatemala, Belize und Honduras, die in früherer Zeit ein relativ einheitliches Gebiet der Tiefland- und Hochlandmaya gebildet hatten. Im 19. Jh. wurde die präkolumbianische Geschichte Zentralamerikas wiederentdeckt. Juan Galindo, 1802 in Dublin geboren und seit 1830 Gouverneur von Petén, erforschte im Jahr 1834 Copán und lenkte die Aufmerksamkeit auf die mögliche Bedeutung der Bilderschrift der Maya. John L. Stephens war überzeugt, 1839/40 in Copán eine einheimische amerikanische Kultur wiederentdeckt zu haben, und wenn er auch außerstande war, die vorgefunderen Ruinen zu datieren, glaubte er doch, die Schriften der Maya könnten Aufschluß über die Geschichte des Volkes geben, das diese untergegangenen Städte erbaut hatte. Von Copán aus drang Stephens nach Tikal im Regenwald von Petén vor und von dort nach Palenque und den wichtigsten Fundorten in Yucatán.

Zentralamerika 1823–1839

Charles Etienne Brasseur de Bourbourg besuchte zwischen 1854 und 1856 Nicaragua und Honduras, schrieb ein mündlich überliefertes Drama der Quiché aus präkolumbianischer Zeit nieder und veröffentlichte im Jahr 1861 eine Parallelübersetzung vom *Popol Vuh* in Französisch und Quiché. Alfred Maudslay, der in den 1880er und 1890er Jahren Guatemala und Yucatán bereiste, sandte Gipsabgüsse von Mayaskulpturen nach London, und zur gleichen Zeit begann das Peabody Museum der Harvard-Universität Expeditionen in die Mayagebiete auszurüsten. Die Entwicklung Mittelamerikas im 19. Jh. brachte allerdings keine nennenswerten Verbesserungen für die indianische Bevölkerung der Region, die Nachkommen der Schöpfer dieser wiederentdeckten Kultur.

Die ethnische Zugehörigkeit bestimmte, wie schon in der Kolonialzeit, die soziale Stellung. Die Basis der gesellschaftlichen Pyramide bildete die indianische Mehrheit; sie war aber keine amorphe Masse, trotz des fortdauernden Gebrauchs der aus der Kolonialzeit stammenden Pauschalbezeichnung „Indios". Sie bestand im Gegenteil aus vielen verschiedenen ethnischen und sprachlich-kulturellen Gruppen, die den größeren Teil des Landes besaßen und ihre handwerklichen Erzeugnisse sowie die bescheidenen Überschüsse aus ihrer bäuerlichen Subsistenzwirtschaft auf den lokalen Märkten vertrieben. Über ihnen standen die *ladinos,* nicht notwendigerweise Mischlinge, sondern alle, die ihre herkömmliche indianische Lebensweise aufgegeben und sämtliche Gewohnheiten und Vorurteile der beherrschenden spanischen Bevölkerungsschicht an der Spitze der Pyramide angenommen hatten. Die spanische Minderheit war keine homogene Gruppe, sondern nach Reichtum und Status gegliedert; Kaufleute, Großgrundbesitzer, Kleriker und die höheren Berufsstände von Guatemala-Stadt nahmen den ersten Rang ein, der ihnen von den Oberschichten der Provinzhauptstädte – die unter der Föderation zu Landeshauptstädten wurden – geneidet und streitig gemacht wurde. Die führende Familie der späten Kolonialzeit und frühen Unabhängigkeit in Guatemala waren die Aycinena. Juan Fermín de Aycinena, der spätkoloniale Handelsherr und Besitzer von Indigoplantagen in San Salvador, hatte einen Adelstitel als Marqués de Aycinena erworben. Einer seiner Söhne, Mariano, wurde unter der Föderation Regierungschef Guatemalas, bis er von den Liberalen unter der Führung des Honduraners Francisco Morazán gestürzt wurde. Während der ersten Hegemonie der Liberalen verlor die Familie ihren Besitz, der allein in El Salvador auf mehr als 300 000 Pesos geschätzt wurde. Während der Herrschaft der Konservativen nach 1837 wurde Pater Juan José de Aycinena, der den Titel seines Vaters geerbt hatte, zum wichtigsten Exponenten der Elite. Angehörige der mittelamerikanischen Eliten und die Streitkräfte, die sich um ihre führenden Gestalten gruppierten, beherrschten die politischen Prozesse. Ihre Herrschaft war jedoch nicht unangefochten, und ihre häufigen internen Konflikte verschafften sozial tieferstehenden gesellschaftlichen Gruppierungen bisweilen Gelegenheit, auf das politische Leben Einfluß zu nehmen. Dies sollte bei der Revolte des Rafael Carrera von 1837 der Fall sein, welche die gesamte Grundlage der guatemaltekischen Politik für eine Generation veränderte. Die Indios waren zwar allgegenwärtig, wurden jedoch bis zur Ära Carreras politisch kaum zur Kenntnis genommen. Sie waren gelegentlich imstande, politische Prozesse zu beeinflussen, nicht aber, sie zu kontrollieren, obwohl sie die zahlenmäßige Mehrheit in einem theoretisch verfassungsmäßigen Staat waren. Gleichwohl blieben sie immer unterschiedliche Völker und Stämme und wurden niemals ein *pueblo indio*. Unter diesen Umständen war es den festverankerten Eliten ein Leichtes, jede Gruppe als einen Fall für sich zu behandlen und entsprechend zu teilen und zu herrschen.

A. Auflösung und Marginalisierung

Guatemala war damals eine Gesellschaft, deren Basis in der vielfältigen Kultur der Maya und der langen Tradition einer Bauern- und Handwerkerkultur lag. Honduras hatte ähnliche Ursprünge. Nicaragua war im Gegensatz dazu als Vorposten der Azteken von Mexiko aus besiedelt worden und wies im 19. Jh. eine überwältigende Bevölkerungsmehrheit von Mestizen auf, der nur eine kleine Indiobevölkerung, wie die Miskitos, und eine überwiegend englisch sprechende schwarze Bevölkerung gegenüberstanden, die beide an der karibischen Küste konzentriert waren. El Salvador und Costa Rica entwickelten sich hauptsächlich in der späteren Kolonialzeit, und während des 19. Jh. Guatemala blieb weiterhin der religiöse Mittelpunkt der Region; die Kirche von Esquipulas mit ihrem gekreuzigten Christus war das Ziel von Pilgerfahrten aus den benachbarten Ländern und sogar aus Peru. Die Hauptstadt selbst, relativ neu nach der Ortsveränderung im Anschluß an das Erdbeben von 1773, beeindruckte Stephens, der sie in den 1840er Jahren besuchte: „Die allgemeine Ansicht erinnerte mich an die beste Sorte italienischer Städte ... Ich bin vom ersten Anschein einer Stadt selten günstiger beeindruckt gewesen ...“ [STEPHENS 1849, I, 152]. Um 1850 war Guatemala eine Stadt von ungefähr 90 000 Einwohnern. Die Politik in der ersten Hälfte des 19. Jh. wurde weitgehend durch die Reaktionen der Provinzen auf die traditionelle Hegemonie Guatemalas und seiner kirchlichen, kommerziellen, gerichtlichen und administrativen Institutionen bestimmt. Guatemala selbst blieb der Brennpunkt eines konservativen Zentralismus, während die äußeren Regionen, nach 1840 wieder als souveräne Staaten neu gebildet, Hochburgen des liberalen Separatismus darstellten. In allen Gebieten gab es jedoch scharfe Gegensätze zwischen der spanisch geprägten Einstellung der städtischen Eliten und jener der ländlichen Bevölkerungsmehrheiten. In Guatemala, wo die Eliten komplexer und in sich verschiedenartiger waren als anderswo, war das Ringen um die Herrschaft über den Boden und die Vermarktung seiner Produkte am intensivsten. Doch selbst hier blieb indianischer Landbesitz bis in die letzten drei Jahrzehnte des 19. Jh. eher die Regel als die Ausnahme. In der fortdauernden Existenz des indianischen Landbesitzes sahen die Eliten den Ursprung ihrer eigenen wirtschaftlichen Schwäche und politischen Beschränkungen, doch fanden sie bis zum Aufstieg des Kaffeeanbaues während der 1870er Jahre kein Mittel zur Überwindung des Problems. Das am dichtesten besiedelte und am stärksten indianisch geprägte Gebiet war die westliche und nördliche Hochlandzone, die sich durch Guatemala und seine frühere Provinz Chiapas erstreckte, die nach der fehlgeschlagenen Mittelamerikanischen Union mit dem ersten mexikanischen Kaiserreich von 1821 bis 1823 bei Mexiko verblieb. Die indianischen Gemeinschaften blieben hier weitgehend intakt. Sie konkurrierten auf dem Getreidemarkt mit den spanischen und kreolischen *haciendas* und deckten daneben ihren Eigenbedarf an Nahrung und Textilien. Auch die Sprachen, Gebräuche und religiösen Gewohnheiten der Indianer überlebten. Die indianische Bevölkerung Guatemalas machte mehr als 90 Prozent der Gesamtbevölkerung aus. Im Gegensatz dazu herrschte in Honduras, El Salvador und Costa Rica der Landbesitz von Kreolen und Mestizen vor. Die Eigentümer von El Salvadors rund 500 Indigoplantagen, überwiegend Mestizen, drängten während des späten 18. Jh. – im Hinblick auf die Weltmarktnachfrage nach Färbemitteln – auf die Rekrutierung indianischer Arbeitskräfte aus den Hochlandgemeinden und deren Einsatz in den dünn besiedelten Tiefländern entlang der Pazifikküste. Verärgert über ihre Abhängigkeit von Krediten der Handelshäuser in Guatemala-Stadt, wurden salvadorianische Grundbesitzer im frühen 19. Jh. zu Liberalen. In Honduras und Nicaragua stand extensive Viehhaltung, die freiere Arbeitsverhältnisse bewirkte, im Vordergrund der wirtschaftlichen Betätigung. In Nicaragua führten die Abwesenheit einer wirklichen zentralen Autorität und das Fehlen einer Auslandsnachfrage dazu, daß wenige Familien um die Vorherrschaft konkurrierten. Im ähnlich dünn besiedelten Honduras ergänzten Tabakanbau um Comayagua und Silberbergbau im Gebiet um Tegucigalpa diese mageren Aktivitäten, während in Costa Rica, das die kleinste Bevölkerung von allen aufwies, die frühe Spezialisierung auf den Kaffeeanbau für den Export nach den 1830er Jahren dauerhafte Verbindungen mit den europäischen Märkten und Bankhäusern schuf. Zu diesen regionalen Unterschieden und verschiedenen Entwicklungsstadien kamen eine Anzahl Spannungsfelder zwischen den Städten San Salvador und Guatemala-Stadt, zwischen Comayagua und Tegucigalpa in Honduras und zwischen Granada und León in Nicaragua.

Tab. 34: Die Bevölkerungsentwicklung Zentralamerikas im 19. Jahrhundert

	1820	1850	1900
Guatemala	595 000	850 000	1 425 000
El Salvador	248 000	394 000	932 000
Nicaragua	186 000	300 000	448 000
Honduras	135 000	350 000	443 000
Costa Rica	75 000	125 000	285 000
Insgesamt	1 239 000	2 019 000	3 335 000

Quelle: Zusammenstellung des Verfassers.

Mit der Unabhängigkeit im Jahr 1821 brach die Herrschaft der spanischen Bourbonen zusammen, die bis dahin die politische Einheit aufrechterhalten hatte und Ursprung der staatlichen Legitimität gewesen war, ohne daß eine vergleichbare Autorität oder einheitliche Führungsschicht an ihre Stelle getreten wäre. Genau genommen lief der Prozeß der Unabhängigkeit darauf hinaus, daß die Stadträte der wichtigen Städte Autonomie sowohl von der royalistischen Führungsschicht in Guatemala-Stadt als auch von Spanien gewannen. Versuche, die koloniale Einheit von Mittelamerika wiederherzustellen, waren größtenteils vergebliche Bemühungen, zusammenzukitten, was zwischen 1810 und 1820 bereits zerstört worden war. Insofern war es ein zum Scheitern verurteilter Versuch, was viele angesehene Politiker, ob konservativ oder liberal, indes nicht einsehen wollten. Zunächst konnte die Hegemonie Guatemalas trotz der Wünsche ihrer herrschenden Schicht nicht erhalten bleiben, weil die fiskalischen Mittel zur Aufrechterhaltung einer zentralisierten Verwaltung fehlten. Dies war besonders der Fall, seit die spanische liberale Regierung die wichtigste staatliche Einnahmequelle, die Indianersteuer, abgeschafft hatte. Die Opposition der Quiché gegen ihre Wiedereinführung hatte 1820 bereits den Aufstand von Totonicapán verursacht, den der Gemeindevorsteher Atanasio Tzul angeführt hatte. Obwohl der politische Ehrgeiz kreolischer Kreise schon vor 1820 Feindseligkeit gegen die spanische Herrschaft gefördert hatte, war die Abwesenheit jeglichen Gefühls von Solidarität zwischen den herrschenden Eliten und der Bevölkerungsmehrheit von Bauern und Handwerkern das entscheidende Problem in Guatemala. Letztere wurde pauschal als „Indios" bezeichnet, und mit ihnen vielfach sogar die wachsende Zahl der als *ladinos* bekannten hispanisierten Eingeborenen, die ihrerseits sehr oft die Indios verachteten. Noch weniger gab es – angesichts der vielen subregionalen Feindseligkeiten – irgendein Gemeinschaftsgefühl zentralamerikanischer Nationalität. Die politische Führungsschicht der ersten 50 Jahre nach der Unabhängigkeit bestand hauptsächlich aus einer kleinen Gruppe von Grundbesitzern, Kaufleuten und Klerikern, die in Guatemala-Stadt am stärksten vertreten waren. Nirgendwo existierte zwischen ihnen und den Gruppen der Bevölkerungsmehrheit eine gesellschaftliche, kulturelle oder politische Identität. Diese Kluft war in Guatemala am stärksten ausgeprägt. Wenn es hier überhaupt zu einem Nationalgefühl kam, so bestand es hauptsächlich aus Argwohn gegen mexikanische Pläne oder Feindseligkeit gegen zugewanderte britische Kaufleute. Umgekehrt sahen die voneinander verschiedenen indianischen Gruppen in den neuen Institutionen der kreolischen Republik eine Bedrohung ihres eigenen Volkstums und ihrer traditionellen Lebensweise.

Zentralamerikas postkoloniale Geschichte begann mit einem gescheiterten Experiment, der Union mit dem mexikanischen Kaiserreich (1821–1823). Die Führungsschicht Guatemalas drängte in dem Bestreben, ihre Position nach der Unabhängigkeit zu bewahren, darauf, sich Agustín de Itúrbides Plan von Iguala anzuschließen. Sie konnte dabei nicht auf allgemeine Zustimmung zählen; der entschiedenste Widerstand gegen die Union ging von San Salvador aus, der traditionellen Rivalin Guatemalas und aus diesem Grund liberal und föderalistisch. Eine mexikanische Armee unter General Vicente Filísola zwang die Salvadorianer im Februar 1823 zur Fügsamkeit. Der führende salvadorianische Dissident war der Kleriker José Matias Delgado, den die lokale gesetzgebende Versammlung, dem Erzbischof von Guatemala zum Trotz und weiterer Unterordnung überdrüssig, in den Bischofsstand erhob. Zentralamerikanische Ersatzdeputierte vertraten die Region in der ersten verfassunggebenden Versammlung Mexikos von 1822/23. Mit dem Sturz des Kaiserreiches in Mexiko selbst blieben die mittelamerikanischen Provinzen mit Ausnahme von Chiapas, das für eine Fortdauer der Union optierte, sich selbst überlassen. General Filísola berief schließlich selbst Vertreter der fünf Provinzen zu einer konstituierenden Nationalversammlung (Juni 1823–Januar 1825) nach Guatemala-Stadt ein. Am 1. Juli 1823 proklamierte diese aus 41 Abgeordneten (18 davon aus Guatemala) bestehende Körperschaft die Unabhängigkeit der „Vereinigten Provinzen von Zentralamerika" von allen anderen Staaten. Eine Bundesverfassung, ausgearbeitet von intellektuellen Führern wie dem Honduraner José Cecilio del Valle und beeinflußt von der Verfassung Spaniens und der Vereinigten Staaten, wurde im November 1824 angenommen. Sie sah fünf Bundesstaaten vor, von denen jeder seine eigene Legislative und Exekutive haben sollte. Sowohl die Bundesstaaten als auch die Bundesregierung hatten das Recht, Steuern zu erheben und bewaffnete Streitkräfte aufzustellen. Guatemala-Stadt wurde Bundeshauptstadt – von Anfang an eine unvermeidliche Quelle von Reibungen. Ein Salvadorianer, Manuel José de Arce, gewann die Wahl zum Präsidenten im April 1825.

Trotz seiner Herkunft führte Arces Versuch, eine starke Bundesregierung zu errichten, zu einer Rebellion in San Salvador, die im Mai 1827 von der Bundesregierung nicht niedergeschlagen werden konnte. Liberale in San Salvador, Tegucigalpa und Granada traten gegen eine als neokolonial empfundene Vorherrschaft Guatemalas auf. Darüber hinaus widersetzten sich die Eliten überall der direkten Besteuerung von Eigentum und Besitz, und in den entfernten Randgebieten verweigerte man die Übergabe von Steuererträgen an die Hauptstadt. Die Unfähigkeit, sich regelmäßige Steuereinnahmen zu sichern, verhinderte die Staatsbildung auf Bundesebene. Dementsprechend erwies sich auch Zentralamerikas zweites politisches Experiment rasch als Fehlschlag.

Es gelang der Föderation nicht, ein Besteuerungssystem einzuführen oder eine Armee aufzustellen, und sooft sie es versuchte, sah sie sich offener Auflehnung gegenüber. Darum ergab sich das Scheitern der Zentralamerikanischen Föderation hauptsächlich aus dem fehlenden politischen Willen, sie arbeitsfähig zu machen, und nicht aus tief verwurzelten wirtschaftlichen Ursachen. Im Gegenteil, die Wirtschaft war nicht in einer Krise, sondern, relativ gesehen, durchaus tragfähig. Im Jahr 1823 konnte Zentralamerika auf einen begrenzten, doch wichtigen Zugang zum Weltmarkt zählen, mit Gesamtexporten im Wert von 8,26 Mio. Pesos, von denen auf guatemaltekische Koschenille, deren Produktion nach dem Niedergang des Koschenille-Handels von Oaxaca um 1800 aufgenommen wurde, 2,5 Mio. entfielen, und auf San Salvadors Indigo 2 Mio.; Kakao erbrachte 1,5 Mio., Gold und Silber 1 Mio. und Baumwolle weitere 500 000 Pesos. Der Koschenille-Handel mit Europa stützte die Position der guatemaltekischen Kaufleute, die ihre Interessen weiterhin durch den fortbestehenden kolonialen *consulado* (Kaufmannsgilde) wahrnahmen. Die Ausfuhren konnten während der 1840er Jahre stetig gesteigert werden; die größte Ernte war im Jahr 1854 mit 2 587 000 Pfund zu verzeichnen, die einen Wert von 1 757 300 Pesos darstellten. Guatemalas Gesamtexporte erreichten in den Jahren 1851 bis 1855 mit 6 188 928 Pesos, von denen Koschenille annähernd 80 Prozent des Wertes (4 854 890 Pesos) ausmachte, einen Höhepunkt. Danach setzte ein langsamer Niedergang ein, besonders nach der Entdeckung der Anilinfarben im Jahr 1856. Diese zerstörten schließlich Guatemalas Färbemittel-Monokultur, die ab 1865 mit einem stetigen Preisverfall auf dem Londoner Markt zu kämpfen hatte. Gleichwohl blieb Koschenille in der Zeit zwischen 1865 und 1870 das wichtigste Ausfuhrgut des Landes, das Guatemala unabhängig von seiner Rolle in der Föderation zu einer lebensfähigen politischen Einheit gemacht hatte. In ähnlicher Weise ermöglichte Costa Ricas frühzeitiger Übergang zur Kaffeeproduktion während der 1830er Jahre die Gründung einer unabhängigen Republik. Die koloniale Führungsschicht hatte zuerst mit dem Kaffeeanbau experimentiert, der sich im weiteren Verlauf langsam ausgebreitet und Eingang in die bäuerlichen Kleinbetriebe gefunden hatte. Die verhältnismäßig geringe, aus dem Handel mit Kakao, Färbemitteln, Tabak und Edelmetallen erwirtschaftete Kapitalakkumulation in Costa Rica in den Jahrzehnten vor 1840 ermöglichte den frühen Übergang zum Kaffeeanbau. Bereits im Jahre 1839, als Stephens die Meseta Central besuchte, fand er sie bedeckt mit neuen Kaffeeplantagen. Obwohl im Laufe der 1820er Jahre einige europäische Einwanderer ins Land gekommen waren, wurde der Kaffeeanbau nicht allgemein mit der Einwanderung in Verbindung gebracht, doch förderte er eine gleichmäßige innere Kolonisation und, durch seine Eignung für den kleinen Landwirt, eine weite Verbreitung kleiner Kaffeepflanzungen. Costa Rica hatte relativ große Landreserven, doch waren

Arbeitskräfte knapp. Gleichwohl bewirkten die Stabilität und der bescheidene wirtschaftliche Aufschwung, hervorgebracht durch den erfolgreichen Absatz von Kaffee auf dem europäischen Markt, nach 1840 ein außerordentliches Bevölkerungswachstum, das zwischen den 1820er Jahren und dem Ende des Jahrhunderts eine jährliche Zuwachsrate von 2,5 Prozent erreichte. Es gab nur ein paar große *haciendas* im Land, die angesichts der relativ wenigen, auf den Gütern fest ansässigen Landarbeiter weitgehend auf frei rekrutierte Arbeitskräfte angewiesen waren. Der Kaffeeanbau führte zu keiner verschärften Trennung zwischen arm und reich, auch nicht zu einer Marginalisierung der kleinbäuerlichen Landwirtschaft in Costa Rica. Ebensowenig führte er zur Beherrschung der Produktionsmittel durch europäische Einwanderer; die Europäer, die nach 1840 ins Land kamen, betätigten sich überwiegend im Bereich der Verarbeitung und Vermarktung. Von diesem Jahrzehnt an begannen Handelshäuser in London und Liverpool den Kaffeepflanzern Kredite anzubieten, woraus sich im Jahr 1863 schließlich die erfolgreiche Gründung des *Banco Anglo-Costaricense* ergab. Im Jahre 1850 machte die Kaffeeausfuhr bereits 90 Prozent der Exporte Costa Ricas aus. Da die Gesamtausfuhren im Jahr 1852 1 350 000 Pesos betrugen, konnte dieses noch immer dünn besiedelte Land für sich in Anspruch nehmen, das bei weitem höchste Pro-Kopf-Einkommen in Zentralamerika aufzuweisen.

Bis in die zweite Hälfte des Jahrhunderts blieb der Indigohandel die Grundlage von El Salvadors Reichtum. Nach der Stagnation um die Mitte des Jahrhunderts erholten sich Anbau und Ausfuhr von Indigo wieder, das den größten Anteil am Ausfuhrhandel hatte, der im Jahr 1846 insgesamt 905 500 Pesos und im Jahr 1852 1 535 000 Pesos erreichte. Diese letztere Gesamtsumme machte El Salvador in diesem Jahr zu der Republik mit dem höchsten Ausfuhrerlös und dem zweithöchsten Pro-Kopf-Einkommen. Die Erzeugung war aufgeteilt zwischen Großgrundbesitzern, die Arbeitskräfte sowohl aus dem indianischen Hochland als auch aus der *ladino*-Bevölkerung beschäftigten, und kleineren Produzenten, die sich zum Teil durch Händlerkredite finanzierten und ihre Ernten diesen Händlern zur Vermarktung überlassen mußten. Indigo wurde im allgemeinen auf dem Landwege vom pazifischen Küstentiefland nach Izabal transportiert und von dort durch Kaufleute aus Guatemala und Belize verschifft. Obwohl der Kaffeeanbau schon 1846 eingeführt wurde, behielt Indigo seine Bedeutung, bis es in den 1880er Jahren durch neuentwickelte synthetische Farben obsolet wurde.

Tatsächlich zerbrach der Bürgerkrieg von 1826 bis 1829 die lockere Föderation lange vor ihrer endgültigen Auflösung zwischen 1838 und 1840. Jeder Staat war auf seine eigene Weise mit dem Weltmarkt verbunden und nicht mit irgendeinem natürlichen Wirtschaftszentrum innerhalb der Föderation. Wo überseeische Handelsverbindungen noch nicht bestanden, richteten die Territorien ihren Blick nach innen, weltvergessen in ihren eigenen Fraktionskämpfen, oder existierten mehr oder weniger auf einer Subsistenzbasis. Der Bürgerkrieg schwächte die Position der guatemaltekischen Führungsschicht und führte 1829 zur Einnahme der von Priestern und bewaffneten Frauen verteidigten Stadt durch die Liberalen unter dem Honduraner Francisco Morazán, der den Versuch unternahm, die Föderation auf einen anderen Kurs zu bringen. Im September 1830 wurde Morazán vom Kongreß zum Präsidenten ernannt. Die Liberalen nutzten den Sturz der klerikal-konservativen Fraktion unter der Führung von Juan José de Aycinena, die bis dahin in Guatemala beherrschend gewesen war, um eine Serie ebenso umstrittener wie weitreichender Maßnahmen anzuordnen, die auf die Abschaffung des kolonialen Erbes abzielten. Der Erzbischof von Guatemala war schon im Jahr 1829 ausgewiesen und die religiösen Orden aufgelöst worden. Unter dem liberalen Gouverneur von Guatemala, Mariano Gálvez, begannen seit 1831 acht Jahre lang systematische Angriffe auf die Position der Kirche in der Gesellschaft, die 1836 und 1837 zur Legalisierung der Scheidung und zur Einführung der Zivilehe führten. Im Versuch, die Föderation zu finanzieren, führte die Regierung Gálvez schon 1831 die Indianersteuer wieder ein und verpflichtete im folgenden Jahr auch die Mestizen zur Zahlung der *contribución directa* und einer Bodensteuer. Solche Maßnahmen lösten im Jahr 1833 den Aufstand von Los Nonualcos in El Salvador aus, der einen größeren Umfang annahm als die Totonicapán-Rebellion von 1820. Der neue Aufstand wurde angeführt von Anastasio und Blas Aquino, die beide auf Indigoplantagen gearbeitet hatten, in einem Gebiet, das 1814 bereits gewaltsame Konflikte zwischen Indianern und *ladinos* wegen der weiteren Erhebung der angeblich abgeschafften Indianersteuer erlebt hatte. Nach dem Zusammenbruch der Kolonialherrschaft hatten die indianischen Dörfer den bisherigen Schutz verloren und waren von da an auf Gnade und Ungnade den salvadorianischen Grundbesitzern ausgeliefert, denen es darauf ankam, die Herrschaft über das Land und die Versorgung mit Arbeitskräften zu gewinnen. Wie im Falle der Totonicapán-Rebellion wurden die Rebellenführer von ihren Anhängern zu „Königen" gekrönt. Der indianische Christus und der indianische König waren nach wie vor mächtige Symbole indianischen Widerstands gegen das Eindringen von Kreolen und *ladinos* in die Maya-Welt der westlichen Hochländer. Indianische Gemeinden in Chiquimula erhoben sich im Jahr 1835 gegen die Reformen der Liberalen. Rebellionen gegen die Steuern fanden auch in Honduras und Nicaragua statt, und während der zweiten Hälfte der 1830er Jahre befand sich der Liberalismus in vollem Rückzug. Der Aufstand von 1837 brachte ihn endlich zu Fall und schloß die Liberalen in Guatemala bis in die 1870er Jahre von der Macht aus. Dieser Aufstand, angeführt von dem analphabetischen *ladino* Rafael Carrera, entwickelte sich vor dem Hintergrund einer Choleraepidemie, die vom Volk als Strafe Gottes für die Maßnahmen der Liberalen angesehen wurde. Als sich die Liberale Partei spaltete, wurde eine Übergangsregierung unter dem Konservativen Aycinena eingesetzt, die aber unfähig war, den Frieden auf dem Land wiederherzustellen. Das Versagen des Liberalismus wurde mit jedem Tag deutlicher: Um den Frieden wiederherzustellen, mußte das neue Rechtssystem, die nach einem projektierten Gesetzbuch für Louisiana ausgearbeiteten sogenannten Livingston-Gesetze von 1837, zurückgezogen und die meisten liberalen Gesetze in Guatemala rückgängig gemacht werden. Die Provinzen Sacatepéquez, Chiquimula und Verapaz spalteten sich ab, um den Staat Los Altos zu bilden. Sobald deutlich geworden war, daß Morazán die liberale Ordnung in Guatemala nicht aufrechterhalten konnte und das Angebot seiner Anhänger ablehnte, sich zum Diktator ausrufen zu lassen, faßten die Konservativen unter der Leitung von Aycinena den Entschluß, Guatemala aus der Föderation herauszulösen und eine Verständigung mit Carrera zu suchen, um von den Machtpositionen der Elite zu retten, was zu retten war. Nicaragua war jedoch der erste Staat, der die Föderation im April 1838 verließ, gefolgt von Honduras und Guatemala. Nur Costa Rica verfocht noch die Idee der Föderation. Am 30. Mai 1838 wurde vom Kongreß der Föderation die entscheidende Resolution verabschiedet, die jedem Einzelstaat das Recht zubilligte, sich nach seinem Willen neu zu konstituieren.

Carreras Streitkräfte marschierten am 31. Januar 1838 in Guatemala-Stadt ein. Morazáns verspätete Intervention zugunsten eines absterbenden Liberalismus und einer toten Föderation bekräftigte das taktische Bündnis zwischen den Konservativen und Carrera. Carreras Sieg über Morazán im April 1839 besiegelte seine Herrschaft über Guatemala. Morazán, seit 1834 gewählter Präsident der Föderation, hatte die Hauptstadt nach San Salvador verlegt, dem wichtigsten Zentrum des Liberalismus, eine Maßnahme, die in Guatemala Empörung ausgelöst hatte. Als seine Amtszeit im Februar 1839 auslief, löste sich das Abgeordnetenhaus auf, und die Vereinigten Staaten von Zentralamerika bestanden nicht mehr. Morazán wurde im Jahr 1842 in Costa Rica hingerichtet, nachdem er versucht hatte, die dortige konservative Regierung zu stürzen.

B. Das Ringen um die Bewahrung der Vergangenheit

Rafael Carrera war trotz seiner bescheidenen Herkunft aus dem Candelaria-Viertel von Guatemala-Stadt nicht nur ein erfolgreicher Guerillakämpfer, sondern erwies sich, einmal an der Macht, auch als fähiger politischer Führer. Wie sofort klar wurde, hatten die Klerikal-Konservativen die Macht in Guatemala nicht durch ihre eigenen Anstrengungen wiedergewonnen. Sie waren Nutznießer eines Aufstandes der Unterschichten geworden, der komplexe Ursachen hatte und von einem volkstümlichen *caudillo* geführt wurde, der nicht von ihnen abhängig war. Carrera war niemandes Schachfigur. Überdies war der Aufstand von 1837/38 kein isoliertes Phänomen. Er muß im Zusammenhang mit den Aufständen gesehen werden, die zwischen 1830 und 1870 in ganz Zentralamerika gegen liberale Machteliten geführt wurden, welche traditionelle körperschaftliche Institutionen der Gesellschaft durch den Einsatz der Staatsgewalt aufzuheben suchten. Darin scheiterten sie entweder oder waren zu Kompromissen gezwungen, bis die Bedingungen sich im späten 19. Jh. in einem Maße veränderten, daß weitere diesbezügliche Versuche zum Erfolg führten. Diese frühen Fehlschläge bezeugen die Schwungkraft der von den unteren Volksschichten, vor allem den indianischen Bauern, ausgehenden Proteste. Da die Geschichte dieser Periode größtenteils von *ladinos* oder *blancos* geschrieben wurde, sind diese bäuerlichen Bewegungen als „Rassenkriege“ beschrieben worden, Aufstände der Unwissenden gegen die Zivilisation, motiviert von Rassenhaß. Liberale Historiker wiederum haben sie als klerikal und reaktionär gebrandmarkt. Die Interpretation dieser Bewegungen stellt deshalb ein schwieriges Problem für die historische Forschung dar.

Der Carrera-Aufstand eröffnete eine der interessantesten Perioden in der Geschichte Guatemalas. Als eine frühere Parallele zu den „Rassenkriegen“ in Oaxaca in den 1840er und frühen 1850er Jahren und in Yucatán nach 1847 machte er nicht nur deutlich, in welchem Umfang das Volk sich einem von Kreolen und *ladinos* beherrschten staatlichen System widersetzte, sondern führte auch die Wirksamkeit dieses Widerstandes vor Augen. Sowohl Chiapas als auch Guatemala konnten auf eine lange Geschichte der Indianeraufstände zurückblicken, für die der Tzeltal-Aufstand von 1712 ein bezeichnendes Beispiel war. In so gut wie allen Indianeraufständen spielte die Religion eine bestimmende Rolle. Es war jedoch nicht unbedingt die offizielle Amtskirche, zu deren Verteidigung die indianischen Gemeinschaften sich erhoben, sondern sie taten dies für ihre eigenen synkretistischen Formen des Katholizismus, die nicht selten im Widerspruch zur offiziellen kirchlichen Haltung standen. Zahlreiche Maya-

Elemente bildeten einen wesentlichen Bestandteil volkstümlicher religiöser Praxis. Der Aufstand von 1837/38 mochte scheinbar die von den antiklerikalen Maßnahmen der Liberalen bedrohte Kirche in Guatemala verteidigen, aber in Wirklichkeit waren weder Carrera noch seine Anhänger Instrumente der Priester. Ihr Ziel war es, das Gewicht der indianischen Gemeinschaften im politischen Leben des Landes geltend zu machen, und die Verteidigung der bedrohten Religion war ihr natürliches Mittel dazu. Wie die Indios in Oaxaca und Yucatán hatten die indianischen Völker Guatemalas drei Jahrhunderte spanischer Kolonialherrschaft erlebt und dabei gelernt, mit der kolonialen Ordnung zu leben und ihren eigenen spezifischen Raum darin zu verteidigen. Der Zusammenbruch der spanischen Macht 1821 verschaffte ihnen eine beispiellose Gelegenheit, ihre Stärke zu bekräftigen, besonders in Anbetracht der Schwäche des neuen souveränen Staates, seiner finanziellen Unfähigkeit und der Uneinigkeit innerhalb der Führungsschicht. In diesem Sinne war der Carrera-Aufstand keineswegs reaktionär, sondern drückte die Breite des Widerstandes gegen eine kleine herrschende Gruppe von Liberalen aus, die geglaubt hatte, in ihren Entscheidungen keinerlei Rücksichten auf die Bevölkerungsmehrheit nehmen zu müssen. Keinesfalls war der Aufstand ein Versuch zur Verteidigung einer neokolonialen Ordnung; dennoch ermöglichte das Regime Carreras erst die lange Hegemonie der Konservativen von 1840 bis 1870.

Viele Elemente eines volkstümlichen Traditionalismus und Widerstandes, nicht zuletzt gegen die Übereignung von öffentlichen Ländereien an Ausländer, vereinigten sich in dem Aufstand von 1837 bis 1840. Bis zu seinem Tod im Jahre 1865 an der Macht, ließ Carrera das Land von der kreolischen Elite und dem Klerus für sich verwalten und unterstützte die Machtergreifung konservativer *caudillos* in El Salvador und Honduras. Eine Nationalversammlung wählte ihn im Dezember 1844 zum Präsidenten von Guatemala. Er wußte, was er seinen Anhängern schuldig war, und hob die Kopfsteuer der Liberalen im Dezember 1839 auf, führte im Januar 1840 den Kirchenzehnten wieder ein, der für indianische Produkte der Existenzsicherung allerdings mit reduzierten Ansätzen zur Anwendung kam, setzte die religiösen Orden wieder in ihre Rechte ein und rief den Erzbischof zurück. Im Dezember 1839 stellte er auch die traditionelle Gliederung der Gerichtshöfe wieder her und widerrief die in der Verfassung von 1824 bestimmte Abschaffung des geschützten Status der indianischen Bevölkerung. Die gesetzgebende Versammlung richtete einen ständigen Ausschuß zum Schutz und zur Förderung der Indios unter der Jurisdiktion des Staatsanwalts am neu errichteten Obersten Gerichtshof ein. Carrera setzte die Gesetze der spanischen Kolonialzeit wieder in Kraft, soweit sie die Souveränität der Republik Guatemala nicht beeinträchtigten. Als er die Mißbräuche und Übergriffe von Verwaltungsbehörden und Gerichten anprangerte, führte die gesetzgebende Versammlung im Jahr 1844 ein System von Geldstrafen ein. Die Konvention von Guadalupe im März 1844 ermächtigte Carrera, Maßnahmen gegen die Korruption in der Justizverwaltung und zum Schutz indianischer Interessen in Landstreitigkeiten mit Kreolen und *ladinos* zu ergreifen. Aus diesen Gründen wurde Carrera auch als der Erlöser der Armen betrachtet, als „Sohn Gottes“, „Unser Herr“, mit einem Wort, als der „gute indianische König“ schlechthin. Stephens, der mit den Föderalisten sympathisierte, traf mehrere Male mit ihm zusammen: „... sein Gesicht (voll von) Jugendlichkeit, Lebhaftigkeit und Intelligenz; seine Stimme und sein Benehmen (zeigten) Milde und Ernsthaftigkeit“ [STEPHENS, II, 113]. US-Präsident Martin Van Buren hatte Stephens, einen leitenden

Angestellten der *Ocean Steamship Navigation Company,* im Jahr 1839 in einer vertraulichen Mission nach Zentralamerika geschickt, aber Stephens mußte berichten, daß er überhaupt keine amtierende Zentralamerikanische Regierung finden könne. Er bemerkte jedoch zu Carreras Regierungsübernahme: „... bisher hatten die Weißen in allen Kriegen und Revolutionen den beherrschenden Einfluß ausgeübt, aber diesmal waren die Indianer die beherrschende Macht ... sogar unter den Anhängern der Carrera-Partei gab es eine ängstliche Besorgnis vor einem Krieg der Rassen, und ein starkes Verlangen von seiten derjenigen, die fortkonnten, das Land zu verlassen ...; es schien begründete Sorge zu geben, daß die Stunde der Rachejustiz nahe sei und daß unter den Indianern der Wille vorherrsche, den Geistern ihrer Vorväter ein blutiges Opfer darzubringen und ihr Erbe zurückzugewinnen ... Niemand zweifelte an Carreras Macht, mit einem Wort ein Massaker an der gesamten weißen Bevölkerung auszulösen“ [STEPHENS, II, 111–112].

Die Regierung Carrera und die Periode konservativer Hegemonie bewahrten die indianischen Gemeinschaften vor dem Zusammenprall mit den Kräften des Weltmarktes und trugen im Land zur Bewahrung eines großen Teils des Erbes aus der Kolonialzeit bei. Carrera war gezwungen, Kompromisse mit der Oligarchie zu schließen, und die indianische Mehrheit blieb weiterhin den fiskalischen und militärischen Anforderungen des Staates wie auch der staatlichen Regelung des Arbeitsmarktes unterworfen. Dennoch konnte sie sich im großen und ganzen aus den Konflikten innerhalb der Machtelite heraushalten, und bis in die 1870er Jahre wurden ihre traditionellen Institutionen von keinem vorherrschenden Exportgut bedroht. Die Regierung suchte die traditionellen Gemeinschaften intakt zu erhalten und gleichzeitig eine regelmäßige Versorgung der Cochenille- und Zuckerrohrplantagen mit Arbeitskräften zu garantieren. Dementsprechend wurden die *corregidores,* die zuständigen Beamten, im August 1847 angewiesen, Landstreicherei zu unterbinden und dafür zu sorgen, daß eine nützliche Beschäftigung aufgenommen wurde. Auch hob die konservative Regierung im Januar 1852 das liberale Gesetz auf, welches die Veräußerung oder Übertragung von Gemeinschaftsbesitz der Dörfer gestattet hatte, ein Verbot, das bis 1873 in Kraft bleiben sollte. Um die Mitte des 19. Jh. befanden sich in Guatemala mehr als 70 Prozent des besten Landes in Besitz von etwa 1000 Bauerngemeinschaften, verteilt über die 17 Provinzen der Republik. Viele dieser Dörfer waren jedoch aufgrund des Gewohnheitsrechts und nicht auf der Grundlage von Eigentumsurkunden im Besitz dieses Landes, eine Situation, die sie während des bevorstehenden Kaffeebooms zwischen 1870 und 1900 schutzlos der Aneignung ihres Landes durch habsüchtige Weiße und *ladinos* preisgeben sollte. Indianische Gemeinschaften verteidigten ihr Land energisch und weigerten sich vielfach sogar, es zu verpachten, weil die Pächter oftmals Vieh einführten, das in den Getreidefeldern streunte. Im Jahr 1853 erhielt Carrera Hilfeersuchen aus Chipilapa und Escuintla. Die Indios wehrten sich gegen die einseitige Zuweisung von Land, das ihr Eigentum war, aber nicht bewirtschaftet wurde, an Außenstehende, die es zur Ausweitung von Zuckerrohr- oder Kaffeepflanzungen gebrauchten, wie es im April 1856 im Falle von Petapa und später im selben Jahrzehnt in Suchitepéque geschah. Steuerdruck nötigte die Gemeinden jedoch in vielen Fällen, Land zu verpachten, was im fruchtbaren Departement Verapaz die Enteignung von Indianerland begünstigte. Seit die Cochenillewirtschaft nach der Jahrhundertmitte immer mehr in die Krise geriet, begann die Grundbesitzeroligarchie nach einem anderen weltmarktfähigen Hauptanbauprodukt Ausschau zu halten. Die Vernichtung vieler Koschenille-*nopales* (Kakteen) durch den pazifischen Wirbelsturm vom Oktober 1852 im gesamten Hauptproduktionsgebiet um Amatitlan sowie schwere Verluste in Antigua, Chiquimula und Salamá verschärften dieses Problem.

Kaffeepflanzungen waren in Nachahmung des Beispiels Costa Rica vereinzelt bereits seit den 1830er Jahren nahe Guatemala-Stadt und Escuintla angelegt worden, aber erst nach 1850 fand der Anbau auf kommerzieller Basis statt, und Alta Verapaz wurde zum vorherrschenden Kaffeeanbaugebiet. Demgemäß begannen gegen Ende des Jahrzehnts die Bodenpreise zu steigen. Um 1865 erreichten die Kaffeeausfuhren einen Wert von 265 404 Pesos oder 17 Prozent der Gesamtausfuhren. Als Reaktion darauf kam es zu einer Zunahme der Gewalt im ländlichen Raum: Übergriffe auf Gemeindeland wurden mit Angriffen auf Pflanzungen in Quetzaltenango und San Felipe beantwortet. Die Oberschicht zog daraus den Schluß, daß „der Widerstand der Bauern gebrochen werden" müsse [CAMBRANES 1985, 79].

Viele Kaffeepflanzer *(finqueros)* waren Pächter auf Indianerland gewesen, unter ihnen der künftige Führer der Liberalen, Justo Rufino Barrios. Von den 1860er Jahren an suchten sie sich unklare Besitztitel und Grundstücksgrenzen zunutze zu machen, um die Eigentumsrechte auf sich selbst zu übertragen. Die Fertigstellung der Eisenbahnstrecke durch den Isthmus von Panama war der eigentliche Wendepunkt zugunsten des Kaffeeanbaues in Guatemala gewesen, denn sie eröffnete die Aussicht auf direkten Seehandel von der Pazifikküste aus, statt über Land nach Izabal oder Omoa. Bis dahin waren die westlichen Provinzen von den wichtigen politischen und wirtschaftlichen Entwickungen im Land weitgehend abgesondert geblieben. Dies ließ die Kontrolle des Handels und des Kreditwesens durch den *consulado* als ein um so größeres Hindernis erscheinen, als die aus Europa zuwandernden Pflanzer größere Flexibilität, eine zureichende Infrastruktur und Zugang zu indianischen Arbeitskräften verlangten. Nach 1870 geriet die konservative Ordnung in eine Krise. Die wirtschaftlichen Interessen und die politische Struktur, die sie erhalten hatten, waren bedroht durch eine neue Elite von Geschäftsleuten, die auf dem Anbau von und dem Handel mit Kaffee beruhte und starke Verbindungen zum Ausland hatte. Das zentrale Ziel dieser neuen Schicht von Geschäftsleuten war die Unterminierung der traditionellen Grundlage bäuerlichen Lebens durch die Herstellung ihrer eigenen Verfügungsgewalt über Land und Arbeitskräfte. Der Kaffee setzte die Indiobevölkerung unter viel stärkeren Druck, als die Koschenille es jemals vermocht hatte, besonders da der Kaffee im Gegensatz zur letzteren in allen Provinzen der Republik angebaut werden konnte. Angesichts des veränderten Maßstabs blieb die Exportlandwirtschaft keine regionale Angelegenheit mehr, sondern umfaßte das ganze Land. Die Folge davon sollte eine radikale Umwandlung der Gesellschaft sein, an deren Spitze der *finquero* mit seiner Aufgeschlossenheit für moderne Techniken stand.

Während die Hegemonie der Konservativen in Guatemala im Jahr 1871 endete, dauerte sie in Nicaragua noch mehr als zwei Jahrzehnte länger. Die Erklärung dafür lag in dem fatalen Bündnis der Liberalen von León mit dem aus Tennessee stammenden Abenteurer und Piraten William Walker, der zwischen 1855 und 1857 versucht hatte, die Herrschaft über das Land zu erringen. Der Zusammenbruch der Zentralamerikanischen Föderation hatte zu Bürgerkriegen zwischen León und Granada und zwischen Liberalen und Konservativen geführt, mit dem Ergebnis, daß sich in Nicaragua keine mit dem Weltmarkt verknüpfte Exportlandwirtschaft herausbildete. Das Fehlen einer Zentralregierung und die große Entfernung der karibischen Küste von den Bevölkerungs- und Machtzentren des Landes hatten bewirkt, daß ein großer Teil des karibischen Küstenstreifens, die Mosquitoküste, wie Belize seit dem frühen 17. Jh. in britische Hand gefallen war. Seit 1848 beherrschten die Briten auch die Mündung des Rio San Juan und benannten den Hafen San Juan in Greytown um. Mit der Entdeckung der Goldvorkommen in Kalifornien gegen Ende des Jahrzehnts führte das Interesse der Vereinigten Staaten an der Möglichkeit einer Kanalroute durch die Seen Nicaraguas jedoch zu einer direkten Herausforderung der britischen Position. Das Clayton-Bulwer-Abkommen von 1850 versuchte zwar diese Rivalität in Nicaragua zu entschärfen, aber Sklavenhaltergruppen in den USA sahen weiterhin im Norden Mexikos und in Zentralamerika Territorien, auf welche die Baumwollwirtschaft ausgedehnt werden konnte. Vor diesem Hintergrund vollzog sich Walkers Aufstieg. Ursprünglich ein Angestellter in Cornelius Vanderbilts Transportgesellschaft zur Durchquerung der Landenge von Nicaragua mit Kutschen und Dampfschiffen, suchte Walker den erneuten Bürgerkrieg im Lande zu seinem Vorteil zu nutzen, indem er mit Versprechen von Land und Geld eine „Phalanx amerikanischer Unsterblicher" aufstellte, um an der Seite der Liberalen zu kämpfen. Im August 1855 ergriff er selbst die Macht und führte im Interesse der Südstaaten die Sklaverei wieder ein. Erst die Vereinigung der nicaraguanischen Konservativen mit sympathisierenden Kräften aus Costa Rica, El Salvador, Honduras und Guatemala konnte ihn im Mai 1857 vertreiben. Die Rückkehr der Konservativen an die Macht brachte dem Land unter der Führung der Oligarchie von Granada für mehr als drei Jahrzehnte politische Stabilität, die erste Periode dieser Art in der Geschichte des Landes. Im Jahr 1859 trat Corinto an die Stelle von Realejo als wichtigster Pazifikhafen Nicaraguas und gewann an Bedeutung, bis 1878 mehr als 75 Prozent des Außenhandels, hauptsächlich Kakao und Kaffee, über diesen Hafen abgewickelt wurden. Gleichwohl entwickelte sich der Kaffeeanbau in Nicaragua langsamer als anderswo in Mittelamerika. Im Jahr 1871 erzeugten ungefähr 150 Pflanzungen *(fincas)* 1,2 Mio. Pfund, eine Menge, die bis 1885 auf 9,2 Mio. stieg. Eine Eisenbahnlinie ins Landesinnere erreichte im Jahr 1866 den Managuasee. Die Briten schlossen 1860 Verträge mit Nicaragua und Honduras, in denen sie ersterem die Mosquitoküste, letzterem die Islas de la Bahia zugestanden. Im Gegensatz zur Regierung Carrera in Guatemala begannen die Konservativen Nicaraguas nach 1877 einen Angriff auf den Kommunalbesitz der Bauerngemeinden und suchten die Schuldknechtschaft zu verschärfen, doch waren ihre Maßnahmen nicht so wirksam wie jene der liberalen Regierungen in Salvador und Guatemala während desselben Jahrzehnts. Trotz allem führten die Versuche der Regierung, das gemeinschaftliche Landeigentum der indianischen Bauern zu zerschlagen und Zwangsrekrutierungen durchzusetzen, zum großen Aufstand von Matagalpa 1881, an dem ungefähr 7000 Aufständische teilnahmen.

C. Die liberale Hegemonie

Der Liberalismus hatte, in Zentralamerika nicht weniger als anderswo in Lateinamerika, verschiedene Dimensionen und Schwerpunkte. Es hatte in den fünf Republiken immer Verfassungen und Wahlen gegeben, aber sie hatten nicht notwendigerweise die Realitäten des politischen Lebens repräsentiert. Veränderungen wurden gewöhnlich durch Gewalt erzwungen, als Ergebnis von Aufständen, und anschließend von gesetzgebenden Versammlungen ratifiziert, die dem neuen Regime einen legalen Anstrich zu geben suchten. In El Salvador gab es zwischen 1850 und 1900 zum Beispiel 47 Staatsoberhäupter, von denen nur fünf ihre Amtszeit vollendeten. Honduras hatte zwischen 1821 und 1876 85 Präsidenten. In der ganzen Region manipulierten die amtierenden Regierungen unweigerlich die Wahlen zu ihren Gunsten. In Guatemala übernahm die zweite Generation der Liberalen im Jahr 1871 die Macht nach einem Aufstand, der allerdings nur wenige Menschenleben kostete. Im wesentlichen war die Machtablösung das Ergebnis der Rivalität zwischen der traditionellen Handelsoligarchie der Hauptstadt und den neuen Kaffeepflanzern des westlichen pazifischen Hochlandes. Das Ziel des Aufstands bestand darin, eine Gruppe von Geschäftsleuten an die Macht zu bringen, welche die bestehenden staatlichen Institutionen zur Schaffung günstiger privatwirtschaftlicher Voraussetzungen im Hinblick auf die angestrebte internationale Marktverflechtung nutzen wollte. In der Verfassung von 1879, die jene von 1853 ablöste, erlangte die Rolle des Wirtschaftsministeriums *(fomento)* große Bedeutung. In Guatemala erfreute sich der Liberalismus niemals der breiten volkstümlichen Basis, die er in Mexiko und Kolumbien besaß. Er blieb im wesentlichen ein ideologisches Instrument der Geschäftswelt, die entschlossen war, den Staat so weit zu stärken, daß er das gesellschaftliche und wirtschaftliche Gleichgewicht unwiderruflich gegen die bäuerliche Bevölkerungsmehrheit verändern würde, die nach ihrer Meinung das Haupthindernis auf dem Weg zum Fortschritt darstellte. Ziel des neuen Regimes war es, den Pflanzern eine sichere und gleichmäßige Versorgung mit Arbeitskräften zu sichern. Da der Kaffeeanbau Guatemala zum erstenmal ein verläßliches Exportgut und damit regelmäßige Deviseneinnahmen brachte, betrachtete die herrschende Geschäftswelt dieses Anliegen als vordringlich. Erstes Opfer des liberalen Umsturzes war der im Jahr 1871 abgeschaffte *consulado*. Die Liberalen unter Miguel García Granados (1871–1873) und Justo Rufino Barrios (1873–1885) begannen einen konzertierten Versuch, den Einfluß der Kirche zurückzudrängen. Zwischen 1873 und 1876 vertrieb Barrios, der schon als Gouverneur von Quetzaltenango antiklerikale Maßnahmen eingeführt hatte, den Erzbischof, die Bischöfe und die Jesuiten, beschlagnahmte die Besitztümer der religiösen Orden, verbot das Tragen von geistlicher Tracht und das Abhalten religiöser Prozessionen und führte die Glaubensfreiheit ein. Im Jahr 1875 wurde das – erst im Ansatz vorhandene – Schulsystem säkularisiert; 1879 erfolgte die Trennung von Kirche und Staat. Obwohl das Regime sich bemühte, ein öffentliches Schulsystem einzuführen, mit Schulpflicht für alle Kinder zwischen sechs und vierzehn Jahren, wurde in der Praxis wenig erreicht, und die Kirche übte weiterhin den größten Einfluß auf die unteren Volksschichten aus. Die gleichzeitig die Macht ausübenden liberalen Regierungen in El Salvador und Honduras führten ähnliche Maßnahmen ein; in Honduras trennte die Verfassung von 1880 Kirche und Staat, verbot die Erhebung des Kirchenzehnten und verstärkte die Enteignung von Kirchenbesitz. Hier verringerte jedoch die allgemein schlechtere Qualität der Böden die Nachfrage nach dem Land und der Arbeitskraft der bäuerlichen Bevölkerung.

Der Aufstieg der Kaffee-Elite in den letzten drei Jahrzehnten des Jahrhunderts befähigte Guatemala, mit dem kolonialen Erbe zu brechen, das bis in die späten 1860er Jahre überlebt hatte. Unter Barrios wurde die Stellung der neuen herrschenden Schicht befestigt. Barrios, möglicherweise beeinflußt von den mexikanischen

Reformgesetzen der 1850er Jahre, führte den radikalen Flügel des Liberalismus, der seine Stärke den Kaffeepflanzern des Westens und Südens sowie den höheren städtischen Berufsständen verdankte. Er wurde im Jahr 1873 mit 6517 Stimmen gegen 1414 für den gemäßigten Liberalen García Granados bei einer Gesamtbevölkerung von rund 1 Mio. Menschen ins Amt gewählt. Barrios war nicht einfach ein *caudillo*, sondern das starke und wirksame Instrument der neuen Führungsschicht von Grundbesitzern und Geschäftsleuten, der er selbst angehörte. Die Einkünfte aus den Kaffeeausfuhren flossen in die Aufrechterhaltung eines zunehmend zentralistischen Staates. Einmal an der Macht, verschmolz die liberale Gruppe mit der älteren Elite und stärkte dadurch die oligarchische Kontrolle des politischen und wirtschaftlichen Lebens.

Die Ausweitung des Kaffeeanbaues beschleunigte den Übergang von Gemeinde- und Kirchenland in den Besitz der exportorientierten Produzenten und stimulierte die Entwicklung der Infrastruktur. Die erste guatemaltekische Eisenbahn, zwischen 1877 und 1884 erbaut, verband Escuintla mit Puerto San José und führte durch die Hauptstadt. Im Jahr 1884 verband die Verapaz-Eisenbahn die dortigen, großenteils in den Besitz eingewanderter deutscher Pflanzer gelangten Kaffeeplantagen mit der Außenwelt. Die projektierte Eisenbahnstrecke von Guatemala-Stadt nach Puerto Barrios, im Jahr 1884 eröffnet, wurde nicht fertiggestellt, bis der US-Unternehmer Minor Keith dies im Jahr 1908 in Verbindung mit seinen Interessen im Bananenexport besorgte. Die „Modernisierung" brachte nach 1871 mit einer Reihe von Verordnungen den Hauptangriff auf das im Gemeinbesitz befindliche Land, vor allem mit dem Dekret vom 8. Januar 1877, das die Aufteilung von Land unter Einzelpersonen und die Registrierung von Besitztiteln verfügte. Da die meisten Gemeinden von solchen Verordnungen wenig verstanden und oft nicht einmal davon wußten, wurde viel Land als frei eingestuft und fiel in nichtindianische Hände. Es ist bis jetzt unmöglich, den Umfang dieser bäuerlichen Landverluste quantitativ zu bestimmen, doch waren sie in den Gebieten mit guten Böden, wie in den Hochländern von Verapaz und entlang der pazifischen Gebirgskette, am höchsten. Einen besonders starken Aufschwung nahm der Kaffeeanbau in Alta Verapaz (Hauptstadt seit 1877 Cobán), gefördert durch eine starke, von den Zivilbehörden *(jefes políticos)* unterstützte Einwanderung aus Europa. In diesem Departement betrug der Anteil der indianischen Bevölkerung im Jahr 1893 noch 95 Prozent der Gesamtbevölkerung. Die bäuerlichen Gemeinden hatten dank der Fruchtbarkeit des Bodens ihre angestammte Position durchaus behaupten können. Die *jefes políticos* wie beispielsweise jener von Escuintla förderten bereits 1872 das Eindringen von Kaffeepflanzern, den *finqueros*, in bäuerliches Kommunalland mit der Begründung, daß die Indios dessen Bestellung vernachlässigten. In anderen Gegenden war es ähnlich. Das Ergebnis dieser Politik war, daß indianische Gemeinden in den betroffenen Gebieten am Ende des Jahrzehnts unter Einnahmeverlusten und Nahrungsmangel zu leiden hatten, vornehmlich im Westen und Süden des Landes. Obwohl Barrios im Jahr 1873 zum Präsidenten gewählt und 1876 und 1880 wiedergewählt wurde, regierte er das Land wie ein Diktator. Die *jefes políticos* erhielten ausgedehnte Machtbefugnisse in ihren Departementen; sie waren für das im Straßenbau angewandte Zwangsarbeitssystem zuständig, das auch den Machtanspruch der Zentralregierung zum Ausdruck brachte. Dieses Zwangsarbeitssystem, als *mandamiento* bekannt, stammte aus dem Jahr 1616 und überlebte bis 1878. Seine Aufhebung bedeutete allerdings nicht die Befreiung der Arbeit, sondern im Gegenteil eine Politik strafferer Regierungskontrolle, als der Angriff auf die Gemeindeautonomie intensiviert wurde. Nach 1880 wurde die Schuldknechtschaft zu einer üblichen Einrichtung auf den Plantagen, die durch das nationale Arbeitsgesetz von 1894 ihre legale Bestätigung erfuhr. Mit den Dekreten vom April 1877 und April 1894 wurde ein Zwangsarbeitssystem eingeführt, welches nach offizieller Darstellung das Ziel verfolgte, erwiesene Arbeitsscheue, Vagabunden und Bankrotteure auf die Plantagen zu schicken oder zu öffentlichen Arbeiten heranzuziehen. Abwanderungen über die Grenze oder in die Urwaldgebiete waren die Folge. Bäuerlicher Widerstand gegen Aushebungen zur Zwangsarbeit verstärkte die Feindseligkeit der Regierung gegenüber indianischer Autonomie.

Wie Carrera in den Jahren 1840, 1851 und 1863 in Nachbarstaaten interveniert hatte, so tat dies auch Barrios, der durch die Errichtung einer allgemeinen Vorherrschaft der Liberalen eine Neuauflage der Vereinigten Staaten von Zentralamerika anstrebte. García Granados hatte bereits 1872 in Honduras interveniert; Barrios intervenierte 1876 in El Salvador und unterstützte im selben Jahr eine erfolgreiche Revolution der Liberalen in Honduras, die Marco Aurelio Soto bis 1883 an die Macht brachte. Barrios selbst wurde im April 1885 bei der Verfolgung seiner Pläne in Chalchuapa in El Salvador getötet, was einen entscheidenden Rückschlag für die Sache der Wiedervereinigung bedeutete, besonders zu einer Zeit, als die Führerschaft Guatemalas nicht so ungünstig wie in der Vergangenheit beurteilt wurde. Barrios erbte aus der Regierungszeit Carreras den Streit mit Mexiko um den Status von Soconusco, das auch ein bedeutendes Kaffeeanbaugebiet werden sollte. Dieses Territorium hatte eine stets gefährdete Autonomie bewahrt, nachdem Chiapas sich im Jahr 1823 Mexiko angeschlossen hatte. Im Jahr 1842 annektierte der mexikanische General Santa Anna das Gebiet, eine vollendete Tatsache, die von Guatemala niemals anerkannt wurde. Dieser umstrittene Status behinderte die Entwicklung und politische Konsolidierung des Gebietes. Nach Überfällen guatemaltekischer Banden wurde die mexikanische Armee zur Grenze entsandt, und Barrios bat die USA um Vermittlung. Im Jahr 1882 verzichtete Guatemala schließlich auf alle Ansprüche auf Chiapas und Soconusco, obwohl die endgültige Regelung der Grenzfrage erst 1895 abgeschlossen werden konnte.

Im Jahr 1875 machte Kaffee 33 Prozent der Ausfuhren El Salvadors aus. Wie im Falle Guatemalas hing die Ausweitung der Anbauflächen von einem vereinten Angriff staatlicher und privater Interessen auf das Gemeinschaftsland der Dörfer ab. Auch hier war das Ziel die Enteignung freier Kleinbauern und ihre Degradierung zu lohnabhängigen Landarbeitern, die an die Plantagen gebunden waren. Der Kaffeeanbau verstärkte so den Druck, der bereits im Gefolge des Indigoanbaues spürbar geworden war. Der liberale General Gerardo Barrios, selbst ein Indigopflanzer, förderte aktiv den Übergang zum Kaffeeanbau, indem er Steuern herabsetzte und Arbeitskräfte vom Militärdienst freistellte. Die Gesetzgebung der Jahre 1879, 1881 und 1882 schaffte das Gemeineigentum an Grund und Boden mit der Begründung ab, daß es die Entwicklung und die individuelle Initiative behindere. Schätzungsweise ein Viertel des anbaufähigen Landes war davon betroffen. Der Widerstand gegen die Ausweitung des Großgrundbesitzes führte schließlich im Jahr 1886 zur Aufstellung einer regulären Armee, die gleichzeitig den Auftrag erhielt, gegen Landstreicherei und wilde Landbesetzungen vorzugehen. Im Jahr 1880 wurde El Salvadors erste Bank eröffnet, und unter Rafael Zaldívar (1876–1885), der sich länger an der Macht halten konnte als irgendein salvadorianischer Machthaber vor ihm, wurde 1883 die erste nationale Währung eingeführt. Die Eisenbahnlinie von Sonsonate nach Acajutla wurde im Jahr 1882 eingeweiht, und sechs Jahre später eine Telegraphenleitung. Durch solche Maßnahmen festigte die Kaffeeoligarchie, bestehend aus früheren Indigopflanzern und Neueinwanderern, ihren Zugriff auf Politik und Wirtschaft. Nicht ausländische Gesellschaften, sondern Salvadorianer finanzierten die „Modernisierung" dieses kleinen, dichtbesiedelten und mestizisch geprägten Landes. Demgegenüber entwickelte sich in Honduras keine starke einheimische Machtelite; die Bemühungen der Liberalen, die in Guatemala und El Salvador durchgeführten Maßnahmen zu imitieren, fielen weitgehend auf steinigen Boden. Das Fehlen einer Infrastruktur zur Vermarktung der Anbauprodukte und Knappheit an Arbeitskräften verhinderten einen gleichzeitigen Übergang zum Kaffeeanbau. Da auch einheimisches Kapital knapp war, bemühte sich die Regierung um europäisches und nordamerikanisches Anlagekapital, doch verhinderte der Fall des Silberpreises auf dem Weltmarkt eine Wiederbelebung des Bergbausektors. Im Jahr 1892 machten Bananen 12 Prozent und 1903 schon 42 Prozent der Exporte aus. Die Kontrolle des Anbaues und der Ausfuhr von tropischen Früchten durch ausländische Gesellschaften schien für Honduras die einzige Perspektive zu sein. In Guatemala übernahmen deutsche Kaffeepflanzer, organisiert in gemeinsamen Aktiengesellschaften und in Verbindung mit dem Hamburger Kapitalmarkt, von den späten 1880er Jahren an die Schlüsselrolle. Um 1900 gab es 159 deutsche Pflanzer, deren Plantagen eine Gesamtfläche von rund 224 000 ha bedeckten. Tatsächlich machte die günstige Entwicklung des Weltmarktpreises für Kaffee bis zur Rezession von 1897/98 „viele Bauern zu kleinen Kaffeepflanzern und guten Kunden der Importhändler" [Cambranes 1985, 167]. Die Krise des Kaffeepreises um die Jahrhundertwende begünstigte jedoch die großen Erzeuger.

Bis zur Mitte der 1880er Jahre war Guatemala zu einem der Hauptausfuhrländer von Kaffee geworden; in diesem Jahr wurden 51 516 700 Pfund im Wert von 4 636 503 US-Dollars ausgeführt. Ähnlich verlief die Entwicklung in Costa Rica, wo der Kaffee um 1890 rund 94 Prozent der Gesamtausfuhren des Landes ausmachte. Zwischen 1890 und 1910 wurden Eisenbahnen zu den Küsten des Atlantik und Pazifik gebaut. Arbeitskräftemangel und Überfluß an ungenutztem Boden in einem Land ohne eine indianische Tradition, die mit jener Guatemalas vergleichbar gewesen wäre, sorgten dafür, daß sich im Kaffeeanbau wie in der übrigen Landwirtschaft eine Struktur kleinerer und mittlerer Produktionseinheiten herausbildete; nur wenige Betriebe erreichten eine Größe von 500 ha und mehr. Die Kaffeepflanzer wahrten ihren beherrschenden politischen Einfluß durch die Monopolisierung des Kreditwesens, der Verarbeitung und des Ausfuhrhandels. In Nicaragua kamen die Exponenten der Kaffeewirtschaft später als in Costa Rica, Guatemala und El Salvador an die Macht, aber auch hier war dieser Vorgang gleichbedeutend mit der Errichtung liberaler Vorherrschaft. Unter José Santos Zelaya (1893–1909) wurden die ersten Anstrengungen zum Aufbau eines Nationalstaates unternommen; eine nationale Armee mit allgemeiner Wehrpflicht wurde eingeführt, und chilenische Offiziere stellten den Lehrkörper der *Escuela Politécnica*. Da die Bevölkerung Nicaraguas vorwiegend aus Mestizen und nicht aus Indios bestand, wurden soziale Spannungen, wie sie in Guatemala eine große Rolle spielten, vermieden, und Zelaya war in der Lage, eine starke nationale Führung zu schaffen. Im Jahr 1906 betrug der Anteil des Kaffees an den Gesamtausfuhren

Nicaraguas 32,5 Prozent. Auf dem Weltmarkt war die Nachfrage nach tropischen Erzeugnissen in raschem Anstieg begriffen, besonders in den USA während der 1890er Jahre. Im Jahr 1899 schloß sich dort eine Gruppe von Unternehmen zur *United Fruit Company* zusammen, hauptsächlich um Plantagen auf dem zentralamerikanischen Festland anzulegen. Zu Beginn des 20. Jh. besaß diese Gesellschaft bereits annähernd 510 000 ha Land in der Karibik und in Zentralamerika, die sie zu ganz niedrigen Preisen erworben hatte, weil die Mehrheit der Bevölkerung weiterhin im gemäßigten Klima der Hochländer lebte.

Der Charakter der Plantagenwirtschaft und die Situation der von ihr beschäftigten Arbeitskräfte unterschieden sich am Ende des 19. Jh. beträchtlich von dem der Kolonialzeit. Das Beispiel des Kaffeeanbaues in Guatemala machte die intensive Integration des Plantagensektors in die internationale Wirtschaft und den daraus entstehenden Druck auf die indianischen Gemeinden deutlich. Diese Plantagen waren bereits Vorläufer der modernen Agroindustrie, keine Latifundien herrschaftlicher Großgrundbesitzer mehr. Sie unterhielten enge Verbindungen zum Weltmarkt, für den sie produzierten, was schon durch die große Zahl eingewanderter Pflanzer, wie etwa der Deutschen im Hauptanbaugebiet von Alta Verapaz, deutlich zum Ausdruck kommt. Die Entwicklung des Weltmarktes und der davon ausgehende Druck in der liberalen Ära des ausgehenden 19. Jh. schwächten die Widerstandskraft der indianischen Bevölkerung und trugen entscheidend zur Umkehrung des früheren allgemeinen Trends bei, wie er nach 1837 durch Carreras volksnahe Politik eingeleitet worden war und der zu einer Öffnung der breiten Bevölkerung gegenüber der Regierungsautorität geführt hatte. Der Liberalismus war zwar ein generelles Phänomen in ganz Zentralamerika, aber er war in seinem zeitlichen Verlauf uneinheitlich, und seine Auswirkungen waren je nach der ethnischen Zusammensetzung der Bevölkerung, den politischen Umständen und der Nachfrage auf dem Weltmarkt verschieden. In ähnlicher Weise übte ausländisches Kapital innerhalb der Region einen unterschiedlichen Einfluß aus, der am schwächsten in Nicaragua und Costa Rica und am stärksten in Guatemala und Honduras war. Die Konsolidierung der liberalen Machteliten hatte die Stärkung der Staatsgewalt und der nationalen Finanzen zur Folge. Dies ermöglichte erstmals die Aufstellung moderner bewaffneter Streitkräfte, besonders in Guatemala und El Salvador. Diese nationalen Armeen wurden zwar anfänglich zu Einmischungen in die Angelegenheiten benachbarter Länder benutzt, kamen dann aber bezeichnenderweise vorwiegend im Inland zum Einsatz, vor allem dort, wo der Druck auf die Arbeitskräfte am stärksten war. Die meisten, wenn nicht alle Regierungen waren von dieser militärischen Unterstützung abhängig. Der spanische Absolutismus hatte keine Tradition repräsentativer oder verfassungsmäßiger Regierung hinterlassen. In Zentralamerika gab es keine Tradition eines friedlichen Machtwechsels. Obwohl es während des Ringens um die Unabhängigkeit zwischen 1810 und den frühen 1820er Jahren verglichen mit Mexiko oder Südamerika wenig Gewalttätigkeit gegeben hatte, kam es im Laufe des 19. Jh. wiederholt zu gewaltsamen Machtwechseln, wenn auch nach 1870 unter der Vorherrschaft der Liberalen ein bedeutsames Maß an Stabilität erreicht wurde. Der Liberalismus in Zentralamerika hatte eine Anzahl von Merkmalen mit dem mexikanischen Liberalismus gemeinsam. Er war antiklerikal und antikorporativ und in wirtschaftlicher Hinsicht wachstumsorientiert. Er hatte die Tendenz, sich an seiner Basis auf die Freimaurerlogen abzustützen, und eine Anzahl seiner Führer waren entweder

Protestanten oder sympathisierten mit der Ausbreitung des Protestantismus. Justo Rufino Barrios war selbst Protestant, und auf seine Zeit kann die frühe Bedeutung des Protestantismus in der Geschichte Guatemalas zurückgeführt werden. Große Teile der liberalen Ideologie waren geprägt von einem inhärenten Rassenbewußtsein. Die Einwanderung aus Europa wurde kräftig gefördert, um die durch das Vorherrschen von indianischem Blut als degeneriert betrachtete Mischrasse „aufzuhellen". Auf diese Weise trug die Geringschätzung des indianischen Erbes zur Verleugnung der grundlegenden Realität der Gesellschaft bei.

Hans-Joachim König

4. Ecuador, Kolumbien, Venezuela

A. Das Erbe Großkolumbiens

In seiner Botschaft an den letzten großkolumbianischen Kongreß am 20. Januar 1830 formulierte Simón Bolívar resignierend: „Es ist ein schwieriges und großes Unterfangen, eine Nation zu bilden, die sich mit Anarchie und Bürgerkrieg von der Unterdrückung befreit, ohne darauf vorbereitet zu sein, die gewünschte Veränderung zum Besseren zu verarbeiten. ... Mitbürger! Ich werde schamrot, weil ich sagen muß: Die Unabhängigkeit ist das einzige Ergebnis, das wir auf Kosten aller anderen Ziele erreicht haben“ (*Gaceta de Colombia* Nr. 449 vom 24. 1. 1830). Äußerte sich in dieser Kritik nur ein enttäuschter Staatsmann, oder entsprach diese Aussage der Realität? Hatte der Zusammenschluß dreier Regionen im nordandinen Raum kein anderes Ergebnis gebracht?

Schon in der Konstituierung der Republik Großkolumbien auf dem Kongreß von Cúcuta 1821, der Neu-Granada, Venezuela und Quito zu einem zentralistischen Staat vereinigte, war ein wesentlicher Grund für ihren späteren Zerfall enthalten. Da hauptsächlich die gemeinsamen wirtschaftlichen und militärischen Anstrengungen gegen den gemeinsamen äußeren Feind Spanien den Zusammenschluß bestimmt hatten, war abzusehen gewesen, daß sich die drei Teilgebiete wieder voneinander trennten, sobald dieser Feind verschwunden sein würde. Wirtschaftliche Verflechtungen und gemeinsame sozioökonomische Interessen fehlten der künstlichen Schöpfung ebenso wie ein gewachsenes historisches Zusammengehörigkeitsgefühl.

Die wirtschaftlichen Strukturen der drei Teilregionen wiesen deutliche Unterschiede auf. Venezuelas Wirtschaft mit Weideflächen in den Llanos des Landesinneren und mit Kakao-, Kaffee- und Indigopflanzungen in den Küstentälern war im wesentlichen auf den Export agrarischer Produkte ausgerichtet. Die landwirtschaftlichen Produkte Neu-Granadas, wie Weizen von den *haciendas* der Zentralregion mit gemäßigtem Klima oder Kakao, Zucker und Tabak aus den wärmeren Gebieten, waren für den Eigenbedarf bestimmt. Daneben gab es in der Ostkordillere im Gebiet um Socorro kleine Manufakturbetriebe mit Textilproduktionen, während die Goldvorkommen in der Westkordillere in der Provinz Antioquia das Hauptausfuhrprodukt darstellten. In der *presidencia* von Quito besaß Guayaquil an der Pazifikküste mit dem Anbau von Kakao ein wichtiges Exportprodukt; im Hochland hingegen, in der Provinz Quito, gab es vorwiegend Agrarwirtschaft für den lokalen Nahrungsmittelbedarf und Viehwirtschaft für die Fleischversorgung sowie für die Erzeugung von Wolle, die in den Textilmanufakturen, den *obrajes,* verarbeitet wurde. Diese voneinander unabhängigen Wirtschaftseinheiten mit ihren je eigenen Problemen stellten nicht das Potential für eine wirtschaftliche Integration bereit. Vor allem war es schwierig, für alle drei Regionen gleichermaßen günstige Wirtschaftsmaßnahmen zu treffen. Die große Unterschiedlichkeit führte dazu, daß von der Zentralregierung erlassene Gesetze häufig nur eine Region begünstigten, eine andere aber benachteiligten. So war Freihandel zwar

Ecuador, Kolumbien, Venezuela ab 1830

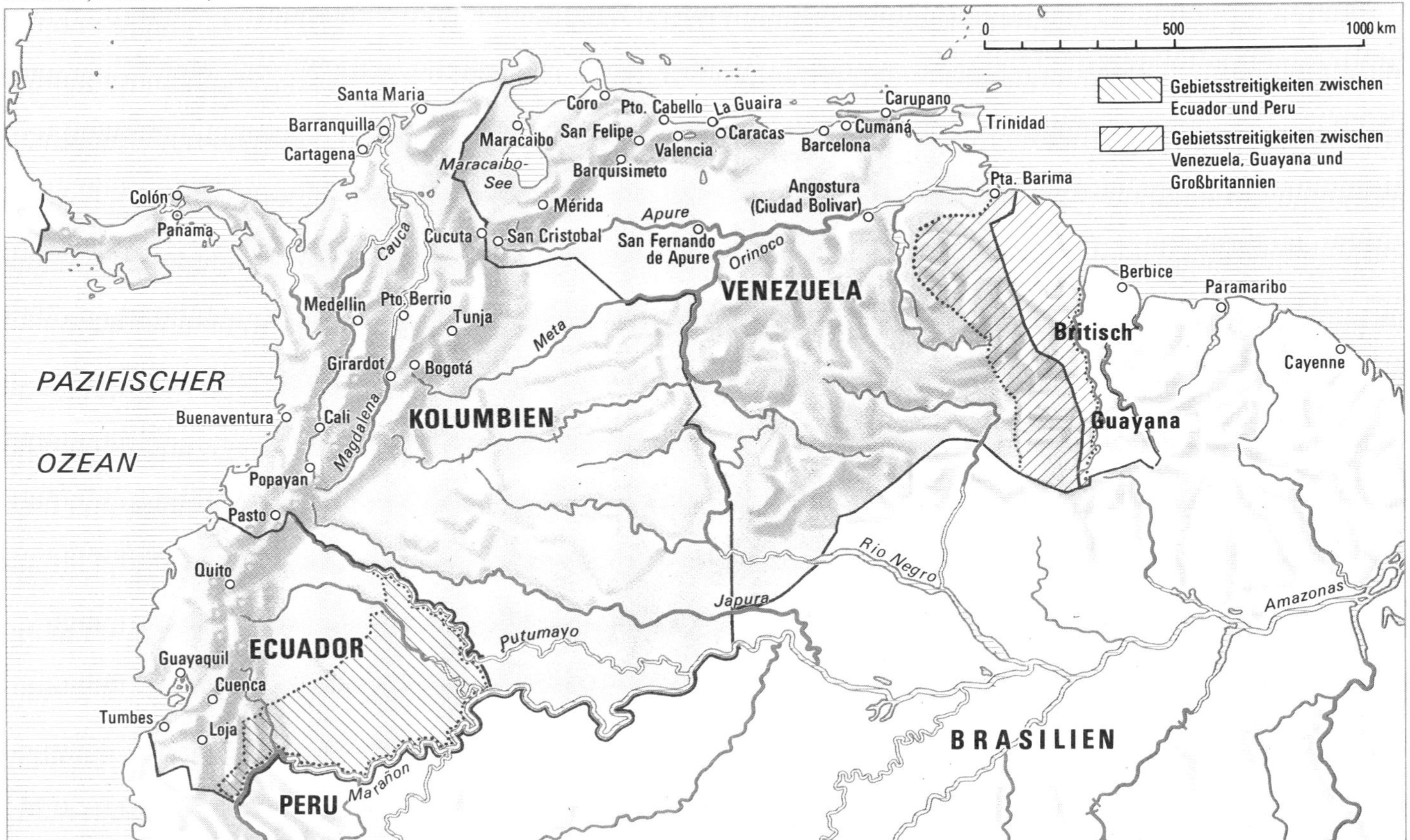

für die agrarexportorientierten Gebiete Venezuelas vorteilhaft, wegen der nun freizügig eingeführten englischen Industriewaren wirkte er sich aber negativ auf die Manufakturbetriebe in Ecuador und Neu-Granada aus.

Zusätzlich zu den wirtschaftlichen gab es sozial-ethnische Unterschiede, die eine Integration erschwerten. Die Gesamtbevölkerung Großkolumbiens belief sich entsprechend dem Zensus von 1825 auf ca. 2,5–3 Mio. Einwohner.

Tab. 35: Die Bevölkerung Großkolumbiens 1825

	Venezuela	Neu-Granada	Ecuador	Gesamt
Freie	609 545	1 182 500	485 021	2 277 066
Sklaven	50 088	45 839	6 975	102 902
„Unabhängige" Indios	26 579	144 771	32 781	203 831
Insgesamt	686 212	1 373 110	524 477	2 583 799

Quelle: Restrepo [1942–1950, Bd. 8, Anhang]. Unter den Freien sind auch die Indios sowie die *pardos* enthalten. Die Zahlen für die „unabhängigen" Indios in den Tieflandregionen sind geschätzt.

Zum einen ergab sich mit den charakteristischen Bevölkerungsgruppen der *pardos* (Mulatten) in Venezuela, der Indios in Ecuador und der Mestizen in Neu-Granada schon in bezug auf die Gesamtbevölkerung Großkolumbiens eine sozial-ethnische Heterogenität. Zum anderen besaß jede Teilregion ihre spezifischen Spannungen und Gegensätze. Diese resultierten u. a. aus der ungleichen und ungerechten Verteilung von Reichtum, Besitz und politischen Rechten. In Venezuela mit ca. 700 000 Einwohnern stand einer kleinen kreolischen Schicht von Großgrundbesitzern und Agrarexporteuren die große Gruppe von Negern und *pardos* sowie der Sklaven gegenüber, die zusammen über 60 Prozent der Bevölkerung ausmachten. In Ecuador mit ca. 520 000 Einwohnern gab es eine ähnliche Zweiteilung in eine kleine kreolische Oberschicht und die Masse der Indios, die mit einem Anteil von ca. 60 Prozent über 360 000 Personen zählten. In Neu-Granada mit ca. 1,2–1,4 Mio. Einwohnern – inklusive 150 000 geschätzte „unabhängige" Indios in den östlichen Tieflandregionen – zeigten sich Ansätze zu einer Art Mittelklasse aus kleinen Landbesitzern, Bauern und Gewerbetreibenden besonders der östlichen Region, die sich nach oben gegen die im Vergleich zu Venezuela kleinere Großgrundbesitzerschicht und die Gruppe der Beamten, Kaufleute und Juristen sowie nach unten gegen die Indios in ihren Dorfgemeinschaften *(comunidades)* und die Sklaven abgrenzte. Diese unterschiedliche soziale Zusammensetzung hatte zur Folge, daß Gesetze der Zentralregierung, die den zeitgenössischen liberalen und aufklärerischen Ideen entsprachen, wie z. B. die Sklavenbefreiung oder die Verleihung der Staatsbürgerrechte an die Indios, in den Teilregionen mit unterschiedlicher Begeisterung und Zustimmung bzw. Ablehnung aufgenommen und gehandhabt wurden. Während in Ecuador und Neu-Granada die Sklavenhaltung nur eine unwesentliche Rolle gespielt hatte, hing die Wirtschaft Venezuelas mit ihren Plantagen stark von der Sklavenarbeit ab, so daß besonders die venezolanischen Großgrundbesitzer die Freilassung erwachsener Sklaven über 18 Jahren nur zögernd und partiell durchführten. Die Aufhebung der besonderen Indianerbesteuerung, des

Tributs, die mit der intendierten Gleichstellung und Gleichberechtigung der Indios verbunden war, traf vor allem Ecuador, weil er dort im Unterschied zu Venezuela und Neu-Granada einen wesentlichen Teil des Steueraufkommens ausmachte. Auf Betreiben der weißen Oberschicht Ecuadors, die mit dem Fortfall des Tributs auch den Arbeitseifer der Indios fortfallen und ihre soziale Kontrolle über die Indios schwinden sahen, wurde deshalb die Geltung des Gesetzes für Ecuador aufgehoben.

Auch die geographischen Gegebenheiten standen einer engen Verflechtung entgegen. Wirkten die schwer passierbaren Andenketten und die großen Entfernungen sowie ein fehlendes Verkehrsnetz von Straßen und Flüssen schon in Venezuela, Neu-Granada und Ecuador selbst desintegrierend, so trennten sie auf überregionaler Ebene die Staaten noch mehr voneinander und erschwerten dadurch Transport, Handelsaustausch und ganz allgemein die für einen staatlichen Zusammenhalt notwendige Kommunikation. Ein nicht zu unterschätzender Faktor für die Desintegration Großkolumbiens war ein Bewußtsein regionaler Eigenart und Zugehörigkeit, das sich bei den Kreolen in den jeweiligen Verwaltungseinheiten der *audiencias* Bogotá, Quito und Caracas bzw. dem Generalkapitanat Venezuela entwickelt hatte und zur Abgrenzung von den Nachbarregionen diente. Diese Zugehörigkeit war u.a. darin zum Ausdruck gekommen, daß sich die ersten Staatsbildungen ab 1810 in den Grenzen der jeweiligen kleineren kolonialen Zuständigkeitsbereiche und nicht etwa in denen des Vizekönigreichs vollzogen hatten. Zwar ließen das militärische Zweckbündnis und der optimistische Glaube an die politischen und wirtschaftlichen Möglichkeiten Großkolumbiens bei den politischen Entscheidungsträgern in den Teilstaaten zeitweilig eine Art großkolumbianisches Bewußtsein entstehen. Es reichte jedoch nicht tief genug, um nach dem Wegfall der gemeinsamen äußeren Bedrohung und nach der internationalen Anerkennung durch die USA (1822/24) und Großbritannien (1824/25) – in Form von „Friedens-, Freundschafts-, Handels- und Schiffahrtsverträgen" – den Zerfall eines Staates aufzuhalten, der einen Teil seiner Finanzkraft u.a. für die Befreiung Perus und Boliviens aufwandte, sich selbst aber durch Aufnahme von Auslandskrediten und -anleihen inklusive Zinsen bis zu der enormen Summe von 63 515 000 Pesos erheblich verschuldete.

Für den weiteren Prozeß der Staats- und Nationbildung der drei Länder wirkte sich die Separation nicht unbedingt negativ aus: Die drei Teilregionen gewannen in den Auseinandersetzungen untereinander in gewissem Sinn an staatlichem Profil, indem die aus der Kolonialzeit überkommenen, als Einheit angesehenen Verwaltungsgrößen nach dem allgemein gültigen Prinzip des „uti possidetis juris" nun tatsächlich mehr oder weniger feste und von den Nachbarn im allgemeinen respektierte Grenzen erhielten. So fand 1830/31 mit dem Zerfall Großkolumbiens und der anschließenden Wiedererrichtung der drei ursprünglichen Staaten der Prozeß der Staatsgründung seinen Abschluß, soweit er den äußeren, den außenpolitischen Bereich betraf, denn die gegenüber Großkolumbien ausgesprochene Anerkennung galt auch für die Nachfolgestaaten. Die drei Länder hatten jeweils ihre Staatlichkeit gewonnen, doch war im innenpolitischen Bereich weder die regionale, wirtschaftliche und soziale Desintegration überwunden, noch die politische Partizipation aller Bürger gewährleistet. In den fast 20 Jahre dauernden Freiheitskämpfen hatte diesen Problemen nicht die Hauptsorge gegolten, auch nicht gelten können. Politische Zielsetzungen hatten vor sozialen Bestrebungen, die ohnehin nur partiell vorhanden waren, Vorrang gehabt, u.a.

auch deshalb, weil bei den Kreolen durch die gewaltsamen Vorgänge bei den sozialen Protesten des ausgehenden 18. Jh. sowie durch die Entwicklung der Französischen Revolution in ihrer jakobinischen Phase aus Furcht vor unkontrollierbaren Entwicklungen eine Abwehrhaltung gegenüber überstürzten sozialen Veränderungen entstanden war. Bolívars Einschätzung war korrekt: Tatsächlich hatte Großkolumbien für die Teilstaaten nicht mehr als die Absicherung ihrer Befreiung von Spanien bedeutet, worin allerdings eine erste und unbedingte Voraussetzung für den weiteren Prozeß sozialer und ökonomischer Emanzipation bestand.

Die drei Nachfolgestaaten, deren erste Regierungen mit General Francisco de Paula Santander in Neu-Granada, General José Antonio Páez in Venezuela und General Juan José Flores in Ecuador diejenigen politischen Führer übernahmen, die den Prozeß der Auflösung Großkolumbiens betrieben hatten, standen vor ähnlichen Problemen: Es galt, nicht nur die Auswirkungen des Krieges, die Verwüstungen, die Schäden in der Landwirtschaft zu überwinden oder mit den Auslandsschulden fertigzuwerden, die entsprechend der Bevölkerungszahl anteilmäßig – mit 25 Prozent je für Venezuela und Ecuador und 50 Prozent für die Zentralregion – aufgeteilt wurden; es ging auch darum, das politische System weiter zu konsolidieren und über die Regelung der Verantwortlichkeiten zwischen Regierung und den Provinzen, d.h. durch Übereinkunft über Zentralismus oder Föderalismus die staatliche Einheit zu sichern und einen weiteren Zerfall zu verhindern sowie ferner über die Modernisierung der Wirtschaftsstrukturen eine Entwicklung zu mehr gesellschaftlicher Integration in Gang zu setzen.

B. Ecuador

a Prätoriale Republik, regionale Differenzen (1830–1859)

Die erste Verfassung der ehemaligen südlichen Region Großkolumbiens von 1830, der mit 270 670 km^2 kleinsten ehemaligen Teilregion, schloß die beiden Departemente des Hochlandes, der *sierra,* Azuay und Quito sowie das Küstendepartement Guayas zum neuen Staat Ecuador zusammen. Die Departemente waren in Provinzen, Kantone und Pfarreien untergliedert; sie hatten im Inneren weitgehende Entscheidungsbefugnisse, während der Zentralregierung lediglich die Außenpolitik und die Kontrolle über einige Steuern zukam. Dadurch, daß die Verfassung die traditionelle Machtzentrale Quito zur Hauptstadt auch des neuen Staates machte, dessen Bevölkerungsmehrheit in den Hochlandregionen lebte, wurde langfristig eine Rivalität mit Guayaquil angelegt, die sich über das ganze 19. Jh. hinzog. Denn diese Stadt bzw. Region bildete in dem zunehmend agrarorientierten Land mit dem Export von Kakao das Zentrum des Handels und damit der Einnahmen und beanspruchte deshalb auch politisches Gewicht. Weil die Ausübung der politischen Bürgerrechte an Bildung, Unabhängigkeit, Eigentum bzw. Einnahmen gebunden wurde, blieb die Mehrzahl der Ecuadorianer von der politischen Beteiligung ausgeschlossen. So konnten im Jahr 1835 lediglich 2827 Personen wählen, d.h. ca. 95 Prozent der Bevölkerung waren vom Wahlrecht ausgeschlossen. Seit dieser Verfassung beschränkte sich das ganze 19. Jh. hindurch die politische Beteiligung nur auf eine kleine Minderheit der Bevölkerung, die ihrerseits durch unterschiedliche wirtschaftliche Interessen an der Küste und in der Sierra gespalten war und über das gesamte 19. Jh. mit dem politischen Machtfaktor Militär rechnen mußte, allerdings selbst auch auf Gewalt und Einsatz des Militärs zurückgriff, da politische Mittel bzw. politische Institutionen nicht zum Erfolg führten.

In der Anfangsphase der Republik dominierten Militärs. Über 15 Jahre, von 1830 bis 1845, beherrschte General Juan José Flores, ein gebürtiger Venezolaner und Militär aus den Unabhängigkeitskriegen, die Politik Ecuadors, sei es als Präsident, 1830 bis 1834, 1839 bis 1843, oder als einflußreicher militärischer Oberbefehlshaber, 1835 bis 1839, ohne daß der notwendige Prozeß innerer Integration vorangekommen wäre. Denn Flores war zwar ein erfolgreicher Militär gewesen, Verwaltungs- und Wirtschaftsfragen waren ihm jedoch fremd. So war er den Anfangsproblemen des jungen Staates nicht gewachsen, dessen Haupteinnahme noch der Indianertribut – jeder männliche Indio hatte jährlich 3 Pesos zu zahlen – bildete. Bis zu 74 Prozent des Budgets mußten zur Finanzierung der ehemaligen, oft ausländischen Militärs sowie des ca. 1000 Mann starken Heeres verwendet werden. Überdies hatte Ecuador für 22 230 631,64 Pesos Auslandsschulden aus der Zeit Großkolumbiens aufzukommen; da es wegen Zahlungsunfähigkeit die Tilgung einstellte, wurde es auf dem internationalen Geldmarkt für Jahrzehnte kreditunwürdig. Die Tatsache, daß sich Ecuadors Wirtschaft immer stärker auf den Außenhandel ausrichtete und hauptsächlich auf den Produkten der Küstenregion, vor allem Kakao, beruhte, erschwerte die Situation noch, war doch die Wirtschaftspolitik einerseits von Nachfrage und Preisen auf dem Weltmarkt, andererseits von den Handelszöllen als Haupteinnahmequelle abhängig. Preisrückgänge oder Produktionseinbrüche durch Arbeitskräftemangel nach den verheerenden Gelbfieberepidemien von 1842/43 und 1852/53 beeinträchtigten die Wirtschaftslage.

Die Hochlandwirtschaft aber konnte in den ersten Jahrzehnten wenig zur Stabilisierung beitragen. Denn in der Region Quito wie überhaupt in den Provinzen der Sierra war seit den Unabhängigkeitskriegen und durch die Freihandelsmaßnahmen Großkolumbiens der dynamische Wirtschaftssektor, die Tuchmanufakturen *(industrias obrajeras)*, stark beeinträchtigt worden, u.a. auch deshalb, weil der Viehbestand, der die Manufakturen mit Wolle versorgt hatte, reduziert war. Die Landwirtschaft beschränkte sich weitgehend auf den Anbau von Getreide und Gemüse, Produkte, die der regionalen Versorgung dienten und nur wenig zur allgemeinen wirtschaftlichen Entwicklung beitrugen. Die Ursachen sind nicht nur in den Nachwirkungen der Unabhängigkeitskriege oder in der Isolierung, sondern auch in der besonderen Produktions- und Gesellschaftsstruktur der Hochland-*hacienda* zu sehen. Da die extensiv bewirtschafteten *haciendas* in erster Linie für den Eigenbedarf, allenfalls für regionale Wochenmärkte, später auch für die wachsenden Städte produzierten, gingen von ihnen kaum Impulse aus. Ebensowenig konnte die besondere Form der Arbeitsverhältnisse auf den Latifundien entwicklungsfördernd wirken. Die Landarbeiter auf den Hochland-*haciendas* wurden meistens über die noch aus der Kolonialzeit (*Real Cedula* von 1601) stammende Institution des *concertaje* rekrutiert. Mit einem „Vertrag“ verpflichteten sich landlose indianische *campesinos* – meistens war die gesamte Familie einbezogen – für einen *hacendado* zu arbeiten, der ihnen als Gegenleistung Geld, Saatgut oder Vieh vorstreckte, ferner ein kleines Stück Land zur eigenen Nutzung für den Unterhalt der Familie überließ *(huasipungo)* und auch für

Bekleidung sorgte. Da der vorgesehene Tageslohn selten ausgezahlt, vielmehr für dem *campesino* angelastete Schäden angerechnet wurde, verschuldete sich der *campesino* immer mehr gegenüber dem Großgrundbesitzer. Der *concertaje* bedeutete eine oft lebenslange und noch die Kinder einbeziehende Abhängigkeit gegenüber dem Patron, die sich durch die Institution der Schuldhaft *(prisión por deudas)* noch verschlimmerte, konnte der Gläubiger doch mit ihr unliebsame verschuldete Arbeiter gefügig machen. Intensive Ausbeutung der indianischen Arbeitskraft, ein autoritäres – bisweilen paternalistisches – Verhalten des *hacendado* gegenüber den abhängigen Arbeitern sowie Abhängigkeit und Unterordnung seitens der „vertraglich gebundenen" Indios schufen eine Situation von Stagnation und Immobilismus.

Weder vom Militär Flores während seiner zweimaligen Präsidentschaft noch vom Zivilisten Vicente Rocafuerte, gebürtig aus Guayaquil, 1812 Deputierter bei den *Cortes* von Cádiz und bekannter Schriftsteller, der als Vertreter einer liberalen Intellektuellen- und Oppositionsbewegung um die Zeitung *El Quiteño Libre* gegen die militärische Regierung des „Ausländers" Flores ironischerweise von Flores selbst, der sich als Oberbefehlshaber des Heeres die Machtkontrolle vorbehielt, in das Präsidentenamt gehoben war, gingen Impulse für eine nationale Konsolidierung aus. Sie unternahmen wenig, um politische Institutionen zu schaffen oder Verfahrensweisen zu entwickeln, die geeignet gewesen wären, die vorhandene wirtschaftliche, politische und soziale Desintegration oder gar die Bipolarität zwischen *sierra* und Küste zu überwinden. Allerdings verfügten sie auch nicht über die Mittel, mit denen das größte Hindernis für die Kommunikation und ein funktionierendes Transportwesen hätte beseitigt werden können: die Topographie, d.h. die quer zur wichtigen Achse Quito als politischer Hauptstadt und Guayaquil als Hafenmetropole verlaufenden Andenketten. Für den interregionalen Handelsaustausch standen im Tiefland, in den verschiedenen Flußgebieten, wie z.B. dem des Guayas nur Boote, die *balsas,* und im Hochland lediglich Pfade, aber noch keine befestigten oder befahrbaren Straßen zur Verfügung, so daß der Warentransport auf Maultieren oder auf dem Rücken indianischer Lastträger *(a lomo de indios)* erfolgte. Noch am Ende des Jahrhunderts erschien ausländischen Besuchern das Maultier als Grundlage der ecuadorianischen Gesellschaft. Die Nachfolger von Flores, der aufgrund eines allgemeinen Protests gegen die 1843 in der Verfassung getroffenen Regelungen hinsichtlich einer langen Amtszeit des Präsidenten, religiöser Freizügigkeiten für nicht-katholische Glaubensgemeinschaften, des Verbots der Wählbarkeit von Geistlichen für politische Ämter sowie gegen eine allgemeine Kopfsteuer von 3 Pesos von der Bewegung der *marcistas* am 6. März 1845 gestürzt wurde, blieben ähnlich inaktiv, zum Teil auch deshalb, weil sie sich gegen Angriffe von Flores zur Wehr setzen mußten.

Auch die Ansätze zu einer liberalen und demokratischen Politik unter General José María Urbina (1851/52–1856), der seinerseits auch auf militärische Gewalt, besonders auf die Unterstützung seiner *tauras,* freigelassener Sklaven, zurückgriff, zeitigten keine Ergebnisse. Vor allem waren sie nicht geeignet oder ausreichend, die Auseinanderentwicklung der beiden Großräume aufzuhalten, deren Kommunikation und Integration nicht nur durch die Geographie und die fehlende Infrastruktur, sondern auch durch unterschiedliche wirtschaftliche und gesellschaftliche Strukturen und dementsprechende ideologische Präferenzen beeinträchtigt waren. Die günstige geographische Lage Guayaquils und die guten Anbaumöglichkeiten für das begehrte

Exportprodukt Kakao im Guayas-Becken hatten eine Ausweitung des Kakaogeschäftes und damit die wirtschaftliche Dominanz dieser Region gegenüber den traditionellen Hochlandregionen der Sierra mit sich gebracht. Schon seit dem ausgehenden 18. Jh. hatte sich diese Verlagerung in einer bemerkenswerten Bevölkerungszunahme dieser Region angedeutet, ein Wachstum, das auch im 19. Jh. weiterhin anhielt. Hatte der Bevölkerungsanteil an der Küste gegenüber der *sierra* 1780 mit ca. 38 280 Einwohnern nur 8,8 Prozent der Gesamtbevölkerung ausgemacht, so waren es 1840 mit ca. 82 610 schon 15,02 Prozent und 1892 schon 19,1 Prozent. Die Einwohnerzahl von Guayaquil verdoppelte sich im Zeitraum von 1780 bis 1830 von 6000 auf 12 000 und lag in den 1880er Jahren schon mit 40 000 mit der von Quito gleichauf.

Tab. 36: Die Bevölkerung Ecuadors 1780–1892

Jahr	Bevölkerung*	Bevölkerungsanteil in %		Einwohnerzahl	
		sierra	Küste	Quito	Guayaquil
1780	435 000	91,2	8,8	28 000	6 000
1830				35 000	12 000
1840	550 000	84,8	15,02		
1892		74,7	19,1	40 000	45 000

* ohne die Tieflandindios des Oriente

Quelle: Carrión [1986, 151, 159, 204 und 242].

Profitorientierte Pflanzer und Exporteure setzten auf die günstigen Standortbedingungen und die Möglichkeiten des freien Weltmarktes und schufen mit der Spezialisierung auf das Produkt Kakao wirtschaftliche Voraussetzungen, die der Küstenregion ein stetiges wirtschaftliches Wachstum bescherten und später sogar der Gesamtwirtschaft Ecuadors Impulse gaben. Die Nachfrage auf dem Weltmarkt führte zu einer kontinuierlichen Erweiterung der Nutzfläche und letztlich zu einer enormen Konzentration des Landbesitzes in den Händen weniger Familien. Allerdings waren im Unterschied zu den Hochlandhaciendas die Arbeitsverhältnisse auf den Kakaopflanzungen weniger repressiv. Der permanente Bedarf an Arbeitskräften für die Pflege der Kakaobäume oder für Neuanpflanzungen veranlaßte die Kakaobarone zu Verträgen mit den *jornaleros* und *sembradores*, die diesen und ihren Familien ein, wenn auch bescheidenes, Auskommen ermöglichten und zumindest keine extreme Abhängigkeit bewirkten. Das anfänglich kombinierte Geld- und Naturallohnverhältnis entwickelte sich während des Kakaobooms sogar zu einem Lohnarbeitsverhältnis.

Angesichts dieser wirtschaftlichen und sozialen Gegensätze zwischen Küste und Sierra ist sogar verständlich, daß erste liberale und soziale Entscheidungen, die vor allem den Interessen der Küste entgegenkamen, sogar kontraproduktiv wirkten. Dazu gehörten Maßnahmen wie die Befreiung der Sklaven von 1851 mit flankierenden Maßnahmen zur Integration der Freigelassenen; ferner der Versuch (1857), die von allen Gesellschaftsgruppen ausgebeuteten Indios stärker in die Gesellschaft zu integrieren und den Tribut abzuschaffen – was allerdings auch den Verlust des mit dem Tribut gekoppelten staatlichen Schutzes indianischer Dorfgemeinschaften und ihrer Ländereien bedeutete. Solche Maßnahmen wie überhaupt die Verbreitung demokratischer

Vorstellungen führten in der Regierungszeit Urbinas und in der seines Nachfolgers, des Generals Francisco Robles, zu Auseinandersetzungen zwischen Anhängern liberaler bzw. konservativer Vorstellungen, die dann noch durch die peruanische Invasion von 1859 sowie durch die Interessenpolitik regionaler *caudillos* verstärkt wurden und in einen blutigen Bürgerkrieg und regelrechte Auflösungserscheinungen mündeten. Überlegungen tauchten auf, verschiedene Teile des Landes an Nachbarstaaten, d.h. an Kolumbien oder Peru anzuschließen, die ihrerseits einer Aufteilung des kleinen Ecuador nicht abgeneigt waren. In Guayaquil trat General Guillermo Franco, ohne dazu legitimiert zu sein, in Verhandlung mit den Peruanern ein und schloß im September 1859 einen Annexionsvertrag mit Peru, dessen Ausführung nur durch das Eingreifen der Stadtverwaltung von Guayaquil verhindert werden konnte. Gabriel García Moreno, der Führer der Konservativen, schlug 1859 sogar den Anschluß an Frankreich in Form eines Protektorats vor.

b Vom konservativ-klerikalen Autoritarismus García Morenos zur liberalen Revolution (1859–1895/1901): Modernisierungsimpulse

Während der Bürgerkriege von 1859 bis 1861 gelangte Gabriel García Moreno an die Macht und übernahm diktatorische Gewalt, um die nationale Integrität zu retten. Überzeugt, daß der Konservativismus und der katholische Glaube die einzige Hoffnung für Ecuador im Kampf gegen Anarchie und gottlose Liberale darstellten, errichtete García Moreno ein konservativ-klerikales Regime, das Ecuador ganz unter den Einfluß der katholischen Kirche stellte. 15 Jahre lang nahm er Einfluß auf den historischen Prozeß Ecuadors in einer merkwürdigen Mischung aus konservativen, rückwärtsgewandten politisch-religiösen Vorstellungen und fortschrittlichen, auf Modernisierung ausgerichteten wirtschaftspolitischen Maßnahmen. García Moreno, aus Guayaquil gebürtig, war ursprünglich Anhänger der Liberalen, wurde aber zunehmend zum Wortführer der Konservativen. In dem Bestreben, Ordnung herzustellen und Fortschritt für das Volk zu sichern, setzte er die Stärkung der Autorität und Machtfülle des Präsidenten sowie die Zentralisierung der Verwaltung durch, womit gleichzeitig eine Reduzierung der bürgerlichen Freiheiten zugunsten der Kontrolle durch den Staat einherging. Die öffentliche Moral sollte durch die Grundsätze und Werte der katholischen Kirche angehoben werden. Entsprechende Fragen wurden im Konkordat zwischen Ecuador und Rom geklärt, das im September 1862 in Rom abgeschlossen und im April 1863 von García Moreno ratifiziert wurde. Die Kirche erhielt eine privilegierte Stellung, indem sie für das gesamte Bildungssystem zuständig wurde und für alle Zivilstandsfragen verantwortlich war. Dadurch, daß außer der katholischen keine anderen Religionsgemeinschaften zugelassen waren, konnte die katholische Kirche tatsächlich Einfluß nehmen, war aber zugleich der Autorität García Morenos unterworfen. Die Dominanz des Katholizismus muß in gewissem Sinn dem Bedürfnis der Ecuadorianer entsprochen haben, denn die Verfassung von 1869, in der García Moreno alle Maßnahmen sanktionieren ließ, wurde in einem Plebiszit angenommen. Indem García Moreno den konservativen und antiliberalen Syllabus Papst Pius' IX. von 1864 in Ecuador durchsetzte, formte er einen katholischen Staat, der in der Verfassung von 1869 nur Katholiken die Bürgerrechte einräumte und von diesen dann die Religionsausübung auch einforderte. Als Ausdruck dieser Katholizität und unter dem Einfluß García Morenos widmete sich die Republik im

Jahr 1874 dem Herzen Jesu. Die besonders in der *sierra* anzutreffende gleichgültige bzw. ablehnende Haltung der Oberschicht gegenüber sozialem Wandel muß ohne Zweifel auch auf den Einfluß der damaligen katholischen Kirche zurückgeführt werden, der soziale Ungleichheiten als gottgewollt und normal erschienen. Von einer Kirche, die Ecuadors Teilnahme an der Weltausstellung 1889 in Paris ablehnte, weil das eine Feier zur Erinnerung an die gottlose und gleichmacherische Französische Revolution darstelle, waren Impulse für soziale Veränderungen nicht zu erwarten.

García Morenos Politik, zu deren Durchsetzung er durchaus auch auf Repressionen und militärische Gewalt zurückgriff, hatte die externe und die interne Konsolidierung Ecuadors zum Ziel. Um die äußere Abgrenzung gegenüber dem liberalen und antiklerikalen Kolumbien, wo seit 1861 Überlegungen zu einer Neuformierung Großkolumbiens als Konföderation laut wurden, zu gewährleisten, ließ er sich in den Jahren 1862/63 auf verlustreiche kriegerische Auseinandersetzungen um Grenzfragen mit Kolumbien ein. Sie endeten zwar in vernichtenden Niederlagen und brachten keine endgültige Grenzregelungen, doch stellten die Verträge vom Dezember 1863 und Januar 1864 gute und friedliche Beziehungen zu den Vereinigten Staaten von Kolumbien her. Was die innere Konsolidierung betrifft, so betont die neuere Historiographie, daß García Morenos Politik eigentlich den ersten ernsthaften Versuch darstellte, die bestehenden wirtschaftlichen und geographischen Divergenzen zu überwinden und Ecuador zu einem Nationalstaat zu machen und ihm dafür auch eine ökonomische Basis zu geben. Bei aller Skepsis gegenüber dem unzeitgemäßen Klerikalismus darf deshalb nicht übersehen werden, daß Ecuador unter der Regierung García Morenos erste Schritte auf dem Weg nationaler Integration und Modernisierung gehen konnte. Durch seine rigorose und autoritäre Politik, durch die administrative Zentralisierung erhielt der Präsident die Möglichkeit, allgemeine wirtschaftliche Entwicklung durch Maßnahmen für materielle und institutionelle Infrastrukturverbesserungen in Gang zu setzen. Sein Ziel war es, mit Bau- und Bildungsmaßnahmen die landwirtschaftliche Produktion zu steigern, für die Ansiedlung von Industrien zu sorgen, den Handel anzuregen und die Erforschung und Ausbeutung der Bodenschätze voranzutreiben.

Um die öffentlichen Bau- und Bildungsmaßnahmen durchführen zu können, wurden die Ausgaben für Militär und Bürokratie reduziert – sie fielen von 37 Prozent im Jahr 1864 auf 17 Prozent im Jahr 1874, während zugleich diejenigen für Bildung, Wegebau etc. von 7 Prozent im Jahr 1864 auf 14 Prozent im Jahr 1869 und 23 Prozent im Jahr 1874 stiegen. Mit diesen Mitteln und unterstützt von Privatbanken aus Guayaquil wurde von dort aus mit dem Bau einer Eisenbahnlinie und von Quito aus mit dem Bau einer befestigten Straße zwischen beiden Städten begonnen, Maßnahmen, die im Unterschied zu anderen lateinamerikanischen Ländern tatsächlich für die nationale Integration förderlich waren und nicht dem rascheren Abbau und Export von für den Weltmarkt bestimmten Agrarprodukten oder Bodenschätzen dienten. Für die innerregionale Kommunikation und die Verbesserung des Transportwesens an der Küste und in der *sierra* nahm man den Bau von Straßen und Brücken und den Ausbau eines Verkehrsnetzes in Angriff. Die Küstenregion besaß dabei wiederum Standortvorteile, da sie mit dem Einzugsgebiet des Guayas über ein ausgedehntes Flußsystem verfügte. Mit der Gründung von Dampfschiffahrtsgesellschaften seit den 1860er Jahren, deren Kapitalgrundlage im Kakaoexport bestand, entstand ein Verkehrsnetz, das wesentlich dazu beitrug, die Wirtschaft an der Küste zu konsolidieren und zu fördern. Gleichzeitig initiierte die Regierung García Moreno zur Intensivierung technischer Kenntnisse eine Reform des Universitätssystems, indem sie 1869 die *Escuela Politécnica* gründete und überhaupt die Erweiterung der Bildung durch die allgemeine Schulpflicht und die Verbesserung des Schulwesens mit Hilfe europäischer Lehrer anstrebte. Da dies Modernisierungsprogramm mit außenwirtschaftlichen Handelserfolgen, mit einer Steigerung des Exportvolumens von Kakao zusammenfiel, standen Mittel zur Verfügung, die erlaubten, das Programm tatsächlich in Gang zu setzen. Überdies erhielt die Regierung finanzielle Unterstützung durch Kredite des *Banco de Guayaquil.*

Nach der Ermordung von García Moreno 1875 kam der Modernisierungsprozeß unter seinen Nachfolgern wegen politisch-militärischer Wirren bzw. wegen Unfähigkeit oder persönlicher Bereicherungsbestrebungen, wie z.B. des Generals Ignacio de Veintimilla (1876–1880), ins Stocken. Es gab kaum Fortschritte in den öffentlichen Arbeiten, obwohl aufgrund der steigenden Kakaoexporte finanzielle Mittel vorhanden gewesen wären. Innerstaatlicher Handelsaustausch und Kommunikation verbesserten sich nur unwesentlich. Dagegen wuchsen die ideologischen Auseinandersetzungen zwischen den weltmarktorientierten politischen und wirtschaftlichen Gruppen der Küste, die eine allgemeine Liberalisierung favorisierten, und den eher traditionellen Gruppen der Sierra. Wirtschaftliche Fragen und Entwicklungsvorstellungen spielten dabei eine entscheidende Rolle.

Da die Elite der Küste, die Kakaopflanzer, zur weiteren Steigerung der Kakaowirtschaft immer mehr Arbeitskräfte benötigte, war sie daran interessiert, durch die Auflösung der sozialen und wirtschaftlichen Bindungen indianischer Arbeiter an den wenig produktiven andinen Großgrundbesitz Arbeitskräfte freizusetzen und die überkommenen paternalistischen Produktions- und Gesellschaftsverhältnisse in der *sierra* zugunsten modernerer Arbeitsbeziehungen, wie sie an der Küste bestanden, zu überwinden. Dazu gehörte das Bestreben, die Institution des *concertaje* und den *diezmo* abzuschaffen, dessen Zahlung den andinen Landarbeiter in Abhängigkeit hielt, aber auch die Produktionskosten der Kakaopflanzer erhöhte – insgesamt machten die Abgaben der Kakaopflanzer ca. 16 Prozent des gesamten Kirchenzehnten aus. Weitere Interessenkonflikte ergaben sich durch die mit der Agrar- und Weltmarktorientierung verbundene Freihandelspolitik auch hinsichtlich der Konsumgüter, die zwar die Importkaufleute an der Küste begünstigte, die Textilhersteller in der Sierra aber einer zunehmenden Konkurrenz ausländischer und besserer Produkte aussetzte. Besonders brisant war auch die unterschiedliche Haltung an der Küste und in der Sierra hinsichtlich der Frage, welche Rolle die katholische Kirche im gesellschaftlichen und politischen Leben spielen sollte.

Erst in den 1870er und 1880er Jahren verdichteten sich diese unterschiedlichen Interessen von Großgrundbesitzern in der *sierra* einerseits und von Kaufleuten, Bankiers und Agrarunternehmern an der Küste andererseits zu den politischen Organisationen der Konservativen und Liberalen, ohne daß dabei allein die regionale oder berufliche Zugehörigkeit für die Parteizugehörigkeit verantwortlich gewesen wäre; die religiöse Frage war oft ebenso wichtig. Im Jahr 1883 schlossen sich die Konservativen zum *Partido Católico Republicano* zusammen, während die Liberalen, bei denen es verschiedene Strömungen gab und längere Zeit schon liberale Zirkel besonders an der Küste und in Guayaquil wirkten, erst 1890 eine gemeinsame Partei, den *Partido Liberal Ecuatoriano,* bildeten. Allerdings bedeutete die Bildung von Parteien noch nicht einen Wandel von Militärregimes zu zivilen Regierungsformen. Nach wie vor war die Vorherrschaft der Militär-Präsidenten ungebrochen.

Neben den beiden Hauptgruppierungen nahm für eine kurze Zeit eine dritte Gruppierung Einfluß auf die Politk, der ursprünglich in der Sierra, in Cuenca, gebildete *Partido Nacional o Progresista,* der weder die theokratische Diktatur García Morenos guthieß, gleichwohl das katholische Element gewahrt wissen wollte, noch dabei die Liberalen auszugrenzen suchte. Im Sinne dieses Mittelweges praktizierten die Präsidenten José María Plácido Caamaño (1883–1888), Antonio Flores Jijón (1888–1892) und Luis Cordero (1892–1895) politische Toleranz und nahmen Infrastrukturverbesserungen wieder auf, doch blieben ihre Bemühungen um politischen Konsens und politische Stabilität, d.h. die Liberalen zufriedenzustellen, ohne Erfolg, obwohl 1889 der *diezmo* abgeschafft wurde. Die Partei löste sich auf, und ihre Mitglieder verteilten sich auf die Konservativen oder die Liberalen. Konflikte nahmen wieder zu.

Im Zuge dieser Auseinandersetzungen zwischen Küste und Sierra, zwischen Liberalen und Konservativen gelang es den liberalen, weltmarktorientierten Interessengruppen der Küste durch die gewaltsame Machtübernahme des Generals Eloy Alfaro, eines liberalen „Berufsrevolutionärs", 1895 die bisherige politische Vorherrschaft der Sierra-Eliten zu brechen und die Kontrolle über den Staatsapparat zu übernehmen. Diese „liberale Revolution" leitete eine 30 Jahre dauernde Herrschaft der Liberalen ein, während der Ecuador Impulse für die Modernisierung und Integration von Gesellschaft und Wirtschaft erhielt. Diese stützte sich immer noch auf den Kakaoexport als hauptsächlichsten Impulsgeber; gerade in den 1880er und 1890er Jahren erlebte der Kakaoexport mit guten Preisen und einem Exportanteil an der ecuadorianischen Gesamtausfuhr zwischen um 70 Prozent bis 80 Prozent einen Boom. 1894 betrug der Anteil Ecuadors an der Weltproduktion 28 Prozent.

Tab. 37: Wert und Anteil der ecuadorianischen Kakaoexporte 1846–1900

Jahr	Ausfuhrwert in Pesos*	Durchschnitts-preis je Quintal in Pesos*	Anteil an der Gesamt-ausfuhr in %
1846/47	798 819	5,0	53,3
1852/53	741 553	5,0	31,2
1856/57	1 825 102	15,0	67,2
1869	1 904 436	11,0	51,4
1877	2 631 803	19,0	75,7
1885	4 029 099	17,7	83,4
1889	5 620 587		70,1
1900	10 612 804	25,8	69,0

* ab 1885 Sucres; 1 Quintal = 46 kg

Quelle: CHIRIBOGA [1980, 44].

Schon in der Anfangsphase dieser Herrschaft legte die Regierung des Generals Eloy Alfaro (1895–1901) auf der Basis der Verfassung von 1897 das Fundament für liberale Reformen und eine nationale Entwicklung, indem sie mit dem Gesetz zum Patronatsrecht

(September 1899) das Verhältnis von Staat und Kirche durch die Zurückdrängung des bisherigen klerikalen Einflusses – u. a. Ausweisung ausländischer Bischöfe, Freiheit der Religionsausübung, säkularisierte Schulbildung – regelte und mit der Fortführung der von García Moreno begonnenen transandinen Eisenbahn zwischen Guayaquil und Quito die regionale Integration zwischen Küste und *sierra* voranbrachte. Die Eisenbahn konnte 1908 mit ausländischem Kapital und unter der Leitung US-amerikanischer Ingenieure fertiggestellt werden. Auch auf sozialem Gebiet sind mit der endgültigen Abschaffung des Tributs (1895 und 1898) sowie mit der Einführung der Grundschulpflicht und Maßnahmen zur Verbesserung und Verbreiterung der Schulbildung auch für Arbeiter erste Ansätze zu sehen.

Ecuador hatte in den ersten Jahren der „liberalen Revolution" bzw. der „liberalen Transformation" wichtige Schritte auf dem Weg zur nationalen Konsolidierung gemacht. An seiner Souveränität und Lebensfähigkeit bestanden keine Zweifel mehr. Allerdings ist in den Ideen Alfaros bezüglich einer großkolumbianischen Konföderation, die ihn auch die kolumbianischen Liberalen im Bürgerkrieg von 1899 bis 1902 unterstützen ließen, ein gewisses Sicherheitsbedürfnis nicht zu übersehen. Dies ergab sich aus den angespannten Beziehungen zu Peru, da vor allem das Problem der endgültigen Grenzziehung, bei dem es um die Gebiete im Oriente, im Flußgebiet des Marañon bzw. Amazonas ging, trotz mehrfacher Versuche – u.a. Regelung durch einen Schiedsspruch des spanischen Königs (1887) und Vertragsansätze (1890) – noch nicht gelöst war.

Hinsichtlich der innenpolitischen Konsolidierung ist zu konstatieren, daß auch nach siebzig Jahren Souveränität eine Stabilität, die durch funktionierende politische Institutionen und nicht durch persönliche Herrschaft mit Mitteln der Gewalt gewährleistet worden wäre, noch nicht erreicht war. Die zahlreichen Verfassungen – immerhin elf bis 1897 – dienten häufig nur zur quasi konstitutionellen Legitimation diktatorischer Macht in den Händen einzelner Personen oder oligarchischer Gruppen. Mit dem Agrarprodukt Kakao besaß Ecuador günstige Voraussetzungen für wirtschaftliches Wachstum. Jedoch führte die einseitige Ausrichtung auf dieses Produkt, wie auf Export überhaupt, langfristig zu einer weltmarktorientierten und -abhängigen Struktur des Landes, zumal die wirtschaftlichen und politischen Eliten den Exportboom nicht zum Aufbau einer einheimischen Konsumgüterindustrie nutzten, was sich zum Teil daher erklärt, daß sie selbst europäische und US-amerikanische Konsum- und Luxusgüter kaufen konnten. Da das bestehende Wirtschafts- und Gesellschaftssystem bis auf kleine Korrekturen wie Sklaven- und Indiofrage nicht grundsätzlich geändert wurde, Veränderungen wegen fehlender sozialer Differenzierungen auch nicht eingefordert wurden, blieben soziale Integration und politische Partizipation ein Desiderat für das 20. Jh.

C. Kolumbien

a Der republikanische Staat (1830–1847/49)

Nach der Auflösung Großkolumbiens nahm die Zentralregion wieder den alten Namen Neu-Granada an. Der Name Kolumbien sollte einem späteren erneuerten Zusammenschluß amerikanischer Staaten vorbehalten bleiben. Nach der Wieder-Gründung

Neu-Granadas 1831/32, nachdem auch die südlichen Provinzen des Caucatals ihre endgültige Eingliederung vollzogen hatten, bemühten sich die ersten Regierungen unter den Präsidenten General Francisco de Paula Santander (1833–1837) und José Ignacio de Márquez (1837–1841) um eine stabile Ordnung, die nicht nur politische Konsolidierung auf ziviler Basis, sondern auch wirtschaftliche Entwicklung ermöglichen sollte.

Die Verantwortlichkeiten zwischen Provinzen und Zentrale regelte die Verfassung von 1832 in der Weise, daß der Staat mit Bogotá als Hauptstadt zentralistisch organisiert wurde. Das Bemühen, den Einfluß ehemaliger militärischer Führer aus den Unabhängigkeitskriegen zurückzudrängen, rief Ende 1839 die Reaktion alter Generäle, der *jefes supremos,* hervor, die in den Provinzen noch über Macht und Ansehen verfügten. Diese Rebellion gegen die Zentralregierung verband sich mit der Kritik an ihrem vermeintlichen Antiklerikalismus. Die Republik war zwar katholisch geblieben, doch hatten die Regierungen in Anwendung des spanischen Patronatsrechts Regelungen getroffen, die den Unmut von Kirche und Klerus hervorriefen. Besonders die Maßnahmen des Präsidenten Santander, im Erziehungs- und Bildungsbereich mit neuen Inhalten und Methoden den traditionellen Einfluß der Kirche zurückzudrängen und zu kleine Konvente aufzulösen und in Schulen umzuwandeln, mobilisierte betroffene Konvente im Süden Neu-Granadas (Pasto), die 1839 zum bewaffneten Kampf übergingen.

Der über zwei Jahre dauernde Krieg *de los conventos* bzw. *de los supremos* brachte dem Land nicht nur neue Verwüstung und Not, sondern förderte auch den Ruf nach Föderalismus, bestärkte sogar Separationsbestrebungen. So erklärte sich im November 1840 die Provinz Panama, die sich 1822 Großkolumbien freiwillig angeschlossen hatte, unter General Tomás Herrera zum souveränen Staat *Estado del Istmo.* Eine Volksversammlung trat zusammen, die eine verfassunggebende Versammlung für März 1841 einberief, auf der eine Verfassung verabschiedet wurde. Obwohl diese eine Wiedereingliederung in ein zentralistisch regiertes Neu-Granada für ausgeschlossen erklärt hatte, mußte sich Panama den Truppen der Zentralregierung beugen. Zu diesem Zeitpunkt war Panama allein noch nicht überlebensfähig bzw. hatte es noch keine Verbündeten. So fand am 31. Dezember 1841 die Wiedervereinigung mit Neu-Granada statt. Für Neu-Granada war diese Wiedereingliederung so wichtig, weil der Isthmus seit jeher eine wichtige Nahtstelle und Verkehrs- und Transportverbindung zwischen Atlantischem und Pazifischem Ozean gebildet hatte, Kolumbien bzw. Neu-Granada schon mehrfach Kanalbaupläne ventiliert und Mitte des Jahres 1835 an den französischen Baron de Thierry Konzessionen für einen Kanalbau vergeben hatte. Andererseits wurde diese Region gerade wegen der Verbindung zwischen Ost und West von den expandierenden Mächten USA und Großbritannien, das sich in Belize und an der Mosquitoküste festgesetzt hatte, begehrlich betrachtet. Dies Interesse bedeutete zwar eine Bedrohung, bot aber auch die Chance, beide Mächte zum Nutzen Neu-Granadas gegeneinander auszuspielen. Noch war der Isthmus für Neu-Granada gerettet.

Die siegreiche Zentralregierung schuf mit der zentralistischen Verfassung von 1843 ein Instrument, das ihr weitreichende Kompetenzen einräumte, in die Verwaltung der einzelnen Regionen einzugreifen. Ein stehendes Heer von ca. 3500 Mann gab ihr ein weiteres Machtinstrument. Die katholische Religion blieb Staatsreligion, die Kirche nahm mit ihrer Organisation, ihrem Landbesitz und ihren Privilegien erneut eine bevorzugte Stellung ein und übte weiterhin Einfluß auf Politik und Unterrichtswesen aus. In diesem System war die politische Beteiligung der Bevölkerung gering, da die Verfassung von 1843 das ohnehin nur für Männer geltende passive und aktive Wahlrecht an Besitz und Bildung band. Angesichts der sozioökonomischen Situation bedeutete diese Regelung nach den Berechnungen von D. BUSHNELL [1971], daß nur rund 10 Prozent, maximal 20 Prozent der volljährigen bzw. verheirateten Männer wahlberechtigt waren. Für öffentliche Schulen jedoch, die den Bildungsstand der breiten Bevölkerung hätten anheben können, stand wegen der hohen Zahlungsverpflichtungen für die alten Auslandsschulden in Höhe von 31 757 500 Pesos kein Geld bereit. Politische Parteien entwickelten sich erst im Laufe der 1830er Jahre aus politischen Gesinnungsgruppen von angesehenen Persönlichkeiten, die auf das politische Leben Einfluß nahmen: die Liberalen und die Konservativen, deren programmatische Äußerungen erst aus dem Jahre 1848 für die Liberalen und von 1849 für die Konservativen datierten. Über die Staatsreform einer Republik gab es keinen grundsätzlichen Dissens, allerdings in bezug auf deren innere Gestaltung. Die Liberalen setzten auf gesellschaftlichen Wandel und orientierten sich an den neuen Ideen von Gedankenfreiheit, individueller Fähigkeit und Selbstständigkeit, Selbstverantwortung, freiem Handel und wirtschaftlicher Freizügigkeit und begannen, solche Vorstellungen auch auf die staatliche Organisation zu übertragen. Dagegen hielten die Konservativen an den Werten der spanischen Tradition, an einer auf Autorität beruhenden Gesellschaft fest und wiesen der katholischen Kirche eine herausragende Rolle zu. Bis zu einem gewissen Grad waren beide politischen Richtungen Ausdruck unterschiedlicher wirtschaftlicher Interessen der Oberschicht, ohne daß jedoch entsprechende Tätigkeiten – bei den Konservativen vor allem Großgrundbesitzer, Sklavenhalter, Mitglieder alter privilegierter Familien, bei den Liberalen vor allem Kaufleute, Im- und Exporteure, Agrarunternehmer und städtische Intellektuelle – das ausschließliche Kriterium für die Parteizugehörigkeit gebildet hätten.

Seit 1836/37 regierten im wesentlichen konservative Persönlichkeiten, deren Politik weder wirtschaftliches Wachstum noch gesellschaftliche Entwicklung bewirkte, im Gegenteil eine allgemeine Stagnation hervorrief. Auch unter Berücksichtigung der finanziellen Belastung durch die alten Auslandsschulden sowie der widrigen entwicklungshemmenden Topographie des Landes ist die finanzielle und wirtschaftliche Misere in wirtschaftspolitischen Maßnahmen wie Protektionismus und in einem veralteten Steuersystem zu sehen. Nach den Mißerfolgen der großkolumbianischen liberalen Wirtschafts- und Finanzpolitik griffen die neu-granadinischen Regierungen wieder auf das gewohnte Steuer- und Wirtschaftssystem zurück und verfolgten im wesentlichen eine protektionistische Wirtschaftspolitik. Hohe Schutzzölle sollten der Erhöhung der Staatseinnahmen, aber auch dem Schutz der nationalen Manufakturproduktion und dem Handwerk dienen. Staatsmonopole für Salz und Tabak, Branntwein und Pulver wurden erneuert. Statt zu einer direkten Besteuerung überzugehen, behielt man indirekte Steuern wie *diezmos, alcabala* und *censo* bei, die einerseits wirtschaftliche Aktionen hemmten, andererseits die Finanzkraft des Staates nicht stärkten, so daß – während des gesamten 19. Jh. – die Außenhandelszölle die Haupteinnahmequelle des Staates blieben.

Vom Protektionismus profitierten zwar die traditionellen, für den einheimischen Verbrauch bestimmten Textilmanufakturen der östlichen Andenprovinzen. Die langen Transportwege von der Küste ins Inland und die hohen Transportkosten bedeuteten einen weiteren Schutz vor ausländischer Konkurrenz. Dennoch gingen von ihnen keine Impulse für eine moderne industrielle Produktion aus. Auch die städtischen Handwerker trugen mit ihrer durch Zunftregeln reglementierten Produktionsweise wenig zur Erwirtschaftung von Kapital oder zur Entwicklung neuer und fortschrittlicher Techniken bei, obwohl sie durch die Schutzpolitik begünstigt wurden. Deshalb versuchten die am „neo-bourbonischen Ideal des Praktischen" [SAFFORD 1976] orientierten Regierungen, eine einheimische Industrie aufzubauen, indem sie interessierten „Unternehmern" die Exklusivrechte für die Produktion bestimmter Waren in einer Region für einen bestimmten Zeitraum gewährten. So entstanden zwischen 1830 und 1845 zahlreiche Gewerbebetriebe zur Herstellung von Steingut, Porzellan, Papier, Glas und Kristall, Baumwollstoffen oder auch chemischer Produkte wie Blei und Schwefelsäure. Doch waren diese Erzeugnisse u. a. wegen ihrer groben Qualität selbst gegenüber teureren ausländischen Produkten auf die Dauer nicht konkurrenzfähig. Da Kapital für Reinvestitionen fehlte, ein kaufkräftiger Markt nicht vorhanden war, schlugen diese Ansätze einer modernen nationalen Industrie mit Ausnahme der Eisenverhüttung und -verarbeitung in Pacho (Cundinamarca) und Antioquia oder der Steingutfabrik in Bogotá fehl.

Aus diesem Grund plädierten schon zu Beginn der 1840er Jahre immer mehr Politiker wie z.B. der Konservative Mariano Ospina Rodríguez 1842 dafür, die wirtschaftliche Zukunft Neu-Granadas im Anbau tropischer Agrarprodukte sowie im Abbau der Bodenschätze zu suchen. Tatsächlich bildete in den 1830er und 1840er Jahren Gold, vor allem das aus Antioquia, dessen Förderung in den 1820er und 1830er Jahren durch neue Arbeitstechniken und Organisationsformen wieder gestiegen war, mit Anteilen von über 70 Prozent am Gesamtexportvolumen immer noch das Hauptausfuhrprodukt Neu-Granadas. Die Produktion von exportfähigen Agrargütern hingegen war trotz einer überwiegend ländlichen Bevölkerung – nur wenige Städte wie Cali, Cartagena, Medellín und Socorro zählten 10 000 Einwohner und nur in Bogotá lebten mehr als 30 000 – noch schwach entwickelt.

Tab. 38: Exportvolumen Kolumbiens und Anteil der Produkte in % 1834–1845

Zeitraum	Gesamt	Gold	Kaffee	Tabak	Chinarinde	Baumwolle	Agro/ Viehprod.*	Andere Prod.**
1834/35–1838/40	3 261 600	72,1	0,8	2,7	–	4,8	17,8	1,8
1840/41–1844/45	3 306 500	73,0	1,8	3,6	–	1,6	15,9	4,1

* Häute, Tiere, Holz, Indigo, Kautschuk, Kakao, Bananen, Brasilholz, Zucker
** Silber, Platin, Hüte

Quellen: OCAMPO [1984, 100f.]; PALACIOS [1980, 43].

Der geringe Exportanteil agrarischer Produkte beruhte auf verschiedenen Faktoren. Noch aus der Kolonialzeit stammende Einrichtungen wie der indianische Gemeinschaftsbesitz, die *resguardos indígenas,* deren Auflösung nur langsam vonstatten ging, oder die *ejídos* als Gemeindeweideland rund um die Städte sowie der in den Händen religiöser Gemeinschaften, den „Toten Händen", konzentrierte und nur zu einem Teil genutzte Landbesitz hemmten dadurch, daß sie die freie Verfügbarkeit über Grund und Boden sowie die Veräußerung von Land unmöglich machten, die Steigerung der landwirtschaftlichen Produktion. Die mit dem Gesetz von 1821 begonnene Sklavenbefreiung war wegen des Widerstandes der Sklavenhalter in den Provinzen im Caucatal noch nicht zu Ende geführt – nach dem Zensus von 1843 gab es bei einer Gesamtbevölkerung von 1,9 Mio. Neu-Granadinern noch 26 000 Negersklaven –, so daß wegen der Bindung der Indios an ihren Boden freie Arbeitskraft nur in geringem Umfang vorhanden war. Eine Vermehrung der Arbeitskraft durch europäische Einwanderung aber hat es in Neu-Granada nicht gegeben. Auch das *hacienda*-System, wie es vor allem auf der Hochebene von Bogotá, an der Atlantikküste und im Caucatal bestand, hat eine fortschrittliche sozioökonomische Entwicklung beeinträchtigt. Denn es bedeutete nicht nur die Konzentration von Boden, der oft mit primitiven Techniken und nur zum Teil produktions- und marktorientiert bewirtschaftet wurde, sondern auch ein Sozialgefüge mit abhängigen indianischen oder mestizischen Arbeitskräften. Wie stark diese Beeinträchtigung war, ist angesichts fehlender Studien über Umfang, Wirtschafts- und Sozialgefüge noch nicht eindeutig zu bestimmen. Allerdings läßt sich aus einzelnen politischen Maßnahmen, beschreibenden Problematisierungen über den Landbesitz sowie aus literarischen Darstellungen wie z. B. dem Roman *Manuela* von Eugenio Díaz oder aus Reiseberichten wie dem von Isaac F. Holton ablesen, daß das Hacienda-System entwicklungshemmend wirkte.

Entscheidend aber war, daß in Neu-Granada noch kein Exportprodukt vorhanden war, das die Gesamtwirtschaft getragen hätte. Das wichtigste Agrarerzeugnis Tabak war durch das Monopol mengenmäßig und regional auf die vier Hauptanbaugebiete Ambalema im oberen Magdalenatal, Palmira auf der östlichen Seite des Valle de Cauca, ferner Girón, Zapatoca, Socorro, San Gil im heutigen Santander sowie Pore und Munchia in den *llanos* von Casanare beschränkt. Solange der finanzschwache Staat ganz oder seit 1845 noch teilweise über das Monopol für Verarbeitung und Export verfügte, konnte sich der Export nur langsam steigern.

b Die Hegemonie der Liberalen, der föderative Staat (1847/49–1885)

Angesichts dieser Situation vollzogen die politischen Führungsschichten Neu-Granadas eine Abkehr von der bisherigen Politik und leiteten ab 1847 eine Neuordnung der Wirtschaft mit flankierenden politischen Maßnahmen ein. Besonders aktiv waren Mitglieder der nach 1825 geborenen Generation, die durch kulturelle und wirtschaftliche Kontakte zu England und Frankreich sowie durch Aufenthalte im Ausland neue Werte und Einstellungen kennengelernt hatten und von der Nachfrage nach Agrarprodukten in Europa wußten. Interessant ist, daß die Befürworter einer liberalen Wirtschaftspolitik keineswegs nur aus den Reihen der Liberalen kamen, auch Konservative traten für einen Wechsel der bisherigen Wirtschaftspolitik ein. Sie glaubten, aus einer Analyse der externen und internen Bedingungen Möglichkeiten zu erkennen, die sich durch die Einbindung in das internationale Staatensystem und in die Weltwirtschaft für die eigene nationale Entwicklung ergeben könnten. In der Mitte des 19. Jh. waren die führenden Schichten der kolumbianischen Gesellschaft aufgrund einer Bestandsaufnahme der Grenzen und Möglichkeiten der kolumbianischen Wirtschaft davon überzeugt, daß Kolumbien zumindest in Teilregionen dazu bestimmt sei, sein tropisches Agrarpotential auszunutzen und sich auf den Export agrarischer Güter zu spezialisieren. Es war eine bewußte Entscheidung für die Ausnutzung des tropischen Agrarpotentials, die allerdings nicht als autonome Entscheidung im Sinne unbegrenzter Alternativen gelten kann, da sie trotz des Interesses bestimmter kolumbianischer Gesellschaftsschichten auch durch Bedingungen mitbestimmt war, auf die Kolumbien selbst nur wenig Einfluß nehmen konnte, wie z.B. Angebot und Nachfrage auf dem Weltmarkt, noch aus der Kolonialzeit stammende deformierte bzw. unentwickelte Wirtschafts- und Sozialstrukturen sowie die geographischen Gegebenheiten.

Es war die konservative Regierung des Präsidenten General Tomás Cipriano de Mosquera, die ab 1847 unter der Ägide seines liberalen Wirtschaftsministers Florentino González mit der Neuorientierung der Wirtschaftspolitik begann, indem sie die Einfuhrabgaben senkte und die Differentialzölle von 5 Prozent zwischen nationalen und ausländischen Schiffen abschaffte. Schon ein Jahr zuvor, 1846, war diese Vergünstigung den USA im sogenannten Mallarino-Bidlack-Vertrag eingeräumt worden. Dieser Vertrag, der an die Stelle des alten, schon abgelaufenen Freundschafts- und Handelsvertrages von 1824 trat, sah neben dem Fortfall der 5 Prozent Differentialzölle auf US-amerikanische Waren die Gleichstellung von US-amerikanischen Waren, Schiffen und Bürgern in allen Häfen Neu-Granadas sowie freien Transport über den Isthmus, durch Panama, vor und gestattete ferner den USA, auf dem Isthmus für Ordnung zu sorgen; der Vertrag bevorzugte also die USA gegenüber ihrem Rivalen Großbritannien. Im Gegenzug zu diesen weitgehenden Zugeständnissen sicherten die USA zu, Neu-Granadas Anrecht und Souveränität auf dem ihm gehörenden Gebiet des Isthmus, also Panama, zu garantieren. Das Abkommen kam Neu-Granadas Handels- und vor allem Sicherheitsinteressen angesichts britischer Aktivitäten gegenüber Lateinamerika entgegen – Neu-Granada wehrte damit eine mögliche britische Besetzung Panamas als Kompensation für seine Schulden ab. Langfristig aber hatte das Abkommen auch negative Auswirkungen, indem es die USA ins Land holte – eine parallele Garantie der europäischen Mächte für den Besitz Panamas hatte die neu-granadinische Diplomatie nicht erreichen können. Probleme traten schon bald auf, als ab 1848 mit den Goldfunden in Kalifornien die USA Anstrengungen für eine schnelle Verbindung zwischen Ost- und Westküste unternahmen (Eisenbahnbau ab 1850), der Personen- und Warenverkehr über Land zunahm und es zu Reibereien zwischen US-Bürgern und Einheimischen kam.

Mosquera hatte zur Verbesserung der Kommunikation ein ehrgeiziges Straßenbauprogramm verfolgt und die Dampfschiffahrt auf dem Magdalena endgültig etabliert. In dieser Umbruchstimmung gewannen die Liberalen im März 1849 die Präsidentschaftswahlen mit ihrem Kandidaten General José Hilario López. Ihnen war es gelungen, wichtige Teile der Bevölkerung u.a. mit der Aussicht auf Demokratisierung und wirtschaftliche und soziale Modernisierung zu mobilisieren. Dazu gehörten auch Handwerkergruppen, die sich zu *sociedades de artesanos* oder zu *sociedades democráticas* zusammengeschlossen hatten, um soziale und politische Rechte durchzusetzen sowie den Auswirkungen der Freihandelsmaßnahmen zu begegnen. Diese Koalition zerbrach aber bald, da die Liberalen ganz auf die Kommerzialisierung der Landwirtschaft als der „nationalen Industrie“ und auf den Export agrarischer Produkte als dem Anteil Neu-Granadas im Weltwirtschaftssystem setzten – also selbst eine internationale Arbeitsteilung propagierten (González) – und vor allem Maßnahmen zur Aufhebung der Monopole und indirekten Steuern sowie zur Nutzbarmachung des Bodens und zur Freisetzung von Arbeitskraft ergriffen.

Die wirtschaftlichen Maßnahmen konzentrierten sich vorwiegend auf den Tabak, dessen Anbaugebiete relativ verkehrsgünstig im Einzugsbereich des Magdalena lagen und für den in Europa, besonders in Deutschland, ein Absatzmarkt vorhanden war. Es galt, Anbau, Produktion und Export zu steigern. Schon die Regierung Mosquera setzte in ihren Exportbestrebungen im Jahr 1848 den 1. Januar als Stichtag für den freien Anbau von Tabak fest. Die Regierung López hob im Juni 1849 und Mai 1850 die Tabaksteuer auf, schaffte 1850 die *diezmos* ab, halbierte 1851 die *censos* und erklärte im Mai 1851 die Sklavenhaltung, die besonders noch in den Provinzen des Caucatals praktiziert wurde, mit dem Stichtag 1. Januar 1852 für beendet. Zur Nutzbarmachung und Umverteilung des Bodens begannen die Liberalen bisher ungenutztes Staatsland *(tierras baldías)* zu verkaufen; sie räumten 1850 den Provinzregierungen die Möglichkeit ein, die bislang untersagte Aufteilung des indianischen Gemeinschaftsbesitzes in Individualbesitz zu regeln und dessen Veräußerung zu gestatten. Mit den Maßnahmen zur Besteuerung stellten die Liberalen die Einkünfte des Staates von den Monopolen auf die Zölle um.

Tab. 39: Einkünfte der Zentralregierung 1847–1906 (in 1000 Pesos)

Jahr	Zölle	Tabak	Branntwein	Salz	Fünfter	Zehnter	Dokumentpapier	Schlachtsteuer	Aktien	Andere	Gesamt
1847	688	839	152	472	126	178				308	2 553
1851	721	100	146	279	18	250					2 189
1860	514			669						241	1 424
1870	1575			758							2 884
1880	3488			1500							4 910
1890	5000			1850			400	933	600		9 640
1895	8000			2200			488	970			13 113
1906	7122		2095	1153			409	1489			16 745

Quelle: Melo in: Ocampo [1987, 148].

Die Vorstellungen von der Eigenverantwortung des Individuums und von seinen Entfaltungschancen setzten die Liberalen auch im politischen Bereich um. Sie garantierten die Pressefreiheit (1851), schalteten den Einfluß des Klerus auf die Bildung aus, verfügten im Mai 1850 für den akademischen Bereich die Freiheit der Bildung als Lehr- und Lernfreiheit derart, daß akademische Grade für die Ausübung wissenschaftlicher Berufe wie Jurist oder Mediziner nicht mehr erforderlich waren und die akademische Ausbildung nicht mehr auf die bisherigen drei bevorrechtigten Nationalen Universitäten in Bogotá, Cartagena und Popayán sowie die Elite-Colegios in Bogotá beschränkt blieb, sondern gleichberechtigt auch an den entsprechenden öffentlichen Einrichtungen in den Provinzen erfolgen konnte. Mit dieser Ausweitung des Sekundar- und Hochschulbereichs in die Verantwortlichkeit der Provinzen wurde die bisherige zentrale

Kontrolle im Ausbildungsbereich abgeschafft; in den Provinzen öffneten sich neuen Gruppen bessere Ausbildungs- und Aufstiegschancen, und das Niveau der Bildungseinrichtungen stieg an. Doch beeinträchtigte der Fortfall der obligatorischen akademischen Abschlüsse die Lernbereitschaft, und die fehlende staatliche Kontrolle über Abschlüsse und Curricula führte zu einer Vernachlässigung der mathematisch-naturwissenschaftlichen Fächer, die nicht zum traditionellen humanistisch und juristisch orientierten Fächerkanon gehörten, aber für eine technische und die eigene Industrialisierung stimulierende Ausbildung erforderlich gewesen wären.

In der neuen Verfassung von 1853 regelten die Liberalen die Freiheit der Religionsausübung und verankerten ein allgemeines, direktes und geheimes Wahlrecht, das die bisherige Bindung an Bildung und Besitz aufhob. Hinsichtlich der staatlichen Administration drängten die Liberalen die Einflußmöglichkeiten des Staates zurück. Im April 1850 erließ die Regierung López ein Gesetz zur Dezentralisierung, das die fiskalischen und administrativen Rechte und Aufgaben den Provinzen zuwies. Diese Regelung wurde dann in der neuen Verfassung von 1853, die den Staat zwar formal zentralistisch organisierte, den Provinzen aber weitgehende Rechte bis hin zur Formulierung eigener Verfassungen einräumte, erneut bestätigt. In der Dezentralisierung äußerte sich die Überzeugung zahlreicher Zeitgenossen (u.a. Rafael Nuñez, José María Samper, Salvador Camacho Roldán, Manuel Murillo Toro), daß die einzelnen Provinzen ihre Angelegenheiten entsprechend ihren jeweiligen Voraussetzungen und Möglichkeiten besser und effektiver als eine Zentralregierung lösen und durch ihre Entwicklung zu Impulsgebern für die nationale Entwicklung werden könnten.

Tatsächlich stellte sich bald wirtschaftliches Wachstum besonders in den Regionen ein, in denen Tabak angebaut werden konnte. Von der liberalen Wirtschaftspolitik und Ausrichtung auf den Agrarexport profitierten aber hauptsächlich Kaufleute, Agrarunternehmer und Landbesitzer, ja selbst die alten Großgrundbesitzer, die die neuen Tabakpflanzungen mit Lebensmitteln und Fleisch versorgten und ihrerseits die begehrten europäischen Luxuskonsumgüter kaufen konnten. Die unteren Bevölkerungsschichten, Landarbeiter, Indios, städtische Handwerker jedoch sahen sich in ihren Erwartungen auf soziale Verbesserung getäuscht. Gerade das städtische Kleinbürgertum, dessen Existenzgrundlage auf den traditionellen Manufaktur- und Handwerksbetrieben beruhte, war durch die freizügige Einfuhr qualitativ besserer Waren aus Europa einer empfindlichen Konkurrenz ausgesetzt und erlebte eine Verschlechterung seiner Lebensbedingungen. Auch auf dem Land ergaben sich negative Auswirkungen. Der freizügige Anbau und die Ausfuhr von Tabak, später von anderen Produkten, erhöhten die Nachfrage nach Land, das u.a. durch die Auflösung der *resguardos indígenas* und durch den Verkauf von Staatsland zur Verfügung stand. Allerdings wirkten sich diese Maßnahmen weniger zum Nutzen der Landbevölkerung oder der betroffenen Indios als vielmehr zu dem der benachbarten Großgrundbesitzer, die Landanteile aufkauften, aus, so daß die Nutzbarmachung von Land zu einer zunehmenden Konzentration von Landbesitz in den Händen einiger weniger führte. Die landlosen Indios blieben häufig auf den Haciendas oder in den Tabakpflanzungen und standen so als Arbeitskräfte zur Verfügung.

Da der ursprünglich mit der neuen Politik versprochene soziale Wandel nur einen Teil der Bevölkerung erfaßte, bildete sich eine starke Opposition von Militärs, Handwerkern und dem gemäßigten Flügel der Liberalen, den sog. *draconianos*, die im

Unterschied zum radikalen Flügel, den *gólgotas,* für eine gemäßigte Freihandelspolitik, weniger Dezentralisierung eintraten und der Exekutive ein stärkeres Interventionsrecht einräumten. Im Verlauf offener Auseinandersetzungen übernahmen diese Gruppen unter General José María Melo am 17. April 1854 gewaltsam die Regierungsgewalt. Die gegen Überfremdung, gegen eine extreme Politik des „Laissez-faire" und gegen religiöse Libertinage gerichteten Ziele der Revolutionsregierung, die sie als Erneuerung, als *regeneración,* verstand, heben die Machtübernahme aus den sonst üblichen Staatsstreichen oder Militärputschen zur Befriedigung privater politischer oder wirtschaftlicher Interessen eines *caudillo* heraus. Vielmehr muß die nur kurzlebige Revolutionsregierung – schon im Dezember 1854 unterlagen Melos Truppen den vereinigten Kräften der Oberschicht – als der Versuch eines alternativen Entwicklungsweges mit anderen Prioritäten gelten; sie war Ausdruck der inneren Spannungen der liberalen Politik, die nur partielles Wachstum bewirkte.

Mit ihren Maßnahmen zur Dezentralisierung leiteten die Liberalen einen Prozeß ein, der aufgrund der zunehmenden regionalen Interessen z.B. Panamas oder Antioquias mit der Verfassung von 1858 zur Umgestaltung der Republik Neu-Granada in die „Granadinische Konföderation" *(Confederación Granadina)* von acht Staaten führte. Einer der entschiedensten Befürworter des föderalen Systems war der Panamaer Justo Arosemena, der schon 1855 auf dem Nationalkongreß die Konstituierung Panamas als souveränes Bundesland *(estado federal soberano)* innerhalb Neu-Granadas durchgesetzt hatte, was dann anderen Ländern als Vorbild diente. Panama erreichte sogar, daß es bei Kriegen zwischen den anderen Teilstaaten neutral bleiben könne und daß keine nationalen Truppen ins Land kämen, solange regionale Truppen aus Panama für die Sicherheit sorgten. Wie die anderen Länder auch verfolgte Panama eigene regionale Interessen; zum einen konkretisierten sich die Absichten, einen Kanal zu bauen, immer mehr – sowohl in Frankreich, das schon Konzessionen besaß, als auch in den USA; zum anderen nahm die 1850 geplante und von der US-amerikanischen *Panama Rail-Road Company* finanzierte und gebaute Eisenbahn zwischen Colón und Panama im Januar 1855 ihren Betrieb auf. Zwar floß die Gewinnbeteiligung von 3 Prozent an die Zentralregierung, doch hofften die Panamaer langfristig von einem Unternehmen zu profitieren, das nach 20 Jahren gegen die Zahlung von 5 Mio. US-Dollar in Nationaleigentum überführt werden konnte. Allgemein unterstützten auch Konservative die Umwandlung in eine Konföderation, stellten mit Mariano Ospina Rodríguez sogar den ersten Präsidenten der Konföderation (1857–1861). Dieser Prozeß endete schließlich in einem in der Verfassung von 1863 geregelten extremen Föderalismus, der u.a. auch die Spannungen zwischen den Staaten und der Regierung zu relativieren und die Diktatur des Generals Tomás C. de Mosquera, Gouverneur des Staates Cauca, zu überwinden suchte, nachdem dieser 1860 gegen die legitime Regierung rebelliert und das Land in einen zwei Jahre dauernden Bürgerkrieg gestürzt hatte.

Die 1863 in Rionegro, Antioquia, erarbeitete Verfassung der „Vereinigten Staaten von Kolumbien" war zugleich Ausdruck des Zivilismus und Höhepunkt liberaler Vorstellungen. Indem sie die traditionellen Institutionen wie die Zentralregierung und die Kirche schwächte, die bislang die Basis für einen überregionalen Zusammenhang gebildet hatten, reduzierte sie den Staat auf einen losen Verband von neun souveränen Teilstaaten – Antioquia, Bolívar, Boyacá, Cauca, Cundinamarca, Magdalena, Panama, Santander und Tolima – unter einer nationalen, d.h. überregionalen Regierung, deren politische Macht und Funktionen mehr oder weniger bloßen Symbolcharakter besaßen. Sie bestätigte u.a. auch die im September 1861 unter der Regierung Mosquera gesetzlich geregelten Maßnahmen der Desamortisation, in denen sich deutlich die liberalen Vorstellungen von Freizügigkeit, Individualbesitz und Bedeutung des Agrarbereichs sowie ein starker Antiklerikalismus widerspiegeln. Ähnlich wie die *Ley Lerdo* von 1856 in Mexiko sah das Gesetz in Kolumbien die zwangsweise Enteignung von Großgrundbesitz religiöser und ziviler Korporationen, der *manos muertas*, vor. Mit der Desamortisation des kirchlichen Grundbesitzes, dessen Anteil am gesamten kultivierbaren Land neuere Arbeiten mit 1,5–10 Prozent angeben, sollte zweifellos die Kirche als Verbündeter der Konservativen und als ein Relikt der Kolonialzeit getroffen werden, ferner erwartete der Staat vom Erlös der Versteigerungen finanzielle Mittel für den Abbau der Staatsschulden. Die Desamortisation fügte sich als Agrarreformmaßnahme auch in andere liberale Reformmaßnahmen ein, indem sie für wirtschaftlichen Fortschritt durch eine breitere Streuung des Individualbesitzes sorgen und das Land denen geben wollte, die es bearbeiteten. Der erhoffte Erfolg blieb jedoch aus. Zwar brachten Versteigerungen bis in die 1870er Jahre ca. 11 Mio. Pesos ein, doch ergibt sich aus den wenigen vorliegenden Untersuchungen, daß das öffentlich zur Versteigerung angebotene Land nur in geringem Umfang von Handwerkern oder Kleinbauern oder früheren Pächtern erworben wurde, vielmehr an die Oberschicht fiel und damit den Prozeß der Landbesitzkonzentration verstärkte.

Die Verfassung unterstellte ferner die kirchlichen Gemeinschaften, denen ansonsten freie Religionsausübung gewährleistet wurde, staatlicher Kontrolle und schwächte die Rolle der katholischen Kirche. Sie sanktionierte individuelle Rechte und Freiheiten wie Wahlrecht, Pressefreiheit, absolute Freiheit der Meinungsäußerung, Bildungsfreiheit, Freiheit der wirtschaftlichen Betätigung und des Handels, Versammlungsfreiheit – Rechte also, die die Liberalen als ein Gegengewicht gegen staatliche Machtwillkür sowie als Allheilmittel für soziale und wirtschaftliche Entwicklung erachteten. Neue Rechte betrafen die Unverletzlichkeit des menschlichen Lebens und damit die Abschaffung der Todesstrafe, doch waren der Waffenbesitz auch in Friedenszeiten sowie der Handel mit Waffen als Ausdruck der Freiheit erlaubt – der Gipfel der liberalen Politik des „Laissez-faire".

Über 20 Jahre haben die Liberalen, d.h. die Gruppierung der Radikalen, als Präsidenten der Nationalregierung, aber auch als Gouverneure in verschiedenen souveränen Staaten nach diesen Ideen von Freiheit, von privater und regionaler Selbstverantwortung sowie in der Konzentration auf den Agrarexport Kolumbien regiert – mit ambivalenten Erfolgen. Markt- und Wettbewerbsprinzipien sowie der Glaube an Privatinitiative und Individualleistung brachten keine Verbesserung des Lebensstandards für die Gesamtgesellschaft: die beginnende Auflösung der *resguardos* führte zur Verelendung der Indios, der Verkauf des Staatslandes sowie die Desamortisation bewirkten statt Umverteilung neue Bodenkonzentration sowohl in den Händen der alten Großgrundbesitzer als auch der Kaufleute; die Vernachlässigung einer eigenen Industrie schwächte das einheimische Handwerk. Allerdings bildete sich ein Handelsbürgertum heraus, das an die Seite der alten Großgrundbesitzer trat und zur politisch führenden Schicht aufstieg. Die Erhebungen des Zensus aus dem Jahre 1870 über die Beschäftigungsstruktur gestatten angesichts sonstiger fehlender Statistiken einen ungefähren Einblick in die überwiegend ländliche Struktur und damit auch in die soziale Situation:

Landwirtschaftliche Tätigkeiten – zumeist in abhängigen Stellen als Pächter oder Tagelöhner – beschäftigten über 52 Prozent der wirtschaftlich aktiven Bevölkerung, während handwerkliche Tätigkeiten, die auch die Arbeit städtischer Tagelöhner einschloß, sich nur auf knapp 23 Prozent beliefen.

Tab. 40: Beschäftigungsstruktur der kolumbianischen Bevölkerung 1870

	Männer		Frauen		Gesamt	
	Tsd.	Anteil** in %	Tsd.	Anteil** in %	Tsd.	Anteil** in %
Landleute*	661	69,1	135	23,6	796	52,1
Viehzüchter	14	1,4	4	0,7	18	1,2
Fischer	9	1	1,5	0,3	10,5	0,7
Bergleute	22	2,3	18	3,1	40	2,6
Handwerker, Kunsthandwerker	100	10,4	249	43,5	349	22,8
Kaufleute und Fuhrunternehmer	36	3,8	5	0,9	41	2,7
Hauspersonal	79	8,3	145	25,3	224	14,7
Mediziner	0,7	0,07	0,05	0,009	0,75	0,05
Ingenieure	0,3	0,03	–	–	0,3	0,02
Andere	34	3,5	14	2,4	48	3,1
Gesamt der ökonom. aktiven Bevölkerung	956	67,8	572	38,6	1528	52,9
Minderjährige	384	27,4	396	26,8	780	27
Studierende	40	2,8	20	1,3	60	2
Häusl. Tätigkeit	29	2,0	494	33,3	523	18,1
Gesamt der Bevölkerung	1409	100	1482	100	2891	100

* Landleute *(agricultores)* nicht differenziert nach Landbesitzern und Tagelöhnern
** Anteil am Gesamt der aktiven Bevölkerung bzw. der Bevölkerung insgesamt

Quellen: Pérez [1883, 165 f.]; Urrutia/Arrubla [1970, 29].

Abgesehen davon, daß das freie Wahlrecht nicht zu einer allgemeinen Demokratisierung beitrug, sondern der Wahlbeeinflussung und dem Stimmenkauf Raum gab, gefährdete der extreme Föderalismus den staatlichen Zusammenhalt und schwächte die Exekutive in politischer wie auch in finanzieller Hinsicht. Nur so ist es zu verstehen, daß die Zentralregierung unter dem Interimspräsidenten General Santos Acosta 1867 in Verhandlungen mit der Panama Rail-Road Company für die Verlängerung des Vertrages für weitere 99 Jahre die einmalige Zahlung von 5 Mio. US-Dollar und jährliche Zahlungen von 250 000 US-Dollar akzeptierte, statt die wichtige Eisenbahn zu kaufen und damit zu nationalisieren. Da der Staat Panama nur 10 Prozent Anteil an den Zahlungen erhielt, wuchs dort die Unzufriedenheit gegenüber der Zentralregierung. Den USA wurde bei der Vertragsverlängerung sogar der freizügige Transport von Waffen auf dieser Strecke erlaubt. Nicht alle Staaten konnten die innere Sicherheit gewährleisten; besonders in Panama war die Situation angespannt, so daß die USA dort immer mehr Sicherungsfunktionen übernahmen, ihnen sogar von Einheimischen die Übernahme Panamas als Protektorat nahegelegt wurde.

Insgesamt hatte die Verantwortlichkeit der Provinzregierung bzw. der souveränen Teilstaaten den Effekt, daß es keine Koordinierung der Infrastrukturmaßnahmen im Straßenbau mehr gab und jeder Teilstaat das Kommunikationsnetz nach eigenen Notwendigkeiten plante – meistens nach außen für den Export bestimmt. Vor allem seit den 1870er Jahren begannen die einzelnen Staaten mit der Planung und dem Bau von Eisenbahnlinien, die jedoch weniger der Verbesserung der Kommunikation eines Binnenmarktes dienen sollten, sondern geradezu als Verlängerung der Überseelinien konzipiert waren, um den Regionen wirtschaftlicher Aktivität besseren Zugang zu den Häfen zu verschaffen – wie z. B. die Linien Cali–Buenaventura, Bogotá–Girardot am Magdalena, Medellín–Puerto Berrio am Magdalena. Die von der liberalen Zentralregierung favorisierte, von anderen Staaten aber mißbilligte überregionale Linie, die Bogotá mit Boyacá und Santander – mit Zugang zum Magdalena – verbinden sollte, konnte nur bruchstückhaft bis Zipaquirá verwirklicht werden. Bis zum Ende des 19. Jh. waren lediglich rund 500 km Eisenbahnlinie fertiggestellt. Das war angesichts der Größe des Landes nur ein kleines Schienennetz, das dennoch die Basis für spätere Entwicklung bildete, zumal es weitgehend mit eigenem kolumbianischen Kapital gebaut worden war.

Die kräftezehrenden gewaltsamen Auseinandersetzungen zwischen den beiden großen Parteien um die politische Führung dauerten an, doch verlagerte sich der Streit von der nationalen auf die regionale bzw. lokale Ebene, so daß Gewalt zwar nicht aufhörte, es in der zweiten Hälfte des 19. Jh. neben einigen lokalen und regionalen Konflikten aber nur zu zwei größeren nationalen Bürgerkriegen kam. Vor allem aber konnten einige Teilstaaten ihre eigenen wirtschaftlichen Möglichkeiten ausschöpfen und so über die regionale Entwicklung zu Impulsgebern für die nationale Entwicklung werden. Dies traf besonders auf Antioquia, das ursprüngliche Zentrum des Bergbaus und der Goldgewinnung, zu. Schon am Ende des 18. Jh. war unter dem Eindruck rückläufiger Goldgewinnung ein Prozeß der Landnahme und Kolonisierung in Richtung Süden in Gang gekommen, der besonders nach den 1860er und 1870er Jahren eine Intensivierung erfuhr und sich bis in die heutigen Departemente Quindio, nördliches Valle del Cauca und den westlichen Teil des Tolima ausdehnte. Träger dieser Kolonisation waren ärmere Familien, die ihr Land eigenhändig als Familienbetrieb bestellten. Damit entwickelte sich in den Kolonisationsgebieten eine dynamische Gesellschaft mit Klein- und Mittelbesitz, deren ökonomische Basis durch den Anbau von Kaffee, der in den neuen Regionen an den Berghängen bis ca. 1500 m besonders gut gedieh und gegen Ende des Jahrhunderts das Exportprodukt Tabak ablöste, gesichert war.

Die Exportwirtschaft erhielt durch den Tabakanbau und -export, für den Deutschland den wichtigsten Markt bildete, neuen Auftrieb. So stiegen Kolumbiens Ausfuhrwerte von weniger als 3 Mio. Pesos in den 1830er Jahren auf 5– über 6 Mio. Pesos in den 1850er Jahren und zeigten in den 1860er und 1870er Jahren einen weiteren Aufwärtstrend: Allein zwischen 1864 und 1875 verdoppelten sich die Exportwerte auf über 10 Mio. Pesos, mit einem Anteil des Tabaks von über 20–30 Prozent. Allerdings brachte der vorwiegend auf Pflanzungen des Großgrundbesitzes angebaute und nur

Tab. 41: Exportvolumen Kolumbiens und Anteil der Produkte in % 1854–1905

Jahr	Gesamt (in Pesos)	Gold	Kaffee	Tabak	Chinarinde	Baumwolle	Agro/ Viehpr.*	Andere Prod.**
1854/55–1857/58	6 353 000	33,0	4,1	27,8	9,8	0,1	10,3	14,9
1864/65–1869/70	7 394 000	30,1	8,1	37,3	4,7	5,8	7,1	6,9
1870/71–1874/75	9 988 200	22,2	16,4	21,2	14,7	2,5	14,5	8,5
1875/76–1877/78	10 105 500	24,0	22,3	13,3	17,5	1,4	12,9	8,6
1878/79–1880/81	13 689 100	19,1	21,4	7,5	25,4	0,5	18,6	7,5
1881/82–1882/83	15 430 550	18,7	16,9	1,2	30,9	0,2	17,6	14,5
1888–1891	12 165 100	26,9	34,3	6,9	0,3	1,1	18,0	12,5
1898	19 154 100	17,4	49,0	8,3	–	0,4	16,2	8,7
1905	17 216 100	14,1	39,5	3,3	0,1	0,1	34,9	8,0

* und ** wie Tabelle 38

Quelle: wie Tabelle 38.

auf einige Regionen im Einzugsbereich des Magdalena beschränkte Tabak keine gesamtwirtschaftliche Entwicklung hervor. Da die ungleichen Besitz- und Einkommensverhältnisse nicht verändert wurden, nahm auch die allgemeine Kaufkraft nicht zu. Und da die Exporte mit den Importen von Artikeln des täglichen Gebrauchs, aber auch von Luxusgütern für die Oberschicht, nicht Schritt halten konnten, war die Handelsbilanz zumeist negativ.

Obwohl die Regierungen in dem Bestreben, den Export und damit die Steuereinnahmen über die Zölle zu steigern, den An- und Ausbau anderer Ausfuhrprodukte wie Kakao, Kaffee, Indigo und Chinabaumrinde *(quina)* zu fördern versuchten, fand sich bis zum Ende des 19. Jh. kein Exportprodukt, das die Gesamtwirtschaft anhaltend und positiv beeinflußt hätte. Das Exportprodukt Chinabaumrinde aus Santander, mit dem hauptsächlich die Märkte in New York und London beliefert wurden, hatte mit einem Wertanteil von 14–30 Prozent im Zeitraum von 1870 bis 1883 nur eine temporäre und regionale Wachstumswelle bedeutet. Dennoch gingen von der exportorientierten Agrarwirtschaft nach 1864 auch längerfristig wirkende Impulse aus. Zum einen stabilisierte der Export die Dampfschiffahrt auf dem Magdalena und brachte den Eisenbahnbau in Gang – wichtige Infrastrukturbedingungen für den späteren Kaffeeexport. Zum anderen ergaben sich im Gefolge des Eisenbahnbaus auch zaghafte Ansätze einer Industrialisierung. Auch das Bankwesen entwickelte sich seit 1870 im Sog der Exportwirtschaft, so daß institutionelle Voraussetzungen für die spätere Kapital- und Kreditbeschaffung gegeben waren.

c Die Regeneración: konservative Konsolidierung, Modernisierung und Zentralisierung (1886–1902/03)

Wichtige Gruppen der kolumbianischen Gesellschaft beurteilten die Dominanz des Föderalismus, die Konzentration auf den Agrarexport sowie die Abkehr von alten spanischen kulturellen und katholischen Werten zunehmend kritischer. Die Ausfuhrerfolge hatten die ökonomische Basis gebildet, auf der sich das liberale Modernisierungskonzept hatte entwickeln können. Als aber, bedingt durch Preisfluktuationen auf dem Weltmarkt und durch Krisen des weltwirtschaftlichen Handelssystems, die kolumbianischen Exporterlöse und damit die Staatseinnahmen nicht mehr den bisherigen Rhythmus aufwiesen, sondern Einbußen erlitten, zeigte sich, daß das liberale Konzept in der Krise nicht mehr tauglich war, zumindest nicht mehr für tauglich gehalten wurde. Über die Parteigrenzen hinweg wurde der Ruf nach einer neuen Ordnung immer lauter, konkret nach einem zentralen Staat, der in der Lage sein sollte, nicht nur die entstandene Krise zu meistern, sondern auch die während des Exportbooms gewachsenen Wirtschaftskräfte des Agrar-, Handels- und Kapitalsektors mehr zu koordinieren.

Wortführer und Chefideologe der Erneuerungsbewegung war Rafael Nuñez, der die neue Politik unter das Motto „Erneuerung oder Katastrophe" *(regeneración ó catástrofe)* stellte. Im Programm der *regeneración* überlappten sich ökonomische Maßnahmen mit denen zur staatlichen Organisation; in ihm finden sich Vorstellungen wieder, die knapp 30 Jahre zuvor schon die Revolutionsregierung Melo formuliert hatte. Im Unterschied zu damals konnte sich Nuñez jedoch auf wichtige Gruppen der Oberschicht stützen. Teile der Liberalen, die sogenannten *independientes,* die mit den Ergebnissen der Verfassung von 1863 unzufrieden waren und sich seit dem Bürgerkrieg von 1876 von den Radikalen gelöst hatten, trugen gemeinsam mit der Konservativen Partei das Programm. Nach 1886, seit der zweiten Präsidentschaft Nuñez, 1884 bis 1886, nachdem die Regierung gegen einen Aufstand der „Radikalen" des Staates Santander, wo die Exportverluste im Geschäft mit Chinabaumrinde *(quina)* eine wirtschaftliche und soziale Krise hervorgerufen hatten, siegreich geblieben war, wurde es als ein nationales Entwicklungskonzept praktiziert.

Nuñez förderte mit Unterstützung der Nationalen Partei, einem Zusammenschluß der *independientes* und der Konservativen, ein Programm der Importsubstitution, indem er argumentierte, daß das Freihandelskonzept zu einer fatalen Abhängigkeit von ausländischen Lieferanten selbst für die einfachsten Gebrauchsartikel geführt habe. Der Aufbau einer einheimischen Industrie sollte die Außenorientierung reduzieren und die verschiedenen Wirtschaftszweige zu einer nationalen Einheit integrieren. Neue Schutzzölle, Maßnahmen zum Aufbau eines bislang vernachlässigten nationalen Verkehrsnetzes zwischen den Staaten, die Förderung eines effizienten Bankensystems sowie die Vermehrung des Geldumlaufs durch die Einführung von Papiergeld dienten diesem Ziel. Gleichwohl blieb die Wirtschaft auf den Agrarexport ausgerichtet, denn mit dem Kaffee als neuem Hauptausfuhrprodukt erlebte Kolumbien positive Effekte der Konzentration auf den Export. Zwischen 1887 und 1897 wurden mehr als 30 Mio. Kaffeebäume angepflanzt. Der Kaffee wurde einerseits zum Hauptdevisenbringer und andererseits zum wichtigsten Impulsgeber für Veränderungen der sozialen und wirtschaftlichen Struktur Kolumbiens. Da Kaffee im Unterschied zu den früheren Produkten nicht nur auf Großgrundbesitz wie besonders in Cundinamarca, sondern auch auf landwirtschaftlichem Kleinbesitz, besonders an den Andenhängen der Departamente Antioquia und Caldas angebaut wurde, die durch die Kultivierung im Zuge der antiqueñischen Kolonisation seit der Mitte des 19. Jh. in die landwirtschaftliche Nutzfläche einbezogen waren, ergab sich in diesen Gebieten eine größere Einkommensverteilung. Auch entstand hier eine dem Kaffee nachgelagerte Kleinindustrie zur Verarbeitung des Kaffees bzw. zu seinem Transport.

In gewissem Sinn setzte die *regeneración* die frühere Orientierung auf den Agrarexport fort – nur mit anderen Akzenten und im Rahmen eines starken, intervenierenden Staats. So stand die Umgestaltung der staatlichen Organisation im Zentrum der politischen Erneuerung. Unter der Federführung des Philologen Miguel Antonio Caro, eines Konservativen, wurde eine neue Verfassung erarbeitet und im August 1886 angenommen. Sie schaffte den Föderalismus von Rionegro ab und konstituierte die kolumbianische Nation wieder als eine unitarische Republik. Anstelle der „Souveränen Staaten“ wurden Departemente mit direkt dem Präsidenten unterstellten Gouverneuren errichtet. Von dieser Regelung war besonders Panama betroffen; es wurde der Zentralregierung direkt unterstellt, um dort die Sicherheit für die seit 1880 begonnenen und von französischen Finanzgesellschaften finanzierten Kanalbauarbeiten gewährleisten zu können. Der für sechs Jahre gewählte Präsident erhielt weitgehende Vollmachten; u.a. konnte er die oppositionelle Presse verbieten, eine Maßnahme, die die Vizepräsidenten Carlos Holguín und Miguel Antonio Caro in Abwesenheit von Nuñez einige Male praktizierten. Überhaupt wurde die Exekutivgewalt gegenüber der Legislative wieder gestärkt; sogar die richterliche Gewalt war der Exekutive untergeordnet. Das allgemeine Wahlrecht für Männer beschränkte sich auf die Gemeindewahlen, für die Wahlen zum Repräsentantenhaus galt ein qualifiziertes, an Besitz und Bildung gebundenes Wahlrecht, die Wahl des Präsidenten und der Senatoren erfolgte durch Wahlmänner. Die Todesstrafe wurde wieder eingeführt, ein ca. 6000 Mann starkes Heer bildete ein wichtiges Ordnungsinstrument. Kolumbien organisierte sich zu einer autoritären Republik, in der die katholische Kirche ein neues Gewicht erhielt. Die Verfassung erklärte die katholische Religion wieder zur Staatsreligion und zum essentiellen Bestandteil der kolumbianischen Gesellschaft. Entsprechende Regelungen, die 1887 im Konkordat mit Rom formuliert waren und 1892 ergänzt wurden, sorgten für die finanzielle Wiedergutmachung in bezug auf die enteigneten Kirchengüter und sahen vor, daß das Bildungssystem wieder in Übereinstimmung mit den Dogmen und Moralvorstellungen der katholischen Religion organisiert werden sollte. Der Religionsunterricht wurde obligatorisch, und die Kirche übernahm wieder ihre frühere bevorrechtigte Funktion bei Zivilstandsfragen wie Geburten, Eheschließungen, Sterbefällen.

Die *regeneración* versprach Ordnung und Sicherheit, doch statt die verschiedenen Gruppen der beiden Parteien zu koordinieren und Regeln des politischen Miteinanders zu entwerfen sowie die Opposition in den politischen Willensbildungsprozeß einzubeziehen, führte die Politik der konservativen Regierung immer mehr zu einer ideologischen Polarisierung und Repression gegen die Liberalen. Besonders die rigide Einflußnahme der Zentralregierung bei Departements- und Kongreßwahlen, wobei den Konservativen die ländliche Struktur und die Unterstützung der Kirche zugute kam, grenzte die Liberalen fast vollständig aus und nahm ihnen auch angesichts der

Einschränkung der Pressefreiheit die Möglichkeit, über Wahlen politische Macht wiederzugewinnen. Bürgerkriege waren damit geradezu vorprogrammiert. Im Jahr 1895 erhoben sich die Liberalen zum erstenmal gegen die autoritäre Regierung der *regeneración* des Präsidenten Miguel Antonio Caro, eines erzkonservativen Katholiken – erfolglos. Im Oktober 1899 griffen die Liberalen erneut zum Mittel der Gewalt, um die Hegemonie der Konservativen zu brechen. Aus einem regionalen Aufstand in Santander entwickelte sich ein blutiger Krieg, der bald das ganze Land ergriff, weil sich in ihm liberale Ansprüche mit einer allgemeinen Unzufriedenheit über den wirtschaftlichen Rückgang verbanden, den Preiseinbrüche beim Kaffee-Export verursacht hatten. Fast drei Jahre dauerte dieser mit wechselndem Erfolg und zum Teil mit Guerillataktik geführte „Krieg der 1000 Tage“, ohne daß die Liberalen, die zeitweise von den liberalen Regierungen Ecuadors und Venezuelas unterstützt wurden, die Hegemonie der Konservativen brechen konnten. Der Krieg kostete nicht nur an die 100 000 Tote und verwüstete das ohnehin wirtschaftlich geschwächte Land. Er hatte auch die politischen und militärischen Kräfte absorbiert, die notwendig gewesen wären, um die während des 19. Jh. schon mehrfach versuchte Separation Panamas von Kolumbien zu verhindern. Zu Beginn des Krieges hatten in Panama stationierte Truppen der Zentralregierung auf das Festland abgezogen werden müssen und fehlten als Ordnungsmacht für interne Auseinandersetzungen auf dem Isthmus. Den Begehrlichkeiten der USA, nach der kostenlosen Übertragung der Panama-Konzessionen der bankrotten französischen Kanalgesellschaft an die USA den Bau fortzusetzen und alle Rechte über eine Kanalzone zu erhalten, wie es der sogenannte von den USA diktierte Hay-Herrán-Vertrag vom Januar 1903 vorsah, konnte Kolumbien nichts entgegensetzen. Der Kongreß verhinderte zwar die Ratifizierung dieses Vertrags, trieb aber gerade damit die am internationalen Handel interessierten Panamaer in die Arme der USA. Unter dem Schutz und Einfluß der USA erklärte Panama seine Unabhängigkeit, beide Staaten hatten ihr Ziel erreicht: den Kanal. So endete der bislang blutigste Bürgerkrieg Kolumbiens im November 1902, Kolumbien aber hatte einen wichtigen Teil seines Staatsgebietes verloren.

Ein weiterer internationaler Konflikt, bei dem auch das Staatsgebiet betroffen war, konnte ebenfalls nicht bzw. noch nicht zur vollständigen Zufriedenheit Kolumbiens geregelt werden. Seit der Auflösung Großkolumbiens war es wegen Gebietsansprüchen und ungeklärten Grenzfragen in der Guajira, der Region am Golf von Venezuela und am Maracaibo-See und im Tieflandgebiet der Flußsysteme Meta und Orinoco mit Venezuela immer wieder zu Auseinandersetzungen gekommen. Alle Versuche – so noch 1872 durch ein Treffen der beiden Präsidenten Manuel Murillo Toro und Antonio Guzmán Blanco aus Venezuela –, zu einer einvernehmlichen Regelung zu kommen, waren gescheitert. Eine Lösung zeichnete sich erst ab, als Kolumbiens wiederholter Vorschlag, die Grenzfrage durch einen Schiedsspruch klären zu lassen, auch von Venezuela im September 1881 akzeptiert wurde. Damit ging Venezuela auf die von Kolumbien befürwortete internationale Schiedsgerichtsbarkeit zur Beilegung internationaler Konflikte ein, die Kolumbien auf einer von ihm für den September 1881 nach Panama einberufenen – nicht zustande gekommenen – Konferenz lateinamerikanischer Staaten sanktionieren lassen wollte. In der Frage mit Venezuela sollte der spanische König auf der Grundlage alter kolonialspanischer Grenzziehungen einen Schiedsspruch fällen. Erst Anfang des Jahres, am 30. Januar 1881, hatte

Kolumbien als letzter lateinamerikanischer Staat durch einen Friedens- und Freundschaftsvertrag die endgültige politische Anerkennung durch das ehemalige Mutterland erhalten. Nach zehn Jahren, am 16. März 1891, wurde der spanische Schiedsspruch gefällt. Er sprach die gesamte Guajira bis auf einen kleinen Streifen Kolumbien zu und erklärte das linke Ufer des Orinoco zwischen Meta und Guaviare zur Grenze zwischen Kolumbien und Venezuela. Da aber das geltende internationale Recht der freien Schifffahrt auf gemeinsamen Flüssen, an dem Kolumbien in bezug auf Orinoco und Zulia wegen des Zugangs zum Atlantik interessiert war, nicht ausdrücklich angesprochen war, kam es zu weiteren Auseinandersetzungen. Die kolumbianische Regierung trat zwar 1894 die Hälfte der Guajira an Venezuela ab, um das venezolanische Zugeständnis der freien Schiffahrt auf Orinoco und Zulia zu erhalten. Bestrebungen, diese Abmachungen nachzubessern und zu einer einvernehmlichen endgültigen Regelung zu gelangen, hatten erst im April 1941 Erfolg.

Mit der Verfassung von 1886 hatte Kolumbien seine endgültige Regierungsform gefunden: Es konstituierte sich als unitarische Republik. Nach der Loslösung Panamas hatte es neue Grenzen erhalten. Mit dem Kaffee stand ihm ein Produkt zur Verfügung, das für die nächsten Jahrzehnte zum Impulsgeber wurde. Kolumbien hatte auf dem Weg zur innenpolitischen Konsolidierung einen wichtigen Schritt getan. Doch bezeugt die Handhabung der Verfassung von 1886, daß die kolumbianische Gesellschaft noch hierarchisch strukturiert und autoritär orientiert war und die politischen Führungsschichten vom Konzept eines demokratischen Staates noch weit entfernt waren. Auch die Lösung der „sozialen Frage" stand Kolumbien noch bevor.

D. Venezuela

a Die „konservative" Republik unter José Antonio Páez, die agrarorientierte Gesellschaft (1830–1847)

Als General José Antonio Páez am 13. Januar 1830 die Präsidentschaft der Republik Venezuela antrat, sahen er und seine Anhänger, die sogenannten *notables* – Großgrundbesitzer, Großkaufleute, Intellektuelle und Beamte – bzw. die konservative Oligarchie, sich vor die doppelte Aufgabe gestellt, die Republik, deren Bevölkerung von ca. 700 000 bis 900 000 Einwohnern hauptsächlich in den Küstenregionen, in den Tälern der Anden und in einigen Regionen der Llanos lebte, neu zu ordnen bzw. zu konsolidieren und die von den Auswirkungen der Unabhängigkeitskriege zerstörte Wirtschaft zu erneuern. Das hieß zum einen, für die nationale Integration eines Landes zu sorgen, das seit der Kolonialzeit durch Regionalismen und gekennzeichnet war, während der Unabhängigkeitskriege den Föderalismus favorisiert hatte und über ein unzureichendes Wege- und Straßennetz verfügte. Das bedeutete zum anderen, der Wirtschaft, die noch durch die Auslandschulden von 34 Mio. Pesos aus der Zeit Großkolumbiens belastet war und besonders auf Agrarproduktion – Kaffee und Kakao – und Viehzucht beruhte, neue Impulse zu geben.

Bis 1848 wurden diese Anstrengungen im wesentlichen durch die Persönlichkeit des Generals Páez geprägt, nicht nur während seiner Präsidentschaften, sondern auch dann, wenn er als einfacher Bürger ohne Amt lebte. Dank seiner ihm ergebenen Gefolgsleute verfügte er über tatsächliche Macht, er setzte aber auch sein Charisma geschickt ein. So ließ er innerhalb der formalen Demokratie, in der ein Zensuswahlrecht herrschte, und trotz der Interventionsmöglichkeiten als Präsident, die ihm die gemischt zentralistisch-föderalistisch orientierte Verfassung von 1830 gab, der Elite bzw. den *notables* genügend Spielraum für politische Beteiligung und ökonomische Aktivitäten. Gleichzeitig aber zwang er alte *caudillos* der Unabhängigkeitskriege und Militärs unter die Verfassung. In diesem Sinn bekämpfte er Umsturzbewegungen wie die von Monagas 1831 in Oriente oder Mariño, Briceño Méndez und Carujo 1835, Revolten, in denen ein gewisser latent vorhandener Militarismus zum Ausdruck kam, obwohl oder gerade weil das stehende Heer auf ca. 2500 Mann reduziert worden war. In ähnlicher Weise wurde auch in der Übernahme des Patronatsrechts auf legalem Weg der Einfluß der Katholischen Kirche beschnitten. Insgesamt bewirkte diese Politik ausreichende politische Stabilität, die für eine wirtschaftliche Entwicklung nötig war.

Seit Beginn der Wiedererrichtung der Republik praktizierten die Eliten einen wirtschaftlichen Liberalismus und setzten auf den Agrarexport, die Viehzucht und den Handel, wofür sie auch den gesetzlichen und finanziellen Rahmen schufen. Die 1829 in Caracas gegründete *Sociedad Económica de Amigos del País,* in der die maßgebliche wirtschaftliche und politische Elite von Caracas, aber auch Großgrundbesitzer vereinigt waren, spielte hierbei eine wichtige Rolle; sie suchte nach Maßnahmen und Wegen zum Wirtschaftswachstum und machte im Sinne des Wirtschaftsliberalismus und der Eigenverantwortung entsprechende Vorschläge. Impulse erhoffte man sich vom Fortfall alter Steuern und Wirtschaftsbeschränkungen. Schon während der ersten Präsidentschaft von Páez (1830–1835) wurden die *alcabala,* die *diezmos* und das staatliche Produktions-, Vertriebs- und Handelsmonopol von Tabak abgeschafft; Exportsteuern auf Kaffee und Baumwolle entfielen ganz oder wurden wie bei Vieh und Häuten reduziert. Angesichts der Nachfrage in den USA, Deutschland, Holland und Großbritannien stiegen die Ausfuhren in den 1830er Jahren tatsächlich an; insgesamt wuchs die land- und viehwirtschaftliche Produktion, zumal die Regierungen durch hohe Einfuhrzölle auf bestimmte Agrarprodukte oder durch Einfuhrverbote z. B. für Zucker, Kaffee und Kakao die einheimische Landwirtschaft vor ausländischer Konkurrenz schützte. Allerdings korrespondierte mit dieser Prioritätensetzung, mit dieser agrarorientierten Wirtschaftspolitik, die im wesentlichen Kaufleuten und Landwirten zugute kam, nicht jedoch die abhängige soziale Situation von Sklaven und der ländlichen Bevölkerung veränderte, eine Vernachlässigung des Manufaktur- und Industriesektors. Niedrige Zölle auf europäische Konsumgüter setzten das einheimische Manufakturgewerbe sowie das Handwerk einer gefährlichen Konkurrenz aus.

Anfangs wurden die europäischen Konsumgüter vor allem aus Großbritannien als der bedeutendsten Industrienation und dem wichtigsten politischen Partner seit den Tagen Großkolumbiens importiert. Zunehmend aber gewannen auch Waren aus dem noch vielgegliederten Deutschland an Bedeutung, für das die Hansestädte Lübeck, Bremen und Hamburg gleichsam die Vorreiter- und Stellvertreterrolle ein- und wahrnahmen, als sie im Mai 1837 mit dem für den Überseehandel günstig gelegenen Venezuela einen Freundschafts-, Handels- und Schiffahrtsvertrag abschlossen. Für Venezuela brachte der Handel mit Deutschland deshalb Vorteile, weil die deutschen Kaufleute und Firmen ihr Warenangebot aus deutschen, englischen und französischen

Produkten zusammenstellten, es auf die südamerikanischen Konsumenten abstimmten und anders als die über eigene Kolonien verfügenden Engländer mit den erzielten Verkaufserlösen ihrerseits Rohstoffe und Kolonialwaren kauften. Deutschlands Anteil am Gesamtaußenhandel Venezuelas betrug in der zweiten Hälfte des 19. Jh. zwischen 18 Prozent bis 24 Prozent, lag damit höher als derjenige Frankreichs (9–17 %) und wurde lediglich von demjenigen Großbritanniens (ca. 26 %) und der USA (ca. 24 %) übertroffen, die mit über 40 Prozent seit dem ausgehenden 19. Jh. ohnehin zum führenden Handelspartner Venezuelas wurden. Die guten Handelsbeziehungen Venezuelas mit Deutschland führten zu einer starken Präsenz deutscher Kaufleute, Reedereivertreter und später auch Bankkaufleute im Land, die zum Teil auch in einheimische Familien einheirateten. Die Einwanderung deutscher Bauern und Handwerker hielt sich jedoch in Grenzen, obwohl der venezolanischen Regierung sehr an der Einwanderung gelegen war.

Seit 1831 war die Regierung mit der Bereitstellung von Grundstücken für die Einwanderer und von „Kopfgeld" für die Anwerber darum bemüht, qualifizierte europäische Einwanderer ins Land zu holen, welche die fehlenden einheimischen Arbeitskräfte ersetzen und langfristig auch die für einen Binnenmarkt wichtige Kaufkraft bereitstellen sollten. Kapitalmangel und allgemeine Unruhen erschwerten die Realisierung von Einwanderungsprojekten, so daß bis zur Mitte des Jahrhunderts lediglich ca. 12 000 Einwanderer ins Land kamen, mehrheitlich von den Kanarischen Inseln. Zu den bekanntesten deutschen Einwanderungskolonien gehörte die Kolonie Tovar, nördlich von La Victoria, die 1843 von dem reichen Grundbesitzer Martin Tovar mit 380 süddeutschen Einwanderern aus der Gegend um den Kaiserstuhl gegründet wurde. Langfristige wirtschaftliche oder demographische Impulse gingen jedoch weder von dieser noch von anderen Einwanderergruppen aus.

Ein Straßen- und Wegeprogramm sollte die schwierige Kommunikation zwischen den äußerst verschiedenen Landschaftszonen Venezuelas – im Nordwesten das Tiefland von Maracaibo, im Westen das Andengebiet, das Orinoco-Becken mit den nördlich gelegenen *llanos* und der südlich gelegenen Urwaldlandschaft sowie das Hochland von Guayana im Süden – verbessern und den Warenverkehr sowohl für den Binnenhandel als auch für den Transport zu den Häfen fördern. Befestigte Straßen waren bis zu dieser Zeit so gut wie gar nicht vorhanden, ebensowenig gab es ausreichende Transportmittel oder Wagen. Waren wurden auf Flüssen oder auf Maultieren transportiert. Die bereitgestellten Mittel reichten jedoch nicht aus, so daß der Straßenbau – zumal in Zeiten politscher Unruhe – nur langsam vorankam. So war bis Ende 1844 die wichtige Verbindungsstraße zwischen Caracas und La Guaira noch nicht fertiggestellt. Die Maßnahmen zur Verbesserung der Häfen – Fahrrinnen, Leuchttürme – hatten Erfolg und führten zu einer Intensivierung des internationalen Schiffsverkehrs.

Zusätzliche Erfolge erwartete man von einer liberalen und freizügigen Zins- und Bankpolitik, mit der die für die Produktionssteigerung erforderlichen Geldmittel bereitgestellt bzw. ein freizügiger Geldmarkt geschaffen werden sollte, indem die Sicherheiten für die Geldgeber geregelt wurden. Mit dem Gesetz vom 5. April 1834, dem sogenannten Gesetz der „Freiheit der Verträge" *(libertad de los contratos)*, das den Vertragspartnern, also Kapitalgebern und Kapitalnehmern die Höhe der Schuldverschreibung und der Zinsen überließ, schien ein wichtiger Schritt zur allgemeinen

Prosperität geleistet worden zu sein. Die Schuldzinsen sanken von 60 Prozent auf bis zu 12 Prozent jährlich, und zahlreiche Kaffee- und Baumwollplantagen wurden erneuert oder erweitert. Im Juli 1839 öffnete in Caracas als erste Bank der *Banco Colonial Británico* aus London seine Pforten; ihm folgte 1841 die Nationalbank. Allerdings führten die „Freiheit der Verträge" und ein Erweiterungsgesetz von 1841, das den Schuldnern kein langfristiges Zahlungsmoratorium einräumte und die Veräußerung beliehenen Grundeigentums zu niedrigen Preisen vorsah, zu einer neuen, gespannten Beziehung zwischen Schuldnern und Gläubigern, zwischen städtischen Kaufleuten, Bankiers und Agrariern. Es ergab sich eine latent prekäre Situation, deren negative Konsequenzen dann sichtbar wurden, als ökonomische Krisen eintraten und ihrerseits politische Krisen provozierten.

Die durch Preisverfall hervorgerufenen Krisen in den ausgehenden 1830er Jahren und zwischen 1842 und 1844 zeigten nicht nur die Fragilität der einseitigen Orientierung auf den Agrarexport sowie die Abhängigkeit von Preisen und Nachfrage auf dem Weltmarkt, sie führten auch zu gravierenden ökonomischen Schwierigkeiten besonders der Landwirte und *hacendados,* sahen diese sich doch angesichts ihrer Ertragseinbrüche nicht in der Lage, ihren Zahlungsverpflichtungen nachzukommen. In diesen Jahren formierte sich eine oppositionelle Liberale Partei, deren Mitglieder anfangs aus Grundbesitzern, Kaffee- und Kakaoanbauern bestand. Deren erste programmatische Aussagen enthalten eine merkwürdige Mischung aus liberalen Forderungen z. B. nach Pressefreiheit und Abschaffung der Todesstrafe und andererseits antiliberalen Vorstellungen über die Rücknahme nicht nur des Gesetzes zur „Freiheit der Verträge", sondern auch des 1830 erlassenen Gesetzes zur Freilassung der Sklaven, die – Unfreie und freigeborene Kinder von Sklaven mit Dienstverpflichtung *(manumisos)* – zu dieser Zeit immerhin noch 40 000 Personen ausmachten und – obwohl Sklaverei eigentlich kein Thema mehr war – für manche Agrarier das wichtigste Kapital darstellten. Über die Zeitungen *La Bandera Nacional* und vor allem *El Venezolano* führte die Liberale Partei unter den Redakteuren bzw. Vorsitzenden Tomás Lander und Antonio Leocadio Guzmán ihre Attacken gegen die Regierung, d. h. gegen Páez und den derzeitigen Präsidenten Carlos Soublette als Vertreter bzw. Agenten der Kaufleute, Geldverleiher und Banken und forderte die Hilfe der Regierung für die Landwirte mit dem Hinweis auf die Amoral der absoluten wirtschaftlichen Freiheit und die Interventionspflicht des Staates zur Korrektur sozialer Mißstände (Fermín Toro). Vergeblich. In der ökonomischen Krise hatte die entstehende Liberale Partei seit 1842 auch großen Zulauf aus städtischen Mittel- bzw. Unterschichten, von Handwerkern, Arbeitern und freien Mischlingen. Viele Handwerker waren Mitglieder der *sociedades liberales* in Caracas. Die neuen Gruppen bewirkten eine zunehmende „Verstädterung" und Radikalisierung der Partei, was im Zeitraum zwischen 1842 und 1844 zahlreiche Großgrundbesitzer zum Austritt und zur Gründung einer *Sociedad Agrícola de Venezuela* in Caracas bewog.

Im Vorfeld der Präsidentschaftswahlen für die Jahre 1847 bis 1851 verstärkten die Liberalen ihre Aktivitäten, gründeten *sociedades liberales* in zahlreichen Städten und stellten mit Antonio Leocadio Guzmán einen eigenen Kandidaten auf, um die Wahl von Páez zu verhindern. Doch da die Liberalen unter sich uneins waren und besonders Grundbesitzer und Landwirte den von Handwerkern und der breiten Masse getragenen Guzmán wegen seiner sozialen Äußerungen zunehmend ablehnten und je nach Region eigene Kandidaten favorisierten, konnte der von Páez vorgeschlagene Kandidat José Tadeo Monagas, ein *caudillo* aus dem Oriente, der auch zahlreichen Liberalen akzeptabel erschien, im August 1846 die Wahlen gewinnen, die unter gewaltsamen Auseinandersetzungen abliefen und sogar zur Gefangennahme Guzmáns führten. Im März 1847 trat José Tadeo Monagas seine Präsidentschaft an.

b Die föderale Revolution, politische Desintegration und wirtschaftliche Stagnation (1847–1869)

Hatten die ersten beiden Jahrzehnte nach der Neukonstituierung Venezuelas durch die Persönlichkeit des Generals Páez eine gewisse politische Stabilität aufgewiesen und Anzeichen wirtschaftlicher Prosperität gezeigt, so stellten die beiden Jahrzehnte nach der Jahrhundertmitte eine Zeit der wirtschaftlichen Stagnation und des politischen Zerfalls dar, die in Venezuelas längsten und heftigsten Bürgerkrieg mündete. Zweifellos haben die inkompetenten und korrupten Regierungen während der Präsidentschaften der beiden Monagas-Brüder, José Tadeo (1847–1851, 1855–1858) und José Gregorio (1851–1855), zu dieser Instabilität beigetragen, nicht weniger aber die Auseinandersetzungen zwischen den Eliten der Liberalen und Konservativen um die politische Macht und ihr Unvermögen, auf die durch politische und wirtschaftliche Fehlmaßnahmen ausgelösten sozialen Unruhen besonders auf dem Land angemessen einzugehen. Mit dem Regierungsantritt von José Tadeo Monagas, der zwar von Páez protegiert worden war, fand die bisherige Vorherrschaft der Konservativen um Páez ein Ende. Es begann die Vorherrschaft der liberalen Oligarchie, von Personen, die mit der Regierungsart von Monagas einverstanden waren. Auch militärische Versuche der Konservativen in den Jahren 1848 und 1849, die Macht zurückzuerlangen, schlugen fehl, und Páez mußte sogar das Land verlassen. Diese Kämpfe aber führten nicht nur zu einer Verwüstung des Landes und zur Reduzierung des Viehbestandes in den Llanos sowie der Lebensmittel überhaupt, sondern auch zu einer wachsenden Militarisierung mit Monagas-Anhängern in hohen Posten, was sowohl die Kritik der Liberalen als auch der Konservativen hervorrief. Immerhin stellte José Tadeo Monagas seine liberalen Anhänger durch zwei wichtige wirtschaftliche Maßnahmen zufrieden. Zum einen ließ er das Gesetz über die Freiheit der Verträge durch ein neues ersetzen, das bei Säumigkeit des Schuldners den Verkaufspreis des beliehenen Eigentums auf mindestens 50 Prozent des Wertes sowie die Zinsen auf höchstens 9 Prozent festsetzte (1848); zum anderen regelte er das Problem des Schuldenmoratoriums in der Weise, daß ein Zahlungsziel von 6–9 Jahren eingeräumt werden mußte bzw. daß Gläubiger für gewährte Moratorien Kredite aus den Staatsfinanzen erhalten konnten. Der ohnehin zahlungsschwache Staat übernahm damit private Schulden.

Weitere Zahlungsverpflichtungen ergaben sich durch die mit dem Gesetz vom 24. März 1854 zur endgültigen Abschaffung der Sklaverei vorgesehenen Entschädigungen für die ehemaligen Sklavenbesitzer. Nicht so sehr humanitäre Gründe hatten José Gregorio Monagas zu diesem Gesetz veranlaßt als vielmehr die Überlegung, von den Konservativen angezettelten Sklavenaufständen zuvorzukommen. Im übrigen war die Sklavenhaltung gar nicht mehr relevant. In einigen Jahren wäre sie ohnehin ausgelaufen, da tatsächlich Unfreie schon 50–60 Jahre alt waren und zahlenmäßig abnahmen, so daß es auch immer weniger *manumisos,* die freigeborenen und bis zu ihrem 21. Lebensjahr zu Dienst verpflichteten Kinder von Sklaven gab, bzw. diese ihre Dienstverpflichtung schon abgeleistet hatten. Überdies hatte sich die Sklavenhaltung auch durch die hauptsächlich auf Kaffeeanbau und -export orientierte Wirtschaft überlebt. Da die Kaffee-Ernte Arbeiter nur für einige Monate im Jahr erforderte, stellten die Kaffeeanbauer lieber Saisonarbeiter ein, als über das ganze Jahr Sklaven versorgen zu müssen. Wie wenig die Abschaffung der Sklaverei sozial motiviert war, läßt sich u.a. daran ablesen, daß die Regierung keine flankierenden Maßnahmen z.B. hinsichtlich Verpflegung und Ausbildung ergriff, womit den ehemaligen Sklaven der Übergang in die Freiheit erleichtert worden wäre. Um zu überleben, waren sie gezwungen, neue abhängige Arbeitsverhältnisse einzugehen. Zwangsläufig verstärkten auch sie das Potential der Unzufriedenen.

Da die Regierung immer personalistischer und autoritärer wurde, öffentliche Freiheiten einschränkte und politische Opposition unmöglich machte, sahen auch die Liberalen, die mit Antonio Leocadio Guzmán zwar den Vizepräsidenten stellten, daß es dem Monagas-Clan weniger um ein politisches liberales Programm als um Macht und Machterhalt ging. Sie zogen sich aus der Regierung zurück, die besonders unter Gregorio Monagas den Staatshaushalt immer mehr verschuldete, den für die interne Kommunikation wichtigen Ausbau von Straßen und Brücken vernachlässigte und lediglich ihre Anhänger versorgte. Erschwerend kam hinzu, daß 1857 aufgrund einer weltweiten Krise und der rückläufigen Nachfrage in Europa und den USA die Weltmarktpreise für Kaffee um 20 Prozent, für Häute um 70 Prozent und für Zucker um 50 Prozent fielen und den Exportwert auf 28,7 Mio. Bolívares drückten (vgl. Tab. 43), wodurch die Außenhandelsbilanz mit einem Defizit von über 8 Mio. Bolívares abschloß. Konservative, u.a. erbost über die endgültige Abschaffung der Sklaverei im Jahr 1854 und den Verzug der dafür versprochenen Entschädigung, und frustrierte Liberale unternahmen in den Jahren 1853/54 und 1856 in fast allen Landesteilen Rebellionen, an denen auch unterschiedliche soziale Gruppen beteiligt waren.

Die Aufstände waren Ausdruck einer allgemeinen Unzufriedenheit mit Regierungen, die statt Wachstum und Entwicklung nur Stagnation, ja durch die Kriege mit Konfiszierungen von Vieh besonders in den *llanos* und mit Enteignungen Verwüstung, Verarmung und Lebensmittelknappheit bewirkten. Die Versorgung in den Städten litt auch darunter, daß es für die Viehzüchter aus den Llanos angesichts unsicherer Regionen und unzureichender Transportmöglichkeiten lukrativer wurde, ihre Rinder für den Export von Häuten aus Ciudad Bolívar am Orinoco zu verwenden, statt ihre Herden Richtung Norden zur Fleischversorgung in den Küstenstädten zu treiben. Da die Monagas-Regierung die Ausführung des Landverteilungsgesetzes von staatlichem Brachland *(tierras baldías)* aus dem Jahr 1848, das höhere Steuereinnahmen bringen, die Landwirtschaft stimulieren und die Besitzstruktur durch Vermehrung von Landbesitzern verbessern sollte, nur unzureichend kontrollierte, kam es nicht zur beabsichtigten Umstrukturierung. Bisher landlose *campesinos* profitierten nur in geringem Umfang von der Landverteilung, vielmehr begünstigte die „Umverteilung“ wenige reiche Grundbesitzer, die unbegrenzt Land aufkaufen konnten: 55 Prozent des veräußerten Landes gingen bei nur zehn Vergabeaktionen in private Hände über. In dem Maße, wie die Regierungen ihre Repressionen u.a. durch Aufstockung des stehenden Heeres verstärkten und sich die soziale Situation für die ländliche Bevölkerung verschlechterte, entstanden vor allem in den *llanos* regelrechte Banden. Die 1857 von Monagas forcierte Verabschiedung einer neuen zentralistisch orientierten Verfassung, die die Autonomie der Provinzen beschränkte, dagegen die Exekutive und die Stellung des Präsidenten stärkte, indem ihm sogar die judikative Gewalt unterstellt wurde, war weniger der Versuch einer politischen Konsolidierung, sie diente vielmehr zur Sicherung der eigenen Macht. Da überdies die Vizepräsidentenregelung auf eine Dynastie der Monagas-Familie hinauslief, kam es im März 1858 zu einem gemeinsamen bewaffneten Vorgehen unter der Führerschaft der Eliten von Konservativen und Liberalen, die u.a. auch über die Ausdehnung des allgemeinen Wahlrechts selbst an Besitzlose erschreckt waren, gegen die Regierung José Tadeo Monagas, der am 15. März 1858 zurücktrat.

Trotz der Beteiligung von breiten Bevölkerungsgruppen, von Landarbeitern, Tagelöhnern und *llaneros* enthielt diese sogenannte „Märzrevolution" *(Revolucion de Marzo)* keine soziale Vertiefung, im Vordergrund stand die Überwindung der politischen Krise, der nationalen Desintegration. Diese äußerte sich in vielfältiger Weise: Die bisherigen Regierungen hatten sich nur auf eine kleine, aber mächtige Elite gestützt und sich damit den Unwillen breiterer Bevölkerungsschichten zugezogen. Lokale *caudillos* sahen sich ihres Einflusses beraubt; die Landbevölkerung profitierte nicht von den Versprechungen und halbherzigen Maßnahmen zur Landverteilung und verarmte zusehends, während Landspekulanten, Militärs und Großgrundbesitzer ihren Großgrundbesitz erweitern konnten, zum Teil auch indem sie sich des Landes der Indios bemächtigten. Aber es gab auch zahlreiche Agrarier, die sich durch die finanziellen und politischen Krisen ruiniert sahen. Intellektuelle und Oppositionelle waren von politischer Mitverantwortung ausgeschlossen. Allerdings dauerte es noch mehrere Jahre, bis nach dem fünf Jahre dauernden Bürgerkrieg, der *guerra federal*, Venezuela eine solidere nationalstaatliche Gestalt gewann.

Die Liberalen glaubten, in den Maßnahmen und Personalentscheidungen des neuen Präsidenten Castro eine Bevorzugung der Konservativen zu erblicken, der tatsächlich begann, politische Stellen von Liberalen zu säubern. Auch die neue Verfassung von 1858, die konservative und liberale Gesichtspunkte vereinen sollte, eine Regierung mit föderalen Zügen statt eines reinen Zentralismus vorsah, allgemeines Wahlrecht einführte und die Sklavenbefreiung bestätigte, brachte nicht nur keinen Konsens zwischen Liberalen und Konservativen, sondern führte auch zu keiner Lösung der sozialen und ökonomischen Probleme. So verbanden sich in den folgenden Jahren politische Angriffe gegen die Konservativen, gegen die Zentralisten mit sozialem Protest, dem auch ethnische Motive – Mischlinge gegen Weiße – zugrunde lagen. Die mit dem sogenannten „Schrei der Föderation" *(Grito de la Federación)* am 20. Februar 1859 in Coro beginnende Bewegung, an deren Spitze General Ezequiel Zamora berufen wurde und die ein umfangreiches Programm liberaler Freiheitsrechte enthielt, entwickelte sich bald zu einer allgemeinen Bewegung, der sich auch General Juan Crisóstomo Falcón anschloß. Die Erhebung entfesselte ein allgemeines Chaos, das über 100 000 Menschen das Leben kostete, große Teile Venezuelas in die Hände lokaler *caudillos* und Militärs fallen ließ und den Staatshaushalt an den Rand des Ruins brachte, so daß zusätzliche Steuern und Einfuhrzölle erhoben wurden bzw. das Nationaleinkommen beliehen und bei notwendigen Auslandsanleihen die zukünftigen Zolleinnahmen verpfändet werden mußten.

Obwohl Páez 1861 noch einmal versucht hatte, als Diktator die Sache der Konservativen und der Zentralisten zu retten, endete der Krieg mit dem Sieg der Föderalisten. Wesentlichen Anteil am Zustandekommen des Convenio von Coche hatte auf föderaler Seite Antonio Guzmán Blanco, der Sohn des Gründers der Liberalen Partei. 1863 trat Falcón die Präsidentschaft an. 1864 wurde die Verfassung der Vereinigten Staaten von Venezuela verkündet, die Venezuela in 20 Staaten aufteilte. Doch erwuchsen aus dieser Autonomie, aus der erhofften Selbstverantwortung der Staaten weder die Behebung des politischen Chaos noch allgemeine wirtschaftliche Impulse, vielmehr bildete die Verfassung den Rahmen für neue Auseinandersetzungen innerhalb der Staaten und zwischen einzelnen Staaten. Der schwachen Regierung Falcón gelang es nicht, die Verantwortlichkeiten zwischen Zentrale und einzelnen Staaten zu regeln und einer weiteren nationalen und sozialen Desintegration entgegenzuwirken, die sich u.a. in der Bodenkonzentration, d.h. der Verfügung über ökonomische Ressourcen, in den Händen weniger Grundbesitzer äußerte. 1873 verfügten 3,5 Prozent der Landbesitzer über rund 53 Prozent des bebauten Bodens in Privathand, eine Struktur, die sich auch in den folgenden Jahrzehnten nicht änderte.

Tab. 42: Agrarbesitzstruktur in Venezuela 1873–1891

	Mittlere/kleine Eigentümer		Landbesitz in Quadratleguas*		Großeigentümer		Landbesitz in Quadratleguas*	
Jahr	Absolut	in %	Absolut	in %	Absolut	in %	Absolut	in %
1873	28 222	96,6	7 490	47,1	980	3,4	8 400	52,9
1881	19 154	94,9	7 245	42,7	1 022	5,1	9 725	57,3
1891	19 901	94,4	5 000	26,1	1 184	5,6	14 184	73,9

1 Legua = ca. 5,5 km

Quelle: Brito Figueroa [1966, I, 296].

c Die aufgeklärte Autokratie Guzmán Blancos, staatlicher Zusammenhalt und Modernisierung (1870–1898)

Erst mit der autokratischen Politik von Antonio Guzmán Blanco erfolgten Schritte zur politischen Konsolidierung als Voraussetzung für wirtschaftliche Entwicklung. Während zweier Jahrzehnte beherrschte Guzmán Blanco die venezolanische Politik; sowohl direkt während seiner Präsidentschaften (1870–1877, 1879–1884, 1886–1887) als auch indirekt in den Zwischenzeiten und noch im Jahrzehnt nach seinem Tod (1899) beeinflußten seine Vorstellungen die Regierungspraxis und das politische System in entscheidendem Maße. Wollte Venezuela eine politische und wirtschaftliche Rolle in Lateinamerika oder in der Völkergemeinschaft spielen, dann mußte der Staat politisch reorganisiert und stabilisiert sowie die Wirtschaft modernisiert werden. Das hieß, eine nationale, nicht mehr personal oder regional orientierte Politik zu betreiben und die bislang divergierenden Interessen verschiedener Gruppen zu harmonisieren: erstens der regionalen *caudillos*, die jede politische Machtkonzentration in Caracas ablehnten, zweitens der Kaufleute, die eine starke und finanzkräftige Zentralregierung favorisierten, und ferner der Agrarier, denen es vor allem um finanzielle Unterstützung von jedweder Regierung ging.

Guzmán Blanco war in einer Föderalistisch-Liberalen Revolution vom April 1870 an die Macht gekommen, er unternahm anfangs auch nichts, was auf eine Machtbeschränkung der regionalen *caudillos* hingedeutet hätte. Vielmehr überließ er den *caudillos* die Sicherung und Aufrechterhaltung von Frieden und Stabilität und griff nur in Notfällen ein, wenn andere Mittel versagten. Diese Politik des Vertrauens erlaubte es bald, die Militärkosten der Zentralregierung zu reduzieren und statt dessen Kommissionen zur wirtschaftlichen Förderung *(juntas de fomento)* zu errichten, zu deren Präsidenten Guzmán die *caudillos* ernannte. Dadurch wurden sie in den Prozeß der Modernisierung eingebunden. Ein wichtiges Mittel der Einbindung der Regionen bzw. einer beginnenden Zentralisierung war die Einrichtung von Subventionszahlungen *(subsidios)* an Staaten ohne eigene Bodenschätze. Trotz großer finanzieller Engpässe bemühte sich die Zentralregierung, diese Subventionen zu zahlen, hatte sie doch mit der Zahlung bzw. mit der Zahlungsverweigerung ein Druckmittel in der Hand, das die einzelnen Staaten zu größerer Konformität mit der Zentralregierung anhielt. Indem Guzmán zur Verbesserung der öffentlichen Bauarbeiten, besonders des Wege- und Kommunikationsnetzes dazu überging, die bislang von den Kommunen eingezogenen Wegesteuern *(peaje)* abzuschaffen und statt dessen eine allgemeine Transportsteuer zentral einzuziehen, nahm er den einzelnen Staaten die ökonomische Macht und machte sie von der Nationalregierung abhängig. Guzmáns Regierung war dem Namen nach ein föderales System, realiter aber praktizierte er einen politischen und ökonomischen Zentralismus. Diesen ließ er 1879/81 sanktionieren, indem in der sechsten Verfassung Venezuelas die politischen Strukturen auf eine stärkere Zentralregierung ausgerichtet wurden und damit eine Angleichung an die zentrale Ressourcenverteilung erfolgte. Die Zahl der Staaten wurde auf neun reduziert, und mit der Institution des Bundesrats *(Consejo Federal)*, dessen Mitglieder die regionalen *caudillos* bestimmten und der die zukünftigen Präsidenten zu wählen hatte, waren die Regionen, d.h. regionale *caudillos*, verantwortlich an der politischen Macht beteiligt.

Im Bestreben, das Land zu modernisieren, dessen Bevölkerung 1873 auf fast 1,8 Mio. Einwohner angewachsen war und das noch immer eine ländliche und landwirtschaftliche Struktur aufwies, setzte Guzmán auf die Im- und Exportkaufleute sowie auf die Banken, die zwar in ökonomischer Hinsicht liberal orientiert, nicht aber Anhänger des Föderalismus gewesen waren. 1870 schloß er einen Vertrag mit der Kreditgesellschaft (*Compañia de Créditos)*, einem Zusammenschluß von Großkaufleuten aus Caracas, und machte sie als Verwalter der Zölle zum wichtigsten Finanzmanager und Geldgeber der Regierung, womit ihm selbst und seiner Regierung wieder die nötigen Geldmittel zur Verfügung standen. Auch wenn Guzmán den Agrariern in ihren Wünschen nach einem Kreditinstitut *(instituto de crédito)* oder einer Agrarbank *(banco agrícola)*, mit denen sie ihr Schuldenproblem lösen zu können glaubten, nicht entgegenkam und lediglich die Exportzölle senkte, so profitierten sie doch von der neuen politischen und wirtschaftlichen Stabilität. Diese Stabilität erlaubte es nun auch, zur angestrebten Modernisierung und Inwertsetzung der Ressourcen des Landes auf ausländisches Kapital zurückzugreifen, das in zunehmendem Maße von ausländischen Investoren angeboten wurde und so Guzmán Blancos Verfügungs- und Verteilungsmöglichkeiten von Mitteln erhöhte. Das ausländische Kapital wurde vorwiegend für den Ausbau eines

Eisenbahn- und Wegenetzes, besonders in den Hauptanbaugebieten von Kaffee und Kakao (Bolívar, Aragua, Carabobo), aber auch für den großstädtischen Ausbau der Hauptstadt Caracas verwendet. Allerdings bedeuteten die Vertragsmodalitäten mit ausländischen Banken und Eisenbahnfirmen – u.a. auch deutschen wie der *Disconto Gesellschaft*, der *Norddeutschen Bank*, der *Großen Venezuela Eisenbahngesellschaft* – hinsichtlich Laufzeit und Gewinnentnahme langfristig gesehen enorme Belastungen für zukünftige Regierungen und Generationen. Die Verträge waren auf eine Laufzeit von 99 Jahren abgeschlossen; sie erlaubten den ausländischen Vertragspartnern freizügige Einfuhr von Ausrüstungsgegenständen – brachten also für eine eigene Industrie kaum Impulse –, vergaben großzügig Rechte an Ländereien, erteilten den einzelnen Gesellschaften das Monopol in dem jeweiligen Streckengebiet, schlossen also Konkurrenz aus. Zudem garantierte der Staat noch eine jährliche Verzinsung des investierten Kapitals von 7 Prozent. Die Konsequenzen dieser Politik zeigten sich dann spätestens 1902, als Venezuela zahlungsunfähig wurde und sich europäische Mächte zu einer Blockade veranlaßt sahen. Noch war die Erdölförderung mit ihrer nachgeordneten Industrialisierung nicht zum allgemeinen Impulsgeber geworden, obwohl 1878 die erste *Compañia Petroleo de Tachira* gegründet und 1883 die ersten Förderkonzessionen an US-amerikanische Firmen vergeben worden waren.

Im Kontext der Guzmánschen Modernisierungsbestrebungen sind auch seine Bemühungen um eine Steigerung der Einwanderung zu sehen, die frühere, wenig erfolgreiche Anstrengungen wieder aufnahmen. Allerdings wurden solche Einwanderungen ebenfalls in den Agrarbereich geleitet. So gründete Guzmán Blanco 1874 zwei Kolonien mit europäischen Bauern: die Kolonie „Guzmán Blanco“ mit einer Ausdehnung von 555 km² und die Kolonie „Simón Bolívar“ mit einer Fläche von 22 km²; 1886 lebten dort etwa 900 Personen. Beide Kolonien produzierten für den Kaffee-Export, fügten sich also in die Gesamtorientierung ein. Alle Maßnahmen hatten zwar eine Steigerung des Anteils von Kaffee am Exportvolumen von um 50 Prozent in den 1880er auf über 70 Prozent in den 1890er Jahren zur Folge, doch da Guzmán Blanco und seine Nachfolger es unterließen, die Agrarproduktion zu diversifizieren oder Maßnahmen für eine Industrialisierung zu ergreifen, blieb Venezuela weiterhin vom Kaffee als Hauptagrarprodukt und dessen Weltmarktpreisen – ab 1898 erfolgte erneut ein Preiseinbruch – abhängig und war zugleich auf den Import von Konsumgütern angewiesen.

Auch die Beschäftigungsstruktur erfuhr keine Änderung; sie entsprach ganz der agrar/viehwirtschaftlichen Grundausrichtung. Noch 1891 waren bei einer Gesamtbevölkerung von fast 2,4 Mio. über 45 Prozent der wirtschaftlich aktiven Bevölkerung in der Land- und Viehwirtschaft beschäftigt, während handwerkliche Tätigkeiten nur 17,6 Prozent ausmachten und besonders in den Haupt- oder Hafenstädten anzutreffen waren.

Der Exportorientierung entsprechend bildeten die Häfen bzw. Caracas die Hauptzentren wirtschaftlicher Aktivitäten; dort konzentrierte sich auch das politische und gesellschaftliche Leben. Ein regionales Gleichgewicht bzw. eine stärkere Integration der verschiedenen Wirtschaftsräume erfolgte jedoch nicht. Vier verschiedene Wirtschaftsräume, jeweils für sich auf den Export ausgerichtet, bestanden ohne interregionale Kommunikation nebeneinander her, denn die geplanten und gebauten Eisenbahnlinien dienten vordringlich zur Anbindung an die Häfen. Im Westen

Tab. 43: Exportvolumen Venezuelas und Anteil der Produkte in % 1851–1901

Zeitraum	Gesamt in Bolívares	Kaffee	Kakao	Rinder/ Vieh	Häute	Andere Produkte*
1851/52	32 554	41,4	22,5	–	–	
1856/57	39 391	–	–	–	–	
1857/58	28 745	–	–	–	–	
1859/60	43 143	44,5	13,4	–	–	
1869/70	34 707	56,4	6,6	0,5	14,7	21,8
1875/76	80 563	70,1	9,3	–	1,2	–
1880/81	69 053	43,9	6,7	0,8	3,2	45,4
1885/86	82 304	43,4	10,3	0,9	4,5	40,9
1890/91	119 817	75,0	7,7	1,1	3,8	12,4
1896/97	93 244	70,8	9,9	1,3	3,2	14,8
1900/01	79 702	38,7	3,8	6,2	5,7	45,6

* u.a. Baumwolle, Indigo, Tabak, Zucker, ab Ende des Jahrhunderts auch Asphalt, Gerbrinde (Dividivi)

Quelle: Izard [1970, 183 ff.].

bildeten die Andenregion und der Staat Zulia, wo sich das Hauptanbaugebiet für Kaffee konzentrierte, mit Maracaibo als Ausfuhrhafen die wichtigste Wirtschaftsregion. Die zweite Zone umfaßte Regionen und Einzugsgebiet der Städte Valencia und Caracas mit ihren jeweiligen Häfen Puerto Cabello und La Guaira. Hier gab es neben Kaffeeanbau noch verschiedene andere landwirtschaftliche Erzeugnisse wie Kakao und Zucker, ferner Viehzucht sowie den Abbau der Kupfergruben von Aroa; auch erste einheimische Manufakturbetriebe wie Baumwollwebereien in Valencia oder Gerbereien in Caracas hatten ihre Produktion aufgenommen. Anbau und Ausfuhr von Kakao sowie die von einer US-amerikanischen Firma betriebene Gewinnung von Asphalt aus dem Guanoco-See und die von einer englisch-französischen Gesellschaft geförderte Kohle der Gruben von Naricual prägten die östliche Wirtschaftszone Vene-

Tab. 44: Beschäftigungsstruktur der venezolanischen Bevölkerung 1891

Gesamtbevölkerung (absolut)	arbeit. Bevölkerung* (absolut)	Land-/Viehwirtschaft in %	Handel in %	Handwerk in %	Hauspersonal in %	Freie Berufe in %	Ärzte in %
2 323 527	1 301 175	45,6	5,6	17,6	27	1,1	0,2

			Verwaltung in %	Seefahrt in %	Bergbau in %	Klerus in %	Öffentliche Ordnung in %
			0,5	1,2	0,1	0,06	0,94

* Männer und Frauen zwischen 14 und 50 Jahren = 56 %

Quellen: Brito Figueroa [1966, I, 293]; Izard [1970, 50 f.].

zuelas, den Staat Bermúdez mit dem Ausfuhrhafen Carúpano. Das Einzugsgebiet des Orinoco, sein Mündungsgebiet und das Hochland von Guayana, der Staat Bolívar, stellten mit dem Ausfuhrhafen Ciudad Bolívar – dem alten Angostura – am Orinoco den vierten Wirtschaftsraum dar, reich an Bodenschätzen wie die berühmten Goldminen von El Callao oder die Eisenerzvorkommen im Orinoco-Delta, die allerdings wegen der Grenzstreitigkeiten mit Großbritannien zu Ende des 19. Jh. noch nicht abgebaut werden konnten.

Die Grenzstreitigkeiten mit Großbritannien resultierten aus dem unklaren und strittigen Grenzverlauf im Orinoco- und Essequibo-Gebiet zwischen Venezuela und Britisch-Guayana, der 1814 von den Holländern an Großbritannien abgetretenen Region. Der preußische Forschungsreisende Robert Schomburgk hatte 1841 im Auftrag der *Royal Geographic Society of London* und des *British Colonial Office* die bisher unbestimmte westliche Grenze zugunsten Britisch-Guayanas kartographisch aufgenommen und dabei Point Barima, von dem aus die Orinocomündung kontrolliert werden konnte, in den britischen Herrschaftsbereich einbezogen. Venezuela hatte Protest eingelegt, zumal es sich mit der offiziellen Anerkennung durch das ehemalige Mutterland Spanien im März 1845 in den alten Grenzen der Generalkapitanie bestätigt gesehen und damit die frühere spanisch-holländische Grenze für rechtens erachtet hatte. Eine Regelung war jedoch nicht gefunden worden, im Gegenteil, die Auseinandersetzungen hatten zugenommen, seit man in den 1850er Jahren im strittigen Gebiet am Cuyuni und Yuruari Gold gefunden hatte, 1867 die *British Guiana Mining Company* zur Ausbeutung der Cuyuni-Minen gegründet worden war und ca. 40 000 britische Untertanen in der Region lebten.

Venezuela war wegen der innenpolitischen Schwierigkeiten bislang zu schwach gewesen, auf das britische Vorgehen angemessen zu reagieren. Da es auf das strittige, wirtschaftlich vielversprechende Gebiet nicht verzichten und die Schomburgk-Linie nicht akzeptieren wollte, erbat die Regierung Guzmán Blanco 1876 zum erstenmal moralische Unterstützung von den USA, allerdings noch vergebens. 1881 wandte sich Guzmán Blanco erneut an die USA um Hilfe und Vermittlung für eine schiedsgerichtliche Regelung der Frage. Diesmal griffen die USA, die sich seit einiger Zeit der Bedeutung des südamerikanischen Kontinents als potentiellem Absatzmarkt für ihre Produkte und der Rolle des Orinoco als Handelspforte ins Landesinnere bewußt geworden waren, das Hilfeersuchen auf und versuchten, Großbritannien zur Einwilligung in ein Schiedsgerichtsverfahren zu bewegen. Vergeblich. Ebensowenig konnte Guzmán Blanco, der 1884 als Botschafter in Europa weilte, in direkten Gesprächen mit London diesbezügliche Erfolge erzielen. Die Situation spitzte sich u.a. durch das weitere britische Vordringen derart zu, daß Guzmán Blanco 1887 die diplomatischen Beziehungen zu Großbritannien abbrach.

Auseinandersetzungen und diplomatische Verhandlungen zogen sich ergebnislos bis 1895 hin, bis der US-amerikanische Außenminister Richard Olney in der berühmten Note vom 20. Juli 1895 an den US-amerikanischen Botschafter in London, J.T. Bayard, dem sog. Olney-Korollarium zur Monroe-Doktrin, unmißverständlich erklärte, daß die Vereinigten Staaten praktisch der Souverän des Kontinents seien und Englands Vorgehen in Venezuela die Interessen der amerikanischen Völker verletze; dem europäischen Vordringen in Südamerika kündigte Olney den amerikanischen Widerstand, d.h. die Anwendung der Monroe-Doktrin, an. Großbritannien lenkte daraufhin ein und kam im Vertrag vom 2. Februar 1897 mit Venezuela überein, eine schiedsgerichtliche Regelung zu akzeptieren. Nach 45 Sitzungen erließ ein internationales Schiedsgericht, das sich ohne einen Venezolaner aus zwei Amerikanern, zwei Engländern und dem russischen Völkerrechtler Martens zusammensetzte, am 3. Oktober 1899 in Paris einen Schiedspruch, der Großbritannien ca. 94 Prozent des strittigen Territoriums – immerhin über 80 000 km^2 –, Venezuela den Rest, die Orinocomündung und Point Barima zusprach. Für den Moment war zwar eine Klärung erfolgt, doch barg der Spruch wegen der für Venezuela unvorteilhaften territorialen Aufteilung genügend Zündstoff für zukünftige internationale Auseinandersetzungen. In der Grenzfrage führte Guzmán Blancos Politik indirekt nur zu einem Teilerfolg.

Innenpolitisch jedoch sicherte Guzmán Blanco, der durchaus nicht frei war von persönlichen Eitelkeiten und von privater Bereicherung – so war er an zahlreichen Unternehmen und Gesellschaften als Aktionär beteiligt –, der sich selbst den Titel *El Ilustre Americano* verliehen hatte, mit seiner Politik eines politischen Gleichgewichts zwischen Zentralregierung und den Interessen der regionalen *caudillos* den staatlichen Zusammenhalt Venezuelas und brachte es mit einer Reihe von Maßnahmen wie Laizisierung und Förderung von Bildung und Erziehung, u.a. durch das 1870 erlassene Gesetz über die Grundschulpflicht, wie Zivilstandsregister und Zivilehe sowie allgemeinen statistischen Erhebungen auf den Weg der Modernisierung. In dem Bestreben, den Einfluß der Katholischen Kirche zurückzudrängen, nahm Guzmán ohne Zögern Konflikte mit der Katholischen Kirche in Kauf; er ließ 1870 den Erzbischof Silvestre Guevara y Lira ausweisen und plante sogar die Errichtung einer venezolanischen Nationalkirche. Diese von einem starken Nationalismus geprägten Maßnahmen hatten zwar nur Teilerfolge, sie brachten ihm aber Ansehen und schienen seiner Politik des starken, autoritären Mannes Recht zu geben, der der Venezolaner Laureano Vallenilla in seinem Werk *Cesarismo Democrático* geradezu Vorbildcharakter verlieh.

Wie sehr die erreichte Stabilität tatsächlich von der Person Guzmán Blancos abhing, wie wenig dagegen die Stabilität in die politischen Strukturen selbst eingebaut war, d.h. wie wenig der regionale *caudillismo* überwunden war und wie weit Venezuela von einer wirklichen Konsolidierung noch entfernt war, belegen die politischen Widerstände, denen sich Guzmáns Nachfolger, auch General Joaquín Crespo (1892–1897), gegenübersahen. Als 1899 Cipriano Castro, ein Anhänger des radikalen Liberalismus, von Kolumbien aus mit einer militärischen Invasion die Macht übernahm und die *Revolución Restauradora* durchführte, endete das *Guzmanato,* der Versuch, einen Schritt zur politischen Normalisierung zu tun. Indem Castro die föderale Verfassung von 1864 und die Autonomie der einzelnen Staaten wieder in Kraft setzte, gab er dem Einfluß regionaler *caudillos* neuen Raum. Erst in den 1920er Jahren traten sichtbare Veränderungen zutage, als sich mit dem Erdöl als dominierendem Wirtschaftsfaktor auch ein venezolanisches Bürgertum, eine Mittelschicht als stabilisierendes Element herausbildete, das sozialen Frieden nicht nur als Sicherung der nationalen Einheit verstand, sondern dem nun auch an einer vertikalen Ressourcenverteilung gelegen war.

Rory Miller

5. Peru, Bolivien, Chile 1830–1920

Aus dem Englischen übersetzt von Andrea von Struve

A. Einleitung

Die Beschäftigung mit der Geschichte Lateinamerikas seit der Unabhängigkeit erfordert eine Vorgehensweise, die sowohl die Gemeinsamkeiten der jeweiligen Länder betont als auch ihre Unterschiede herausstellt und erklärt. Obgleich dieses Spannungsverhältnis auch bei einer Betrachtung der Entwicklung Perus, Boliviens und Chiles im 19. Jh. wirksam wird, gibt es gute Gründe, alle drei Staaten gemeinsam zu behandeln. Zum einen sind ihre politischen Entwicklungen eng miteinander verknüpft. Die drei Republiken gingen aus der Auflösung des Vizekönigreichs Peru hervor und spiegelten dessen Verwaltungsgliederung wider. Zweimal (1836–1839 und 1879–1883) führte Chile gegen die anderen beiden Staaten Krieg; auf den ersten Konflikt folgte ein weiterer zwischen Peru und Bolivien. Zum anderen bestanden zwischen den drei Ländern seit der Kolonialzeit Handelsverbindungen und enge Wirtschaftsbeziehungen. Die historischen Entwicklungen im 19. Jh. weisen weitere Parallelen auf: die zentrale Rolle des Bergbaus, die Entstehung einer Großgrundbesitzer-Elite, ähnliche politische Strukturen und Praktiken, die Geschichte der Armen in der Stadt und auf dem Land sowie die durch den rapiden Anstieg des Exporthandels ab der Mitte des Jahrhunderts bewirkten sozialen und politischen Spannungen.

Der Salpeterkrieg (1879–1883) stellt einen klaren Einschnitt in der Geschichte aller drei Länder dar; entsprechend ist auch das vorliegende Kapitel gegliedert. Der Ausbruch des Krieges ist zum Teil auf eine weltweite Konjunkturkrise Mitte der 1870er Jahre zurückzuführen. Der enorme wirtschaftliche Aufschwung vor allem in Peru und Chile seit der Mitte des Jahrhunderts kam jäh zum Stillstand. In beiden Ländern mußten die Eliten auf eine plötzliche innere Krise reagieren, und die unveränderte Schwäche des bolivianischen Staates, zu dessen Territorium die zwischen Peru und Chile gelegene Küstenprovinz Antofagasta gehörte, löste schließlich den militärischen Konflikt aus.

In Bolivien wurden die sozialen und politischen Veränderungen, die der Aufschwung des Silberbergbaus um 1850 in Gang gesetzt hatte, durch den Krieg beschleunigt. 1898/99 entluden sich die Spannungen innerhalb der bolivianischen Elite und zwischen den ethnischen Gruppen des Landes in einem Bürgerkrieg, der die folgenden 30 Jahre entscheidend prägen sollte. Nach dem Salpeterkrieg mußten Peru und Bolivien einen Teil ihres Territoriums an das siegreiche Chile abtreten. Dies eröffnete Chile, das nun über ein weltweites Nitratmonopol verfügte, neue wirtschaftliche Möglichkeiten, während Peru durch seine Niederlage zunächst in eine Phase der wirtschaftlichen Depression geriet, bevor der Wiederaufbau einsetzte. Beide Länder wurden über ein Jahrzehnt lang von politischen Unruhen erschüttert. Der Krieg veränderte auch die Beziehungen der beiden Staaten zum Ausland. Ausländische Direktinvestitionen (im Gegensatz zu den Handelsaktivitäten ausländischer Kaufleute und den Investitionen

Peru und Bolivien im Jahr 1905

Chile um 1900

in Staatsanleihen der Vorkriegsära) nahmen zu. Dies eröffnete den einheimischen Eliten zwar neue unternehmerische Möglichkeiten, brachte aber auch gewisse Einschränkungen für ihre Wirtschaftsaktivitäten mit sich. Der Staat stand vor dem Problem, sich einen Anteil an den ausländischen Einnahmen zu sichern. Darüber hinaus führte das Wirtschaftswachstum im Exportsektor, das Chile nach 1880 erlebte, zu erneuten sozialen Spannungen in den Städten. In Peru sorgten die durch den Krieg ausgelösten innenpolitischen Konflikte, auf die ab Mitte der 1890er Jahre zwei Jahrzehnte des rapiden Aufschwungs folgten, ebenfalls für soziale Unruhen, zu denen sich, ähnlich wie in Bolivien, Konflikte auf dem Land und zwischen verschiedenen ethnischen Gruppen gesellten. Als der Erste Weltkrieg den Außenhandel und die Investitionstätigkeit des Auslands lähmte, traten diese Probleme offen zutage und setzten die Volkswirtschaften und die politischen Systeme beider Länder einer Zerreißprobe aus.

In der historischen Forschung haben sich allgemeinere Trends herausgebildet. Mittlerweile wird der Sozialgeschichte der breiten Bevölkerung auf dem Land, in den Bergbauzentren und den Städten größere Aufmerksamkeit geschenkt. In Peru und Bolivien haben die Arbeiten von Ethnologen und Anthropologen wichtige neue Erkenntnisse erbracht. Wirtschaftshistoriker haben sich von den simplifizierenden Verallgemeinerungen über die Abhängigkeit vom Ausland und dessen Einfluß gelöst und sich eingehender mit dem Exportsektor, der einheimischen Wirtschaft, den Wirtschaftseliten und der Rolle des Staates befaßt. Die politische Geschichte beschränkt sich nicht mehr auf die meist inhaltsleere Aufzeichnung der politischen Karrieren von Präsidenten und *caudillos*. Statt dessen haben sich die Arbeiten darauf konzentriert, die Strukturen, die Denkweisen und das Zusammenspiel ökonomischer und sozialer Faktoren zu untersuchen, die für die politische Stabilität oder die Konflikte in diesen Ländern verantwortlich waren. In allen drei Bereichen – der Wirtschaft, der Gesellschaft und dem Staat – wird mittlerweile auf die Entwicklungen im regionalen und lokalen Bereich größeres Gewicht gelegt. Dies entspricht auch der vorrangigen Bedeutung, die die Menschen im 19. Jh. der *patria chica* gegenüber dem Zentralstaat einräumten.

Diese rege wissenschaftliche Forschung erfolgte ungeachtet einer sehr ungünstigen Quellenlage. Abgesehen von Chile, wo dank der stabilen politischen Situation und einer professionellen Bürokratie regelmäßig statistische Erhebungen durchgeführt wurden, liegt nur spärliches Datenmaterial vor. In Peru wurden im gesamten 19. Jh. kaum verläßliche Handelsstatistiken, Zensusdaten oder Angaben zum Staatshaushalt veröffentlicht. Zudem haben Historiker selten Privatarchive genutzt. Statt dessen haben sie die umfangreiche Tagespresse, zahllose Flugschriften sowie Akten und gedruckte *memorias* der Ministerien ausgewertet und in mühseliger Kleinarbeit die Vergangenheit rekonstruiert. Sie haben dabei auch auf einfallsreiche Weise Notariatsarchive genutzt, die sich zu Hauptquellen für die Geschichtsforschung zu Lateinamerika im allgemeinen entwickelt haben. Trotz finanzieller Probleme und (im Falle Boliviens und Perus) trotz politischer Unterdrückung haben die lateinamerikanischen Wissenschaftler einen Großteil der besten Arbeiten geliefert. Glücklicherweise sind die ausländischen Historiker davon abgekommen, sich anhand von europäischem und amerikanischem Archivmaterial mit der Geschichte der diplomatischen Beziehungen zu beschäftigen – was bis in die 1960er Jahre hinein noch gang und gäbe war. Dabei haben sie allerdings entdeckt, daß der Informationsreichtum dieser Archive auch den neueren Forschungsrichtungen zugute kommen kann.

B. Von der Unabhängigkeit zum Salpeterkrieg

Der gängige, vergröberte Eindruck jener Epoche präsentiert sich in etwa wie folgt: Chile erlebte einen anhaltenden wirtschaftlichen Aufschwung und verzeichnete einen für hispanoamerikanische Verhältnisse einzigartigen Grad an politischer Stabilität, während Bolivien wirtschaftlich stagnierte und von anhaltenden innenpolitischen Kämpfen erschüttert wurde. Peru bewegte sich zwischen diesen beiden Polen: Die verbreitete Meinung ist, daß die Guano-Exporte Ramón Castilla seit Mitte der 1840er Jahre mit den notwendigen Mitteln versorgten, um dem *caudillismo,* unter dem das Land seit Erlangung der Unabhängigkeit litt, ein Ende zu setzen. Begibt man sich von der nationalen auf die regionale Ebene, bietet sich allerdings ein völlig anderes Bild. Die peruanische *sierra* wies große Parallelen mit der bolivianischen auf, besonders was die Rolle der Indianer und Mestizen und die Entwicklung des Binnenhandels betraf; ebenso bestanden zwischen den Küstenregionen Chiles und Perus mit ihrer Exportwirtschaft und ihren nach außen orientierten Eliten große Ähnlichkeiten. Auch die politischen Strukturen, Einstellungen und Praktiken auf lokaler Ebene, unabhängig von der Situation des jeweiligen Gesamtstaats, ähnelten sich. Im folgenden werden deshalb die drei Länder nicht einzeln betrachtet, sondern unter thematischen Gesichtspunkten zusammengefaßt und verglichen.

a Wirtschaftliche Entwicklungen

Bevölkerung und Wirtschaft um 1830

Als die drei Länder ihre Unabhängigkeit erlangten, wiesen sie noch eine recht geringe Bevölkerungszahl auf. 1836 wurde die Einwohnerzahl Perus auf etwa 1,4 Mio. geschätzt. Chile hatte 1835 1 Mio. Einwohner und Bolivien 1,4 Mio. im Jahr 1846. Auch die Städte waren klein: In den 1830er Jahren lebten in Lima etwa 55 000 Menschen, in Santiago de Chile 70 000 und in La Paz, der größten Stadt Boliviens, knapp 40 000. Die ländlichen Regionen waren sehr ungleich besiedelt. Die meisten Peruaner und Bolivianer lebten in der *sierra,* mit Schwerpunkt auf dem *altiplano,* der sich von Südperu bis nach Bolivien erstreckt, und in den fruchtbaren Andentälern. In Chile konzentrierte sich die Bevölkerung auf die zentrale Talzone zwischen Santiago und Concepción. Die Küstenwüste, die von der chilenischen Provinz Atacama bis fast an die Grenze Perus reichte, war kaum besiedelt.

Die Unabhängigkeitskriege hatten die Wirtschaft der drei Länder erheblich in Mitleidenschaft gezogen. In Peru und Bolivien kam der Bergbau infolge von Überflutungen sowie aus Mangel an Arbeitskräften und Maultieren zum Erliegen. Der Rückgang des Viehbestandes, nicht nur der für den Transport unerläßlichen Maultiere, sondern auch der Rinder und Schafe, nahm in vielen Regionen dramatische Ausmaße an. Nach Öffnung für den Außenhandel wurden die Märkte von Importgütern überschwemmt, vor allem von britischen Textilien, was die einheimischen Industrien schwächte und den Volkswirtschaften Zahlungsmittel entzog. In allen drei Ländern wurde der Binnenhandel durch die Münzknappheit stark beeinträchtigt. Die Ankurbelung der Wirtschaft erforderte eine Neubelebung des Bergbaus, was den Exporthandel mit Europa begünstigt hätte, sowie eine Reaktivierung der internen Handelsverbindungen aus der Kolonialzeit. Dies wäre möglicherweise auch unabhängig vom Exportwachstum, vom Bedarf der Exportwirtschaft an Gütern und Arbeitskräften und von den durch Exporteinnahmen neu geschaffenen Möglichkeiten zu erreichen gewesen. Allerdings waren die ersten zehn Jahre nach Erlangung der Unabhängigkeit alles andere als ermutigend; um 1830 erschienen die Hindernisse auf dem Weg zum wirtschaftlichen Aufschwung noch unüberwindbar.

Der Bergbau

Peru und Bolivien waren seit der Kolonialzeit die traditionellen Zentren des Silberbergbaus. In den 1820er Jahren stellten sie, ebenso wie in Chile, für britische Investoren einen attraktiven Markt dar. Sämtliche britischen Bergbaukonsortien scheiterten jedoch entweder an mangelndem Kapital oder weil sie die besonderen Probleme des Bergbaus in den Hochanden nicht einkalkuliert hatten. Zunächst mußten die Minen trockengelegt werden, was den Bau von Tunnels oder den Einsatz von dampfbetriebenen Wasserpumpen (wozu man allerdings Brennstoff benötigte) erforderte. Nach dem Fehlschlag der Briten mußten der Staat oder Privatunternehmer als Geldgeber einspringen. Die ersten Erfolge stellten sich in Cerro de Pasco in Zentralperu ein, wo der Bau eines neuen Entwässerungstunnels Anfang der 1840er Jahre einen enormen Produktionsanstieg bewirkte (Tab. 45). Danach begann die Silberförderung Perus jedoch zu stagnieren. In Bolivien dauerte es länger, bis der Bergbau sich wieder erholte, was teilweise daran lag, daß die Minenbesitzer eine „unsichtbare" Steuer hinnehmen mußten, die sie von Investitionen abhielt. (Die Münzanstalt in Potosí kaufte ihnen das Silber unter dem Weltmarktpreis ab und zahlte zudem noch mit entwerteten *pesos febles.*) Bis 1850 stammte das meiste bolivianische Silber aus dem Abraum früherer Unternehmungen und kaum aus neuer Förderung. Danach allerdings bezog Bolivien preisgünstiges Quecksilber aus Kalifornien, und da sowohl einheimische Kaufleute als auch chilenische Investoren Kapital zur Verfügung stellten, erlebte der Bergbau unter der Führung von Unternehmern wie Arce, Pacheco und Aramayo schließlich einen Aufschwung.

Chiles Beitrag zu dieser Entwicklung wurde durch die Expansion des einheimischen Bergbaus ermöglicht. Neue Silbervorkommen (1825 in Arqueros bei Coquimbo und 1832 in Chañarcillo bei Copiapó) wurden entdeckt, auf die in den 1840er Jahren weitere Funde folgten. Von weit größerer Bedeutung war jedoch die Kupferförderung im *norte chico* (den Provinzen Atacama und Coquimbo), die durch den Brennstoffbedarf der Schmelzhütten wiederum den Kohlebergbau im Süden um Lota und Coronel belebte. In den 1850er Jahren entwickelte sich Chile zum weltweit führenden Kupferproduzenten. Als die Produktion Ende der 1870er Jahre ihren Höchststand erreichte, lag Chiles Weltmarktanteil bei 40 Prozent. Zu diesem Zeitpunkt hingen Chiles gesamte Exportwirtschaft und die staatlichen Einkünfte von der Kupferindustrie ab. Auch die mächtigen Familienclans des Landes – wie die Edwards, die Cousiño, die Urmeneta, die Vicuña MacKenna und die Ossa – verdankten ihr riesiges Privatvermögen dem Bergbau.

Technologische Neuerungen bei der Förderung und Aufbereitung von Bodenschätzen setzten sich nur zögernd durch. Die Minenbesitzer arbeiteten nach wie vor mit angeheuerten Bergarbeitertrupps statt mit einer festen Belegschaft. Nach und nach

Tab. 45: Silber- und Kupferproduktion in Peru, Bolivien und Chile 1830–1899 (Jahresdurchschnitt)

Zeitraum	Silber (Mark)		Kupfer (Tonnen)	
	Bolivien	Chile	Peru	Chile
1830–1839	188 319	*	337 245	15 250**
1840–1849	191 923	192 246***	434 257	14 480
1850–1859	201 482	252 957	341 148	18 812
1860–1869	344 435	204 870	306 043	38 933
1870–1879	955 629	229 739	360 583	46 044
1880–1889	1 111 568	509 522	297 392	37 050
1890–1899	1 655 762	632 478	494 637	23 230

Bei den Zahlen zur Silberproduktion ist zu berücksichtigen, daß über den legalen und illegalen Export von ungemünztem Silber keinerlei Aussagen gemacht werden können.
* keine Zahlen verfügbar
** nur 1835–1839
*** nur 1844–1849

Quellen: HUNT [1973, 57–59]; KLEIN [1982, 298]; SCHMITZ [1979, 65 und 144–148]; VAYSSIÈRE [1980, 114].

wurden dampfbetriebene Pumpen eingeführt und in den Minen Förderwagen benutzt, doch es dauerte geraume Zeit, bis moderne Bohrverfahren zur Anwendung gelangten. In der Silbergewinnung wurde noch immer mit dem traditionellen Amalgamations-Verfahren gearbeitet, wofür Quecksilber und eine große Zahl an Arbeitskräften nötig waren. Allerdings muß den chilenischen Unternehmern zugute gehalten werden, daß sie die Mineralien nicht mehr zur Aufbereitung nach Großbritannien schickten, sondern in den 1850er Jahren die Kupferverhüttung selbst in die Hand nahmen und den Flammofen einführten. Abgesehen von den wenigen Unternehmern, die auf unerwartet reiche Erzlager stießen, wurden die höchsten Gewinne jedoch nicht im Bergbau selbst erzielt, sondern in der Verhüttung und im Kreditgeschäft. Für kleinere Minenbesitzer war es äußerst schwierig, ihre Betriebe aus eigenen Mitteln zu finanzieren, und so verkauften sie das Erz zu niedrigen Preisen an Schmelzer oder Exporteure. Die höchsten Gewinne brachte der Handel. In der ersten Hälfte der 1860er Jahre nahm die britische Firma *Antony Gibbs & Sons* 600 000 Pesos an Provisionen ein, während der chilenische Geschäftsmann Agustín Edwards 1871/72 etwa 1,5 Mio. Pesos mit Spekulationsgeschäften auf dem Kupfermarkt verdiente.

Das Wachstum in anderen Exportbranchen

Um die Mitte des 19. Jh. war Perus wichtigstes Exportprodukt Guano, der an der Küste abgelagerte Kot von Millionen von Seevögeln, den man als Dünger nach Europa und Nordamerika verkaufte. Die günstig gelegenen Lagerstätten und die kaum erforderliche Verarbeitung boten der technologisch unterentwickelten und unter Arbeitskräftemangel leidenden Wirtschaft ideale Voraussetzungen: Mit maximal 1000 Arbeitern – anfangs waren es Sklaven, später Chinesen – konnte der Guano abgebaut und verladen werden. Seine wirtschaftliche Bedeutung hing nicht zuletzt mit der

Tatsache zusammen, daß 1840, als der Guano-Handel aufblühte, sämtliche Lagerstätten verstaatlicht wurden. Zwischen 1841 und 1879 brachten die Guano-Exporte insgesamt 100 Mio. Pfund ein, wovon 60–65 Prozent an den Staat gingen. Die einträglichste Phase des Guano-Handels setzte in den 1850er Jahren ein und endete Anfang der 1860er Jahre, als Qualität und Preisniveau sanken.

Tab. 46: Guano- und Nitratproduktion in Peru, Bolivien und Chile 1840–1919 (Jahresdurchschnitt, in 1000 Tonnen)

Zeitraum	Peru Guano	Peru Nitrat	Bolivien Nitrat	Chile Nitrat
1840–1844	7,4	14,9		
1845–1849	83,6	19,1		
1850–1854	288,8	31,3		
1855–1859	391,2	51,9		
1860–1864	373,3	64,9		
1865–1869	472,8	97,5		
1870–1874	521,0	213,4	9,2 *	
1875–1879	390,9	216,8	32,6 **	
1880–1884	21,5			457,4
1885–1889	36,4			674,4
1890–1894	29,9			955,4
1895–1899	25,8			1242,6
1900–1904	***			1433,8
1905–1909	***			1873,1
1910–1914	***			2370,1
1915–1919	***			2337,6

* Durchschnittswert der Jahre 1872–1874

** Durchschnittswert der Jahre 1875–1876 und 1878–1879. Über das Jahr 1877 liegen keine Zahlen vor. Im Februar 1879 besetzte Chile Antofagasta, es läßt sich jedoch zwischen den Exporten vor und nach diesem Datum nicht differenzieren.

*** keine Zahlen verfügbar

Quellen: Hunt [1973, 57ff.]; O'Brien [1980, 10]; Vayssière [1980, 270f.].

Die Rolle des Guano-Handels wurde sehr kontrovers diskutiert, vor allem, weil Peru nach dessen Niedergang offensichtlich außerstande war, dem chilenischen Eindringen Einhalt zu gebieten, zudem mit einer enormen Auslandsverschuldung (über 30 Mio. Pfund im Jahr 1875) konfrontiert war und lediglich über einige kostspielige, erst halb fertiggestellte Eisenbahnstrecken verfügte. Historiker wie Hunt [1985] und Mathew [1981] haben mittlerweile nachgewiesen, daß der Guano-Handel keineswegs eine wirtschaftliche Enklave darstellte, von der hauptsächlich ausländische Firmen profitierten. Daher stellt sich die Frage, wie die Regierung die Einnahmen aus dem Guano-Handel einsetzte und welche Rolle die Wirtschaftselite dabei spielte. Unglücklicherweise trat Peru bereits mit einer Schuldenlast in die Guano-Ära ein, die kontinuierlich stieg. In den Guano-Verträgen mit ausländischen und einheimischen Kaufleuten wurde versucht, möglichst hohe Vorschüsse auszuhandeln, was jedoch eine Einbuße an Zinsen und Provisionen zur Folge hatte. Ein Großteil der Staatsausgaben wurde von Militär und Verwaltung geschluckt und war somit wirtschaftlich unproduktiv, obgleich die Abschaffung der Sklaverei und die äußerst umstrittene Umwandlung der Inlandsschuld Anfang der 1850er Jahre dem privaten Sektor große Kapitalmengen zuführte. Ende der 1860er Jahre investierte der Staat schließlich einen Teil der Guano-Einkünfte in Entwicklungsprojekte, vor allem in den Eisenbahnbau, der sich jedoch als kostenaufwendiges, schlecht konzipiertes Unternehmen erwies. Hinzu kam, daß die Regierung durch die Guano-Einkünfte andere Einnahmequellen vernachlässigte. Nach Ansicht von HUNT krankte die peruanische Wirtschaft an einer zu hohen Importrate und zu hoher Arbeitslosigkeit.

Wie aus Tabelle 46 zu ersehen ist, wurde der Boom im Guano-Abbau von einem kontinuierlichen Zuwachs an Nitratexporten aus der südlichsten Provinz Tarapacá begleitet. Anders als bei der Guano-Gewinnung mußte das Nitrat an der Küste aufbereitet werden, weshalb größere Investitionen erforderlich waren – besonders, als sich gegen Ende der 1860er Jahre Wasserdampf-Aufbereitungsverfahren durchsetzten. Da Peruaner, Chilenen und Europäer in den neuen Wirtschaftszweig investierten, schnellte die Produktion nach 1870 in die Höhe. Trotzdem verstaatlichte Peru die Nitratindustrie nicht. Auch in Nordchile und an der bolivianischen Küste erlebte die Nitratproduktion in den zehn Jahren bis zum Salpeterkrieg einen Aufschwung. Somit brachte die Gewinnung von Nitraten, die als Düngemittel verwendet wurden, den peruanischen Guano-Markt zusehends in Bedrängnis, während gleichzeitig beachtliche Mengen ausländischen Kapitals nach Peru und Bolivien flossen.

Das aus dem Guano-Handel indirekt gewonnene peruanische Kapital floß auch in die Landwirtschaft an der Küste und belebte auf diesem Wege die Exportwirtschaft. Während des nordamerikanischen Bürgerkrieges (1861–1865) kam es zu einem kurzzeitigen Anstieg des Baumwollexports, der 1865 die Rekordmenge von rund 4500 Tonnen erreichte. Auch die traditionellen Zuckerexporte der Küste erhöhten sich beträchtlich, von 10 000 Tonnen im Jahr 1868 auf 83 000 Tonnen im Jahr 1879. Darüber hinaus erreichten die Wollausfuhren aus dem südlichen *altiplano,* die größtenteils über Arequipa abgewickelt wurden, in den 1860er Jahren einen Höchststand von 1250 Tonnen (Schafwolle) bzw. 1200 Tonnen (Alpaka) jährlich.

Der eindrucksvollste Aufschwung der Landwirtschaft war in Chile zu beobachten, was zum Teil mit der Landnahme im Süden zusammenhing, wo Chile sich araukanisches Territorium einverleibt hatte. Infolge der ausländischen Nachfrage, zunächst durch den Goldrausch in Kalifornien und Australien und dann durch den Bedarf der Briten, wurde seit der Jahrhundermitte der Getreideanbau intensiviert. Die Agrarexporte erhöhten sich von einem jährlichen Durchschnittsvolumen von 3,8 Mio. US-Dollar zwischen 1851 und 1855 auf 13,2 Mio. US-Dollar zwischen 1871 und 1875. Der Getreidehandel enwickelte sich unregelmäßig, wobei es Ende der 1850er und Ende der 1870er Jahre zu größeren Stagnationsphasen kam. Der Weizenanbau trug aus zwei Gründen zum allgemeinen Wirtschaftswachstum bei: Zum einen importierten die Chilenen in den 1850er Jahren moderne Mahlwerke, die es ihnen ermöglichten, durch die Herstellung von Mehl beachtliche Gewinne zu erzielen; zum anderen blieben sowohl die Landwirtschaft als auch die Getreidemühlen, ob im Zentrum oder weiter südlich um Talca und Concepción gelegen, weitgehend in lokaler Hand. Die Kredite stellten hauptsächlich Kaufleute aus Valparaiso zur Verfügung, ab Mitte der 1850er

Jahre auch Hypotheken- und Handelsbanken. Dennoch blieb das Investitionsniveau im allgemeinen niedrig. Der Produktionsanstieg resultierte eher aus den (durch den Eisenbahnbau bedingten) gesunkenen Transportkosten, der landwirtschaftlichen Nutzung neu erworbener Gebiete und Chiles relativ großem Arbeitskräftepotential. Allmählich fiel das Land in der Agrartechnologie hinter den nordamerikanischen Standard zurück, so daß sich die chilenischen Gutsbesitzer in den 1870er Jahren mit wachsender Konkurrenz auf dem Weltmarkt konfrontiert sahen.

Die einheimischen Wirtschaftssysteme

Eine zu eingehende Beschäftigung mit der Exportwirtschaft würde das Gesamtbild verfälschen. Ein Großteil der *sierra* war kaum am Exporthandel beteiligt, und der Anteil der in diesem Wirtschaftssektor beschäftigten Bevölkerung war, abgesehen von Chile, recht niedrig. Trotzdem herrscht noch immer die Meinung vor, daß sich im Inland kaum jemand von der Subsistenzlandwirtschaft abwandte und daß die Binnenmärkte unbedeutend waren und stagnierten.

Doch diese Einschätzung trifft nicht zu. Aus verschiedenen Gründen expandierten die einheimischen Märkte wahrscheinlich während des gesamten Jahrhunderts (dies läßt sich durch zeitgenössisches Photomaterial belegen, das über die Größe der lokalen Märkte Aufschluß gibt). Die meisten Bewohner auf dem Land sahen sich, auch wenn ihnen genügend Boden zur Verfügung stand, um eine Familie zu ernähren, gezwungen, für eine gewisse Zeit des Jahres ihre Arbeitskraft oder ihre Erzeugnisse zu verkaufen. In Chile hatte die aus der Kolonialzeit stammende Zusammenfassung von Grundbesitz in *haciendas* einen großen Teil der Landbevölkerung bereits in die Lohnabhängigkeit getrieben. In Peru wurden den Indianern, die die Mehrzahl der Landbewohner ausmachten, bis 1854 (in Bolivien sogar bis zur Jahrhundertwende) Tributzahlungen abverlangt, die sie zwangen, sich entweder als Lohnarbeiter zu verdingen oder ihre Produkte auf dem Markt zu verkaufen. Zudem bestanden häufig finanzielle Verpflichtungen gegenüber der Kirche und der dörflichen Gemeinschaft. Darüber hinaus mußten die Landbewohner ihren Grundbedarf an Koka, Salz und Alkohol decken. In den Anden trugen auch geographische Faktoren zur Belebung des Binnenhandels bei – besonders die Vielfalt an Böden und Mikroklimata, die auf kleinem Raum anzutreffen waren. Die Andenbewohner hatten von jeher versucht, ihr Überleben dadurch zu sichern, daß sie möglichst viele Klimazonen wirtschaftlich nutzten, aber die wenigsten schöpften die ganze Bandbreite aus, die von der Lama- und Alpakazucht und der Anpflanzung von Knollengewächsen in den höchsten Höhenlagen bis zum Anbau von tropischen Früchten, Zucker und Koka in der *Ceja de la Selva* (subtropischer Randstreifen des Amazonasbeckens) reichte.

Auch die Verdrängung des heimischen Gewerbes durch den Importhandel sollte nicht überschätzt werden. Während die *obrajes* (Webereien auf den *haciendas*) in Südperu zur Zeit des Unabhängigkeitskrieges bereits im Niedergang begriffen waren, existierten auf dem bolivianischen *altiplano* um die Mitte des 19. Jh. schätzungsweise noch etwa 100 Betriebe. Darüber hinaus verdienten kleinere Landbesitzer und Pächter in den Tälern von Cochabamba und Sucre einen Teil ihres Lebensunterhalts durch Weberei, wobei sie das Rohmaterial von Kleinhändlern bezogen und ihnen anschließend das fertige Tuch wieder verkauften. In Chile waren sehr viele Menschen in der in Heimarbeit betriebenen Textilproduktion beschäftigt; eine Erhebung von 1855 zählte über 80 000 Spinnerinnen und Weberinnen. Auch die Herstellung von Töpferwaren, Lederartikeln und Baumaterialien gehörte zu den Einkommensquellen der Landbewohner.

Die Kleinstädte waren Markt-, Produktions- und Dienstleistungszentren. Aus einer Volkszählung von 1876 in Peru ist das dort vorhandene Angebot an Handwerks- und Dienstleistungsbetrieben zu ersehen: Blechschmiede und Hufschmiede, Mechaniker und Schlosser, Zimmerleute, Uhrmacher, Drucker, Böttcher, Büchsenmacher, Goldschmiede und Konditoren sowie die unvermeidlichen Anwälte, Büroangestellten, Lehrer, Ladeninhaber, Barbesitzer, Metzger und Bäcker. In den größeren Städten war die Palette der Berufsgruppen natürlich noch breiter. Ein von Manuel Fuentes 1857 in Lima durchgeführter Zensus führte über 10 000 Handwerker auf, unter denen Tischler, Steinmetze, Näherinnen, Schneider und Schuhmacher am zahlreichsten waren; 5000 Menschen sorgten für die Anlieferung und den Verkauf von Lebensmitteln; 4000 waren in anderen Handelszweigen tätig; dazu kamen noch über 12 000 Dienstboten. In den chilenischen Städten Santiago und Valparaiso entstanden Betriebe, die sich auf die Herstellung von Spirituosen, Konditorwaren, eleganter Kleidung und Möbeln, Kutschen und Schmuck spezialisiert hatten. Je höher der Wohlstand in den Großstädten war, desto spezialisierter waren die Tätigkeiten; so stellte sich das Dienstleistungsgewerbe (z. B. Mechaniker und Klempner) immer mehr auf die neuen, aus Europa eingeführten Technologien und Lebensstile ein. Schließlich entstanden in Peru und Chile um die Jahrhundertmitte kleine Textil- und Teigwarenfabriken sowie Brauereien.

Das Wachstum in der Exportwirtschaft bewirkte einen Anstieg des Binnenhandels. Eine Untersuchung über die Hochlandregion bei Hualgayoc in Nordperu hat gezeigt, daß in den 1870er Jahren Mehl, Salz, Reis und Importtextilien von der Küste in die Region gebracht und dort gegen Vieh und Handwerksprodukte eingetauscht wurden, während die lokalen Bergwerke beträchtliche Mengen an Lebensmitteln, Bauholz, *aguardiente (*Branntwein) und Koka einkauften [TAYLOR in: MILLER 1987]. An diesem Warenaustausch waren sowohl Grundbesitzer als auch Bauern beteiligt. Die großen Städte und Seehäfen, deren Entwicklung durch den Exporthandel gefördert wurde, sorgten für eine steigende Nachfrage. Lima bezog aus allen Regionen der peruanischen Küste und des zentralen Hochlands Erzeugnisse, während die Märkte in Santiago und Valparaiso wachsende Mengen an chilenischem Getreide sowie Fleisch und Wein aufnahmen. Eine wichtige Rolle spielte dabei bis zur Jahrhundertwende die intensive Nutzung der in der Kolonialzeit geschaffenen Handelswege zwischen Südperu, dem bolivianischen Hochland und Nordwest-Argentinien, die durch die Integrationswirkung des bolivianischen *peso feble* ermöglicht wurde, der von den 40er bis in die 60er Jahre des 19. Jh. hinein in großen Mengen geprägt wurde. Neben Silber lieferte Bolivien seinen Nachbarn auch Koka sowie in begrenztem Umfang Textilien und Getreide; dafür importierte es aus Peru *aguardiente,* Wollwaren, Chili und Zucker, aus Argentinien Maultiere, Rinder und Industrieerzeugnisse.

Das Transportwesen

Die Nutzung der Handelsnetze aus der Kolonialzeit und die Erschließung neuer Transportwege zwischen dem Hochland und der Küste basierten nach wie vor auf dem Einsatz traditioneller Transportmittel: an der Küste Karren und Maultiere und in der *sierra* Maultiere und Lamas. Die relativ hohen Kosten dieser Art der Warenbeförderung boten der landwirtschaftlichen und handwerklichen Produktion im Inland einen gewissen Schutz, obgleich bestimmte Produkte wie ausländische Textilien und Werkzeuge bis zur Mitte des Jahrhunderts in alle Teile des Landes gelangt waren. Darüber hinaus waren die traditionellen Transportmethoden äußerst arbeitsintensiv und beschäftigten eine beachtliche Zahl an Maultiertreibern *(arrieros)* und Kleinhändlern.

Die wichtigste Neuerung im Transportwesen vor dem Salpeterkrieg stellte vermutlich die Einführung der Dampfschiffahrt entlang der Küste dar, die mit der Gründung der *Pacific Steam Navigation Company* (PSN) im Jahr 1840 einsetzte. Dies führte zu einer erheblichen Kostensenkung im Küstentransport, ermöglichte die Ausfuhr von Produkten wie Getreide nach Europa (obwohl Guano und Nitrat nach wie vor mit Segelschiffen transportiert wurden) und verkürzte die Reisezeiten. 1868 eröffnete die PSN eine direkte Schiffsverbindung nach Europa, die über die Magellanstraße führte und Valparaisos Stellung als bedeutendster Umschlaghafen an der Westküste stärkte.

Bis zum Ende dieser Epoche gab es nur wenige Eisenbahnverbindungen. Einige kurze Strecken wurden in den Küstentälern Perus eingerichtet, von denen die erste 1851 zwischen Lima und Callao entstand, und in den Nitrat-Abbaugebieten. Nach 1869 finanzierte die peruanische Regierung den Bau einer Eisenbahnstrecke von Mollendo über Arequipa zum Titicacasee und nach Cuzco sowie eine zweite Linie von Lima ins zentrale Hochland. Beide Strecken wurden, nachdem 1875 die Wirtschaft zusammengebrochen war, nicht fertiggestellt. In Bolivien gab es lediglich in der Provinz Antofagasta eine kurze Bahnlinie. In den Bergbaugebieten des chilenischen *norte chico* hatten lokale Investoren in den 1850er Jahren Eisenbahnstrecken bauen lassen, die für den Bergbau unerläßlich werden sollten. In Zentral- und Südchile beteiligte sich der Staat am Ausbau des Streckennetzes, nachdem sich die privaten Investitionen als unzureichend erwiesen hatten. Im Jahr 1852 begannen die Bauarbeiten für die Linie Santiago–Valparaiso, die 1863 fertiggestellt wurde, während die 1855 in Angriff genommene Südstrecke im Jahr 1875 bis zur 250 km von Santiago entfernten Stadt Talca reichte. Bei Ausbruch des Salpeterkrieges hatte das Eisenbahnsystem, das die Transportkosten um zwei Drittel senkte und die Transportzeiten verkürzte, bereits eine Umorientierung im Handelsverkehr bewirkt: Der berühmte Markt in Vilque auf dem *altiplano* in Südperu verlor immer mehr an Bedeutung, und die Mühlen in Chiles Süden erlebten einen wirtschaftlichen Niedergang, da die Grundbesitzer ihr Getreide mit der Bahn direkt nach Valparaiso transportierten.

Einflüsse des Auslands

Bis zur Mitte des 19. Jh. hielt sich der wirtschaftliche Einfluß des Auslands in Peru, Chile und Bolivien in Grenzen. Ein Großteil der Wirtschaft, einschließlich des größten Teils der Exportproduktion, befand sich noch in einheimischer Hand. Der Einfluß des Auslands konzentrierte sich im wesentlichen auf den expandierenden Importsektor und die Aktivitäten der in einigen Küstenstädten angesiedelten ausländischen Kaufleute.

Unmittelbar nach Erlangung der Unabhängigkeit hatten die Importeure, denen sehr daran gelegen war, ihre Bestände zu jedwedem Preis zu liquidieren, große Mengen an Textilien auf den bereits gesättigten peruanischen und chilenischen Markt geworfen.

Die schädlichen Auswirkungen der Textilimporte auf die einheimische Produktion sollten jedoch erst um die Jahrhundertmitte, nach einer Phase kontinuierlichen Preisverfalls, zutage treten. Zwischen 1855 und 1875 ging die Zahl der Spinnerinnen und Weberinnen in Zentralchile um 60 Prozent zurück. Die niedrigen Preise der Importwaren, die gesunkenen Transportkosten, die geringen Zölle, die veränderte Mode und der durch den Exporthandel bedingte Zuwachs an ausländischen Devisen bewirkten allesamt den Niedergang der traditionellen Textilproduktion, ganz besonders in der Küstenregion.

Auch der Einfluß der Kaufleute war bis zur Mitte des Jahrhunderts begrenzt. Viele, die nach der Unabhängigkeitserklärung ins Land kamen, scheiterten oder wurden schnell in die lokale Wirtschaft integriert, wobei ihnen allerdings in Peru und Chile der Staat gewisse Beschränkungen hinsichtlich ihrer Betätigung im Einzelhandel und bei der Wahl des Wohnorts auferlegte. Somit konzentrierten sich die Kaufleute in Valparaiso, Lima und einigen Provinzstädten wie Arequipa. Diejenigen, die wirtschaftlich überlebten, stellten Handelsverbindungen für das Exportgeschäft her und boten Kredite an, so wie es *Antony Gibbs & Sons* beim staatlichen Guano-Handel in Peru und im Kupferbergbau Chiles tat. Diese Kaufleute, die keine überhöhten Forderungen stellten (Historiker haben die Provisionen und Kreditbedingungen als angemessen beurteilt), schienen risikoscheu und sehr auf Liquidität bedacht gewesen zu sein. Daher vergaben sie vor allem kurzfristige Darlehen und verlangten hohe Sicherheiten. Diese Praxis trug vermutlich zur Beibehaltung traditioneller Organisationsformen bei, etwa im chilenischen Bergbau, und regte zudem lokale Investoren zur Nachahmung an.

Ausländische Direktinvestitionen waren vor dem Salpeterkrieg relativ niedrig, wobei die in ausländischer Hand befindliche Nitratindustrie eine wichtige Ausnahme bildete. Sie expandierte in den zehn Jahren vor Ausbruch des Krieges stark. Die ausländischen Geschäftsleute neigten dazu, die traditionellen Strukturen nach Nischen abzusuchen, statt sie zu verändern. Der Bergbau und die Landwirtschaft blieben im großen und ganzen in lokaler Hand, während der Eisenbahnbau sowohl in Chile als auch in Peru größtenteils vom Staat finanziert wurde. Nachdem beide Länder ihre Schulden aus der Zeit nach der Unabhängigkeit beglichen hatten (Chile im Jahr 1842, Peru 1849), nahmen sie erneut in Europa Anleihen auf und konnten somit Projekte wie den Eisenbahnbau finanzieren, ohne auf Steuermittel zurückgreifen zu müssen. Bis zum Jahr 1876, als Peru schließlich seinen umfangreichen Zahlungsverpflichtungen aus den Anleihen von 1870 und 1872 nicht mehr nachkommen konnte, hatten beide Länder zu sinkenden realen Zinssätzen Darlehen aufnehmen können und waren in der Lage gewesen, die Gläubiger zufriedenzustellen.

b Gesellschaftliche Entwicklungen

Die Eliten

Die Neubewertung der relativen Bedeutung des Auslands im Vergleich zur einheimischen Geschäftswelt entkräftet die These, daß die dynamischen Sektoren der Wirtschaft um die Mitte des 19. Jh. unwiderruflich unter ausländische Kontrolle gerieten. Folglich hat sich die Geschichtswissenschaft verstärkt mit den einheimischen Eliten und deren Zusammensetzung, Strategien und Einstellungen befaßt.

Es gelang nur relativ wenigen führenden Kolonialfamilien, sich den veränderten Gegebenheiten anzupassen, um ihre gesellschaftliche Stellung zu behaupten. Zumindest auf nationaler Ebene konzentrierten sich Macht und Reichtum in den Händen jener Familien, deren sozialer Aufstieg auf den Leistungen ihrer Eltern oder Großeltern – meist Einwanderer aus Europa oder anderen lateinamerikanischen Ländern – beruhte und denen es gelungen war, den wirtschaftlichen Aufschwung nach der Erlangung der Unabhängigkeit optimal für sich zu nutzen. Diese Unternehmer konzentrierten sich auf gewinnträchtige Investitionen im Bergbau, in der Landwirtschaft, im Binnenhandel oder im Finanzwesen. Im Gegensatz zu den alteingesessenen Familien waren sie nicht mit Hypotheken belastet oder mit Landbesitz, auf dem Produkte erzeugt wurden, für die die Nachfrage zurückging. Darüber hinaus erkannten sie, daß der Exporthandel ein unbeständiges Geschäft war und beträchtliche finanzielle Mittel erforderte. Sie überließen diesen Sektor deshalb lieber den Ausländern, die über die entsprechenden Beziehungen verfügten, um günstige Darlehen zu erhalten, mit denen Transport und Export organisiert werden konnten. Im Importhandel, für den kein großes Grundkapital benötigte wurde, sah es hingegen anders aus. Viele Immigranten erwirtschafteten in diesem Sektor ein hohes Einkommen, und es gelang ihnen, genügend Kapital zu akkumulieren, um in ein anderes Betätigungsfeld überzuwechseln und in die Elite aufzusteigen.

Grundbesitz, ob in den großen Städten oder auf dem Land, war noch immer die wichtigste Voraussetzung für die Zugehörigkeit zur Oberschicht. Allerdings stellte er, sieht man von der Exportlandwirschaft ab, gewöhnlich nicht die einzige oder wichtigste Einkommensquelle der Oberschicht dar. Aber Landbesitz bedeutete Prestigegewinn, bot Sicherheiten bei Kreditaufnahmen, garantierte ein regelmäßiges Einkommen, verlieh Macht über Arbeitskräfte und Ressourcen (was besonders für Bergwerksbesitzer von Bedeutung war) und verhalf zu politischem Einfluß. *Haciendas* oder städtischen Grundbesitz konnte man durch Kauf erwerben, aber auch durch Heirat, da das Erbrecht im allgemeinen die Aufteilung des elterlichen Besitzes zu gleichen Teilen unter Söhnen und Töchtern sowie die Kündigung von Hypotheken vorsah. Ein gängiges Muster bestand darin, in eine ortsansässige Grundbesitzerfamilie einzuheiraten und sich zusätzlichen Landbesitz anzueignen, indem die eingewanderten Händler heruntergewirtschafteten Gutsbesitzern Darlehen gewährten und ihnen dann im Tausch gegen ihr Land die Schulden erließen. Peruanische Historiker haben in ihren Arbeiten über Cuzco und die zentrale *sierra* gezeigt, wie dieser Prozeß in den Provinzen ablief. Auch chilenische Historiker haben diesen Mechanismus als klassische Strategie bezeichnet, mit der sich Minenbesitzer und Kaufleute in die chilenische Elite integrierten. So weisen die gesellschaftlichen Eliten aller drei Länder im 19. Jh. gemeinsame Merkmale auf: die enorme Fluktuation ihrer Mitglieder, die zentrale Rolle der Großfamilie mit ihrer Basis in Verwandtschafts- und Klientelbeziehungen, der doppelte Wohnsitz in der Hauptstadt (oder dem regionalen Zentrum) und auf dem Land, die vielfältigen Einkommensquellen und der Umfang des Immobilienbesitzes. Trotzdem wies natürlich jede regionale oder nationale Elite ihre speziellen Charakteristika auf, die von der jeweiligen ökonomischen und politischen Umgebung abhingen.

Historiker haben immer wieder die Durchlässigkeit der chilenischen Elite in der Mitte des 19. Jh. herausgestellt. Wer im Bergbau oder im Handel ein Vermögen erworben hatte, wurde problemlos in die Reihen der Gutsbesitzerfamilien integriert. Die allmähliche Übernahme ehemaligen araukanischen Landes im Süden ermöglichte es ihnen, dort große *haciendas* zu erwerben. Weitere Möglichkeiten, zu Wohlstand zu gelangen, bot die Entwicklung des chilenischen Finanzwesens, inbesondere die Gründung von Banken und Versicherungsgesellschaften seit den 1850er Jahren, die sowohl den Kapitalmarkt belebten als auch eine Diversifizierung der Wirtschaftsinteressen der Elite förderten und Investitionen in den Nachbarländern erleichterten. Umstritten ist, inwieweit die Elite aufgrund geographischer und sektoraler Trennungen in eine Oligarchie der Grundbesitzer und Kaufleute in Santiago und Valparaiso und die Bergwerksunternehmer und Landbesitzer in den Randgebieten gespalten war. PREGGER ROMÁN [1983] vertritt beispielsweise die These, daß solche Spaltungen zwar die Bürgerkriege in den 1850er Jahren erklären können, daß sich die unterschiedlichen Gruppierungen innerhalb der Elite jedoch bereits bei Ausbruch des Salpeterkrieges im Jahr 1879 aufgrund der Entwicklungen auf dem Finanzmarkt wieder annäherten. Ein anderer Ansatz behauptet, daß diese Annäherung in Gang kam, indem Familien, die ihr Vermögen in anderen Branchen erworben hatten, Land kauften und sich den Gepflogenheiten der übrigen Grundbesitzer anpaßten, besonders was den Umgang mit ihren Arbeitern, den persönlichen Lebensstil und das Konsumverhalten anging. Für die „Neureichen“ war der Erwerb von Grundbesitz sowohl eine interessante Geldanlage als auch eine Garantie ihres sozialen Status. Von den 59 „Millionären“, die die Zeitung *El Mercurio* von Valparaiso 1882 aufführte, hatten lediglich 20 ihr Vermögen in der Landwirtschaft erworben, während die übrigen 39 ihre Güter gekauft hatten, nachdem sie zu Reichtum gelangt waren [BAUER 1990, 242 f.].

Auch die peruanische Elite machte einen beachtlichen Wandel durch, wobei auf nationaler Ebene jedoch bis zur Mitte der 1840er Jahre die lokalen Kaufleute, auf die der mittellose Staat dringend angewiesen war, das dynamischste Element darstellten. Sie erwarben ihr Vermögen durch die Vergabe von Krediten, durch Staatsverträge und Monopole. In den 1850er Jahren profitierten sie auch von den staatlichen Guano-Einkünften, da die Regierung für die Freilassung der Sklaven Ausgleichszahlungen leistete, und von der Konsolidierung der Staatsschuld. In den 1860er Jahren kamen ihnen schließlich die Entwicklung der Landwirtschaft an der Küste und die Gründung von Finanzunternehmen in Lima zugute. Gegen Ende der 1860er Jahre hatte sich in Lima eine deutlich abgegrenzte Geldaristokratie etabliert, die politisch im *Partido Civil* organisiert war, und an deren Spitze Familien wie die Pardo, Candamo und Barreda standen.

In Peru bestanden zwischen den Eliten allerdings aufgrund der geographischen Vielfalt des Landes ausgeprägtere regionale Unterschiede als in Chile. Das nur spärlich vorhandene fruchtbare Ackerland und die mangelnden Arbeitskräfte provozierten hier heftige Auseinandersetzungen. Diese Situation stellte zugleich Ursache und Wirkung der politischen Konflikte dar, die Peru um die Mitte des Jahrhunderts kennzeichneten. In Arequipa, dem Handelszentrum des Südens, lebte eine klar abgegrenzte Elite handeltreibender Grundbesitzer vom Export von Wolle und Bodenschätzen und dem interregionalen Handel mit Agrarprodukten. Es bestanden kaum Geschäftsverbindungen mit Lima. In der Regel besaßen die führenden Familien Arequipas sowohl in den südlichen Küstentälern als auch in der *sierra* ihre *haciendas*. Gleichzeitig investierten sie in den Handel und in städtischen Grundbesitz. Andere Städte wie Cuzco, Ica, Trujillo, Chiclayo, Cajamarca und Piura hatten ihre eigenen Eliten, die den lokalen

Handel kontrollierten und häufig über mehrere, in verschiedenen geographischen Zonen der Region gelegene Ländereien verfügten. Die im Vergleich zu Chile mangelnde Geschlossenheit der peruanischen Elite zeigte sich auch darin, daß zwischen den Eliten der einzelnen *patrias chicas* keinerlei Beziehungen bestanden.

Erst in den 1980er Jahren hat sich die Geschichtswissenschaft mit den regionalen Eliten in Peru beschäftigt. Daher sind noch viele Fragen über ihre Entstehung, ihre lokale Macht, ihre innere Struktur und ihr Verhältnis zu Lima unbeantwortet. Die Kenntnisse über die regionalen Eliten Boliviens sind allerdings noch spärlicher. Die Entwicklung in Cochabamba und Sucre, den beiden Zentren in den östlichen Andentälern, verlief sehr unterschiedlich. In Cochabamba bewirkte die durch das Erbrecht bedingte Aufteilung der Ländereien eine weitere Zersplitterung und Schwächung der lokalen Elite, die ohnehin ihren Einfluß auf dem Land einzubüßen begann. In Sucre hingegen, das für den größten Teil des Jahrhunderts Boliviens Hauptstadt war, hatte sich eine Elite etabliert, deren Kern die im Silberbergbau führenden Familien bildeten, die sowohl in verbundene Unternehmen in der Landwirtschaft und im Finanzwesen als auch in städtischen Grundbesitz investierten. Die Unternehmer Arce und Pacheco erwarben Landgüter von Familien, die vor dem wirtschaftlichen Ruin standen. Die Elite von La Paz, dem dynamischen Handelszentrum Boliviens, lebte von ihrer Schlüsselstellung im Handelsnetz des *altiplano* und von ihrer dominierenden Rolle im Handel mit *cascarilla* und Koka aus den subtropischen Yungas im Nordosten. Wie die Eliten andernorts auch, entfalteten die führenden bolivianischen Familien breit gefächerte wirtschaftliche Aktivitäten, die Handel, Grundbesitz, staatliche Aufträge und Monopole sowie die Finanzwirtschaft umfaßten. Trotzdem waren sie, wie in Peru, in regionale Gruppen gespalten, deren Gesichtskreis und Einfluß im großen und ganzen nicht über die *patria chica* hinausreichten. Der bolivianische Staat hatte nie über nennenswerte Geldmittel verfügt, und der Finanzmarkt war kaum entwickelt. Daher hatten die Veränderungen, die in den Nachbarländern eine Annäherung der Eliten begünstigten, in Bolivien kaum Auswirkungen. Zumindest war es bis zum Salpeterkrieg keiner einzigen regionalen Elite oder Interessengruppe gelungen, sich auf nationaler Ebene zu behaupten.

Auch die Einstellungen und Verhaltensweisen der Eliten sollten noch eingehender untersucht werden. Allmählich setzt sich die Ansicht durch, daß die Eliten auf ökonomischer Ebene fortschrittlich, auf gesellschaftlicher Ebene jedoch konservativ waren. Bauer [1990] zufolge zeigte die chilenische Elite eine widersprüchliche Haltung. Einerseits orientierte sie sich, was Ideen, Kultur und Konsum betraf, an Europa, richtete ihre Produktion auf den Weltmarkt aus und beteiligte sich aktiv an den lokalen Finanzgeschäften. Andererseits hielt man auf den Gütern die hispanische Tradition paternalistischer Organisation und präkapitalistische Strukturen aufrecht. Die *extranjerización* der Eliten in bezug auf Ernährungsgewohnheiten, Kleidung und Architektur könnte als bewußter Versuch angesehen werden, sich von den unteren Schichten abzuheben (von denen sie sich in Chile ethnisch nicht unterschieden). Allerdings war dieser aufwendige, auf Konsum ausgerichtete Lebensstil, besonders die Vorliebe für europäische Importwaren und für Reisen ins Ausland, für sämtliche lateinamerikanischen Eliten im 19. Jh. charakteristisch. Dieser Lebensstil konnte häufig nur über Hypotheken finanziert werden, was wiederum die Gefahr der Verschuldung und des wirtschaftlichen Abstiegs in sich barg.

Somit wies das Weltbild der Eliten zahlreiche Widersprüche auf. Sie fühlten sich halb als Europäer, gaben jedoch die Kontrolle über die dynamischen Sektoren der lokalen Wirtschaft nicht aus der Hand. Sie begrüßten die Vermittlungstätigkeit von Ausländern im Handelsgeschäft und gingen Mischehen ein, gleichzeitig beklagten sie sich jedoch fortwährend über die Zinsen und Provisionen, die sie Ausländern zu zahlen hatten. Sie suchten im Ausland nach Märkten und importierten ausländische Industrieprodukte, beklagten aber ebenso die Unterentwicklung in ihren eigenen Ländern. Sie sahen im Staat eine lukrative Einnahmequelle (Arbeitsplätze, öffentliche Aufträge, Darlehen und Subventionen) und ein Instrument sozialer Kontrolle, waren gleichzeitig jedoch weder mit einer hohen Besteuerung einverstanden (die Staatseinkünfte basierten entweder auf Export- und Importzöllen oder auf einer äußerst regressiven Besteuerung), noch wünschten sie eine staatliche Einmischung in die Führung ihrer landwirtschaftlichen Güter. Sie waren rassistisch eingestellt (selbst in Chile, wo die ethnischen Unterschiede wirklich gering waren) und beuteten ihre Arbeiterschaft aus, während sie auf der anderen Seite oft traditionsgetreu ihre Fürsorgepflicht gegenüber den von ihnen Abhängigen erfüllten.

Die Stadtbevölkerung

Die materiellen und sozialen Bedingungen, unter denen die Mehrheit der Bevölkerung lebte, sind nur sehr lückenhaft erforscht. Es gibt nur relativ wenige demographische Studien über das 19. Jh. Zwar liegen Zahlen über die Löhne vor, doch über die Preisentwicklung und die Veränderungen in der Beschäftigungsstruktur vieler Gebiete besteht noch große Unklarheit. Im allgemeinen sind die Verhältnisse auf dem Lande besser erforscht als die Zustände in der Stadt. Weder Santiago noch Lima (auch nicht ihre Seehäfen Valparaiso und Callao) sind von Historikern je so beachtet worden wie Buenos Aires oder Rio de Janeiro, und wichtige Provinzzentren wie Cochabamba, La Paz, Cuzco, Arequipa und Concepción sind in noch stärkerem Maße weiße Flecken auf der historischen Landkarte.

Über Handwerker ist weit mehr bekannt als über andere Berufsgruppen in der Stadt, was größtenteils den politischen Protesten zu verdanken ist, mit denen sie auf die Konkurrenz durch den Importhandel reagierten. In Lima waren Handwerker Mitte der 1830er Jahre an mehreren Aktionen gegen ausländische Auktionshäuser stark beteiligt. 1851 und 1858 wirkten sie bei Angriffen auf ausländische Eisenbahnanlagen mit. 1872 nahmen sie an der Gutiérrez-Revolte teil, nachdem sie 20 Jahre lang unter einer hohen Inflation gelitten hatten. In Santiago spielten Handwerker bei den Protesten der Jahre 1850/51 unmittelbar vor Ausbruch des Bürgerkrieges eine führende Rolle, während sich im Bürgerkrieg selbst und 1859 die Minenarbeiter besonders engagierten. In Bolivien kam es 1849 zu Volksaufständen in La Paz und Cochabamba, die den nationalistischen und gegen die Oligarchie angetretenen Präsidenten Belzu stützten, und 1876 demonstrierten Handwerker in Sucre und Potosí für protektionistische Maßnahmen in der Handels- und Währungspolitik. Für die unteren städtischen Schichten stellten Aufstände jedoch nur eine Möglichkeit dar, sich bei den Politikern Gehör zu verschaffen. In den Hauptstädten beeinflußten Demonstrationen sowohl Wahlen als auch laufende Gerichtsverfahren und die Arbeit des Kongresses (die Niederschriften der Kongreßdebatten sind voller Hinweise auf *gritos de la barra*). Es wäre durchaus angebracht, die

Aufstände und andere Mittel des politischen Protestes, die die Handwerker einsetzten, noch gründlicher zu untersuchen; jedenfalls müssen sie in bezug zu den sich wandelnden sozialen und ökonomischen Bedingungen in den Städten des 19. Jh. gesetzt werden.

Die Handwerker bildeten eine soziale Elite innerhalb der Stadtbevölkerung, sie konnten häufig lesen und schreiben und hoben sich in den Augen vieler zeitgenössischer Liberaler deutlich vom „Pöbel" oder *populacho* ab. Zudem stellten ihre politischen Aktivitäten nur einen Aspekt des Lebens in der Stadt dar. Über andere Gruppen innerhalb der städtischen Bevölkerung wie Kleinhändler und Ladenbesitzer, Näherinnen und Hausmädchen sowie besonders die große Zahl der Wander- und Gelegenheitsarbeiter (*jornaleros* und *peones*) ist noch weit weniger bekannt. Trotz des vorhandenen Quellenmaterials und der Entwicklung wissenschaftlicher Auswertungsmethoden liegen bislang nur wenig Erkenntnisse über die Lebensbedingungen in den Städten vor, sei es der Handwerker, Angestellten und Ladenbesitzer, die das Kleinbürgertum in den lateinamerikanischen Städten bildeten, oder der Masse der ungelernten Arbeiter und ihrer Familien. Themen wie die Struktur der ärmeren Haushalte und *barrios* in den Städten des 19. Jh., die Binnenwanderung, Ehe und Familienstrukturen, Kriminalität, Gesundheit und kulturelles Leben sind bisher weder für die Hauptstädte und die Seehäfen noch, was weit wichtiger wäre, für die Provinzstädte an der Küste und in der *sierra* untersucht worden.

Die Landbevölkerung

Nach der Unabhängigkeit bestand die Sklaverei lediglich in Peru weiter; selbst dort wurde sie durch neue Gesetze abgeschwächt, die die Freiheit bei der Geburt garantierten und die Einfuhr von Sklaven untersagten. Auf nationaler Ebene war die Sklaverei praktisch bedeutungslos: 1826 machten die 50 400 Sklaven weniger als vier Prozent der Gesamtbevölkerung aus. Auf lokaler Ebene allerdings, in Lima und in den Küstentälern, stellten Sklaven einen beträchtlichen Anteil der städtischen und landwirtschaftlichen Arbeiterschaft; deshalb regte sich dort auch beachtlicher Widerstand gegen die angestrebte Sklavenbefreiung. Tatsächlich wurden die Gesetze über die Freiheit bei der Geburt gelockert, und 1846 kam der Sklavenhandel mit Neugranada wieder in Gang. Dennoch hatte die endgültige Abschaffung der Sklaverei 1854 kaum Proteste zur Folge. Dies war zum einen auf die großzügigen Ausgleichszahlungen der Regierung, zum anderen auf die Tatsache zurückzuführen, daß bereits ein neues Arbeitskräftepotential für die Ländereien an der Küste in Aussicht stand – die an Verträge gebundenen Chinesen.

Zwischen 1847 und 1874 trafen über 90 000 Chinesen, die sich mehrheitlich für acht Jahre verpflichtet hatten, in Peru ein. Ihre Lebens- und Arbeitsbedingungen erlangten bald traurige Berühmtheit. Sie führten praktisch ein Sklavendasein, wurden schlecht bezahlt, waren hoffnungslos dem Opium verfallen, konnten nicht, wie viele schwarze Sklaven, auf familiäre Unterstützung, auf spezielle Fertigkeiten und ein kulturelles Umfeld zurückgreifen, und sobald ihre Verträge ausliefen, waren sie gezwungen, sich sofort zu verschulden und gegen Vorschußzahlungen erneut an einen ausbeuterischen Arbeitgeber zu binden. Viele begehrten gegen ihr Schicksal auf, indem sie flohen oder gar Selbstmord verübten, doch abgesehen von einem größeren Aufstand 1870 im Tal von Pativilca nördlich von Lima regte sich selten kollektiver Widerstand.

Die Forschung hat sich eingehend mit der Frage beschäftigt, inwieweit Grundbesitzer und Staat die indianische ländliche Arbeiterschaft kontrollierten und welche Auswirkungen die durch die Ausweitung des Exporthandels und des Binnenmarktes bedingten Veränderungen auf die Traditionen und die Lebensbedingungen der einfachen Landbevölkerung hatten. Die lange vorherrschende Meinung, daß sich im 19. Jh. die *haciendas* auf Kosten der wehrlosen indianischen Dorfgemeinschaften und Kleinbauern immer weiter ausbreiteten und sich deren Lebensbedingungen dadurch stetig verschlechterten, ist mittlerweile modifiziert worden. Man könnte sogar behaupten, daß die Geschichtswissenschaft im Hinblick auf Bolivien weitgehend „mit dem Mythos der neofeudalistischen Landgüter, mit widerstandslos unter das Joch der Arbeitsdienste gezwungenen *pongos,* aufgeräumt hat" [LARSON 1988, 83]. Es sollte jedoch nicht vergessen werden, daß es sich bei dem heutigen Bild der Verhältnisse nur um einen Ausschnitt handelt, da sich die Forschung größtenteils auf Regionen oder gar einzelne Orte konzentriert hat.

In bestimmten Andenregionen befanden sich noch große Landstriche im Besitz unabhängiger Kleinbauern. Sie wurden gewöhnlich als Mestizen eingestuft und waren somit von den Tributpflichten, die auf der indianischen Bevölkerung Perus und Boliviens lasteten, ausgenommen; sie beteiligten sich intensiv am Arbeits- und Agrarmarkt. Dies galt besonders für die Region um Cajamarca in Nordperu, wo sich die Kleinbauern neben den Großgrundbesitzern behaupten konnten; dies traf ebenfalls für das Mantaro-Tal in Zentralperu zu, in dem die unabhängigen Kleinbauern Getreide, Knollenfrüchte und Gemüse anbauten und sich dadurch von den traditionellen Dorfgemeinschaften im Hochland abhoben. Im Tal von Cochabamba in Bolivien wichen die *haciendas* einer wachsenden Zahl von Kleinerzeugern, die Lohnarbeit, Landwirtschaft, Handwerk und Handel miteinander verbanden. Für die Gruppe der Kleinbauern stellte der endogene Faktor Bevölkerungswachstum eine immer deutlichere Bedrohung dar, denn die übliche Erbregelung stellte die Rentabilität des Landbesitzes, von dem die Existenz einer Familie abhing, zunehmend in Frage.

Auch in bestimmten Gebieten Chiles lebten noch zahlreiche Kleinbauern. Die Entwicklung unterschied sich jedoch in zwei wesentlichen Punkten von der in Peru und Bolivien. Zum einen wurde die indianische Bevölkerung nicht in die nationale Gemeinschaft eingegliedert, sondern immer weiter in den Süden des Landes abgedrängt. Diese Politik mündete Anfang der 1880er Jahre schließlich in einen Vernichtungsfeldzug, der einem Völkermord gleichkam. Zum anderen hatten sich die *haciendas* während der Kolonialzeit in der wichtigen Zentralzone in einem in anderen Regionen unbekannten Ausmaß ausgebreitet. Schätzungen gehen davon aus, daß 80 Prozent des gesamten Agrarlands Großgrundbesitzern gehörte, was bedeutete, daß die Mehrheit der Landbevölkerung keinen Boden und damit keine unabhängige Existenzgrundlage mehr besaß und gezwungen war, sich ihren Lebensunterhalt durch Gelegenheitsarbeiten zu verdienen und häufige Ortswechsel in Kauf zu nehmen. Eine Volkszählung aus dem Jahr 1865 ergab, daß beinahe 60 Prozent der erwachsenen Männer in Zentralchile weder über einen festen Wohnsitz noch über eine feste Anstellung verfügten. Dieser Zusammenhang zwischen Konzentration von Landbesitz und Arbeitskräfteüberschuß erklärt auch, weshalb sich um die Mitte des Jahrhunderts, als die Gutsbesitzer aufgrund steigender Getreideexporte größere Gewinne erzielten, auch die Lebensbedingungen der *inquilinos* rapide verschlechterten. Bei ihnen handelt es sich um ehemals privilegierte Bauern mit festem Wohnsitz auf den Ländereien, wo sie ein Stück Land bestellen durften und als Gegenleistung kleinere Arbeiten zu verrichten hatten (für die sie häufig eigene Arbeiter bezahlten). Die Grundbesitzer verlangten immer mehr Arbeitsleistung für immer weniger Land. So konnte man in den 1870er Jahren von einem „ökonomischen Absinken der unteren Schichten auf dem Land" sprechen [BAUER 1971, 1076]. Mit der Verarmung auf dem Land ging auch ein Wandel der Familienstrukturen einher: Eheliche Haushalte wurden durch weit zahlreichere Mutter-Kind-Familien verdrängt, da es sich die verheirateten Söhne und Töchter nicht leisten konnten, einen eigenen Hausstand zu gründen, und die Männer sich als Wanderarbeiter verdingen mußten.

Aufgrund der indianischen Besiedlung des Hochlands kam es in Peru und Bolivien zu einer anderen Entwicklung. Da sich die Regierungen beider Staaten seit der Unabhängigkeit in erheblicher Finanznot befanden, machten sie die von den Liberalen proklamierte Abschaffung des Tributsystems rückgängig und führten es in Peru 1826 und in Bolivien 1827 wieder ein. Für die Indianer brachte die Wiedereinführung der Tributpflicht (nun als *contribución* bezeichnet) gewisse Vorteile: Zum einen waren sie dadurch weitgehend von anderen Formen der Besteuerung und vom Militärdienst ausgenommen. Zum anderen gewährleistete die Tatsache, daß die Zahlungen von indianischen Amtsträgern mit staatlicher Unterstützung eingetrieben wurden, einen Schutz vor Übergriffen durch benachbarte Grundbesitzer. Zwischen den Dorfgemeinschaften und dem Staat bestand ein „informeller Vertrag", der den Tribut als Gegenleistung für die Nutzung des Landes vorsah. In Bolivien konnten sich einige Indianergemeinschaften sogar ihren zur Nutzung ökologischer Nischen weit verstreuten Landbesitz, eine Tradition aus der Zeit vor der Kolonisierung, bewahren. Die *contribución* verringerte die Steuerlast der Mestizen und zwang die Indianer, sich auf dem Arbeitsmarkt anzubieten und ihre landwirtschaftlichen Erzeugnisse zu vertreiben, was Grundbesitzern, Bergarbeitern und Händlern gleichermaßen zugute kam.

Was die Umverteilung von Landbesitz im Hochland von Peru und Bolivien *vor* dem Salpeterkrieg betrifft, so beschränkte sie sich im allgemeinen auf den Verkauf bereits vorhandener Güter; es kam selten zur Bildung neuer *haciendas* auf Kosten des indianischen Landbesitzes. Das soll nicht heißen, daß die indianische Bevölkerung nicht trotzdem ausgebeutet wurde. Dies geschah aber nicht in erster Linie durch umfangreiche Enteignungen. Vielmehr zwangen die lokalen Behörden die Indianergemeinschaften, ihre Arbeitskraft oder ihre Erzeugnisse zur Verfügung zu stellen; die Händler (häufig auch ortsansässige *hacendados*), die den Indianern ihre Produkte abkauften, manipulierten Gewichte und Preise; kirchliche Behörden verpflichteten die Indianergemeinschaften zu speziellen Abgaben und Sonderleistungen. Im bolivianischen Bergbau mußten die Indianer, die die Mehrheit der Minenarbeiter stellten, extrem lange Schichten fahren; zusätzlich ausgebeutet wurden sie durch Schuldknechtschaft und Entlohnung in Naturalien. Übertage wurden Frauen zu einem noch geringeren Lohn zum Sortieren des Erzes eingesetzt.

Im Zuge des wirtschaftlichen Aufschwungs setzten jedoch zwei Entwicklungen ein. Zum einen wurde die *contribución* als staatliche Einnahmequelle immer unbedeutender und somit entbehrlich. Als der peruanische Präsident Castilla inmitten eines Bürgerkriegs gegen Echenique 1854 den Indianertribut abschaffte, handelte es sich dabei in erster Linie um einen politischen Schachzug, den die steigenden Guano-Einkünfte ermöglichten. In Bolivien machten die Tributzahlungen selbst 1863 noch über ein Drittel der Staatseinkünfte aus, und obwohl es in den folgenden Jahren immer schwieriger wurde, sie einzutreiben, belief sich 1880 ihr Anteil an den Staatseinnahmen immer noch auf über 20 Prozent [SÁNCHEZ ALBORNOZ 1978, 174]. Zum anderen unterhöhlte der wachsende Widerstand der Liberalen, die sich aus ökonomischen und ideologischen Gründen gegen die Beibehaltung des indianischen Landbesitzes aussprachen, das Tributsystem noch weit stärker. Ganz von den europäischen Ideen des 19. Jh. durchdrungen, sahen die ökonomischen und politischen Denker im gemeinschaftlichen Landbesitz ein Hindernis für die Wirtschaftsentwicklung. Da die einheimischen und internationalen Märkte expandierten, waren nicht nur Grundbesitzer, sondern auch Kaufleute, kleinere Bergwerksbesitzer und Offiziere am Erwerb zusätzlichen Landes äußerst interessiert. Aus diesem Grund geriet in Bolivien, der letzten Bastion des Tributsystems, das Konzept der Tributleistung zur Sicherung gemeinschaftlichen Landbesitzes zunehmend ins Kreuzfeuer der Kritik. Die gesetzliche Definition war bereits 1842 abgewandelt worden und bezeichnete den Tribut als Zahlung, die für die Nutznießung staatlichen Grundbesitzes zu leisten war. Anfangs schien es, als drücke sich in diesem Schritt das Interesse des Staates aus, die Ausbreitung der *haciendas* einzudämmen, doch 1866 verlangte Präsident Melgarejo, daß die Indianer ihren Besitz eintragen ließen und innerhalb von 60 Tagen bezahlten. Obgleich diese Maßnahme, außer in der Umgebung von La Paz, nur wenig Erfolg hatte, rissen die ideologischen Angriffe auf den indianischen Landbesitz nicht ab. Die *Ley de Exvinculación* von 1874 sprach den Dorfgemeinschaften den Status einer juristischen Person ab, führte Landkommissionen ein, die an Einzelpersonen Eigentumstitel vergaben und wandelte den Tribut theoretisch in eine Grundsteuer um.

Anders als in Chile nahmen die ländlichen Unterschichten in Peru und Bolivien die Verschlechterung ihrer Lebensbedingungen nicht widerspruchslos hin. Auf dem Land waren gewalttätige Proteste weitverbreitet. Sie gehörten zum festen Bestandteil indianischer Tradition. In Peru löste die örtlich begrenzte Wiedereinführung der Tributpflicht am Titicacasee zwischen 1866 und 1867 eine Welle von Aufständen aus, besonders in Huancané und Chucuito, die bezeichnenderweise im Zusammenhang mit dem politischen Kampf zwischen Diez Canseco und Prado auf nationaler Ebene standen. Darüber hinaus erreichten die Wollexporte in diesem Jahrzehnt Rekordhöhen, so daß sich die Konkurrenz in der Schaf- und Alpakazucht erheblich verschärfte. In Bolivien führten Melgarejos Bodenverordnungen aus dem Jahr 1866 und die darauffolgenden Grundstücksveräußerungen um La Paz zur Indianerrevolte von 1870/71, die zu seinem Sturz beitrug. Das Gesetz von 1874 trat ein paar Jahre lang nicht in Kraft, zum Teil aus finanzpolitischen Gründen, aber auch, weil man erneute indianische Aufstände im *altiplano* befürchtete.

c Politischer Wandel

Die Neubewertung der ökonomischen und sozialen Entwicklungen hat wesentliche Auswirkungen auf das Verständnis des politischen Wandels. Durch den Aufschwung im Bergbau und in der Landwirtschaft stiegen neue Familien in die Elite auf, während sich infolge der Veränderungen auf dem Binnenmarkt das Kräfteverhältnis zwischen den verschiedenen Regionen verschob. Die Steigerung des Außenhandels versorgte die

Regierung mit neuen Finanzmitteln, führte aber auch verstärkt zu Kontroversen über Fragen der Handelspolitik und die Verteilung der Staatsausgaben. Sowohl die breite Bevölkerung in den Städten, allen voran die Handwerker, als auch die Kleinbauern und indianischen Bauern der ländlichen Regionen griffen in entscheidenden Momenten in die nationale Politik ein. Die politische Analyse berücksichtigt deshalb zunehmend die Wechselwirkung mit ökonomischen und sozialen Entwicklungen und konzentriert sich auf die Untersuchung politischer Strukturen, Institutionen und Entscheidungsprozesse. Dabei gilt das besondere Augenmerk den Entwicklungen auf regionaler und lokaler Ebene.

Die Probleme des „nationbuilding"

Der Begriff des „nationbuilding" ist für die politische Geschichte Lateinamerikas von zentraler Bedeutung. Er umfaßt die allmähliche Anerkennung einer legitimierten Staatsgewalt (sei es Kongreß oder Präsident), den Konsens hinsichtlich gewisser politischer Regeln (wie der Verfassung oder des Wahlsystems), die Bejahung einer Nationalstaatlichkeit und der mit ihr einhergehenden Verpflichtungen durch alle gesellschaftlichen Gruppen (in Form von Steuern, Militärdienst und Loyalität) und die Fähigkeit des Staates, äußere und innere Sicherheit zu gewährleisten. Ist der Begriff auch recht vage, kann er doch nützlich sein, wenn es um die Klärung der Ursachen für die politischen Konflikte des 19. Jh. und für die relative Stabilität Chiles geht.

Kolonialzeit und Unabhängigkeitskämpfe hatten ein Erbe hinterlassen, das einem politischen Einigungsprozeß erheblich im Wege stand. Zunächst stellte sich das konstitutionelle Problem der Gewaltenteilung. Die zeitgenössischen liberalen Theoretiker plädierten für eine Verfassung, die dem Volk, repräsentiert durch den Kongreß, oberste Staatsgewalt einräumen sollte. Wie Bolívar und Sucre in den 1820er Jahren jedoch festgestellt hatten, schien eine präsidiale Diktatur das angemessenere Mittel zu sein, um der offenbar chaotischen Lage Herr zu werden. Fragen wie die Dauer der präsidialen Amtszeit, die Möglichkeit einer Wiederwahl des Präsidenten, das Recht des Kongresses zu interpellieren und gegen Haushaltspläne ein Veto einzulegen, die Kontrolle über das Militär, die lokale Verwaltung, das Gerichtswesen und das Wahlsystem spielten im politischen Kampf eine zentrale Rolle. 1833 führten die Chilenen ein zentralistisches, autoritäres Staatssystem ein, das dem auf fünf Jahre gewählten Präsidenten die Möglichkeit einer einmaligen Wiederwahl bot, ihn mit dem Recht der Ämterbesetzung ausstattete und ihm erlaubte, umfassende Notstandsgesetze zu erlassen. Trotz kleinerer Bürgerkriege in den Jahren 1851 und 1859 und einem größeren Konflikt im Jahr 1891 blieb diese Verfassung mit leichten Änderungen bis 1925 in Kraft. In Peru konnte eine dauerhafte Verfassung erst im sechsten Anlauf, im Jahr 1860, verabschiedet werden; allerdings beschworen die Versuche der Liberalen, sie zu revidieren, 1867 einen weiteren erbitterten Bürgerkrieg herauf. Die Verfassung von 1860 stellte einen Kompromiß zwischen liberalen und konservativen Grundsätzen dar. Sie räumte der Exekutive umfassende Entscheidungsgewalt über die Legislative, die Streitkräfte und die Besetzung von Verwaltungsstellen ein und schaffte die Juntas in den Departements des Landes ab. Gleichzeitig beschränkte sie jedoch die Amtszeit des Präsidenten auf vier Jahre, ohne die Möglichkeit der unmittelbaren Wiederwahl.

Weitere Faktoren, die einem politischen Konsens im Wege standen, waren die Konflikte zwischen den Regionen, die sich häufig um Fragen des Föderalismus und der Handelspolitik drehten, sowie die Rolle der Kirche. Die Bedeutung dieser Konflikte und ihr Ausgang variierten von Staat zu Staat. Selbst in Chile kam es zu regionalen Unstimmigkeiten zwischen den Bergbau- und Agrargebieten der Randzonen einerseits und der in Santiago und Valparaiso ansässigen Elite andererseits, was nicht unerheblich zu den Bürgerkriegen der 1850er Jahre beitrug. In Peru nahmen die Konflikte zwischen den Regionen weit stärkere Ausmaße an. So trennte in den 20 Jahren nach Erlangung der Unabhängigkeit u.a. die Handelspolitik den am Freihandel interessierten Süden um Arequipa vom protektionistisch orientierten Norden einschließlich Limas. In Bolivien wurde der Regierungssitz mehrmals von Sucre nach La Paz und wieder zurück verlegt, je nachdem, welche regionalen Interessen sich gerade durchgesetzt hatten. Erst als nach 1850 der Silberbergbau einen rapiden Aufschwung nahm, konnte Sucre allmählich seine Vormachtstellung ausbauen.

Erstaunlicherweise warf die Frage der Beziehungen zwischen Staat und Kirche in Bolivien keinerlei Probleme auf. Dort hatte Präsident Sucre in den 1820er Jahren die kirchlichen Privilegien wirksam eingeschränkt. In Peru allerdings nahm der Liberalismus immer deutlicher antiklerikale Züge an, was die politischen Konflikte in den 1850er Jahren verschärfte (da die Elite in Arequipa streng katholisch und kirchenfreundlich war, sich in der Handelspolitik jedoch äußerst liberal zeigte). In Chile rückte die Frage der Beziehungen zwischen Staat und Kirche 1857 in den Vordergrund, als sich die Konservative Partei in die Konservativen und die Nationalen aufspaltete, und erneut im Jahr 1873, als die Regierungskoalition aus Liberalen und Konservativen über die Frage des kirchlichen Einflusses auf die Erziehung auseinanderbrach.

Die Stabilität Chiles

Die politische Stabilität Chiles nach 1831 stand in krassem Gegensatz zur Lage in den Nachbarstaaten. Bereits 1852 bezeichnete der argentinische politische Denker Alberdi die chilenischen Verhältnisse als „die rühmliche Ausnahme in Südamerika". Über die Gründe, von denen viele bereits genannt wurden, besteht ein erstaunlicher Konsens: der Aufschwung der chilenischen Wirtschaft; die Konzentration einer relativ kleinen Bevölkerung auf ein begrenztes geographisches Gebiet in der Zentralzone; die ethnische Homogenität; die Geschlossenheit der Elite; die Kontrolle der Großgrundbesitzer über die landwirtschaftlichen Regionen; schließlich die Einigung auf eine Verfassung im Jahr 1833.

Stabilisiert war die innenpolitische Lage Chiles nach dem endgültigen Sieg der Konservativen in der Schlacht von Lircay 1830, nach einem Jahrzehnt innerer Konflikte. Die Verfassung hatte einen äußerst autoritären Charakter. Der Präsident war mit weitreichenden Befugnissen ausgestattet, durfte eigenmächtig Verordnungen erlassen, konnte Intendanten (die der Provinzverwaltung vorstanden) und Richter berufen und hatte die Miliz unter sich. Er kontrollierte somit praktisch das gesamte Land. 1833 war das Wahlrecht drastisch eingeschränkt worden. Die Kongreßabgeordneten unterlagen keinen Wohnsitzerfordernissen (so daß sie von Santiago „eingesetzt" werden konnten), der Innenminister und die Intendanten konnten die Wahlen koordinieren und die Ergebnisse gemeinsam auswerten.

Dennoch garantiert eine autoritäre Verfassung allein keine innenpolitische Stabiliät, wie dies die Beispiele der Nachbarstaaten Chiles beweisen; in Chile spielten noch andere Faktoren eine Rolle. Zum einen sollte der persönliche Einfluß des jeweiligen Präsidenten nicht unterschätzt werden; sowohl die repressive Politik Prietos in den 1830er Jahren als auch die Versuche von Bulnes Anfang der 1840er Jahre, zwischen Liberalen und Konservativen zu vermitteln, nachdem er durch den militärischen Sieg über Peru seine Stellung gestärkt hatte, wirkten sich stabilisierend auf die innenpolitische Lage aus. Als sich die beiden stärksten Parteien 1861 auf den gemeinsamen Präsidentschaftskandidaten José Joaquín Pérez einigten und eine Regierungskoalition, die „Fusion", bildeten, trug dies erheblich zur darauffolgenden zehnjährigen Friedensperiode bei. Zum anderen regte sich auf seiten der Grundbesitzer in den Regionen fernab der Hauptstadt selten Widerspruch. Die Gründe hierfür sind nicht eindeutig geklärt. Vermutlich waren jedoch die Landbesitzer durch die Tatsache beschwichtigt, daß sich die Regierung nicht in die Bewirtschaftung ihrer Ländereien einmischte, daß sie den Forderungen nach Landreformen nicht nachgab, daß sie keine Vermögens- und Einkommenssteuer einzog und daß sie regelmäßig öffentliche Aufträge vergab. Dies weist auf den dritten Grund für die innenpolitische Stabilität hin: die soliden Staatsfinanzen. Der anhaltende Aufschwung im Außenhandel ermöglichte es der Regierung, ihren Finanzbedarf über Export- und Importsteuern zu decken. Zwischen 1840 und 1860 kam es nur zweimal zu einem Haushaltsdefizit, danach allerdings häufiger. Doch sowohl die Einkünfte aus dem staatlichen Bahnbetrieb als auch die Möglichkeit, in London und im eigenen Land Darlehen aufzunehmen (eine Folge der Gründung von Finanzinstituten in den 1850er Jahren), erlaubten es der Regierung, weitgehend auf Steuererhöhungen zu verzichten.

Angesichts der allgemeinen politischen Stabilität Chiles stellt sich die Frage, wie es zu den Bürgerkriegen von 1851 und 1859 kommen konnte. Gegen Ende der 1840er Jahre verstärkte sich die Gegnerschaft der Liberalen zur Regierung Bulnes. Unter dem Einfluß der revolutionären Ereignisse in Europa im Jahr 1848 gründeten junge Intellektuelle 1850 in Santiago die *Sociedad de Igualdad* (Gesellschaft der Gleichheit) und versuchten, die Handwerker für ihr Anliegen zu gewinnen. Die Regierung beantwortete diese Entwicklung mit Repressalien, und als 1851 Montt zum Präsidenten gewählt wurde, kam es in Concepción im Süden und in La Serena im Norden zu bewaffneten Aufständen. Die Erhebungen waren sowohl ökonomisch als auch politisch motiviert: Es herrschte Unzufriedenheit über die Vorteile, die Santiago aus dem Exporthandel zog, vor allem unter den Bergwerksbesitzern, die seit August 1851 erhöhte Exportsteuern zu zahlen hatten. Hinzu kam, daß der Norden und der Süden im Kongreß relativ schwach vertreten waren. Der Aufstand von 1851 wurde schnell niedergeschlagen; die eigentlichen Ursachen für den Unmut in den Provinzen blieben jedoch weiter bestehen.

Im Jahr 1859, kurz nach der Spaltung der Konservativen Partei, versuchte Montt den unpopulären Innenminister Augusto Varas zum Nachfolger einzusetzen. Abermals löste die Unterdrückung der Opposition einen bewaffneten Aufstand aus – sowohl im Süden, in Concepción, als auch im Norden, im Bergbauzentrum Copiapó. Auch diesmal spielten der Groll auf die Regierung in Santiago und die Auswirkungen der Rezession eine Rolle. 1858 wetterte eine Zeitung im Süden: „Während die Hauptstadt sämtliche Staatseinnahmen schluckt, in den Genuß sämtlicher materieller

Verbesserungen kommt, alle Vorteile für sich nutzt, versinken die Provinzen in Armut und Rückständigkeit... Wir zahlen hohe Steuern und werden tausendfach ausgebeutet, nur damit sich der Hof in Santiago herausputzen kann" [zit. nach LOVEMAN 1988, 139f.]. Landbesitzer und Müller hatten durch Mißernten schwere Einbußen erlitten, und die Bergwerksunternehmer beschwerten sich über den Mangel an staatlicher Unterstützung und die Macht der britischen Schmelzer, Kaufleute und Kohlenexporteure. Wieder wurde der Aufstand niedergeschlagen – was zum Teil auch auf die Uneinigkeit der Rebellen zurückzuführen war –, allerdings um den Preis von 5000 Menschenleben. Während der folgenden zwei Jahre war die Opposition scharfen Repressionen ausgesetzt, die Anführer des Aufstands flohen ins Exil, zahlreiche Beteiligte wurden hingerichtet.

Welche politische Bedeutung hatten diese Bürgerkriege für Chile? Historiker wie Maurice ZEITLIN [1988] sehen in ihnen „bürgerliche Revolutionen", die möglicherweise die weitere Entwicklung Chiles entscheidend hätten beeinflussen können. Obgleich ökonomische Gründe – besonders der Ärger der Bergwerksbesitzer über die Politik der Zentralregierung – für die Erhebungen von großer Bedeutung waren, ist es jedoch sehr fraglich, ob hinter den Forderungen der Aufständischen nach größerem staatlichen Schutz ihrer Partikularinteressen ein alternatives Konzept für die weitere industrielle Entwicklung stand. In der Praxis wurden die führenden Bergbauunternehmer relativ leicht in die Elite der Großgrundbesitzer integriert, sowohl auf wirtschaftlicher und politischer als auch auf ideologischer Ebene. Darüber hinaus war das Anliegen der Rebellen eher politischer als ökonomischer Natur: Sie forderten einen föderalistischen, demokratischen Staat, der den lokalen Interessen mehr Einfluß einräumen sollte. Dennoch bleibt zu klären, weshalb sich einige Grundbesitzer sowie zahlreiche Kleinbauern und Handwerker an den Erhebungen beteiligten. Die letzteren beiden Gruppen sollten nach der Niederlage von 1859 in der chilenischen Politik nie mehr eine vergleichbare Rolle spielen. Entscheidender für Chiles Zukunft waren vermutlich die Verschiebungen des Kräftegleichgewichts zwischen Präsident und Legislative, die sich zwischen 1859 und dem Ausbruch des Salpeterkrieges 1879 einstellten. Der Kongreß weitete nach und nach seine Macht aus: Interpellationen und Maßregelungen an die Adresse von Regierungsmitgliedern nahmen zu. Als wiederholt Finanzdefizite auftraten, begann die Legislative auch in Fragen des Staatshaushalts und der Militärausgaben ihren Machtanspruch durchzusetzen. Im Jahr 1871 schließlich wurde die Regierungszeit des Präsidenten auf eine einmalige Amtsdauer von fünf Jahren beschränkt.

Caudillismo in Peru und Bolivien

Im Gegensatz zu Chile waren die politischen Verhältnisse in Peru und Bolivien durch den *caudillismo* und innenpolitische Konflikte geprägt. Seit San Martíns Rückzug im Jahr 1823 regierten in Peru bis 1830 fünf Staatschefs, durchweg ehemalige Militärs. Agustín Gamarra, der 1829 Präsident wurde, beherrschte zwölf Jahre lang das Land, unabhängig davon, ob er im Amt war oder nicht. Er trat mit seinen Truppen gegen Orbegoso an, der 1834 die Macht übernommen hatte, und gegen Santa Cruz, der 1836 versuchte, Peru und Bolivien in einer Konföderation zu vereinigen. Der Sieg über Santa Cruz mit Hilfe oppositioneller peruanischer und chilenischer Kräfte brachte Gamarra wieder an die Macht. Allerdings fiel er bereits 1841 bei Ingavi in Bolivien. Die folgenden vier Jahre innenpolitischer Wirren fanden mit der Präsidentschaft Ramón Castillas im Jahr 1845 ein vorläufiges Ende. Obwohl Castilla, der zweimal im Amt war (1845–1851 und 1855–1861), Peru zu relativer innerer Stabilität verhalf (er war der Hauptverantwortliche für die Verfassung von 1860), handelte es sich doch nur um eine graduelle Verbesserung. Nachdem Castilla seinen Nachfolger Echenique im Bürgerkrieg besiegt hatte, übernahm er 1855 zum zweiten Mal die Präsidentschaft. Diese zweite Amtsperiode war von einem zwei Jahre andauernden, erbitterten Konflikt mit Vivanco und den *arequipeños* gekennzeichnet. Zwischen 1861 und 1872 lösten sich sechs verschiedene Regierungen ab. Auch wenn danach wieder zwei Präsidenten offiziell gewählt wurden – 1872 Manuel Pardo, der erste Zivilist in diesem Amt, und 1876 General Mariano Ignacio Prado –, kam es in beiden Regierungsperioden zu schwerwiegenden sozialen Konflikten; die politischen Unruhen sollten bis zum Vorabend des Salpeterkrieges fortdauern.

In Bolivien nahm die innenpolitische Entwicklung einen noch dramatischeren Verlauf, obgleich es in den ersten 30 Jahren nach der Unabhängigkeit vier längere Regierungsperioden gab: unter den Präsidenten Sucre (1825–1828), Santa Cruz (1829–1839), José Ballivián (1841–1847) und Belzu (1848–1855). Auch danach hielten sich drei weitere Präsidenten längere Zeit im Amt: Linares (1857–1861), Achá (1861–1864) und Melgarejo (1864–1871). Doch der Eindruck innenpolitischer Stabilität trügt. Jeder dieser Präsidenten, mit Ausnahme von Sucre und Santa Cruz, gelangte durch einen Staatsstreich an die Macht. Im Jahr 1848 fanden allein 15 Revolten statt, und der neue US-Geschäftsträger verbrachte drei Monate damit, eine Regierung zu finden, der er sich vorstellen konnte. Von den 20 Regierungen, die zwischen 1826 und 1879 in Bolivien an der Macht waren, wurden lediglich drei von Zivilisten geführt; nur vier Präsidenten traten freiwillig von der politischen Bühne ab, sechs wurden ermordet.

Die politische Geschichte beider Länder mutet wie ein irrwitziges Machtgerangel zwischen egoistischen, ehrgeizigen und rücksichtslosen Militärs an, die ihre Anhänger durch Mut, Charisma und *machismo* zu beeindrucken wußten – etwa wenn sie sich betranken, prügelten, Frauen nachstellten oder um Geld spielten – und die ihre Gefolgsleute mit Geld und Ämtern zu belohnen wußten. Heraclio Bonilla charakterisiert die Situation folgendermaßen: „Die politischen Regime in Bolivien standen auf zu schwachen Füßen, um eine konsequente politische Linie zu verfolgen, und die Unterschiede zwischen ihnen bestanden hauptsächlich im persönlichen Stil der *caudillos* und ihrer Fähigkeit, sich die Loyalität ihrer Gefolgschaft durch die Verteilung von Pfründen zu sichern“ [Bonilla 1980, 124]. Allerdings nimmt er Belzu wegen seiner Popularität und protektionistischen Wirtschaftspolitik aus. Interpretationen dieser Art überzeugen jedoch immer weniger, da Historiker auf neue Erklärungsmuster für das Verhalten der *caudillos* gestoßen sind, besonders was ihre Fähigkeit anbelangt, lokale und regionale Interessen zu vertreten und die Bedürfnisse der breiten Masse anzusprechen. Demnach war *caudillismo* nicht nur ein sinnloser Kampf um persönliche Macht, sondern auch der Versuch, die staatlichen Ressourcen und die Wirtschaftspolitik in einer Situation zu kontrollieren, in der keine Gruppe innerhalb der nationalen Elite über genügend Macht verfügte, um einen Alleinherrschaftsanspruch durchzusetzen. Diese Theorie läßt jedoch einige Fragen offen, besonders im Hinblick auf das Verhältnis zwischen den *caudillos* und den zivilen Regierungsbeamten, die mehreren aufeinanderfolgenden Administrationen angehörten, sowie bezüglich der Beziehungen zwischen den nationalen *caudillos* und ihren Verbündeten in den Provinzen; ebensowenig ist geklärt, weshalb politische Schlüsselfiguren plötzlich die Seiten wechselten. Immerhin liefert diese Theorie Erklärungsansätze für ein Phänomen, das zuvor schlicht als irrational eingestuft wurde, da es europäischer und liberaler Philosophie zuwiderlief.

In Peru scheinen drei Themen von zentraler Bedeutung gewesen zu sein: die Zentralismus-Föderalismus-Debatte, die Rolle der Kirche und die Handelspolitik. Die verschiedenen Regionen nahmen gegensätzliche Positionen ein, die sich jedoch je nach Verlauf der Wirtschaftsentwicklung verändern konnten und die auch davon abhingen, ob ein *caudillo*, der mit einer bestimmten Region besonders verbunden war, wie Gamarra beispielsweise mit Cuzco, gerade sein Amt antrat oder verlor. So war die Bevölkerung Arequipas, einem Zentrum des Widerstands gegen Lima, eher antizentralistisch und kirchenfreundlich eingestellt, während sie im Bereich der Wirtschafts- und Handelspolitik zu einer liberalen Haltung neigte. Die Bewohner der Nordküste und weiter Teile der *sierra* sowie die Kaufleute und Handwerker in Lima hingegen befürworteten bis zur Mitte der 1840er Jahre eine protektionistische, dirigistische Wirtschaftspolitik. Die allmähliche Konsolidierung des Staates unter Castilla ist daher auf die veränderte Einstellung der Kaufleute aus Lima und der Plantagenbesitzer der Küstenregion zurückzuführen, die allmählich für regere Beziehungen zum Ausland eintraten; darüber hinaus spielten die steigenden Staatseinnahmen aus dem Guano-Handel und nicht zuletzt Castillas persönliche Qualitäten eine wichtige Rolle. Dieser Interpretationsansatz ermöglicht auch einen neuen Zugang zu bisher wenig erforschten Bereichen der peruanischen Geschichte: der Beziehung zwischen *caudillos*, Elite und Staat (die Frage, inwieweit die Guano-Einkünfte ein gewisses Maß an staatlicher Autonomie gewährleisteten, ist in der Forschung ausgiebig erörtert worden); der politischen Rolle der in Lima und an der Küste ansässigen Elite und den Gründen für die erneuten Unruhen in den 1860er und 1870er Jahren (diese beiden Jahrzehnte in der peruanischen Geschichte des 19. Jh. hat die Wissenschaft bisher am stärksten vernachlässigt).

Eine vergleichbare Neubewertung der bolivianischen Verhältnisse hat bisher nur in Ansätzen stattgefunden. Weder die Kirche noch die Konflikte innerhalb der Elite über die Verteilung von Landbesitz scheinen in Bolivien eine größere Rolle gespielt zu haben. Dagegen waren die Kontrolle über die staatlichen Ressourcen, der wirtschaftspolitische Kurs, besonders hinsichtlich des Bergbaus, die Münzprägung und der Außenhandel (gegen Ende der Periode auch der indianische Grundbesitz) sowie die regionalen Rivalitäten von großer Bedeutung. Besonders wichtig war die Besteuerung im Silberbergbau, da die Minenbesitzer praktisch unter einer zweifachen Steuer litten: Erstens kaufte ihnen die Münzanstalt ihr Silber nur zu äußerst niedrigen Preisen ab, zweitens bezahlte sie es in entwerteten *pesos febles*. An der Art, wie hier der Staat auf Kosten privatwirtschaftlicher Interessen Einkünfte erzielte, läßt sich bereits die gesamte Problematik der Beziehung zwischen Staat und Wirtschaft, der Staatsmonopole und der Außenhandelspolitik ablesen. Da die Industrie unter Unternehmern wie Arce und Pacheco, die von chilenischem Kapital abhingen, aufblühte, versuchten die industriellen Kreise, Regime zu stützen, die die Wirtschaftspolitik liberalisierten. Dies führte im Jahr 1872 zum Erfolg, als die bolivianische Regierung das Silbermonopol aufhob, den Export von Silber freigab und Maßnahmen ergriff, um die entwerteten Pesos einzuziehen. Diese Politik bildete den Auftakt zu einer Umorientierung in den Außenbeziehungen Boliviens – eine Abkehr von den andinen Handelsnetzen und eine Neuausrichtung besonders auf Chile.

Es wäre jedoch falsch, die älteren Deutungen, die den Personalismus und die rigorose Machtpolitik der *caudillos* hervorhoben, durch jene ersetzen zu wollen, die sich ausschließlich auf die wirtschaftspolitischen Konflikte stützen. Es ging nicht nur um die Frage, wie die Kontrolle über den Staat gewonnen wurde, sondern auch darum, wie die Regierungen die vorhandenen Ressourcen nutzten, und wie sich dies auf die Menschen auswirkte. Die Verringerung der Staatseinnahmen durch die Aufhebung des Silbermonopols sowie die Angriffe auf den indianischen Landbesitz und das Tributsystem in den 1870er Jahren trugen – aufgrund der erforderlichen Kürzung von Pensionsgeldern für Militärs – möglicherweise zu einer wachsenden innenpolitischen Instabilität bei. Auch die Rivalitäten zwischen den Regionen können zum Teil die politischen Probleme Boliviens im 19. Jh. erklären. Bestimmte Politiker hatten enge Bindungen zu gewissen regionalen Zentren: José Ballivián zu La Paz, Achá und Melgarejo zu Cochabamba, Linares sowie die Präsidenten der 1870er Jahre zu Sucre und Potosí. Die Interessen und die Einflußmöglichkeiten dieser Regionen auf nationaler Ebene veränderten sich mit den jeweiligen ökonomischen Entwicklungen im Land. Als die Silberindustrie expandierte und die finanzielle Bindung an Chile sich gleichzeitig verstärkte, ließ sich eine gewisse Verlagerung der Macht vom Norden in den Süden feststellen. Dies bedeutete gleichzeitig eine Abkehr vom Protektionismus, wie ihn die *paceño*-Regime bevorzugten, und eine Hinwendung zum Wirtschaftsliberalismus (an dieser Stelle sei auf die womöglich verwirrende Terminologie verwiesen: nach 1880 wurden die Interessen der Silberindustrie durch die Konservative Partei vertreten).

Die wirtschaftliche Rolle des Staates

Unabhängig von der politischen Stabilität eines Landes spielt die Gestaltung der Wirtschaftspolitik stets eine zentrale Rolle. Dabei sind vier Bereiche besonders wichtig: Handelspolitik, Steuerpolitik, Währungspolitik und öffentliche Ausgaben. Während der gesamten Periode ließen sich die hispanischen Traditionen des Protektionismus, der Monopole und der staatlichen Wirtschaftslenkung nur schwer mit den europäischen Ideen des 19. Jh. von freiem Handel und „Laissez-faire" vereinbaren. Obgleich sich allmählich ein Trend zum Wirtschaftsliberalismus bemerkbar machte, nahm der Staat weiterhin eine Rolle ein, die jeder dogmatische Liberale abgelehnt hätte.

Die Vertreter der Dependenztheorie, die davon ausgehen, daß das Ausland den labilen lateinamerikanischen Regierungen unmittelbar nach der Unabhängigkeit eine Freihandelspolitik aufzwang, vereinfachen den Sachverhalt. Sowohl Peru als auch Chile hielten noch viele Jahre an ihrem weitgehend protektionistischen Kurs fest, u.a. auch deshalb, weil die kurzlebige liberale Politik der Unabhängigkeitsära sichtbaren Schaden angerichtet hatte. Ab 1826 ergriff Peru Maßnahmen wie die Erhöhung von Einfuhrzöllen auf Textilien, Agrarprodukten und einigen handwerklichen Erzeugnissen. 1828 wurde die Einfuhr bestimmter Waren, besonders einfacher Stoffe, ganz verboten. Trotz zwischenzeitlich liberaler Experimente war Perus Handelspolitik bis Anfang der 1850er Jahre im wesentlichen protektionistisch. 1851 senkte ein neues Gesetz die Zölle auf ein noch nie dagewesenes Niveau, allerdings erst, nachdem mehrere Versuche, neue Fabriken zu subventionieren und zu unterstützen, gescheitert waren. Eine ähnliche Entwicklung war in Chile zu verzeichnen. In den 1830er und 1840er Jahren betrieben die Regierungen eine Zollpolitik, die dem Schutz der einheimischen Industrie diente. Erst in den 1850er Jahren, als sich herausstellte, daß diese Maßnahmen wirkungslos geblieben waren, wurde ein liberalerer Kurs eingeschlagen. 1864 senkte die Regierung den Zolltarif auf einen Standardsatz von 25 Prozent (für einige Produkte galten 15 %) und öffnete den chilenischen Küstenhandel ausländischen Transporteuren. Diese liberale Haltung war jedoch nicht von Dauer. Bereits gegen Ende der 1860er Jahre wurden einzelnen Industriezweigen Zollerleichterungen eingeräumt. 1878 unterteilte eine neue Zollverordnung, die vor allem eine Erhöhung der Staatseinkünfte bewirken sollte, die Importgüter in fünf verschiedene Kategorien, um einen effektiveren Schutz zu gewährleisten.

Neben dem Indianertribut in Peru und besonders in Bolivien stellte der Außenhandel die Hauptquelle der Staatseinnahmen dar. Wenn möglich, versuchte der Staat seine Einkünfte über das Exportgeschäft zu erzielen: in Peru über das Staatsmonopol auf den Guano-Handel und in Chile über die Besteuerung der Bodenschätze. Da im Falle Perus nur wenig Daten über den öffentlichen Haushalt oder Bilanzen vorliegen, lassen sich keine klaren Aussagen über den Anteil der Einfuhrzölle an den Staatseinnahmen während der Guano-Ära machen. Es wird jedoch angenommen, daß die Regierung die Zölle aufgrund ihrer Guano-Einkünfte auf relativ niedrigem Niveau halten konnte, und daß so die Grundlagen für die „offene" Wirtschaft entstanden, für die Peru bekannt wurde. In Chile spielten die Einfuhrzölle eine bedeutende Rolle. Aus administrativen und politischen Gründen unterließen es die chilenischen Regierungen, den Besitz und das Einkommen der Eliten mit hohen Steuern zu belegen; statt dessen besteuerten sie den Handel. In den 1870er Jahren konnte der chilenische Kongreß die Einführung von Einkommens- und Erbschaftssteuern erfolgreich verhindern, bis der Ausbruch des Krieges gegen Bolivien und Peru diese Maßnahme schließlich unumgänglich machte. Eine Alternative zur Besteuerung der Eliten, auf die die Regierungen Perus und Chiles angesichts ihrer gesunden Exportwirtschaft zurückgreifen konnten, bestand in der Emission von Auslandsanleihen. Auf diese Weise konnten Haushaltsdefizite ausgeglichen und öffentliche Projekte wie der Eisenbahnbau finanziert werden.

Eine höhere Staatsverschuldung im Inland stellte eine weitere Möglichkeit dar, den defizitären Haushalt auszugleichen. Bis Mitte der 1840er Jahre nahmen mehrere aufeinanderfolgende Regierungen Perus bei den im *consulado* organisierten einheimischen Kaufleuten Darlehen auf. Anfang der 1860er Jahre, als in Peru und Chile die ersten Banken entstanden, konnten sich die Regierungen erneut problemlos an einheimische Kapitalgeber wenden. Auf diese Weise kam es zu einer engen Verknüpfung zwischen der Haushalts- und der Währungspolitik. Die Bedeutung dieses Zusammenhangs wurde bereits 1829 deutlich, als Bolivien mangels ausreichender Geldmittel dazu überging, *pesos febles* zu prägen. Besonders unter Belzu, aber auch unter Melgarejo, setzte die Regierung die Wertminderung des Hartgelds als Mittel zur Deckung ihres Finanzbedarfs ein. Ebenso verloren die Regierungen Perus und Chiles in den 1870er Jahren, als die Staatseinnahmen zurückgingen und das Münzgeld knapp wurde, ihre Vorbehalte gegenüber dem Papiergeld. Die Notenpresse war die einzige Möglichkeit, sowohl eine Finanzkrise abzuwenden als auch einen Zusammenbruch des Bankwesens zu verhindern. 1875 hob die Pardo-Administration in Lima die Konvertierbarkeit von Banknoten zeitweilig auf und erhielt im Gegenzug ein beachtliches Darlehen. Chile folgte drei Jahre später diesem Beispiel.

All dies zeigt, daß die liberalen Wirtschaftsideen einer Konfrontation mit der Realität kaum standhielten. Der Staat spielte eine weit dominierendere Rolle, als es sich liberale Ideologen, die die Funktion des Staates lediglich in der Gewährleistung der äußeren und inneren Sicherheit sahen, vorgestellt hatten. Die Guano-Vermarktung blieb während des gesamten Zeitraums in staatlicher Hand, obwohl die peruanische Regierung an einige Exporteure Abbau- und Vertriebslizenzen vergab. Als die peruanische Nitratindustrie in den 1870er Jahren in eine Krise geriet, versuchte der Staat, mit öffentlichen Mitteln auszuhelfen. In Chile führte das Versagen der Privatunternehmer im Eisenbahnbau zu einer zunehmenden Beteiligung von staatlicher Seite. Zu Beginn der 1870er Jahre war der Staat Besitzer und Betreiber der Linie Santiago–Valparaiso und der Südstrecke. Beim größten peruanischen Eisenbahnprojekt zwischen 1869 und 1875 wurden mittels staatlicher Auslandsanleihen Strecken errichtet, die in staatlicher Hand bleiben sollten. Im Eisenbahnbau, im Bergbau und in anderen Bereichen, in denen es an technischen Fertigkeiten und Geldern fehlte, sowie in der Industrie versuchten die Regierungen Perus und Chiles, den privaten Sektor soweit wie möglich mit Subventionen und der Bereitstellung von technischem Know-how zu unterstützen.

C. Der Salpeterkrieg (1879–1883)

Der Salpeterkrieg brach im Februar 1879 aus und spielte sich zunächst nur zwischen Bolivien und Chile ab. Zwei Monate später erklärte Chile Peru den Krieg. Die Ursachen des territorialen Konfliktes reichten bis in die Anfänge der Unabhängigkeit zurück: Damals waren die Grenzen zwischen den drei Staaten willkürlich gezogen worden; zudem hatte der Unabhängigkeitskampf ein Erbe wechselseitiger Anklagen und Eifersüchteleien hinterlassen. Die Spannungen spitzten sich 1836 zum ersten Mal zu, als Santa Cruz eine peruanisch-bolivianische Konföderation zu proklamieren versuchte. Dieser Schritt stieß bei Gamarra und vielen seiner peruanischen Landsleute auf Widerstand, da er die Interessen des Südens begünstigte. Daraufhin verschärften sich auch die Konflikte zwischen Chile und Peru, die sich an mehreren Streitpunkten entzündeten: der Aufnahme politisch Verbannter, Perus Versäumnis, ein Darlehen aus der Zeit des Unabhängigkeitskampfs zurückzuzahlen und Limas Erhebung von Einfuhrzöllen, die die Importe aus Valparaiso benachteiligten. Im weitesten Sinne handelte es sich um einen Konflikt um die Vorherrschaft an der Westküste. Im Dezember 1836 erklärte Chile der Konföderation den Krieg, und im Januar 1839 wurde Santa Cruz in der Schlacht von Yungay von Bulnes geschlagen. Der Krieg zwischen Peru und Bolivien wurde fortgesetzt, bis Gamarra 1841 bei Ingavi fiel. Doch der Kampf zwischen Peru und Chile um die Vormachtstellung in der Region war damit nicht beendet, die strittigen Gebietsansprüche blieben ungeklärt.

Der Grenzverlauf zwischen Bolivien und Chile in der Atacamawüste war nie eindeutig festgelegt worden. Erst als die Regierungen die wirtschaftliche Bedeutung der Nitratvorkommen erkannten und auf die einträglichen Exportabgaben spekulierten, wurde Wert auf eine Klärung gelegt. Die folgenden Grenzstreitigkeiten wurden durch die Schwäche der bolivianischen Regierung noch verstärkt. Nachdem die Kontrahenten 1863 an den Rand eines Krieges geraten waren, schlossen sie im Jahr 1866 schließlich einen Vertrag, der den Grenzverlauf auf den 24. südlichen Breitengrad festlegte. Allerdings schrieb eine Zusatzklausel vor, daß sämtliche Einkünfte aus den Nitratvorkommen, die zwischen dem 23. und dem 25. Breitengrad lagen, zwischen beiden Staaten gerecht aufgeteilt werden sollten. In dieser Zone befanden sich die Nitratlagerstätten von Mejillones und Antofagasta. Ein zusätzlicher Vertrag aus dem Jahr 1874, den zwar Chile, nicht aber der bolivianische Kongreß ratifizierte, sah vor, daß Bolivien die Ausfuhrzölle für chilenische Unternehmen in diesem Gebiet während 25 Jahren nicht erhöhen durfte.

Bis zu diesem Zeitpunkt hatte die Situation sich jedoch entscheidend geändert. 1873 unterzeichneten Peru und Bolivien einen geheimen Beistandspakt, weil sich offensichtlich beide von Chile bedroht fühlten. Unterdessen hatte der erste Boom in der Nitratindustrie eingesetzt; er konzentrierte sich hauptsächlich auf die südlichste peruanische Provinz Tarapacá. Einen gewissen Anteil an diesem Aufschwung leistete auch die chilenische *Antofagasta Nitrate Company* (ANC) in Bolivien, an der auch die britische Firma *Antony Gibbs & Sons* als Minderheitsaktionärin beteiligt war. Die Konzession der ANC stammte aus dem Jahr 1868, als die Regierung Melgarejo zwei chilenischen Unternehmern das Recht eingeräumt hatte, 15 Jahre lang abgabenfrei Nitrat abzubauen. 1873 erhöhte das chilenische Unternehmen sein Kapital, nachdem es erreicht hatte, daß die Steuerbefreiung größtenteils aufrechterhalten blieb und die Genehmigung für den Bau einer Eisenbahnstrecke eingeholt hatte. Die ANC ist jedoch nicht das einzige Beispiel für Chiles Vordringen in die Wüste. 1870 waren die Chilenen auf neue Silberminen bei Caracoles in Bolivien gestoßen. Darüber hinaus investierten sie neben britischen und deutschen Kapitalgebern in der peruanischen Provinz Tarapacá. Insgesamt schloß sich die schnell expandierende Nitratindustrie wirtschaftlich immer enger an Valparaiso an, wo Handel, Versand und Finanzierung abgewickelt wurden; außerdem war sie immer stärker auf ein Heer von chilenischen Arbeitern angewiesen.

Die wirtschaftliche Depression verstärkte die Probleme aller drei Regierungen und ihrer Eliten. Der Aufschwung, der zu Beginn der 1870er Jahre eingesetzt hatte und durch Exportwachstum, Verfügbarkeit ausländischer Kredite, Expansion des einheimischen Bankwesens und der Investitionstätigkeit sowie durch niedrige Zinssätze gekennzeichnet war, begann ab 1875 infolge der europäischen Rezession zu erlahmen, was Regierungen und einheimische Unternehmer in große Schwierigkeiten brachte. Peru wurde von dieser Entwicklung am härtesten getroffen. Als Pardo 1872 an die Macht kam, fand er leere Staatskassen vor. Seine Regierung versuchte zunächst, den Rückgang der Guano-Einkünfte durch die Einführung eines Staatsmonopols auf den Nitratexport aufzufangen und hoffte, dadurch die Preise für Düngemittel in die Höhe zu treiben. Doch zeigte sich bereits 1875, daß diese Maßnahme nicht griff und daß sich nicht nur der Guano-Handel sondern auch die Nitratindustrie und das Bankwesen in einer tiefen Krise befanden. Daraufhin willigte die

Regierung in die partielle Enteignung der Nitratindustrie ein, um die Produktion zu drosseln und somit die Preise hochzutreiben. Sie übertrug die Abwicklung dieses Unternehmens einem Bankenkonsortium, das jedoch – zum Teil wegen unsachgemäßer Geschäftsführung – mit dem Projekt scheiterte. 1876 konnte Peru seine Auslandsschulden nicht begleichen und stellte die Arbeiten am Eisenbahnbau ein. Außerdem sah sich die Regierung außerstande, die Anteilscheine einzulösen, die sie zur Entschädigung für die Enteignung der Nitrat-*oficinas* ausgegeben hatte.

Nachdem die Krise zuerst Peru getroffen hatte, weitete sie sich bald auf Chile aus. Zunächst wurde der Bergbau infolge des drastischen Rückgangs der Silber- und Kupferpreise nach 1875 erschüttert. Dann mußte die Landwirtschaft infolge ungünstiger Witterungsverhältnisse in drei aufeinanderfolgenden Jahren schwere Produktionseinbußen hinnehmen, die einen Rückgang der Weizen- und Mehlexporte auf ein Viertel des Volumens von 1874 zur Folge hatten. Auch auf dem Binnenmarkt stiegen die Lebensmittelpreise. Im Jahr 1878 sah sich Chile konfrontiert mit einer negativen Handelsbilanz, einem Verlust seiner Kreditwürdigkeit, dem drohenden Zusammenbruch mehrerer Banken und einem wachsenden Defizit, das nicht länger durch Auslandsanleihen ausgeglichen werden konnte. In dieser Situation entschloß sich die Regierung schließlich, die Einfuhrzölle zu erhöhen und die Konvertierbarkeit der Banknoten zeitweilig aufzuheben, um im Gegenzug eine Staatsanleihe zu erhalten. Weite Kreise fürchteten um die traditionelle Stabilität Chiles, da in den Ministerien eine rege Fluktuation herrschte und die allgemeine Unzufriedenheit wuchs. In Bolivien hatten sich die chronischen Finanzprobleme, die im Laufe des Jahrhunderts immer wieder auftraten, noch verschlimmert, da Daza nach seiner Machtübernahme 1876 die Staatskasse geplündert hatte, um seine Anhänger zu bezahlen. Sowohl die frühere Liberalisierung des Handels als auch der innenpolitische Widerstand hinderten die Regierung daran, aus der florierenden Silberindustrie des *altiplano* höhere Einnahmen zu erzielen. Alle drei Länder hatten somit gute Gründe, in der Nitratindustrie die Lösung ihrer Probleme zu suchen.

Den Anstoß gab Bolivien. Zu Beginn des Jahres 1878 schlug der bolivianische Kongreß vor, auf die Nitratexporte einen Ausfuhrzoll zu erheben. Dies stellte eine unmittelbare Bedrohung für die Interessen der ANC dar, da die Produktion dort teurer war als in Tarapacá. Zur selben Zeit forderte die Stadtverwaltung von Antofagasta eine Steuererhöhung. Im März wurde die Nitratabgabe bewilligt, was die chilenische Regierung sofort dazu veranlaßte, im Namen der Nitrat-Gesellschaft Einspruch zu erheben. Während die bolivianische Regierung schließlich die Einführung des Ausfuhrzolls aufschob, rückte die Stadtverwaltung von ihrem Vorhaben nicht ab. Im Dezember 1878 wurde der Präfekt beauftragt, die Exportsteuer einzuziehen, und als sich der britische Geschäftsführer weigerte, sie zu entrichten, wurde er verhaftet und das Firmeneigentum beschlagnahmt. Die chilenische Regierung, die gerade mit Argentinien einen Kompromiß in der Patagonien-Frage erzielt hatte, erwog nun, militärisch gegen Bolivien vorzugehen. Obgleich die ANC über Rückhalt in einflußreichen Kreisen verfügte (elf ihrer Aktionäre saßen im Kongreß und zwei im Kabinett), gab es auch eine größere Gruppe führender Chilenen, die ihre Interessen in Bolivien gefährdet sahen und deshalb auf einen gemäßigten Kurs drängten. Schließlich siegte die ANC im Kampf um die Gunst der öffentlichen Meinung, indem sie eine Pressekampagne finanzierte, in der lautstark „Wiedergutmachung“ von Antofagasta gefordert wurde, u.a.

als Ausgleich für Chiles „Rückschlag" in Patagonien. Im Februar 1879 wurden die ersten Truppen entsandt, die die Seehäfen bis hinauf nach Tocopilla besetzten (über die von Chile beanspruchte Grenze auf dem 23. Breitengrad hinaus). Die chilenische Regierung, die von dem „geheimen" Abkommen aus dem Jahr 1873 beinahe seit dessen Unterzeichnung wußte, beschuldigte nun Peru, Bolivien zur Erhebung der Nitratsteuer angestiftet zu haben (da der Wettbewerb zwischen Antofagasta und Tarapacá angeblich das peruanische Staatsmonopol bedrohte), und am 5. April 1879 erklärte Santiago Peru den Krieg. Wie aus den Unterlagen der Firma *Antony Gibbs & Sons* hervorgeht, betrachtete Chile bereits im Mai „die peruanische Nitratindustrie als Entschädigung für seine Kriegsausgaben" [zit. nach ORTEGA 1984, 367].

Militärisch verlief der Salpeterkrieg unkompliziert. Die bolivianische Armee war kaum beteiligt. Nachdem Daza geschlagen worden war, wurde er im Dezember 1879 durch eine Rebellion von Volk und Militär gestürzt. Im Krieg zwischen Peru und Chile war die maritime Überlegenheit von ausschlaggebender Bedeutung. Zunächst bestand ein ausgewogenes Kräfteverhältnis; bereits einen Monat nach Kriegsbeginn verlor Peru jedoch bei Iquique sein modernstes Kriegsschiff. Danach war es nur noch eine Frage der Zeit bis zur endgültigen Niederlage: Im Oktober 1879 wurde die peruanische Flotte bei Angamos geschlagen, was dazu führte, daß Peru Chile auf See nicht mehr herausfordern konnte. Im selben Monat landeten chilenische Truppen in Pisagua und brachten die Nitratlagerstätten von Tarapacá unter ihre Kontrolle. Im Mai 1880 wurden die peruanischen Truppen bei Tacna geschlagen und einen Monat später bei Arica vernichtet. Die Chilenen rüsteten zum Vormarsch in das Zentrum des Landes. Nachdem sie in Pisco gelandet waren, gewannen sie im Januar 1881 die Schlachten von Chorrillos und Miraflores und nahmen Lima ein. Als die Zeit für Verhandlungen über einen Friedensvertrag, Entschädigungen und einen Rückzug gekommen war, hatte sich der peruanische Staat praktisch aufgelöst. Während Chile den Großteil der Küste kontrollierte (und damit Perus wichtigsten verbliebenen Exportsektor), sah es sich im Hochland Guerilla-Einheiten gegenüber, die sich nicht geschlagen gaben. Unter Führung ehemaliger Kriegshelden wie Cáceres und Montero überfielen sie immer wieder chilenische Truppen, die sich in die Bergregion vorwagten. Erst im Oktober 1883 gelang es den Chilenen, mit Miguel Iglesias, dem Präsidenten einer Marionettenregierung, in Ancón einen Friedensvertrag auszuhandeln.

Wiederholt wurde die Ansicht vertreten, die Niederlage Perus sei unvermeidlich gewesen, wobei unterschiedliche Gründe dafür angeführt wurden: das militärische Ungleichgewicht zwischen den beiden Staaten, die gegensätzlichen politischen und sozialen Entwicklungen und die finanzielle Überlegenheit Chiles (möglicherweise durch ausländische Interessen unterstützt). Diese Frage wird sich nie eindeutig klären lassen. Man kann darüber spekulieren, welche finanziellen und sozialen Probleme Chile erwartet hätten, wenn es den Seekrieg nicht so rasch für sich entschieden und die äußerst wichtigen Nitratlagerstätten erst zu einem späteren Zeitpunkt erbeutet hätte. Die von verschiedener Seite geäußerte Vermutung, Chile habe sich für einen Krieg gerüstet, Peru dagegen seine Verteidigung vernachlässigt, erscheint wenig plausibel: Infolge der Finanzkrise hatten beide Länder sogar ihre Ausgaben einschränken müssen. Bei Ausbruch des Krieges steckten beide in finanziellen Schwierigkeiten, und es bestand wenig Aussicht, Auslandskredite zu erhalten. Eine frühzeitige Niederlage hätte daher die sozialen Spannungen in Chile durchaus verschärfen können.

Trotzdem trifft es zu, daß die peruanische Elite nicht mehr Herr der Lage war, und daß die Serie von Niederlagen im See- und danach im Landkrieg den Zusammenbruch der inneren Ordnung beschleunigte. Zum einen führte dies zur vollständigen Desintegration der Elite. Im Dezember 1879 floh Prado, nachdem er sich mit dem Kongreß wegen der Frage der Kriegsfinanzierung überworfen hatte, nach Europa, angeblich, um dort neue Geldquellen zu erschließen. Daraufhin übernahm Nicolás de Piérola, ein Gegner der *civilista*-Plutokraten, die Präsidentschaft. Zum anderen brachte der Krieg die latenten ethnischen Konflikte innerhalb Perus zum Ausbruch. Unmittelbar nach der Niederlage bei Miraflores, aber noch bevor die chilenischen Truppen einmarschierten, kam es in Lima zu gewalttätigen Unruhen, bei denen über 70 Chinesen ums Leben kamen. An der Nordküste taten sich chinesische Arbeiter mit chilenischen Soldaten zusammen, um Landgüter und Privathäuser zu plündern, und auch in Cañete verbündeten sich Chinesen mit Chilenen. Anfang 1881 griffen schwarze Arbeiter Weiße und Chinesen an, brachten das gesamte Tal unter ihre Kontrolle und metzelten über 1000 Asiaten nieder. Im Zentrum des Landes schlossen sich Indianer und Mestizen dem Guerilla-Führer Cáceres an, um sowohl die Chilenen zu bekämpfen, die im Januar 1882 dort eintrafen, als auch die Grundbesitzer, die mit ihnen kollaborierten und Iglesias' Friedensbemühungen unterstützten.

Die Frage nach der Rolle, die ausländische Interessen in diesem Konflikt spielten, wurde bereits während des Krieges aufgeworfen. Der US-amerikanische Außenminister James G. Blaine stellte 1882 fest: „Es ist eine vollkommene Fehleinschätzung, von einem Krieg zwischen Chile und Peru zu sprechen. Es handelt sich um einen Krieg zwischen Großbritannien und Peru, und Chile leistet dabei nur Handlangerdienste." Die Kritiker einer ausländischen Einmischung bezogen sich auf pro-chilenische Aussagen britischer Kaufleute sowie auf Versuche seitens peruanischer Besitzer von Obligationen, die Lieferung von Kriegsausrüstung nach Peru zu verhindern und auf Verhandlungen mit Chile hinzuwirken. Sie verwiesen auch auf die wachsende britische Kontrolle über die Nitratindustrie, nachdem sie in chilenische Hände gefallen war. Die Klärung dieser Frage wird allerdings durch die Tatsache erschwert, daß Briten, Franzosen und die Vereinigten Staaten nicht gut aufeinander zu sprechen waren (was Blaines Aussage in Frage stellt), und daß die Privatwirtschaft in allen drei Ländern, ebenso wie in Deutschland, an Lizenzen interessiert war. Obgleich der marxistische Historiker V. G. KIERNAN [1955] aufgrund von Dokumenten des Auswärtigen Amtes zu dem Schluß kam, daß die britische Regierung keineswegs in den Krieg verwickelt war, schließt dieser Befund eine Beteiligung privatwirtschaftlicher Interessen nicht aus. Das Schlüsselunternehmen in diesem Bereich war die Firma *Antony Gibbs & Sons*, die in allen drei Ländern über Eigentum verfügte, einschließlich einer Minderheitsbeteiligung bei der ANC. Das Material aus dem Privatarchiv der Firma (das mittlerweile Wissenschaftlern in London zugänglich ist) legt den Schluß nahe, daß *Antony Gibbs & Sons* auf die Entwicklungen, die zum Krieg führten, nicht direkt eingewirkt, sondern lediglich reagiert hatte. Gleichwohl kann man davon ausgehen, daß das Unternehmen auf die chilenische Regierung Druck ausgeübt hatte, um sie zu einem Protest gegen die bolivianischen Ausfuhrzölle zu bewegen. Sicherlich hatte die Firma auch nichts gegen die Kriegshetze der ANC Anfang 1879 einzuwenden. Nach Übernahme der Nitratlagerstätten in Tarapacá verschlechterten sich Gibbs' Beziehungen zur chilenischen Regierung. Auch *Gildemeister*, eines der führenden deutschen Unternehmen, geriet mit der Regierung über Fragen der Produktion und der Besteuerung sehr schnell in Konflikt.

Noch während des Krieges fällte die chilenische Regierung wichtige Entscheidungen in bezug auf die Nitratindustrie, die, obwohl dies nicht beabsichtigt war, den Einfluß des Auslands verstärkten. Nachdem Chile Tarapacá eingenommen hatte, mußten die ungeklärten Eigentumsverhältnisse so rasch wie möglich geregelt werden, um das für die Finanzierung des Krieges unerläßliche Funktionieren der Nitratindustrie zu gewährleisten. Die peruanischen Obligationäre, die *Crédit Industriel* und die Nitrataktionäre machten allesamt ihre Ansprüche geltend und drohten, Chile in Europa in Mißkredit zu bringen. So entschloß sich die Regierung, die Nitratindustrie zu reprivatisieren, woraufhin Gibbs und andere ausländische Unternehmer, darunter auch der berüchtigte Colonel North, umgehend die staatlichen peruanischen *oficinas* aufkauften. Kaum jemand konnte absehen, welche Probleme dieser Schritt mit sich bringen würde. Die chilenische Regierung hatte, u.a. weil sie durch die ausländischen Geldgeber unter Druck gesetzt wurde, aus kurzfristigen Erwägungen heraus entschieden, ohne zu bedenken, wie sich die starke Position der Ausländer gegenüber den einheimischen Investoren zukünftig auswirken würde.

Auf diplomatischer Ebene konnten im Frieden von Ancón einige Streitfragen geklärt werden, während andere ungelöst blieben. Zu den offenen Fragen gehörte vor allem Boliviens Anspruch auf einen Zugang zum Meer. Infolge dieses strittigen Punktes erzielten Chile und Bolivien bis zum Jahr 1905 keine über den Waffenstillstand hinausgehende Einigung. Während Peru Tarapacá an Chile abtrat, verblieben die Provinzen Tacna und Arica, über deren Schicksal angeblich eine Volksabstimmung im Jahr 1893 entscheiden sollte, vorerst unter chilenischer Oberhoheit. Die Frage wurde zusätzlich dadurch erschwert, daß Arica ein möglicher Seehafen für Bolivien war. Auch die Forderungen der Inhaber umfangreicher peruanischer Anleihen aus den Jahren 1870 und 1872, mit denen die staatliche Eisenbahn, der Guano und die Nitratlagerstätten belastet waren, wurden vorerst beiseite geschoben.

Somit blieben nach dem Krieg viele Probleme ungeklärt, und neue waren hinzugekommen. Mit dem Zusammenbruch der staatlichen Systeme in Peru und Bolivien hatte sich auch der politische und wirtschaftliche Einfluß der alten Eliten verringert. In Peru sorgten die ethnischen Konflikte und die Aktivitäten der *montoneras* (Guerilla-Einheiten) für soziale Unruhe, und die Regierung wurde von weiten Teilen der Bevölkerung nicht anerkannt. Darüber hinaus sah sich Peru vor die Aufgabe gestellt, die Inflation zu bekämpfen, den Exporthandel wiederzubeleben und mit den ausländischen Gläubigern eine Einigung zu erzielen. In Chile ging das neu erworbene Nitratmonopol bereits in die Hände ausländischer Firmen über, und die chilenische Elite mußte die Situation meistern, ohne das Staatsgefüge einer zu großen Belastungsprobe auszusetzen.

D. Bolivien nach dem Salpeterkrieg (1880–1900)

Der nächste deutliche Einschnitt in der Geschichte Perus und Chiles fiel mit der Wahl zweier Präsidenten zusammen: In Peru kam im Jahr 1919 Augusto B. Leguía an die Macht, und in Chile wurde 1920 Arturo Alessandri gewählt. In Bolivien verlief die Entwicklung nach einem anderen Muster. Der Zeitraum von 1899, als die Liberalen über die Konservativen siegten, bis zum Chacokrieg (1932–1935) bildete eine zusammenhängende Einheit – eine Ära, in der das politische Geschehen von einer kleinen Oligarchie bestimmt wurde und sich die Wirtschaft auf den Zinnexport konzentrierte. Aus diesem Grund wird die Betrachtung Boliviens mit der Jahrhundertwende abschließen, während die Entwicklung Chiles und Perus bis 1919/20 verfolgt wird.

In den 20 Jahren nach Boliviens Rückzug aus dem Salpeterkrieg 1880 wurde die Wirtschaft weitgehend vom Aufschwung und Niedergang der Silberindustrie beherrscht. In den 1870er Jahren begannen die Silberpreise auf dem Weltmarkt zu fallen. Nach einem besonders drastischen Sturz im Jahr 1893 waren sie nur noch halb so hoch wie zur Jahrhundertmitte. Trotzdem stieg zu Beginn der 1880er Jahre Boliviens Produktion an, was zum einen auf verstärkte Investitionen zurückzuführen war und zum anderen auf die Mechanisierung der Erzzerkleinerung und des Amalgamations-Verfahrens. Dies wirkte dem Preisverfall zumindest teilweise entgegen, gleichzeitig jedoch erhöhten diese Modernisierungsmaßnahmen den Bedarf an Brennstoffen und anderen Materialien, die importiert werden mußten. Folglich war der Bergbau von der Wertminderung der einheimischen Silberwährung und den steigenden Transportkosten stark betroffen: Zwischen 1878 und 1885 verdreifachte sich der Kohlenpreis in Huanchaca. Ab Mitte der 1880er Jahre versuchten die Minenbesitzer unter der Führung der Huanchaca-Gesellschaft energisch, ihre Kosten zu senken. Zunächst verlängerten sie im Jahr 1889 die Bahnlinie von Antofagasta bis nach Uyuni, dann verlagerten sie den Raffinations-Prozeß ins Ausland, um Brennstoff zu sparen. Diese Maßnahmen zeigten jedoch nur kurzfristige Erfolge. In den sieben Jahren nach Verlängerung der Bahnlinie nach Uyuni erhöhte sich die Produktion Huanchacas um 87 Prozent. Doch zahlreiche andere Minen konnten infolge der sinkenden Silberpreise und der Verteuerung der Importe nicht mehr wirtschaftlich produzieren. Im Jahr 1896 wurde Huanchaca durch eine Überflutung seiner ertragreichsten Lagerstätten so stark geschädigt, daß der Silberboom ein jähes Ende nahm.

Die Einführung der Eisenbahn hatte andere Auswirkungen. Im Jahr 1892 wurde die Linie Antofagasta–Uyuni bis nach Oruro verlängert. Auch die neuen Dampfschiffe ermöglichten Bolivien einen besseren Zugang zur Südstrecke der Eisenbahn in Peru, die 20 Jahre zuvor bis an den Titicacasee herangeführt worden war. Diese Veränderungen im Transportwesen und der Rückgang im Silberbergbau führten bald zu einer Umstrukturierung des bolivianischen Handels. Abgelegene Täler, denen es an geeigneten Transportmöglichkeiten fehlte, erlebten einen wirtschaftlichen Niedergang, da sie ihre Märkte auf dem *altiplano* verloren. Peruanischer Zucker und chilenischer Weizen verdrängten mit Hilfe von Zollerleichterungen die Erzeugnisse aus Santa Cruz, Cochabamba und Sucre. Daraufhin geriet die Landwirtschaft in den östlichen Andentälern in eine Krise, und die Entwicklung der Städte stagnierte. Die Handelszentren im *altiplano* wie La Paz und Oruro dagegen profitierten von der Neuorientierung im Handel. Besonders La Paz zog neue einheimische Wirtschaftsunternehmen, selbst aus dem Bergwerkssektor, und ausländische Handelshäuser an. Im Jahr 1900 war die Einwohnerzahl der Stadt auf 60 000 angewachsen, während sich die von Sucre konstant bei etwa 20 000 hielt.

Der schnelle wirtschaftliche Wandel verstärkte die politischen Spannungen innerhalb der Elite, aber auch zwischen der indianischen Bevölkerung einerseits und den Großgrundbesitzern, Kaufleuten und der Regierung andererseits. Nach der Niederlage Boliviens waren die Silberproduzenten an die politische Macht gelangt. Da das Militär aufgrund seiner Mißerfolge in Ungnade gefallen war, stand dem politischen Aufstieg der Zivilisten nichts mehr im Wege. Den Bergwerksunternehmern war daran gelegen, möglichst schnell den inneren Frieden wiederherzustellen und ein stabiles politisches System zu errichten. Sie hofften, auf diese Weise das für den Eisenbahnbau dringend benötigte ausländische Kapital anzuziehen und den Fall der Silberpreise zu kompensieren. Im Jahr 1884 gewann Gregorio Pacheco, ein führender Bergwerksunternehmer, die Präsidentschaftswahlen und wurde vier Jahre später durch einen weiteren Minenbesitzer, Aniceto Arce, abgelöst, der durch eine manipulierte Wahl, die die liberale Opposition boykottierte, an die Macht kam. Im Jahr 1892 machte Arce Mariano Baptista Platz, einem renommierten Rechtsanwalt, der zahlreiche Bergwerksgesellschaften vertreten hatte. Da die Zahl der Wahlberechtigten durch das an Bildungsgrad und Eigentum gebundene Wahlrecht auf etwa 40 000 beschränkt war, ließen sich die Wahlen sehr leicht manipulieren. Die konservativen Regierungen bevorzugten Sucre als Landeshauptstadt; Pacheco und Baptista hatten dort ihren Regierungssitz, obgleich sich viele Regierungsbehörden und ausländische Gesandtschaften in La Paz befanden. Ab 1894 trat sogar der Kongreß, entgegen bisheriger Gewohnheit, fünf Jahre hintereinander in Sucre zusammen. Dies schürte den Widerstand der Liberalen und der *paceños* gegen das konservative Regime, dessen eigene ökonomische Grundlagen durch den Zusammenbruch der Silberindustrie und den wirtschaftlichen Niedergang in den östlichen Tälern unterhöhlt wurden.

Die ökonomischen Veränderungen und die Konsolidierung der politischen Macht unter dem Regime der Bergbau-Oligarchie verstärkten den Druck auf die indianische Bevölkerung. Der „informelle Vertrag" zwischen den Indianergemeinschaften und dem Staat wurde schließlich gebrochen, als die Regierung versuchte, die in früheren Jahren dekretierten Reformen durchzusetzen. Laut einer Schätzung befand sich im Jahr 1880 noch die Hälfte des Landes in indianischem Kollektivbesitz, obgleich bereits 1874 die *Ley de Exvinculación* dem gemeinschaftlichen Landbesitz die rechtliche Grundlage entzogen hatte. Kurz darauf begannen die Landkommissionen, den Landbesitz zu erfassen und Eigentumstitel zu vergeben. Sobald der Grundbesitz eingetragen war, wurde die Grundsteuer um ein Viertel angehoben. Dann begannen die am indianischen Landbesitz interessierten Käufer wie benachbarte *hacendados,* kleine und mittlere Bergbau-Unternehmer und Kleinhändler die indianischen Bauern zum Verkauf zu nötigen. Aus dem statistischen Material über La Paz und Chuquisaca läßt sich ersehen, wie schnell das indianische Land seinen Eigentümer wechselte und zu größeren *haciendas* zusammengefaßt wurde, besonders in den ertragreichen landwirtschaftlichen Gebieten wie in der Gegend des Titicacasees. Hinzu kam, daß die Indianer bei der Weiterverarbeitung ihrer Erzeugnisse zunehmend ausgebeutet wurden (beispielsweise durch die *hacendados,* die Mühlen besaßen). Zudem entglitt ihnen nach und nach die Kontrolle über den Handel mit ihren Produkten, da sich Zwischenhändler einschalteten, die selbst während des wirtschaftlichen Rückgangs noch Gewinne erzielten und neue Märkte für sich erschlossen.

Die Einheimischen nahmen dies alles nicht widerspruchslos hin. Die *ayllus* versuchten, die Arbeit der Landkommissionen zu behindern, indem sie den Landvermessern die Theodoliten stahlen, einzelne Beamte bedrohten und in den Städten aufmarschierten. Im Norden Potosís verbündeten sich Indianer und Mestizen, da letztere ebenfalls ihre Existenzgrundlage gefährdet sahen. Diese Kleinbauern siedelten häufig illegal auf staatlichem Grundbesitz und waren infolge der Landvermessungen gezwungen, den Boden, den sie bereits bearbeiteten, käuflich zu erwerben und Steuern zu zahlen. Die Indianer gingen sogar vor Gericht, um die Landvermessungen aufzuhalten. Auf lange Sicht zahlte sich diese Strategie jedoch nicht aus, da die Gerichtskosten sie zwangen, zu hohen Zinssätzen Kredite aufzunehmen, und ihre Gläubiger, häufig Kleinhändler, jederzeit die Hypothek auf ihr Land kündigen konnten. In den am stärksten betroffenen Gebieten kam es zu einer Reihe von Aufständen im Zeichen der glorreichen Inka-Vergangenheit und des Kampfes gegen die Vorherrschaft der Weißen, während andere Erhebungen einem Bündnis mit der Liberalen Partei nahestehenden Mestizen entsprangen. In den 1890er Jahren nahmen die Spannungen zu, und der Einsatz der Armee schwächte die Legitimität der weißen Regierung noch weiter. Im März 1899 kam es zur Revolte von Zarate Willka, einem indianischen Führer aus Sicasica in La Paz, einer Region, die seit den 1860er Jahren von den Landkäufen besonders betroffen war. Die Bewegung breitete sich auf dem gesamten *altiplano* aus und griff auch auf die Täler des Ostens über. Indianische Kräfte forderten die Rückgabe des gemeinschaftlichen Landbesitzes und die Errichtung einer autonomen indianischen Regierung.

Der Aufstand ereignete sich zu einer Zeit, als sich die Elite in einer inneren Krise befand. Die Liberalen planten schon seit längerer Zeit die Entmachtung des konservativen Regimes und wurden von der regionalen Elite in La Paz unterstützt, die der Regierung ihre Vorliebe für Sucre übelnahm. Nachdem den Liberalen in den Kommunalwahlen von 1897 der Sieg vorenthalten worden war, kam es zu einer Welle von Unruhen, die den Kongreß jedoch ungerührt ließen. Im Dezember 1898 erfolgte ein Umsturz unter der Führung von General José Manuel Pando, dem Führer der Liberalen. Die indianischen Truppen trugen entscheidend zum Gelingen des Unternehmens bei; sobald jedoch die konservative Regierung entmachtet war, bezeichneten die Liberalen den indianischen Widerstand als „Rebellion“ und unterdrückten ihn mit brutaler Härte. Dies war ein entscheidender Wendepunkt in der bolivianischen Geschichte. Der indianische Widerstand erreichte nie mehr ein vergleichbares Ausmaß, und die Landübernahmen beschleunigten sich unter den Liberalen weiter. Silvia Rivera [1987, 18 f.] beschreibt die weitere Entwicklung als „einen von Gewinnsucht getriebenen, verbrecherischen Enteignungsfeldzug, der unter dem praktisch ununterbrochenen Einsatz von Gewalt durchgeführt wurde“. Mit dem Sieg der *paceños* und dem beinah gleichzeitig einsetzenden Aufschwung im Zinnbergbau – Simón Patiño machte seinen berühmten Fund in Uncía im Jahr 1900 – verlagerte sich das ökonomische Zentrum des Landes nach Nordwesten, während die Täler im Osten an den Rand gedrängt wurden. Die Elite von La Paz und ihre Verbündeten in der Provinz konnten ihre politische Macht weiter ausbauen.

E. Peru und Chile vom Salpeterkrieg bis 1919/20

a Ökonomische Entwicklungen

Das Exportwesen

Nach dem Salpeterkrieg entwickelten sich die Wirtschaftssysteme Perus und Chiles in gegensätzliche Richtungen. Chile hing weitgehend von seinem Hauptexportprodukt Nitrat ab, während Peru den ökonomischen Wiederaufbau auf der Basis wirtschaftlicher Diversifizierung betrieb. Beide Länder wurden stärker in den Weltmarkt integriert. Zwischen 1895 und 1913 versechsfachte sich Perus Exportvolumen, während sich Chiles Ausfuhrrate im selben Zeitraum verdreifachte.

Tab. 47: Peruanische Exporte 1897–1919 (Jahresdurchschnitt, in 1000 Lp)

Zeitraum	Erdöl	Zucker	Baumwolle	Wolle	Kautschuk	Kupfer
1897–1899	*	925,0	208,6	288,7	*	*
1900–1904	14,1**	1153,1	314,5	306,8	493,5	501,0
1905–1909	66,0	1256,8	665,2	424,1	912,0	1124,7
1910–1914	14,0	1663,3	1182,3	459,4	892,1	1708,5
1915–1919	1489,9	4708,2	3251,7	1516,9	537,7	5270,3

* keine Zahlen verfügbar
** nur zwischen 1902 und 1904

Die peruanischen Exportstatistiken enthalten keine Angaben über die Silberausfuhr in diesem Zeitraum. Sämtliche Schätzungen sind unzuverlässig. Auch diese Zahlen sollen lediglich einen allgemeinen Trend aufzeigen und den Stellenwert der einzelnen Produkte verdeutlichen. Das peruanische Pfund (Lp) entsprach 10 Soles; sein Nennwert betrug 1 Pfund Sterling.

Quelle: Peru, Extract Estadístico, 1935, S. 136.

Anfänglich hing Perus wirtschaftliche Erholung eng mit der Entwicklung des Silberbergbaus in der zentralen *sierra* zusammen. Mit Hilfe neuer technischer Verfahren (Verhüttung und Aufbereitung) und der Verlängerung der Bahnlinie nach La Oroya im Jahr 1893 erhöhte sich die Produktion der Minen zum ersten Mal seit den 1840er Jahren wieder (Tab. 47). Als in den 1890er Jahren jedoch die Preise auf dem Weltmarkt drastisch fielen, ging die Förderung erneut zurück. Andere Exportzweige traten allmählich an die Stelle des Bergbaus.

An der Nordküste, besonders in der Gegend von Trujillo und Chiclayo, erholte sich die Zuckerindustrie von den Verheerungen durch die chilenischen Truppen. Im Jahr 1897 wurden über 103 000 Tonnen Zucker ausgeführt, mehr als vor Ausbruch des Krieges, und bis 1914 waren die Exporte auf 177 000 Tonnen gestiegen. Auch die Zuckerindustrie bekam die sinkenden Weltmarktpreise im letzten Viertel des 19. Jh. zu spüren. Obwohl die peruanischen Zuckerproduzenten über gewisse Vorteile verfügten – vor allem konnten sie das ganze Jahr über anbauen –, mußten sie ihre Produktion völlig umstellen, um konkurrenzfähig zu bleiben. Die Besitzungen wurden zusammengelegt und der Transport innerhalb der Plantagen sowie die Zerkleinerungs-

und Raffinations-Verfahren von Grund auf modernisiert. Dazu benötigten die Plantagenbesitzer jedoch bedeutende finanzielle Hilfen. Die kleineren Produzenten, besonders in der Gegend um Trujillo, mußten ihre Betriebe, die sie vor dem Krieg aufgebaut hatten, an größere Plantagenbesitzer verkaufen. Dies waren in der Regel reiche peruanische Familien, die enge Kontakte zu britischen oder nordamerikanischen Kaufleuten besaßen – den wichtigsten Geldgebern seit dem Zusammenbruch der einheimischen Banken.

Um 1900 begann sich die Exportwirtschaft weiter zu diversifizieren. In zahlreichen Küstentälern stellten ehemalige Zuckerpflanzer auf den Anbau von Baumwolle um und verpachteten ihr Land. Die Exporte stiegen rasch, wobei die Gewinne einem weit größeren Produzentenkreis zugute kamen als in der Zuckerwirtschaft. Da kaum noch Großplantagen existierten, florierten Tausende von Kleinbetrieben. Allerdings waren auch sie, wenn es um Kredite und den Absatz ihrer Produkte ging, weitgehend auf ausländische Kaufleute angewiesen. Infolge des Preisanstiegs war auch im Süden eine Zunahme der Wollexporte zu verzeichnen, die zum ersten Mal wieder an das Niveau der 1860er Jahre heranreichten. Der Handel befand sich jedoch immer noch in den Händen ausländischer Kaufleute in Arequipa. Die *selva* erlebte durch einen kurzzeitigen Kautschuk-Boom Anfang des 20. Jh. ebenfalls einen Aufschwung. Die Kautschuk-Industrie war ein hartes Geschäft, verbunden mit einem hohen Verschleiß an Menschen und einer starken Belastung der Natur. Tausende von Indianern, die durch Schuldknechtschaft an ihre Arbeitgeber gebunden waren, wurden zum Auffinden und Anzapfen der Bäume eingesetzt und starben unter den unmenschlichen Arbeitsbedingungen. Als ab 1910 die Konkurrenz der asiatischen Kautschuk-Plantagen auf dem Weltmarkt einsetzte, konnte die peruanische Produktion aufgrund ihrer aufwendigen Gewinnungsmethoden nicht mehr mithalten.

Weitere wichtige Veränderungen vollzogen sich im Bergbau und in der Erdölindustrie. Die vielfältigen peruanischen Erzlagerstätten enthielten häufig neben Silber andere Mineralien. Als 1897 die Preise auf dem Weltmarkt stiegen, wandten sich die Minenbesitzer der zentralen *sierra* dem Kupferabbau zu. Doch die Bergwerksunternehmer in Cerro de Pasco gerieten bald in Schwierigkeiten. Es fehlte das nötige Kapital, um einen zentralen Entwässerungstunnel fertigzustellen und um die Bahnstrecke nach La Oroya zu verlängern. Im Jahr 1901 verkauften viele Unternehmer ihre Konzessionen an die US-amerikanische Minengesellschaft *Cerro de Pasco Corporation,* die später auch die meisten der Morococha- und Casapalca-Gruben aufkaufte. Obwohl wirtschaftliche Gründe dafür sprachen, die Kupferproduktion Zentralperus zusammenzufassen, hatte dieser Konzentrationsprozeß jedoch zur Folge, daß der peruanische Kupferbergbau beinahe vollständig in nordamerikanischen Besitz überging. Im Jahr 1919 kaufte die Gesellschaft die letzte wichtige unabhängige Schmelzhütte auf und errichtete drei Jahre später in La Oroya eine große Aufbereitungsanlage. Auch die Erdölindustrie geriet zunehmend unter US-amerikanische Kontrolle, nachdem die einzige einheimische Firma bei Zorritos nicht mehr expandierte. Um 1914 hatte *Standard Oil of New Jersey* den führenden Ölproduzenten *London and Pacific Petroleum,* der *Negritos* aufgebaut hatte, aufgekauft, während britische Unternehmer den zweitgrößten Produzenten *Lobitos* kontrollierten.

Während Perus Exportwirtschaft aufblühte, gerieten besonders der Bergbau und die Mineralölindustrie allmählich unter ausländische Kontrolle. Seit dem Grace-Vertrag von 1889, durch den Perus Auslandsschuld aufgehoben und die staatliche Eisenbahn an die *Peruvian Corporation* in London verpachtet wurde, spielte das Ausland auch im Transportwesen eine dominierende Rolle. Darüber hinaus investierten die US-amerikanische Firma *Grace* und die britischen Kaufleute Duncan Fox und Balfour Williamson in den Aufbau von Baumwollspinnereien und Getreidemühlen.

Tab. 48: Chilenische Nitratexporte 1880–1919 (Jahresdurchschnitt)

	Wert der Nitratexporte (in Mio. Pesos *)	Anteil am Gesamtexport in %	Anteil an den Staatseinkünften in %
1880–1884	53,2	44,1	24,1
1885–1889	57,8	45,4	36,5
1890–1894	78,0	54,0	50,9
1895–1899	91,4	58,7	57,2
1900–1904	128,8	68,3	56,0
1905–1909	207,4	71,2	53,4
1910–1914	262,7	69,1	52,5
1915–1919	341,8	62,8	47,0

* Goldpesos im Wert von 18 Pence

Quellen: MITCHELL [1983, 637–640]; VAYSSIÈRE [1980, 270f.].

Die chilenische Exportwirtschaft wies keine vergleichbare Diversifizierung auf. Wie aus Tabelle 48 zu ersehen ist, machten die Nitratausfuhren den höchsten Anteil am Gesamtexport und an den Staatseinkünften aus. Die Nachfrage in Europa erhöhte sich stetig und die Exporte stiegen von 10,3 Mio. *quintales* (ein *quintal* entspricht 46 kg) im Jahr 1890 auf 23,3 Mio. im Jahr 1919. Trotzdem erwies sich die Nitratindustrie, vor allem in ihrem Anfangsstadium, als unbeständig und schwer kontrollierbar. Zum einen hatten die Entscheidungen während des Salpeterkrieges und die notwendigen Investitionen zur Errichtung von *oficinas* den ausländischen Firmen zu einer starken Position verholfen. Im Jahr 1890 produzierten bereits 23 britische Firmen über 70 Prozent des Nitrats (daneben spielten auch deutsche Produzenten eine bedeutende Rolle). Darüber hinaus erlangten britische Firmen in den 1880er Jahren auch die Kontrolle über wichtige Nebenzweige wie die Wasserversorgung und die Eisenbahn in Tarapacá; zudem bauten sie ihre Vermittlerrolle im kaufmännischen Bereich und im Bankgeschäft aus. Zum anderen richtete sich die Nachfrage nicht nach dem Preisniveau. Sobald neue *oficinas* ihre Produktion aufnahmen, überschwemmten stets große Nitratmengen den Markt, was einen Preisrückgang und Gewinnverluste zur Folge hatte. Normalerweise hätten die Produzenten unter solchen Umständen ein Kartell gebildet, um die Förderung zu drosseln, doch dies lief den Interessen der auf gleichbleibende Staatseinkünfte angewiesenen chilenischen Regierung zuwider. Daher kam es, besonders in den Jahren 1890/91, zu wiederholten Konflikten zwischen den ausländischen Produzenten und mehreren chilenischen Administrationen. Als schließlich weiter südlich neue Nitratvorkommen entdeckt wurden, ging der Einfluß der Briten zurück. Bis 1913 sank ihr Anteil an der Gesamtproduktion auf unter 35 Prozent. Die chilenischen Unternehmen holten auf, und die staatlichen Stellen lernten, die Freigabe neuer Nitratlagerstätten zeitlich besser abzustimmen. Die Produzenten und auch die Regierung erkannten allmählich, daß es in ihrer beider Interesse lag, den Handel durch die Bildung wirtschaftlicher Zusammenschlüsse zu stabilisieren.

Die Folgen des Exportwachstums

Bis in die 1970er Jahre ging die Forschung davon aus, daß der Exportsektor eine wirtschaftliche Enklave bildete, die mit der übrigen Wirtschaft kaum verbunden war. Diese Einschätzung stützte sich auf die Tatsache, daß sich die Exportproduktion zum einen weitgehend in ausländischem Besitz befand und zum anderen geographisch sehr isoliert war, was besonders auf die chilenische Nitratwirtschaft und die peruanische Erdölindustrie zutraf. Es wurde sogar behauptet, die peruanische Zuckerindustrie habe sich in der Hand einiger weniger ausländischer Großunternehmen befunden (eine Einschätzung, die zu wenig zwischen ausländischen Firmen und eingewanderten Unternehmern differenzierte). Die neuere Forschung hat diese Einschätzungen revidiert.

Das Konzept der „rückfließenden Erträge" ermöglicht eine Neubewertung der Enklaven-Theorie und einen Vergleich zwischen verschiedenen Exportsektoren. Dabei werden im wesentlichen die finanziellen Verflechtungen zwischen dem Exportsektor und der übrigen Wirtschaft berücksichtigt: Steuerzahlungen, Löhne und allgemeine Versorgungskosten. MAMALAKIS [1971, 192f.] schätzt, daß zwischen 1880 und 1924 etwa ein Drittel aller Einkünfte der Nitratindustrie der chilenischen Regierung zufloß. Ein weiteres Drittel schluckten die Produktionskosten (hauptsächlich Arbeitskräfte und Lebensmittel), und das letzte Drittel ging als Profit an die einheimischen oder ausländischen Investoren. In der peruanischen Zucker- und Baumwollwirtschaft, die sich in lokaler Hand befand, floß ein Großteil der Exporteinkünfte (vermutlich über 90 %) in die einheimische Wirtschaft zurück. Schätzungen der Kupfer- und Erdölproduktion, die sich erst später entwickelte und weitgehend unter ausländischer Kontrolle war, liegen erst ab dem Jahr 1916 vor. THORP und BERTRAM [1978, 87] gehen davon aus, daß zwischen 1916 und 1919 etwa die Hälfte der Einnahmen der Cerro-de-Pasco-Minen in den peruanischen Wirtschaftkreislauf zurückfloß, wobei in diesem Zeitraum das Preisniveau außergewöhnlich hoch war. Der Anteil bei der Mineralölindustrie lag allerdings weit darunter. Alles in allem waren die finanziellen Verflechtungen zwischen dem peruanischen Exportsektor und der übrigen Wirtschaft begrenzt. Die Minenbesitzer und die landwirtschaftlichen Erzeuger profitierten immer noch von der 1890 getroffenen staatlichen Entscheidung, bis zum Jahr 1915 keine Ausfuhrzölle zu erheben. In jedem Falle erfordern die Schätzungen über die „rückfließenden Erträge" eine eingehende Beschäftigung mit der Frage nach dem Einfluß der Eliten und des Staates auf die Wirtschaftsentwicklung beider Länder.

Aussagen über Art und Umfang der finanziellen Verflechtungen vermitteln jedoch nur ein unvollständiges Bild, denn Chiles Abhängigkeit von einem einzigen Exportgut brachte weit mehr Nachteile mit sich als die offenkundige Abhängigkeit vom Weltmarkt. Es gibt Hinweise darauf, daß der Rückgang der Kupferexporte (zumindest bis zum Ersten Weltkrieg, als die Investitionen nordamerikanischer Firmen einsetzten) und der Agrarexporte mit dem Aufschwung in der Nitratproduktion zusammenhing. Die neue Industrie brachte mit ihrem Bedarf an Kohle die Kupferschmelzer in Bedrängnis und bewirkte möglicherweise auch eine Verlagerung der Kapitalinvestitionen. Die landwirtschaftlichen Erzeuger waren eher daran interessiert, den expandierenden Binnenmarkt zu schützen, als sich auf dem Exportmarkt dem Wettbewerb zu stellen. Die Wirtschaftssysteme Perus und Chiles gerieten in immer größere Abhängigkeit vom Ausland. Dies traf sowohl auf die chilenische Nitratindustrie zu, die nach 1880 kaum mehr modernisiert wurde, als auch auf die peruanische Zuckerindustrie, die eine grundlegende Modernisierung erfuhr. Da die entsprechende Technologie und ein Großteil der Maschinen importiert werden mußten, schmälerte dies die dynamischen Effekte des Exportwachstums. Die einheimischen Finanzinstitute waren in der Regel am Handel, an staatlichen Vorhaben und am Dienstleistungsbereich interessiert. Weniger beteiligten sie sich an langfristigen Finanzierungsprojekten, die eine ausgewogenere Wirtschaftsentwicklung ermöglicht hätten. Die Kredite ausländischer Kaufleute flossen beinahe ausnahmslos in den Exportsektor, ob sie direkt beteiligt waren, wie in der Nitratindustrie, oder als Mittelsmänner fungierten, wie in der Plantagenwirtschaft an der peruanischen Küste. Bald wurden in beiden Ländern die Schlüsselbereiche der Wirtschaft von London und New York aus kontrolliert: in Chile die Nitratindustrie und das Bankwesen, in Peru die Eisenbahn, der Bergbau und die Erdölindustrie. Somit liefen die wirtschaftlichen Entscheidungsprozesse nicht mehr in den Ländern ab, die von ihnen unmittelbar betroffen waren.

Während der Wirtschaftsboom, abgesehen von kleineren Unterbrechungen, zwei Jahrzehnte lang anhielt, blieben die Nachteile der immer enger werdenden Beziehungen zum internationalen Kapital zunächst verborgen. Der Erste Weltkrieg, auch wenn er schließlich unerwartete Gewinne brachte, förderte einige wesentliche Probleme zutage. Der Kriegsausbruch bewirkte einen drastischen Rückgang der Bank- und Handelskredite. Die Lieferungen wichtiger Maschinen blieben aus, da deutsche und britische Lieferanten ihre Tätigkeit einstellten. Die britische Regierung beschränkte den Frachtraum für nicht lebensnotwendige Importgüter wie beispielsweise Baumwolle. Sie setzte staatliche Kommissionen ein, die den Kauf von Zucker und Nitrat überwachten, und versuchte durch Maßnahmen wie Schwarze Listen den Handel mit Deutschland zu unterbinden. Die Inflation griff von Europa auf Lateinamerika über, auch auf Chile und Peru. Als Europa nach Kriegsende seine Lager wieder auffüllte, profitierten die peruanischen Produzenten von einem beispiellosen Anstieg der Rohstoffpreise. Die chilenische Nitratindustrie hingegen stürzte infolge des sinkenden Bedarfs an Explosivstoffen in eine tiefe Krise, zudem waren die deutschen Hersteller von synthetischem Stickstoff eine starke Konkurrenz auf dem Weltmarkt.

Die einheimische Wirtschaft

Die Exportwirtschaft schuf einen Bedarf an Arbeitskräften und belebte die Produktion in Industrie und Landwirtschaft – besonders auf regionaler Ebene. Unmittelbar vor Ausbruch des Ersten Weltkrieges betrug die Zahl der in der Nitratindustrie Beschäftigten an die 50 000, zehnmal mehr als in den 1880er Jahren. In Peru waren 1919 etwa 25 000 Arbeiter in der Zuckerindustrie, 40 000 (Angestellte und Saisonarbeiter) in der Baumwollproduktion, 25 000 im Bergbau und 2500 in der Erdölförderung beschäftigt. Der Anstieg der Lohnkosten, der hier der einheimischen Wirtschaft zugute kam, hing weniger mit dem Lohnniveau als mit der Anzahl der

Beschäftigten zusammen, trotzdem erhöhte die Expansion des Exportsektors auch die Nachfrage nach Nahrungsmitteln und Versorgungsgütern. SUNKEL [1982, 105] schätzt, daß die Nitratregion, die beinahe alle benötigten Produkte aus dem Ausland oder dem Landesinnern einführen mußte, bis zu 20 Prozent des chilenischen Weizens bezog. In Peru erhöhte die Expansion der Plantagenwirtschaft und des Bergbaus den Bedarf an Bauholz und Nahrungsmitteln wie Getreide und Fleisch aus der *sierra,* wovon besonders die Hochlandregionen von La Libertad, Cajamarca und Junín profitierten.

Neben dem aufstrebenden Exportsektor spielte auch das Bevölkerungswachstum für die Gesamtwirtschaft eine bedeutende Rolle. Im Jahr 1876 zählte Peru 2,6 Mio. Einwohner, danach wurden bis 1940 keine vollständigen Volkszählungen mehr durchgeführt. Schätzungen gehen allerdings davon aus, daß sich die Bevölkerungszahl zwischen 1876 und 1927 in etwa verdoppelte. Die Einwohnerschaft von Lima/Callao belief sich im Jahr 1920 auf 229 000, und Arequipa, die zweitgrößte Stadt, zählte 1917 44 000 Einwohner. Anhand von chilenischen Statistiken, die weit zuverlässiger sind, läßt sich feststellen, daß die Bevölkerung Chiles von 2,5 Mio. im Jahr 1885 auf 3,8 Mio. im Jahr 1920 anwuchs. Der Urbanisierungsprozeß war in Chile viel weiter fortgeschritten als in Peru: im Jahr 1920 verfügte Santiago über eine halbe Million Einwohner und Valparaiso über etwa 200 000. Die Hauptstädte und ihre Seehäfen benötigten bald anspruchsvollere Finanzsysteme, Handelsnetze, Transportsysteme und öffentliche Versorgungsbetriebe. Ihr Wachstum bewirkte einen enormen Aufschwung im Baugewerbe, und ihr Bedarf an Lebensmitteln belebte den Verkehr auf den Schienen und brachte den Grundbesitzern zusätzliche Gewinne.

Aus den Volkszählungsdaten zur Beschäftigungsstruktur geht hervor, daß auch diese Städte einen für alle lateinamerikanischen Städte typischen „handelsorientierten und administrativen" Charakter aufwiesen. Dennoch entwickelte sich dort auch eine verarbeitende Industrie. In Peru wurde dieser Prozeß in den 1890er Jahren durch die Abwertung der Währung begünstigt. Um 1905 produzierten Lima und Arequipa beachtliche Mengen an Baumwoll- und Wolltextilien, verarbeiteten Lebensmitteln und Getränken. In Chile entwickelte sich die Textilindustrie langsamer, doch bewirkten der Salpeterkrieg, die Geldentwertung sowie gezielte protektionistische Maßnahmen einen eindrucksvollen Aufschwung der gesamten Industrie. In den 1890er Jahren produzierten die chilenischen Eisengießereien Lokomotiven und Waggons für die staatliche Eisenbahn, Straßenbahnwagen sowie Maschinen für Mühlen, Weingüter und Nitrat-*oficinas.* Ein weiteres Anzeichen für den Aufschwung stellte die Gründung der *Sociedad de Fomento Fabril* (SFF, Gesellschaft zur Förderung der Industrie) im Jahr 1883 dar, eines staatlich subventionierten Interessenverbandes, in dem vor allem Industrielle organisiert waren. Um 1910 waren in der Fertigungsindustrie Santiagos bereits 75 000 Arbeiter beschäftigt.

Auch die Landwirtschaft profitierte von der steigenden Nachfrage in den Städten. Die Reis-, Baumwoll- und Zuckerrohrplantagen an der peruanischen Küste versorgten wichtige einheimische Märkte. Die peruanischen Zuckerproduzenten lieferten zudem einen beträchtlichen Teil ihrer Ernte an chilenische Raffinerien. Im zentralen Hochland von Peru und in Zentralchile spezialisierten sich bestimmte *haciendas* auf die Produktion von Fleisch und Molkereierzeugnissen für die Märkte in den Großstädten. Da der geschützte Binnenmarkt weiter expandierte, konnten die Weizenproduzenten in Südchile den Verlust der ausländischen Absatzmärkte ausgleichen. Die zentralen Gebiete des Landes stellten die Produktion auf andere Nahrungsmittel oder auf Wein um. Zwischen 1875 und 1895 vergrößerte sich der chilenische Markt für Agrarerzeugnisse in etwa auf das Doppelte, und im Jahr 1920 hatte er sich nochmals verdoppelt.

Dies zog jedoch keine nennenswerte Modernisierung der Landwirtschaft nach sich. Die Landbesitzer waren an staatlichen Schutzmaßnahmen und Subventionen interessiert, die sie vor wirtschaftlicher Konkurrenz bewahrten, und investierten deshalb kaum in neue Technologien. Die chilenische Landwirtschaft blieb daher arbeitsintensiv, behielt ihre traditionellen Sozialstrukturen bei und geriet in immer größere Abhängigkeit vom Binnenmarkt. Dies wiederum schmälerte den Absatzmarkt für die Industrieproduzenten, da sich die unterbezahlten Landarbeiter (dasselbe traf auf Peru zu) die Fabrikerzeugnisse kaum leisten konnten.

Die Rolle des Staates

Der Staat spielte in beiden Wirtschaftssystemen eine wichtige Rolle. In Chile, wo die Regierung eine ausgesprochen unorthodoxe Zoll- und Währungspolitik betrieb, war der Einfluß des Staates jedoch weit größer als in Peru. Dieser Unterschied war zum Teil auf die unterschiedlichen Erfahrungen seit Mitte des 19. Jh. zurückzuführen: Nachdem Peru in der Guano- und Nitratwirtschaft große Fehler begangen hatte und nach der hohen kriegsbedingten Inflation existierte ein tiefes Mißtrauen gegenüber einem starken, interventionistischen Staat. Außerdem verfügte Chile aufgrund seiner einträglichen Nitratwirtschaft über viel höhere Staatseinkünfte als Peru. Dort hatte die Staatskasse unter den fehlenden Ausfuhrzöllen zwischen 1890 und 1915 und dem Abbau des Steuersystems während der Guano-Ära erheblich gelitten. Daher bestanden die staatlichen Einnahmen lediglich aus Einfuhrzöllen und einer indirekten Verbrauchssteuer auf Tabak, Alkohol, Zucker, Salz, Koka und ähnlichen Produkten. Obgleich diese Abgaben Ende der 1890er Jahre unter Piérola erhöht wurden, floß weiterhin ein Großteil der Steuern in private Taschen.

Die staatlichen Maßnahmen zur Lenkung der Wirtschaft bezogen sich hauptsächlich auf die Handels- und Währungspolitik und auf den öffentlichen Bausektor. In der Handelspolitik wichen die Regierungen nach und nach vom „Laissez-faire"-Konzept ab und kamen den besonderen Interessen von Industrie und Landwirtschaft entgegen, wobei dies in Chile konsequenter betrieben wurde als in Peru. Um die Jahrhundertwende unterlagen die peruanischen Industriellen schließlich in ihrem Kampf um wirksamere protektionistische Maßnahmen, und ihr Verband, die *Sociedad Nacional de Industrias* (Nationaler Industrieverband), verlor jeglichen politischen Einfluß. In Chile dagegen unterstützte die SFF die Industriellen in ihrem erfolgreichen Kampf um Zollerleichterungen bei der Einfuhr von Maschinen. Die wachsende Bedeutung des Binnenmarktes führte außerdem zu einer Annäherung von landwirtschaftlichen und industriellen Interessen; gemeinsam setzten die beiden Wirtschaftsblöcke 1897 die Einführung eines selektiven Schutzzolls durch. Im Jahr 1916 wurden die Zollsätze abermals angehoben, hauptsächlich um die Lebensmittelimporte einzuschränken.

Auch die chilenische Währungspolitik begünstigte die auf den Binnenmarkt ausgerichteten Hersteller. 1878 wurde eine nicht konvertierbare Papierwährung eingeführt.

Lediglich zwischen 1895 und 1998 versuchte Chile zur Goldwährung zurückzukehren. Das neue Währungssystem ließ den Devisenkurs stetig sinken und führte zu einer anhaltenden Inflation. Davon profitierten sowohl die Industriellen als auch die landwirtschaftlichen Erzeuger, in erster Linie diejenigen, die Darlehen aufnahmen, um ihre Betriebe zu vergrößern. Peru reagierte auf die Abwertung der Silberwährung mit der Übernahme der Goldwährung im Jahr 1897, was zu heftigen Kontroversen führte. Doch selbst die Einführung von Papiergeld zu Beginn des Ersten Weltkrieges – eine ebenfalls umstrittene Maßnahme – bewirkte nur ein vorübergehendes Absinken des Devisenkurses. Der Aufschwung des peruanischen Exporthandels während des Krieges ließ den Wert der *libra peruana* schließlich über ihre Goldparität steigen.

Die chilenische Regierung, die über Geldmittel aus den Exportabgaben der Nitratindustrie sowie über Inlands- und Auslandsanleihen verfügte, konnte weit mehr als in Peru in das Erziehungswesen und den öffentlichen Bausektor investieren. Nach und nach wurde die staatliche Eisenbahn dafür eingesetzt, die Grundbesitzer durch die Senkung von Transportgebühren zu subventionieren und den Angehörigen und Günstlingen von Regierungspolitikern Stellungen zu verschaffen. In Peru dagegen litt der Staat unter chronischem Geldmangel. Nachdem die *Peruvian Corporation* zu Beginn der 1890er Jahre in finanzielle Schwierigkeiten geraten war und sich die Hoffnung zerschlagen hatte, daß der Grace-Vertrag Peru einen erneuten Zugang zu ausländischen Kapitalmärkten ermöglichen würde, bestand kaum noch Aussicht auf ausländische Kredite. Die staatlichen Ausgaben im öffentlichen Bauwesen waren gering, und das Ende der 1890er Jahre von Piérola errichtete *Ministerio de Fomento* (Ministerium für öffentliche Arbeiten) nahm die ihm zugedachte Aufgabe nie wirklich in Angriff. Die Ausgaben der chilenischen Zentralregierung beliefen sich zwischen 1904 und 1913 auf durchschnittlich 407 Mio. Pesos (10 Mio. Pfund) pro Jahr. Peru gab jährlich 30 Mio. Soles (3 Mio. Pfund) aus.

b Gesellschaftliche Entwicklungen: Stagnation und Wandel

Die Eliten

Der Krieg und die anschließenden ökonomischen Veränderungen, besonders der zunehmende Einfluß ausländischer Firmen, blieben auch für die Eliten nicht ohne Folgen. Viele Historiker sehen in dieser Zeit sowohl in Peru als auch in Chile die Hochblüte der Herrschaft einer kleinen Oligarchie hauptsächlich aus Großgrundbesitzern und Bankiers. Allerdings unterschieden sich die Eliten Chiles und Perus bezüglich sozialer Zusammensetzung und wirtschaftlicher Interessenlage in wesentlichen Punkten. Zum einen eröffneten die unterschiedlichen Exportwirtschaften ebenso unterschiedliche ökonomische Möglichkeiten. Die peruanische Landwirtschaft, vor allem an der Küste, durchlief eine viel dynamischere Entwicklung als der Agrarsektor in Chile und warf beträchtliche Gewinne ab. Im Gegensatz dazu schienen in Chile, wo der Staat über beträchtliche finanzielle Mittel verfügte, die Kontakte zur Regierung eine wichtigere Rolle gespielt zu haben. Zum anderen veränderte sich die Struktur der peruanischen Elite infolge der Niederlage im Krieg und der Nachkriegsdepression erheblich. Viele der führenden chilenischen Familien hatten bereits Mitte des 19. Jh. ihr Vermögen erworben. In Peru dagegen hatten nur wenige der einflußreichen

Familien aus der Guano-Ära die Wirtschaftskrise überstanden. In den 30 Jahren nach dem Salpeterkrieg machte die peruanische Elite einen tiefgreifenden Wandel durch. Sie schuf sich eine neue Basis in der Plantagenwirtschaft an der Küste und in der Finanzwelt Limas. Neue Mitglieder wurden integriert – häufig waren es Einwanderer aus anderen lateinamerikanischen Ländern oder aus Italien.

Trotz dieser Unterschiede bestanden auch Gemeinsamkeiten hinsichtlich der Wirtschaftsinteressen und des Weltbildes der Eliten. Die Reichsten verfolgten in der Regel breit gefächerte ökonomische Interessen. Dazu gehörten Landwirtschaft, Bank- und Versicherungswesen, städtisches Versorgungswesen, Immobilien und möglicherweise auch die Industrie. Die jeweiligen Schwerpunkte variierten von Familie zu Familie, wobei alle über gute Verbindungen zu Kreditgebern und Regierungsstellen verfügten. In Chile überstanden die Banken sowohl die Krise von 1878 als auch den Salpeterkrieg und sorgten somit für eine gewisse Kontinuität in der Wirtschaftsentwicklung. In Peru hingegen brach das einheimische Bankwesen, bis auf ein einziges kleines Institut, vollständig zusammen. Folglich war die Elite darauf angewiesen, die Exportproduktion oder den Handel über Kontakte zu ausländischen Kaufleuten zu finanzieren. Erst gegen Ende der 1890er Jahre konnte sie über neu gegründete einheimische Banken Gelder beziehen. Chilenische Familien wie die Cousiño und die Edwards waren vermutlich eher daran interessiert, in die Industrie zu investieren. Die beiden einzigen Familien der peruanischen Oligarchie, die sich im industriellen Sektor engagierten, waren die Prado und die Pardo. In beiden Ländern spielten die Einwanderer eine Schlüsselrolle in der industriellen Entwicklung. Dies bedeutete allerdings nicht, daß sich eine klar abgegrenzte Interessengruppe herausbildete, die eine Gefahr für die Position der Großgrundbesitzer-Elite hätte darstellen können: Die Industriellen waren auf die Banken angewiesen, die von eben dieser Elite kontrolliert wurden. Darüber hinaus bedurften sie staatlicher Schutzzölle und Zollerleichterungen. Erfolgreiche Industrielle wurden schließlich durch Landerwerb und einen Vorstandssitz in einem der Finanzinstitute in die Elite integriert.

Eine rege, vermutlich jedoch wenig adäquate Debatte wurde über die Frage geführt, ob sich die Eliten dynamisch-unternehmerisch oder eher vorsichtig-abwartend verhielten. Am ehesten trifft wohl die Einschätzung zu, daß sie sich in einer risikoreichen Umgebung ökonomisch klug verhielten. Das bedeutet, daß sie sich auf dem oligopolistischen Markt Nischen zu sichern suchten, daß sie einen gewissen Teil ihres Vermögens anlegten (in Landgütern oder städtischem Grundbesitz) und darüber hinaus ausreichende liquide Mittel bereithielten. Kaum ein erfolgreicher Geschäftsmann engagierte sich nur in einem einzigen Wirtschaftszweig. Die Eliten waren bereit, in immer wieder neue Bereiche zu investieren, um die unternehmerischen Risiken möglichst breit zu streuen. Im industriellen Sektor erschien eine Zusammenarbeit mit immigrierten Unternehmern oder Fachleuten, die über gefragtes Know-how verfügten, durchaus lohnenswert, besonders auf einem durch Schutzzölle abgesicherten oligopolistischen Markt. Auch die Investition in die städtische Wasser- oder Stromversorgung, verbunden mit einer staatlich zugesicherten Monopolstellung, eröffnete vielversprechende Möglichkeiten. Folglich kam es zu einer ständigen Verschiebung in den Wirtschaftsaktivitäten der Eliten, da sie kauften und verkauften, neue Unternehmen gründeten und andere herunterwirtschafteten. Es entstand eine investitionsfreudige, kapitalistisch orientierte Elite, die sich nur noch selten in einzelne Interessengruppen aufspaltete. Sie war an wirtschaftlichem Wettbewerb nicht interessiert und ließ sich nur von kurzfristigen Zielen leiten.

Bezüglich Lebensstil und Weltbild der Elite hatte sich im Vergleich zur Vorkriegsära erstaunlich wenig verändert. Europäisierung und Paternalismus waren nach wie vor stark ausgeprägt. Die Entwicklung moderner Verkehrsmittel wie Eisenbahn und Dampfschiff erlaubte es den Angehörigen der Elite, in Europa Urlaub zu machen, in Lima oder Santiago ihre Geschäfte abzuwickeln und gleichzeitig auf ihren Gütern die Rolle des patriarchalischen Grundherrn zu spielen. Landbesitz, Finanzwesen und Überseehandel waren nach wie vor die wichtigsten Voraussetzungen einer Zugehörigkeit zur Oberschicht. Ausländische Investitionen wurden akzeptiert, ja sogar begrüßt, insbesondere wenn sie in Unternehmungen flossen, die umfangreicher Finanzmittel bedurften, oder wenn Branchen davon profitierten, die nur auf längere Sicht Gewinne abwarfen oder in denen die Einkünfte relativ bescheiden ausfielen (wie beispielsweise im Bergbau). Dennoch blieben Konflikte nicht aus. Besonders in Peru beschwerten sich die Grundbesitzer über die Tarife der britischen Eisenbahn-Gesellschaften oder über ihre Abhängigkeit von ausländischen Kaufleuten. Europäische Einwanderer waren auf allen gesellschaftlichen Ebenen willkommen, zumindest solange nicht befürchtet werden mußte, daß sie das Land mit anarchistischen oder sozialistischen Ideen infizierten. Gegenüber den einheimischen Armen meist indianischer Herkunft bestand jedoch ein ausgeprägter Rassismus. Die chilenischen Industriellen beispielsweise vertraten die Ansicht, die indianischen Arbeiter seien „faul, träge und allesamt Bastarde" [zit. nach Loveman 1988, 113]. Ein angesehener Peruaner stellte die Behauptung auf, daß „der Indianer nichts anderes ist und sein kann als eine Maschine" [zit. nach Flores Galindo/Burga 1979, 98]. Vom Staat erwarteten die Eliten Maßnahmen zur Beschleunigung des Modernisierungsprozesses: Insbesondere sollte der Staat die Geschäftsinteressen der Elite durch Subventionen und sonstige Vergünstigungen unterstützen und den Privatbesitz vor ausländischer Konkurrenz (so riefen beispielsweise die chilenischen Landbesitzer nach Einfuhrzöllen, um die argentinischen Fleischimporte einzudämmen), aber auch vor sozialen Protesten im eigenen Land schützen. Gleichzeitig herrschte die Ansicht vor, die eigene wirtschaftliche Domäne sei von Besteuerung und staatlichen Eingriffen auszunehmen. Balmaceda schaffte in Chile Ende der 1880er Jahre die Einkommens- und Erbschaftssteuer ab. In Peru kam die Elite in den Genuß einer äußerst regressiven Besteuerung und bekämpfte im Jahr 1915 energisch die Einführung von Ausfuhrzöllen.

Die Großgrundbesitzer in den Provinzen orientierten sich am Vorbild der wohlhabenden Oligarchien in Lima und Santiago. Häufig nahmen sie nicht nur im lokalen Bereich eine mächtige Stellung ein, sondern übten über ihre Vertreter im Kongreß auch auf nationaler Ebene politischen Einfluß aus. Auch sie erwarteten vom Staat einerseits Zurückhaltung, andererseits Förderung und Schutz ihres Privatbesitzes. Die provinzielle Elite war sehr darauf bedacht, ihre Autonomie zu bewahren, dabei aber den Staat für ihre Interessen zu instrumentalisieren, wie etwa bei der Vergabe öffentlicher Aufträge oder staatlicher Stellen. In beiden Ländern lagen Organisation und Führung der Güter in der Hand der *hacendados,* die in Notfällen auf die Unterstützung von Polizei und Armee zurückgriffen. Sie waren um Einfluß auf die örtlichen Behörden und staatlichen Beamten bemüht, um sich die Kontrolle über die Produktionsmittel – Land, Wasser und Arbeitskräfte – zu sichern. Vor allem die *gamonales* der peruanischen *sierra* waren für die Kooptation von Richtern und Unterpräfekten und die Ausbeutung der Bauernschaft bekannt.

Allerdings bestanden auch innerhalb der peruanischen Provinzeliten Rivalitäten: So stritten Gutsbesitzer um die Kontrolle über knappe Ressourcen wie Wasser und Arbeitskräfte (in Cajamarca verliefen die Konflikte besonders heftig), und in der *sierra* kämpften *hacendados* und Kaufleute um die lokale politische Macht sowie um die Handelsgewinne. In Chile dagegen schien unter den Mitgliedern der lokalen Eliten ein größeres Einvernehmen zu herrschen, was allerdings mit der Tatsache zusammenhängen kann, daß über die peruanischen Provinzen mehr Informationen vorliegen. Es ist unwahrscheinlich, daß nicht auch in Chile zwischen den Grundbesitzern oder zwischen Grundbesitzern und Kaufleuten Konflikte auftraten.

Die Armen auf dem Land

Erst in jüngster Zeit ist klargeworden, in welchem Ausmaß die Exportkonjunktur und die Urbanisierung auf die Lebensverhältnisse der Armen auf dem Land einwirkten, und wie sehr dieser Einfluß von Region zu Region variierte. Im allgemeinen führte die Bevölkerungszunahme zu einer Verknappung der Ressourcen auf Kosten der bäuerlichen Dorfgemeinschaften und Kleinpächter. Die expandierenden Märkte spornten Grundbesitzer und Händler an, die Arbeiter, das Land oder den Handel noch optimaler und damit gewinnbringender zu nutzen. Obwohl sich einige wenige Landbewohner am Handel beteiligten oder als Wanderarbeiter ein bescheidenes Einkommen erzielten, wurde die große Mehrheit ausgepreßt.

Die Landarbeiter profitierten kaum vom Aufschwung der chilenischen Landwirtschaft. Während sich nach 1900 die Inflation der Nahrungsmittelpreise beschleunigte, sanken die Löhne der Gelegenheitsarbeiter weiter ab. Die *inquilinos* sahen sich mit steigenden Arbeitsanforderungen konfrontiert. Trotzdem zogen es viele Landarbeiter vor, sich im Tausch gegen eine Unterkunft und ein Stück Land dauerhaft auf den Gütern niederzulassen, um der wirtschaftlichen Unsicherheit und der feindseligen Umgebung außerhalb der Ländereien zu entgehen. Die Arbeiter auf den *haciendas* hatten wenig Kontakt zur Außenwelt. Sie verfügten kaum über Bargeld, da ihr Lohn oft in Naturalien bestand, und waren dadurch noch stärker an das Gut gebunden. Diese Faktoren förderten die patriarchale Abhängigkeit und die Isolation auf den *haciendas* noch zusätzlich. Gleichzeitig vergrößerte sich das materielle, soziale und kulturelle Gefälle zwischen den ländlichen Unterschichten und der städtischen Bevölkerung. Aufgrund dieser Entwicklung und der Tatsache, daß die illegalen Siedler auf dem Land kaum behelligt wurden (sie waren zur Erntezeit willkommene Hilfsarbeiter), blieb Chile von sozialen Protesten verschont.

In Peru stellte sich die Situation ganz anders dar. Das Exportwachstum führte zu einem beträchtlichen Bedarf an Arbeitskräften und hatte außerdem sowohl an der Küste als auch in der *sierra* eine Konzentration des Landbesitzes zur Folge. Das rege Interesse am Thema und die Öffnung der Archive der *haciendas* nach der Agrarreform von 1969 haben zu einer beachtlichen Forschungstätigkeit geführt. Über die Arbeitsbedingungen auf den Gütern und das System der Landpacht in Peru ist nicht nur ausgiebig geforscht, sondern auch sehr kontrovers diskutiert worden.

Dort, wo die Exportwirtschaft sich entwickelte, an der Küste und in den Minengebieten, stellte sich Arbeitskräftemangel ein. Die peruanischen Plantagenbesitzer konnten keine Arbeiter mehr aus Übersee rekrutieren. Um die Jahrhundertwende wanderte zwar eine begrenzte Anzahl Japaner ein, aber die Einwanderungswelle aus China war endgültig zum Stillstand gekommen, und die meisten Europäer ließen sich mittlerweile in Nordamerika, Argentinien und Brasilien nieder. Während die Exportproduktion an der Küste weiter anstieg, richteten die Plantagenbesitzer ihre Aufmerksamkeit auf die *sierra,* wo sie über Mittelsmänner Arbeitskräfte anwerben ließen. Dieses System wurde bald unter dem Namen *enganche* (wörtlich: das Anspannen von Tieren) bekannt. Die Bergbau-Gesellschaften bedienten sich ähnlicher Methoden zur Rekrutierung von Minenarbeitern. Das *enganche* löste eine lebhafte Diskussion aus. Zu Beginn des Jahrhunderts verdammten es die *indigenistas* als ein ausbeuterisches, an Sklaverei grenzendes System: Betrunkene Arbeiter wurden überredet, Verträge zu unterzeichnen, erhielten nutzlose Waren aufgedrängt und wurden anschließend auf den *haciendas* festgehalten, bis sie ihre Schulden abgearbeitet hatten. In abgelegenen Gegenden, wie etwa der Kautschuk-Region oder La Convención in Cuzco, herrschten unzweifelhaft skandalöse Verhältnisse. Die Migration an die Küste oder in die Minengebiete bot hingegen zumindest den Vorteil, zu einer Jahreszeit, in der im Hochland wenig Arbeitsmöglichkeiten in der Landwirtschaft bestanden, einen Zusatzverdienst zu erzielen. Viele Arbeiter verdingten sich Jahr für Jahr auf denselben Plantagen, andere spielten die Gutsbesitzer gegeneinander aus. Im einen wie im andern Fall blieben die Löhne niedrig. Die größten Nutznießer des Systems waren die Plantagenbesitzer, die Vermittler (häufig Kleinhändler oder Dorfführer) und die qualifizierten Arbeiter, die die sicheren und besser bezahlten Arbeitsplätze in den Gruben erhielten. In der *sierra* führte das System zu einem wachsenden Gefälle zwischen den Regionen, zwischen benachbarten Dörfern und sogar zwischen Dorfbewohnern. Darüber hinaus bewirkte es eine Veränderung in der häuslichen Arbeitsteilung, da die Abwesenheit der Männer über drei Monate und mehr die weiblichen Familienmitglieder mit zusätzlichen Aufgaben belastete. Das *enganche* war eine Übergangserscheinung, die sich im wesentlichen auf die ersten beiden Jahrzehnte des Jahrhunderts beschränkte. Mehr und mehr Arbeiter migrierten, blieben einige Jahre oder gar für immer auf den Plantagen und in den Minen und bildeten den Kern eines neuen Proletariats.

In der *sierra* selbst kam es in diesem Zeitraum zu einer beachtlichen Expansion der *haciendas.* Die wachsenden Märkte an der Küste förderten die Zusammenlegung großer Ländereien, selbst in den entlegeneren Regionen. Es ist allerdings schwierig, über Ursachen und Verlauf dieser Entwicklung genaue Aussagen zu machen. In Azángaro auf dem *altiplano* hing der Aufschwung der *haciendas* eindeutig mit den steigenden Wollpreisen zusammen. Der indianische Kollektivbesitz genoß keinen gesetzlichen Schutz mehr, und auch die verschuldeten Kleinpächter wurden unter Druck gesetzt. In dieser Situation boten die *haciendas,* ebenso wie in Chile, Schutz und Sicherheit, allerdings um den Preis der Aufgabe der eigenen Unabhängigkeit. Die *hacendados* konnten ihre Wollproduktion steigern, indem sie mehr Land nutzten und mehr Pächter einsetzten, sie behielten jedoch die traditionelle Weidewirtschaft bei (das Schafehüten war in Wirklichkeit eine Form der Naturalpacht). Die *colonos* wurden mit Land, sehr niedrigen Löhnen und Naturalien wie Mais, Koka und Alkohol „belohnt". Auf diese Weise erzeugte die Expansion der *haciendas* ein System patriarchaler Sozialbeziehungen, das dem chilenischen ähnelte: Die Pächter auf den *haciendas* unterstanden der Gerichtsbarkeit des Grundherrn, schuldeten ihm ihre landwirtschaftlichen Erzeugnisse, waren zu Arbeitsdiensten verpflichtet und lebten völlig abgeschnitten vom Markt und vom Rest des Landes. In Gebieten wie dem Mantaro-Tal, wo hauptsächlich Mestizen lebten und wo schon lange keine indianischen Dorfgemeinschaften mehr existierten, vollzog sich ein ähnlicher Prozeß der Landkonzentration. Händler und Beamte bedienten sich ihrer politischen Macht und nützten die Verschuldungssituation der Mestizen aus, um sich Landbesitz und billige Arbeitskräfte zu sichern. Kleinpächter und Dorfgemeinschaften waren den Grundbesitzern, in deren Händen sich politische Macht, Handelsbeziehungen und Gerichtsbarkeit konzentrierten, schutzlos ausgeliefert. Erst in den 1920er Jahren schritt die Zentralregierung schließlich ein.

Diese Entwicklung hatte eine Reihe von Aufständen gegen Beamte und Grundbesitzer zur Folge. Außerdem kam es zu Spannungen innerhalb der lokalen Eliten, wodurch die peruanische Tradition der gewaltsamen Konfliktlösung auf dem Land gestärkt wurde. Nachdem der Staat während des Salpeterkrieges zusammengebrochen war, kam es immer häufiger zu erbitterten Konflikten, besonders im Mantaro-Tal (dort griff Cáceres seine ehemaligen Guerilla-Anhänger an) und in Cajamarca, wo die Landbesitzer entschlossen ihre Machtposition verteidigten und Pächter sowie Verbündete bewaffneten. Aufgrund der ungeklärten politischen Situation in Peru nach Kriegsende und der mangelnden Kontrolle über die Beamten in der Provinz verschärfte sich das innenpolitische Klima derart, daß sich die Spannungen im Hochland jederzeit in Volksaufständen entladen konnten. Im Jahr 1885 kam es in Ancash zu einer Indianer-Revolte (Atusparia-Aufstand), der sich zahlreiche Mestizen anschlossen. Sie richtete sich gegen die übertriebenen Forderungen des lokalen Präfekten, ganz besonders gegen die geplante Wiedereinführung der Tributpflicht. Im Jahr 1896 protestierten die Bauern von Huanta in Ayacucho gegen die neu erhobene Salzsteuer und revoltierten gemeinsam mit den *cacerista*-Grundbesitzern. Gleichzeitig löste die Salzsteuer mehrere Revolten in Puno aus. Die Gründe für diese Aufstände waren stets komplexer Natur: Es konnte sich dabei sowohl um ethnische Revolten als auch um lokale Konflikte zwischen *gamonales* handeln, die ihrerseits die Unstimmigkeiten auf nationaler Ebene widerspiegelten. Die Hauptgründe für die Bauernaufstände um die Jahrhundertwende scheinen jedoch der Amtsmißbrauch lokaler Beamter und die Erhebung von Steuern gewesen zu sein. Danach verlagerte sich der Widerstand mehr auf den *altiplano*, wo gegen die rücksichtslose Landnahme protestiert und gegen die Provinzelite gekämpft wurde. Die Bauernbewegung gipfelte in der chiliastischen Rumi-Maqui-Revolte von 1915/16 und einer Welle von spontanen Aufständen zwischen 1920 und 1923, die sich über den gesamten *altiplano* verteilten.

Die Arbeiter in den Städten und den Bergbauzentren

Die Bauernrevolten ereigneten sich fernab der Hauptstädte. Die Oligarchien waren weit mehr in Sorge wegen der zunehmenden Proteste in den Städten und an der Küste. In Chile wie in Peru rückte die „soziale Frage“ ins Zentrum der politischen Diskussion. Am Ende dieser Epoche erreichten die Massenproteste in den Städten ihren Höhepunkt. Es erstaunt nicht, daß sich die Untersuchungen über die Städte und ihre Arbeiterschaft hauptsächlich auf die Arbeiterbewegung und die Entstehung politischer Organisationen konzentriert haben. Daher ist uns wenig über das soziale und kulturelle Leben der breiten Bevölkerung in den Städten bekannt.

Die Bergleute nahmen innerhalb der Arbeiterschaft eine Schlüsselstellung ein. Sie erhielten zwar in der Regel nominal höhere Löhne als die Landarbeiter, wurden jedoch gezwungen, in den äußerst unbeliebten mineneigenen Läden einzukaufen. Die Arbeitsbedingungen waren schlecht und Unfälle an der Tagesordnung. In den Nitrat-Abbaugebieten in Nordchile herrschten besonders ausbeuterische Verhältnisse. 1890 streikten die Arbeiter in Iquique, um gegen das *ficha*-System (Entlohnung in Gutscheinen) zu protestieren. Die Bewegung wurde von Regierungstruppen unterdrückt. Immer wieder wurden Klagen über dieses Lohnsystem laut, und es hieß, daß die Preise in den firmeneigenen Läden jede Lohnerhöhung zunichte machten. Die Gesellschaften übten eine rigide soziale Kontrolle aus, indem sie die Unterkünfte stellten, bei der Einstellung direkt mitwirkten, Fremden den Zutritt zu den *oficinas* untersagten und Peruaner und Bolivianer als Vorarbeiter und Werkspolizisten einstellten. Die Fluktuation der Belegschaften in den Nitrat-*oficinas* erschwerte zusätzlich den Zusammenschluß der Arbeiter auf Werksebene. Die Bildung von Arbeiterorganisationen im Norden ging von den Arbeitern im Transportsektor aus. Im Jahr 1900 gründeten die Eisenbahn- und Hafenarbeiter von Iquique die *Combinación Mancomunal de Obreros* (Gemeinschaftliche Arbeiterverbindung), zu einem Zeitpunkt, als die steigenden Preise zu Reallohnverlusten führten. Die Organisation umfaßte mit Ausnahme der Vorarbeiter sämtliche in diesem Bereich beschäftigten Arbeiter, und bald danach entstanden weitere *mancomunales*. Die zahlreichen Arbeitskämpfe mündeten im Dezember 1907 in einen großen Streik in Iquique anläßlich erneuter Preiserhöhungen. Der Ausstand wurde gewaltsam niedergeworfen und kostete über 1000 Arbeitern das Leben. Danach flauten die Arbeiterproteste in den Nitrat-Abbaugebieten ab, was zum Teil auf die Lohnerhöhungen zurückzuführen ist, die der Exportboom der Vorkriegsära ermöglichte.

Die Bergarbeiter in Peru litten wie ihre chilenischen Kollegen unter langen Arbeitszeiten (häufig galt noch das alte System der 36-Stunden-Schichten), zahlreichen Unfällen und erbärmlichen Wohnverhältnissen, die auch hier in krassem Gegensatz zum luxuriösen Lebensstil der ausländischen Betriebsleiter standen. Die Löhne waren niedrig, und das *ficha*-System war weitverbreitet. Da die meisten Bergleute nur vorübergehend in den Minen arbeiteten (unter ihnen waren viele Kinder), ließ sich die Arbeiterschaft in der Anfangsphase des Bergbaus kaum organisieren. Im Jahr 1913 kam es in Morococha zu einem größeren Streik, an dessen Spitze offenbar die mit der Gesellschaft im Streit liegenden *enganchadores* standen. Nach einem Schlichtungsangebot der Regierung wurde der Streik beendet. Gegen Ende des Ersten Weltkriegs kam es zu einer Reihe weiterer Arbeitsniederlegungen. Auch auf den Ölfeldern nahm die Streiktätigkeit kurz vor Ausbruch des Krieges zu und lebte auch um 1917 wieder auf, doch wurden nur wenige greifbare Erfolge für die Arbeiter erzielt.

Die Streiks in den Bergwerksbetrieben verminderten die Exportleistung und damit auch die Staatseinkünfte zum Schaden der Eliten wie auch der Regierungen. Diese reagierten entweder mit Schlichtungsangeboten (beispielsweise mit einer gesetzlichen Regelung der Unfallentschädigung in Peru 1911) oder, was häufiger geschah, mit Einschüchterung und Unterdrückung. Die Repression trug zwar zur Schaffung von politischen Mythen und Märtyrern in den Minenzentren bei, dämmte aber kurzfristig die Proteste ein. Außerdem herrschte unter den Arbeitern häufig Uneinigkeit. Ihre Isolation verhinderte zudem in den Bergbauregionen einen Anschluß an die städtische Bewegung.

In den Städten begannen sich die Arbeiter in den 1890er Jahren zu organisieren, zunächst in Vereinen, die der gegenseitigen Unterstützung dienten, später in anarchistischen Widerstandsgruppen und sozialistischen Gewerkschaften. Diese Organisationen versuchten auch auf politischer Ebene Einfluß auszuüben, etwa indem sie sich für die Wahl von arbeitnehmerfreundlichen Abgeordneten in den Kongreß einsetzten. Bestimmte Teile der Arbeiterschaft spielten eine Vorreiterrolle. Zu ihnen zählten die Eisenbahner, die aufgrund ihrer Mobilität, ihrer qualifizierten Tätigkeit, der Größe ihrer Betriebsgruppen und ihres wirtschaftslähmenden Streikpotentials eine starke Position einnahmen. Auch Straßenbahn- und Hafenarbeiter gehörten zum militanten Flügel, obgleich sie leichter durch Streikbrecher ersetzt werden konnten. In Lima und Callao war außerdem eine wachsende Beteiligung der Fabrikarbeiter zu beobachten, vor allem im Lebensmittelsektor (Mühlen und Bäckereien) und in den Textilfabriken. Allmählich entstanden, vor allem in Chile, auch politische Organisationen, die sich für die Interessen der Arbeiter einsetzten. So versuchte die im Jahr 1887 gegründete Demokratische Partei, für die Belange der Arbeiter einzutreten. Im Jahr 1912 wurde in Iquique der *Partido Obrero Socialista* (Sozialistische Arbeiterpartei), die Vorläuferorganisation der Kommunistischen Partei, ins Leben gerufen. 1909 hatten die Eisenbahner in Santiago bereits die *Federación Obrera de Chile* (FOCH, Arbeitervereinigung Chiles) gegründet, die sich bald zum größten chilenischen Gewerkschaftsverband entwickelte. Zu dieser Zeit verlagerte sich der Schwerpunkt der chilenischen Arbeiterbewegung ins Zentrum des Landes. In Valparaiso hatten Sicherheitskräfte bereits im Jahr 1903 einen Streik der Hafenarbeiter gewaltsam beendet. Zehn Jahre später riefen die Anarchisten einen Generalstreik aus, dem sich Eisenbahn-, Hafen-, Straßenbahn-, Bau- und Gießerei-Arbeiter anschlossen.

Neben gewerkschaftlichen Zusammenschlüssen und Arbeitsniederlegungen spielten auch Massenproteste wie Demonstrationen oder Aufstände eine wichtige Rolle, allerdings liegen zu diesen Aktionen weniger Informationen vor. Die allgemeine Unzufriedenheit wurzelte in den schlechten Lebensbedingungen, und die Proteste wurden meist durch Preiserhöhungen ausgelöst. Im Jahr 1888 stand die Demokratische Partei Chiles an der Spitze einer Protestbewegung gegen die Zölle auf Fleischimporte und erreichte die Abschaffung des Einfuhrzolls (die Großhandelspreise waren im vorangegangenen Jahrzehnt um 76 % gestiegen). Eine weitere drastische Preiserhöhung im Zusammenhang mit der umfangreichen Ausgabe von Papiergeld hatte im Oktober 1905 zu landesweiten Demonstrationen gegen den Fleischzoll geführt; in Santiago griffen einige jüngere Vertreter der Oligarchie Demonstranten an und lösten ein Gemetzel aus, das 300 Menschenleben forderte. In Peru führte die Inflation nicht zu vergleichbaren Protesten, was zum Teil auf die orthodoxere Währungspolitik zurückzuführen ist. Massendemonstrationen in Lima und Callao führten jedoch im Jahr 1912 zur Wahl von Guillermo Billinghurst (*pan grande* = „großes Brot“) zum Präsidenten.

Gegen Ende des Ersten Weltkriegs kam es in beiden Ländern, hauptsächlich aufgrund der Inflation, aber auch als Reaktion auf die Ereignisse in Europa, zu gewalttätigen Demonstrationen. In Peru beschränkten sich die Proteste während des Krieges weitgehend auf die Plantagen und die Bergwerke. 1918 geriet jedoch auch Lima in eine Streikwelle, während die Anarchisten ihre Aktivitäten verstärkten. Die Arbeitszeitregelung wurde zum zentralen Anliegen der Gewerkschaftsbewegung, die im Januar 1919 in Lima einen Generalstreik durchführte und erreichte, daß der Präsident per

Dekret den Acht-Stunden-Tag einführte. Ein weiterer Generalstreik im Mai, erneut ausgelöst durch die Erhöhung der Lebensmittelpreise, endete hingegen in Ausschreitungen, Plünderungen und Repression. In Chile kam es zu einer vergleichbaren Protestwelle, doch war die Lage dort komplizierter, weil Anarchisten und die FOCH um die Kontrolle der Arbeiterbewegung rangen. Zwischen 1916 und 1921 waren beinahe alle wichtigen Gruppen der Arbeiterschaft in der Streikbewegung vertreten. In den Jahren 1918/19 kam es in Santiago und Valparaiso zu Massendemonstrationen gegen die Lebensmittelpreise. Diesmal beteiligten sich neben der Arbeiterschaft auch mittelständische Gruppierungen und Studentengruppen an den Protesten. Anfänglich beantwortete die Regierung die Streiks mit einem Gesetz, das die Deportation von „Unruhestiftern" und ein unerbittliches Vorgehen gegen die Anarchisten vorsah sowie weitere Gewaltmaßnahmen ermöglichte. Allmählich erkannten jedoch Teile der Elite, daß ihnen mäßige soziale Reformen durchaus nützen konnten.

Im allgemeinen hat sich die Geschichtsschreibung nur im Zusammenhang mit der Entstehung von Arbeiterorganisationen und eines politischen Widerstands mit den materiellen Lebensbedingungen der Arbeiterklasse befaßt. Daher bleiben viele Fragen unbeantwortet. Es ist weithin bekannt, daß die Wohnverhältnisse erbärmlich waren: Die meisten Arbeiter lebten zusammengedrängt in alten Kolonialhäusern oder *conventillos*, die kaum über sanitäre Einrichtungen verfügten. Entsprechend waren die gesundheitlichen Gefährdungen. Lima zählte weltweit zu den Städten mit der höchsten Rate an Ruhr- und Tuberkulosefällen und verzeichnete daher eine äußerst hohe Säuglingssterblichkeit. In den neuen *barrios* von Santiago waren Eigentumsdelikte und Gewaltverbrechen an der Tagesordnung. Es ist allerdings nicht bekannt, in welcher Weise sich diese Faktoren auf das Alltagsleben und die sozialen Strukturen der städtischen Armen, von denen viele zugewandert waren, auswirkten. Ebensowenig erforscht ist der kulturelle Bereich (Religion, Musik oder Sport). Typisch ist allerdings die wachsende Verehrung für den Señor de los Milagros in Lima, die Entstehung neuer Musikrichtungen wie der *vals criollo* oder das zunehmende Interesse an Kino und Fußball (die *Alianza Lima,* deren Spieler größtenteils aus dem Arbeitervorort La Victoria stammten, wurde 1901 gegründet, die peruanische Nationalmannschaft im Jahr 1912). Alle diese Aspekte müßten eingehender untersucht werden. Erfolgt hier die Beschäftigung mit den materiellen und kulturellen Lebensbedingungen der städtischen Unterschichten lediglich im Zusammenhang mit der Formierung von Protestbewegungen, so reflektiert diese Vorgehensweise auch die Haltung der Eliten, die sich nur dann über die Arbeiter Gedanken machten, wenn sie ihre eigene Sicherheit gefährdet sahen.

c Die Politik der Oligarchien

Historischer Abriß

In der historischen Forschung besteht ein Konsens darüber, daß sowohl Peru als auch Chile zwischen dem Salpeterkrieg und dem Ersten Weltkrieg von den Grundbesitzer-Eliten kontrolliert wurden. In Peru dauerte es aufgrund der zehnjährigen Nachkriegs-Krise etwas länger, bis sich die Eliten etabliert hatten. Präsident Iglesias, der 1883 den unpopulären Frieden von Ancón unterzeichnet hatte, wurde durch eine Guerilla-

Aktion unter der Führung von General Cáceres 1885/86 entmachtet. Cáceres versuchte, die negativen Folgen der Guano-Ära und des Krieges aufzufangen, indem er mit den ausländischen Obligationären den *Grace*-Vertrag aushandelte und die abgewertete Papierwährung wieder einzog. Zu Beginn der 1890er Jahre, als das dringend benötigte ausländische Kapital ausblieb und die Silberpreise fielen, verschärften sich jedoch die Probleme. Cáceres hatte bereits bei den Verhandlungen über den Grace-Vertrag bewiesen, daß er gegebenfalls bereit war, sich über die Verfassung hinwegzusetzen und tat dies erneut im Jahr 1894, als Präsident Morales Bermúdez starb. Währenddessen hatte er die Unterstützung von Nicolás de Piérola und der *civilista*-Elite verloren, die sich gegen ihn verbündeten und ihn im Bürgerkrieg von 1894/95 besiegten. Die folgenden 20 Jahre zeichneten sich durch eine außergewöhnliche innenpolitische Stabilität aus. Allmählich gelang es den *civilistas,* Piérola und seine Anhänger von der politischen Bühne zu verdrängen, doch unter der Präsidentschaft Leguías (1908–1912) kam es in ihren eigenen Reihen zu einer Spaltung. Dies wiederum ermöglichte Guillermo Billinghurst den politischen Aufstieg. Unter dem Druck der Massen wurde er im Jahr 1912 zum Präsidenten gewählt.

Billingshursts Amtsperiode wurde 1914 durch einen Coup, den alle politischen Parteien unterstützten, vorzeitig beendet, und nach einem einjährigen Interregnum gelangte der *civilista* José Pardo zum zweiten Mal an die Macht. Mittlerweile hatten sich die Probleme Perus weiter verschärft: Neben die ökonomischen Auswirkungen des Krieges, die Konflikte mit ausländischen Unternehmen, Indianeraufstände und Banditenkriege auf dem Land traten Arbeiterproteste gegen die Inflation sowie die Auflösungserscheinungen der schwachen politischen Parteien. Kurz vor Ablauf seiner Amtszeit im Juli 1919 wurde Pardo von Leguía gestürzt. Der Coup fand die Unterstützung der breiten Masse, die sich von Leguía eine Reformierung der Wirtschaft und der staatlichen Institutionen erhoffte.

Die politische Geschichte Chiles verlief weniger kompliziert, obwohl auch hier die Folgen des Salpeterkrieges deutlich spürbar waren. José Manuel Balmaceda, der 1886 die Präsidentschaft antrat, versuchte das Land zu modernisieren, indem er die Einkünfte aus dem Guano-Handel im Erziehungswesen und im öffentlichen Bausektor einsetzte. Konflikte mit dem Kongreß und, wie manche Historiker behaupten, mit ausländischen Firmen stürzten das Land 1891 in einen blutigen Bürgerkrieg, der mit dem Sieg der Kongreßpartei und dem Selbstmord Balmacedas endete. Danach fand Chile zu seiner Tradition des friedlichen Regierungswechsels zurück. Dennoch verliefen auch die folgende Jahre nicht ohne Konflikte: Chile und Argentinien gerieten über die Patagonien-Frage an den Rand eines Krieges. Von größerer Bedeutung war aber die Tatsache, daß die „soziale Frage“ mehr und mehr in den Mittelpunkt der chilenischen Politik rückte, nachdem bereits mehrere Regierungen die Arbeiterproteste nur noch gewaltsam hatten eindämmen können. Die wachsende Industrialisierung und Urbanisierung Chiles sowie die Inflation und die wirtschaftliche Instabilität des Landes stellten die Regierungen der parlamentarischen Republik vor nahezu unlösbare Probleme. Im Wahlkampf von 1920 griff Arturo Alessandri die Oligarchie massiv an und wußte die Massendemonstrationen geschickt für seine Ziele zu instrumentalisieren, so daß er nach einem knappen und umstrittenen Wahlsieg die Präsidentschaft antreten konnte. Mittlerweile hatte sich gezeigt, daß auch Chile eine Administration brauchte, die die aus früherer Zeit stammenden politischen Institutionen reformierte, die wachsenden sozialen Probleme in Angriff nahm und die vom Ausland abhängige, äußerst anfällige Wirtschaft stabilisierte. Allerdings überdauerte die „Parlamentarische Republik“ die Präsidentschaft Allessandris nicht.

Der chilenische Bürgerkrieg von 1891

Der Bürgerkrieg von 1891 ist vermutlich das umstrittenste Ereignis in der chilenischen Geschichte des 19. Jh., nicht zuletzt, weil zu Beginn der 1970er Jahre die Ansicht vertreten wurde, daß Balmaceda aufgrund seiner Bemühungen, die Macht der Elite und den Einfluß ausländischer Firmen einzuschränken und die Interessen der breiten Bevölkerung stärker zu berücksichtigen, ein Vorläufer Allendes gewesen sei.

Die Linke hat in Balmaceda einen ökonomischen Nationalisten gesehen, der versuchte, die chilenische Industrie zu schützen und Chiles Abhängigkeit von britischem Kapital zu verringern, der außerdem bemüht war, die Kontrolle über die Nitratindustrie zurückzugewinnen und die Staatseinkünfte für öffentliche Bauvorhaben einzusetzen, und der deshalb mit den britischen Firmen und der chilenischen Oligarchie in Konflikt geriet. Die Klärung der Frage nach dem Charakter des Balmaceda-Regimes wird allerdings durch die Tatsache erschwert, daß sich Balmacedas Absichten während seiner Präsidentschaft eindeutig veränderten. Außerdem läßt seine Schlüsselrede in Iquique im Jahr 1889 mehrere Deutungen hinsichtlich seiner Pläne für die Nitratindustrie zu. Sicherlich fürchtete er eine britische Monopolstellung, doch waren nicht nur britische Interessen im Spiel.

Die These, wonach die Briten den Bürgerkrieg initiierten, um eine Regierung zu Fall zu bringen, die den ausländischen Einfluß auf die Nitratwirtschaft beschneiden wollte, ist mittlerweile entkräftet worden. Im Jahr 1890 spielten zwei Faktoren eine Rolle: eine mögliche Kartellbildung mit dem Ziel der Produktionssenkung (was die Staatseinnahmen reduziert und Balmacedas Bauprogramm gefährdet hätte) und ein Rechtsstreit über die Monopolstellung von Colonel Norths *Nitrate Railways Company* (NRC) in Tarapacá. Nachforschungen in Staats- und Handelsarchiven haben jedoch keinerlei Hinweise darauf ergeben, daß die britische Regierung oder Kaufleute wie Gibbs den Krieg gefördert oder die Opposition finanziell unterstützt hätten. Im Falle Norths, dessen Archivmaterial nicht mehr erhalten ist, bleibt der Verdacht jedoch bestehen. Der Krieg brach im Januar 1891 aus. Mit Unterstützung der Marine brachten die Truppen der Kongreßpartei den Norden rasch unter ihre Kontrolle. Die britischen Firmen setzten die Nitratproduktion fort und zahlten ihre Steuern an die neuen Machthaber. Darüber hinaus ermutigten sie ihre Arbeiter dazu, sich der Kongreß-Armee anzuschließen. Die britischen Privatunternehmer, besonders die Mitarbeiter von PSN, verstießen nach dem Eingeständnis des britischen Gesandten vielfach gegen das Gebot der Neutralität; inwieweit dies von Bedeutung war, ist fraglich. Entscheidend war jedoch, daß Balmaceda mit dem Kongreß im Streit lag und seinen Einfluß über die Marine verloren hatte.

Die meisten Historiker gehen davon aus, daß die Briten den Konflikt zwischen den chilenischen Politikern nur unwesentlich beeinflußten. Wie bereits erwähnt, begann sich schon vor 1880 die politische Macht von der Exekutive auf die Legislative zu verlagern, und die Parteien zeigten immer stärkere Spaltungstendenzen. Balmacedas Kandidatur im Jahr 1886 führte zu einem Bruch innerhalb der Liberalen, und die parteipolitischen Kämpfe rissen nicht ab. Aufgrund wiederholter Maßregelungen seiner Minister mußte Balmaceda im Verlauf von fünf Jahren sein Kabinett dreizehnmal umbilden. Die Konflikte entzündeten sich an verschiedenen Themen: dem Einfluß der Regierung auf die Wahlen, der Unwirtschaftlichkeit des öffentlichen Bauprogramms, dem Zugriff der Regierung auf das Bankvermögen und dem Staatshaushalt. Die Haushaltsfrage führte schließlich zum endgültigen Bruch. Während des gesamten Jahres 1890 verweigerte der Kongreß seine Zustimmung zum Etat, worauf Balmaceda die bestehende Gesetzgebung – unter Bruch der Verfassung – in Kraft ließ. Sobald der Kongreß die Marine auf seiner Seite hatte, hatte Balmaceda wenig Aussicht, den Konflikt für sich zu entscheiden. Ebenso wie im Salpeterkrieg spielten die Seestreitkräfte eine ausschlaggebende Rolle, da die Opposition auf diese Weise die Haupteinnahmequelle der Regierung unter ihre Kontrolle bekam.

Es stellen sich allerdings noch weiterführende Fragen: Inwieweit trug das chilenische Nitratmonopol zur Verschärfung der Situation bei, und welche langfristigen Folgen hatte der Krieg? Chile hatte mit den unerwarteten Gewinnen aus der Nitratindustrie nicht umgehen können. Genau zu dem Zeitpunkt, als der Kongreß seine Macht erweiterte, verfügte der Staat über umfangreiche Geldmittel und damit auch über weitreichende Möglichkeiten der Günstlingswirtschaft. Es entstanden immer engere Verflechtungen zwischen Staat, Wirtschaft und Politik. Immer mehr Kongreßabgeordnete bemühten sich um Verwaltungsstellen oder fungierten als Anwälte und Lobbyisten für die konkurrierenden Nitratunternehmen. Unter solchen Umständen waren die Parteikämpfe und die Konflikte zwischen dem mächtigen Präsidenten und einem Kongreß, der wachsam seine Privilegien hütete, beinahe unvermeidlich.

Auf politischer Ebene verhalf der Krieg dem Kongreß und den lokalen Interessen zu einem Machtgewinn. Ob er langfristige ökonomische Vorteile brachte, bleibt anzuzweifeln. Von mancher Seite wurde behauptet, Balmaceda habe die Interessen der Industrie, der Mittelklasse oder der Arbeiterklasse gegenüber der Elite vertreten und seine Niederlage habe die Aussicht auf eine autonome Entwicklung zunichte gemacht. Die vorangegangenen Ausführungen über die Wirtschaftsinteressen der Elite legen indessen die Vermutung nahe, daß kaum Chancen für die Konsolidierung eines unabhängigen industriellen Sektors bestanden. Tatsächlich hatte Balmeceda die SFF, die chilenischen Nitratproduzenten, die Arbeiter im Norden (die er durch die Unterdrückung des Streiks von 1890 gegen sich aufgebracht hatte) und die Bankiers gegen sich. Die Grundbesitzer waren gespalten, während die Bergwerksunternehmer, die mit großen wirtschaftlichen Schwierigkeiten zu kämpfen hatten und auf staatliche Hilfe dringend angewiesen waren, Balmaceda im allgemeinen unterstützten. Es fällt schwer, zwischen der Politik Balmacedas und derjenigen seiner Nachfolger einen deutlichen Unterschied zu entdecken. Auch sie waren anfänglich Gegner der Nitratkonzerne und gingen gegen das Monopol der NRC vor. Umfang und Art der öffentlichen Ausgaben veränderten sich ebenfalls kaum. Im Hinblick auf Chiles Wirtschaftsentwicklung spielte der Salpeterkrieg eine weit bedeutendere Rolle als der Bürgerkrieg von 1891.

Die praktische Politik

In mancher Hinsicht entwickelten sich die politischen Systeme Chiles (nach 1891) und Perus (nach 1895) in die gleiche Richtung. Die Verfassungen wiesen zahlreiche Parallelen auf. Die Präsidenten waren auf eine einmalige Amtsperiode beschränkt. In Peru betrug sie vier, in Chile fünf Jahre. Der Kongreß hatte gegenüber den Ministern das Recht auf Interpellation und Maßregelung, was dazu führte, daß die Zusammensetzung der Kabinette häufig wechselte. Im Kongreß waren lokale Interessen stark vertreten, die den Handlungsspielraum der Zentralregierungen erheblich einschränkten. Die Parteien waren schwach und in Fraktionen gespalten, so daß sich stets neue politische Allianzen ergaben. Das Wahlrecht war auf erwachsene Männer, die lesen und schreiben konnten, beschränkt. In Peru richtete sich die Verteilung der Kongreßmandate nach der Bevölkerungszahl. Daher waren die Provinzen in der Abgeordnetenkammer im allgemeinen überrepräsentiert. Die Kongreßwahlen fielen nicht mit den Präsidentschaftswahlen zusammen, und der Einfluß der Exekutive auf die Wahlen war begrenzt und meist wirkungslos. Darüber hinaus waren die Politiker äußerst bedacht darauf, ihre verfassungsmäßigen Rechte zu wahren. In Chile hatte der Präsident den Kongreß in Fragen des Finanzhaushalts übergangen und damit einen Bürgerkrieg ausgelöst. In Peru hatten Cáceres und Billinghurst durch ihre Verstöße gegen die Verfassung und ihr diktatorisches Gebaren eine breite Opposition auf den Plan gerufen.

Derartige politische Systeme verhinderten Veränderungen wirksam und erschwerten jede unerwünschte staatliche Einmischung in die Privatwirtschaft. Der Staat wurde als eine Art Wohltätigkeitsverein und nicht als ein Instrument des Fortschritts betrachtet. Die Politiker waren bestrebt, sich und ihren Günstlingen sowie ihrer Wählerschaft den größtmöglichen Anteil an staatlichen Geldern zu sichern. Darüber hinaus versuchten sie, die Beamten in ihrer Region zu beeinflussen. Bei Vergabe öffentlicher Aufträge sowie bei der Besetzung von Verwaltungsstellen wurde am hartnäckigsten um die staatliche Gunst gerungen. Folglich blähte sich in beiden Ländern der öffentliche Verwaltungsapparat immer mehr auf, und die *empleomania* (Anstellungswut) wurde zur Zielscheibe der Reformer. Der Wahlerfolg war das zentrale Anliegen der Politiker. Um dieses Ziel zu erreichen, setzten sie in allen Phasen des Wahlprozesses – von der Wählerregistrierung bis zur Anfechtung von Wahlergebnissen – alle erdenklichen Tricks und Kniffe ein.

Die Einschätzung von William SATER [1979, 60, 79], wonach die *República Parlamentaria* Chiles „auf viel Geringschätzung gestoßen, aber kaum erforscht“ worden sei, trifft im großen und ganzen auch heute noch zu. Die wichtigste Reform nach dem Bürgerkrieg übertrug die Durchführung der Wahlen lokalen Ausschüssen, was Betrügereien Tür und Tor öffnete. Grundbesitzer setzten ihre Abhängigen als Stimmvieh ein und bedienten sich des *cohecho* (Stimmenkaufs), um ihre politische Macht zu vergrößern. Die Kongreßabgeordneten, mehrheitlich Grundbesitzer, wurden zu Mittelsmännern zwischen der Regierung und ihren Heimatbezirken. Sie nutzten ihren Einfluß, um sich persönliche Vorteile zu verschaffen. Der US-amerikanische Gesandte schrieb 1903 über die chilenische Politik, sie sei „von den eigennützigen Interessen verschiedener kleiner Cliquen“ beherrscht: „Die Möglichkeit der Protektion und der persönlichen Bereicherung scheint der bestimmende Faktor zu sein“ [zit. nach MONTEON 1982, 53]. Einige Parteien wie die Radikalen oder die Demokraten hätten sich zu modernen Organisationen mit landesweiten Parteikongressen und einem kohärenten politischen Programm entwickeln können, wäre ihnen der Zugang zur politischen Macht nicht versperrt gewesen. Statt dessen regierten die traditionellen Parteien, die fortwährend um die Verteilung von Ämtern stritten und innerlich gespalten waren. Zwischen Dezember 1891 und Dezember 1920 amtierten 80 verschiedene Minister.

In Peru herrschten ähnliche Zustände, obgleich Piérola 1890 die Aufsicht über die Wahlen der *Junta Electoral Nacional* übertrug. Im Jahr 1911 ging die Kontrolle zurück an lokale Ausschüsse, in denen einheimische Steuerzahler saßen. Die Wahlen waren auch hier von Betrug und Gewalt gekennzeichnet. Es kam sogar vor, daß Kandidaten oder Beamte ermordet wurden. Sobald die neu gewählten Abgeordneten im Kongreß saßen, waren sie hauptsächlich daran interessiert, sich sowie ihren Förderern und Anhängern Vorteile zu verschaffen. Wie ein Kritiker bemerkte, war „die staatliche Verwaltung ein Netz aus *compadres*" [Abelardo Gamarra, zit. nach MILLER 1982, 113]. Die Kongreßabgeordneten gingen auf Konfliktkurs zu den Regierungen, was zu einer enormen Fluktuation innerhalb der Kabinette führte. Zwischen 1886 und 1919 hatte Peru 57 Justizminister, 64 Kriegsminister, 65 Finanzminister und 70 Verwaltungsminister. Obgleich es theoretisch vier miteinander konkurrierende Parteien gab, standen in Wirklichkeit drei – die Demokraten, die Liberalen und die Konstitutionalisten – völlig unter dem Einfluß einzelner *caudillos* (Piérola, Durand bzw. Cáceres), während die vierte, der *Partido Civil,* in rivalisierende Gruppierungen zerfiel. Wie in Chile waren im Kongreß die Grundbesitzer aus den Provinzen überrepräsentiert. Diese Konstellationen förderten die verschwenderische Haushaltspolitik und standen jeder echten Reform im Weg, was sowohl die führenden Wirtschaftsleute, die Mittelschicht und die Arbeiterklasse gleichermaßen frustrierte.

Wo lagen die Ursachen für die auftretenden Spannungen und Konflikte? Es wurden zeitweilig ausgedehnte Debatten zu Wirtschaftsfragen, vor allem bezüglich der Währungs- und Zollpolitik, geführt, wobei die gegensätzlichen Interessenlagen der verschiedenen Wirtschaftszweige und Regionen deutlich zutage traten. In Peru beispielsweise kam es im Jahr 1915 zu heftigen Kontroversen über den *Grace*-Vertrag, über die Übernahme der Goldwährung und die Einführung von Ausfuhrzöllen. In Chile fanden Diskussionen über die Goldwährung (die zwischen 1895 und 1898 kurzzeitig eingeführt wurde) und die Fleischzölle statt. Die Koalitionen, die sich anläßlich solcher Debatten bildeten, waren jedoch nur vorübergehender Natur; außerdem setzten sich wirtschaftliche oder regionale Interessen stets über parteipolitische Schranken hinweg. Initiativen zur Verbesserung der Arbeits- und Wohnverhältnisse beispielsweise gingen ebenso häufig von chilenischen Konservativen oder peruanischen *civilistas* aus wie von fortschrittlicheren Politikern. Die Vermutung liegt nahe – sie wäre allerdings durch gründlichere Forschung zu überprüfen –, daß die grundlegenden Konflikte zwischen verschiedenen Familienclans innerhalb der Eliten auftraten sowie zwischen den Vertretern der Provinzen und den Eliten der Hauptstädte. Die politischen Systeme gerieten als Ganzes immer stärker ins Kreuzfeuer der Kritik. In beiden Ländern wurde auf seiten der Armee, die unter der Anleitung europäischer Militärs eine gewisse Professionalität erlangt hatte, Unzufriedenheit laut. In Peru verbündeten sich im Jahr 1914 Armeeoffiziere mit Politikern zum Sturz von Billinghurst: Bis zur Ablösung durch einen zivilen Präsidenten ein Jahr später führte General Benavides die Regierungsgeschäfte. In Chile gründeten Offiziere 1907 in Santiago die *Liga Militar,* um für allgemeine Reformen zu werben. 1912, 1915 und 1919 kam es zu kurzzeitigen Verschwörungen, die der „politischen Anarchie" im Land ein Ende setzen sollten. Auch die Berufspolitiker verloren bei den Bürgern an Glaubwürdigkeit. Die politischen Systeme begünstigten die Grundbesitzer gegenüber den Bewohnern der expandierenden Städte. Mittelständische Gruppen, Intellektuelle und Studenten, Facharbeiter und die städtischen Armen begannen das System zu hinterfragen, noch bevor es der Erste Weltkrieg erschütterte.

F. Schlußbemerkung

Bis 1920 hatten sich Chile, Peru und Bolivien so stark verändert, daß die nationalen Führer der Unabhängigkeitsbewegung ihre Länder nicht wiedererkannt hätten. Ausländische Märkte, Kaufleute und Firmen hatten ein umfangreiches Wirtschaftswachstum in Gang gesetzt, das seit Mitte des 19. Jh. fast ununterbrochen anhielt. Die einheimischen Ökonomien waren weit höher entwickelt und verfügten über moderne Finanzsysteme, städtische Infrastrukturen und komplexe Handelsnetze. Die Eliten hatten an Erfahrung, Weltoffenheit und Unternehmergeist gewonnen. Die breite Bevölkerung war, bis auf die Bewohner der *haciendas,* erheblich mobiler geworden; viele hatten in den Minengebieten oder in den Städten Arbeit gesucht. Während des Ersten Weltkrieges jedoch geriet das System hinter der Fassade von ökonomischer Modernisierung und politischer Stabilität ins Wanken, und es traten schwerwiegende Probleme zutage. Erstens zeigte sich, wie abhängig die Wirtschaftssysteme von den Entwicklungen in der nordatlantischen Welt waren. Der durch den Krieg bedingte Rückgang ausländischer Kredite sowie die Einschränkungen des Importhandels und der Exportmärkte machten die Anfälligkeit der Wirtschaftssysteme für plötzliche Veränderungen auf dem Weltmarkt deutlich. Zum zweiten entstand ein starkes wirtschaftliches Gefälle zwischen den Eliten und den ärmsten Bewohnern der städtischen *barrios* und der *haciendas,* das sich zusehends und unübersehbar vertiefte. Da die Städte expandierten, boten die traditionellen patriarchalischen Methoden sozialer Kontrolle nicht mehr die Möglichkeit, die öffentliche Ordnung sicherzustellen. Drittens konnten die Oligarchien weder eine effektive Wirtschaftslenkung gewährleisten, noch den wachsenden Herausforderungen des sozialen Wandels wirksam begegnen. Sowohl kritische Mitglieder der Elite und des Militärs als auch radikale Führer der städtischen Arbeiterklasse drängten auf die Überwindung des Status quo. In Bolivien trat erst in den 1930er Jahren eine Veränderung ein, als die Elite durch die Niederlage im Chacokrieg ihr Ansehen einbüßte. In Chile und Peru brach das alte System bereits vor der Depression zusammen. Allerdings konnte auch die populistische Modernisierungspolitik, die Leguía Anfang der 1920er Jahre in Peru und Alessandri in Chile in Angriff nahmen, die wachsenden wirtschaftlichen Probleme sowie die zunehmenden politischen und sozialen Spannungen nicht beseitigen.

Zum Schluß erscheint ein Blick auf die Entwicklungen in der Historiographie angezeigt. Dieser Beitrag stützt sich im wesentlichen auf die ergiebigen Untersuchungen der 1970er und 1980er Jahre zur Geschichte des 19. und frühen 20. Jh., die sich besonders mit ökonomischen und sozialen Themen befassen. Trotzdem gibt es erhebliche Forschungslücken. Die Kenntnisse über Bolivien im 19. Jh. sind nach wie vor bruchstückhaft. Es gibt nur wenige Experten auf diesem Gebiet, die zudem unter erschwerten Bedingungen arbeiten. In Chile wurde die Forschung durch die politische Unterdrückung nach 1973 erheblich beeinträchtigt. Untersucht man die chilenischen historischen Zeitschriften zwischen 1973 und 1989, so fällt auf, daß ausgiebig über das unverfängliche Thema der Kolonialepoche, jedoch nur wenig über die Zeit ab etwa 1850 geforscht wurde. Die wegbereitenden Arbeiten haben statt dessen ausländische oder emigrierte Wissenschaftler geliefert. In Peru hat das jüngste Interesse an der Kolonialepoche und die intensive Beschäftigung mit *lo andino* zwar neue Einsichten in die Sozialstrukturen auf dem Land vermittelt, jedoch auch die Bemühungen der 1970er Jahre um eine ausgewogenere Geschichtsbetrachtung vorläufig beendet. Der allgemeine Trend zur Regionalgeschichte birgt die Gefahr der Einseitigkeit in sich. Und es ist diese Einseitigkeit, die die historiographische Situation charakterisiert. Um wieviel ausgewogener wäre doch das Wissen um die Vergangenheit, wenn sich die Forschung weniger mit dem Salpeterkrieg oder dem chilenischen Bürgerkrieg von 1891 beschäftigt, sondern mehr Gewicht auf die Politik der *caudillos* oder der Oligarchen Anfang des 20. Jh. gelegt hätte; wenn sich die Historiker weniger den ausländischen Wirtschaftsunternehmen und Exporten und statt dessen eingehender der Entwicklung des einheimischen Finanzwesens, des Handels und der Industrie gewidmet hätten; wenn sich die Arbeiten weniger auf die Gesellschaft auf dem Land und die Arbeiterbewegung und dafür stärker auf die materiellen Lebensbedingungen, die sozialen Strukturen und die Kultur der städtischen Armen konzentriert hätten.

Hans Vogel

6. Argentinien, Uruguay, Paraguay
1830/1852–1904/1910

Aus dem Englischen übersetzt von Walter Brumm

A. Ordnung und Fortschritt: Paraguay 1840–1864

Nach Gaspar Rodriguez de Francias Tod, der ein tiefes politisches Vakuum hinterließ, dauerte es eine Weile, bis die Paraguayer zur Besinnung kamen. Wer sollte dem *Difunto,* dem Dahingeschiedenen, nachfolgen? Der einzige, der sich sogleich zur Verfügung stellte, war Policarpo Patiño, Francias rechte Hand und Regierungssekretär. Um zu verhindern, daß dieser Handlanger die Macht ergriff, schritt die Armee ein und bildete eine Junta. Dieser Schachzug eröffnete jedoch lediglich den Wettstreit um die Macht, aus dem ein klarer Sieger hervorgehen sollte. Carlos Antonio López, ein Mitglied der Führungsschicht Asuncións in der Zeit vor Francias Regierungsantritt, der sich während der *Franciata* für ein Leben in ländlicher Stille entschieden hatte, zeigte das beste Verständnis der nationalen politischen Tradition. Eingedenk der Art und Weise, wie der *Caraí* an die Macht gelangt war, gelang es López, den Nationalkongreß im März 1841 davon zu überzeugen, daß es am besten sei, zwei Konsuln einzusetzen. Dem Beispiel Francias folgend, machte sich López in der Folge daran, seinen Kollegen zu entmachten und selbst die Macht zu übernehmen. Allerdings benötigte López mehr Zeit (drei Jahre) als sein Vorgänger, um die volle persönliche Macht zu erringen; im Jahr 1844 war ihm dies jedoch gelungen, und er schickte sich an, seine Position zu festigen. Damit legte López das Fundament für ein noch allgegenwärtigeres Regime, als es dasjenige des *Caraí* gewesen war. Während *El Supremo* versucht hatte, die totale Kontrolle über die Gesinnung seiner Untertanen zu erlangen, indem er ihnen Bildung verweigerte und sie gegen äußere Einflüsse abschirmte, erkannte der „dicke Despot", daß es wirkungsvoller war, der Bevölkerung das Lesen beizubringen und sie in der Folge mit Propaganda zu füttern. Tatsächlich wurde das Schulwesen Paraguays zum erstenmal seit der Ausweisung der Jesuiten (1767) organisiert. Landschulen wurden errichtet und qualifizierte Lehrer mittels attraktiver Gehälter ins Land gelockt. Als Herausgeber der ersten Tageszeitung des Landes, *El Paraguayo Independiente,* leitete Carlos Antonio López die offizielle Propaganda persönlich.

Indessen bezog sich López' Zugriff auf das Land nicht allein auf die Gesinnungskontrolle; er war vielmehr wörtlich zu nehmen. Sein Appetit auf Grundbesitz war noch größer als seine Vorliebe für gutes Essen. Die López-Sippe erwarb riesige Ländereien, bis ihr ungefähr die Hälfte des Landes gehörte. Eine derartige Gier nach Land ist in der Geschichte Lateinamerikas beispiellos, sieht man von der Somoza-Sippe in Nicaragua 100 Jahre später ab. Da die López-Sippe das Land wie ein Privatunternehmen zu führen suchte (auch in dieser Beziehung war sie den Somozas ein Vorbild), fiel ihr

Argentinien, Uruguay, Paraguay im Jahr 1905

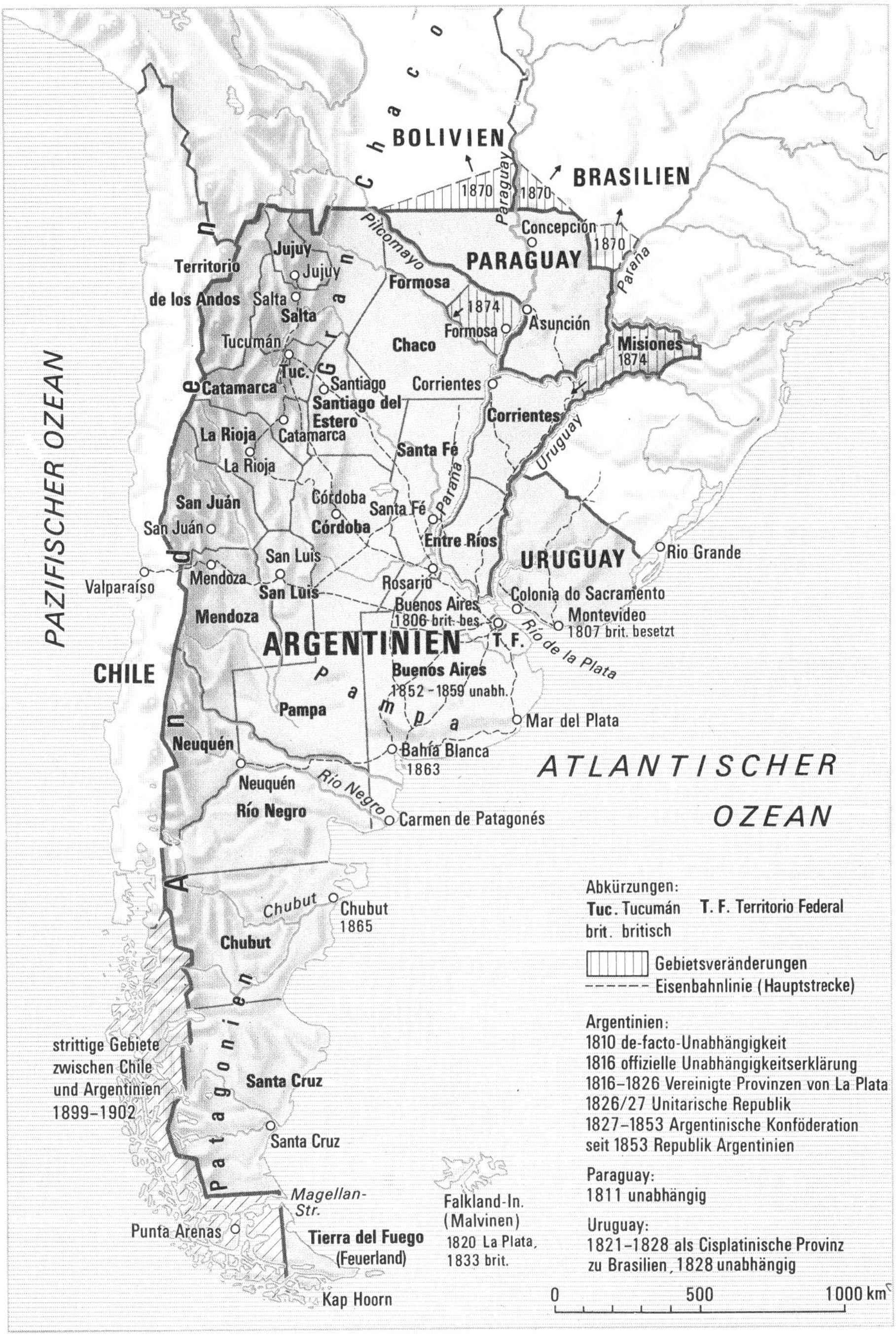

persönliches Interesse zunehmend mit der wirtschaftlichen Entwicklung des Landes zusammen. Die López-Dynastie errichtete ihre Macht auf der Grundlage von Land, *mate* und Zwang.

Mit Weitblick und Energie entwickelte Carlos Antonio López den Anbau und die Ausfuhr des Besten, was Paraguay zu bieten hatte: *yerba mate* von einer Qualität und in Mengen, mit denen sich kein anderer Erzeuger messen konnte. Ohne Zweifel war Paraguays *mate* ein viel höherwertiges Produkt im Vergleich zu seinen Tierhäuten, seinem Tabak und seinen Orangen. Die López-Sippe überwachte Anbau und Verarbeitung und versuchte, im Ausland ein Verkaufsmonopol zu errichten. Aber in den 1850er Jahren durften ausländische Händler unter strenger Regierungsaufsicht wieder einen Anteil am Außenhandel übernehmen. Im Verein mit einer gesunden Geldpolitik, einer starken Währung und einer nur geringen Inflation erwiesen sich diese Maßnahmen als außerordentlich erfolgreich und gewinnbringend. Das Ausfuhrgeschäft erzielte hohe Zuwachsraten, und die Staatseinkünfte stiegen. Von 1859 bis 1863 überschritten die Ausfuhrerlöse für *mate* die Grenze von 1 Mio. Pesos und erreichten 1861 mit einem Wert von annähernd 2 Mio. Pesos den Höchststand. Um sich außerdem ein gewisses Maß an Unterstützung im Volk zu sichern, hielt das López-Regime die *mate*-Preise für den Inlandsverbrauch niedrig. Vom wirtschaftlichen Standpunkt aus betrachtet, erwies sich das López-Regime, ebenso wie zuvor die *Franciata,* als segensreich für das Land. Die Wirtschaftspolitik war solide und auf eine unabhängige Entwicklung ausgerichtet. Der Widerstand im Lande war bestenfalls als bescheiden zu bezeichnen. Mit politischen Gegnern wurde so verfahren, wie es im Lateinamerika des 19. Jh. üblich war: Sie wurden ins Gefängnis geworfen, oder sie gingen ins Exil.

Tab. 49: Paraguayische Mateausfuhren 1819–1859

Jahr	Menge (in Tonnen)	Wert (in Pesos)
1819	1150	110 000
1829	115	15 000
1839	113	14 000
1851	980	186 000
1859	3200	1 700 000

Quelle: Zusammenstellung des Verfassers.

Nichts deutete darauf hin, daß die Regierung López nur kurzlebig sein würde. Carlos Antonios Sohn, Francisco Solano, wurde im Hinblick auf die „dynastische“ Nachfolge sorgfältig ausgebildet. Aus diesem Grunde wurden dem Erben wichtige Militärkommandos anvertraut; außerdem wurde er nach Europa geschickt, um technische Fachleute unter Vertrag zu nehmen, moderne Waffen einzukaufen und seine persönliche Ausbildung abzurunden. Obwohl Carlos Antonio López feierliche Gelübde abgelegt hatte, daß er nicht darauf abziele, eine Dynastie zu begründen, erwartete jedermann, daß der jüngere López seinem Vater nachfolgen würde. Nachdem Carlos Antonio im Jahr 1862 gestorben war, wurde sein Sohn denn auch tatsächlich zum Präsidenten gewählt. Möglicherweise waren diese dynastischen Züge des Regimes der Grund dafür, daß die (vorwiegend aus jungen Liberalen bestehende) paraguayische Exilgemeinde in Buenos Aires eine intensive, aber letztlich vergebliche politische Verschwörertätigkeit zum Sturz des López-Regimes entfaltete. Trotz ihres Scheiterns legten diese Oppositionellen im Exil das Fundament für ein neues Paraguay.

Ein weiterer wesentlicher Unterschied zur Politik der vorausgegangenen Regierungen bestand in der Entschlossenheit der López-Sippe, eine gewisse Industrialisierung in Gang zu bringen, jedoch ohne den Staat übermäßig zu verschulden. Obwohl das Regime dieses Ziel nachhaltig verfolgte, vernachlässigte es auch die Weiterentwicklung der Landwirtschaft nicht. Es war aber genau dieser doppelte Anspruch, der im Verein mit einer ungeschickten, kurzsichtigen Außenpolitik schließlich zur Katastrophe führen sollte. Die Streitfrage der Schiffahrt auf den Flüssen Paraná und Paraguay brachte das Land in einen Gegensatz zu anderen Staaten. Da Carlos Antonio López wußte, daß die beiden Flüsse einem Einfallstor ins Innere Brasiliens gleichkamen, beschloß er, sie bei Humaitá durch ein mächtiges Fort zu sperren. Offenbar war das Vorhaben Teil eines großangelegten Planes zur Verbesserung der Verteidigung und Modernisierung des Landes.

Mit einem scharfen Blick für das Beste, was die Welt zu bieten hatte, machte sich Carlos Antonio López an die Verwirklichung dieses Vorhabens, und er war auch bereit, dafür zu bezahlen. Eines der führenden technischen Unternehmen jener Zeit, die Londoner Firma *Blyth & Co.*, wurde unter Vertrag genommen, um Paraguay mit dem notwendigen technischen Wissen, Fachpersonal und Material auszustatten. Es ging dabei um die Errichtung einer eigenen Rüstungsindustrie zur Versorgung der paraguayischen Armee. Eine Schiffswerft wurde gebaut und der Bau einer Eisenbahnlinie in Angriff genommen, die die Hauptstadt Asunción mit Villa Rica verbinden sollte. Ärzte wurden ins Land geholt, um Krankenhäuser einzurichten und den Sanitätsdienst der Armee aufzubauen. Deutsche Ingenieure wurden für den Bau einer Telegraphenleitung von Asunción nach Humaitá angestellt. Nirgendwo sonst in Südamerika wurde die Modernisierung mit soviel Ernst und Hingabe vorangetrieben.

Der militärische und technische Aufbau des Landes löste in den Nachbarstaaten Paraguays zunehmendes Unbehagen aus. Es ist schwierig nachzuweisen – dennoch deutet manches darauf hin –, daß nicht nur Brasilien und Argentinien, sondern auch Großbritannien und die Vereinigten Staaten anfingen, über Mittel und Wege zur Niederhaltung Paraguays nachzudenken. Lange bevor zwischen 1864 und 1870 die endgültige Abrechnung erfolgte, geriet Paraguay in diplomatische Schwierigkeiten. Das Brasilianische Kaiserreich war entrüstet, als Carlos Antonio López im Jahr 1853 die freie Schiffahrt auf Paraguays Flüssen abschaffte, eine Maßnahme, durch die er ausländischen Schiffen die unkontrollierte Durchfahrt in den Mato Grosso verwehren wollte. Obwohl die Streitfrage im Jahr 1856 beigelegt wurde, blieben die Beziehungen zwischen Paraguay und Brasilien gespannt. Ungefähr zur gleichen Zeit geriet Paraguay wegen der als Provokation empfundenen Aktivitäten eines US-Kriegsschiffes, das die Flüsse des Landes in einer hydrographischen Mission befuhr, in einen Konflikt mit den Vereinigten Staaten. Als Vergeltung für die als Beleidigung aufgefaßte Reaktion von Carlos Antonio López entsandten die Vereinigten Staaten einen starken Flottenverband zum Río de la Plata. Angesichts dieser beeindruckenden Machtdemonstration und weil er nicht bereit war, sein militärisches Aufbauprogramm in Gefahr zu bringen, gab Carlos Antonio López nach und entschuldigte sich. Zwei Jahre später wurden er und sein Sohn gedemütigt, als Großbritannien zum Schutz eines britischen Bürgers in Asunción intervenierte. Zwar wurden die López' durch diese Zwischenfälle genötigt, ihre Politik gegenüber der Außenwelt zu modifizieren; eine Änderung ihrer Gefühle und Abneigungen war jedoch mittels Demütigungen nicht zu erreichen.

B. Argentiniens verspätete nationalstaatliche Organisation 1852–1862

Um die Mitte des Jahrhunderts veränderten sich die politischen Aussichten am Río de la Plata radikal. Die starren persönlichkeitsbezogenen Regime mächtiger Diktatoren erstickten offensichtlich die Weiterentwicklung der Länder dieser Region und verhinderten eine volle Integration in die expandierende Weltwirtschaft. Das Ende der starken Männer war aber auch durch eine herrschaftsimmanente Logik bedingt: Sie waren zu lange an der Macht gewesen und hatten sich zu viele Feinde geschaffen. Der Fall von Juan Manuel de Rosas war hierfür ein Beispiel. Er hatte sich breite Schichten der einheimischen Bevölkerung entfremdet (wozu eine ungünstige Wirtschaftslage beitrug) und sich außerdem den Unmut vieler politischer Führer aus den anderen argentinischen Provinzen zugezogen. Als die Basis seiner Herrschaft zusehends schmaler wurde und schließlich verschwand, war Rosas gezwungen, von der politischen Bühne abzutreten.

Nach Säuberungswellen und Vergeltungsaktionen gegen die Anhänger des gestürzten Rosas-Regimes konnte der politische Wiederaufbau in Angriff genommen werden. Die liberalen Unitarier, die sich vorwiegend aus den Einwohnern von Buenos Aires, den *porteños,* rekrutierten, konnten jedoch ihre Pläne zur Wiedereinführung der zentralstaatlichen Struktur Rivadavias nicht verwirklichen. Statt dessen zielte Urquiza, der neue Gouverneur von Buenos Aires, auf eine nationale Versöhnung ab. Als die Regierung Rosas ins Wanken geraten war, hatten viele ihrer wichtigsten Anhänger bei Urquiza Zuflucht gesucht; außerdem schlossen sich viele reuige *Rosistas* Urquiza an, nachdem Rosas selbst nach England geflohen war. Diese Männer waren eine willkommene Verstärkung für Urquiza, denn sie brachten für jede Regierung nützliche Erfahrungen, Verbindungen und Kenntnisse mit. Sobald sich eine günstige Gelegenheit bot, sicherten sich die *porteño*-Autonomisten wieder die Herrschaft über Buenos Aires. Dies geschah am 11. September 1852, als Urquiza die Hauptstadt verlassen hatte, um seinen privaten Besitz in Entre Ríos aufzusuchen. Diese Revolution, angeführt vom Autonomisten Valentín Alsina, markierte den Beginn einer Periode, in der die Provinz Buenos Aires als ein unabhängiges Land unter der Führung von Liberalen vom Schlage Rivadavias auftrat. In Wirklichkeit ging es ihnen um die Wiedererlangung der politischen Herrschaft über das ganze Land. Aber die Umstände für dieses Vorhaben waren ungünstig. Solange Urquiza in Entre Ríos als eine Art nationaler *Rosista*-Führer an der Spitze eines Bündnisses von Gouverneuren stand, war es Buenos Aires unmöglich, dem Rest des Landes seinen Willen aufzuzwingen. Die Periode nationaler Entzweiung wurde ausgelöst durch zwei militärische Auseinandersetzungen, in denen die Streitkräfte von Buenos Aires jenen der anderen Provinzen unter der Führung Urquizas gegenüberstanden. Buenos Aires verlor die Schlacht von Cepeda (1859), gewann aber die Schlacht von Pavón (1861); allerdings wird behauptet, Urquiza habe auch in der letzteren die Oberhand behalten, jedoch darauf verzichtet, seinen Vorteil zu nutzen, weil er erkannt habe, daß dies zu einer dauerhaften Spaltung des Landes geführt hätte. Während dieses Jahrzehnts entwickelte sich in Buenos Aires ein Zweiparteiensystem; damit wurde eine Tradition wiederaufgenommen, deren Wurzeln in die ersten Jahre nach der Unabhängigkeit zurückreichten. An erster Stelle unter den politischen Führern der Provinz stand Bartolomé Mitre, der die typische lateinamerikanische Reinkarnation eines *uomo universale* der Renaissance verkörperte. (Er war Politiker, Soldat, Historiker, Journalist, Übersetzer, Dichter und Dramatiker.)

Während Buenos Aires einen unabhängigen Kurs steuerte, schufen die 13 anderen Provinzen den politischen Rahmen für die zukünftige föderative Republik Argentinien. Inspiriert von der Verfassung der Vereinigten Staaten sowie von der gesetzgeberischen Tradition Argentiniens seit 1810, entwarf Juan Bautista Alberdi eine neue Verfassung. Dieses Dokument wurde im Jahr 1853 in Santa Fé von den Delegierten aller Provinzen angenommen. Ein Jahr später wurde Urquiza zum Präsidenten des neuen Staates gewählt (für eine auf sechs Jahre befristete Amtszeit). Während des nächsten Jahrzehnts diente die in Urquizas Region Entre Ríos gelegene Stadt Concepción del Uruguay als Hauptstadt der „enthaupteten“ argentinischen Republik. Es stellte sich heraus, daß die Trennung sowohl für Buenos Aires als auch für die anderen Provinzen vorteilhaft war. Sie hatte in der „Republik von Santa Fé“ die Entwicklung einer parallelen Infrastruktur mit Eisenbahnen, Häfen, Straßen und Handelswegen zur Folge. Die Häfen von Rosario und Santa Fé entwickelten sich zu größeren Umschlagplätzen für die traditionellen Ausfuhrgüter der Region (Häute und Fleisch). Argentiniens erste Eisenbahn wurde von Rosario aus ins Landesinnere gebaut.

Damit waren die Voraussetzungen für einen harten Konkurrenzkampf mit dem Hafen von Buenos Aires geschaffen, an dem nun ein zusehends größerer Teil des Außenhandels vorbeiging. Schließlich mußte im Interesse aller Beteiligten eine Art Abkommen ausgearbeitet werden. Keine Seite konnte ohne eine Zusammenarbeit mit der anderen mehr als vorübergehende Vorteile und Teilerfolge erzielen. Buenos Aires benötigte den Zugang zu seinem natürlichen Hinterland, während die Konföderation keine lebensfähige politische Kultur entwickeln konnte. Allzuviel hing von der politischen Geschicklichkeit und dem Einfluß eines einzelnen Mannes ab, Urquiza, dessen Heimatprovinz keine sehr breite Machtbasis abgab.

Die beachtlichen Unterschiede hinsichtlich der Interessen und Auffassungen der flußaufwärts gelegenen Provinzen Corrientes, Entre Ríos und Santa Fé (in gewissem Umfang verbunden mit Interessen in Uruguay) auf der einen und Buenos Aires auf der anderen Seite, schufen für einige Zeit ausgezeichnete Gelegenheiten für europäische Mächte, die ihre Einflußsphären zu erweitern gedachten. Das schon während Rosas' Amtszeit zwischen Großbritannien und Frankreich einsetzende Ringen um wirtschaftlichen und politischen Einfluß im Bereich des Río de la Plata dauerte nach Rosas' Rücktritt an. Die autonome Provinz Buenos Aires verließ sich im Hinblick auf Geschäftskontakte und Unterstützung auf Großbritannien, während Entre Ríos und seine Nachbarn (einschließlich Uruguays) die Verbindungen zu Frankreich ausbauten. Die Handelskontakte mit Frankreich (und Belgien) wurden gestärkt. In dem Maße, wie diese beiden Länder zu den Hauptabnehmern von Wolle aus Uruguay wurden, traten sie auch als Käufer von Fleisch, Häuten und Talg im „Zweistromland“ (Entre Ríos) und in Santa Fé auf. Französische und belgische Kaufleute, Wissenschaftler und

Reisende strömten in Urquizas Republik. Belgische Söldner reihten sich in die einheimischen Streitkräfte ein, und einer der Belgier, Baron Alfred Marbais du Graty, wurde berühmt als Berater Urquizas, als Journalist und schließlich als Abgeordneter im Bundeskongreß. Der französische Gesandte in Entre Ríos, Lefevre de Bécour, war der einflußreichste ausländische Diplomat und beherrschte neben Urquiza das gesellschaftliche Leben in Concepción. Nach der argentinischen Wiedervereinigung im Jahr 1862 blieb der franko-belgische Einfluß erhalten und wurde auf Buenos Aires ausgedehnt.

Das Abkommen zwischen den Provinzen nach der Schlacht von Pavón eröffnete ein neues Kapitel in der Geschichte Argentiniens. Die Verfassung von Santa Fé wurde jetzt von allen Provinzen angenommen, und es wurden Wahlen für einen neuen Präsidenten und das Abgeordnetenhaus ausgeschrieben. Das starke demographische Gewicht der Provinz Buenos Aires war dabei ein entscheidender Faktor, wie auch in allen späteren nationalen Wahlen. Ein Gegengewicht wurde in der Form des Senats eingeführt, der einflußreichen Ersten Kammer, deren Mitglieder direkt in den verschiedenen Provinzen gewählt wurden (zwei pro Provinz). Im Jahr 1862 wurde Mitre zum ersten Präsidenten der neuerlich geeinten föderativen Republik Argentinien gewählt. Rückblickend muß festgestellt werden, daß seine Aufgabe übermenschlich war. Sein vielleicht einziger Vorteil bestand darin, daß sich alle seine Maßnahmen beinahe automatisch auszahlten. Zunächst mußten der zerbrechliche politische Rahmen gefestigt und die nationale Wirtschaft auf eine festere und einheitlichere Grundlage gestellt werden. Unter diesen Umständen war zu erwarten, daß die Außenpolitik in den Hintergrund treten würde; Mitre war aber offenbar anderer Meinung: Er stürzte sein Land unbedacht in ein verhängnisvolles und kostspieliges militärisches Abenteuer, das es mit einer enormen Staatsschuld belastete.

C. Politisches Chaos und Wirtschaftswachstum: Uruguay 1830–1880

Die schwer erkämpfte Unabhängigkeit brachte Uruguay keine politische Stabilität. Es entwickelte sich ein Schema, wonach mächtige *caudillos* den Präsidentenpalast in Montevideo besetzten, aber außerstande waren, ihren Einfluß auf das ganze Land auszudehnen. Zwischen 1830 und 1860 war die Politik von diesen starken Männern beherrscht, die sich an der Macht abwechselten: Fructuoso Rivera, Juan Lavalleja und Manuel Oribe. Gleichzeitig lud die innere Instabilität zu ausländischen Interventionen ein, was die Situation Uruguays weiter komplizierte. Während der 1840er Jahre war das Land in Wirklichkeit in zwei Teile gespalten: Sowohl die Hauptstadt als auch das flache Land unterhielten eigene Regierungen. Rivera, der sich mit den argentinischen Provinzen Corrientes, Entre Ríos und Santa Fé verbündet hatte, hielt Montevideo, während Rosas' Bundesgenosse Oribe das übrige Land beherrschte. Das von Oribe belagerte und von Rosas' Streitkräften von der Seeseite her angegriffene Montevideo wurde zu einem internationalen Symbol für den Widerstand der Zivilisation gegen halbwilde Barbarei. Zur gleichen Zeit wurde die Stadt dank der starken europäischen Einwanderung zu einem Mittelpunkt europäischer Kultur und europäischen Unternehmungsgeistes. Im Jahr 1843 bestand ihre Bevölkerung zur Hälfte aus in Europa Geborenen.

Die wirtschaftliche Entwicklung setzte sich ungehindert fort. Die Wollausfuhren stiegen kräftig an. Uruguays Schafbestand (1 Mio. Tiere) erbrachte pro Jahr mehr als

1 Mio. kg Wolle für den Export nach Europa. Im Jahr 1839 erreichten die Ausfuhren von Häuten rund 100 000 Einheiten im Monat; in dieser Menge waren Häute aus der größeren wirtschaftlichen Region von Entre Ríos und Südbrasilien mit eingeschlossen. Da Krieg und politische Unruhe offenbar keine nennenswerten Auswirkungen auf das Wirtschaftswachstum hatten, bestand kein besonderer Anreiz, die Feindseligkeiten zu beenden. Eher war das Gegenteil der Fall: Der Konflikt stimulierte die Entwicklung in anderen Gebieten und schien die Bande zwischen Montevideo und seinem Hinterland zu stärken.

Wie sein großer südlicher Nachbar schaffte Uruguay den Despotismus alten Stils ab, indem es sich Riveras entledigte. Aber es gab eine zusätzliche Komplikation: den Einfluß Brasiliens, der sich auf alle Sphären des politischen, kulturellen und wirtschaftlichen Lebens erstreckte. Brasilianische Hilfe war willkommen, um Rosas loszuwerden; die Zusatzklauseln der Anti-Rosas-Allianz zeigen aber, in welche Abhängigkeit sich Uruguay damit begab. Gemäß diesem Vertrag sollte Uruguay eine monatliche Unterstützung von 60 000 brasilianischen *patacones* erhalten; als Pfand dienten die Zolleinnahmen des Hafens von Montevideo. Schutzmaßnahmen zugunsten uruguayischer Viehhalter wurden aufgehoben, und alle flüchtigen Sklaven, die über die Grenze kamen, sollten umgehend nach Brasilien zurückgebracht werden. Da das Bündnis auf Dauer angelegt war, ist es nicht übertrieben zu behaupten, es habe Uruguay zu einem brasilianischen Protektorat gemacht.

Nachdem seine außenpolitischen Beziehungen einstweilen geregelt schienen, beschloß Uruguay, vom *caudillo*-Regime Abschied zu nehmen, politische Reformen durchzuführen und einen demokratischen Weg mit regelmäßigen Wahlen einzuschlagen. Diese Pläne erwiesen sich als Wunschdenken, denn die nationale Politik sollte bald von einer weiteren charismatischen Führerpersönlichkeit beherrscht werden. Nach dem Vorbild Riveras, Lavallejas und Oribes betrat Venancio Flores, ein Parteigänger der liberalen *colorados,* im Jahr 1853 die politische Bühne. Unterstützt durch brasilianische Truppen, wurde er im Jahr darauf zum Präsidenten gewählt. Damit war die Saat für die nächste Runde politischer Zwietracht gesät, obwohl sich zunächst der Wunsch nach innerem Frieden als stärker erwies. Flores und sein Gegenspieler Oribe, die bedeutendsten *caudillos* des Landes, kamen überein, bei künftigen Präsidentschaftswahlen nicht zu kandidieren, um anderen Politikern Platz zu machen und einem wahrhaft demokratischen System den Weg zu ebnen. So weckte die Wahl von Bernardo Berro im Jahr 1860 dementsprechend große Hoffnungen. Berro dekretierte sofort eine Anzahl wichtiger liberaler Maßnahmen, unter anderen die Pressefreiheit und eine Generalamnestie für alle politischen Flüchtlinge und Exiluruguayer.

Obwohl Brasilien und Argentinien im Jahr 1859 förmliche Zusicherungen abgegeben hatten, sich jeglicher Einmischung in die inneren Angelegenheiten Uruguays zu enthalten, gingen die Interventionen unvermindert weiter. Besonders Brasilien hatte gute Gründe, sich nicht an diese Abmachung zu halten, weil es befürchten mußte, daß ein ausgesprochen liberaler und demokratischer Staat in seiner unmittelbaren Nachbarschaft die brasilianischen Liberalen in ihrem Kampf um politische Reformen ermutigen würde. Finanziert von den Brasilianern und unterstützt durch die kaiserliche Marine und Armee, kehrte Flores im Jahr 1863 nach Uruguay zurück, um einen Aufstand gegen Berros reformistisches Regime auszulösen. Berros Hilferuf an Francisco Solano López, den Präsidenten von Paraguay, fand kein Gehör, und bald war Flores im Besitz des flachen Landes. Daraufhin ergingen im Jahr 1865 dringende Hilfe-Ersuchen an Großbritannien, Frankreich, Spanien und Italien, um eine Garantie der Souveränität Uruguays für die nächsten 25 Jahre zu erreichen, doch zeitigte auch dieser Vorstoß kein Ergebnis. Niemand wollte helfen, den von Brasilien unterstützten Flores von der Macht fernzuhalten. In der Folgezeit unterstützte der *caudillo* Flores seine brasilianischen Mentoren in ihrem Kampf gegen Paraguay, indem er sein Land in die Tripelallianz einbrachte und selbst gegen Paraguay zog, um am Kampf gegen López teilzunehmen.

Im Jahr 1868 wurde Flores von einem Attentäter ermordet; mit seinem Tod begann ein neues Kapitel in der Geschichte Uruguays. Dieses Jahr war nicht nur eine politische Wegscheide (der letzte der alten *caudillos* war dahingegangen, und der Krieg gegen Paraguay war nahezu entschieden), sondern auch eine wirtschaftliche, weil sich im selben Jahr die internationale Krise auf die heimische Wirtschaft auswirkte. Die weltwirtschaftlichen Veränderungen verlangten verstärkte Eingriffe der Regierung in das Wirtschaftsleben des Landes. Diese wurden zuerst in der Politik des *curso forzoso* verwirklicht, der Einführung von Papiergeld und einem festgesetzten Wechselkurs für Gold. So führte Uruguay, wie Argentinien, zwei verschiedene Währungen ein: Gold für das Auslandsgeschäft und Papiergeld, das einer rapiden Inflation unterlag, für die Binnenwirtschaft. In Uruguay erwies sich diese Maßnahme als derart umstritten, daß sie eine grundlegende politische Spaltung in *cursistas* (Anhänger der Staatsintervention und des doppelten Wechselkurses) und *oristas* (Befürworter einer einzigen starken Währung für alle Handelsgeschäfte) zur Folge hatte. Der Währungsstreit wurde für lange Zeit zur zentralen politischen Frage, denn für die Regierung war diese Maßnahme das einzige verfügbare Instrument zur Bewältigung der wirtschaftlichen Schwierigkeiten. Im Jahr 1868 erlitt die Wirtschaft weitere Rückschläge: Viehseuchen bewirkten einen drastischen Rückgang der Rindfleischausfuhren und stürzten das Land in einen Liquiditätsengpaß; infolge des Krieges gegen Paraguay kam weniger brasilianisches Gold ins Land; und die Rindfleischausfuhren wurden durch eine neue brasilianische Einfuhrabgabe von 55 Prozent zum Schutz der eigenen Salzfleischfabriken in Rio Grande do Sul zusätzlich behindert. Die Aussichten waren düster, zumal Uruguay auch unter dem US-Protektionismus zu leiden hatte, der die Vereinigten Staaten gegen Wolleinfuhren abschottete. Schließlich ruinierte der Zehnjährige Krieg in Kuba (1868–1878) einen wichtigen Markt für uruguayisches *tasajo* (eingepökeltes Rindfleisch). Diese Katastrophen lösten einen allgemeinen Ansturm auf Gold aus und führten zum Bankrott des in brasilianischem Besitz befindlichen *Banco Mauá,* der größten Bank des Landes. Kompliziert wurde die Krise durch das enorme Staatsdefizit (der Staat schuldete dem *Banco Mauá* 7 Mio. Pesos, als letzterer seine Zahlungen einstellte). Hierfür trugen der Paraguayische Krieg und eine verschwenderische Regierung die Hauptverantwortung.

Früher als erwartet fand sich jedoch ein Ausweg aus der Wirtschaftskrise. Etwa seit 1870 fand in der gesamten La-Plata-Region ein bedeutender Strukturwandel statt. Investitionen wurden in vermehrtem Umfang getätigt und neue Produktionstechniken eingeführt. Im Jahr 1871 gründeten uruguayische Viehzüchter die *Asociación Rural Uruguaya* (ARU, Landwirtschaftliche Gesellschaft Uruguays), die ihre Interessen wahrnehmen und bei der Regierung als Lobby wirken sollte. Die ARU übernahm eine Vorreiterrolle bei der Einführung von Drahtzäunen *(alambrado),* um die oft riesigen Weidegebiete der Ranchbetriebe voneinander abzugrenzen. Die Vorteile der Drahteinzäunung waren vielfältig. Da sich die Herden nicht mehr so leicht wie bisher vermischen konnten, waren nunmehr wissenschaftliche Zuchtprogramme und die Verbesserung von Rassen möglich, besonders bei Schafen (es gab zu jener Zeit 6 Mio. Schafe und 2 Mio. Rinder im Land), was auf lange Sicht höhere Gewinne verhieß. Das Einzäunen der Weideflächen senkte auch die Betriebskosten der *estancias*, weil weniger Viehhirten benötigt wurden. Viele mußten in der Folge die ländlichen Gebiete verlassen und zogen in die Städte, wo sie die Zahl des städtischen Proletariats ansteigen ließen. Das Nettoergebnis der Einzäunungsmaßnahmen war eine Zunahme der Produktion und des Bodenwertes, und durch höhere Steuereinnahmen profitierte auch die Regierung von der Umstellung. Die Einzäunung breitete sich in Uruguay so rasch aus, daß um 1882 bereits 90 Prozent aller Ranchbetriebe eingezäunt waren.

Während die Wirtschaft sich erholt hatte, waren die politischen Unruhen noch nicht beendet. Verschiedene wichtige Probleme harrten einer Lösung. Es hatte sich gezeigt, daß das Zweiparteiensystem häufig zu Aufständen und Rebellionen führte; trotz aller gegenteiligen Beteuerungen und trotz feierlicher Gelübde zur Zusammenarbeit war das gegenseitige Vertrauen niemals tief oder dauerhaft. Diese Zustände hatten erstarrte politische Fronten zum Ergebnis. Eine weitere Komplikation bildete der krasse Gegensatz bezüglich Lebensweise und Grundeinstellungen zwischen Stadtbevölkerung und Landbewohnern. In einem Staat, in dem es im wesentlichen nur eine einzige Stadt gab (die übrigen Ansiedlungen hatten eher dörflichen Charakter), war dies ein ernstes Problem. Solange Stadt und Land verschiedene Welten mit einander widersprechenden Interessen waren, blieb der innere Friede eine Illusion. Rivera hatte einen vorsichtigen Anfang zur Änderung dieses Zustandes gemacht, indem er 1868 ein Zivilrecht für das ganze Land einführte; da es aber in der Praxis nur in Montevideo und seiner unmittelbaren Umgebung angewendet wurde, bestand weiter Handlungsbedarf. Ein klares Konzept wurde von einer Anzahl junger liberaler Intellektueller vorgeschlagen. Diese wegen ihres dogmatischen Festhaltens an liberalen Prinzipien *principistas* genannten Politiker gründeten eine Radikale Partei und schlugen eine Gesetzgebung vor, die vier politische Hauptforderungen verwirklichen sollte: 1. Garantie der persönlichen Freiheit; 2. keine Inhaftierung ohne Richterspruch; 3. allgemeines Wahlrecht für Männer und 4. Garantie der politischen Vertretung von Minderheiten. Sie hatten sich vorgenommen, die Landbevölkerung, die sie als „Barbaren" betrachteten, „aufzuklären" und zu „zivilisieren". (Das Los der meisten Viehhirten, die von dieser Aufklärungskampagne in erster Linie angesprochen werden sollten, war in der Tat hart. Gemäß einem Polizeigesetz von 1827 konnten sie noch immer ohne Gerichtsverfahren festgenommen und ins Gefängnis geworfen werden. Die Regierung betrachtete sie bestenfalls als Menschenreservoir für die Armee.) Die Sorge der *principistas* um die Viehhirten entsprang jedoch nicht allein humanitären Überlegungen. Es war ihnen nur zu bewußt, daß eine wirkliche nationalstaatliche Entwicklung nicht möglich war, bevor nicht diese fundamentale Streitfrage einer Lösung zugeführt wurde. Aber sie hatten weder das politische Gewicht noch die organisatorischen Mittel oder die notwendige Unterstützung, um ihre Vorstellungen in die Praxis umzusetzen. Zu ihrem Verdruß wurden ihre Anliegen von Männern gefördert, die sie als ihre Todfeinde ansahen.

Bei all ihrem Idealismus übersahen die *principistas,* daß in der uruguayischen Gesellschaft ein tiefgreifender Wandel stattfand. Eine lange Periode gleichbleibend starker Einwanderung aus Europa hatte eine neue Klasse ehrgeiziger kleiner und mittlerer Unternehmer entstehen lassen. Viele waren während des Exportbooms, der durch den Paraguayischen Krieg ausgelöst worden war, reich geworden. Mithin stand die alte, traditionelle, herrschende Schicht großer kreolischer *estancieros,* die sich auch im Exportgeschäft betätigten, nicht mehr allein an der Spitze der Gesellschaft; neben ihr war eine starke Gruppe neureicher Einwanderer aufgekommen, von denen sich viele als spezialisierte Kaufleute, Makler und Spekulanten am Finanzmarkt einen Namen gemacht hatten.

Als es 1876 anläßlich der Bürgermeisterwahlen in Montevideo zu einer Schießerei zwischen *principistas* und ihren Gegnern kam, intervenierte die Armee, um Ruhe und Ordnung wiederherzustellen. Die Regierung wurde ihres Amtes enthoben und durch eine neue Mannschaft ersetzt. Die mächtigste Figur in der neuen Riege war Oberst Lorenzo Latorre, der Kriegsminister. Nachdem er sich der meisten Anführer der *principistas* entledigt hatte, indem er sie ins Exil schickte, machte Latorre sich daran, die staatlichen Angelegenheiten neu zu ordnen. Das Land war infolge einer neuen internationalen Wirtschaftskrise abermals in finanzielle Schwierigkeiten geraten. Wieder wurden Banken zahlungsunfähig, u. a. auch der *Banco Mauá.* Unterdessen hatten sich die unzufriedenen liberalen *principistas* organisiert und begannen mit Hilfe einer Exilorganisation in Buenos Aires eine Rebellion in Uruguay. Trotz einiger unerwarteter Anfangserfolge wurde diese *Revolución Tricolor* Ende 1875 von der nationalen Armee niedergeschlagen. Sobald im Lande wieder Ruhe eingekehrt war, setzte Latorre sein Werk fort. Er nahm sich die Errichtung einer starken, unparteiischen und gerechten Regierung vor, während er selbst alle Regeln finanzieller und fiskalischer Verantwortlichkeit beachtete. Im Jahr 1876 durch öffentliche Akklamation (und kommerzielle Interessen) aufgefordert, die mit weitreichenden Vollmachten ausgestattete Präsidentschaft zu übernehmen, reorganisierte Latorre die Armee, führte eine dringend benötigte Zivilgesetzgebung ein und strebte soziale Reformen an. Die Reformprojekte bedurften aber beträchtlicher finanzieller Mittel. In nur vier Jahren (1876–1880) vervielfachte sich das nationale Budget, doch fiel Latorres Regierungszeit mit einer Periode ungewöhnlichen Wirtschaftswachstums zusammen. Die Bevölkerung Uruguays blickte zuversichtlich in die Zukunft, was sich sowohl in den hohen Eheschließungs- und Geburtenraten der Zeit manifestierte als auch an der enormen Bautätigkeit in Montevideo sowie an der gleichmäßigen Zunahme der Ausfuhren abzulesen war.

Die Regierung Latorre arbeitete eng mit der Landwirtschaftlichen Vereinigung zusammen, um die wirtschaftliche Entwicklung auf dem Lande zu fördern. Stahldraht und Zaunpfosten konnten zollfrei eingeführt werden und waren von der Besteuerung ausgenommen. Die ARU legte der Regierung einen Gesetzentwurf zum *Código Rural* vor, einer speziellen Gesetzgebung für den ländlichen Raum, der nahezu unverändert übernommen wurde. Zur Gewährleistung von Sicherheit und Ordnung auf dem Land wurde eine besondere Landpolizei aufgestellt. Fortan sahen sich die berüchtigten und allgegenwärtigen Viehdiebe *(cuatreros)* von summarischer Hinrichtung bedroht, wenn sie gefaßt wurden. Um den Viehzüchtern zusätzliche Anreize zur Qualitätsverbesserung und Produktivitätssteigerung zu geben, wurden regelmäßige Zuchtviehausstellungen und -wettbewerbe organisiert.

Zur ARU gesellten sich bald andere Berufsverbände und spezifische Interessengruppen. Kaufleute und Händler gründeten 1875 eine Handelskammer, und im Jahr 1879 schlossen sich Fabrikanten zur *Liga Industrial* zusammen. Obwohl die meisten Mitglieder der *Liga* Uruguayer der ersten Generation waren, verschaffte sich ihre mächtige Stimme weithin Gehör, wenn sie die Tugenden des wirtschaftlichen Nationalismus proklamierte. Innerhalb eines Jahrzehnts nach der Einführung einer liberalen Zollpolitik (nach deren Bestimmungen Kapitalgüter und Rohstoffe von Einfuhrzöllen befreit und die meisten anderen Waren mit bescheidenen Einfuhrzöllen belegt waren), führte die Lobbyarbeit der Liga im Jahr 1886 zu protektionistischen Gesetzen. Nach dem neuen Zollgesetz wurden alle Waren mit hohen Einfuhrzöllen zwischen 30 und 51 Prozent belegt, während Schafe und tiermedizinische Präparate zollfrei blieben. Der Hauptgrund dafür, daß es der *Liga Industrial* gelang, solche scheinbar untauglichen Zolltarife durchzusetzen, war das eindrucksvolle Wachstum des Binnenmarktes. Die Konsumenten wurden immer zahlreicher, indem die Bevölkerung von 450 000 im Jahr 1875 auf 600 000 im Jahr 1886 wuchs. Der Großteil der Bevölkerung konzentrierte sich in Montevideo; auf diese Weise wurde die Stadt zu einem sehr attraktiven Markt, um so mehr, als die Masseneinwanderung den Prozentsatz der Verdienenden im Vergleich mit ähnlichen Bevölkerungen anderswo unverhältnismäßig hoch hielt.

Tab. 50: Uruguayischer Außenhandel 1880–1910 (in Mio. harten Pesos)

Jahr	Einfuhren	Ausfuhren
1880	20	20
1890	32,6	29
1900	24	29
1910	41	41

Quelle: Zusammenstellung des Verfassers.

Latorre verbesserte auch das Rechtswesen. Das Zivilrecht wurde im Hinblick auf seine Anwendung auf ausländische Einwohner angepaßt und ein Zivilregister zur Anerkennung von Mischehen eingeführt. Im Jahr 1889 trat ein neues Strafgesetzbuch in Kraft. Auch die städtischen Verwaltungen wurden reorganisiert und im Hinblick auf das Rechtssystem verbessert, und im Jahr 1878 wurden Berufungsgerichte geschaffen. Auf diese Weise konnten auf dem sehr wichtigen Gebiet des Zivil- und Strafrechts Verbesserungen erreicht werden, die das Vertrauen und den Respekt der Bürger gegenüber der Regierung stärkten. Verglichen mit der jüngsten Vergangenheit chaotischer Regierungen und willkürlicher Maßnahmen war die neue Regierung eine lobenswerte Errungenschaft. Latorre aber hatte einen eigentümlichen Hang zur Sittenstrenge, der später in mehreren lateinamerikanischen Militärregierungen des 20. Jh. wiederkehren sollte. So befahl er z. B., gegen die *academias de baile*, eine durch Zügellosigkeit bekannte Einrichtung des Nachtlebens von Montevideo, einzuschreiten. Jedenfalls legte Latorre das Fundament für den modernen Staat Uruguay mit einer stabilen, offenen, liberalen, säkularisierten und wohlgeordneten Gesellschaft. Dies wurde durch zwei bedeutsame symbolische Ereignisse unterstrichen: die offizielle Umbettung und Wiederbeisetzung der sterblichen Überreste José Artigas auf dem Hauptplatz in

Montevideo im Jahr 1877 und die Enthüllung eines großen Denkmals für die Unabhängigkeitsbewegung in Florida 1879.

Die von Latorre und seinem Nachfolger, General Máximo Santos, erreichte Stabilität erwies sich als vorübergehende Erscheinung. Im Jahr 1886 bedrohte die von Buenos Aires angezettelte und unterstützte sogenannte *Revolución del Quebracho* das Regime der *colorados* in Uruguay. Obwohl der Umsturzversuch bald niedergeschlagen war, machte das Ereignis deutlich, daß das politische Leben des Landes noch keineswegs in geordneten Bahnen verlief. Das politische System Uruguays blieb weiterhin höchst empfänglich für bewaffneten Aufruhr. Da sich Brasilien aus Uruguays inneren Angelegenheiten zurückzog, schienen die politischen Unruhen tiefreichenden heimischen Wurzeln zu entspringen. Tatsächlich war Uruguay durch das typische politische Leben einer argentinischen Provinz gekennzeichnet, allerdings mit dem Unterschied, daß es in Uruguay keine Bundesregierung gab, die intervenieren und die Ordnung wiederherstellen konnte. Und weil die Argentinier sowohl auf der offiziellen Ebene als auch über Sympathisanten in Buenos Aires, Entre Ríos und Corrientes die meisten aufständischen Bestrebungen unterstützten, trugen sie mit dieser lautlosen Intervention nicht zur Stabilisierung der inneren Verhältnisse Uruguays bei.

Diese wurde auf andere Weise erreicht: im Gefolge eines beispiellosen wirtschaftlichen Aufschwungs, der Uruguay zum reichsten Land Südamerikas machte. In dieser Beziehung wirkte sich das Fehlen eines bundesstaatlichen Überbaus eindeutig zugunsten des kleinen Landes aus: Im Gegensatz zu Buenos Aires brauchte Montevideo seinen Wohlstand nicht mit einem riesigen Hinterland zu teilen. In Uruguay konnten die meisten Exportgewinne in der Hauptstadt und ihrer Umgebung ausgegeben werden, und diese Hauptstadt war um 1900 zur blühendsten Metropole des Kontinents geworden. Im Jahr 1887 war sie als erste Stadt Südamerikas elektrifiziert worden; Straßenbahnlinien durchzogen die Stadt, und ein leistungsfähiges und erschwingliches System öffentlicher Dienste erlaubte vielen Menschen ein angenehmes Leben.

Ebensowenig brauchte Uruguay enorme Summen für eine moderne Verkehrsinfrastruktur auf nationaler Ebene aufzubringen. Der Eisenbahnbau, obschon bedeutsam im Verhältnis zur Größe und Bevölkerungszahl des Landes, war bescheiden, verglichen mit demjenigen Argentiniens und Brasiliens. Von 19 km im Jahr 1869 wuchs das gänzlich in britischem Besitz befindliche Eisenbahnnetz auf 705 km im Jahr 1889 und 2146 km 20 Jahre später an. Die Gesamtinvestitionen im Eisenbahnbau überstiegen kaum 60 Mio. Pesos. Nach 1900 wurde ein größeres Projekt französischer Firmen zum Ausbau des Hafens von Montevideo in Angriff genommen und verhalf der Hauptstadt zu modernen Hafeneinrichtungen für einen raschen und effizienten Warenumschlag.

Die Mittel zur Finanzierung solch ergeiziger Vorhaben stammten aus der eindrucksvollen Exportwirtschaft des Landes. Die offenbar gerechtfertigten Erwartungen waren durchgängig so hoch, daß Uruguay rasch zu einem der größten Schuldnerländer pro Kopf der Bevölkerung wurde und am Londoner Finanzmarkt enorme Kreditsummen aufnahm. Im Jahr 1891 betrug die Auslandsschuld mehr als 100 Mio. Pesos (gegenüber nur 18 Mio. im Jahr 1871), und bis 1909 war sie auf 130 Mio. Pesos gestiegen. Der jährliche Schuldendienst betrug zu dieser Zeit nur 3 Mio. Pesos, eine Summe, die Uruguay mit Leichtigkeit aufbringen konnte. So erstaunt es nicht, daß das Land seit 1905 stolz auf Überschüsse in der Zahlungsbilanz verweisen konnte.

Das wirtschaftliche Wachstum verlief allerdings nicht ungebrochen. Die späten 1880er Jahre waren eine Periode rapider Entwicklung, in der Uruguay von der fieberhaften Expansion der argentinischen Wirtschaft profitierte. Wie in Buenos Aires schien auch in Montevideo nichts unmöglich. In Uruguay sind diese Jahre als die *Epoca de Reus* bekannt, benannt nach dem in Katalonien geborenen Geschäftsmann, der dem *Banco Nacional* von Uruguay vorstand. Aber wie Argentinien wurde auch Uruguay von der Wirtschaftskrise des Jahres 1890 schwer getroffen. Die Krise wurde durch massive argentinische Kapitalflucht verursacht und anschließend durch die unbegrenzte Ausgabe ungedeckten Papiergeldes verschärft. Land- und Viehwirtschaft wurden 1890 von einer schweren Dürre heimgesucht, die sich 1892 und 1893 wiederholte und zum Verlust von 10 Prozent der Bestände führte. Die Erzeugung und Ausfuhr von Wolle blieb jedoch weitgehend unbeeinträchtigt.

Die wichtigsten Ausfuhrgüter waren die landwirtschaftlichen Veredelungsprodukte. Erstklassiges Fleisch von in riesigen Herden gehaltenen Herefordrindern (die bevorzugte Rasse in Uruguay; in Argentinien waren Durhamrinder beliebt) wurde nach Europa ausgeführt. *Tasajo* blieb das wichtigste Erzeugnis der Viehwirtschaft. Produktion und Ausfuhren stiegen während der 1890er Jahre markant an und erreichten um 1900 rund 50 000 Tonnen. (Zwischen 500 000 und 1 Mio. Rinder wurden jedes Jahr in den verbliebenen 26 Salzfleischfabriken Uruguays geschlachtet.) In weit größerem Umfang als Argentinien aber gab es in Uruguay ausgedehnte Herden einheimischer Rinder, Nachkommen des im 16. und 17. Jh. von den Spaniern eingeführten Viehs. Um 1903 waren nur etwa 20 Prozent des Rinderbestandes moderne Kreuzungsrassen. Um 1900 hatte die anglo-belgische *Liebig Co.* in Fray Bentos eine Fabrik zur Herstellung von Fleischextrakt errichtet, einem Erzeugnis, dem zur damaligen Zeit beinahe magische Qualitäten als Heil- und Stärkungsmittel zugeschrieben wurden. Während die Rinderhaltung sowohl sehr traditionelle als auch höchst innovative Elemente umfaßte – die Züchter suchten nach neuen Methoden und Märkten, während sie gleichzeitig am Bewährten festhielten –, hielten sich die Neuerungen bei den Schafhaltern in Grenzen. Dieser Zweig der Veredelungswirtschaft brauchte sich keinen erwähnenswerten Anpassungsprozessen zu unterziehen, denn seit den 1880er Jahren profitierten die uruguayischen Schafzüchter von einer einzigartig günstigen Marktlage, da ihre Hauptkonkurrenten von Katastrophen betroffen waren. Australische Schafe fielen in großer Zahl der Dürre zum Opfer, während in Argentinien eine Wurmkrankheit die Herden dezimierte. Wolle blieb das Hauptausfuhrgut Uruguays; um 1900 wurde eine Jahresausfuhrmenge von ungefähr 45 Mio. kg erreicht. Die Wollausfuhr verband Uruguay fest mit dem kontinentaleuropäischen Markt, der insgesamt sein bester Kunde war. Im Jahr 1905 führte Belgien mit 20 Prozent die Liste von Uruguays Abnehmern an, gefolgt von Argentinien (19 %) und Frankreich (18 %), während Großbritannien (26 %), Argentinien (15 %) und Deutschland (13,5 %) seine Hauptlieferanten waren. Dies bedeutete, daß Argentinien den nördlichen Nachbarn Brasilien als Uruguays wichtigsten lateinamerikanischen Handelspartner verdrängt hatte und daß Deutschland und Belgien das anglo-französische Monopol gebrochen hatten.

Vom rasch anwachsenden nationalen Wohlstand zu einer großzügigeren Haltung gedrängt, entschied sich Uruguays politische Klasse, die während des 19. Jh. tief gespalten gewesen war, zur Lösung der anstehenden Probleme von der bisherigen

Konfrontationspolitik zugunsten eines Kompromisses abzurücken. So entwickelte sich der geringschätzig als *colectivismo* bezeichnete Schulterschluß in den Reihen der Elite zur Verteidigung ihrer Privilegien gegen die Forderungen gefährlicher Reformer. Es war Uruguays Antwort auf den *Roquismo* in Argentinien und den *caballerismo* in Paraguay. Diese Haltung hatte zumindest den Vorteil, daß die politischen Führer ein ausgeprägteres Pflichtbewußtsein entwickelten. Der *colectivismo* erreichte seinen Höhepunkt während der 1890er Jahre unter den Präsidenten Julio Herrera y Obes, Juan Idiarte Borda und Juan Lindolfo Cuestas. Letzterer öffnete schließlich das politische System, indem er Oppositionsparteien einlud, Vertreter in den neugebildeten Staatsrat zu entsenden; diesem kam die Aufgabe zu, eine Gesetzgebung für die garantierte Vertretung politischer Minderheiten vorzubereiten. Nutznießer der Reformen war José Battle y Ordoñez (im Jahr 1886 Mitbegründer der Oppositionszeitung *El Día*), der 1903 zum Präsidenten gewählt wurde. Nun fürchteten die *blancos* um ihr politisches Schicksal und strebten mit Waffengewalt nach der politischen Kontrolle über fünf Provinzen für die Dauer von Battles Amtszeit. Der Konflikt entwickelte sich 1904 zu einem Bürgerkrieg. Aparicio Saravia, der letzte *caudillo* alten Stils, stand dabei an der Spitze von 17 000 bewaffneten Rebellen. Das Ende der Kämpfe nach einem halben Jahr kennzeichnete den Beginn einer neuen friedlichen und gedeihlichen Periode in der Geschichte Uruguays.

D. Der Paraguayische Krieg (1864–1870)

Das zentrale Ereignis in der Präsidentschaft Bartolomé Mitres in Argentinien war der Krieg, der zusammen mit Brasilien und Uruguay gegen Paraguay geführt wurde. Im Jahr 1864 erbat Paraguays Präsident Francisco Solano López – als er von Uruguays liberalem Präsidenten Bernardo Berro zu Hilfe gerufen wurde, um eine Rebellion von Venancio Flores niederschlagen zu helfen – in aller Form das Recht, argentinisches Territorium zu durchqueren, um Uruguay zu erreichen. Als ihm dies verweigert wurde, erklärte López Argentinien den Krieg, und es begann ein fünf Jahre währendes Ringen, das mit der völligen Zerstörung Paraguays enden sollte. Anfänglich gelang es den Paraguayern, die über ein gut ausgebildetes und ausgerüstetes stehendes Heer verfügten, sich gegen die zweitklassigen brasilianischen und argentinischen Truppen zu behaupten. Mitre selbst hatte das Kommando über die argentinische Armee übernommen, die bei Kriegsbeginn nur 6000 Mann stark war. Sein militärisches Talent reichte indessen nicht aus, um eine Armee aus Linienregimentern gegen die zähen Paraguayer in den Kampf zu führen. Die Kampfmoral in der argentinischen Armee (die in der Eröffnungsphase des Krieges die meisten der alliierten Truppen stellte) war erbärmlich. Niemand meldete sich zu Freiwilligeneinsätzen. Rekruten (vorzugsweise aus den Provinzen des Landesinneren, die der politischen Vormachtstellung der *porteños* lange Widerstand geleistet hatten) mußten bisweilen in Ketten und Handschellen gelegt werden, bevor sie sich zum Marsch an die Front bereitfanden. Der Mangel an ausgebildeten Mannschaften war derart, daß gefangene paraguayische Soldaten mit vorgehaltener Waffe gezwungen wurden, in argentinischen Uniformen gegen ihre Landsleute zu kämpfen. Argentinien hatte keine Möglichkeit, das von ihm zugesicherte Kontingent von 25 000 Mann bereitzustellen; die schließlich an die Front beorderten Truppen machten weniger als ein Viertel der vorgesehenen Mannschaftsstärke aus.

Auch die Führung der Truppen ließ zu wünschen übrig: Viele Offiziere waren kaum tüchtiger als ihr Oberkommandierender. Die ersten Gefechte endeten für die Alliierten in einer Katastrophe. Tausende von vorwiegend argentinischen Frontsoldaten starben im wohlgezielten Feuer der Paraguayer einen sinnlosen Tod. In einem einzigen Gefecht, das im Jahr 1866 bei Curupaití stattfand, fielen 2000 Argentinier. Es versteht sich von selbst, daß die Kampfmoral weiter sank. Die Wende trat erst ein, als Brasilien sein volles Gewicht in die Waagschale der alliierten Kriegsanstrengungen warf. Von 1867 an gelang es den zahlenmäßig weit überlegenen, ausgeruhten und von fähigen Kommandanten geführten brasilianischen Truppen, in deren Reihen viele Sklaven und erst kurz zuvor Freigelassene standen, die Wende zugunsten der Alliierten herbeizuführen. Gleichzeitig begann das kleine, von der Außenwelt isolierte Paraguay mit seinen begrenzten wirtschaftlichen und personellen Ressourcen, die Last des Krieges zu spüren. Als 1869/70 die Kämpfe eingestellt wurden, lag Paraguay völlig darnieder. Es mußte Grenzkorrekturen hinnehmen, die den Verlust einiger seiner reichsten *mate*-Anbaugebiete mit sich brachten. Weite Gebiete Paraguays (mehr als 150 000 km^2) wurden von Brasilien und Argentinien annektiert, das sich die Region Misiones aneignete. Doch die Ansprüche der Siegermächte gingen noch weiter: Sie verlangten von Paraguay gewaltige Reparationszahlungen und bürdeten dem Land eine gigantische finanzielle Last auf. Brasilien war als unbestrittener Sieger und als die führende politische und militärische Macht im gesamten La-Plata-Becken aus diesem Krieg hervorgegangen.

Mehr noch als unter den territorialen Einbußen litt Paraguay unter den Verlusten bei der Truppe. Der Mangel an Soldaten konnte nur ausgeglichen werden, indem Heranwachsende sowie ältere Männer zum Kriegsdienst eingezogen wurden. Dank diesen Anstrengungen war die durchschnittliche Stärke der paraguayischen Armee relativ hoch: Zwischen 30 000 und 40 000 Mann standen stets zur Verfügung. Die demographischen Auswirkungen des Krieges sind stark überschätzt worden. Entgegen früheren Annahmen, wonach Paraguay 80 Prozent seiner männlichen Bevölkerung verlor, gehen neuere Untersuchungen davon aus, daß etwa 15 000 paraguayische Soldaten durch unmittelbare Kriegseinwirkung getötet wurden. Bei einer Gesamtbevölkerung von 300 000 Personen im Jahr 1864 sind diese Verluste zwar als schwer, nicht aber als verheerend zu bezeichnen. Wenngleich auch die Zivilbevölkerung einen hohen Blutzoll entrichtete (wohl mehrere tausend Tote), darf angenommen werden, daß Seuchen und Hungersnöte, wie sie in der Regel als Begleiterscheinungen von Kriegen auftreten, die Bevölkerung insgesamt kaum betrafen. Die meisten Paraguayer lebten auf dem Land, und dank der auch vom Krieg kaum beeinträchtigten Erträge an wichtigen Nutzpflanzen blieb die Landbevölkerung von den Auswirkungen der alliierten Blockade des Flußhandels verschont. Außerdem verließen viele ihre Heimat und suchten Zuflucht in friedlichen Grenzgebieten wie Corrientes. Es ist demnach wahrscheinlich, daß Paraguays Bevölkerungsverluste (ohne die in den abgetretenen Gebieten lebenden Menschen zu berücksichtigen) zwischen 8 und 18 Prozent betrugen und daß die Bevölkerungszahl im Jahr 1870 bei 275 000 Personen lag.

In Paraguay wurde der Krieg zum zentralen Ereignis der nationalen Geschichte, zur Wegscheide, zum historischen Hauptbezugspunkt, behaftet mit einem traumatischen Symbolismus, der vielleicht nur im Zweiten Weltkrieg in Europa eine Entsprechung hat. Die kollektive nationale Identität der Paraguayer wurde erst 70 Jahre später während und im Gefolge des siegreichen Chacokrieges 1932 bis 1935 gegen Bolivien wiederhergestellt.

Tab. 51: Die Bevölkerung der La-Plata-Staaten 1800–1910 (in 1000)

Jahr	Argentinien	Uruguay	Paraguay
1800	300	40	100
1850	1000	130	250
1870	1900	400	275
1890	3380	750	330
1900	4610	900	500
1910	6600	1130	

Quelle: Zusammenstellung des Verfassers.

Auch wenn die wirkliche Zahl der Kriegsopfer Paraguays niedriger war als bisher angenommen, so können die Auswirkungen des Krieges auf die Ereignisse der Nachkriegszeit kaum überschätzt werden. Was eine einzigartige nationale Entwicklung gewesen zu sein schien, war durch Eingriffe von außen gewaltsam und abrupt beendet worden. Der Wiederaufbau nach dem Krieg erwies sich als außerordentlich schwierige Aufgabe. Die Reorganisation der Führung auf allen Ebenen des Lebens mußte dabei im Vordergrund stehen. Hatte der Tod Francias im Jahr 1840 das Land führerlos und ohne eine herrschaftsfähige politische Klasse zurückgelassen und damit in eine ernsthafte Krise gestürzt, so stellte die Zerstörung des *Lopizmo* die Paraguayer vor noch größere Probleme.

Auch in Argentinien hinterließ der Paraguayische Krieg ein Trauma und politische Unruhe. Mitre hatte das Land mittels einer großen militärischen Anstrengung zu einen gesucht, um auf diesem Weg ein dringend benötigtes Gefühl nationalen Zusammenhalts zu wecken. Mit seiner Teilnahme am Krieg hatte er außerdem bezweckt, mit Urquiza abzurechnen, der als inoffizieller Sprecher der Provinzen des Landesinneren entschieden gegen den Krieg aufgetreten war, den er als einen Rachefeldzug gegen eine Schwesterrepublik betrachtete. (Besonders Entre Ríos wies große kulturelle Ähnlichkeiten zu Paraguay auf: So war etwa in beiden Gebieten das Guaraní-Element stark verbreitet.) Mitre errang einen Sieg gegen Urquiza, scheiterte aber mit seinem Plan, die Nation zu einen. Argentinien war zwar als eine der Siegermächte, aber dennoch ernstlich geschwächt aus dem Krieg hervorgegangen. Zudem war das Land zerstritten und tief gespalten. Auf den Schlachtfeldern Paraguays waren 20 000 Mann gefallen; bei einer Gesamtbevölkerung von weniger als 2 Mio. entsprach diese Zahl mehr als einem Prozent. Weitere Zehntausende waren Krankheiten wie Gelbfieber, Cholera und Ruhr zum Opfer gefallen. Neben dem Krieg hatten Revolten und bewaffnete Aufstände gegen die Bundesregierung einen hohen Blutzoll und große materielle Opfer gefordert und zu einer Erosion der politischen Legitimität geführt. Viele Argentinier glaubten, Mitre habe das Land in den Krieg gegen Paraguay geführt, um ein Bollwerk des Föderalismus zu zerstören. Heftige politische Debatten flammten auf, in denen einige der führenden Intellektuellen wie Alberdi die Bundesregierung offen angriffen. Aber die Zwietracht beschränkte sich nicht auf verbale Attacken. Mitre hatte kaum die Präsidentschaft angetreten, als Angel Vicente Peñaloza, der den Spitznamen *El Chacho* (der Junge) trug, einen großangelegten Aufstand anzettelte, der über seine Provinz La Rioja hinaus weitere Gebiete erfaßte. 5000 Regierungssoldaten wurden im Zuge dieser Erhebungen getötet, unter denen der 1866 bis 1867 von Felipe Varela geführte große *montonero*-Aufstand besondere Erwähnung verdient. Santiago del Estero war die einzige Provinz, die in dieser Zeit absolut loyal zur Bundesregierung hielt, und Mitres Regime stützte sich stark auf die Kooperation der Taboada-Sippe, der führenden politischen Familie dieser Provinz.

Die Kosten des Paraguayischen Krieges wurden für Argentinien auf 45 Mio. Pesos geschätzt. Dazu müssen die Kosten gerechnet werden, die durch die Niederschlagung der Aufstände im Lande selbst entstanden und die auf weitere 20 Mio. Pesos geschätzt wurden. Damit waren aber die kriegerischen Ereignisse noch nicht beendet. Als die fast 2000 km lange Indianergrenze ungeschützt blieb, weil die Truppen abgezogen werden mußten, forderten verheerende Indianerüberfälle einen hohen Tribut. Mit einem einzigen Raubzug in der Provinz Córdoba erbeutete Häuptling Calfucurá 20 000 Stück Vieh und machte 200 Gefangene. Hohe und kostspielige Auslandsanleihen mußten aufgenommen werden, um die argentinischen Kriegsanstrengungen zu finanzieren; sie mußten nun irgendwie zurückgezahlt werden. Brasilien gewährte im Jahr 1866 einen Kredit von 2 Mio. Pesos, und 1868 brachte das Bankhaus *Baring Brothers* 10 Mio. Pesos auf. Auch der diplomatische und außenpolitische Flurschaden war groß. Argentinien war nach Kriegsende eindeutig die schwächere Macht im La-Plata-Becken. Bedeutender war aber die Tatsache, daß Argentinien sich von der Gemeinschaft der spanisch-amerikanischen Republiken isoliert hatte. Diese betrachteten Argentiniens Teilnahme an einem sinnlosen Krieg gegen eine spanischsprechende Schwesternation als Verrat. Während die Argentinier über diese Probleme nachdachten, wurde die Hauptstadt im Jahr 1871 von einer tödlichen Gelbfieberepidemie heimgesucht, die aus Paraguay zurückkehrende Truppen eingeschleppt hatten und der Zehntausende von Menschen zum Opfer fielen.

Die wirtschaftliche Gesamtentwicklung wurde durch den Krieg behindert. Der Eisenbahnbau kam zum Stillstand. Akuter Lebensmittelmangel verursachte Inflation, weil große Mengen Lebensmittel zur Versorgung der Truppen an die Front geschickt werden mußten, wo auch die Brasilianer mit zu versorgen waren; sie hatten mit rund 36 000 Mann die größte Armee ins Feld geführt. Das Landesinnere litt weiterhin unter Arbeitskräftemangel, weil es von der Armee als Hauptrekrutierungsgebiet betrachtet wurde. Es gab infolge des Krieges nur eine günstige Entwicklung, die auch vom Gelbfieber nicht gestoppt werden konnte: das unglaubliche Wachstum des Hafens von Buenos Aires und der mit ihm verbundenen Sektoren der Wirtschaft. Während des Krieges konnten die stromaufwärts kämpfenden Truppen nur von Buenos Aires aus versorgt werden. Ausrüstungen (Uniformen, Waffen, Munition) wurden von Europa eingeführt, in Buenos Aires umgeladen und mit kleineren Flußschiffen zum Kriegsschauplatz befördert. Vom Krieg profitierten auch die Viehhalter der Provinz, die ihr Pökelfleisch an Armeelieferanten verkauften. Mithin erhielt die Wirtschaft der Stadt und Provinz Buenos Aires im Gegensatz zu den übrigen Provinzen des Landes durch den Krieg bedeutende Impulse, die auch dazu beitrugen, ihre politische Position zu stärken.

Für die argentinischen Schafzüchter bedeutete der Krieg gegen Paraguay keine Unterbrechung des seit 1850 andauernden Aufschwungs. Die Wollproduktion wurde von 20 Mio. Pfund im Jahr 1850 auf rund 140 Mio. Pfund im Jahr 1870 gesteigert. Im Jahr 1867 kam es zu einer vorübergehenden Krise, als die Vereinigten Staaten, die bis dahin ein Drittel der argentinischen Wollproduktion importiert hatten, hohe

Schutzzölle einführten. Angesichts der internationalen Wirtschaftskrise, die im Jahr 1866 durch den Zusammenbruch des Londoner Finanzmarktes (Schwarzer Freitag) ausgelöst worden war, waren die allgemeinen wirtschaftlichen Perspektiven nicht eben erfolgversprechend. Vor diesem Hintergrund betrachtet, wurden die insgesamt negativen Auswirkungen des Paraguayischen Krieges wahrscheinlich gemildert, weil er auf bestimmte Sektoren der Wirtschaft stimulierend gewirkt hatte.

Von den vier kriegführenden Parteien wurde Uruguay, obwohl seine Innenpolitik in einem gewissen Sinne der unmittelbare Anlaß zum Krieg gewesen war, am wenigsten von den bewaffneten Auseinandersetzungen betroffen. Sein Beitrag zu den Kriegsanstrengungen der Alliierten blieb mit 1500 Soldaten sehr bescheiden.

Im Endergebnis bestätigte der Krieg das endgültige Auseinanderbrechen des Vizekönigreiches am La Plata in vier unabhängige Republiken. Bis zum Ende des Krieges war die internationale Politik in diesem Raum noch immer in bedeutendem Maße von Vorstellungen aus der Zeit des Vizekönigreiches bestimmt gewesen. Nach dem Krieg, der die Grenzen endgültig festgelegt und die nationalen Identitäten in Argentinien, Paraguay und Uruguay gestärkt hatte, machte es keinen Sinn mehr, weiterhin die Möglichkeit einer wie auch immer gearteten Wiedervereinigung zu erwägen, so sehr mancher Träumer sich danach gesehnt haben mochte.

E. Der Neuanfang: Argentinien 1862–1880

In der Wirtschaft fanden nun einige bedeutende Strukturveränderungen statt. Eine neue Klasse von Gutsbesitzern und Landwirten mit einer ausgeprägten Gruppenidentität trat in Erscheinung. Unglaubliche Gewinne winkten: In den 1850er Jahren hieß es, ein Viehzüchter könne innerhalb eines Jahres ein Drittel seiner Gesamtinvestition verdienen, und dies trotz der beträchtlichen Gefahren, die von Indianerüberfällen, Viehdiebstahl und Bürgerkriegen ausgehen konnten. Viele Angehörige dieser neuen Klasse von *estancieros* waren Kreolen. Im Jahr 1866 waren von den 113 Gründungsmitgliedern der *Sociedad Rural Argentina* (SRA, Argentinische Landwirtschaftsgesellschaft) nur gerade 22 Ausländer. Schon die Gründung der SRA war ein Beweis für das starke kollektive Bewußtsein der Viehzüchter und Schaf-Farmer. Die Gesellschaft wurde hauptsächlich zur Beeinflussung der Regierungspolitik sowie zu dem Zweck geschaffen, den *estancieros* aus der mißlichen Lage zu helfen, die durch eine Übersättigung des europäischen Wollmarktes, die Abschottung des US-Wollmarktes, eine akute Bargeldknappheit und Überproduktion entstanden war. Von der Regierung wurde energisch verlangt, daß sie die Ausfuhrzölle senke und so den heimischen Produzenten Unterstützung gewähre.

Mit den steigenden Gewinnen wuchsen die Herden, und als die Auslandsmärkte ihre Schwäche überwunden hatten und expandierten, wurde mehr Land benötigt. Neues Weideland konnte jedoch nur erworben und erschlossen werden, indem die Grenze auf Kosten des Indianerterritoriums südwärts vorgeschoben wurde. Dies erwies sich jedoch als sehr schwierig. Statt zu weichen, wurden die Indianer aktiv und unternahmen häufige Angriffe und Beutezüge in die weithin ungeschützten landwirtschaftlichen Gebiete im Süden der Provinzen Buenos Aires, Córdoba und Santa Fé. Früher oder später mußte dieses Problem gelöst werden, und dies schien nur durch den massiven Einsatz von Streitkräften möglich.

Durch seine Teilnahme am Paraguayischen Krieg beging Bartolomé Mitre politischen Selbstmord. Bis zum Beginn des nächsten Jahrhunderts sollte er nichts unversucht lassen, um wieder an die Macht zu kommen, wobei er auch vor einem bewaffneten Aufstand nicht zurückschreckte. Letzten Endes hatte sich seine Präsidentschaft als trauriger Fehlschlag erwiesen. Die Abneigung gegen seine Person und seine Partei war tief und weit verbreitet. Mitres politsche Übereinkunft mit Urquiza fand ein jähes Ende, als die herrschende liberale Allianz sich wegen der Frage der Kriegsteilnahme spaltete: Dabei standen die *Mitristas* den *autonomistas* (angeführt von Adolfo Alsina) gegenüber. Die *Mitristas* nannten sich *Partido Nacionalista* (mit dem Spitznamen *cocidos*, „Gekochte“, weil sie in Urquizas Töpfen gekocht waren) und waren im wesentlichen die Erben der alten Unitarier. Die *autonomistas* (*crudos* oder „Ungekochte“) repräsentierten das traditionelle föderalistische Element: Alsina wurde zwar im Jahr 1866 zum Gouverneur von Buenos Aires gewählt, aber sein Streben nach einem höheren Amt wurde von Mitre durchkreuzt. An seiner Stelle gelangte auf nationaler Ebene ein weiterer Gegner Mitres, Domingo F. Sarmiento, zu Ansehen. Sarmiento war für die Armee eher annehmbar, weil er aufgrund seiner Verwurzelung in der Provinz die Nation als Ganzes besser repräsentierte. Unterstützt von Alsina, der für die Vizepräsidentschaft kandidierte, und Urquiza, wurde Sarmiento im Jahr 1868 zum Präsidenten gewählt.

Die politischen Machtkämpfe in den 1860er Jahren schufen die Grundlage des Parteiensystems, das die politische Landschaft bis über die Jahrhunderwende hinaus prägen sollte. Die Nationalisten oder alten Unitarier hatten ihre Machtbasis vorwiegend in den Städten und rekrutierten ihre Anhänger hauptsächlich in der Handelsbourgeoisie, dem Mittelstand der Ladenbesitzer und Handwerker sowie unter den Selbständigen und Intellektuellen. Auch mittlere *hacendados* und Schaf-Farmer zählten zu ihren Parteigängern. Bei den Autonomisten herrschte hingegen das ländliche Element vor. Es war die Partei der Grundbesitzer, der großen *estancieros*, aber auch der Landarbeiter und Viehhirten. Aus dieser letzteren Partei sollten viele der Hauptfiguren der sogenannten „Generation von 1880“ hervorgehen. Auch jenseits des Río de la Plata hatten die beiden Parteien Verbündete: Die Nationalisten unterhielten enge Beziehungen mit Flores und den *colorados*, die Autonomisten mit Berro und den *blancos*.

Sarmiento, der sein Amt im Jahr 1868 antrat, war von seinem Vorgänger völlig verschieden. Mit Sarmiento betrat die Armee als Institution die politische Bühne Argentiniens. General Lucio V. Mansilla, ein Vetter von Rosas, verschaffte dem neuen Präsidenten die politische Unterstützung der Armee. Sarmiento nahm gegenüber Urquiza eine versöhnliche Haltung ein und versuchte, ihn wieder in die nationale Politik einzubinden. Die lokalpatriotischen *entrerrianos* sahen dies jedoch höchst ungern, weil eine solche Annäherung ihrer Überzeugung nach einer Kapitulation vor Buenos Aires gleichkam. Im Jahr 1870 wurde Urquiza ermordet; sein Tod war ein Schock für das ganze Land. Neuer Gouverneur wurde Ricardo López Jordán, Sohn der Stiefschwester des verstorbenen Pancho Ramírez (Ramírez war in der Zeit der Unabhängigkeit der lokale *caudillo* gewesen). Das neue Regime in Entre Ríos war für den Präsidenten inakzeptabel; er beschloß, militärisch einzugreifen und López Jordán auszuschalten. Sarmiento engagierte sich sehr in dieser Angelegenheit, weil er López Jordán als die Inkarnation der Barbarei betrachtete, als den letzten Überlebenden der regionalen *caudillos*. Mitres Bruder Emilio wurde an die Spitze einer „Beobachtungsarmee“ gestellt –

die Bezeichnung war nichts weiter als ein Euphemismus für eine Invasionsstreitmacht. Ausgerüstet mit neuen Remington-Repetiergewehren, errang die Bundesarmee einen klaren militärischen Sieg über die lokalen Gauchos und Milizen. Die Überlegenheit der *porteños* hätte sich nicht deutlicher manifestieren können als bei dieser Gelegenheit. Alles, was die *entrerrianos* dem Militär entgegenstellen konnten, waren mit Lanzen bewaffnete Reiter und die polemischen und künstlerischen Talente von José Hernández, Argentiniens größtem Dichter und Autor von *Martín Fierro,* einem Werk, das zum Nationalepos werden sollte. Der ungleiche Kampf zog sich noch über viele Monate als erbitterter Guerillakrieg hin und verursachte großes Elend in Entre Ríos. Erst im Jahr 1874 war der Aufstand niedergeschlagen.

Sarmientos politischer Stil unterschied sich wesentlich von dem seines Vorgängers; die Differenz war zweifellos Ausdruck ihrer unterschiedlichen Persönlichkeiten. Sarmiento hatte ein diktatorisches Gehabe; er zog es vor, ohne die gewählten repräsentativen Körperschaften zu handeln, und regierte durch Dekrete sowie unter Einsatz der Armee. Zum erstenmal wurde die reguläre Armee bei Wahlen zur Aufrechterhaltung der Ordnung aufgeboten. In der Praxis hatte dies oft die Einschüchterung von oppositionellen Wählern zur Folge. Trotzdem hatte Sarmientos politischer Stil auch eine versöhnliche Seite. Der neue Präsident betrachtete sich als Vorkämpfer für ein staatliches Erziehungswesen, und sein Engagement in dieser Sache konnte monomanische Züge annehmen. Die Verbindung von autokratischem Machtstreben und unablässiger Sorge um die Verbesserung des Erziehungswesens gab Sarmiento den Anstrich eines aufgeklärten Despoten. Stark beeindruckt vom Schulsystem der Neuenglandstaaten, das er als argentinischer Botschafter in den USA studiert hatte, bemühte er sich, in seinem Land ähnliche Bildungsinstitutionen einzuführen. Viele staatliche Schulen wurden gegründet, und in Massachusetts wurden Lehrerinnen angeworben, um die Schulen zu führen und junge Argentinierinnen zu Lehrerinnen auszubilden. Der krönende Abschluß von Sarmientos Anstrengungen zur Hebung des Bildungsniveaus erfolgte zehn Jahre nach dem Ende seiner Amtszeit als Präsident: Im Jahr 1884 verabschiedete der Kongreß das Gesetz Nummer 1420, das die kostenlose allgemeine Schulpflicht in staatlichen Schulen vorsah.

Mit Ausnahme Saavedras im Jahr 1810 war Sarmiento der erste Nicht-*porteño,* der das höchste Amt im Staat bekleidete. Doch wäre es übertrieben, zu behaupten, Sarmiento habe als Fürsprecher der Interessen des Landesinneren gewirkt. Vielmehr war er hin- und hergerissen zwischen widerstreitenden und widersprüchlichen Sympathien und Wertvorstellungen. Dies wird in seiner epischen Darstellung des Aufbaus einer Nation, *Facundo, civilización y barbarie,* deutlich. Tatsächlich war Sarmiento durch und durch *aporteñizado* (ein assimilierter *porteño*), der seine umfangreichen Kenntnisse des Landesinneren bestenfalls gebrauchte, um dessen Umwandlung nach den Grundsätzen seiner Zivilisationsvorstellungen zu beschleunigen. Sein Nachfolger, Nicolás Avellaneda aus Tucumán, behielt die vorgegebene Richtung im großen und ganzen bei, doch gelang es ihm nicht, der Nachwelt den gleichen bleibenden Eindruck wie seine Vorgänger zu hinterlassen. Im letzten Jahr seiner Amtszeit wurde jedoch eines der großen politischen Probleme des Landes endlich gelöst.

Seit 1862 hatte die Bundesregierung ihren Sitz in Buenos Aires gehabt. Dies entsprach den Erwartungen, da Buenos Aires die traditionelle Hauptstadt des Vizekönigreiches und der ersten unabhängigen politischen Strukturen gewesen war. Solange die

Ministerialbürokratie der Föderation von bescheidenen Dimensionen blieb, ohne übermäßigen Raumbedarf und lokalen Einfluß, erhob die gleichnamige Provinz, deren Hauptstadt Buenos Aires ebenfalls war, keine Einwände, als Gastgeberin für die nationale Regierung zu fungieren. Als indessen das rapide Wachstum Buenos Aires Fortschritt und Modernisierung brachte, verschärften sich die Spannungen mit den Provinzen des Landesinneren, die einen größeren Anteil am nationalen Reichtum verlangten.

F. Auf dem Weg zum Land, wo Milch und Honig fließen

Um 1880 begannen sich die Strukturveränderungen, die in den vorausgegangenen Jahrzehnten eingesetzt hatten, in Argentinien und Uruguay positiv auf die wirtschaftliche Prosperität auszuwirken. Der ökonomische Aufschwung am Río de la Plata wurde durch massive Direktinvestitionen aus Europa in Produktionsmittel und Infrastruktur, durch die Masseneinwanderung europäischer Arbeitskräfte sowie durch einen umfangreichen Technologietransfer in Gang gesetzt. Neben diese Entwicklung trat ein politischer Reifungsprozeß, der die regelmäßige Durchführung von Wahlen einschloß und eine neue Art von Berufspolitikern hervorbrachte. Tatsächlich mußte die Politik angemessene Rahmenbedingungen schaffen und die innere Stabilität gewährleisten, um ausländische Investitionen anzuziehen und der heimischen Wirtschaft weitere Entfaltungsmöglichkeiten zu bieten. Die Zeit barbarischer Tyrannei schien endgültig der Vergangenheit anzugehören. In Argentinien schienen Sarmiento und sein aus der Provinz stammender Nachfolger Avellaneda den föderalistischen Schulterschluß zu verkörpern, der den Provinzen des Landesinneren endlich einen Anteil am nationalen Reichtum zugestand. Ein bewaffneter Aufstandsversuch, den Mitre 1874 aus Groll über seine erneut gescheiterte Präsidentschaftskandidatur unternahm, wurde mit Leichtigkeit niedergeschlagen. Damit wurde einmal mehr deutlich, daß einseitige *porteño*-Politiker keinen Platz an der Spitze des Staates beanspruchen konnten. In diesem Zusammenhang darf jedoch nicht übersehen werden, daß sowohl Sarmiento als auch Avellaneda, obgleich auch sie ihre Heimatprovinzen begünstigten, durchaus assimiliert und in die führende hauptstädtische Machtelite integriert waren, in deren Interesse sie handelten. Dieses Interesse konzentrierte sich nach wie vor weitgehend auf die Viehzucht und die Exportwirtschaft.

Avellaneda kam zu einem besonders ungünstigen Zeitpunkt an die Macht, nämlich als eine weitere internationale Krise, ausgelöst durch den Zusammenbruch des Wiener Aktienmarktes 1873, das Land traf. Obwohl die internationale Rezession bis in die 1890er Jahre andauerte, konnte sie in Argentinien und Uruguay schon früher überwunden werden. In erster Linie mußte das Problem der geschrumpften Exportmärkte angegangen werden. Argentiniens Exporte gingen um fast ein Drittel zurück, ebenso die Importe. Angesichts der allgemeinen Nervosität erklärte Präsident Avellaneda, sein Land werde den eingegangenen finanziellen Verpflichtungen nachkommen und sogar zusätzliche Anleihen aufnehmen, um seine Verpflichtungen gegenüber den – überwiegend britischen – Gläubigern zu erfüllen. „Es gibt zwei Millionen Argentinier, die in dieser äußerst schwierigen Situation sogar Hunger und Durst auf sich nehmen werden, um unsere Verpflichtungen zu erfüllen und das öffentliche Vertrauen der ausländischen Märkte zu erhalten." Viele Nachfolger Avellanedas sollten sich in wirtschaftlichen Krisenzeiten ähnlich ausdrücken. Unablässig wurde nach einem Ausweg aus der Krise gesucht, der unter anderem auch in einer Industrialisierungspolitik vermutet wurde. Es war das erste Mal, daß die Einführung des modernen Fabriksystems mit größerem Nachdruck gefordert wurde. Als die internationale Wirtschaftskrise einen Hauptverfechter des Freihandels nach dem anderen zur Ergreifung protektionistischer Maßnahmen zwang, sahen die argentinischen Unternehmer die Chance, Industriebetriebe zu errichten. Dabei genossen sie die Unterstützung von seiten vieler einflußreicher und prominenter Persönlichkeiten. José Hernández, ein persönlicher Freund des Präsidenten, war ebenso unter ihnen wie Vicente Fidel López, der Verfasser des populärsten Geschichtswerks des Landes. Im Jahr 1873 wies López als Abgeordneter der Nationalversammlung auf das traurige Los der inneren Provinzen hin, wo die aufstrebende nationale Industrie durch den Hafen von Buenos Aires zugrunde gerichtet worden war, und forderte eine Abkehr von dieser traditionellen Politik. Zwei Jahre später fand López einen Mitstreiter im jungen Carlos Pellegrini, der auf Schutzmaßnahmen für die jungen nationalen Industrien drängte. Appelle von Politikern wurden ergänzt durch Mahnrufe der Unternehmer selbst, die sich im *Club Industrial* zusammengeschlossen hatten.

Indessen entschied sich Argentinien schließlich für eine andere Vorgehensweise. Sowohl heimische als auch ausländische Investoren erwarteten weitaus größere Gewinne von der Ausbeutung der vergleichsweise reichen natürlichen Ressourcen der La-Plata-Region. Damit rückten die Viehwirtschaft und später die Landwirtschaft ins Zentrum der Aufmerksamkeit. In der Folge importierte Argentinien riesige Mengen Stahldraht für Weidezäune (mehr als 50 000 Tonnen zwischen 1877 und 1881) und konzentrierte sich auf den Eisenbahnbau. Diese Investitionen wurden erst durch die Öffnung großer Gebiete nutzbaren Landes ermöglicht, die Bundesminister General Roca, der seit 1878 dem Heer und der Marine vorstand, im sogenannten „Wüstenfeldzug" den Indianern abgenommen hatte. Mit diesen Ereignissen schloß Argentinien die Phase der Vorbereitung auf die anschließende Periode des wirtschaftlichen Aufstiegs ab. Da außerdem die Frage der Zentralverwaltung gelöst werden konnte, wurde das neue politische Arrangement im ganzen Land begrüßt. Im Jahr 1880 wurde die Stadt Buenos Aires – nach einem letzten Aufflackern des Widerstandes seitens der *porteños* gegen den Einfluß der Provinzen – verwaltungstechnisch von der gleichnamigen Provinz abgetrennt. Die Stadt wurde als Bundesdistrikt unmittelbar der Bundesregierung unterstellt. Die Provinz Buenos Aires erhielt eine neue Hauptstadt, La Plata, die ab 1882 ungefähr 60 km von Buenos Aires entfernt entstand. Die unglaublichen Spekulationsmöglichkeiten bei diesem gigantischen Bauprojekt können als Preis für das Zurückstecken der extremistischen, antiprovinziellen *porteños* betrachtet werden. Millionen von Pesos wurden im Ausland entliehen, und viele Millionen verschwanden in den Taschen unzähliger Einzelpersonen.

Die ersten Jahre der neuen Regierung Roca (Julio Argentino Roca wurde 1880 mit der Wahlparole „Paz y Administración" = „Friede und Verwaltung" zum Präsidenten gewählt) waren von überschäumendem Optimismus erfüllt. Es war Roca gelungen, eine neue politische Koalition zu schaffen, den *Partido Autonomista Nacional* (PAN). Es handelte sich hierbei um ein Bündnis von alten Urquiza-Föderalisten und *porteños*, die entschlossen waren, den nationalen Fortschritt herbeizuführen. Ihrer Unterstützung gewiß, umriß Roca seine Ziele: Förderung der Einwanderung bis zu einer Zahl von 200 000 Zugängen pro Jahr; weitere Verbesserung der Infrastruktur durch Fortführung des Eisenbahnbauprogramms; Beibehaltung der hohen internationalen Kreditwürdigkeit des Landes; Aufrechterhaltung von Ruhe und Ordnung; und vor allem anderen, ein Maximum an persönlicher Freiheit für jeden Bürger.

Dieses Programm bot günstige Rahmenbedingungen für eine lange Periode gleichmäßigen Wirtschaftswachstums. Zeitweilige Stockungen erfolgten nur im Zusammenhang mit importierten Krisen. Der Zufluß von ausländischem Kapital war tatsächlich beeindruckend. Die Briten standen an erster Stelle, gefolgt von den Franzosen und den Deutschen. Auch belgische Investoren wurden vom Río de la Plata angezogen, und kurz vor dem Ausbruch des Ersten Weltkrieges begannen US-Kapitalisten ein reges Interesse an der Region zu zeigen. Im Jahr 1913 waren 60 Prozent aller Auslandsinvestitionen britisch, 15 Prozent französisch und 8 Prozent deutsch. Der Schuldendienst der Auslandsanleihen war enorm und betrug im Jahr 1910 ungefähr 70 Mio. Pesos, aber die Gewinne waren hoch und leicht zu erzielen.

Viel Geld floß in den Eisenbahnbau. Im Jahr 1880 waren die Schienenwege 2500 km lang, und am Ende der ersten Amtszeit Rocas hatten sich die Eisenbahnkilometer auf über 6000 mehr als verdoppelt. Nach einer kurzen Unterbrechung infolge übermäßiger Bodenspekulation im Zusammenhang mit der Gewährung von Eisenbahnkonzessionen (1887–1889) ging der Bahnbau zügig weiter. Allein im Jahr 1892 wurde das Eisenbahnnetz um 2400 km erweitert, ein Rekord, der auch in den Ländern nicht geschlagen wurde, wo ebenfalls britisches Kapital an der Finanzierung des Eisenbahnbaus beteiligt war. Um 1910 hatten die argentinischen Bahnstrecken eine Gesamtlänge von 30 000 km erreicht und waren zum weitaus größten Eisenbahnnetz in Lateinamerika geworden.

G. Die neue politische Generation in den La-Plata-Staaten

In der zweiten Hälfte des 19. Jh. kam in den La-Plata-Republiken eine neue Generation an die Macht. In den 1870er und 1880er Jahren waren alle Präsidenten Argentiniens, Paraguays und Uruguays bei Amtsantritt noch nicht 40 Jahre alt. Oft waren es kampferprobte Offiziere, die bezüglich Durchsetzungsvermögen und Problembewältigung einen eigenen Stil mitbrachten. Ihnen allen war eine deutliche Neigung zum politischen Kompromiß gemeinsam, der ihnen als ausgezeichnetes Mittel zur Neutralisierung der Opposition erschien. Am kompliziertesten war das politische Kräftespiel in Argentinien, zum einen wegen seiner föderalistischen Struktur, zum anderen infolge der Notwendigkeit, die Interessen der dominierenden Provinz Buenos Aires und der Bundeshauptstadt mit jenen der anderen Provinzen in Einklang zu bringen. Argentinien entwickelte ein einzigartiges politsches System, die „autokratische Republik", die von einer „konservativen Ordnung" geleitet wurde. Das System wurde von etwa 12 000 reichen Grundbesitzerfamilien, der „Oligarchie", beherrscht, die sich in zwei Klassen einteilen ließen: Provinzler und *porteños*. Die ersteren lebten auf ihren Besitzungen oder in deren Nähe und leiteten sie selbst. Die andere Gruppe bestand hauptsächlich aus in Buenos Aires ansässigen einflußreichen Anwälten, hohen Staatsbeamten und professionellen Investoren, die Grundbesitz nur als Geldanlage betrachteten und deswegen an eingewanderte Bauern verpachteten. Aus diesen Gruppen rekrutierte sich die politisch maßgebende Schicht, die auf der höchsten Ebene eine wirklich kollektive Führung darstellte. Die Senatoren, deren Amtszeit neun Jahre betrug, fungierten als eine Art oberste Regierungsversammlung, die dem Präsidenten unmittelbar nachgeordnet war. Im Senat spiegelten sich in erster Linie die Interessen der Provinzen wider: Viele Senatoren hatten vor Antritt ihres Amtes eine oder mehrere Amtsperioden als Provinzgouverneure gedient.

H. Roca, Schöpfer eines neuen Argentinien

Die Persönlichkeit des Generals Julio Argentino Roca nimmt in der zweiten Hälfte des 19. Jh. einen hervorragenden Platz ein. Er beherrschte die nationale Politik vielleicht ebenso wie Rosas zu seiner Zeit, aber er tat es auf unaufdringliche Weise. Obwohl er ein militärischer Führer war, verabscheute er gewaltsame Methoden im Umgang mit politischen Gegnern. Roca gebrauchte seine überlegene Intelligenz, sein taktisches Geschick, seine zahlreichen Freunde und Verbindungen sowie seinen Einfluß auf die Armee, um seine politischen Vorstellungen durchzusetzen. Das von ihm errichtete politische System, *Roquismo* genannt, wirkte sich auf die nationale Politik stabilisierend aus. Unter Rocas Führung wurde die Armee weiter institutionalisiert und professionalisiert; sie begann, eine entscheidende Rolle in der Landespolitik zu spielen. Rocas scharfer Verstand trug ihm den Spitznamen *El Zorro,* der Fuchs, ein. Was Latorre für Uruguay war, war Roca für Argentinien: der Gründer des modernen, säkularisierten, liberalen Staates, der sich in vier der entscheidenden Phasen des Lebens – Geburt, Ausbildung, Eheschließung und Tod – einen festen Zugriff auf seine Bürger sicherte. Wie Latorre zog es auch Roca vor, allein zu handeln, eine Gewohnheit, die seinen Gegnern Anlaß gab, seine Regierung als das *unicato* zu bezeichnen.

Rocas Aufstieg im Jahr 1880 bekräftigte den Einfluß der inneren Provinzen zu Lasten der Interessen von Buenos Aires. Es ist oft hervorgehoben worden, daß mit seinem Machtantritt das Fundament für ein neues und anderes Argentinien gelegt wurde. Von entscheidender Bedeutung war die Lösung, die für das dornige Problem der nationalen Hauptstadt gefunden wurde. Sie war Teil der politischen Rahmenbedingungen, die das enorme Wirtschaftswachstum der nächsten Jahrzehnte ermöglichten. Seit 1862 war die Bundesregierung Gast (oder Geisel, je nach Gesichtspunkt) der Provinzialregierung von Buenos Aires gewesen. Die Führungsschicht der *porteños* begrüßte diese Regelung, garantierte sie ihr doch, daß ihre Interessen die gebührende Aufmerksamkeit der nationalen Regierung fanden. Mitre, Sarmiento und Avellaneda regierten mit der ausdrücklichen Zustimmung dieser hauptstädtischen Führungsschicht. Besonders Avellaneda stützte sich stark auf Adolfo Alsina, den Kopf der politischen Führungsschicht von Buenos Aires, der bis zu seinem Tode im Jahr 1877 tatsächlich der zweite Mann im Staat war. Doch Alsinas Nachfolger als Chef der Autonomistenpartei, Carlos Tejedor, war weit weniger geneigt, mit den Provinzen zusammenzuarbeiten, und nahm eine extrem von lokalen Interessen bestimmte Haltung ein. Die *porteños* waren nicht glücklich, als Rocas Bewerbung um die Präsidentschaft bekannt und von der Mehrzahl der Provinzen unterstützt wurde. Als Tejedor seine Anhänger drängte, sich zu bewaffnen und die lokalen Interessen zu verteidigen, schien der Ausbruch von Gewalttätigkeiten unvermeidbar. Der Versuch der *porteños,* den wachsenden Einfluß der Provinzen mit Waffengewalt zurückzudrängen, wurde schließlich im Jahr 1880 von Roca selbst unterdrückt.

Im Rückblick scheint es, als habe Roca seinen Aufstieg zur Präsidentschaft sorgfältig geplant. Sei es bei Bürgerkriegen gegen die Vorherrschaft von Buenos Aires oder der Niederwerfung von Militärrebellionen und aufrührerischen Bewegungen in den Provinzen (wie in Entre Ríos gegen Ricardo López Jordán): Roca verstand es immer, auf der richtigen Seite zu stehen, und sein Ruf als kluger, tapferer und äußerst verläßlicher Offizier wuchs unaufhörlich. Als die Provinz Buenos Aires im Jahr 1880 wegen der Föderalisierung ihrer Hauptstadt erneut gegen den Rest des Landes zu den Waffen griff, schien Roca als einziger imstande, die Ordnung wiederherzustellen. Nachdem er sich bei Großgrundbesitzern und Provinzwählern gleichermaßen beliebt gemacht hatte, wurde Roca im selben Jahr zum Präsidenten gewählt. Die Umstände, unter denen er an die Macht gelangte, ähnelten in bemerkenswerter Weise jenen, die Rosas' Aufstieg zur politischen Vorherrschaft begleitet hatten. Zentral für die Machtbasis beider Männer war ihre Fähigkeit, weite Landstriche zu erobern und anschließend unter ihren Freunden zu verteilen. Die so geschaffenen Loyalitäten bildeten eine stabile Grundlage für eine dauerhafte Machtposition in der nationalen Politik. Rocas Position war wahrscheinlich noch fester, weil er auf die Unterstützung der Kaste von Berufsoffizieren zählen konnte, die ihm persönlich absolut ergeben war.

Roca ist in die argentinische Geschichtsschreibung als der Mann eingegangen, der das „Indianerproblem" löste. Aber die endgültige „Lösung" war schon unter der Regierung Sarmiento ins Auge gefaßt worden. Nach Meinung der Viehzüchter und Großgrundbesitzer war die endgültige Niederwerfung der Indianer dringend erforderlich. Die 70 000 km², die Rosas der Provinz Buenos Aires im Süden hinzugefügt hatte, waren in der Folgezeit wieder verlorengegangen. In nur drei Jahren (1855–1858) war beinahe das gesamte Gebiet von den Indianerhäuptlingen Calfucurá und Catriel zurückerobert worden, trotz energischen Widerstandes von Mitre und Männern wie General Wenceslao Paunero. Der Stamm der Ranqueles, der wichtigste von allen, fand in seinem Kampf gegen Buenos Aires die Unterstützung von Urquiza. Dank dem Paraguayischen Krieg waren die Indianer in der Lage, ihre Rückeroberungen zu konsolidieren, und sie wurden noch kühner. Ihr Führer Calfucurá war ein hervorragender Taktiker und geschickter Unterhändler. Trotzdem wurde im Jahr 1872 sein bis dahin größter Angriff, *El Gran Malón,* mit 3500 lanzenbewaffneten Kriegern, von General Ignacio Rivas zurückgeschlagen. Das entscheidende Element des Sieges waren die von der argentinischen Armee eingesetzten Remington-Repetiergewehre. Der Einsatz moderner Feuerwaffen besiegelte das Schicksal der Pampa-Indianer. Nach Calfucurás Tod im Jahr 1873 übernahm sein Sohn Namuncurá die Führung und verstärkte die Offensive gegen die *estancieros,* doch war dies der letzte gefährliche Vorstoß der Indianer. Im Jahr 1879 eröffnete General Roca mit 6000 Soldaten, modernen Feldgeschützen und 7000 Pferden den größten Indianerfeldzug aller Zeiten. Unzählige Indianer wurden niedergemacht und ungefähr 350 000 km² ihres Territoriums dem nationalen Hoheitsgebiet hinzugefügt, während die Überlebenden in Verzweiflung nach Süden flohen. Dieser erfolgreiche Feldzug, der eher auf die überlegene Waffentechnik und Logistik denn auf Heldenmut und strategisches Geschick zurückzuführen war, verhalf Roca zu hohem politischem Ansehen. Gleichwohl dauerte es einige Zeit, bis die überlebenden Indianer, die noch Widerstand leisteten, unterworfen waren. Im Jahr 1885 ergaben sich die kümmerlichen Reste der indianischen Streitmacht General Lorenzo Vintter.

Insgesamt betrachtet, waren die letzten zwei Jahrzehnte des 19. Jh. für Argentinien eine Periode des Wohlstandes. Das Bruttosozialprodukt und die Ausfuhren stiegen jährlich durchschnittlich um je rund 5,7 Prozent. Argentinien entwickelte jetzt eine in jeder Hinsicht moderne Gesellschaftsform. Aus diesem Grund wurde es auch hier erforderlich, den Einfluß des Staates auf das Privatleben der Bürger zu Lasten der Kirche zu stärken. Im Jahr 1884 wurde für die Hauptstadt und die Bundesterritorien (diejenigen Gebiete, die sich noch nicht zu autonomen Provinzen erklärt hatten) das Zivilregister eingeführt. Vier Jahre später wurde gegen den erbitterten Widerstand der Kirche die Ziviltrauung eingeführt, die 20 Jahre früher, im Jahr 1868, noch abgelehnt worden war, als Nicasio Oroño, der Gouverneur von Santa Fé, sie zusammen mit der Schulpflicht an staatlichen Schulen hatte einführen wollen. Die wichtigste Neuerung aber war das Erziehungsgesetz von 1884, das mit der allgemeinen Schulpflicht den kostenlosen Unterricht an staatlichen Schulen vorschrieb. Mit Schrecken hatte die Nation zuvor erfahren, daß nur etwa ein Viertel aller Kinder im schulpflichtigen Alter eine Ausbildung erhielt. Viele erkannten, daß das Land ohne eine grundlegende Verbesserung dieser Situation niemals aus eigener Kraft Fortschritte machen würde. Die Analphabetenrate, die im Jahr 1869 noch 77 Prozent betragen hatte, wurde bis 1914 auf 36 Prozent verringert. Vor dem Hintergrund der massiven Einwanderungswellen, die Argentinien während dieser Zeit erreichten, war dies eine beachtliche Leistung. Indessen wurde gerade wegen der Einwanderung die Errichtung eines staatlichen Bildungssystems zur zwingenden Notwendigkeit. Wie sonst hätten Hunderttausende von jungen Ausländern und die in Argentinien geborenen Kinder von Einwanderern in die Gesellschaft integriert werden können? Durch ihre Kinder lernten auch die Eltern ihre neue Heimat kennen. Nirgendwo sonst in Lateinamerika besuchte ein so hoher Prozentsatz der Kinder die Schulen wie in Argentinien; nur Uruguay konnte mit vergleichbaren Zahlen aufwarten. Das staatliche Schulwesen bot eine ausgezeichnete Möglichkeit, den Jugendlichen ein Nationalbewußtsein und staatsbürgerliches Denken zu vermitteln. Neue Lehrfächer wurden in den Stundenplan aufgenommen, um die gewünschte Mentalität hervorzubringen: Nationale Geschichte, Geographie und staatbürgerlicher Unterricht. Die Erfolge ihres nationalen Ausbildungsprogrammes erfüllten die Argentinier mit Stolz. Das war auch gut so, denn es kam sie teuer zu stehen. Im Jahr 1906 gab Argentinien für jedes Schulkind mehr als das Doppelte von dem aus, was fortgeschrittene europäische Nationen wie Deutschland und England zu diesem Zeitpunkt aufwendeten.

Während die Schulausbildung ausgezeichnete Resultate erbrachte, bleibt zweifelhaft, ob die höheren Bildungsinstitutionen tatsächlich die vom sich rasch entwickelnden Land benötigten Absolventen hervorbrachten. Es gab viele Anwälte, doch wären Ingenieure und Techniker vielleicht nützlicher gewesen. Für zeitgenössische europäische und nordamerikanische Begriffe verließen die argentinischen Akademiker die Hochschulen immer in einem sehr jugendlichen Alter (20–21 Jahre). Dieser Umstand betonte natürlich den Charakter der La-Plata-Staaten als junge Nationen. Die meisten Hochschulabsolventen rechneten mit ansehnlichen Gehältern und pflegten einen städtischen Lebensstil. Waren ihre Familien wohlhabend, was für viele zutraf, dann verbrachten solche Männer eine gewisse Zeit in Europa. Dies erwies sich als ein merklicher finanzieller Aderlaß, denn im Jahr 1908 beispielsweise gaben argentinische Reisende mehr als 50 Mio. Pesos in Europa aus.

Indirekt führte die Frage der Schulbildung zu einem Konflikt mit der Kirche. Wie allen derartigen Konflikten lag auch diesem das Selbstbewußtsein eines jungen Nationalstaates zugrunde, der die Kontrolle über alle Bereiche ausüben wollte, die von nationalem Interesse waren. Unter Roca begann der Konflikt in Córdoba, dessen Bischof den Katholiken verbot, liberale Zeitungen zu lesen oder die Kinder in weltliche Schulen mit protestantischen Lehrern zu schicken. Als der päpstliche Nuntius, Monsignore Mattera, das Thema aufgriff, wurde er sofort des Landes verwiesen.

In Rocas erste Amtszeit fiel der Beginn eines Wirtschaftsaufschwungs, der der Welt das enorme Potential Argentiniens vor Augen führte. Wenn auch Rocas Leistungen erstaunlich waren, so hätten sie doch nicht ohne das von seinen Vorgängern gelegte Fundament erreicht werden können. Insbesondere Präsident Avellaneda hatte sich als unermüdlicher Streiter für die Förderung der nationalen Entwicklung erwiesen. Unter seiner Führung wurden bedeutende Fortschritte erzielt. Dies läßt sich am besten anhand der Entwicklung der Staatsfinanzen nachweisen: Avellaneda erreichte ein Wachstum bei gleichzeitiger Verringerung der Auslandsschuld von 43 Mio. Pesos im Jahr 1875 auf 34,5 Mio. Pesos am Ende seiner Amtszeit. Diese Leistung eignete sich wie kaum eine andere Maßnahme, das Vertrauen ausländischer Investoren in die argentinische Wirtschaft wiederherzustellen und zu festigen. Die neue Prosperität wurde zunächst auf eine solide finanzielle Grundlage gestellt: Im Jahr 1881 nahm Argentinien offiziell den Goldstandard an und führte eine eigene Goldmünze ein, den *argentino* zu fünf Pesos. Fortan ließen sich Transaktionen mit der Außenwelt viel leichter abwickeln. Das Bankwesen erhielt ein festeres Fundament. Der *Banco Nacional* wurde von deutschen Fachleuten reorganisiert und unter ihre Leitung gestellt; auch der *Banco de la Provincia de Buenos Aires,* eine der größten Banken der Welt, versuchte, deutsche Fachleute anzuwerben. Ihr Direktor, Vicente Casares, war in Deutschland ausgebildet worden, und nun wurden einige Deutsche in den Vorstand der Bank berufen. Der *Banco de la Provincia* entwickelte sich in der Folgezeit zu einem wichtigen Instrument zur Förderung der weiteren Entwicklung. Kredite wurden zu sehr günstigen Bedingungen und ohne umfangreiche Zusatzsicherheiten gewährt. So war der Zugang zu Bankkrediten nirgends leichter als in Buenos Aires. Besonders der Einzelhandel profitierte von dieser liberalen Kreditpolitik. Dagegen blieb die Entwicklung der Staatsfinanzen hinter den von der Bundesregierung festgesetzten hohen Zielen zurück, die eine Begrenzung der Ausgaben und einen Abbau des Defizits vorgesehen hatten. Ein Teil des Problems resultierte aus der Regierungsgarantie gegenüber den Eisenbahninvestoren, denen eine siebenprozentige Verzinsung ihres eingesetzten Kapitals zugesichert worden war. Im Jahr 1885 wurde die Währung abgewertet, und neue Auslandsanleihen mußten aufgelegt werden. Die Bedingungen waren streng: Die Zolleinnahmen sollten als zusätzliche Sicherheit dienen, und ohne die Erlaubnis des Kreditgebers konnten keine weiteren Schulden gemacht werden.

Die ausgedehnten Ländereien, die dem nationalen Territorium hinzugefügt worden waren, wurden rasch in produktive Einheiten umgewandelt, die in erster Linie der Viehzucht, später auch in zunehmendem Maße dem Ackerbau dienten. Besonders Santa Fé wurde in eine landwirtschaftlich geprägte Provinz umgewandelt. Zehntausende von europäischen Einwanderern wurden als Pächter mit Fünfjahresverträgen angesiedelt. In anderen Gebieten der Provinz entwickelten Kolonisierungsgesellschaften besondere Anbaupläne, die Einwanderer aus bestimmten Regionen anlockten:

Schweizer, Italiener, Franzosen und sogar jüdische Kolonisten aus Südrußland. Die Gesamtanbaufläche in dieser Provinz allein wuchs in erstaunlichem Tempo: von nur 1700 ha im Jahr 1856 auf 600 000 ha im Jahr 1887. Der gleiche Prozeß vollzog sich in geringerem Ausmaß in den Provinzen Córdoba und Buenos Aires. Landesweit überstieg das Wachstum der landwirtschaftlich genutzten Fläche 800 Prozent, was einer Zunahme von 580 000 ha (1872) auf annähernd 5 Mio. ha (1895) entsprach. Die neue Form der Landnutzung zahlte sich rasch aus: Argentinien wurde zu einem Weizenexporteur und brauchte seinen Eigenbedarf nicht mehr mittels Einfuhren aus Chile oder den USA zu decken. Im Jahr 1890 wurden 330 000 Tonnen Weizen ausgeführt, die einen Erlös von 10 Mio. Goldpesos erbrachten.

Die Viehwirtschaft wurde weiter rationalisiert und verbessert. Ausländische Zuchtrinder verdrängten die herkömmlichen kreolischen Rassen in immer rascherem Tempo. Eine neue Methode zur Konservierung von Rindfleisch wurde eingeführt. Im Jahr 1883 wurden in Zárate und San Nicolás, außerhalb der Landeshauptstadt, die ersten *frigoríficos* oder Kühlhäuser errichtet. Diese Fabriken lieferten tiefgefrorenes Rindfleisch gemäß wissenschaftlichen Produktionsmethoden. Das gefrorene Rindfleisch wurde in Spezialschiffen mit Kühlräumen zum expandierenden europäischen Markt transportiert. Dank seinem hervorragenden Geschmack, dem niedrigen Preis und guter Verfügbarkeit eroberte sich argentinisches Rindfleisch bald einen Vorzugsplatz auf dem europäischen Markt.

Tab. 52: Der argentinische Außenhandel 1829–1910 (in Mio. Goldpesos)

Jahr	Einfuhren	Ausfuhren
1829	37	25,6
1861	22,5	14,3
1880	45	58
1891	67,2	97
1900	113,5	154,6
1910	352	373

Quelle: Zusammenstellung des Verfassers

Argentinische Waren fanden den Weg zu ausländischen Abnehmern dank den revolutionären Verbesserungen im Transportwesen. Die Entwicklungen im Schiffbau und Schiffsantrieb (die Schiffsschraube wurde 1840 eingeführt, stählerne Schiffsrümpfe nach 1850), die sich in der zweiten Hälfte des 19. Jh. allgemein durchgesetzt hatten, ermöglichten in vielen Fällen eine Reduktion der Frachtraten um 90 Prozent. Dampfschiffe mit geringeren Betriebskosten und kürzeren Fahrzeiten verdrängten nun rasch die Segelschiffe von den Hauptschiffahrtsrouten. Die Vorteile der Dampfschiffahrt erlaubten den Reedereien die Erarbeitung und Einhaltung regelmäßiger Fahrpläne. Zeitgerechte Lieferungen kamen argentinischen Erzeugnissen im Wettbewerb mit ausländischen Waren sehr zugute. Im Landesinnern wurde der Eisenbahnbau weiter vorangetrieben. Jedes Jahr wurden verschiedenen, zunehmend untereinander verbundenen Eisenbahnnetzen Tausende von Kilometern hinzugefügt. Im Jahr 1885 wurde die Andenbahn nach Chile fertiggestellt und damit eine durchgehende Bahnverbindung zwischen den Küsten des Atlantik und des Pazifik. Die verschiedenen Eisenbahnstrecken, so eindrucksvoll und lang sie auch sein mochten, bildeten jedoch noch kein echtes nationales Eisenbahnnetz. Englische Investoren und Baugesellschaften verwendeten die Normalspurweite, während französische Investoren (die die meisten Eisenbahnen in Santa Fé kontrollierten, aber auch so wichtige Verbindungen wie diejenige von dort nach Bahía Blanca und La Plata) die Schmalspurweite bevorzugten. Außerdem gab es noch einige Breitspurstrecken, die unter staatlicher Aufsicht gebaut worden waren.

Der Eisenbahnbau war nicht der einzige Fortschritt beim Ausbau der Infrastruktur, durch den sich die Jahre der Regierung Roca auszeichneten. Flüsse wurden kanalisiert und ausgebaggert, um flußaufwärts gelegene Häfen für größere Schiffe zugänglich zu machen. In Santa Fé, Entre Ríos und Corrientes wurden Häfen verbessert oder neu angelegt. Von besonderer Bedeutung war der ehrgeizige, im Jahr 1884 gebilligte Plan, Buenos Aires mit einem geschützten Hafen und einem System von Kaianlagen und Hafenbecken nach dem Vorbild von London und Antwerpen zu versehen. An diesem gigantischen Projekt wurde seit 1887 gearbeitet, aber es war erst zehn Jahre später vollendet. Die Abteilung für öffentliche Arbeiten im Innenministerium überwachte die Errichtung eines Telegraphennetzes, dessen Länge innerhalb weniger Jahre verdreifacht wurde. Mit Hilfe des Telegraphen konnte die Regierung ihre Kontrolle über ferne und entlegene Gebiete verstärken, doch kam das Telegraphennetz auch dem Handel zugute.

Der zügige Ausbau des Eisenbahnnetzes veränderte das Leben der Argentinier in tiefgreifender Weise, beeinflußte die Wirtschaft des Landes und die Entwicklung seiner Sozialstruktur. Dabei bewirkten keineswegs alle Veränderungen eine Entwicklung zum Besseren: 10 000 Betreiber von *carretas,* den hohen zweirädrigen Kutschen, die bis zum Aufkommen der Eisenbahnen das Hauptverkehrsmittel gewesen waren, verloren ihren Broterwerb. Rückständige Industrien im Landesinneren wurden durch ausländische Konkurrenz in den Ruin getrieben, der verbreitetes Elend und Arbeitslosigkeit verursachte.

Letzten Endes aber brachten bessere und schnellere Verkehrs- und Kommunikationsmittel, indem sie die Provinzen des Landesinneren mit den nationalen und internationalen Märkten verbanden, den Wohlstand auch in Regionen, die lange unter Stagnation und Niedergang gelitten hatten. Allmählich nahm eine auf nationaler Ebene integrierte Wirtschaft Gestalt an. Der rasch expandierende Markt von Buenos Aires und seiner wohlhabenden Umgebung gab durch seine Nachfrage den Anstoß zur Entwicklung verschiedener Industrien im Landesinnern. Die neuen Bahnverbindungen ermöglichten einen leichten und bequemen Zugang zu diesem neuen Markt. Um die sich neu entwickelnden Produktionsgebiete gegen ausländische Konkurrenz abzuschirmen, führte die Bundesregierung in Buenos Aires nach und nach Schutzzölle für bestimmte Waren ein. Auch den Eisenbahngesellschaften war mit solchen Maßnahmen gedient, denn solange die Erzeuger im Landesinneren den hauptstädtischen Markt belieferten, konnte die Bahn ihre Transportaufgabe wahrnehmen und ihre Kapazitäten auslasten. Die Schutzmaßnahmen der Regierung beschleunigten die Entwicklung einer nationalen Wirtschaft. Mendoza und San Juan wurden, stimuliert durch starke Einwanderung aus Italien und die wachsende Inlandsnachfrage, zu Zentren des Weinbaus und der Kellereibetriebe. Allein in Mendoza wurde die Fläche der Rebkulturen von 2500 ha im Jahr 1881 bis 1910 auf 48 000 ha erweitert. In diesem

Jahr konnte die heimische Weinerzeugung mit 3 Mio. hl beinahe die gesamte Inlandsnachfrage von 3,5 Mio. hl decken. Ähnliche Erfolgsbilanzen konnte der Zuckerrohranbau in Tucumán aufweisen. Im Jahr 1876 waren dort nur 2000 ha mit Zuckerrohr bepflanzt gewesen; im Jahr 1910 waren es 70 000 ha. Die Produktion wurde annähernd vervierfacht (von 80 000 Tonnen im Jahre 1885 auf 300 000 Tonnen im Jahre 1910), ein Erfolg, der ohne die Schutzzölle der Regierung kaum möglich gewesen wäre. Bis zum Jahr 1903 exportierte Argentinien sogar bedeutende Mengen Zucker nach Großbritannien.

Roca war klug genug, den neuen Reichtum zu streuen, nicht zuletzt unter seine Freunde und Anhänger. Das Wirtschaftswachstum kam offensichtlich seiner eigenen Machtbasis zugute, die vor allem in den Provinzen Córdoba und Tucumán beheimatet war; die Institution, die vom plötzlichen Wohlstand indessen am meisten profitierte, war die Armee. Sie hatte bereits große Mengen neuer Waffen erhalten, um die Vernichtungsfeldzüge gegen die Indianer zu führen, und wurde nun rasch zu einem professionellen Apparat ausgebaut. Der Einfluß der Parteien wurde zurückgedrängt; Disziplin und Ausbildung wurden verbessert. Das *Colegio Militar,* die im Jahr 1869 von Sarmiento in Palermo gegründete Militärakademie, erhielt mehr Geld und zusätzliche Plätze für Offiziersanwärter. Neue Einrichtungen zur Ausbildung von Stabsoffizieren wurden aufgebaut, die eine für Armee-, die andere für Marineoffiziere. Die Leitung der Offiziersausbildung wurde in die Hände von Ausländern gelegt: Der ungarische Oberst Janos Czetz war für die Armee zuständig, der Österreicher Eugen Bachmann für die Marine. Die Armee wurde nach preußischem Vorbild reorganisiert und in Divisionen, Regimenter und Bataillone gegliedert, mit Pionier-, Feldartillerie- und Aufklärungsabteilungen. Roca wußte, wie er mit dem Militär umgehen mußte, und da das Offizierskorps ihn als einen der Ihren betrachtete und für alles dankbar war, was Roca für Heer und Marine tat, wurde das Militär zu einem loyalen Instrument staatlicher Herrschaft. Seine Hauptaufgabe bestand fortan in der Aufrechterhaltung der öffentlichen Ordnung. Die mit Privilegien erkaufte Loyalität hatte jedoch eine Kehrseite: Die hohen Gehälter für Offiziere sowie die Verleihung von Offizierspatenten in einem Ausmaß weit jenseits des wirklichen Bedarfs an militärischen Kadern führten im Laufe der Zeit zu einer auffälligen Kopflastigkeit der argentinischen Armee. Weil das Land aber von Tag zu Tag reicher wurde, konnte es sich auch die bestmögliche militärische Ausbildung leisten. Beeindruckt von den Leistungen preußischer Militärmissionen, die z. B. Chile in die Lage versetzt hatten, den Salpeterkrieg gegen Bolivien und Peru zu gewinnen, lud auch Argentinien eine preußische Militärmission ein. Ganze Schiffsladungen deutscher Ausrüstungen, Kruppkanonen und Mausergewehre kamen ins Land, und den neuen Generationen argentinischer Offiziere wurden deutsche Militärorganisation, Strategie und Taktik eingeimpft. Auf diese Weise verschmolzen deutsche Vorstellungen über die Rolle der Armee in Friedenszeiten (Erhaltung eines hohen Ausbildungsstandes, Vorbereitung auf den Kriegsfall, Unterordnung der zivilen Gesellschaft unter den Generalstab in Kriegszeiten) mit der kreolischen Tradition, die der Armee schon immer eine bevorzugte Stellung zuerkannt hatte. Die hohen Militärausgaben machten die argentinische Armee, gemessen an den Aufwendungen pro Mann, zur teuersten der Welt. Alle Versuche, die schwindelerregenden Militärkosten zu senken, stießen auf erbitterten Widerstand. Als der Kriegsminister, General Luis María Campos, die Größe des Generalstabs von 560 Offizieren auf 300 verringern wollte, brach ein Proteststurm los, der Campos zum Rücktritt zwang. Eine Kürzung des Militärbudgets kam nicht in Frage. Die Armee erwarb das Übungsgelände Campo de Mayo außerhalb von Buenos Aires. Der Verkauf war für die Eigentümer ein außerordentlich gewinnbringendes Geschäft, aber das neue Ausbildungsgelände war nicht annähernd so zweckmäßig, wie es eine Anzahl kleinerer Übungsplätze in der Nähe der jeweils größeren Kasernen gewesen wäre. Starke Streitkräfte mußten möglichst nahe der Hauptstadt stationiert werden, um der Bundesregierung im Krisenfall kurzfristig zur Verfügung zu stehen. Ebensowenig war die argentinische Kriegsmarine für größere Operationen auf hoher See ausgerüstet. Trotz des Ankaufs riesiger Schlachtschiffe in den Vereinigten Staaten, wodurch Argentinien zu einer der größten Seemächte wurde, bestand die Hauptaufgabe der Kriegsmarine darin, die Nachbarn zu beeindrucken. Auf diese Weise entwickelte sich ein Marinewettrüsten mit Brasilien. Doch wäre es ein Irrtum anzunehmen, Argentinien habe seine Armee unterhalten, um die Grenzen gegen ausländische Eindringlinge zu verteidigen. Der Charakter und die Schwerpunkte der Militärausgaben unterstrichen vielmehr die im wesentlichen innenpolitische Rolle von Armee und Marine.

I. Die Wegscheide von 1890

Als Miguel Juárez Celman im Jahr 1886 seinem Schwager Julio Argentino Roca im Amt folgte, schien dies die Lebensfähigkeit und Stärke der politischen Maschinerie zu beweisen, die letzterer geschaffen hatte. Aber der neue Präsident war entschlossen zu zeigen, daß er sein eigener Herr und keine Marionette Rocas war, der weiterhin den Vorsitz der Mehrheitspartei PAN innehatte. Oberflächlich betrachtet, führte Juárez die Politik Rocas fort. Der neue Präsident erwies sich jedoch in persönlicher und politischer Hinsicht als weniger selbstsicher. Er umgab sich mit einer Gruppe ehrgeiziger junger Männer, die er größtenteils aus Córdoba, seiner regionalen Machtbasis, in die Hauptstadt mitgebracht hatte. Bald wurde deutlich, daß dem neuen Präsidenten die politische Finesse, der Scharfsinn und die Geschicklichkeit seines Schwagers abgingen. In plumper Weise zwang Juárez eigensinnigen Provinzgouverneuren, die ihm nicht völlig ergeben waren und die er als Anhänger Rocas betrachtete, seinen Willen auf. Im Jahr 1887 wurde Juan Posse, der Gouverneur von Tucumán, durch eine Bewegung gestürzt, die von der Casa Rosada, dem Sitz des Präsidenten, inspiriert und gefördert worden war. Im folgenden Jahr wurde Gouverneur Ambrosio Olmos von Córdoba durch Verrat aus dem Amt gezwungen und durch den Bruder des Präsidenten, Marcos, ersetzt. Im Jahr 1889 beseitigte ein weiteres Manöver den Gouverneur von Mendoza, Tiburcio Benegas. Die drei abgesetzten Gouverneure waren enge politische und persönliche Freunde Rocas. Ein direkterer Angriff auf das von Roca geschaffene System war schwerlich vorstellbar. Tatsächlich unterminierte er die politische Stabilität, um deren Aufbau Roca sich bemüht hatte, weil er zu tiefen Spaltungen innerhalb des PAN führte. Da Roca stets darauf bedacht gewesen war, den wirtschaftlichen Fortschritt des Landes mittels eines stabilen politischen Rahmens abzusichern, hatte er erkannt, daß persönliche Sympathien bestenfalls eine zweitrangige Rolle spielen konnten. Juárez drehte diese Prioritäten um und opferte das große nationale Ziel einer Strategie, die lediglich darauf abzielte, seine Busenfreunde in einflußreiche Positionen zu hieven. Alle ließen sich vom wilden Spekulationsfieber mitreißen, das die argentinische

Wirtschaft in seinen Bann geschlagen hatte. Besonders Buenos Aires wurde in ein riesiges Freiluftkasino verwandelt, in welchem die Regierung eine der Hauptrollen spielte. In ihrer Steuer- und Wirtschaftspolitik handelte die Regierung aus späterer Sicht verantwortungslos. Das Eisenbahnnetz wuchs zwischen 1886 und 1890 um 60 Prozent, aber die enormen Baufortschritte kamen die Regierung teuer zu stehen. Indem sie die traditionelle Politik fortführte, die Regierungsgarantien für die Verzinsung von Investitionen in den Eisenbahnbau vorsah, sah sich die Juárez-Administration verpflichtet, Millionen Pesos an hauptsächlich ausländische Investoren zu zahlen. Zum erstenmal wurde außerdem die Behauptung laut geäußert, ein argentinischer Präsident habe beträchtliche Summen in die eigene Tasche abgezweigt. Eine Atmosphäre politischer, moralischer und finanzieller Korruption begann die Regierung Juárez zu belasten.

Die wirtschaftliche Entwicklung hatte sich während der 1880er Jahre in einem so rasanten Tempo vollzogen, daß den Machthabern das Auftreten und der Aufstieg völlig neuer sozialer Gruppen entgangen war. Im Bemühen, an politischer Macht und an Einfluß zu gewinnen, begannen sich diese Gruppen während der Juárez-Jahre zu organisieren. Ihre Basis bildeten jüngere Armee- und Marineoffiziere, die den Mangel an echten Beförderungsmöglichkeiten beklagten, sowie jüngere Vertreter der Machtelite, die es nicht erwarten konten, das an Schulen und Universitäten erworbene Wissen in die Praxis umzusetzen. Diese beiden Fraktionen bildeten den Kern der ersten echten politischen Partei Argentiniens (Radikale Bürgerunion oder *Unión Cívica Radical*, UCR). Sie wurde von Leandro Alen und anderen begabten und charismatischen Rednern angeführt. Die Radikalen erhielten Zuzug von konservativen Katholiken, die sich mit der Zurückdrängung ihres Einflusses auf die Gesellschaft unter Roca und Juárez Celman nicht abfinden konnten. Es bildete sich eine breite Koalition, die durch den Anschluß von Bartomolé Mitre und seinen politischen Verbündeten weiter gestärkt wurde. Schließlich gelangten Roca und seine engen Freunde Carlos Pellegrini und General Levalle zu der Überzeugung, daß weitere Rückschläge des PAN sich am besten vermeiden ließen, wenn sie sich Juárez Celmans entledigten. Die derart entstandene Allianz gegen den amtierenden Präsidenten fand Unterstützung bei den *porteños*, von denen viele nur zu gern mitgeholfen hätten, einen verhaßten *cordobés* aus dem höchsten Amt zu vertreiben. Alle Hoffnungen, dies durch friedliche Mittel zu erreichen, zerschlugen sich Anfang 1890, als Juárez Celman die Wahlen mit der üblichen Mischung aus Betrug und Einschüchterung gewann.

Am 26. Juli 1890 besetzten bewaffnete Revolutionäre strategische Positionen in der Hauptstadt und leiteten damit einen Aufstand zur Vertreibung des Präsidenten ein. Da sie den größten Teil der Streitkräfte auf ihrer Seite hatten, war das Hauptziel rasch erreicht: Juárez Celman dankte zugunsten des Vizepräsidenten Carlos Pellegrini ab. Dieser war der Inbegriff eines hauptstädtischen Dandys. Die meisten Anhänger der Radikalen erkannten nicht, daß dieser Ausgang der *Revolución del Parque* einem völligen Fehlschlag gleichkam, und dies, obwohl dem neuen Kabinett zwei ihrer Vertreter angehörten (Eduardo Costa als Außenminister, José Gutiérrez als Justiz- und Erziehungsminister). Tatsächlich aber bedeutete Pellegrinis Amtsübernahme einen vollständigen Sieg des *Roquismo* (Roca selbst hatte einen Kabinettssitz übernommen). Das politische System blieb unverändert, und es wurden keine neuen Partizipationsmöglichkeiten im Sinne einer Vergrößerung der Wählerbasis geschaffen. Eine günstige

Gelegenheit zur Errichtung eines offeneren politischen Systems war vertan. Auch wenn der *Roquismo* gestärkt aus den Ereignissen hervorgegangen war, so sollte sich das Gesicht Argentiniens in den folgenden Jahren doch entscheidend verändern. Die bereits voll angelaufenen gesellschaftlichen, wirtschaftlichen und kulturellen Entwicklungen waren im Begriff, das Land völlig neu zu formen. Dieser Wandel konnte nicht länger ignoriert werden. Die Grundlagen waren geschaffen für eine scheinbar stabile und gut funktionierende begrenzte Demokratie, zugleich aber für eine unerbittliche, entschlossene und kompromißlose Opposition, die vor gewalttätigen Taktiken nicht zurückschrecken sollte.

Mit der Amtsübernahme Pellegrinis war zwar der *Roquismo* wieder an der Macht, nicht jedoch die Krise überstanden. Im Gefolge des Umsturzes geriet Argentinien in eine wirtschaftliche Talsohle, die die Fundamente des Landes erschütterte. Erste Anzeichen waren bereits unter der Regierung Juárez Celman erkennbar gewesen, aber erst jetzt wurden die Folgen der früheren Wirtschaftspolitik in ihrem ganzen Umfang sichtbar. Argentinien war außerstande, seine finanziellen Verpflichtungen gegenüber ausländischen Kreditgebern einzulösen, wofür in erster Linie die unerhört verschwenderischen Ausgaben für den Bau von La Plata und die Eisenbahnbürgschaften verantwortlich waren. Der Schuldendienst mußte eingestellt werden, was zum Bankrott des Bankhauses *Baring Brothers* führte. Der plötzliche Zusammenbruch von Argentiniens Auslandskredit hatte einen Preissturz zur Folge. Die Aktienbörse brach zusammen. Immobilienspekulation hatte die Grundstückspreise in schwindelerregende Höhen getrieben; nun verursachte ihr Sturz verbreitete Zahlungsunfähigkeit. Ungezählte Geschäftsleute gingen Konkurs, und die Regierung suchte verzweifelt nach Mitteln und Wegen, ihren Zahlungsverpflichtungen nachzukommen. Die Probleme konnten erst im Laufe des Jahres 1891 allmählich bereinigt werden; sie brachten eine Reihe von Banken zu Fall. Die Nachricht vom Bankrott des *Banco de la Provincia de Buenos Aires,* Südamerikas größter Bank, wurde mit ungläubigem Staunen aufgenommen. Der Goldpreis erreichte den höchsten bisher registrierten Stand. In der deutschen Presse wurde eine Intervention in Argentinien vorgeschlagen, um die wirtschaftliche und gesellschaftliche Ordnung wiederherzustellen. Von einem Tag auf den anderen war Buenos Aires zu einer von Armut gezeichneten Stadt geworden. Mit Auslandsschulden von 160 Mio. Pesos – einer überwältigenden Summe für ein Land mit nur 4 Mio. Einwohnern – sah die Zukunft plötzlich düster aus. Bettler und Obdachlose, aus ihren Wohnungen vertrieben, deren Miete sie nicht mehr zahlen konnten, füllten die Straßen. Zum erstenmal wurden gegen den alles durchdringenden wirtschaftlichen Einfluß Großbritanniens Proteste laut.

Tab. 53: Die Krise von 1890 im Spiegel des Außenhandels (1889 = 100)

Jahr	Einfuhren		Ausfuhren	
	Argentinien	Uruguay	Argentinien	Uruguay
1889	100	100	100	100
1890	86	87	82	111
1891	40	51	84	103

Quelle: Zusammenstellung des Verfassers.

Pellegrini sah sich daher vor die Aufgabe gestellt, die Kreditwürdigkeit Argentiniens im In- und Ausland wiederherzustellen, die Preise zu stabilisieren und neue Investoren anzulocken. Obwohl der politische Umsturz von 1890 auf den ersten Blick keinen Bruch mit der Vergangenheit verursacht hatte, stellte er tatsächlich – mehr noch als die Revolution von 1880 – eine tiefgreifende Veränderung im politischen System dar. Nie zuvor hatten ideologische Fragen in politischen Konflikten eine derart beherrschende Rolle gespielt, nicht einmal in den Jahren unter Rosas. Diesmal waren es schlüssige, wohldurchdachte Überlegungen, die nach einer fundamentalen Veränderung des Systems verlangten. Das politische Leben sollte sich von Grund auf verändern. Vorbei waren die Tage, in denen persönliche Affinitäten und Animositäten die einzigen Triebkräfte der Politik gewesen waren. Nun ergriffen Parteiprogramme und politische Theorien vom politischen Leben Besitz. Hauptexponent in dieser Entwicklung war die neue *Unión Cívica Radical,* die sich als Vorkämpferin für ein neues Land und als Sprecherin der Schwachen, der Randgruppen, der Einwanderer und der Jugend verstand. Sie entwickelte sich zu einer typisch argentinischen Partei mit Stärken in der Rhetorik und mit einem festen caudillistischen Führungsstil, wobei die Führerpersönlichkeiten aus der Elite in althergebrachtem paternalistischen Stil die Arbeiter, die Viehhirten und die neue Mittelklasse repräsentierten.

J. Geschäfte und Machenschaften: argentinische Politik 1890–1910

Zwar erfreute sich Pellegrini beträchtlicher Unterstützung sowohl durch den PAN als auch von seiten der Aufständischen, doch waren letztere nicht geneigt, die Macht ohne weiteres aus den Händen zu geben. Mitre sondierte erneut die Lage, um zu sehen, ob ihm eine Rückkehr an die Macht gelingen könnte. Während er 1891 eine Europareise unternahm, schlugen ihn die Radikalen als Präsidentschaftskandidaten vor. Mitre erkannte indessen bei seiner Rückkehr aus Europa, daß seine Aussichten auf die Präsidentschaft sehr gering waren. Um nicht den Rest an Macht und Einfluß zu opfern, über den er noch verfügte, entschloß er sich zu einem Handel mit Roca. Dieses Abkommen zwischen *caudillos,* bekanntgeworden als der *acuerdo,* bewirkte eine Spaltung innerhalb der beiden großen politischen Bewegungen, den Radikalen und den Autonomisten des PAN. (Diese Fraktionen wurden *acuerdistas* und *anti-acuerdistas* genannt; aus der ersteren ging die *Unión Cívica Nacional* hervor, aus der letzteren die *Unión Cívica Radical;* der PAN gründete den *Partido Modernista,* der entschieden gegen Rocas Handel mit Mitre opponierte.) Obschon es angeblich im nationalen Interesse lag, wurde das Abkommen von vielen als zynischer Schachzug zweier alter Politiker betrachtet, die sich um jeden Preis an der Macht halten wollten.

Der Handel zwischen Roca und Mitre brachte Unruhe in das politische Leben des Landes. Bewaffnete Aufstände ließen sich nicht durch ein einfaches Gentlemen's Agreement aus der Welt schaffen. Ganz im Gegenteil: Die politischen Unruhen verstärkten sich während der 1890er Jahre. Der Aufstand der Radikalen und Katholiken, der im Jahr 1891 in Córdoba ausbrach, war nur der erste in einer langen Reihe gewalttätiger Erhebungen.

Wie schwierig es war, unter der Führung des PAN die Ordnung wiederherzustellen, zeigt sich am Beispiel der Regierung des im Jahr 1892 zum Präsidenten gewählten Luis Sáenz Peña. Beinahe seit Beginn seiner Amtszeit mußte er mit bewaffneten Aufständen fertigwerden. Ende 1892 brach in Santiago del Estero eine Revolte gegen den Gouverneur, einen Anhänger Rocas, aus. Kaum war dieser Aufruhr unterdrückt, brachen in Corrientes und Catamarca Rebellionen aus. Der Präsident sah keinen anderen Ausweg aus der Krise, als Aristóbulo del Valle, einem der wichtigsten Oppositionsführer, einen neugeschaffenen Kabinettsposten anzubieten, doch konnte die Maßnahme nicht verhindern, daß weiterhin Unruhen aufflammten. Neue Aufstände ereigneten sich in San Luis und, in größerem Umfang, auch in Santa Fé und Buenos Aires.

Obwohl der Aufstand in Santa Fé eine eigene Dynamik hatte (er war in erster Linie durch rein lokale Umstände verursacht worden), bedrohte er ernstlich die politische Stabilität auf nationaler Ebene. Die in landwirtschaftlichen Siedlungen ansässigen ausländischen Einwanderer in Santa Fé fühlten sich von den Ambitionen des Gouverneurs bedroht und begannen, sich ihnen zu widersetzen. Die Sympathien der Siedler neigten naturgemäß den Radikalen zu, und es bildete sich ein Bündnis aus Radikalen, dissidenten Autonomisten, örtlichen Geschäftsleuten und den Siedlern. Die letzteren stellten bewaffnete Einheiten von insgesamt rund 6000 Mann auf. Der Gouverneur hatte nur die Rückendeckung der Viehzüchter, deren Zahl in Santa Fé bereits im Abnehmen begriffen war. In der Provinzhauptstadt Santa Fé und in Rosario brach ein offener Bürgerkrieg aus, in welchem die Rebellen infolge ihrer zahlenmäßigen Überlegenheit und aufgrund des Gewichts ihrer Allianz die Oberhand gewannen. Sie zwangen den Gouverneur aus dem Amt und bildeten eine revolutionäre Provinzregierung unter Candioti.

Unterdessen protestierten die abgespaltenen PAN-Loyalisten, die die Provinz Buenos Aires beherrschten, gegen Versuche Del Valles, die Milizeinheiten der Provinz zu entwaffnen. (Del Valle war bemüht zu verhindern, daß die *modernistas* die bevorstehenden Wahlen durch militärische Gewalt gewannen.) Auch hier brach ein bewaffneter Aufstand aus, mit einem Brennpunkt in Barracas Sud (dem heutigen Bezirk Avellaneda im Vorortbereich von Buenos Aires). Die Regierung antwortete in den drei Provinzen, wo die Entwicklung am weitesten außer Kontrolle geraten war, mit brutaler militärischer Gewalt. Militär wurde auch in Tucumán gegen einen von Radikalen angezettelten Aufruhr eingesetzt.

Hätte es sich bei diesen Aufständen um eine effizient geleitete und koordinierte Rebellion gegen das Herrschaftssystem des *Roquismo* insgesamt gehandelt, so wäre daraus möglicherweise eine eigentliche Revolution entstanden, die grundlegende wirtschaftliche und gesellschaftliche Reformen hätte einleiten können. Da die Bewegungen jedoch bestenfalls locker untereinander verbunden waren und sich vorwiegend gegen die örtlichen Repräsentanten der „Oligarchie“ richteten, war es für die Regierung zwar schwierig, aber nicht unmöglich, die Ordnung wiederherzustellen. Die Aufstände wurden überall mit starker Repression beantwortet, von der die Rebellenhochburg Santa Fé in besonderem Maße betroffen war. Hier erlebte der *Roquismo* eine neuerliche Hochblüte, indem mit den althergebrachten betrügerischen Methoden bald ein neuer Gouverneur eingesetzt wurde, der zu den Autonomisten zählte.

Auch in der Provinz Buenos Aires und in der Bundeshauptstadt wurden Wahlen abgehalten, die jedoch trotz betrügerischer Machenschaften eine klare Mehrheit für die Radikalen ergaben (6000 von 11 000 Stimmen in der Hauptstadt, und 11 000 von 30 000 Stimmen in der Provinz). Auf den mit 70 Jahren ältesten argentinischen Präsidenten aller Zeiten mochten diese Wahlergebnisse wie ein Schock gewirkt haben. Er starb im Jahr 1895, und sein Tod hatte nicht die geringste Auswirkung auf die argentinische Politik, die noch immer vom *acuerdo* zwischen Roca und Mitre bestimmt wurde. Der neue Präsident war wiederum nur eine Übergangsfigur ohne persönliche Machtbasis. Wie so viele Politiker seiner Zeit hing auch er vom Wohlwollen Rocas und seiner engen Berater und Freunde ab. Sein Nachfolger, José Felix Uriburu, traf sogar niemals eine Entscheidung, ohne „den Fuchs" vorher konsultiert zu haben.

Trotz der im Volk verbreiteten Ablehnung dieses Arrangements und unbeeinflußt von den jüngsten Wahlrechtsreformen (sie hatten die Zahl der Wahlberechtigten in den Küstenprovinzen erhöht) wurde Roca selbst im Jahr 1898 erneut zum Präsidenten gewählt. Es versteht sich von selbst, daß in nahezu allen Wahlbezirken massiver Wahlbetrug auftrat. Als Präsident schien Roca fester im Sattel zu sitzen als jeder seiner Vorgänger, aber am Ende seiner Amtszeit sollte sich ein ganz anderes Bild ergeben. Stück für Stück bröckelte Rocas Machtbasis ab. Carlos Pellegrini, sein über lange Jahre vertrautester politischer Verbündeter und zuverlässiger Partner in der Leitung der Regierungsgeschäfte, wandte sich wegen Meinungsverschiedenheiten über den Umgang mit der Staatsverschuldung von Roca ab. Als die öffentliche Meinung Pellegrinis Vorschlag zur Schuldenkonsolidierung sowie den Einsatz der Zolleinnahmen des Bundes als zusätzliche Sicherheit ablehnte, entzog ihm Roca seine Unterstützung. Damit war Pellegrini kompromittiert, der seine politische Zukunft mit dem Sanierungsvorschlag verknüpft hatte. Als sich Mitre im Jahr 1902 aus der aktiven Politik zurückzog, war es auch um den *acuerdo,* die Grundlage des *Roquismo,* geschehen. Roca war nun ganz auf sich gestellt und mit Problemen konfrontiert, die sich unmittelbar aus Argentiniens rapidem Wachstum ergaben: Arbeiterunruhen mit Streiks und Straßendemonstrationen, die die Nation aufrüttelten. Wie in solchen Situationen üblich, reagierte die Regierung heftig und verhängte den Ausnahmezustand. Im Schnellverfahren wurden griffige Gesetze vom Abgeordnetenhaus verabschiedet, so das Gesetz Nummer 4144 über den Wohnsitz, allgemein bekannt unter der Bezeichnung *Ley de residencia,* das der zuständigen Regierungsbehörde die Möglichkeit gab, jeden ansässigen Ausländer, der staatsfeindlicher Betätigung verdächtigt wurde, des Landes zu verweisen. Widerborstige eingewanderte Arbeiterführer, Organisatoren von Streiks und andere Unruhestifter, derer sich die Regierung entledigen wollte, konnten jetzt leicht über die Grenzen abgeschoben werden. Aber Roca war zu vorsichtig und zu klug, um sich bei der Lösung der Probleme allein auf Gewalt und Einschüchterung zu verlassen. Als entschiedener Verfechter der Zuckerbrot-und-Peitsche-Taktik sorgte er auch für Verbesserungen. Eine neue Sozialgesetzgebung wurde auf den Weg gebracht, die noch weiter als die berühmten Bismarckschen Reformen in Deutschland ging. Im Bestreben, seine Wählerbasis (die durch Abwanderung zu den Radikalen rasch dahinschmolz) zu verbreitern, erweiterte Roca außerdem den Kreis der Wahlberechtigten, der fortan sogar Analphabeten einschloß. Die Wahlen waren aber noch immer nicht geheim, wie dies demokratische Puristen gern gesehen hätten. Der Hintergedanke dieser Wahlrechtsreform lag auf der Hand: Durch die Verbreiterung der Wählerbasis sollte den autonomistischen Provinzpolitikern mehr Macht mit dem Ziel verschafft werden, sie als starke Gegenkräfte gegen den wachsenden Einfluß der Radikalen im Küstengebiet einzusetzen.

Als Roca 1904 aus dem Amt schied, war der argentinische Entwicklungsweg eine internationale Erfolgsgeschichte geworden. Dieser Erfolg wurde überdies in weiten

Kreisen als persönliche Leistung Rocas angesehen. Er selbst mußte jedoch seine Zweifel daran gehabt haben, wenn ihn einige scharfsichtige ausländische Beobachter bisweilen auf die noch immer offenkundigen Schwachstellen seines glanzvollen politischen Gebildes hinwiesen. „Sagen Sie mal, Herr Präsident", soll Bismarck Roca gefragt haben, als dieser Deutschland besuchte, „wie steht es bei Ihnen mit der Justiz?" Roca konnte keine befriedigende Antwort geben, weil das argentinische Rechtswesen tatsächlich auf der ganzen Welt für seine Willkür und die unverfrorene Bevorzugung der oberen Gesellschaftsschichten berüchtigt war.

Letzten Endes hatten Rocas Bemühungen zur Schaffung eines Systems, in welchem die beherrschende Stellung von Buenos Aires durch die politisch geeinten Provinzen des Landesinneren dauerhaft ausbalanciert sein würde, nichts gefruchtet. Nachdem Roca die Präsidentschaft niedergelegt hatte, gewann Buenos Aires durch das Gewicht seiner Wirtschaft und seine Bevölkerungszahl wieder den entscheidenden Einfluß auf die nationale Politik. Lokale Aufstände wie diejenigen von 1853, 1874, 1880, 1890 und 1893 waren nicht mehr nötig, um den Anspruch auf eine Vorzugsbehandlung seitens der Bundesbehörden zu artikulieren. Der Gouverneur von Buenos Aires, Marcelino Ugarte (*el petiso orejudo*, „der Kleine mit den großen Ohren"), führte die neue Liga der Gouverneure an und bestimmte den Nachfolger Rocas im Präsidentenamt. Dies führte dazu, daß die nächsten beiden Präsidenten, Manuel Quintana und José Figueroa Alcorta, politische Akteure in einer zwar völlig neuartigen politischen Kräftekonstellation waren, die aber wie in den Jahren unter Rosas vom Gouverneur von Buenos Aires dominiert wurde.

K. Paraguays langsamer Wiederaufstieg (1870–1904)

Als die Kampfhandlungen 1869/70 eingestellt wurden (der Präsident, Marschall Francisco Solano López, fiel Anfang März 1870 am Río Aquidabán), lag Paraguay darnieder und sah sich von allen Verbündeten und Freunden verlassen. Seine zerstörte Wirtschaft mußte von Grund auf neu errichtet werden, aber es fehlte eine Elite, die den Prozeß des Wiederaufbaues hätte leiten können. Zwar zog die politische Bühne bald neue Akteure an, aber keiner hatte das Format der letzten drei Führer des Landes. Viele der neuen Politiker waren keine gebürtigen Paraguayer, sondern entstammten der Exilgemeinde, die sich während der Jahre der López-Diktatur in Buenos Aires kräftig entwickelt hatte. Das erste neue Regime Paraguays, ein Triumvirat, war wenig geeignet, das Vertrauen in die politische Führung wiederherzustellen: Ein Regierungsmitglied verschwand mit dem Rest des Staatsvermögens nach Buenos Aires, während Präsident Cirilo Antonio Rivarola einen politischen Stil pflegte, der an die vorausgegangenen Diktatoren erinnerte. Das Prestige der provisorischen Regierung war jedenfalls schwer angeschlagen, auch weil sie allein aufgrund der Zustimmung der hauptsächlich brasilianischen Besatzungsarmee an die Macht gekommen war. Die Regierungstätigkeit war stark behindert durch die Finanzknappheit, die Vormundschaft des brasilianischen Oberkommandierenden und den allgemeinen Zusammenbruch der öffentlichen Ordnung. Tatsächlich reichte die Autorität der neuen paraguayischen Regierung nicht weit über die Stadtgrenzen von Asunción hinaus. Aus diesem Grund war die neue Führung, auch wenn sie die Anwesenheit der brasilianischen Truppen im Land als Beleidigung empfand, in hohem Maße auf diese angewiesen, um in den Gebieten außerhalb des hauptstädtischen Bereichs Gesetz und Ordnung aufrechtzuerhalten. Außerdem benötigten die Paraguayer die brasilianischen Sanitätstruppen, um der dringendsten Aufgaben im Gesundheitswesen ihres von Krankheiten heimgesuchten Landes Herr zu werden. Das Kaiserreich ließ es indessen nicht damit bewenden. Brasilianische Geistliche und Agenten der Geheimpolizei sandten Berichte über die Stimmung und die Vorstellungen der Paraguayer nach Rio de Janeiro. Der brasilianische Einfluß war so stark, daß Paraguay nach Kriegsende während einiger Jahre offiziell den brasilianischen Unabhängigkeitstag feierte. Argentinische Besatzungstruppen, die dem brasilianischen Einfluß ein Gegengewicht hätten entgegensetzen können, waren niemals in der Hauptstadt oder in deren Nähe stationiert, und die wenigen Einheiten, die als Besatzungsmacht im Lande waren, wurden bald abgezogen. Dies hatte zur Folge, daß Brasilien weitgehend allein die Entwicklung der paraguayischen Politik bestimmen konnte, obgleich Argentinien auch weiterhin nach Kräften bemüht war, die Politik in seinem Sinne zu beeinflussen. Hierbei kam den Argentiniern zweifellos die einfachere sprachliche Verständigung zustatten, aber auch die vielen engen Beziehungen zu politischen Emigranten aus Paraguay, die lange Jahre in der argentinischen Hauptstadt im Exil gelebt hatten und nun zurückkehrten.

Noch im Jahr 1870 wurde eine verfassunggebende Versammlung einberufen, die das Fundament eines neuen Paraguay legen sollte. So gern die Paraguayer ihre Angelegenheiten auch selbst geregelt hätten, so mußten sie doch die rivalisierenden ausländischen Einflüsse in Betracht ziehen. Diese spielten denn auch eine entscheidende Rolle im Hinblick auf den Ausgang der politischen Debatte. Während die paraguayische Konstituante die argentinische Verfassung von 1853 zum Vorbild nahm, gelang es Brasilien mit Unterstützung der Armee, seinen Kandidaten Rivarola zum Präsidenten wählen zu lassen. Hauptsächlich die argentinischen Liberalen begannen nun lautstark gegen das Prinzip „Regierung durch Zwang“ zu protestieren, das in ihren Augen einer Fortsetzung des traditionellen politischen Stils gleichkam.

Rivarolas wichtigste politische Aufgabe bestand darin, einen Friedensvertrag mit der Tripelallianz auszuhandeln und die Ansprüche auf Reparationszahlungen zu regeln. Zu Beginn des Jahres 1872 wurde das wahre Ausmaß des brasilianischen Einflusses offenkundig. Mit einer Kombination von Einflußnahme, Druck und Überredung sowie unter geschickter Ausnutzung politischer Zwistigkeiten unter den Paraguayern gelang es Brasilien, einen separaten Friedensvertrag abzuschließen. Außerdem versuchten die Brasilianer, Argentinien daran zu hindern, sich große Teile Paraguays einzuverleiben: Sie versprachen, Paraguay die geforderten Reparationszahlungen in Höhe von 300 Mio. Goldpesos zu stunden, solange Paraguay sich weigerte, den Gran Chaco an Argentinien abzutreten. Die argentinischen Gebietsansprüche waren in der Tat als habgierig zu bezeichnen: Sie bezogen sich praktisch auf ganz Paraguay westlich des Río Paraguay. Diese übermäßigen Forderungen zwangen die paraguayische Führung zu einer noch engeren Anlehnung an Brasilien, bis Schutz und Überleben der paraguayischen Regierungen unmittelbar vom Kaiserreich abhingen.

Das unbeständige politische Klima und der ungewisse Ausgang der Friedensverhandlungen waren wenig geeignet, günstige Bedingungen für eine wirtschaftliche Erholung zu schaffen. Da die dringend benötigten Finanzmittel knapp waren, begann die provisorische Regierung frühzeitig, in großem Umfang staatliche Ländereien zu verkaufen. Indem sie mit der bisherigen Tradition des Landes brach, bemühte sich die

Regierung außerdem um Auslandsanleihen. Auf diese Weise geriet Paraguay, wie schon zuvor seine Nachbarn, auf den Weg einer fremdfinanzierten wirtschaftlichen Entwicklung. Obwohl dieser neue Kurs unvermeidliche Strukturprobleme mit sich brachte, außerdem die paraguayische Wirtschaft internationalen Wirtschafts- und Finanzkrisen aussetzte und überdies zu einer teilweisen Übertragung der wirtschaftlichen Entscheidungsgewalt auf Ausländer führte, überwogen die kurzfristigen Vorteile. Im Jahr 1872 erhielt Asunción die erste Tranche von 400 000 Pfund einer im Vorjahr in London aufgenommenen Anleihe über 1 Mio. Pfund. Ein großer Teil des Geldes floß in die Taschen von Ministern, Regierungsbeamten und Günstlingen. Obwohl nur ein Bruchteil der Summe auch tatsächlich zur Förderung der nationalen Wirtschaftsentwicklung beitrug, hatte die Leichtigkeit, mit der in London Geld zu bekommen war, der korrupten paraguayischen Führung und ihren englischen Verbindungsleuten Appetit gemacht. Noch im selben Jahr wurde eine neue Anleihe über 2 Mio. Pfund aufgelegt, aber im Juni stürzte eine Finanzkrise den Markt für lateinamerikanische Schuldverschreibungen in Turbulenzen. Das finanzielle Abenteuer mit Auslandskrediten brachte dem Land schließlich wenig Gutes: Seine Kreditwürdigkeit war zunichte gemacht, bevor sie überhaupt aufgebaut werden konnte, und eine beträchtliche Auslandsschuld komplizierte Paraguays Probleme zusätzlich. Große Flächen fruchtbaren Landes, die als Zusatzsicherheiten gedient hatten, gingen in den Besitz der Vereinigung ausländischer Kreditgeber über. Der Wiederaufbau Paraguays hatte damit einen schlechten Anfang genommen.

Den anderen Versuchen, wirtschaftliche Erholung herbeizuführen, erging es kaum besser. Bestrebungen, europäische Einwanderer ins Land zu locken, endeten in einem Fehlschlag. Kolonisierungspläne von ausländischen Unternehmern und Idealisten waren auch kein großer Erfolg. Die einzigen erfolgreichen Einwanderer waren Einzelpersonen, die ein bestimmtes Handwerk oder Geschäft betrieben oder mit Glück eine unvermutete Nische im heimischen Markt fanden. Abgesehen von solchen Ausnahmen blieb Paraguay fest in der Hand der Paraguayer. Unter diesen Umständen bestand wenig Bedarf an einem modernen Transportsystem. Mit seinem kleinen Inlandsmarkt, den großen Entfernungen und der weitverstreuten Bevölkerung war Paraguay kein ideales Land für Eisenbahnen. Aus diesen Gründen reichten die traditionellen Mittel des Landtransportes noch lange zur Befriedigung der heimischen Bedürfnisse aus. In den 1850er Jahren hatte das López-Regime mit den Arbeiten an einer der ersten Eisenbahnstrecken in Südamerika begonnen, die Asunción mit Villa Rica verbinden sollte. Im Jahr 1861 wurde die erste Teilstrecke eröffnet, aber der Krieg verhinderte die Fertigstellung. Im Jahr 1870 war die Strecke erst 70 km lang, und die Regierung ließ nichts unversucht, um die Eisenbahn an irgendeinen wagemutigen ausländischen Investor zu verkaufen. Da sich vorerst kein Käufer fand, wurde der Preis immer weiter gesenkt. Endlich wechselte die Eisenbahn im Jahr 1877 für ungefähr 90 000 Goldpesos den Besitzer. Sie erwies sich in der Folge als so wenig gewinnbringend, daß die Regierung sie neun Jahre später zurückkaufte.

War bereits die wirtschaftliche Erholung mit Schwierigkeiten verbunden, so galt dies in ähnlichem Maße auch für den politischen Wiederaufbau. Bald kennzeichneten wilde Machtkämpfe die nationale Politik, und Scharen von Kandidaten bewarben sich bei den Präsidentschaftswahlen. Brasilianische und argentinische Interessen bewirkten weitere Erschwernisse, weil Paraguay sich der Gunst der einen oder anderen

Tab. 54: Der paraguayische Außenhandel 1851–1910 (in Mio. Goldpesos)

Jahr	Einfuhren	Ausfuhren
1851	0,23	0,34
1860	0,9	1,7
1880	1,03	1,16
1890	2,7	2,9
1900	2,65	3,2
1910	6,4	4,9

Quelle: Zusammenstellung des Verfassers.

Siegermacht versichern mußte. Lange gelang es Brasilien, den entscheidenden ausländischen Einfluß auszuüben, aber seine Position wurde durch eine Verkettung verschiedener Faktoren allmählich unterhöhlt: Zum einen machte sich in der paraguayischen Führungsschicht eine zunehmende Verärgerung über die Bevormundung durch die kaiserliche Besatzungsmacht breit, verbunden mit einer wachsenden Neigung, den argentinischen Einfluß als wünschenswerter anzusehen; zum anderen zeigte die äußerst günstige wirtschaftliche Entwicklung in Argentinien bereits positive Auswirkungen auf die paraguayische Wirtschaft. Diese Impulse wurden durch bequeme und schnelle Wasserstraßenverbindungen gefördert und erleichtert. Politisch drückte sich diese Entwicklung in wachsendem argentinischem Einfluß aus. Zwischen 1872 und 1874 versuchte sich eine Anzahl neuer, von Argentinien unterstützter Politiker im traditionellen Stil Paraguays den Zugang zur politischen Macht zu erzwingen: durch Waffengewalt und Rebellion. Alle Aufstände gegen das von Brasilien unterstützte Regime wurden von General Bernardino Caballero organisiert, der während der folgenden zwei Jahrzehnte zur herausragenden politischen Gestalt werden sollte.

Im Jahr 1880 inszenierte Caballero einen Staatsstreich und wurde Präsident von Paraguay. Dieser Putsch beendete eine turbulente Periode und führte das Land allmählich zu einer gewissen Normalität zurück. Politische Morde an prominenten Liberalen hatten das politische Klima belastet; allein im Jahr 1877 wurden drei führende Persönlichkeiten (Expräsident Rivarola, der Führer der Liberalen, Facundo Machain, und Präsident Francisco Gill) umgebracht. Das paraguayische Experiment mit der demokratischen Regierungsform war offensichtlich gescheitert. Die Demokratie hatte keinen Wohlstand gebracht, was den Gegensatz zu den stabilen, autokratischen und gedeihlichen Jahren der López-Regime um so schmerzlicher machte. Aber es waren auch einige positive Entwicklungen zu verzeichnen. Die brasilianischen Besatzungsstreitkräfte wurden im Jahr 1876 abgezogen, und die Grenzfrage mit Argentinien konnte in einem Friedensvertrag geregelt werden. Argentinien erhielt den zwischen den Flüssen Pilcomayo und Bermejo gelegenen Teil vom Chaco; dank brasilianischer Intervention konnte Paraguay den nördlichen Chaco behalten.

Wie Latorre und Roca war Caballero ein persönlich bescheidener, nüchterner Offizier mit kühlem Kopf und entschlossen, dem Land nationale Strukturen und Fortschritt zu bringen. Wie seine Kollegen gründete Caballero eine handlungsfähige Mehrheitspartei (eigentlich mehr eine politische Maschine), die *coloradismo* oder *Caballerismo* genannt wurde und durch die er auch nach Ablauf seiner Amtszeit die nationale Politik bestimmen konnte: Es war dies die Nationale Republikanische Partei, deren Mitglieder im Volksmund *colorados* genannt wurden. Wegen ihrer Grundsätze, ihrer personalistischen Führungsstruktur und ihrer Vorliebe für politische Machtdemonstrationen wurde sie im Gedenken an die früheren Präsidenten auch *Lopizta* genannt. Sie wurde im allgemeinen von den Brasilianern unterstützt, weil diese, ebenso wie die *colorados,* verhindern wollten, daß Argentinien auf Kosten Paraguays weitere territoriale Zugewinne erzielte. Die wichtigste Oppositionsgruppe waren die Liberalen (auch *azules,* Blaue, genannt), die insgesamt *antilopizta* waren und von Argentinien unterstützt wurden. Der von der Verfassung vorgesehene institutionelle Rahmen wurde weiter verfeinert: Zusätzlich zu dem nach argentinischem Vorbild gestaltetem Zivilrecht wurde ein Zivilregister eingeführt und eine Nationalbank zur Überwachung der Geldpolitik gegründet. 1879 war das Gründungsjahr der Nationaluniversität von Asunción. Im großen und ganzen blieb die Regierungstätigkeit jedoch begrenzt. Bis über die Jahrhundertwende hinaus überstieg die Heeresstärke niemals 600 Mann. Zwar handelte es sich um eine gut ausgebildete und modern ausgerüstete Truppe, aber sie war mit ihrer geringen Stärke nicht auf die Verteidigung des Landes gegen Angriffe von außen ausgerichtet. Statt dessen diente sie als ein wirksames Instrument zur Niederhaltung der liberalen Opposition, was sie nicht daran hinderte, freundliche Beziehungen zu den führenden Intellektuellen des Landes zu unterhalten.

Caballero schuf die Grundlagen für den modernen, säkularisierten Staat Paraguay durch den Aufbau des erwähnten Zivilregisters und der Nationalbank; er regulierte und förderte die Einwanderung und verbesserte die Schienenwege und das Telegraphensystem. Caballeros Nachfolger setzten seine Politik fort und wandten ihre Aufmerksamkeit besonders der Verbesserung der Infrastruktur und der Wirtschaft zu. Alle paraguayischen Präsidenten der 1880er und 1890er Jahre richteten ihr Augenmerk auf die Erreichung derselben Ziele: nationaler Wohlstand und Modernisierung. Nichts blieb unversucht, aber es erwies sich als unmöglich, den Teufelskreis aus Isolation, Unzugänglichkeit (verglichen mit Argentinien und Uruguay) und Beschränkungen durch Boden und Klima zu durchbrechen. Doch gab es Augenblicke, in denen der Erfolg in Reichweite schien. Juan Gualberto González, im Jahr 1889 zum Präsidenten gewählt, stand im Bann des argentinischen Wirtschaftswunders. Seine Präsidentschaft war durch einen Spekulationsboom gekennzeichnet. Die Inflationsrate stieg rapide, die Konjunktur überhitzte sich mit dem gleichen Resultat wie in Argentinien: einer ausgewachsenen Krise, die Paraguay im Jahr 1892 traf. Der *Banco Nacional del Paraguay,* erst acht Jahre zuvor gegründet, ging bankrott, als über die Hälfte seiner Außenstände als Verlust abgeschrieben werden mußte.

Periodische Krisen waren unvermeidliche Begleiterscheinungen der wirtschaftlichen Entwicklungsprogramme, wie sie die La-Plata-Staaten verfolgten. Es gab reales Wachstum und Verbesserungen, selbst im isolierten Paraguay. Dank dem Zustrom argentinischen und britischen Kapitals wurde Paraguay mehr und mehr zu einem Ausläufer der auf Buenos Aires konzentrierten argentinischen Wirtschaft. Transport- und Nachrichtenwesen profitierten von enormen Verbesserungen. Im Jahr 1893 wurde Asunción an das internationale Telegraphennetz angeschlossen, und die Flußschiffahrt, praktisch monopolisiert von der argentinischen Binnenreederei Nicolás Mihanovich, wurde schnell, effizient und regelmäßig. Eine Zeitlang begünstigte sogar eine bescheidene Einwanderung das Land. Zwischen 1882 und 1907 kamen mehr als 12 000 vorwiegend männliche Einwanderer nach Paraguay. Einer von vier Einwanderern blieb indessen in der Hauptstadt, und die meisten waren nicht geneigt, sich in unerschlossene Gebiete vorzuwagen. Die einzige Grenzsiedlung, Villa Hayes im Gran Chaco, auf der anderen Seite des Río Paraguay und recht nahe der Hauptstadt gelegen, blieb ein kleines Dorf mit nur wenigen hundert Einwohnern.

Die Landwirtschaft blieb die Hauptstütze der wirtschaftlichen Entwicklung und bewahrte weitgehend ihren Subsistenzcharakter. Die vorherrschenden kleinbäuerlichen Betriebe bauten auf Flächen zwischen zwei und fünf Morgen Land Mais, Bohnen, Maniok, Reis und Gemüse an. Wichtigstes Erzeugnis war nach wie vor *yerba mate*, die auf staatlichen Ländereien und auf großen privaten Plantagen angebaut wurde. Während der 1890er Jahre war sie wie in den vorausgegangenen Jahrzehnten der wichtigste Devisenbringer. Die *Industrial Paraguaya*, das größte Abpackunternehmen, lieferte 8000 Tonnen erstklassigen *mate* aus, der zur Hälfte auf dem argentinischen Markt verkauft wurde. Neben der Landwirtschaft war die Viehzucht der zweite Hauptpfeiler der Volkswirtschaft. Verbesserte Zuchtmethoden und neue ausländische Zuchtrassen, die außerordentliche Produktivitätssteigerungen der argentinischen und uruguayischen Viehwirtschaft bewirkt hatten, wurden auch in Paraguay eingeführt, allerdings in viel bescheidenerem Maße. Viele der 2,7 Mio. Rinder, die Paraguay im Jahr 1902 besaß, waren nach wie vor heimische Landrassen, die allerdings ein ausgezeichnetes, zähes Leder lieferten.

Aber auch für die paraguayische Landwirtschaft wurden neue Feldfrüchte und neue Märkte gefunden. Nach 1890 wurde Baumwolle zu einem wichtigen Exportartikel. Kubanische Berater halfen den Paraguayern, die Qualität der heimischen Tabakpflanzen zu verbessern; die Ergebnisse waren so gut, daß das Endprodukt sogar den Weg zu Kunden in Europa fand. Im Jahr 1889 errichtete man eine Fabrik zur Verarbeitung von Quebrachoholz, aus dem ein Extrakt hergestellt wurde, der verbreitet Verwendung als Gerbstoff fand. Im Jahr 1903 wurden mehr als 7000 Tonnen Quebrachoextrakt erzeugt und ausgeführt.

Grundsätzlich blieb die Organisation der Wirtschaft, wie in Argentinien und Uruguay, unverändert, aber Umfang und Entwicklungstempo wurden gesteigert. Die Modernisierung der Produktionsmethoden führte in Paraguay zwar zu den erwarteten Produktivitätssteigerungen, ohne jedoch den Anteil des Landes am Welthandel nennenswert zu erhöhen.

Das Wachstum der Volkswirtschaft und die Reichtümer, die sie erzeugte – so bescheiden sie im Vergleich mit Argentinien und Uruguay auch sein mochten –, reichten aus, um viele Paraguayer zufriedenzustellen. Unzufriedene gingen auf der Suche nach Arbeit oder Aufstiegsmöglichkeiten ins Ausland. Das Trauma des verlorenen Krieges saß auch 30 Jahre nach der Niederlage noch so tief, daß keinerlei Neigung zu Vergeltungsmaßnahmen und politischen oder militärischen Auslandsabenteuern bestand. Paraguays Beziehungen zu seinen mächtigen Nachbarn hatten sich um 1900, als alle größeren Streitfragen beigelegt waren, stabilisiert. Neben den Gebietsansprüchen hatten Argentinien und Brasilien hohe Reparationsforderungen gestellt, die sich insgesamt auf ungefähr 300 Mio. Pfund (1,5 Mrd. Pesos) beliefen. Aber diese Kriegsschulden wurden nie bezahlt; Argentinien verzichtete im Jahr 1942 auf seine Forderungen, Brasilien 1943. Uruguay hatte bereits 1883 auf seine Ansprüche verzichtet. Solange sie bestanden, waren die Reparationsansprüche eine Garantie, daß weder Argentinien noch Brasilien jemals versuchen würden, Paraguay zu annektieren, weil sie sonst verpflichtet gewesen wären, die Ansprüche des anderen zu befriedigen. So sicherten die Kriegsschulden Paraguays Unabhängigkeit; dennoch ging das Ringen um Einfluß in Paraguay unvermindert weiter. Im Jahr 1894 spitzte sich die argentinisch-brasilianische Rivalität anläßlich der Präsidentschaftswahlen in Paraguay zu. Brasilien begünstigte weiterhin die *colorado*-Partei, während Argentinien den liberalen Kandidaten unterstützte. Um seine Interessen durchzusetzen, wollte Brasilien zunächst den Amtsinhaber González beseitigen. Mit Hilfe dreier Kanonenboote, die auf dem Fluß vor Asunción auffuhren, und indem sie 85 000 Pesos Bestechungsgelder an Polizei, Mitglieder des Abgeordnetenhauses und Armeeoffiziere in Schlüsselpositionen bezahlten, entfernten die Brasilianer González aus dem Amt. Diese Intervention bildete den Höhepunkt des brasilianischen Einflusses in Paraguay, aber der Regierungswechsel schien ohnehin unausweichlich. Schließlich sah sich das Land der schwersten Rezession seit Kriegsende gegenüber, und die traditionellen Parteien standen unter dem wachsenden Druck der jüngeren Generation, die Klarheit in die politischen Verhältnisse bringen und ihren Anteil an der Führung des Landes übernehmen wollte. Die „Revolution" von 1894 war in den Augen der Führungsschicht unvermeidlich, und insofern begrüßte sie die Unterstützung der Brasilianer; sie ermöglichte es ihr, an der Macht festzuhalten und allen Angriffen auf das *colorado*-System zu widerstehen.

Paraguays enge Beziehungen zu Argentinien, insbesondere auf den Gebieten der Kultur und Wirtschaft, wurden im Jahr 1904 endgültig gefestigt. In diesem Jahr setzte ein bewaffneter Aufstand der stabilen Herrschaft der *colorados* ein Ende. Wieder stand der Regierungswechsel in Verbindung mit einer Wirtschaftskrise und Großmachtrivalitäten, doch erlitten diesmal die brasilianischen Interessen eine Niederlage. Im Laufe des Jahres 1904 formierte sich eine mächtige Oppositionsbewegung, bestehend aus Armeeoffizieren, Bankiers, der jüngeren Generation (darunter Caballeros eigenem Sohn) und den Direktoren der staatlichen Mate-Gesellschaft *Industrial Paraguaya,* die auf den Absatzmärkten durch brasilianische Konkurrenz zunehmend unter Druck geriet. Da Brasilien seit 1870 entscheidenden Einfluß auf die paraguayische Politik ausgeübt hatte, war es nur natürlich, daß die Verschwörer jetzt nach Argentinien blickten. Und sie taten gut daran, denn flußabwärts lagen die besten Gelegenheiten für weiteres Wirtschaftswachstum. Diese liberale Opposition begann im August mit argentinischer Hilfe einen bewaffneten Aufstand, und bis zum Jahresende hatte sie Präsident Manuel Escurra vertrieben.

Mit diesem Machtwechsel setzte Paraguay verspätet auf die argentinische Karte. Während der vorausgegangenen Jahrzehnte hatten die Paraguayer Distanz zu Argentinien gehalten, um ihre Unabhängigkeit zu bewahren. Inzwischen aber hatten sie die Vergangenheit einer Neueinschätzung unterzogen und suchten nach Bezugspunkten für ihr wiedergewonnenes Nationalgefühl. So erstaunt es nicht, daß Francisco Solano López, dessen Niederlage den Ruin des Landes bewirkt hatte, zum Gegenstand offizieller Heldenverehrung wurde. Dadurch konnte ein relativ harmloses Ventil für antiargentinische und antibrasilianische Regungen geschaffen werden. Die Lópezverehrung zeigte, daß die Paraguayer endlich zu einer unverkrampften Einstellung gegenüber ihrer Vergangenheit und hinsichtlich ihres Platzes in der Welt gefunden hatten.

L. Einwanderung und soziokultureller Wandel

Das auffallendste Merkmal der Entwicklung am Río de la Plata während des späten 19. Jh. war die massive Einwanderung, die Millionen von Europäern nach Argentinien und Uruguay brachte. Die Einwanderung wurde erleichtert durch die gleichen technischen Verbesserungen im Schiffbau und Schiffsantrieb, die dem Warentransport zugute kamen. Um die Mitte des Jahrhunderts begannen große europäische Reedereien mit dem Liniendienst zum Río de la Plata. Zwischen 1853 und 1873 entstanden wichtige Schiffahrtslinien mit den Ausgangspunkten Southampton, Liverpool, Bordeaux, Le Havre, Marseille, Genua und Bremen. Die Überfahrten dauerten zwischen drei und fünf Wochen, je nach Einschiffungsort, und kosteten ohne Rückfahrt durchschnittlich 25 Pfund in der zweiten und 35 in der ersten Klasse. Auswanderer zogen oft das Zwischendeck vor, auf dem die Überfahrt nur 16 Pfund kostete. Es war noch immer möglich, ein Segelschiff zu nehmen (für 13 Pfund), aber in diesem Fall konnte die Reise bis zu 60 Tage dauern. Anfänglich beförderten französische und italienische Schiffe die Mehrzahl der Auswanderer. Über die Hälfte der 23 500 Passagiere, die im Jahr 1867 in Buenos Aires eintrafen, kam mit französischen und italienischen Schiffen. Der Arbeitsmarkt benötigte vor allem Handarbeiter: Landarbeiter, Köche, Dienstmädchen und junge Ehepaare, außerdem Unternehmer. Diese konnten innerhalb eines Jahres einen Verdienst in der Höhe ihrer Überfahrtskosten erzielen, manchmal sogar das Doppelte. „Flotten jungen Männern“, Universitätsabsolventen und Intellektuellen wurde indessen geraten, in Europa zu bleiben. Sie waren „buchstäblich nutzlos, denn ein Mann mag Homer und Vergil auswendig kennen und dennoch gezwungen sein, seinen Lebensunterhalt mit dem Verkauf von Orangen zu bestreiten“. Nicht alle Einwanderer kamen in der Absicht, sich dauerhaft in der Neuen Welt niederzulassen. Viele Landarbeiter profitierten von den relativ preiswerten Schiffspassagen und den vergleichsweise hohen Löhnen in den La-Plata-Staaten, indem sie sich während der Erntezeit in Europa als Saisonarbeiter verdingten und anschließend per Schiff zum Río de la Plata reisten, wo sie rechtzeitig zur Erntezeit im Februar und März zur Verfügung standen. Da sie wie Schwalben kamen und gingen, wurden sie *golondrinas* genannt. Gleichwohl wurden viele dieser Pendler schließlich am Río de la Plata ansässig, sobald sie genügend Ersparnisse erwirtschaftet hatten. Infolge der Einwanderung, die viel mehr Männer als Frauen ins Land brachte, wiesen sowohl Argentinien als auch Uruguay ein ausgeprägtes Ungleichgewicht in der Verteilung der Geschlechter auf (im Jahr 1914 kamen in Argentinien auf 100 Frauen 118 Männer). Diese Asymmetrie förderte in Buenos Aires und Montevideo die Entwicklung der Prostitution in einem gewaltigen Ausmaß.

Diejenigen Einwanderer, die sich endgültig im Land niederließen, bevorzugten die Metropolen, die Landes- und Provinzhauptorte sowie die großen Hafenstädte. In Argentinien zog die Provinz Santa Fé zahlreiche landwirtschaftliche Siedler an. Der demographische Aufstieg dieser Provinz spiegelt diese Entwicklung wider: Im Jahr 1870 hatte Santa Fé nur 90 000 Einwohner (5 % der Einwohnerzahl des ganzen Landes), während es im Jahr 1895 schon 400 000 waren (10 %). Auch in der Folgezeit war das absolute Wachstum noch groß (im Jahr 1914 hatte die Provinz 900 000 Einwohner), aber im Landesvergleich nicht mehr so bedeutend (11 %). Die Küstenprovinzen konnten ihren Bevölkerungsanteil bis 1914 jedoch auf beinahe zwei Drittel der

Gesamtbevölkerung erhöhen. Zu Beginn des 19. Jh. hatte das demographische Verhältnis noch die zentralen Gebiete und den Nordwesten des Landes begünstigt, wo mehr als die Hälfte der Gesamtbevölkerung lebte.

Zwischen 1870 und 1914 wanderten mehr als 5,5 Mio. Europäer nach Argentinien aus; werden jene abgezogen, die in die Heimat zurückkehrten, so blieb ein Nettozuwachs von annähernd 3 Mio. Einwanderern. Der Netto-Einwanderungsgewinn in Uruguay betrug mehr als 400 000, und das Bevölkerungswachstum war atemberaubend. Die späten 1880er Jahre erlebten die größten Einwanderungswellen. Die meisten Neuankömmlinge waren Italiener (*gringos* genannt), gefolgt von Spaniern *(gallegos)*, Franzosen sowie Mittel- und Osteuropäern. Unter den letzteren befanden sich viele russische Juden (in Argentinien *rusos* genannt), die wegen der wiederkehrenden Judenpogrome aus ihrer Heimat geflohen waren. Eine beträchtliche Anzahl von Syrern und Libanesen (nach dem Land, das ihre Pässe ausgab, *turcos* genannt) ließ sich ebenfalls an den Ufern des Río de la Plata nieder. Endlich wurde Alberdis Ermahnung „regieren heißt bevölkern" enthusiastisch befolgt.

Tab. 55: Nettoeinwanderung nach Argentinien 1871–1910

Zeitraum	Einwanderer (absolut)
1871–1880	275 700
1881–1890	855 000
1891–1900	396 500
1901–1910	875 200
Insgesamt	2 402 400

Quelle: Zusammenstellung des Verfassers.

Die Millionen von Einwanderern veränderten die argentinische und uruguayische Gesellschaft radikal und nachhaltig. Die alte kreolische Gesellschaftsform und Lebensweise verschwanden aus weiten Teilen der Region. Auch das äußere Erscheinungsbild der Bevölkerung wandelte sich. Während vor 1890 das indianische und negroide Erbe noch in den Gesichtern vieler Menschen zu erkennen war, wurde nun der europäische Typ vorherrschend; Argentinien und Uruguay nahmen damit einen vom Rest des Kontinents verschiedenen Charakter an. Sie streiften ihre „lateinamerikanischen" Merkmale zugunsten eines eher „europäischen" Aussehens ab. Die Metamorphose war so umfassend und anscheinend so vollständig, daß sie zu einer ernsten Identitätskrise führte, die viele Argentinier und Uruguayer noch lange beschäftigte.

M. Montevideo, Buenos Aires und andere Städte

Die gewaltigen Veränderungen fanden in der radikalen Modernisierung der Stadtlandschaft ihren symbolhaften Ausdruck. Der Fortschritt Argentiniens und Uruguays wäre ohne die führende Rolle, die ihre Hauptstädte spielten, undenkbar gewesen. Buenos Aires und Montevideo waren die Einfuhrhäfen für ausländische Waren und Menschen zur Versorgung des jeweiligen Hinterlandes, und beide waren zugleich die wichtigsten Ausfuhrhäfen für einheimische Erzeugnisse. Aber die Bedeutung beider

Städte ging weit darüber hinaus: Sie waren eigentliche Zentren der Zivilisation, Hochburgen einer einzigartigen Mischung europäischer und amerikanischer Lebensstile, Chicago und Paris ähnlicher als jede andere Stadt in Lateinamerika. Buenos Aires und Montevideo waren die Lokomotiven der nationalen Volkswirtschaften, pulsierende Mittelpunkte des Geschäftslebens und der günstigen Gelegenheiten. Nirgendwo sonst konnte der durchschnittliche Einwanderer bessere Aufstiegsmöglichkeiten finden als in diesen beiden Metropolen, die einander so ähnlich waren und deren Entwicklung parallel verlief. Das Leben in der Großstadt war für viele leicht, für die meisten jedoch hart, aber es bestand immer die berechtigte Hoffnung auf eine Verbesserung der Lebensumstände. Besonders die Männer mußten sehr schwer arbeiten und immer wachsam sein. Buenos Aires und Montevideo waren in den Worten eines europäischen Beobachters „ein Paradies für Frauen, ein Fegefeuer für Männer und die Hölle für Pferde".

Buenos Aires, Montevideo und Rosario entwickelten sich von traditionellen, kreolischen Städten zu Metropolen von europäischem Format. Städte wie La Plata und Bahía Blanca erlebten in einer Phase fast fieberhafter Konjunkturentwicklung und Expansion einen Aufschwung, der nur mit dem Aufstieg Chicagos, San Franciscos oder des deutschen Ruhrgebietes zu vergleichen ist. Die folgende Tabelle der Bevölkerungsentwicklung gibt einen Eindruck von diesem Wachstum:

Tab. 56: Bevölkerungsentwicklung der größten Städte 1870–1914 (in 1000)

	1870	1895	1914
Buenos Aires	180	663	1580
Montevideo	100	250	380
Rosario	23	93	226
La Plata	–	45	101
Bahía Blanca	1	9	50

Quelle: Zusammenstellung des Verfassers.

Nach 1880 wurde Buenos Aires zu einem der großen Zivilisationszentren der Atlantischen Welt. Es war eine wirklich kosmopolitische Stadt, weil über viele Jahre hinweg mehr als die Hälfte der Bevölkerung ausländischer Abstammung war. Auf den Straßen waren alle Weltsprachen zu hören; und neben den in Spanisch verlegten Zeitungen erschienen Tageszeitungen in italienischer, deutscher, französischer, englischer und russischer Sprache. Seit 1831 gab es neben den katholischen Kirchen solche für Anglikaner, Presbyterianer, Lutheraner, Methodisten und Orthodoxe sowie Synagogen. Die neue Verwaltungsstruktur, mit einem *intendente* oder Bürgermeister mit weitreichenden Vollmachten an der Spitze, schuf das geeignete Klima für ungehindertes Wachstum. Unter ihrem ersten *intendente,* Torcuato S. de Alvear, erlebte die Stadt eine Periode glanzvoller Entwicklung und schuf eine besondere Mischung von romantischem Reiz, amerikanischer Schwungkraft und europäischem Flair. Europäischen Architekten wurde die Freiheit gelassen, eine Stadt mediterraner Fassaden zu bauen, mit italienischen Schmuckformen, Pariser Avenuen und englischen Parks und Gärten. Hinter dem hübschen Äußeren verbargen sich aber oft die miserabelsten Lebensbedingungen.

Tausende von Einwanderern hausten zusammengedrängt in schmutzigen *conventillos,* düsteren, bienenstockähnlichen Wohnblocks, in denen ganze Familien oft nur über ein Zimmer verfügten. Im Jahr 1907 bewirkten Wirtschaftskrise und steigende Mieten einen Mieterstreik unter den *conventillo*-Bewohnern, aus dem bald eine allgemeine Protestbewegung gegen die herrschenden sozialen Verhältnisse hervorging. Der Gegensatz zur reichen Oberschicht der *hacendados,* Bankiers, Spekulanten, Grundbesitzer und Anwälte hätte tatsächlich nicht krasser sein können. Nach der Gelbfieberepidemie von 1871 zogen die Reichen in den Norden der Stadt, wo sie sich veritable Renaissancepaläste bauten. Ihre Kutschen ließen sie von Orlow-Pferden ziehen, die als Rolls Royce unter den Kutschpferden galten und die auch die russische Zarenfamilie bevorzugte. Reiche *porteños* konnten es sich außerdem leisten, Geschmack für Theater und Musik zu kultivieren. Billige und regelmäßige Schiffsverbindungen über den Atlantik versetzten die örtlichen Theaterdirektoren in die Lage, während der europäischen Nebensaison die Stars der internationalen Bühnen, Opernhäuser und Konzertsäle für ihr *porteño*-Publikum zu engagieren. Auf diese Weise wurde Buenos Aires neben Mailand, Paris und New York zu einem der großen Opernzentren der Welt.

Trotz des verbreiteten und scheinbar endemischen Elends in den Großstädten der Neuen Welt erreichten viele arme *porteños* infolge des eindrucksvollen Wirtschaftswachstums und der zunehmenden Konzentration des nationalen Wohlstandes in der Hauptstadt eine wirkliche Verbesserung ihrer materiellen Lebensbedingungen. Die Erfüllung der Losung „Hacer la America", in der Neuen Welt erfolgreich zu sein, lag in Reichweite vieler Einwanderer. Um 1910 war Buenos Aires ein derart glänzendes Beispiel wirtschaftlichen und sozialen Fortschritts, daß sich viele ausländische Besucher zur Annahme verleiten ließen, die übrigen Gebiete des Landes seien ähnlich wohlhabend. Die Städte im Landesinneren wiederholten das Beispiel der Hauptstadt in bescheidenerem Maßstab, indem auch sie Hunderte von alten Häusern niederrissen und moderne Gebäude errichteten. Doch hinter der neuen Fassade blieb der alte kreolische Kern erhalten, und viele Argentinier lebten noch immer in ländlichen Verhältnissen, oft in Armut.

Auch Montevideo wurde in jeder Hinsicht eine moderne Stadt nach europäischem Vorbild. Ungefähr die Hälfte seiner Einwohner (wie in Buenos Aires) war im Ausland geboren; neben der dominierenden italienischen Gemeinde waren die spanischen und französischen Bevölkerungsgruppen die bedeutendsten. In wirtschaftlicher Hinsicht hatten die Ausländer jedoch ein deutliches Übergewicht: Mehr als zwei Drittel der wirtschaftlich aktiven Bevölkerung waren keine Uruguayer; 90 Prozent der industriellen Produktionsmittel und 80 Prozent der Einzelhandelsgeschäfte befanden sich in ausländischem Besitz. Die ausländischen Unternehmer und Arbeiter brachten ein Stück europäischer Kultur in die Neue Welt, einschließlich der Gewerkschaften und Lohnkonflikte. Die erste uruguayische Gewerkschaft wurde im Jahr 1870 gegründet: die *Sociedad Tipográfica Montevideana,* eine Gewerkschaft der Schriftsetzer und Buchdrucker. Die meisten Gewerkschaften waren anarchistisch orientiert, und in dem Maße, wie die Ideologie sich entwickelte und die Lohnkonflikte sich verschärften, gerieten diese außer Kontrolle. Sie gipfelten in der massiven Streikwelle, die Montevideo in den Jahren 1895 und 1896 lähmte. In Argentinien erreichten die sozialen Konflikte ihren Höhepunkt nach 1900 mit den ersten Generalstreiks. Die Folgen der Masseneinwanderung und des gesellschaftlichen Wandels konnten nicht länger ignoriert oder mit halbherzigen Maßnahmen neutralisiert werden. Der Zeitpunkt näherte sich, da das politische System reformiert und die Verteilung des nationalen Reichtums auf eine andere Grundlage gestellt werden mußte.

N. 1910: Rückblick in Zufriedenheit

Als Argentinien 1910 seine Einhundertjahrfeier beging, tat es dies als ein stolzes Land, das einen ehrenvollen Platz unter den Nationen der Welt eingenommen hatte. Scheinbar mühelos erbrachte die systematische Ausbeutung der Reichtümer des Landes ungeahnte Gewinne. Geld wurde nicht nur als Kapitalanlage ins Ausland geschickt, sondern zu einem guten Teil im Inland investiert. Argentinien war ein reiches Land geworden, und zwar nicht nur gesamtwirtschaftlich betrachtet, sondern auch hinsichtlich des Lebensstandards seiner 7 Mio. Einwohner. Kein Wunder, daß die Jubiläumsfeiern von der politischen Führung und Teilen der Bevölkerung mit Begeisterung vorbereitet wurden. Die Bundesregierung verschickte Einladungen an führende ausländische Staatsmänner; in der Hauptstadt wurden grandiose Projekte für Avenuen und monumentale Plätze in Angriff genommen, die auch dem französischen Städteplaner Haussmann alle Ehre gemacht hätten. Der Nationalkongreß erhielt ein neues klassizistisches Gebäude. Überall wurden Statuen und Monumente zur Erinnerung an die führenden Gestalten und Schlüsselereignisse der Mairevolution errichtet. In bescheidenerem Umfang folgten die Provinzhauptstädte dem Beispiel von Buenos Aires.

Allein für die Festivitäten wurden Millionen Goldpesos ausgegeben. Kriegsschiffe der Handelspartner und Nachbarn Argentiniens ankerten vor Buenos Aires, während ihre Besatzungen durch die Straßen paradierten. Die Festlichkeiten waren jedoch überschattet vom Tod Eduards VII. von England, dem König jenes Landes, zu dem Argentinien die engsten Beziehungen unterhielt. Aus diesem Grund nahmen keine englischen Kriegsschiffe an den Feierlichkeiten teil, und auch die englischen Diplomaten ließen sich entschuldigen. Vielleicht noch schlimmer war die Brüskierung durch Brasilien, das nur eine rangniedrige Abordnung entsandte. Tatsächlich schickte von den größeren lateinamerikanischen Ländern nur Chile seinen Präsidenten nach Buenos Aires. Der prominenteste Gast war zweifellos die Infantin Isabel, Schwester des Königs von Spanien, die trotz ihrer offensichtlichen Geringschätzung der Argentinier deren Herzen eroberte. Die Argentinier ließen sich indessen ihre Geburtstagsfeier nicht verderben, nicht einmal vom Umstand, daß Tausende von elektrischen Lichtern, die die Hauptstraßen schmückten, den Dienst versagten. Argentinien war innerhalb einer Generation ein stolzes, reiches und entwickeltes Land geworden, und dieses Wunder war für sich allein ausreichend, um die Welt zu blenden.

Gert J. Oostindie

7. Die Karibik 1820–1900

Aus dem Englischen übersetzt von Walter Brumm

Das 19. Jh. war in der Geschichte der Karibik eine Übergangszeit. Die Sklaverei wurde abgeschafft; die Plantagenwirtschaft war neu definiert und teilweise verlagert. Die Bedeutung der britischen, französischen und niederländischen Kolonien in der Karibik für das jeweilige Mutterland war im Schwinden begriffen. Nur die spanische Karibik setzte ihren Wiederaufstieg fort: Kuba allein erzeugte gegen Ende des 19. Jh. mehr als die Hälfte des karibischen Zuckers. Doch um 1900 hatte Spanien auch diese Überreste eines einstmals mächtigen amerikanischen Kolonialreiches verloren.

A. Bevölkerung, Sklaven und Zucker

Während des 19. Jh. verzeichnete die Karibik ein bemerkenswertes, wenn auch ungleichmäßiges Bevölkerungswachstum (Tab. 57). Kuba stand an erster Stelle, gefolgt von Haiti, Puerto Rico, Jamaika und der Dominikanischen Republik. Alle anderen karibischen Kolonien hatten viel weniger Einwohner. Die Sklaven hatten um 1810 rund 86 Prozent der Bevölkerung in der britischen Karibik ausgemacht, ein Anteil, der sich bis zum Vorabend der Sklavenbefreiung im Jahr 1834 nur geringfügig auf 81 Prozent verringerte (mehr als 800 000). Auf den zwei größten Inseln der französischen Karibik wurden im Jahr 1848 insgesamt 260 000 Sklaven befreit (ungefähr 60 % der gesamten Einwohnerschaft). Die Gesamtbevölkerung des größten niederländischen Besitzes, Surinam, ging bis zum Verbot der Sklaverei im Jahr 1863 auf 53 000 zurück (davon waren 69 % Sklaven). Auch hinsichtlich der Anzahl der Sklaven lag Kuba an der Spitze: Die Sklavenbevölkerung der Insel wuchs von 199 000 Personen (36 % der Gesamtbevölkerung) im Jahr 1817 auf 370 000 (27 %) im Jahr 1862; danach setzte ein rascher Rückgang ein.

Trotz eines verheerenden Krieges hatte sich die kubanische Zuckerproduktion am Ende des Jahrhunderts im Vergleich zu den Produktionsziffern der 1820er Jahre verzehnfacht, und das nächste Jahrzehnt verzeichnete noch einmal fast eine Verdreifachung (Tab. 58). Kuba allein lieferte in den 1820er Jahren 17 Prozent der gesamten karibischen Zuckererzeugung, in den 1890er Jahren 60 Prozent und im folgenden Jahrzehnt 75 Prozent. An zweiter und dritter Stelle folgten Puerto Rico und die Dominikanische Republik.

Trotzdem geriet die karibische Zuckerproduktion zunehmend unter Konkurrenzdruck. In den 1840er Jahren betrug sie 48 Prozent der Welterzeugung, am Ende des Jahrhunderts nur noch 35 Prozent. Noch unheilverkündender war der Umstand, daß der Anteil der Karibik an der Weltzuckerproduktion von rund 45 Prozent in den 1840er Jahren auf 15 Prozent gegen Ende des Jahrhunderts zurückging, obwohl die Region ihre Zuckererzeugung zwischen den 1820er und den 1890er Jahren verdreifachte. Dieser relative Rückgang hing mit dem Aufstieg neuer Zuckerrohrproduzenten

– unter diesen sind in erster Linie die asiatischen Gebiete europäischer Kolonialreiche zu erwähnen – sowie mit dem Aufkommen staatlich geförderter Rübenzuckerproduktion in den europäischen Ländern zusammen.

Tab. 57: Die Karibik 1820–1900: Bevölkerungsentwicklung ausgewählter Länder

	um 1820		zur Zeit der Emanzipation		um 1900
	gesamt	Sklavenanteil (in %)	gesamt	Sklavenanteil (in %)	gesamt
Haiti	590 000*	–	(Emanzipation 1794)		1 270 000
Französisch:					
Guadeloupe	101 000 (1818)	78	129 000 (1848)	68	165 000 (1888)
Martinique	98 000 (1820)	79	131 000 (1848)	56	176 000 (1888)
Britisch:					
Jamaika	404 000 (1810)	86	360 000 (1834)	86	728 000
Barbados	90 000 (1815)	79	100 000 (1834)	81	190 000
Brit. Guyana	114 000 (1810)	94	101 000 (1830)	88	279 000
Trinidad	35 000 (1810)	75	42 000 (1830)	54	258 000
Niederländisch:					
Surinam	56 000 (1830)	–	53 000 (1863)	69	69 000
Curaçao	14 000 (1817)	48	19 000 (1863)	35	30 000
Spanisch:					
Kuba	533 000 (1817)	36	1 632 000 (1886)	2	1 573 000
Dom. Republik	63 000 (1819)	–	(Emanzipation 1822)		485 000
Puerto Rico	231 000 (1820)	9	607 000 (1873)	5	953 000

* Diese Zahl ist wahrscheinlich überhöht.

Quellen: Schnakenbourg [1980, 42, 46], Watts [1987, 311, 320, 459 (Dominikanische Republik, Haiti)], Pluchon [1982, 427 (Französische Karibik)], Highman [1984, 77], Williams [1964, 166 (Britische Karibik)], Goslinga [1990, 54, 316], Hoetink [1985, 75], Lier [1971, 31, 253 (Niederländische Karibik)], Kiple [1976, 86, 89], Scott [1985, 194 (Kuba)], Hoetink [1982, 19], Dietz [1986, 31, 36 (Puerto Rico)].

B. Die britische Karibik

Das Verbot des Sklavenhandels im Jahr 1807 mag die Produzenten der britischen Karibik benachteiligt haben, führte aber keineswegs zu einem Zusammenbruch. Überdies gelang es Großbritannien ziemlich rasch, seine regionalen Konkurrenten im Hinblick auf die Untersagung des Sklavenhandels unter Druck zu setzen. Nur der Sklavenhandel mit Kuba und Puerto Rico wurde trotz des englisch-spanischen Vertrags von 1817 fortgesetzt.

Die Zuckerproduktion der britischen Karibik machte in den 1820er Jahren insgesamt rund 185 000 Tonnen aus und betrug damit 55 Prozent der Gesamterzeugung der Region. Der folgende Rückgang war proportional, nicht absolut (Tab. 2). Nur die Dekade nach der Sklavenbefreiung (1834) und das letzte Jahrzehnt des Jahrhunderts

Die Karibik im 19. Jahrhundert

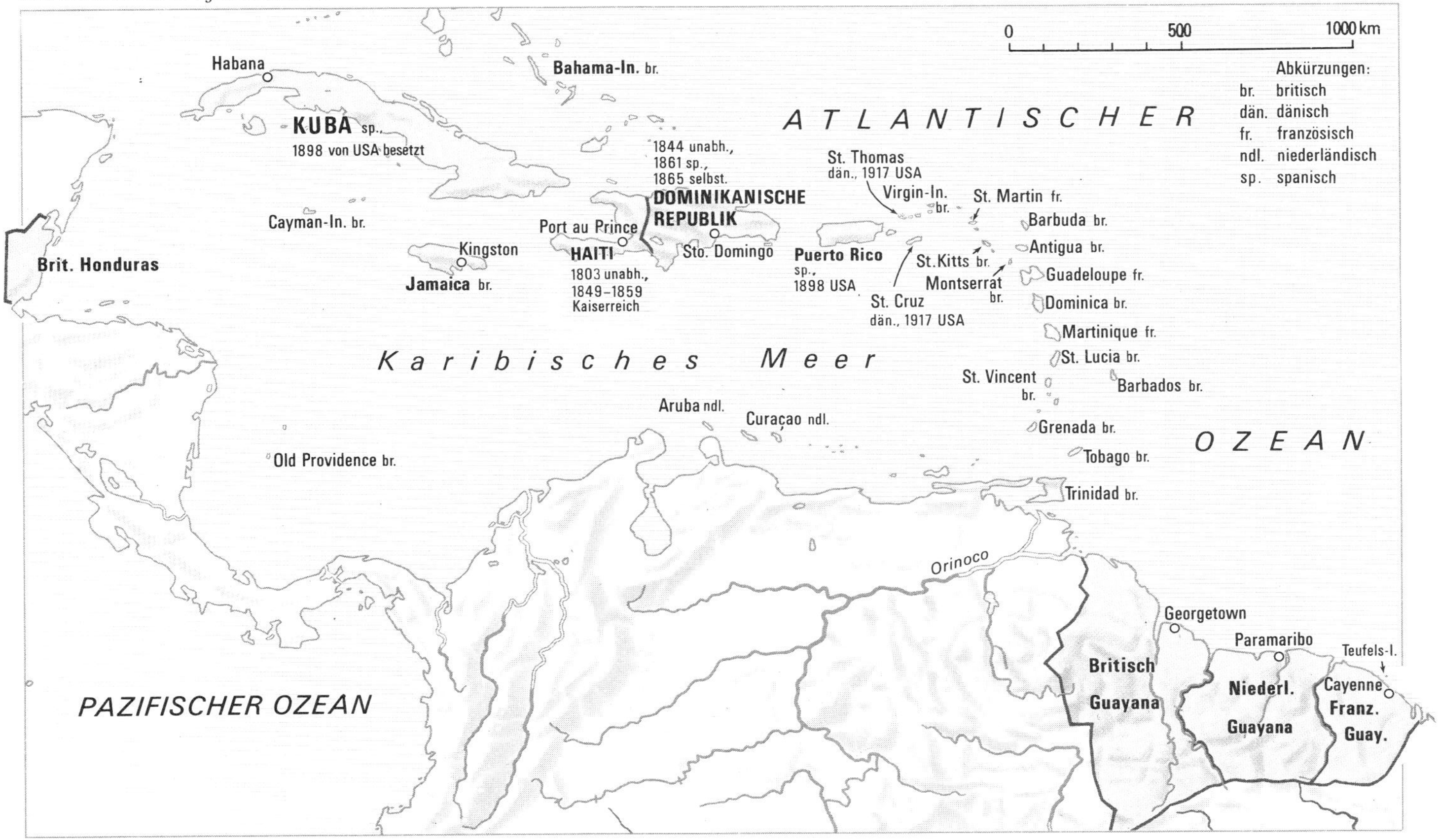

Tab. 58: Zuckerproduktion der Karibik und der Welt 1820–1909

	Britisch West-Indien	Franz. West-Indien	Kuba	Puerto Rico	Dominikanische Republik	Karibik gesamt	Übrige Welt Rohr	Übrige Welt Rüben	Welt gesamt	Anteil der Karibik Rohr (in %)	Anteil der Karibik Rohr u. Rüben (in %)
	(in 1000 Tonnen)										
1820–1829	185	53	57	10	–	331	o. A.	o. A.	o. A.	–	–
1830–1839	190	54	131	25	–	427	o. A.	o. A.	o. A.	–	–
1840–1849	136	55	192	40	–	449	500	67	1 016	48	44
1850–1859	162	46	345	45	–	620	624	259	1 503	50	41
1860–1869	207	58	580	55	–	920	571	579	2 070	62	44
1870–1879	247	81	645	83	2	1074	731	1242	3 047	60	35
1880–1889	284	87	595	73	10	1069	1283	2505	4 857	46	22
1890–1899	260	72	638	57	35	1076	1990	4292	7 358	35	15
1900–1909	244	70	1655	173	58	2217	4290	7020	13 525	34	16

Quelle: Ward [1985, 27].

verzeichneten absolute Rückgänge in einer ansonsten gleichmäßigen Aufwärtsentwicklung. Diese Entwicklung hätte schlechter aussehen können, besonders nachdem das Gesetz von 1846 über den Zuckerzoll Britisch-Westindien seiner privilegierten Stellung auf dem britischen Markt beraubt hatte.

Drei Faktoren waren für die Elastizität der Zuckerproduktion Britisch-Westindiens ausschlaggebend. Erstens waren neue Produktionsgebiete erschlossen worden, besonders in den neu erworbenen Territorien Trinidad und Britisch-Guayana. Während diese jüngsten Erwerbungen in den 1820er Jahren mit 28 Prozent zur Gesamtproduktion der britischen Karibik beigetragen hatten, erreichte ihr Anteil bis zu den 1890er Jahren annähernd 60 Prozent. Zweitens erlebte die Zuckerindustrie während des gesamten Jahrhunderts einen bedeutenden Produktivitätsanstieg. Innovationen in jeder Phase des Produktionsprozesses verwandelten die Zuckergewinnung in ein immer kapitalintensiveres und höhere Erträge lieferndes – wenn auch nicht unbedingt finanziell lohnenderes – Unternehmen. Drittens gelang es den Zuckerplantagen, Arbeitskräfte in ausreichender Zahl und zu wettbewerbsfähigen Löhnen für die Felder und Fabriken zu rekrutieren.

Letzterer Faktor erfordert eine eingehendere Analyse. Solange die Sklaverei bestand, konnte sich die Plantagenwirtschaft nicht nur auf eine gleichbleibende, sondern auch auf eine außerordentlich billige Versorgung mit Arbeitskräften verlassen. Die Abschaffung des Sklavenhandels war aus zwei Gründen zu Recht als Bedrohung wahrgenommen worden: Die Sklavenbevölkerung verzeichnete in der Regel eine natürliche Abnahme; außerdem benötigten die neuerworbenen Territorien eine Zufuhr von Sklavenarbeitern. Dieses Problem wurde in der Folge teilweise durch die Erschließung neuer Gebiete und die Anwendung neuer Rekrutierungsmethoden gelöst. Das erstere Problem schien sich, einigermaßen überraschend, selbst aufzuheben. Die Auswirkungen einer Politik der Kreolisierung und Verbesserung der Lebensbedingungen führten zu einer günstigeren demographischen Entwicklung. Eine natürliche Zunahme der Sklavenbevölkerung wurde in Barbados kurz vor 1820 erreicht, in St. Kitts und Montserrat während der 1820er Jahre und in Nevis zu Beginn der 1830er Jahre. Obwohl Jamaika, die restlichen britischen Besitzungen der kleinen Antillen, Trinidad und Britisch-Guayana noch immer negative Wachstumsraten verzeichneten, schien wenigstens die Möglichkeit einer sich selbst erhaltenden Sklaverei gegeben.

Die Probe aufs Exempel unterblieb allerdings. Trotz des erbitterten Widerstandes der westindischen Pflanzerlobby wurde die Sklaverei im Jahr 1834 abgeschafft. Nach einer „Lehrzeit“, die bis 1838 dauerte, waren die früheren Sklaven freie Männer und Frauen. Die unmittelbaren Folgen waren in den meisten Produktionsgebieten katastrophal. Der Zuckerertrag ging stark zurück, außer auf Barbados, Antigua, St. Kitts und Trinidad. Inseln wie St. Vincent und Grenada erreichten nie wieder die Produktionsziffern der Zeit vor der Sklavenbefreiung. Größere Produzenten brauchten viele Jahrzehnte, bis die Zuckerproduktion den Stand von vor 1834 wieder erreichte; Britisch-Guyana bis in die 1860er und Jamaika sogar bis in die 1930er Jahre.

Wie ist der Gegensatz zwischen Produktionsgebieten, denen ein „glatter Übergang“, und jenen, denen es verspätet oder überhaupt nicht gelang, das Produktionsniveau zu halten, zu erklären? Mehrere, einander meist ergänzende Erklärungen sind zur Beantwortung dieser Frage vorgebracht worden. Die direkte und vielleicht überzeugendste Erklärung hebt auf die unterschiedliche Bevölkerungsdichte der einzelnen Kolonien ab. Die glatten Übergänge zur Zuckerproduktion ohne Sklaven in Barbados, St. Kitts und Antigua können durch die Tatsache erklärt werden, daß diese Inseln in ganz Westindien die höchste Bevölkerungsdichte aufwiesen. Da alle brauchbaren Böden von Zuckerrohrplantagen monopolisiert waren, hatten die befreiten Sklaven kaum eine andere Wahl, als bei der Plantagenarbeit zu bleiben. Umgekehrt zogen sie in Kolonien mit geringer Bevölkerungsdichte wie Jamaika, St. Lucia und Britisch-Guayana oft als Subsistenzbauern in unbesiedelte Gegenden.

Auch die Kolonialpolitik der Folgezeit war von großer Bedeutung für den Effekt der Sklavenbefreiung. Das Aufkommen eines unabhängigen Bauernstandes bildete in mancher Hinsicht ein Gegengewicht zur Plantagenwirtschaft. In den entstehenden Wettbewerb um Land, Arbeitskräfte und Infrastruktur griff die Kolonialpolitik oft in entscheidender Weise ein. In der gesamten Karibik zielten die Anstrengungen der Kolonialmächte auf die Unterstützung des Plantagensektors ab. Die britische Kolonialpolitik bildete in dieser Hinsicht keine Ausnahme, zumindest nicht bis zur Zuckerkrise der 1880er Jahre. Zu den von der Kolonialregierung ergriffenen Maßnahmen zählten Besteuerung, Gesetze zum Verbot von Ansiedlungen ohne Rechtstitel sowie der „Landstreicherei“, die Beschränkung des Gesundheits- und Erziehungswesens auf die Plantagengebiete und die Verweigerung von Krediten an Kleinbauern.

Noch wichtiger war die Verwirklichung staatlich unterstützter Einwanderungsprojekte. Diese fanden vor allem auf die relativ neuen Produktionsgebiete von Trinidad und Britisch-Guayana Anwendung. Die Einwanderungsprojekte förderten sowohl die Übersiedlung von den benachbarten Inseln wie etwa dem übervölkerten Barbados als auch die Rekrutierung von Arbeitskräften im Ausland. Kontraktarbeiter wurden in Afrika, Madeira, China und besonders in Britisch-Indien angeworben. Zwischen 1838 und 1917 kam annähernd eine halbe Mio. Inder in die Karibik, davon beinahe die Hälfte nach Britisch-Guayana (238 000) und weitere 30 Prozent (145 000) nach Trinidad. Kleinere Gruppen siedelten nach Jamaika (21 500) und auf einige der kleineren Inseln über. Die Einwanderung, von Kritikern als neue Form der Sklaverei bezeichnet, wurde für die Zuckerwirtschaft entscheidend. Es gibt Hinweise darauf, daß die fortgesetzte Einwanderung dazu benutzt wurde, das Lohnniveau in der Plantagenwirtschaft zu drücken. Bald machten die Inder, deren Kontraktarbeitszeit mindestens fünf Jahre betrug, die Mehrheit der Arbeiter in den Zuckerrohrplantagen aus.

Die unterschiedlichen Erfolge der Zuckerkolonien im Anpassungsprozeß an die Bedingungen nach der Sklavenbefreiung hingen also überwiegend von der Bevölkerungsdichte und der Kolonialpolitik ab. Auch andere Faktoren übten indessen einen gewissen Einfluß aus: Die neu erschlossenen Gebiete hatten gegenüber den älteren Vorteile, die sich aus dem Vorhandensein fruchtbarer, bisher ungenutzter Böden sowie aus der Anwendung fortgeschrittener Technologie ergaben; die daraus resultierenden höheren Erträge verbesserten die Wirtschaftlichkeit und ermöglichten wiederum höhere Investitionen in Technologie und Arbeitskräfte usw.

Obwohl die hier geführte Diskussion die Perspektive der Plantagen oder der Kolonialmacht betont, sollte nicht vergessen werden, daß auch das Verhalten der befreiten Sklaven selbst für den Effekt der Sklavenbefreiung auf dem Plantagensektor von Bedeutung war. Besonders dort, wo natürliche Ressourcen wie Land knapp waren, stand das Plantagensystem in ständiger Konkurrenz zur kleinbäuerlichen Landwirtschaft. Selbst unter moralischem Gesichtspunkt konnte der Unterschied zwischen den beiden Wirtschaftssektoren, die nach der Sklavenbefreiung entstanden, groß sein. Ob oder unter welchen Umständen befreite Sklaven sich strikt weigerten, auf die Zuckerrohrfelder zurückzukehren, ist umstritten. Frühere Erfahrungen während der Sklaverei mochten zu einem tiefsitzenden Widerwillen gegen die Plantagenarbeit geführt haben. Wie MINTZ [1989] bemerkt hat, stellte das Kleinbauerntum der Karibik sowohl eine Reaktion auf das Plantagensystem als auch eine Form des Widerstandes gegen aufgezwungene Lebensweisen dar.

Zusätzlich zum Aufstieg eines unabhängigen Kleinbauerntums, das neben der Subsistenzwirtschaft auch dazu überging, Feldfrüchte für den Markt anzubauen, ergaben sich in der Periode zwischen 1820 und 1900 ein Zug zur Urbanisierung sowie eine Tendenz zur Herausbildung einer zahlenmäßig bescheidenen, nichtagrarischen Arbeiterschicht. Eine weitere bedeutsame Entwicklung nach der Sklavenbefreiung war die Veränderung in den vorherrschenden Wanderungsbewegungen. Bis zur Abschaffung der Sklaverei waren alle britischen Kolonien in der Karibik Einwanderungsländer gewesen. Mit der Sklavenbefreiung wurde dieses Migrationsmuster uneinheitlicher. Während die neu gewonnenen Kolonien weiterhin Einwanderer aufnahmen, begann auf den dicht bevölkerten Inseln (Barbados, Antigua) die Abwanderung. In letzterem Fall waren Landknappheit und allgemein schlechte wirtschaftliche Umstände die entscheidenden Faktoren, während die Anziehungskraft der anderen Gebiete auf das höhere dortige Lohnniveau zurückzuführen war. So wanderten beispielsweise Bewohner von Barbados in die neuen Zuckerrohrgebiete von Britisch-Guayana und Trinidad ab. Andere flohen vor Armut und Not in der Heimat, um außerhalb der britischen Karibik Geld zu verdienen, etwa beim Bau des Panamakanals oder als Erntehelfer auf den kubanischen und dominikanischen Zuckerrohrplantagen.

Mit der Aufhebung der Sklaverei wurde die Diskriminierung der Sklaven als Kaste minderen Rechts abgeschafft. Fortan waren Hautfarbe, Klassen- und Volkszugehörigkeit – Bestimmungsfaktoren, die sich aus einer Welt herleiteten, die von der Plantagenwirtschaft und der Sklavenarbeit gekennzeichnet war – nicht mehr Merkmale des Rechtsstatus, sondern solche des Sozialstatus. Äußerst langsam wurden den Nichtweißen Wege zum gesellschaftlichen Aufstieg geöffnet. Insbesondere begannen Bildung und dadurch die Kolonialverwaltung und die freien Berufe, Möglichkeiten für die farbige Mittelschicht zu bieten. Die große Mehrheit der Bevölkerung stand am Ende des 19. Jh. jedoch noch immer am Anfang der vollen Teilhabe an der Gesellschaft Britisch-Westindiens. Hinzu kam, daß in jenen Kolonien, in die indische Kontraktarbeiter in größerer Zahl eingewandert waren, rassisch-ethnische Spaltungen zwischen den afrikanischen und den asiatischen Teilen der Bevölkerung oftmals die Klassengegensätze überlagerten.

Für die Briten verlor die Karibik während des 19. Jh. viel von ihrer ursprünglichen Bedeutung. Mochte das Verbot des Sklavenhandels im Jahr 1807 auch von manchen als tödliche wirtschaftliche Bedrohung angesehen worden sein, so hatte sich der Charakter der britischen Wirtschaft zur Zeit der Sklavenbefreiung (1834) doch entscheidend gewandelt. In der britischen Politik hatten die westindischen Interessen nicht mehr viel Gewicht. Außerdem erhielt die von verschiedenen religiösen Gruppierungen und Arbeiterorganisationen lancierte politische Kampagne zur vollständigen Abschaffung der Sklaverei die einmütige Unterstützung der Liberalen und neuen Imperialisten. Die letzteren waren zu dieser Zeit im Begriff, bestimmenden Einfluß zu erlangen. Aus ihrer Perspektive machte der Schutz der westindischen Kolonialwirtschaft keinen Sinn. Sowohl ihre als archaisch angesehene Arbeitsorganisation als auch die geschützten Absatzmärkte für westindischen Zucker mußten dem Freihandel, dem freien Arbeitsmarkt und dem offenen Wettbewerb weichen. Bald nach der Sklavenbefreiung und der Abschaffung des Schutzzolls für Zucker im Jahr 1846 wurde deutlich, daß eine weitere Marginalisierung Britisch-Westindiens unvermeidlich war; tatsächlich stellte sich in der Folge heraus, daß dadurch das wirtschaftliche Wachstum Großbritanniens und seines Weltreichs nicht behindert wurde.

Es mag widersprüchlich erscheinen, daß die wirtschaftliche Marginalisierung der westindischen Kolonien nicht zu einer Beeinträchtigung des politischen Einflusses Großbritanniens in seinen Besitzungen führte. Die älteren Kolonien waren seit den frühen Tagen der Kolonisierung von lokalen Körperschaften unter britischen Gouverneuren verwaltet worden, und nur die jüngeren Erwerbungen wie Trinidad und Britisch-Guyana waren Kronkolonien. Bis zum letzten Viertel des 19. Jh. waren alle größeren Territorien zu Kronkolonien geworden. Die damit einhergehende Beschneidung der Machtbefugnisse der lokalen Körperschaften kennzeichnete den Niedergang der einst mächtigen Klasse einheimischer Pflanzer und Kaufleute, die durch ihre Repräsentanten von jeher die Innenpolitik beispielsweise in Jamaika und Barbados beherrscht hatten. Gleichzeitig aber zeugte das System der Kronkolonien von der Unfähigkeit sowohl der einheimischen Eliten als auch der Briten, mit dem Auftreten einer freien Bevölkerung fertig zu werden. Die Herrschaftsform der Kronkolonie wurde in Jamaika unmittelbar nach dem Aufstand von Morant Bay eingeführt und zog einen Schlußstrich unter die Korruption der alten Eliten. Es sollte beinahe noch ein weiteres Jahrhundert dauern, bis die Mehrheit der Britisch-Westindier ihr politisches Ziel erreichte. In der Zwischenzeit versuchten britische Kolonialbeamte, in diesen gesellschaftlich zerrissenen Kolonien ein Mindestmaß an sozialer Stabilität zu erreichen und zu überwachen.

C. Die französische, niederländische und skandinavische Karibik

Waren die Kolonien Britisch-Westindiens zu Beginn des Jahrhunderts, als die spanische Karibik zum ernstzunehmenden wirtschaftlichen Konkurrenten wurde, noch der Hauptakteur gewesen, so konnten die früheren „Lieblinge des Empires" um 1900 dem Vergleich mit Kuba nicht mehr standhalten und waren im Begriff, auch gegenüber Puerto Rico und der Dominikanischen Republik ins Hintertreffen zu geraten. Britisch-Westindien hatte jedoch die Vorreiterrolle bei der Abschaffung des Sklavenhandels und der Sklaverei sowie bei der Einführung des Freihandels innegehabt.

Im Gegensatz dazu zeichnete sich die Geschichte der anderen europäischen Territorien zwischen 1820 und 1900 durch keine außerordentlichen Errungenschaften aus. Sie nahmen den wirtschaftlichen Zusammenbruch Britisch-Westindiens vorweg, während ihre Sklavenbefreiung hinterherhinkte. Ein kurzer Überblick über ihre Geschichte kann den erstaunlichen Aufschwung der spanischen Karibik dokumentieren.

Vor der haitianischen Revolution war Französisch-Westindien von großer Bedeutung für die Wirtschaft der kolonialen Metropole gewesen. Mit dem Verlust von St. Domingue/Haiti war diese Bedeutung erheblich zurückgegangen. Im Zeitabschnitt zwischen 1820 und 1900 verzeichneten die Restgebiete der französischen Karibik insgesamt Stagnation, vor allem Guadeloupe und Martinique, in weniger ausgeprägtem Maße auch Französisch-Guayana und die kleinen Inseln. Wiederum ist die Zuckererzeugung ein geeigneter Indikator. In den 1820er Jahren lag die Produktion der französischen Karibik bei durchschnittlich 53 000 Tonnen. In den 1890er Jahren war diese Zahl auf 72 000 Tonnen gestiegen, doch der Anteil an der Gesamtproduktion der Karibik war in der gleichen Zeit von 16 Prozent auf 6,5 Prozent gefallen (Tab. 58).

Wie im Falle Britisch-Westindiens brachte das Verbot des Sklavenhandels im Jahr 1818 die Plantagenwirtschaft auch hier in Schwierigkeiten. Die Abschaffung der Sklaverei war der nächste Schritt. Im Jahr 1834 wurde in Frankreich die *Société pour l'abolition de l'esclavage* gegründet. Es erforderte aber weitere 14 Jahre und insbesondere die Ablösung der Julimonarchie durch die Zweite Republik, um die vollständige Abschaffung der Sklaverei ins Werk zu setzen. Am Vorabend der Sklavenbefreiung hatte Guadeloupe etwa 88 000 Sklaven, Martinique 72 000 und Guayana 16 500 Sklaven.

Der Übergang zur freien Lohnarbeit gestaltete sich schwierig. In der auf die Sklavenbefreiung folgenden Dekade ging die Zuckerproduktion beträchtlich zurück. Martinique erreichte erst in den 1860er Jahren wieder das Produktionsniveau der Jahre vor der Sklavenbefreiung, Guadeloupe ein Jahrzehnt später. In technologischer Hinsicht machte die Zuckergewinnung die gleichen Phasen der Modernisierung und Produktionserweiterung durch, wie sie für alle noch existierenden karibischen Zuckerproduzenten charakteristisch waren. Doch selbst die im regionalen Vergleich frühzeitige Einführung der *usine centrale,* der zentralen Zuckerrohrverarbeitung in der Raffinerie anstelle der früheren Einheit von Plantage und Raffinerie konnte den Niedergang der Zuckerindustrie nicht aufhalten.

Das mangelnde Interesse des Mutterlandes an Investitionen in die Zuckerrohrwirtschaft war in diesem Zusammenhang von ausschlaggebender Bedeutung. Hinzu traten Schwierigkeiten mit den befreiten Sklaven, die als Lohnarbeiter unzuverlässig waren und deren Anwerbung sich möglicherweise als zu kostspielig erwies. Ein Versuch, die Exportwirtschaft von Guadeloupe durch den Import von 39 000 indischen Kontraktarbeitern wiederzubeleben, scheiterte. Während des gesamten 19. Jh. stagnierte die Zuckererzeugung auf Guadeloupe und Martinique – das wegen der höheren Bevölkerungsdichte weniger als 7000 Inder aufgenommen hatte –, so daß diese beiden Territorien weit hinter Kuba und sogar hinter den Inseln der britischen Karibik zurückblieben.

Der Sklavenbefreiung waren auf beiden Inseln verschiedene Aufstände vorausgegangen. Darin zeigte sich bereits die spätere Einstellung der befreiten Sklaven zu den Plantagen. Sobald sie die Wahl hatten, entschieden sich viele ehemalige Sklaven für ein Leben als kleinbäuerliche Selbstversorger und kehrten den Plantagen den Rücken. Ein französischer Historiker schrieb dazu: „A partir de 1848 jusqu'à nos jours ... la Martinique n'a plus d'histoire." Aus dieser Einschätzung spricht ein unverhohlener Eurozentrismus. Schließlich gestaltete die entstehende bäuerliche Schicht der französischen Karibik ihre eigene Geschichte, genauso wie es anderswo in der Region geschah. Es läßt sich freilich nicht leugnen, daß das Leben dieser „Menschen ohne Geschichte" in der Perspektive der Mutterländer, die ihre karibischen Kolonien noch immer allein nach der Produktivität ihrer Plantagen beurteilten, weitgehend unbemerkt blieb.

Wie anderswo, sah das 19. Jh. auch in der französischen Karibik die allmähliche Herausbildung einer farbigen Elite. Als den befreiten *gens de couleur* im Jahr 1831 die vollen Bürgerrechte gewährt wurden, waren ihr Sozialprestige und ihr Wohlstand noch sehr bescheiden. Gleichwohl war der Aufstieg von Farbigen in die politische Elite auf Dauer unvermeidlich. Im Jahr 1848 waren Guadeloupe und Martinique berechtigt, je drei Vertreter in die Nationalversammlung zu entsenden; vier der sechs gewählten Abgeordneten waren Farbige. Trotzdem sollte noch ein weiteres Jahrhundert vergehen, ehe die schwarze Bevölkerungsschicht in die bis zu diesem Zeitpunkt den weißen *békés* und der farbigen *métis*-Elite vorbehaltenen Positionen aufsteigen konnte.

Verfassungsmäßig wurde die französische Karibik in das politische System des Mutterlandes integriert. Die im Jahr 1834 eingeführten kolonialen Ratsversammlungen hatten begrenzte Machtbefugnisse und waren der französischen Nationalversammlung untergeordnet. Dies blieb ein zentrales Merkmal der französischen Politik gegenüber den karibischen Besitzungen, ebenso wie die im Jahr 1848 mit der Revolution in Frankreich eingeführte Vertretung der Kolonien im Parlament. Das Ergebnis dieser Kolonialpolitik war die politische, wenn nicht kulturelle Assimilation der französischen Karibik.

Um 1816 war der niederländische Herrschaftsbereich in der Karibik auf Surinam (oder „Niederländisch-Guayana“) und sechs Antilleninseln geschrumpft, die von Curaçao aus regiert wurden. Sowohl das vor der venezolanischen Küste gelegene Curaçao als auch St. Eustatius konnten auf eine reiche kommerzielle Tradition in Verbindung mit Sklavenhandel und Schmuggel zurückblicken. Mit der Abschaffung des Sklavenhandels und der allmählichen Liberalisierung des Handels zwischen den karibischen Inseln büßten beide Funktionen stark an Bedeutung ein. Da das landwirtschaftliche Potential der sechs winzigen Inseln überdies gering war, beschränkte sich ihre Bedeutung für die Geschichte der Karibik im 19. Jh. auf die Funktion Curaçaos als Handelszentrum und Zufluchtsort für politische Flüchtlinge. Dennoch sollte eine gewisse innere Dynamik nicht übersehen werden. Die Bevölkerung der sechs Inseln zusammen wuchs von rund 22 000 Personen im Jahr 1817 auf 33 000 im Jahr 1863, dem Zeitpunkt der verspäteten Abschaffung des niederländischen Sklavenhandels. Bis zum Ende des Jahrhunderts war diese Zahl auf 52 000 Einwohner gestiegen.

Im Gegensatz zu den Inseln der niederländischen Antillen war Surinam von einer typisch karibischen Plantagenwirtschaft geprägt. Sklaven machten traditionell 90 Prozent oder mehr der registrierten Gesamtbevölkerung aus – wobei die Indianer und entlaufenen Sklaven im Landesinneren nicht mitgezählt waren. Die Zahl der Sklaven hatte um 1760 mit möglicherweise bis zu 75 000 Personen den Höchststand erreicht. Am Vorabend des De-facto-Verbots des Sklavenhandels im Jahr 1805 zählte Surinam etwa 58 000 Sklaven. Zum Zeitpunkt der Sklavenbefreiung im Jahr 1863 war diese Zahl auf 36 500 zurückgegangen. Die Gesamtbevölkerung verzeichnete demgegenüber eine weit weniger ausgeprägte Abnahme, was zum Teil auf Freilassungen zurückzuführen war. Zwischen 1830 und 1863 sank diese Zahl nur von 56 000 auf 53 000 Einwohner. Um 1900 betrug die Gesamtbevölkerung 69 000 Personen. Die Zunahme im letzten Drittel des Jahrhunderts ging auf die Einfuhr asiatischer Kontraktarbeiter für den Plantagensektor zurück. Zwischen 1873 und 1970 trafen 34 000 Inder in der Hauptstadt Paramaribo ein; dazu kam eine ungefähr gleich hohe Zahl von Javanern in der Zeit zwischen 1891 und 1938.

Wie in der britischen und französischen Karibik, waren die Ergebnisse der Plantagenwirtschaft nach der Sklavenbefreiung auch in Surinam mäßig. Der Rückgang der Zuckerproduktion war hier aber angesichts zweier Besonderheiten noch dramatischer: Erstens war von 1750 bis in die 1820er Jahre Kaffee und nicht Zucker das wichtigste Produkt der Plantagenwirtschaft gewesen (die außerdem in beträchtlichem Umfang Baumwolle und Kakao erzeugte). Erst in den 1820er Jahren hatte die Zuckerrohrwirtschaft ihre hervorragende Stellung erlangt, und erfuhr nun bereits einen Niedergang. Zweitens gab es nicht genügend Kontraktarbeiter. Die befreiten Sklaven, in der Folge aber auch die Kontraktarbeiter, die ihre Vertragszeit abgeleistet hatten, zogen einem von der Plantage diktierten Leben als Landarbeiter ein weniger fremdbestimmtes Dasein als Bauern oder Städter vor.

Während des gesamten 19. Jh. nahm die Bedeutung Niederländisch-Westindiens für das Mutterland ab. Schließlich ermöglichten die aus den ostindischen Kolonien gezogenen Gewinne die verspätete Abschaffung der Sklaverei in Niederländisch-Westindien sowie die Entschädigung der Sklavenhalter. In politischer Hinsicht war das Interesse des Mutterlandes allenfalls mäßig. Von 1816 bis 1845 wurden alle Territorien Niederländisch-Westindiens von einem Gouverneur mit Sitz in Surinam verwaltet. Danach erhielten die Inseln wieder eine separate Verwaltung. Ansätze zur Selbstverwaltung, die wechselnde Gestalt erhielt, teilten die politische Macht zwischen den lokalen Eliten und Kolonialbeamten der niederländischen Bürokratie auf.

Abschließend sei die historische Entwicklung der vier skandinavischen Antillen im 19. Jh. kurz nachgezeichnet. Das frühe Verbot des Sklavenhandels durch Dänemark (1804) und Schweden (1813) war gefolgt von der Abschaffung der Sklaverei im Jahr 1848 beziehungsweise 1846. Im Jahr 1877 zog sich Schweden aus der Region zurück und gab St. Barthélémy, seine Erwerbung aus dem 18. Jh., an die Franzosen zurück. Die Dänen folgten vier Jahrzehnte später mit dem Verkauf ihrer Besitzungen an die Vereinigten Staaten. Das dänische St. Thomas war bis ins späte 19. Jh. hinein ein geschäftiges Handelszentrum. Mit Ausnahme des ebenfalls dänischen St. Croix, wo man im Jahr 1841 rund 20000 Sklaven zählte, hatte keine dieser Inseln eine nennenswerte Plantagenwirtschaft entwickelt.

D. Haiti

Im Rückblick erscheint es schwierig, die Geschichte Haitis im 19. Jh. nicht als ein Vorspiel zum Elend und der Korruption darzustellen, die im 20. Jh. für dieses Land kennzeichnend geworden sind. Doch obwohl zwischen beiden Perioden eine starke Kontinuität besteht, sollten die heroischen Züge dieses ersten unabhängigen Staates der Region im ersten Jahrhundert seines Bestehens nicht aus dem Blick verloren werden.

Die politische Geschichte Haitis war turbulent, sowohl im Inneren als auch in den äußeren Beziehungen. Um 1820 schien die neugewonnene Unabhängigkeit gesichert, doch ließ die allgemeine Anerkennung auf sich warten. Während Frankreich die Unabhängigkeit Haitis im Jahr 1825 anerkannte, verzögerten ausgerechnet die USA, der einzige amerikanische Staat, der vor Haiti die Unabhängigkeit erlangt hatte, die Anerkennung bis zum Jahr 1862. Die Haltung der Vereinigten Staaten war bezeichnend für die Reaktion, die die Revolution in Haiti unter den Eliten inner- und außerhalb der Region hervorgerufen hatte. Die erfolgreiche Sklavenrevolution lieferte ein greifbares

Gegenbeispiel zur Logik der Sklavenhaltergesellschaften, die in der Region vorherrschten. Ihre ideologische Auswirkung war höchst beunruhigend. In den folgenden Jahrzehnten wurden Sklavenaufstände in verschiedenen Kolonien vom haitianischen Beispiel inspiriert. Andererseits wurden Dutzende von angeblichen Sklavenverschwörungen aus Angst vor einem „zweiten Haiti" brutal unterdrückt. Der neue Staat sah sich daher von Anfang an einer feindseligen Umwelt gegenüber, ein Umstand, der seinen nachfolgenden teilweisen Rückzug aus der internationalen Arena förderte.

Der Angriff Haitis auf das benachbarte Santo Domingo verstärkte die internationale Isolierung des Landes. Die haitianische Besatzungszeit unter Präsident Boyer dauerte von 1822 bis 1844, und ihre wirtschaftlichen und sozialen Folgen konnten bei den Beobachtern der Verhältnisse im „Schwarzenstaat" nur Mißtrauen erregen. Nachdem die Dominikaner die Haitianer im Jahr 1844 vertrieben hatten, unternahmen diese weitere Invasionsversuche; eine noch stärkere Isolierung Haitis war die unvermeidliche Folge.

Mit einigen Ausnahmen, vor allem der Präsidentschaft Boyers von 1818 bis 1843, war die innenpolitische Entwicklung Haitis tatsächlich chaotisch. Als Boyer die Macht ergriff, war Haiti von drei Jahrzehnten innerer Kämpfe gezeichnet. Nach der Unabhängigkeitserklärung (1804) und dem Tod des ersten Herrschers Dessalines (1806) dauerte der Bürgerkrieg an. Der Norden stand gegen den Süden, und schwarze Führer wie Christophe (1806–1820) kämpften gegen Mulatten, geführt von Pétion (1806–1818). Außerdem war es ein Ringen um die wirtschaftliche Zukunft des Landes. Während Christophe auf eine Fortführung des Plantagensystems einschließlich der Sklavenarbeit abzielte, vertrat Pétion eine Politik der Abschaffung aller Überreste des Plantagensektors zugunsten einer Subsistenzwirtschaft kleiner selbständiger Bauern. Boyer, der auf Pétion folgte, erreichte nach Christophes Selbstmord endlich die Wiedervereinigung des Landes.

Während Boyers Regierung wenigstens eine gewisse Kontinuität gewährleistete, gelang es ihr nicht, eine Politik zur Herbeiführung wirtschaftlicher Erholung einzuleiten. Seiner Absetzung durch Aufständische folgte eine lange Reihe zumeist kurzlebiger Regierungen, von denen keine echte wirtschaftliche Verbesserungen bewirken konnte. Zwischen 1843 und 1902 hatte Haiti nicht weniger als 14 Herrscher mit einer durchschnittlichen Regierungszeit von jeweils vier Jahren. Einigen von ihnen, wie „Kaiser" Soulouque (1847–1859), Geffrard (1859–1867), Salomon (1879–1888) und Hyppolite (1889–1896), gelang es, sich erheblich länger an der Macht zu halten. Im Gegensatz zu ihnen regierten sechs andere Herrscher nur je zwei Jahre oder noch kürzere Zeit. Letztlich schien die Dauer einer Präsidentschaft allerdings keinen wesentlichen Unterschied zu machen. Die herrschende politische Klasse führte keine wirtschaftliche Erholung herbei; in Wahrheit war sie weder an der Bevölkerung noch an der nationalen Entwicklung besonders interessiert. Ihre politischen Kämpfe drehten sich in zunehmendem Maße um Fragen wie etwa die Pfründen der Bürokratie oder, was keineswegs weniger bedeutsam war, um die „Rasse", wobei dieser Begriff die Hautfarbe bezeichnete. Von Dessalines (1804–1806) bis Simon (1896–1902) wurden elf haitianische Herrscher als *noir,* Schwarze, und neun als *métis,* Mulatten, eingestuft. Dies war eine Unterscheidung, auf die es ankam und für die zu kämpfen sich offenbar lohnte. Politiker wurden zu lokalen Kriegsherren und rekrutierten Bauern, um sie als Soldaten in den Kampf um politische Macht und finanzielle Vorteile zu führen. Mehr und mehr wurden auch terroristische Methoden zu einem Merkmal haitianischer Politik.

In wirtschaftlicher Hinsicht hatte die haitianische Revolution zum Zusammenbruch der leistungsfähigen Plantagenwirtschaft geführt. Die Zuckerausfuhren, im Jahr 1789 auf 64 000 Tonnen geschätzt, waren bis 1820 auf 1100 Tonnen und im Jahr 1840 gar auf 600 kg gesunken. Die Kaffeeausfuhren blieben etwas stabiler, indem sie von 35 000 Tonnen im Jahr 1789 lediglich auf 16 000 Tonnen im Jahr 1820 zurückgingen; im Jahr 1840 wurde ungefähr die gleiche Menge ausgeführt, und nach 1860 begannen die Kaffeeausfuhren sogar wieder zu steigen. Der Grund für das relativ gute Abschneiden des Kaffees war seine Eignung für den Anbau auf Subsistenzbetrieben, denen das Ausfuhrgeschäft Bareinnahmen verschaffte. Das Entstehen einer kleinbäuerlichen Landwirtschaft begünstigte überdies eine Diversifizierung, die die Vermarktung von Exportgütern wie Farbholz, Tabak und Rizinusöl ermöglichte.

Der relative Erfolg der haitianischen Bauernschaft wurde vom Bevölkerungswachstum getilgt; um 1900 betrug die Bevölkerung etwa 1,25 Mio. Haiti galt zu dieser Zeit bereits als das ärmste Land der Hemisphäre. Bei gleichbleibend hohem Bevölkerungswachstum und fortschreitender Parzellierung hatte die kleinbäuerliche Wirtschaft auf lange Sicht keine erfolgversprechende Zukunft. Hinzu kam, daß sich der Staatsapparat, nachdem er sich unfähig gezeigt hatte, die chronischen Budgetdefizite auszugleichen, im Jahr 1880 unter französische Vormundschaft begeben mußte. Ein paar Jahrzehnte später sollte amerikanisches Kapital folgen und die Intervention der USA einleiten.

Ende des 19. Jh. war die Situation Haitis nicht mehr im entferntesten mit derjenigen von 1804 zu vergleichen. Seine ideologische Bedrohlichkeit war durch die Sklavenbefreiungen in der übrigen Region und die schwachen Leistungen seiner Regierungen weitgehend neutralisiert. Der Untergang seiner Plantagenwirtschaft hatte nur die Plantagenrevolutionen der spanischen Karibik entfesselt.

E. Die Dominikanische Republik

Als im Jahr 1822 die haitianische Besetzung Santo Domingos begann, stellte die Zweiländerinsel eine Anomalie in der Region dar. Mit Ausnahme Hispaniolas, wie dieses einstige Sprungbrett zum spanischen Kolonialreich in Amerika früher genannt wurde, war die gesamte Karibik noch fest in der Hand der Kolonialmächte. In wirtschaftlicher Hinsicht herrschte in der Region die unter Einsatz von Sklaven betriebene Plantagenwirtschaft vor. Außerdem hatten sich Kuba und sogar Puerto Rico der „Zuckerrevolution“ angeschlossen. Im Gegensatz zu ihnen hatte Haiti die Zeit der Sklaverei hinter sich gelassen, während die Plantagenwirtschaft mit Sklavenarbeitern in Santo Domingo nie eine beherrschende Rolle gespielt hatte. Haiti blieb eine Ausnahme in der Region; in den letzten Jahrzehnten des 19. Jh. hielt das Zuckerrohr indessen in der Dominikanischen Republik wieder Einzug und lenkte das Land auf den typisch karibischen Entwicklungsweg.

Die haitianische Besetzung Santo Domingos von 1822 bis 1844 war ein zum Scheitern verurteilter Versuch des haitianischen Präsidenten Boyer, die zwei Länder zu einem Staat zusammenzuschmieden. Diese Politik verfolgte die Dehispanisierung des östlichen Teils der Insel, einschließlich der Zurückdrängung der spanischen Sprache, sowie die Aufhebung des spanischen Kolonialsystems der *terrenos comuneros*, der Ländereien in Gemeindebesitz. Boyer zielte auf die staatliche Kontrolle über den größten Teil des Ackerlandes ab, das er unter bestimmten Bedingungen an Bauern verpachten wollte. Zu den Bedingungen zählte der Anbau von Marktfrüchten für den Export; außerdem hatten die Bauern einen Teil ihres Einkommens als Pacht an den Staat abzuführen. Wie in Haiti selbst, scheiterte Boyers Politik auch in Santo Domingo. Er stieß auf den Widerstand der Viehzüchter des Ostens und Südens, die nicht außer Landes geflohen waren, sowie der Mahagonifäller des Nordwestens – mit der möglichen Ausnahme der Tabakpflanzer des Nordens. Schon aus wirtschaftlichen Gründen waren die Dominikaner nicht bereit, mit Boyer zusammenzuarbeiten, aber nicht nur seine Wirtschaftspolitik war ihnen ein Ärgernis. Die Ausrichtung auf das Mutterland Spanien wurde weiterhin einer Orientierung an Frankreich vorgezogen; die *hispanidad* der Dominicanos stand indessen dem haitianischen Charakter entgegen. Die Rassenzugehörigkeit war ein weiterer wesentlicher Faktor, der die überwiegend aus Weißen und Mulatten bestehenden Dominikaner von der mehrheitlich schwarzen Bevölkerung Haitis schied. Wenn Boyer auch bestrebt gewesen sein mochte, die Invasion als einen Schritt zur Einigung darzustellen, so begriffen die Dominikaner sie doch zunehmend als eine bloße Besatzung.

Die 22 Jahre der Besetzung endeten, ohne daß Boyers Programm in nennenswertem Umfang verwirklicht worden wäre. Die Abneigung und der Argwohn der Dominikaner gegen ihre Nachbarn hatten sich jedoch verfestigt. Eine im Jahr 1836 gegründete Geheimgesellschaft namens *La Trinitaria* („Vaterland, Männer und Gesetz") führte im Jahr 1844 einen erfolgreichen Aufstand gegen die Haitianer und trieb die Besatzer innerhalb weniger Monate aus dem Lande. Von 1844 an waren die Dominikanische Republik und Haiti zwei unabhängige Staaten, die eine Insel, nicht aber ein gemeinsames Schicksal miteinander teilten.

Die politische Geschichte der Dominikanischen Republik bis zum Ende des Jahrhunderts läßt sich in vier Perioden unterteilen: Von 1844 bis 1861, und wieder von 1865 bis in die 1870er Jahre waren *caudillismo* und politische Unruhe vorherrschend; die Periode zwischen 1861 und 1865 sah eine erfolglose Reprise des spanischen Kolonialismus; und die letzten Jahrzehnte des Jahrhunderts brachten den Übergang vom *caudillismo* zur „modernen" Staatsbildung. Die letztere Periode fiel nicht von ungefähr mit einem beispiellosen Bevölkerungswachstum und einer Zunahme der Ausfuhren zusammen. Ein kurzer Überblick über die wirtschaftliche Entwicklung und regionale Differenzierung liefert den Hintergrund für eine Diskussion der Politik in den Jahren zwischen 1820 und 1900.

Um 1820 wurde die Bevölkerung Santo Domingos auf nur 63 000 Köpfe geschätzt. Anfänglich stieg die Bevölkerungszahl langsam, später explosiv: In den frühen 1870er Jahren lag die Einwohnerzahl bei 150 000, am Ende des Jahrhunderts betrug sie 485 000 Personen. Zusätzlich zum natürlichen Wachstum trug die Einwanderung in hohem Maße zu dieser Zunahme bei. Vor allem in den letzten Jahrzehnten des Jahrhunderts gesellten sich Kubaner, Puertoricaner und Haitianer zu den Einwanderern aus Spanien. In dieser Zeit erreichte auch die regionale Einwanderung unter Einschluß der überwiegend aus Britisch-Westindien kommenden Saisonarbeiter für die Zuckerindustrie eine neue Dimension.

In der vorausgegangenen Periode war die Tabakerzeugung im Cibao der einzige dynamische Sektor der dominikanischen Wirtschaft gewesen und hatte die zentralen und nördlichen Gebiete zu den wichtigsten Wirtschaftszonen des Landes gemacht. Der

Cibao überstand die haitianische Besatzung weitgehend unbeschadet, und die Tabakausfuhren stiegen kontinuierlich bis in die 1870er Jahre; danach stagnierte dieser Sektor. Neben der Subsistenzlandwirtschaft und dem Tabakanbau waren Viehzucht und das Abholzen der Mahagonibäume traditionell wichtige Wirtschaftsfaktoren gewesen. Die beiden letzteren blieben bedeutend, obwohl ihr proportionaler Anteil an der nationalen Produktion sank. Der Zuckerrohranbau, der vor 1870 von nur marginaler Bedeutung gewesen war, erlebte nun eine drastische Ausweitung (Tab. 58). Auch die Kakao- und Kaffeeausfuhren erhöhten sich, wenn sie auch hinter den Zuckerexporten zurückblieben.

Das Wachstum der Zuckerindustrie durchlief die Phasen der traditionellen *trapiche,* sodann der halbmechanisierten *ingenios* und mündete nach 1880 in der großen, kapitalintensiven *centrales,* die das Zuckerrohr der kleinen und mittleren *colonos* verarbeiteten. Der Aufstieg der *ingenios* war den Flüchtlingen aus dem Osten Kubas zu verdanken, die vor den Verwüstungen des Zehnjährigen Krieges (1868–1878) in die Dominikanische Republik geflohen waren. Mit der Weltzuckerkrise der 1880er Jahre und dem Aufkommen der *centrales* erfolgte der Übergang zu ausländisch dominierten Kapitalgesellschaften, unter zunehmender Beteiligung US-amerikanischer Konzerne.

Geographisch verschob sich das wirtschaftliche Gewicht mit dem Aufstieg des Zuckers zugunsten der südlichen Landesteile und Städte. Puerto Plata, der Tabakhafen des Nordens, hatte bis 1870 den Außenhandel der Dominikanischen Republik beherrscht; am Ende des Jahrhunderts waren die Häfen des Südens, namentlich Santo Domingo an seine Stelle getreten; außerdem beherrschten jetzt die Zuckerausfuhren den Handel.

In der Dominikanischen Republik des 19. Jh. war die Politik eng mit regionalen Wirtschaftsinteressen und Idiosynkrasien verflochten; lag das politische Schwergewicht anfänglich in der Region Cibao, so verlagerte es sich nach und nach südwärts auf das Zentrum der aufblühenden Zuckerindustrie und auf die Hauptstadt Santo Domingo, die im Verlauf dieses Prozesses ihre Position festigte.

Nachdem die Haitianer hinter die Grenze zurückgedrängt worden waren, sahen sich die Dominikaner der Aufgabe gegenüber, einen Nationalstaat aufzubauen und sich Haiti vom Leibe zu halten. Die haitianische Bedrohung – teils tatsächlich vorhanden, teils aus innenpolitischen Gründen aufgebauscht – förderte die Vorherrschaft der Militärs unter den Führern des Landes. Gleichzeitig inspirierte sie zahlreiche Projekte, die bald von der Regierung, bald von der Opposition ausgingen und den Schutz durch eine auswärtige Macht wie Spanien, Frankreich oder die Vereinigten Staaten anstrebten. Es gab anfänglich keinen etablierten Staatsapparat, und das Ergebnis all dieser Prozesse war unbefriedigend. Von 1844 bis in die 1870er Jahre war die Politik vom *caudillismo* beherrscht, dem bewaffneten Kampf um politische Macht, von regionalen Konflikten und einer fortwährenden Fixierung auf Bedrohungen von außen (Haiti) und deren Abwendung durch ausländischen Schutz.

Pedro Santana, ein Viehzüchter aus dem Osten, wurde im Jahr 1844 der erste Präsident der jungen Republik. Die Periode zwischen 1844 und 1878 stand ganz im Zeichen Santanas und seines Hauptgegners, des aus dem Süden stammenden *caudillo* Buenaventura Báez. Noch lange nach Santanas Tod im Jahr 1865 rangen *Santanistas* und *Baecistas* um die Vorherrschaft. Zwar gab es politische Differenzen, besonders im Hinblick auf die Bevorzugung der einen oder der anderen ausländischen Schutzmacht, bestimmender Faktor aber war allein die Machtpolitik zugunsten regionaler Partikularinteressen. Zwischen 1844 und 1861 wechselten sich die beiden *caudillos* in der Präsidentschaft ab. Als nächstes kam die – schließlich mißlungene – Rückkehr zur spanischen Kolonialherrschaft (1861–1865), und zwar auf Betreiben Santanas, der als Gouverneur der spanischen Krone an der Macht blieb. Die spanische Herrschaft erwies sich jedoch als ein Rückfall in frühere Fehler und wurde bald durch lokalen Widerstand unterminiert. Nach einem zweijährigen Guerillakrieg zur Wiederherstellung des alten Zustandes wurde im Jahr 1865 die Unabhängigkeit wiedergewonnen. Es ist erwähnenswert, daß die Rolle des Cibao in diesem Ringen um die Vertreibung der Spanier entscheidend war. Nicht zum erstenmal ging der Protest gegen die „nationale“ Politik vom Cibao aus. Im Jahr 1857 war diese Region, der *caudillo*-Politik überdrüssig, sogar nahe daran gewesen, sich einseitig aus dem Staatsverband zu lösen. Erst in den späteren Jahrzehnten des Jahrhunderts, als die regionale Wirtschaft ihre Bedeutung einbüßte, suchten die Cibao-Eliten auf der Basis von Klassensolidarität Allianzen mit anderen regionalen Eliten, statt mit ihrer einheimischen politischen Basis kleiner Tabakpflanzer.

Nach 1865 wurde die Politik des *caudillismo* wieder aufgenommen, noch immer unter den Bannern der „Baecistas“ (*rojos*, „Rote“) und der Anhänger des verstorbenen Santana. Erst während der 1870er Jahre und nachdem Báez durch den Führer der *azules* („Blaue“), Gregorio Luperón, ersetzt worden war (1878), gelang der Übergang zu einem modernen politischen System. Luperóns Aufstieg war das Ergebnis einer Kombination des traditionellen *caudillismo* und einer erfolgreichen Annäherung an die Eliten anderer Regionen, insbesondere des Cibao. Über Mittelsmänner beherrschte Luperón die Politik bis Mitte der 1880er Jahre. Einer von ihnen, Ulíses Heureaux, forderte, nachdem er von 1882 bis 1884 die Präsidentschaft innegehabt hatte, seinen Gönner mit Erfolg heraus. Von 1887 bis zu seiner Ermordung 1899 regierte Heureaux als diktatorischer Präsident. Seine Politik zielte auf die Modernisierung des Landes ab; zur gleichen Zeit verwischte sich der Unterschied zwischen seinem Geldbeutel und den Staatsfinanzen.

Die „Modernisierung“ der dominikanischen Politik fiel mit dem Aufstieg der Zuckerindustrie zusammen. Zum erstenmal wurde das Augenmerk der Regierung wirklich auf die Infrastruktur gelenkt. Ausländischen Unternehmen wurden zahlreiche Investitionserleichterungen geboten; außerdem wurde die Einwanderung gefördert. Andererseits brachte diese Modernisierung die unbeugsame und nötigenfalls rücksichtslose Eliminierung der Opposition mit sich. Sie zog auch einen Rückgang der kleinbäuerlichen Tabakwirtschaft im Cibao nach sich, des weiteren eine allmähliche Umorientierung der Wirtschaftsbeziehungen. Während der Cibao-Handel bis dahin die Dominikanische Republik mit dem deutschen Tabakmarkt verbunden hatte, führte der Aufstieg des Zuckers zu einer wachsenden Abhängigkeit vom nordamerikanischen Markt. Und während die Dominikanische Republik bis in die 1880er Jahre beträchtliche Summen bei europäischen Banken aufgenommen hatte und als Sicherheiten die staatlichen Zolleinnahmen und sogar Kontrollen angeboten hatte, wurden derartige Anleihen in den 1890er Jahren in den neuen Bankenmetropolen der USA refinanziert.

Die Darstellung der Sozialgeschichte der Dominikanischen Republik muß sich auf einige Bemerkungen beschränken. Ungeachtet des Aufkommens der Zuckerindustrie blieb die Subsistenzwirtschaft der Kleinbauern und die Marktproduktion in kleineren und mittleren Betrieben von lebenswichtiger Bedeutung. In den ersten Expansionsphasen des Zuckerrohranbaus wurden die einheimischen Bauern, die zur Lohnarbeit bereit waren, relativ gut bezahlt. Dies hätte einen allmählichen Prozeß ländlicher Proletarisierung einleiten können, wäre nicht die Zuckerkrise der 1880er Jahre dazwischengekommen. Die Löhne wurden gesenkt, und als Reaktion darauf zogen sich die einheimischen Bauern auf ihre selbständige agrarische Existenz zurück. Da sie nicht die Mittel hatten, das Land zu monopolisieren oder die Bauern zur Lohnarbeit zu zwingen, gingen die Plantagengesellschaften dazu über, Kontraktarbeiter aus dem Ausland zu importieren. Damit wurde eine Tradition britisch-westindischen und haitianischen Wanderarbeitertums begründet, die sich bis weit in das 20. Jh. hinein fortsetzen sollte.

Schließlich erlangte die Rassenfrage während des hier besprochenen Zeitraumes wachsende Bedeutung. Anfänglich war die dominikanische Bevölkerung rassisch bemerkenswert vermischt, was auf einen Prozeß jahrhundertelanger Rassenmischung und allmählicher Kreolisierung zurückzuführen war. Im weiteren Verlauf erzeugte die „haitianische Bedrohung“ zunehmend feindselige Gefühle gegen die schwarzen Haitianer; auch schwarze Dominikaner dürften unter dieser Grundstimmung zu leiden gehabt haben. Wie Hoetink [1982] bemerkt, hatte die Modernisierung der Sozialstruktur der Republik eine strengere rassische Hierarchie zur Folge, die der schwarzen Bevölkerung den Zugang zur Oberschicht verwehrte. Eine neue, modernisierte Elite bildete sich, die überwiegend weiß oder hellhäutig war und ihre gesellschaftliche Position von wirtschaftlichen Kriterien und Bündnissen mit Ebenbürtigen ableitete. Die Tage der *caudillos* waren gezählt. Selbst Heureaux, *El Pacificador*, ein farbiger Diktator einfacher Herkunft, wurde von der Elite, die er durch die Befriedung des Landes zu schaffen geholfen hatte, verfemt und schließlich ermordet.

F. Kuba

Die oft zitierte Stimme der kubanischen Zuckeroligarchie, Francisco Arango y Parreño, bemerkte einmal, die haitianische Revolution habe signalisiert, daß „der Augenblick unseres Glückes gekommen“ sei. Das Ausscheiden Haitis aus den Reihen der Zuckerproduzenten war für die kubanischen Erzeuger tatsächlich ein starker Anreiz, den von St. Domingue/Haiti geräumten Platz einzunehmen. Langfristig in sehr viel bedeutenderem Maße aber wirkte sich ein struktureller Faktor aus, nämlich das unaufhaltsame Wachstum der Verbrauchermärkte für Süßstoff. Die industrielle Revolution erleichterte die Expansion der europäischen und nordamerikanischen Märkte und machte die Ausdehnung zugleich notwendig. In gleicher Weise trieben im 20. Jh. Modernisierung und Wirtschaftswachstum den Zuckerverbrauch weltweit in die Höhe. Der Erfolg der kubanischen „Plantagenrevolution“ des 19. Jh. muß insofern als ein geschicktes Ausnutzen der Konjunktur gesehen werden, die ihren Ursprung in den Metropolen hatte.

Gewöhnlich wird die kubanische Plantagenrevolution an der Zuckerproduktion gemessen. Dabei ist jedoch zu berücksichtigen, daß die Anwendung dieses Maßstabs für den Zeitabschnitt von 1830 bis 1860 zu Fehlern führen kann. In diesen Jahrzehnten ging der Zugewinn der Zuckerrohrplantagen zum Teil zu Lasten der Kaffeeplantagen. Im Jahr 1830 war die Zahl der Sklaven in den Zucker- und Kaffeesektoren mit jeweils rund 50 000 in etwa gleich hoch. Während aber der Wert des Zuckers und der daraus hergestellten Produkte 18 Prozent des Wertes der gesamten Agrarproduktion ausmachte, lag der Anteil des Kaffees unter 9 Prozent. Die brasilianischen Kaffeeproduzenten unterboten auf dem Weltmarkt die Preisforderungen der kubanischen Pflanzer, und Zerstörungen, die in der Mitte der 1840er Jahre von Wirbelstürmen angerichtet wurden, besorgten den Rest. Von mehr als 2100 Kaffeepflanzungen in den 1830er Jahren überlebten bis in die 1860er Jahre weniger als 800, und um 1880 existierten nur noch rund 200 Betriebe. In immer größerem Umfang wurden Kapital und Sklaven in den ertragreicheren Zuckersektor gelenkt. Um 1860 war der Anteil des Kaffees am Wert der gesamten landwirtschaftlichen Produktion auf 2,3 Prozent zurückgegangen, gegenüber 61 Prozent des Zuckersektors.

Das einzige verbliebene Exportprodukt, das mit dem Zucker konkurrierte, war der Tabak. Sein Beitrag zum Wert der gesamten landwirtschaftlichen Erzeugung erhöhte sich von 1,4 Prozent im Jahr 1830 auf 15 Prozent drei Jahrzehnte später. Als bescheidener Gegenpol zum Zuckersektor konnten die Tabakpflanzungen ihre absolute, wenn auch nicht ihre relative Position behaupten. Der Wert der Tabakproduktion stieg von 0,7 Mio. Pesos im Jahr 1830 auf 17 Mio. im Jahr 1860 und auf 25 Mio. um die Jahrhundertwende.

Der Zucker wurde unaufhaltsam zur Hauptstütze der Wirtschaft. Betrug sein Anteil an der gesamten landwirtschaftlichen Erzeugung im Jahr 1830 noch 18 Prozent, so stieg er im Jahr 1860 auf 61 Prozent und erbrachte mit seinen Nebenprodukten bereits mehr als 80 Prozent aller Exporteinnahmen. Diese Zahl war kennzeichnend für den Übergang zu einer Exportwirtschaft, die fast ausschließlich von einer Monokultur abhing.

Der Zuckersektor verdankte seinen Aufschwung einer Reihe von Faktoren, die miteinander in Wechselbeziehung standen. An erster Stelle ist die Verfügbarkeit fast unbegrenzter Ländereien und fruchtbarer Böden zu nennen. Die Zuckerrohrplantagen fraßen sich erbarmungslos in die Landschaft, verdrängten Kaffeepflanzungen und Weideland, Obst- und Gemüsebau und entwaldeten das Land. Die Gesamtanbaufläche vervielfachte sich, und am Ende des Jahrhunderts bedeckten die Zuckerrohrplantagen ungefähr die Hälfte dieser enorm ausgeweiteten Gebiete.

Neben dem Land war die Verfügbarkeit von Arbeitskräften entscheidend. Arbeitskräfte wurden zum größten Teil importiert. Trotz des formellen Verbots des Sklavenhandels wurden nach 1820 rund 470 000 Sklaven (67 % der Gesamtzahl, die zwischen 1492 und 1867 ins Land kam) nach Kuba gebracht. Als der Sklavenhandel riskanter wurde und die Preise für Sklaven stiegen, wurden außerdem alternative Versorgungsquellen angezapft. Man rekrutierte Kontraktarbeiter von der mexikanischen Halbinsel Yucatán und sogar aus China; zwischen 1847 und 1873 trafen 125 000 chinesische Kontraktarbeiter in Kuba ein. Darüber hinaus dauerte die Einwanderung an. Kuba übte eine starke Anziehungskraft auf Wanderarbeiter aus der übrigen Karibik aus, ferner förderten Kolonisationspläne und unbeschränkte Einwanderungsmöglichkeiten den Zuzug von Hunderttausenden Europäern, hauptsächlich Spaniern. Viele fanden Beschäftigung in den Zuckerrohrfeldern und Fabriken. Hatten Investitionen in den Zuckerkomplex, die genug Gewinn abgeworfen hatten, ursprünglich Reinvestitionen in Sklavenarbeit gesichert, so dienten sie nun dazu, den Übergang zum freien Arbeitsmarkt zu erleichtern.

Fortschrittliche Technologie war eine dritte Vorbedingung für die Plantagenrevolution. Auch diese Bedingung konnte durch beträchtlichen Kapitaleinsatz erfüllt werden. Der kubanischen Zuckerindustrie kam in jeder Hinsicht eine Vorreiterrolle zu. Die erste Dampfmühle wurde im Jahr 1817 eingeführt; um 1860 waren 70 Prozent aller kubanischen *ingenios* mit einer Dampfmühle bestückt, während 30 Prozent noch die veralteten, von Ochsen angetriebenen Mahlwerke verwendeten. Innovationen betrafen insbesondere den industriellen Teil der Zuckerherstellung, der mit der Einführung verbesserter Zylinder, Vakuumpfannen, Zentrifugen und der Mehreffekt-Abdampfung eine grundlegende Modernisierung erfuhr.

Die erforderlichen hohen Investitionen waren, da mit entsprechenden Gewinnerwartungen verbunden, kein Hindernis bei der Ablösung der vorindustriellen *trapiches* durch *ingenios* und schließlich durch die Großanlagen der *centrales*. Der anfänglichen Vervielfachung der Zuckerrohrplantagen folgte aufgrund des Zwanges zu kapitalintensiven Modernisierungen aber bald eine gegenläufige Entwicklung. Die Zahl der Plantagen stieg von etwa 1000 im Jahr 1827 auf die Rekordhöhe von mehr als 2400 im Jahr 1860. Von da an sank sie auf ungefähr 200 Einheiten am Ende des Jahrhunderts. Andererseits stieg der durchschnittliche Ausstoß pro Mühle von 72 Tonnen im Jahr 1830 auf 400 Tonnen im Jahr 1860 und 4000 Tonnen im Jahr 1895. In Matanzas, der bedeutendsten Zuckerprovinz des Landes, erhöhte sich die durchschnittliche Produktion pro Mühle bis zu diesem Jahr sogar auf mehr als 6000 Tonnen.

Die Zuckerrohrverarbeitung war zu einem technologisch hochstehenden Industriezweig geworden. Nicht nur die Mühlen erfuhren dramatische Veränderungen; auf den Zuckerrohrfeldern wurden zur Ertragssteigerung Chemikalien eingesetzt, und kräftige Investitionen revolutionierten auch den Transportsektor. Schon im Jahr 1837 wurde die Eisenbahn Havanna–Guines eingeweiht. Im Jahr 1850 wurden 500 km öffentliche Eisenbahnen betrieben, und um 1900 waren es 1800 km. Daneben betrieben die großen Zuckerraffinerien um die Jahrhundertwende 1200 km Privatbahnen, die Zuckerrohr von den Plantagen zur Weiterverarbeitung in die Mühlen transportierten und die Verbindung der *centrales* mit dem öffentlichen Streckennetz herstellten. Diese technologischen Neuerungen führten zu aufsehenerregenden Produktivitätssteigerungen, die Kuba an die Weltspitze brachten.

Anfänglich war die Plantagenrevolution von den einheimischen Erzeugern finanziert worden, die zum Teil kubanische *criollos* (Kreolen), zum Teil Spanier waren. Die folgenden Modernisierungsschritte überforderten aber ihre Initiatoren. In den frühen 1860er Jahren waren zwei Drittel aller Zuckerrohrplantagen verpfändet, hauptsächlich an spanische Kaufleute. In dem Maße, wie der Bedarf an Investitionskapital wuchs, stieg auch die Zahl der gescheiterten einheimischen Pflanzer. Die riesigen, äußerst kapitalintensiven Fabrikanlagen der *centrales* waren in den 1880er Jahren größtenteils nicht mehr im Besitz von Kubanern. Diejenigen kubanischen *hacendados*, denen es gelungen war, dem Bankrott zu entgehen, wurden zu zweitrangigen Produzenten und wandelten ihre *ingenios* in Güter um, die Zuckerrohr zur Weiterverarbeitung in den von Spaniern oder Ausländern betriebenen *centrales* erzeugten. Um 1895 kontrollierten die alten *hacendado*-Familien weniger als ein Fünftel aller Verarbeitungsbetriebe.

Die geographische Verteilung der Zuckerrohrplantagen war sehr ungleichmäßig; sie wies im Westen des Landes eine starke Ballung auf. Im Jahr 1827 lag die Gesamtzahl der Zuckermühlen im Westen, dem *Occidente,* bei 695, im Osten betrug sie nur 305 Einheiten; 1862 hatte sich diese divergierende Entwicklung noch verstärkt, mit 1205 Mühlen im Westen gegenüber 268 im Osten. Die Wandlung des Ostteils der Insel zu einer Region der Zuckerrohrmonokultur fand erst im frühen 20. Jh. statt. Der regionale Unterschied drückte sich auch in Größe und technologischer Fortschrittlichkeit der Plantagen aus. Um 1865 betrug der durchschnittliche Ausstoß einer westlichen Mühle das Dreifache einer Mühle im Osten, dem *Oriente.*

Die Zuckerrevolution hatte ein verblüffendes Wirtschaftswachstum gebracht, das allerdings in vieler Hinsicht ungleichmäßig war. Abgesehen von geographischen Ungleichheiten und dem Niedergang der ursprünglich kubanischen *hacendado*-Schicht schuf die Zuckerrevolution eine extrem einseitige Volkswirtschaft. Während der Zucker und seine Nebenprodukte die Ausfuhr beherrschten, mußten lebenswichtige Nahrungsmittel und Textilien eingeführt werden; überdies wurde der im Zuckergeschäft erzeugte Reichtum in der kubanischen Gesellschaft sehr ungleich verteilt.

In einer vergleichenden Perspektive ist die Feststellung von Interesse, daß Kuba seine karibischen Rivalen unabhängig von der Art der Arbeitsorganisation (Sklaven, Kontraktarbeiter) bei weitem in den Schatten stellte. Trotzdem blieb entscheidend, daß Kuba bis in die 1860er Jahre vom Sklavenhandel und bis 1886 von der Sklaverei profitierte. Dieser Vorteil hatte wesentlichen Anteil am Aufstieg Kubas zum größten Zuckerproduzenten der Welt. Jüngste Untersuchungen haben gezeigt, daß die Sklavenarbeit in den technologisch am weitesten fortgeschrittenen *ingenios* bis in die 1870er Jahre vorherrschte. Es gibt kaum Anzeichen dafür, daß die innovationsfreudigen Plantagenbesitzer freier Arbeit gegenüber Sklavenarbeit den Vorzug gegeben hätten. Sie waren in erster Linie an einer optimalen Mischung von billiger und zuverlässiger Arbeit interessiert, und in dieser Hinsicht stellte sie die Sklaverei weiterhin zufrieden. Aus diesem Grund kamen Initiativen zum Verbot des Sklavenhandels und der Abschaffung der Sklaverei aus anderen Bereichen. Internationale Kampagnen hatten daran ebenso einen Anteil wie gelegentliche fortschrittliche Strömungen in Spanien. Eine wichtige Rolle spielte auch die innere Dynamik der kubanischen Gesellschaft. Vor dem Ausbruch des Zehnjährigen Krieges im Jahr 1868 betrug die Sklavenbevölkerung etwa 365 000 Personen. Diese Zahl war im Jahr 1878 auf 228 000 gesunken. Der Friedensschluß beinhaltete unter anderem einen Kompromiß zur allmählichen Abschaffung der Sklaverei. Der anschließende Abbau der umstrittenen Institution vollzog sich dann in bemerkenswert raschem Tempo. Die vollständige Abschaffung der Sklaverei wurde im Jahr 1886 proklamiert, als die Gesamtzahl der Sklaven unter 30 000 lag.

Auch nach der Sklavenbefreiung übertraf die kubanische Zuckerproduktion bei weitem diejenige aller karibischen Konkurrenten. Die Art der Arbeitsorganisation war nicht mehr ausschlaggebend; vielmehr waren es Faktoren wie die natürlichen Ressourcen, die Verfügbarkeit von Kapital und der Zugang zum Markt. In den letzten Dekaden des Jahrhunderts wandelte sich nicht nur die Herkunft der Arbeitskräfte, sondern es traten auch neue Geldgeber auf. Nach 1890 finanzierte spanisches und nordamerikanisches Kapital, das durch den Verkauf von Zucker auf dem US-Markt gebildet worden war, die Investitionen in die riesigen *centrales,* die Löhne der einheimischen Arbeiter und die Kontrakte, die Zuwanderern von benachbarten Inseln angeboten wurden.

Während die erste Hälfte des 19. Jh. eine beispiellose Zunahme der überwiegend aus Sklaven bestehenden schwarzen Bevölkerung verzeichnete, war die zweite Hälfte gekennzeichnet von einem für karibische Verhältnisse kaum weniger spektakulären Wachstum der weißen Bevölkerung. Im Verlauf dieses Prozesses veränderten sich nicht nur Gesamtzahlen und Proportionen, sondern auch die Beziehungen zwischen den Rassen.

Bis ins späte 18. Jh. hinein galt die kubanische Sklaverei als relativ milde. Welcher Art auch die Begründung für diesen Ruf gewesen sein mochte, die Plantagenrevolution näherte die Situation der kubanischen Sklaven bald den allgemeinen Verhältnissen in der Karibik an. Je mehr Sklaven eingeführt wurden, desto häufiger kam es zu Sklavenaufständen und damit einhergehend zu weißer Repression. Mit der allgegenwärtigen Furcht vor einem zweiten Haiti im Nacken und im Bewußtsein des rebellischen Potentials der Sklavenbevölkerung, die von den eben erst importierten *bozales* beherrscht wurde, entschieden sich die Plantagenbesitzer für eine strenge Repressionstaktik. Ihr Alptraum war eine geschlossene Front von Sklaven und freien Farbigen. Tatsächlich machte in den frühen 1840er Jahren die Gesamtzahl der Sklaven (43 %) und freien Farbigen (15 %) weit über die Hälfte der kubanischen Bevölkerung aus. Befürchtungen bezüglich einer Neuauflage der haitianischen Sklavenrevolution waren zu dieser Zeit also nicht gänzlich unbegründet. Die Abschaffung des Sklavenhandels und die massive spanische Einwanderung in den letzten Jahrzehnten des Jahrhunderts machten die Furcht der Weißen vor einer schwarzen und farbigen Vorherrschaft jedoch gegenstandslos. Im Jahr 1862 waren schwarze Sklaven (27 %) und freie Farbige (17 %) den Weißen gegenüber bereits in der Minderzahl; 1899 machte die eine Mio. Weiße zwei Drittel der kubanischen Bevölkerung aus. Bis ins letzte Viertel des Jahrhunderts aber behinderte die Sklaverei die nationale Entwicklung des Landes und ließ die Rassenfrage noch bis weit über die Jahrhundertwende hinaus weiterschwelen.

Die Wirtschaft Kubas bestand jedoch nicht allein aus den Zuckerexporten. Der Tabakanbau als devisenbringender Zweig der Landwirtschaft wurde bereits erwähnt. Tabak war und blieb ein Erzeugnis bäuerlicher Landwirtschaft und wurde vorwiegend in den westlichen Provinzen Pinar del Río und Havanna angebaut. Tabakverarbeitung und Zigarrenmanufaktur bildeten einen bedeutenden Wirtschaftszweig, der in den späten 1870er Jahren mehr als 100 000 Menschen beschäftigte. Die Bedeutung des Tabaks für die kubanische Sozialgeschichte war beträchtlich. Die Tabakverarbeitung lieferte schon in den 1860er Jahren den Nährboden für die kubanische Arbeiterbewegung. Ferner war die Umsiedlung kubanischer Tabakverarbeitungsbetriebe nach Florida, zum Teil als Reaktion auf protektionistische Einfuhrzölle der USA, ein frühes Beispiel massiver Auswanderung kubanischer Fabrikarbeiter auf das Festland.

Die kleinbäuerliche Landwirtschaft fristete weiterhin ein Dasein am Rande der Plantagenwirtschaft, doch war ihre Position unterhöhlt. Die Vergrößerung der Anbauflächen für Zuckerrohr im Westen hatte die ansässigen Bauern in Bedrängnis gebracht. Eine Auswirkung war ländliche Proletarisierung, eine andere die Abwanderung in die Städte oder die Suche nach Land in den östlichen Provinzen, wo die Besiedlungsdichte noch gering war. Später verstärkten die Zerstörungen des Zehnjährigen Krieges und die Zuckerkrise der 1880er Jahre diese Tendenzen. Gegen 1890 war das Bauerntum im Westen weitgehend marginalisiert, während es seine Stellung im Osten noch behaupten konnte. Unter den Neusiedlern bildeten befreite Sklaven aus den westlichen Plantagengebieten eine zahlenmäßig nicht unbedeutende Gruppe.

Obwohl Kuba bis zum Ende des Jahrhunderts ein überwiegend agrarisches Land blieb, waren die Sektoren Industrie und öffentliche Dienste für karibische Verhältnisse gut entwickelt. Um 1880 beschäftigte die Zigarrenindustrie im Gebiet um Havanna ungefähr 50 000 Arbeitskräfte. Die Werftindustrie blieb bedeutend, und das Wachstum von Städten wie Havanna und Matanzas war von einem weiteren Wachstum des Dienstleistungssektors begleitet. Das Ausmaß des Urbanisierungsprozesses überstieg indessen bei weitem die Absorptionsfähigkeit der Städte. Mit dem Städtewachstum stieg auch die Zahl der städtischen Proletarier, besonders im Gefolge des Zehnjährigen Krieges und der Zuckerkrise der 1880er Jahre. Havanna war übervölkert, bedrückt von Arbeitslosigkeit und eine Brutstätte von Konflikten und Kriminalität. Eine der Reaktionen auf die Krise des späten 19. Jh. war die Auswanderung. Möglicherweise bis zu 100 000 Kubaner verließen das Land und suchten anderswo Arbeit. Dies ist angesichts der gleichzeitigen Einwanderung bemerkenswert: In den 1880er und 1890er Jahren kamen annähernd 250 000 Einwanderer, zumeist Spanier, nach Kuba.

Zwei Kriege gegen das Mutterland, der Zehnjährige Krieg von 1868 bis 1878 und dessen Neuauflage von 1895 bis 1898 trugen viel zur Beschleunigung dieser Prozesse bäuerlicher Entwurzelung, ländlicher und städtischer Proletarisierung und Binnenwanderung bei. Sie verlangsamten sogar das Wachstum des Zuckersektors. Die Kampfhandlungen des Zehnjährigen Krieges beschränkten sich weitgehend auf den Osten des Landes, weil die spanische Strategie auf eine Eindämmung der Kämpfe abgezielt hatte, um die Zuckerindustrie des Westens nicht zu gefährden. Nach Kriegsende mußten die Pflanzer im Ostteil der Insel mitansehen, wie große Teile ihres vom Krieg verschonten Eigentums von den Spaniern beschlagnahmt wurden. Dies war ein wichtiger Schritt zur Entkubanisierung, die in den nächsten Jahrzehnten auch den Westteil der Insel erfaßte. Um 1895 war die Schicht der *criollo*-Pflanzer durch Spanier und US-Amerikaner ersetzt.

Der Krieg von 1895 bis 1898 dauerte zwar nicht so lange wie der erste, hatte aber noch dramatischere Auswirkungen. Die Kämpfe erfaßten die ganze Insel und stürzten sie in eine Katastrophe: Die Bevölkerung ging von fast 1,8 Mio. auf etwa 1,5 Mio. Menschen zurück. Die Wirtschaft einschließlich der Zuckerindustrie lag darnieder. Die kubanischen Zuckerrohrernten der Jahre 1896 bis 1900 erbrachten im Durchschnitt nur knapp über 290 600 Tonnen, gegenüber annähernd einer Mio. in den vorausgegangenen fünf Jahren. Die Wiederbelebung folgte überraschend schnell; diesmal aber war sie eine US-amerikanische Angelegenheit. Das Bauerntum war abermals schwer getroffen worden. Beide Kriegsparteien hatten die Bauern gewaltsam auf ihre Seite gezogen: Die Aufständischen hatten sie in ihre Armeen eingegliedert, die Spanier hatten sie in Lager umgesiedelt. Die Bauern verloren ihr Land in beiden Fällen. Nach dem Krieg wurden viele dieser Ländereien nicht wieder bewirtschaftet oder von zugewanderten Siedlern usurpiert. Damit brachte der Krieg von 1895 bis 1898 nicht nur das Ende der spanischen Herrschaft; er erleichterte durch die Verwüstungen auch einen neuen Expansionsschub der Zuckerindustrie.

Im Gegensatz zu den meisten benachbarten Kolonien entwickelten die Gesellschaften der spanischen Karibik im eigentlichen Sinne kreolisch geprägte Kulturen. Der typischen *criollo*-Kultur war die Tendenz eigen, spanische, indianische und afrikanische Elemente in sich aufzunehmen – obwohl das spanische Element, einschließlich der Vorstellung von der Überlegenheit der weißen Rasse, starken Einfluß auf die herrschende Ideologie behielt.

In einem 300 Jahre währenden Entwicklungsprozeß hatte sich eine eigenständige kreolische Kultur, ein Gefühl der *cubanidad* herausgebildet. Im frühen 19. Jh. war sich die gebildete kubanische Elite durchaus ihrer besonderen Identität und ihres wirtschaftlichen Potentials bewußt. Die politische Geschichte des Zeitabschnitts zwischen 1820 und 1900 war von der Suche nach einer geeigneten Ausdrucksform dieser *cubanidad* beherrscht. Anfänglich war sie eine Angelegenheit der gebildeten Schicht; am Ende schloß sie alle Kubaner mit ein; anfänglich war das Ziel größere Autonomie; am Ende führte die *cubanidad*, durch eine Reihe von Kriegen gegen Spanien, die Ersetzung einer Kolonialbeziehung durch eine andere herbei.

Zu der Zeit, als auf dem lateinamerikanischen Kontinent erfolgreich um die volle Unabhängigkeit gekämpft wurde, war Kuba dem Mutterland treu geblieben und hatte sich das Attribut „la siempre fiel isla", „die stets treue Insel", verdient. Vom frühen 19. Jh. bis in die 1870er Jahre war die Frage der Sklaverei das entscheidende Problem. Über Generationen hinweg stellte die kubanische Führungsschicht ihr Interesse an einer disziplinierten, durch die spanische Militärmacht zusammengehaltenen Sklavengesellschaft über ihren Widerwillen gegen die Herrschaft des Mutterlandes.

Unter diesem Gesichtspunkt war es für die tonangebende Schicht der einheimischen Pflanzer unvorstellbar, die Verschwörung „soles y rayas de Bolívar" von 1823 zu unterstützen. Ihre Organisatoren, unter denen sich der Dichter José María Heredia befand, strebten nicht nur nach Unabhängigkeit, sondern ebenso nach der Abschaffung der Sklaverei. Ein halbes Jahrhundert später führte eine weitere Verschwörung gegen die spanische Herrschaft zum Krieg; wieder entschied sich die überwiegende Mehrheit der kubanischen Zuckeroligarchie zugunsten des Status quo, das heißt, für den spanischen Kolonialismus und die Sklaverei.

Es bestand jedoch eine weitere Option, die für einige Zeit attraktiv schien. Spaniens Festhalten an der starren Kolonialherrschaft führte viele kubanische Pflanzer zu Überlegungen, die auf eine Lösung von Spanien und eine Anlehnung an die USA hinausliefen. Um 1850 nahmen die Vereinigten Staaten 30 Prozent aller kubanischen Ausfuhren auf, ein Jahrzehnt später 45 Prozent, während Spanien weniger als 15 Prozent abnahm. Wenn die Einfuhren aus beiden Ländern nach Kuba mehr oder weniger gleich hoch waren, dann hatte dies eher mit der spanischen Handelspolitik als mit der Wettbewerbsfähigkeit spanischer Erzeugnisse zu tun. Die USA waren dabei, Spanien in wirtschaftlicher Hinsicht zu verdrängen. Hinzu kam, daß in den USA wie in Kuba die Sklaverei noch bestand; die Vereinigten Staaten schienen besser als Spanien in der Lage, dem Druck der internationalen Bewegung zur Abschaffung der Sklaverei zu widerstehen. Schließlich stellte die nordamerikanische Gesellschaft für zahlreiche Angehörige der kubanischen Bourgeoisie ein Modell wirtschaftlicher Effizienz und Fortschrittlichkeit dar; außerdem kam in den Augen der kubanischen Elite auch der dortigen erfolgreichen Kombination von bürgerlichen Freiheiten für einige und Sklaverei für andere Vorbildcharakter zu.

Der Gedanke eines Anschlusses an die Vereinigten Staaten war in der Mitte des 19. Jh. besonders weit verbreitet. Dem *Club de la Habana*, der den Anschlußgedanken förderte, gehörten die wohlhabendsten und einflußreichsten *criollos* an. In den 1840er Jahren gegründet, unterstützte der Club in den 1850er Jahren verschiedene Verschwörungen, darunter auch mehrere militärische Interventionen, denen jedoch kein Erfolg beschieden war. Dem kubanischen Anschlußwunsch entsprach ein starkes

Interesse in den USA, die reiche Zuckerinsel in ihren Einflußbereich zu bringen. Seit den 1820er Jahren hatten führende nordamerikanische Politiker die Überzeugung geäußert, Kuba werde entweder spanisch bleiben oder den USA einverleibt. Wiederholt boten amerikanische Präsidenten an, Kuba zu kaufen. Spanien lehnte indessen im Jahr 1848 das Angebot von 100 Mio. US-Dollar ebenso ab wie im Jahr 1854 ein solches über 130 Mio. US-Dollar.

Der Stimmungsumschwung trat ein, als der Sezessionskrieg die US-Amerikaner auf sich selbst zurückwarf und die anschließende Sklavenbefreiung (1865) die USA zu einem für die kubanische Zuckeroligarchie unattraktiven Modell machte. Sie wandte sich wieder der alten Strategie zu, im Rahmen des spanischen Kolonialismus Konzessionen für sich zu erreichen. Viele der früheren Anhänger eines Anschlusses an die USA sammelten sich nun in der Reformistenpartei (1865). Diese befürwortete eine weitere Liberalisierung der spanischen Handelsbestimmungen, gleiche Rechte für Spanier und *criollos* auf Kuba sowie eine politische Vertretung der letzteren in Spanien. Trotz des gesellschaftlichen Hintergrundes ihrer Mitglieder drängte die Partei paradoxerweise auch auf eine endgültige Beendigung des Sklavenhandels. Wahrscheinlich gründete diese Forderung in der Erkenntnis der Plantagenbesitzer, daß die vollständige Abschaffung der Sklaverei unabwendbar und die Zeit gekommen war, sich in das Unvermeidliche zu schicken und einen allmählichen Übergang auszuhandeln. Die Forderung läßt auch darauf schließen, daß in den 1860er Jahren freie Lohnarbeiter in steigender Zahl zur Verfügung standen; in der Tat vergrößerten chinesische und spanische Immigranten sowie enteignete Kleinbauern das Angebot an Arbeitskräften.

Die Reformistenpartei war daher auf die Verhandlungen mit Spanien gut vorbereitet. Um die Mitte der 1860er Jahre schien der Reformismus die spanisch-kubanischen Beziehungen festigen zu können. Das liberale spanische Kabinett O'Donnell nahm eine Petition der Reformisten wohlwollend entgegen und ermöglichte Wahlen für die Entsendung einer kubanischen Delegation in die *Junta de Información de Ultramar.* Im Hinblick auf die mögliche Einführung kolonialer Reformen wäre diese Junta genötigt gewesen, die Reformistenpartei ernsthaft in die Verhandlungen einzubeziehen – erst recht, nachdem diese in den Wahlen von 1865 einen überwältigenden Sieg errungen hatte. Bald setzte jedoch die Reaktion ein. Das Kabinett O'Donnell stürzte und wurde von einer streng konservativen Regierung abgelöst. Der spanische Zugriff auf Kuba festigte sich, und die Reformistenpartei löste sich auf. Alte Zugeständnisse wurden widerrufen und neue Beschränkungen eingeführt: höhere Steuern, mehr Handelsprotektionismus und politische Repression. Der spanische Protektionismus hatte um so nachteiligere Konsequenzen, als er von den USA mit einer Erhöhung der Einfuhrzölle für kubanische Erzeugnisse beantwortet wurde. Die *criollos,* die sich in einer mißlichen wirtschaftlichen Lage befanden und angesichts der gebrochenen Reformversprechen jeder Hoffnung auf eine Verbesserung ihrer Situation beraubt sahen, erhoben sich schließlich in einem bewaffneten Aufstand. Aber es war der Osten der Insel, der revoltierte, und die Frage der Sklaverei spaltete die kubanische Führungsschicht bald in zwei entgegengesetzte Lager.

Der Zehnjährige Krieg begann im Jahr 1868 mit dem *Grito de Yara,* der Proklamation einer provisorischen Republik. Während der zehn Jahre ihres Bestehens blieb der Einflußbereich dieser Republik auf den Osten Kubas begrenzt, weil sie die Spanier im Westen nicht besiegen konnte. Mit dem Friedensvertrag von Zanjón im Jahr 1878 war ihr Untergang besiegelt. Die Republikaner waren zumindest in ihrer Anfangszeit keine Revolutionäre.

Ursprünglich war die Abschaffung der Sklaverei nicht Teil ihres Programms gewesen. Verschwörungen gegen die spanische Herrschaft hatten in *Oriente* begonnen; Freimaurerlogen in verschiedenen östlichen Provinzen dienten ihnen als organisatorisches Gerüst. Warum der Osten und nicht der westliche Teil Kubas als das Zentrum des antikolonialen Widerstandes hervortrat, ist leicht zu erklären: Der Westen Kubas mit seinen expandierenden Zuckerrohrplantagen war in viel höherem Maße als der *Oriente* vom Sklavereisystem beherrscht. Infolgedessen waren die Plantagenbesitzer des Westens weitaus weniger geneigt, einen Krieg zu riskieren, der in eine soziale Revolution münden konnte. Außerdem ließ die mangelhafte militärische Infrastruktur des *Oriente* diesen für den Guerillakrieg geeigneter erscheinen. Gleichwohl war den *independistas,* die für die Unabhängigkeit kämpften, klar, daß ihre Sache nur im Westen gewonnen werden konnte, wo annähernd 80 Prozent der Bevölkerung lebten und wo das wirtschaftliche Schwergewicht lag. Aus diesem Grund mußten die Aufständischen bestrebt sein, die *criollos* im Westen zum Anschluß an ihre Sache zu bewegen. Dazu mußte vor allem deutlich gemacht werden, daß die Abschaffung der Sklaverei nicht auf dem Programm stand. Schon Anfang 1869 verhängte der Führer der Unabhängigkeitsbewegung, Carlos Manuel de Céspedes, die Todesstrafe für Angriffe gegen Plantagen und Eigentum von Sklavenhaltern.

Diese Strategie zeitigte nicht den gewünschten Erfolg und erwies sich bald als hinfällig. Die meisten Pflanzer im Westen ließen sich nicht überzeugen und hielten an der spanischen Herrschaft und der reformistischen Strategie fest. Den spanischen Truppen gelang es, den Westen vom aufständischen Osten zu trennen. Schließlich führte eine Radikalisierung der Aufständischen zum endgültigen Bruch mit der Bourgeoisie des Westens. Die ersten Führer der *independistas* waren aus der unzufriedenen Führungsschicht des Ostens gekommen. Obwohl sie als Pflanzer und Viehzüchter selbst Sklavenhalter waren, hingen sie in viel geringerem Maße als ihre westlichen Kollegen von der Sklaverei ab. Außerdem hatten sie sich nicht des Wohlstandes erfreut, den die Plantagenrevolution dem Westen gebracht hatte. Überdies waren die Gegensätze zwischen Bourgeoisie und Mittelschicht einschließlich der freien Farbigen bei weitem nicht so unüberbrückbar wie im Occidente. Das ermöglichte eine klassenübergreifende Verschwörung und bald auch die Radikalisierung der Aufständischen.

Als die Unabhängigkeitsbewegung an Schwungkraft gewann, veränderte sich zudem ihre soziale Zusammensetzung. Ihre Anhängerschaft rekrutierte sich aus allen Schichten und schloß auch Farbige sowie *libertos* (befreite Sklaven) mit ein. Letztere setzten bei den Zielen der Bewegung andere Prioritäten, denen die gemäßigte Führung Rechnung tragen mußte. Das ursprüngliche Manifest der Separatisten und die konstituierende Versammlung der Aufständischen von 1869 hatten nur eine allmähliche und durch Entschädigungen gemilderte Abschaffung der Sklaverei nach der spanischen Niederlage verlangt. Schon bald aber erhielten die Sklaven im *Oriente* die Freiheit. Überdies trat eine wachsende Zahl der aufständischen Führer offen für die vollständige Abschaffung der Sklaverei als Hauptziel des Krieges ein. Militärische Führer wie der Dominikaner Máximo Gómez und der freie Farbige Antonio Maceo waren glühende Verfechter der Abschaffung – und als Soldaten wurden sie von Tag zu Tag wichtiger. Im Oktober 1869 erklärte Céspedes die Zerstörung von Zuckerrohrplantagen zur gültigen Strategie. Die Bewegung der *independistas* radikalisierte sich und entfremdete sich dadurch das Bürgertum des Westens.

Für die reformistischen Rebellen wurde ein Anschluß an die USA wieder zur Option. Die republikanische Abgeordnetenversammlung von 1869 optierte ausdrücklich für den Anschluß und ersuchte die USA um Anerkennung. Indessen blieb die Unterstützung der Rebellen durch die Vereinigten Staaten aus. Die Aufständischen waren auf sich gestellt, und der Anschlußgedanke trat wieder in den Hintergrund.

Die spanische Politik war konsequent, erlaubte aber eine gewisse Flexibilität. Beim Ausbruch der Kämpfe verfügte die spanische Armee auf Kuba über nicht mehr als 7000 Mann; Mitte der 1870er Jahre hatte Spanien mehr als 70 000 Mann auf Kuba, doppelt so viele wie die Aufständischen. Die spanische Strategie zielte darauf ab, die Rebellen vom Westen der Insel fernzuhalten; zu diesem Zweck wurde ein befestigter Graben *(trocha)* von Küste zu Küste quer durch die Provinz Camagüey angelegt. Diese Grenze wurde jahrelang gehalten, bis Gómez im Januar 1875 durchbrach und umgehend mit der Zerstörung von Zuckerrohrplantagen und der Sklavenbefreiung begann. Im Anschluß an eine Reihe innerer Umwälzungen in Spanien zeigte sich die neue konservative Regierung entschlossen, den kubanischen Aufstand niederzuschlagen, und entsandte zu diesem Zweck im Jahr 1876 General Martínez Campos mit weiteren 25 000 Mann in das Krisengebiet. Martínez' Offensive warf Gómez bald über die *trocha* zurück nach *Oriente*, und die überlegene spanische Armee trat zu einer letzten Offensive an. Am 11. Februar 1878 wurde der Friedensvertrag von Zanjón unterzeichnet, der eine Generalamnestie für alle Aufständischen enthielt, ferner eine Bestätigung der Freiheit für alle Sklaven und chinesischen Kontraktarbeiter, die in den Reihen der Aufständischen gekämpft hatten, sowie die Zusicherung politischer Reformen. Die Anführer der Aufständischen waren gezwungen, ins Exil zu gehen. Während des Krieges waren häufig Differenzen zwischen den zivilen und militärischen Fraktionen der *independistas* aufgetreten, die auch mit dem Frieden von Zanjón nicht überwunden waren. Antonio Maceo erklärte jeden Friedensvertrag für unannehmbar, der nicht die staatliche Unabhängigkeit und die Sklavenbefreiung zur Folge habe. Ein neuerlicher Feldzug folgte; im Mai kapitulierte schließlich auch Maceo. Der Krieg hatte einschließlich der Zivilisten rund 200 000 Tote auf spanischer Seite gefordert, hingegen nur 50 000 Kubaner das Leben gekostet.

So endete der Zehnjährige Krieg mit einer Bekräftigung der spanischen Herrschaft. Dennoch hatte sich vieles verändert. Obwohl ihre gänzliche Abschaffung verzögert worden war, hatte die Sklaverei in *Oriente* de facto ein Ende gefunden, und auch im Westen bereitete sich nun ihre allmähliche Abschaffung vor. Ferner hatte der Krieg in den aufständischen Provinzen ein Gefühl nationaler Identität erzeugt. Dieser Nationalismus war stark antispanisch geprägt, enthielt aber auch eine gewisse Desillusionierung angesichts der passiven Haltung der Vereinigten Staaten während des Krieges.

In den letzten Jahrzehnten des Jahrhunderts erfuhr das Streben Kubas nach Unabhängigkeit weitere Enttäuschungen. Mit der allmählichen Abschaffung der Sklaverei wurde ein großes Hindernis für die nationale Einheit beseitigt. Auch schien der Friedensvertrag von Zanjón Wege zur politischen Reform zu weisen. Im Jahr 1878 wurde der *Partido Autonomista* gegründet, in dem sich frühere Reformisten und ehemalige Aufständische vereinten. Ihr Gegenstück war der *Partido Unión Constitucional*, der entschieden gegen eine kubanische Autonomie auftrat; diese Partei wurde von spanientreuen Konservativen beherrscht, die in den kubanischen Autonomisten verkappte *independistas* sahen.

Die Ziele des *Partido Autonomista* blieben weiterhin unerfüllt. Die folgenden spanischen Regierungen blieben die Erfüllung der Reformversprechungen aus dem Friedensvertrag von Zanjón schuldig. Außerdem wurden Kuba vom Mutterland neue Steuern auferlegt, die die Kosten des Zehnjährigen Krieges decken sollten. Diese Maßnahme verstärkte nicht nur den Groll der Kubaner; sie unterminierte auch die wirtschaftliche Stellung des einheimischen Bürgertums. Die Auswirkungen der spanischen Politik, die weltweite Zuckerkrise der 1880er Jahre und das Einströmen nordamerikanischen Kapitals bewirkten den eigentlichen Zerfall der alten wirtschaftlichen Führungsschicht Kubas. Zu Beginn der 1890er Jahre war der größte Teil der Wirtschaft in spanische und nordamerikanische Hände übergegangen; und die politische Macht war noch immer in der Hand des Mutterlandes, vielleicht noch unverrückbarer als ein halbes Jahrhundert zuvor.

Neben dem Autonomismus gewann jetzt das Ideal eines *Cuba libre,* eines freien Kuba, wie es vom im Exil wirkenden *Partido Revolucionario Cubano* (PRC) im Jahr 1892 proklamiert wurde, an Wirkungskraft. Zu den Führern des PRC zählten Veteranen des Zehnjährigen Krieges wie Máximo Gómez und Antonio Maceo, doch die treibende Kraft hinter der Partei war José Martí, der nach seinem Tod zum *Padre de la Nación,* zum „Vater der Nation", erhoben werden sollte. Er organisierte die Partei in den USA, sammelte Geld unter den exilierten Landsleuten in New York und Florida und strebte nach vollständiger Unabhängigkeit für Kuba. Das freie Kuba, das ihm vorschwebte, würde Ergebnis einer politischen und gesellschaftlichen Revolution sein: Es sollte sich durch eine diversifizierte Landwirtschaft, die Umverteilung des Eigentums und Gleichheit der Rassen auszeichnen. Um diese Ziele zu erreichen, war ein erneuter bewaffneter Konflikt unvermeidlich.

Der Krieg brach im Jahr 1895 aus. Die Aufständischen hatten einen günstigen Zeitpunkt gewählt. Eine neuerliche Wirtschaftskrise, zum Teil Ergebnis der spanischen Handels- und Zollpolitik, hatte den Groll gegen das Mutterland verstärkt. In dieser Situation allgemeiner Enttäuschung nahm der PRC den Kampf auf. Der Aufstand begann im Februar, wurde in den westlichen Provinzen jedoch rasch niedergeschlagen. Im April landeten Gómez und Martí, von der Dominikanischen Republik kommend, in *Oriente.* Martí fiel einen Monat später im Kampf. Unterdessen reorganisierte Spanien seine Truppen und verstärkte sie auf 200 000 Mann. Im Gegensatz zum vorausgegangenen Krieg erfaßte dieser die ganze Insel. Weil beide Seiten einen totalen Vernichtungskrieg führten, hatte er verheerende Auswirkungen. Kuba wurde geplündert und gebrandschatzt. Der Krieg tobte von 1895 bis 1898. Maceo wurde im Kampf getötet, ebenso wie Zehntausende andere auf beiden Seiten. Allmählich aber gewannen die Kubaner die Oberhand. Zu spät reagierte Spanien mit größeren Zugeständnissen: Weder die Einsetzung einer neuen Regierung, an der mehrere Autonomisten beteiligt wurden, noch die Proklamation der Autonomie Kubas durch den spanischen Generalkapitän Ramón Blanco vermochten ein Ende der Kämpfe herbeizuführen – die Aufständischen waren nunmehr allein an wirklicher Unabhängigkeit interessiert.

Bei diesem Stand der Dinge bewahrheiteten sich José Martís Befürchtungen, indem im Frühjahr 1898 die Vereinigten Staaten intervenierten. Das militärische Eingreifen war vorgeblich durch die Explosion – aufgrund von Sabotage oder eines Unfalls – des amerikanischen Kriegsschiffes „Maine" im Hafen von Havanna provoziert. Der Zwischenfall, bei dem 260 Besatzungsmitglieder ums Leben kamen, kam den USA tatsächlich sehr gelegen. Amerikanische Politiker, unter ihnen der Unterstaatssekretär Theodore Roosevelt, und maßgebliche Wirtschaftskreise sahen den Niedergang der spanischen Macht und die anscheinend radikale Wendung zu einem *Cuba libre* als eine Bedrohung. Wie schon während des Zehnjährigen Krieges waren Angebote zum Kauf der Insel abgelehnt worden. Der „Maine"-Zwischenfall lieferte einen Vorwand zur Intervention und damit eine günstige Gelegenheit, die US-Flagge auf karibischem Boden zu hissen, noch dazu auf der größten und wirtschaftlich interessantesten Insel.

Die Führung der kubanischen Aufständischen begrüßte zunächst ziemlich naiv das amerikanische Eingreifen. Das US-Repräsentantenhaus hatte Präsident McKinleys Interventionsplan unter der Bedingung zugestimmt, daß die USA die kubanische Unabhängigkeit respektieren würden. Sobald die Intervention angelaufen war, machten die USA sich kaum noch die Mühe, mit der kubanischen Führung zusammenzuarbeiten, und am Ende war die kubanische Unabhängigkeit bis zu ihrer Negation entstellt. Die eigentliche Landung von Truppen auf Kuba fand im Juni statt; nach kurzem Kampf kapitulierte Spanien und erklärte sich bereit, Kuba bis zum 1. Januar 1899 zu räumen; an diesem Tag begann die militärische Besetzung des Landes durch US-amerikanische Truppen. Der in Paris geschlossene Friedensvertrag beendete den angeblich „Spanisch-Amerikanischen Krieg". Der kubanische Beitrag wurde ignoriert. Die militärische Besetzung durch die Amerikaner dauerte bis zum 20. Mai 1902, als Kubas erster Präsident Estrada Palma in sein Amt eingeführt wurde. Der neuen Verfassung war ein Zusatzartikel eines amerikanischen Senators angefügt. Dieses sogenannte Platt-Amendment gab den USA das Recht zu intervenieren, falls es der kubanischen Administration nicht gelingen sollte, eine Regierung aufrechtzuerhalten, die „den Schutz des Lebens, des Eigentums und der individuellen Freiheiten" garantieren würde. Mit einem Wort: Kuba wurde zu einem Protektorat. Bis zu seiner Aufhebung im Jahr 1934 sollte das Platt-Amendment zur Rechtfertigung mehrerer militärischer Interventionen in Kuba dienen. Was Martí befürchtet hatte, war eingetreten.

G. Puerto Rico

Zwar konnte Puerto Rico nie aus dem Schatten Kubas heraustreten, doch war auch seine Entwicklung im 19. Jh. beachtlich. Zwischen 1820 und 1900 vervierfachte sich die Bevölkerungszahl auf 953 000 Personen. Die Bevölkerungsdichte betrug in Puerto Rico 277,4 Einwohner pro Quadratmeile, in Kuba nur 35,6. Das starke Bevölkerungswachstum war ursprünglich ein Ergebnis der Einwanderung. Im Vergleich mit Kuba war der Sklavenhandel jedoch von geringerer Bedeutung. Der englisch-spanische Vertrag von 1817, der die Abschaffung des Sklavenhandels für 1820 vorsah, wurde in keiner der beiden Kolonien eingehalten; aber die Zahl von kaum 50 000 Sklaven, die bis in die 1860er Jahre nach Puerto Rico eingeführt wurden, verblaßt gegenüber der zehnfachen Zahl für Kuba. Um 1840 erreichte der Anteil der Sklaven an der Gesamtbevölkerung den Höchststand. Doch während in Kuba die Sklaven mehr als 43 Prozent der Bevölkerung ausmachten, lag die Zahl für

Puerto Rico bei weniger als 12 Prozent. Um 1860 war der Anteil auf 7 Prozent gesunken, und 1873, am Vorabend der Sklavenbefreiung, auf 5 Prozent. Zu dieser Zeit waren nur 30 000 *puertorriqueños* Sklaven.

Als Hauptursache des Bevölkerungswachstums muß die Einwanderung von Weißen bezeichnet werden, obwohl quantitative Untersuchungen hierzu bisher nicht vorliegen. Es liegt auf der Hand, daß die meisten der weißen Einwanderer aus Spanien kamen; eine beträchtliche Zahl wanderte nach der Unabhängigkeit von Spanisch-Amerika aus benachbarten Kolonien und verschiedenen europäischen Ländern zu.

Die wirtschaftliche Entwicklung im Zeitraum zwischen 1820 und 1900 war gekennzeichnet durch eine stetige Zunahme der landwirtschaftlichen Exporte zu Lasten des kleinbäuerlichen Subsistenzsektors. Die Steigerung der Ausfuhren war zunächst der Zucker- und Kaffeeproduktion zu verdanken, später durch ein Überwiegen der Zuckerausfuhren bedingt und im ausgehenden 19. Jh. Folge einer Rückverlagerung zum Kaffee. Der Handelswert der Ausfuhren pro Kopf der Bevölkerung verdreifachte sich zwischen 1814 und 1824 und verdoppelte sich im nächsten Jahrzehnt noch einmal. Das weitere Wachstum war bescheiden und ungleichmäßig, indem auf eine steigende Tendenz bis in die 1850er Jahre eine Trendumkehr bis Ende der 1870er Jahre folgte; eine weitere Wachstumsphase bewirkte Mitte der 1880er Jahre ein Wiederansteigen der Ausfuhrzahlen auf das Niveau der frühen 1850er Jahre.

Der Wert der Zucker- und Kaffeeausfuhren betrug um 1815 jeweils etwas mehr als eine halbe Mio. Pesos und nahm ungleichmäßig zu; dabei dominierte der Zucker zwischen 1830 und Ende der 1870er Jahre. Im Jahr 1871 erreichte der Wert der Zuckerausfuhren im Verhältnis zu den Gesamtausfuhren einen Höhepunkt von 69 Prozent, sank dann auf 29 Prozent zehn Jahre später und auf 21 Prozent im Jahr 1896. Demgegenüber kam es zu einer förmlichen Explosion beim wertmäßigen Anteil der Kaffeeausfuhren: Von 18 Prozent im Jahr 1876 stieg er auf 55 Prozent nur fünf Jahre später und erreichte im Jahr 1896 77 Prozent. Die Tabakexporte standen immer im Schatten der beiden Hauptausfuhrgüter und blieben trotz ihrer Beständigkeit ohne große Bedeutung.

Diese relativen Veränderungen sollten nicht als Indikatoren absoluten Wachstums oder Rückgangs interpretiert werden. Tatsächlich blieben die Kaffeeausfuhren nach einer Abnahme um 1830 bis 1850 mehr oder weniger stabil und nahmen von diesem Zeitpunkt an zu. In gleicher Weise verzeichneten die Zuckerausfuhren während des ganzen Jahrhunderts ein beinahe gleichmäßiges Wachstum. Um 1880 hatten die Zuckerausfuhren trotz eines scheinbaren Einbruchs im Vergleich zum Kaffee einen absoluten Höhepunkt erreicht.

Die Steigerung der Ausfuhren wurde noch von der Zunahme der Einfuhren übertroffen. Dies erklärt sich zum Teil aus Veränderungen in der Landnutzung, und dabei insbesondere aus dem Niedergang der kleinbäuerlichen Subsistenzwirtschaft. Die Gesamtanbaufläche wurde zwar während des ganzen Jahrhunderts stetig ausgeweitet, aber der Anteil der Subsistenzwirtschaft ging sowohl im Verhältnis zur exportorientierten Agrarproduktion als auch zur Gesamtbevölkerung zurück. Während die Fläche der kleinbäuerlichen Subsistenzwirtschaft 1830 noch das Doppelte derjenigen des exportorientierten Agrarsektors ausmachte, wiesen beide Produktionszweige im Jahr 1862 annähernd gleiche Flächenanteile auf, und am Ende des Jahrhunderts hatte sich das Verhältnis von 1830 umgekehrt: Die dem Anbau für den Export vorbehaltene

Fläche war doppelt so groß wie jene der Subsistenzwirtschaft. Eine Folge der Exportorientierung war, daß die Nahrungsmittelimporte ab 1860 stiegen und Puerto Rico trotz aller Ausfuhranstrengungen eine negative Handelsbilanz aufwies.

SCARANO [1984] weist überzeugend nach, daß der Mythos, demzufolge die puertoricanische Zuckerrevolution im Gegensatz zu den übrigen karibischen Gebieten nicht auf Sklavenarbeit basierte, jeglicher realen Grundlage entbehrt. Die Untersuchung der bedeutenden Zuckerrohranbaugebiete von Mayagüez, Ponce und Guyana deutet vielmehr darauf hin, daß auf den Zucker-*haciendas* der ersten Jahrhunderthälfte die Sklavenarbeit sehr wohl vorherrschte. Dieser Zustand dauerte bis in die 1850er Jahre an, vor allem auf den besonders kapitalintensiven, modernisierten Plantagen. Wenn andere Arten der Arbeitsorganisation, namentlich durch den Beizug gemieteter *jornaleros* oder von Tagelöhnern, allmählich die Oberhand gewannen, so lag dies daran, daß Sklaven zu kostspielig oder nicht mehr verfügbar waren, nicht aber an der Ineffizienz der Sklavenarbeit.

Die Abnahme der Zuckerproduktion läßt sich zum Teil durch den Mangel an Sklavenarbeitern erklären. Neben der Knappheit an Kapital, mithin auch an Sklaven, behinderte das notorische puertoricanische Problem „mucha gente, poco trabajo" („viele Menschen, wenig Arbeit") die weitere Expansion des Zuckersektors nachhaltig. Maßnahmen mit dem Ziel, einen Teil des Kleinbauerntums der Selbständigkeit zu berauben und in ein ländliches Proletariat zu verwandeln, kulminierten im *libreta*-System des *Reglamento Especial de Jornaleros* von 1849. Diese Sondervorschrift über das Tagelöhnerwesen sollte sowohl als Instrument zur Disziplinierung des agrarischen Semi-Proletariats dienen, als auch dem Exportsektor Arbeitskräfte zuführen, um die „mucha gente" in „muchos trabajadores" zu verwandeln. In dieser Hinsicht war es wahrscheinlich der umfassendste Versuch in der Geschichte der Karibik, freie Teile der Bevölkerung in unfreie Arbeitsverhältnisse zu zwingen. Aber dieses Gesetz vermochte ebensowenig wie frühere Bestimmungen den Widerstand der ländlichen Bevölkerung zu brechen.

Die verschiedenen Arbeitsgesetze waren in erster Linie zur Unterstützung des Zuckersektors eingeführt worden. Noch nach der Abschaffung der Sklaverei und dem Widerruf des *libreta*-Systems (beides 1873) drängten die Besitzer von Zuckerrohrplantagen auf Maßnahmen zur Schaffung eines ländlichen Proletariats. Aber erst die allmähliche Schließung der Agrargrenze, d.h. die zunehmende Knappheit an unbesiedeltem, bebaubarem Land, verbunden mit der weiterhin zunehmenden Bevölkerungsdichte brachte um die Jahrhundertwende das ländliche Proletariat hervor, das der Kolonialstaat durch Gesetze vergeblich zu schaffen versucht hatte. Zu Beginn des 20. Jh. sollte der zweite Wachstumsschub der Zuckerindustrie durch dieses neuentstandene Proletariat realisiert werden.

Der Erfolg des Kaffeeanbaus in der zweiten Hälfte des 19. Jh. war unmittelbar mit dem geringeren Bedarf dieses Sektors an auswärtigen Arbeitskräften verknüpft. Wenn die Besiedlung des Landesinneren durch Kleinbauern, die neben ihrem Eigenbedarf an Feldfrüchten Kaffee als Marktfrucht anbauten, mit dem Aufschwung der Kaffeeausfuhren zusammenfiel, so bedeutet dies nicht, daß diese Bauern das ländliche Proletariat bildeten. Manchen Kleinbauernfamilien gelang es, Subsistenzwirtschaft und Kaffeeanbau miteinander zu verbinden; andere verschafften sich Bareinnahmen, indem sie sich zusätzlich zur Bewirtschaftung ihrer Parzellen zeitweise als Landarbeiter im

Nebenerwerb verdingten. Kaffee, traditionell ein bäuerliches Produkt, wurde weiterhin in relativ kleinen Pflanzungen angebaut. Die anfallende Arbeit auf den Pflanzungen wurde von ortsansässigen Arbeitskräften und den Gutsbesitzern selbst bewältigt, auch dann noch, als die Durchschnittsgröße der *cafetales* (Kaffee-Güter) allmählich zunahm. Diese Kombination verschiedener Produktionsstrukturen und Arbeitsverhältnisse trug viel zur Widerstandsfähigkeit und Elastizität des Kaffeesektors sowie zu seinem Aufschwung in den letzten Jahrzehnten des Jahrhunderts bei.

Internationale Marktbedingungen leisteten ebenfalls einen Beitrag zur Produktionsverlagerung. Um die Mitte des 19. Jh. machten Zucker und seine Nebenprodukte drei Viertel der puertoricanischen Ausfuhren aus; wichtigster Markt waren die USA, gefolgt von verschiedenen europäischen Märkten. In den nächsten Jahrzehnten überstiegen die Produktionskosten des puertoricanischen Zuckers nicht zuletzt infolge der weiter oben erörterten Knappheit an Arbeitskräften die kritische Grenze der Konkurrenzfähigkeit. In erster Linie kubanische Erzeuger unterboten im Wettbewerb auf dem nordamerikanischen Markt die Preise der Puertoricaner. Schließlich stürzte der durch eine weltweite Überproduktion der Rohr- und Rübenzuckerindustrien bewirkte Zusammenbruch der Zuckermärkte in den 1880er Jahren auch den puertoricanischen Zuckersektor in eine Krise, die erst durch Eingriffe der Vereinigten Staaten im frühen 20. Jh. überwunden wurde.

Die Verlagerung auf den Kaffee implizierte eine teilweise Umorientierung der Handelsbeziehungen. Die Öffnung des US-Marktes für brasilianischen Kaffee im letzten Viertel des Jahrhunderts führte zu einer Kaffeeknappheit auf den europäischen Märkten. Der stärkere und teurere puertoricanische Kaffee, der in den Vereinigten Staaten weniger geschätzt wurde, fand neue Absatzgebiete in Europa. Während Spanien zum Schutz der einheimischen Zuckerindustrie den Zucker aus den eigenen karibischen Kolonien mit hohen Einfuhrzöllen belegte, hatte Kaffee infolge der niedrigen Importabgaben leichten Zugang zu den spanischen und kubanischen Märkten. Das Resultat war eine Steigerung der puertoricanischen Kaffeeproduktion, die vor allem innerhalb des spanischen Kolonialreiches erfolgreich abgesetzt werden konnte. So besaß der Kaffeesektor eine vom Zuckersektor gänzlich verschiedene Absatzorientierung, die sich dahingehend auswirkte, daß die USA in Puerto Rico eine geringere Rolle spielten als auf der Zuckerinsel Kuba. Gingen im Jahr 1870 noch 57 Prozent aller puertoricanischen Ausfuhren in die USA, so war dieser Anteil im Jahr 1895 auf rund 15 Prozent gesunken.

Die politische Geschichte Puerto Ricos unterschied sich wesentlich von den Entwicklungen auf der Schwesterinsel. Während Kuba eine Reihe von Massenbewegungen und sogar Kriegen erlebte, die darauf abzielten, die koloniale Situation durch Reform oder Anschluß an die USA zu verändern, blieb der Widerspruch gegen die Kolonialherrschaft in Puerto Rico wesentlich verhaltener. Diese Verschiedenheit erklärt sich aus den unterschiedlichen Formen wirtschaftlicher Entwicklung und Klassenbildung. In Kuba waren *criollos* die Wegbereiter der Plantagenrevolution gewesen, und ein großer Teil des späteren Widerstandes gegen die spanische Herrschaft mochte mit dem stärkeren US-amerikanischen Engagement in der Karibik sowie mit der Attraktivität einer engen Anlehnung an die Vereinigten Staaten in Zusammenhang gestanden haben; Sklaverei und Rassenbeziehungen hingegen waren Streitfragen, die den kubanischen Anstrengungen zur Loslösung von Spanien im Wege standen.

Im Falle Puerto Ricos waren Sklaverei und Rassenbeziehungen angesichts des geringen Sklavenanteils und des Vorherrschens der Weißen eine weniger wichtige Frage. In Puerto Rico hatten sogar örtliche Interessengruppen auf die Abschaffung der Sklaverei gedrängt, die dann auch lange vor der kubanischen Sklavenbefreiung verwirklicht wurde. Das Gewicht der *criollos* in der heimischen Wirtschaft und Politik war viel weniger bedeutsam als in Kuba. Vergeblich hatte der puertoricanische Vertreter bei den Cortes von Cádiz den Schutz der kreolischen Pflanzer vor zugewanderten Unternehmern gefordert. Es dauerte nicht lange, bis die Zuckerrohrplantagen und Verarbeitungsanlagen vollständig von Ausländern beherrscht waren. Auf dem Kaffeesektor konnten die heimischen Erzeuger ihre Position in etwa halten, aber auch diese Kleinproduzenten sahen sich bald zugewanderten Kaufleuten und Gläubigern ausgeliefert. Mit anderen Worten, die heimische Bourgeoisie, die schon zu Beginn des Jahrhunderts relativ schwach gewesen war, wurde binnen kurzer Zeit vollständig von ausländischen Unternehmern verdrängt: Spanier, Nordamerikaner und europäische Einwanderer, namentlich Korsen und Iren, traten an ihre Stelle.

Anfänglich zielten die politischen Bestrebungen der *criollos* auf liberale Reformen innerhalb des spanischen Kolonialsystems ab und stellten somit die Kolonialherrschaft als solche nicht in Frage. Die Forderungen nach Reformen, die der puertoricanische Vertreter bei den Cortes von Cádiz im Jahr 1812 vorbrachte, drückten dieses politische Programm aus. In der Folgezeit machten der Zustrom loyaler Spanier und ein zunehmend obrigkeitsstaatliches Denken in der Kolonie selbst die Äußerung von Reformwünschen – ganz zu schweigen von separatistischen Neigungen – zu einer gefährlichen Angelegenheit. Bis in die 1860er Jahre blieb der Groll der einheimischen Kreolen zumeist unterschwellig und wurde, wo er zutage trat, mit Leichtigkeit unterdrückt. Spanien, das gleichzeitig von kubanischen Forderungen unter Druck gesetzt wurde, konnte sich nur während kurzlebiger liberaler Intermezzi in der Metropole zu vagen Reformversprechen durchringen; wie der zeitgenössische puertoricanische Historiker und Soziologe Salvador Brau mit Bitterkeit bemerkte, folgte solchen Versprechen nur Stillschweigen.

Die 1860er Jahre markierten eine Wende. Im Jahr 1865 wurden Vertreter Kubas und Puerto Ricos zu Verhandlungen über koloniale Reformen nach Madrid eingeladen. Die puertoricanische Delegation verlangte bürgerliche Freiheiten, Steuerermäßigungen sowie die Abschaffung der Sklaverei. Während man in Madrid über derartige Reformen nachdachte, begannen liberale Puertoricaner in der Kolonie für konkrete Maßnahmen zu agitieren. Diese Agitation veranlaßte den Gouverneur im Jahr 1867 zum Einschreiten, indem er die Hauptrādelsführer des Landes verwies. Zu ihnen zählte der Arzt Ramón Emeterio Betances, der in New York Zuflucht suchte. Er sollte zur treibenden Kraft hinter der Bewegung der puertoricanischen Unabhängigkeitsbefürworter, der *independistas,* werden.

Im September 1868 ging aus einer Verschwörung der *independistas* der *Grito de Lares* hervor, benannt nach einem bedeutenden Kaffeeanbaugebiet. Die Ideologie hinter dem *Grito* wurde von Intellektuellen wie Betances bereitgestellt, während der Groll der Einheimischen über die Zurückdrängung und Beherrschung der Kaffeewirtschaft durch Spanier und Ausländer als unmittelbarer Auslöser wirkte. Der *Grito* war ein Fehlschlag, und Betances hatte nicht einmal Gelegenheit, in Puerto Rico zu landen, bevor die Rebellion von den Spaniern niedergeschlagen wurde. Von diesem

Zeitpunkt an blieb die Frage des politischen Status jedoch Gegenstand hitziger Debatten – wenn sie auch nicht, wie im Falle Kubas, zu bewaffneten Auseinandersetzungen führte.

Der Spielraum für die politische Artikulation kreolischen Unmutes war allerdings schon deswegen begrenzt, weil die wirtschaftliche Position der *criollos* im weiteren Verlauf des Jahrhunderts zusehends abbröckelte. Anders als ihre kubanische Entsprechung waren die puertoricanischen *criollos* weit davon entfernt, einen bestimmenden Einfluß auf die Plantagenwirtschaft auszuüben, und deswegen auch nicht in der Lage, um die Macht in den kolonialen Institutionen zu feilschen. Somit blieb die Diskussion innerhalb der Kolonie gemäßigt und stand weiterhin unter dem starken Einfluß konservativer spanischer Wortführer. Insgesamt gab es drei weit auseinanderliegende politische Strömungen. Die eine strebte die völlige und bleibende Eingliederung in das spanische Weltreich an, die zweite forderte substantielle Reformen innerhalb des Kolonialismus, und die dritte wünschte die vollständige Unabhängigkeit. Im Jahr 1870 wurden zwei politische Parteien gegründet. Die von Spaniern beherrschten Konservativen traten für die Beibehaltung der spanischen Kolonialherrschaft ein. Der kreolische *Partido Liberal Reformista* forderte tiefgreifende Reformen innerhalb des bestehenden staatlichen Verbandes. Die Befürworter der Unabhängigkeit oder *independistas* konnten sich in Puerto Rico nicht offen organisieren und blieben abhängig von der im Exil lebenden Führung unter Betances.

Zwischen 1870 und den 1890er Jahren schwankte die spanische Haltung zwischen Unnachgiebigkeit und Reformbereitschaft; zum Teil war diese Unschlüssigkeit durch die Turbulenzen der spanischen Innenpolitik dieser Jahrzehnte verursacht, zum Teil war sie eine Nebenwirkung des kubanischen Ringens um Unabhängigkeit, das einige politische, wenn auch noch keine militärischen Fortschritte brachte. Daraus erklärt sich die Tatsache, daß die Haltung der spanischen Verwaltung in Puerto Rico gegenüber den Forderungen der Reformisten keine klare Linie erkennen ließ. Auch die Reformisten bildeten indessen keinen homogenen Block. Im Jahr 1887 kam es zur Abspaltung des konservativeren Flügels, worauf die verbliebenen Anhänger die Organisation in *Partido Autonomista Puertorriqueño* (PAP) umbenannten. Ein gemäßigter Nationalismus wurde jetzt offen vertreten, obwohl seine Verfechter keine *independistas* im strengen Sinne waren. Aus spanischer Sicht war die Bewegung aber bereits zu radikal, und noch im selben Jahr, dem „schrecklichen Jahr 1887", wurde der PAP blutig unterdrückt. Die Überlebenden organisierten sich bald wieder, diesmal im *Partido Liberal Fusionista Puertorriqueño*. Ihr Führer war Luis Muñoz Rivera, Herausgeber der Zeitung *La Democracia,* einer von mehreren reformistischen Tageszeitungen. Muñoz Rivera nutzte seine persönlichen Kontakte zum amtierenden liberalen Ministerpräsidenten Spaniens, Sagasta, und erreichte schließlich die Aufnahme von Verhandlungen über die Ziele der Reformisten. Im November 1897 gewährte Spanein Puerto Rico die Autonomie in inneren Angelegenheiten, Freiheiten in der Gestaltung der Außenwirtschaftsbeziehungen sowie eine Vertretung im spanischen Parlament. Mit diesen Zugeständnissen war Spanien den puertoricanischen Reformisten stärker entgegengekommen als ursprünglich beabsichtigt; die Kolonialmacht hatte indessen keine andere Wahl: Das Vorbild des offensichtlich erfolgreichen kubanischen Unabhängigkeitskrieges konnte zu einer Radikalisierung der Partei von Muñoz Rivera führen, falls Spanien ihr Programm nicht akzeptierte.

Im März wurden in Puerto Rico Wahlen abgehalten, in denen Muñoz Rivera einen glänzenden Sieg errang. Im Juli trat das neue Parlament erstmals zusammen. Es sollte ihm indessen nicht beschieden sein, praktische Erfahrungen mit der Autonomie innerhalb des spanischen Königreiches zu sammeln. Im selben Monat fielen US-Truppen in Puerto Rico ein, und das Parlament wurde aufgelöst. Im Frieden von Paris, der im Dezember 1898 unterzeichnet wurde, trat Spanien Puerto Rico an die USA ab; die Nordamerikaner bezahlten sogar 20 Mio. US-Dollar für ihre Neuerwerbung. Nach der vorübergehenden Einsetzung einer Militärregierung institutionalisierten die Vereinigten Staaten ihre Herrschaft im Jahr 1900 durch die Verabschiedung einer gesetzlichen Grundlage. Dieses als *Foraker Act* bekanntgewordene Gesetz bestimmte, daß das „nicht eingegliederte Territorium von Porto Rico" (die amerikanische Schreibweise wurde mit der US-Herrschaft verbindlich) mehrheitlich von US-Zivilbeamten regiert werden sollte, die vom amerikanischen Präsidenten zu ernennen waren. Sogar der *Consejo Ejecutivo,* das Kabinett des US-Gouverneurs, sollte eine US-amerikanische Mehrheit erhalten. Der *Foraker Act,* dem in Puerto Rico bis 1917 Verfassungsrang zukam, verwandelte das Land faktisch in eine US-Kolonie und gestand den Puertoricanern weniger Autonomie zu, als sie eben erst Spanien abgerungen hatten. *Autonomistas* wie Muñoz Rivera, die die amerikanische Invasion anfänglich begrüßt hatten, sahen sich bald in das nächste nichtmilitärische Ringen um Autonomie verstrickt. *Independistas* wie der Soziologe Eugenio María de Hostos verlangten nun, daß Washington die Insel ihren Bewohnern übergebe. Auch Betances vertrat diese Forderung; kurz vor seinem Tod im Jahr 1898, als viele seiner im Exil lebenden Landsleute noch der US-Intervention applaudierten, bemerkte er bekümmert, daß es nicht besser sei, eine Yankee-Kolonie als eine spanische zu sein.

Es ist eine Ironie der Geschichte, daß ausgerechnet Puerto Rico und nicht Kuba als US-Kolonie endete. Während des ganzen 19. Jh. hatten Kubaner und Nordamerikaner – wenn auch mit Unterbrechungen – über einen Anschluß Kubas an die Vereinigten Staaten nachgedacht. Das Nettoergebnis des Krieges von 1895 bis 1898 und insbesondere der amerikanischen Invasion mochte die Errichtung dessen gewesen sein, was die kubanische Geschichtsschreibung nach 1959 als die „Pseudorepublik" bezeichnete; aber wenigstens wurde den Kubanern ein Mindestmaß an politischer Unabhängigkeit zugestanden. Die Bedeutung der Verbindung zwischen Puerto Rico und den USA war dagegen nach ihrer Blütezeit kurz vor der Jahrhundertmitte zurückgegangen, besonders aber in den letzten Jahrzehnten des Jahrhunderts, als Puerto Rico mehr und mehr von den Kaffee-Exporten nach Europa abhängig wurde. Niemals war die Annexion Puerto Ricos durch die Vereinigten Staaten von den Puertoricanern auch nur annähernd so lautstark befürwortet worden wie von den Nordamerikanern. Die US-amerikanische Einverleibung der Insel war daher keinesfalls das zwingende Ergebnis einer kontinuierlichen historischen Entwicklung. Eher könnte sie als Staatsstreich eines Außenstehenden gegen ein wehrloses embryonales Staatswesen bezeichnet werden. Unabhängigkeit und Autonomie waren zur damaligen Zeit Ideale einer gebildeten Oberschicht, die in der breiten Bevölkerung kaum verankert waren; wie Muñoz Rivera zu Beginn der 1890er Jahre bemerkte, war es seiner Gruppe noch nicht gelungen, „das Eis der Gleichgültigkeit der Massen zu brechen".

Aus diesem Grund ist eine abschließende Bemerkung über die einfache puertoricanische Bevölkerung angebracht, die sich aus verschiedenen Gruppen unterschiedlicher geographischer, rassischer und sozialer Herkunft zusammensetzte. Die Darstellung der politischen Geschichte Puerto Ricos wird gewöhnlich darauf reduziert, daß es innerhalb einer Elite aus *criollos,* Spaniern und anderen Einwanderern konkurrierende Fraktionen gegeben habe. In Kuba hatten solche Konflikte schließlich zum offenen Krieg geführt, an dem auch die einfachen Kubaner teilgenommen hatten und der die Sklaverei beendet sowie den rassischen Status quo in Frage gestellt hatte. Nicht so in Puerto Rico. Zweifellos war auch in dieser Kolonie sozialer Protest verbreitet, aber er beeinflußte die nationale Politik kaum. Die in den Zuckerrohranbaugebieten Puerto Ricos in der ersten Hälfte des Jahrhunderts auftretenden Sklavenrevolten hatten nach außen hin lediglich zur Folge, daß die Führungsschicht ihre Anstrengungen verstärkte, die Bevölkerung durch Anlockung weißer Einwanderer „aufzuhellen". Es gab keine *ideología mambisa,* wie der kubanische revolutionäre Geist genannt wurde. Den vielleicht bedeutungsvollsten ideologischen Kontrapunkt zu allen spanischen, amerikanischen oder elitär-puertoricanischen Vorstellungen stellte die – um eine treffende Bezeichnung zu gebrauchen, die Quintero Rivera im Jahr 1987 prägte – „plantagenfeindliche" Mentalität des Kleinbauerntums dar. Der gesellschaftliche Protest der unteren Volksschichten bestand hauptsächlich in der Weigerung, sich freiwillig an der Umwandlung der Insel in eine voll entwickelte agrarische Exportwirtschaft zu beteiligen, und zwar unabhängig davon, in wessen Händen sie sich letztlich befand.

H. Epilog

Bis um 1900 hatte sich die Karibik im Vergleich zum Beginn des Jahrhunderts grundlegend verändert. Zucker war noch immer der beherrschende Wirtschaftsfaktor, aber eine drastische regionale Umorganisation hatte die meisten früheren Erzeuger an den Rand gedrängt; die spanisch sprechende Karibik, insbesondere Kuba, hatte jetzt die wirtschaftliche Führung übernommen. Die Sklaverei war abgeschafft, und wenn es in den verschiedenen nachfolgenden Erscheinungsformen verschleierter Leibeigenschaft bezüglich Schuldknechtschaft und anderer Merkmale auch manche Kontinuität gab, so vollzog die Plantagenwirtschaft doch allmählich den Übergang zur freien Lohnarbeit. Gleichzeitig entstand in der nichtspanischen Karibik ein unabhängiges Kleinbauerntum, wie es in Kuba, Puerto Rico und der Dominikanischen Republik schon vorher bestanden hatte, das seine Position durchaus zu verteidigen verstand; diese bäuerlichen Betriebe, die sich keineswegs allein auf die Subsistenzwirtschaft beschränkten, richteten ihre Produktion zunehmend auf die Versorgung der heimischen und auswärtigen Märkte aus.

Die grundlegenden politischen Veränderungen des Jahrhunderts waren die Eliminierung der Reste des spanischen Weltreiches sowie das Auftreten der Vereinigten Staaten als wirtschaftliche und politisch-militärische Macht von wachsender Bedeutung, das sich auf die Monroe-Doktrin und das Manifest Destiny stützte, die die Vorstellung von der „offenkundigen Bestimmung" der USA zur Herrschaft über den Kontinent durch die Vorsehung zum Ausdruck brachten. Um 1900 hatten die Vereinigten Staaten Kuba in eine Art Protektorat und Puerto Rico in eine eigentliche Kolonie umgewandelt. Ihr unmittelbarer Einfluß auf die anderen beiden unabhängigen Staaten der Region, Haiti und die Dominikanische Republik, verstärkte sich beträchtlich und sollte bald zu militärischen Interventionen führen. Mittlerweile hatte die

Bedeutung der nichtspanischen karibischen Kolonien für ihre Mutterländer drastisch abgenommen. Diese europäischen Kolonialstaaten verminderten ihre Präsenz und bereiteten damit die Hegemonie der Vereinigten Staaten über die ganze Region vor, die im darauffolgenden Jahrhundert verwirklicht wurde.

In den beiden Kapiteln über die Karibik zwischen 1760 und 1900 konnte nur wenig über die soziale und kulturelle Geschichte gesagt werden, die an dieser Stelle einiger kurzer Bemerkungen bedarf. Die soziale Entwicklung der verschiedenen karibischen Kolonien weist in erster Linie hinsichtlich der Folgen der Plantagensklaverei deutliche Parallelen auf. Während eine Zeitlang die Ansicht vertreten wurde, die spanische Variante der Sklaverei sei der „milde" Pol eines Kontinuums gewesen, in welchem die britischen und niederländischen Varianten den „harten" Gegenpol darstellten und die Franzosen eine mittlere Position einnahmen, deuten moderne Untersuchungen darauf hin, daß die Resultate vergleichbar waren, wo immer das Plantagensystem mit Sklavenarbeit Fuß faßte und expandierte. Herrschaftssysteme solcher Art brachten harte Lebensverhältnisse und empörende Unterdrückungsmechanismen hervor. Gleichzeitig schufen sie Bedingungen, unter denen sich neue afrokaribische Mischkulturen entwickelten.

Ein wesentlicher Unterschied zwischen der spanischen Karibik und den übrigen Gebieten der Region betrifft die Entwicklung und Ausdehnung der Sklavenplantagen. Im großen und ganzen waren die Gesellschaften der nichtspanischen Karibik bis zur Mitte des 19. Jh. von der Plantagensklaverei geprägt. Dies läßt sich von den spanischen Kolonien nicht sagen. Das Kuba der ersten Hälfte des 19. Jh. ist als eine Sklavengesellschaft bezeichnet worden; aber selbst zu dieser Zeit bestand weniger als die Hälfte der Bevölkerung aus Sklaven, während die Sklavenbevölkerung in den vorausgegangenen Jahrhunderten von noch geringerer Bedeutung gewesen war. Puerto Rico erlebte nur in der ersten Hälfte des 19. Jh. ein dynamisches Wachstum seiner Sklavenplantagen, und selbst damals war die Sklaverei für die Gesellschaft als Ganzes von untergeordneter Bedeutung. In der Dominikanischen Republik spielte die Plantagensklaverei nie eine zentrale Rolle; als der Zuckerrohranbau im späten 19. Jh. die Republik eroberte, war die Sklaverei längst abgeschafft.

Diese Unterschiede hatten wichtige und nachhaltige Folgen. Es ergibt keinen Sinn, die wirtschaftliche Entwicklung der spanischen Karibik allein unter dem Gesichtspunkt der Plantagensklaverei zu diskutieren, ohne die Existenz und die Ausweitung des Bauerntums in Betracht zu ziehen. Übertragen auf die soziale Entwicklung bedeutet dies, daß der Sklaverei – wiederum im Gegensatz zu den nichtspanischen Kolonien – nicht die entscheidende Rolle zugesprochen werden kann. Ferner kann auch die Frage nach den rassischen Beziehungen ohne Klärung dieser sozio-ökonomischen Realitäten nicht beantwortet werden. Die nichtspanischen Gesellschaften kannten anfänglich eine nahezu vollkommene Begriffsverbindung zwischen frei und weiß, Sklave und schwarz; ungeachtet des allmählichen Aufkommens freier farbiger Mischbevölkerungen waren die rassischen Beziehungen meistens durch trennende Unterscheidungen im Sinne der Apartheid gekennzeichnet, die das Ende der Sklaverei lange überlebten. Die Verhältnisse in der spanischen Karibik standen dazu in deutlichem Gegensatz. Afrikanische Sklaven waren hier schon in der Frühzeit der Kolonisierung eingeführt worden, doch hatte das Ausbleiben einer echten Plantagenrevolution die Bildung einer zahlreichen schwarzen, von der weißen Gesellschaft getrennten Sklavenbevölkerung verhindert. Rassenvermischung, eine mit Einschränkungen akzeptierte Erscheinung, führte zunehmend zu fließenden Übergängen zwischen den Rassen. In der vorherrschenden gesellschaftlichen Wertskala war die Überlegenheit der Weißen nicht in Frage gestellt; die Durchlässigkeit der Rassenschranken gestattete indessen den Farbigen eine soziale Mobilität, die in der nichtspanischen Karibik in diesem Umfang unvorstellbar blieb. Dieses Grundmuster, das sich in den ruhigen ersten Jahrhunderten nach der Eroberung herausgebildet hatte, wurde besonders in Kuba mit dem Einzug der Plantagensklaverei unterminiert; indessen verhinderte der proportionale Anteil der verschiedenen rassischen Gruppen an der Gesellschaft die verspätete Übernahme des starren nichtspanischen Modells der Rassenbeziehungen.

Die allmähliche Befriedung der rassisch-sozialen Beziehungen in der spanischen Karibik war Teil eines umfassenden Kreolisierungsprozesses. Eine neue Welt, in der die ursprünglichen Einwohner entweder ausgerottet oder assimiliert worden waren, wurde von Einwanderern europäischer, afrikanischer und asiatischer Herkunft gestaltet. In der nichtspanischen Karibik kam es aufgrund der apartheid-ähnlichen Rassentrennung kaum zu kultureller Vermischung; während die Sklaven ihre heimatlichen Bräuche den neuen Umständen anzupassen suchten, waren die weißen Eliten fest entschlossen, die kulturellen Vorstellungen und Standards ihrer Heimatländer zu bewahren und nicht durch als unzivilisiert empfundene fremde Kultureinflüsse „verwässern" zu lassen. Dies gelang ihnen größtenteils und hatte zur Folge, daß sie die kreolische Mischkultur und die nichtweiße Volkskultur kaum wahrnahmen, die sich durch Welten von der Kultur der Elite unterschieden und in vielerlei Hinsicht in Opposition zu dieser standen.

In der spanischen Karibik nahm die Kreolisierung andere Formen an und begleitete die Entstehung sozial und rassisch integrierter Gesellschaften. Die Abwesenheit rassischer Absonderung fand ihre Parallele im Fehlen ausschließlich rassisch geprägter Kulturen. Rassenvermischung war begleitet von kultureller Vermischung. Die entstehende kreolische Kultur war weder schwarz noch weiß, weder spanisch noch afrikanisch oder asiatisch und hatte ihre Wurzeln weder allein im Plantagenkomplex noch im bäuerlichen Bereich; es war eine Mischkultur mit Elementen all dieser Bereiche. Dabei unterschied sich die kreolische Kultur in Kuba, der Dominikanischen Republik und Puerto Rico je nach Zusammensetzung der Einwanderergruppen. Auf diese Weise entwickelten sich in jedem der drei Länder gemeinsame Bezugspunkte als Vorläufer eines Nationalgefühls, das in den nichtspanischen Kolonien fehlte.

Einige Beispiele verdeutlichen die – wenn auch zögerliche – Herausbildung dieser kreolischen Kulturen. Mit Ausnahme Haitis, das einen Sonderfall darstellte, ging nur von den Ländern der spanischen Karibik eine Herausforderung der Metropole aus. Dieser Antikolonialismus war zwar unvollständig und unbestimmt, überlagert von Streitfragen wie etwa der Sklaverei in Kuba, der haitianischen Bedrohung in der Dominikanischen Republik und der Loyalität spanischer Einwanderer in Puerto Rico; gleichwohl drückte er eine – nicht zuletzt unter der Bevölkerung spanischen Ursprungs offenbar verbreitete – Sehnsucht nach Trennung ihres Lebensraumes vom Mutterland aus.

In ideologischer Hinsicht manifestierte sich diese Tendenz in den aufkommenden protonationalistischen Schriften in der spanischen Karibik. Wiederum ist der Gegensatz zum Rest der Karibik bezeichnend. Die nichtspanische Karibik brachte sehr wenige „kreolische" Autoren hervor. Hingegen konnte Kuba auf seinen Saco, seinen

Bachiller y Morales und seinen Martí verweisen sowie auf eine wachsende Zahl von Pamphletisten, Historikern, Romanciers und Dichtern, die alle ein gemeinsames Gefühl der *cubanidad* ausdrückten. In gleicher Weise verband ein puertoricanischer Nationalismus Autoren wie Betances, Brau und de Hostos, und in der Dominikanischen Republik Luperón und Bonó. Neben den wenigen hier erwähnten Autoren gab es viele andere, außerdem literarische Zirkel und ein Erziehungssystem, das einige Universitäten mit einschloß, und überdies wurde unter Beizug liberal-kapitalistischer Thesen eine rege Diskussion über Reformen und Fortschritt geführt. Kurzum, die spanische Karibik brachte anders als der Rest der Region und wieder mit der Ausnahme Haitis ihren eigenen intellektuellen Diskurs hervor, in welchem ihre Eliten die Kolonie bewußt gegen das Mutterland abgrenzten.

Die Kreolisierung implizierte die Aufnahme der Volkskultur als Gegenstand dieses nationalistischen Diskurses. Das afrokaribische Erbe war zwar kein populäres Thema; aber über die Sklaverei wurde unter den *criollos* offen diskutiert, ebenso über die Rassenbeziehungen und die Kritik an der Diskriminierung, wie sie etwa in Villaverdes Roman *Cecilia Valdés* (Kuba 1839) formuliert wurde. Im weiteren Verlauf des Ringens um die Unabhängigkeit wurde die den schwarzen Rebellen zugeschriebene *ideologia mambisa,* personifiziert in Antonio Maceo, „el titán de bronce“, in den intellektuellen Diskurs der kubanischen *independistas* aufgenommen. Im Gegensatz dazu war dem dominikanischen Nationalismus angesichts der Nähe des schwarzen Haiti – der ehemaligen Besatzungsmacht – eine Tendenz zur Diskreditierung des afrikanischen Erbes eigen. In Puerto Rico war das Thema von untergeordneter Bedeutung.

In allen drei Ländern der spanischen Karibik war die Identifikation des Nationalcharakters mit dem weißen oder farbigen *criollo*-Bauern populärer als die Bezugnahme auf afrikanische Wurzeln. Daher rührt das romantische Bild des kubanischen *guajíro,* des dominikanischen *montero* und des puertorikanischen *jíbaro:* Es sind dies mehr kreolische als spanische Gestalten, die einen angenommenen Nationalcharakter verkörpern und die in einem seltsamen Widerspruch stehen zur allmählichen Eingliederung großer Teile dieses kreolischen Bauerntums in eine von der Plantagenwirtschaft geprägte Arbeitswelt. Bald wurden diese idealisierten Bauerngestalten zu Elementen einer Ideologie, die die Identität der spanischen Karibik gegen die nordamerikanische Zivilisation zu behaupten suchte.

VI. Bibliographie

Abkürzungen

AEA	Anuario de Estudios Americanos
AHILA	Asociación de Historiadores Latinoamericanistas Europeos
BLAR	Bulletin of Latin American Research
CAL	Cahiers des Amériques Latines
CCMHLAS	Caravelle. Cahiers du Monde Hispanique et Luso-Brésilien
CSSH	Comparative Studies in Society and History
HAHR	Hispanic American Historical Review
HISLA	Revista Latinoamericana de Historia Económica y Social
HM	Historia Mexicana
IAA	Ibero-Amerikanisches Archiv
JbLA	Jahrbuch für Geschichte von Staat, Wirtschaft und Gesellschaft Lateinamerikas
JEH	The Journal of Economic History
JLAS	Journal of Latin American Studies
LARR	Latin American Research Review
PP	Past and Present
RI	Revista de Indias
RIB	Revista Interamericana de Bibliografía
TAMS	The Americas

Zu Kapitel I: Grundlinien der Geschichte Lateinamerikas 1760–1900*

Alcedo, Antonio de: Diccionario geográfico histórico de las Indias, 5 Bde., Madrid 1768–1789.

Condamine, Charles Marie de la: Relation abrégée d'un voyage fait dans l'intérieur de l'Amérique meridionale, Paris 1745.

Farenholz, Brigitte/Grenz, Wolfgang (Hrsg.): Manual para las relaciones europeo-latinoamericanas, Madrid 1987.

Fisher, John R.: „La historiografía de Latinoamerica en Gran Bretaña, 1968–1988, con especial referencia a los siglos XIX y XX", in: Historia Latinoamericana en Europa 9 (1990), S. 54–81.

Mesa-Lago, Carmelo (unter Mitarbeit von Sandra E. Miller und Shirley A. Kregar): Latin American Studies in Europe, Pittsburgh 1979.

Pauw, Cornelius de: Recherches philosophiques sur les Américains ou mémoires intéressantes pour servir à l'histoire de l'espèce humaine, 2 Bde., Berlin 1766, 1769.

Stroom, Jean (Hrsg.): Latinoamericanistas en Europa 1990: registro bio-bibliográfico, Amsterdam 1990.

Zu Kapitel II: Lateinamerika in der spätkolonialen Phase und der Periode früher Staatenbildung (1760–1830)

1. Iberische Kolonialpolitik seit 1760
2. Wirtschaft und Demographie
3. Regierung, Verwaltung und Verteidigung
4. Die Gesellschaft

Da die meisten der für die Abschnitte 1–4 des Kapitels II benutzten Monographien und Zeitschriftenartikel im Regionalkapitel III zitiert werden, beschränkt sich die hier aufgeführte Literatur in erster Linie auf Übersichtsdarstellungen zur iberischen Kolonialpolitik in der spätkolonialen Phase und während der Unabhängigkeitsbewegungen. Werke zur Kultur- und Literaturgeschichte finden sich in der Bibliographie zu Kapitel II, 5.

Barbier, Jacques A.: „Peninsular finance and colonial trade: the dilemma of Charles IV's Spain", in: JLAS 12 (1980), S. 21–37.

* Die Gliederung der Bibliographie folgt dem Inhaltsverzeichnis. Die Anordnung der Literatur innerhalb der einzelnen Länderkapitel folgt entweder systematischen Kriterien (Referenzwerke, Quellen etc.) oder orientiert sich an der thematischen Binnengliederung des jeweiligen Artikels. Sämtliche von den Verfassern in ihren Beiträgen zitierten Autoren und Werke (Autor und/oder Erscheinungsjahr in eckigen Klammern) finden sich in der Bibliographie, nach Themen bzw. Kapiteln geordnet, mit ihrem vollständigen bibliographischen Nachweis.

BECKER, Felix: Die politische Machtstellung der Jesuiten in Südamerika im 18. Jahrhundert. Zur Kontroverse um den „Jesuitenkönig“ Nikolaus I. von Paraguay, Köln 1980.
BETHELL, Leslie (Hrsg.): The Cambridge History of Latin America. Bde. I–II: Colonial Latin America, Cambridge 1984.
BRADING, David A./CROSS, Harry E.: „Colonial silver mining: Mexico and Peru“, in: HAHR 52 (1972), S. 545–579.
BUISSON, Inge/KAHLE, Günther/KÖNIG, Hans-Joachim/PIETSCHMANN, Horst (Hrsg.): Problemas de la formación del estado y de la nación en Hispanoamérica, Köln 1984.
CÉSPEDES DEL CASTILLO, Guillermo: América Hispánica 1492–1898, o.O. 1983.
DEGN, Christian: Die Schimmelmanns im atlantischen Dreieckshandel. Gewinn und Gewissen, Neumünster 1974.
FAAK, Margot: Alexander von Humboldt: Lateinamerika am Vorabend der Unabhängigkeitsrevolution. Anthologie... Mit einer einleitenden Studie von Manfred KOSSOK, Berlin 1982.
FELICIANO RAMOS, Hector R.: El contrabando inglés en el Caribe y el golfo de México (1748–1778), Sevilla 1990.
FISHER, John R.: Commercial relations between Spain and Spanish America in the era of free trade, 1778–1796, Liverpool 1985.
FISHER, John R./KUETHE, Allan J./MCFARLANE, Anthony: Reform and insurrection in Bourbon New Granada and Peru, Baton Rouge 1990.
GARCÍA-BAQUERO GONZÁLEZ, Antonio: Cádiz y el Atlántico (1717–1778), 2 Bde., Sevilla 1976.
HELLWEGE, Johann: „Die Übertragung des Provinzialmilizsystems auf Hispanoamerika im Rahmen der bourbonischen Militärreformen in Übersee und der Einfluß der Denkschrift des Grafen Aranda auf die Instruktion für Juan de Villalba y Angulo“, in: JbLA 6 (1969), S. 158–201.
HUMBOLDT, Alexander von: Reise auf dem Río Magdalena, durch die Anden und Mexiko, Berlin 1986.
JOHNSON, Lyman L./TANDETER, Enrique (Hrsg.): Essays on the price history of eighteenth-century Latin America, Albuquerque 1989.
KOSSOK, Manfred: „El ciclo revolucionario ibérico (1789–1830), observaciones sobre un tema de la historia comparativa de la revolución“, in: Cuadernos de la historia (Buenos Aires) 1985, S. 14–32.
KOSSOK, Manfred: Revolution und Nationwerdung in Lateinamerika, Leipzig 1986.
KOSSOK, Manfred: Legitimität gegen Revolution: Die Politik der heiligen Allianz gegenüber der Unabhängigkeitsrevolution Mittel- und Südamerikas 1810–1830, Berlin 1987.
KUETHE, Allan J.: Cuba, 1753–1815: crown, military and society, Knoxville 1986.
LISS, Peggy K.: Atlantic empires: the network of trade and revolution, 1713–1826, Baltimore 1983.
LOMBARDI, Cathryn L./LOMBARDI, John V./STONIER, K. Lynn: Latin American history: a teaching atlas, Madison 1983.
LYNCH, John: The Spanish American Revolutions, 1808–1826, 2. Aufl., New York/London 1986.
MACAULEY, Neil: Dom Pedro: the struggle for liberty in Brazil and Portugal, 1798–1834, Durham, N.C., 1986.

MacLachlan, Colin M.: Spain's empire in the New World: the role of ideas in institutional and social change, Berkeley 1988.

Maxwell, Kenneth R.: Conflicts and conspiracies: Brazil and Portugal 1750–1807, Cambridge 1973.

Morales Padrón, Francisco: Atlas histórico cultural de América, 2 Bde., Las Palmas 1988.

Pietschmann, Horst: Die staatliche Organisation des kolonialen Iberoamerika, Stuttgart 1980.

Pietschmann, Horst: „Estado Colonial y Mentalidad Social: El Ejercicio del Poder frente a distintos sistemas de valores. Sìglo XVIII", in: Marcello Carmagnani u.a. (Hrsg.): America Latina dallo stato coloniale allo stato nazione: 1750–1940, Bd. II, Mailand 1987, S. 427–447.

Reinhard, Wolfgang: Geschichte der europäischen Expansion. Bd. 2: Die Neue Welt, Stuttgart 1985.

Russell-Wood, A.J.R. (Hrsg.): From colony to nation: essays on the independence of Brazil, Baltimore 1975.

Savelle, Max: Empires to nations: expansion in America, 1713–1824, London 1974.

Schmidt, Peer, Desamortisationspolitik und staatliche Schuldentilgung in Hispanoamerika am Ende der Kolonialzeit, Saarbrücken 1988.

Schneider, Jürgen: Frankreich und die Unabhängigkeit Spanisch-Amerikas. Zum französischen Handel mit den entstehenden Nationalstaaten (1810–1850), 2 Bde., Stuttgart 1981.

Schwebel, Karl H. (Hrsg.): Führer durch die Quellen zur Geschichte Lateinamerikas in der Bundesrepublik Deutschland. Bearbeitet von Renate Hausschild-Thiessen und Elfriede Bachmann, Bremen 1972.

Sempat Assadourian, Carlos, u.a.: Minería y espacio económico en los Andes, siglos XVI–XX, Lima 1980.

Slicher van Bath, B.H.: Real hacienda y economía en Hispanoamérica, 1541–1820, Amsterdam 1989.

TePaske, John J., u.a.: La real hacienda de Nueva España: la real caja de México (1576–1816), Mexiko 1976.

TePaske, John J. / Klein, Herbert S.: The royal treasuries of the Spanish empire in America, 3 Bde., Durham, N.C., 1982.

TePaske, John J.: „Economic cycles in New Spain in the eighteenth century: the view from the public sector", in: Richard L. Garner/William B. Taylor (Hrsg.): Iberian colonies, new world societies: essays in memory of Charles Gibson, Pennsylvania 1985.

TePaske, John J.: „General tendencies and secular trends in the economies of Mexico and Peru 1750–1810: the view from the cajas of Mexico and Lima", in: Nils Jacobsen/Hans-Jürgen Puhle (Hrsg.): The economies of Mexico and Peru during the late colonial period, 1760–1810, Berlin 1986.

Vázquez de Prada, Valentín: „Las rutas comerciales entre España y América en el siglo XVIII", in: AEA 25 (1968), S. 197–237.

Vila Vilar, Enriqueta: „Las ferias de Portobelo: apariencia y realidad del comercio con Indias", in: AEA 39 (1982), S. 275–340.

Villalobos R., Sergio: Comercio y contrabando en el Río de la Plata y Chile, 1700–1811, Buenos Aires 1965.

Walker, Geoffrey J.: Spanish politics and imperial trade, 1700–1789, London 1979.

5. Kultur und Literatur

Aufklärung

ALDRIDGE, A. Owen (Hrsg.): The Ibero-American Enlightenment, Urbana 1971.

ARTOLA, Miguel (Hrsg.): Enciclopedia de historia de España, Madrid 1988, S. 663–732.

La América española en la época de las luces. Tradición, innovación, representaciones, Madrid 1988.

TUÑÓN DE LARA, M. (Hrsg.): Historia de España, Barcelona 1983. Bd. VI, S. 313–411; Bd. XIII, S. 303–389.

WILHITE, J. F.: „The Inter-American Enlightenment", in: RIB 33 (1980), S. 254–261.

Biographien

HERRERA MEDIAVILLA, V. / AGUAYO NAYLE, L. Rosa: Archivo biográfico de España, Portugal e Iberoamérica, München 1988.

IGUINIZ, J. B.: Bibliografía biográfica mexicana, Mexiko 1968.

Bücher und Bibliotheken

BLOCK, D.: „Missionary libraries on the Amazon frontier: the Jesuits in Moxos 1680–1767", in: Journal of Library History 18 (1983), S. 292–303.

CÓRDOVA DE CASTILLA, Nora: „La biblioteca de Ocopa: su historia y organización", in: Fénix (Peru) 23 (1973), S. 71–127.

FURLONG, Guillermo: Bibliotecas argentinas durante la dominación hispánica, Buenos Aires 1944.

HERNÁNDEZ DE ALBA, G. / CARRASQUILLA BOTERO, J.: „Los doscientos años de la Biblioteca Nacional de Colombia", in: Boletín de Historia y Antigüedades (Kolumbien) 64 (1977), S. 15–33.

HERREJÓN PEREDO, C.: „Algunas bibliotecas del noroeste michoacano", in: Boletín del Instituto de Investigaciones Bibliográficas (Mexiko) 18–19 (1981–1982), S. 131–137.

LEAL, I.: Libros y bibliotecas en Venezuela colonial, Caracas 1979.

LOHMANN VILLENA, Guillermo: „La biblioteca de un peruano de la Ilustración: el Contador Miguel Feijo de Sosa", in: RI 44 (1984), S. 367–384.

LÓPEZ, François: „Estrategias comerciales y difusión de ideas: las obras francesas en el mundo hispánico e hispanoamericano en la época de las luces", in: La América española en la época de las luces (1988), S. 399–410.

LÓPEZ, François: „La librairie madrilène du XVIIe au XVIIIe siècle", in: Livres et libraires en Espagne et au Portugal (XVIe–XXe siècles), Paris 1989, S. 39–59.

MARTÍNEZ, José Luis: El libro en Hispanoamérica. Origen y desarrollo, Madrid 1986.

MESA CASTILLO, B. M.: „El papel del libro y de las bibliotecas en el desarrollo de la cultura cubana", in: Universidad de la Habana 221 (1983), S. 5–23.

MILLAR CORBACHO, R.: „La Inquisición de Lima y la circulación de libros prohibidos (1700–1820)", in: RI 44 (1984), S. 415–444.

MOHLER, S. C.: „Publishing in colonial Spanish America: an overview", in: RIB 28 (1978), S. 259–273.

PLA, Josefina: „La cultura paraguaya y el libro", in: Estudios Paraguayos 8 (1980), S. 243–316; 9 (1981), S. 257–378.

POUNCY, Lorene: „The library of the convent of Ocopa“, in: LARR 13 (1978), S. 147–154.
REY FAJARDO, J. del: „La biblioteca del Seminario de S. Bartolomé en 1767“, in: Boletín de la Academia Nacional de la Historia (Venezuela) 58 (1975), S. 316–327.
REY FAJARDO, J. del: „El archivo y biblioteca del colegio jesuítico de Maracaibo, inventariados en la expulsión de 1767“, in: Boletín de la Academia Nacional de la Historia (Venezuela) 62 (1979), S. 573–606.
ROMERO SOSA, C. G.: „La biblioteca de un congresista de 1816: notas acerca de los libros del general D. José Ignacio Gorriti“, in: Historia (Argentina) 6 (1961), S. 116–124.
VAN OSS, A. C.: „Printed culture in Central America, 1660–1821“, in: JbLA 21 (1984), S. 77–107.
VILLANUEVA URTEAGA, Horacio: „El testamento y la biblioteca de Ignacio de Castro“, in: Revista del Archivo General de la Nación (Peru) 2 (1973), S. 155–165.

Kunst und Literatur

CARREÑO, A. M.: La Real y Pontificia Universidad de México, 1536–1865, Mexiko 1961.
CASTEDO, L.: Historia del arte iberoamericano, 2 Bde., Madrid 1988.
GOIC, Cedomil: Historia y crítica de la literatura hispanoamericana. Bd. I: Época colonial, Barcelona 1988.
GROSSMANN, Rudolf: Geschichte und Probleme der lateinamerikanischen Literatur, München 1969.
IÑIGO MADRIGAL, Luis (Hrsg.): Historia de la literatura hispanoamericana, 2 Bde., Madrid 1982/1987.
KOSSOK, Manfred: „La ilustración en la América Latina ‚Mito o Realidad‘“, in: Ibero-Americana Pragensia VII (1973), S. 89–100.
RODRÍGUEZ CRUZ, Águeda María: Historia de las universidades hispanoamericanas. Período hispánico, 2 Bde., Bogotá 1973.
SCHWARTZ, Kessel: A new history of Spanish American fiction, 2 Bde., Coral Gables 1971, 1972.
TRIANO, María Antonia: „Entre la Ilustración y la Independencia: realidades educativas en la Audiencia de Charcas“, in: Historia Latinoamericana en Europa 7 (1989) S. 42–56.
WOODBRIDGE, H. C.: Spanish and Spanish-American literature: an annotated guide to selected bibliographies, New York 1983.

Naturwissenschaften und Technik

KEEDING, E.: „Las ciencias naturales en la antigua Audiencia de Quito“, in: Boletín de la Academia Nacional de Historia 57 (1973), S. 43–67.
PINO DÍAZ, F. del: „América y el desarrollo de la ciencia española en el siglo XVIII: tradición, innovación y representaciones a propósito de Francisco Hernández“, in: La América española en la época de las luces (1988), S. 121–147.
Sciences et techniques en Amérique Espagnole au XVIIIe siècle (Sonderausgabe von: Asclepio [39]), Madrid 1988.

Die Kirche

AUBERT, R. (Hrsg.): Dictionnaire d'histoire et de géographie ecclésiastique, 21 Bde., Paris 1986.

BASTIAN, J. P.: Breve historia del protestantismo en América Latina, Mexiko 1986.

CARAMAN, Philip: The lost paradise: an account of the Jesuits in Paraguay, London 1975.

DUSSEL, E., u. a.: Historia general de la iglesia en América Latina, 11 Bde., Salamanca 1981.

FERRER BENIMELI, J.: Masonería e inquisición en Latinoamerica durante el siglo XVIII, Caracas 1973.

GUTIÉRREZ CASSILLAS, G.: Historia de la iglesia en México, Mexiko 1974.

HENKEL, W.: Die Konzilien in Lateinamerika, Paderborn 1984.

Iglesia, religión y sociedad en la historia latinoamericana 1492–1945 (Akten des Kongresses der AHILA 1988), 3 Bde., Szeged 1990.

NELSON, W. M.: Protestantism in Central America, Grand Rapids, Mich., 1984.

PÉREZ ALONSO, M. E.: La Compañía de Jesús en México: cuatro siglos de labor cultural (1572–1972), Mexiko 1975.

PRIEN, H.-J.: Die Geschichte des Christentums in Lateinamerika, Göttingen 1978.

Sociedades Económicas

CASTELLANO, J. L.: Luces y reformismo. Las Sociedades Económicas de Amigos del País del Reino de Granada en el siglo XVIII, Granada 1984.

CORONA BARATECH, E.: „Notas para un estudio de la sociedad en el Río de la Plata durante el virreinato", in: AEA 8 (1951), S. 1–40.

LUQUE ALCAIDE, E.: Las Sociedades Económicas de Amigos del País de Guatemala, Sevilla 1962.

RODRÍGUEZ BAENA, María Luisa: Las Sociedades Económicas de Amigos del País de Manila en el siglo XVIII, Sevilla 1966.

SHAFER, R.: The Economic Societies in the Spanish World, 1763–1821, Syracuse, N. Y., 1958.

Presse, öffentliche Meinung und kulturelle Identität

ADANK, Tricia A. D.: Accommodation and innovation: the Gazeta de México, 1784–1810, Diss., Arizona State University 1980.

CANNY, N./Pagden, A. (Hrsg.): Colonial identity in the Atlantic world, 1500–1800, Guildford 1988.

DAVIS, Harold Eugene: Latin-American thought: a historical introduction, New York 1972.

GIMÉNEZ FERNÁNDEZ, Manuel: Las doctrinas populistas de la Independencia de Hispanoamerica, Sevilla 1947.

KOSSOK, Manfred: „Das Salz der Revolution. Jacobinismus in Lateinamerika, Versuch einer Positionsbestimmung", in: Universalhistorische Aspekte und Dimensionen des Jacobinismus, Berlin 1976, S. 124–159.

LAFAYE, Jacques: Quetzalcóatl et Guadalupe. La formation de la conscience nationale au Mexique, Paris 1974.

LEAL, I.: „El Correo de la Trinidad, el primer periódico publicado en Venezuela (1789)“, in: Boletín de la Academia Nacional de la Historia 62 (1979), S. 557–561.
LECHNER, Jan (Hrsg.): Essays on cultural identity in colonial Latin America. Problems and repercussions, Leiden 1988.
LEWIS, G.K.: Main currents in Caribbean thought. Historical evolution of Caribbean society in its ideological aspects, 1492–1900, Baltimore 1982.
PAGDEN, Anthony: Spanish imperialism and the political imagination. Studies in European and Spanish-American political theory 1513–1830, New Haven 1990.
STOETZER, Carlos O.: Las raíces escolásticas de la emancipación de la América española, Madrid 1982.
URQUIZA ALMANDOZ, O.F.: La cultura de Buenos Aires a través de su prensa periódica desde 1810 hasta 1820, Buenos Aires 1972.
WILLIFORD, Miriam: Jeremy Bentham on Spanish America, Baton Rouge 1980.
WOLD, Ruth: El Diario de México, primer cotidiano de Nueva España (1805–1817), Madrid 1970.
ZEA, Leopoldo: El pensamiento latinoamericano, Barcelona 1976.

ZU KAPITEL III: VON KOLONIEN ZU NATIONEN (1760–1830)

1. Brasilien

Bibliographien

CONRAD, Robert: Brazilian slavery: an annotated research bibliography, Boston 1977.
DUTRA, Francis: A guide to the history of Brazil, 1500–1822: the literature in English, Oxford 1980.
MORAES, Rubens Borba de: Bibliografia brasileira do período colonial, São Paulo 1969.
RODRIGUES, José Honório: A pesquisa histórica no Brasil, São Paulo 1969.
RUSSELL-WOOD, A.J.R.: „United States scholarly contributions to the historiography of colonial Brazil“, in: HAHR 65 (1985), S. 683–723.
SANT'ANA, Rizio Bruno / NERO COSTA, Iraci del: „A escravidão brasileira nos artigos de revistas (1976–1985)“, in: Estudos Econômicos 19 (1989), S. 131–194.

Übersichtsdarstellungen

ALDEN, Dauril/DEAN, Warren (Hrsg.): Essays concerning the socio-economic history of Brazil and Portuguese India, Gainesville 1977.
ALDEN, Dauril (Hrsg.): Colonial roots of modern Brazil, Berkeley 1973.
ALDEN, Dauril: „Late colonial Brazil, 1750–1808“, in: Leslie BETHELL (Hrsg.): The Cambridge History of Latin America, Bde. I–II: Colonial Latin America, Cambridge 1984.
BALHANA, Altiva Pilatti: „A população“, in: Maria Beatriz Nizza da SILVA (Hrsg.): O Império luso-brasileiro, Lissabon 1986, 19–62.

BETHELL, Leslie (Hrsg.): Colonial Brazil, Cambridge 1987.
BETHELL, Leslie (Hrsg.): Brazil: Empire and Republic, 1822–1930, Cambridge 1989.
BURNS, Bradford E.: A history of Brazil, New York 1980.
CABRAL, Oswaldo: História de Santa Catarina e sua legislaçao, 2. Aufl., Rio de Janeiro 1970.
FERREIRA FILHO, Arthur: História Geral do Rio Grande do Sul, 1503–1964, Rio de Janeiro 1965.
HOLANDA, Sérgio Buarque de (Hrsg.): História Geral da Civilização Brasileira, 4 Bde., São Paulo 1963–1965.
KLEIN, Herbert S.: The middle passage. Comparative studies of the Atlantic slave trade, Princeton 1978.
KLEIN, Herbert S.: African slavery in Latin America and the Caribbean, New York/Oxford 1986.
LEITE, Serafim: História da Companhia de Jesus no Brasil, 10 Bde., Rio de Janeiro 1938–1950.
LOBO, Eulália Maria Lahmeyer: História do Rio de Janeiro. 1. Teil, Rio de Janeiro 1978.
MARTINS, Wilson: História da inteligência brasileira, São Paulo 1978.
MENDES JR., A./RONCARI, L./MARANHÃO, R.: Brasil, história, texto e consulta, colônia, império, 3 Bde., São Paulo 1983.
RUSSELL-WOOD, A.J.R. (Hrsg.): From colony to nation: essays on the independence of Brazil, Baltimore 1975.
SANTOS, Corcino Medeiros dos: „Relações de Angola com Rio de Janeiro (1736–1808)“, in: Estudios Históricos XII (1973), S. 22–23.
SANTOS, Corcino Medeiros dos: Relações comerciais do Rio de Janeiro com Lisboa (1763–1808), Rio de Janeiro 1980.
SERRÃO, Joaquim Veríssimo: História de Portugal. Bd. VI: 1750–1802; Bd. VII: 1808–1832, Lissabon/Viseu 1982–1984.
SILVA, Maria Beatriz Nizza da (Hrsg.): O Império Luso-Brasileiro, 1750–1822, Lissabon 1986.
SOUZA, Antônio Candido de Mello e: Formação da literatura brasileira, 2 Bde., São Paulo 1959.
WILLEKE, Venâncio: Franciscanos na história do Brasil, Petrópolis 1973.

Die Aufteilung eines Kontinents

BAUSS, Rudy: „Rio Grande do Sul in the Portuguese empire: the formative years, 1777–1808“, in: TAMS 39 (1983), S. 519–535.
CORTESÃO, Jaime: Alexandre de Gusmão e o Tratado de Madrid, 9 Bde., Rio de Janeiro 1952.
HEMMING, John: Amazon frontier. The defeat of the Brazilian indians, London 1987.
MELLO, Raul Silveira: História do Forte de Coimbra, 4 Bde., Rio de Janeiro 1958–1961.
NUNES, José Mario de Souza/ADONAIS, Isa: Real Forte Princípe da Beira, Rio de Janeiro 1985.
SOARES, José Carlos de Macedo: Fronteiras do Brasil no regime colonial, Rio de Janeiro 1939.
VIANA, Hélio: História das fronteiras de Brasil, Rio de Janeiro 1948.

Die Kolonie unter Pombal

ALDEN, Dauril: „The population of Brazil in the late eighteenth century: a preliminary survey“, in: HAHR 43 (1963), S. 173–205.
ALDEN, Dauril: Royal government in colonial Brazil, Berkeley 1968.
AZEVEDO, João Lúcio de: O Marquês do Pombal e a sua época, Rio de Janeiro/Lissabon 1922.
BELLOTTO, Heloísa Liberalli: Autoridade e conflito no Brasil colonial: o governo do Morgado de Mateus em São Paulo (1765–1775), São Paulo 1979.
CALÓGERAS, José P.: As minas no Brasil, São Paulo 1938.
CAPELA, José: „O tráfico sa escravatura nas relações Moçambique-Brasil“, in: História: Questões e Debates 9, 16 (1988), S. 204.
CARNAXIDE, Antonio de Sousa (Visconde) Pedroso: O Brasil na administração pombalina (economia e política externa), São Paulo 1940.
CARREIRA, Antonio: As companhias pombalinas de navegação, cómercio e tráfico de escravos entre a costa africana e o nordeste brasileiro, Porto 1969.
CONRAD, Robert Edgar: World of sorrow: the African slave trade to Brazil, Baton Rouge/London 1986.
CURTIN, Philip D.: The Atlantic slave trade: a census, Madison 1969.
DIAS, Manuel Nunes: A companhia geral do Grão Pará e Maranhão (1755–1778), São Paulo 1971.
ELLIS, Myriam: A pescada baleia no Brasil colonial, São Paulo 1967.
FALCON, Francisco José Calazans: A época Pombalina (política econômica e monarquia ilustrada), São Paulo 1982.
FISHER, H.E.S.: The Portugal trade: a study of Anglo-Portuguese commerce, 1700–1770, London 1971.
LAPA, José Roberto do Amaral: Economia colonial, São Paulo 1973.
LAPA, José Roberto do Amaral: O sistema colonial, São Paulo 1991.
LAPA, José Roberto do Amaral: Livro da visitação do Santo Ofício da Inquisição ao Estado da Grão-Pará, o.O.o.J.
MACEDO, José Borges de: O Marquês do Pombal, Lissabon 1982.
MACEDO, José Borges de: A situação econômica no tempo de Pombal, Lissabon 1982.
MAGALHAES, B. Ricardino: La sociéte ouropretaine selon les inventaires post mortem, 1740–1770, Diss., Paris 1986.
MAXWELL, Kenneth R.: „Pombal and the nationalization of the Luso-Brazilian economy“, in: HAHR 48 (1968), S. 608–631.
MENDONÇA, Marcos Carneiro de: O Marquês do Pombal e o Brasil, São Paulo 1960.
PINTO, Virgílio Noya: O ouro brasileiro e o comercio anglo-português, São Paulo 1979.
RIBEIRO JR., José: A companhia geral de Pernambuco e Paraiba (1759–1780), São Paulo 1976.
SANTOS, Maria Helena Carvalho dos: Pombal revisitado, 2 Bde., Lissabon 1983.
SCHWARTZ, Stuart B.: „Indian labor and New World plantations“, in: The American Historical Review 83 (1978), S. 43–79.
SERRÃO, Joaquim Veríssimo: O Marquês de Pombal, Lissabon 1982.
TAVARES, Luís Henrique Dias: „O Capitalismo no comercio proibido de escravos“, in: Revista do Instituto de Estudos Brasileiros 28 (1988), S. 37–52.

TORGAL, Luis Reis/VARGUES, Isabel (Hrsg.): O Marquês de Pombal e o seu tempo, 2 Bde., Coimbra 1982–1983.
VERGER, Pierre: Flux et reflux de la traite des nègres entre le golfe de Bénin et Bahia de Todos os Santos du XVIIe au XIXe siècles, Paris/Den Haag 1968.

Die spätkoloniale Entwicklung

APPLEBY, David P.: The music of Brasil, Austin 1983.
ARRUDA, José Jobson de: O Brasil no comercio colonial, São Paulo 1980.
BAZIN, Germain: L'architecture religieuse baroque au Brésil, 3 Bde., Paris 1956.
BAZIN, Germain: Aleijadinho et la sculpture baroque au Brésil, Paris 1963.
BOSCHI, Caio César: „O assistencialismo na capitania do Ouro“, in: Revista de História 116 (1984), S. 25–41.
BOSCHI, Caio César: Os leigos e o poder (irmandades leigas e política colonizadora em Minas Gerais), São Paulo 1986.
CARRATO, José Ferreira: Igraja, illuminismo e escolas mineiras coloniais, São Paulo 1968.
CHANDLER, Charles L.: „List of United States vessels in Brasil, 1792–1805“, in: HAHR 26 (1946), S. 599–617.
COSTA, Tito: O móvel no Brasil: origens, evolução e característicos, Rio de Janeiro 1980.
COSTA, Iraci del Nero/LUNA, Francisco Vidal: „Posse de escravos em São Paulo no início do século XIX“, in: Estudos Econômicos 13 (1983), S. 211–221.
ETZEL, Eduardo: O barroco no Brasil, São Paulo 1974.
FRANCESCHI, Humberto: O ofício da prata no Brasil, Rio de Janeiro 1988.
GALLOWAY, J.H.: „Agricultural reform and the enlightenment in late colonial Brazil“, in: Agricultural History 53 (1979), S. 763–779.
GIRÃO, Valverde C.: As oficinas ou charqueadas no Ceará, Fortaleza 1984.
GRAHAM, Richard: „Slave families on a rural estate in colonial Brazil“, in: Journal of Social History 9 (1976), S. 382–402.
KENNEDY, John Norman: „Bahian elites, 1750–1822“, in: HAHR 53 (1973), S. 415–439.
KLEIN, Herbert S.: „The colored freedmen in Brazilian slave society“, in: Journal of Social History 3 (1969), S. 30–52.
KUZNESOF, Elizabeth A.: „The role of the merchants in the economic development of São Paulo, 1765–1850“, in: HAHR 60 (1980), S. 571–592.
LAPA, José Roberto do Amaral: A Bahia e a carreira da Índia, São Paulo 1968.
LARA, Silvia Hunold: Campos da violência: escravos e senhores na capitania do Rio de Janeiro, 1750–1808, Rio de Janeiro 1988.
LENHARO, Alcir: As tropas da moderação, São Paulo 1979.
LIBBY, Douglas Cole: „Proto-industrialization in a slave society: the case of Minas Gerais“, in: JLAS 23 (1991), S. 1–35.
LUGAR, Catherine: „The Portuguese tobacco trade and tobacco growers of Bahia in the late colonial period“, in: Dauril ALDEN / W. DEAN (Hrsg.): Essays concerning the socio-economic history of Brazil and Portuguese India, Gainesville 1977, S. 26–70.
LUNA, Francisco Vidal: „Estrutura de posse de escravos e atividades produtivas em Jacareí (1777–1829)“, in: Revista do Instituto de Estudos Brasileiros 28 (1988), S. 23–35.

MARCÍLIO, Maria Luisa: La ville de São Paulo, 1750–1850: peuplement et population, Rouen 1968.
MATTOSO, Katia de Queirós: „Conjoncture et société au Brésil à la fin du XVIIIe siècle: prix et salaires à la veille de la révolution des alfaiates – Bahia, 1798“, in: CAL 5 (1970), S. 33–53.
MATTOSO, Katia de Queirós: To be a slave in Brazil, 1550–1888, New Brunswick 1986.
MELO JR., Donato: Antônio José Landi, arquiteto de Belém, 2 Bde., Rio de Janeiro 1967.
METCALF, Alida C.: „Fathers and sons: the politics of inheritance in a colonial Brazilian township“, in: HAHR 66 (1986), S. 455–484.
MORTON, F. W. O.: „The royal timber in late colonial Bahia“, in: HAHR 58 (1978), S. 41–61.
NOVAIS, Fernando Antônio: Portugal e Brasil na crise do antigo sistema colonial (1777–1808), São Paulo 1979.
PETRONE, Maria Theresa Schorer: A lavoura canavieira em São Paulo: expansão e declínio (1765–1871), São Paulo 1968.
RAMOS, Donald: „Marriage and the family in colonial Vila Rica“, in: HAHR 55 (1975), S. 200–225.
RAMOS, Donald: „Vila Rica: profile of a colonial Brazilian urban center“, in: TAMS 35 (1979), S. 495–526.
RUSSELL-WOOD, A. J. R.: The black man in slavery and freedom in colonial Brazil, New York 1982.
SANTOS, Corcino Medeiros dos: Economia e sociedade do Rio Grande do Sul, século XVIII, São Paulo 1984.
SCARANO, Julieta: „Black brotherhoods: integration or contradiction?“, in: Luso-Brazilian Review 16 (1979), S. 1–17.
SCHNEIDER, Jürgen: Handel und Unternehmer im französischen Brasiliengeschäft 1815–1848. Versuch einer quantitativen Strukturanalyse, Köln 1975.
SCHWARTZ, Stuart B.: „Resistance and accommodation in eighteenth-century Brazil: the slaves' view of slavery“, in: HAHR 57 (1977), S. 69–81.
SCHWARTZ, Stuart B.: Sugar plantations in the formation of Brazilian society, Bahia, 1550–1835, Cambridge 1985.
SAINT-HILAIRE, Auguste de: Voyage dans les provinces de Rio de Janeiro et de Minas Gerais, Paris 1830.
SMITH, Robert C.: Congonhas do campo, Rio de Janeiro 1973.
STEIN, S.: Vassouras, a Brazilan coffee county, 1850–1900, Cambridge 1957.
VAN DER STRATEN PONTHOZ, Auguste: Le budget du Brésil, 2 Bde., Brüssel 1854.
VALLADARES, Clarival do Prado: Nordeste histórico e monumental, 4 Bde., Salvador 1982–1991.
ZAMELLA, Mafelda: Abastecimento da capitania de Minas Gerais no século XVIII, São Paulo 1951.

Erfolge und Rückschläge im Unabhängigkeitsprozeß

BARMAN, Roderick J.: Brazil, the forging of a nation, 1798–1852, Stanford 1988.
BARTLEY, Russell H.: „The inception of Russo-Brazilian relations (1808–1828)“, in: HAHR 56 (1976), S. 217–240.

BETHELL, Leslie: The abolition of the Brazilian slave trade, Cambridge 1970.
BURNS, E. Bradford: „The Enlightenment in two colonial Brazilian libraries“, in: Journal of the History of Ideas 25 (1964), S. 430–439.
COSTA, Emília Viotti da: Da monarquia à república: momentos decisivos, São Paulo 1987.
DIAS, Maria Odila da Silva: O fardo do homem branco, Southey, historiador do Brasil, São Paulo 1974.
FLORY, Thomas: Judge and jury in imperial Brazil, 1808–1871: social control and political stability in the new state, Austin 1981.
HALLEWELL, Laurence: Books in Brazil: a history of the publishing trade, Metuchen, N.J., 1982.
HUNSCHE, Carlos H.: O biênio 1824/25 da imigração e colonização alemã no Rio Grande do Sul (Província de São Pedro), Porto Alegre 1975.
KARASCH, Mary: „Rio de Janeiro: from colonial town to imperial capital (1808–1850)“, in: R.J. ROSS/G.J. TELKAMP (Hrsg.): Colonial cities, Dordrecht 1985, S. 123–149.
LIMA, Manuel de Oliveira: Dom João VI no Brasil, 1808–1820, 3 Bde., Rio de Janeiro 1985.
MACAULAY, Neill: Dom Pedro: the struggle for liberty in Brazil and Portugal, 1798–1834, Durham, N.C., 1986.
MANCHESTER, Alan K.: British preeminence in Brazil, its rise and decline, Durham N.C., 1933.
MARTINS FILHO, A./Martins, R.: „Slavery in a nonexport economy: nineteenth-century Minas Gerais revisited“, in: HAHR 63 (1983), S. 537–558.
MATTOSO, Katia de Queirós: Presença francesa no movimento democrático baiano de 1798, Salvador 1969.
MAXWELL, Kenneth R.: Conflicts and conspiracies, Brazil and Portugal, 1750–1808, Cambridge 1973.
MORTON, Francis W.O.: The conservative revolution of independence: Bahia 1790–1840, Oxford 1974.
MOTA, Carlos Guilherme: Nordeste, 1817, São Paulo 1972.
MOTA, Carlos Guilherme (Hrsg.): 1822: dimensões, São Paulo 1986.
MOTA, Carlos Guilherme/NOVAIS, Fernando Antônio: A independência política do Brasil, São Paulo 1986.
MOTT, Luiz R.B.: „A revolução dos negros do Haiti e o Brasil“, in: História: Questões e Debates 3 (1982), S. 55–63.
NICOULIN, Martin: La genèse de Nova Friburgo, émigration et colonisation suisse au Brésil, 1817–1827, Fribourg 1973.
PEIXOTO, Maria Elizabete Santos: Deutsche Maler in Brasilien im XIX. Jahrhundert, Rio de Janeiro 1989.
RAMIREZ, Ezekiel Stanley: As relações entre a Áustria e o Brasil, 1815–1889, São Paulo 1968.
RAMOS, Donald: „Social revolution frustrated: the conspiracy of the tailors in Bahia, 1798“, in: Luso-Brazilian Review 13 (1976), S. 74–90.
RANGEL, Alberto: Os dois ingleses, Strangford e Stuart, Rio de Janeiro 1972.
REBELO, Manuel Dos Anjos da Silva: Relações entre Angola e Brasil, 1808–1830, Lissabon 1970.
RODRIGUES, José Honório: A constituinte de 1823, Petrópolis 1974.

RODRIGUES, José Honório: Independência: revolução e contrarevolução, 5 Bde., Rio de Janeiro 1975.
SECKINGER, Ron: The Brazilian monarchy and the South American republics, 1822–1831: diplomacy and state building, Baton Rouge/London 1984.
SILVA, Maria Beatriz Nizza da: Cultura e sociedade no Rio de Janeiro (1808–1822), São Paulo 1978.
SOUSA, Octavio Tarquínio de: Vida de d. Pedro I, 3 Bde., Rio de Janeiro 1952.
SÜSSEKIND, Flora/TEIXEIRA VALENÇA, Rachel: O sapateiro Silva, Rio de Janeiro 1983.
TAVARES, Luis Henrique Dias: História da sedição intentada na Bahia em 1798, São Paulo 1975.
TAVARES, Luis Henrique Dias: A independência do Brasil na Bahia, Brasilia 1977.

2. Neu-Spanien/Mexiko 1760–1821

Referenzwerke

ALAMÁN, Lucas: Historia de Méjico desde los primeros movimientos que prepararon su independencia en el año de 1808 hasta la época presente, 5 Bde., Mexiko 1849–1852.
BUSTAMANTE, Carlos María de: Cuadro histórico de la revolución mexicana, 6 Bde., Mexiko 1843–1844, neu herausgegeben Mexiko 1926.
CALDERÓN QUIJANO, José Antonio: Los virreyes de Nueva España en el reinado de Carlos III, 2 Bde., Sevilla 1967.
CALDERÓN QUIJANO, José Antonio: Los virreyes de Nueva España en el reinado de Carlos IV, 2 Bde., Sevilla 1972.
COOK, Sherburne F./BORAH, Woodrow W.: The population of the Mixteca Alta, 1520–1960 (Ibero-Americana 44), Berkeley 1968.
COOK, Sherburne F./BORAH, Woodrow W.: Essays in population history: Mexico and the Caribbean, 3 Bde., Berkeley 1972, 1974, 1979.
FLORESCANO, Enrique (Hrsg.): Fuentes para la historia de la crísis agrícola de 1785–86, 2 Bde., Mexiko 1981.
FLORESCANO, Enrique/GIL, Isabel: Descripciones económicas generales de Nueva España, 1784–1817, Mexiko 1973.
FLORESCANO, Enrique/GIL, Isabel: Descripciones regionales de Nueva España: Provincias del Norte, 1766–1827, Mexiko 1976.
FONSECA, Fabián/DE URRUTIA, Carlos: Historia general de la Real Hacienda, 6 Bde., Mexiko 1845–1853.
GARCÍA, Génaro: Documentos históricos mexicanos, 7 Bde., Mexiko 1910.
HERNÁNDEZ Y DÁVALOS, Juan Eusebio: Colección de documentos para la historia de la guerra de la independencia de México de 1808 a 1821, 6 Bde., Mexiko 1877–1882.
HUMBOLDT, Alexander von: Essai politique sur le Royaume de la Nouvelle Espagne, 5 Bde., Paris 1811.

JACOBSEN, Nils/PUHLE, Hans-Jürgen (Hrsg.): The economies of Mexico and Peru during the late colonial period, 1760–1810, Berlin 1986.

JOHNSON, Lyman L./TANDETER, Enrique (Hrsg.): Essays on the price history of eighteenth century Latin America, Albuquerque 1990.

KATZ, Friedrich (Hrsg.): Riot, rebellion, and revolution. Rural social conflict in Mexico, Princeton 1988.

LERDO DE TEJADA, Miguel: Comercio exterior de México desde la conquista hasta hoy, Mexiko 1853.

LOCKHART, James/SCHWARTZ, Stuart B.: Early Latin America, Cambridge 1983.

MANIAU, Joaquín: Compendio de la historia de la Real Hacienda de Nueva España, Mexiko 1914.

NAVARRO Y NORIEGA, Fernando: Memoria sobre la población del reino de Nueva España, Mexiko 1954.

RODRÍGUEZ, Jaime (Hrsg.): The independence of Mexico and the creation of the new nation, Los Angeles 1989.

TORRE VILLAR, Ernesto de la (Hrsg.): Los „Guadalupes“ y la independencia, con una selección de documentos inéditos, 2. Aufl., Mexiko 1985.

Bevölkerung, Gesellschaft und Silber

ARCILA FARÍAS, Eduardo: El siglo ilustrado en América: reformas económicas del siglo XVIII en Nueva España, Caracas 1955.

ARCHER, Christon I.: The Bourbon army in New Spain, 1764–1800, Albuquerque 1977.

BAZANT, Jan: Cinco haciendas mexicanas: tres siglos de vida rural en San Luís Potosí, Mexiko 1975.

BRADING, David A.: „Government and elite in late colonial Mexico“, in: HAHR 53 (1973), S. 389–414.

BRADING, David A.: Miners and merchants in Bourbon Mexico, 1763–1810, Cambridge 1971.

BRADING, David A.: Haciendas and ranchos in the Mexican Bajío: Leon 1763–1810, Cambridge 1978.

EWALD, Ursula: The Mexican salt industry 1560–1980, a study in change, Stuttgart/New York 1985.

FLORESCANO, Enrique: Precios del maíz y crísis agrícolas en México (1708–1810), Mexiko 1969.

GARNER, Richard: „Problèmes d'une ville minière mexicaine à la fin de l'époque colonial: prix et salaires à Zacatecas (1760–1821)“, in: CAL 6 (1972), S. 75–111.

GARNER, Richard: „Reformas borbónicas y operaciones hacendarias: la Real Caja de Zacatecas, 1750–1821“, in: HM 108 (1978), S. 542–587.

Garner, Richard: „Prices and wages in eighteenth century Mexico“, in: JOHNSON / TANDETER (1990), S. 73–108.

GERST, Thomas: Die wirtschaftliche Entwicklung Mexikos und das Problem der Proto-Industialisierung am Ausgang der Kolonialzeit, München 1988.

GIBSON, Charles: The Aztecs under Spanish rule. A history of the indians of the Valley of Mexico, 1519–1810, Stanford 1964.

GREENOW, Linda: Credit and socioeconomic change in colonial Mexico. Loans and mortgages in Guadalajara, 1720–1820, Boulder 1983.

HAMNETT, Brian R.: Politics and trade in Southern Mexico, 1750–1821, Cambridge 1971.

HOWE, Walter: The mining guild of New Spain and its tribunal general, 1770–1821, Cambridge, Mass., 1949.

KICZA, John E.: Colonial entrepreneurs: families and business in Bourbon Mexico City, Albuquerque 1983.

LADD, Doris M.: The Mexican nobility at independence, 1780–1826, Austin 1976.

LADD, Doris M.: The making of a strike. Mexican silver workers' struggles in Real del Monte, 1766–1775, Lincoln, Nebraska, 1988.

LANGUE, Frédérique: „Del minero rico a la nobleza: el papel de la frontera zacatecana en la formación de una élite económica y social", in: AEA 44 (1987), S. 173–193.

LINDLEY, Richard: Haciendas and economic development: Guadalajara, Mexico, at independence, Austin 1983.

MACLACHLAN, Colin: Spain's empire in the New World. The role of ideas in institutional and social change, Berkeley 1989.

MORIN, Claude: Michoacán en la Nueva España del siglo XVIII. Crecimiento y desigualdad en una economía colonial, Mexiko 1979.

SALVUCCI, Richard J.: Textiles and capitalism in Mexico. An economic history of the obrajes, 1539–1840, Princeton 1987.

TAYLOR, William B.: Landlord and peasant in colonial Oaxaca, Stanford 1972.

TAYLOR, William B.: Drinking, homicide, and rebellion in colonial Mexican villages, Stanford 1979.

THOMSON, Guy P. C.: Puebla de los Angeles. Industry and society in a Mexican city, 1700–1850, Boulder 1989.

TORALES PACHECO, María Cristina: La compañía de comercio de Francisco de Yraeta, 1767–1797, 2 Bde., Mexiko 1982.

TRABULSE, Elías: Francisco Xavier Gamboa: un político criollo en la ilustración mexicana, 1717–1794, Mexiko 1985.

VAN YOUNG, Eric: Hacienda and market in eighteenth century Mexico: the rural economy of the Guadalajara region, 1675–1820, Berkeley 1981.

WOLF, Eric R.: The Mexican Bajío in the eighteenth century, New Orleans 1955.

Die bourbonischen Reformen

BARBIER, Jacques A.: „Imperial policy towards the port of Veracruz, 1788–1808: the struggles between Madrid, Cádiz, and Havana interests", in: JACOBSEN / PUHLE (1986), S. 240–251.

BRADING, David A.: „Tridentine catholicism and enlightened despotism in Bourbon Mexico", in: JLAS 15 (1983), S. 1–22.

BOBB, Bernard E.: The viceregency of Antonio Maria Bucareli in New Spain, 1771–1779, Austin 1962.

BURKHOLDER, Mark A. / CHANDLER, D. S.: From impotence to authority: the Spanish crown and the American audiencias, 1687–1808, Columbia 1979.

CARDOZO GALUÉ, Germán: Michoacán en el siglo de las luces, Mexiko 1977.

CASTAÑEDA, Carmen (Hrsg.): Elites, clases sociales y rebelión en Guadalajara y Jalisco, siglos XVIII y XIX, Guadalajara 1988.
CHOWNING, Margaret: „The Consolidación de Vales Reales in the bishopric of Michoacán", in: HAHR 69 (1989), S. 451–478.
COATSWORTH, John H.: „The Mexican mining industry in the eighteenth century", in: JACOBSEN/PUHLE (1986), S. 26–45.
DEANS SMITH, Susan: „The money plant: the royal tobacco monopoly of New Spain, 1765–1821", in: JACOBSEN/PUHLE (1986), S. 361–387.
FISHER, Lillian E.: The background to the Mexican Revolution for Independence, Boston 1934.
FISHER, Lillian E.: The intendant system in Spanish America, Berkeley 1929.
FLORES CABALLERO, Romeo: La contrarrevolución en la independencia. Los españoles en la vida política, social y económica de México (1804–1838), Mexiko 1969.
HAMNETT, Brian R.: „Mercantile rivalry and peninsular division: the consulados of New Spain and the impact of the Bourbon reforms, 1789–1824", in: IAA 2 (1976), S. 273–305.
HAMNETT, Brian R.: The Mexican bureaucracy before the Bourbon reforms, 1700–1770. A study in the limitations of absolutism, Glasgow 1979.
LIEHR, Reinhard: Stadtrat und städtische Oberschicht von Puebla am Ende der Kolonialzeit (1787–1810), Wiesbaden 1971.
LIEHR, Reinhard: „Die soziale Stellung der Indianer von Puebla während der zweiten Hälfte des 18. Jahrhunderts", in: JbLA 8 (1971), S. 74–125.
LIEHR, Reinhard: „Staatsverschuldung und Privatkredit: Die ‚Consolidación de Vales Reales' in Hispanoamerika", in: IAA, Neue Serie 6, 2 (1980), S. 149–185.
LUCENA SALMORAL, Manuel: La economía americana del primer cuarto del siglo XIX, vista a través de las memorias escritas por Don Vicente Basadre, último intendente de Venezuela, Caracas 1983.
MARTÍNEZ ROSALES, Alfonso: Francisco Xavier Clavigero en la ilustración mexicana, 1731–1787, Mexiko 1988.
NAVARRO, Bernabé: Cultura mexicana moderna en el siglo XVIII, Mexiko 1964.
NAVARRO GARCÍA, Luis: Don José de Gálvez y la Comandancia General de las Provincias Internas del norte de Nueva España, Sevilla 1964.
NAVARRO GARCÍA, Luis: Intendencias en Indias, Sevilla 1959.
ORTIZ DE LA TABLA, Javier: Comercio exterior de Veracruz, 1778–1821: crísis de dependencia, Sevilla 1978.
ORTIZ DE LA TABLA, Javier: Memorias políticas y económicas del Consulado de Veracruz, 1796–1822, Sevilla 1985.
PIETSCHMANN, Horst: „Dos documentos significativos para la historia del régimen de Intendencias en Nueva España", in: Boletín del Archivo General de la Nación, 2a serie XII, 3–4 (1971), S. 399–441.
PIETSCHMANN, Horst: „Die Reorganisation des Verwaltungssystems im Vizekönigreich Neuspanien im Zusammenhang mit der Einführung des Intendantensystems in Amerika (1763–1786)", in: JbLA 8 (1971), S. 126–220.
PIETSCHMANN, Horst: Die Einführung des Intendentensystems in Neu-Spanien, Köln/Wien 1972.
PIETSCHMANN, Horst: „Der *repartimiento*-Handel der Distriktsbeamten im Raum Puebla im 18. Jahrhundert", in: JbLA 10 (1973), S. 236–250.

PIETSCHMANN, Horst: „Revolución y contrarrevolución en el México de las reformas borbónicas. Ideas protoliberales y liberales entre los burócratas ilustrados novohispanos (1780–1794)“, in: CCMHLS 54 (1990), S. 21–35.

SALVUCCI, Linda K.: „Costumbres viejas, ‚hombres nuevos‘: José de Gálvez y la burocracia fiscal novohispana (1754–1800)“, in: HM 33 (1983), S. 224–264.

STEIN, Stanley J.: „Bureaucracy in the Spanish empire, 1759–1804: failure of a Bourbon reform in Mexico and Peru“, in: HAHR 61 (1981), S. 2–28.

VELASCO CEBALLOS, Rómulo: La administración de D. Frey Antonio María de Bucareli y Ursua, 2 Bde., Mexiko 1936.

Die politische Krise des Jahres 1808

ANNA, Timothy E.: The fall of the royal government in Mexico City, 1808–1821, Lincoln, Nebraska, 1978.

FARRISS, Nancy M.: Crown and clergy in colonial Mexico, 1759–1821. The crisis of ecclesiastical privilege, London 1968.

HAMNETT, Brian R.: La política española en una época revolucionaria, 1790–1820, Mexiko 1985.

HAMNETT, Brian R.: „Mexico's royalist coalition: the response to revolution, 1808–1821“, in: JLAS 12 (1980), S. 55–86.

LAFUENTE FERRARI, Enrique: El virrey Iturrigaray y los orígenes de la independencia de México, Madrid 1941.

LÓPEZ CÁMARA, Francisco: La génesis de la conciencia liberal en México, Mexiko 1954.

MEISSNER, Jochen: Eine Elite im Umbruch. Der Stadtrat von Mexiko zwischen kolonialer Ordnung und Unabhängigkeit 1761–1821, Diss., Frankfurt/M. 1992.

MIRANDA, José: Las ideas y las instituciones políticas mexicanas, Mexiko 1952.

PRIESTLEY, Herbert I.: José de Gálvez: Visitor-General of New Spain, 1765–1771, Berkeley 1916.

Neu-Spaniens Provinzbourgeoisie

ARCHER, Christon I.: „The officer corps in New Spain: the martial career, 1759–1821“, in: JbLA 17 (1980), S. 137–158.

GUEDEA, Virginia: „Las sociedades secretas durante el movimiento de independencia“, in: RODRÍGUEZ (1989), S. 45–62.

HAMILL, Hugh M.: The Hidalgo revolt. Prelude to Mexican independence, Gainesville 1966.

HAMNETT, Brian R.: Revolución y contrarrevolución en México y el Perú: liberalismo, realeza, y separatismo, 1800–1824, Mexiko 1978.

HAMNETT, Brian R.: „Anastasio Bustamante y la Guerra de Independencia, 1810–1821“, in: HM 28 (1979), S. 515–545.

HAMNETT, Brian R.: Social structure and regional elites in late colonial Mexico, 1750–1824, Glasgow 1985.

LEMOINE VILLICANA, Ernesto: Morelos: su vida revolucionaria a través de sus escritos y otros testimonios de la época, Mexiko 1965.

LIEHR, Reinhard: Ayuntamiento y oligarquia en Puebla (1787–1819), 2 Bde., Mexiko 1976.
TORRE VILLAR, Ernesto de la: La constitución de Apatzingán y los creadores del estado mexicano, Mexiko 1964.
VILLORO, Luis: El proceso ideológico de la revolución de independencia, Mexiko 1967.

Vorstellungen, Identität und Aufstand

ARCHER, Christon I.: „The royalist army in New Spain: civil-military relationships, 1810–1821", in: JLAS 13 (1981), S. 57–82.
BENSON, Nettie Lee: La diputación provincial y el federalismo mexicano, Mexiko 1955.
BENSON, Nettie Lee (Hrsg.): Mexico and the Spanish Cortes, 1810–1822, Austin 1966.
GRUZINSKI, Serge: Man-Gods in the Mexican highlands. Indian power and colonial society, 1520–1800, Stanford 1989.
HAMNETT, Brian R.: „The economic and social dimension of the Revolution of Independence in Mexico, 1800–1824", in: IAA 6 (1980), S. 1–27.
HAMNETT, Brian R.: „Royalist counter-insurgeny and the continuity of rebellion in Guanajuato and Michoacán, 1813–1820", in: HAHR 62 (1982), S. 19–48.
HAMNETT, Brian R.: Roots of insurgency. Mexican regions, 1750–1824, Cambridge 1986.
KAHLE, Günther: Bartolomé de las Casas (Heft 153 der Arbeitsgemeinschaft für Forschung des Landes Nordrhein-Westfalen, Abt. Geisteswissenschaften), Köln/Opladen 1968.
TAYLOR, William B.: „Banditry and insurrection: rural unrest in Central Jalisco, 1790–1816", in: KATZ (1988), S. 205–246.
TOVAR PINZÓN, Hérmes: „Insolencia, tumulto e invasión de los naturales de Zacoalco (México) a fines del siglo XVIII", in: Cuadernos de Historia Social y Económica 10 (1985), S. 1–18.
TUTINO, John: From insurrection to revolution in Mexico. Social bases of agrarian violence, 1750–1940, Princeton 1986.
VAN YOUNG, Eric: „Conflict and solidarity in indian village life: the Guadalajara region in the late colonial period", in: HAHR 64 (1984), S. 55–79.
VAN YOUNG, Eric: „Islands in the storm: quiet cities and violent countryside in the Mexican independence era", in: PP 118 (1988), S. 130–155.

3. Zentralamerika 1760–1821

Bibliographien, Wörterbücher etc.

CREEDMAN, Theodore S.: Historical dictionary of Costa Rica, Metuchen, N.J., 1977.
FLEMION, Philip F.: Historical dictionary of El Salvador, Metuchen, N.J., 1972.
FRANKLIN, Woodman B.: Guatemala, Oxford 1981.

Grieb, Kenneth J.: Research guide to Central America and the Caribbean, Madison 1985.
Meyer, Harvey K.: Historical dictionary of Nicaragua, Metuchen, N. J., 1972.
Meyer, Harvey K.: Historical dictionary of Honduras, Metuchen, N. J., 1976.
Moore, Richard E.: Historical dictionary of Guatemala, Metuchen, N. J., 1973.
O'Ryan, Juan Enrique: Bibliografía guatemalteca de los siglos XVII y XVIII, 2 Bde., Guatemala 1960–1961.
Woodward jr., Ralph Lee: Belize, Oxford 1980.
Woodward jr., Ralph Lee: Nicaragua, Oxford 1983.
Woodward jr., Ralph Lee: „The historiography of modern Central America since 1960", in: HAHR 67 (1987), S. 461–496.
Woodward jr., Ralph Lee: El Salvador, Oxford 1988.

Quellen

Cortés Larraz, Pedro: Descripción geográfico-moral de la diócesis de Goathemala hecha por su arzobispo el Ilmo. Sr. D. Pedro Cortés Larraz (1772), Guatemala 1958.
Fuentes y Guzmán, Francisco Antonio: Recordación Florida. Discurso historial y demonstración natural, material, militar y político del reyno de Guatemala, Guatemala 1932–1933.
Filísola, Vicente: La cooperación de México en la independencia de Centro América, Mexiko 1911.
Juarros, Domingo: A statistical and commercial history of the Kingdom of Guatemala in Spanish America (1823), neu herausgegeben New York 1971.
Mélendez Chaverri, Carlos (Hrsg.): Textos fundamentales de la Independencia Centroamericana, San José 1971.
Valle, Rafael Heliodoro (Hrsg.): La anexión de Centro América a México (Archivo Histórico Diplomático Mexicano. Serie I, Bde. 11, 24, 40; Serie II, Bde. 2, 3, 5), Mexiko 1924–1946.

Gesamtdarstellungen

Ayón, Tomás: Historia de Nicaragua, 3. Aufl., 3 Bde., Managua 1977.
Bancroft, Hubert H.: History of Central America, 3 Bde., San Francisco 1886–1887.
Batres Jáuregui, Antonio: La América Central ante la historia, 3 Bde., Guatemala 1915–1949.
Chinchilla Aguilar, Ernesto: Historia de Centroamérica, 3 Bde., Guatemala 1974–1977.
Juarros, Domingo: Compendio de la historia de la ciudad de Guatemala, 2 Bde., Guatemala 1936.
Martínez Peláez, Severo: La patria del criollo, ensayo de interpretación de la realidad colonial guatemalteca, Guatemala 1970.
Pastor, Rodolfo: Historia de Centroamérica, Mexiko 1988.
Pinto Soria, J. C.: El valle central de Guatemala (1524–1821), Guatemala 1988.
Woodward jr., Ralph Lee: Central America: a nation divided, 2. Aufl., New York 1985.

Bevölkerung

Barón Castro, Rodolfo: Población de El Salvador, Madrid 1942.
Bertrand, Michel: „Demografía de la región de Rabinal del siglo XVII al XIX", in: Mesoamérica 7 (1986), S. 3–22.
Lütz, Christopher: Historia socio-demográfica de Santiago de Guatemala, 1541–1773, Guatemala 1982.
Newson, Linda: „La población indígena de Honduras bajo el régimen colonial", in: Mesoamérica 6 (1985), S. 1–44.

Verwaltung und Institutionen

Chinchilla Aguilar, Ernesto: El ayuntamiento colonial de la cuidad de Guatemala, Guatemala 1961.
Estrada Molina, Ligía María: La Costa Rica de Don Tomás Acosta, San José 1972.
Molina Argüello, Carlos: „Gobernaciones, alcaldías mayores y corregimientos en el reino de Guatemala", in: AEA 17 (1960), S. 105–132.
Samayoa Guevara, Héctor Humberto: Implantación del régimen de intendencias en el reino de Guatemala, Guatemala 1960.
Smith, Robert Sidney: „Origins of the Consulado of Guatemala", in: HAHR 26 (1946), S. 150–161.
Woodward jr., Ralph Lee: Class, privilege and economic development: the consulado de comercio of Guatemala 1793–1871, New Orleans 1965.
Zavala, Silvio A.: Contribución a la historia de las instituciones coloniales en Guatemala, Guatemala 1967.

Militärwesen und internationale Politik

Calderón Quijano, José Antonio: „El fuerte de San Fernando de Omoa", in: RI 3 (1942), S. 515–538, 4 (1943), S. 127–163.
Floyd, Troy S.: The Anglo-Spanish struggle for Mosquitia, Albuquerque 1967.
Humphreys, Robin A.: The diplomatic history of British Honduras, 1638–1901, London 1961.
Potthast, Barbara: Die Mosquitoküste im Spannungsfeld britischer und spanischer Politik 1802–1821, Köln/Wien 1988.

Wirtschaft und Gesellschaft

Adams, Richard N.: Encuesta sobre la cultura de los ladinos en Guatemala, 2. Aufl., Guatemala 1964.
Berlin, Heinrich: „Artistas y artesanos coloniales de Guatemala", in: Cuadernos de Antropología 5 (1965), S. 5–35.
Cabat, Geoffrey A.: „The consolidation of 1804 in Guatemala", in: TAMS 28 (1971), S. 20–38.
Cardoso, Ciro F./Brignoli, Hector Pérez: Centroamérica y la economía occidental (1520–1930), San José 1977.
Fallas, Marco Antonio: La factoría de tabacos de Costa Rica, San José 1972.

FLOYD, Troy S.: Salvadorean indigo and the Guatemalan merchants: a study in Central American socio-economic history, 1750–1800, Berkeley 1959.

FLOYD, Troy S.: „Bourbon palliatives and the Central American mining industry, 1765–1800", in: TAMS 27 (1961), S. 103–125.

FLOYD, Troy S.: „Guatemalan merchants, the government and the provincianos, 1750–1800", in: HAHR 41 (1961), S. 90–110.

LANGENBERG, Inge: Urbanisation und Bevölkerungsstruktur der Stadt Guatemala in der ausgehenden Kolonialzeit, Köln/Wien 1981.

LOVELL, George: Conquest and survival in colonial Guatemala: a historical geography of the Cuchumatán highlands, 1500–1821, Kingston 1985.

MARTÍNEZ PELAEZ, Severo: „Los motines de indios en el periodo colonial guatemalteco", in: Germán ROMERO VARGAS u. a. (Hrsg.): Ensayos de historia centroamericana, San José 1974, S. 25–47.

MÉLENDEZ CHAVERRI, Carlos: Costa Rica: tierra y poblamiento en la colonia, San José 1978.

MENERAY, Wilbur E.: The Kingdom of Guatemala during the reign of Charles III, 1759–1788, Chapel Hill 1975.

MÖRNER, Magnus: „Política de segregación y mestizaje en la Audiencia de Guatemala", in: RI 24 (1964), S 137–151.

PALMA MURGA, Gustavo: „Núcleos de poder local y relaciones familiares en la ciudad de Guatemala a finales del siglo XVIII", in: Mesoamérica 7 (1986), S. 241–308.

ROMERO VARGAS, Germán: Les structures sociales de Nicaragua au XVIIIe siècle, Lille 1977.

RUBIO SÁNCHEZ, Manuel: Comercio terrestre de y entre las provincias de Centroamérica, Guatemala 1970.

RUBIO SÁNCHEZ, Manuel: Historia del añil o xiquilite en Centroamérica, 2 Bde., San Salvador 1976.

SAMAYOA GUEVARA, Héctor Humberto: Los gremios de artesanos de la ciudad de Guatemala 1524–1821, Guatemala 1962.

SMITH, Robert Sidney: „Forced labor in Guatemalan indigo works", in: HAHR 36 (1956), S. 319–328.

SMITH, Robert Sidney: „Indigo production and trade in colonial Guatemala", in: HAHR 39 (1959), S. 181–211.

SOLANO PÉREZ-LILA, Francisco de: Los mayas del siglo XVIII, Madrid 1976.

SOLANO PÉREZ-LILA, Francisco de: Tierra, comercio y sociedad en el Reino de Guatemala, Guatemala 1977.

SOLÓRZANO, Juan Carlos: „Las comunidades indígenas de Guatemala, El Salvador y Chiapas durante el siglo XVIII: los mecanismos de la explotación económica", in: Anuario de Estudios Centroamericanos 11 (1985), S. 93–130.

VALENTÍN SOLÓRZANO, Juan Carlos: Evolución económica de Guatemala, Guatemala 1963.

VAN OSS, Adriaan C.: Catholic colonialism. A parish history of Guatemala 1524–1821, Cambridge 1986.

Economía de Guatemala en los siglos XVIII y XIX (versch. Autoren), Guatemala 1968.

WORTMAN, Miles: „Bourbon reforms in Central America: 1750–1786", in: TAMS 32 (1975), S. 222–238.

WORTMAN, Miles: „Government revenue and economic trends in Central America, 1787–1819", in: HAHR 55 (1975), S. 251–286.
WORTMAN, Miles: Government and society in Central America, 1680–1840, New York 1982.
ZILBERMANN DE LUJÁN, María Cristina: Aspectos socioeconómicos del traslado de la ciudad de Guatemala (1773–1783), Guatemala 1987.

Kultur und geistige Strömungen

CHINCHILLA AGUILAR, Ernesto: La inquisición en Guatemala, Guatemala 1953.
GÓNZALEZ ORELLANA, Carlos: Historia de la educación en Guatemala, 2. Aufl., Guatemala 1987.
LANNING, John Tate: The university in the Kingdom of Guatemala, Ithaca 1955.
LANNING, John Tate: The eighteenth-century Enlightenment in the University of San Carlos de Guatemala, Ithaca 1956.
LASCARÍS, Constantino: Historia de las ideas en Centroamérica, 2. Aufl., San José 1982.
LUQUE ALCAIDE, Elisa: La sociedad económica de amigos del país de Guatemala, Sevilla 1962.
MELÉNDEZ CHAVERRI, Carlos: La ilustración en el antiguo reino de Guatemala, 2. Aufl., San José 1979.
RUBIO SÁNCHEZ, Manuel: Historia de la sociedad económica de los amigos del país, Guatemala 1981.
SAINT-LU, André: Condition coloniale et conscience créole du Guatemala, Paris 1970.
VAN OSS, Adriaan C.: „Printed culture in Central America 1660–1821", in: JbLA 21 (1984), S. 77–107.

Revolutionskriege und Unabhängigkeit

BUMGARTNER, Louis E.: José del Valle of Central America, Durham, N. C., 1963.
CONTRERAS, J. Daniel: Una rebelión indígena en el partido de Totonicapán en 1820. El indio y la independencia, Guatemala 1951.
FERNÁNDEZ GUARDIA, Ricardo: La independencia: historia de Costa Rica, 3. Aufl., San José 1971.
KARNES, Thomas: „The origins of Costa Rican federalism", in: TAMS 15 (1959), S. 249–269.
KENYON, Gordon: „Gabino Gaínza and Central America's Independence from Spain", in: TAMS 13 (1957), S. 241–254.
KENYON, Gordon: „Mexican influence in Central America, 1821–1823", in: HAHR 41 (1961), S. 175–205.
LUJÁN MUÑOZ, Jorge: La independencia y la anexión de Centroamérica a Mexico, Guatemala 1975.
MARURE, Alejandro: Bosquejo histórico de las revoluciones de Centro América desde 1811 hasta 1834, 2 Bde., Guatemala 1837, 2. Aufl. 1877.
MELÉNDEZ CHAVERRI, Carlos: Proceres de la Independencia, San José 1971.
MONTÚFAR, Lorenzo: Reseña histórica de Centro América, 7 Bde., Guatemala 1878–1888.

MONTÚFAR Y CORONADO, Manuel: Memorias para la historia de la revolución de Centro América, Jalapa 1832, 2. Aufl. Guatemala 1934.
PARKER, Franklin Dallas: José Cecilio del Valle and the establishment of the Central American Confederation, Tegucigalpa 1954.
PECCORINI LETONA, Francisco: La voluntad del pueblo en la emancipación de El Salvador, San Salvador 1972.
RODRÍGUEZ, Mario: The Cádiz experiment in Central America, 1808–1826, Berkeley 1978.
SAMAYOA GUEVARA, Hector Humberto: Ensayos sobre la independencia de Centroamérica, Guatemala 1972.
WOODWARD JR., Ralph Lee: „Economic and social origins of the Guatemalan political parties (1775–1823)", in: HAHR 45 (1965), S. 544–566.
WORTMAN, Miles: „Legitimidad política y regionalismo: el imperio mexicano y Centroamérica", in: HM 26 (1976), S. 238–262.
ZELAYA, Chester: Nicaragua en la independencia, San José 1971.

4. Neu-Granada/Großkolumbien

Quellen

Archivo Santander, 24 Bde., Bogotá 1914.
AURRECOECHEA, José María de: Memoria geográfico-económico-política del departamento de Venezuela, Caracas 1964.
BLANCO, José Félix/AZPÚRUA, Ramón: Documentos para la vida pública del Libertador de Colombia, Perú y Bolivia, 14 Bde., Caracas 1875–1877.
BOLÍVAR, Simón: Escritos del Libertador, Sociedad Bolivariana de Venezuela, Bd. IV, Caracas o. J.
BOLÍVAR, Simón: Obras completas, 3 Bde., Havanna 1950.
BOLÍVAR, Simón: Discurso de Angostura, Caracas 1975.
CASTILLO Y RADA, José María: Memoria de hacienda, 1823, 26, 27, Bogotá 1952.
Correspondencia dirigida al general Santander, 9 Bde., Bogotá 1964–1967.
CORTÁZAR, Roberto: Cartas y mensajes de Santander, 10 Bde., Bogotá 1953–1956.
Cuerpo de leyes de la República de Colombia, 1821–1827, Caracas 1961.
DAUXION LAVAYSSE, J. J.: Viaje a las islas de Trinidad, Tobago, Margarita y a diversas partes de Venezuela en la América meridional, Caracas 1967.
DÁVILA, Vicente, u. a.: Archivo del general Miranda, 24 Bde., Caracas/Havanna 1929–1950.
DEPONS, Francisco: Viaje a la parte oriental de Tierrafirme en la América meridional, 2 Bde., Caracas 1960.
Epistolario de la I República, Caracas 1969.
FERMÍN DE VARGAS, Pedro: Pensamientos políticos y memoria sobre la población del Nuevo Reino de Granada, Bogotá 1944.
GRASES, Pedro/PÉREZ VILA, Manuel: „Gran Colombia: referencias relativas a bibliografía sobre el período emancipador", in: La emancipación latinoamericana (versch. Autoren), Mexiko 1966.

HUMBOLDT, Alexander von: Viaje a las regiones equinocciales del Nuevo Continente, Caracas 1956 [dt.: Reise in die Äquinoktialgegenden des neuen Kontinents. 1799–1804, Stuttgart/Tübingen 1815–1829].
LECUNA, Vicente: Cartas del Libertador, 10 Bde., Caracas 1929–1930.
LECUNA, Vicente: Proclamas y discursos del Libertador, Caracas 1939.
LECUNA, Vicente: Cartas de Santander, 3 Bde., Caracas 1942.
O'LEARY, Daniel Florencio: Memorias, 32 Bde., Caracas 1879–1887.
ORTEGA RICAURTE, Enrique: Documentos sobre el 20 de julio de 1810, Bogotá 1960.
ORTÍZ, Sergio Elías: Colección de documentos para la historia de Colombia, 3 Bde., Bogotá 1965–1966.
PÁEZ, José Antonio: Autobiografía, Caracas 1973.
POUDENZ, H. / MAYER, F.: La Venezuela de la Independencia, Caracas 1963.
SILVESTRE, Francisco: Descripción del Reino de Santa Fé de Bogotá, Bogotá 1980.

Politik, Institutionen und Militär: Venezuela

Academia Nacional de la Historia: Causas de infidencia, Caracas 1960.
Academia Nacional de la Historia: El cabildo metropolitano de Caracas y la guerra de emancipación, Caracas 1960.
GARCÍA CHUECOS, Héctor: La Capitanía General de Venezuela, Caracas 1945.
GARCÍA CHUECOS, Héctor: Siglo dieciocho venezolano, Caracas o.J.
GRASES, Pedro: La conspiración de Gual y España, Caracas 1949.
Instituto Panamericano de Geografía e Historia: Conjuración de 1808 en Caracas, Buenos Aires 1949.
IZARD, Miguel: El miedo a la revolución, Madrid 1979.
LUCENA SALMORAL, Manuel: Vísperas de la independencia americana: Caracas, Madrid 1986.
LOMBARDI, John V.: Venezuela, la búsqueda del orden y el progreso, Barcelona 1985.
MCKINLEY, P. Michael: Pre-revolutionary Caracas, Cambridge 1985.
MORÓN, Guillermo: El proceso de integración de Venezuela (1776–1793), Caracas 1974.
PARRA PÉREZ, C.: Historia de la I República de Venezuela, Caracas 1959.
PARRA PÉREZ, C.: El régimen español en Venezuela, Madrid 1964.
YANES, Francisco Javier: Relación documentada ..., Caracas 1943.

Politik, Institutionen und Militär: Kolumbien

BUSHNELL, David: El régimen de Santander en la Gran Colombia, Bogotá 1966.
CÁRDENAS ACOSTA, Pablo E.: El movimiento comunal de 1781, Bogotá 1960.
COLMENARES, Germán, u.a.: La independencia, ensayos de historia, Bogotá 1986.
DÍAZ, Oswaldo: La reconquista española, Bogotá 1966.
KÖNIG, Hans-Joachim: „Símbolos nacionales y retórica política en la independencia, el caso de la Nueva Granada", in: Inge BUISSON/Günther KAHLE/Hans-Joachim KÖNIG/Horst PIETSCHMANN (Hrsg.): Problemas de la formación del estado y de la nación en Hispanoamérica, Köln 1984, S. 389–405.
KÖNIG, Hans-Joachim: Auf dem Wege zur Nation: Nationalismus im Prozeß der Staats- und Nationsbildung Neugranadas 1750–1856, Stuttgart 1988.

KOSSOK, Manfred: Simón Bolívar und das historische Schicksal Spanisch-Amerikas, Berlin 1984.
LARRAZÁBAL, Felipe: Bolívar, Caracas 1975.
LIÉVANO AGUIRRE, Indalecio: Bolívar, Madrid 1983.
OCAMPO, Javier: Historiografía y bibliografía de la emancipación del Nuevo Reino de Granada, Tunja 1969.
OCAMPO, Javier: „El proceso político, militar y social de la Independencia", in: Manual de historia de Colombia, Bd. 2., Bogotá 1979.
ORTÍZ, Sergio Elías: Génesis de la revolución del 20 de julio de 1810, Bogotá 1960.
ORTÍZ, Sergio Elías: El Virreinato, Bogotá 1970.
OTS CAPDEQUÍ, José María: Las instituciones del Nuevo Reino de Granada al tiempo de la independencia, Madrid 1958.
PHELAN, John L.: El pueblo y el rey, Bogotá 1980.
POSADA, Eduardo: La patria boba, Bogotá 1902.
POSADA, Eduardo: El veinte de julio, Bogotá 1914.
PUYO, Fabio: Muy cerca de Bolívar, Bogotá 1988.
RESTREPO, José Manuel: Historia de la revolución de la República de Colombia, Bogotá 1969.

Politik, Institutionen und Militär: Ecuador

CASTILLO, Abel Romeo: Los gobernadores de Guayaquil en el siglo XVIII, Guayaquil 1978.
CHIRIBOGA, Manuel: Las fuerzas del poder en 1830, Quito 1980.
DEMELAS, Marie Daniele: Jerusalén y Babilonia: religión y política en Ecuador, Quito 1988.
GUERRERO, Andrés/QUINTERO, Rafael: La transición colonial y el rol del estado en la Real Audiencia de Quito, Quito 1977.
KEEDING, Ekkehart: Das Zeitalter der Aufklärung in der Provinz Quito, Köln 1983.
LAVIANA, María Luisa: Guayaquil en el siglo XVIII, Sevilla 1987.
MORENO, Segundo: Espejo: conciencia crítica de su época, Quito 1978.
MORENO, Segundo: Sublevaciones indígenas en la Audiencia de Quito, Quito 1978.
QUINTERO, Rafael: „El estado colonial", in: Nueva historia del Ecuador, Bd. 5, Quito 1989.
RAMOS, Demetrio: Entre el Plata y Bogotá, Madrid 1978.
TERÁN NAJAS, Rosemarie: „Sinópsis histórica del siglo XVIII", in: Nueva historia del Ecuador, Bd. 4, Quito 1989.
ZÚÑIGA, Neptalí: Montúfar, primer presidente de la América revolucionaria, Quito 1945.

Politik, Institutionen und Militär: Panama

AROSEMENA, Mariano: Apuntamientos históricos (1801–1840), Panama 1949.
ARROCHA, Catalino: Historia de la independencia de Panamá, sus antecedentes y sus causas, 1821–1903, Panama 1973.
CASTILLERO, Alfredo: El movimiento de 1830, Panama 1961.
CASTILLERO, Alfredo: La independencia de Panama de España, Panama 1971.

CASTILLERO, Ernesto J.: El General José Domingo Espinar, Panama 1951.
GASTEAZORO, Carlos Manuel: Introducción al estudio de la historia de Panamá, Mexiko 1956.
VEGA, José de la: La federación en Colombia (1810–1912), Madrid 1916.

Wirtschaft und Gesellschaft: Venezuela

ACOSTA SAIGNES, Miguel: Vida de los esclavos negros en Venezuela, Caracas 1967.
ARCILA FARÍAS, Eduardo: Comercio entre Venezuela y México en los siglos XVII y XVIII, Mexiko 1950.
ARCILA FARÍAS, Eduardo: Economía colonial de Venezuela, Caracas 1973.
ARCILA FARÍAS, Eduardo: El Real Consulado de Caracas, Caracas 1957.
ARELLANO MORENO, Antonio: Orígen de la economía venezolana, Caracas 1973.
BRUNI CELLI, Blas: Los secuestros en la guerra de la Independencia, Caracas 1965.
BRITO FIGUEROA, Federico: Historia económica y social de Venezuela, 2 Bde., Caracas 1966.
CARRERA DAMAS, Germán: Algunas consideraciones históricas sobre la cuestión agraria en Venezuela, Caracas 1969.
DE PARDO, Mercedes Carlota: Monedas venezolanas, Caracas 1973.
HUSSEY, Roland: La compañía de Caracas, 1728–1784, Caracas 1962.
LOMBARDI, John V.: The decline and abolition of negro slavery in Venezuela 1820–1854, Westport 1971.
LOMBARDI, John V.: People and places in colonial Venezuela, Bloomington 1976.
LUCENA SALMORAL, Manuel: Características del comercio exterior de la provincia de Caracas durante el sexenio revolucionario (1807–1812), Madrid 1990.
MATTHESS, Robert P.: Los aprietos de la industria ganadera a mediados del siglo XIX, Caracas 1976.
MERCEDES ALVAREZ, M.: El tribunal del Real Consulado de Caracas, Caracas 1964.
NUNES DIAS, Manuel: El Real Consulado de Caracas, Caracas 1971.
POLANCO MARTÍNEZ, Tomás: Esbozo sobre historia económica venezolana, Madrid 1960.
RODULFO CORTÉS, Santos: El régimen de „las gracias al sacar“ en Venezuela durante el período hispánico, Caracas 1978.
TANDRÓN, Humberto: El Real Consulado de Caracas y el comercio exterior de Venezuela, Caracas 1976.

Wirtschaft und Gesellschaft: Kolumbien

COLMENARES, Germán: Cali: terratenientes, mineros y comerciantes, Bogotá 1984.
COLMENARES, Germán: La provincia de Tunja en el Nuevo Reino de Granada, 1539–1800, Bogotá 1970.
COLMENARES, Germán: Popayán: una sociedad esclavista, 1680–1810, Bogotá 1981.
COLMENARES, Germán, u. a.: La independencia: ensayos de historia, Bogotá 1986.
CRUZ SANTOS, Abel: „Economía y Hacienda Pública“, in: Historia Extensa, Bogotá 1965, S. 310–321.
DÍAZ DE ZULOAGA, Zamira: Guerra y economía en las haciendas: Popayán, 1780–1830, Bogotá 1983.
ESCORCIA, José: Desarrollo político, social y económico, 1800–1864, Bogotá 1983.

Galvis Noyes, Antonio: La abolición de la esclavitud en la Nueva Granada, 1820–1832, Bogotá 1980.
Melo, Jorge Orlando: „Producción de oro y desarrollo económico en el siglo XVIII“, in: Sobre historia y política, Bogotá 1979, S. 61–84.
Mörner, Magnus: „La hacienda hispanoamericana: exámen de las investigaciones y debates recientes“, in: Enrique Florescano u.a. (Hrsg.): Haciendas, latifundios y plantaciones en América Latina, Mexiko 1975.
Ospina Vázquez, Luis: Industría y protección en Colombia, 1810–1930, Medellín 1955.
Pardo, Alberto: Geografía económica y humana de Colombia, Bogotá 1972.
Restrepo, Vicente: Estudios sobre la minería de oro y plata en Colombia, Bogotá 1952.
Sierra, Luis F.: El tabaco en la economía colombiana del siglo XIX, Bogotá 1971.
Tovar, Hermes: „La lenta ruptura con el pasado colonial (1810–1850)“, in: Javier Ocampo (Hrsg.): Historia económica de Colombia, Bogotá 1987.
Twinam, Ann: Mineros, comerciantes y labradores: raíces del espíritu empresarial antioqueño, 1763–1810, Medellín 1985.
West, Robert C.: La minería de aluvión durante el período colonial, Bogotá 1972.
Zambrano Pantoja, Fabio: Aspectos de la agricultura colombiana a comienzos del siglo XIX, Bogotá 1982.

Wirtschaft und Gesellschaft: Ecuador

Andrade, Luciano: El Ecuador minero, el Ecuador manufacturero y el Ecuador cacaotero, Quito 1932.
Arias Palacios, Hugo: Evolución socioecónomica del Ecuador. Sociedades primitivas y período colonial, Quito 1987.
Arias Palacios, Hugo: La economía de la Real Audiencia de Quito y la crisis del siglo XVIII, Quito 1989.
Ayala, Enrique: Cacao, capitalismo y revolución liberal, Quito 1982.
Borchart, Christiana / Moreno, Segundo: Pichincha, Quito 1981.
Chiriboga, Manuel: Jornaleros y gran propietarios en 135 años de exportación cacaotera (1790–1925), Quito 1980.
Contreras, Carlos: „La crisis de la sierra central y norte del Ecuador en la segunda mitad del siglo XVIII“, in: Revista Ecuatoriana de Historia Económica 1 (1987).
Crawford, Louis: El Ecuador en la época cacaotera, Quito 1980.
Cushner, Nicholas: Farm and factory, Albany 1982.
Hamerly, Michael: El comercio de cacao de Guayaquil durante el período colonial: un estudio cuantitativo, Quito 1976.
Hamerly, Michael: Historia social y económica de la antigua provincia de Guayaquil (1763–1842), Guayaquil 1976.
Lucena Salmoral, Manuel: Vísperas de la independencia americana, Madrid 1986.
Mills, Nick / Ortíz, Gonzalo: Economía y sociedad en el Ecuador postcolonial, 1759–1859, Quito 1980.
Palomeque, Silvia: Historia económica de Cuenca y sus relaciones regionales, Cuenca 1978.

TYRER, Robson B.: Historia demográfica y económica de la Audiencia de Quito: población indígena e industrial textil, 1600–1800, Quito 1988.

VARGAS, José María: La economía política del Ecuador durante la Colonia, Quito 1958.

VILLALBA, Jorge: Las haciendas de los jesuítas en Pimampiro en el siglo XVIII, Quito 1983.

Wirtschaft und Gesellschaft: Panama

ALFARO, R.: La población de la ciudad de Panamá a través de sus 450 años de existencia, Panama 1969.

CASTILLERO CALVO, Alfredo: Los negros y mulatos libres en la historia social panameña, Panama 1969.

CASTILLERO CALVO, Alfredo: La sociedad panameña: historia de su formación e integración, Panama 1970.

CASTILLERO CALVO, Alfredo: Proceso de desarticulación del régimen de castas en Panamá durante el siglo XVIII, Mexiko 1974.

FIGUEROA, Alfredo: Aproximaciones a la sociología histórica del grupo dominante coclesano (1821–1885), Panama 1977.

FIGUEROA, Alfredo: Dominio y sociedad en el Panamá colombiano (1821–1903), Panama 1982.

GUARDIA, Roberto de la: El fenómeno de la esclavitud en la civilización panameña, Panama 1973.

JAÉN, Omar: Estadísticas demográficas de Panamá: segunda mitad del s. XVIII, Panama 1971.

JAÉN, Omar: La ciudad de Panamá en el siglo XVIII, Panama 1972.

OBARRIO, Matilde María de: Bosquejo de la vida colonial de Panamá, Panama 1961.

SEEMAN, B.: Historia del Istmo de Panamá, Panama 1959.

SUSTO, Juan Antonio: Censos panameños en el siglo XIX, Panama 1960.

Internationale Beziehungen

CAICEDO CASTILLA, José Joaquín: Historia diplomática, Bogotá 1974.

CASTILLERO, Ernesto J.: Intimidades del Congreso de Panamá de 1826, Panama 1961.

FRANKEL, Benjamín A.: Venezuela y los Estados Unidos: 1810–1888, Caracas 1977.

KAHLE, Günther: Simón Bolívar und die Deutschen, Berlin 1980.

KAHLE, Günther (Hrsg.): Simón Bolívar in zeitgenössischen deutschen Berichten 1811–1831, Berlin 1983.

KAUFMANN, William: La política británica y la independencia de América, Caracas 1963.

MANNING, William R.: Correspondencia diplomática de los Estados Unidos concerniente a la independencia de las naciones latinoamericanas, 3 Bde., Buenos Aires 1930–1932.

OSPINA, Gloria Inés: España y Colombia en el siglo XIX, Madrid 1988.

PIKE, Fredrick: The United States and the Andean republics: Perú, Bolivia and Ecuador, Cambridge, Mass., 1977.

RIPPY, J. Fred: La rivalidad entre Estados Unidos y Gran Bretaña por América Latina (1808–30), Buenos Aires 1967.

RIVAS, Raimundo: Historia diplomática de Colombia, Bogotá 1961.
WEBSTER, Charles Kingsley: Gran Bretaña y la independencia de América Latina, Buenos Aires 1944.
WHITAKER, Arthur Preston: Estados Unidos y la independencia de América Latina, Buenos Aires 1964.
ZUBIETA, Pedro A.: Los congresos de Panama y Tacubaya, Tunja 1986.

5. Peru, Hochperu, Bolivien

Übersichtsdarstellungen

BASADRE, Jorge: Historia de la República del Perú, Bd. I, 5. Aufl., Lima 1963.
BASADRE, Jorge: La multitud, la ciudad y el campo en la historia del Perú, Lima 1980.
BONILLA, Heraclio: Un siglo a la deriva. Ensaysos sobre el Perú, Bolivia y la Guerra, Lima 1980.
BROWNING, David G./ROBINSON, David J.: „The origin and comparability of Peruvian population data: 1776–1815“, in: JbLA 14 (1977), S. 199–223.
Colección documental de la independencia del Perú, 30 Bde., Lima 1971–1976.
COTLER, Julio: Clases, estado y nación en el Perú, Lima 1978.
FISHER, John R.: „Imperio, virreinato y provincias: la lucha por el poder en el Perú 1775–1823“, in: Marcello CARMAGNANI u.a. (hrsg.): América Latina: dallo stato coloniale allo stato nazione: 1750–1940, Bd.II, Mailand 1987, S. 455–470.
FLORES GALINDO, Alberto (Hrsg.): Independencia y revolución 1780–1840, Lima 1987.
FLORES GALINDO, Alberto: Buscando un Inca. Identidad y Utopía en los Andes, Lima 1987.
HAMNETT, Brian R.: Revolución y contrarrevolución en México y el Perú: liberalismo, realeza y separatismo 1800–1824, Mexiko 1978.
KLAIBER, Jeffrey: La iglesia en el Perú, Lima 1988.
KLEIN, Herbert: Bolivia. The evolution of a multi-ethnic society, Oxford 1982.
MACERA, Pablo: Trabajos de historia, 5 Bde., Lima 1977.
MEDINA, José Toribio: Historia del tribunal de la inquisición en Lima (1556–1820), Santiago 1887.
MEJIA BACA, Juan (Hrsg.): Historia del Perú. Teil VII: Emancipación, Barcelona 1987.
SPALDING, Karen: De indio a campesino. Cambios en la estructura social del Perú colonial, Lima 1974.
VARGAS UGARTE, Rubén: Historia general del Perú. Teil VI: Emancipación; Teil VII: República, Lima 1971.

Das Peru der bourbonischen Reformen (1760–1808): Politik und Verwaltung

AULD, Leone R.: Discontent with the Spanish system of control in Upper Peru 1750–1809, Ann Arbor 1989.
BURKHOLDER, Mark/CHANDLER, David: De la impotencia a la autoridad. La Corona española y las Audiencias en América 1687–1808, Mexiko 1984 (engl. Org. 1979).

CONTRERAS, Remedios: Relación y documentos de Gobierno del Virrey del Perú Agustín de Jáuregui y Aldecoa 1780–1784, Madrid 1982.

DEUSTUA PIMENTEL, Carlos: Las intendencias en el Perú 1790–1796, Sevilla 1965.

FISHER, John R.: Gobierno y sociedad en el Perú colonial: el régimen de intendencias, 1784–1814, Lima 1981.

FISHER, John R.: „The intendant system and the cabildos of Perú 1784–1810", in: HAHR 49 (1969), S. 430–453.

FISHER, John R.: „Royalism, regionalism and rebellion in colonial Peru 1808–1815", in: HAHR 59 (1979), S. 232–257.

MOORE, John Preston: The cabildo in Peru under the Bourbons, Durham, N.C., 1966.

RODRÍQUEZ CASADO, Vicente/PÉREZ EMBID, F. (Hrsg.): Memoria de gobierno del virrey Amat, Sevilla 1947.

STEIN, Stanley J.: „Bureaucracy and business in the Spanish empire 1759–1804: failure of a Bourbon reform in Mexico and Peru", in: HAHR 61 (1981), S. 2–28.

TANTALEON ARBULU, Javier: Politica económica-financiera y la formación del estado. Siglo XIX, Lima, 1983.

Das Peru der bourbonischen Reformen (1760–1808): Wirtschaft und Gesellschaft

ASSADOURIAN, Carlos Sempat: El sistema de la economía colonial: mercado interno, regiones y espacio económico, Lima 1982.

BARREDA Y LAOS, F.: Vida intelectual en el virreinato del Perú, Lima 1964.

BURKHOLDER, Mark A.: „From creole to peninsular: the transformation of the Audiencia of Lima", in: HAHR 52 (1972), S. 395–415.

CAMPBELL, Leon G.: „A colonial establishment: creole domination of the Audiencia of Lima during the late eighteenth century", in: HAHR 52 (1972), S. 1–25.

CAMPBELL, Leon G.: The military and society in colonial Peru 1750–1810, Philadelphia 1978.

CÉSPEDES DEL CASTILLO, Guillermo: „Lima y Buenos Aires. Repercusiones económicas y políticas de la creación del virreinato de La Plata", in: AEA 2 (1946), S. 669–874.

CHOY, E.: „La burgesía nacional en el siglo XVIII", in: Historia y Cultura 10 (1978), S. 7–14.

DURAND FLORES, Luis: Criollos en conflicto. Cuzco después de Túpac Amaru, Lima 1985.

FISHER, John R.: Minas y mineros en el Perú colonial 1776–1824, Lima 1977.

FISHER, John R.: „El impacto del comercio libre en el Perú 1778–1796", in: RI 182–183 (1988), S. 401–420.

FLORES GALINDO, Alberto: Sociedad colonial y sublevaciones populares. Túpac Amaru 1780, Lima 1976.

FLORES GALINDO, Alberto: Aristocracia y plebe. Lima 1760–1830, Lima 1984.

GLAVE, Luis Miguel: La rebelión de Túpac Amaru 1780, Cuzco 1982.

GOLTE, Jürgen: Repartos y rebeliones: Túpac Amaru y las contradicciones de la economía colonial, Lima 1980.

HAITIN, Marcel M.: Late colonial Lima: economy and society in an era of reform and revolution, Diss., University of California 1983.

JACOBSEN, Nils/PUHLE, Hans Jürgen (Hrsg.): The economies of Mexico and Peru during the late colonial period 1760–1810, Berlin 1986.
KAPSOLI, Wilfredo: Sublevaciones de esclavos en el Perú, Lima 1975.
LAVALLE, Bernard: „El sustrato criollista y planteamientos de la ilustración hispanoamericana: el caso del Perú", in: Homenaje a Noel Salomon (versch. Autoren), Barcelona 1979, S. 15–21.
LEWIN, Boleslao: La rebelión de Túpac Amaru y los orígenes de la emancipación americana, Buenos Aires 1957.
LOHMANN VILLENA, Guillermo: Los ministros de la Audiencia de Lima en el reinado de los Borbones 1700–1811, Sevilla 1974.
MORENO CEBRIÁN, Alfredo: El corregidor de indios y la economía peruana del siglo XVIII, Madrid 1977.
MÖRNER, Magnus/TRELLES, Efrain: La aplicación de un esquema analítico general en el caso de la rebelión de Túpac Amaru, Stockholm 1985.
OBEREM, Udo: Mitglieder der Familie des Inka Atahualpa unter spanischer Herrschaft, in: JbLA 5 (1968), S. 6–62.
O'PHELAN, Scarlett: „El mito de la ‚independencia concedida': los programas políticos del siglo XVIII y del temprano XIX en el Perú y Alto Perú (1730–1814)", in: Inge BUISSON u.a. (Hrsg.): Problemas de la formación del estado y la nación en Hispanoamérica, Köln, 1984, S. 55–92.
O'PHELAN, Scarlett: Un siglo de rebeliones anticoloniales. Perú y Bolivia 1700–1783, Cuzco 1988.
PEASE, Franklin: „Conciencia e identidad andinas: las rebeliones indígenas del siglo XVIII", in: CAL 29–30 (1984), S. 41–60.
PÉREZ CANTO, Pilar: Lima en el siglo XVIII. Estudio socioeconómico, Madrid 1986.
RENÉ MORENO, Gabriel: Ultimos días coloniales en el Alto Perú, La Paz 1978.
SALA I VILA, Nuria: Revueltas indígenas en el Perú tardocolonial, Diss., Barcelona 1989.
TANDETER, Enrique: Trabajo forzado y trabajo libre en el Perú colonial tardío, Buenos Aires 1980.
TEPASKE, John: „General tendencies and secular trends in the economies of Mexico and Peru 1750–1810: the view from the cajas of Mexico and Lima", in: JACOBSEN/PUHLE (1986), S. 316–337.
VALCARCEL, Carlos Daniel: La rebelión de Túpac Amaru, Mexiko 1975.
VOLLMER, Günter: Bevölkerungspolitik und Bevölkerungsstruktur im Vizekönigreich Peru zu Ende der Kolonialzeit, 1741–1821, Bad Homburg 1967.

Der Zusammenbruch der kolonialen Strukturen (1808–1824): Politik und Verwaltung

ABASCAL Y SOUSA, José Fernando: Memoría de Gobierno (1806–1816), hrsg. von V. RODRÍGUEZ CASADO/J. A. CALDERÓN QUIJANO, Sevilla 1944.
ANNA, Timothy: The fall of the royal government in Peru, Lincoln, Nebraska, 1979.
BASADRE, Jorge: El azar en la historia y sus límites: la serie de probabilidades en la emancipación peruana, Lima 1973.
Causa de la emancipación del Perú (1780–1820), Actas Riva Agüero, Lima 1960.
COLOMBRES, Eduardo: San Martín y Bolívar en la entrevista de Guayaquil a la luz de documentos definitivos, Buenos Aires 1979.

FISHER, John R.: „La formación del estado peruano 1808–1824 y Simón Bolívar“, in: Inge BUISSON u.a. (Hrsg.): Problemas de la formación del estado y la nación en Hispanoamérica, Bonn 1984, S. 465–480.
JOST, Michael H.: The Cochrane-San Martín conflict (1818–1823), Ann Arbor 1976.
LOHMANN VILLENA, Guillermo/RODRÍGUEZ CASADO, Vicente (Hrsg.): Joaquín de la Pezuela, virrey del Perú 1816–1821. Memoría de Gobierno, Sevilla 1947.
LÓPEZ SORIA, J.J.: Descomposición de la dominación hispánica en el Perú, Lima o.J.
NIETO VELEZ, Armando: „Contribución a la historia del fidelismo en el Perú 1808–1810“, in: Boletín del Instituto Riva Agüero 4 (1958–1960), S. 9–146.
PUENTE CANDAMO, J.A.: Notas sobre la causa de la independencia del Perú, Lima 1964.
RODIL, José Ramón: Memoria del sitio del Callao, Sevilla 1955.

Der Zusammenbruch der kolonialen Strukturen (1808–1824): Wirtschaft und Gesellschaft

ANNA, Timothy: „Economic causes of San Martín's failure at Lima“, in: HAHR 54 (1974), S. 657–681.
ANNA, Timothy: „The Peruvian declaration of Independence: freedom by coercion“, in: JLAS 7 (1975), S. 221–269.
APARICIO VEGA, Manuel: El clero patriota en la revolución del Cuzco 1814, Cuzco 1974.
ARZE, René: Participación popular en la independencia de Bolivia, La Paz 1979.
BARREDA LAOS, Felipe: Vida intelectual en el virreinato del Perú, Lima 1964.
BONILLA, Heraclio (Hrsg.): La independencia del Perú, 2. Aufl., Lima 1981.
BURGA, Manuel: De la encomienda a la hacienda capitalista. El valle de Jequetepeque del siglo XVI al XX, Lima 1976.
CAHILL, David P.: „Repartos ilícitos y familias principales. El sur andino 1780–1824“, in: RI 182–183 (1988), S. 449–473.
CONTRERAS, Carlos: Mineros y campesinos en los Andes, Lima 1987.
FLORES GALINDO, Alberto: Arequipa y el sur andino siglos XVIII–XIX, Lima 1977.
GARCÍA JORDAN, Pilar: „Notas sobre la participación del clero en la Independencia del Perú. Aportación documental“, in: Boletín Americanista 32 (1982), S. 139–147.
GARCÍA JORDAN, Pilar: „Poder eclesiástico frente a poder civil? Algunas reflexiones sobre la Iglesia peruana ante la formación del Estado moderno (1808–1860)“, in: Boletín Americanista 34 (1984), S. 45–74.
GLAVE, Luis Miguel/REMY, M. Isabel: Estructura agraria y vida rural en una región andina. Ollantaytambo entre los siglos XVI y XIX, Cuzco 1983.
HUNEFELDT, Christine: Lucha por la tierra y protesta indígena. Las comunidades indígenas en el Perú entre colonia y república 1800–1830, Bonn 1982.
HUNEFELDT, Christine: Mujeres, esclavitud, emociones y libertad. Lima 1800–1854, Lima 1988.
MARTÍNEZ RIAZA, Ascensión: La prensa doctrinal en la Independencia del Perú 1811–1824, Madrid 1985.
MOLINA MARTÍNEZ, Miguel: El Real Tribunal de Minería 1785–1821, Sevilla 1986.
RIEU MILLAN, Marie Laure: „Rasgos distintivos de la representación peruana en las Cortes de Cádiz y Madrid (1810–1814)“, in: RI 182–183 (1988), S. 475–516.
RIVARA DE TUESTA, Maria Luisa: Los ideólogos de la emancipación peruana, Lima 1972.

RIVERA SERNA, Raul: Los guerrilleros del centro en la emancipación peruana, Lima 1958.
SPARKS, María Consuelo: The role of the clergy during the struggle for independence in Peru, Ann Arbor 1975.
TAURO, Alberto: La Independencia nacional y la política de las potencias, Lima 1969.
YARANGA VALDERRAMA, Abdon: „El papel de las comunidades indígenas en la guerra de la Independencia del Perú", in: Homenaje a Noel Salomón (1979), S. 217–240.

Peru und Bolivien in der frühen republikanischen Periode (1824–1830)

ARNADE, Charles: The creation of the Republic of Bolivia, Ann Arbor 1989.
BONILLA, Heraclio: „La coyuntura comercial del siglo XIX en el Perú", in: Revista del Museo Nacional 35 (1970), S. 159–187.
BONILLA, Heraclio (Hrsg.): Informes de los cónsules británicos, Bd. I, Lima 1975.
BONILLA, Heraclio: „Continuidad y cambio en la organización política del estado en el Perú independiente", in: Inge BUISSON/Günther KAHLE/Hans-Joachim KÖNIG/Horst PIETSCHMANN (Hrsg.): Problemas de la formación del estado y la nación en Hispanoamérica, Köln 1984, S. 481–498.
BUISSON, Inge: „El ejército libertador y la formación del estado boliviano 1825–1828", in: Inge BUISSON/Günther KAHLE/Hans-Joachim KÖNIG/Horst PIETSCHMANN (Hrsg.): Problemas de la formación del estado y la nación en Hispanoamérica, Köln 1984, S. 499–512.
CONTRERAS, Carlos: „Estado republicano y tributo indígena en la sierra central en la postindependencia", in: RI 182–183 (1988), S. 517–550.
DEUSTUA, José: La minería peruana y la iniciación de la República 1820–1840, Lima 1986.
FAVRE, Henri: „Bolívar y los indios", in: Histórica 10 (1986), S. 1–18.
FISHER, John R.: Matrícula de los mineros del Perú 1790, Lima 1975.
FLORES GALINDO, Alberto: „El militarismo y la dominación británica 1825–1845", in: Nueva Historia General del Perú, Lima 1979, S. 107–121.
GARCÍA JORDAN, Pilar: „La iglesia peruana ante la formación del estado moderno", in: Histórica 10 (1986), S. 19–43.
GARCÍA VERA, José Antonio: Los comerciantes trujillanos 1780–1840, Lima 1989.
GOOTENBERG, Paul: Tejidos y harinas, corazones y mentes. El imperialismo norteamericano del libre comercio en el Perú 1824–1840, Lima 1989.
GOOTENBERG, Paul: „Carneros y chuño: price levels in nineteenth century Peru", in: HAHR 70 (1990), S. 1–56.
MACERA, Pablo: Estadísticas históricas del Peru: sector minero (precios), Lima 1972.
MITRE, Antonio: Los patriarcas de la plata. Estructura socioeconómica de la minería boliviana en el siglo XIX, Lima 1981.
PALACIOS MOREYRA, Carlos: La deuda anglo-peruana 1822–1890, Lima 1983.
QUIROZ, Alfonso: „Estructura económica y desarrollos regionales de la clase dominante 1821–1850", in: Alberto FLORES GALINDO (Hrsg.): Independencia y Revolución 1780–1840, Lima 1987, Bd. 2, S. 201–267.
RIVERA SERNA, Raul: „La agricultura y la ganadería en el Perú en los años 1820–1850", in: AEA 44 (1987), S. 477–520.
TRELLES, Efraín: „Historia económica colonial: balance y perspectivas", in: Heraclio BONILLA (Hrsg.): La crisis económica en la historia del Perú, Lima 1986, S. 13–31.

6. Chile

Übersichtsdarstellungen und Quellen

Archivo de don Bernardo O'Higgins, 31 Bde. bislang erschienen, Santiago 1946ff.
BARROS ARANA, Diego: Historia general de Chile, 16 Bde., Santiago 1884–1902.
CRUZ, Ernesto de la/FELIÚ CRUZ, Guillermo: Epistolario de Don Diego Portales, 3 Bde., Santiago 1936–1937.
EDWARDS, Alberto: La fronda aristocrática en Chile, Santiago 1928.
Escritos de don Manuel Salas y documentos relativos a él y a su familia, 3 Bde., Santiago 1910–1914.
ENCINA, Francisco Antonio: Historia de Chile desde la prehistoria hasta 1891, 20 Bde., Santiago 1940–1952.
LOVEMAN, Brian: Chile, the legacy of Hispanic capitalism, 2. Aufl., New York 1988.
LYNCH, John: The Spanish American revolutions 1808–1816, 2. Aufl., New York 1986.
MATTA VIAL, Enrique / FELIÚ CRUZ, Guillermo: Colección de historiadores y de documentos relativos a la independencia de Chile, 43 Bde. Santiago 1900–1966.
SILVA CASTRO, Raúl (Hrsg.): Escritos políticos de Camilo Henríquez, Santiago 1960.
VALENCIA AVARIA, Luís: Anales de la República, 2. Aufl., Santiago 1986.

Die späte Kolonialphase

AMUNATEGUÍ SOLAR, Domingo: La sociedad chilena del siglo XVIII: mayorazgos y títulos de Castilla, 3 Bde., Santiago 1903–1904.
AMUNATEGUÍ, Miguel Luís: Don Manuel de Salas, 3 Bde., Santiago 1895.
AMUNATEGUÍ, Miguel Luís: Los precursores de la independencia de Chile, 3 Bde., Santiago 1910.
ARMOND, Louis de: „Frontier warfare in colonial Chile“, in: Pacific Historical Review 30 (1954), S. 125–132.
BARBIER, Jacques: Reform and politics in Bourbon Chile, 1755–1796, Ottawa 1980.
BAUER, Arnold J.: Chilean rural society from the Spanish conquest to 1930, Cambridge 1975.
CARMAGNANI, Marcello: El salariado minero en Chile colonial: su desarrollo en una sociedad provincial, el Norte Chico, 1690–1800, Santiago 1963.
CARMAGNANI, Marcello: Les mécanismes de la vie économique dans une societé coloniale: le Chili, 1680–1830, Paris 1973.
COUYOUMDJIAN, Juan Ricardo: „Los magnates chilenos del siglo XVIII“, in: Revista Chilena de Historia y Geografía 136 (1968).
GODOY URZÚA, Hernán: La cultura chilena, Santiago 1982.
GÓNGORA, Mario: „Vagabundaje y sociedad fronteriza en Chile, siglos XVII a XIX“, in: Cuadernos del Centro de Estudios Socioeconómicos 2 (1968).
GÓNGORA, Mario: Orígen de los inquilinos de Chile central, 2. Aufl., Santiago 1974.
GUARDA, Gabriel: Historia urbana del reino de Chile, Santiago 1978.

LEÓN, Leonardo de: „La corona española y las guerras intestinas entre los indígenas de Araucania, Patagonia y las Pampas, 1760–1806“, in: Nueva Historia 2 (1982).
MELLAFE, Rolando: Latifundio y poder rural en Chile en los siglos XVII y XVIII, Santiago 1980.
MÉNDEZ BELTRÁN, Luz María: Instituciones y problemas de la minería en Chile, 1787–1826, Santiago 1979.
RAMÓN, Armando de/LARRAÍN, José Manuel: Orígenes de la vida económica chilena 1659–1808, Santiago 1982.
RAMOS, Demetrio: Trigo chileno, navieros del Callao y hacendados limeños entre la crisis agrícola del siglo XVII y la comercial de la primera mitad del XVIII, Madrid 1967.
MEZA VILLALOBOS, Nestor: La conciencia política chilena durante la monarquía, Santiago 1958.
VILLALOBOS, Sergio: Tradición y reforma en 1810, Santiago 1961.
VILLALOBOS, Sergio: El comercio y la crisis colonial, Santiago 1968.
VILLALOBOS, Sergio, u. a.: Relaciones fronterizas en la Araucania, Santiago 1982.

Unabhängigkeit und frühe Republik

ALEMPARTE, Julio: Carrera y Freire, fundadores de la república, Santiago 1963.
AMUNATEGUÍ SOLAR, Domingo: Pipiolos y pelucones, Santiago 1939.
CAVIERES, Eduardo: Comercio chileno y comerciantes ingleses, 1820–1880: un ciclo de historia económica, Valparaiso 1988.
COLLIER, Simon: Ideas and politics of Chilean independence, 1808–1833, Cambridge 1967.
DONOSO, Ricardo: Las ideas políticas en Chile, 3. Aufl., Buenos Aires 1975.
EDWARDS, Alberto, La organización política de Chile, 2. Aufl., Santiago 1955.
EYZAGUIRRE, Jaime: Ideario y ruta de la emancipación chilena, Santiago 1957.
FELIÚ CRUZ, Guillermo: La abolición de la esclavitud en Chile, Santiago 1943.
HEISE GONZÁLEZ, Julio: Años de formación y aprendizaje político, 1810–1833, Santiago 1978.
HERNÁNDEZ, Roberto: Diego Portales, Santiago 1974.
KINSBRUNER, Jay: Diego Portales: interpretive essays on the man and times, Den Haag 1967.
LOWENTHAL FELSTINER, Mary: The Larraín family in the independence of Chile, 1789–1830, Diss., Stanford University 1970.
LOWENTHAL FELSTINER, Mary: „Kinship politics in the Chilean independence movement“, in: HAHR 56 (1976), S. 58–80.
PEDERSON, L. R.: The mining industry of the Norte Chico, Chile, Evanston 1966.
RECTOR, John L.: „Transformaciones comerciales producidas por la independencia de Chile“, in: Revista Chilena de Historia y Geografía 143 (1975).
RECTOR, John L.: Trade and commercial policy in Chile, 1810–1840, Diss., Indiana University 1976.
RECTOR, John L.: „El impacto económico de la independencia en América Latina“, in: Historia 20 (1985).

SALAZAR, Gabriel: Labradores, peones y proletarios, Santiago 1985.
SILVA CASTRO, Raúl: Egaña en la patria vieja, Santiago 1959.
VALENCIA AVARIA, Luís: Bernardo O'Higgins, el buen genio de América, Santiago 1980.
VAYSSIÈRE, Pierre: Un siècle de capitalisme minier au Chili, 1830–1930, Paris 1980.
VICUÑA MACKENNA, Benjamin: Don Diego Portales, 3. Aufl., Santiago 1974.
ZAPIOLA, José: Recuerdos de treinta años, 9. Aufl., Santiago 1974.

7. Río de la Plata 1760–1830/1852

Argentinien: Geschichtsschreibung

D'ATRI, Norberto: „El revisionismo histórico: su historiografía", in: Arturo JAURETCHE (Hrsg.): Política nacional y revisionismo histórico, Buenos Aires 1970.
BARAGER, Joseph R.: „The historiography of the Río de la Plata area since 1830", in: HAHR 39 (1959), S. 588–642.
BROWN, Jonathan C.: „The bondage of old habits in nineteenth century Argentina", in: LARR 21 (1986), S. 3–31.
CÁRBIA, Rómulo D.: Historia crítica de la historiografía argentina, 2. Aufl., Buenos Aires 1940.
HALPERÍN DONGHI, Tulio: „Un cuarto de siglo de historiografía argentina (1960–1985)", in: Desarrollo Económico 25 (1986), S. 487–520.
RAMA, Carlos M.: Nacionalismo e historiografía en América Latina, Madrid 1981.
SCENNA, Miguel Angel: Los que escribieron nuestra historia, Buenos Aires 1976.
SOCOLOW, Susan M.: „Recent historiography of the Río de la Plata: colonial and early national periods", in: HAHR 64 (1984), S. 105–120.

Argentinien: Quellen und Referenzwerke

Acuerdos del extinguido cabildo de Buenos Aires, 47 Bde., Buenos Aires 1907–1934.
ABAD DE SANTILLÁN, Diego: Gran enciclopedia argentina, 9 Bde., Buenos Aires 1956–1963.
CARRANZA, Neptalí: Oratoria argentina, 5 Bde., Buenos Aires o.J.
Congreso de la Nación: Biblioteca de Mayo, 21 Bde., Buenos Aires 1961–1965.
CUTOLO, Vicente: Nuevo diccionario biográfico argentino, 9 Bde., Buenos Aires, 1968–1989.
Gaceta de Buenos Aires, 6 Bde., Buenos Aires 1910–1915.
IRIARTE, General Tomás de: Memorias, 11 Bde., Buenos Aires 1940–1944.
MALLIÉ, Eduardo (Hrsg.): La revolución de Mayo a través de los impresos de la época, 6 Bde., Buenos Aires 1963–1965.
MANSILLA, General Lucio V.: Mis memorias, Buenos Aires 1955.

PAZ, General José María: Memorias, 3 Bde., Buenos Aires 1924–1926.
PICCIRILLI, Ricardo/ROMAY, Francisco/GIANELLO, Leoncio: Diccionario histórico argentino, 6 Bde., Buenos Aires 1953–1955.
RAVIGNANI, Emilio (Hrsg.): Asambleas constituyentes argentinas, 7 Bde., Buenos Aires 1937–1939.
ROBERTSON, John P./ROBERTSON, William P.: Letters on South America; comprising travels on the banks of the Paraná and Río de Plata, 3 Bde., London 1843.
UDOANDO, Enrique: Diccionario biográfico argentino, Buenos Aires 1938.
Universidad de Buenos Aires: Mayo documental, 12 Bde., Buenos Aires 1962–1967.
YABEN, Jacinto R.: Biografías argentinas y sudamericanas, 5 Bde., Buenos Aires 1938–1940.

Argentinien: Übersichtsdarstellungen

ABAD DE SANTILLÁN, Diego: Historia argentina, 5 Bde., Buenos Aires 1965–1971.
ACEVEDO, Edberto O.: La intendencia de Salta del Tucumán en el virreinato del Río de la Plata, Sevilla 1957.
ANDREWS, George R.: The Afro-Argentines of Buenos Aires, 1800–1900, Madison 1980.
ARRIETA, Rafael A.: Historia de la literatura argentina, 6 Bde., Buenos Aires 1958–1959.
BAZÁN, Armando Raul: Historia del Noroeste argentino, Buenos Aires 1986.
BEST, Félix: Historia de las guerras argentinas, 2 Bde. Buenos Aires 1960.
BROWN, Jonathan C.: A socio-economic history of Argentina, 1776–1860, Cambridge 1979.
BRUNO, Cayetano: Historia de la Iglesia en la Argentina, 7 Bde., Buenos Aires, 1966–1971.
BUNGE, Alejandro: La economía argentina, 4 Bde., Buenos Aires, 1928–1930.
BUSCHIAZZO, Mario J.: La arquitectura en la República Argentina, 1810–1966, Buenos Aires 1966.
CAILLET-BOIS, Teodoro: Historia naval argentina, Buenos Aires 1944.
CANTÓN, Elíseo: Historia de la medicina en el Río de la Plata, desde su descubrimiento hasta nuestros días, 1512 a 1925, 6 Bde., Buenos Aires 1928.
DÍAZ ALEJANDRO, Carlos F.: Essays on the economic history of the Argentine Republic, New Haven/London 1970.
GARAVAGLIA, Juan Carlos: „Economic growth and regional differentiations: the River Plate region at the end of the eighteenth century“, in: HAHR 65 (1985), S. 51–89.
GESUALDO, Vicente: Historia de la música en la Argentina, 2 Bde., Buenos Aires 1961.
GIBERTI, Horacio C. E.: Historia económica de la ganadería argentina, 3. Aufl., Buenos Aires 1981.
INGENIEROS, José: La evolución de las ideas argentinas, 2 Bde., Buenos Aires 1918–1920.
LEVENE, Ricardo: Historia del derecho argentino, 11 Bde., Buenos Aires 1945–1958.
LEVENE, Ricardo (Hrsg.): Historia de la nación argentina, 3. Aufl., 15 Bde., Buenos Aires 1963.
LÓPEZ, Vicente Fidel: Historia de la República Argentina, 5. Aufl., Buenos Aires 1957.

MAEDER, Ernesto J. A.: Historia económica de Corrientes en el período virreinal, 1776–1810, Buenos Aires 1981.
MITRE, Bartolomé: Historia de Belgrano, 4 Bde., Buenos Aires 1883.
PAGANO, José L.: El arte de los argentinos, 3 Bde., Buenos Aires 1937–1940.
PEÑA, Milcíades: Antes de Mayo (1500–1810), Buenos Aires o. J.
PEÑA, Milcíades: El paraiso terrateniente (1810–1850), Buenos Aires o. J.
PEÑA, Milcíades: La era de Mitre (1850–1870), Buenos Aires o. J.
PEÑA, Milcíades: De Mitre a Roca (1870–1885), Buenos Aires o. J.
PEÑA, Milcíades: Alberdi, Sarmiento y el 90 (1885–1890), Buenos Aires o. J.
PEÑA, Milcíades: Masas, caudillos y elites (1890–1955), Buenos Aires o. J.
RAMOS, Jorge Abelardo: Revolución y contrarrevolución en la Argentina, 4 Bde., Buenos Aires 1965.
ROCK, David: Argentina, 1516–1986, London 1987.
RODRÍGUEZ MOLAS, Ricardo: Historia social del gaucho, Buenos Aires 1968.
ROSA, José María: Historia argentina, 13 Bde., Buenos Aires 1965–1977.
SÁENZ QUESADA, María: Los estancieros, 4. Aufl., Buenos Aires 1980.
SANTOS MARTÍNEZ, Pedro: Historia económica de Mendoza durante el virreinato, Madrid 1961.
SCOBIE, James: Argentina, a city and a nation, New York 1971.
SIERRA, Vicente D. (Hrsg.): Historia de la Argentina, 15 Bde., Buenos Aires 1956–1969.

Argentinien: Biographien

BOSCH, Beatriz: Urquiza y su tiempo, Buenos Aires 1971.
BUSANICHE, José L.: Estanislao López y el federalismo del litoral, Buenos Aires 1926.
CÁRCANO, Ramón J.: Juan Facundo Quiroga: simulación, infidencia, tragedia, Buenos Aires 1931.
GAMMALSSON, Hialmar Edmundo. Juan Martín de Pueyrredón, Buenos Aires 1968.
GROUSSAC, Paul: Santiago de Liniers, Buenos Aires 1907.
HAIGH, Roger M.: Martin Güemes: tyrant or tool. A study of the origins of power of an Argentine caudillo, Fort Worth 1968.
IBARGUREN, Carlos: Juan Manuel de Rosas; su vida, su drama, su tiempo, Buenos Aires 1945.
LYNCH, John: Juan Manuel de Rosas, Argentine dictator, 1829–1852, Oxford 1981.
OTERO, José P.: Historia del libertador don José de San Martín, 4 Bde., Buenos Aires 1932.
PICCIRILLI, Ricardo: Rivadavia y su tiempo, 3 Bde., Buenos Aires 1960.
TERÁN, Juan B.: José María Paz, 1791–1854, Buenos Aires 1936.

Argentinien: Die späte Kolonialphase

HALPERÍN DONGHI, Tulio: Guerra y finanzas en los orígenes del estado argentino, 1791–1850, Buenos Aires 1982.
KOSSOK, Manfred: El virreinato del Río de la Plata, Buenos Aires 1959.

LYNCH, John: Spanish colonial administration, 1782–1810: the intendant system in the viceroyalty of the Río de la Plata, London 1958.

MONTOYA, Alfredo Juan: Cómo evolucionó la ganadería en la época del virreinato, Buenos Aires 1984.

MÜLLER, Klaus: „Comercio interno y economía regional en Hispanoamérica colonial: Aproximación cuantitativa a la historia económica de San Miguel de Tucumán, 1784–1809“, in: JbLA 24 (1987), S. 265–334.

SOCOLOW, Susan M.: Kinship and commerce: the merchants of viceregal Buenos Aires, Cambridge 1977.

SOCOLOW, Susan M.: The bureaucrats of Buenos Aires, 1769–1810: amor al real servicio, Durham, N.C., 1987.

Argentinien: Unabhängigkeit und die Ära Rosas

ACEVEDO, Edberto Oscar: El ciclo histórico de la Revolución de Mayo, Sevilla 1957.

BAGÚ, Sergio: El plan económico del grupo rivadaviano (1811–1827), Santa Fe 1966.

BALMORI, Diana: „Family and politics: three generations (1790–1890)“, in: Journal of Family History 10 (1985), S. 247–257.

BURGIN, Miron: Economic aspects of Argentine federalism, Cambridge, Mass., 1946.

BUSHNELL, David: Reform and reaction in the Platine provinces, 1810–1852, Gainesville 1983.

CADY, John F.: Foreign intervention in the Río de la Plata 1838–1850: a study of French, British and American policy in relation to the Dictator Juan Manuel de Rosas, Philadelphia 1929.

CRISCENTI, Joseph T.: „Argentine constitutional history, 1810–1952: a reexamination“, in: HAHR 41 (1961), S. 367–412.

FERNS, Henry S.: Britain and Argentina in the nineteenth century, Oxford 1960.

GALMARINI, Hugo Raúl: Negocios y política en la época de Rivadavia: Braulio Costa y la burgesía comercial porteña, 1820–1830, Buenos Aires 1974.

GALLARDO, Guillermo: La política religiosa de Rivadavia, Buenos Aires 1962.

HALPERÍN DONGHI, Tulio: Politics, economics and society in Argentina in the revolutionary period, Cambridge 1975.

NEWLAND, Carlos: Buenos Aires no es pampa: la educación elemental porteña, 1820–1860, Buenos Aires 1992.

NICOLAU, Juan Carlos: Antecedentes para la historia de la industria argentina, Buenos Aires 1968.

NICOLAU, Juan Carlos: Rosas y García. La economía bonaerense (1829–1835), Buenos Aires 1980.

PLATT, D.C.M.: „Foreign finance in Argentina for the first half-century of independence“, in: JLAS 15 (1979), S. 23–47.

REBER, Vera Blinn: British mercantile houses in Buenos Aires, 1810–1880, Cambridge, Mass., 1979.

ROBERTS, Carlos: Las invasiones inglesas en el Río de la Plata, Buenos Aires 1938.

SALDÍAS, Adolfo: Historia de la Confederación Argentina, Buenos Aires 1945.

SEBRELI, Juan José: Apogeo y ocaso de los Anchorena, Buenos Aires 1971.

SZUCHMAN, Mark D.: Order, family, and community in Buenos Aires, 1810–1860, Stanford 1988.
TAU ANZOÁTEGUI, Víctor: Formación del estado federal argentino, 1820–1852: la intervención del gobierno de Buenos Aires en los asuntos nacionales, Buenos Aires 1965.
URQUIZA ALMANDOZ, Oscar F.: La cultura de Buenos Aires a través de su prensa periódica desde 1810 hasta 1820, Buenos Aires 1972.
VOGEL, Hans: Elements of nationbuilding in Argentina: Buenos Aires, 1810–1828, Diss., University of Florida 1987.

Uruguay: Quellen und Referenzwerke

ACEVEDO, Eduardo: Anales históricos de Uruguay, 6 Bde., Montevideo 1933–1936.
Actas de la Asamblea General Constituyente y Legislativo (1828–1830), 3 Bde., Montevideo 1896–1899.
Archivo Artigas, 20 Bde., Montevideo 1950–1981.
Archivo del General Juan A. Lavalleja, 6 Bde., 1935–1949.
La Estrella del Sur – The Southern Star, Montevideo 1942.
Gaceta de Montevideo (1810–1811), 2 Bde., Montevideo 1954.
MUSSO, Luis Alberto: „Bibliografía de Historia de Uruguay“, in: AEA (Sección Historiografía y Bibliografía) 46 (1989), S. 67–176.
PIVEL DEVOTO, Juan E. (Hrsg.): Archivo histórico diplomático del Uruguay, 3 Bde., Montevideo 1939–1943.
PIVEL DEVOTO, Juan E.: Colección de documentos para la historia económica y financiera de la República Oriental del Uruguay, Montevideo 1964.
Revista del Archivo General Administrativo o colección de documentos para servir a la historia de la República Oriental del Uruguay, 18 Bde., Montevideo 1885–1943.
SALGADO, José: Historia de la República Oriental de Uruguay, 8 Bde., Montevideo 1905–1943.
TRAVERSONI, Alfredo u.a.: Historia del Uruguay, 16 Bde., Montevideo 1975–1977.

Uruguay: Übersichtsdarstellungen

PIVEL DEVOTO, Juan E.: Uruguay independiente, Barcelona 1949.
PIVEL DEVOTO, Juan E./RANIERI DE PIVEL DEVOTO, Alicia: Historia de la República Oriental del Uruguay, 1830–1930, Montevideo 1945.
SALA DE TOURON, Lucía/ALONSO ELOY, Rosa: El Uruguay comercial, pastoral y caudillesco, Montevideo 1986.
SALA DE TOURON, Lucía/TORRE, Nelson de la/RODRÍGUEZ, Julio C.: Artigas y su revolución agraria, 1811–1820, Mexiko 1978.
WILLIMAN, José Claudio: Historia económica del Uruguay (1811–1900), Montevideo 1984.
ZUM FELDE, Alberto: Proceso histórico del Uruguay, esquema de una sociología nacional, 10. Aufl., Montevideo 1985.

Uruguay: Biographien

ACEVEDO, Eduardo: José Artigas. Su obra cívica. Alegato histórico, 3 Bde., Montevideo 1950.
SALTERAIN Y HERRERA, Eduardo de: Lavalleja, la redención patria, Montevideo 1957.
STREET, John: Artigas and the emancipation of Uruguay, Cambridge 1959.

Paraguay: Referenzwerke

KOLINSKY, Charles J.: Historical dictionary of Paraguay, Metuchen, N. J., 1973.
WILLIAMS, John Hoyt: „A selective Paraguayan historiography“, in: TAMS 34 (1977–1978), S. 113–123, 274–284, 407–418, 537–552.

Paraguay: Übersichtsdarstellungen

BÁEZ, Cecilio: Historia diplomática del Paraguay, 2 Bde., Asunción 1930–1931.
CARDOZO, Efraím: Paraguay independiente, Barcelona 1949.
CENTURIÓN, Carlos R.: Historia de la cultura paraguaya, 2 Bde., Asunción 1961.
KAHLE, Günther: Grundlagen und Anfänge des paraguayischen Nationalbewußtseins, Köln 1962.
PETERS, Heinz: Das paraguayische Erziehungswesen von 1811 bis 1865, Frankfurt/M. 1984.
PLA, Josefina: Hermano negro. La esclavitud en el Paraguay, Madrid 1972.
REBER, Vera Blinn: „Commerce and industry in nineteenth century Paraguay: the example of yerba mate“, in: TAMS 42 (1985), S. 29–53.
WHITE, Richard Alan: Paraguay's autonomous revolution, 1810–1840, Albuquerque 1978.
WILLIAMS, John Hoyt: The rise and fall of the Paraguayan republic, 1800–1870, Austin 1979.

Paraguay: Biographien

BLANCO SÁNCHEZ, Jesús: El Capitán don Antonio Tomás Yegros, Asunción 1961.
CHAVES, Julio Cesar: El supremo Dictador, Madrid 1964.
DOMÍNGUEZ, Juan A.: Aimé Bonpland. Su vida en la América del Sur, Buenos Aires 1929.
WILLIAMS, John Hoyt: El Dr. Francia y la creación de la república del Paraguay, Asunción 1977.
WISNER, Francisco: El dictador del Paraguay José Gaspar Francia, Buenos Aires 1957.

8. Die Karibik 1760–1820

Für den größten Teil der Karibik waren die Jahre von 1820 bis 1830 eine weit weniger entscheidende Zäsur als für das kontinentale Lateinamerika, eine Tatsache, die sich in der Historiographie über die Region niederschlägt. Die für das Kapitel III, 8 relevante historische Literatur wurde daher in die Bibliographie für das Kapitel V, 7 aufgenommen (siehe S. 845ff).

Zu Kapitel IV: Lateinamerika 1830–1900: Wiederaufbau und Modernisierung

1. Historiographie und internationale Beziehungen
2. Wirtschaft und Demographie
3. Regierung und Politik
4. Die Gesellschaft

Die Bibliographie für die Abschnitte 1–4 des Kapitels IV wurde nach denselben Prinzipien zusammengestellt wie die Literatur zum Kapitel II, 1–4 (vgl. S. 769).

ALBERT, Bill: South America and the world economy from independence to 1930, London 1983.

BERNHARD, Virginia (Hrsg.): Elites, masses, and modernization in Latin America, 1850–1930, Austin 1979.

BETHELL, Leslie (Hrsg.): The Cambridge History of Latin America. Bd. III: From independence to c. 1870; Bd. IV: c. 1870 to 1930, Cambridge 1985, 1986.

BLAKEMORE, Harold/SMITH, Clifford T. (Hrsg.): Latin America: geographical perspectives, London 1971.

BROCKSTEDT, Jürgen: Die Schiffahrts- und Handelsbeziehungen Schleswig-Holsteins nach Lateinamerika 1815–1848, Köln 1971.

BROCKSTEDT, Jürgen: Statistik der Schiffahrtsbeziehungen Schleswig-Holsteins nach Lateinamerika 1845–1868, Kiel 1976.

BURNS, E. Bradford: The poverty of progress: Latin America in the nineteenth century, Berkeley 1980.

BUSHNELL, David/MACAULEY, Neill: The emergence of Latin America in the nineteenth century, New York 1988.

CHEVALIER, François: L'Amérique Latine de l'Indépendance a nos jours, Paris 1977.

COLLIER, Simon/BLAKEMORE, Harold/SKIDMORE, Thomas E. (Hrsg.): The Cambridge encyclopedia of Latin America and the Caribbean, Cambridge 1985.

CONNELL-SMITH, Gordon: The Inter-American system, London 1966.

CORTES CONDE, Roberto/STEIN, Stanley J. (Hrsg.): Latin America. A guide to economic history 1830–1930, Berkeley 1977.

COSTELOE, Michael P.: La primera república federal de México (1824–1835), Mexiko 1975.

DEUSTUA, José: La minería peruana y la iniciación de la república, 1820–1840, Lima 1986.

DUNCAN, Kenneth/RUTLEDGE, Ian (Hrsg.): Land and labour in Latin America, Cambridge 1977.

DAVIS, Harold Eugene/FINIAN, John J./PECK, F. Taylor: Latin American diplomatic relations: an introduction, Baton Rouge 1977.

FISHER, John R.: Peru, Oxford 1989.

FISHER, John R./HIGGINS, James: Understanding Latin America, Liverpool 1989.

FURTADO, Celso: Economic development of Latin America: a survey from colonial times to the Cuban Revolution, Cambridge 1970.

GIL, Federico G.: Latin American–United States relations, New York 1971.

GLADE, William Patton: The Latin American economies: a study of their institutional evolution, New York 1969.

GOOTENBERG, Paul: Between silver and guano: commercial policy and the state in post-independence Peru, Princeton 1989.

GRAHAM, Richard (Hrsg.): The idea of race in Latin America, 1870–1940, Austin 1990.

GRAHAM, Richard/SMITH, Peter H. (Hrsg.): New approaches to Latin American history, Austin 1974.

GRIFFIN, Charles C.: Latin America: a guide to the historical literature, Austin 1971.

HALE, Charles: „The reconstruction of nineteenth-century politics in Spanish America: a case for the history of ideas“, in: LARR 8 (1973), S. 53–73.

HALPERÍN DONGHI, Tulio: Historia contemporánea de América Latina, Madrid 1969.

HALPERÍN DONGHI, Tulio: The aftermath of revolution in Latin America, New York 1973.

HAMILL JR., Hugh (Hrsg.): Dictatorship in Spanish America, New York 1965.

HUMPHREYS, Robin A.: Latin America (Oxford Pamphlets on World Affairs, Nr. 43), Oxford 1941.

ILLI, Manfred: Die deutsche Auswanderung nach Lateinamerika. Eine Literaturübersicht, München 1977.

JOHNSON, John J.: Simón Bolívar and Spanish American independence, 1783–1830, Princeton 1968.

JONES, Tom Bard: South America rediscovered, Minneapolis 1949.

KAHLE, Günther: „Ursprünge und Probleme lateinamerikanischer Guerillabewegungen im 19. Jahrhundert“, in: Doklady Kongressa (XII Mezdunarodnyj Kongress Istoriceskich Nauk, Moskva, 16–23 Avgusta 1970 goda), hrsg. vom Mezdunarodnyj Komitet Istoriceskich Nauk, Bd. I, 2. Teil, Moskau, 1973, S. 275–289.

KAHLE, Günther: Die Rolle der politischen Doktrinen in den Beziehungen zwischen den USA und Lateinamerika 1823–1933 (Kleine Arbeitsreihe zur Europäischen und Vergleichenden Rechtsgeschichte), Graz 1980.

KAHLE, Günther: „Diktatur und Militärherrschaft in Lateinamerika“, in: Zeitschrift für Lateinamerika (Wien) 19 (1981).

KAHLE, Günther: Iberoamerika. Ausgewählte Aufsätze, Köln 1987.

KAUFMANN, William W.: British policy and the independence of Latin America, 1804–1828, London 1967.

KERN, Robert/DOLKART, Ronald H.: The caciques: oligarchical politics and the system of caciquismo in the Luso-Hispanic world, Albuquerque 1973.

KLEINMANN, Hans-Otto: „Die österreichisch-ungarische handelspolitische Expedition nach Südamerika im Jahre 1870“, in: JbLA 9 (1972), S. 318–378.

KLEINMANN, Hans-Otto: „Die österreichische Diplomatie und die Anerkennung der amerikanischen Staaten“, in: Mitteilungen des österreichischen Staatsarchivs 34 (1981), S. 174–233.

KÖNIG, Hans-Joachim: „Theoretische und methodische Überlegungen zur Erforschung von Nationalismus in Lateinamerika“, in: Canadian Review of Studies in Nationalism VI, 1 (1979), S. 13–32.

KOSSOK, Manfred: Historia de la Santa Alianza y la Emancipación de América Latina, Buenos Aires 1968.
KOSSOK, Manfred/MARKOV, Walter: L'espagne et son empire d'Amérique. Histoire des structures politiques économiques et sociales 1820/1824. Étude. Traduit de l'allemand par Marcel David Charles Minguet, Paris 1972.
LIEHR, Reinhard (Hrsg.): América Latina en la época de Simón Bolívar. La formación de las economías nacionales y los intereses económicos europeos 1800–1850, Berlin 1989.
LUCENA SALMORAL, Manuel (Hrsg.): Historia de Iberoamerica. Bd. III: Historia contemporánea, Madrid 1988.
MAIER, Joseph/WEATHERHEAD, Richard W. (Hrsg.): The Latin American university, Albuquerque 1979.
MARTÍNEZ-ALIER, Verena: Marriage, class and colour in nineteenth-century Cuba: a study of racial attitudes and sexual values in a slave society, Cambridge 1974.
MCSHANE, Frank: Impressions of Latin America, New York 1963.
MEYER, Michael C./TRASK, David Frederic (Hrsg.): A bibliography of United States–Latin American relations since 1810, Lincoln 1968.
MILLER, Rory/SMITH, Clifford T./FISHER, John R.: Social and economic change in modern Peru, Liverpool 1976.
MORSE, Richard M.: „The development of urban systems in the Americas in the nineteenth century“, in: JLAS 17 (1975), S. 4–26.
PLATT, D.C.M. (Hrsg.): Business imperialism, 1840–1930: an inquiry based on British experience in Latin America, Oxford 1977.
RANDALL, Robert W.: Real del Monte: a British mining venture in Mexico, Austin 1972.
SÁNCHEZ-ALBORNOZ, Nicolás: The population of Latin America: a history, Berkeley 1974.
SÁNCHEZ-ALBORNOZ, Nicolás: „The population of Latin America, 1850–1930“, in: Leslie BETHELL (1985–1986), Bd. IV.
SCHAEDEL, Richard P./HARDOY, Jorge Enrique: Urbanization in the Americas from its beginnings to the present, Den Haag/New York 1975.
SKIDMORE, Thomas E./SMITH, Peter H.: Modern Latin America, New York 1984.
SPALDING JR., Hobart A.: Organized labor in Latin America: historical case studies of workers in dependent societies, New York 1977.
STEIN, Stanley J./HUNT, Shane J.: „Principal currents in the economic historiography of Latin America“, in: JEH 1 (1971), S. 222–253.
STEIN, Stanley J./STEIN, Barbara H.: „The colonial heritage of Latin America: essays on economic dependence in perspective, New York 1970.
TOPLIN, Robert Brent: The abolition of slavery in Brazil, New York 1972.
VÁZQUEZ DE PRADA, Valentín/OLABARRI, Ignacio (Hrsg.): Balance de la historiografía sobre Iberoamérica (1945–1988), Pamplona 1989.
VÉLEZ, Claudio: The centralist tradition of Latin America, Princeton 1980.
WHITAKER, Arthur P.: The western hemisphere idea: its rise and decline, Ithaca 1965.
WOLF, Eric R./HANSEN, Edward C.: „Caudillo politics: a structural analysis“, in: CSSH 9 (1967), S. 168–179.
ZEA, Leopoldo: Latin America and the world, Norman 1969.

5. Kultur und Literatur

Biographien

HERRERA MEDIAVILLA, V. / AGUAYO NAYLE, L. Rosa: Archivo biográfico de España, Portugal e Iberoamérica, München 1988.
IGUINÍZ, J. B.: Bibliografía biográfica mexicana, Mexiko 1968.

Bücher und Bibliotheken

CABRERA, D. C.: „El libro en Holguín: siglo XIX", in: Revista de la Biblioteca Nacional José Martí 27 (1985), S. 119–121.
CACUA PRADA, A.: „Juan García del Río y la Biblioteca Nacional", in: Boletín de la Biblioteca Nacional (Peru) 59–60 (1971), S. 25–30.
CARRERA ANDRADE, J.: „Libros hispanoamericanos editados en París antes de la Primera Guerra Mundial", in: Inter-American Review of Bibliography 23 (1973), S. 447–450.
CÓRDOVA DE CASTILLA, Nora: „La biblioteca de Ocopa: su historia y organización", in: Fénix (Peru) 23 (1973), S. 71–127.
ECHEVARRÍA, I. / SÁNCHEZ, S.: „Cronología histórica de la Biblioteca Nacional", in: Revista de la Biblioteca Nacional José Martí 32 (1981), S. 65–90.
FORNET, A.: „Criollismo, Cubanía y producción editorial (1855–1885)", in: Santiago 17 (1975), S. 109–121.
HERNÁNDEZ DE ALBA, G. / CARRASQUILLA BOTERO, J.: „Los doscientos años de la Biblioteca Nacional de Colombia", in: Boletín de Historia y Antigüedades 64 (1977), S. 15–33.
HERNÁNDEZ GUEVARA, Olga: „El 140 aniversario de la Biblioteca Gener y Del Monte", in: Bibliotecas (Cuba) 13 (1975), S. 5–10.
MACE, E. C.: „Libraries of Mérida, Yucatán, and a checklist of nineteenth-century serials in the Hemeroteca ‚José María Pino Suárez'", in: TAMS 38 (1981), S. 249–267.
MARTÍNEZ, J. L.: El libro en Hispanoamérica. Origen y desarrollo, Madrid 1986.
MESA CASTILLO, B. M.: „El papel del libro y de las bibliotecas en el desarrollo de la cultura cubana", in: Universidad de La Habana 221 (1983), S. 5–23.
PLA, Josefina: „La cultura paraguaya y el libro", in: Estudios Paraguayos 8 (1980), S. 243–316; 9 (1981), S. 257–378.
SALINAS A, C.: „La biblioteca de don Mariano Egaña, con especial referencia a sus libros de Derecho", in: Revista de Estudios Histórico-Jurídicos (Chile) 7 (1982), S. 389–540.
THOMAS, J. R.: „The role of private libraries and public archives in nineteenth-century Spanish-American historiography", in: Journal of Library History 9 (1974), S. 334–351.
YEAGER, Gertrude M.: „The Beéche, Gutiérrez and René-Moreno Bibliotecas Americanas", in: Inter-American Review of Bibliography 31, 4 (1981), S. 507–513.

Kunst und Literatur

Art in Latin America: the modern era, 1820–1980, London 1989.
CASTEDO, L.: Historia del arte iberoamericano, 2 Bde., Madrid 1988.
ESTRADA, P.: José Martí (1853–1895) ou des fondements de la démocratie en Amérique Latine, 2 Bde., Paris 1988.
FRANCO, Jean: The modern culture of Latin America: society and the artist, London 1967.
FRANCO, Jean: Spanish American literature since independence, London 1973.
GOIC, Cedomil: Historia y crítica de la literatura hispanoamericana. Bd. II: Del romanticismo al modernismo, Barcelona 1991.
GROSSMANN, Rudolf: Geschichte und Probleme der lateinamerikanischen Literatur, München 1969.
IÑIGO MADRIGAL, Luis (Hrsg.): Historia de la literatura hispanoamericana. Bd. II: Del neoclasicismo al modernismo, Madrid 1987.
MINGUET, Charles: Alexandre de Humboldt. Historien et géographe de l'Amérique Espagnole (1799–1804), Paris 1969.
RODRÍGUEZ MONEGAL, E.: El otro Andrés Bello, Caracas 1969.
SCHWARTZ, Kessel: A new history of Spanish American fiction, 2 Bde., Coral Gables 1971, 1972.
WOODBRIDGE, H.C.: Spanish and Spanish-American literature: annotated guide to selected bibliographies, New York 1983.

Ideen

DAVIS, H.E.: Latin-American thought: a historical introduction, New York 1972.
LEWIS, G.K.: Main currents in Caribbean thought. Historical evolution of Caribbean society in its ideological aspects, 1492–1900, Baltimore 1982.
PAGDEN, A.: Spanish imperialism and the political imagination. Studies in European and Spanish-American political theory 1513–1830, New Haven 1990.
ZEA, L.: El pensamiento latino-americano, Barcelona 1976.

Die Kirche

AUBERT, R. (Hrsg.): Dictionnaire d'histoire et de géographie ecclésiastique, 21 Bde., Paris 1986.
BASTIAN, J.P.: Breve historia del protestantismo en América Latina, Mexiko 1986.
DUSSEL, E., u.a.: Historia general de la iglesia en América Latina, 11 Bde., Salamanca 1981.
GUTIÉRREZ CASILLAS, G.: Historia de la iglesia en México, Mexiko 1974.
HENKEL, W.: Die Konzilien in Lateinamerika, Paderborn 1984.
Iglesia, religión y sociedad en la historia latinoamericana 1492–1945 (Akten des Kongresses der AHILA 1988), 3 Bde., Szeged 1990.
NELSON, W.M.: Protestantism in Central America, Grand Rapids, Mich., 1984.
PÉREZ ALONSO, M.E.: La Compañía de Jesús en México: cuatro siglos de labor cultural (1572–1972), Mexiko 1975.
PRIEN, H.-J.: Die Geschichte des Christentums in Lateinamerika, Göttingen 1978.

Zu Kapitel V: Nationen und Regionen (1830–1900)

1. Brasilien 1830–1889

Referenzwerke, Übersichtsdarstellungen

BARMAN, Roderick J.: Brazil: the forging of a nation, 1798–1852, Stanford 1988.
BETHELL, Leslie (Hrsg.): Brazil: Empire and Republic, 1822–1930, Cambridge 1989.
BLAKE, Sacramento: Diccionario bibliographico brazileiro, 7 Bde., Rio de Janeiro 1888–1902.
BOEHRER, George: „Brazilian historical bibliography: some lacunae and suggestions“, in: Inter-American Review of Bibliography 11 (1961), S. 137–149.
BRUNN, Gerhard: Deutschland und Brasilien (1889–1914), Köln 1971.
CONRAD, Robert E.: Brazilian slavery: an annotated research bilbiography, Boston 1977.
COSTA, Emilia Viotti da: The Brazilian Empire: myths and histories, Chicago 1985.
COSTA, João Cruz: A history of ideas in Brazil, Berkeley 1964.
DEAN, Warren: Rio Claro: a Brazilian plantation system, 1820–1920, Stanford 1976.
FLORY, Thomas: Judge and jury in imperial Brazil, 1808–1871: social control and political stability in the new state, Austin 1981.
HARMS-BALTZER, Käte: Die Nationalisierung der deutschen Einwanderer und ihrer Nachkommen in Brasilien als Problem der deutsch-brasilianischen Beziehungen, Berlin 1970.
HOLANDA, Sérgio Buarque de (Hrsg.): História geral da civilização brasileira, 5 Bde., São Paulo 1962, 1964, 1967–1972.
LUZ, Nícia Vilela: „Brazil“, in: Stanley J. STEIN/Roberto CORTÉS CONDE (Hrsg.): Latin America: a guide to economic history, 1830–1930, Berkeley 1977, S. 163–272.
MATTOS, Ilmar Rohloff de: O tempo Saquarema, São Paulo 1987.
MORAES, Rubens Borba de/BERRIEN, William (Hrsg.): Manual bibliografico de estudos brasileiros, Rio de Janeiro 1949.
NABUCO, Joaquim: Um estadista do imperio: Nabuco de Araujo: sua vida, suas opiniões, sua epoca, 3 Bde., Rio de Janeiro 1898–1899.
PENKWITT, Wolfgang: Preußen und Brasilien. Zum Aufbau des preußischen Konsularwesens im unabhängigen Kaiserreich (1822–1850), Stuttgart 1983.
RODRIGUES, José Honório: A Assembléia Constituente de 1823, Petrópolis 1974.
SODRÉ, Nelson Werneck: O que se deve ler para conhecer o Brasil, Rio de Janeiro 1960.
SOUSA, Octavio Tarqüinio de: História de dois golpes de estado, Rio de Janeiro 1939.
STEIN, Stanley J.: „The historiography of Brazil, 1808–1889“, in: HAHR 40 (1960), S. 234–278.

Das Reich gegen Ende der Ersten Kaiserzeit

FREYRE, Gilberto: Casa grande e senzala, 13. Aufl., 2 Bde., Rio de Janeiro 1966 [dt.: Herrenhaus und Sklavenhütte. Ein Bild der brasilianischen Gesellschaft, Stuttgart 1982].

MACAULAY, Neill: Dom Pedro: the struggle for liberty in Brazil and Portugal, 1798–1834, Durham 1986.
PRADO JÚNIOR, Caio: Formação do Brasil contemporáneo, colônia, 7. Aufl., São Paulo 1963.

Die Regentschaft

BUENO, José Antônio Pimenta: Direito público brasileiro e análise da Constituição do Império, 2. Aufl., Brasilia 1978.
CARVALHO, José Murilo de: A construção da ordem: a elite política imperial, Rio de Janeiro 1980.
CARVALHO, José Murilo de: „Political elites and state building: the case of nineteenth century Brazil", in: CSSH 24 (1982), S. 378–399.
CARVALHO, José Murilo de: Teatro de sombras: a política imperial, São Paulo 1988.
FLORY, Thomas: „Race and social control in independent Brazil", in: JLAS 9 (1977), S. 199–224.
GRAHAM, Richard: Patronage and politics in 19th century Brazil, Stanford 1990.
LEITMAN, Spencer L.: Raizes socio-económicas da Guerra dos Farrapos, Rio de Janeiro 1979.
RAYOL, Domingos Antônio: Motins políticos ou história dos principais acontecimentos políticos da Provincia do Pará desde o ano de 1821 até 1835, 3 Bde., Belém 1970.
REIS, João José: Rebelião escrava no Brasil: a história do levante dos malês, 1835, São Paulo 1986.
SOUSA, Octavio Tarqüinio de: Diogo Antônio Feijó (1784–1843), Rio de Janeiro 1942.
SOUZA, Paulino José Soares de: Ensaio sobre o direito administrativo com referencia ao estudo e instituiçoes peculiares do Brasil, 2 Bde., Rio de Janeiro 1862.
SOUZA, Paulino José Soares de: Estudos praticos sobre a administração das provincias do Brasil, 2 Bde., Rio de Janeiro 1865.
VIANNA, F. J. Oliveira: Populaçoes meridionaes do Brasil, 2. Aufl., São Paulo 1922.

Die Zweite Kaiserzeit: Konsolidierung und Reform (1842–1878)

BARMAN, Roderick J.: „The role of the law graduate in the political elite of imperial Brazil", in: Journal of Interamerican Studies and World Affairs 18 (1976), S. 423–450.
BARMAN, Roderick J.: „Business and government in imperial Brazil: the experience of Viscount Mauá", in: JLAS 13 (1981), S. 239–264.
BESOUCHET, Lidia: José Maria Paranhos: O visconde do Rio Branco, Rio de Janeiro 1945.
BETHELL, Leslie: The abolition of the Brazilian slave trade, Cambridge 1970.
BORGES, Dain: The family in Bahia, Brazil, 1870–1945, Stanford 1992.
BOX, Pelham Horton: The origins of the Paraguayan War, Urbana 1930.
CALOGERAS, João Pandia: A política externa do império, 3 Bde., São Paulo 1927–1933.
CHALOUB, Sidney: Visões da liberdade: uma história das últimas décadas da escravidão na corte, São Paulo 1990.
CANO, Wilson: Raízes da concentração industrial em São Paulo, São Paulo 1977.

CONRAD, Robert E.: The destruction of Brazilian slavery, 1850–1888, Berkeley 1972.
CONRAD, Robert E.: World of sorrow: the African slave trade to Brazil, Baton Rouge 1986.
COOPER, Donald: „Oswaldo Cruz and the impact of yellow fever on Brazilian history“, in: The Bulletin of the Tulane University Medical Faculty 26 (1967), S. 49–52.
COOPER, Donald: „The new ‚Black Death‘: cholera in Brazil, 1855–1856“, in: Social Science History 10 (1986), S. 467–488.
COSTA, Emilia Viotti da: Da senzala a colônia, 2. Aufl., São Paulo 1982.
EISENBERG, Peter L.: The sugar industry in Pernambuco: modernization without change, 1840–1910, Berkeley 1974.
FÃORO, Raymundo: Os donos de poder: formação do patronato político brasileiro, 4. Aufl., 2 Bde., Porto Alegre 1977.
FREYRE, Gilberto: Sobrados e mucambos, Rio de Janeiro 1936.
FREYRE, Gilberto: Um engenheiro francês no Brasil, Rio de Janeiro 1940.
GRAHAM, Richard: Britain and the onset of modernization in Brazil, 1850–1914, Cambridge 1968.
GRAHAM, Sandra Lauderdale: House and street: the domestic world of servants and masters in nineteenth-century Rio de Janeiro, Cambridge 1988.
MORALES DE LOS RIOS, Filho Adolfo: Grandjean de Montigny e a evolução da arte brasileira, Rio de Janeiro 1941.
MORALES DE LOS RIOS, Filho Adolfo: O Rio de Janeiro imperial, Rio de Janeiro 1946.
HAHNER, June E.: „Feminism, women's rights, and the suffrage movement in Brazil, 1850–1932“, in: LARR 15 (1980), S. 65–111.
HAHNER, June E.: A mulher brasileira e suas lutas sociais e políticas: 1850–1937, São Paulo 1981.
KARASCH, Mary C.: Slave life in Rio de Janeiro, 1808–1850, Princeton 1987.
LEFF, Nathaniel H.: Underdevelopment and development in Brazil, 2 Bde., London 1982.
LEVI, Darrell E.: The Prados of São Paulo, Brazil: an elite family and social change, 1840–1930, Athens, Georgia, 1987.
LUZ, Nícia Vilela: A luta pela industrialização do Brasil, 2. Aufl., São Paulo 1975.
LYRA, Heitor: História de Dom Pedro II, 3 Bde., São Paulo 1938, Bd. 2.
MAIOR, Armando Souto: Quebra-Quilos, São Paulo 1978.
MANCHESTER, Alan K.: British preeminence in Brazil, Durham 1933.
MARCHANT, Anyda: Viscount Mauá and the Empire of Brazil, Berkeley 1965.
MARSON, Izabel Andrade: Movimento praieiro, 1842–1849: imprensa, ideologia e poder político, São Paulo 1980.
MATTOON, jr., Robert H.: „Railroads, coffee and the growth of big business in São Paulo, Brazil“, in: HAHR 57 (1977), S. 273–295.
MENDONÇA, Renato: Um diplomata na côrte da Inglaterra, Rio de Janeiro 1968.
MILLER, Joseph C.: Way of death: merchant capitalism and the Angolan slave trade, 1730–1830, Madison 1988.
MOACYR, Primitivo: A instrução e o império, 3 Bde., São Paulo 1936–1938.
MORSE, Richard M: „Brazil's urban development: colony and empire“, in: A. J. R. RUSSELL-WOOD (Hrsg.): From colony to nation: essays on the independence of Brazil, Baltimore 1975.

MORSE, Richard M.: From community to metropolis: a biography of São Paulo, Brazil, Gainesville 1958.
MORSE, Richard M./CONNIFF, Michael L./WIBEL, John (Hrsg.): The urban development of Latin America: 1750–1920, Stanford 1971.
NEEDELL, Jeffrey D.: „Making the belle epoque concrete", in: Journal of Urban History 10 (1984), S. 383–422.
NEEDELL, Jeffrey D.: A tropical belle epoque: elite culture and society in turn-of-the-century Rio de Janeiro, Cambridge 1987.
NEEDELL, Jeffrey D.: „The Revolta Contra Vacina of 1904: the revolt against ‚modernization' in belle-epoque Rio de Janeiro", in: HAHR 67 (1987), S. 233–270.
PANG, Eul-Soo: In pursuit of honor and power: noblemen of the southern cross in nineteenth-century Brazil, Tuscaloosa 1988.
PINHO, Wanderley: Política e políticos no império, Rio de Janeiro 1930.
PINHO, Wanderley: Salões e damas do segundo reinado, 4. Aufl., São Paulo 1949.
PONTES, Carlos: Tavares Bastos (Aureliano Cândido), 1839–1875, São Paulo 1949.
REBER, Vera Blinn: „The demographics of Paraguay: a reinterpretation of the Great War, 1864–1870", in: HAHR 68 (1988), S. 289–320.
REBER, Vera Blinn: „Response to Whigham and Potthast", in: HAHR 70 (1990), S. 677–678.
RODRIGUES, José Honório: O Conselho de Estado: o quinto poder?, Brasilia 1978.
SANTOS, José Mario dos: A política geral do Brasil, São Paulo 1930.
SOARES, Teixeira: Diplomacia do império no Rio da Prata (até 1865), Rio de Janeiro 1955.
SOUZA, Antônio Cândido de Melo e: „O método crítico de Silvio Romero", in: Teoria literária e literatura comparada 26 (1963).
SOUZA, José Antônio Soares de: A vida do visconde do Uruguai (1807–1866) (Paulino José Soares de Souza), São Paulo 1944.
STEIN, Stanley J.: Vassouras: a Brazilian coffee county, 1850–1900, 2. Aufl., Princeton 1985.
SWEIGART, Joseph E.: Coffee factorage and the emergence of a Brazilian capital market, 1850–1888, New York 1987.
WEINSTEIN: The Amazon rubber boom, 1850–1920, Stanford 1983.
WHIGHAM, Thomas L./POTTHAST, Barbara: „Some strong reservations: a critique of Vera Blinn REBERS'S ‚The demographics of Paraguay: A reinterpretation of the Great War, 1864–70' ", in: HAHR 70 (1990), S. 667–676.

Das Kaiserreich (1878–1889)

AZEVEDO, Célia Maria Marinho de: Onda negra medo branco: o negro no imaginário das elites: século XIX, Rio de Janeiro 1987.
BEIGUELMAN, Paula: Teoria e ação no pensamento abolicionista, São Paulo 1962.
BOEHRER, George C. A.: Da monarchia a república, Rio de Janeiro 1954.
CARVALHO, José Murilo de: A formação das almas: o imaginário da república no Brasil, São Paulo 1990.
COLSON, Frank: „On expectations: perspectives on the crisis of 1889 in Brazil", in: JLAS 13 (1981), S. 265–292.
DUDLEY, W. S.: „Institutional sources of officer discontent in the Brazilian Army, 1870–1889", in: HAHR 55 (1975), S. 44–65.

HAHNER, June E.: Civilian-military relations in Brazil, 1889–1898, Columbia 1969.
HOLLOWAY, Thomas: Immigrants on the land: coffee and society in São Paulo, 1886–1934, Chapel Hill 1980.
LINS, Ivan: História do positivismo no Brasil, 2. Aufl., São Paulo 1967.
MAGALHÃES, Raymundo: Deodoro e a espada contra o império, 2 Bde., Rio de Janeiro 1957.
MONTEIRO, Tobias: Pesquisas e depoimentos para a historia, Rio de Janeiro 1913.
MORAIS, Evaristo de: A campanha abolicionista (1879–1888), Rio de Janeiro 1924.
NABUCO, Carolina: A vida de Joaquim Nabuco, São Paulo 1928.
NABUCO, Joaquim: O abolicionismo, 2. Aufl., São Paulo 1949.
NABUCO, Joaquim: Cartas a amigos, 2 Bde., São Paulo 1949.
NEEDELL, Jeffrey D.: „A liberal embraces monarchy: Joaquim Nabuco and conservative historiography", in: TAMS 48 (1991), S. 159–179.
SALLES, Manuel Ferraz de Campos: Da propaganda a presidencia, São Paulo 1908.
SENNA, Deodoro Ernesto: Subsídios para a história, 2. Aufl., Brasilia 1981.
STOLCKE, Verena/HALL, Michael M.: „The introduction of free labour on the São Paulo coffee plantations", in: Journal of Peasant Studies 10 (1983), S. 170–200.
TOPLIN, Robert B.: The abolition of slavery in Brazil, New York 1972.
VIANNA, F.J. Oliveira: O occaso do imperio, 2. Aufl., São Paulo 1925.

2. Mexiko 1821–1900

Bibliographien, Nachschlage- und Referenzwerke

BENJAMIN, Thomas/OCASIO MELÉNDEZ, Marcial: „Organizing the memory of modern Mexico: Porfirian historiography in perspective, 1880s–1980s", in: HAHR 64 (1989), S. 323–364.
BIEBER, León E. (Hrsg.): Katalog der Quellen zur Geschichte Mexikos in der Bundesrepublik Deutschland 1521–1945, Berlin 1990.
COSÍO VILLEGAS, Daniel: Ultima bibliografía de la historia moderna de México, Mexiko 1973.
FLORESCANO, Enríque: Bibliografía general del desarrollo económico de México 1500–1976, 2 Bde., Mexiko 1980.
HERNÁNDEZ TAPIA, G.: Ensayo de una bibliografía de la intervención europea en México en el siglo XIX (1861–1867), Mexiko 1962.
HUERTA, Maria T.: Balance y perspectívas de la historiografía social en México, 2 Bde., Mexiko 1979.
PARCERO, María de la Luz: Introducción bibliográfica a la historia política de México, siglos XIX y XX, Mexiko 1982.
QUIRARTE, M.: Historiografía sobre el Imperio de Maximiliano, Mexiko 1970.
TORRE VILAR, Ernesto de la: Testimonos históricos mexicanos en los repositorios europeos. Guía para su estudio, Mexiko 1980.
TUTEROW, N.E. (Hrsg.): The Mexican-American War: An annotated bilbiography, Westport 1981.
WECKMANN, L.: Las relaciones franco-mexicanas, 2 Bde., Mexiko 1961.

Quellen

Banco Nacional de Comercio Exterior: Colección de documentos para la historia del comercio exterior de México. 1. Serie, 7 Bde., Mexiko 1958–1962; 2. Serie, 7 Bde., Mexiko 1965–1976.

Bosch Garcia, C.: Historia de los relaciónes entre México y los Estados Unidos 1819–1848, Mexiko 1961.

Busto, E.: Estadística de la républica mexicana, 3 Bde., Mexiko 1880.

Carreño, Alberto M.: Archivo del general Porfirio Díaz: memorias y documentos, 32 Bde., Mexiko 1947–1963.

Díaz, Lilia: Versión francesa de México: informes diplomáticos, 4 Bde., Mexiko 1963–1967.

Díaz, Lilia: Versión francesa de México: informes económicos 1851–1867, 2 Bde., Mexiko 1974.

Seminario de historia moderna de México: Estadísticas económicas del Porfiriato: comercio exterior, Mexiko 1960.

Seminario de historia moderna de México: Estadísticas económicas del Porfiriato: fuerza de trabajo y actividad económica por sectores, Mexiko o.J. (EEPFTAES).

García Cubas, A.: Diccionario geográfico, histórico y biográfico de los Estados Unidos Mexicanos, 5 Bde., Mexiko 1888.

García, Genaro: Documentos inéditos y muy raros para la historia de México, 36 Bde., Reprint Mexiko 1974.

González y González, Luís (Hrsg.): Los presidentes de México ante la nación: informes, manifiestos y documentos de 1821–1966, 5 Bde., Mexiko 1966.

González Navarro, Moises: Estadísticas sociales del Porfiriato 1877–1910, Mexiko 1956.

Lerdo de Tejada, Miguel: Comercio exterior de México desde la conquista hasta hoy, Mexiko 1953.

Malagón Barceló, J./López Lira, E./Miguel i Vergés, J.M.: Relaciones diplomáticas hispano-mexicanas 1839–1898. Serie 1: despachos generales, 4 Bde., Mexiko 1949–1968.

Matute, Alvaro (Hrsg.): México en el siglo XIX. Antología de fuentes y interpretaciones históricas, Mexiko 1972.

Secretaría de la Economía Nacional (Luís Chavez Orozco, Hrsg.): Documentos para la historia económica de México, 12 Bde., Mexiko 1933–1939.

Tamayo, Jorge L.: Documentos, discursos y correspondencia de Benito Juárez, 16 Bde., Mexiko 1964–1972.

Übersichtsdarstellungen

González y González, Luís (Hrsg.): Historia general de México, 4 Bde., Mexiko 1976.

Katz, Friedrich: „Mexico, Restored republic and porfiriato 1867–1910“, in: Leslie Bethell (Hrsg.): The Cambridge History of Latin America, Bd. IV, London 1986, S. 3–79.

Mora, José M.L.: Méjico y sus revoluciones, 4 Bde., Paris 1836. Neu herausgegeben von Agustín Yañez, 3 Bde., Mexiko 1950.

Sierra, Justo: México, su evolución social, 3 Bde., Mexiko 1900–1902.

Biographien, Erinnerungen, Reiseberichte

BEALS, Carleton: Porfirio Díaz, dictator of Mexico, New York 1932.

BERNSTEIN, Harry: Matías Romero, Mexiko 1973.

FISHER, H.T./FISHER, M.H. (Hrsg.): Life in Mexico: the letters of Fanny Calderón de la Barca, Garden City 1970.

KNAPP, Frank A.: The life of Sebastian Lerdo de Tejada, Austin 1951.

LÓPEZ DE SANTA ANNA, Antonio: Mí historia militar y política 1810–1874: memorias inéditas, Mexiko 1905.

MAGNUS, Anton von: Das Ende des Maximilianischen Kaiserreiches in Mexiko. Berichte des kgl. preussischen Minister-Residenten Anton von Magnus an Bismarck 1866–1867, Göttingen 1965.

MÜHLENPFORDT, Eduard: Versuch einer getreuen Schilderung der Republik Mejico besonders in Beziehung auf Geographie, Ethnographie und Statisktik. Nach eigener Anschauung und den besten Quellen bearbeitet von Eduard Mühlenpfordt, 2 Bde., Hannover 1844.

POINSETT, J.R.: Notes on Mexico made in the autumn of 1822. Accompanied by an historical sketch of the Revolution, neu herausgegeben New York 1969.

ROEDER, Ralph: Juárez and his Mexico, 2 Bde., New York 1947.

SARTORIUS, Carl: Mexico und die Mexicaner, Darmstadt 1852.

WARD, Henry G.: Gedrängtes Gemälde des Zustandes von Mexico im Jahre 1827, Leipzig 1828.

Politische Geschichte 1821–1867

ALAMÁN, Lucas: Historia de Méjico desde los primeros movimientos que preparan su independencia en el año 1808 hasta la época presente, 5 Bde., Mexiko 1849–1852.

ANDERS, F./EGGERT, K.: Maximilian von Mexiko. Erzherzog und Kaiser, St. Pölten/Wien 1982.

ANNA, Timothy E.: The Mexican Empire of Iturbide, Lincoln 1990.

ARNAÍZ Y FREG, T.E./BATAILLON, C. (Hrsg.): La intervención francesa y el imperio de Maximiliano cien años después, 1862–1962, Mexiko 1965.

BARKER, Nancy N.: The French experience in Mexico, 1821–1861: a history of constant misunderstanding, Chapel Hill 1979.

BENSON, Nettie L. (Hrsg.): Mexico and the Spanish Cortes, 1810–1822, Austin 1966.

BERRY, Charles R.: The Reform in Oaxaca. A microhistory of the Liberal Revolution, Lincoln 1981.

BRADING, David: The origins of Mexican nationalism, Cambridge 1985 (span. Ausgabe Mexiko 1973).

BRADING, David: The first America: the Spanish monarchy, creole patriots and the liberal state 1492–1867, Cambridge 1991.

BUSTAMANTE, Carlos María de: Cuadro histórico de la revolución mexicana, 6 Bde., Mexiko 1843–1844, neu herausgegeben Mexiko 1926.

BUVE, Raymond Th.: „Political patronage and politics at the village level in Central Mexico: continuity and change in patterns from the late colonial period to the end of the French intervention“, in: BLAR 11 (1992), S. 1–28.

CALLCOTT, William H.: Church and state in Mexico, 1822–1857, Durham, N.C., 1926.
COSTELOE, Michael P.: La primera república federal de México 1824–1835, Mexiko 1975.
COSTELOE, Michael P.: Church and state in independent Mexico: a study of the patronage debate 1821–1857, London 1978.
DÍAZ DÍAZ, Fernando: Caudillos y caciques. Antonio López de Santa Anna y Juan Alvarez, Mexiko 1972.
GREEN, S.C.: The Mexican republic: the first decade 1823–1833, Pittsburgh 1987.
HALE, Charles A.: Mexican liberalism in the age of Mora 1821–1853, New Haven 1968.
KAHLE, Günther: Militär und Staatsbildung in den Anfängen der Unabhängigkeit Mexikos, Köln/Wien 1969.
LAFAYE, Jacques: Quetzalcoatl et Guadalupe, Paris 1974.
LUBIENSKY, J.: Der Maximilianische Staat. Mexiko 1861–1867. Verfassung, Verwaltung und Ideengeschichte, Wien/Köln/Graz 1988.
MACLACHLAN, C.M./RODRÍGUEZ O, Jaime E.: The forging of the cosmic race. A reinterpretation of colonial Mexico, Berkeley 1980.
OLIFF, D.C.: Reforma Mexico and the United States: a search for alternatives to annexation 1854–1861, Alabama 1983.
PLETCHER, David M.: The diplomacy of annexation: Texas, Oregon and the Mexican War, Columbia 1973.
REICHSTEIN, A.: Der texanische Unabhängigkeitskrieg 1835–36: Ursachen und Wirkungen, Berlin 1984.
REYES HEROLES, Jesús: El liberalismo mexicano, 3 Bde., Mexiko 1957–1961.
RODRÍGUEZ O., Jaime E.: Down from colonialism: Mexico's nineteenth century crises, Irvine 1980.
RUÍZ, Ramon E. (Hrsg.): The Mexican War: was it manifest destiny?, New York 1963.
SCHOLES, W.V.: Mexican politics during the Juárez regime 1855–1872, Columbia 1957.
SCHOONOVER, Thomas D.: Dollars over dominion: the triumph of liberalism in Mexican–United States relations 1861–1867, Baton Rouge 1978.
SIMS, Harold D.: La expulsión de los Españoles de México, 1821–1828, Mexiko 1974.
SIMS, Harold D.: The expulsion of Mexico's Spaniards 1821–1836, Pittsburgh 1990.
SINKIN, Richard N.: The Mexican Reform, 1855–1876: a study in nation-building, Austin 1979.
SMITH, John H.: The war with Mexico, 2 Bde., Clouchester, Mass., 1963.
TENENBAUM, Barbara: The politics of penury: debts and taxes in Mexico 1821–1856, Albuquerque 1986.
WEEKS, Charles A.: The Juárez myth in Mexico, Alabama 1987.
WEHNER, Friedrich: „Grundlagen der mexikanischen Verfassungsgeschichte", in: Verfassung und Recht im Überblick, hrsg. von der Hamburger Gesellschaft für Völkerrecht und auswärtige Politik, Beiheft 9, Hamburg 1978.

Wirtschafts- und Sozialgeschichte 1821–1867

BAZANT, Jan: The alienation of Church wealth in Mexico: social and economic aspects of the Liberal Revolution, Cambridge 1971.
BECKER, Felix: Die Hansestädte und Mexico. Handelspolitik, Verträge und Handel, 1821–1867, Wiesbaden 1984.

BERNECKER, Walther L.: Industrie und Außenhandel. Zur politischen Ökonomie Mexikos im 19. Jahrhundert, Saarbrücken 1987.

BERNECKER, Walther L.: Die Handelsconquistadoren. Europäische Interessen und mexikanischer Staat im 19. Jahrhundert, Stuttgart 1988.

BERNECKER, Walther L.: Schmuggel, Illegalität und Korruption im Mexiko des 19. Jahrhunderts, Frankfurt/M. 1989.

BRACHET, V.: La población de los estados mexicanos 1824–1895, Mexiko 1976.

BUVE, Raymond Th. (Hrsg.): Haciendas in Mexico from late colonial times to the Revolution, Amsterdam 1984.

CARDOSO, Ciro F. S. (Hrsg.): México en el siglo XIX (1821–1910). Historia económica y de la estructura social, Mexiko 1980.

CARDOSO, Ciro F. S. (Hrsg.): Formación y desarrollo de la burguesía en México, siglo XIX, Mexiko 1987.

CERUTTI, Mario (Hrsg.): El siglo XIX en México: cinco procesos regionales: Morelos, Monterrey, Yucatán, Jalisco y Puebla, Mexiko 1985.

COATSWORTH, John H.: Los orígenes del atraso. Nueve ensayos de historia económica de México en los siglos XVIII y XIX, Mexiko 1990.

COLÓN REYES, L. I.: Los orígines de la burguesía y el Banco de Avió, Mexiko 1982.

CROSS, Harry: „Living standards in rural nineteenth century Mexico: Zacatecas, 1820–1880“, in: JLAS 10 (1979), S. 1–20.

GERDES, Claudia: Mexikanisches Banditentum 1821–1876 als sozialgeschichtliches Phänomen, Saarbrücken 1987.

GONZÁLEZ NAVARRO, Moises: Raza y tierra: la guerra de castas y el henequén, Mexiko 1979.

HARRIS III, Charles W.: A Mexican empire: the latifundio of the Sánchez Navarro family, 1765–1867, Austin 1975.

HERRERA CANALES, Inés: El comercio exterior de México, 1821–1875, Mexiko 1977.

HU-DEHART, Evelyn: Yaquí resistance and survival: the struggle for land and autonomy, 1821–1910, Madison 1984.

KNOWLTON, Robert K.: Church property and the Mexican Reform 1856–1910, DeKalb 1976.

LIEHR, Reinhard: „La deuda exterior de México y los ‚merchant bankers‘ británicos 1821–1860“, in: IAA, Neue Serie 9 (1983), S. 415–439.

LÓPEZ CÁMARA, Francisco: La estructura económica y social de México en la época de la Reforma, Mexiko 1967.

LUDLOW, Leonor/MARICHAL, Carlos: Banca y poder en México, 1800–1925, Mexiko 1986.

MEYER, Jean: Problemas campesinos y revueltas agrarias, 1821–1910, Mexiko 1973.

MILLER, Simon: „The Mexican hacienda between the insurgency and the Revolution: maize production and commercial triumph on the Temporal“, in: JLAS 16 (1984), S. 309–336.

PLATT, D. C. M.: Latin America and the British trade, London 1972.

POTASH, Robert A.: Mexican government and industrial development in the early republic: the Banco de Avió, Amherst 1983.

QUINTANA, M. A.: Los primeros 25 años de la historia económica de México. Estevan de Antuñano. Fundador de industria textil en Puebla, 2 Bde., Mexiko 1957.

RANDALL, R. W.: Real del Monte: a British mining venture in Mexico, Austin 1972.
REED, Nelson: The caste war of Yucatán, Stanford 1964.
REINA, Leticia: Las rebeliones campesinas en México, 1819–1906, Mexiko 1980.
THOMSON, Guy P. C.: Puebla de los Angeles. Industry and society in a Mexican city 1700–1850, Boulder 1989.
THOMSON, Guy P. C.: „Continuity and change in Mexican manufacturing, 1800–1870“, in: Jean BATON (Hrsg.): Between development and underdevelopment 1800–1870, Genf 1991, S. 255–305.
TOBLER, Hans Werner: Die mexikanische Revolution. Gesellschaftlicher Wandel und politischer Umbruch, 1876–1940, Frankfurt/M. 1984.
TUTINO, John: From insurrection to revolution in Mexico. Social bases of agrarian violence 1750–1940, Princeton 1986.
VOSS, Stuart: On the periphery of nineteenth-century Mexico: Sonora and Sinaloa, 1810–1877, Tucson 1982.
WALKER, D. W.: Kinship, business and politics: the Martínez del Río family in México, 1824–1864, Chicago 1987.

Internationale Beziehungen 1821–1867

BAZANT, Jan: Historia de la deuda exterior de México, 1823–1946, 2. überarb. Aufl., Mexiko 1982.
BARKER, E. C.: Mexico and Texas, 1821–1835, Dallas 1928.
BOSCH GARCÍA, C.: Historia de las relaciones entre México y los Estados Unidos 1819–1848, Mexiko 1961.
GALLAGHER, J. / ROBINSON, R.: „Der Imperialismus des Freihandels“, in: Hans-Ulrich WEHLER (Hrsg.): Imperialismus, Köln 1970, S. 183–200.
HANNA, Alfred J. / HANNA, Kathryn A.: Napoleon III and Mexico, Chapel Hill 1971.
MENTZ DE BOEGE, Brigida von: Das Mexikobild der Deutschen im 19. Jahrhundert, München 1975.
MENTZ DE BOEGE, Brigida von, u. a.: Los pioneros del imperalismo alemán en México, Mexiko 1982.
PLATT, D. C. M.: „British finance in Mexico, 1821–1867“, in: BLAR 3 (1984), S. 45–62.
SMITH, John H.: The war with Mexico, 2 Bde., Clouchester, Mass., 1963.
TORRE VILAR, Ernesto de la: La intervención francesa y el triunfo de la república, 2 Bde., Mexiko 1968.
VÁSQUEZ, Josefina Z. / MEYER, Lorenzo: México frente a los Estados Unidos: un ensayo histórico, 1776–1980, Mexiko 1982.

Politische Geschichte 1867–1900

COERVER, Dan: The Porfirian interregnum: the presidency of Manuel González, 1880–1884, Fort Worth 1979.
COSÍO VILLEGAS, Daniel: Historia moderna de México: república restaurada y Porfiriato, 10 Bde., Mexiko 1957–1972.
COSÍO VILLEGAS, Daniel: „Sebastian Lerdo de Tejada, mártir de la república restaurada“, in: HM 66 (1967), S. 169–200.

García Granados, Ricardo: Historia de México desde la restauración de la república hasta la caída de Huerta, 2 Bde., Mexiko 1923–1928.

Goddard Adame, J.: El pensamiento político y social de los católicos mexicanos, 1876–1910, Mexiko 1981.

Guerra, Francois X.: Le Mexíque. De l'ancien régime a la Révolution, 2 Bde., Paris 1985.

Hale, Charles A.: The transformation of liberalism in late nineteenth-century Mexico, Princeton 1989.

Hart, John: Los anarquistas mexicanos, 1860–1900, Mexiko 1974.

Knight, Allan: „El liberalismo mexicano desde la Reforma hasta la revolución" in: HM 137 (1986), S. 59–92.

María y Campos, Alfonso de: „Porfirianos prominentes: orígenes y años de juventud de ocho integrantes del grupo de los científicos, 1846–1876", in: HM 136 (1985), S. 610–661.

Perry, Laurens B.: Juárez and Díaz. Machine politics in Mexico, DeKalb 1978.

Raat, William D.: El positivismo durante el porfiriato, Mexiko 1975.

Sierra, Justo: The political evolution of the Mexican people (Anmerkungen und Einleitung von Edmundo O'Gorman), Austin 1969.

Valadés, José C.: El Porfirismo: historia de un régimen, 3 Bde., Mexiko 1941–1947.

Vanderwood, Paul: Disorder and progress: bandits, police and Mexican development, Lincoln 1981.

Wirtschafts- und Sozialgeschichte 1867–1900

Calderon, Francisco R.: „Los ferrocarriles", in: Daniel Cosío Villegas (Hrsg.): Historia moderna de México. El Porfiriato, la vida económica, Mexiko 1965, S. 483–634.

Cardoso, Ciro F. S.: La clase obrera en la historia de México: de la dictadura porfirista a los tiempos libertarios, Mexico 1980.

Chavez Caprozco, Luís: Historia económica y social de México: ensayo de interpretación, Mexiko 1938.

Cué Cánovas, Agustín: Historia social y económica de México, 1521–1854, 2 Bde., Mexiko 1946–1947.

Cerutti, Mario: Economía de guerra y poder regional en el siglo XIX. Aduanas y comerciantes en años de Vidaurri, 1855–1864, Monterrey 1983.

Coatsworth, John H.: Growth against development: the economic impact of railroads in Porfirian Mexico, DeKalb 1981.

Díaz Polanco, H./Montaudon, L. G.: Agricultura y sociedad en el Bajío, siglo XIX, Mexiko 1984.

González Navarro, Moises: La colonización en México: del estado liberal a los inicios de la dictadura porfirista, Mexiko 1980.

Kaerger, Karl: Landwirtschaft und Kolonisation im spanischen Amerika, 2 Bde., Leipzig 1901.

Katz, Friedrich: „Labor conditions on haciendas in Porfirian Mexico: some trends and tendencies", in: HAHR 54 (1974), S. 1–47.

Keremitsis, Dawn: The cotton textile industry in the Porfiriato, Mexico, 1870–1910, New York 1987.

LEAL, Juan Felipe: La clase obrera en la historia de México: del estado liberal a los inicios de la dictadura porfirista, Mexiko 1980.
LIDA, Clara E. (Hrsg.): Tres aspectos de la presencia española en México durante el Porfiriato: relaciones económicas, comerciantes y población, Mexiko 1981.
LÓPEZ ROSADO, Diego: Historia y pensamiento económico de México, 6 Bde., Mexiko 1968–1974.
MERTENS, Hans-Günther: Wirtschaftliche und soziale Strukturen zentralmexikanischer Weizenhaciendas aus dem Tal von Atlizco, 1890–1902, Wiesbaden 1983.
MEYER, Jean: „Haciendas, ranchos, peones y campesinos en el Porfiriato: algunas falacias estadísticas", in: HM 139 (1986), S. 477–509.
NICKEL, Herbert J.: Relaciones de Trabajo en las Haciendas de Puebla y Tlaxcala (1740–1914) – Cuatro análisis sobre reclutamiento, peonaje y remuneración, Mexiko 1987.
NICKEL, Herbert J.: Paternalismo y economía moral en las haciendas mexicanas del Porfiriato, Mexiko 1989.
D'OLWER, Luís Nicolau: „Las inversiones extranjeros", in: Daniel COSÍO VILLEGAS (Hrsg.): Historia de México. El Porfiriato, la vida económica, Mexiko 1965, S. 973–1178.
ORTIZ DE LA TABLA DUCASSE, J.: Comercio Exterior de Vera Cruz 1778–1821. Crisis de dependencia, Sevilla 1978.
PLETCHER, David M.: Rails, mines and progress: seven American promotors in Mexico, 1867–1911, Ithaca 1958.
POHL, Hans/MERTENS, Hans G.: „Die Entwicklung der mexikanischen Landwirtschaft während des Porfiriats", in: IAA 1 (1975), S. 61–103.
ROSENZWEIG, Fernando: „Las exportaciones de México de 1877–1911", in: Trimestre Económico 108 (1960), S. 537–560.
TEJA ZABRE, Alfonso: Guide to the history of Mexico. A modern interpretation, Austin 1969.
TOBLER, Hans Werner: Die mexikanische Revolution. Gesellschaftlicher Wandel und politischer Umbruch, 1876–1940, Frankfurt/M. 1984.
WASSERMAN, Mark: Capitalists, caciques and Revolution: native elites and foreign enterprise in Chihuahua, 1854–1911, Chapel Hill 1984.
WELLS, Allan: Yucatan's gilded age: haciendas, henequen and international harvester, Albuquerque 1985.

Internationale Beziehungen 1867–1900

COSÍO VILLEGAS, Daniel: The United States versus Porfirio Díaz, Lincoln 1963.
KATZ, Friedrich: Deutschland, Díaz und die mexikanische Revolution: die deutsche Politik in Mexiko, 1870–1920, Berlin 1964.
LIDA, Clara E.: „Inmigrantes españoles durante el Porfiriato: problemas y temas", in: HM 138 (1985), S. 219–239.
PROAL, Maurice: L'empire des Barcelonettes au Mexíque, Paris 1986.
THORUP, Cathryn: „La competencia económica británica y norteamericana en México, 1887–1910: el caso de Weetman Pearson", in: HM 124 (1982), S. 599–641.
TISCHENDORF, Alfred P.: Great Britain and Mexico in the era of Porfirio Díaz, Durham, N.C., 1961.

3. Zentralamerika 1821–1900

Referenzwerke

BANCROFT, Hubert H.: History of Central America, 3 Bde., San Francisco 1886–1887.
CARDOSO, Ciro / PÉREZ BRIGNONI, Héctor: Centro América y la economía occidental (1530–1930), San José 1977.
DUNKERLEY, James: Power in the Isthmus. A political history of modern Central America, London 1988.
DUNLOP, Robert Glasgow: Travels in Central America, London 1847.
HUMPHREYS, R. A.: The diplomatic history of British Honduras, Oxford 1961.
JUARROS, Domingo: A statistical and commercial history of the Kingdom of Guatemala in Spanish America, London 1823.
KARNES, Thomas L.: The failure of union. Central America, 1824–1960, Chapel Hill 1961.
WHETTEN, Nathan L.: Guatemala: the land and the people, New Haven 1961.
WOODWARD JR., Ralph Lee: Central America. A nation divided, 2. Aufl., New York 1985.
WORTMAN, Miles L.: Government and society in Central America, 1860–1840, New York 1982.

Auflösung und Marginalisierung

ARAYA, Carlos: „La minería y sus relaciones con la acumulación de capital y la clase dirigente de Costa Rica, 1821–1841“, in: Estudios Sociales Centroamericanos 2 (1973), S. 31–64.
ARAYA, Carlos: „La minería en Costa Rica, 1821–1842“, in: Revista de Historia 1 (1976), S. 83–125.
BARÓN CASTRO, Rodolfo: José Matías Delgado, San Salvador 1961.
BENSON, Nettie Lee / BERRY, Charles R.: „The Central American delegation to the first Constituent Congress of Mexico, 1822–1823“, in: HAHR 49 (1969), S. 679–702.
BUMGARTNER, Louis: José del Valle of Central America, Durham, N. C., 1963.
CARDOSO, Ciro F. S.: „The formation of the coffee estate in nineteenth century Costa Rica“, in: K. DUNCAN/I. RUTLEDGE (Hrsg.): Land and labour in Latin America, Cambridge 1977, S. 165–202.
CHAMBERLAIN, Robert S.: Francisco Morazán. Champion of Central American Federation, Coral Gables 1950.
CHANDLER, David: „Peace through disunion: Father Juan José de Aycinena and the fall of the Central American Federation“, in: TAMS 66 (1989), S. 137–158.
CONTRERAS, J. Daniel: Una rebelión indígena en el partido de Totonicapán en 1820. El indio y la independencia, Guatemala 1951.
FLEMION, Philip: „States' rights and partisan politics: Manuel José de Arce and the struggle for Central American union“, in: HAHR 53 (1973), S. 600–618.
GRIEB, Kenneth J.: „The United States and the Central American Federation“, in: TAMS 24 (1967), S. 107–121.
GRIFFITH, William J.: Empires in the wilderness: foreign colonization and development in Guatemala, 1834–1844, Chapel Hill 1965.

GUDMUNDSON, Lowell: Costa Rica before coffee: society and economy on the eve of the export boom, Baton Rouge 1987.
KENYON, Gordon: „Mexican influence in Central America, 1821–1823“, in: HAHR 41 (1961), S. 175–205.
LANUZA, Alberto: „La minería en Nicaragua (1821–1875)“, in: Anuario de Estudios Centroamericanos 3 (1977), S. 215–224.
LIEHR, Reinhard: „La deuda interna y externa de la República Federal de Centro América 1823–1838“, in: Reinhard LIEHR/Günter VOLLMER (Hrsg.): La deuda pública en América Latina en perspectiva histórica, Berlin 1991.
PARKER, Franklin D.: José Cecilio del Valle and the establishment of the Central American Confederation, Tegucigalpa 1955.
RODRÍGUEZ, Mario: The Cádiz experiment in Central America, 1808–1826, Berkeley 1978.
RUBIO SÁNCHEZ, Manuel: Comercio de y entre las provincias de Centroamérica, Guatemala 1973.
RUBIO SÁNCHEZ, Manuel: Historia del añil o xiquilete en Centro América, San Salvador 1976.
RUBIO SÁNCHEZ, Manuel: „La grana o cochinilla“, in: Antropología e Historia de Guatemala 13 (1961), S. 15–46.
STEPHENS, John L.: Incidents of travel in Central America, Chiapas and Yucatan, 2 Bde., New Brunswick 1949.
WHITE, Alastair: El Salvador, London 1973.
WILLIAMS, Mary: „The ecclesiastical policy of Francisco Morazán and the other Central American Liberals“, in: HAHR 3 (1920), S. 119–143.
WOODWARD JR., Ralph Lee: „Economic and social origins of Guatemalan political parties, 1773–1823“, in: HAHR 45 (1965), S. 544–566.
WORTMAN, Miles L.: „Legitimidad política y regionalismo – el imperio mexicano y Centroamérica“, in: HM 26 (1976), S. 238–262.

Das Ringen um die Bewahrung der Vergangenheit

BRICKER, Victoria R.: The Indian Christ. The Indian King, Austin 1981.
CAMBRANES, Julio C.: Coffee and peasants in Guatemala. The origins of the modern plantation economy, 1853–1897, Stockholm 1985.
HAWKINS, John: Inverse images: the meaning of culture, ethnicity, and family in postcolonial Guatemala, Albuquerque 1984.
LOWELL, W. George: „Surviving conquest: the Maya of Guatemala in historical perspective“, in: LARR 23 (1978), S. 25–87.
MICELI, Keith L.: „Rafael Carrera: defender and promoter of peasant interests in Guatemala, 1837–1848“, in: TAMS 31 (1974), S. 72–95.
NAYLOR, Robert A.: „The British role in Central America prior to the Clayton-Bulwer Treaty of 1850“, in: HAHR 40 (1960), S. 361–382.
RICHARDS, Edward W.: „Louis Napoleon and Central America“, in: Journal of Modern History 34 (1962), S. 178–184.
RODRÍGUEZ, Mario: „The Livingston codes in the Guatemalan crisis of 1837–1838“, in: Margaret HARRISON / Robert WAUCHOPE (Hrsg.): Applied enlightenment: nineteenth century liberalism, New Orleans 1972.

WOODWARD JR., Ralph Lee: Class privilege and economic development. The Consulado de Comercio of Guatemala, 1793–1871, Chapel Hill 1968.

WOODWARD JR., Ralph Lee: „Social revolution in Guatemala: the Carrera Revolt", in: Margaret HARRISON / Robert WAUCHOPE (Hrsg.): Applied Enlightenment: nineteenth century liberalism, New Orleans 1972, S. 43–70.

Die liberale Hegemonie

ARAYA, Carlos: „El enclave minero en Centroamérica, 1880–1945: un estudio de los casos de Honduras, Nicaragua, y Costa Rica", in: Revista de Ciencias Sociales 17/18 (1979), S. 13–59.

BURNS, E. Bradford: „The modernization of underdevelopment: El Salvador, 1858–1931", in: The Journal of Developing Areas 18 (1984), S. 293–316.

BURNS, E. Bradford: „The intellectual infrastructure of modernization in El Salvador, 1870–1900", in: TAMS 61 (1985), S. 57–82.

FINNEY, Kenneth V.: „Rosario and the election of 1887: the political economy of mining in Honduras", in: HAHR 59 (1979), S. 81–107.

FOLKMAN, David I.: The Nicaragua route, Salt Lake City 1972.

KAHLE, Günther/POTTHAST, Barbara: Der Wiener Schiedsspruch von 1881. Eine Dokumentation des Konfliktes zwischen Großbritannien und Nicaragua um Mosquitia, Köln 1983.

MARTZ, John D.: Justo Rufino Barrios and Central American Union, Gainesville 1963.

MCCREERY, David: „Coffee and class: the structure of development in liberal Guatemala", in: HAHR 56 (1976), S. 438–460.

MCCREERY, David: „Debt servitude in rural Guatemala, 1876–1936", in: HAHR 63 (1983), S. 736–759.

MCCREERY, David: Development and the state in Reforma Guatemala, 1871–1885, Athens, Ohio, 1983.

MOLINA CHOCANO, Guillermo: „La formación del estado y el orígen minero-mercantil de la burguesía hondureña", in: Estudios Sociales Centroamericanos 25 (1980), S. 56–89.

MOSK, Sanford A.: „The coffee economy of Guatemala, 1850–1918: development and signs of instability", in: Inter-American Economic Affairs 9 (1955), S. 6–20.

RIPPY, J. Fred: „Relations of the United States and Guatemala during the epoch of Justo Rufino Barrios", in: HAHR 22 (1942), S. 595–605.

4. Ecuador, Kolumbien, Venezuela

Das Erbe Großkolumbiens

BUSHNELL, David: The Santander regime in Gran Colombia, Newark, N.J., 1954.

KÖNIG, Hans-Joachim: Auf dem Wege zur Nation. Nationalismus im Prozeß der Staats- und Nationbildung Neu-Granadas, 1750–1856, Stuttgart 1988.

RESTREPO, José María: Historia de la República de Colombia en la América Meridional, 8 Bde., Bogotá 1942–1950.
WATSON, Gayle Hudgens: Colombia, Ecuador and Venezuela. An annotated guide to reference materials in the humanities and social sciences, Metuchen, N.J., 1971.

Ecuador: Hilfsmittel, Bibliographien

BORK, Albert W./MAIER, Georg: Historical dictionary of Ecuador, Metuchen, N.J., 1973.
CORKILL, David: Ecuador, Oxford 1989.
PÉREZ PIMENTEL, Rudolfo: Diccionario biográfico del Ecuador, 5 Bde., Guayaquil 1987–1988.

Ecuador: Quellen

Actas del Congreso de Ecuador, 1830–1839, 9 Bde., Quito 1888–1893.
LOOR, Wilfredo (Hrsg.): Cartas de Gabriel García Moreno, 4 Bde., Quito 1953–1955.
ZUÑIGA, Neptali (Hrsg.): Colección Vicente Rocafuerte, 16 Bde., Quito 1947.

Ecuador: Gesamtdarstellungen

ANDRADE, Roberto: Historia del Ecuador, 7 Bde., Guayaquil 1934–1937.
AGUIRRE ABAD, Francisco: Bosquejo histórico de la República del Ecuador, Guayaquil 1975.
GARCÍA CEVALLOS, Gabriel: Historia del Ecuador, 2. Aufl., Cuenca 1967.
GONZÁLEZ SUÁREZ, Federico: Historia general de la República del Ecuador, 9 Bde., Quito 1890–1903.
PAREJA DIEZCANSECO, Alfredo: Ecuador. La República de 1830 a nuestros dias, 6. Aufl., Quito 1979.
REYES, Oscar Efren: Breve historia general del Ecuador, 3 Bde., Quito 1979.
SCHODT, David: Ecuador: an Andean enigma, Boulder, Colorado, 1987.

Ecuador: Biographien

AGUADO CANTERO, Rudolfo/ALVAREZ FERNÁNDEZ, Jorge: Juan José Flores. El fundador de Ecuador, Madrid 1988.
DÁVILA, Luis Robalino: García Moreno, Quito 1949.
DÁVILA, Luis Robalino: Rocafuerte, Quito 1964.
LOOR, Wilfredo: Eloy Alfaro, 3 Bde., Quito 1947.
PATTEE, Richard: Gabriel García Moreno y el Ecuador de su tiempo, 3. Aufl., Mexiko 1962.
RUIZ RIVERA, Julián B.: Gabriel García Moreno. Dictador ilustrado del Ecuador, Madrid 1988.
VAN AKEN, Mark: King of the night: Juan José Flores and Ecuador, 1824–1864, Berkeley 1989.

Ecuador: Politik

AYALA, Enrique: Lucha política y origen de los partidos en Ecuador, Quito 1978.
BLANKSTEN, George L.: Ecuador: constitutions and caudillos, New York 1964.

DELER, Jean-Paul: Genèse de l'espace équatorien. Essai sur le territoire et la formation de l'état national, Paris 1981.
HASKINS, Ralph W.: „Juan José Flores and the proposed expedition against Ecuador, 1845–47", in: HAHR 27 (1947), S. 467–495.
HOWE, Frederick George: „García Moreno's efforts to unite Ecuador and France", in: HAHR 16 (1936), S. 257–262.
HURTADO, Oswaldo: El poder político en el Ecuador, Quito 1977.
LOOR, Wilfredo: La victoria de Guayaquil, Quito 1960.
MAIER, Georg: „Presidential succession in Ecuador, 1830–1970", in: Journal of Inter-American Studies and World Affairs 13 (1971), S. 475–509.
RODRÍGUEZ, Linda A.: The search for public policy: regional politics and government finances in Ecuador, 1830–1940, Berkeley 1985.

Ecuador: Wirtschaft und Gesellschaft

CARRIÓN, Fernando (Hrsg.): El proceso de urbanización en el Ecuador (del siglo XVIII al siglo XX), Quito 1986.
CHIRIBOGA, Manuel: Jornaleros y gran propietarios en 135 años de exportación cacaotera (1790–1925), Quito 1980.
COSTALES SAMANIEGO, Alfredo/PEÑAHERRERA DE COSTALES, Piedad: Historia social del Ecuador, 3 Bde., Quito 1964.
HAMERLY, Michael T.: Historia social y económica de la antigua provincia de Guayaquil 1763–1842, Guayaquil 1976.
VAN AKEN, Mark: „The lingering death of Indian tribute in Ecuador", in: HAHR 61 (1981), S. 429–459.

Ecuador: Kultur

TOBAR DONOSO, Julio: García Moreno y la instrucción pública, 2. Aufl., Quito 1940.
TOBAR DONOSO, Julio: La Iglesia modeladora de la nacionalidad, Quito 1953.

Kolumbien: Hilfsmittel, Bibliographien

DAVIS, Robert H.: Historical dictionary of Colombia, Metuchen, N.J., 1977.
DAVIS, Robert H.: Colombia, Oxford 1990.

Kolumbien: Quellen

CAMACHO ROLDÁN, Salvador: Escritos sobre economía y política, hrsg. von J. A. BEJARANO, Bogotá 1976.
Colombia. Consejo de Estado, Codificación nacional de todas las leyes de Colombia desde el año de 1821, 34 Bde., Bogotá 1924–1955.
CORTÁZAR, Roberto (Hrsg.): Cartas y mensajes del General Francisco de Paula Santander, 10 Bde., Bogotá 1953–1956.
EASTMAN, Jorge Mario (Hrsg.): Manuel Murillo Toro. Obras selectas, Bogotá 1979.
HELGUERA, J. L./DAVIS, Robert H. (Hrsg.): Archivo epistolar del General Mosquera, 3 Bde., Bogotá 1966.

HOLTON, Isaac F.: New Granada. Twenty months in the Andes, London 1967.
LEMAITRE, Eduardo (Hrsg.): Epistolario de Rafael Nuñez con Miguel Antonio Caro, Bogotá 1977.
NUÑEZ, Rafael: La reforma política en Colombia, 7 Bde., Bogotá 1946–1950.
OSPINA RODRÍGUEZ, Mariano: Escritos sobre economía y política, Bogotá 1969.
PÉREZ, Felipe: Geografía general física y política de los Estados Unidos de Colombia y geografía particular de la ciudad de Bogotá, Bogotá 1883.
SAMPER, Miguel: Escritos político-económicos, 4 Bde., Bogotá 1977.
URRUTRIA, Miguel/ARRUBLA, Mario (Hrsg.): Compendio de estadísticas históricas de Colombia, Bogotá 1970.

Kolumbien: Gesamtdarstellungen

ARBOLEDA, Gustavo: Historia contemporánea de Colombia, 6 Bde., Bogotá 1918–1935.
JARAMILLO URIBE, Jaime (Hrsg.): Manual de historia de Colombia. Bd. 2: Siglo XIX, Bogotá 1982.
RESTREPO, José Manuel: Historia de la Nueva Granada, 2 Bde., Bogotá 1952/1963.
TIRADO MEJÍA, Alvaro (Hrsg.): Nueva historia de Colombia, 8 Bde., Bogotá 1989.

Kolumbien: Autobiographien, Biographien

CAMACHO ROLDÁN, Salvador: Memorias, 2 Bde., Bogotá 1945.
DANGOND URIBE, Alberto: Rafael Nuñez, regenerador de Colombia, Madrid 1988.
FORERO BENAVIDES, Abelardo: Francisco de Paula Santander. El hombre de las leyes, Madrid 1988.
LIÉVANO AGUIRRE, Indalecio: Rafael Nuñez, Bogotá 1944.
LÓPEZ, José Hilario: Memorias, Medellín 1969.

Kolumbien: Politik, Parteien

BUSHNELL, David: „Voter participation in the Colombian election of 1856", in: HAHR 51 (1971), S. 237–249.
COLMENARES, Germán: Partidos políticos y clases sociales, Bogotá 1968.
DELPAR, Helen V.: Red against blue: the Liberal party in Colombian politics, 1863–1899, Alabama 1981.
DUARTE FRENCH, Jaime: Florentino González. Razón y sinrazón de una lucha política, Bogotá 1971.
KÖNIG, Hans-Joachim: Auf dem Wege zur Nation: Nationalismus im Prozeß der Staats- und Nationsbildung Neu-Granadas 1750–1856, Stuttgart 1988.
LEMAITRE, Eduardo: Panama y su separación de Colombia, Bogotá 1972.
MOLINA, Gerardo: Las ideas liberales en Colombia, 1849–1914, Bogotá 1975.
TERAN, Oscar: Panama (1936), Bogotá 1976.

Kolumbien: Wirtschaft und Gesellschaft

BERGQUIST, Charles W.: „The political economy of the Colombian presidential election of 1897", in: HAHR 56 (1976), S. 1–30.
BERGQUIST, Charles W.: Coffee and conflict in Colombia, Durham, N.C., 1986.

Brew, Roger: El desarrollo económico de Antioquia desde la independencia hasta 1920, Bogotá 1970.
Bushnell, David: „Two stages in Colombian tariff policy: the Radical era and the return to protection (1861–1885)", in: Inter-American Economic Affairs 9 (1956), S. 5–23.
Deas, Malcolm: „The fiscal problems of nineteenth century Colombia", in: JLAS 14 (1982), S. 287–328.
Gilmore, Robert C.: „Nueva Granada's socialist mirage", in: HAHR 36 (1956), S. 190–210.
Huck, Eugene R.: „Economic experimentation in a newly independent nation: Colombia under Francisco de Paula Santander, 1821–1840", in: TAMS 29 (1971), S. 17–29.
McGreevey, William Paul: An economic history of Colombia, 1850–1970, Cambridge 1971.
Melo, Jorge O.: „Las vicisitudes del modelo liberal (1850–1899)", in: Ocampo (1987).
Ocampo, José Antonio: Colombia y la economía mundial, 1830–1910, Bogotá 1984.
Ocampo, José Antonio (Hrsg.): Historia económica de Colombia, Bogotá 1987.
Ospina Vásquez, Luis: Industria y protección en Colombia, 1810–1930, Medellín 1955.
Palacios, Marco: Coffee in Colombia, 1850–1970, an economic, social, and political history, Cambridge 1980.
Parsons, James J.: Antioquenan colonization in Western Colombia, Berkeley 1968.
Restrepo, Vicente: Estudio sobre las minas de oro y de plata en Colombia, Bogotá 1952.
Safford, Frank: The ideal of the practical. Colombia's struggle to form a technical elite, Austin 1976.
Safford, Frank: Aspectos del siglo XIX en Colombia, Bogotá 1977.
Tirado Mejía, Alvaro: Aspectos sociales de las guerras civiles en Colombia, Bogotá 1976.

Kolumbien: Kultur

Holguin Arboleda, Julio: 21 años de vida colombiana, Bogotá 1962.
Jaramillo Uribe, Jaime: Antología del pensamiento político colombiano, 2 Bde., Bogotá 1970.
Jaramillo Uribe, Jaime: El pensamiento colombiano en el siglo XIX, 2. Aufl., Bogotá 1974.

Venezuela: Bibliographien, Hilfsmittel

Fundación Polar: Diccionario de historia de Venezuela, 3 Bde., Caracas 1988.
Keyser, Donna/Rudolph, G. A.: Historical dictionary of Venezuela, Metuchen, N. J., 1977.
Lombardi, John V., u. a.: Venezuelan history. A comprehensive working bibliography, Boston 1977.
Rodríguez, Ramón Armando: Diccionario biográfico, geográfico e histórico de Venezuela, Madrid 1957.
Waddell, D. A. G.: Venezuela, Oxford 1990.

Venezuela: Quellen

CARILLO BATALLA, Tomás E. (Hrsg.): Historia de las finanzas públicas en Venezuela en el siglo XIX, 10 Bde., Caracas 1969–1973.
GRASES, Pedro/PÉREZ VILA, Manuel (Hrsg.): Pensamiento político venezolano del siglo XIX, 15 Bde., Caracas 1960–1962.
GUZMÁN BLANCO, Antonio: Documentos para la historia, Caracas 1876.
Presidencia de la República: Documentos que hicieron historia, 2 Bde., Caracas 1962.

Venezuela: Gesamtdarstellungen

GONZÁLEZ GUINÁN, Francisco: Historia contemporánea de Venezuela, 2. Aufl., 15 Bde., Caracas 1954.
IZARD, Miguel: Tierra Firme. Historia de Venezuela y Colombia, Madrid 1987.
LOMBARDI, John V.: Venezuela. The search for order, the dream of progress, Oxford 1982.
PICON SALAS, Manuel, u.a. (Hrsg.): Venezuela independiente, 1810–1960, Caracas 1962.

Venezuela: Autobiographien, Biographien

ARMAS CHITTY, J.A. de: Fermín Toro y su época, Caracas 1969.
CASTELLANOS V., R.R.: Guzmán Blanco intimo, Caracas 1969.
CASTELLANOS V., R.R.: Páez, proscrito y peregrino, Caracas 1976.
DÍAZ SÁNCHEZ, R.: Guzmán. Elipse de una ambición de poder, 2 Bde., Caracas 1968.
GARCÍA LÓPEZ, Ana Belen/RICO SÁNCHEZ, Carmen: Antonio Guzmán Blanco. El ilustre americano, Madrid 1988.
CUNNINGHAME GRAHAM, Robert B: José Antonio Páez, Caracas 1973.
NAVARRO GARCÍA, Luis: José Antonio Páez. Caudillo de Venezuela, Madrid 1988.

Venezuela: Politik, Parteien

ARMAS CHITTY, J.A. de: Vida política de Caracas en el siglo XIX, Caracas 1969.
BRICEÑO, Manuel: Los ilustres. Páginas para la historia de Venezuela, Bogotá 1884.
CARRERA DAMAS, Germán: Venezuela: proyecto nacional y poder social, Barcelona 1986.
GIL FORTOUL, José: Historia constitucional de Venezuela, 3 Bde., 5. Aufl., Caracas 1963.
GILMORE, Robert F.: Caudillism and militarism in Venezuela, 1810–1910, Athens, Ohio, 1964.
MAGALLANES, Manuel V.: Los partidos políticos en la evolución histórica venezolana, Caracas 1973.
VALLENILLA LANZ, Laureano: Cesarismo democrático. Estudios sobre las bases sociológicas de la constitución efectiva de Venezuela, 4. Aufl., Caracas 1961.

Venezuela: Wirtschaft und Gesellschaft

BRITO FIGUEROA, Federico: Historia económica y social de Venezuela, 2 Bde., Caracas 1966.

HARWICH VALLENILLA, Nikita: El modelo económico del liberalismo amarillo. Historia de una fracaso, 1888–1908, Caracas 1984.
IZARD, Miguel (Hrsg.): Series estadísticas para la historia de Venezuela, Mérida 1970.
IZARD, Miguel, u. a.: Política y economía en Venezuela, 1810–1976, Caracas 1976.
LOMBARDI, John V.: The decline and abolition of negro slavery in Venezuela, 1820–1854, Westport 1971.
MATTHEWS, R. P.: Violencia rural en Venezuela, 1840–1858, antecedentes socioeconómicos de la Guerra Federal, Caracas 1977.
VELOZ, Ramón: Economía y finanzas de Venezuela desde 1830 hasta 1944, Caracas 1945.
WALTER, Rolf: Preussen und Venezuela. Edition der preußischen Konsularberichte über Venezuela, 1842–1850, Frankfurt/M. 1991.

Venezuela: Kultur

LEMMO, A.: La educación en Venezuela en 1870, Caracas 1976.
WATTERS, Mary: A history of the Church in Venezuela, 1810–1930, Chapel Hill 1930.

5. Peru, Bolivien, Chile 1830–1920

Quellen und Geschichtsschreibung

BASADRE, Jorge: Introducción a las bases documentales para la historia de la República del Perú con algunas reflexiones, Lima 1971.
BONILLA, Heraclio: „The new profile of Peruvian history“, in: LARR 16 (1981), S. 210–224.
COLLIER, Simon: „The historiography of the ‚Portalian‘ period (1830–1891) in Chile“, in: HAHR 57 (1977), S. 660–690.
LARSON, Brooke: „Bolivia revisited: new directions in North American research in history and anthropology“, in: LARR 23 (1988), S. 63–90.
MITCHELL, B. R.: International historical statistics: the Americas and Australasia, London 1983.
SATER, William F.: „A survey of recent Chilean historiography, 1965–1976“, in: LARR 14 (1979), S. 55–88.
SCHMITZ, C. J.: World non-ferrous metal production and prices 1700–1976, London 1979.
SUNKEL, Osvaldo: Un siglo de historia económica de Chile, 1830–1930: dos ensayos y una bibliografía, Madrid 1982.
TEPASKE, John J. (Hrsg.): Research guide to Andean history: Bolivia, Chile, Ecuador, and Peru, Durham, N. C., 1981.

Übersichtsdarstellungen

ALBERT, Bill: South America and the First World War: the impact of the war on Brazil, Argentina, Peru and Chile, Cambridge 1988.
BASADRE, Jorge: Historia de la República del Perú, 17 Bde., Lima 1968.

BETHELL, Leslie (Hrsg.): The Cambridge History of Latin America, Bde. III–V, Cambridge 1985–1986.
BONILLA, Heraclio: Un siglo a la deriva: ensayos sobre el Perú, Bolivia, y la guerra, Lima 1980.
COTLER, Julio: Clases, estado y nación en el Perú, Lima 1978.
DELER, J.P./SAINT-GEOURS, Y. (Hrsg.): Estados y naciones en los Andes: hacia una historia comparativa: Bolivia–Colombia–Ecuador–Perú, Lima 1986.
HARRIS, Olivia/LARSON, Brooke/TANDETER, Enrique (Hrsg.): La participación indígena en los mercados surandinos: estrategías y reproducción social, siglos XVI–XX, La Paz 1987.
KLEIN, Herbert S.: Bolivia: the evolution of a multi-ethnic society, New York 1982.
LOVEMAN, Brian: Chile: the legacy of Hispanic capitalism, New York 1988.
MÖRNER, Magnus: The Andean past: land, societies and conflicts, New York 1985.
PIKE, Fredrick B.: The modern history of Peru, London 1967.
SILVA SANTISTEBÁN, Fernando (Hrsg.): Historia del Perú, 12 Bde., Lima 1980.
STERN, Steve J. (Hrsg.): Resistance, rebellion and consciousness in the Andean peasant world: 18th to 20th centuries, Madison 1987.
VIAL, Gonzalo: Historia de Chile, 2 Bde., Santiago 1981/1986.
VITALE, Luis: Interpretación marxista de la historia de Chile, 5 Bde., Santiago/Frankfurt/M./Barcelona 1971–1980.

Bolivien

ALBÓ, Xavier/BARNADAS, Joseph M.: La cara campesina de nuestra historia, La Paz 1984.
BARRAGÁN, Rossana: Espacio urbano y dinámica étnica: La Paz en el siglo XIX, La Paz 1990.
CONDARCO MORALES, Ramiro: Zarate ‚El Temible' Wilka: historia de la rebelión indígena de 1899, La Paz 1965.
DÉMÉLAS, Marie Danièle: Nationalisme sans nation? La Bolivie aux XIX et XX siècles, Paris 1980.
DUNKERLEY, James: „Reassessing caudillismo in Bolivia, 1825–1879", in: BLAR 1 (1981), S. 13–26.
GRIESHABER, Erwin P.: „Survival of indian communities in nineteenth-century Bolivia: a regional comparison", in: JLAS 12 (1980), S. 223–269.
JACKSON, Robert H.: „The decline of the hacienda in Cochabamba, Bolivia: the case of the Sacabá valley, 1870–1929", in: HAHR 69 (1989), S. 259–282.
KLEIN, Herbert S.: Parties and political change in Bolivia, 1880–1952, Cambridge 1969.
LANGER, Erick D.: Economic change and rural resistance in southern Bolivia, 1880–1930, Stanford 1989.
LARSON, Brooke: Colonialism and agrarian transformation in Bolivia: Cochabamba, 1550–1900, Princeton 1988.
MITRE, Antonio: Los patriarcas de La Plata: estructura socioecónomica de la minería boliviana en el siglo XIX, Lima 1981.
MITRE, Antonio: El monedero de los Andes: región económica y moneda boliviana en el siglo XIX, La Paz 1986.

PEÑALOZA, Luis: Nueva historia económica de Bolivia, 7 Bde., Cochabamba 1987.
QUEREJAZÚ CALVO, Roberto: Bolivia y los ingleses, 1825–1948, La Paz 1973.
RIVERA CUSICANQUI, Silvia: „La expansión del latifundio en el altiplano boliviano: elementos para la caracterización de una oligarquía regional“, in: Avances 2 (1978), S. 95–118.
RIVERA CUSICANQUI, Silvia: „Oppressed but not defeated“: peasant struggles among the Aymara and Qhechwa in Bolivia, 1900–1980, Genf 1987.
SÁNCHEZ ALBORNOZ, Nicolás: „Tributo abolido, tributo repuesto: invariantes socioeconómicas en la Bolivia republicana“, in: Tulio HALPERIN DONGHI (Hrsg.): El ocaso del orden colonial en Hispanoamérica, Buenos Aires 1978, S. 159–200.

Peru

AGUIRRE, Carlos/WALKER, Charles (Hrsg.): Bandoleros, abigeos, y montoneros: criminalidad y violencia en el Perú, siglos XVIII–XX, Lima 1990.
ALBERT, Bill: An essay on the Peruvian sugar industry, 1880–1920, Norwich 1976.
BELL, William S.: An essay on the Peruvian cotton industry, 1825–1920, Liverpool 1985.
BERMÚDEZ, Oscar: Historia del salitre desde sus orígenes hasta la Guerra del Pacífico, Santiago 1963.
BLANCHARD, Peter: The origins of the Peruvian labor movement, 1883–1919, Pittsburgh 1982.
BONILLA, Heraclio: Guano y burguesía en el Perú, Lima 1974.
BURGA, Manuel/FLORES GALINDO, Alberto: Apogeo y crisis de la república aristocrática, Lima 1979.
CONTRERAS, Carlos: „Minería y mano de obra en el Perú del siglo XIX“, in: Siglo XIX 8 (1989), S. 9–50.
DEUSTUA, José: „Producción minera y circulación minera en una economía andina“, in: Revista Andina 4 (1986), S. 319–354.
ENGELSON, J. R.: Social aspects of agricultural expansion in coastal Peru, 1825–1878, Diss., University of California 1977.
FLORES GALINDO, Alberto: Arequipa y el sur andino: siglos XVIII–XX, Lima 1977.
GONZALES, Michael J.: Plantation agriculture and social control in northern Peru, 1875–1933, Austin 1985.
GONZALES, Michael J.: „Neo-colonialism and indian unrest in southern Peru, 1867–1898“, in: BLAR 6 (1987), S. 1–26.
GONZALES, Michael J.: „Chinese plantation workers and social conflict in the late nineteenth century“, in: JLAS 21 (1989), S. 385–424.
GOOTENBERG, Paul: Between silver and guano: commercial policy and the state in postindependence Peru, Princeton 1989.
GREENHILL, R. G./MILLER, R. M.: „The Peruvian government and the nitrate trade, 1873–1879“, in: JLAS 5 (1973), S. 107–131.
HUNT, Shane J.: Price and quantum estimates of Peruvian exports, 1830–1962, Princeton 1973.
HUNT, Shane J.: „Guano y crecimiento en el Perú del siglo XIX“, in: HISLA 6 (1985), S. 35–92.

JACOBSEN, Nils: „Cycles and booms in Latin American export agriculture: the example of southern Peru's livestock economy, 1855–1920", in: Review 7 (1984), S. 443–507.

MALLON, Florencia: The defense of community in Peru's central highlands: peasant struggle and capitalist transition, 1860–1940, Princeton 1983.

MANRIQUE, Nelson: Mercado interno y región: la sierra central, 1820–1930, Lima 1987.

MANRIQUE, Nelson: Yaway Mayu: sociedades terratenientes serranas, 1879–1910, Lima 1988.

MATHEW, W. M.: The house of Gibbs and the Peruvian guano monopoly, London 1981.

MILLER, Rory: „The coastal elite and Peruvian politics, 1895–1919", in: JLAS 14 (1982), S. 97–120.

MILLER, Rory: „The Grace contract, the Peruvian Corporation and Peruvian history", in: IAA 9 (1983), S. 319–348.

MILLER, Rory (Hrsg.): Region and class in modern Peruvian history, Liverpool 1987.

Peru, Extract estadístico, 1934–1935, Lima 1935.

PREGGER ROMAN, Charles G.: „Dependence, underdevelopment and imperialism in Latin America: a reappraisal", in: Science and Society 47 (1983), S. 406–426.

QUIROZ, Alfonso W.: La deuda defraudada: consolidación de 1850 y dominio económico en el Perú, Lima 1987.

QUIROZ, Alfonso W.: Banqueros en conflicto: estructura financiera y economía peruana, 1884–1930, Lima 1989.

QUIROZ, Alfonso W.: „Financial leadership and the formation of Peruvian elite groups, 1884–1930", in: JLAS 20 (1988), S. 49–81.

STEIN, Steve (Hrsg.): Lima obrera, 1900–1930, 2 Bde., Lima 1986–1987.

THORP, Rosemary / BERTRAM, Geoffrey: Peru, 1890–1977: growth and policy in an open economy, New York 1978.

Chile

BAUER, Arnold J.: „Chilean rural labor in the nineteenth century", in: American Historical Review 76 (1971), S. 1059–1083.

BAUER, Arnold J.: Chilean rural society from the Spanish conquest to 1930, Cambridge 1975.

BAUER, Arnold J.: „Industry and the missing bourgeoisie: consumption and development in Chile, 1850–1950", in: HAHR 70 (1990), S. 227–254.

BERGQUIST, Charles: Labor in Latin America: comparative essays on Chile, Argentina, Venezuela and Colombia, Stanford 1986.

BERMUDEZ, Oscar: Historia del salitre desde la Guerra del Pacífico hasta la Revolución de 1891, Santiago 1984.

BLAKEMORE, Harold: British nitrates and Chilean politics, 1886–1896: Balmaceda and North, London 1974.

BLANCPAIN, Jean-Pierre: Les allemands au Chili, 1816–1945, Köln 1974.

BOWMAN, John R. / WALLERSTEIN, Michael: „The fall of Balmaceda and public finance in Chile: new data for an old debate", in: Journal of Inter-American Studies 24 (1982), S. 421–460.

CAVIERES, Eduardo: Comercio chileno y comerciantes ingleses, 1820–1880, Valparaiso 1988.

DESHAZO, Peter: Urban workers and labor unions in Chile, 1902–1927, Madison 1983.

FERNÁNDEZ, Manuel A.: „British nitrate companies and the emergence of Chile's proletariat, 1880–1914", in: B. MUNSLOW/H. FINCH (Hrsg.): Proletarianization in the Third World, London 1984, S. 42–76.

HEISE GONZÁLEZ, Julio: Historia de Chile: el período parlamentario, 1861–1925, Santiago 1982.

KIRSCH, Henry W.: Industrial development in a traditional society: the conflict of entrepreneurship and modernization in Chile, Gainesville 1977.

MAMALAKIS, Markos J.: „The role of government in the resource transfer and resource allocation processes: the Chilean nitrate sector, 1880–1930", in: Gustav RANIS (Hrsg.): Government and economic development, New Haven 1971, S.181–215.

MAMALAKIS, Markos J.: The growth and structure of the Chilean economy: from independence to Allende, New Haven 1976.

MAYO, John: British merchants and Chilean development, 1851–1886, Boulder 1987.

MONTEON, Michael: Chile in the nitrate era: the evolution of economic dependence, 1880–1930, Madison 1982.

NUNN, Frederick M.: „Emil Körner and the Prussianization of the Chilean army: origins, process and consequences, 1885–1920", in: HAHR 50 (1970), S. 300–322.

O'BRIEN, Thomas F.: „The Antofagasta Company: a case study of peripheral capitalism", in: HAHR 60 (1980), S. 1–31.

O'BRIEN, Thomas F.: The nitrate industry and Chile's crucial transition, 1870–1891, New York 1982.

OJEDA-EBERT, Gerardo Jorge: Deutsche Einwanderung und Herausbildung der chilenischen Nation (1846–1920), München 1984.

ORTEGA, Luis: „Acerca de los orígenes de la industrialización chilena, 1860–1879", in: Nueva Historia 1 (1981), S. 1–54.

RAMÓN, Armando de: „Estudio de una periferia urbana: Santiago de Chile, 1850–1900", in: Historia 20 (1985), S. 199–289.

REMMER, Karen L.: „The timing, pace and sequence of political change in Chile, 1891–1925", in: HAHR 57 (1977), S. 205–230.

REMMER, Karen L.: Party competition in Argentina and Chile: political recruitment and public policy, 1890–1930, Lincoln, Nebraska, 1984.

ROMERO, Luis Alberto: La sociedad de la igualdad: los artesanos de Santiago de Chile y sus primeras experiencias políticas, 1820–1851, Buenos Aires 1978.

ROMERO, Luis Alberto: „Condiciones de vida de los sectores populares en Santiago de Chile, 1840–1895: vivienda y salud", in: Nueva Historia 9 (1984), S. 3–86.

SATER, William F.: „Economic nationalism and tax reform in late nineteenth-century Chile", in: TAMS 33 (1976), S. 311–335.

SCHAEFER, Jürgen: Deutsche Militärpolitik und deutsche Rüstungsinteressen in Chile, Argentinien und Bolivien vor dem 1. Weltkrieg, Hamburg 1974.

VAYSSIÈRE, Pierre: „La division internationale du travail et la dénationalisation du cuivre chilien, 1880–1920", in: CCMHLAS 20 (1973), S. 7–29.

VAYSSIÈRE, Pierre: Un siècle de capitalisme minière au Chili, 1830–1930, Paris 1980.
WINKELBAUER, Waltraud: Die österreichisch-chilenischen Beziehungen vom Vormärz bis zum Ende der Habsburgermonarchie, Köln 1988.
ZEITLIN, Maurice: The civil wars in Chile (or the bourgeois revolutions that never were), Princeton 1984.

Der Salpeterkrieg (1879–1883)

BERNALES B., Enrique (Hrsg.): Reflexiones en torno a la guerra de 1879, Lima 1979.
BONILLA, Heraclio: „The War of the Pacific and the national and colonial problem in Peru", in: PP 81 (1978), S. 92–118.
BURR, Robert N.: By reason or force: Chile and the balancing of power in South America, 1830–1905, Berkeley 1965.
KIERNAN, V. G.: „Foreign interests in the War of the Pacific", in: HAHR 35 (1955), S. 14–36.
MAYO, John: „La Compañía de Salitres de Antofagasta y la Guerra del Pacífico", in: Historia 14 (1979), S. 71–102.
ORTEGA, Luis: „Nitrates, Chilean entrepreneurs, and the origins of the War of the Pacific", in: JLAS 16 (1984), S. 337–380.
REÁTEGUI CHÁVEZ, Wilson (Hrsg.): La Guerra del Pacífico, Lima 1984.
SATER, William F.: Chile and the War of the Pacific, Lincoln, Nebraska 1986.

6. Argentinien, Uruguay, Paraguay 1830/1852–1904/1910

Argentinien 1852–1910: Bibliographien, Quellen, Reiseberichte

ALBERDI, Juan Bautista: Obras completas, 8 Bde., Buenos Aires 1876–1886.
ALBERDI, Juan Bautista: Escritos póstumos, 16 Bde., Buenos Aires 1895–1901.
ARENT, Alfred: Ein Land der Zukunft. Ein Beitrag zur näheren Kenntnis Argentiniens, München 1906.
BAGÚ, Sergio: Argentina 1875–1975. Población, economía, sociedad. Estudio temático y bibliográfico, Buenos Aires 1983.
BEVIONE, G.: L'Argentina, Turin 1911.
BURMEISTER, Hermann: Reise durch die La-Plata-Staaten, mit besonderer Rücksicht auf die physische Beschaffenheit und den Culturzustand der Argentinischen Republik, 2 Bde., Halle 1861.
CÁRCANO, Ramón J.: Mis primeros 80 años, Buenos Aires 1943.
DAIREAUX, Emile: La vie et les moeurs à la Plata, 2 Bde., Paris 1888.
D'AMICO, Carlos: Buenos Aires, sus hombres, su política (1860–1890), Buenos Aires 1967.
EISENSTEIN, Richard Freiherr von und zu: Reise nach Panama, Peru, Chile mit Feuerland, Argentinien, Paraguay, Uruguay und Brasilien, Wien 1906.
HUDSON, William H.: Far away and long ago: a history of my early life, London 1923.
HURET, Jules: En Argentine: de Buenos-Aires au Gran Chaco, Paris 1911.
IBARGUREN, Carlos: La historia que he vivido, Buenos Aires 1969.

LATZINA, Francisco: La República Argentina. Población, comercio, moneda, seguros, Buenos Aires 1885.
LATZINA, Francisco: La Argentina considerada en sus aspectos físicos, sociales y económicos, Buenos Aires 1902.
MANSILLA, Lucio V.: Una excursión a los indios ranqueles, Buenos Aires 1870.
MARTINEZ, Albert B. / LEWANDOWSKI, Maurice: L'Argentine au XXe siècle, Paris 1909.
MITRE, Bartolomé: Archivo del general Mitre: documentos y correspondencia, 28 Bde., Buenos Aires 1911–1914.
MOUSSY, Victor Martin de: Description géographique et statistique de la confédération argentine, 3 Bde., Paris 1860–1873.
MULHALL, M. G. / MULHALL, E. T.: Handbook of the River Plate comprising the Argentine Republic, Uruguay, and Paraguay, Buenos Aires, jährlich seit 1863.
NAPP, Richard: Die Argentinische Republik, Buenos Aires 1876.
SARMIENTO, Domingo F.: Obras completas, 52 Bde., Santiago 1887–1902.
SCHNABEL, Leopold: Buenos-Ayres. Land und Leute am silbernen Strome. Mit besonderer Rücksicht auf europäische Einwanderung, Handel und Verkehr, Stuttgart/ Buenos Aires 1886.
WILDE, José A.: Buenos Aires desde sesenta años atrás, Buenos Aires 1881.

Argentinien 1852–1910: Biographien

ARCE, José: Roca, 1843–1914: su vida, su obra, 2 Bde., Buenos Aires 1960/61.
CAMPOBASSI, José S.: Mitre y su época, Buenos Aires 1971.
CHÁVEZ, Fermín: Vida del Chacho; Angel Vicente Peñaloza, general de la confederación, Buenos Aires 1962.
LUNA, Félix: Soy Roca, Buenos Aires 1989.
MAYER, Jorge: Alberdi y su tiempo, Buenos Aires 1963.
MAYER, Jorge: Sarmiento, Buenos Aires 1974.
RIVERO ASTENGO, Agustín P.: Pellegrini. Obras, 5 Bde., Buenos Aires 1941.
RIVERA ASTENGO, Agustín P.: Juárez Celman, 1844–1909, Buenos Aires 1944.
TERZAGA, Alfredo: Historia de Roca, 2 Bde., Buenos Aires 1976.
VERDEVOYE, Paul: Domingo Faustino Sarmiento, éducateur et publiciste, entre 1839 et 1852, Paris 1963.

Argentinien 1852–1910: Kultur

PÉREZ AMUCHÁSTEGUI, Antonio J.: Mentalidades argentinas, 1860–1930, Buenos Aires 1984.
ROSSELLI, John: „The opera business and the Italian immigrant community in Latin America 1820–1930: the example of Buenos Aires", in: PP 127 (1990), S. 155–182.
SOLER, Ricaurte: El positivismo argentino, Buenos Aires 1968.

Argentinien 1852–1910: Gesellschaft und Politik

BAILEY, Samuel: Labor, nationalism and politics in Argentina, New Brunswick 1967.
BOTANA, Natalio: El orden conservador: la política argentina entre 1880 y 1916, Buenos Aires 1977.

BOURDÉ, Guy: Urbanisation et immigration en Amérique Latine: Buenos Aires (XIXe et XXe siècles), Paris 1974.
CORTÉS CONDE, Roberto: El progreso argentino, 1880–1914, Buenos Aires 1979.
FERRARI, Gustavo/GALLO, Ezequiel: La Argentina del ochenta al centenario, Buenos Aires 1980.
FORD, A. G.: The gold standard: 1880–1914. Britain and Argentina, Oxford 1962.
GALÍNDEZ, Bartolomé: Historia política argentina: la revolución del 80, Buenos Aires 1945.
GALLO, Ezequiel: Farmers in revolt: the revolutions of 1893 in the province of Santa Fé, London 1976.
GASIÓ, Guillermo/SAN ROMÁN, María C.: La conquista del progreso, 1874–1880, Buenos Aires 1977.
HANSON, Simon G.: Argentine meat and the British market, Stanford 1938.
LEWIS, Colin: British railways in Argentina 1857–1914. A case study in foreign investment, London 1983.
MAROTTA, Sebastián: El movimiento sindical argentino, 4 Bde., Buenos Aires 1960–1962.
MCGANN, Thomas F.: Argentina, the United States and the Inter-American system, Cambridge, Mass., 1957.
MÍGUEZ, Eduardo José: Las tierras de los ingleses en la Argentina, 1870–1914, Buenos Aires 1986.
MUNCK, Ronaldo/FALCÓN, Ricardo/GALLITELLI, Bernardo: Argentina: from anarchism to Peronism. Workers, unions and politics, 1855–1985, London 1987.
NEWTON, Jorge: Historia de la sociedad rural Argentina, Buenos Aires 1966.
NEWTON, Jorge/NEWTON, Lily de: Historia del Jockey Club de Buenos Aires, Buenos Aires 1966.
ORTIZ, Ricardo M.: Historia económica de la Argentina, 1850–1930, 2 Bde., Buenos Aires 1955.
ROCK, David: Politics in Argentina, 1890–1930: the rise and fall of radicalism, Cambridge 1975.
SBARRA, Noel: Historia del alambrado, Buenos Aires 1955.
SCALABRINI ORTIZ, Raúl: Historia de los ferrocarriles argentinos, Buenos Aires 1940.
SCOBIE, James: La lucha por la consolidación de la nacionalidad argentina, 1852–1862, Buenos Aires 1964.
SCOBIE, James: Revolution on the Pampas: a social history of Argentine wheat, 1860–1910, Austin 1964.
SCOBIE, James: Buenos Aires. Plaza to suburb, 1870–1910, New York 1974.
SOMMI, Luis V.: La revolución del 90, Buenos Aires 1972.
WALTHER, Juan Carlos: La conquista del desierto, Buenos Aires 1948.

Uruguay 1830–1904: Quellen und Reiseberichte

BRUYSSEL, E. van: La République Orientale de l'Uruguay, Brüssel 1889.
DÍAZ, César: Memorias inéditas del general oriental Don César Díaz, Buenos Aires 1878.
El libro del Centenario del Uruguay 1825–1925, Montevideo 1925.
HERRERA, Luis Alberto de: Por la Patria. La revolución de 1897 y sus antecedentes, Montevideo 1898.

ISABELLE, Arsène: Voyage à Buenos-Ayres et a Porto Alègre, par la Bande Orientale, les Missions d'Uruguay et la province de Rio Grande de Sul (de 1830 a 1834), Le Havre 1835.
MARGARIÑOS DE MELLO, Mateo J.: El gobierno del Cerrito. Colección de documentos oficiales emanados de los poderes del gobierno presidido por el brigadier general D. Manuel Oribe, 1843–1851, 3 Bde., Montevideo 1948–1954.
SAMPOGNARO, Virgilio: L'Uruguay au commencement du XXe siècle, Brüssel 1910.
SCHUPP, Ambros: Besuch am La Plata, Freiburg 1891.

Uruguay 1830–1904: Biographien

IDIARTE BORDA, Célia/IDIARTE BORDA, María Ester: Juan Idiarte Borda, su vida, su obra, Buenos Aires 1939.
GÁLVEZ, Manuel: Vida de Aparicio Saravia, Buenos Aires 1957.
MANACORDA, Telmo: Fructuoso Rivera el perpetuo defensor de la República Oriental, Madrid 1933.
MANACORDA, Telmo: José Pedro Varela, Montevideo 1948.
MARTÍNEZ, José L.: General Máximo Santos ante la historia, Montevideo 1952.
PEREDA, Setembrino E.: Garibaldi en el Uruguay, 3 Bde., Montevideo 1914–1916.
SALTERAIN Y HERRERA, Eduardo de: Latorre, la unidad nacional, Montevideo 1952.
VIGNALE, Julio César: Oribe, héroe de la independencia nacional, prócer de América y fundador del Partido Blanco. Su vida, sus hechos y la verdad histórica, Montevideo 1941.

Uruguay 1830–1904: Übersichtsdarstellungen

BARRÁN, José Pedro / NAHÚM, Benjamín: Historia rural del Uruguay moderno, 7 Bde., Montevideo 1967–1968.
MARÍA, Isidoro de: Montevideo antiguo. Tradiciones y recuerdos, 2 Bde., Montevideo 1957.
PIVEL DEVOTO, Juan E.: Historia de los partidos políticos en el Uruguay, 2 Bde., Montevideo 1942.
ZUBILLAGA, Carlos/BÁLBIS, Jorge: Historia del movimiento sindical uruguayo, 2 Bde., Montevideo 1985–1986.

Paraguay 1840–1904: Quellen und Reiseberichte

BRUYSSEL, E. van: La République du Paraguay, Brüssel 1893.
FISCHER-TREUENFELD, Richard F. E. von: Paraguay in Wort und Bild: Eine Studie über den wirtschaftlichen Fortschritt des Landes, Berlin 1906.
MEULEMANS, Auguste: La République du Paraguay. Étude historique et statistique, Paris 1884.
MEVERT, Ernst: Reisebriefe aus Paraguay, Wandsbeck 1882.

MONTE DOMECQ, R.: La República del Paraguay en su primer centenario, 1811–1911, Buenos Aires 1911.
POSADA, Adolfo: La República del Paraguay. Impresiones y comentarios, Madrid 1911.

Paraguay 1840–1904: Biographien

BENÍTEZ, Julio Pastor: Carlos Antonio López, Buenos Aires 1949.
BRODSKY, Alyn: Madame Lynch and friend. The true account of an Irish adventuress and the Dictator of Paraguay who destroyed that American nation, London 1976.

Paraguay 1840–1904: Der Paraguay-Krieg

AVEIRO, Silvestre: Memorias militares (1864–1870), Asunción 1970.
BEVERINA, Juan: La Guerra del Paraguay, 7 Bde., Buenos Aires 1921–1933.
BOX, Pelham H.: The origins of the Paraguayan War, Urbana 1927.
CÁRCANO, Ramón J.: La Guerra del Paraguay, 3 Bde., Buenos Aires 1939–1941.
CARDOZO, Efraím: Hace cien años: crónicas de la guerra de 1864–1870, 12 Bde., Asunción 1967–1981.
CERQUIERA, Dionisio: Reminiscencias da campanha do Paraguai, Rio de Janeiro 1910.
DECOUD, Héctor F.: Guerra del Paraguay: la masacre de Concepción, Buenos Aires 1926.
KOLINSKY, Charles J.: Independence or death! The story of the Paraguayan War, Gainesville 1965.
PALLEJA, León de: Diario de campaña de las fuerzas aliadas contra el Paraguay, 2 Bde., Montevideo 1960.
REBER, Vera Blinn: „The demographics of Paraguay: a reinterpretation of the great war, 1864–70“, in: HAHR 68 (1988), S. 289–319.
SCHNEIDER, L.: A Guerra da Tríplice Aliança, 4 Bde., Rio de Janeiro 1924.
TASSO FRAGOSO, Augusto: História da Guerra entre a Tríplice Aliança e o Paraguai, 5 Bde., Rio de Janeiro 1956–1960.
THOMPSON, George: The war in Paraguay, London 1869.

Paraguay 1840–1904: Übersichtsdarstellungen

FRIEDMAN, Eugenio: Historia del azúcar en el Paraguay, Asunción 1966.
GARCÍA MELLID, Atilio: Proceso a los falsificadores de la historia del Paraguay, 2 Bde., Buenos Aires 1963–1964.
PASTORE, Carlos: La lucha por la tierra en el Paraguay: proceso histórico y legislativo, Montevideo 1949.
PLA, Josefina: The British in Paraguay 1850–1870, London 1977.
WARREN, Harris G.: „Banks and banking in Paraguay, 1871–1904“, in: Inter-American Economic Affairs 32 (1978), S. 39–57.
WARREN, Harris G.: Paraguay and the Triple Alliance. The postwar decade, 1869–1878, Austin 1978.
WARREN, Harris G.: „The Paraguayan Revolution of 1904“, in: TAMS 36 (1980), S. 365–380.
WARREN, Harris G.: Rebirth of the Paraguayan Republic. The first Colorado era, 1878–1904, Pittsburgh 1985.

7. Die Karibik 1760–1900

Übersichtsdarstellungen

KNIGHT, Franklin W.: The Caribbean: the genesis of a fragmented nationalism, 2. Aufl., New York 1990.
LEWIS, Gordon W.: Main currents in Caribbean thought; the historical evolution of Caribbean society in its ideological aspects, 1492–1900, Baltimore 1983.
MINTZ, Sidney W.: Sweetness and power: the place of sugar in modern history, New York 1985.
PARRY, J. H./SHERLOCK, Philip/MAINGOT, Anthony: A short history of the West Indies, 4. Aufl., New York 1987.
WARD, J. R.: Poverty and progress in the Caribbean 1800–1960, Houndmills 1985.
WATTS, David: The West Indies: patterns of development, culture and environmental change since 1492, Cambridge 1987.
WILLIAMS, Eric: From Columbus to Castro: the history of the Caribbean 1492–1969, London 1970.

Sklavenhandel, Sklaverei und Rebellion

CURTIN, Philip D.: The Atlantic slave trade: a census, Madison 1969.
DAVIS, David Brian: Slavery and human progress, New York 1984.
KLEIN, Herbert S.: African slavery in Latin America and the Caribbean, New York 1986.
LOVEJOY, Paul E.: „The volume of the Atlantic slave trade: a synthesis“, in: Journal of African History 23 (1982), S. 473–501.
PRICE, Richard (Hrsg.): Maroon societies: rebel slave communities in the Americas, 2. Aufl., Baltimore 1979.

Historische Anthropologie, Beziehungen zwischen den Rassen

HOETINK, H.: Caribbean race relations: a study of two variants, London 1967.
HOETINK, H.: „ ‚Race‘ and color in the Caribbean“, in: Sidney W. MINTZ/Sally PRICE (Hrsg.): Caribbean contours, Baltimore 1985, S. 55–84.
MINTZ, Sidney W.: Caribbean transformations, New York 1989.
MINTZ, Sidney W./PRICE, Richard: An anthropological perspective to the Afro-American past: a Caribbean perspective, Philadelphia 1976.

Haiti und die französische Karibik

HALL, Gwendolyn M.: Social control in slave plantation societies: a comparison of St. Dominique and Cuba, Baltimore 1971.
JAMES, C. L. R.: The black Jacobins: Toussaint l'Ouverture and the San Domingo Revolution, London 1980.
LEYBURN, James G.: The Haitian people, New Haven 1966.
NICHOLLS, David: From Dessalines to Duvalier: race, colour and national independence in Haiti, Cambridge 1979.

PLUCHON, Pierre: Histoire des Antilles et de la Guayane, Toulouse 1982.
SCHNAKENBOURG, C.: „Statistiques pour l'histoire de l'économie de plantation en Guadeloupe et Martinique", in: Bulletin de la Société d'Histoire de la Guadeloupe 31 (1977), S. 3–121.
SCHNAKENBOURG, C.: Histoire de l'industrie sucrière en Guadeloupe aux XIXe et XXe siècles, Paris 1980.
TOMICH, Dale W.: Slavery in the circuit of sugar: Martinique and the world economy 1830–1848, Baltimore 1990.

Die britische Karibik

ADAMSON, Alan: Sugar without slaves: the political economy of British Guiana, 1838–1904, New Haven 1972.
BECKLES, Hilary: A history of Barbados: from Amerindian settlement to nation-state, Cambridge 1990.
BRERETON, Bridget: A history of modern Trinidad, 1783–1962, London 1981.
CRATON, Michael: Testing the chains: resistance to slavery in the British West Indies, Ithaca 1982.
CRATON, Michael/WALVIN, James: A Jamaican plantation: the history of Worthy Park 1670–1970, New York 1970.
DRESCHER, Seymour: Econocide: British slavery in the era of abolition, Pittsburgh 1977.
EISNER, Gisele: Jamaica, 1830–1930: a study in economic growth, Manchester 1961.
GREEN, William A.: British slave emancipation: the sugar colonies and the great experiment 1830–1865, Oxford 1976.
HIGHMAN, B. W.: Slave population and economy in Jamaica 1807–1834, Cambridge 1976.
HIGHMAN, B. W.: Slave populations of the British Caribbean, 1807–1834, Baltimore 1984.
PATTERSON, Orlando: The sociology of slavery: an analysis of the origins, development and structure of Negro slave society in Jamaica, London 1967.
RAGATZ, Lowell J.: The fall of the planter class in the British Caribbean, 1753–1833, 2. Aufl., New York 1969.
WARD, J. R.: British West Indian slavery, 1750–1834: the process of amelioration, Oxford 1988.
WILLIAMS, Eric: History of the people of Trinidad and Tobago, London 1964.
WILLIAMS, Eric: Capitalism and slavery, 2. Aufl., London 1981.

Die niederländische Karibik

GOSLINGA, Cornelis Ch.: The Dutch in the Caribbean and in the Guianas 1680–1792, Assen 1985.
GOSLINGA, Cornelis Ch.: The Dutch in the Caribbean and in Surinam 1791/95–1942, Assen 1990.
HOETINK, H.: Het patroon van de oude Curaçaose samenleving, Assen 1958.
LIER, R. A. J. van: Frontier society: a social analysis of the history of Surinam, Den Haag 1971.

Oostindie, Gert J.: Roosenburg en Mon Bijou: twee Surinaamse plantages, 1720–1870, Dordrecht 1989.
Stipriaan, Alex van: „The Surinam rat race: labour and technology on sugar plantations, 1750–1900", in: Nieuwe West Indische Gids/New West Indian Guide 63 (1989), S. 94–117.

Die spanische Karibik: Allgemeine Literatur

Moreno Fraginals, Manuel / Moya Pons, Frank / Engermans, Stanley L. (Hrsg.): Between slavery and free labor: the Spanish-speaking Caribbean in the nineteenth century, Baltimore 1985.

Die spanische Karibik: Dominikanische Republik

Deive, Carlos Esteban: La esclavitud del negro en Santo Domingo, 2 Bde., Santo Domingo 1980.
Domínguez, Jaime de Jesús: La dictadura de Heureaux, Santo Domingo 1986.
Hoetink, H.: The Dominican people 1850–1900: notes for a historical sociology, Baltimore 1982.
Moya Pons, Frank: La dominación haitiana, 1822–1844, Santiago 1972.
Moya Pons, Frank: Manual de historia dominicana, 4. Aufl., Santiago 1978.
Peukert, Detlev Julio K.: „Anhelo de dependencia. Las ofertas de anexión de la República Dominicana a los Estados Unidos en el siglo XIX", in: JbLA 23 (1986), S. 305–320.
Sevilla Soler, M. R.: Santo Domingo: tierra de frontera (1750–1800), Sevilla 1980.

Die spanische Karibik: Kuba

Bergad, Laird W.: Cuban rural society in the nineteenth century: the social and economic history of monoculture in Matanzas, Princeton 1990.
Ely, Roland T.: Cuando reinaba su majestad el azúcar: estudio histórico-sociológico de una tragedia Latino-Americano, Buenos Aires 1963.
Kiple, Kenneth F.: Blacks in colonial Cuba 1774–1899, Gainesville 1976.
Knight, Franklin W.: Slave society in Cuba during the nineteenth century, Madison 1970.
Martínez Alier, Verena: Marriage, class and colour in nineteenth century Cuba, Cambridge 1974.
Moreno Fraginals, Manuel: El ingenio: complejo económico social cubano del azúcar, 3 Bde., Havanna 1978.
Ortiz, Fernando: Contrapunteo cubano del tabaco y el azúcar, Havanna 1983.
Pérez, Louis A.: Cuba between empires, 1878–1902, Pittsburgh 1983.
Pérez, Louis A.: Cuba: between reform and revolution, New York 1988.
Scott, Rebecca J.: Slave emancipation in Cuba: the transition to free labor, 1860–1899, Princeton 1985.
Thomas, Hugh: Cuba: the pursuit of freedom, New York 1971.

Die spanische Karibik: Puerto Rico

BERGAD, Laird W.: Coffee and the growth of agrarian capitalism in nineteenth-century Puerto Rico, Princeton 1983.

DIETZ, James L.: Economic history of Puerto Rico: institutional change and capitalist development, Princeton 1986.

MORALES CARRIÓN, Arturo: Puerto Rico: a political and cultural history, New York 1983.

PICÓ, Fernando: Historia general de Puerto Rico, Rio Piedras 1986.

QUINTERO RIVERA, A. G.: „The rural-urban dichotomy in the formation of Puerto Rico's cultural identity", in: Nieuwe West-Indische Gids/New West Indian Guide 61 (1987), S. 127–144.

SCARANO, Francisco A.: Sugar and slavery in Puerto Rico: the plantation economy of Ponce, 1800–1850, Madison 1984.

Zeittafel

1750–1777	José I. von Portugal
13.1.1750	Vertrag von Madrid: Festlegung der amerikanischen Grenzen zwischen Spanien und Portugal
1753	Neues Konkordat zwischen Spanien und dem Vatikan
1754–1757	Gesetzeskodifizierung in Brasilien
1756–1763	Siebenjähriger Krieg
1756–1777	Sebastião José de Carvalho e Mello, Marquis von Pombal, übt als Premierminister Portugals quasi-diktatorische Macht im portugiesischen Kolonialreich aus
1758	Gründung einer Universität in Santiago de Chile
1759	Vertreibung des Jesuitenordens aus Brasilien
1759–1788	Karl III. von Spanien
1762	Sitz der brasilianischen Kolonialregierung von Bahia nach Rio de Janeiro verlegt
1762–1763	Krieg Spaniens gegen Großbritannien und Portugal
1762–1763	Britische Besetzung von Havanna
1763	Friede von Paris: Spanien verliert Florida und erhält Louisiana. Rückgabe Havannas an Spanien
1764–1787	Einführung des Intendantensystems in Hispanoamerika
1765	Beginn von Handelsreformen in Hispanoamerika
1767	Vertreibung der Jesuiten aus Hispanoamerika
1765	Abschaffung des Flottensystems zwischen Portugal und Brasilien
1775–1783	Nordamerikanischer Unabhängigkeitskrieg
1776–1787	José de Gálvez spanischer Indienminister
1776	Schaffung der Inneren Provinzen Neu-Spaniens
1776	Einrichtung des Vizekönigreichs Río de la Plata
1776–1777	Spanische Expedition nach La Plata zur Vertreibung der Portugiesen aus der Cisplatinischen Provinz
1777	Venezuela wird Generalkapitanat
1777–1792	Maria I. von Portugal

12.10.1778	Ablösung des Flottensystems zwischen Spanien und Westindien durch das Freihandelsstatut
1779–1783	Krieg zwischen Spanien und Großbritannien
1780/81	Túpac-Amaru-Aufstand in Peru
1780	Britischer Plan zur Besetzung Nicaraguas mißlingt
1781	*Comunero*-Aufstand in Neu-Granada
1783	Schaffung von neuen *audiencias* in Buenos Aires und Caracas
1785–1795	Der durchschnittliche Jahresexport von Pökelfleisch aus Buenos Aires liegt bei 800 000 kg
1788–1808	Karl IV. von Spanien
15.3.1789	Beginn der *Inconfidentia mineira* in Vila Rica, Provinz Minas Gerais, Brasilien
21.4.1792	Hinrichtung von „Tiradentes“, Anführer der Minas-Revolte
1792–1816	Dom João VI. von Portugal, Regent
1793	Einrichtung des *consulado* von Guatemala
1793–1795	Spanisch-Französischer Krieg
1795	Einrichtung des *consulado* in Cartagena
1796	Einrichtung des *consulado* in Santiago de Chile
1796–1801	Krieg Spaniens mit Großbritannien
1797	Britische Blockade von Cádiz unterbricht den gesamten spanischen Westindienhandel
18.11.1797	Einführung gleichberechtigter Handelsbeziehungen zwischen Spanien und Westindien
1798	Verschwörung von Bahia
16.7.1799–7.3.1804	Alexander von Humboldt und Aimé Bonpland reisen durch Venezuela, Neu-Granada und Neu-Spanien
1800–1820	Die chilenische Goldproduktion deckt ein Sechstel der Weltnachfrage
23.3.1802	Friede von Amiens: Formelle Beendigung der Feindseligkeiten zwischen Großbritannien und Spanien; zeitweiliges Wiederaufleben des transatlantischen Handels
1803	Haiti wird von Frankreich unabhängig
1804–1808	Erneute Kriegshandlungen zwischen Spanien und Großbritannien

1804	Karl IV. erläßt das Dekret zur Übertragung der *consolidación de los vales reales* (Desamortisation von Kirchengütern) auf Amerika
1806–1807	Britische Truppen besetzen Buenos Aires und Montevideo, werden aber von lokalen Milizen unter Santiago Liniers zurückgeschlagen
Februar 1807	Der Vizekönig von Río de la Plata wird von der *audiencia* abgesetzt; Liniers wird vorläufiger Nachfolger
27.10.1807	Karl IV. von Spanien unterzeichnet den Vertrag von Fontainebleau; er gestattet darin den Durchmarsch französischer Truppen durch spanisches Territorium zur Invasion des mit Großbritannien verbündeten Portugal
29.11.1807	Flucht der portugiesischen Königsfamilie und des Hofes nach Brasilien
28.1.1808	Die *Carta regia* des Prinzregenten Dom João gestattet Brasilien, im Transatlantikhandel Portugal zu umgehen
19.3.1808	Karl IV. wird zur Abdankung zugunsten seines Sohnes Ferdinand VII. gezwungen
2.5.1808	In Madrid beginnt ein Aufstand gegen die Intervention Napoleons
6.6.1808	Napoleon bestimmt seinen Bruder Joseph zum König von Spanien und Westindien
15.9.1808	Absetzung des Vizekönigs Iturrigaray in Mexiko-Stadt
1809	Öffnung von Río de la Plata für den britischen Handel
1810–1860	Silber- und Kupfer-Boom in Nordchile
19.2.1810	Freundschafts- und Handelsvertrag zwischen Brasilien und Großbritannien: Senkung der Importzölle auf britische Waren in Brasilien
April–August 1810	In Caracas, Cartagena, Bogotá und Quito werden Juntas eingesetzt
25.5.1810	Absetzung des Vizekönigs von Río de la Plata; Einsetzung einer Junta in Rio de Janeiro
1810–1815	Die Versuche, von Buenos Aires aus Hochperu zu befreien, bleiben erfolglos
15.9.1810	Beginn der Hidalgo-Revolte in Neu-Spanien
18.9.1810	Einsatz einer Junta in Santiago de Chile
24.9.1810	Die *Cortes* von Cádiz beginnen zu tagen

13.3.1811	Abschaffung des Eingeborenentributs durch die *Cortes* von Cádiz
5.7.1811	Der Kongreß von Venezuela erklärt die Unabhängigkeit
1811	Invasion portugiesischer Truppen in die Cisplatinische Provinz von Río de la Plata
1811	Sturz der spanischen königlichen Regierung in Asunción
1811	Die Anführer der Hidalgo-Revolte in Neu-Spanien, Hidalgo, Allende und Aldama, werden gefangengenommen und hingerichtet
1812	Proklamation der Verfassung von Cádiz
25.7.1812	Rückeroberung Venezuelas durch royalistische Truppen
1813	Neuer Anstoß der Unabhängigkeitsbewegung durch Simón Bolívar
1813	Förmliche Unabhängigkeitserklärung Paraguays
1814–1840	José Francia Diktator von Paraguay
1814	Ferdinand VII. kehrt auf den spanischen Thron zurück und schafft die Verfassung ab
10.5.1814	Schließung der *Cortes* von Cádiz
2.10.1814	Der chilenische Führer der Unabhängigkeitsbewegung O'Higgins wird bei Rancagua von royalistischen Truppen besiegt
1815	Der spanische General Pablo Morillo trifft mit 10 000 Mann in Venezuela ein, um Venezuela und Neu-Granada zurückzuerobern
15.12.1815	Prinzregent Dom João erklärt Brasilien und Portugal zum Vereinigten Königreich
9.7.1816	Förmliche Unabhängigkeitserklärung der Vereinigten Provinzen von Río de la Plata (in etwa das Gebiet des heutigen Argentinien)
1816–1817	Das portugiesische Brasilien erobert und annektiert erneut die Cisplatinische Provinz
Januar 1817	San Martín überquert von Mendoza aus mit seiner 5000 Mann starken Armee die Anden und marschiert in Chile ein
Februar 1818	O'Higgins erklärt förmlich die Unabhängigkeit Chiles
5.4.1818	Befreiung Chiles durch San Martín in der Schlacht von Maipú
1818	Öffnung Chiles für den britischen Handel

1819	Der Kongreß von Angostura ernennt Bolívar zum Präsidenten von Groß-Kolumbien
7.8.1819	Bolívar besiegt die Royalisten bei Boyacá und marschiert in Bogotá ein
1819	Aufhebung der unitarischen Verfassung der Vereinigten Provinzen von Río de la Plata; Buenos Aires geht seinen eigenen Weg
August 1820	Aufbruch der Expedition von San Martín (4500 Mann und 23 Schiffe) von Valparaíso in Richtung Peru
1.1.1820	Diego-Revolte in Spanien. Die Liberalen setzen die Verfassung von Cádiz wieder in Kraft und weisen die spanischen Regierungen in Westindien an, den Krieg zu beenden
8.9.1820	San Martín landet mit seinen Truppen in Pisco, Peru
1821	Santo Domingo wird unabhängig
24.2.1821	Plan von Iguala; die Allianz zwischen dem Royalisten Iturbide und den Unabhängigkeitskämpfern macht den Weg frei zur Unabhängigkeit Mexikos
24.4.1821	Dom João VI. kehrt nach Portugal zurück und setzt seinen Sohn Pedro als Regenten in Brasilien ein
6.7.1821	Die royalistischen Truppen räumen Lima, die Hauptstadt von Peru, und formieren sich im Landesinnern neu
28.7.1821	San Martín erklärt die Unabhängigkeit Perus und wird zum Protektor ernannt
15.9.1821	Generalkapitän Gabino Gainza erklärt die Unabhängigkeit Guatemalas
1822	Die USA erkennen die Unabhängigkeit von Groß-Kolumbien, Chile, Peru, den Vereinigten Provinzen von Río de la Plata und Mexiko an
9.1.1822	Staatliche Vereinigung des Generalkapitanats von Guatemala mit Mexiko
18.5.1822	General Iturbide wird als Augustín I. Kaiser von Mexiko
16.6.1822	Einmarsch Bolívars in Quito
26.7.1822	Begegnung von Bolívar und San Martín; Bolívar weigert sich, an der Befreiung Perus teilzunehmen, falls San Martín das Kommando behält
7.9.1822	*Grito de Ypiranga* („Aufschrei von Ypiranga"): Unabhängigkeit Brasiliens

20.9.1822	San Martín verzichtet auf sein Amt als Protektor und verläßt Peru
1.12.1822	Pedro I. zum Kaiser von Brasilien gekrönt
1823–1825	Starke Zunahme britischer Investitionen in Lateinamerika
1823	Unterdrückung des liberalen Regimes in Spanien durch Ferdinand VII. mit Hilfe französischer Truppen; Restauration der absolutistischen Monarchie
1823	Abschaffung der Sklaverei in Chile
28.1.1823	O'Higgings wird gezwungen, als Diktator von Chile zurückzutreten
10.2.1823	Der mexikanische General Vicente Filisola zwingt El Salvador, dem Kaiserreich Mexiko beizutreten
20.3.1823	Augustín I. (Iturbide) dankt als Kaiser von Mexiko ab
1.7.1823	Die Verfassunggebende Versammlung erklärt die Unabhängigkeit der Vereinigten Provinzen von Zentralamerika
1.9.1823	Einmarsch Bolívars in Lima
1.12.1823	Verkündung der Monroe-Doktrin
1824	Anerkennung Brasiliens durch die USA
1824–1833	Erste föderative Republik in Mexiko
7.12.1824	Schlacht von Ayacucho, Peru: Endgültige Niederlage der royalistischen Truppen in Hispanoamerika. Kapitulation des spanischen Vizekönigs
1824	Freundschafts- und Handelsvertrag zwischen den USA und Groß-Kolumbien
1824–1886	Abschaffung der Sklaverei in allen hispanoamerikanischen Ländern
1825	Anerkennung der Zentralamerikanischen Konföderation durch die USA
1825–1828	Krieg zwischen Buenos Aires und Brasilien
1825–1830	Manuel José de Arce erster Präsident der Zentralamerikanischen Konföderation
1825	Freundschafts- und Handelsvertrag zwischen Buenos Aires und Großbritannien
1825–1875	Zehnfache Steigerung des chilenischen Exports von Kupfer, Silber und Weizen

Februar 1825	Einmarsch von Sucre, General Bolívars, in La Paz; Einberufung einer Verfassunggebenden Versammlung
1825–1879	Der *caudillismo* bestimmt die Politik in Bolivien und Peru
6.8.1825	Unabhängigkeit Boliviens, Sucre wird erster Präsident
29.8.1825	Portugal erkennt die Unabhängigkeit Brasiliens an
1826	Der spanische General Rodil räumt den Hafen von Callao und die chilenische Insel Chiloe, die letzten spanischen Stützpunkte in Südamerika
1826	Konferenz von Panama unter dem Vorsitz des Vizepräsidenten von Groß-Kolumbien, Santander
22.11.1826	Erneuerung des brasilianisch-britischen Freundschafts- und Handelsvertrags
27.8.1827	Errichtung einer Diktatur in Groß-Kolumbien durch Bolívar
1827–1829	Krieg zwischen Groß-Kolumbien und Peru um die Grenze von Ecuador
27.8.1828	Friedensvertrag zwischen Brasilien und Buenos Aires. Die Cisplatinische Provinz wird nach britischer Intervention zum unabhängigen Staat Uruguay
1829–1880	*Caudillismo,* Intervention von Nachbarstaaten und Wirtschaftswachstum in Uruguay
1829–1830	Der Bürgerkrieg in Chile bringt die Konservativen an die Macht
1829–1852	Der Föderalist Manuel de Rosas bestimmt die Politik in Buenos Aires
1830	Zerfall Groß-Kolumbiens und Tod Bolívars (17.12.)
1830–1839	Der Liberale Francisco Morazán Präsident der Zentralamerikanischen Konföderation
1830–1848	Venezuela unter José Antonio Paéz: eine isolierte Agrargesellschaft
1830–1859	Militärdiktatur in Ecuador
1830–1837	Der Konservative Diego Portales beherrscht die Politik in Chile
1831	Auf britischen Druck Beendigung des brasilianischen Sklavenhandels durch Pedro I.; das Verbot wird nicht durchgesetzt
1831–1832	Wiedergründung Neu-Granadas als unabhängiger Staat Kolumbien
7.4.1831	Erzwungene Abdankung Pedros I., Kaiser von Brasilien

1831–1840	Regentschaft in Brasilien, zunächst von den *moderados*, danach von Reaktionären beherrscht
1833–1854	Antonio López de Santa Anna bestimmt die Politik in Mexiko
1834	Erste Eisenbahn Lateinamerikas auf Kuba
1835–1845	*Cabanagem*- und *Farroupilha*-Revolten in Pará und Rio Grande do Sul
1836	Texas erklärt die Unabhängigkeit von Mexiko
1836–1894	Spanien erkennt die hispanoamerikanischen Länder als unabhängige Staaten an
1836–1839	Auflösung der peruanisch-bolivianischen Konföderation nach chilenischem Sieg
1837–1840	Der Mestize Rafael Carrera, ein Schweinehirt, setzt die liberale Regierung in Guatemala ab und besiegt Morazán
30.5.1838	Der Bundeskongreß der Zentralamerikanischen Konföderation erkennt das Recht der einzelnen Provinzen an, die Föderation zu verlassen
1838	Französische Blockade von Buenos Aires
1838	Französisch-Mexikanischer „Kuchen-Krieg" zur Erinnerung der Schuldenzahlung durch Mexiko
1839	Export von 1 Mio. Rohhäuten aus Montevideo
1839–1851	Großer Krieg in Uruguay zwischen den *blancos* und den *colorados*
1840–1870	Vorherrschaft der Konservativen in Guatemala
1840–1864	Militärischer und technischer Ausbau Paraguays unter den Lopez'
1840–1889	Pedro II. Kaiser von Brasilien
1840	Britische Intervention beendet französische Blockade von Buenos Aires
1845	Annexion von Texas durch die USA
1845	Spanien verfügt für Kuba die Abschaffung des Sklavenhandels, setzt den Erlaß aber nicht durch
1845–1847	Gemeinsame britisch-französische Blockade von Buenos Aires mit dem Ziel, den freien Handel den Paraná aufwärts zu sichern
1846–1848	Amerikanisch-Mexikanischer Krieg
1847–1906	Zehnfache Steigerung des Staatseinkommens in Kolumbien

1847/49–1885	Kolumbien Bundesstaat; Herrschaft der Liberalen
2.2.1848	Vertrag von Guadalupe-Hidalgo zwischen Mexiko und den USA: Mexiko verliert seine nördlichen Staatsgebiete von Kalifornien bis Texas
1850	Unter britischem Druck endgültige Abschaffung des Sklavenhandels in Brasilien
1850	Clayton-Bulwer-Vertrag: Eingrenzung der britisch-nordamerikanische Rivalität um die Landenge von Panama
1850–1875	Guano-Boom in Peru
1852	Niederlage Rosas' gegen die vereinten argentinisch-uruguayischen und brasilianischen Gegner
1852–1862	Argentinischer Staat ohne Buenos Aires
1854	Programm von Ayutla: Machtübernahme der Liberalen in Mexiko
1855–1857	Walker-Affäre in Nicaragua statuiert Exempel für Filibustertum
Januar 1855	Eröffnung der von Nordamerika gebauten Eisenbahn über die Landenge von Panama
1856–1900	Zehnfache Steigerung des Kakao-Exports in Ecuador
1857–1860	Krieg um Reformgesetze zwischen Konservativen (mit Unterstützung der Kirche) und Liberalen in Mexiko
1859–1875	Bürgerkrieg in Ecuador; Errichtung eines klerikal-autoritären Regimes durch Gabriel García Moreno
1861	Intervention von Frankreich, Großbritannien und Spanien in Mexiko zur Erzwingung der Beendigung des Schuldenmoratoriums von der Regierung Juárez
1862–1867	Französische Intervention in Mexiko
1862–1868	Nationale Einigung Argentiniens unter Bartolomé Mitra
1863–1867	Zweites Mexikanisches Kaiserreich: Maximilian von Habsburg Kaiser von Mexiko
1864–1869	Krieg der Tripelallianz gegen Paraguay
19.6.1867	Erschießung Kaiser Maximilians auf Befehl von Juárez
1867–1872	Der siegreiche liberale Führer Benito Juárez Präsident von Mexiko
1868–1878	Zehnjähriger Krieg Kubas gegen die spanische Herrschaft
1868–1874	Beginn der exportorientierten Modernisierung Argentiniens unter Präsident Domingo Sarmiento

1870–1899	Diktatur von Antonio Guzmán Blanco in Venezuela; Einigung und Modernisierung
1870–1889	Aufstieg der republikanischen Bewegung im Kaiserreich Brasilien
1871–1930	Epoche liberaler Herrschaft in den zentralamerikanischen Staaten: zuerst in Guatemala, danach in El Salvador, Honduras und Nicaragua
1873–1885	Diktatur von Justo Rufino Barrios in Guatemala
1875	Beginn der Wirtschaftskrise in Peru und Chile
1876	Erstmals telegraphische Verbindung zwischen Europa und Argentinien
1876	Brasilianische Besatzungstruppen räumen Paraguay
1876–1911	*Porfiriato* in Mexiko: zweifache Präsidentschaft von General Porfirio Díaz (1876–1880 und 1884–1911)
1877–1911	Sechsfache Steigerung des mexikanischen Exportwertes
1879–1883	Krieg Chiles gegen Peru und Bolivien („Salpeterkrieg“)
1879–1888	Aufstieg der republikanischen Bewegung in Brasilien
1879–1885	„Wüstenkrieg“: Vertreibung der patagonischen Indianer aus Argentinien
1888–1900	Wiederbelebung und Ausdehnung des Bergbaus in Mexiko, Peru und Bolivien
1880–1919	Chilenisches Salpetermonopol
1880–1900	Enteignung von Indianerland in Bolivien; Zarate-Willka-Aufstand
1880–1900	Kaffeeboom in El Salvador und Costa Rica
1880–1910	Verdoppelung des Außenhandelswertes von Uruguay
1880–1904	Zweifache Präsidentschaft von Julio A. Roca in Argentinien (1880–1886 und 1898–1904)
1880–1886	Lösung der Haupt-Grenzprobleme zwischen Mexiko und den USA
1886–1902	*Regeneración:* Die Konservativen übernehmen die Macht in Kolumbien; beginnende Zentralisierung unter Rafael Nuñez
1886–1889	Mexiko erneuert seine Beziehungen zu Frankreich und Großbritannien
1888	Brasilien schafft als letztes lateinamerikanisches Land die Sklaverei ab

1889	Sturz des Kaiserreichs Brasilien; provisorische Militärregierung
1890	Argentinien verfügt über ein Eisenbahnnetz von 11 200 km
1890–1891	Staatsverschuldung und Bankenkrise in Argentinien
1894	Einsetzung der „Alten Republik“ in Brasilien
1895	Liberale Revolution unter General Eloy Alfaro in Ecuador
1895–1919	„Goldenes Zeitalter“ des oligarchischen Regimes in Peru; Exportboom bei Zucker, Baumwolle, Wolle, Kupfer und Erdöl
1896	Britisch-venezolanische Grenzstreitigkeiten wegen Britisch-Guayana
1898	Spanisch-Amerikanischer Krieg: Die Vereinigten Staaten besetzen Kuba, Puerto Rico und die Philippinen
1899–1902	„Tausend-Tage-Krieg“ zwischen Konservativen und Liberalen in Kolumbien
1902	Ende der vierjährigen Besetzung Kubas durch die USA
1903	Die USA unterstützen den Unabhängigkeitskampf Panamas
1903	Mexiko verfügt über ein Eisenbahnnetz von 16 113 km
1903	José Battle y Ordoñez zum Präsidenten von Uruguay gewählt; Bürgerkrieg
1903	Britisch-deutsch-niederländische Blockade der Häfen von Venezuela

Verzeichnis der Karten

Verzeichnis der Tabellen

Mitarbeiter dieses Bandes

Walther L. Bernecker, geboren 1947 in Dollstein, Westdeutschland. Promotion 1976 in Erlangen. Von 1973 bis 1977 wissenschaftlicher Mitarbeiter an der Universität Augsburg, seit 1979 Akademischer Rat. Seit 1990 Professor für lateinamerikanische Geschichte an der Universität Bern. Zahlreiche Publikationen zur spanischen, zentralamerikanischen, mexikanischen und karibischen Geschichte sowie zu europäisch-lateinamerikanischen Beziehungen.

Raymond Th. Buve, geboren 1933 in Den Haag, Holland. 1977 Promotion an der Rijksuniversiteit te Leiden. Von 1977 bis 1982 Leiter des Caribbean Department am Royal Institute of Anthropology and Linguistics, anschließend Wechsel zum Institute of Social and Cultural Studies, Leiden. Seit 1985 an der Vakgroep Talen en Culturen van Latijns Amerika in Leiden, wo Buve lateinamerikanische Geschichte lehrt. Publikationen u.a.: *Haciendas in Central Mexico from late colonial times to the Revolution* (1984); „Los Gobernadores de Estado y la movilización de los campesinos en Tlaxcala", in: D. A. Brading (Hrsg.): *Caudillos y Campesinos en la Revolución Mexicana* (1985); „Neither Carranza nor Zapata. The rise and fall of a peasant movement that tried to challenge both", in: F. Katz (Hrsg.): *Rebellion and Revolution: rural social unrest in Mexico* (1988).

Simon Collier, geboren 1938 in Harpenden, England. 1961 B.A., 1965 Ph.D. in Cambridge. 1963 Forschungsstipendium in Chile. Seit 1965 Lehrtätigkeit an der University of Essex, später Leiter des dortigen History Department und Direktor des Latin American Centre. Mehrmals Leitung von Studienprogrammen zur Geschichte Lateinamerikas. Seit 1991 an der Vanderbilt University in Nashville, Tennessee, USA. Collier ist Mitglied der Chilean Academy of History. Publikationen u.a.: *Ideas and politics of Chilean independence* (1967); *From Cortés to Castro, an introduction to the history of Latin America* (1974); *The life, music and times of Carlos Gardel* (1986); Mitherausgeber der *Cambridge Encyclopedia of Latin America and the Caribbean* (1985).

John R. Fisher, geboren 1943 in Barrow-in-Furness, England. 1964 B.A., 1967 M.Phil. in London, Ph.D. in Liverpool. Dort Lehrtätigkeit seit 1967. Z.Zt. Direktor des Institute of Latin American Studies in Liverpool. Publikationen u.a.: *Government and society in colonial Peru* (1970); *Silver mines and silver miners in colonial Peru* (1976); *Commercial relations between Spain and Spanish America in the era of free trade* (1965); *Peru* (1989); *Reform and insurrection in Bourbon New Granada and Peru* (1990).

Brian R. Hamnett, geboren 1942 in Colchester, England. 1964 B.A., 1968 M.A. und Ph.D. in Cambridge. Z.Zt. am Department of History der University of Essex, dort Leiter der Abteilung Vergleichende Geschichte und Mitherausgeber des *Bulletin of*

Latin American Research. Publikationen u.a.: *Politics and trade in southern Mexico, 1750–1821* (1971); *Revolución y contrarrevolución en México y el Perú: Liberalismo, realeza y separatismo 1800–1824* (1978); *La politica española en una época revolucionaria 1790–1820* (1985); *Roots of insurgency: Mexican regions 1750–1824* (1985). Autor zahlreicher Artikel im *Journal of Latin American Studies, Hispanic American Historical Review,* in *Historia Mexicana* und im *Ibero-Amerikanischen Archiv.*

Hans-Joachim KÖNIG, geboren 1941 in Herford, Westdeutschland. Promotion 1969 in Hamburg, Habilitation 1985 in Bamberg. Lehrtätigkeit an beiden Universitäten, 1986 Wechsel zur Katholischen Universität Eichstätt. Z.Zt. Direktor des dortigen Zentrums für Lateinamerika-Forschung. Schwerpunkte: europäische Expansion. Nationalismus, Staatenbildung, soziale Wandlungsprozesse und Kirchengeschichte, speziell der Andenstaaten. Publikationen u.a.: *Auf dem Wege zur Nation. Nationalismus im Prozeß der Staats- und Nationbildung Neu-Granadas 1750–1856* (1988); *Die neuen Welten in alten Büchern. Entdeckung und Eroberung in frühen deutschen Schrift- und Bildzeugnissen* (mit U. Knefelkamp) (1988).

Jan LECHNER, geboren 1927 in Semarang, Indonesien. 1968 Promotion in Amsterdam. Seit 1969 Leiter der Vakgroep Talen en Culturen van Latijns Amerika an der Rijksuniversiteit te Leiden. Zahlreiche Veröffentlichungen zur Literatur- und Kulturgeschichte des kolonialen Lateinamerika, speziell Neu-Spaniens. Autor der meisten Artikel zur spanisch-amerikanischen Literatur für die niederländische Enzyklopädie *Winkler Prins* (8. Aufl. 1979–1984) und für die *Moderne Encyclopedie der Wereldliteratur* (2. Aufl. 1981–1984); (Hrsg.): *Essays on cultural identity in colonial Latin America. Problems and repercussions* (1988); *Algemene geschiedenis van de dingen van Nieuw Spanje* (1990).

Manuel LUCENA SALMORAL, geboren 1933 in Madrid, Spanien. 1963 Promotion an der Universidad Complutense Madrid. Von 1962 bis 1973 an Universitäten in Kolumbien und Panama, anschließend Lehraufträge in Bilbao, Murcia und Barcelona. Lucena Salmoral lehrt z.Zt. amerikanische Geschichte an der Universidad Alcalá de Henares. Publikationen u.a.: *Presidentes de capa y espada del Nuevo Reino de Granada, 1605–1654* (1965); *Vísperas de la independencia americana: Caracas* (1986); *America 1492* (1990); Mitherausgeber und Co-Autor der *Historia de Iberoamérica* (3 Bde., 1987–1990).

Ascensión MARTÍNEZ RIAZA, geboren 1951 in Cádiz, Spanien. Studium der Neuen Geschichte und Zeitgeschichte an der Universidad Complutense Madrid, 1983 Promotion. Seit 1978 Dozentin für amerikanische Zeitgeschichte in Complutense, zugleich Leiterin des Departments für amerikanische Geschichte am Consejo Superior de Investigaciones Científicas. Publikationen u.a.: *La prensa como fuente documental para la independencia de Hispanoamérica* (1984); *La prensa doctrinal en la independencia del Perú* (1985); *Poder naval e independencia en Hispanoamérica* (1989); *El Perú contemporáneo en la historiografía española 1940–1989* (1990); *Historia del periodismo en Iberoamérica* (1991).

Rory MILLER, geboren 1949 in London, England. B. A. 1970, M. A. 1974, Ph. D. 1979 in Cambridge. Seit 1973 lehrt Miller lateinamerikanische Geschichte an der University of Liverpool. Publikationen u. a.: (Hrsg.): *Social and economic change in modern Peru* (1976); *Region and class in modern Peruvian history* (1987). Außerdem zahlreiche Artikel zur Sozial- und Wirtschaftsgeschichte der Andenstaaten im 19. und 20. Jh.

Alfredo MORENO CEBRIAN, geboren 1949 in Alhumecas, Spanien. Studium der Geographie und Geschichte an der Universidad Complutense Madrid bis 1972, 1976 Promotion. Von 1977 bis 1979 Dozent für amerikanische Geschichte in Madrid. Z.Zt. Forschungsaufenthalt am Centro de Estudios Históricos (Consejo Superior de Investigaciones Científicas) Madrid, dessen Direktor er war. Spezialgebiet: Geschichte Perus. Publikationen u. a.: *El corregidor de indios y la economía peruana en el s. XVII* (1977); *Relación de gobierno del Conde de Superunda* (1983); *La vida cotidiana en los viajes ultramarinos* (1987); *José Gabriel Condorcanqui, Túpac Amaru* (1988).

Jeffrey D. NEEDELL, geboren 1951 in New York, USA. 1974 B.A. University of California, Berkeley, 1978 M.A. Yale, 1982 Ph.D. Stanford. Von 1982 bis 1985 Lehrauftrag an der University of Oregon, anschließend beim Woodrow Wilson International Centre in Washington. Sei 1987 lehrt Needell Geschichte an der University of Florida. Publikationen u. a.: *A tropical Belle Epoque: elite culture and society in turn-of-the-century Rio de Janeiro* (1987). Zahlreiche Artikel zur Kulturgeschichte Brasiliens, zu Politik und Problemen der Urbanisation.

Gert J. OOSTINDIE, geboren 1955 in Ridderkert, Niederlande. 1977 B.A., 1982 M.A. der Freien Universität Amsterdam. 1989 Ph.D. der Universität Utrecht. Seit 1983 Leiter des Department of Caribbean Studies am Royal Institute of Linguistics and Anthropology in Leiden. Oostindie lehrt außerdem karibische Geschichte an der Rijksuniversiteit te Leiden. Forschungsschwerpunkte: Bevölkerungsbewegungen und politische Geschichte der vormals niederländischen Gebiete der Karibik und Kubas. Publikationen u. a.: *Roosenburg en Mon Bijou: twee Surinaamse plantages, 1720–1870* (1989). Oostindie ist geschäftsführender Herausgeber des *New West Indian Guide.*

Peer SCHMIDT, geboren 1958 in Plockendorf bei Nürnberg, Westdeutschland. 1986 M.A. in Köln, 1988 Promotion in Hamburg. 1987/88 wissenschaftlicher Mitarbeiter am Historischen Institut der Universität Hamburg, seit 1989 wissenschaftlicher Mitarbeiter bzw. Assistent an der Katholischen Universität Eichstätt. Publikationen u. a.: *Desamortisationspolitik und staatliche Schuldentilgung am Ende der Kolonialzeit in Hisopanoamerika* (1988).

Eddy STOLS, geboren 1938 in Roeselare, Belgien. Studium der Geschichte an der Katholischen Universität Leuven, Ph.D. 1965. Von 1963 bis 1968 Lehrtätigkeit in São Paulo, Brasilien, an der Faculdade de Filosofia, Ciências e Letras de Merília (inzwischen UNESP). Seit 1971 Lehrtätigkeit in Leuven, seit 1987 zeitweise an der Rijksuniversiteit te Leiden. Forschungsschwerpunkte: Geschichte der europäischen Expansion und Geschichte Brasiliens. Publikationen u. a.: *De Spaanse Brabanders of de handelsbetrekkingen van de Zuidelijke Nederlanden met de Iberische Wereld* (1971); *La Belgique et l'étranger aux XIXe et XXe siècles* (1987); *Jacques de Coutre, Andanzas asiáticas* (1991); *Brazilie in historische perspectief* (1991).

Hans VOGEL, geboren 1952 in Den Haag, Niederlande. 1981 M.A. Latin American Studies der University of Florida, Gainesville, USA; Ph.D. in Geschichte 1987. 1984 Gastdozent an der Katholischen Universität von Buenos Aires. Seit 1985 lehrt Vogel lateinamerikanische Geschichte an der Rijksuniversiteit te Leiden. Forschungsschwerpunkte: Politische Geschichte, Kultur- und Militärgeschichte Südamerikas, speziell Argentiniens. Publikationen u.a.: *Geschiedenis van Latijns Amerika* (1983/1988); *Elements of nationbuilding in Argentina: Buenos Aires, 1810–1828* (1988); *Duizend miljoen maal vervloekt land. De Hollandse Brigade in Spanje, 1808–1813* (1991).

Register

Abkürzungen: AUP = Río de la Plata/Argentinien/Uruguay/Paraguay; B = Brasilien; EKV = Neu-Granada/Großkolumbien/Ecuador/Kolumbien/Venezuela; K = Karibik; M = Neu-Spanien/Mexiko; PBC = Peru/Hochperu/Bolivien/Chile; Z = Zentralamerika. Zu den spanischen Fachtermini, die sich auf Organisation und Verwaltung des kolonialen Lateinamerika beziehen, siehe: Horst PIETSCHMANN*: Die staatliche Organisation des kolonialen Iberoamerika, Stuttgart 1980. Ein ausführliches Glossar zum Gesamtwerk findet sich in Band 3 des Handbuchs.*